Hans-Jörg Derra (Hrsg.)

Freiheit, Sicherheit und Recht

Festschrift für Jürgen Meyer zum 70. Geburtstag

unter Mitarbeit von Marion Träger und Daniela Seibold

Nomos

Die Deutsche Bibliothek – CIP-Einheitsaufnahme

Die Deutsche Bibliothek verzeichnet diese Publikation in
der Deutschen Nationalbibliografie; detaillierte bibliografische
Daten sind im Internet über http://dnb.ddb.de abrufbar.

ISBN 3-8329-1848-5

1. Auflage 2006

Vorwort

von Dipl.-Volkswirt und Rechtsanwalt Hans-Jörg Derra

Jürgen Meyer ist mir ein langjähriger und hochgeschätzter Kollege und Sozius. Anlässlich seines 70. Geburtstages zum 26.03.2006 ist es mir eine außerordentliche Freude, meinen Freund in seinem vielfältigen Wirkungskreis als Strafverteidiger, Strafrechtswissenschaftler, Abgeordneten des Baden-Württembergischen Landtags und des Bundestages, Vorsitzenden des Unterausschusses Europarecht sowie Delegierten des Bundestages in beiden europäischen Verfassungskonventen zu ehren.

In seiner über 45-jährigen beruflichen Tätigkeit war Jürgen Meyer stets als Wissenschaftler und Praktiker mit politischer Verantwortung engagiert. Nach Abschluss seiner mit Spitzenprädikaten absolvierten Ausbildung wurde er mit Ausnahmegenehmigung sofort nach dem Assessorexamen 1964 am Oberlandesgericht Düsseldorf zugelassen. Von Beginn seiner Berufstätigkeit galt sein großes Interesse der anwaltlichen Tätigkeit als Strafverteidiger, in der er sich bis heute durch eine wissenschaftlich tiefgründige Argumentation, Sensibilität für hoch politische Kontexte, einen permanenten Einsatz für die Rechtsstaatlichkeit sowie die kritische Rechtsfortbildung auszeichnet. Der wissenschaftliche Weg von Jürgen Meyer ist durch die Habilitation an der Universität Freiburg im Jahr 1975, die Ernennung zum Professor für deutsches und ausländisches Straf- und Strafprozessrecht sowie Kriminologie in Freiburg im Jahre 1981 und die 25-jährige Tätigkeit als Wissenschaftler am Freiburger Max-Planck-Institut für ausländisches und internationales Strafrecht sowie an der Universität Freiburg geprägt.

Es war für Jürgen Meyer stets wichtig, seine wissenschaftlichen Erkenntnisse in rechtspolitische Reformvorstellungen umzusetzen und sich somit auf der Grundlage seiner tiefgehenden wissenschaftlichen Studien für die Verwirklichung von Gerechtigkeit sowie die Fortentwicklung des Rechts in seinen gesellschaftlichen und politischen Rahmenbedingungen einzusetzen. Politisch war Jürgen Meyer langjährig in der Kommunalpolitik tätig, gehörte von 1976 bis 1980 dem Landtag von Baden-Württemberg an und war von 1990 bis 2002 Mitglied des Deutschen Bundestages, in dem er sich als stellvertretender Vorsitzender des EU-Ausschusses mit großem Einsatz für die Europapolitik engagierte. Als Delegierter des Deutschen Bundestages im europäischen Grundrechtekonvent engagierte sich Jürgen Meyer nachhaltig für ein gemeinsames Europa der Werte sowie der Grund- und Menschenrechte. Die Grundrechtecharta geht in wesentlichen Teilen auf sein geistiges Werk zurück. Als Delegierter des Deutschen Bundestages im europäischen Verfassungskonvent hat Jürgen Meyer maßgeblich an der Erarbeitung einer Verfassung für Europa mitgewirkt.

Für sein großes politisches Engagement wurde Jürgen Meyer mehrfach durch bedeutende Auszeichnungen geehrt. Mit dem 1980 verliehenen Bundesverdienstkreuz am Bande wurde seine herausragende Tätigkeit als Kulturpolitiker im Landtag gewürdigt, mit dem Bundesverdienstkreuz erster Klasse im Jahre 2002 seine Rolle als Rechtspolitiker im Bundestag. Von herausragender Bedeutung ist schließlich die Ehrung durch die Verdienstmedaille des Landes Baden-Württemberg, die Jürgen Meyer 2005 wegen seiner besonderen Leistungen in beiden europäischen Konventen verliehen wurde.

Jürgen Meyers Werk ist so vielfältig wie seine Tätigkeit als Wissenschaftler, Praktiker und Politiker. In bis heute 250 Veröffentlichungen hat sich Jürgen Meyer mit grundlegenden und politisch aktuellen Themen mit Schwerpunkten im Strafrecht und Strafverfahrensrecht sowie im Bereich der Grundrechte und der europäischen Verfassung beschäftigt. Einen Einblick in die Fülle und Thematik der Schriften von Jürgen Meyer gibt das in diesem Band abgedruckte Schriftenverzeichnis. Besonders hervorheben möchte ich an dieser Stelle den im Jahr 2001 erschienenen Sammelband ausgewählter Schriften und Parlamentsreden von Jürgen Meyer. „Der Rechtsstaat lebt von Reformen" (Baden-Baden 2001) zeigt in der Zusammenstellung ausgewählter Beiträge von Jürgen Meyer aus seinen verschiedenen Wirkungskreisen als Wissenschaftler, Strafverteidiger und Politiker in besonders guter Form seinen überzeugten Einsatz für einen lebendigen Rechtsstaat, der durch seine Bürger lebt und einem stetigen Reformbedarf unterliegt, dem er in seiner Person als wissenschaftlich geprägter Politiker sowie politisch verantwortungsbewusster Wissenschaftler stets Rechnung trug. Aus den zahlreichen bedeutenden Schriften von Jürgen Meyer möchte ich noch im Hinblick auf seine besonderen Verdienste für Europa den bereits in 2. Auflage erschienenen Kommentar zur Charta der Grundrechte der Europäischen Union hervorheben.

So vielfältig wie die Wirkungsfelder von Jürgen Meyer sind auch die in dieser Festschrift zusammengeführten Beiträge der Autoren aus Wissenschaft, Politik und anwaltlicher Praxis zu Fragen des Strafrechts, Grundrechtsschutzes, Europa- und Verfassungsrechts, der Rechtsvergleichung und des internationalen Rechts.

Ulm, im November 2005 — Hans-Jörg Derra

Jürgen Meyer – Ein Leben für einen Raum der Freiheit, der Sicherheit und des Rechts

von Rechtsanwältin Dr. Marion Träger

Die Europäische Union als Raum der Freiheit, der Sicherheit und des Rechts, die den Menschen in den Mittelpunkt ihres Handelns stellt und auf der Basis von Demokratie und Rechtsstaatlichkeit die Unantastbarkeit der Menschenwürde, der Freiheit, der Gleichheit und der Solidarität sichert: Dies ist die in der Präambel der Charta der Grundrechte der Europäischen Union bestätigte europäische Werteordnung, die wesentlich auf das Gedankengut von Jürgen Meyer zurückgeht und so etwas wie einen Leitfaden seines vielfältigen Engagements darstellt.

Von Beginn seiner über 45-jährigen beruflichen Tätigkeit hat Jürgen Meyer wissenschaftlichen Tiefgang mit politischer Verantwortung verbunden und sich stets mit besonderem Engagement und Spürsinn für gesellschaftlich und politisch relevante Themen für die Verwirklichung von Gerechtigkeit und die Fortentwicklung des Rechts in seinen gesellschaftlichen und politischen Rahmenbedingungen eingesetzt. Der Rechtsstaat wird erst durch ein dauerhaftes Bewusstsein für und stetiges Umsetzen von strukturellen Reformen lebendig. So ist auch zu erklären, dass Jürgen Meyer sich nicht auf sein wissenschaftliches Wirkungsfeld beschränkte, sondern seinen politischen Auftrag annahm, als er 1975 kurz nach seiner Freiburger Habilitation vor der Wahl stand, dem Ruf auf eine Strafrechtsprofessur in Köln zu folgen oder die von der SPD angetragene Kandidatur im neuen Landtagswahlkreis Freiburg Ost-Hochschwarzwald anzutreten.

Jürgen Meyer spricht selbst hinsichtlich seiner beiden Tätigkeiten als Wissenschaftler am Freiburger Max-Planck-Institut für ausländisches und internationales Strafrecht sowie an der Universität Freiburg und seiner politischen Tätigkeit als Abgeordneter des Landtags von Baden-Württemberg sowie als Mitglied des Deutschen Bundestages von einem Leben in zwei Berufswelten. Dieses Zusammentreffen von wissenschaftlicher Erkenntnis und politischem Verantwortungsbewusstsein führt bei Jürgen Meyer in beeindruckender Weise dazu, dass gesellschafts- und rechtspolitisch relevante Themen mit wissenschaftlicher Schärfe tiefgehend ergründet und gleichzeitig Gestaltungsmöglichkeiten sowie Reformperspektiven aufgezeigt werden. Hierbei gelingt es Jürgen Meyer, sich nicht auf seine wissenschaftlichen Erkenntnisse und eine rein deskriptive Zustandsbeschreibung zu beschränken, sondern Reformmöglichkeiten und -notwendigkeiten herauszustellen. Politische Tätigkeit heißt für Jürgen Meyer somit der dauerhafte Einsatz für die Veränderung und Verbesserung von Zuständen, die sich als reformbedürftig erweisen, sei es zunächst in seiner wissenschaftlichen Urheimat des Strafrechts sowie Strafverfahrensrechtes, sei es zuletzt verstärkt im Bereich der europäischen Grundrechte sowie einer europäischen Verfassung.

Im Strafrecht sowie Strafprozessrecht war Jürgen Meyer an wesentlichen Veränderungen im Bereich der Modernisierung des deutschen Strafrechts, des Sanktionensystems und des Strafprozesses beteiligt. Die vom deutschen Bundestag im Wiederaufnahmerecht beschlossenen Veränderungen gehen ebenso wesentlich auf Jürgen Meyer zurück wie das zur Bekämpfung von Geldwäsche, Steuerhinterziehung und organisierter Kriminalität entwickelte Instrumentarium. Hierbei beschränkte sich Jürgen Meyer keinesfalls auf eine wissenschaftliche Beschäftigung mit den strafrechtlich relevanten Themen. Vielmehr war es Jürgen Meyer seit Beginn seiner beruflichen Tätigkeit stets sehr wichtig, sich auch praktisch als Strafverteidiger für die Realisierung von Gerechtigkeit sowie die Fortentwicklung des Rechts einzusetzen. So war Jürgen Meyer z. B. im Rahmen der Verteidigung des katholischen Priesters und Theologieprofessors Norbert Greinacher wesentlicher Wegbereiter für die Definition des Begriffs der „Gewalt" im Nötigungstatbestand des § 240 StGB, die in die späteren Entscheidungen des Bundesverfassungsgerichts (BVerfGE 73, 206 und BVerfGE 92, 1) Eingang gefunden haben.

Das besondere Engagement von Jürgen Meyer für die aktive Realisierung einer von Demokratie und Rechtsstaatlichkeit sowie der Unantastbarkeit der Menschenwürde geprägten Werteordnung sowie sein innovatives Gespür für die Diskussion von Themen, oft noch bevor diese öffentliche Aufmerksamkeit gewinnen, zeigt sich auch in seinem Engagement für ein gemeinsames Europa der Werte sowie der Grund- und Menschenrechte. So hat Jürgen Meyer als erster Politiker im Bundestag die Diskussion über die Schaffung einer Charta der europäischen Grundrechte sowie der Einrichtung eines Verfassungskonventes im Rahmen der Abstimmung über den Vertrag von Maastricht angestoßen. Diese Debatte traf zunächst auf wenig Verständnis, was sich erst nach dem Regierungswechsel von 1998 mit der erfolgreichen Initiative der deutschen Präsidentschaft im europäischen Rat von Köln im Juni 1999 änderte. Die europaweite Anerkennung für die Arbeit des Grundrechtekonvents unter dem Vorsitz von Roman Herzog wurde dann eine wesentliche Begründung für die Einberufung des Verfassungskonvents. Wesentliche in der Charta der Grundrechte der europäischen Union festgelegte Werte sowie Grundgedanken der europäischen Verfassung gehen auf das geistige Werk von Jürgen Meyer zurück, der nicht ohne Grund für seine besonderen Leistungen als Delegierter des Bundestags in beiden europäischen Konventen mit der Verdienstmedaille des Landes Baden-Württemberg für das Jahr 2005 ausgezeichnet worden ist.

Jürgen Meyers Bild des Rechtsstaates sowie einer europäischen Werteordnung ist durch den Menschen im Mittelpunkt der Europäischen Union, d. h. durch den Schutz der Menschenwürde, der Freiheit, der Gleichheit und der Solidarität geprägt. Diese grundlegenden demokratischen Werte und Freiheitsgedanken haben lange in der Geschichte zurückliegende Wurzeln. So werden in der Geschichte der abendländischen Freiheitsbewegung bereits die Memminger „Zwölf Bauernartikel" von 1525 mit den Forderungen der oberschwäbischen Bauern nach Freiheit und Gerechtigkeit als frühe Formulierung von Grund- und Menschenrechten sowie erste demokratische Verfassungsurkunde auf deutschem Boden angesehen. Mit seinem insbesondere bei den Arbeiten für die Europäische Grundrechtecharta zum Ausdruck kommenden Engagement für ein gemeinsames Europa der Werte sowie der Grund- und Menschenrechte kann Jürgen Meyer somit zutreffend als Wertkonservativer, wie er sich auch selbst bezeichnet, beschrieben werden.

Jürgen Meyers Vision von Europa ist zugleich ein gemeinsames Europa der Bürgerinnen und Bürger, getragen durch seinen überzeugten Einsatz für eine Demokratisierung und größere Bürgernähe der Europäischen Union, der wesentlichen Eingang in die Verfassungsarbeit gefunden hat. Bekenntnisse zum Grundsatz der Demokratie finden sich an zentralen Stellen des Verfassungsentwurfes wieder. So werden im Text der Präambel Demokratie und Transparenz als Wesenszüge des öffentlichen Lebens des geeinten Europa herausgestellt. Nach Art. 1 (Teil I) des Entwurfes eines Vertrages über eine Verfassung für Europa ist Ausgangspunkt der Verfassung der Wille der Bürgerinnen und Bürger und nach Art. 2 (Teil I) zählt die Demokratie zu den Grundwerten der Europäischen Union. Ganz im Sinne einer Stärkung des demokratischen Lebens in der Europäischen Union hat sich Jürgen Meyer erfolgreich für die Aufnahme eines europäischen Bürgerbegehrens in die europäische Verfassung (Teil I, Art. 46) eingesetzt. Die demokratische Geisteshaltung von Jürgen Meyer zeigt sich auch darin, dass er sich gemeinsam mit zahlreichen Verfassungsrechtslehrern für ein Referendum der deutschen Bürger über die Europäische Verfassung ausgesprochen hat, um eine direkte Legitimation des Verfassungstextes durch das deutsche Volk zu begründen.

Die internationale, sogar über Europa hinausgehende Bedeutung der von Jürgen Meyer wesentlich miterarbeiteten Grundsätze der europäischen Grundrechtecharta sowie des europäischen Verfassungsentwurfes zeigt sich an dem großen Interesse, das auch außerhalb Europas an den Arbeiten der europäischen Konvente besteht. So hatte Jürgen Meyer unlängst Gelegenheit, mehrfach in Australien über die europäischen Arbeiten zur Grundrechtecharta und Verfassung zu berichten.

Die grundlegende Ausrichtung am Menschen als Mittelpunkt des Rechtsstaates kennzeichnet den gesamten, vielfältigen Wirkungskreis von Jürgen Meyer. Die Gewährleistung von Freiheit, Sicherheit und Recht des Individuums in einem demokratischen, rechtsstaatlichen Gefüge ist Leitfaden seiner wissenschaftlichen, politischen sowie praktischen Tätigkeit als Strafverteidiger. Die wissenschaftliche Auseinandersetzung dient hierbei als Ausgangspunkt und Basis, die Reformpolitik als Medium zur fortwährenden Realisierung von Gerechtigkeit sowie Rechtsfortbildung in Deutschland, Europa und weit über die Grenzen unseres Rechtsraumes hinaus. Dieser Leitfaden zeigt sich auch in dem aktuellen wissenschaftlichen Projekt von Jürgen Meyer, das sich mit „Außenseitern vor Gericht" befasst und hierbei der Selektion bei der Einleitung von strafrechtlichen Ermittlungsverfahren wissenschaftlich nachgehen will.

Jürgen Meyer hat im Rahmen seiner vielfältigen politischen sowie praktischen Tätigkeit als Strafverteidiger stets wissenschaftlichen Tiefgang und unermüdlichen

Einsatz für den Sieg des Rechts bewiesen und im Rahmen seines wissenschaftlichen Wirkungskreises nie die Verantwortung der Wissenschaft in Richtung rechtspolitischer Reformen und einer stetigen Rechtsfortentwicklung aus den Augen verloren. Möge er seine Arbeit noch lange fortsetzen können.

Ulm, im November 2005 Dr. Marion Träger

Inhaltsverzeichnis

A.

Grundrechte und Europäische Werteordnung

Die Identität Europas und das Wertefundament der EU

von Otto Schily, Mitglied des Bundestages und Bundesminister a. D.

I. Europa – mehr als Markt und Milchquoten

Als vor einigen Jahren die Charta der Grundrechte der Europäischen Union geschaffen wurde, entzündete sich bei der Formulierung der Präambel ein schwerer Streit. Während einige Delegierte, darunter deutsche Christdemokraten, darauf drängten, die religiösen Wurzeln Europas im Text zu erwähnen, lehnten das andere vehement ab, und die französische Regierung erklärte, eine religiöse Bezugnahme sei für ihr laizistisches Land völlig inakzeptabel. Um ein Scheitern der Charta in der Schlussabstimmung zu verhindern, wurde der Konflikt in letzter Minute durch einen Kunstgriff gelöst: Während in der französischen Textfassung nur vom *„patrimoine spirituel"* die Rede ist, ist in der deutschsprachigen Version vom *„geistig-religiösen Erbe"* zu lesen. Diese salomonische Lösung, die *Jürgen Meyer* in seinem Kommentar zur Grundrechte-Charta überliefert[1], zeigt nicht nur, welche Raffinesse gelegentlich nötig ist, um das gemeinsame europäische Projekt letztlich zum Ziel zu bringen. Sie zeigt auch, welche unterschiedlichen Anschauungen selbst zu Grundfragen unserer kulturellen Identität in den Mitgliedsländern bestehen.

Dennoch gibt es heute kaum eine wichtige Debatte über Europa, in der nicht die Frage aufgeworfen wird, was die Europäische Union ausmacht und welche besonderen Werte ihre Mitgliedsstaaten zusammenhalten. Bei der Schaffung einer Verfassung für Europa war es wiederum die Frage eines möglichen Gottesbezuges, die die Diskussion entfachte. Bei der Erweiterung der EU ist es vor allem der angestrebte Beitritt der Türkei, der für viele Anlass ist, Gemeinsamkeiten und Grenzen der EU zu diskutieren. Und schließlich bietet immer wieder der Vergleich Europas mit den Vereinigten Staaten von Amerika oder anderen Ländern und Kulturkreisen Gelegenheit, tatsächliche oder vermeintliche Eigentümlichkeiten herauszuarbeiten und die Identität Europas komparativ zu bestimmen.

Einfach lässt sich die Frage nach der Identität und den Werten Europas nicht beantworten. Schon der erste Befund zeigt eine große Heterogenität in kultureller, politischer und historischer Hinsicht: Die Europäer sprechen keine gemeinsame Sprache und teilen nicht die gleiche Religion. Sie sind Christen aller Konfessionen, Juden, Moslems oder Atheisten. Ihre Staaten sind teils Republiken, teils stehen gekrönte Häupter an der Spitze. Für die einen ist der Föderalismus ein unverzichtbares Strukturprinzip, die anderen lehnen ihn als Vorboten des Zerfalls ihrer Nationalstaa-

1 Jürgen Meyer (Hrsg.), Kommentar zur Charta der Grundrechte der EU, 2003, S. 22 f.

ten strikt ab. Auch die historischen Erfahrungen könnten unterschiedlicher nicht sein: In zwei Weltkriegen standen sich Europäer feindlich gegenüber, und von den totalitären Diktaturen des 20. Jahrhunderts waren sie bis in die jüngste Vergangenheit ganz verschieden betroffen.

Wer nach der Identität und den Werten Europas sucht, wird also niemals ein einheitliches, homogenes und klar umrissenes Europa finden. Für den französischen Historiker *Edgar Morin* ist Europa daher ein Komplex, der die größten Unterschiede in sich vereinigt, ohne sie zu vermengen, und der Gegensätze untrennbar miteinander verbindet.[2] Kein Wunder also, dass in dem – vorerst gescheiterten – Vertrag über eine Verfassung für Europa (VVE) häufig von den Eigenheiten der Mitgliedsstaaten die Rede ist. Schon die Präambel weiß, dass Europa nur „in Vielfalt geeint" ist. Zu den Zielen der Union gehört es, den *„Reichtum ihrer kulturellen und sprachlichen Vielfalt"* zu bewahren (Art. I – 3 Abs. 3 UAbs. 4 VVE), und mit Blick auf die Beziehungen zwischen Union und Mitgliedsstaaten ist ausdrücklich festgeschrieben, dass die Union die „nationale Identität der Mitgliedsstaaten" achtet (Art. I – 5 Abs. 1 Satz 1 VVE).

Diese Formulierungen dürfen aber nicht den Blick auf die Gemeinsamkeiten der europäischen Staaten und Völker verstellen. Die Europäische Union ist weit mehr als Markt und Währung. Das spürt, wer ungehindert von Grenzkontrollen heute von Lappland bis nach Sizilien reist und nur einen Funken historischer Vorstellungskraft besitzt. Es geht längst nicht nur um Milchquoten und Defizitkriterien. Die Europäische Union ist heute eine auf gemeinsamen Werten gründende politische Gemeinschaft.

II. Die Quellen unserer Werte

Die Quellen unserer Werte sind vielfältig und oft gegenläufig. Die Autoren des europäischen Verfassungsvertrages sahen sich – so die Präambel – aus dem kulturellen, religiösen und humanistischen Erbe Europas schöpfen. Aber aus diesen Ursprüngen haben sich die Grundwerte Europas keineswegs gradlinig entwickelt. Die Geschichte ist voller Brüche, Uneinigkeit, Antagonismen und Konflikte, die in gewisser Weise gerade das sind, was Europa hervorgebracht hat und zusammenhält.

Es sind nicht nur religiöse Einflüsse gewesen, und Europa ist auch gewiss kein „christlicher Club", aber das Christentum und seine Kirchen haben unbestreitbar einen entscheidenden Einfluss ausgeübt. Keine andere Geistesrichtung oder Institution hat Europa zwei Jahrtausende in dieser alle Bereiche durchdringenden Weise geprägt. Aber dennoch greift das viel zitierte Wort von der „christlich-abendländischen Tradition" zu kurz. Denn das Christentum ist aus dem Judentum und die christliche Bibel aus der hebräischen Bibel hervorgegangen. Und diese ist eines der wichtigsten Werke der Menschheitsgeschichte, dessen Dekalog bis heute für ein gelungenes

2 Edgar Morin, Europa denken, 1991, S. 19.

menschliches Zusammenleben von entscheidender Bedeutung ist. Die Schöpfungsgeschichte hat den Gedanken der Gottesebenbildlichkeit des Menschen hervorgebracht. Ein Gedanke, in dem viele den Ursprung für die Idee der Menschenwürde erblicken: Weil der Mensch als das Ebenbild Gottes geschaffen ist, besitzt er auf Erden einen unverfügbaren Eigenwert. Dass die Grundlage der Menschenwürde ebenso aus der Philosophie der Antike und der Aufklärung gewonnen werden kann und ihre jüdisch-christliche Grundlage bisweilen bestritten wird, ist wiederum Ausdruck der Vielschichtigkeit unseres kulturellen Erbes.

Die christlich-jüdische Tradition steht in einem Spannungsverhältnis zur griechisch-römischen Kultur. Der griechischen Antike verdankt Europa das Ideal einer Wissenschaft, die auf der Grundlage der Vernunft nach Gesetzmäßigkeiten sucht, und ihre Philosophie hat den Gedanken der Demokratie hervorgebracht. Auch wenn die athenische Polis elitär statt egalitär war und eher auf Losentscheid statt auf die Wahl von Repräsentanten setzte – ohne die geistigen Anregungen dieser Epoche wäre unsere heutige Regierungsform nicht denkbar. Dass diese Ideen entstehen konnten, war nur möglich, weil Hellas nicht von der Ausbildung einer starken Herrschaft mit ihrem Administrations- und Repräsentationsbedürfnis geprägt wurde, sondern weil sich dort stadtstaatliche Vielfalt mit ihrem Freiraum für Eigenständigkeit und Unabhängigkeit erhielt. Eine Kulturbildung aus Freiheit statt aus Herrschaft ist für den Historiker *Christian Meier* das entscheidende Kennzeichen der griechischen Antike.[3] Und in dieser Kultur der Freiheit wurde vielfach ein Gegensatz zur vermeintlich orientalischen Despotie ausgemacht. Allerdings war es gerade die im muslimischen Machtbereich ab dem 9. Jahrhundert aufblühende Philosophie, die dem christlichen Europa die Ideen der griechischen Antike vermittelt hat. Erst arabische Gelehrte wie Avicenna oder Averroes haben mit ihren Kommentaren die Aristoteles-Rezeption durch christliche Denker ermöglicht. Aber während das Abendland von den arabischen Gelehrten fruchtbare und zukunftsweisende Impulse erhielt, konnte sich Averroes' Forderung nach einer rationalen Auslegung des Korans und seine Vorstellung von einer rationalen Weltordnung im muslimischen Bereich nicht durchsetzen.

Die zeitweilige Beherrschung weiter Teile Europas machte aber zuvor das Römische Reich zum maßgeblichen Entwickler, Vermittler und Verbreiter der antiken Kultur. Die lateinische Sprache konnte dadurch zum verbindenden Element der Wissenschaft über Nationen hinweg aufsteigen. Das wirkmächtigste und nachhaltigste Erbe Roms ist aber unbestritten das römische Recht. Die Kodifikation Kaiser Justinians drückte dem Recht bis in die Gegenwart seinen Stempel auf. Das war nur möglich, weil die Universitäten des Mittelalters, angefangen von der Rechtsschule von Bologna, diesem Recht eine Renaissance bescherten. Zunächst unter dem Schirm der Kirchen entstanden, führten die Universitäten die Studenten Europas zusammen und beförderten mit deren Einteilung in „Nationes“ zugleich die Herausbil-

3 Christian Meier, Die griechisch-römische Tradition, in: Hans Joas / Klaus Wiegandt, Die kulturellen Werte Europas, 2005, S. 93ff.

dung nationaler Identitäten. Später sorgte im christlichen Europa die Trennung zwischen kirchlicher und weltlicher Macht – seit dem Investiturstreit eine grundlegende Maxime europäischer Politik und bis heute ein Unterschied zur arabischen Welt – für eine Pluralität der Herrschaft. Und weil sich im Heiligen Römischen Reich auch territorial ein Mächtepluralismus entwickelte, konnte in Mitteleuropa jene Vielzahl von politischen, kulturellen und wissenschaftlichen Zentren entstehen, die zur Grundlage der bis heute fortbestehenden Vielfalt Europas wurde.

Das einigende Band der universitas christiana wurde mit Reformation und Kirchenspaltung zerrissen. Aber auch das war keine uniforme Entwicklung, Namen wie Luther, Calvin oder Zwingli stehen hier nebeneinander. Sie brachen mit dem Alten und gaben der religiösen wie kulturellen Entwicklung neue Impulse. So ist Luthers „Hier stehe ich und kann nicht anders" zu einem Bekenntnis für die Gewissensfreiheit geworden, und nicht nur für Protestanten ist seither klar, dass die legitime Macht des Staates an der Gewissensbindung des Einzelnen ihre Grenze findet. Diese – nach dem großen morgenländischen Schisma – erneute Spaltung der christlichen Kirche führte mit dem Dreißigjährigen Krieg zu bis dahin unvorstellbaren Verwüstungen und brachte den Europäern zugleich einen wichtigen Fortschritt: den Territorialstaat als Garanten der eigenen Sicherheit. Seine Legitimation fand er nicht länger in Herkommen oder religiösem Mythos, sondern in seiner Funktion. Denn Reformation und Aufklärung bereiteten der Rationalisierung den Weg. Die Idee eines freien und eigenständigen Denkens, das losgelöst von Autoritäten und bestimmten Schulen die Erkenntnis der Wahrheit vor allem dem eigenen Urteil überließ, wurde zum Leitbild der Aufklärung und zur Grundlage eines wohlverstandenen Individualismus, des kritischen Diskurses und der Toleranz.

Vor diesem Hintergrund konnten Staatsdenker wie John Locke, Charles de Montesquieu oder Jean-Jacques Rousseau ihre Überlegungen zu bürgerlicher Freiheit, Gewaltenteilung und Demokratie formulieren – Überlegungen, die allesamt auf den Vorarbeiten der Denker des klassischen Griechenlands aufbauen konnten. Die französische Revolution brachte dieses Freiheits- und Verfassungsdenken in Europa zum Durchbruch. Dass dabei die revolutionäre Verfassungsbildung manches aufnehmen konnte, was sich in England evolutionär durch Jahrhunderte entwickelt hatte, ist Ausdruck der engen Verflechtung der Werteentwicklung und deren unterschiedlicher Geschwindigkeiten. Die revolutionäre Freiheit löste die Fesseln der alten, ständisch formierten Gesellschaft und bereitete den Übergang ins bürgerliche Zeitalter. Persönliche und wirtschaftliche Freiheit sowie staatsbürgerliche Gleichheit boten dem Einzelnen neue Möglichkeiten der individuellen Lebensgestaltung. Aber das Ende von obrigkeitlicher Bevormundung führte auch zum Fortfall schützender und versorgender Solidarverbände. In der Epoche der Industrialisierung war eine Verelendung weiter Bevölkerungskreise die Folge. Unter deren Eindruck formulierte Karl Marx seine Ideen der sozialen Gerechtigkeit. Es gehört zu den Antagonismen der europäischen Werteentwicklung, dass als Reaktion auf Freiheit und Individualisierung die Idee einer Diktatur des Proletariats mit einer Glorifizierung des Kollektivismus entstand, die halb Europa das halbe 20. Jahrhundert hindurch beherrschte.

Das liberale Denken führte dazu, den Staat nicht länger vom Monarchen her, sondern vom Volk zu denken. Das war eine Voraussetzung für die Demokratie, aber das Idealbild einer kulturell geeinten Staatsnation wurde schnell zum Nationalismus übersteigert. Der Nationalismus wurde in der ersten Hälfte des 20. Jahrhunderts zur Geißel Europas. Zwei blutige Weltkriege mit Millionen Toten allein in Europa und der von Deutschen begangene Völkermord an den Juden sind zum gemeinsamen Schicksal Europas geworden. Auch wenn sich die Staaten Europas auf unterschiedlichen Seiten der Front gegenüberstanden, wenn die einen Täter, die anderen Opfer waren: Die Erfahrung von Tod und Zerstörung, Unterdrückung und Vertreibung ist den Völkern Europas gemein. Dieses europäische Trauma muss im Hinterkopf haben, wer sich heute mit den Werten Europas und ihrer Identität befasst, denn die Erinnerung daran ist der Schlüssel, um das Projekt Europa als einzigartige Erfolgsgeschichte zu verstehen. Die Zahl der Europäerinnen und Europäer wird kleiner, die den Zweiten Weltkrieg noch erlebt, Opfer zu beklagen oder ihr Land in Trümmern gesehen haben. Den nachwachsenden Generationen ist all das kaum mehr vorstellbar. Aber der Wunsch nach einer zivilen Gesellschaft und Frieden ist auch bei ihnen ungebrochen, das haben die Reaktionen vor allem der jungen Europäer auf den Irak-Krieg gezeigt. Und zugleich hat die jüngste Geschichte auf dem Balkan gezeigt, dass der Frieden noch nicht überall in Europa eine Selbstverständlichkeit ist, sondern erst noch errungen werden muss.

III. Die Kodifikation der europäischen Werte

Die Sicherung des Friedens war das Grundmotiv des europäischen Integrationsprozesses. Auch wenn Jean Monnet es später bedauert haben soll, nicht mit der kulturellen Einigung Europas begonnen zu haben: am Anfang stand die Vergemeinschaftung der kriegswichtigen Montanindustrie. Gemäß der Präambel des Gründungsvertrages der Europäischen Gemeinschaft für Kohle und Stahl (EGKS) von 1951 sollten *„jahrhundertealte Rivalitäten"* und *„blutige Auseinandersetzungen"* zwischen den Staaten Europas durch den Zusammenschluss wesentlicher wirtschaftlicher Interessen überwunden werden. Da mit der EGKS nur ein kleiner Ausschnitt des mitgliedsstaatlichen Wirkens vergemeinschaftet war, bot dieser Vertrag für eine Kodifikation grundlegender gemeineuropäischer Werte oder Prinzipien noch keinen Raum. Das geschah hinsichtlich der Individualrechte zunächst durch den Europarat. Seine Mitgliedsstaaten hatten schon ein Jahr zuvor, 1950, in der Europäischen Menschenrechtskonvention die Grundlagen von Freiheit und Rechtsstaatlichkeit normiert.

Mit der Ausweitung der Tätigkeit der Europäischen Gemeinschaften stieg jedoch das Bedürfnis, zumindest grundlegende Individualrechte zu etablieren. 1969 war es der Europäische Gerichtshof, der – gestützt auf die gemeinsamen verfassungsrechtlichen Überlieferungen der Mitgliedsstaaten – erstmals die Existenz von ungeschriebenen Grundrechten im Gemeinschaftsrecht anerkannte. Die im Vertrag von Maastricht kulminierende Entwicklung der EG von einer Wirtschaftsgemeinschaft hin zu einer politischen Gemeinschaft steigerte das Verlangen, sich über die Grundlagen und Grenzen des gemeinsamen Handelns zu verständigen und diese schriftlich niederzulegen. Die über die wirtschaftliche Integration hinausgehenden Ambitionen der Union verdeutlichen besonders die Kriterien, die 1993 in Kopenhagen für die Aufnahme weiterer Mitgliedsstaaten aufgestellt wurden. Noch vor dem Erfordernis der wirtschaftlichen Wettbewerbsfähigkeit werden die demokratische und rechtsstaatliche Ordnung, die Wahrung der Menschenrechte sowie die Achtung und der Schutz von Minderheiten genannt.

Eine detaillierte Kodifizierung der Individualrechte schuf aber erst die vom so genannten Herzog-Konvent – unter Beteiligung von *Jürgen Meyer* – erarbeitete Charta der Grundrechte der Europäischen Union. Dabei konnte der Konvent auf die Verfassungstraditionen der Mitgliedsstaaten, die bereits vorliegenden Kodifikationen wie die Europäische Menschenrechtskonvention und die Europäischen Sozialcharta sowie auf die Rechtsprechung des Europäischen Gerichtshofes zurückgreifen. Neben den klassischen Freiheits-, Gleichheits- und Verfahrensrechten enthält die Charta auch wirtschaftliche und soziale Grundrechte. Diese Charta sollte Bestanteil des Europäischen Verfassungsvertrages werden, an dessen Formulierung wiederum *Jürgen Meyer* als Delegierter des Deutschen Bundestages mitgearbeitet hat. Dort werden als „Werte der Union" genannt: *„die Achtung der Menschenrechte, Freiheit, Demokratie, Gleichheit, Rechtsstaatlichkeit und die Wahrung der Menschenrechte einschließlich der Rechte der Personen, die Minderheiten angehören"*. Weiter bestimmt der Vertrag: *„Diese Werte sind allen Mitgliedsstaaten in einer Gesellschaft gemeinsam, die sich durch Pluralismus, Nichtdiskriminierung, Toleranz, Gerechtigkeit, Solidarität und die Gleichheit von Frauen und Männern auszeichnet."*

Der Vertrag über eine Verfassung für Europa ist gescheitert. Obwohl der Text mit seinen 448 Artikeln und 36 Zusatzprotokollen gewiss kein sprachliches Meisterstück war, ist eine Kodifikation der Grundlagen und Ziele, der Grenzen und Vorgehensweisen der Gemeinschaft dennoch wünschenswert. Das ist nun eine Aufgabe für die Zukunft. Die Grundwerte der Union bleiben aber vom Schicksal des Verfassungsvertrages unberührt, denn Grundüberzeugungen werden nicht durch Verträge geschaffen, sondern sie liegen ihnen voraus. Ob kodifiziert oder nicht, diese Werte bleiben auch weiterhin Maßstab und Grenze des Handelns der Europäischen Union und ihrer Mitgliedsstaaten.

IV. Identität, Abgrenzung und Offenheit

Gemeinsam geteilte Werte sind das Fundament für ein Gefühl der Zusammengehörigkeit. Aber reichen die „europäischen Werte" aus, um jenes Maß an Zusammengehörigkeit zu stiften, damit die Menschen das als legitim ansehen, was sie bislang nur innerstaatlich kannten – zum Beispiel Entscheidungen der Mehrheit hinzunehmen, auch wenn man selbst zur unterlegenen Minderheit zählt, oder Solidarität zu üben und finanzielle Opfer zu bringen, auch für Menschen aus ganz anderen Regionen?

Manchen scheinen diese Werte nicht zu reichen. Sie suchen ergänzend, die europäische Identität durch Ab- und Ausgrenzung zu schaffen, etwa *Jürgen Habermas* und *Jacques Derrida*.[4] Sie haben im Irak-Krieg und in der politischen Kontroverse darüber die „Wiedergeburt Europas" erblickt und versucht, Europa durch die Abgrenzung zu den Vereinigten Staaten von Amerika zu konturieren. Als Eigenheiten Europas listen sie im Wesentlichen auf: die weltanschauliche Neutralität der Staatsgewalt, ein eher positives Staatsverständnis, mehr soziale Gerechtigkeit, den Verzicht auf die Todesstrafe, Multilateralismus und die Bereitschaft zur wechselseitigen Einschränkung der Souveränität, den Glauben an das Völkerrecht und die friedliche Konfliktlösung.

Aber diese Argumentation übersteigert das Trennende und ignoriert, dass die Staaten Europas mit niemandem sonst mehr Gemeinsamkeiten besitzen als mit den Vereinigten Staaten von Amerika. Gemeinsam teilen wir die Werte des Westens. Die amerikanischen Einwanderer und ihre Ideen stammten aus Europa, und in Amerika, in der neuen Welt, konnten die neuen Ideen Europas schon seit 1776 die Verfassung von Staat und Gesellschaft prägen. Durch ihren Einsatz im und nach dem Zweiten Weltkrieg haben die Vereinigten Staaten den Erhalt und die Durchsetzung dieser gemeinsamen Werte in Europa gesichert – Werte, die auch längst kein Alleinstellungsmerkmal Europas mehr sind, sondern heute in vielen Teilen der Welt verbreitet sind. Dazu genügt bereits der Hinweis auf Kanada oder Australien, Japan oder in begrenztem Maße auch Indien.

Wer aus den Unterschieden im Detail, die der Vergleich der Verhältnisse diesseits und jenseits des Atlantiks ergibt, eine europäische Identität konstruieren will, übersieht, dass diese Differenzen – wenn auch abgemildert – selbst innerhalb Europas bestehen. Die Diskussion um den richtigen Weg zum Tyrannensturz und die Geltung des Völkerrechts hat das gezeigt. Auch die Bereitschaft einer Gesellschaft, wechselseitige Einschränkungen der nationalstaatlichen Souveränität zu akzeptieren, mag davon abhängen, wie lange man dieser Souveränität entbehren musste oder wie oft und erfolgreich man sie in der Vergangenheit verteidigt hat. Es sind nicht zuletzt die Erfahrungsunterschiede, die in Folge des Eisernen Vorhangs zwischen den Ländern Westeuropas sowie Mittel- und Osteuropas bestehen und die sich hier niederschlagen. Das gilt auch für das Verhältnis von Politik und Markt. Es gibt nicht „das" europäische Sozialmodell, sondern die Bandbreite reicht von der Marktwirtschaft „ohne Attribut" über den einstigen rheinischen Kapitalismus bis hin zum skandinavischen Wohlfahrtsstaat.

Wer trotzdem Identität durch Abgrenzung propagiert, redet einer europäischen Uniformität das Wort, die weder besteht noch erwünscht ist. Wer Europa in dieser Weise negativ zu definieren versucht, propagiert – wie *Timothy Garton Ash* zu

4 Jürgen Habermas/Jacques Derrida, Unsere Erneuerung. Nach dem Krieg: Die Wiedergeburt Europas, in: Frankfurter Allgemeine Zeitung (FAZ) vom 31. Mai 2003, S. 33f.

Recht kritisiert – letztlich einen europäischen Nationalismus, der mit seiner Differenzierung zwischen „Wir“ und den „Anderen“ nichts anderes als eine „Gut“- und „Böse“-Etikettierung vornimmt.[5] Wir sollten uns davor hüten, und das nicht nur im Hinblick auf Amerika.

Ebenso verfehlt ist auch der Versuch, die Identität Europas durch eine Abgrenzung zum Orient und zur muslimischen Welt zu konstruieren. Der Topos vom „christlichen Abendland Europa“ ist – wie gesehen – nicht nur historisch verfehlt, sondern wäre auch Sprengstoff für eine EU, in der schon heute rund 15 Millionen Muslime leben. Das heißt freilich nicht, einer Werteindifferenz das Wort reden. Aber unsere Identität kann nur positiv aus Europa selbst kommen und nicht als definitio ex negativo gelingen. Sie wurzelt nicht in einer einzelnen Religion oder Ethnie, sondern in einer Kultur der Freiheit, der Vielfalt und der Toleranz. Deshalb ist ein deutscher Muslim ebenso selbstverständlich wie etwa ein britischer Katholik. Aber das fordert auch von den Muslimen eine stärkere Identifikation mit Europa. Der Islam in Europa ist heute noch viel zu sehr von einer ethnischen Anbindung an die arabische Welt und den dort herrschenden staatspolitischen Anschauungen bestimmt. Er sollte sich weder mit ihnen identifizieren noch versuchen, sie nach Europa zu importieren. Nötig ist ein europäischer Islam, der sich stärker auf die historischen Gemeinsamkeiten von Orient und Okzident besinnt. Gemeinsamkeiten, die auch noch nicht in allen Teilen Europas zum Durchbruch gekommen sind. Denn wenn es um die Grundwerte Europas geht, müssen wir den Blick auch dorthin richten, wo Frieden, Freiheit und konfliktfreie Vielfalt noch längst keine Realität sind. Europa darf die Menschen auf dem Balkan, in Weißrussland oder Moldawien nicht vergessen. Gerade ihr Schicksal erinnert daran, dass der status quo der Europäischen Union keine Selbstverständlichkeit ist, sondern dass Krieg, Hass und Unfreiheit eine ständige Gefahr sind und die Werte Europas gelebt, immer wieder verteidigt und mitunter auch erkämpft werden müssen.

Im Deutschland der alten Bundesrepublik hat der Journalist und Politologe Dolf Sternberger das Wort und die Idee vom Verfassungspatriotismus geprägt. Nachdem die Idee der Nation historisch diskreditiert und die Nation staatlich gespalten war, bot der Verfassungspatriotismus ein neues Konzept der Identifikation. Das wurde möglich, weil mit Grundgesetz und freiheitlicher Demokratie eine Kodifikation und eine Wertordnung existierten, die – im Gegensatz zur Weimarer Republik und ihrer Verfassung – höchste Akzeptanz genossen. In Europa wären heute die wenigsten Mitgliedsstaaten bereit, sich auf den Weg solch postnationaler Identität zu begeben. Dafür besteht auch gar kein Anlass. Aber Europa braucht ergänzend zu den Nationen einen überstaatlichen Identifikationsansatz. Allerdings wäre es ein Irrtum zu glauben, diese Identität ließe sich nach dem Vorbild eines Nationalstaates auf eine klare Essenz bringen. Denn dort, wo die Nation Einheit sucht und findet, existieren in Europa Vielfalt und Offenheit. Obwohl eine prägnante Kodifikation der Grundla-

5 Timothy Garton Ash, Europäische Herztöne, in: Zeitschrift für KulturAustausch 02/2005, S. 90ff.

gen und Grenzen des gemeinschaftlichen Handelns wünschenswert ist, wird es kein Urkundentext sein, der diese Identität ausdrückt. Der Verfassungsvertrag ist gescheitert und er hätte das auch nicht zu leisten vermocht. Aber es gibt eine Verfassung jenseits der Verträge, es gibt eine Lebensform Europa. Sie ist durch kooperationsoffene Nationalstaaten gekennzeichnet, in und zwischen denen Freiheit, Toleranz und Solidarität herrschen und politische Konflikte friedlich gelöst werden. Verglichen mit den meisten Epochen der Geschichte Europas und den gegenwärtigen Verhältnissen in anderen Teilen dieser Welt ist das ein Befund, der durchaus zur Grundlage eines europäischen Patriotismus taugt und vor dessen Hintergrund manche tagespolitischen Querelen des Integrationsprozesses zu Marginalien werden.

Die Konventsmethode

Schlussfolgerungen nach zwei Erfahrungen

von Dr. Caspar Einem, Abgeordneter zum Nationalrat

1. Die Konventsmethode

Die Staats- und Regierungschefs der Union hatten in Köln am 3. und 4. Juni 1999 unter deutscher und am 15. und 16. Oktober 1999 in Tampere unter finnischer Präsidentschaft beschlossen, eine europäische Grundrechts-Charta erarbeiten zu lassen, um die Bedeutung und Relevanz der Grundrechte für die europäischen Bürger besser sichtbar zu machen[1]. Für die Ausarbeitung der Charta wurde nach entsprechenden Kontakten mit der Kommission und mit Vertretern des Europäischen Parlaments ein Gremium eingesetzt, das sich in seiner zweiten Sitzung selbst den Namen „Konvent" gegeben hat, das sich aus 15 Vertretern der Staats- und Regierungschefs, 16 Mitgliedern des Europäischen Parlaments, einem Vertreter des Kommissionspräsidenten und je zwei Vertretern der nationalen Parlamente zusammensetzen sollte.[2] Dem Konvent wurde die Aufgabe übertragen, auf Basis der Europäischen Menschenrechtskonvention (EMRK) und der gemeinsamen Verfassungstraditionen der Mitgliedstaaten einen Grundrechtskatalog und Verfahrensnormen zu erarbeiten, die zu den Grundprinzipien des Gemeinschaftsrechts zählen. Überdies sollten Bürgerrechte für die Unionsbürger erarbeitet werden. Schließlich sollte die Charta wirtschaftliche und soziale Grundrechte mit umfassen, wie sie in der Europäischen Sozialcharta und in der Gemeinschaftscharta über grundlegende soziale Rechte der ArbeitnehmerInnen (Artikel 136 EGV) verankert sind, ohne dadurch neue Kompetenzen der Union zu schaffen.[3] Das Ergebnis dieser Arbeit sollte bis zum Gipfeltreffen im Dezember 2000 vorgelegt werden.

Die Betrauung dieser Gruppe von 62 Vertretern der Mitgliedstaaten bzw. der Kommission war ein neuer und in mancher Hinsicht kühner Schritt. Es zeigte sich, dass die Staats- und Regierungschefs sich überwiegend durch Rechtswissenschaftler von hohem Rang vertreten ließen, teils allerdings auch durch ehemalige Regierungschefs. Der Rest waren Parlamentarier und der zuständige Kommissar. Gearbeitet wurde in erster Linie im Plenum auf der Basis von Vorschlägen des Präsidiums, das sich aus einem Präsidenten, dem ehemaligen deutschen Bundespräsidenten und

1 Vgl. Schlussfolgerungen der Präsidentschaft, Köln, 3. und 4. Juni 1999, Annex IV.
2 Vgl. Schlussfolgerungen der Präsidentschaft, Tampere, 15. und 16. Oktober 1999, Annex.
3 Vgl. Schlussfolgerungen der Präsidentschaft, Köln, w. o.

vormaligen Präsidenten des deutschen Bundesverfassungsgerichts, Roman Herzog, zwei Vizepräsidenten und weiteren drei Mitgliedern, den Vertretern der drei im Konvent vertretenen Kurien (Vertreter der Regierungschefs, Nationale Parlamentarier, Europaparlamentarier) zusammensetzte. Die Kurienvertreter wurden in den Kurien und der Präsident im Plenum gewählt. Der Konvent sollte sein Ergebnis im Konsens finden (s. u. unter 3.1.).

Den Beginn dieses ersten Konvents begleitete durchaus manches Misstrauen. Zum einen war nicht wirklich geklärt, was die Staats- und Regierungschefs eigentlich wollten. Sollte es tatsächlich um einklagbare Rechte gehen oder bloß darum, ‚etwas' „besser sichtbar" zu machen, also im Grunde um einen Marketing-Gag zugunsten der besseren Akzeptanz der EU[4]. Zum anderen aber erschien auch die Methode gewagt: einer Großgruppe von 62 Personen aus fünfzehn Ländern die Aufgabe zu stellen, innerhalb von neun Monaten Arbeitszeit ein zeitgemäßes Grundrechtsdokument vorzulegen, das die gemeinsamen Verfassungstraditionen der Mitgliedsstaaten spiegelt, war eine beträchtliche Herausforderung, an der auch kleinere Gruppen, deren Arbeitsfähigkeit besser belegt ist, hätten scheitern können.

Tatsächlich aber zeigte sich schon in den ersten Sitzungen des Grundrechts-Konvents sehr rasch eine eigentümliche Gruppendynamik, die schließlich alle Konventsmitglieder erfasste: es entwickelte sich ein gemeinsames Gefühl der Verantwortung für ein Ergebnis. Und dieses Gefühl hielt auch den Belastungen stand, die naturgemäß bei heftigen Diskussionen um Inhalte auftreten können. Ein übriges tat die sehr gelungene Vorsitzführung, sodass der Konvent keinen wirklichen Einbruch erlitt als Präsident Herzog infolge der tödlichen Krankheit und des schließlichen Todes seiner Frau ab Juni 2000 de facto nicht mehr zur Verfügung stand[5].

Überraschend erschien vermutlich nicht nur mir, dass es im Konvent - abgesehen von seiner vorletzten (der letzten Arbeits-) Sitzung - zu keinen Fraktionsbildungen entlang der politischen Familien gekommen ist. Lediglich in der letzten Arbeitssitzung kam es zu einer Kompromisslösung entlang der erwartbaren „Schlachtreihenformation": Da wurde das Streikrecht als soziales Grundrecht vom Block der „Linken" und das Recht auf „unternehmerische Freiheit"[6], sowie die Bezugnahme auf das „geistig-religiöse Erbe" der EU in der Präambel von den „Rechten" als Kompromisspaket vereinbart[7].

Am 2. Oktober 2000 gelang es Präsident Herzog schließlich, das notwendige Ausmaß an Übereinstimmung fest zu stellen, sodass der Entwurf der Grundrechtscharta dem informellen Europäischen Rat in Biarritz am 13./14. Oktober 2000 zuge-

4 Vgl. Caspar Einem: Die Quadratur der Sterne. So schrieben wir Europas Verfassung, Wien 2004, Seite 16 f.

5 Eine mit Beispielen unterlegte Darstellung der Konventsdynamik findet sich etwa in Caspar Einem: Ein anderes Österreich in einem neuen Europa, Wien 2001, S 222 ff.

6 Die entsprechenden Bestimmungen finden sich nun in Artikel II 88 (Streikrecht) bzw. II 76 (unternehmerische Freiheit) des Vertrages über eine Verfassung für Europa.

7 Vgl. dazu Caspar Einem, 2001, S 242 f.

leitet werden konnte. Dort stimmten die europäischen Staats- und Regierungschefs dem Entwurf einstimmig zu, allerdings unter der Bedingung, dass es bloß zu einer Proklamation des Textes und nicht zu einer Übernahme in das Primärrecht der Union kommen würde, und leiteten den Text an Kommission und Europäisches Parlament weiter. Vier Staats- und Regierungschefs (UK, IRL, S, DK) wollten sich nicht auf verbindliche Grundrechte für die Bürger der Union einlassen, obwohl ihre Vertreter am gesamten Prozess teilgenommen und zumindest teilweise (s. u. unter 3.3.) dem Ergebnis auch ausdrücklich zugestimmt hatten. Hier mag die Debatte über die Frage, ob es um die Erarbeitung von Grundrechten oder bloß um die Zusammenfassung von Grundwerten gehe, die zu Beginn der Konventsberatungen heftig geführt worden war, fortgewirkt haben: Diese vier Regierungen waren wohl bereit, einen Text im Konsens zu finden, nicht aber, ihn rechtverbindlich zu machen. So weit hat der pragmatische Arbeitskompromissvorschlag des Konventspräsidenten (s. u. unter 3.6.) nicht gereicht.

Der Konvent selbst und seine Arbeit war ein voller Erfolg. Es kam zu einem Ergebnis, die Zeitvorgabe wurde eingehalten, Konsens zum Inhalt erzielt. Mit alledem war nicht von Haus aus und mit Sicherheit zu rechnen gewesen. Soweit es dann zu Problemen kam lagen sie im Bereich des Europäischen Rates.

2. Lehren aus Nizza

Beim Europäischen Rat von Nizza sollte die Europäische Union erweiterungsfähig gemacht, die Institutionen der EU so weiter entwickelt werden, dass die Union auch mit 27 Mitgliedern handlungsfähig wäre. Tatsächlich entwickelte sich der Europäische Rat bzw. die Regierungskonferenz von Nizza zu einem Desaster. Die Staats- und Regierungschefs waren nicht fähig oder bereit, sich auf ein moderneres, wohl auch demokratischeres Europa zu verständigen. Zu groß waren die jeweiligen nationalen Eigeninteressen. Und dieser mühselige Prozess des Kuhhandels um Stimmgewichte im Rat, um Fragen der Einstimmigkeit oder der qualifizierten Mehrheit bei der Finanzvorschau, um die Frage, ob auch künftig jedes Land stets einen Kommissar haben sollte usw. lief zu allem Überfluss weitgehend vor den Augen der Öffentlichkeit ab. Konsequenz des relativ kleinlichen Hickhacks war nicht nur eine schwächliche Reform, die überdies schon rein sprachlich kaum verständlich war, sondern vor allem ein beträchtlicher Ansehensverlust der Union und ihrer Leistungsfähigkeit. Schlussendlich blieb als einziger sichtbarer und leicht nachvollziehbarer Erfolg die Proklamation der Europäischen Charta der Grundrechte, wenn auch mit dem Wermutstropfen, dass es sich eben gerade nicht um durchsetzbare Rechte, sondern bestenfalls um eine Interpretationshilfe für den Europäischen Gerichtshof bei der Auslegung des Artikels 6 des Vertrages über die Europäische Union handelte.

Nachdem dieser Versuch, die Union erweiterungsfähig zu machen weitgehend gescheitert war, stellte sich die Frage nach einem eher Erfolg versprechenden Versuch der Reform der Institutionen und nach einem aussichtsreicheren Verfahren. Der Post-Nizza-Prozess kam mit dem Ende des Europäischen Rates von Nizza in Gang. Dabei waren es zunächst die Parlamente – das Europäische Parlament und die nationalen Parlamente -, die auf die Erfolgsgeschichte des Grundrechts-Konvents verweisend die Beauftragung eines Konvents mit der Lösung der anstehenden Fragen verlangten[8]. Formell forderten etwa die Vorsitzenden der Europaausschüsse der nationalen Parlamente und Vertreter des Europäischen Parlaments bei ihrer COSAC-Tagung am 21./22. Mai 2001 gemeinsam die Betrauung einer am Grundrechtskonvent orientierten Konferenz zur Vorbereitung der nächsten EU-Reformrunde.

Nun rückte die Frage des inhaltlichen Mandats in den Vordergrund. Langsam kam auch Schwung in die Debatten der Ratsmitglieder, die sich zunächst zurückhaltend gezeigt hatten. Es war dann vor allem die belgische Ratspräsidentschaft, die sich die Frage eines Konvents und eines Mandats für diesen Konvent zueigen machte und im Allgemeinen Rat im Oktober 2001 erste Festlegungen zugunsten der Konventsmethode erreichen konnte. Offen blieben dabei noch der Umfang des Mandats, die Präsidiumszusammensetzung und die Frage, ob es zu Optionen oder zu einem einheitlichen Text kommen sollte.

> *„Endgültig eingesetzt wurde der Europäische Konvent vom Europäischen Rat am 14./15. Dezember 2001 im belgischen Laeken. Sein bis zum Schluss heftig umstrittenes Mandat wurde durch das große Engagement und politische Geschick der belgischen EU-Präsidentschaft weit gefasst: Während der Konvent den knappen Auftrag erhielt, die „wesentlichen Fragen" der künftigen Entwicklung der Union zu prüfen, richtete die zugrunde liegende Erklärung zur Zukunft der EU das Reformziel bereits auf eine Verfassung für die europäischen Bürger aus. Die im Vorfeld heftig umkämpfte Frage, ob der Konvent lediglich „Optionen" erarbeiten solle, wurde von den Staats- und Regierungschefs zu Recht der politischen Diskussion im Konvent selbst überlassen. Die Chance für die Erarbeitung eines neuen Verfassungsentwurfs für Europa war eröffnet."*[9]

Sind damit Lehren aus dem Debakel von Nizza gezogen worden? Zum einen wohl ja. Die Methode Regierungskonferenz war desavouiert, die Methode Konvent stand unbefleckt da. Und soweit der Konvent nicht zu verbindlichen und durchsetzbaren Rechten geführt hatte war dies auch Sache der Staats- und Regierungschefs gewesen. Im Lichte der nun vorliegenden Erfahrungen ist allerdings auch der Einwand vertretbar, dass der Umgang der vier Regierungschefs, die schließlich gegen die Übernahme der Charta in das Primärrecht der EU votiert hatten, Sorgen auch für den Umgang mit dem allfälligen Ergebnis des Verfassungskonvents gerechtfertigt hätte. Denn das Problem der Methode Europäischer Rat bzw. Regierungskonferenz war ja nicht, dass es keine orientierenden Leitlinien für eine wünschbare Lösung gegeben hätte, sondern dass nationale Egoismen das europäische Projekt haben in den Hintergrund treten lassen. Einen Konvent mit der Ausarbeitung einer Verfassung für die EU zu beauftragen und sein Ergebnis dann lediglich als orientierende Leitlinie

8 Vgl. dazu Jürgen Meyer/Sylvia Hartleif in Deutscher Bundestag (Hg.), 2004, S 20 f.

9 Vgl. Jürgen Meyer/Sylvia Hartleif in Deutscher Bundestag (Hg.), 2004, S 22.

zu verwenden wäre jedenfalls nicht nur Ressourcenverschwendung, sondern auch eine Zumutung für die Teilnehmer.

Die schließliche Beauftragung eines neuerlichen Konvents mit der Ausarbeitung eines Vorschlages entlang des Mandats von Laeken und der Erfolg, den auch dieses Konventsprojekt erzielt hat, rechtfertigt einen näheren Blick auf die Bedingungen des Handelns bei der Konventsmethode in ihrer bisher bekannten Form, nicht zuletzt um zu Entscheidungsgrundlagen zu kommen, ob diese Methode weiter entwickelt, neuerlich eingesetzt oder überhaupt zu einem Instrument der EU-Verfassung gemacht werden soll.

3. Einige spezifische Herausforderungen der Methode

3.1. Konsensmethode

Eine der Besonderheiten der Konventsmethode bestand in beiden bisherigen Konventen in der so genannten Konsensmethode. Für den Grundrechtskonvent hatte der Europäische Rat in Tampere am 15./16. Oktober 1999 diese Methode wie folgt festgelegt:

> *„Gelangt der Vorsitzende in engem Benehmen mit den stellvertretenden Vorsitzenden zu der Auffassung, dass der von dem Gremium ausgearbeitete Charta-Entwurf für alle Seiten zustimmungsfähig ist, wird der Entwurf dem Europäischen Rat im Wege des üblichen Vorbereitungsverfahrens zugeleitet."*

Tatsächlich gab es im Grundrechtskonvent lediglich eine Abstimmung, nämlich zur Benennung des Gremiums als „Konvent"[10]. Im übrigen war es notwendig, so lange kontrovers zu diskutieren und so oft neue Textvorschläge des Präsidiums, die auf Basis der voran gegangenen Debatten erstellt worden waren, zu studieren, bis kein Konventmitglied mehr erklärte, diesem Text keinesfalls zustimmen zu können. Im Verfassungskonvent war die Methode ähnlich, wenn auch die Herausforderung durch die Aufgabe ungleich größer war.

Die Anforderungen, die dieses Entscheidungsmodell an die Beteiligten stellt, sind hoch. Nicht nur muss dabei das Präsidium immer neue Kompromissformeln suchen und zuletzt auch finden, auch die Konventsmitglieder selbst müssen bereit sein, auf einander zu zu gehen. Da es sich aber nicht um eine bloß persönliche Teilnahme am Konvent und persönliche Zustimmung zu Ergebnissen handelt, sondern der Grad der Freiheit zu entscheiden, vielfach – vor allem bei den Vertretern der Staats- und Regierungschefs – deutlich begrenzt gewesen ist, hat das Verfahren mehr verlangt, als individuelle Kompromissbereitschaft. Es war zugleich notwendig, zumindest ansatzweise Unterschiede in der politischen bzw. der Rechtskultur der Länder, aus denen die jeweiligen Konventsmitglieder kamen, zur Kenntnis zu nehmen und – was vielfach nicht gerade einfach war - zu respektieren. Das kann vor allem dann, wenn

10 Vgl. Meyer/Engels in Deutscher Bundestag (Hg.) 2001, S 14.

die Positionen nicht leicht nachvollziehbar sind oder wenn ein Konventsmitglied allem Anschein nach bei allem und jedem Einwände geltend macht, beträchtliche intellektuelle und auch emotionale Schwierigkeiten bereiten.

Um am Ende des Konvents zu diesem Konsens zu gelangen, haben sich beide Konvente zusätzlicher Abstimmungsprozesse bedient: Einerseits tagten jeweils vor den Konventssitzungen die Fraktionen (politischen Familien), in denen alle der jeweiligen Parteifamilie angehörigen Konventsmitglieder, unabhängig von ihrer Kurienzugehörigkeit vertreten waren. Andererseits tagten auch jeweils die Kurien, denen jeweils die Gruppen nach Entsendungskriterien angehörten (Europäisches Parlament, Nationale Parlamente, Vertreter der Staats- und Regierungschefs) in separaten Sitzungen. Im Verfassungskonvent wurden überdies in der ersten Phase Arbeitsgruppen eingerichtet, um bestimmte Themenblöcke gesondert zu beraten und Lösungsvorschläge für das Plenum des Konvents vorzulegen, dem die Willensbildung – jedenfalls dem Anspruch nach – oblag. Tatsächlich traf vielfach das Präsidium die Auswahl, welche der vorgeschlagenen Lösungen dann auch wirklich in Textvorschläge mündeten[11].

In der Schlussphase der Konvente verlagerten die beiden Präsidien den Schwerpunkt der Willensbildung in die Kurien, während die politischen Familien (nur im Verfassungskonvent) Positionspapiere vorlegten.

Im Folgenden sollen nun die wesentlichsten Gruppen und ihre Besonderheiten in der Praxis ein wenig dargestellt werden.

3.2. Nationale ParlamentarierInnen

In beiden bisherigen Konventen war die Kurie der Vertreter der nationalen Parlamente jeweils die größte, im Verfassungskonvent stellte sie sogar die absolute Mehrheit der Konventsmitglieder (56 von 105). Dennoch hatte gerade diese Kurie besondere Probleme, ein ihrer Größe entsprechendes Gewicht im Konvent zu entfalten. In Wahrheit war dies in erster Linie die Schwierigkeit, sich zu organisieren und eigene Positionen zu erarbeiten und zu vertreten. Der wesentliche Hintergrund dafür liegt wohl in der Tatsache begründet, dass die nationalen ParlamentarierInnen in der Konventszusammensetzung sonst bloß selten oder nie miteinander zusammen kommen. Auch wenn sich manche der Abgeordneten bereits von Sitzungen der COSAC, der europäischen Parteifamilien oder auch im Falle des Verfassungskonvents bereits vom Grundrechtskonvent her kannten, war dies dennoch bloß eine Minderheit, allerdings eine bedeutsame. Denn bereits die geringsten Beziehungen stellten einen Vorteil gegenüber dem Gros der übrigen nationalen Abgeordneten dar, die gar keine

11 So hat etwa die Arbeitsgruppe Soziales vorgeschlagen, auch „die allgemeine und diskriminierungsfreie Zugänglichkeit der Dienste von allgemeinem sozialen oder wirtschaftlichen Interesse“ in die Zielbestimmung des Artikel I 3 aufzunehmen. Das Präsidium ist diesem Vorschlag nicht gefolgt und hat seine Beweggründe dafür auch nie offen gelegt.

Beziehungen zu einander hatten. Dieser Vorteil sollte gegen Ende der Verfassungskonventsberatungen auch noch schlagend werden.

Ein weiteres Problem stellte die Tatsache dar, dass im Verfassungskonvent keine Wahl des Vorsitzenden der eigenen Kurie stattfand, sondern dass der Vorsitz von den Vertretern des jeweiligen EU-Vorsitzlandes wahrgenommen wurde. Lediglich im Grundrechts-Konvent wurde der Vertreter der jeweiligen Kurie im Präsidium von dieser gewählt und nahm überdies die Funktion des Vorsitzes in den Kuriensitzungen wahr. Im Verfassungskonvent wurden zwar auch die Vertreter der Kurie im Präsidium gewählt. Sie fungierten allerdings nur in dieser Funktion und insoweit als Verbindungsglied zwischen Kurie und Präsidium mit der Aufgabe in beide Richtungen zu informieren.

Der in der Kurie der nationalen Parlamentarier (im Verfassungskonvent) im Sechsmonats-Rythmus wechselnde Vorsitz, der zumeist noch abwechselnd von den Vertretern der beiden größten Parteien des Vorsitzlandes geführt wurde, trug dazu bei, dass es zu keinem wirklichen Arbeitsprogramm und die längste Zeit auch zu keiner Arbeitsgruppenbildung kam, die notwendig gewesen wäre, um Positionen zu konkretisieren. Erst vierzehn Tage vor Abschluss des Konvents – am 30. Mai 2003 – gelang schließlich die Bildung einer Arbeitsgruppe in der Kurie der nationalen Parlamentarier. Ich selbst habe diese Gruppenbildung etwas spitz „Putsch“ genannt, weil sie nur durch gezielte Vorabsprache unter einigen Gleichgesinnten möglich war und quasi im Handstreich durchgesetzt wurde. Führend dabei nicht zuletzt einige „Altkonventionisten“ aus dem Grundrechtskonvent: Jürgen Meyer, Ben Fayot und ich selbst[12]. Durch diese Arbeitsgruppenbildung und deren effizienten Vorsitzenden René van der Linden und die gute Arbeit gelang es in der Schlussphase sogar, die bis dahin durch Selbstblockade eher lahme Gruppe der nationalen Parlamentarier zum Taktgeber mancher nicht unwichtiger Textänderungen zu machen[13].

3.3. Vertreter der Staats- und Regierungschefs

Jeder Staats- und Regierungschef der EU-Mitgliedsstaaten und im Verfassungskonvent auch der Kandidatenländer (Bulgarien, Rumänien, Türkei) war jeweils durch einen persönlichen Vertreter in den beiden Konventen vertreten. Deutlich erkennbar haben die Staats- und Regierungschefs in den Grundrechtskonvent überwiegend Fachleute von teils hohem Rang als ihre Vertreter entsandt, während sie in den Verfassungskonvent von Anbeginn zahlreiche hochrangige politische Vertreter entsandt haben, mit zunehmender Dauer des Verfassungskonvents nahezu durchwegs Außen- oder Europaminister oder stellvertretende Regierungschefs. Offenbar kann man in

12 Vgl. dazu Caspar Einem, Die Quadratur der Sterne. So schrieben wir Europas Verfassung, Wien 2004, S 205 ff.

13 Vgl. dazu Jürgen Meyer/Sylvia Hartleif in Deutscher Bundestag (Hg.), 2004, S 27 sowie Caspar Einem, 2004, S 237 ff.

ihren Augen Menschenrechtsfragen getrost Fachleuten überlassen, Fragen der Machtverteilung müssen jedoch von Politikern entschieden werden.

Vor allem im Verfassungskonvent spielten einige Vertreter der Regierungschefs sehr klar die Rolle des Vertreters, mitunter unter ausdrücklichem Hinweis darauf, dass ihr Regierungschef bestimmten im Konvent diskutierten Lösungen in der Regierungskonferenz keinesfalls zustimmen werde. Das ist natürlich ein relativ starkes Argument, wenn man weiß, dass in der Regierungskonferenz einstimmig entschieden wird. Es wird allerdings dann zu einem Spiel mit doppelten Karten, wenn der Vertreter des Regierungschefs nicht zuletzt mit diesem Argument vieles, auch gegen Mehrheiten im Konvent, durchgesetzt und schließlich auf dieser Grundlage dem erarbeiteten Text auch seine Zustimmung gegeben hat, wie etwa Lord Goldsmith[14], der Vertreter Tony Blair's im Grundrechtskonvent, und dann der vertretene Regierungschef dennoch ein Veto gegen das Konventsergebnis einlegt. Weitere Beispiele, die gezeigt haben, dass die Staats- und Regierungschefs nicht eigentlich eine Demokratisierung des Verfassungsgebungsprozesses in der EU angestrebt haben, sondern eher eine ausdifferenzierte Arbeitsgruppe, lassen sich relativ leicht finden: So hat etwa die Vertreterin des polnischen Regierungschefs nie dezidiert verlangt, dass die Stimmgewichtungsregeln von Nizza aufrecht erhalten werden müssten oder dass Polen jedenfalls immer auf einen eigenen Kommissar bestehen werde[15]. Das blieb dem Regierungschef bis zum schließlichen Einlenken vorbehalten. Der österreichische Regierungschef erklärte im österreichischen Parlament, er habe sich ganz bewusst nicht durch die Außenministerin im Konvent vertreten lassen, damit sie in der Regierungskonferenz frei sei, zu verlangen, was zu verlangen sei[16]. Auch kein Beispiel für besonderen Respekt gegenüber der Methode und den Personen, die siebzehn Monate an der Verfassung für Europa gearbeitet hatten. Da war noch der Auftritt der spanischen Außenministerin Anna Palacio während der Schlusszeremonie des Konvents ehrlicher, die als Schlussrednerin der Kurie der Vertreter der Staats- und Regierungschefs ausdrücklich einen Vorbehalt ihrer Regierung gegen das Konventsergebnis und zugleich erklärte, der Konvent sei eine Einrichtung im Interesse der Bürger Europas gewesen und habe vieles erreicht[17].

Hier liegt wohl die größte Schwäche der Methode: Da erweisen sich die Vertreter der Regierungschefs während des Konvents als die größten Bremser wirklicher Veränderung im Vertragsgefüge, zugleich aber gilt ihre Zustimmung nur ad personam. Die Regierungschefs bleiben frei. Das führt den demokratischen Ansatz der Methode Konvent ad absurdum. Ich werde mir daher erlauben, am Ende Änderungsüberlegungen anzustellen, freilich im Bewusstsein der Grenzen ihrer Umsetzbarkeit.

14 Jürgen Meyer/Markus Engels in Deutscher Bundestag (Hg.), 2001 S 15.

15 Caspar Einem, 2004, S 281.

16 Caspar Einem, 2004, S 294.

17 Caspar Einem, 2004, S 265 f.

3.4. Verhältnis Europäisches Parlament und Nationale Parlamente

Die sechzehn Vertreter des Europäischen Parlaments waren die organisationsfähigste Gruppe in beiden Konventen. Die bloße Tatsache ihres nahezu täglichen Zusammentreffens im EP erlaubte ihnen, wie keiner anderen Gruppe, informelle und formelle Abstimmungsprozesse, die ihnen eine starke Rolle im Konvent gab.

Aber auch die Arbeitsweise des EP trug ein Übriges zur starken Position der Kurie der Europaparlamentarier bei: Einesteils gibt es im EP von Haus aus weit weniger gehässige Parteienkonfrontation, wie sie in nationalen Parlamenten zwischen Regierungsparteien und Oppositionsparteien vorkommen. Das liegt wohl auch an der Tatsache, dass im EP wesentlich weniger Medienaufmerksamkeit herrscht und daher dort weniger zum Fenster hinaus gesprochen wird. Zum anderen ist die Fraktionsbindung im EP nicht so eng, wie in den nationalen Parlamenten, zumal keine fraktionsgebundene Regierung zu verteidigen ist. Und schließlich werden Gesetzesmaterien im EP in einer dem Konventsverfahren nicht unähnlichen Weise vorangetrieben. Während ein Berichterstatter einen Textvorschlag vorlegt, erstatten die Abgeordneten Abänderungsanträge. Für diese Prozedur ist es ebenfalls notwendig, möglich viele Unterstützer auch aus anderen Fraktionen zu gewinnen.

Kurz: Die Kurie der Europaparlamentarier stellte sich vor allem im Vergleich zur Kurie der nationalen Parlamentarier als besonders organisationsfähig dar. Diese Tatsache allein löste bereits bei zahlreichen Konventsmitgliedern aus den nationalen Parlamenten beträchtliche Eifersucht und Berührungsaversionen aus. Das führte gegen Ende des Konvents so weit, dass manche nationale Parlamentarier den Versuch, eine möglichst breite Konsenslinie zwischen den Vertretern des EP und der nationalen Parlamente zu finden, rundweg ablehnten, obwohl das Signal, das von einer derart großen Gruppe (72 von 105) ausginge, nicht ohne Wirkung auf das Präsidium bleiben könnte[18]. Mit Hilfe der Arbeitsgruppe, des Netzwerks aus Altkonventionisten in beiden Kurien und der sehr resoluten Vorsitzführung der griechischen Vorsitzenden in der Kurie der nationalen Abgeordneten gelang der Schulterschluss dennoch und führte auch zum Erfolg.

3.5. Die Europäischen Parteien

Die politischen Parteien auf Ebene der Mitgliedstaaten der EU haben überwiegend europäische Parteien gebildet, die im Grunde nach demselben Muster funktionieren, wie die EU selbst. Die europäischen Parteien haben ihrerseits bloß Parteien zu Mitgliedern und kein Einzelmitglieder und sie wurden bislang nahezu ausschließlich durch Mitgliedsbeiträge der nationalen Parteien finanziert. Das ändert sich nun mit dem europäischen Parteistatut. Entsprechend schwach ist die Position der europäi-

18 Vgl. Caspar Einem, 2004, S 250 ff.

schen Parteien. Sie spiegeln im Grunde nur die Vielfalt nationaler Politikorientierungen.

Dasselbe Bild, wenn auch durch die Notwendigkeit, im Alltag politische Arbeit im Europäischen Parlament zu leisten, deutlich gemildert, bei den Fraktionen zum Europäischen Parlament.

Was zeigte sich im Konvent: dass die Vorstellungen von wünschbarer Politik in den meisten Feldern eher von geografischen Gesichtspunkten, als von der Zugehörigkeit zu einer bestimmten Parteifamilie bestimmt waren. Im Zentrum von Kontinentaleuropa gibt es über die Parteigrenzen hinweg eine hohe Übereinstimmung zum Wohlfahrtsstaat und der Wünschbarkeit seiner Weiterentwicklung ebenso wie zu Fragen der weiteren Vertiefung der EU. Demgegenüber gibt es innerhalb der Parteifamilien beträchtliche Auffassungsunterschiede zwischen dem kontinentaleuropäischen Zentralraum und der Peripherie im Westen, im Norden und im Nordosten (Irland, Vereinigtes Königreich, Dänemark, Schweden, Estland, Polen).

Es erwies sich daher vor allem im Verfassungskonvent als überaus schwierig, zu abgestimmten fraktionellen Positionen zu kommen und diese gemeinsam einzubringen. Allem Anschein nach gelang dies der EVP noch relativ am besten, gefolgt von den europäischen Liberalen und abgeschlagen der SPE. Im Falle der EVP habe ich allerdings herausgefunden, was der wahre Hintergrund ihrer scheinbaren Geschlossenheit bei Abänderungsanträgen zu den Textvorschlägen des Präsidiums war: die Texte wurden von Elmar Brok u. a. aus der europäischen Fraktion ausgearbeitet, den Mitgliedern der EVP-Fraktion im Konvent zugesandt und wenn kein Widerspruch erfolgte, im Namen aller nicht widersprechenden Fraktionsmitglieder eingereicht[19].

Kurz: im Grunde war die Plattform der politischen Parteifamilien für die Abstimmung von Positionen im Konvent weniger nützlich, als umgekehrt, für den Versuch, ein bisschen mehr Gemeinsamkeit in die europäische Partei zu bringen. Auch das ein eher mühsames Unterfangen. Wirklich nützlich waren die fraktionellen Treffen, im Falle der SPE während des Verfassungskonvents vor allem die working dinners jeweils nach dem ersten Konventstag, vor allem, um auszuloten, welche Spielräume es allenfalls geben könnte. Denn offene Rede war nicht nur möglich, sondern die Regel. Und wenn auch Tony Blairs Vertreter Peter Hain nicht immer zu diesen Treffen kam, so war er doch vielfach vertreten und man konnte zumindest klar heraus arbeiten, wo die Grenzen des Verfassungsprozesses allenfalls liegen könnten.

3.6. Das Präsidium

Schon im ersten Konvent war dem Präsidium des Konvents eine sehr starke Stellung eingeräumt worden. So sollte der Vorsitzende in engem Einvernehmen mit seinen Stellvertretern das Recht haben, den Konsens festzustellen, der wiederum Voraussetzung für Weiterleitung des Arbeitsergebnisses an die Staats- und Regierungschefs

19 Vgl. Caspar Einem, 2004, S 198.

sein sollte. Aber im Unterschied zum Verfassungskonvent wurde dem Grundrechtskonvent das Recht zugestanden, seinen Vorsitzenden selbst zu wählen. Und der Konvent machte eine sehr gute Wahl, indem er den persönlichen Vertreter des deutschen Bundeskanzlers Schröder im Konvent, den ehemaligen deutschen Bundespräsidenten und vormaligen Präsidenten des Bundesverfassungsgerichtes Roman Herzog zu seinem Vorsitzenden wählte. Herzog hatte zwei Stellvertreter aus dem Kreis der Vertreter der Regierungschefs. Weiters gehörten dem Präsidium je ein gewählter Vertreter der beiden Parlamentariergruppen und der Vertreter des Kommissionspräsidenten an. Der außerordentlich weisen und humorvollen Vorsitzführung Herzog's war es zu danken, dass der Grundrechtskonvent nicht gleich zu Beginn an der Frage scheiterte, ob es bloß um einen unverbindlichen Katalog von Werten oder um durchsetzbare Rechte gehen solle. Sein Vorschlag, diese Frage auf sich beruhen zu lassen und die Arbeit so zu tun, als ob es um verbindliche Rechte ginge, erwies sich für die Arbeit im Konvent als tragfähig und außerordentlich glücklich[20]. Freilich trat das Problem unmittelbar nach Ende des Konvents wieder ans Tageslicht.

Verglichen mit den Erfahrungen des Verfassungskonvents kann gesagt werden, dass sich die Entscheidung der Staats- und Regierungschefs, die Wahl des Vorsitzenden dem Konvent selbst zu überlassen, sehr günstig auf das Vertrauensverhältnis zwischen Konvent und Präsidium ausgewirkt hat. Dasselbe gilt für die Wahl der Repräsentanten der Kurien im Präsidium, die zugleich die Vorsitzfunktion in den jeweiligen Kuriensitzungen wahrnahmen.

So viel Freiheit wollten die Staats- und Regierungschefs dem Verfassungskonvent nicht einräumen. Im Gegenteil. Sie bestimmten den Vorsitzenden und seine beiden Stellvertreter. Darüber hinaus legten sie fest, dass die Länder, denen während der Laufzeit des Konvents der Vorsitz in der EU zukommen würde, auch während der ganzen Konventsperiode im Präsidium vertreten sein sollten. So waren sechs der zwölf Präsidiumsmitglieder nicht gewählte Regierungsvertreter. Die übrigen sechs wurden teilweise gewählt (je zwei Vertreter der beiden Parlamentariergruppen), teilweise durch den Kommissionspräsidenten bestimmt (zwei Kommissare)[21]. Dieser Bestellvorgang, vielleicht auch ein wenig die Persönlichkeit und das Auftreten des Konventsvorsitzenden Giscard d'Estaing führten zu nicht unbeträchtlichem Misstrauen vieler Konventsmitglieder gegenüber dem Präsidium in der Anfangsphase des Konvents. Die wenig transparente Ablaufgestaltung des Konvents und die vielfach nicht nachvollziehbare Texterstellung im Präsidium waren Grundlage für Misstrauen in der zweiten Hälfte der Konventsarbeit.

Hier zeigte sich eine auch andere institutionelle Fragen überschattende Haltung der Staats- und Regierungschefs: ihr sehr geringes Zutrauen zu demokratischen Prozessen und deren Legitimationswirkung. Natürlich hätte auch der Verfassungskonvent alles Interesse daran haben müssen, ein fähiges Präsidium zu wählen, meinetwegen auch mit einem Vorsitz aus dem Kreis der Vertreter der Staats- und Regie-

20 Vgl. Caspar Einem, 2001, S224.
21 Vgl. dazu auch Jürgen Meyer/Sylvia Hartleif, 2004, S 24 f.

rungschefs, wenn sie dies als vertrauensbildende Grundlage verlangt hätten. Es zählt zu den Grundproblemen der EU, dass zu viel Entscheidungs- und Gestaltungsmacht in den Händen einer Gruppe ist, die nur sich selbst zutraut, verantwortungsvolle Entscheidungen treffen zu können, wobei ihr Maßstab gar nicht die EU, sondern die nationalen Interessen der durch sie repräsentierten Regierungen sind. Die Entscheidung über das Konventspräsidium ist dabei vergleichsweise noch ein geringes Problem. Es ist bloß symptomatisch für eine Haltung, die zugleich die Grenzen des Verfassungsprozesses insgesamt bestimmt.

3.7. Anforderungen an die demokratische Reife der Konventsmitglieder

Die Konvents-Methode, so wie sie bisher in zwei Konventen praktiziert worden ist, bringt es mit sich, dass zunächst relativ viel Zeit und Raum dafür zur Verfügung steht, dass jedes Konventsmitglied seine Wünsche an das Endprodukt formulieren kann. Eine erste Enttäuschungsphase beginnt mit der Textvorlage durch das Präsidium. Dort zeigt sich, wie viel oder wie wenig von dem, was man in den Konvent eingebracht hat, gehört und vom Präsidium gewollt worden ist.

Dann besteht die Chance zu Abänderungsanträgen zu den vorgelegten Texten. Im Falle des Grundrechtskonvents hat das dann zu relativ rasch vorgelegten geänderten Texten geführt, sodass bald deutlich wurde, in welcher Richtung allenfalls ein Kompromiss-Konsens zustande kommen könnte. Diese Phase hat zugleich einen Teil der Enttäuschung abgefangen und weiter zugelassen, für die eigenen Ziele oder die der Gruppe, von der man entsandt worden ist, einzutreten.

Anders im Verfassungskonvent. Dort hat sich das Präsidium entgegen vorherigen Ankündigungen entschieden, den überarbeiteten Text en bloc erst vorzulegen, wenn alle Textteile diskutiert und mit amendments versehen worden wären. Das war eine für den Konvent absolut unbefriedigende Lösung, mag sie auch aus Sicht des Präsidiums bequemer und aussichtsreicher erschienen sein[22]. Die Vorlage des überarbeiteten Textes erfolgte überdies erst im letzten möglichen Moment, sodass lediglich drei Konventstage blieben, um den Text zu diskutieren und nochmals Änderungen vorzuschlagen. Jedenfalls hätte man unter diesen Umständen niemandem übel nehmen können, wenn er die Strategie als versuchte Übertölpelung des Konvents gesehen hätte.

In dieser, nun ohnehin schon emotional aufgeheizten Situation, kam noch die Notwendigkeit hinzu, Kompromisse zu finden. Und diese Kompromisse mussten im Grunde von allen Konventsmitgliedern höchst persönlich gefunden und angeboten

22 Mir gegenüber hat G. Amato, auf diese Frage angesprochen, erklärt, dass das Präsidium Sorge gehabt habe, andernfalls in eine Endlosschleife immer neuer Textvorschläge, Abänderungsanträge usw. zu geraten. Deshalb habe man sich zur gewählten Vorgangsweise entschlossen. Dem Text der Grundrechtscharta hat jedenfalls die wiederholte Vorlag weiter entwickelte Texte nicht geschadet.

oder zumindest hingenommen werden. Denn anders, als in der parlamentarischen Arbeit in den nationalen Parlamenten, wo die Kompromissfindung primär innerhalb der Fraktionen stattfindet und durch die Hackordnung, die Autorität des Partei- und bzw. des Fraktionsvorsitzenden mit beeinflusst wird, ist im Konvents-Entscheidungsprozess letztlich jeder allein, wobei den Vertretern der Regierungschefs, wie bereits dargestellt, eine zweite Chance eingeräumt ist. Sie müssen nicht im Konvent gewinnen. Sie können es auf die Regierungskonferenz ankommen lassen. Und das scheinen im Verfassungskonvent auch viele getan zu haben. Es sind primär die nationalen Parlamentarier, die da in Not geraten. Zum einen, weil sie diesen Prozess – anders als die Europaparlamentarier – nicht kennen. Und andererseits weil sie gemeinsam mit den Europaparlamentariern das relativ freieste Mandat haben. Sie haben in aller Regel keine strikten Vorgaben. Das heißt, dass nun nach sechzehneinhalb Monaten, in denen Wunschzettel geschrieben werden konnten, individuell Abstriche von den eigenen Forderungen gemacht werden mussten, um zu einem Ergebnis kommen zu können.

Tatsächlich traten nun manche dafür ein, nicht eine Textlösung vorzulegen, sondern Optionen – etwa mit dem Argument, dass bloß eine Textlösung vorzuschlagen, Zwang bedeute[23]. Andere verlangten gerade heraus, die Entscheidung den Regierungschefs zu überlassen und sich nicht in das Joch des Kompromisses spannen zu lassen. Und wieder andere wollten lediglich eine Lösung akzeptieren, in der ihre Wünsche zu 100% enthalten wären. Der größte Teil der Gruppe konnte nicht aufhören, immer dieselben Wünsche nochmals vorzutragen, die jeder von ihnen schon bisher immer wieder vorgetragen hatte und die alle übrigen daher schon kannten. Das ist eine Phase der Konventsarbeit, die außerordentliche Anspannung mit sich bringt und außerordentliche Geduld erfordert, zumal in dieser Periode auch Konventsmitglieder, die mehr als sechzehn Monate sachlich und überzeugend waren, nun vollkommen aus der Fassung gerieten und keinerlei Kompromiss akzeptieren wollten.

Das Erfolgsgeheimnis des Verfassungskonvents und insbesondere der Kurie der nationalen Parlamentarier lag zweifellos einerseits in der erfolgreichen Arbeit der Arbeitsgruppe, der es gelungen ist, jene etwa zwanzig Punkte[24] zusammen zu fassen, denen jeweils mehr als 80% der Gruppe zustimmen konnte und andererseits darin, dass die griechische Vorsitzende erkannt hat, dass viele an sich erwachsene Menschen soeben in Kindheitsmuster zu regredieren im Begriffe waren und entsprechend autoritär und klar darauf reagiert hat. Das ist freilich kein besonders erfreuliches Erfolgsgeheimnis. Aber es macht deutlich, dass die Art von demokratischer Reife, die notwendig ist, um in einer großen Gruppe Erfolg dadurch zu erzielen, dass jeder ein Stück seiner eigenen Forderungen aufgibt, nirgends wirklich vermittelt, vorbereitet oder geübt wird. Das wäre freilich die Voraussetzung dafür, demokratischen Erfolg ohne autoritäre Hilfsmaßnahmen zu erzielen.

23 Caspar Einem, 2004, S 241 ff.
24 Vgl. Caspar Einem, 2004, S 307 ff.

4. Erfolgsbedingungen in der Praxis

In beiden Konventen hat sich die Zusammensetzung mit nationalen und Europaparlamentariern, mit Vertretern der Staats- und Regierungschefs und aus der Kommission bewährt. Besonders deutlich zeigte sich in beiden Konventen, dass Parlamentarier (beider Kurien) offenbar weniger in Kategorien nationaler Egoismen denken, sondern versuchen, Lösungen entlang ihrer politischen Überzeugungen oder ihrer vermuteten Wähler zu finden. Überraschend auch, dass selbst die nationalen Parlamentarier ganz überwiegend sehr EU-freundlich und integrationsbereit agierten. Vermutlich ist wirklich die Einbeziehung einer Mehrheit von Parlamentariern das zentrale Erfolgsgeheimnis, wenn es um die Lösung von Problemen der Ballance zwischen den EU-Institutionen oder zwischen EU und den Mitgliedstaaten geht. Anders als die Regierungschefs stehen die Abgeordneten nicht so sehr unter dem Druck, sich vor nationalem Publikum Hähnen gleich aufzuplustern, sich zu produzieren. Das erleichtert die Arbeit beträchtlich und bringt sie auf eine weniger emotionale und mehr sachliche Ebene.

Sollte das bisherige Muster weiter angewendet werden, dann sollte eine Mindeststruktur zur Betreuung und Koordinierung der Vertreter der nationalen Parlamente in Brüssel eingerichtet und nach einem vernünftigen Schlüssel von den Parlamenten der Mitgliedstaaten finanziert werden.

In beiden Konventen hat sich ein starkes Präsidium zur Erreichung des gesetzten Zieles als zweckmäßig erwiesen. Bessere Grundlagen für ein Vertrauensverhältnis zwischen Konvent und Präsidium könnten durch die Wahl des Präsidiums durch den Konvent selbst und durch eine möglichst transparente Arbeitsweise des Präsidiums erreicht werden.

Eine klare zeitliche Vorgabe für die Arbeit des Konvents und den Zeitpunkt der Abgabe des Ergebnissses an die Auftraggeber ist nicht bloß nützlich, sondern geradezu notwendig für den Erfolg.

Für die innere Dynamik der Konvente hat sich die Anhörung von Vertretern der Zivilgesellschaft, Jugendvertretern und Fachvertretern als sehr befruchtend erwiesen, wenngleich deren Einfluss auf das Endergebnis im Verfassungskonvent jedenfalls gering war.

Die Arbeit auf zumindest drei vorgegebenen Ebenen – Plenum des Konvents, Kurien und politische Familien – hat sich zunächst zur Gewinnung eines guten Überblicks über die vertretenen Positionen und deren Unterstützung und dann zur Herstellung einer möglichst breiten Übereinstimmung als sehr zweckmäßig erwiesen.

Die Einsetzung von Arbeitsgruppen im Verfassungskonvent zur Vorberatung bestimmter überwiegend politisch-organisatorischer Fragen war zweckmäßig. Allerdings zeigte sich, dass diese Arbeitsgruppen, anders als Kommissionen oder Ausschüsse in den nationalen Parlamenten, nur begrenzt zur Vorberatung eigentlich politischer Fragen geeignet waren, zumal sie keinen Anspruch auf Repräsentativität erheben konnten. Dieser Umstand sollte daher beim jeweiligen Mandat berücksichtigt werden.

Bestehende Netzwerke, mögen sie aus Angehörigen einer politischen Familie, aus Teilnehmern aus vorangegangenen Arbeiten, aus Regierungsmitgliedern, die sich regelmäßig etwa im Rat Allgemeine Angelegenheiten treffen oder aus Mitgliedern des Europäischen Parlaments usw. bestehen, haben günstige Bedingungen vorgefunden, Einfluss geltend zu machen.

Die Konsensmethode hat zweifellos einen insoweit positiven Einfluss gehabt, als sie dazu gezwungen hat, einander zuzuhören und allzu weit gespannte Forderungen und Erwartungen vernünftig zu begrenzen. Allerdings hat sie auch dazu beigetragen, dass die Kurie der Vertreter der Staats- und Regierungschefs im Hinblick auf das nachfolgende Einstimmigkeitserfordernis bei der Regierungskonferenz eine übermäßig starke Position als Bremser bekommen hat.

Ein leistungsfähiges Sekretariat und vor allem die Mitarbeit von sehr qualifizierten und erfahrenen Juristen aus dem Ratssekretariat, dem Europäischen Parlament und von der Kommisssion ist unverzichtbar, um eine erfolgreiche Arbeit im Konvent leisten zu können.

5. Probleme, die den Erfolg beeinträchtigen können

5.1.

Grundsätzlich lässt sich nach den ersten Konventserfahrungen sagen, dass die meisten Probleme, die während der Konventsarbeit und im Konvent auftreten können, auch dort auf eine Weise zu bewältigen sind, dass der Arbeitserfolg des Konvents darunter nicht leiden muss.

5.2.

Als problematisch hat sich lediglich die Fraktionsbildung innerhalb der Kurie der Vertreter der Staats- und Regierungschefs im Verfassungskonvent erwiesen. Dort versammelten sich, beginnend etwa mit Halbzeit des Konvents, die Vertreter – wie sie sich selbst nannten – der so genannten „like minded countries“ unter der Losung, sie müssten sich dagegen wehren, von den großen Staaten überfahren zu werden und „jedem Land ein Kommissar“. Diese Gruppe zählte zum Zeitpunkt der Schlussphase des Konvents siebzehn Vertreter von Staats- und Regierungschefs überwiegend kleinerer Länder und Polens. Offenbar ging es diesen Staaten bzw. den Vertretern dieser Linie primär darum, entweder einen Konsens im Konvent zu verhindern oder zumindest die Optionen für die Regierungskonferenz möglichst offen zu halten. Denn in der Sache selbst war die Positionierung einigermaßen absurd: gerade die großen Mitgliedstaaten hatten in Nizza auf ihren zweiten Kommissar verzichtet und waren im Konvent bereit, auch darauf zu verzichten, stets in der Kommission vertreten zu sein. Und: vielfach verlangten nun Vertreter von Staats- und Regierungschefs das Prinzip „jedem Land ein Kommissar“, deren Auftraggeber selbst in Nizza vereinbart hatten, ab Erreichen von 27 Mitgliedern der EU die Zahl der Kommissare unter die Zahl der Mitgliedsstaaten abzusenken.

5.3.

Dieses abgekartete Spiel der Vertreter der „like minded countries“ fand natürlich nicht nur im Konvent statt, sondern war zugleich für den jeweils heimischen Politikmarkt konzipiert: dort hilft es der jeweiligen Regierung im allgemeinen zu behaupten, irgend ein großer Bösewicht - oder deren mehrere – bedrohte(n) Rechte und rechtmäßige Ansprüche des eigenen Landes. Denn dann versammeln sich die Bürger hinter der kämpfenden Regierung – zu Lasten des Anspruchs auf Wahrheit und Aufklärung und zu Lasten der Opposition, falls diese nicht auf Regierungslinie einschwenkt. Damit sind wir an der Schnittstelle vom Konvent zur externen Politik, die freilich großen Einfluss auf die Erfolgsaussichten des Konventsergebnisses hat. Weniger auf die Arbeit im Konvent, wie selbst die Krise der Union angesichts ihrer Unfähigkeit in der Frage des Irak zu einer Position aller Mitgliedstaaten zu kommen, gezeigt hat.

5.4.

Eine wesentliche Herausforderung für den möglichen politischen Erfolg der Konventsarbeit ist die Informationsvermittlung zu den Bürgern hin. Dort zeigte sich, dass alle Maßnahmen, die ergriffen wurden – und das waren in der Tat zahlreiche – , um die Bürger laufend zu informieren, bei weitem nicht gereicht haben, um eine breite öffentliche Informiertheit herzustellen. Weder die Öffentlichkeit der Sitzungen und der Dokumente des Konvents, noch die zahllosen homepages der Konventsmitglieder mit regelmäßigen Berichten über die Konventsarbeit, noch Zeitungs-, TV- und Rundfunkberichte, politische Informationsveranstaltungen, Auftritte von Konventsmitgliedern in Schulen, auf Universitäten usw. haben je ein relevantes Ausmaß von Interesse für die Arbeit und ihr Ergebnis wecken können. Das hat mehrere Gründe: zum einen sind Verfassungen nicht unbedingt das, was die Bürger bewegt. Sie wollen ihre Alltagssorgen ernst genommen und wenn möglich gelöst sehen. Zum anderen ging es im Verfassungskonvent ja auch nicht um eine neue Verfassung, sondern bloß um die allenfalls grundlegende Reform bestehender Verträge, die keiner kennt. Das machte es auch nicht gerade einfacher, zu informieren und Zustimmung zu gewinnen. Und schließlich gibt es bis heute nahezu ein Monopol der Information über europäische Angelegenheiten für die jeweiligen nationalen Regierungen. Sie sind es, die mit Geschick und Erfolg jeweils daheim berichten, was in

Brüssel geschieht und dabei die Chance ihrer de facto-Monopolstellung nutzen, ihr eigenes Tun ins beste Licht zu rücken und die anderen – das mögen Vertreter anderer Staaten, die Kommission, das Europäische Parlament, die Bürokraten, der Konvent usw. sein – für das Nichterreichen erstrebter Ziele schuldig werden zu lassen. Dasselbe Problem haben die Abgeordneten zum Europäischen Parlament. Auch sie haben derzeit kaum eine Chance, gegen diese Kommunikationsübermacht zu reüssieren.

5.5.

Das fünfte und wohl wesentlichste Problem ist jedoch, dass im Laufe der letzten Jahre das Bewusstsein dafür, was Urgrund der Schaffung und Erfolgsgeheimnis dessen, was heute EU ist, gewesen ist, weitgehend verloren gegangen ist. Das Wissen und die Überzeugung, dass dauerhafter Friede in Europa nur dadurch erzielt werden konnte, dass der Wettbewerb der Nationalstaaten, der allzu oft kriegerisch ausgetragen worden war und halb Europa verwüstet hat, durch Kooperation ersetzt wird, ist verblasst. Die heute handelnden Politiker sind im Frieden geboren oder zumindest aufgewachsen. Leistungen und Zugeständnisse für das Ziel des friedlichen Zusammenlebens sind nicht mehr selbstverständlich. Aber auch das Zusammentreffen von zunehmender weltweiter wirtschaftlicher Verflechtung und jahrelanger Wachstumsschwäche mit steigenden Arbeitslosenzahlen hat die Bereitschaft der Regierungen zur Kooperation innerhalb der EU nicht erhöht. Im Gegenteil. Das Dazukommen von acht relativ armen Mitgliedstaaten anlässlich der EU-Erweiterung 2004 hat ein Übriges getan. Jetzt geht es schwerpunktmäßig um Vorteile zugunsten der eigenen Wirtschaft, nötigenfalls auch zu Lasten der übrigen EU-Mitglieder. Es geht nicht mehr um Wettbewerbsfähigkeit der EU gegenüber anderen Wirtschaftsräumen, sondern um Staatenwettbewerb innerhalb der EU. Zu alledem mag auch die neoliberale Wirtschaftsphilosophie beitragen, deren Ziel in erster Linie das Wohl der Unternehmen und erst dann das der Masse der Bevölkerung ist. All das hat nationalistischen Rückzug begünstigt und gemeinschaftsorientierte Lösungen erschwert oder unmöglich gemacht.

5.6.

Aufbauend auf dieser Entwicklung ist es dann bloß noch ein kleiner Schritt, gegen die EU, ihre Institutionen oder Vertreter oder gegen europäische Projekte genügend Unmut der Bevölkerung zu mobilisieren. Das in den Bevölkerungen der EU-Staaaten ohnehin weit verbreitete Gefühl, man sei politisch weitgehend machtlos gegen die Willkür der EU, gegen die negativen Auswirkungen von Liberalisierung, Privatisierung und Globalisierung lässt sich gut gegen die EU und für nationalen

Rückzug ummünzen. Das Gefühl, man habe selbst nicht mehr genug zum Essen, genug Arbeitsplätze, genug Geld, um die Pensions- und Gesundheitssysteme zu finanzieren, aber an die EU müsse man immer mehr Geld zahlen, ist ebenso gut gegen das europäische Projekt mobilisierbar. Und dieser Versuchung widerstehen weder alle Regierungen, noch zahlreiche Oppositionsparteien oder ihre Spitzenexponenten. Unter diesen Bedingungen eine Volksabstimmung zur EU-Verfassung anzusetzen, heißt das Projekt wenigstens zu gefährden oder zu zerstören.

5.7.

Zuletzt soll auch noch die grundlegende Skepsis vieler Regierungsmitglieder gegenüber Parlamenten und allen Formen demokratischer Willensbildung angesprochen werden. Ganz offen sichtlich entwickelt sich bei ihnen vielfach ein Gefühl, nur Regierende wären wirklich bereit und in Lage, Verantwortung zu tragen. Diese Haltung mag durchaus mit dem weit verbreiteten Aktionsmuster zwischen Regierung und Opposition zusammen hängen und mit der über den Kreis der Regierenden hinaus verbreiteten grundlegenden Skepsis gegenüber dem Europäischen Parlament. So besehen war es bereits eine kleine Sensation, dass der Europäische Rat zweimal bereit war, Konvente mit sehr starker Beteiligung von Parlamentariern einzusetzen und keineswegs verwunderlich, dass er die Position der Vertreter der Staats- und Regierungschefs möglichst stark angelegt hat.

Als Muster der Haltung der Regierenden zu den Parlamentariern mag hier abschließend die Vorgangsweise der beginnenden Regierungskonferenz zur Frage der Schaffung einer neuen integrierten Ratsfunktion „Allgemeine Angelegenheiten und Gesetzgebung" dienen, den eine große Mehrheit, überwiegend Parlamentarier aus beiden Kurien, im Konvent verlangt hatte. Im Kern ging es dabei um ein transparenteres und letztlich auch professionelleres Gesetzgebungsverfahren, in dem diese Ratsformation funktionell die Staatenkammer dargestellt hätte. Dieser Vorschlag war Teil des im Konsens verabschiedeten Verfassungstextes[25]. Bereits beim Abendessen zu Beginn der Regierungskonferenz in Rom am 4. Oktober 2003 war man sich einig, diese Lösung zu verwerfen[26]. Das hatten in ihren Augen bloß Parlamentarier verlangt. Minister und Regierungschefs wussten es besser: sie sind alle berufen, in ihren Angelegenheiten selbst Gesetze zu beschließen. Einen ähnlichen, allerdings nicht erfolgreichen Vorstoß unternahmen einige Finanzminister, weil sie der Auffassung waren, nur sie könnten kompetent über das EU-Budget entscheiden und daher sollten dem Europäischen Parlament wesentliche Rechte genommen werden[27]. Auch die hier skizzierte Problematik ist von grundlegender Natur für die weitere Entwicklung der EU. Gelingt es nämlich nicht, der EU eine wahrhaft demokratische Verfas-

25 Artikel I 23 Absatz 1 des Entwurfs eines Vertrages über eine Verfassung für Europa.

26 Vgl. Caspar Einem, 2004, S 295 f.

27 Vgl. Caspar Einem, 2004, S 297.

sung zu geben, dann wird sie die Hoffnungen ihrer Bürger nicht erfüllen, weil im Wettbewerb der Staaten um Standortvorteile, das was die Bürger interessiert (Lohn, soziale Sicherheit, Gesundheits- und Altersvorsorge, Bildung), Kosten verursacht und daher nicht zum Zuge kommt. Und der Ort, an dem diese Standortinteressen verhandelt werden ist der Rats-Tisch. Nur wenn es gelingt, die primäre Gesetzgebungskompetenz dem Europäischen Parlament zuzuweisen besteht die Chance auf nachhaltige Orientierungsänderung. Und der Übergang dorthin bleibt höchst ungewiss, bedenkt man, dass die Entscheidung dazu, Konvent hin oder Konvent her, ausschließlich bei den Staats- und Regierungschefs liegt und zwar unter den Bedingungen der Einstimmigkeit.

6. Nachbetrachtung nach dem Europäischen Rat vom 16. und 17. Juni 2005

Der Europäische Rat vom 16. und 17. Juni 2005 musste sich mit der Frage des Scheiterns der Ratifizierung der Europäischen Verfassung in Frankreich und in den Niederlanden beschäftigen und kam zum Ergebnis, den Ratifizierungsprozess zunächst für ein Jahr auszusetzen und bei einem Sonder-Gipfel im Juni 2006 neuerlich zu beraten. Der Europäische Rat vom 16. und 17. Juni 2005 hat aber auch versucht, in der Frage der Finanziellen Vorausschau für die Jahre 2007 – 2013 zu einem Abschluss zu kommen und ist dabei am Egoismus der Beteiligten gescheitert. In diesem Abschnitt der Verhandlungen war man sehr an den Verlauf des Europäischen Rates von Nizza erinnert, wo ebenfalls Staats- und Regierungschefs bedeutender europäischer Staaten wie Buben in der Sandkiste um größere und kleinste Vorteile kämpften. Welche Schlussfolgerungen sollten aus dieser nicht gerade rühmlichen Episode gezogen werden?

Die Europäische Union kann auf diese Weise nie zu einer Demokratie auf europäischer Ebene werden und kein Mitgliedsstaat der EU käme zu einem vernünftigen Budget, würden vergleichbare Regeln der Budgeterstellung in einem Bundesstaat auf nationaler Ebene angewandt, wie sie für die EU vorgesehen sind.

Nun hat sich aber erwiesen, dass gerade das Modell der parlamentarischen und repräsentativen Demokratie in besonderer Weise geeignet ist, subregionale Differenzen dadurch überwindbar zu machen, dass auf Lebensinteressen der Wählerinnen und Wähler Bezug genommen wird und nicht bloß auf deren regionale Verankerung. Warum also sollte dieses, im nationalen Rahmen bisher außerordentlich erfolgreiche Modell nicht auch auf die europäische Ebene übertragen werden können? Die übliche Antwort auf diese Frage lautet: weil es keine europäische Öffentlichkeit gebe. Der wahre Grund ist ein anderer: weil damit die Staats- bzw. Regierungschefs ihr Entscheidungsmonopol in den von ihnen als wichtig erachteten Fragen verlieren würden. Eine europäische Öffentlichkeit ist jedenfalls nicht Voraussetzung für europäische parlamentarische Demokratie, sondern notwendige Folge vollwertiger demokratischer Entscheidungsprozesse auf europäischer Ebene. Sie wären Voraussetzung und Bedingung dafür, das heute weitgehend bestehende Berichts- und Definitionsmonopol der Regierenden über die Vorgänge in der EU zu brechen. Erst dann käme eine wahrhaft europäische Dimension von Öffentlichkeit zustande und nicht bloß eine nationale, die sich unter anderem auf Europa bezieht.

Die Europäische Union braucht ein eigenes Budget, unabhängig von den nationalen Haushalten. Und die Europäische Union braucht das Recht eines von den Bürgern direkt gewählten Parlaments, darüber einnahmen- und ausgabenseitig zu entscheiden. Bleibt bloß die Frage: wie sollen wir, wie soll die EU dorthin kommen?

7. Traum eines Konventsmitglieds a. D.

Das Debakel des Verfahrens von Nizza 2000 war maßgeblich dafür, dass sich der Europäische Rat in Laeken entschlossen hat, nach den positiven Erfahrungen mit dem Grundrechts-Konvent nun auch zur grundlegenden Reform der Verträge (Verfassungsreform) einen Konvent unter starker Beteiligung von Parlamentariern einzusetzen. Mein Traum ist, dass ein künftiger Europäischer Rat sich dazu hinreißen lassen könnte, unter dem Eindruck des Debakels von Brüssel 2005 die Grenzen seiner eigenen Handlungsfähigkeit zu erkennen und ein Konventmodell zu entwickeln und zu beschließen, das Konsequenzen aus den bisherigen Erfahrungen zieht.

Im Schritt 1 könnte festgelegt werden, dass Änderungen an den Verträgen grundsätzlich von einem Konvent auszuarbeiten sind, dem jeweils zwei VertreterInnen der jeweiligen nationalen Parlamente und je ein/e VertreterIn des bzw. der Staats- bzw. Regierungschefs bzw. –chefin angehören sollen. Darüber hinaus hat das Europäische Parlament das Recht zur Entsendung von sechzehn Abgeordneten, die Kommission von zwei ihrer Mitglieder. Soweit das bereits bekannte und erprobte Muster. Der Europäische Rat sollte allerdings darauf verzichten, selbst den Präsidenten und seine Stellvertreter zu wählen und sich beispielsweise darauf beschränken, festzulegen, dass der Präsident aus dem Kreis der Kurie der Vertreter der Regierungschefs kommen muss und er könnte auch einen Vorschlag dazu erstatten. Die Vizepräsidenten sollten aus den anderen Kurien kommen, alle drei sollten allerdings vom Konvent gewählt und damit von Beginn an mit Vertrauen ausgestattet werden.

Neu sollte sein, dass dieser Konvent dann trotz der nicht zu übersehenden Vorteile dieser Methode nicht zum Konsens kommen müsste, sondern dass er mit Zweidrittelmehrheit entscheiden können soll. Im Rahmen der Regierungskonferenz sollen die Staats- und Regierungschefs von den Punkten des Konventsvorschlages nur einstimmig abweichen können (Vorbild in leicht abgewandelter Form ist das Initiativrecht der Kommission).

Warum dieser Gedanke: das Ringen um Konsens im Konvent hätte nur dann Sinn, wenn der erzielte Konsens in irgendeiner Weise für die Regierungskonferenz verbindlich wäre. Das ist derzeit weder formalrechtlich noch auch tatsächlich der Fall. Die Staats- und Regierungschefs der EU fühlen sich an die Konventsergebnisse nicht gebunden, auch wenn sie stets durch ihre Vertreter im Konvent vertreten waren und bereits dort beträchtliche Zugeständnisse unter Hinweis auf die starke Position ihrer Funktion in der Regierungskonferenz erreichen konnten. Unter diesen Bedingungen sollten die Anforderungen an den Konvent zurück genommen, jene an die Regierungskonferenz aber, wenn auch bloß behutsam, verschärft werden.

Unter den vorgeschlagenen Bedingungen hätten die Parlamentarier im Konvent stets eine Zweidrittelmehrheit – vorausgesetzt sie stimmen miteinander. Die Staats- und Regierungschefs wiederum hätten nur dann eine Sperrminorität, wenn sie geschlossen abstimmen und zusätzlich acht andere Stimmberechtigte (z. B. jeweils beide KommissionsvertrerInnen und die drei PräsidentInnen und zumindest drei Abgeordnete) auf ihre Seite ziehen könnten. Auf diese Weise wird den gewählten Abgeordneten ein strukturelles Übergewicht zugestanden, den Staats- und Regierungschefs allerdings eine erreichbare Sperrminorität eingeräumt.

Gelingt es unter diesen Bedingungen zu Zweidrittel-Beschlüssen zu kommen und wirkt daran zumindest ein bevollmächtigter Vertreter eines Staats- oder Regierungschefs in dessen Auftrag mit, dann kann die erzielte Lösung in der nachfolgenden Regierungskonferenz nicht mehr gekippt werden, wenn dafür Einstimmigkeit erforderlich ist und der Staats- und Regierungschef so stimmt, wie der von ihm beauftragte Vertreter.

Ein solcher Konvent könnte und sollte dann zur Überarbeitung der vorliegenden Verfassung, insbesondere zur Neufassung des bisher weitestgehend unbearbeiteten Teils III der vorliegenden Verfassung eingesetzt werden.

Soweit der Traum. Bloß: haben derartige Träume eine Chance zur Realisierung?

Das, worum es geht, ist, die Europäische Union von einem staatlichen Kooperationsprojekt der Eliten zu einem demokratischen Projekt weiter zu entwickeln. Bedingung dafür ist die Abgabe des Entscheidungsmonopols der Staats- und Regierungschefs. Wie dies geschieht ist im Grunde sekundär, ginge es nicht auch um Gefühle. Der hier dargestellte Traum ist bloß ein Versuch, diese Gefühle durch ein wenig Selbstbetrug ernst zu nehmen und doch zu Lösungen zu kommen. Jeder andere Weg dorthin ist auch recht. Der vorgeschlagene Weg hätte den Vorteil, ein bewährtes Muster für die Abarbeitung dieser komplexen Fragen einsetzen zu können, das genug Zeit haben sollte, die anstehenden Fragen auszudiskutieren und genug Transparenz, um deutlich zu machen, was da geschieht.

Freilich ist die Realisierung dieses Traumes derzeit nicht sehr wahrscheinlich. Es ist dies eine Medizin, die der Patient gar nicht einzunehmen wünscht. Die Politik in den Staaten der EU befindet sich auf nationalistischem Rückzug. Weniger Europa, Reduktion auf eine bloße Wirtschaftsgemeinschaft, keine politische Union sind dabei Schlagworte, die sich in Meinungsumfragen spiegeln. Dass dabei eine funktionsfähige Wirtschaftsgemeinschaft auf Handlungsmöglichkeiten einer politischen Union angewiesen wäre, steht auf einem anderen Blatt. Auch die Kritiker der Politik der Union in Frankreich und den Niederlanden, wären auf die dann abgelehnte Verfassung angewiesen gewesen, um zumindest erste Schritte in eine andere politische Richtung durchsetzen zu können. Es liegen also viele Herausforderungen vor uns, bei denen auch Jürgen Meyers Stimme wichtig wäre.

Literaturverzeichnis:

1. Deutscher Bundestag, Referat Öffentlichkeitsarbeit (Hg.), Die Charta der Grundrechte der Europäischen Union. Berichte und Dokumentation mit einer Einleitung von Jürgen Meyer und Markus Engels, Zur Sache 1/2001, Berlin 2001
2. Deutscher Bundestag, Referat Öffentlichkeitsarbeit (Hg.), Eine Verfassung für Europa. Der Europäische Konvent und der Deutsche Bundestag, Zur Sache 1/2003, Berlin 2004
3. Caspar Einem, Ein anderes Österreich in einem neuen Europa. Sozialdemokratische Alternativen, Wien 2001
4. Caspar Einem, Die Quadratur der Sterne. So schrieben wir Europas Verfassung, Wien 2004

Wertkonflikte in der Europäischen Union

Eine Problemskizze

von Dr. Martin Borowsky, Richter und Maître en droit

Die Rede von der „Wertegemeinschaft Europa" hat in den letzten Jahren einen ungeahnten Aufschwung genommen, und der Begriff des Wertes ist jüngst zu einem Schlüsselbegriff der europäischen Verfassungsordnung aufgestiegen[1]. Einen nicht zu unterschätzenden Anteil hieran hat *Jürgen Meyer*, der sich selbst dazu bekannte, Wertkonservativer zu sein[2], belegt durch sein unermüdliches Engagement für die Grundrechtecharta.

Die europaweit um sich greifende Renaissance der Wertethematik scheint allerdings mancherorts zu verunsichern, gar zu befremden, vor allem in Deutschland, wo die Polemik *Carl Schmitts* gegen die *„Tyrannei der Werte"* unvergessen ist und wo man gerne ein gehöriges Maß Skepsis gegenüber *„Werteordnungen"* kultiviert.

Zudem besteht die Gefahr, dass der Topos der Wertegemeinschaft mit Eingang in die Tagesrhetorik zur nichtssagenden Worthülse wird, sich in Sonntagsreden abnutzt, zur *„kleinen Münze"* verkommt. Die bisweilen schon beklagte Hypertrophie der Werterhetorik hinterlässt nicht zu Unrecht ein gewisses Unbehagen.

Derartige Gesichtspunkte mögen auch ein Grund dafür sein, dass jedenfalls Rechts- und Politikwissenschaft bisher einen Bogen um diese Thematik zu schlagen pflegen und einer vertieften Behandlung der aufgeworfenen Fragen oft ausweichen.

Gleichwohl: Das Thema *„europäische Werte"* steht nunmehr auf der Tagesordnung, es stellt sich unausweichlich. Dies gilt auch und gerade für Wertkonflikte, wie sie innerhalb der Europäischen Union auftreten können. Die damit auch wissenschaftlich zu führende Debatte über europäische Werte erscheint unumgänglich, da bereits heute Wertdifferenzen offen zu Tage treten oder untergründig schwelen. Für den aufmerksamen Beobachter zeichnen sich schwere Verwerfungen ab, vergleichbar mit den erbitterten Debatten in den USA über *„God, gays and guns"*, und die Risse in der vielbeschworenen Wertegemeinschaft Europa sind nicht zu übersehen, wie in den beiden Konventen erfahrbar, am augenfälligsten wohl bei dem Anliegen, religiöse oder transzendente Bezüge in die Präambeln aufzunehmen. Bioethische

1 S. hierzu nur *Christian Calliess*, Europa als Wertegemeinschaft – Integration und Identität durch europäisches Verfassungsrecht?, JZ 2004, 1033 ff., sowie zum Wertbegriff *Udo di Fabio*, Grundrechte als Werteordnung, JZ 2004, 1 ff.

2 *Jürgen Meyer*, Der Rechtsstaat lebt von Reformen. Ausgewählte Schriften und Parlamentsreden zu Kultur, Strafrecht und Europa aus den Jahren 1962 bis 2001, Baden-Baden 2001, S. 9.

Wendezeiten kündigen sich an, etwa mit Blick auf die Sterbehilfe[3]. Ein Ausblenden der Wertebene und der damit verbundenen Differenzen erscheint daher nicht nur nicht erfolgversprechend[4], sondern geradezu gefährlich. Schließlich dürfte der angemessene Umgang mit Wertdifferenzen essentiell für die Fortentwicklung der Union und die weitere Integration sein.

In diesem Beitrag soll es dabei nicht um gravierende und in keinem Fall zu tolerierende Abweichungen vom gemeinsamen Wertestandard gehen, mithin nicht um solche Durchbrechungen der gemeineuropäischen Werteordnung, die den Prüf- und Sanktionsmechanismus des Art. 7 EU (Art. I-59 EurVerf) herauf beschwörten. Mit einer Legalisierung der Folter, unkontrollierten Freigabe der aktiven Sterbehilfe oder dem *„Verschwindenlassen"* von Gefangenen in Geheimgefängnissen verließe ein Staat schließlich die gemeinsame Wertebasis.

Vielmehr geht es hier um unterschiedliche Gewichtungen, Auslegungen, Ausprägungen der gemeinsamen Werte, wie aktuell etwa die divergierenden Auffassungen zu Interpretation und Reichweite der mittlerweile – ein Novum für die Union – zum europäischen Leitwert aufgestiegenen Menschenwürde zeigen[5].

Innereuropäische Differenzen um Werte und Wertvorstellungen und ihre gesellschaftlichen wie rechtlichen Implikationen können in zweierlei Beziehung auftreten. Zum einen mag nur das – in Umrissen bereits erkennbare – *„ethische Skript"* der Union selbst betroffen sein, wobei es um Richtungsentscheidungen, aber auch um Feinabstimmungen gehen kann, nicht anders als innerhalb eines Mitgliedstaates. Derartige Differenzen auf der unionalen Ebene mag man als horizontale Wertkonflikte bezeichnen. Zum anderen – und hier wird es besonders spannend – können Konflikte zwischen dem ethischen Skript der Union und dem Wertskript eines oder mehrerer Mitgliedstaaten bzw. ihrer Gesellschaften auftreten. Bei solchen Kollisionen handelt es sich um vertikale Wertkonflikte.

Von oben betrachtet erscheint der europäische „Werteraum" recht zerklüftet und von Schneisen durchzogen, denkt man nur an die Fragen und Problemkreise der Abtreibung, der verbrauchenden Embryonenforschung, der aktiven Sterbehilfe oder der Homosexuellenehe. Durch die letzte Erweiterungsrunde hat diese Zerklüftung der *cultural map* ersichtlich noch zugenommen. Dies gilt erst recht mit Blick auf die weiteren Kandidaten Rumänien und Türkei, die schwere Steine auf den Weg fortschreitender Integration rollen dürften. Mit zunehmender Entfernung vom Zentrum der Union und ihren Kernlanden nimmt nämlich die Zustimmung zu und Übereinstimmung mit dem unionalen Werteskript ab. Daher ist in Zukunft – aufgrund weite-

3 S. etwa *Oliver Tolmein*, Vorlage für einen Beschluß. Bioethische Wendezeit, Paragraph eins: Euthanasie im Europarat, FAZ v. 17.09.2003, Nr. 216, S. 35.

4 So auch *Hans Joas/Christof Mandry*, Europa als Werte- und Kulturgemeinschaft, in: Gunnar Folke Schuppert/Ingolf Pernice/Ulrich Haltern (Hrsg.), Europawissenschaft, Baden-Baden 2005, S 569.

5 S. hierzu die Kommentierung des Verfassers zu Titel I der Grundrechtecharta „Würde des Menschen" in: Jürgen Meyer, Kommentar zur Charta der Grundrechte der Europäischen Union, 2. Aufl., Baden-Baden 2006.

rer Erweiterungsrunden – mit einer Zunahme an Wertkonflikten und schwierigen wie schmerzlichen Anpassungsprozessen zu rechnen. Wie geht man damit um?

Zur Analyse der realen wie möglichen Wertkonflikte in der Union erscheint ein interdisziplinärer Ansatz sinnvoll, bei dem vor allem Rechts- und Sozialwissenschaften zusammenwirken. Dabei sind auch Einsichten und Erkenntnisse aus der Philosophie fruchtbar zu machen. Das neue Politikfeld „europäische Wertepolitik" könnte schließlich zu einem weiteren Forschungsgegenstand der im Entstehen begriffenen „Europawissenschaft" werden – als fester Bestandteil eines „Theorizing Europe"[6].

Dabei gilt es, sich zunächst gesicherten Boden zu verschaffen. Als Erkenntnismaterial mögen bereits vorliegende und künftige Wertestudien dienen, d.h. Befragungen der europäischen Bürgerinnen und Bürger zu ihren Werthaltungen, differenziert nach einzelnen Wertbereichen wie etwa Ehe und Familie, Arbeit oder Religion. Erhellend erscheinen auch Befragungen der europäischen Entscheidungsträger und Eliten. Aufschlussreich dürften weiter Diskursanalysen sein, weniger der bisher nur parallel geführten nationalen Debatten in den Mitgliedstaaten als vielmehr der spezifisch europäischen Diskurse. Besonders gewinnbringend ist sicherlich eine Analyse der Debatten im Grundrechte- und Verfassungskonvent als genuin europäischen Orten der Wertedebatte. Welche Rolle spielen Religionen, Kirchen und Religionsgemeinschaften? Wie wirken sich religiöse, moralische und ethische Überzeugungen im europäischen Integrationsprozess aus?[7]

Rechtsvergleichende Untersuchungen zu ethisch heiklen Regelungsgebieten mögen sich hinzugesellen, etwa zu den unterschiedlichen Abtreibungsregelungen, den jeweiligen Bestimmungen zur passiven oder aktiven Sterbehilfe oder zur rechtlichen Einordnung gleichgeschlechtlicher Partnerschaften in den einzelnen Mitgliedstaaten. Schließlich sollten die europäische Rechtsprechung und die ethischen Implikationen der Luxemburger und Straßburger Judikate nicht außer Acht gelassen werden, und die Machtbalance im europäischen Verfassungsverbund – aus deutscher Sicht in dem „Bermudadreieck" zwischen Straßburg, Luxemburg und Karlsruhe – bedarf des besonderen Augenmerks. Wertkonflikte werden letztlich vor (Verfassungs-)Gerichten ausgetragen und von diesen verbindlich entschieden. Wer ist „Hüter" der europäischen Werteordnung?

Die folgende Problemskizze soll – ausgehend von den Erfahrungen und Erkenntnissen des Autors und unter dessen Blickwinkel als „Grenzgänger" zwischen der Rechts- und der Politikwissenschaft – einer ersten Begehung des noch weitestgehend unerschlossenen Terrains dienen, seine Beschaffenheit einer vorläufigen Vermessung unterziehen und einige Grenzpfosten einschlagen. Zunächst wird so die Rede von der Wertegemeinschaft Europa und den europäischen Werten – bereits mit

6 Vgl. *Gunnar Folke Schuppert*, „Theorizing Europe" oder von der Überfälligkeit einer disziplinenübergreifenden Europawissenschaft, in: Gunnar Folke Schuppert/Ingolf Pernice/Ulrich Haltern (Hrsg.), Europawissenschaft, Baden-Baden 2005, S. 3 ff.

7 S. etwa Commissariat Général du Plan, Croyances religieuses, morales et éthiques dans le processus de construction européenne, Paris 2002.

Blick auf mögliche Differenzen und Konflikte – näher beleuchtet (I.). Sodann heißt es, die bei aller Gemeinsamkeit und Homogenität gleichwohl auftretenden Wertkonflikte und ihre Ursachen zu analysieren (II.). Schließlich sollen Lösungswege zur Bewältigung von Wertkonflikten wenigstens angerissen werden (III.).

I. Wertegemeinschaft Europa

Europa lebt aus bestimmten inhaltlichen und prozessualen Grundwerten, die immer wieder – öffentlich – wiederholt, bestätigt und fortentwickelt werden müssen, so die Annahme von *Peter Häberle*[8]. Dies wirft zunächst die hier nur zu streifende Frage auf, ob damit ein Rückgriff auf vorstaatliche Ressourcen nötig ist oder ob „immanente“ Kraftquellen vorhanden sind und genügen. Um das bekannte *Böckenförde*-Paradox abzuwandeln[9]: Lebt die freiheitliche, säkularisierte Europäische Union von Voraussetzungen, die sie selbst nicht schaffen und gewährleisten kann? Es spricht einiges dafür.

Was *Jürgen Habermas* in seiner Frankfurter Friedenspreisrede 2001 ausgeführt hat, dürfte erst recht auf das Gebilde Europäische Union zutreffen[10]:

> *„In Anbetracht der religiösen Herkunft seiner moralischen Grundlagen sollte der liberale Staat mit der Möglichkeit rechnen, dass die „Kultur des gemeinen Menschenverstandes“ (Hegel) angesichts ganz neuer Herausforderungen das Artikulationsniveau der eigenen Entstehungsgeschichte nicht einholt. Die Sprache des Marktes dringt heute in alle Poren ein und presst alle zwischenmenschlichen Beziehungen in das Schema der selbstbezogenen Orientierung an je eigenen Präferenzen. Das soziale Band, das aus gegenseitiger Anerkennung geknüpft wird, geht aber in den Begriffen des Vertrages, der rationalen Wahl und der Nutzenmaximierung nicht auf.“*

Vor diesem Hintergrund werden die *„schöpferischen Minderheiten“* der je religiös gebundenen Menschen und – institutionalisiert – die Kirchen und Religionsgemeinschaften eine tragende Rolle im Zuge der weiteren europäischen Integration spielen. Es nimmt nicht Wunder, dass ihr besonderer Status ebenso wie ihre herausgehobene Verantwortung in dem „Kirchenartikel“ der Europäischen Verfassung einen Niederschlag gefunden haben. Danach pflegt die Union mit Kirchen und Gemeinschaften in Anerkennung ihrer Identität und ihres besonderen Beitrags einen offenen, transparenten und regelmäßigen Dialog (Art. I-52 Abs. 3 EurVerf). Auf der anderen Seite verbietet sich natürlich jeder christliche „Kurzschluss“. Die Werte der

8 *Peter Häberle*, Europäische Verfassungslehre, 3. Aufl. 2005, S. 181.

9 S. eingehend hierzu *Alois Müller*, Ist der freiheitliche Staat auf vorpolitische Ressourcen des Religiösen angewiesen und welcher Platz soll den Religionsgemeinschaften im öffentlichen Raum zukommen?, in: René Pahaud de Mortanges/Erwin Tanner (Hrsg.), Kooperation zwischen Staat und Religionsgemeinschaften nach schweizerischem Recht, Zürich u.a. 2005, S. 35 ff. S. auch *Jürgen Habermas/Joseph Ratzinger*, Dialektik der Säkularisierung. Über Vernunft und Religion, Freiburg i.B. 2005.

10 *Jürgen Habermas*, Glauben und Wissen, Frankfurt a.M. 2001, S. 22 f.

Union sind nicht nur aus dem christlichen Glauben heraus begründbar und ableitbar – eine Binsenweisheit.

1. Die Rede von der Wertegemeinschaft

Wenn von den Werten Europas gesprochen wird, greift man – gewissermaßen in einem substantialistischen Ansatz – häufig auf die „Tiefenstrukturen" der Kultur Europas zurück, mit den Referenzpunkten „Jerusalem", „Athen", „Rom" und „Aufklärung". Andere verwenden das schöne Bild der drei Hügel, auf denen Europa gebaut sei – Akropolis, Kapitol und Golgatha. Durch einen derartigen Rückgriff versucht man, der angenommenen oder postulierten Wertegemeinschaft Gehalt und Konturen zu verleihen. In einem jüngst zu den kulturellen Werten Europas erschienenen Tagungsband werden so exemplarisch Werte wie Freiheit, Vielfalt, Rationalität, Innerlichkeit, Alltagszuwendung oder Hochschätzung des gewöhnlichen Lebens und Selbstverwirklichung als spezifisch europäisch benannt[11]. Dabei erstaunt allerdings, dass die Würde des Menschen – mittlerweile durch Charta und Verfassung zum obersten Wert der Union erhoben – in dieser Aufzählung fehlt.

Mit derartigen gewiss verdienstvollen und aufschlussreichen Tiefenschürfungen und Spurensuchen und den daraus sich ergebenden „Wertelisten" ist für unser Thema – Wertkonflikte – allerdings noch nicht viel gewonnen. Einmal ist der Abstraktionsgrad so hoch, dass die Niederungen der Auseinandersetzung gar nicht erst in den Blick geraten. Darüber hinaus und vor allem stehen das Gemeinsame, Verbindende, Identitäre und gerade nicht das Trennende im Vordergrund.

Es ist einen Versuch wert, das Aufkommen der Rede von europäischen Werten und von einer Wertegemeinschaft auf der europäischen Ebene selbst zu betrachten und daraus das unionale Werteskript zu bestimmen. Greifen die Institutionen der EU neuerdings die Rede auf? Hat sie Eingang in den offiziellen Diskurs der Union und insbesondere in – gar rechtsverbindliche – Dokumente der letzten Jahre gefunden? Recherchen mit dem maßgeblichen Suchdienst EurLex führten zu den folgenden Ergebnissen: Unter dem Stichwort „europäische Werte" waren immerhin 22 Dokumente zu finden, weitere 13 Dokumente zu dem Begriff „Wertegemeinschaft" verzeichnet.

Gemeinsame europäische Werte sprechen erstmals die Schlussfolgerungen des Rates und der im Rat vereinigten Minister für das Bildungswesen vom 27. November 1992 betreffend Maßnahmen zum Ausbau der Europäischen Dimension in der Hochschulbildung an[12]: *„Die Hochschulbildung muss Zugang zu der reichen Vielfalt*

11 *Hans Joas/Klaus Wiegandt*, Die kulturellen Werte Europas, Frankfurt a.M. 2005. S. auch zusammenfassend *Hans Joas/Christof Mandry*, Europa als Werte- und Kulturgemeinschaft, in: Gunnar Folke Schuppert/Ingolf Pernice/Ulrich Haltern (Hrsg.), Europawissenschaft, Baden-Baden 2005, S. 558 ff.

12 Amtsblatt Nr. C 336 vom 19/12/1992, S. 4-5.

der Kultur und der Sprachen Europas bieten und zugleich gemeinsame europäische Werte bewahren". Die meisten Dokumente finden sich dann ab den Jahren 2000/2001, von dem Weißbuch der Kommission *„Neuer Schwung für die Jugend Europas"* bis hin zu einer Entschließung des Europäischen Parlaments zur Ukraine. In geradezu auffälliger Weise nimmt das jüngste wirtschaftspolitische Strategiepapier der Kommission vom 20. Oktober 2005[13] auf die Werte Europas – „unsere Werte" – Bezug, an immerhin neun Stellen. Bereits die Überschrift des als Beitrag der Kommission zur Tagung der Staats- und Regierungschefs im Oktober 2005 vorgelegten Dokuments erscheint programmatisch: *„Europäische Werte in der globalisierten Welt"*. Europa müsse seine Politiken reformieren und modernisieren, um seine Werte zu bewahren – so der Eingangspassus, dem der Schlusssatz korrespondiert: *„Durch Modernisierung werden wir unsere Werte bewahren."* Das Dokument geht von der Annahme aus, dass gemeinsame europäische Werte jedem unserer Sozialmodelle zu Grunde liegen, und konkretisiert:

> *„Erstens beruhen nationale wirtschafts- und sozialpolitische Maßnahmen auf gemeinsamen Werten, wie z.B. Solidarität und Zusammenhalt, Chancengleichheit und Bekämpfung jeder Form von Diskriminierungen, angemessenen Sicherheits- und Gesundheitsbedingungen am Arbeitsplatz, allgemeinem Zugang zu Bildung und Gesundheitsversorgung, Lebensqualität und Qualität der Arbeitsplätze, nachhaltiger Entwicklung und der Einbeziehung der Zivilgesellschaft. Diese Werte stehen für Europas Entscheidung für eine soziale Marktwirtschaft. Sie sind in die EU-Verträge und in die Maßnahmen und Rechtsvorschriften der EU eingegangen sowie in die Europäische Menschenrechtskonvention und unsere Charta der Grundrechte."*

Der Hinweis auf die Charta kommt nicht von ungefähr. Seit ihrer Ausarbeitung im Jahre 2000 setzt die offizielle Rede von den europäischen Werten recht eigentlich ein. Dies zeigt sich auch bei der Verwendung des Begriffs „Wertegemeinschaft", der sich etwa in dem Weißbuch der Kommission „Europäisches Regieren" vom 25. Juli 2001[14] oder in der Richtlinie 2003/85/EG des Rates vom 29. September 2003 über Maßnahmen der Gemeinschaft zur Bekämpfung der Maul- und Klauenseuche findet[15].

Die Charta war an dem Aufstieg des Begriffs Wert zu einem verfassungsrechtlichen Schlüsselbegriff und an dessen Eindringen in den Alltag der Brüsseler Institutionen maßgeblich beteiligt. Sie selbst weist zahlreiche explizite wie implizite Wertbezüge auf. So lautet der 1. Erwägungsgrund ihrer Präambel: *„Die Völker Europas sind entschlossen, auf der Grundlage gemeinsamer Werte eine friedliche Zukunft zu teilen, indem sie sich zu einer immer engeren Union verbinden."* Der 2. Erwägungsgrund fügt hinzu: *„In dem Bewusstsein ihres geistig-religiösen und sittlichen Erbes*

13 Mitteilung der Kommission an das Europäische Parlament, den Rat, den Europäischen Wirtschafts- und Sozialausschuss und den Ausschuss der Regionen, Dokument vom 20.10.2005 KOM (2005) 525 endgültig.

14 „Erfolg auf dieser (i.e. der internationalen) Bühne stärkt die europäische Identität und die Bedeutung der Wertegemeinschaft innerhalb der Union."

15 „Hierbei ist die Gemeinschaft auch eine Wertegemeinschaft, die sich in der Tierseuchenbekämpfung nicht allein von kommerziellen Interessen leiten lassen darf, sondern auch ethische Grundsätze gebührend zu berücksichtigen hat."

gründet sich die Union auf die unteilbaren und universellen Werte der Würde des Menschen, der Freiheit, der Gleichheit und der Solidarität.“ Schließlich erteilt der dritte Erwägungsgrund den Auftrag, und zieht mit der Achtung der nationalen Identität zugleich eine Grenze gegenüber einer ausufernden unionalen Grundrechts- und Wertepolitik:

> *„Die Union trägt zur Erhaltung und zur Entwicklung dieser gemeinsamen Werte unter Achtung der Vielfalt der Kulturen und Traditionen der Völker Europas sowie der nationalen Identität der Mitgliedstaaten und der Organisation ihrer staatlichen Gewalt auf nationaler, regionaler und lokaler Ebene bei.“*

Der Verfassungskonvent griff diese unübersehbare Wertorientierung bereitwillig auf. Aus der Fülle der Wertbezüge des Verfassungsvertrages sei hier nur die Werteklausel in Art. I-2 zitiert[16], die *Peter Häberle* zu Recht als *„vortreffliches Konzentrat der konstitutionellen Substanz des bislang Erreichten“* bezeichnet[17]:

> *„Die Werte, auf die sich die Union gründet, sind die Achtung der Menschenwürde, Freiheit, Demokratie, Gleichheit, Rechtsstaatlichkeit und die Wahrung der Menschenrechte einschließlich der Rechte der Personen, die Minderheiten angehören. Diese Werte sind allen Mitgliedstaaten in einer Gesellschaft gemeinsam, die sich durch Pluralismus, Nichtdiskriminierung, Toleranz, Gerechtigkeit, Solidarität und die Gleichheit von Frauen und Männern auszeichnet.“*

Dieser dem operativen Teil der Verfassung angehörende Passus dokumentiert im Übrigen das neue Selbstverständnis der Union als Wertegemeinschaft *(„Diese Werte sind allen Mitgliedstaaten in einer Gesellschaft gemeinsam“)*[18].

2. Erklärungen und Kritik

Sucht man nach Erklärungen für das Phänomen unionaler – gewiss unabgeschlossener, ergänzbarer, zukunftsoffener – Wertekataloge, wird man schnell fündig. Ausgangspunkt dürfte die Legitimationskrise gewesen sein, die die Union nach dem Rücktritt der Santer-Kommission 1999 durchlebte. Greifbar war und ist das Verlangen, den Bürger zurückzugewinnen (Strategie des *reconnecting*), der Union und dem Integrationsprojekt neue Legitimität zu verleihen, Europa gar „eine Seele zu geben“. Eine allgemein gestiegene Sensibilität für Wertefragen (wie für religiöse Fragen) mag hinzukommen. Letztlich zielt der bewusst eingesetzte Wertetopos wohl auf die Bildung und Förderung einer europäischen Identität, d.h. auf eine normativ und emotional gehaltvolle Bindung der Menschen an Europa.

16 S. weiter etwa Erwägungsgrund Nr. 1 der Verfassungspräambel, Art. I-1 Abs. 2, I-3 Abs. 1 und 4, I-57 Abs. 1, I-58 Abs. 1 und I-59 Abs. 1.

17 *Peter Häberle*, Europäische Verfassungslehre, 3. Aufl. 2005, S. 651.

18 In Art. 6 Abs. 1 EU heißt es hingegen nur: „diese Grundsätze sind allen Mitgliedstaaten gemeinsam“.

Charta und Verfassung zeigen, dass die in Deutschland beliebte Polemik gegen Werte jedenfalls in Europa ad acta gelegt ist[19]. Es ist Zeit für eine nüchterne Bewertung, die die positiven wie negativen Aspekte in einer Gesamtschau herausarbeitet. Hier mögen einige Andeutungen genügen:

Die bis in die (künftigen) Rechtstexte der Union vordringenden Werte und Wertekataloge ermöglichen und schaffen eine Balance, ein erstmaliges Gleichgewicht zwischen Marktliberalisierung und nicht-wirtschaftlichen Belangen[20]. Sie *„zähmen und zivilisieren"* den Kapitalismus, stellen ein auch justiziables Gegengewicht zu überbordenden neoliberalen Konzepten dar. In ihrer textlichen Fixierung, systematischen Anlage und inhaltlichen Breite können Werte- und Grundrechtskataloge zu größerer Ausgewogenheit führen, insbesondere der spezifischen Asymmetrie entgegenwirken, die sich aus dem Ungleichgewicht von negativer und positiver Integration in der Union ergibt[21]. Auf dem Weg zum freien Binnenmarkt wurden nämlich mit fortschreitender Liberalisierung immer mehr nationale Wettbewerbshindernisse beseitigt, während Maßnahmen, die den Markt korrigieren oder soziale und kulturelle Belange schützen sollten, an der Heterogenität der Bedingungen und Interessen in den Mitgliedstaaten scheiterten. Dies dürfte sich dank der Charta und ggf. der Verfassung in Zukunft ändern, die den Handlungsspielraum der Staaten erweitern, etwa durch den Wert der Solidarität in Form staatlicher Daseinsvorsorge.

Weiter können die explizit benannten und ins europäische Bewusstsein gerufenen Werte, insbesondere die Menschenwürde[22], als Konsensprinzipien in der sich abzeichnenden Zivilgesellschaft Europas dienen und wirken – europabildende Kräfte. Sie ermöglichen einen *overlapping consensus* im Sinne *John Rawls*[23] und vermögen Europas politische Identität[24] zu stärken.

Auf der anderen Seite darf die Rede von „europäischen Werten" nicht zu einer verkürzten Sichtweise oder gar zu einem nunmehr von Europa ausgehenden Kulturrelativismus führen. Schließlich handelt es sich bei Werten wie Menschenwürde, Freiheit oder Demokratie nicht um ein europäisches *proprium*. Dies gehört auch zu der von *Thomas Meyer* hervorgehobenen Paradoxie europäischer Identität, nämlich wollen zu müssen, dass das, was ihr Eigenes sein soll, doch zugleich auch von aller Welt geteilt werden soll[25].

19 So *Peter Häberle*, Europäische Verfassungslehre, 3. Aufl. 2005, S. 651.

20 S. zu diesem Gedankengang *Dieter Grimm*, Europas Verfassung, in: Gunnar Folke Schuppert/Ingolf Pernice/Ulrich Haltern (Hrsg.), Europawissenschaft, Baden-Baden 2005, S. 196 f.

21 S. hierzu auch *Fritz W. Scharpf*, Legitimationskonzepte jenseits des Nationalstaats, in: Gunnar Folke Schuppert/Ingolf Pernice/Ulrich Haltern (Hrsg.), Europawissenschaft, Baden-Baden 2005, S. 729.

22 S. den Beitrag des Verfassers: In letzter Minute. Abwägen zwecklos: Europa rettet die Menschenwürde, FAZ v. 17.10.2003, Nr. 241, S. 40.

23 S. *Claudia Attucci*, An institutional dialogue on common principles: reflections on the significance of the EU Charter of Fundamental Rights, in: Lynn Dobson/Andreas Follesdal (Hrsg.), Political Theory and the European Constitution, London 2004, S. 151 ff.

24 S. hierzu *Thomas Meyer*, Die Identität Europas. Der EU eine Seele?, Frankfurt a.M. 2004.

25 *Thomas Meyer*, Die Identität Europas. Der EU eine Seele?, Frankfurt a.M. 2004, S. 227.

Die heutige, bisweilen (zu) euphorische Betonung der Werte Europas sollte weiter zwei geschichtliche Fakten nicht verkennen oder verdecken lassen. Zum einen war Europa lange Zeit ein *„dunkler Kontinent"* (*Mark Mazower*). Auf unheilige Allianzen und möglicherweise kompromittierte Traditionsstränge und „darker legacys" [26] ist daher sorgfältig zu achten. Zum anderen war die Europäische Gemeinschaft, auf den Schlachtfeldern und im Erschrecken vor dem Zivilisationsbruch geboren, von Anfang an zumindest auch als Wertegemeinschaft erdacht, entworfen und erhofft.

Zudem ist noch einer weiteren Verkürzung entgegen zu treten. Der europäische „Werteraum" geht weit über die derzeitigen Grenzen der Union hinaus, erfasst er doch, zumindest aus Sicht des Europarates, dessen mittlerweile 46 Mitglieder.

Schließlich sollte mit der Konzeption der Europäischen Union als Werte- und Grundrechtsgemeinschaft, die die Rechtsgemeinschaft im Sinne *Walter Hallsteins* nicht etwa überwindet, sondern ergänzt, keine normativ-ethische Homogenität angestrebt werden[27]. Nationalen *„Eigensinnigkeiten"* sollte Raum zur Entfaltung verbleiben. Eine gewisse Vielfalt auch in Wertefragen erscheint nämlich bewahrenswert, und die Differenz kann auch hier durchaus als Potential betrachtet werden[28], solange jedenfalls aufbrechende Wertkonflikte ihren Austragungsort haben und einer angemessenen Lösung zugeführt werden können.

II. Wertkonflikte in der Europäischen Union

Bei allen nicht zu übersehenden europäischen Konvergenzen verbleiben doch erhebliche kulturelle Unterschiede zwischen den nationalen Gesellschaften[29]. Abgesehen von Sonderwegen und spezifischen nationalen Entwicklungspfaden beruht dies einmal auf unterschiedlichen Industrialisierungs- und Modernisierungsgraden, weiter auf der Epoche der Weltkriege, die die innereuropäischen Unterschiede verschärfte, und schließlich auf der Ost-West-Teilung Europas. Unterschiedliche religiöse Prägungen und weitere Faktoren treten hinzu.

26 *Christian Joerges/Navraj Singh Ghaleigh* (Hrsg.), Darker Legacies of Law in Europe. The Shadow of National Socialism and Fascism over Europe and its Legal Traditions, Oxford und Portland, Oregon, 2003.

27 Siehe zu dieser Befürchtung *Armin von Bogdandy*, Europäische Verfassung und europäische Identität, in: Gunnar Folke Schuppert/Ingolf Pernice/Ulrich Haltern (Hrsg.), Europawissenschaft, Baden-Baden 2005, S. 352 f., sowie ders., Grundrechtsgemeinschaft als Integrationsziel? Grundrechte und das Wesen der Europäischen Union, JZ 2001, 157 ff.

28 Vgl. *Christine Landfried*, Das politische Europa. Differenz als Potential der Europäischen Union, 2. Aufl., Baden-Baden 2005, wonach die demokratische Kommunikation über die Differenz Voraussetzung für eine effektive und gemeinwohlorientierte Politik in Europa ist.

29 S. hierzu *Hartmut Kaelble*, Eine europäische Gesellschaft?, in: Gunnar Folke Schuppert/Ingolf Pernice/Ulrich Haltern (Hrsg.), Europawissenschaft, Baden-Baden 2005, S. 301 ff.

Auch in ethischer Hinsicht entstand so ein faszinierendes Mosaik, wie *Wil Arts* und *Loek Halman* in Auswertung ihrer *„European Values Studies"* betonen[30]:

> *„Europe is still far from a homogenous part of the world. Not only are there significant differences between Eastern and Western European societies, also within these two blocks of countries there are often wide differences and sometimes unexpected similarities ... Europe is a geographical unit but it is also an area of wide diversity in values and practices and a fascinating variation of social arrangements."*

Vor diesem Hintergrund nimmt es nicht wunder, dass es immer wieder zum Ausbruch von europaweit ausgetragenen Wertkonflikten kommt.

1. Beispiele für Wertkonflikte

Beispiele für Wertkonflikte innerhalb der Europäischen Union bieten sich zuhauf. Hier sei zunächst an die causa Österreich erinnert, d.h. an das Zusammenrücken des „Europa der XIV" angesichts der Regierungsbeteiligung der Freiheitlichen Partei Österreichs, weiter an den Fall *Buttiglione*, den Kandidaten für die Kommission, der an seinen dezidiert katholischen Auffassungen scheiterte, und nicht zuletzt an die öffentliche Aufmerksamkeit erheischende Auseinandersetzung um religiöse Bezüge in den Präambeln von Grundrechtecharta und Verfassung. Wertfragen werden auch bei dem Streit um einen Beitritt der Türkei offenkundig stark berührt[31]. Konfliktpotential bergen nicht nur die Erweiterungspolitik, sondern auch die Asyl- und Migrationspolitik, der Tierschutz und die zunehmenden humanitären Militäreinsätze in inner- und außereuropäischen Kriegs- und Krisengebieten.

In den letzten Jahren zeichnet sich im Übrigen auch innerhalb der nationalen Gesellschaften eine Verschärfung der ethischen Debatten ab, jüngst etwa in Spanien zur Frage der Homosexuellenehe, vor kurzem in Italien zur Frage der Embryonenforschung. Diese Debatten erreichen früher oder später die Ebene der Union.

Weniger öffentlichkeitswirksam, dafür aber exemplarisch erscheinen zudem die Wertkonflikte, die im Zuge der Debatten im Grundrechtekonvent – der *„europäischen Wertegemeinschaft im Labor"* – aufbrachen[32]. In dem *„Wertelaboratorium Brüssel"* verliefen die Bruchlinien oft quer durch alle politischen und nationalen

30 *Wil Arts/Loek Halman* (Hrsg.), European Values at the Turn of the Millennium, Leiden und Boston 2004, S. 22. S. bereits *Wil Arts/J. Hagenaars/Loek Halman* (Hrsg.), The Cultural Diversity of European Unity. Findings, Explanations and Reflections from the European Values Study, Leiden und Boston 2003.

31 S. etwa *Angelos Giannakopoulos/Konstadinos Maras* (Hrsg.), Die Türkei-Debatte in Europa. Ein Vergleich, Wiesbaden 2005.

32 Zum Grundrechtekonvent, seinem Rahmen, seiner Struktur und Verfahrensweise s. *Norbert Bernsdorff/Martin Borowsky*, Die Charta der Grundrechte der Europäischen Union. Handreichungen und Sitzungsprotokolle, Baden-Baden 2002, S. 46 ff. S. nunmehr auch die ausgezeichnete politikwissenschaftliche Analyse der Arbeiten des Grundrechtekonvents von *Justus Schönlau*, Drafting the EU Charter. Rights, Legitimacy and Process, Basingstoke und New York 2005.

Lager. Die Delegierten des Grundrechtekonvents agierten und argumentierten vor dem Hintergrund dreier unterschiedlicher „Folien“: Jeder Delegierte war zunächst seiner entsendenden Institution „rechenschaftspflichtig“. Zugleich war er von seinen nationalen oder regionalen Erfahrungen und Rechtstraditionen geprägt. Schließlich fühlte man sich den eigenen politischen und nicht zuletzt religiösen oder weltanschaulichen Überzeugungen verpflichtet. Welchen Einfluss die jeweiligen Bindungen und die Herkunft auf das Verhalten und die Positionen im Grundrechtekonvent hatten, lässt sich nur schwer entwirren und bestimmen. Dies gilt vor allem für die mit der Grundrechtethematik verbundene Wertediskussion. War auch eine Verständigung über grundlegende Werte möglich, stieß die vielbeschworene „Wertegemeinschaft Europa“ doch immer wieder an ihre Grenzen[33].

Dies zeigten insbesondere die ethisch unterlegten Debatten über das Klonen von Menschen oder zum Leitbild von Ehe und Familie. Wo ein europaweiter Konsens noch nicht oder nicht mehr möglich erschien, begnügte man sich mit Minimalkompromissen oder verlagerte man die Wertediskussion in die einzelnen Gesellschaften zurück. Im Einzelnen:

Der Grundrechtekonvent war sich darin einig, dass das reproduktive Klonen von Menschen, also die Erzeugung von Menschen mit identischem Erbmaterial, besonders verwerflich ist[34]. Dieser Konsens hat seinen Niederschlag bei den aufsehenerregenden biomedizinischen Grundsätzen der Grundrechtecharta gefunden[35]. Art. 3 Abs. 2 letzter Spiegelstrich (Art. II-63 Abs. 2 letzter Spiegelstrich EurVerf) lautet so: *„Das Klonen von Menschen ist verboten.“* Zu einem darüber hinausgehenden Verbot des sog. therapeutischen Klonens, also des Klonens zu Heilzwecken, konnte sich der Grundrechtekonvent letztlich nicht durchringen. Dem stand entgegen, dass der englische Gesetzgeber damals im Begriff war, diese Form des Klonens unter engen Voraussetzungen zu legalisieren. So wird es den Mitgliedstaaten anheim gestellt, andere Formen als das reproduktive Klonen zu verbieten, wie in Deutschland, oder zuzulassen, wie nunmehr in Großbritannien. Mit anderen Worten: Die entsprechende Wertediskussion wird in die einzelnen nationalen Gesellschaften zurückverlagert.

Unvereinbare Auffassungen prallten auch beim Schutz von Ehe und Familie aufeinander. An ein gemeinsames Leitbild war nicht (mehr) zu denken. Es war schlicht nicht möglich, sich auf eine gemeinsame Definition zu einigen. Schließlich reichte die Bandbreite während der Diskussion zur Ehe von der traditionellen Gemeinschaft

33 S. hierzu bereits den Artikel des Verfassers: Wertegemeinschaft Europa. Die Charta der Grundrechte der Europäischen Union zwischen politischer Proklamation und rechtlicher Verbindlichkeit – Ziele, Inhalte, Konfliktlinien, DRiZ 2001, 275, 283 ff.

34 Zu den Diskussionen im Grundrechtekonvent zum Klonverbot s. *Jens Kersten*, Das Klonen von Menschen. Eine verfassungs-, europa- und völkerrechtliche Kritik, Tübingen 2004.S. 97 ff.

35 S. hierzu die Kommentierung des Verfassers in: Jürgen Meyer (Hrsg.), Kommentar zur Charta der Grundrechte der Europäischen Union, 2. Aufl., Baden-Baden 2006, Art. 3 (Art. II-63 EurVerf), Rn. 15 ff., 40 ff.

zwischen Mann und Frau bis hin zur Homosexuellenehe, wie sie in den Niederlanden und einigen skandinavischen Ländern anerkannt ist oder in Spanien derzeit eingeführt werden soll. Dem Grundrechtekonvent blieb nur der Ausweg, von einer „europäischen" Definition von „Ehe" und „Familie" abzusehen und insoweit auf das – zunehmend zersplitterte – jeweilige Recht der Mitgliedstaaten zu verweisen[36]. Art. 9 der Charta bzw. Art. II-69 der Verfassung formulieren daher ausgesprochen zurückhaltend: *„Das Recht, eine Ehe einzugehen, und das Recht, eine Familie zu gründen, werden nach den einzelstaatlichen Gesetzen gewährleistet, welche die Ausübung dieser Rechte regeln."* In diesem Zusammenhang stellt sich die Frage, ob so nicht doch die Tür zu einer europaweiten Anerkennung der Homosexuellenehe aufgestoßen ist, zumindest in Verbindung mit Art. 21 Abs. 1 der Charta (Art. II-81 Abs. 1 EurVerf), wonach Diskriminierungen wegen der sexuellen Ausrichtung verboten sind[37].

2. Erklärungen und Hintergründe

Die aktuellen politisch-ethischen Debatten im EU-Kontext und die deliberativen Auseinandersetzungen im Grundrechtekonvent bestätigen zunächst den Befund von *Jürgen Habermas*, dass der *„karolingische Hintergrund der konservativen Gründergeneration"*, nämlich *„die Berufung auf das christliche Abendland"*, *„zerfallen"* ist[38].

Mittlerweile liegt auch eine Studie vor, die von dem Wertekanon der europäischen Verfassungsordnung, d.h. dem kulturellen Selbstverständnis der Union ausgeht und die Werthaltungen in den Mitgliedstaaten mit Blick auf unterschiedliche „Werträume", nämlich Religion, Familie und Geschlechtsrollen, Ökonomie, Wohlfahrtsstaat und Politik, in den Blick nimmt[39]. Dabei untersuchen *Jürgen Gerhards* und *Michael Hölscher* auf der Grundlage der „European Values Study" von 1999/2000[40], inwieweit das ethisch-normative Skript der Union und deren Gesell-

36 Sehr kritisch hierzu *Peter J. Tettinger/Jörg Geerlings*, Der Schutz von Ehe und Familie in Europa nach der Rechtsprechung des EuGH und des EGMR, in: Klaus Stern/Peter J. Tettinger (Hrsg.), Die Europäische Grundrechte-Charta im wertenden Verfassungsvergleich, Berlin 2005, S. 132: „In einer wahren Formelkompromiss-Gala werden hier bedauerlicherweise Ehe und Familie nahezu völlig gesetzgeberischer Beliebigkeit in den Mitgliedstaaten überantwortet."

37 Vgl. *Peter J. Tettinger/Jörg Geerlings*, Der Schutz von Ehe und Familie in Europa nach der Rechtsprechung des EuGH und des EGMR, in: Klaus Stern/Peter J. Tettinger (Hrsg.), Die Europäische Grundrechte-Charta im wertenden Verfassungsvergleich, Berlin 2005, S. 133 („der Weg zur „Homosexuellen-Ehe" geradezu vorgezeichnet").

38 *Jürgen Habermas*, Zeitdiagnosen. Zwölf Essays, Frankfurt a.M. 2003, S. 227.

39 *Jürgen Gerhards*, unter Mitarbeit von *Michael Hölscher*, Kulturelle Unterschiede in der Europäischen Union. Ein Vergleich zwischen Mitgliedsländern, Beitrittskandidaten und der Türkei, Wiesbaden 2005.

40 S. zur European Values Study www.europeanvalues.nl.

schaftsvorstellungen von den Bürgern der Union wie der Kandidatenländer unterstützt werden.

In welchem Umfang wird nun das Skript der Union von einer gewünschten Gesellschaft von den Mitgliedstaaten und Kandidatenländern getragen?[41] Im Hinblick auf die Wertbereiche Religion, Familie/Geschlechterrollen, Demokratie/Zivilgesellschaft und eine Teildimension der Wirtschaftsvorstellungen (Akzeptanz einer Marktöffnung mit wenig Staatsintervention) zeigt sich ein klares Muster: Die Vorstellungen der Union von einer idealen Gesellschaftsordnung finden die höchste Unterstützung in ihren fünfzehn Kernländern, etwas weniger Unterstützung in den zehn neuen Beitrittsländern, noch geringere Unterstützung in den beiden Beitrittskandidaten Bulgarien und vor allem Rumänien, und am wenigsten in der Türkei. Im Hinblick auf die Wohlfahrtsvorstellungen gibt es hingegen kaum Divergenzen, d.h. die Bürger unterstützen praktisch einhellig in allen Ländern das Grundmodell wohlfahrtsstaatlicher Absicherung. Mit Blick auf die Leistungsdimension weisen die Bürger der fünfzehn alten Mitgliedstaaten allerdings unterdurchschnittliche Leistungsmotivationen auf.

Dieses Muster setzt sich auch in einer Gesamtschau fort: Die Bürger der alten Mitgliedstaaten unterstützen die Vorstellungen der Union in ihrer Gesamtheit, am stärksten in den protestantisch geprägten skandinavischen Staaten und den Niederlanden, während die südlichen Länder Spanien, Italien, Griechenland und Portugal unterdurchschnittliche Werte aufweisen. Von den neuen Mitgliedern wird das Skript nur von Tschechien unterstützt, mit Abstrichen auch von Slowenien. Die niedrigsten Werte weisen hier Lettland, Malta und Polen auf. „Schlusslichter" bilden sodann Rumänien und die Türkei.

Die divergierenden Werteeinstellungen der Bürger lassen sich den beiden Autoren zufolge vor allem durch den unterschiedlichen Grad der Modernisierung erklären. Ein hoher Modernisierungsgrad hat positiven Einfluss auf die Unterstützung der europäischen Position – je modernisierter ein Land und je gebildeter seine Bürger, umso stärker wird das Skript der Union unterstützt. Die religiösen Traditionsbestände sind gleichfalls nicht zu vernachlässigen. Eine protestantische Orientierung hat einen leicht positiven Einfluss auf die Unterstützung des Skripts, während für die anderen Konfessionen und für einen intensiveren Grad der Integration in die jeweilige Kirche und Religionsgemeinschaft (gemessen über die Häufigkeit des Kirchgangs) das Gegenteil gilt. Sie führen eher zu einer Ablehnung der Werteordnung der Union.

Mit Hilfe dieser und weiterer Studien werden sich drohende ethische Konflikte und Verwerfungen im Werteraum Europa möglicherweise prognostizieren lassen. Konfliktpotential ergibt sich vor allem aus traditionell katholisch geprägten Gesellschaften heraus, verstärkt in den östlichen Beitrittsländern, und erst recht bei einem

41 *Jürgen Gerhards*, unter Mitarbeit von *Michael Hölscher*, Kulturelle Unterschiede in der Europäischen Union. Ein Vergleich zwischen Mitgliedsländern, Beitrittskandidaten und der Türkei, Wiesbaden 2005, S. 254 ff.

Betritt der Türkei, auch wenn langfristig durchaus mit Anpassungsprozessen zu rechnen ist, wie im Deutschland der Nachkriegszeit oder in Spanien nach Franco. Exemplarisch zeigt dies die Haltung der Slowakei. So forderte der damalige slowakische Justizminister auf dem ersten Europäischen Juristentag in Nürnberg 2001, jeder Staat müsse seine „ethische Hoheit bewahren". Die Entscheidung über grundlegende ethische Fragen solle jedem Mitgliedstaat überlassen bleiben. Dabei nannte er als Beispiele für divergierende Auffassungen das niederländische Sterbehilfegesetz, das polnische Abtreibungsrecht und die britische Haltung zum therapeutischen Klonen[42].

III. Lösungswege

Zunächst stellt sich die Frage nach dem geeigneten Maßstab, um horizontale oder vertikale Wertkonflikte zu bereinigen. Dafür bietet sich nach wohl einhelliger Auffassung die Grundrechtecharta an. Nicht nur aus Sicht der an ihrer Ausarbeitung Beteiligten[43] ist sie der wesentliche Wertmaßstab und Bezugspunkt zur Regelung ethischer Konflikte auf Unionsebene wie zwischen der Union und den Mitgliedstaaten. Bereits kurz nach ihrer Proklamation auf dem Gipfel von Nizza im Dezember 2000 hat *Peter Tettinger* sie daher als *„ethisch fundiertes Leitbild für die Konturierung eines Europäischen Gesellschaftsmodells"* bezeichnet[44], und *Günter Hirsch* sah in ihr stets ein Bekenntnis zu den Grundwerten[45].

Die Literatur hat die Wertebezüge von Grundrechtecharta und Verfassung mittlerweile in vielfältiger Weise, auch interdisziplinär[46], aufgegriffen, in erster Linie die

42 S. *Reinhard Müller*, Europäische Grundwerte im Schatten der Terroranschläge. Hoffnungen und Sorgen auf dem ersten Europäischen Juristentag, FAZ vom 17.09.2001, Nr. 216, S. 7.

43 S. nur *Sylvia-Yvonne Kaufmann* (Hrsg.), Grundrechtecharta der Europäischen Union. Mitglieder und Beobachter des Konvents berichten, Bonn 2001.

44 *Peter J. Tettinger*, Die Charta der Grundrechte der Europäischen Union, NJW 2001, 1010, 1015.

45 *Günter Hirsch*, Ein Bekenntnis zu den Grundwerten. Die Grundrechte-Charta wird der Europäischen Union den Weg weisen, FAZ v. 12.10.2000, Nr. 237, S. 11.

46 S. *Helmut Heit* (Hrsg.), Die Werte Europas. Verfassungspatriotismus und Wertegemeinschaft in der EU? (im Erscheinen).

rechtswissenschaftliche Literatur[47], daneben die Politikwissenschaft[48]. Darüber hinaus beschäftigen sich theologische Untersuchungen[49] bzw. christlich motivierte Stellungnahmen[50] und nicht zuletzt philosophische Überlegungen[51] mit der Wertedimension der Grundrechtecharta.

Gerade hier entfaltet die Grundrechtecharta auch schon im Vorfeld ihrer zu erwartenden Rechtsverbindlichkeit eine erhebliche Ausstrahlungskraft. Dies zeigt etwa jüngst die Erklärung eines Sprechers von Justizkommissar *Frattini* angesichts von Berichten über Geheimgefängnisse der CIA in Staaten Osteuropas, derartige Praktiken wären nicht mit der EU-Grundrechtecharta vereinbar[52]. Weniger spektakulär, aber ebenso fundamental bezieht sich die von der Kommission unter dem 11. März 2005 empfohlene Europäische Charta für Forscher[53] auf die Grundrechtecharta: *„Forscher wie auch Arbeitgeber und Förderer, die dieser Charta beitreten, beachten auch die Grundrechte und Grundsätze, die von der Charta der Grundrechte der Europäischen Union anerkannt wurden."*

47 S. nur *Florence Benoît-Rohmer*, Valeurs et droits fondamentaux dans la Constitution, RTD eur. 2005, 261 ff.; *Siegfried Broß*, Grundrechte und Grundwerte in Europa, JZ 2003, 429 ff.; *Christian Calliess*, Europa als Wertegemeinschaft – Integration und Identität durch europäisches Verfassungsrecht?, JZ 2004, 1033 ff.; *Udo di Fabio*, Grundrechte als Werteordnung, JZ 2004, 1 ff.; *Franz Reimer*, Wertegemeinschaft durch Wertenormierung? Die Grundwerteklausel im europäischen Verfassungsvertrag, ZG 2003, 208; *Meinhard Schröder*, Wirkungen der Grundrechtscharta in der Europäischen Rechtsordnung, JZ 2002, 849; *Benedikt Speer*, Die Europäische Union als Wertegemeinschaft, DÖV 2001, 980 ff. S. auch zu einer „Wertetheorie" auf europäischer Ebene *Carolin Eisner*, Die Schrankenregelung der Grundrechtecharta der Europäischen Union. Gefahr oder Fortschritt für den Grundrechtsschutz in Europa?, Baden-Baden 2005, S. 254 ff. S. nunmehr umfassend *Dieter Blumenwitz/Gilbert H. Gornig/Dietrich Murswiek* (Hrsg.), Die Europäische Union als Wertegemeinschaft, Berlin 2005.

48 *Tania Bossi*, Die Grundrechtecharta – Wertekanon für die Europäische Union, in: Werner Weidenfeld (Hrsg.), Nizza in der Analyse. Strategien für Europa, 2. Aufl., Gütersloh 2001, S. 203 ff; *Kristina Notz*, Die Grundrechtecharta als Wertebasis der EU-Verfassung, in: Werner Weidenfeld (Hrsg.), Die Europäische Verfassung in der Analyse, Gütersloh 2005, S. 59 ff.; *Tore Vincents Olsen*, United under God? Or not?, in: Lynn Dobson/Andreas Follesdal (Hrsg.), Political Theory and the European Constitution, London 2004, S. 75 ff.

49 *Ignace Berten*, Die Charta der Grundrechte der Europäischen Union, in: Thomas Eggensperger/Ulrich Engel/Frano Prcela (Hrsg.), Menschenrechte. Gesellschaftspolitische und theologische Reflexionen in europäischer Perspektive, Münster 2004, S. 7 ff.; *Paul Weß*, Welche soziale Identität braucht Europa? Essay (Mit einem Geleitwort von Kardinal Franz König und einem Nachwort von Erhard Busek), Wien 2002.

50 S. *Gudrun Lang/Michael Strohmer* (Hrsg.), Europa der Grundrechte? Beiträge zur Grundrechtecharta der Europäischen Union, Bonn 2002; *Ludger Kühnhardt*, Christliches Menschenbild im Prozeß der europäischen Einigung, Köln 2001; *Peter J. Tettinger*, Christliche Werte in der europäischen Grundrechtediskussion, Köln 2002.

51 *Claudia Attucci*, An institutional dialogue on common principles: reflections on the significance of the EU Charter of Fundamental Rights, in: Lynn Dobson/Andreas Follesdal (Hrsg.), Political Theory and the European Constitution, London 2004, S. 151 ff.

52 S. FAZ v. 04.11.2005, Nr. 257, S. 1.

53 Empfehlung der Kommission vom 11. März 2005 über die Europäische Charta für Forscher und einen Verhaltenskodex für die Einstellung von Forschern (2205/251/EG).

Nicht zuletzt nimmt auch die Europäische Ethikkommission[54] rege auf die Grundrechtecharta Bezug, zuletzt in ihrer Stellungnahme Nr. 20 vom 16. März 2005 zu den ethischen Aspekten der Verwendung von Informations- und Kommunikationstechnologischen (IKT)-Implantaten im menschlichen Körper. Selbst staatliche Instanzen nutzen die Charta als Argumentationstopos, etwa der deutsche Bundesrat in einem Beschluss gegen die Förderung der verbrauchenden Embryonenforschung auf unionaler Ebene[55].

Zur Abrundung dieses Bildes trägt es bei, dass das bereits im September 2002 von der Kommission auf Ersuchen des Europäischen Parlaments eingesetzte Netzwerk unabhängiger Sachverständiger für Grundrechte die Menschenrechtslage in der Union wie den Mitgliedstaaten im Lichte der einzelnen Garantien und Gewährleistungen der Charta überwacht. Die Verwirklichung der Rechte, Freiheiten und Grundsätze der Charta und die Wahrung der in ihr anerkannten Werte wird zukünftig in die Hand der geplanten Agentur der Europäischen Union für die Grundrechte gelegt[56] – erste Früchte einer im Dienst der Menschen stehenden unionalen „human rights policy". Vor diesem Hintergrund werden sämtliche Politikbereiche der Union vom Rundumschutz der Grundrechtecharta im Sinne eines *mainstreaming* erfasst werden.

1. Grundsätze

Zur zunächst diskursiven Bewältigung von Wertdifferenzen am Maßstab und im Lichte der Grundrechtecharta kann und sollte auf „Werte zweiter Ordnung" zurückgegriffen werden, ein überzeugender Ansatz von *Hans Joas* und *Christof Mandry*. Ihr Gedankengang lautet wie folgt[57]:

54 Europäische Gruppe für Ethik in Naturwissenschaften und neuen Technologien bei der Europäischen Kommission.

55 S. Drucksache 501/03 (Beschluss) vom 26.09.03.

56 S. den Vorschlag der Kommission vom 30.06.2005 für eine Verordnung des Rates zur Errichtung einer Agentur der Europäischen Union für die Grundrechte (Dokument KOM (2005) 280 endgültig vom 30.06.2005). S. weiter *Philip Alston/Olivier de Schutter* (Hrsg.), Monitoring Fundamental Rights in the EU. The Contribution of the Fundamental Rights Agency, Oxford und Portland, Oregon, 2005.

57 *Hans Joas/Christof Mandry*, Europa als Werte- und Kulturgemeinschaft, in: Gunnar Folke Schuppert/Ingolf Pernice/Ulrich Haltern (Hrsg.), Europawissenschaft, Baden-Baden 2005, S. 568. S. auch *Dietmar Mieth*, Common Values in Europe – Towards a European Constitutional Society, Biomedical Ethics 2000, 79, 81 („European Ethics as a Culture of Conflict about Values").

„Das Selbstverständnis als Kultur- und Wertegemeinschaft ist darin normativ, dass es Dissens eher generiert als vermeidet: es erlaubt ihn erst als solchen zu artikulieren, da nämlich die Wertebene im politisch-öffentlichen Raum adressierbar ist. Für das inhaltliche Verständnis von „Wertegemeinschaft" bedeutet das im Gegenzug, dass sie nicht als abgeschlossen gelten kann, sondern sich auch inhaltlich entwickelt, also eher einen Diskursraum darstellt als einen griffigen Kultur- und Wertefundus. In dieser Rücksicht erhalten die Werte Toleranz, Pluralität und Demokratie einen besonderen Stellenwert. Da die Werte- und Kulturgemeinschaft Europa wesentlich darin besteht, auf einen als verbindend verstandenen Erfahrungs- und Kulturhintergrund sich beziehen zu können, der vor allem dann ausdrücklich zu machen ist, wenn es um strittige Fragen geht, ist sie also als ein hermeneutischer Prozess des Sich-selbst-Verstehens zu sehen. Der Wertbezug markiert einerseits die Gemeinsamkeiten, andererseits ist er aber auch der Horizont, innerhalb dessen unterschiedliche Auslegungen und unterschiedliche normative Konsequenzen als Differenzen erfahren werden. Toleranz, Anerkennung von Pluralität und Demokratie sind dann die Werte, die innerhalb dieses Prozesses für den Umgang mit Wertdifferenzen selbst noch einmal Orientierung verschaffen. Sie bilden gewissermaßen Werte zweiter Ordnung, nämlich Grundsätze für den Umgang mit Wertdifferenzen."

Diese Werte zweiter Ordnung hatte auch die Europäische Ethikkommission in ihrem dem Grundrechtekonvent vorgelegten Bericht vor Augen[58]:

„Contemporary European civilisation is at the same time based on science, technology and multiculturalism. This multiculturalism, however, is moderated by the Graeco-Latin and Judeo-Christian traditions. These are the historical sources of European values, modern science and technology, and the roots of human rights, which ordains the respect of all individuals, including those of a non-European cultural background. Pluralism, tolerance, and open dialogue about cultural and moral differences constitute therefore a distinctive sign of the European idea. Its implementation requires discussion among all parties in a civil society as a primary source of legitimisation of the rules, to be followed by all."

Was aber ist, wenn sich Wertdifferenzen nicht diskursiv bereinigen oder wenigstens aushalten lassen? Was ist, wenn eine Entscheidung notwendig oder erzwungen wird? Wie kann dann das Spannungsverhältnis zwischen unional anerkannten Werten einerseits und Werten, die in den nationalen Verfassungen verbürgt sind, andererseits gelöst werden? Soweit ersichtlich, stammen die ersten Überlegungen, mögliche Wertkonflikte in dem Mehrebenensystem und Werteverbund der Union aufzulösen, von *Roland Bieber*[59]. Ihm folgend erscheinen drei Wege theoretisch denkbar:

Den auf europäischer Ebene geschützten und definierten Werten wird eine eigene Rechtswirkung abgesprochen, so dass sich im Ergebnis die im jeweiligen staatlichen Recht verankerten Werte durchsetzen. Eine derartige Lösung scheidet allerdings mit Blick auf die nunmehr auch verfassungsrechtlich verankerte Konzeption der Union als Wertegemeinschaft ersichtlich aus.

58 Bericht der Europäischen Ethikkommission vom 23. Mai 2000, Dokument CHARTE 4370/00 CONTRIB 233 vom 15. Juni 2000, S. 4.

59 *Roland Bieber*, Solidarität als Verfassungsprinzip der Europäischen Union, in: Armin von Bogdandy/Stefan Kadelbach (Hrsg.), Solidarität und Europäische Integration. Kolloquium zum 65. Geburtstag von Manfred Zuleeg, Baden-Baden 2002, S. 51. Dieser Ansatz wird aufgegriffen von *Christian Calliess*, Europa als Wertegemeinschaft – Integration und Identität durch europäisches Verfassungsrecht?, JZ 2004, 1033, 1042 f.

Die Union erhebt den Anspruch, ihre Werte zugleich verbindlich für alle Mitgliedstaaten zu verwirklichen, vermittelt über den Vorrang des europäischen Rechts. Eine derart radikale Lösung, bei der die staatlich verbürgten Werte vollständig zurücktreten müssten, entspricht den Erfahrungen in den USA und im deutschen Bundesstaat, ist jedoch mit dem Charakter der Union als Verfassungs- und Werteverbund nicht vereinbar.

Diesem Charakter der Union wird wohl nur ein vermittelnder Weg gerecht, der darin bestehen könnte, nach größtmöglicher praktischer Konkordanz der Werte auf beiden Ebenen zu suchen, und bei Abweichungen nur dann einen Vorrang des europäischen Rechts zuzulassen, wenn die Funktionsfähigkeit der Union in Frage steht.

Zur Begründung und Unterfütterung der vermittelnden Auffassung kann man zum einen auf das in Art. 10 EG bzw. Art. I-5 Abs. 2 EurVerf verankerte Solidaritätsprinzip abstellen. Die europäische Rechts- und Wertegemeinschaft ist im Lichte des Grundsatzes der loyalen Zusammenarbeit auf Gemeinsamkeit, Vermittlung und Kooperation ausgerichtet und angelegt. Zum anderen ist hier das Gebot der Wahrung nationaler Identität zur Geltung zu bringen, wie es Art. 6 Abs. 3 EU und Art. I-5 Abs. 1 EurVerf postulieren.

2. Die Frage nach dem Letztentscheidungsrecht

Bei alledem darf man nicht übersehen, dass Werteordnungen letztlich über Jahrzehnte hinweg durch Richterrecht konkretisiert werden müssen, worauf *Jürgen Meyer* zu Recht hinweist[60]. Daher wäre es sträflich, das Gefüge der europäischen Verfassungsjudikatur außer Acht zu lassen. In der Zuspitzung stellt sich die Frage, welches Gericht im Werte- und Verfassungsverbund der Union zur Letztentscheidung berufen ist. Diese politisch-kompetenzielle Dimension sollte in ihrer Tragweite nicht unterschätzt werden. Die Macht, über Grundrechtsfragen zu entscheiden, ist immer auch Macht, über Wertkonflikte zu entscheiden, was etwa die erbitterten Auseinandersetzungen über die Besetzung des amerikanischen Supreme Court erklärt. Wertepolitik ist zugleich Grundrechtspolitik und Justizpolitik. Von besonderer Brisanz erweist sich im europäischen Kontext die heftig umstrittene Frage des Anwendungsbereichs der Grundrechtecharta, d.h. die Frage, inwieweit die Mitgliedstaaten an die Grundrechtecharta gebunden und damit in Grundrechtsfragen der Jurisdiktionsgewalt des EuGH – und nicht mehr ihrer Verfassungsgerichte – unterworfen sind[61].

Wer ist nun der „Hüter“ der europäischen Werteordnung? Gerade in ethischen Fragen werden die europäischen Gerichtshöfe – Luxemburg und vor allem Straß-

60 *Jürgen Meyer*, in: Jürgen Meyer (Hrsg.), Kommentar zur Charta der Grundrechte der Europäischen Union, Baden-Baden 2003, Präambel Rn. 28.

61 S. hierzu die eingehende Darstellung und Erörterung durch den Verfasser in: Jürgen Meyer (Hrsg.), Kommentar zur Charta der Grundrechte der Europäischen Union, 2. Aufl. 2006, Art. 51 (Art. II-111 EurVerf) Rn. 2 ff., 24 ff.

burg – dereinst das letzte Wort sprechen[62]. Die „ethische Hoheit" verlagert sich allmählich auf die unionale Ebene, und die Letztentscheidung in ethischen Streitfällen wird im Laufe der nächsten Jahre und Jahrzehnte auf die europäischen Gerichtshöfe übergehen. Damit einher geht ein gravierender Bedeutungsverlust der nationalen Verfassungsgerichte[63]. Diese Europäisierung ethischer Entscheidungen wird durch die Grundrechtecharta als *living instrument* noch verstärkt und beschleunigt, aber auch strukturiert und normativ eingehegt.

Wie lassen sich gleichwohl das Solidaritätsprinzip und das Gebot zur Wahrung nationaler Identität zur Geltung bringen? Ein schonendes Vorgehen der europäischen Gerichtshöfe gerade bei ethischen Problemlagen liegt nahe, ein Vorgehen nach dem „Vorsichtsprinzip". Bei unüberbrückbaren und schwerwiegenden Wertkonflikten, etwa zum nahezu ausnahmslosen irischen Abtreibungsrecht[64], zu den strengen deutschen Regelungen zur Embryonenforschung[65] oder zu dem Frankreich teuren Laizitätsprinzip[66], sollte das „Prä" ausnahmsweise bei den betroffenen Mitgliedstaaten verbleiben. Ansonsten drohen Kollisionskurse, Verwerfungen und Loyalitätsaufsagen. Die Zeichen dafür mehren sich. In der Rechtsprechung des Bundesverfassungsgerichts fällt ein neuer Ton nationaler Behauptung auf, der nicht zufällig in der Zeit der europäischen Verfassungskrise zu vernehmen ist[67]. Auch das französische wie spanische Verfassungsgericht haben den Primat der nationalen Verfassungsordnungen in aktuellen Entscheidungen betont[68]. Selbst *Ingolf Pernice* hat jüngst auf einer Berliner Konferenz angemahnt, nicht nur die nationalen Gerichte müssten sich als europäische verstehen, auch der EuGH müsse die jeweilige nationale Sicht bedenken[69].

Zur praktisch-rechtstechnischen Bewältigung bietet sich die zur EMRK entwickelte Doktrin der *margin of appreciation* an, dank derer den Staaten Beurteilungs- und Ermessensspielräume, mithin hinreichend normative wie administrative Freiheit

62 S. auch *Reinhard Müller*, Europäische Gerichte werden das letzte Wort sprechen. Wie weit reicht künftig der Schutz des ungeborenen Lebens?, FAZ v. 01.06.2001, Nr. 126, S. 12.

63 S. hierzu *Norbert Bernsdorff/Martin Borowsky*, Grundrechte in Europa. Von der Grundrechtecharta zur Europäischen Verfassung, DRiZ 2005, 188 ff.

64 Vgl. *Veith Mehde*, Die europäische Wertegemeinschaft, Grundrechte und die irische Abtreibungsdebatte, KritV 2002, 438 ff.

65 Vgl. *Yvonne Dorf*, Zur Interpretation der Grundrechtecharta, JZ 2005, 126, 131 f.

66 S. nur die Entscheidung des französischen Verfassungsrats zur Europäischen Verfassung vom 19.11.2004, EuGRZ 2005, 45 ff., sowie *Hans-Georg Franzke*, Frankreich, seine Laizität und Europa, ZRP 2003, 357 ff.

67 So die zusammenfassende Wertung von *Reinhard Müller*, Fehlendes Grundvertrauen. Die europäische Gerichtsbarkeit bleibt von der Verfassungskrise nicht unberührt, FAZ v. 12.11.2005, Nr. 264, S. 10.

68 S. dazu nur *Alexandra Kemmerer*, Viele Hüter. Ein Berliner Vortrag über die Rivalität der Richter Europas, FAZ v. 14.02.2005, Nr. 37, S. 35.

69 Zitiert nach *Reinhard Müller*, Fehlendes Grundvertrauen. Die europäische Gerichtsbarkeit bleibt von der Verfassungskrise nicht unberührt, FAZ v. 12.11.2005, Nr. 264, S. 10.

verbleiben[70]. Bestimmende Faktoren für derartige Einschätzungsspielräume sind nämlich unter anderem die Frage, ob es spezifische nationale oder regionale Besonderheiten im rechtlichen oder faktischen Bereich gibt, die eine Zurücknahme der europäischen Kontrolle rechtfertigen[71]. In Bereichen mit starkem gesellschaftlichem Wandel, insbesondere mit Blick auf Moral- und Kulturvorstellungen, ist die *marge d'appréciation* eher größer. Dies gilt auch dort, wo nationale oder gesellschaftliche Interessen dominieren[72]. Letztlich steht hinter dieser zurückhaltenden Rechtsprechung der Respekt vor der staatlichen Souveränität[73].

Geradezu vorbildlich erscheint insoweit die aktuelle Entscheidung des Straßburger Gerichtshofs in der Sache *Vo./.Frankreich*[74]. Seit geraumer Zeit schon war erwartet worden, dass dem Straßburger Gerichtshof eines Tages die Frage des Beginns menschlichen Lebens vorgelegt werde. In der Rechtssache *Vo/Frankreich* hatten ärztliche Fehler zu einem ungewollten Schwangerschaftsabbruch geführt, woraufhin Frau Vo Strafanzeige gegen den verantwortlichen Arzt gestellt hatte. Der französische Kassationsgerichtshof hielt die Vorschriften der fahrlässigen Tötung nicht für anwendbar, da der Fötus nach französischem Recht nicht als ein strafrechtlich geschütztes menschliches Wesen anzusehen sei. Die Große Kammer des EGMR entschied mit 14 zu 3 Stimmen, dass darin keine Verletzung des in Art. 2 EMRK geschützten Rechts auf Leben liege. In unserem Zusammenhang interessiert nur, dass – und mit welcher Argumentation – der Straßburger Gerichtshof hier jede Festlegung zu vermeiden wusste. Die ersten drei Leitsätze geben den Gedankengang des Gerichtshofs wieder:

1. In der Frage, wann das Leben beginnt, gibt es keinen Konsens in den Konventionsstaaten. Daher steht ihnen hier ein Beurteilungsspielraum zu.

2. Auch in der Frage der Natur und der Rechtsstellung des Embryos oder des Fötus gibt es keinen Konsens auf europäischer Ebene, wenngleich erste Schritte zu seinem Schutz zu erkennen sind.

3. Deshalb ist es zum gegenwärtigen (!) Zeitpunkt weder wünschenswert noch möglich, abstrakt die Frage zu beantworten, ob das ungeborene Kind ein „Mensch" i.S. von Art. 2 EMRK ist.

Eine Übernahme der Doktrin der *margin of appreciation* durch den Luxemburger Gerichtshof kommt im Zuge eines sinnvollen und gebotenen „Dogmatik-Transfers" in Betracht. Der Sache nach tendiert der EuGH inzwischen ohnehin zu einem behutsamen und rücksichtsvollen Vorgehen, wie zuletzt seine Entscheidung in der

70 Es soll dabei nicht verkannt werden, dass das von der Kommission eingesetzte Netzwerk unanhängiger Sachverständiger für Grundrechte gerade in der *margin of appreciation* eine mögliche „indirekte" Quelle von Grundrechtsverletzungen sieht.

71 S. *Christoph Grabenwarter*, Europäische Menschenrechtskonvention, 2. Aufl., München 2005, S. 113.

72 S. im Einzelnen *Anne Peters*, Einführung in die Europäische Menschenrechtskonvention, München 2003, S. 25 f.

73 *Anne Peters*, Einführung in die Europäische Menschenrechtskonvention, München 2003, S. 25.

74 EGMR, Urt. v. 8.7.2004, *Vo*, NJW 2005, 727.

Rechtssache *Omega* – zum deutschen Verbot *des „gespielten Tötens"* – exemplarisch zeigt[75]. Danach ist es nicht erforderlich, dass grundlegende nationale Wertvorstellungen, hier zur grundgesetzlich geschützten Menschenwürde, einer allen Mitgliedstaaten gemeinsamen Auffassung entsprechen, um Beschränkungen der Grundfreiheiten zu rechtfertigen.

Letztlich kommt es im Lichte des von Grundrechtecharta und Verfassung geforderten *„Denkens vom Menschen her"* darauf an, ob die hohen Standards der nationalen Verfassungsgerichtsbarkeit in Grundrechtsfragen auf Unionsebene – gesichert über Luxemburg und Straßburg – erhalten bleiben[76]. Die Zeichen hierfür stehen gut.

75 EuGH, Urt. v. 14.10.2004, Rs. C-36/02, EuGRZ 2004, 639.

76 Vgl. *Udo Steiner*, Richterliche Grundrechtsverantwortung in Europa, in: Max-Emanuel Geis/Dieter Lorenz (Hrsg.), Staat-Kirche-Verwaltung (Festschrift Hartmut Maurer), München 2001, S. 1017.

Mitmenschlichkeit und Gemeinsinn im Verfassungsrang[1]

von Dr. theol. Konrad Elmer-Herzig, Mitglied des Bundestages a. D.

Ich aber dachte, ich arbeitete vergeblich
und verzehrte meine Kraft umsonst ...
Jes 49,4

Die vom Europäischen Konvent unter maßgeblicher Mitwirkung von Jürgen Meyer erarbeitete Charta der Grundrechte der Europäischen Union[2] – inzwischen Grundrechtsteil des Vertrages über eine Verfassung für Europa[3] – enthält in ihrer Präambel den Satz: *„Die Ausübung dieser Rechte ist mit Verantwortung und Pflichten sowohl gegenüber den Mitmenschen als auch gegenüber der menschlichen Gemeinschaft und den künftigen Generationen verbunden."*[4] Wie ist zu erklären, dass der Deutsche Bundestag dem problemlos zustimmte,[5] obwohl trotz größter Anstrengungen ein entsprechendes Anliegen im deutschen Einigungsprozess nicht verwirklicht werden konnte, nämlich Mitmenschlichkeit und Gemeinsinn verfassungsrechtlich zu verankern?[6]

Am Beginn meiner damaligen Bemühungen stand die persönliche Erfahrung gelungener Mitmenschlichkeit jenseits staatlicher Institutionen und gesellschaftlicher Vorgaben in der Diktatur des realen DDR-Sozialismus. Die Schwierigkeiten und Defizite, in denen wir Ostdeutsche 40 Jahre zu leben hatten, beförderten ein Netzwerk zwischenmenschlicher Beziehungen. Für mich waren dies vor allem vielfältige Bezüge im kirchlichen Bereich, insbesondere in der Evangelischen Studentenge-

1 Überarbeiteter Aufsatz meines Beitrags „Mitmenschlichkeit und Gemeinsinn" in: Verfassungsdiskussion und Verfassungsgebung 1990-1994 in Deutschland, 3 Bd., Hrg. Werner Künzel und Erich Fischer, Schkeuditz 2005, Bd. 1, S. 105-124.

2 Feierlich proklamiert am 7.12.2000 anlässlich des Europäischen Rates in Nizza durch den Rat, die Kommission und das Europäische Parlament.

3 Unterzeichnet auf der Regierungskonferenz des Europäischen Rates am 29.10.2004 in Rom von 25 EU-Staaten sowie Rumänien, Bulgarien und der Türkei. Der Prozess der Ratifizierung ist durch die ablehnenden Volksentscheide in Frankreich und den Niederlanden jedoch vorerst ins Stocken geraten.

4 Charta der Grundrechte der Europäischen Union, ABl EG C 364/1 v. 18.12.2000, zitiert nach der vom Dt. Bundestag am 12.5.2005 ratifizierten Fassung des Vertrages über eine Verfassung für Europa, BT-Drs. 15/4900, S. 23.

5 Dt. Bundestag, 14. Wahlperiode, 115. Sitzung, PlPr 14/3387 v. 7.7.2000, ratifiziert als Teil der Europäischen Verfassung am 12.5.2005.

6 Dabei wollten wir Mitmenschlichkeit und Gemeinsinn nicht wie hier als Pflicht, sondern als Verfassungserwartung zum Tragen bringen.

meinde Halle/S.[7] Nach der Wende entstand der Gedanke, dieses erfreuliche Nebenprodukt einer unerfreulichen Epoche in die neue Gesellschaft hinüberzuretten. Denn schon bald nach der deutschen Einheit zeichnete sich ab, dass außer Berlin als Hauptstadt und dem Grünen Pfeil für Rechtsabbieger nichts DDR-Spezifisches erhalten bleiben würde. Sollte aus unserer Zeit mehr überdauern, so war mir deutlich geworden, müsste dieses grundsätzlich Erstrebenswerte seinen Niederschlag in den Grundstrukturen der Gesellschaft, wenn möglich in der Verfassung, finden.

Als ich im Frühjahr 1991 von der SPD-Fraktion in die Gemeinsame Verfassungskommission von Bundestag und Bundesrat (GVK) gewählt wurde[8], fragte ich mich, worin ein spezifisch ostdeutscher Beitrag bestehen könnte. Mir war noch gut in Erinnerung, dass unsere westdeutschen Verwandten und Freunde bei allem, was sie im Osten zu Recht als schrecklich empfanden, meinten, es gäbe bei uns eine unkomplizierte Hilfsbereitschaft und Herzlichkeit im persönlichen Umgang sowie mehr menschliche Wärme im Familiären und im Freundeskreis. Das sei im Westen so leider nicht mehr gegeben, vor allem, weil man nicht derart existentiell aufeinander angewiesen sei. Tatsächlich stellte auch ich trotz aller Herzlichkeit, die mir nach der Wende im Westen begegnete, ein etwas kühleres Gesamtklima im Umgang miteinander fest. Z.B. hatte ich in Bonn zu lernen, dass ich nicht jeden Kollegen einfach ansprechen und zu einer mir wichtigen Sache befragen konnte. Vielmehr war erst vorsichtig zu klären, ob der andere momentan überhaupt gewillt sei, mir sein Ohr zu leihen bzw. es ihm passen würde, gerade dies mit mir jetzt zu erörtern. Umgekehrt hörte ich Westdeutsche über den Osten klagen: Die Leute haben zu wenig Distanz, rücken einem immer gleich auf die Pelle, ja fallen mit der Tür ins Haus. Natürlich ist das überspitzt formuliert, aber etwas muss wohl daran sein, wenn man es von unterschiedlicher Seite zu hören bekommt. So war ich auf der Suche, für jenes ostdeutsche Spezifikum den passenden Begriff zu finden.

Im Frühjahr 1992 übergab mir der SPD-Obmann in der GVK, Hans-Jochen Vogel, einen Stapel Petitionen zur Kulturstaatlichkeit, insbesondere mehrere ihm zuge-

7 1967-1973, geprägt von den Studentenpfarrern Rudolf Schulze und Wolf Krötke.

8 Bezeichnend für die Marginalisierung des Einflusses ostdeutscher Politiker im Zusammenhang mit den Verfassungsfragen ist die Tatsache, dass in der Kommission, die die verfassungsrelevanten Aspekte der Einheit von Ost- und Westdeutschland zu verhandeln hatte, die regierende Koalition aus CDU/CSU und FDP mit keinem einzigen Ostdeutschen als ordentlichem Mitglied vertreten war. Auch die SPD-Fraktion hatte sich mit nur zwei Ostdeutschen, Thierse und Elmer, unter den von ihr zu entsendenden elf Mitgliedern nicht gerade hervorgetan. Wäre es nach dem Fraktionsvorstand gegangen, wäre sogar nur Thierse dabei gewesen. Er, der als unser Vordermann dafür zuständig gewesen wäre, hat sich leider auch nicht dafür eingesetzt, dass außer ihm weitere Ostdeutsche als ordentliche Mitglieder in die Verfassungskommission gelangen. Die SPD-Frauen waren mächtig verärgert, als ich, auf eigene Faust kandidierend, von der Fraktion eine Stimme mehr als die von ihnen vorgeschlagene Edith Nihuis erhielt. Bei der CDU/CSU war erst unter den Stellvertretern Reichenbach als einziger Ostdeutscher zu entdecken. Als deutlich wurde, dass es dieser Kommission sowieso nicht erlaubt sein würde, irgendetwas Wesentliches zu bewegen, und Rüttgers ausschied, rückte der westdeutsche Stavenhagen nach. Nur weil der zwei Monate später verstarb, durfte Reichenbach ordentliches Mitglied werden.

sandte Veröffentlichungen von Helmut Breuer[9]. Bald darauf rief dieser mich an, und wir vereinbarten ein Treffen für den 3. Mai in meiner Pankower Wohnung. Ich sehe uns noch heute bei schönem Wetter im Garten sitzen, er in kaum endendem Redefluss sein sogenanntes ‚biosophisches' Weltbild entfaltend und ich nach einem Begriff suchend für die Gemeinschaftsverbundenheit als ostdeutschen Beitrag zur Verfassungsdiskussion. Als in Breuers Rede der Begriff "mitmenschlich" auftauchte, fiel mir ein, dass für Karl Barth, über dessen Theologie ich einst promovierte,[10] die Mitmenschlichkeit der anthropologische Zentralbegriff ist und er schwerste Vorwürfe gegen alle richtete, die das anders sehen: "Si quis dixerit, hominem esse solitarium, anathema sit!"[11] Darum vereinbarte ich mit Breuer, den Begriff Mitmenschlichkeit ins Zentrum gemeinsamer Verfassungsbemühungen zu stellen. Am 18. August schrieb ich einen entsprechenden Brief an Vogel, in dem ich ihm vorschlug, das westeuropäisch-atlantisch geprägte Grundgesetz mit seiner Betonung der individuellen Freiheitsrechte durch den die menschliche Gemeinschaft konstituierenden Begriff Mitmenschlichkeit als Ost und West einigendes Band zu ergänzen. Wegen der größeren Erfolgsaussichten wolle ich mich in dieser Sache um einen fraktionsübergreifenden Gruppenantrag bemühen.[12]

Beim ersten Zusammentreffen nach der Sommerpause sprach Vogel wohlwollend über meinen Brief und die beigelegten von Breuer inspirierten Ergänzungsvorschläge.[13] Zwar schien er selber davon noch nicht überzeugt zu sein, ich sollte die Sache jedoch weiter verfolgen. Er riet mir, den juristisch schwierigen Begriff Mitmenschlichkeit nicht auch noch mit dem von Breuer favorisierten Begriff Wahrhaftigkeit zu belasten. Dementsprechend legte ich in der nächsten SPD-Arbeitsgruppensitzung

9 Herausgeber einer dt. Übersetzung des Hauptwerkes des frz. Motivationspsychologen Paul Diel, Bd. 1 Psychologie de la Motivation, Paris 1947, Bd. 2 La Divinité, Paris 1971, dt. Bd. 1 Motivationspsychologie, Bd.2 Göttlichkeit, Berlin 1989. Breuer entwickelte damals im Selbstverlag ‚Edition Weltkultur' seine sogenannte ‚Biosophie' mit sechs Schriften zur Kulturstaatlichkeit sowie weitreichende Vorschläge zur Neuordnung der deutschen Länder.

10 K. Elmer, Der Häresiebegriff Karl Barths im Zusammenhang seiner theologischen Erkenntnislehre, Diss. theol. Halle/S., 13.10.1981.

11 K. Barth, KD III/2, S. 384 („Wer behauptet, der Mensch sei ein Einzelwesen, der sei verdammt!")

12 Brief im eigenen Archiv.

13 Präambel: "Im Bewußtsein,...dem Frieden, *in wahrhaftiger Verantwortung für die eine* Welt *und dem Leben in Gerechtigkeit* zu dienen, hat sich ...." Art. 2 (1) "Jeder hat das Recht auf die freie Entfaltung seiner Persönlichkeit, soweit er nicht ... gegen das Sittengesetz, oder *die Mitmenschlichkeit* verstößt." Art. 7 (2) "Das gesamte Schulwesen steht unter der Aufsicht des Staates. *Grundanliegen ist Erziehung zu Selbstbestimmung und Verantwortlichkeit.*" (3) *"Bildung durch Besinnung auf wahrhaftige Mitmenschlichkeit erfährt besondere Förderung."* Art. 20 (1) "Die Bundesrepublik Deutschland ist ein demokratischer, sozialer und *humaner* Bundesstaat." Dem lag in Art. 2(1) der Gedanke zugrunde: So wie "das Eigentum sozial verpflichtet, *verpflichtet die Persönlichkeitsentfaltung human*", und durch Art. 20(1) "wäre die Kultur verfassungsmäßig als *Gestaltungsraum für Mitmenschlichkeit* bestimmt", die vom "Bemühen um weitestgehendes gegenseitiges Verständnis lebt." (Im eigenen Archiv).

nur einen gekürzten Satz vor. Art. 7 (3) solle lauten: "*Bildung zur Mitmenschlichkeit erfährt besondere Förderung.*"[14]

Die Vertreter der Länder äußerten große Bedenken, in der Bundesverfassung ein Bildungsziel zu verankern. Ähnlich hatte schon der Verfassungsrechtler Isensee in der Anhörung zu den Staatszielen Bildung und Kultur am 16. Juni auf meine Frage geantwortet, ob wir nicht ein regulatives Prinzip wie „wahrhaftiges Bemühen um zwischenmenschliches Verständnis" als Bildungsimpuls verankern sollten.[15] Damals gab er zu bedenken: Das sei „Thema der Landesverfassungen". Dort allerdings dürfe sich "die Neigung zu Volkspädagogik und Volkskatechese" sinnvoll äußern.[16]

Im weiteren Verlauf versuchte ich, möglichst viele Fraktionskolleginnen und -kollegen für die Sache zu gewinnen. Dabei stieß ich bei den Juristen auf wenig Resonanz. Später gelang es mir, einen Artikel in der Wochenzeitschrift *Die Zeit* zu veröffentlichen.[17] Dort wies ich darauf hin, dass Mitmenschlichkeit mehr bedeute als der in der DDR missbrauchte Begriff Solidarität. Mitmenschlichkeit sei im Sinne Barthscher Anthropologie ein Wesenszug menschlichen Seins.[18] Außerdem verwendete ich den von Willy Brandt gern gebrauchten Begriff compassion, Mitgefühl, Mitleidensfähigkeit und verwies auf die Forderung Erich Fromms, von den zerstörerischen Formen der Hab-Gier Abstand zu nehmen und eine Kultur wahrhaftigen Mensch-Seins zu entwickeln. Was Not tue, sei ein reflektiertes Verhältnis zwischen Individualität und Soziabilität, Selbstbestimmung und Mitmenschlichkeit. Ich plädierte für eine Verankerung der Mitmenschlichkeit:

1. in der Präambel: "Im Bewußtsein,...dem Frieden, der Gerechtigkeit und Mitmenschlichkeit in der einen Welt zu dienen..."

2. in Art. 7(1): "Grundlegendes Bildungsziel ist Persönlichkeitsbildung zu Selbstbestimmung und Mitmenschlichkeit."

Zu letzterem gab es bei den Ländervertretern wiederum große Vorbehalte. Vor allem Kultusminister Walter (Saarland, SPD) sah die Kulturhoheit der Länder gefährdet. Es gelang mir, in Einzelgesprächen dieses soweit auszuräumen, dass Vogel im Obleutegespräch mein Anliegen zu Art. 7(1) auf die Tagesordnung setzen konnte. Außerdem

hatte ich meinen Vorschlag allen Abgeordneten zukommen lassen,[19] woraufhin die CDU-Abgeordnete Rahardt-Vahldieck mir ihr Interesse bekundete.

In der nächsten Sitzung der GVK am 6.5.'93 erklärte ich zur Antragsbegründung,[20] die Mitmenschlichkeit sei ein grundlegendes Bildungsziel, denn der Mensch

14 Verfassungsdiskussion ...(s. oben, Anm.1) Bd. 3, Dokumentenband 2, im Folgenden: Dok 2.

15 Materialien zur Verfassungsdiskussion und zur Grundgesetzänderung in Folge der deutschen Einheit / 12. Dt. Bundestag. Hrsg.: Dt. Bundestag, Ref. Öffentlichkeit, Bonn 1996 (Zur Sache 2/96), Bd. 2: Anhörungen und Berichterstattergespräche (im Folgenden: Materialien 2) S. 115.

16 AaO, S.123.

17 K. Elmer, Denken mit dem Herzen, Ostdeutsche Forderung: Mitmenschlichkeit ins Grundgesetz. In: Die Zeit v. 2.4.1993, S. 14, s. Dok 2.

18 Der Zeit-Redakteur brachte dies auf den Begriff "Soziabilität". Von ihm stammt auch die Überschrift: „Denken mit dem Herzen", aaO.

19 Brief im eigenen Archiv.

würde zum einen als Individuum seine Persönlichkeit entfalten, zum anderen sei er unabweisbar ein soziales Wesen, das sich nur im Zusammenhang mit anderen verwirklichen könne. Schon deshalb habe jeder auch eine Verantwortung für seine Mitmenschen. Neben der erwähnten Mitleidensfähigkeit verwies ich auf *Jonas* und sein 'Prinzip Verantwortung' sowie auf die Rede *Dürrs* vom 'Wärmetod der Zwischenmenschlichkeit' in unserer permissiven Gesellschaft. Mein Anliegen habe bei den Müttern und Vätern des Grundgesetzes wohl deshalb keine Rolle gespielt, weil dergleichen in den schweren Nachkriegsjahren viel zu selbstverständlich war, als dass dies eigens hätte ins Bewusstsein treten können. Ähnlich stelle sich die Sinnfrage erst dann, wenn den Menschen Lebenssinn abhanden gekommen ist. Entsprechend sei damals die Würde des Menschen stark verankert worden, weil sie zuvor mit Füßen getreten wurde. Dass der Gedanke der Mitmenschlichkeit heute auf die Tagesordnung komme, zeige, dass in unserer Gesellschaft hinsichtlich dieses Aspekts menschlicher Existenz ein Defizit zu spüren ist. Zu erkennen sei dies an der Atomisierung unserer Gesellschaft, am Rückzug ins Private und an mangelndem Gemeinsinn, so dass bisweilen schon von einem exzessiven Egoismus gesprochen wird.

Den Ost-West-Gedanken aus meinem Zeit-Artikel habe ich damals in folgender Weise verändert: Es äußere sich hier ein spezielles Anliegen ostdeutscher Befindlichkeit – nicht primär, weil es bei uns mehr Mitmenschlichkeit gäbe, sondern weil uns im Einigungsprozess das gelegentliche Fehlen dieses Aspekts besonders schmerzlich bewusst geworden sei. Auch verwies ich auf Václav Havels Bemerkung, dass man in der Diktatur die Bedeutung von Solidarität, persönlichem Risiko und Opfer erfahren und einige Geschenke des Lebens zu achten gelernt habe. Es gelänge bislang jedoch noch nicht besonders gut, diese Erfahrungen zu artikulieren und damit das europäische Bewusstsein zu bereichern.

Weiterhin führte ich aus, dass wir die Fähigkeit des Menschen zum Altruismus und dessen gesellschaftliche Notwendigkeit stärker betonen sollten.[21] Auch sei zu bedenken, dass nur wer sich in seiner eigenen Persönlichkeitsentfaltung zu begreifen vermag und einfühlsam mit sich selber umgeht, auch seinen Mitmenschen Selbstachtung vermitteln und ihnen einfühlsam begegnen könne. Auf den Zwischenruf „Verfassungslyrik" entgegnete ich: Wenn es den Begriff Menschenwürde in unserer Verfassung noch nicht gäbe und jemand die Aufnahme dieses Begriffs fordern würde, würde er gewiss den gleichen Vorwurf ernten. Eine Verfassung ist der Grundlagenvertrag einer Gesellschaft und also mehr als eine Juristenverfassung. Menschen leben nicht nur in justiziablen Bezügen. Sie sind vor allem von Wertvorstellungen geprägt. Deshalb z.B. enthält die Hamburger Landesverfassung von 1952 nicht nur

20 Vgl. zum Folgenden: Materialien 1, S. 909 ff.

21 Die moderne Spieltheorie zeigt, dass rein egoistische Akteure nicht in der Lage wären, in einer Firma zu kooperieren. Zur Kooperation braucht es eines gewissen Maßes an Altruismus und Gegenseitigkeit, ohne die selbst die Wirtschaft nicht auskommt, wenn sie funktionieren soll. Diesen Hinweis verdanke ich Ottmar Edenhofer, Potsdam, vgl. Samuel Bowles, Microeconomics: Behavior, institutions and evolution, Princeton 2004.

Rechte, sondern in ihrer Präambel auch „die sittliche Pflicht, für das Wohl des Ganzen zu wirken."[22]

Der Kulturhoheit der Länder Rechnung tragend wurde von mir bemerkt, dass dieses Bildungsziel, weil es das Menschsein überhaupt betreffe, so grundlegend sei, dass dadurch gar keine Länderspezifika berührt würden. Entsprechend hätten unlängst *alle* Kultusminister und Senatoren erklärt, *"Initiativen anzuregen und zu stärken, die in Schule und Gesellschaft ein mitmenschliches Verhalten fördern."*[23]

Auf die Frage, was diese Verfassungsänderung bewirken könne, verwies ich auf die Gestaltung von Lehrplänen und Schulbüchern und darauf, dass jedes Wort der Verfassung bei Güterabwägungen herangezogen werden könne. So sei zu vermuten, dass es z.B. im Blick auf die Vereinsamung alter Menschen vom Begriff der Mitmenschlichkeit her neue Impulse für unsere Gesellschaft geben werde. Auch würden Urteile, mit deren Hilfe Urlauber vom Reiseveranstalter einen Teil ihres Geldes zurückbekamen, nur weil ein Behinderter der Reisegesellschaft angehörte, dann nicht mehr möglich sein.

Vor allem brächte diese Verfassungsergänzung uns Ostdeutschen nicht nur eine bessere Identifikationsmöglichkeit mit dem Grundgesetz, sondern einen Punkt, an dem wir uns im Einigungsprozess ernst genommen fühlten, weil hier auch einmal etwas von uns für ganz Deutschland übernommen würde und nicht nur immer umgekehrt wir alles Westdeutsche zu übernehmen hätten. Václav Havel betone zu Recht: Es gäbe offenbar auch unter einer Diktatur Dinge, die sich entwickeln können und bei denen es sich lohnt, in der endlich errungenen Freiheit über ihre Akzentsetzung nachzudenken.

Als Erster reagierte, mich unterstützend, Kultusminister Walter, obwohl er in der SPD-Arbeitsgruppe lange zu den Bedenkenträgern gehörte: Für ihn schließe der reiche Blumenstrauß an Bildungszielen, den wir in den Länderverfassungen finden, nicht mehr aus, dass einzelne überragende Erziehungsziele von allgemeingültiger ethischer Bedeutung und allgemeinem Bewusstsein auch in das Grundgesetz aufgenommen werden könnten, ohne dass hierdurch die Kompetenzverteilung im Kulturbereich beeinträchtigt wird. Die mit zunehmender Gewaltbereitschaft einhergehenden Gefahren für den verfassungsrechtlichen Kern unseres demokratischen Rechtsstaats würden es notwendig machen, auf solche Gefahren auch auf dieser Rechtsebene zu reagieren. Das habe nicht nur defensiv zu geschehen, sondern, wie hier vorgeschlagen, zugleich positiv mit dem Ziel der Persönlichkeitsbildung zu Selbstbestimmung und Mitmenschlichkeit.

Hirsch (FDP) und Wilhelm (CSU) lehnten ab, Letzterer mit dem Argument, es sei nicht einsichtig, warum gerade diese beiden Erziehungsziele an so herausragender Stelle stehen sollten und nicht statt dessen vielleicht „Erziehung zur Solidarität und zum Gemeinschaftsdenken".

22 Verfassung der freien Hansestadt Hamburg v. 6.6.1952.

23 Saarbrücker Erklärung zu Toleranz und Solidarität vom 8.3.1993.

Heuer (PDS) signalisierte Zustimmung, ergänzte jedoch, dass dergleichen idealistisch bliebe, solange nicht auch jene gesellschaftlichen und ökonomischen Prozesse angegangen würden, die der Selbstbestimmung und Mitmenschlichkeit entgegenwirkten, solange also soziale Grundrechte und soziale Staatsziele nicht gleichfalls aufgenommen würden.

Innenminister Bull (Schleswig-Holstein, SPD) unterstrich: Es zeige sich bei den Gegnern dieser Verfassungsergänzung ein bedauerlicher Mangel an Sensibilität für die nicht streng juristischen Funktionen einer Verfassung. Nach seinem Eindruck glaubten manche, eine Verfassung müsse sich auf harte Normen für harte Macher beschränken. Die halbe Präambel würde dann jedoch diesem Urteil verfallen. Die vorgeschlagene Ergänzung sei eine Ermutigung für Lehrer, die sich nicht auf bloße Wissensvermittlung beschränkten, sondern die Persönlichkeit ihrer Schüler bilden wollten. Jedem, der unsere Gesellschaft in diesen Jahren beobachte, sei klar, dass wir ein Übermaß an Selbstentfaltung, Egoismus und Sankt-Florians-Verhalten vorfinden. Dies würde von unserer derzeitigen Verfassung sogar gefördert. Man könne nämlich sagen, Art. 2 Abs. 1, das Obergrundrecht der freien Entfaltung der Persönlichkeit, sei das, was die Mehrheit der Menschen in unserer Gesellschaft bewogen habe, primär an ihren Geldbeutel, ihr Fortkommen und ihren privaten Erfolg zu denken. Daher wäre es wohl begründet, auch die Gegenposition in die Verfassung zu schreiben.[24]

Ministerin Schoppe (Bündnis90/Die Grünen) hatte Probleme mit dem Begriff Mitmenschlichkeit[25] und plädierte stattdessen für „freie Selbstbestimmung und soziale Verantwortung".[26]

Rahardt-Vahldieck zeigte Sympathie weniger für eine Ergänzung in Art. 7 als vielmehr in Art. 2 (1), weil die Sache dort mit erheblich höherem Rang, ja Vorrang versehen sei. Das Grundgesetz habe in seiner Entstehungszeit die Abwehrrechte gegen den Staat und die Freiheitsrechte des Einzelnen betonen müssen. Der Gesichtspunkt der Mitmenschlichkeit sei als Grundlage einfach vorausgesetzt gewesen. Die Menschenwürde sei ohne Mitmenschlichkeit nicht denkbar. Offenbar sei damals die Auffassung allgemein gewesen, Mitmenschlichkeit und Nächstenliebe seien bereits in Art. 1 und in der Präambel angelegt und einer besonderen Ausformulierung nicht bedürftig. In ihrer Fraktion gäbe es zu diesem Antrag noch erheblichen Beratungsbedarf. Denn wenn wir anfangen, Normen oder Aussagen unterzubringen, die staatlicherseits nicht in die Wirklichkeit umgesetzt werden können oder an die Handlungen zu knüpfen gar nicht beabsichtigt ist, dann wird es schwierig, weil die Mitmenschlichkeit nicht der einzige Begriff ist, der in dieser Verfassung gut untergebracht wäre.

Ullmann (Bündnis 90/Die Grünen) konnte das Anliegen nur kurz unterstützen, da er von Scholz in seiner Rede unterbrochen und zur Verlesung der angekündigten Er-

24 Materialien 1, S. 915.

25 Ein ähnliches Votum erhielt ich aus Frankreich mit dem brieflichen Hinweis, dass der Begriff kaum in andere Sprachen zu übersetzen sei. (Im eigenen Archiv).

26 Materialien 1, S. 916.

klärung zur bevorstehenden Einstellung seiner Mitarbeit in der Verfassungskommission aufgefordert wurde. Ullmann begründete sein Ausscheiden damit, dass ein Einstehen für die Selbstbestimmungs- und Mitwirkungsrechte der Bevölkerung in den Ostländern unter den in dieser Kommission gegebenen Bedingungen nicht möglich sei. Er sei nicht bereit, die Verantwortung hierfür weiter mitzutragen.[27]

Nach dieser zum Verhandlungsgegenstand sinnreich passenden Unterbrechung bedauerte die Niedersächsische Ministerin Alm-Merk (SPD) das Ausscheiden Ullmanns. Die deutsche Bevölkerung aus der ehemaligen DDR habe sicher mehr erwartet, als wir hier bisher erreichten. Die Mitmenschlichkeit in das Grundgesetz aufzunehmen, sei des Nachdenkens wert. Gerade nach dem Weggang Ullmanns solle man überlegen, ob es angesichts der vielen Erfahrungen, die von den einen erlebt, von den anderen allenfalls beobachtet werden konnten, nicht ratsam sei, auf eine solche ostdeutsche Stimme zu hören.[28]

Im Weiteren kam ich zu der Auffassung, dass die Grundrechtsartikel nichts anderes sind als präzisierende Auslegungen des verfassungsrechtlichen Oberbegriffs Menschenwürde, die entsprechend der französischen Revolution als Freiheit, Gleichheit und Brüderlichkeit zu entfalten ist. Im Grundgesetz geschieht dies einseitig zu Gunsten der Freiheitsrechte. Schon in der Präambel findet sich ein solcher Vorrang durch das Achtergewicht des Freiheitsbegriffs und seine Verstärkung durch die Wendung „in freier Selbstbestimmung". Im Grundrechtsteil steht die Freiheit nicht nur an erster Stelle, sondern wird in nachfolgenden Artikeln weiter verstärkt. Nachdem auch die Gleichheitsrechte weiterentwickelt wurden,[29] verbleibt als dringliche Aufgabe, der dritten Dimension menschenwürdigen Lebens, der Brüderlichkeit, zum Recht zu verhelfen. Offensichtlich besteht bei der Entfaltung der Würdeverpflichtung des Art. 1 ein "kodifikatorisches Ungleichgewicht"[30] zwischen Freiheit, Gleichheit und Brüderlichkeit. Letztere sucht man im Grundgesetz vergeblich.[31] Lediglich Solidarität klingt in den Artikeln 6,12(2),13(3),14(2,3) und 15 von Ferne an und ist im Staatsziel ‚sozialer Bundesstaat', Art. 20(1), zu finden. Das steht jedoch in keinem Verhältnis zu der starken Verankerung der Gleichheit und erst recht nicht zu dem alles andere überragenden Freiheitsbegriff.

Dagegen enthält der Verfassungsentwurf des Runden Tisches im Kapitel Menschen- und Bürgerrechte einen Gedanken, der in der Lage ist, die Brüderlichkeit

27 AaO, S. 918f. Ich bin seinem Schritt nicht gefolgt, weil ich die Hoffnung nicht aufgeben wollte, mit der verfassungsrechtlichen Verankerung der Mitmenschlichkeit ostdeutsches Selbstbewusstsein zu stärken, vgl. aaO, S. 921.

28 AaO, S. 919.

29 Vgl. die Stärkung der Frauenrechte und weitere Antidiskriminierungsparagrafen, denen sich selbst die Konservativen in der Verfassungskommission nicht gänzlich verschließen konnten, Dok 2.

30 Es war der Sekretär der GVK, Eckart Busch, der mein Anliegen in dieser Weise auf den die Sache treffenden Begriff brachte.

31 Dafür wird die Brüderlichkeit, wenn auch rechtlich unverbindlich, in unserer National- und Europahymne besungen: „... *brüderlich* mit Herz und Hand." „Alle Menschen werden *Brüder* ,... "

zum Ausdruck zu bringen: *"Jeder schuldet jedem die Anerkennung als Gleicher."*[32] Zwar liegt im Begriff der Anerkennung die Möglichkeit einer relativ distanzierten Bezugnahme auf den Mitmenschen. Das Wort 'schuldet' involviert jedoch ein im Falle der Ungleichheit dem anderen helfendes Zur-Seite-Stehen, das dem Anliegen der Mitmenschlichkeit nahe kommt.[33]

Der Entwurf des Kuratoriums für einen demokratisch verfassten Bund deutscher Länder ergänzt diesen Gedanken in der Präambel durch den Satz vom *"Gemeinwesen... in dem das Wohl und die Stärke Aller aus dem Schutz der Schwachen erwächst."* Beim Begriff Schutz bleibt wiederum ein relativ distanziertes Verhältnis zum Mitmenschen möglich. Immerhin wird die Bereitschaft gefordert, Schaden von ihm abzuwenden. Im Grundrechtsteil heißt der für unsere Thematik entscheidende Satz: *"Alle erkennen einander als Gleiche in ihrer Würde an."*[34] Zum einen ist durch Wegfall des Wortes 'schuldet' die Distanzierungsmöglichkeit größer geworden. Zum anderen könnte durch den später folgenden Begriff Teilhabe[35] der Boden für die Brüderlichkeit bereitet sein.

Zum erste Berichterstattergespräch am 27.5.1993 legte ich vier Varianten zur Platzierung der Mitmenschlichkeit im Grundgesetz vor:

1. Die Ergänzung der Schrankentrias in Art. 2 um das *"Gebot der Mitmenschlich*keit."
2. Einen neuen Absatz in Art. 2: "Jeder ist zur Mitmenschlichkeit aufgerufen."
3. Eine Ergänzung in Art.7 (1): „Grundlegendes Bildungsziel ist Persönlichkeitsbildung zu Selbstbestimmung und Mitmenschlichkeit."
4. wie 3., aber im Vorsatz statt "Aufsicht des Staates" jetzt *"Aufsicht der Länder"*, um die Bedenken der Länder, ihre Kulturhoheit betreffend, auszuräumen.[36]

Rahardt-Vahldieck unterstützte mich damals noch zögernd fragend, ob es notwendig sei, den Begriff Mitmenschlichkeit im Grundgesetz gesondert zu erwähnen. Unbeschadet dessen würde sie einer Verortung dieses Begriffs in Art. 2 den Vorzug vor einer Platzierung in Art. 7 geben, weil Letzteres die Mitmenschlichkeit auf die Bildung reduziere. Es solle jedoch die Werteordnung des Grundgesetzes im Ganzen ergänzt werden. Die zunehmende egoistische Grundhaltung, die aktuellen Gewalttätigkeiten sowie ein allgemein zu beobachtender Verfall der Sitten und gesellschaftlichen Übereinkünfte rechtfertige die Aufnahme dieses verfassungsrechtlichen Signals zur Gegensteuerung.

Justizminister Remmers (Sachsen-Anhalt, CDU) erklärte: Ähnlich der verfassungsrechtlich festgelegten Sozialpflichtigkeit des Eigentums sei es vorstellbar, in

32 Verfassungsentwurf des Runden Tisches, Berlin, April 1990, Art. 1 (2).

33 Der Runde Tisch räumt m.E. der Gleichheit den höchsten Stellenwert ein, da diese in Art.1 direkt neben der Würde ihren Platz erhält.

34 Vom Grundgesetz zur deutschen Verfassung, Baden Baden 1991, S. 68, Präambel u. Art. 1 (1).

35 AaO, S. 69, Art. 2 (3).

36 Materialien 2, S. 809.

dieser Weise eine Sozialpflichtigkeit der Freiheit verfassungsrechtlich zu begründen. Hierfür sei Art. 2 der richtige Ort. Ihm läge an der Signalwirkung eines mitmenschlichen Polsters vor den Rechtsgrenzen. Er stelle sich indes die Frage, wie das Gebot der Mitmenschlichkeit von Staats wegen durchgesetzt werden könne.

Justizminister Helmrich (Mecklenburg-Vorpommern, CDU) meinte: Die freie Entfaltung der Persönlichkeit dürfe nicht auf Kosten der Mitmenschlichkeit gehen. Bei aller Sympathie für den Vorschlag bestehe in der Arbeitsgruppe Verfassungsreform seiner Fraktion keine große Neigung zu dessen Verwirklichung.

Bull wollte das eher hierarchisch dem Menschen vorgehaltene Sittengesetz in Gänze durch den gleichberechtigt wirkenden Begriff Mitmenschlichkeit ersetzen.

Ministerialdirektor Heyde (Bundesministerium der Justiz) legte dar, dass Variante 2 die Qualifikation der Mitmenschlichkeit als Staatsziel vermeide, weswegen ihm die systematische Einordnung meines Anliegens unter die Staatsziele nie eingeleuchtet habe.[37] Weiterhin stelle er die Frage nach der Justiziabilität der Mitmenschlichkeit.

Walter meinte, es sei problematisch, zwischen den Abwehr- und den Freiheitsrechten den Aufruf zur Mitmenschlichkeit einzuordnen.

Dem widersprach Bräutigam (Brandenburg, SPD) mit dem Argument, es gäbe auch sonst im Grundgesetz durchaus die Vermischung von Rechten und Pflichten.

Ministerialdirektor Bergmann (Bundesministerium des Innern) wies darauf hin, dass die Ausübung von Rechten grundsätzlich nur durch ein ethisches Minimum begrenzt werde und also eine Antinomie zwischen den Rechten anderer und der Mitmenschlichkeit entstehen könne.

Bull hob hervor, dass durch den Mitmenschlichkeitsbegriff durchaus ein anderer Ton in die Verfassung käme.[38]

Busch betonte, dass das Bundesverfassungsgericht in ständiger Rechtssprechung das Menschenbild des Grundgesetzes nicht als das eines isolierten souveränen Individuums gesehen, sondern immer die Gemeinschaftsverbundenheit und Gemeinschaftsbezogenheit der Person betont habe.[39] Er wies darauf hin, dass Bedenken aus Art. 79 (3) gegen unsere Änderung schon deshalb nicht zu erwarten seien, weil 1956 sogar Art. 1(3) ohne Einwendungen geändert wurde. Dies ließ in mir den Gedanken aufkommen, man könne die Mitmenschlichkeit vielleicht sogar folgendermaßen in Art 1(2) einfügen: „Das Deutsche Volk bekennt sich darum zu unverletzlichen und unveräußerlichen Menschenrechten als Grundlage jeder menschlichen Gemeinschaft, des Friedens, der Gerechtigkeit und *der Mitmenschlichkeit* in der *einen* Welt.“

Zwei Wochen später zum 2. Berichterstattergespräch am 17. Juni hatte ich in meinen ‚Erweiterten Vorschlägen‘[40] Art. 2(2) und 2(3) getauscht, so dass der Satz, „Jeder ist zu Mitmenschlichkeit aufgerufen“, am Ende von Art. 2 stand. Vorschlag 4

37 So die Systematik des Berichts der GVK, 4. Kapitel, Materialien 1, S. 2.

38 Materialien 2, S. 808.

39 AaO, S. 810.

40 AaO, S. 812.

war gestrichen, stattdessen fügte ich zwei neue Platzierungsvorschläge hinzu. So wollte ich für obigen Aufruf einen eigenen Artikel 2a oder 3a schaffen. Damit hätten wir gleichberechtigt je einen Artikel für Freiheit, einen für Gleichheit und einen für Mitmenschlichkeit als die drei grundlegenden Auslegungen der Menschenwürde geschaffen. Zur Diskussionseröffnung verwies ich auf den soeben stattgefundenen Evangelischen Kirchentag mit seiner Forderung nach einem „Netz der Mitmenschlichkeit".

Steinbach-Hermann (CDU) berichtete, dass in ihrer Fraktion Sympathie für das Anliegen zu beobachten sei. Ob sich diese Sympathie zu einer positiven Mehrheitsentscheidung verstärken werde, lasse sich jetzt noch nicht sagen. Vor allem sei die mangelnde Justiziabilität eines Gebots der Mitmenschlichkeit offenkundig.

Bräutigam betonte: Die gegenwärtigen Zeitumstände, gekennzeichnet durch gewalttätigen Rechtsextremismus, seien für die Aufnahme der Mitmenschlichkeit in das Grundgesetz günstig. Hierbei handle es sich nicht allein um ein Anliegen der Neuen Bundesländer, sondern der gesamten Bundesrepublik. An der Standortfrage dürfe die Sache nicht scheitern. Da die Mitmenschlichkeit der Menschenwürde nahe stehe, gehöre sie zu den Grundlagen unserer Verfassung. Deshalb wäre ein eigener Artikel in dessen Nähe angemessen.[41]

Rahardt-Vahldieck schlug vor, die Mitmenschlichkeit um die Forderung nach Gemeinsinn zu ergänzen. Dies war ein von Helmrich stammender Gedanke, den wir drei im Vorfeld einvernehmlich diskutiert hatten.

Ich verwies auf den anthropozentrischen Aspekt der Mitmenschlichkeit, der durch den Gemeinsinn als Verantwortung für Staat und Gesellschaft bis hin zum Erhalt der Schöpfung sinnvoll ausgeglichen würde und favorisierte einen eigenständigen Artikel 2a oder 3a: *"Jeder ist zu Mitmenschlichkeit und Gemeinsinn aufgerufen."*[42]

Im 3. und letzten Berichterstattergespräch am 1. Juli erklärte Rahardt-Vahldieck: Der Eindruck in ihrer Arbeitsgruppe werde wohl insgesamt mit der Feststellung wiedergegeben, dass unser Vorschlag nicht notwendig sei – indes aber auch nicht schade. Sie empfahl einen Gruppenantrag, bei dem auch Ländervertreter unterschreiben sollten. Helmrich besitze bereits einen entsprechenden mecklenburgischen Kabinettsbeschluss.

Die anwesenden Beauftragten der Bundesregierung gaben zu bedenken, dass unser Vorschlag verfassungssystematisch ein Fremdkörper sei.

Schmude (SPD) erwiderte: Die Gemeinsame Verfassungskommission solle den Mut haben, das Grundgesetz um ethische Postulate zu bereichern. Die Wertevorstellung des Grundrechtsteils der Verfassung würde durch diese Ergänzung eine bestimmte Akzentuierung erfahren. Der Vorschlag stelle keine Grundrechtsschranke dar. Auch könnten Rechtsansprüche aus ihm nicht abgeleitet werden.

41 In einem Seitengespräch hatte mir Scholz, auch wenn er das Ganze nicht befürworte, Ähnliches zu bedenken gegeben.

42 AaO, S. 811.

Abschließend einigten sich die Berichterstatter auf folgenden Antragstext:

„In das Grundgesetz für die Bundesrepublik Deutschland wird folgender neuer Artikel eingefügt: Artikel 2a: *„Jeder ist zu Mitmenschlichkeit und Gemeinsinn aufgerufen.“*

Dieser Antrag wurde noch am gleichen Tag zur 25. Sitzung der GVK eingebracht. Ich gab meinen Redebeitrag, der die bisherigen Argumente zusammenfasste, zu Protokoll.[43] Darin definierte ich die Mitmenschlichkeit als das neutralere Wort für Nächstenliebe und Barmherzigkeit. Es entspräche der in der Präambel angesprochenen Beseeltheit, dem Frieden zu dienen. Mitmenschlichkeit unterstreiche die Natur des Menschen, der als Wesen der Sprache nicht allein existieren könne, sondern auf Seinesgleichen angewiesen sei. Wer Mensch sagt, müsse immer zugleich die menschliche Gemeinschaft mitdenken. Gemeinsinn sei Mitmenschlichkeit auf überindividueller Ebene zur Schaffung hilfreicher gesellschaftlicher Strukturen und zum Erhalt einer lebenswerten Umwelt für künftige Generationen. Sodann setzte ich mich mit folgenden Einwänden auseinander:

1. Mitmenschlichkeit und Gemeinsinn gehören in die Gesellschaft und nicht in die Verfassung.

Meine Antwort: Die Verfassung sei selbst wesentlicher Teil der gesellschaftlichen Wirklichkeit. Gerade weil Letztere grundlegend auf Mitmenschlichkeit und Gemeinsinn angewiesen sei, habe sich das Bundesverfassungsgericht schon 1954 genötigt gesehen, der fehlenden Erwähnung dieses Aspekts durch eine eigene Rechtssprechung zum Menschenbild des Grundgesetzes abzuhelfen.

2. Wenn diese Begriffe unbedingt in die Verfassung gehören würden, wären sie bereits von den Müttern und Vätern des Grundgesetzes aufgenommen worden.

Hierzu präzisierte ich den Gedanken diesbezüglicher Blindheit wegen allzu großer Selbstverständlichkeit von Mitmenschlichkeit und Gemeinsinn in der Nachkriegszeit. Die aufgrund der schlimmen NS-Erfahrung damals stark gemachten Abwehrrechte würden heutzutage zu dem Missverständnis führen, als sei von Verfassung(s) wegen dem Individualismus Priorität eingeräumt. Dies führe zu der beklagten Atomisierung unserer Gesellschaft und zum „Wärmetod der Zwischenmenschlichkeit“ (Dürr).

3. Es sei unnötig, diese Begriffe aufzunehmen, da sie in der Menschenwürde bereits enthalten sind.

Ich gab zu bedenken, dass auch die anderen Zentralbegriffe Freiheit und Gleichheit darin enthalten sind und diese dennoch im Grundgesetz weiter entfaltet werden. Da dies bei dem der Brüderlichkeit entsprechendem Begriff jedoch nicht der Fall sei, entstehe ein kodifikatorisches Ungleichgewicht, das allein durch die Rechtsprechung des Bundesverfassungsgerichts nicht hinreichend ausgeglichen würde.

4. Es handle sich um nicht-justiziable Verfassungslyrik.

43 Vgl. Materialien 1, S. 1159 f.

Diesem am häufigsten zu hörenden Einwand begegnete ich mit dem Hinweis, dass jede Verfassung sich immer auch im Vorfeld des Rechts bewege. Sie sei ein Gesellschaftsvertrag, zu dem Grundwerte gehörten. Auch die Menschenwürde sei erst durch beständiges Bemühen des Bundesverfassungsgerichts in ihren justiziablen Bezügen entfaltet worden.

5. Die Aufnahme dieser Begriffe ins Grundgesetz würde nichts bewirken.

Dagegen spricht, dass jeder neue Verfassungsbegriff, insbesondere ein Wertbegriff, bei Güterabwägungen zukünftiger Verfassungsauslegung eine Rolle spielen kann. Es kommt durch die beiden Begriffe eine andere Akzentuierung in die Verfassung, die ihre Wirkung zeitigen wird.

Zusammenfassend wies ich darauf hin, dass die Aufnahme dieses aus Ostdeutschland kommenden Anliegens geeignet sei, uns verstärkt mit der gesamtdeutschen Verfassung zu identifizieren. Mitmenschlichkeit sei eine aus der Natur des Menschen sich ergebende Verpflichtung, eine Art „Lockruf zum Leben"[44]. Gemeinsinn wiederum sei Mitmenschlichkeit auf überindividueller Ebene, der Gestaltungswille zur Schaffung einer für die Entwicklung von Mitmenschlichkeit hilfreichen gesellschaftlichen Struktur. Intendiert sei ein Wertewandel im Sinne Erich Fromms, weg von einer Kultur des Habens und Immer-mehr-haben-Müssens, hin zum Sein, zum Mitsein mit jedem Wesen, insbesondere mit dem, welches ein menschliches Antlitz trägt.

Rahardt-Vahldieck führte aus: Sie als Juristin habe sich an den Vorschlag erst gewöhnen müssen. Sie unterstütze ihn aber jetzt voll und ganz, denn es fehle in unserer Verfassung der *„letzte Teil der Trinität, die Brüderlichkeit"*, während Freiheit und Gleichheit von bloßen Abwehrrechten sogar zu staatlichen Schutzpflichten weiterentwickelt wurden. Mit der Aufnahme von Mitmenschlichkeit und Gemeinsinn würde ein Signal gesetzt, dass wir das Grundgesetz auch als ein Grundgesetz für die Schwächeren in unserer Gesellschaft verstehen.[45]

Mit Nachdruck verwendete sich Helmrich für unseren Vorschlag und beklagte den „überbordenden Individualismus"[46] unserer derzeitigen Rechtssprechung, dem auf diese Weise etwas entgegengesetzt werden könne.

> *Als Hauptgegner äußerte sich der Sächsische Justizminister Heitmann (CDU): „Unsere Verfassung ist nicht die Bibel, und der Staat ist nicht der liebe Gott. Durch Verfassungssentimentalitäten jedenfalls wird der Mensch nicht besser, aber das Grundgesetz schlechter, und zwar auch aus ostdeutscher Sicht... Der edle Klang der beiden Begriffe und unsere Sehnsucht nach ihrer Realität im gesellschaftlichen Miteinander darf nicht über ihre Inhaltsleere im Rahmen der Verfassung hinwegtäuschen."*[47]

44 Ostdeutscher Buchtitel.

45 Materialien 1, S. 1119 f.

46 Eine Formulierung des Verfassungsgerichtspräsidenten Zeidler.

47 AaO, S. 1122.

Ähnlich votierte Hirsch: „Man darf nicht vergessen, dass das Grundgesetz trotz allem immer noch ein Gesetz ist und wir uns deshalb solcher Begriffe bedienen müssen, die eine rechtliche Qualität haben.“[48]

Nachdem Barbe (SPD), die zur Wendezeit mit anderen und mir einst die SDP[49] gründete, sich energisch gegen das Heitmannsche Votum gewandt hatte, wurde über unseren Antrag abgestimmt: Mit 36 Ja-Stimmen, 21 Nein-Stimmen und 2 Enthaltungen hatten wir zwar die Mehrheit, aber nicht die nötige 2/3-Mehrheit auf unserer Seite. Scholz und Voscherau bemühten sich, die Angelegenheit mit freundlichen Worten ad acta zu legen: „Herr Elmer ist mit Sicherheit in die deutsche Verfassungsgeschichte eingegangen.“[50] So schnell freilich wollte ich nicht aufgeben.

Drei Tage später bescheinigte mir der Tagesspiegel „Hartnäckiges Eintreten für Mitmenschlichkeit im Verfassungsrang“[51] und vermutete, dass im Parlament und in der Länderkammer der Antrag durchaus mehr Chancen haben könnte, als so mancher Antrag, der in der GVK die Zweidrittelmehrheit erlangte. Vor allem schrieb der bei Konservativen hochgeschätzte Bonner Staatsrechtler Isensee seinem Berufskollegen Scholz ins Stammbuch:

> *„Von all den zahlreichen Änderungsanträgen, die gescheitert sind, ist es um einen schade, einen neuen Art. 2a GG, der Unterstützung quer durch alle Fraktionen erfahren hat: ‚Jeder ist zu Mitmenschlichkeit und Gemeinsinn aufgerufen'... Daraus ergäbe sich ein verfassungspädagogisches Signal, das, auch wenn die liberalen Grundrechte von Haus aus ‚Versicherungen des Egoismus' (Karl Marx) sind, ihre Ausübung sich nicht in Anspruchsegozentrik erschöpfen darf. Der Vorschlag nennt eine mit staatlichem Befehl und Zwang nicht erzwingbare Verfassungsvoraussetzung, aus der die Grundrechtsdemokratie lebt.“*[52]

Noch heute klingen mir die Worte des CDU/CSU-Obmanns Jahn im Ohr: *„Herr Elmer, dass sich der Isensee auf ihre Seite stellt, das macht uns schon zu schaffen.“* Leider hatte sich Isensee erst spät in dieser Weise geäußert[53] und nach Auskunft von Rahardt-Vahldieck in früheren Vorbereitungssitzungen der CDU/CSU-Verfassungsgruppe unserem Vorschlag gegenüber zurückhaltend votiert.

Ich verabredete mit ihm ein Treffen in seinem Institut, zu dem außer Rahardt-Vahldieck auch der uns zugeneigte ostdeutsche Prof. Schnittler (FDP) eingeladen wurde. Damals riet uns Isensee, jeden Anschein einer zusätzlichen Einschränkung der Freiheitsrechte zu vermeiden. Später habe ich ihm meine Antragsbegründung zugesandt, zu der er hilfreiche Änderungsvorschläge unterbreitete.

48 AaO, S. 1123.

49 Sozialdemokratische Partei in der DDR, gegründet am 7. Oktober 1989 in Schwante, nördlich von Berlin, vgl. K. Elmer, Auf den Anfang kommt es an! In: Die Neue Gesellschaft, Frankfurter Hefte, Februar 1991, S. 136-140.

50 Materialien 1, S.1125.

51 Th. Kröter, Tagesspiegel v. 4.7.1993, S. 2.

52 J. Isensee, Mit blauem Auge davongekommen – das Grundgesetz, Neue Juristische Wochenschrift, 1993, H. 40, S. 2583-2587.

53 Vgl. sein andersartiges Votum bei der 2. Anhörung: “Das ist Thema der Landesverfassungen.“ Materialien 2, S. 123.

Bis zur bevorstehenden Parlamentsdebatte war bei den eigenen Fraktionsmitgliedern Überzeugungsarbeit zu leisten. Auf dem SPD-Parteitag[54] gelang es Vogel, den Aufruf zu Mitmenschlichkeit und Gemeinsinn als offiziellen SPD-Verfassungsreformvorschlag absegnen zu lassen. Auch galt es, weitere Mitstreiter in den anderen Fraktionen zu gewinnen, die den Antrag als Miteinbringende unterschreiben würden. Außer Rahardt-Vahldieck hatte ich Schnittler als Haupteinbringer gewonnen, damit schon im Antragskopf nicht nur eine große Koalition, sondern die generelle Überparteilichkeit unseres Anliegens zum Ausdruck kommt.

Schwieriger war es, an die FDP-Leitfigur heranzukommen. FDP-Abgeordnete erklärten mir, dass der liberale Genscher das niemals unterschreiben würde. Daraufhin habe ich mir zusichern lassen, dass, wenn er mir den Antrag unterschreibt, auch sie dabei sein werden. Als ich nach längerem Warten einen Gesprächstermin bei Genscher bekam und ihm von meiner Hallenser Studentenzeit erzählte, sprach er kurz entschlossen: *„Na, dann mal her damit"*, und unterschrieb. Nun war auch bei den Liberalen der Bann gebrochen und die Mehrheit bald auf unserem Antrag zu finden.

Tag für Tag ging ich im Plenum quer durch alle Fraktionen und warb um eines jeden Unterschrift. Das führte dazu, dass manche, die schon unterschrieben hatten, mir freundlich zulächelten, während andere mir aus dem Weg gingen. Als ich CDU/CSU-Vorstandsmitglied Hintze zum wiederholten Mal befragte, schimpfte er mich einen *‚Terroristen der Mitmenschlichkeit'*. Auf der anderen Seite schauten einige SPD-Kolleginnen scheel, weil ich so oft in den Bankreihen der ungeliebten CDU/CSU-Fraktion zu sehen war.

Erst als ich auf diese Weise in wenigen Wochen die Mehrheit der Abgeordneten per Unterschrift für unseren Antrag gewonnen hatte, erkannte auch die eigene Fraktionsführung den Ernst der Sache[55], und ein Mitarbeiter wurde beauftragt, mir bei den Einbringungsformalitäten zu helfen.

Am 31.1.1994 erreichte unser Antrag unter Drucksache 12/6708 die parlamentarische Öffentlichkeit, und am 2. Februar konnten wir in einer Presseerklärung bekannt geben, dass 345 Abgeordnete, also die Mehrheit aller Fraktionen und Gruppierungen des Bundestages, den neuen Artikel 2a als Miteinbringer unterstützen.[56] Inzwischen hatten selbst Kollegen unterschrieben, die in der Verfassungskommission noch dagegen stimmten.

Helmut Kohl habe ich in der Cafeteria des Bundestages unseren Antrag mit kurzen Worten überreicht, ebenso Schäuble, der auf Anfrage seiner eigenen Leute, ob sie unterschreiben dürften, immerhin die Parole herausgab: *"Ich bin zwar nicht dafür, aber es wird auch nicht schaden."* Im Gespräch mit mir am Rande einer Parlamentsdebatte meinte er: *„Ja, ihr braucht das wohl."* Beide überließen jedoch Scholz das Feld und mögen bei sich gedacht haben: Jede Verfassungsergänzung schränkt die Handlungsfreiheit der Regierenden ein, und niemand weiß, was die Gerichte

54 Vom 16.-18.11.1993.

55 Fraktionsgeschäftsführer Struck gab damals zum Besten: „Warum haben wir den Elmer eigentlich nicht für *unsere* Dinge eingespannt?"

56 Dok 2.

daraus ableiten werden. Warum sollen wir uns das antun? Mit anderen Worten, hier war die Verfassungsgebung allein in die Hände der Parteien, insbesondere der konservativen Mehrheit gelegt, die jede Veränderung blockieren konnte.

Um zu verhindern, dass in dieser Weise der Bock zum Gärtner wurde, hätten wir Volkskammerabgeordneten dem Einigungsvertrag nur zustimmen dürfen, sofern in ihm die Einsetzung einer über den Parteienproporz hinausgehenden verfassunggebenden Versammlung festgeschrieben worden wäre. Dass wir ostdeutschen Amateurpolitiker diesen jämmerlichen Ausgang der zur Wendezeit so großartig begonnenen Verfassungsdiskussion aufgrund unserer Gutgläubigkeit, vgl. Richard Schröder: *„Wir fallen doch nicht unter die Räuber“*[57], nicht vorhergesehen haben, mag verständlich sein. Warum jedoch die westdeutsche SPD-Führung uns nicht entsprechend instruierte, bzw. nicht erahnte, dass die Konservativen daraus eine Alibiveranstaltung machen würden, bleibt mir bis heute ein Rätsel.[58]

In der offiziellen Antragsbegründung brachte ich außer den bisherigen Argumenten Folgendes zu Papier: Es handelt sich bei der Mitmenschlichkeit um jene Freiheit, die zugleich die Freiheit und Würde des anderen bedenkt. Die Frage, inwieweit bei der eigenen Persönlichkeitsentfaltung auch positiv die Entwicklungsmöglichkeiten anderer, das Wohl des Nächsten und das der zukünftigen Generationen mitzubedenken und mitzuverantworten sind, ist verfassungsrechtlich bisher kaum thematisiert worden. Zwar besitzt jeder Mensch von Anbeginn die unveräußerliche Menschenwürde. Das entsprechende Bewusstsein eigener Würde muss aber erst entwickelt werden und sich immer wieder neu gestalten. Diesen Prozess kann niemand einem anderen abnehmen. Wir können solches Wachstum jedoch durch eigenes Verhalten fördern oder behindern. So wie Freiheit nur unter grundsätzlich Gleichgestellten möglich ist, entwickelt sich auch das Bewusstsein eigener Würde aus wechselseitiger Kommunikation zwischen Menschen, die einander als Gleiche in ihrer Würde anerkennen. Wer durch Besinnung seine eigene Entwicklung gefühlsbewusst wahrnimmt und reflektiert, wird auch anderen einfühlsam begegnen und ihnen das Bewusstsein eigener Würde vermitteln. Es gilt von der Zivilisation des Habens zu einer

57 Materialien 1, S.1182.

58 Dazu schrieb mir Vogel: Nach dem mit dem Volkskammerwahlergebnis sich abzeichnenden Beitritt nach Art. 23 war „für eine verfassunggebende Versammlung politisch und dann schließlich auch rechtlich kein Raum mehr,“ Brief v. 23.3.2005, (im eigenen Archiv). Anders die SPD-Rechtsexpertin Herta Däubler-Gmelin, die mit mir einig war, dass eine gemeinsam zu erarbeitende gesamtdeutsche Verfassung im Bereich des Möglichen lag. Die Volkskammer-CDU war wegen der notwendigen Zweidrittelmehrheit für den Beitrittsbeschluss ein letztes Mal auf unsere SPD-Stimmen angewiesen. Wir hätten also unsere Zustimmung durchaus davon abhängig machen können, dass im Einigungsvertrag nicht nur ein paar zu behandelnde Verfassungsfragen, sondern die Einberufung einer verfassunggebenden Versammlung für die Zeit nach dem Beitritt festgeschrieben wird. Dies durchzusetzen nicht einmal probiert zu haben, bereue ich bis heute.

Kultur des Mit-Seins, der Koindividualität zu gelangen.[59] Aus der Diskussion mit Isensee erwuchs die Passage: Die vorgeschlagene Formulierung ist eine Verfassungserwartung. Sie setzt keine zusätzliche Grundrechtsschranke, rührt nicht an das grundrechtlich gewährleistete Niveau der Freiheitsrechte, ist aber dennoch mehr als ein rechtlich unverbindlicher Appell. Sie äußert die ethische Erwartung an jeden Menschen, die Grundrechte verantwortlich auszuüben. Die Verfassung der Freiheit setzt ein in Freiheit zu wählendes Ethos voraus, das der Staat um der Freiheit willen nicht erzwingen kann, das aber sehr wohl von den Bürgerinnen und Bürgern erwartet werden muss.[60] Der Verfassungsartikel setzt ein Zeichen für alle politisch Verantwortlichen, mit ihrem Tun Mitmenschlichkeit und Gemeinsinn anzuregen und deren Entfaltungsmöglichkeiten zu begünstigen, in diesem Sinne bewusstseinsbildend zu wirken und in Zeiten knappen Geldes entsprechende Prioritäten zu setzen.

Am 4. Februar war die erste Beratung unseres Gesetzes zur Änderung des Grundgesetzes (Art. 2a). Zu meiner Freude kündigte CDU/CSU-Obmann Jahn in seinem Redebeitrag an, dass, wenn auch juristisch kein Handlungsbedarf bestehe, man möglicherweise rechtspolitisch dem nahe treten könne und dementsprechend das Pro und Kontra in der CDU/CSU-Fraktion noch abzuwägen sei.[61]

Vogel nannte es ein Stück erfreulichen Parlamentarismus, wie durch Beharrlichkeit die Zahl derer, die dieses Anliegen unterstützen, immer breiter wurde. Es wäre ermutigend, dass das interfraktionell noch möglich sei.[62]

Matthäus-Maier (SPD) nötigte mich durch einen Zwischenruf, Pofalla (CDU) als lebendigen Beweis der potenziellen Wirkmacht unserer Verfassungsergänzung zu offenbaren, da dieser seine Unterschrift mit dem Hinweis zurückgezogen hatte, er habe sich erkundigt und erfahren, dass unser Satz verfassungsrechtlich doch etwas bewirken könne.

Meine Einbringung beendete ich mit einem Zitat des Clintonberaters Michael Lerner: „Nach der staatlichen Einheit Deutschlands komme es darauf an, die bessere Seite der deutschen Kultur aufzunehmen. Besonders müsse man sich mit Werten der Mitmenschlichkeit an die Herzen der Menschen wenden.“[63]

Freiherr von Stetten (CDU) meinte, die Mitmenschlichkeit sei bereits in unserer Verfassung „aufgeführt“[64]. Sie aufzunehmen wäre zwar kein Fehler, aber weiße Salbe.[65]

59 BT-Drs. 12/6708, S 4. Einen Teil dieser Ausführungen verdanke ich meiner Bundestagsmitarbeiterin Erika Rauschenbusch. Den Begriff Koindividualität entnahm ich einem Brief von Tilmann Evers. Außerdem half bei den Formulierungen mein zeitweiliger Mitarbeiter Stefan Grönebaum, welcher meinte, er wüsste nicht recht, worüber er sich mehr wundern solle, über meine Naivität im Blick auf die Tücken des Gesetzgebungsverfahrens oder über meinen hartnäckigen Optimismus, mit dem ich die Sache vorantreiben würde.

60 AaO, S. 6.

61 Dt. Bundestag, 12.Wahlperiode, 209. Sitzung, Sp. 18108.

62 AaO, Sp. 18096.

63 AaO, Sp. 18139.

64 Ich frage mich bis heute, wo im Grundgesetz das stehen soll. Gemeint kann offensichtlich nur gewesen sein, dass die Mitmenschlichkeit im Würdebegriff enthalten sei.

Rahardt-Vahldieck erwähnte, dass Scholz ihr gegenüber unser Anliegen durch den Begriff Mitfraulichkeit ad absurdum zu führen versuchte. Sie, durchaus eine strenge Juristin, bliebe jedoch dabei, dass die Sozialpflichtigkeit der Freiheit ausdrücklich festgehalten werden müsse.[66]

Nachdem wir mit dem Einstieg in die parlamentarische Beratung durchaus zufrieden waren, verdarb mir ein Artikel von Herrmann Lübbe, Professor für politische Philosophie an der Universität Zürich, die gute Laune, der in der *FAZ* zum Besten gab: Unser Antrag sei lediglich die *„öffentliche Demonstration guter Gesinnung" und ein „Verfall des verfassungspolitischen Gemeinsinns."*[67] Ich hielt ihm entgegen: Es läge uns viel grundlegender, als ihm das aufgegangen sei, an der Bestimmung des menschlichen Wesens als eines mitmenschlichen und erst von daher an dem diesem Sein entsprechenden ethischen Impuls.[68]

Erfreuliches war im *Bonner Generalanzeiger* zu lesen, der Vogel mit den Worten zitierte: *„Es wäre gut, wenn die Bürger in den neuen Ländern wenigstens eine Bestimmung im Grundgesetz finden würden, die aus ihrer Mitte stammt."*[69]

Die Stuttgarter Zeitung wertete die inzwischen 370 Antragsunterschriften als hoffnungsvolles Zeichen, die Zweidrittelmehrheit zu erreichen.[70]

Täglich kamen weitere Unterschriften hinzu. Sogar Pofalla hat dann doch noch unterschrieben.[71] Andererseits mutmaßte der Journalist Maroldt: Die Union könne alles kurz vor dem erfolgreichen Ende mit einem Verfahrenstrick stoppen: Vielleicht werden die Befürworter des Antrags aus den mitentscheidenden Ausschüssen abgezogen, vielleicht nagelt Schäuble die eigenen Leute auf einheitliches Abstimmungsverhalten fest. Das wäre zwar nicht fair, aber was heißt das schon in Bonn?[72] Auch raunte mir der damalige FDP-Fraktionsvize Weng zu: *„Sie werden sich noch wundern, was die CDU/CSU-Führung mit ihren Leuten am Ende machen wird, um Ihren Antrag doch noch zu kippen."* Nach unserer Pressekonferenz klopfte mir ein Journalist auf die Schulter mit den Worten: *„Ich bewundere Sie, kann aber einfach nicht glauben, dass Sie das durchbekommen. Das wäre völlig gegen die ganze Richtung, die hier das Sagen hat."*

Die, welche das Sagen hatten, ließen mich durch einen offenen Brief ihres Geschäftsführers Rüttgers wissen: *"Die Zurückhaltung der Verfassung in Gesinnungsfragen hat gute Gründe. Sie aufzugeben, wäre ein sicher unbeabsichtigter Schritt zum vormundschaftlichen Staat."*[73] Das saß, und ich registrierte erste Absetzbewe-

65 AaO, Sp. 18140.

66 AaO, Sp. 18143.

67 FAZ v. 14.2.1994.

68 Mein Leserbrief in der FAZ v. 24.2.1994.

69 Mitmenschlichkeit ins Grundgesetz, General-Anzeiger v. 5.3.1994.

70 Sten Martenson, Mitmenschlichkeit soll Verfassungsrang erhalten, Stuttgarter Zeitung v. 5.3.1994.

71 Dt. Bundestag, 12. Wahlperiode, 238. Sitzung, S. 21043, Anlage 3, was ihn freilich nicht hinderte, bei der Endabstimmung gegen seine Unterschrift zu stimmen, S. 21099.

72 L. Maroldt, Auf der letzten Karte stand 'Ost', Neue Zeit v. 11.3.1994.

73 Offener Brief von Jürgen Rüttgers an Konrad Elmer vom 27.5.1994, Dok 2.

gungen einiger CDU/CSU-Kollegen.[74] Auch hatte mir Rüttgers auf meine Frage, warum er denn meine, dass ich erfolglos bleiben würde, geantwortet: *„Warten Sie erst einmal die Ausschusssitzungen ab, da werden solche Anträge in der Regel zerrieben."* Das ließ mich aufhorchen, und so trug ich durch unzählige Telefonate Sorge, dass in den entscheidenden Ausschusssitzungen unsere Befürworter vollzählig anwesend waren. Auf diese Weise gelang es, in allen mitberatenden Ausschüssen eine Mehrheit, in zwei von ihnen sogar eine Zweidrittelmehrheit für unseren Antrag zu bekommen.[75]

Gleichzeitig diskutierten wir, ob eine Platzierung unseres Anliegens in der Präambel einer größeren Mehrheit die Zustimmung ermöglichen würde. Es gab eine befürwortende Presseerklärung von Horst Eylmann (CDU)[76] und einen Brief von Helmrich an alle Bundestagsabgeordneten mit dem mahnenden Hinweis, dass Einzel- und Gruppenegoismen unsere Gesellschaft nicht beherrschen dürfen.[77] Auch schrieb er den Aufsatz *„Mitmenschlichkeit und Gemeinsinn in der Verfassung."*[78] Rahardt-Vahldieck schickte einen Brief an ihre Fraktionskolleginnen und -kollegen, in dem sie alle Gegenargumente ausführlich widerlegte.[79] Vor allem wendete sie sich gegen den Vorwurf der Beliebigkeit unserer Begriffe: Mitmenschlichkeit und Gemeinsinn seien nicht zwei Sekundärtugenden unter vielen, sondern *die* Kardinaltugenden menschlicher Gemeinschaft. Ebenso wenig wie die Nächstenliebe als höchstes Gebot zufällig ins Zentrum christlicher Lehre bzw. die Brüderlichkeit in den Dreiklang der neuzeitlichen Grundwerte geraten sei, seien die modernen Pendants Mitmenschlichkeit und Gemeinsinn willkürlich gesetzte Begriffe. In ihnen fasse sich zusammen, was Brüderlichkeit und Nächstenliebe bedeuten. Gerade einer christlichen Partei stünde es gut an, sich an die Spitze derer zu stellen, die dieses zentrale Wertepaar, das bereits dem Grundgesetz innewohnt, auch ausdrücklich in dasselbe hineinzuschreiben gedenken.[80]

Im Weiteren erläuterte sie den unser Anliegen charakterisierenden Begriff der Verfassungserwartung: Diese sei definiert, als das von der Verfassung angestrebte, aber nicht durch Rechtsgebot sanktionierte Leitbild des gemeinwohlgemäßen

74 Z. B. teilte mir ein CDU-Abgeordneter unter Tränen mit, dass er, da er zu Hause auf einen Listenplatz angewiesen sei, mich nun leider nicht mehr unterstützen könne.

75 Vgl. die entsprechende Presseerklärung vom 13.4.1994.

76 Presseerklärung vom 3.6.1994, Aufruf zu Mitmenschlichkeit und Gemeinsinn in die Verfassung.

77 Der Minister für Justiz, Bundes- und Europaangelegenheiten Mecklenburg-Vorpommern, Pressestelle V.i.s.d.P. Michael Bauer, Presseinformation v. 8.6.94, 64/1994: Aufruf von Minister Herbert Helmrich an die Abgeordneten des Deutschen Bundestages, *"Mitmenschlichkeit"* und *„Gemeinsinn"* in die Verfassung aufzunehmen.

78 trend, II. Quartal ′94, S. 6-12.

79 Rahardt-Vahldieck, Mitmenschlichkeit und Gemeinsinn ins Grundgesetz, Brief vom 13.6.1994, Dok 2.

80 AaO, S. 4.

Gebrauchs der grundrechtlichen Freiheiten.[81] Sie richte sich an den Grundrechtsträger, den Bürger und die Bürgerin, und normiere dennoch kein Rechtsgebot an den Einzelnen. Sie sei, und das wäre entscheidend, keine Grundrechtsschranke. Auch der den Geboten von Mitmenschlichkeit und Gemeinsinn Zuwiderhandelnde bleibe in seinem Handeln unverändert durch die Freiheitsgrundrechte geschützt. Die Verfassungserwartung bedeute keinerlei neue Rechtsgrundlage für gesetzliche Einschränkungen der Freiheitsrechte. Jedes Gesetz müsse sich nach wie vor an den Grundrechten messen lassen. Erwartung und Verpflichtung seien einander ausschließende Begriffe. Erwartet werden könne nur, was in Freiheit zu erbringen sei. Es ist die Grunderkenntnis der Demokratie, dass der in Freiheit handelnde Bürger am besten zum Gemeinwohl beitrage. Dort, wo eine Verfassungserwartung nicht erfüllt werde, bedeute sie jedoch ein Gebot an den Gesetzgeber, einfachgesetzlich das Umfeld zu schaffen, das die notwendige und erwartete gemeinwohlorientierte Grundrechtsausübung begünstige.[82]

In dieser Weise waren wir hinreichend vorbereitet auf die entscheidende Sitzung am 15. Juni im federführenden Rechtsausschuss. Am gleichen Tag erschien ein geradezu bestellt wirkender, unseren Antrag ablehnender Artikel des Verfassungsrichters Grimm, den CDU/CSU-Berichterstatter Geis zu Beginn der Sitzung genüsslich an alle Ausschussmitglieder verteilen ließ.[83] Nach vielfältigen Einwendungen erklärte Grimm zum Schluss, dass die Aufnahme von Mitmenschlichkeit und Gemeinsinn, wenn überhaupt, dann höchstens in der Präambel denkbar wäre. Dafür hatte ich vorsorglich zwei Varianten entworfen:

„Im Bewusstsein seiner Verantwortung vor Gott und den Menschen,

(a) einen jeden zu Mitmenschlichkeit und Gemeinsinn aufrufend, (oder)

(b) aufgerufen zu Mitmenschlichkeit und Gemeinsinn,
von dem Willen beseelt.....hat sich das Deutsche Volk diese Verfassung gegeben."

Hier anknüpfend konnte der uns wohl gesonnene CDU-Vorsitzende des Rechtsausschusses Eylmann seine eigene schließlich favorisierte Wendung ins Gespräch bringen:

(c) „auf Mitmenschlichkeit und Gemeinsinn aller vertrauend,..."[84]

So wurde gegen den erbitterten Widerstand von Geis, der offensichtlich beauftragt war, ein ablehnendes Votum zustande zu bringen, auf Antrag Vogels auf ein Ausschussvotum verzichtet. Dabei war zu beobachten, wie Geis nach der misslungenen Ablehnung seine nicht vollzählig anwesenden Kollegen geradezu anfauchte, während ich aufatmen konnte. Hatten wir doch die mir von Rüttgers angekündigten

81 So schon Isensee, noch bevor unser Vorschlag aktuell wurde, im Handbuch des Staatsrechts, Isensee/Kirchhoff (Hrsg.), Heidelberg 1992, Bd. 3, Rn. 163.

82 Rahardt-Vahldieck, AaO, S. 3.

83 Was zuviel ist, ist von Übel. Wie man beim besten Willen eine Verfassung verderben kann. FAZ v. 15.6.1994, S. 37.

84 Dok 2.

Ausschusshürden alle übersprungen. Entsprechend wurde unser Antrag ohne Votum des federführenden Ausschusses zurück ins Plenum des Bundestages überwiesen.

Es folgten erste akademische Auseinandersetzungen: Am 17. Juni erschien ein Aufsatz von Christof Gramm,[85] der im Blick auf die Variante Art. 2a schrieb: Es handle sich hier um ein verfassungsrechtliches Rätsel, welches Interpretationsschübe geradezu provoziere bis hin zu einer staatsgerichteten Pflicht, die angemessenen Voraussetzungen für die Ausübung von Mitmenschlichkeit und Gemeinsinn auch tatsächlich optimal herzustellen. Das Grundgesetz bekäme damit unversehens einen ganz anderen Charakter. Um dieses Risiko auszuschließen, plädiere er für eine Verankerung in den Schrankenvorbehalten des Sittengesetzes.[86]

Hans Hoffmann sah in seinem Aufsatz: *„Das Grundgesetz ohne Gott – aber mit Mitmenschlichkeit?"* [87] durch unser Anliegen die weltanschauliche Neutralität des Grundgesetzes gefährdet.

Im parlamentarischen Abschlussbericht der Berichterstatter vom 28. Juni war folgende erfreuliche Zusammenfassung zu lesen:

> *„Die Einwände, die an die Normativität des Grundrechtsabschnittes und seiner Systematik anknüpfen, greifen nicht durch gegen die Verankerung der Begriffe als zweiter Nebensatz der Präambel des Grundgesetzes mit den Worten ‚auf Mitmenschlichkeit und Gemeinsinn aller vertrauend', wie sie in der zweiten Lesung als Änderungsantrag vorgeschlagen werde. Dann nämlich sei klar, dass es nicht um einen vordergründigen moralischen Appell gehe, sondern um die Beschreibung jener außerrechtlichen Voraussetzungen von Recht, ohne die eine Verfassungsordnung auf Dauer keinen Bestand haben könne."*[88]

In dieser Weise hoffnungsfroh gestimmt, liefen wir in die Zielgerade ein.

Damit auch jene 54 Abgeordnete, die ich erst nach Antragseinbringung gewinnen konnte, mit ihrer Unterschrift aktenkundig würden, schickte ich der Bundestagspräsidentin die entsprechende Namensliste. Sie wurde kurz vor der Abstimmung veröffentlicht.[89] In ihr waren so unterschiedliche Personen wie Graf Lambsdorff, der schon erwähnte Pofalla, Jürgen Möllemann und Vera Wollenberger verzeichnet. Insgesamt waren jetzt 418 Abgeordnete mit ihrer Unterschrift dabei. 27 weitere hatten mir mündlich ihre Zustimmung signalisiert, meinten jedoch, wie z.B. Mitglieder des CDU/CSU-Fraktionsvorstandes, dass sie sich vor der Abstimmung hierzu nicht öffentlich bekennen könnten. Damit war für mich, wenn auch knapp, die nötige Zweidrittelmehrheit von 442 Stimmen erreicht, zumal, wenn der Erfolg in Sicht, üblicherweise mit einigen Überläufern gerechnet werden darf.

Nun galt es, wie im Rechtsausschuss angekündigt, den Änderungsantrag mit der Präambelvariante einzubringen, gab es doch selbst in der SPD Abgeordnete, die

85 Mitmenschlichkeit und Gemeinsinn als Verfassungsrechtssatz, JZ 49 (1994), S. 611-618.

86 AaO, S.618.

87 Zeitschrift für Rechtspolitik, 27 (1994), S. 215-219.

88 BT-Drs. 12/8165, Sp. 1227.

89 Dt. Bundestag , aaO, S. 21043, Anl. 3, Dok 2.

überhaupt nur dieser Variante ihre Zustimmung geben wollten.[90] Es war leicht, die dafür nötige Zahl an Unterschriften zu bekommen.[91]

Am 30. Juni kam die Stunde der Wahrheit. Sehr spät wurde als letzter Punkt zur Ergänzung des Grundgesetzes unser alter Antrag für einen neuen Artikel 2a aufgerufen. In meiner Rede bezog ich mich sogleich auf den eingereichten Änderungsantrag, um zu zeigen, dass wir die vielfältigen Diskussionen ernst genommen und unser Anliegen entsprechend modifiziert haben. Dann verwies ich auf den unlängst an einer Kölner Häuserwand entdeckten Satz des türkischen Dichters Nazim Hikmet: *„Einzeln und frei wie ein Baum und brüderlich wie ein Wald ist unsere Sehnsucht."* Dem Grundgesetz als der großen Freiheitsstatue auf europäischem Boden solle mit dieser Verfassungsergänzung eine Verantwortlichkeitsstatue hinzugefügt werden. Orientierungslose Freiheit als Beliebigkeit sei nicht selten Quelle von Gewalt. Mit Freiheitsrechten allein sei kein Staat zu machen und schon gar nicht ein humaner. Es gehe durchaus um Sein oder Nichtsein unserer demokratischen Gesellschaft. Nur insofern, als dem Sein auch ein Sollen folgt, beinhalte der Antrag zugleich eine Erwartung, einen ethischen Impuls. Darum, so schloss ich, *„lassen Sie uns, auf Mitmenschlichkeit und Gemeinsinn aller vertrauend, tätig werden. Helfen Sie, liebe Kolleginnen und Kollegen, dass am Ende des heutigen Tages beide Begriffe Teil unserer Verfassung werden. Ich appelliere an Ihr Gewissen!"*[92]

Anschließend verwies der konfessionslose Christoph Schnittler auf die Bibel, welche Mitmenschlichkeit und Gemeinsinn einfordere, jedoch längst nicht mehr für alle verbindlich sei. Deshalb müsse beides in unserer Verfassung verankert werden, genieße doch das Grundgesetz höchstes Ansehen. Es sei Richtschnur für staatliche und richterliche Entscheidungen und werde in jeder Schulklasse behandelt.[93]

Rahardt-Vahldieck meinte, sie könne nicht verstehen, warum in ihrer Fraktion so viel Ablehnung herrsche. Mitmenschlichkeit und Gemeinsinn seien urkonservative, urchristliche Anliegen. Es müsse im Grundgesetz auch einmal gesagt werden, dass dieses Land nicht nur aus Freien und Gleichen bestehe, sondern aus Menschen, die sich um einander und um die Gemeinschaft kümmern.[94]

In den meisten westlichen Staaten, so Eylmann, würde zunehmend die kritische Frage gestellt, was unsere Demokratien eigentlich zusammenhalte, in denen individuelle Selbstverwirklichung und Gruppenegoismen überhand genommen haben. Eine Verfassung entfalte ihren Wert auch durch ihre integrative Wirkung auf die Menschen im Land.[95]

Geis in seiner Rolle als Widerpart reduzierte unser Anliegen aufs Moralische: Die kommunistischen Staaten hätten ihren Bürgerinnen und Bürgern Tugendkataloge vorgeschrieben und von ihnen verlangt, dass sie bestimmte sozialistische Gebote

90 Z. B. Brigitte Schulte.

91 BT-Drs. 12/8171 v. 29.6.1994 mit 55 Unterschriften.

92 Dt. Bundestag, aaO, Sp. 20994 f.

93 AaO, Sp. 20998.

94 AaO, Sp. 21011.

95 AaO, Sp. 21014.

einhalten. Die Menschen hätten darauf mit Revolutionen geantwortet. Wir wollen, dass sie Gemeinsinn und Mitmenschlichkeit üben, aber nicht von Staats wegen.[96]

Schmude erwiderte: „Es geht, Herr Geis, nicht darum, hier etwas vorzuschreiben, sondern an die Grundlage unseres friedlichen, gemeinsamen und gedeihlichen Zusammenlebens zu erinnern ... Ich sage: Es ist kein Zufall, dass einer unserer östlichen Kollegen diese Lücke in den ausdrücklichen Wertentscheidungen des Grundgesetzes erkannt und als unerträglich empfunden hat."[97]

Wenig später kam die erste spannende Abstimmung. Denn obwohl wir für den Änderungsantrag nur eine einfache Mehrheit benötigten, wollte die CDU/CSU-Führung diesen verhindern. Sie befürchtete, dass der Präambellösung mehr CDU/CSU-Mitglieder zustimmen könnten, als dem ursprünglichen Antrag für einen neuen Art. 2a. Unser Änderungsantrag wurde jedoch mit großer Mehrheit angenommen.

Es gab aber auch Abgeordnete, die nur einem Art. 2a zustimmen wollten,[98] so wie Helmrich immer mehr wollte, als die aus seiner Sicht weniger wirksame Präambelvariante. Insofern konnten wir uns über einen Stimmenzuwachs aufgrund der neuen Antragsform nicht sicher sein.

Als am Freitag Nachmittag, da viele Kollegen längst auf der Heimreise sein wollten, es nach dritter Lesung zur endgültigen Abstimmung kam, stand Rüttgers mit strenger Miene die Nein-Stimmkarte hochhaltend vor der Urne, um an den Marschbefehl seiner Fraktionsführung zu erinnern. Den sich für einen Moment bei mir einstellenden Gedanken, mich mit erhobener Ja-Stimmkarte daneben zu stellen, verwarf ich als würdelos. Die namentliche Abstimmung ergab 344 Ja-Stimmen, 261 Nein-Stimmen und 22 Enthaltungen, sowie 35 Abgeordnete, die der Abstimmung fern geblieben waren.[99] Damit erhielt unser Antrag wie einst in der GVK zwar eine deutliche Mehrheit, jedoch nicht die nötige Zweidrittelmehrheit.

„Sie haben halt so ihre Methoden", hatte mich FDP-Fraktionsvize Weng vorgewarnt. Dennoch war es meine größte politische Enttäuschung, insbesondere im Blick auf die offensichtlich realitätsferne Vorstellung vom seinem Gewissen verpflichteten Abgeordneten. Denn den Listen zur namentlichen Abstimmung war zu entnehmen, dass 60 CDU/CSU-Abgeordnete, die den Antrag einst selber als Einbringende unterschrieben hatten, unter dem Druck ihrer Fraktionsführung entweder der Abstimmung fern blieben bzw. sich der Stimme enthielten oder sogar gegen ihre eigene Un-

96 AaO, Sp. 21017

97 AaO, Sp. 21019. Schmudes positives Votum konnte freilich nicht darüber hinwegtäuschen, dass sich meine Hoffnung auf ernsthafte Unterstützung von Seiten der Kirche nicht erfüllte. Bei einem von Bischof Huber initiierten Treffen mit den im Zuge der Wende polisch tätig gewordenen Pfarrern habe ich ihn vergeblich um Unterstützung gebeten. Offenbar gehören gerade die Kirchenjuristen, s. o. Heitmann bei Anm. 45, eher zu den Puristen in Sachen Verfassungsgebung.

98 Z. B. Schockenhoff (CDU).

99 Dt. Bundestag, aaO, S. 21097ff, Dok 2.

terschrift stimmten.[100] Als kleiner Trost waren die CDU-Abgeordneten Kors und Austermann bei den Ja-Stimmen zu entdecken, obwohl sie nach Rüttgers Brief von ihrer Unterschrift zurückgetreten waren.

Für mich war das Scheitern unserer aufwendigen Bemühung ein deprimierender Start in die Parlamentsferien. Zur Veröffentlichung einer am 4. Juli verfassten Presseerklärung unter dem Motto, „Der Weg ist das Ziel“ [101], hatte ich nicht mehr die Kraft.

Mitte August versuchte Jochen Schweitzer, mein Referent aus den Zeiten der letzten frei gewählten Volkskammer, als ich dort Vorsitzender des Bildungsausschusses war, mich mit dem neuen Bremer Schulgesetz zu trösten. Darin hatte er die Mitmenschlichkeit als Bildungs- und Erziehungsziel verankern können.

Neue Hoffnung keimte erst, als ich erfuhr, Helmrich plane, unseren alten Antrag Art. 2a noch einmal beim Bundesrat auf die Tagesordnung zu setzen, um über den Vermittlungsausschuss eine erneute Abstimmung im Bundestag zu erzwingen. Die SPD-geführten Länder hatten dies erst einmal abgelehnt, wie das bei Anträgen der gegnerischen Seite leider üblich ist. Also versuchte ich in den Sommerferien, die SPD-Länder für Helmrichs Plan zu gewinnen.[102] Etliche Telefonate, vor allem mit Justizminister Bräutigam und Ministerpräsident Höppner, führten dazu, dass außer Mecklenburg-Vorpommern auch Brandenburg und Sachsen-Anhalt einen entsprechenden Antrag an die Länderkammer stellten.[103]

In der Bundesratssitzung am 26. August setzte sich SPD-Fraktionsführer Scharping für die Sache ein.[104] Helmrich brachte zusätzlich seinen alten Gedanken einer Verortung beim Sittengesetz, Art.2, ins Gespräch:

„… das Sittengesetz, das insbesondere in Mitmenschlichkeit und Gemeinsinn seinen Ausdruck findet.“

Am Ende der Debatte wurde der Antrag an den Vermittlungsausschuss überwiesen. Dort gelang es Helmrich in der Sitzung am 1. September tatsächlich, die Mehrheit auf seine Seite zu bekommen. So kam entsprechend Artikel 77 Grundgesetz der Antrag am 6. September als Drucksache 12/8423 erneut zur Abstimmung in den Bundestag.

Zuvor hatte ich am 2. September in einer Presseerklärung an jene 116 CDU/CSU-Abgeordneten appelliert, welche einst unseren gleichlautenden Antrag unterschrieben hatten, jetzt zu ihrer Unterschrift zu stehen.[105] Außerdem war ein Redebeitrag vorbereitet, um jene Kollegen zurückzugewinnen, die wegen unseres Wechsels zur

100 Vgl. die Unterschriften auf unserem Antrag (zuzüglich der nachgereichten Unterschriften, aaO, S. 21043, Anlage 3) mit den namentlich aufgeführten Nein-Stimmen und den Enthaltungen, S. 21098ff, Dok 2.

101 Dok 2.

102 Z.B. mit einen Brief an Voscherau vom 23.8.1994, im eigenen Archiv.

103 Darüber hinaus hatte ich mit fast allen SPD-Ländervertretern, sowie denen der CDU von Thüringen und Sachsen, insbesondere mit meinem früheren Studentenpfarrerkollegen und damaligen Sächsischen Innenminister Heinz Eggert in jenen Tagen viel zu telefonieren.

104 Bundesrat, 673. Sitzung, Sp. 474.

105 K. Elmer, Vermittlungsausschuss für Mitmenschlichkeit und Gemeinsinn, Bonn, 2.9.1994.

Präambel abgesprungen waren. Jene, die allein der Präambel zugeneigt waren, wollte ich bitten, ihre Bedenken angesichts dieser letzten Chance zurückzustellen. SPD-Geschäftsführer Struck gewährte mir jedoch keine Gelegenheit, dieses im Plenum vorzutragen, so dass ich meine Rede lediglich zu Protokoll geben konnte.[106] Als ich ihm vorschlug, wir sollten durch Antrag auf namentliche Abstimmung die CDU/CSU zu nageln versuchen, raunte er mir zu: *„Da kannst du auch versuchen, einen Pudding an die Wand zu nageln."* So war zu spüren, dass meine eigene Fraktionsführung den Antrag bereits ad acta gelegt hatte. Sie hätte im Vermittlungsausschuss ja auch darauf bestehen können, ihn mit in das Gesamtpaket der mehrheitsfähigen Verfassungsänderungen aufzunehmen, um das Ganze, wie üblich, dann im Parlament nur noch ‚durchzuwinken'. Unser Obmann Vogel wollte jedoch nicht riskieren, dass das Wenige, was er der CDU/CSU überhaupt abringen konnte, insbesondere die Sache mit dem Umweltschutz Art. 20 a durch eine solche Aktion gefährdet werden könnte. Ich glaube freilich nicht, dass Scholz nur unseres Antrags wegen das Ganze hätte platzen lassen können. Freilich wäre mit dieser Paketlösung ein gewisses Restrisiko verbunden gewesen, welches einzugehen meiner Fraktionsführung unsere Sache offenbar nicht Wert gewesen ist.

So kam es zur letzten, diesmal leider nur offenen Abstimmung, bei der nach Einschätzung des leitenden Präsidiumsmitglieds für unseren Antrag zwar eine große Mehrheit, jedoch wiederum nicht die nötige Zweidrittelmehrheit zustande kam. Damit war zur Bemühung um Mitmenschlichkeit und Gemeinsinn im Deutschen Bundestag der Vorhang endgültig gefallen, und ich erinnere mich, wie eine CDU-Mitstreiterin mir bedauernd zuwinkte.

Wenige Jahre später entdecke ich, wie eingangs erwähnt, in der Präambel der Charta der Grundrechte der Europäischen Union die Auferstehung unserer alten Verfassungsergänzung im neuen Gewand und das europaweit! Offensichtlich war unser Bemühen nicht auf Deutschland begrenzt, sondern ein in Europa heraufziehendes Anliegen, welches bei uns nur etwas früher zur Verwirklichung drängte. So scheint auch die gesellschaftliche Entwicklung über geheimnisvoll-inhärente Notwendigkeiten, wie in der biologischen Evolution entdeckt, zu immer wieder gleichen Ergebnissen zu gelangen.[107] Danach kann die Lösung eines Problems, die dem im Kosmos erreichbaren Optimum entspricht, zwar hinausgezögert, aber auf Dauer gar nicht verhindert werden. Insofern zeigt die europäische Entwicklung der Grundrechte, dass wir im Blick auf das, was verfassungsrechtlich anstand, das richtige Gespür hatten. Lediglich die konkreten politischen Verhältnisse in Gestalt der Bonner konservativen Bundestagsmehrheit mit ihrem puristischen Verfassungsjuristen Scholz als GVK-Vorsitzenden haben die Lösung noch einmal verzögern können, um bald danach wie im Handstreich von der europäischen Verfassungsentwicklung überrollt zu werden. Schade nur für Deutschland, dem wieder einmal andere auf die Sprünge

106 Dt. Bundestag, 12.Wahlperiode, 241. Sitzung, Sp. 21396f.

107 "Delfine waren uns überlegen", Spiegel-Gespräch mit dem Evolutionsbiologen Conway Morris, Spiegel v. 29.9.2003, S. 174-182. Z.B.: "Das Linsenauge wurde sieben mal unabhängig voneinander entwickelt."(S. 174), vgl. www.spiegel.de/dossiers.

helfen mussten, obwohl die Sache hier schon Jahre früher auf der Tagesordnung stand.

Die von Rüttgers gegen uns vorgebrachte Gefahr, mit unserer Verfassungsergänzung einen vormundschaftlichen Staat zu begünstigen, wurde in anderer Form auch im europäischen Grundwertekonvent ausführlich diskutiert.[108] Da man dort jedoch, ebenso wie Jürgen Meyer als Repräsentant der inzwischen rot-grünen Parlamentsmehrheit, nicht in der westdeutschen, konservativen Angst befangen war, hier könnte Ostdeutsch-Sozialistisches in die Verfassung geraten, wurde entsprechend dem Grundsatz, *abusus non tollit usum*[109], Neues gewagt.

Angesichts dessen ist zu erwarten, dass ähnliche ‚Auferstehungswunder' sich auch im Blick auf andere von uns vergeblich gewünschte Verfassungsergänzungen ereignen werden. Man denke da vor allem an den Antrag zur Einführung des Volksentscheids auf Bundesebene.[110] Und so erinnerte ich schon damals im ‚Bonner Wasserwerk' an das hoffnungsfrohe Lied: [111]

„Am Grunde der Moldau wandern die Steine.
Es liegen drei Kaiser begraben in Prag.
Das Große bleibt groß nicht und klein nicht das Kleine.
Die Nacht hat zwölf Stunden, dann kommt schon der Tag..."[112]

In solchen Texten ebenso wie in jener naturwissenschaftlichen Beobachtung spiegelt sich die Hoffnung unserer abendländischen Kultur, dass die Zukunft in Gottes guten Händen liegt. Er ist uns zuliebe zwar bereit, manche Um- und Abwege in Geduld ein Stück weit mitzugehen. Das Ziel seiner Schöpfung wird er jedoch niemals aus den Augen verlieren.

Dennoch, nichts kommt von allein. Menschen müssen sich finden, die das, was ansteht, erkennen und umsetzen. Darum, wer immer unter der Leitung von Roman Herzog im Grundwertekonvent unsere alte Sehnsucht nach Mitmenschlichkeit und Gemeinsinn im Verfassungsrang zu europäischem Leben erweckte – ich danke ihm![113]

108 Vgl. Jürgen Meyer (Hrsg.), Kommentar zur Charta der Grundrechte der Europäischen Union, Baden-Baden 2003, S. 40, Rn 48.

109 „Missbrauch hebt den rechten Gebrauch nicht auf."

110 Materialien 3, S. 980 u. 1000 ff. Es ist ein Skandal, dass selbst 15 Jahre nach der Einheit noch immer keine Bundestagsmehrheit zustande kommt, die den nach Art. 146 vorgesehenen Volksentscheid über eine neue Verfassung regelt; eine Verfassung, die dann hoffentlich auch generell den Volksentscheid auf Bundesebene ermöglicht.

111 Materialien 1, S. 772.

112 Text: Bertolt Brecht, Musik: Hanns Eisler.

113 Erste Recherchen führten zu dem Europaabgeordneten Peter Mombaur, der mir seinen Aufsatz zusandte: Bürgerrechte und Bürgerpflichten, in: Stadt und Gemeinde, 11/1996, S. 407-417; und der mir erklärte, er habe bereits in der 2. Sitzung des europäischen Grundwertekonvents am 1.2.2000 darauf hingewiesen, dass es keine Rechte ohne Pflichten gäbe. Außerdem war der Weg zur Aufnahme von den Grundrechten korrespondierenden individuellen Grundpflichten durch die neuen Verfassungen von Portugal (1976) und Spanien (1978) geebnet, vgl. Jürgen Meyer, aaO, S. 41. Jürgen Meyer hatte, wie er mir berichtete, unser gemeinsames Anliegen aus der GVK natürlich präsent. Es sei im europäischen Grundwertekonvent jedoch verabredet ge-

wesen, auf nationale Verfassungstexte und Diskussionen keinen Bezug zu nehmen. Insofern bleibt abzuwarten, ob er zum Einfluss unserer Bonner Verfassungsdiskussion auf seine Gedanken und sein Wirken bei der Erarbeitung der Europäischen Verfassung einmal ausdrücklich Stellung nimmt.
Zu den verschiedenen Präambelentwürfen und diesbezüglichen Diskussionen im Grundwertekonvent vgl. aaO, S. 9 ff. sowie Bernsdorff / Borowsky, Die Charta der Grundrechte der Europäischen Union, Handreichungen und Sitzungsprotokolle, Baden-Baden 2002, S. 244 ff. Danach enthielt der von Jürgen Meyer am 6.1.2000 vorgelegte erste Entwurf einer Präambel zwar noch keine Pflichten, jedoch bereits die Solidarität im Begriff der *Sozialstaatlichkeit*, Dokument CONTRIB 2. Im zweiten Präambelentwurf, den die drei Italiener Rodotà, Manzella und Paciotti vorlegten, zu dem sie die Vorschläge zahlreicher Konventskolleginnen und -kollegen erbeten und eingearbeitet hatten, stand folgende, unser Anliegen der Sache nach andeutende Wendung: *„solidarity amongst individuals, generations and peoples"*, Dokument CONTRIB 175. In der Konventssitzung am 12.5.2000 erklärten mehrere Konventsmitglieder, dass auch Pflichten der Bürger in der Präambel angesprochen werden sollten. Insbesondere der Franzose Haenel setzte sich hierfür mit Nachdruck ein. Er verwies auf die Charta-Debatte des französichen Senats, in der sich die meisten Redner für seinen entsprechenden Vorschlag ausgesprochen hätten. Zusammen mit dem Belgier Dehouse betonte er, es gäbe *„keine Freiheit ohne Pflichten"*, Jürgen Meyer, aaO, S. 14. Auch Manzella und der Brite Goldsmith unterstützten das Anliegen, Bernsdorff / Borowsky, aaO, S. 246 f. Bereits im ersten vom Präsidium vorgelegten und vermutlich von Roman Herzog formulierten Präambelentwurf v. 14.7.2000 heißt es: *„Der Genuß dieser Rechte ist mit Verantwortlichkeiten und Pflichten sowohl gegenüber den Mitmenschen als auch gegenüber der menschlichen Gemeinschaft verbunden"*, Dokument CONVENT 43. Dem Wunsch von Jürgen Meyer und anderen, den Umweltschutz in die Präambel aufzunehmen, verdanken wir die Ergänzung: *„und den künftigen Generationen"*, Jürgen Meyer, aaO, S. 17.

Verständigung als Grundlage europäischer Verfassungsgestaltung

von Dr. theol. h. c. Margot von Renesse, Mitglied des Bundestages a. D., Familienrichterin a. D.

Wer wie Jürgen Meyer in europäischen Gremien an der Erarbeitung von Verfassungsrecht beteiligt war und noch heute als Ratgeber beteiligt ist, muß die Kunst beherrschen, über verschiedene Auffassungen und Sichtweisen Brücken zu schlagen, Verständigung zu erreichen und Kompromisse zu schließen. Er muß Mißtrauen überwinden und glaubwürdig jeden Verdacht zerstreuen können, man wolle dominieren. Die eigenen Überzeugungen, die sich auf Tiefenschichten wie Prägung und Erfahrung gründen, dürfen nicht verleugnet, sondern müssen eingebracht werden; gleichzeitig sind die Beiträge anderer, die in anderen Traditionen wurzeln, nicht nur zu respektieren, sondern aufmerksam zu bedenken. Das setzt Souveränität und große geistige Kraft voraus, wie sie bei Jürgen Maier in hohem Maße vorhanden sind. Die Ergebnisse seines Wirkens sprechen für sich. Das verdient um so höhere Anerkennung, als es gerade für einen deutschen Politiker und Rechtsgelehrten nicht einfach ist, auf der europäischen Ebene den angemessenen Ton zu treffen, der im Bewußtsein der besten wie auch der schlimmsten Erfahrungen gefunden werden muß, die Europa mit Deutschland gemacht hat.

Ein tragfähiger Kompromiß bei Meinungsverschiedenheiten gelingt nur, wenn sich Partner begegnen, die bereit sind, auf einander zu hören.. Dazu gehört zunächst, daß ein jeder sich zu Gehör bringt, d. h.: daß der eigene Standpunkt mit Energie und allem Nachdruck vertreten wird. Selbst polemische Überspitzung muß dabei nicht ausgeschlossen sein. Zum Kompromiß findet nicht, wer seine Auffassung nur undeutlich zum Ausdruck bringt. Im Meinungsstreit bedarf es der sauberen und klaren, mitunter sogar der leidenschaftlichen Argumentation für die eigene Sache. Schnelles Klein- Beigeben um des lieben Friedens willen fördert nicht den Kompromiß, sondern führt dazu, daß ein Konflikt unter den Teppich gekehrt wird, wo er weiterschwelen und zum unterirdischen Flächenbrand werden kann. Bei ernsthaften Interessengegensätzen wäre es kein guter Rat, Streit möglichst zu vermeiden. Ganz im Gegenteil: Zur Meinungsverschiedenheit heißt es sich zu bekennen und sie auszutragen. Insbesondere bei der Gesetzgebung ist es gefährlich, nach schnellen Formelkompromissen zu greifen, nur weil ein Streit um den "richtigen Weg" zu mühsam oder zu wenig erfolgversprechend erscheint.

Die Gesetzgebung ist in den modernen Staaten Europas eine der vornehmsten Ausgaben der Parlamente - ebenso zentral in ihrer Bedeutung wie seit eh und je das parlamentarische Budgetrecht. Dabei träumt der Parlamentarismus nicht von einem nur zu findenden, weil schon bestehenden und quasi nur aufzudeckenden Volkswillen. Im Gegenteil: Der Parlamentarismus geht von einer Gesellschaft aus, in der mehr oder minder heftige Interessengegensätze und Meinungsverschiedenheiten eine spontane einheitliche Willensbildung unmöglich machen. Einheitlichkeit auf der Grundlage einer "völkischen" oder ideologischen Gemeinschaft läßt sich nur im totalitären System erzwingen. Auch diesen Traum haben europäische Gesellschaften geträumt; – er hat sich als verhängnisvolle Illusion erwiesen.

Das Parlament ist das Forum, auf dem die zahlreichen gesellschaftlichen Gegensätze und Konflikte ausgetragen werden müssen. Nur auf dieser Ebene ist es möglich, den vorhandenen Streitstoff in einem geregelten Verfahren mit Argument und Gegenargument zu politisch tragbaren – und das heißt: zu vernunftgemäßen Entscheidungen zu verarbeiten, die von der Gesellschaft als plausibel angesehen werden. Die Öffentlichkeit der Entscheidungsfindung im Parlament trägt wesentlich dazu bei, das Ergebnis in die Allgemeinheit zu vermitteln, denn jede Sichtweise von Bedeutung, die sich in der Gesellschaft befindet, sollte in der öffentlichen Debatte abgewogen und entweder aufgenommen oder mit triftigen Gründen zurückgewiesen worden sein. Nur dann ist das Parlament in der Tat "Vertretung des ganzen Volkes", wie Art. 38 des deutschen Grundgesetzes von ihm verlangt, wenn alle Gesichtspunkte eines Konflikts mit Nachdruck (wenn möglich, auch mit Leidenschaft) öffentlich vertreten und ebenso öffentlich diskutiert werden.

Streit im Parlament ist Debatte. Argumentation in der einen Richtung folgt auf Argumentation in der anderen, nicht Verlautbarung auf Verlautbarung oder Bekenntnis auf Bekenntnis. Es gilt, die Gegenseite zu überzeugen oder doch zumindest Verständnis für die Gründe zu wecken, die für die eigene Position sprechen. Das funktioniert nur, wenn man auch seinerseits dem Gegner Gehör schenkt, – was mehr ist als das akustische Zuhören. Wer selber überzeugen will, muß auch erkennen lassen, daß er ebenfalls zu Korrekturen, Ergänzungen und Änderungen der eigenen Auffassung bereit sein wird, wenn ihm ein Argument einleuchtet. Parlamentarische Debatte, ob im Plenum, im Ausschuß oder im Gespräch von Berichterstattern ist – oder sollte sein – nicht Konfrontation, sondern Austausch und Begegnung. Nur wer den anderen zu verstehen sucht, kann erreichen, worum es geht: eine wirkliche Verständigung, auf der ein Kompromiß aufgebaut werden kann.

Weder öffentlicher Streit noch Verständigung und Kompromißbereitschaft sind in Deutschland beliebt. Streit, gerade auch im Parlament, wird schnell als "Parteiengezänk", Kompromißbereitschaft als Mangel an Standfestigkeit diffamiert. Vielfach verwechselt man fehlende Einsichtsfähigkeit mit Gradlinigkeit. In der parlamentarischen Demokratie aber (nicht nur im Einzelstaat, sondern auch auf der europäischen Ebene) ist jedoch Kompromißbereitschaft eine politische ebenso wie eine allgemein menschliche Tugend, weil sie Frieden stiftet. Sie allein führt zu Regelungen, mit denen alle gemeinsam leben können und auf deren freiwillige Gefolgschaft man sich auch ohne drohende Sanktionen verlassen kann. Niemand kann für sich in Anspruch nehmen, alle Aspekte eines komplexen Problems angemessen würdigen zu können. Dieses Wissen ist nicht nur die Grundlage der Toleranz, sondern bewirkt darüber hinaus ernsthaftes Interesse an anderen Meinungen, auch wenn man ihnen nicht folgen kann.

Worin besteht sie, diese Tugend? Vor allem beruht sie auf der Bereitschaft, im anderen, im Andersdenkenden nicht in erster Linie den Gegner zu sehen, sondern das Gegenüber. Man weiß, daß es ihm nicht weniger um richtige, dem Ganzen dienliche Lösungen von Interessenkonflikten geht, als man sie selber schaffen möchte. Der notwendige Streit wird nicht mit dem Ziel geführt, einen Feind niederzumachen, sondern um allseits die besten Argumente zu Tage zu fördern. Nicht Sieg oder Niederlage stehen dann am Schluß der Debatte, sondern eine vertiefte Einsicht in die Dimensionen des zu lösenden Problems.

Solche "streitige Zusammenarbeit" im Parlament zu praktizieren, bedarf es keiner kleinen oder großen Koalitionen. Sie sollte innerhalb der Fraktionen ebenso üblich sein wie zwischen ihnen. Die spannendsten Debatten hat es im Deutschen Bundestag immer dann gegeben, wenn mit offenem Visier um eine Frage gekämpft wurde, bei der das Ergebnis nicht von vornherein feststand. Die Redner sprachen dann für sich selbst und agierten nicht als Sprachrohre für ihre Partei oder Fraktion. Hier nun erscheint eine weitere Komponente der "Tugend zum Kompromiß": der Mut, seine eigene Person der Debatte auszusetzen – mit Herz und Verstand. Nur so entsteht das Klima von Aufrichtigkeit, die den Streit in der Sache fruchtbar macht. Im Dialog mit Andersdenkenden, die ebenso an der Durchsetzung ihrer Auffassungen interessiert sein müssen wie man selbst es auch ist, muß eine Atmosphäre von Wahrhaftigkeit herrschen. Es kann nicht zu einer Verständigung kommen, wenn die Beteiligten Sorge haben, daß sie mit Hintergedanken rechnen müssen, die in der Auseinandersetzung nicht offen zur Sprache kommen. Die Debatte im Parlament ebenso wie in den Ausschüssen ist auch immer ein Machtkampf im demokratischen System. Nichts ist einer Verständigung in der Sache schädlicher als ein Gesprächsklima, das alle Teilnehmer am Dialog dazu zwingt, ständig auf der Lauer zu liegen, um nicht in eine aufgestellte Falle zu geraten. Kein Zweifel: Zur Offenheit gehört Courage, da man in der Regel hier keine Vorleistungen erwarten kann, sondern selber mit der aufrichtigen Darlegung der eigenen Argumente beginnen muß. Tut man das aber, so stellt man nicht selten fest, daß sich eine solche "Mutprobe" lohnt. Erfolgt eine unmißverständliche Einladung zum offenen Meinungsstreit, so wird sie in der Regel angenommen; Aufrichtigkeit wird mit Aufrichtigkeit erwidert.

Die dritte wesentliche Eigenschaft, die zur demokratischen Tugend der Verständigung gehört, ist der selbstkritische Blick nach innen, in die Prägungen der eigenen Person mit ihren biographischen und weltanschaulichen Besonderheiten. Erst wenn die Erkenntnis davon gewachsen ist, worin man sich selbst grundlegend vom anderen unterscheidet, ist man in der Lage, das unverwechselbar andere in seinem Gegenüber wahrzunehmen und zu respektieren. Die Grenzen des Zumutbaren und des Erträglichen für alle Beteiligten treten deutlich hervor. Wie bei der Erarbeitung eines Vergleichs im Zivilprozeß kommt es nun entscheidend daraus an, eine Lösung des Konflikts zu entwickeln, die diese Grenze bei allen Beteiligten nicht verletzt. Findet man eine solche Lösung, so kann man sich auf ihre Stabilität weitgehend verlassen.

Zugleich mit den Verschiedenheiten der relevanten Personen oder Gruppen wird der Blick auf die Gemeinsamkeiten gelenkt. Innerhalb unserer Gesellschaft gibt es eine Fülle solcher Gemeinsamkeiten des Denkens und des Wertens. Sie herauszuarbeiten, fruchtbar zu machen und zu verstärken, erleichtert die politische Gestaltung für die Gesamtgesellschaft und fördert ihren Zusammenhalt. Was für jede einzelne Gesellschaft der europäischen Staaten gilt, kann auch für deren überstaatlichen Zusammenschluß in Anspruch genommen werden. Trotz unterschiedlicher Traditionen in Philosophie und politischer Erfahrung gibt es kulturelle Gemeinsamkeiten und Berührungspunkte in Hülle und Fülle, an die das alte Europa anknüpfen kann.

Nicht jeder Streit ist "Gezänk"; nicht jeder Kompromiß ist "faul". Findet im Streit Begegnung statt und liegt dem Kompromiß eine Verständigung zugrunde, so ist das Ergebnis ein Gewinn. Solche Ergebnisse erreichen zu können, ist politische, ist demokratische Tugend.

Jürgen Meyers Wirken im Deutschen Bundestag und in europäischen Gremien zeigt, wie diese demokratische Tugend, gepaart mit der Kraft des Arguments, einem einzelnen politisch handelnden Menschen die nötige Autorität verleiht, um national wie übernational Rechtsetzung erfolgreich zu gestalten.

Grundrechtsschutz in verwaltungsrechtlichen Untersuchungen des Europäischen Amtes für Betrugsbekämpfung (OLAF)

von Dr. Wolfgang Hetzer, Referatsleiter der Abteilung Intelligence: Strategische Analyse und Evaluierung beim Europäischen Amt für Betrugsbekämpfung (OLAF)

I. Gute Erinnerungen

Der Jubilar ist ein Pionier mit prophetischen Gaben. Als Delegierter des Deutschen Bundestages war er Mitglied des Konvents („Herzog-Konvent"), der in etwa 9 Monaten die Charta der Grundrechte der Europäischen Union (Grundrechtecharta – GRC) erarbeitet hat. Die Grundrechtecharta wurde am 7. Dezember 2000 anlässlich des Gipfels der Staats- und Regierungschefs in Nizza feierlich verkündet. Die Prüfung der Tragweite dieser Charta war u. a. Aufgabe des Konvents zur Zukunft Europas („Giscard-Konvent"), der sich am 28. Februar 2002 konstituiert hatte. Ihm war auch aufgetragen, Empfehlungen zum „Weg zu einer Verfassung für die europäischen Bürger" zu formulieren. Jürgen Meyer war in diesem Konvent ebenfalls Vertreter der Bundesrepublik Deutschland. Er hat maßgeblich dazu beigetragen, dass der „Vertrag über eine Verfassung für Europa" am 29. Oktober 2004 in Rom unterzeichnet und am 16. Dezember 2004 veröffentlicht werden konnte.

Jürgen Meyer hat frühzeitig vorausgesagt, dass die Grundrechtecharta ein wesentlicher Bestandteil der künftigen Verfassung der Europäischen Union sein wird. Als Mitglied des Giscard-Konvents hat er sich entschieden und erfolgreich für deren Aufnahme in die künftige Verfassung eingesetzt. In der Tat ist auf diese Weise ganz deutlich geworden, dass die Europäische Union nicht nur eine Wirtschafts- und Währungsgemeinschaft, sondern auch eine Wertegemeinschaft ist.[1]

Es liegt auf der Hand, dass der Jubilar auch kraft seiner ausgewiesenen strafrechtswissenschaftlichen Expertise und seiner Erfahrung als Rechtsanwalt wie kaum

1 Zutreffend: Meyer, in: Meyer (Hrsg.), Kommentar zur Charta der Grundrechte der Europäischen Union, 1. Aufl. 2003, S. V, VI. Grundlegend auch: Meyer/Hölscheidt, EuZW 2003, 613 ff. Zur Grundrechtecharta zwischen politischer Proklamation und rechtlicher Verbindlichkeit im Hinblick auf die „Wertegemeinschaft Europa": Borowsky, DRiZ 2001, 275 ff. Vgl. auch: Magiera, DÖV 2000, 1017 ff.; Ritgen, ZRP 2000, 371 ff.; Calliess, EuZW 2001, 261 ff.; Knöll, NVwZ 2001, 392 ff.; Pache, EuR 2001, 475 ff.; Schachtschneider, RuP 2001, 16 ff.; Scholz, in: Geis/Lorenz (Hrsg.), Staat Kirche Verwaltung, FS für Maurer, 2001, S. 993 ff.; Tettinger, NJW 2001, 1010 ff. Über den doppelten Grundrechtsschutz für die zukünftige Europäische Union: Uerpmann-Wittzack, DÖV 2005, 152 ff. Ausführlich zum Grundrechtsschutz im europäischen Gemeinschaftsrecht schon: Kokott, AöR 1996, 599 ff. Über die Interpretation der Grundrechtecharta: Dorf, JZ 2005, 126 ff.

ein anderer über eine hohe rechtsstaatliche Sensibilität verfügt, die insbesondere dann zum Tragen kommt, wenn staatliche Maßnahmen mit Eingriffen in grundrechtlich geschützte Positionen der Betroffenen verbunden sind. Seine Mitwirkung an den historischen Akten der europäischen Integration ist ein Glücksfall für Deutschland und Europa.

Ich bin Jürgen Meyer durch eine langjährige und erfolgreiche Zusammenarbeit auf zahlreichen Feldern der Kriminalpolitik in der Bundesrepublik Deutschland verbunden. Dabei hat mich seine sachverständige Beteiligung an den Diskussionen über alle wichtigen rechtspolitischen Fragen der vergangenen 15 Jahre immer wieder beeindruckt. Vor allem habe ich seine persönliche Integrität zu schätzen gelernt. Deshalb bin ich besonders dankbar, anlässlich dieses Jubiläums einige Gedanken zu einer komplexen Problematik beitragen zu dürfen. Ich tue dies in der festen Überzeugung, dass deren sachgerechte Lösung die weitere Mitwirkung von Jürgen Meyer verlangt.

II. Grundrechtliche Vorbemerkungen

1. Bürgerliche Rechte

Die Grundrechtecharta hat jeder Person ein Recht darauf eingeräumt, dass ihre Angelegenheiten von den Organen und Einrichtungen der Union unparteiisch, gerecht und innerhalb einer angemessenen Frist behandelt werden. Dieses Recht umfasst insbesondere das Recht einer jeden Person, gehört zu werden, bevor ihr gegenüber eine für sie nachteilige individuelle Maßnahme getroffen wird sowie das Recht auf Zugang zu den sie betreffenden Akten unter Wahrung der legitimen Interessen der Vertraulichkeit sowie des Berufs- und Geschäftsgeheimnisses. Die Verwaltung ist verpflichtet, ihre Entscheidungen zu begründen. Jede Person hat Anspruch darauf, dass die Gemeinschaft den durch ihre Organe oder Bediensteten in Ausübung ihrer Amtstätigkeit verursachten Schaden nach den allgemeinen Rechtsgrundsätzen ersetzt, die den Rechtsordnungen der Mitgliedstaaten gemeinsam sind. Jede Person kann sich in einer der Sprachen der Verträge an die Organe der Union wenden und muss eine Antwort in derselben Sprache erhalten. Dieses „Recht auf eine gute Verwaltung" ist sowohl in Art. 41 GRC als auch in Art. II-101 des Verfassungsvertrages niedergelegt. Mit Art. 41 GRC ist zwar erstmals auf europäischer Ebene ein derartig übergreifendes Recht normiert worden. Die Grundsätze einer „guten Verwaltungsführung" oder einer „ordnungsgemäßen Verwaltung" sind aber schon seit längerem in der europäischen Gerichtsbarkeit anerkannt.[2] Auch das deutsche Bundesverfas-

2 Vgl. die Nachweise bei Magiera, in: Meyer (Hrsg.), a. a. O., (wie Fn. 1), S. 452, Fn. 101.

sungsgericht geht von einem Anspruch auf ein „faires Verwaltungsverfahren" aus, das zu den wesentlichen Ausprägungen des Rechtsstaatsprinzips gehöre.[3]

Art. 41 GRC enthält ein eigenständiges Grund- oder Kernrecht, das jeder Person eine „gute", nämlich ihre Angelegenheiten unparteiisch, gerecht und fristgemäß behandelnde, funktionsfähige und effektive Verwaltung gewährleistet. Der genauere Inhalt ist nicht unmittelbar und starr festzulegen. Er ist allmählich – nach Sachmaterien, näheren Umständen und Stand der Rechtsordnung – zu entwickeln. Eine wegweisende und allgemeine Bedeutung haben die in der Präambel der Grundrechtecharta hervorgehobenen und für die Verwaltung maßgeblichen Grundsätze der Demokratie und der Rechtsstaatlichkeit. Das Recht aus Art. 41 GRC steht nicht nur den Staatsangehörigen der EU-Mitgliedstaaten als Unionsbürgern und anderen in einem EU-Mitgliedstaat niedergelassenen Personen, sondern uneingeschränkt jeder natürlichen und juristischen Person zu. Verpflichtet sind grundsätzlich die Organe und Einrichtungen der Union, nicht nur der Gemeinschaft. Es ist also die gesamte europäische Verwaltung einbezogen.[4]

Den Unionsbürgerinnen und Unionsbürgern sowie jeder natürlichen oder juristischen Person mit Wohnsitz oder satzungsgemäßem Sitz in einem Mitgliedstaat steht das Recht auf Zugang zu den Dokumenten des Europäischen Parlaments, des Rates und der Kommission zu (Art. 42 der GRC).[5] Die Vorschrift hat ihre Grundlage im Demokratieprinzip und konkretisiert das Transparenzprinzip. Das darin gemeinschaftsrechtlich anerkannte Recht steht in einem Spannungsverhältnis zu öffentlichen und privaten Geheimhaltungsinteressen. Der Zugang zu Dokumenten ist u. a. zu verweigern, wenn der Schutz des Zwecks von Inspektions-, Untersuchungs- und Audittätigkeiten beeinträchtigt würde.[6]

2. Justizielle Rechte

Während die vorgenannten Rechte als „Bürgerrechte" bezeichnet werden, sind in Kapitel VI GRC die „Justiziellen Rechte" enthalten. Entgegen dem scheinbaren Wortsinn geht es dabei nicht um Rechte der Justiz, sondern gerade umgekehrt um Rechte des Einzelnen im Verhältnis zu Justiz. Dabei gibt es eine dreifache Fächerung:

- Rechte auf Tätigwerden der Justiz;
- Rechte gegenüber der Justiz;

3 BVerfGE 51, 150, 156. Zu den Auswirkungen der Grundrechtecharta auf die Rechtsprechung: Alber/Widmaier, EuGRZ 2000, 497 ff. Vgl. auch: Bernsdorff, NdsVBl. 2001, 177 ff. Über den Weg von der Grundrechtecharta zur Europäischen Verfassung: Bernsdorff/Borowsky, DRiZ 2005, 188 ff. Zum weiteren Schicksal der Verfassung neuerdings: Wuermeling, ZRP 2005, 149 ff.

4 Magiera, in: Meyer (Hrsg.), a. a. O., (wie Fn. 1), S. 453, Rdnrn. 7, 8, 9.

5 Vgl. auch Art. II-102 des Verfassungsvertrages.

6 Magiera, in: Meyer (Hrsg.), a. a. O., (wie Fn. 1), S. 465, Rdn. 12.

- Rechte im Umgang mit der Justiz.

Tatsächlich handelt es sich um das Recht auf einen wirksamen Rechtsbehelf und ein unparteiisches Gericht (Art. 47 GRC), die Unschuldsvermutung und die Verteidigungsrechte (Art. 48 GRC), die Grundsätze der Gesetzmäßigkeit und der Verhältnismäßigkeit im Zusammenhang mit Straftaten und Strafen (Art. 49 GRC) und das Recht, wegen derselben Straftat nicht zweimal strafrechtlich verfolgt oder bestraft zu werden (Art. 50 GRC). Diese Rechte sind zwar nicht ausdrücklich auf bestimmte Gerichtszweige eingeschränkt. Der Sache nach kommen sie aber nur zum Teil für alle Gerichtsbarkeiten in Betracht. Dazu zählen vor allem die Rechtswege- und Gerichtsgarantien (Art. 47 Abs. 1 und 2 GRC), und die Prozesskostenhilfe (Art. 47 Abs. 3 GRC) sowie bis zu einem gewissen Grad die Unschuldsvermutung (Art. 48 Abs. 1 GRC). Die übrigen Rechte (Verteidigungsrechte – Art. 48 Abs. 2 GRC; die Grundsätze der Gesetzmäßigkeit und Verhältnismäßigkeit – Art. 49 GRC und das Doppelbestrafungsverbot – Art. 50 der GRC) sind wesengemäß an die Strafjustiz adressiert. Im Hinblick auf ihren grundrechtlichen Charakter handelt es sich bei den Garantien des Kapitels VI GRC um Menschenrechte, die jeder Person zustehen. Es geht also nicht um bloße Bürgerrechte, wie sie im Kapitel V GRC den Unionsbürgerinnen und -bürgern vorbehalten werden. Der Katalog ist nicht abschließend. Er ist ergänzungsfähig und -bedürftig. Solange es an entsprechenden Gewährleistungen fehlt, ist gemäß Art. 52 Abs. 3 und Art. 53 GRC auf die durch die Europäische Menschenrechtskonvention (EMRK) gewährten Menschenrechte und Grundfreiheiten zurückzugreifen.[7]

Die Union erkennt nach dem Verfassungsvertrag nicht nur die Rechte, Freiheiten und Grundsätze an, die in der Grundrechtecharta enthalten sind (Art. I-9 des Verfassungsvertrages). Sie erklärt auch, dass sie der EMRK beitritt und dass sich dadurch die in der Verfassung festgelegten Zuständigkeiten der Union nicht ändern. Ein solcher Schritt wird als vorläufiger Abschluss der Arbeiten an der europäischen Justizarchitektur grundsätzlich begrüßt, weil mit ihm die bisherige judikative Schieflage (Rechtsschutz nach der Konvention nur gegen mitgliedstaatliche Verfassungsgerichte, nicht aber gegen den Europäischen Gerichtshof) beseitigt wird.[8] Die Grundrechte, wie sie in der EMRK gewährleistet sind und wie sie sich aus den gemeinsamen Verfassungsüberlieferungen der Mitgliedstaaten ergeben, sind als allgemeine Grundsätze Teil des Unionsrechts (Art. I-9 Abs. 2 und 3 des Verfassungsvertrages). Die justiziellen Rechte in den Artikeln 47 bis 50 GRC enthalten gewissermaßen den „Schlussstein im Gewölbe der Rechtsgemeinschaft".[9]

7 Eser, in: Meyer (Hrsg.), a. a. O., (wie Fn. 1), S. 502, Rdn. 4.

8 Rengeling/Szcekalla, Grundrechte in der Europäischen Union, 2004, S. 948, Rdn. 1154.

9 Rengeling/Szczekalla, a. a. O., (wie Fn. 8), S. 947.

3. Unschuldsvermutung

Art. 48 GRC soll Art. 6 Abs. 2 und 3 EMRK entsprechen. Deshalb findet die horizontale – zweite – „Kompatibilitäts-„ bzw. „Kongruenzsicherungsklausel“ des Art. 52 Abs. 3 S. 1 GRC Anwendung: Art 48 GRC hat mithin dieselbe Bedeutung und dieselbe Tragweite wie die durch die EMRK garantierten Rechte. Die Vorschrift bestimmt, dass jede „angeklagte Person“ bis zum rechtsförmlich erbrachten Beweis ihrer Schuld als unschuldig gilt. Er entspricht damit fast wörtlich dem Art. 6 Abs. 2 EMRK *(„Jede Person, die einer Straftat angeklagt ist, gilt bis zum Beweis ihrer Schuld als unschuldig.“).* Die Bezeichnung als „Unschuldsvermutung“ bleibt mit einer inneren Widersprüchlichkeit behaftet, an der sich auch durch die geringfügige Umformulierung (Ersetzung des Begriffs „gesetzlicher Beweis“ durch den Begriff „rechtsförmlich erbrachter Beweis“) nichts geändert hat.

Die Existenzberechtigung der Unschuldsvermutung als solcher war im Herzog-Konvent zwar unbestritten. Es gab aber Dissens darüber, ob die das Strafverfahren betreffenden Justizgrundrechte überhaupt in die Grundrechtecharta aufgenommen werden sollten. Insbesondere verwies man auf die fehlende Zuständigkeit der Union auf dem Gebiet des Strafrechts. Demgegenüber hob man die zukunftsweisende Bedeutung der Grundrechtecharta im Hinblick auf eine sich abzeichnende Strafrechtsharmonisierung hervor.[10]

Der Schwerpunkt der Unschuldsvermutung liegt zweifellos im strafrechtlichen Bereich. Eine Beschränkung auf Verfahren nach der Strafprozessordnung ist gleichwohl nicht angebracht. Die Unschuldsvermutung ist in allen Verfahren zu beachten, die *strafähnlichen* Charakter haben, wie etwa das deutsche Ordnungswidrigkeitenrecht. Die Unschuldsvermutung greift auch nicht erst mit der Anklageerhebung ein. Sinngemäß gilt sie für jeden tatsächlich Beschuldigten. Sie wirkt also schon im Ermittlungsverfahren ab dem Zeitpunkt, in dem sich die Ermittlungen wegen eines Verdachts einer strafbaren Handlung auf eine bestimmte Person konzentrieren.

10 Eser, in: Meyer, a. a. O., (wie Fn. 1), S. 521, Rdn. 3. Ausführlich: Jokisch, Gemeinschaftsrecht und Strafverfahren, Schriften zum Prozessrecht Bd. 156, 2000; Satzger, Die Europäisierung des Strafrechts, 2001; Esser, Auf dem Weg zu einem europäischen Strafverfahrensrecht, 2002; Braum, Europäische Strafgesetzlichkeit, 2003; Kühne, Strafprozessrecht, 6. Aufl. 2003, Rdnrn. 43 ff. Vgl. auch: Vogel, GA 2002, 517 ff.; ders., GA 2003, 314 ff. Tiedemann, ZStW 116 (2004), 945 ff. Über den Europäischen Staatsanwalt als Zukunftsmodell für Strafverfolgung in Europa: Radtke, GA 204, 1 ff. Insgesamt kritisch zu „Fortschritten und Fehltritten“ in der Strafrechtspflege der EU: Schünemann, GA 2002, 501 ff.; ders., GA 2004, 193 ff. Vgl. dagegen: Hetzer, ZRP 2003, 256 f.; ders., ZRP 2004, 131 f.; ders., Kriminalistik 2004, 310 ff. Über die materiellen Kompetenzverschiebungen im strafrechtlichen Bereich: Görlitz, DÖV 2004, 374, 378, und über „Europäisches Strafprozessrecht“: Nestler, ZStW 116 (2004), 332 ff. Kühne, GA 2005, 195, ist der Auffassung, dass angesichts des Art. 280 IV EGV die Idee der grundsätzlichen Strafrechtssetzungs-Abstinenz der EG jedenfalls bereichsspezifisch überdacht werden müsse.

Die Reichweite der Unschuldsvermutung in Randbereichen vor allem nicht (rein) strafrechtlicher Sanktionen oder Belastungen, welche mit einem (Schuld-) Vorwurf verknüpft sein können, ist noch immer nicht ausreichend geklärt. In anderen Rechtsgebieten als dem des Strafrechts wird ihre Anwendung auch gänzlich abgelehnt. Sowohl die europäische Judikatur als auch die verfassungsgerichtliche Rechtsprechung in den Mitgliedstaaten zeigen jedenfalls, dass ein echter kriminalstrafrechtlicher Vorwurf nur dann erhoben werden kann, wenn der Einzelne rechtskräftig durch ein Strafgericht verurteilt worden ist. Andere damit in Zusammenhang stehende oder an ein Strafverfahren anknüpfende Sanktionen oder Belastungen in einem weiteren Sinne sollen demgegenüber mit gewissen Einschränkungen zulässig sein. Mittlerweile haben sich mehre Fallgruppen von „Ausnahmen" gebildet, zu denen auch der Komplex „Verwaltungssanktionen und objektive Verantwortlichkeit" gehört.

Zwar findet Art. 6 Abs. 2 EMRK als konventionsrechtlicher Sitz der Unschuldsvermutung auch auf Verwaltungssanktionen Anwendung. Das hat den Europäischen Gerichtshof aber nicht davon abgehalten, eigenständig das Vorliegen einer echten strafrechtlichen Sanktion zu prüfen und abzulehnen, etwa wenn die Sanktion integraler Bestandteil einer beihilferechtlichen Regelung (Ausfuhrerstattung) sei. Aus der Sicht des Gerichts diente die Norm dazu, die ordnungsgemäße Verwaltung der öffentlichen Mittel der Gemeinschaft sicherzustellen und besaß keinen strafrechtlichen Charakter. Auch eine rechtsvergleichende Untersuchung des Rechts der Mitgliedstaaten habe nicht ergeben, dass der Grundsatz „nulla poena sine culpa" im Recht aller Mitgliedstaaten auf solche Sanktionen anwendbar sei. Manche Mitgliedstaaten kennten gerade verschuldensunabhängige Sanktionen. Eine solche objektive Verantwortlichkeit sei jedenfalls als solche nicht mit dem Gemeinschaftsrecht unvereinbar. Diese Position hatte auch schon zuvor Eingang in das Sekundärrecht gefunden, wie Art. 4 Abs. 4 VO (EG, Euratom) Nr. 2988/95 des Rates vom 18.12.1995 über den Schutz der finanziellen Interessen der Europäischen Gemeinschaften[11] zeigt.

Trotz der insoweit gegebenen Unanwendbarkeit der Unschuldsvermutung und des strafrechtlichen Schuldgrundsatzes fand der Europäische Gerichtshof, dass der Einzelne nicht ohne ausreichenden Rechtsschutz bleibe. Auch eine Sanktion ohne strafrechtlichen Charakter dürfe nur dann verhängt werden, wenn sie auf einer klaren und unzweideutigen Rechtsgrundlage beruhe und verhältnismäßig sei. Dem Betroffenen war damit im Ergebnis dennoch nicht geholfen. Selbst wenn ein Ausführer keinen Einfluss auf das Fehlverhalten oder den Irrtum eines seiner Vertragspartner habe, gehöre dies nach Auffassung des Gerichts zu den normalen Geschäftsrisiken und könne im Rahmen der Geschäftsbeziehungen nicht als unvorhersehbar betrachtet werden. Der Ausführer könne seine Vertragspartner schließlich frei wählen, so dass es seine Sache sei, geeignete Vorkehrungen zu treffen, indem er entsprechende

11 ABl. L 312 vom 23.12.1995, 1.

Klauseln in die betreffenden Verträge aufnehme oder eine besondere Versicherung abschließe.[12]

4. Verteidigungsrechte

Nach Art. 48 Abs. 2 GRC wird jeder angeklagten Person die Achtung der Verteidigungsrechte gewährleistet. Damit wurden in einem Artikel zwei verschiedene Verfahrensgarantien (Geltung der Unschuldsvermutung und Gewährleistung der Verteidigungsrechte) zusammengefasst. Ihre Gemeinsamkeit liegt im Wesentlichen nur darin, dass sie für das Strafverfahren bedeutsam sind. Darin unterscheidet sich die Vorschrift von den auch für andere Verfahrenszweige bedeutsamen Garantien des Art. 47 GRC. Nach Auffassung eines Kommentators hätte es umso mehr nahe gelegen, auch noch die strafrechtlichen Garantien der Art. 49 und 50 GRC mit einzubinden. Davon hatte man jedoch abgesehen. In der Folge blieb auch das schwache Band zwischen den in Art. 48 GRC eingeordneten Verfahrensgarantien im Konvent strittig.[13]

Art. 48 Abs. 2 GRC soll dem Art. 6 Abs. 3 EMRK entsprechen. Dessen Fassung ist jedoch detaillierter. Danach hat jede angeklagte Person „mindestens“ folgende Rechte:

- Unterrichtung innerhalb einer möglichst kurzen Frist in einer jeweils verständlichen Sprache in allen Einzelheiten über Art und Grund der erhobenen Beschuldigung.
- Ausreichende Zeit und Gelegenheit zur Vorbereitung der Verteidigung.
- Eigene Verteidigung, Beauftragung eines Wahlverteidigers, unentgeltliche Beiordnung eines Verteidigers im Falle der Bedürftigkeit und bei Erforderlichkeit im Interesse der Rechtspflege.

Art. 48 Abs. 2 GRC bringt lediglich zum Ausdruck, dass der angeklagten Person überhaupt Verteidigungsrechte zustehen, die zu gewährleisten sind. Es bleibt jedoch offen, was zu diesen Verteidigungsrechten gehört und in welchem Umfang sie jeweils zu achten sind. Dies legt den Schluss nahe, dass es letztlich keine gemeinschaftsweite Verankerung von Verteidigungsrechten gibt, diese vielmehr von dem in den Mitgliedstaaten jeweils geltenden Standard bestimmt werden, ein Umstand, der kaum mit der einheitlichen Garantie europäischer Grundrechte zu vereinbaren ist.

In diesem Zusammenhang kommt Art. 52 Abs. 3 GRC eine besondere Bedeutung zu. Soweit die Grundrechtecharta Rechte enthält, die den durch die EMRK garantierten Rechten entsprechen, haben sie danach die gleiche Bedeutung und Tragweite, wie sie ihnen in der genannten Konvention verliehen wird. Dieser Bestimmung steht nicht entgegen, dass das Recht der Union einen weiter gehenden Schutz gewährt.

12 Vgl. insgesamt: Rengeling/Szczekalla, a. a. O., (wie Fn. 8), S. 992, 993, 994, 995, 996, Rdnrn. 1189, 1190, 1192, 1193.

13 Eser, in: Meyer (Hrsg.), a. a. O., (wie Fn. 1), S. 520, Rdn. 2.

Deshalb wird vorgeschlagen, den in Art. 6 Abs. 3 EMRK garantierten Katalog von Verteidigungsrechten in den Art. 48 Abs. 2 GRC „hineinzulesen".[14] Dessen ungeachtet hebt man hervor, dass in beiden Regelungswerken auf die *„angeklagte"* Person abgehoben wird. Deshalb bleibt offen, ab wann die Verteidigungsrechte zu gewährleisten sind. Richtig dürfte sein, dass es – wie schon bei der Unschuldsvermutung – nicht auf den rechtstechnischen Begriff der *„Anklage"* ankommen kann. Daher ist in ein Verteidigungsbedürfnis schon dann anzuerkennen, wenn sich eine Person aufgrund einer bestimmten Beschuldigung konkreten Ermittlungsmaßnahmen ausgesetzt sieht. Dies führt nicht zu einer statischen Ausprägung der Verteidigungsrechte von Anfang bis zum Ende. Differenzierungen sind je nach dem Stand des Verfahrens unter Berücksichtigung der besonderen Umstände möglich und sinnvoll.[15]

Eine sachgerechte Verteidigung setzt in jedem Fall die unverzügliche Unterrichtung des Beschuldigten über die gegen ihn erhobenen Beschuldigungen in einer ihm verständlichen Sprache voraus. Dem Betroffenen sind zudem maßgebliche Entscheidungen jeweils so rechtzeitig und konkret mitzuteilen, dass ihm genügend Zeit für die Vorbereitung seiner Verteidigung bleibt. Zu diesem Zweck kann es erforderlich sein, dem Betroffenen unbeaufsichtigten schriftlichen und mündlichen Verkehr mit seinem Verteidiger zu ermöglichen. Darüber hinaus ist ihm persönlich – oder durch seinen Verteidiger – Gelegenheit zur Einsicht in die Verfahrensakten und zur Besichtigung von Beweisgegenständen zu geben. Leitlinie bei der Ausübung dieses Rechts – so ein bedenkenswerter Vorschlag – sollte es sein, dass die „Kontrollorgane" in die Vorbereitung der Verteidigung nicht ohne rechtfertigenden Grund und nur im unbedingt erforderlichen Umfang eingreifen.[16]

Die ausdrückliche Gewährleistung von Verteidigungsrechten in Art. 48 Abs. 2 GRC wird zwar begrüßt. Man kritisiert aber auch die Beschränkung auf die subsidiäre Heranziehung der aus Art. 6 Abs. 3 EMRK detailliert ausformulierten Rechte, weil unter „Verteidigungsrechten" sowohl verschiedenartige als auch unterschiedlich weitgehende Rechte verstanden werden könnten. Vielmehr hätte man die Chance zu einer zeitgerechten Fassung und Ergänzung nutzen sollen.[17]

Zu den Verteidigungsrechten gibt es eine reichhaltige europäische Judikatur.[18] Auch die Mitglied- und Kandidatenstaaten gewährleisten – zum Teil in direkter Anlehnung an die EMRK – diese Rechte auf verfassungsrechtlicher Ebene. Die Konkretisierung erfolgt durch die jeweils zuständige Rechtsprechung. Manche Beobachter sind der Überzeugung, dass das für strafrechtliche Verfahrensgarantien erstellte

14 Eser, in: Meyer (Hrsg.), a. a. O., (wie Fn. 1), S. 529, Rdn. 24.

15 Eser, in: Meyer (Hrsg.), a. a. O., (wie Fn. 1), S. 529, 530, Rdn. 25.

16 Eser, in: Meyer (Hrsg.), a. a. O., (wie Fn. 1), S. 530, Rdn. 26.

17 Eser, in: Meyer (Hrsg.), a. a. O., (wie Fn. 1), S. 531, Rdn. 31.

18 Szczekalla, in: Rengeling (Hrsg.), Handbuch zum europäischen und deutschen Umweltrecht, Bd. 1, Allgemeines Umweltrecht, 2. Aufl. 2003, § 11 Rdnrn. 6 ff. (-20).

Grünbuch der Kommission[19] dem nichts Substanzielles hinzufüge, sondern nur eine Auswahl von Verfahrenspositionen beinhalte, die ohnehin nicht abschließend sein könne.[20]

Auf dieser Folie, die hier nur höchst lückenhaft ausgebreitet werden konnte, soll im Folgenden eine Beschreibung und Würdigung der Aufgaben und Befugnisse des Europäischen Amtes für Betrugsbekämpfung (OLAF) stattfinden. Dabei wird auch zu prüfen sein, ob und wie die Untersuchungen des OLAF dem mittlerweile auf europäischer Ebene erreichten Standard der Rechtsstaatlichkeit und des Grundrechtsschutzes entsprechen.

III. Zuweisungen

Die Organe und die Mitgliedstaaten der Europäischen Union (EU) messen dem Schutz der finanziellen Interessen der Gemeinschaften und der Bekämpfung von Betrug und sonstigen rechtswidrigen Handlungen zum Nachteil der Interessen der Gemeinschaften große Bedeutung bei. Bis zum Jahre 1999 lag die Aufgabe „Verwaltungsuntersuchungen" zum Schutz der finanziellen Interessen der Gemeinschaften durchzuführen bei der Taskforce *„Koordinierung der Maßnahmen zur Betrugsbekämpfung"* als Nachfolgerin der *„Dienststelle für die Koordinierung der Betrugsbekämpfung (UCLAF)"*.[21] Nachdem seinerzeit in der Öffentlichkeit Vorwürfe wegen möglicherweise rechtswidrigen Verhaltens auch gegen Mitglieder der von Jaques Santer geleiteten Europäischen Kommission laut geworden waren, trat die gesamte Kommission schließlich zurück. In diesem Zusammenhang kam es zur Errichtung des OLAF. Es wäre verfehlt, das Amt als Ergebnis einer „politischen Sturzgeburt" zu bezeichnen.[22] Gleichwohl ist nicht zu übersehen, dass die für die Arbeit des OLAF einschlägigen Rechtsgrundlagen unter erheblichem Druck sehr kurzfristig entstanden sind.[23]

19 „Grünbuch der Kommission. Verfahrensgarantien in Strafverfahren innerhalb der Europäischen Union" – KOM (2003) 75 endg. (19. 2. 2003).

20 Rengeling/Szczekalla, a. a. O., (wie Fn. 8), S. 998, Rdn. 1199.

21 Vgl. dazu: Kuhl, Kriminalistik 1997, 105 ff.

22 Spitzer, ZEuS 2004, 107, 110, weist zu Recht auf den „teilweise provisorischen Charakter" der 1999 gefundenen Lösung hin, die aus einer komplexen Architektur der Rechtsgrundlagen (Errichtungsbeschluss der Kommission, Definition der Untersuchungsbefugnisse durch Verordnung und interinstitutionelle Vereinbarung zur Umsetzung dieser Befugnisse) besteht.

23 Das Amt ist mittlerweile Gegenstand monographischer Darstellungen: Billwiller, Die Befugnisse des Europäischen Amtes für Betrugsbekämpfung (OLAF) im Rahmen von Kontrollen bei Wirtschaftsbeteiligten in Portugal, 2002; Gemmel, Kontrollen des OLAF in Deutschland, 2002; Horn, Die Durchführung von Kontrollen durch das Europäische Amt für Betrugsbekämpfung (OLAF) in Irland, 2002; Weber, Kontrollen des Europäischen Amtes für Betrugsbekämpfung (OLAF) in Italien, 2003; Berner, Die Untersuchungsbefugnisse des Europäischen Amtes für Betrugsbekämpfung (OLAF) gegenüber dem Europäischen Parlament, 2004. Vgl.

In ihrem Beschluss vom 28. April 1999 zur Errichtung des OLAF geht die Kommission davon aus, dass eine effizientere Bekämpfung von Betrug und sonstigen rechtswidrigen Handlungen zum Nachteil der finanziellen Interessen der Gemeinschaften ein Amt voraussetzt, dass seine Untersuchungsbefugnisse in *„voller Unabhängigkeit"* ausübt.[24] Die Zuständigkeit des Amtes erstreckt sich über den Schutz der finanziellen Interessen hinaus auf alle Tätigkeiten im Zusammenhang mit der Wahrung der gemeinschaftlichen Interessen gegenüber rechtswidrigen Handlungen, die verwaltungs- oder strafrechtlich geahndet werden können.[25] Das Amt übt die Befugnisse der Kommission zur Durchführung *„externer Verwaltungsuntersuchungen"* aus, die dazu dienen, die Bekämpfung von Betrug, Korruption und allen anderen rechtswidrigen Handlungen zum Nachteil der finanziellen Interessen der Gemeinschaften zu verstärken, sowie die Befugnisse zur Betrugsbekämpfung bei allen sonstigen Tatsachen oder Handlungen, welche Verstöße gegen Gemeinschaftsbestimmungen darstellen.

Es ist auch mit der Durchführung *„interner Verwaltungsuntersuchungen"* beauftragt. Diese Untersuchungen sollen nicht nur den vorgenannten Zwecken dienen. Darüber hinaus sollen sie schwerwiegende Handlungen im Zusammenhang mit der Ausübung der beruflichen Tätigkeiten aufdecken, welche eine disziplinarrechtlich oder strafrechtlich zu ahndende Verletzung der Verpflichtungen der Beamten und Bediensteten der Gemeinschaft darstellen können. Die Untersuchungsbefugnis des OLAF erstreckt sich auch auf Personal, das nicht dem Statut der Beamten der Europäischen Gemeinschaften oder den Beschäftigungsbedingungen für die sonstigen Bediensteten der Europäischen Gemeinschaften unterliegt.[26]

Der Schutz der finanziellen Interessen der Gemeinschaften betrifft nicht nur die Haushaltsmittel, sondern erstreckt sich auch auf jede Maßnahme, die ihr Vermögen angeht oder angehen könnte. Dies erfordert den „Einsatz aller verfügbaren Instrumente", insbesondere im Hinblick auf die Untersuchungsaufgaben der Gemeinschaft, wobei das derzeitige Gleichgewicht und die Aufteilung der Zuständigkeiten zwischen einzelstaatlicher und gemeinschaftlicher Ebene nicht angetastet werden sollten.[27]

auch: Gleß, EuZW 1999, 618 ff.; Brüner, in: Tagungsband des 12. Europäischen Zollrechtstages der EFA in Salzburg, 2000, S. 17 ff.; Haus, EuZW 2000, 745 ff.; Kuhl/Spitzer, EUR 2000, 671; Thym, EuR 2000, 990 ff.; Mager, ZEuS 2000, 177 ff.; Ulrich, EWS 2000, 137 ff.; Wassmann, in: Bongartz (Hrsg.), Europa im Wandel, 2000, S. 371 ff.; Rabe, NVWZ, Sonderheft 2001, 54 ff.; von Bubnoff, ZEuS 2002, 185 ff.; Hallmann-Häbler/Stiegel, DRiZ 2003, 241 ff.; Hetzer; ZfZ 2003, 32 ff.; ders., European Journal of Crime, Criminal Law and Criminal Justice, Vol 12/2, 166, 2004.

24 Beschluss der Kommission vom 28. April 1999 zur Errichtung des Europäischen Amtes für Betrugsbekämpfung (OLAF) (1999/352/EG, EGKS, Euratom), ABl. L 136 vom 31. 5. 1999, 20 (Errichtungsbeschluss) – Erwägungsgrund (4).

25 Erwägungsgrund (6) des Errichtungsbeschlusses.

26 Vgl. insgesamt: Art. 2 des Errichtungsbeschlusses.

27 Erwägungsgründe (2) und (3) der Verordnung (EG) Nr. 1073/1999 des Europäischen Parlaments und des Rats vom 25. 5. 1999 über die Untersuchungen des Europäischen Amtes für Be-

Bei den Untersuchungen des OLAF müssen die Menschenrechte und die Grundfreiheiten in vollem Umfang gewahrt bleiben. Dies gilt insbesondere für den Billigkeitsgrundsatz, das Recht der Beteiligten, zu den sie betreffenden Sachverhalten Stellung zu nehmen, und den Grundsatz, dass sich die Schlussfolgerungen aus einer Untersuchung nur auf beweiskräftige Tatsachen gründen dürfen.[28]

Die internen Untersuchungen des OLAF können nur durchgeführt werden, wenn dem Amt Zugang zu sämtlichen Räumlichkeiten, Informationen und Dokumenten der Organe, Einrichtungen sowie Ämter und Agenturen gewährt wird. Zur Gewährleistung der Unabhängigkeit des Amtes hat dessen Direktor die Befugnis, Untersuchungen aus eigener Initiative einzuleiten. Er ist verpflichtet, den Justizbehörden des betroffenen Mitgliedstaates unmittelbar alle Informationen zu übermitteln, die das Amt bei internen Untersuchungen über strafrechtlich relevante Sachverhalte zusammengetragen hat.

Für eine erfolgreiche Zusammenarbeit ist der Austausch von Informationen zu erleichtern. Dabei sind die Vertraulichkeit der dem Berufsgeheimnis unterliegenden Informationen zu beachten und die erforderlichen Schutzmaßnahmen zu ergreifen.

Die von OLAF durchgeführten Untersuchungen müssen Folgen haben. Seine Untersuchungsberichte stellen deshalb in den Verwaltungs- und Gerichtsverfahren „zulässige Beweismittel" dar. Deshalb sind diese Berichte unter Berücksichtigung der für die Ausarbeitung der einzelstaatlichen Verwaltungsberichte geltenden Erfordernisse zu erstellen. Die „administrativen Untersuchungen" des OLAF sind unter der Leitung seines Direktors „in völliger Unabhängigkeit" von den Organen, Einrichtungen sowie Ämtern und Agenturen und vom Überwachungsausschuss, dem die regelmäßige Kontrolle der Untersuchungstätigkeit des Amtes obliegt, durchzuführen. Der Überwachungssauschuss hat auf diese Weise die Unabhängigkeit des Amtes sicherzustellen. Er kann von sich aus oder auf Ersuchen des Direktors an diesen gerichtete Stellungnahmen zu den Tätigkeiten des Amtes abgeben, darf jedoch nicht in den Ablauf der Untersuchungen eingreifen.[29]

Es ist dafür Sorge zu tragen, dass die Beamten und sonstigen Bediensteten der Gemeinschaften einen dem rechtlichen Schutz gemäß Art. 90 und 91 des Statuts vergleichbaren Schutz genießen. Die für OLAF maßgebliche Verordnung beschneidet im Übrigen in keiner Weise die Befugnisse und Zuständigkeiten der Mitgliedstaaten auf dem Gebiet der Betrugsbekämpfung zum Nachteil der finanziellen Interessen der Gemeinschaften. Die dem Amt erteilte Ermächtigung verstößt weder gegen das Subsidiaritätsprinzip (Art. 5 EG-Vertrag) noch gegen das Verhältnismäßigkeitsprinzip.[30]

Dem Begriff „administrative Untersuchungen" unterfallen sämtliche Kontrollen, Überprüfungen und sonstige Maßnahmen, welche die Bediensteten des Amtes in

trugsbekämpfung (OLAF), ABl. L 136 vom 31. 5. 1999.

28 Erwägungsgrund (10) der VO (EG) Nr. 1073/1999.

29 Art. 11 Abs. 1 VO (EG) Nr. 1073/1999.

30 Vgl. insgesamt: Erwägungsgründe (11); (12); (13); (14); (15); (16); (17); (18); (19); (21) der VO (EG) Nr. 1073/1999.

Ausübung ihrer Befugnisse zur Erreichung der beschriebenen Ziele durchführen. Sie berühren ausdrücklich nicht die Zuständigkeit der Mitgliedstaaten für die Strafverfolgung.[31]

Im Rahmen seiner internen Untersuchungen kann das Amt von jedem Betroffenen die Informationen anfordern, die es für sachdienlich hält. Bei der Möglichkeit einer persönlichen Verwicklung eines Bediensteten oder anderen Betroffenen, ist die jeweilige Dienststelle (Organ, Einrichtung, Amt oder Agentur) davon in Kenntnis zu setzen. Ist aus untersuchungstechnischen Gründen „absolute Geheimhaltung" zu wahren oder erscheint ein Rückgriff auf Untersuchungsmittel erforderlich, die in die Zuständigkeit einer innerstaatlichen Justizbehörde fallen, kann diese Information auch zu einem späteren Zeitpunkt erfolgen.[32]

Nach Abschluss der Untersuchung ist ein Bericht zu erstellen, aus dem der festgestellte Sachverhalt, ggf. die ermittelte Schadenshöhe und die Ergebnisse der Untersuchung, einschließlich der Empfehlungen des Direktors zu den zweckmäßigen Folgemaßnahmen, hervorgehen. Dabei sind im Recht des betreffenden Mitgliedstaates vorgesehene Verfahrenserfordernisse zu berücksichtigen. Die entsprechenden Berichte stellen, wie bereits angedeutet, in der gleichen Weise und unter denselben Bedingungen wie die Verwaltungsberichte der Kontrolleure der einzelstaatlichen Verwaltungen zulässige Beweismittel in den Verwaltungs- oder Gerichtsverfahren des Mitgliedstaats dar, in dem sich ihre Verwendung als erforderlich erweist. Sie werden nach denselben Maßstäben beurteilt wie die Verwaltungsberichte der einzelnen Kontrolleure und sind diesen gleichwertig.[33]

IV. Zwischenbemerkungen

Nach Einschätzung der Kommission hat die VO (EG) Nr. 1073/1999 eine *„Schlüsselfunktion"*.[34] Umso wichtiger war der Gedanke, die auf ihrer Grundlage gemachten Erfahrungen sorgfältig zu beobachten. Es war von Anbeginn vorgesehen, die Tätigkeiten des OLAF nach drei Jahren zu evaluieren.[35]

Im Frühjahr 2003 hat die Kommission die Arbeit des Amtes im Zeitraum zwischen Juni 1999 und Dezember 2002 einer intensiven Bewertung unterzogen. Es handelt sich um eine von Unsicherheiten geprägte Zeit des Übergangs vom alten Betrugsbekämpfungsdienst der Kommission zum OLAF. Ziel der Kommission war es, über die Prüfung der Aufgaben des Amtes, seiner Mittel und seiner bisherigen

31 Art. 2 VO (EG) Nr. 1073/1999.

32 Vgl. insgesamt: Art. 4 VO (EG) Nr. 1073/1999.

33 Art. 9 Abs. 2 VO (EG) Nr. 1073/1999.

34 Vorschlag für eine Verordnung des Europäischen Parlaments und des Rates zur Änderung der Verordnung (EG) Nr. 1073/1999 über die Untersuchungen des Europäischen Amtes für Betrugsbekämpfung (OLAF) – Vorlage der Kommission – KOM(2004) 103 endg. 2004/0035 (COD) - Änderungsvorschlag - vom 10. 2. 2004, S. 2.

35 Erwägungsgrund (20) und Art. 15 der VO (EG) Nr. 1073/1999.

Schwierigkeiten zu einer globalen Bewertung seiner Tätigkeiten zu gelangen.[36] Die Kommission ist zu der Überzeugung gelangt, dass der europäische Gesetzgeber zwar Schutzmaßnahmen vorgesehen habe, die der *„administrativen Natur"* der Befugnisse des OLAF angemessen seien. Diese müssten, wenn sie die Rechte des Einzelnen berührten, unter voller Wahrung der Menschenrechte und Grundfreiheiten ausgeübt werden. Angesichts des Ausbaus der operativen Funktionen des Amtes bedürfe es über die derzeitigen Schutzmaßnahmen hinaus einer Verstärkung der Regelungen, dahingehend, dass *„ständige richterliche Verfahrensgarantien"* für die Untersuchungstätigkeit vorgesehen werden. Insbesondere diese Tatsache hatte die Kommission veranlasst, die Schaffung eines *„ständigen gemeinschaftlichen Justizorgans"* zu erwägen, das zuständig wäre für die Kontrolle der Handlungen und Maßnahmen des Amtes, welche die Grundrechte der betroffenen Personen berühren. Dieser Fragenkomplex war auch Teil der Überlegungen, die die Kommission im Hinblick auf die Verankerung der Europäischen Staatsanwaltschaft beigetragen hat.[37]

Der Überwachungsausschuss hat in seiner „Stellungnahme Nr.2/03 zum Bericht der Kommission" am 18. Juni 2003 mitgeteilt, dass er „häufig" von Personen, die von Untersuchungen oder anderen Tätigkeiten des OLAF betroffen seien, Kopien der an den Direktor des OLAF gerichteten Beschwerden oder entsprechende Vermerke erhalte.[38] In fast allen Fällen hätten die Betroffenen angegeben, dass ihre Grundrechte, insbesondere das Recht, zu den sie betreffenden Sachverhalten Stellung zu nehmen, bevor die Schlussfolgerungen aus der Untersuchung gezogen werden, in den OLAF-Verfahren missachtet worden seien.

Der Ausschuss hat den Direktor des OLAF gebeten, ihn über die Folgemaßnahmen zu diesen Beschwerden zu unterrichten oder zu den vorgetragenen Argumenten Stellung zu nehmen. Zwecks Umsetzung des in der VO (EG) Nr. 1073/1999 vorgesehenen Systems zum Schutz der Rechte des Einzelnen könne sich das OLAF nach der Vorstellung des Überwachungsausschusses – nach positiver Stellungnahme durch den Ausschuss – interne Verfahrensvorschriften geben, um zu regeln, wie das Verfahren nach Art. 9 VO (EG) Nr. 1073/1999 *(„Untersuchungsberichte und Folgemaßnahmen")* – unter Berücksichtigung des Erwägungsgrundes (10) – und das Verfahren nach Art. 10 VO (EG) Nr. 1073/1999 *(„Übermittlung von Informationen durch das Amt")* aufeinander abgestimmt werden. Der Überwachungsausschuss erwähnt in diesem Zusammenhang, dass OLAF ihm „unlängst" derartige Vorschriften im Entwurf unterbreitet habe.[39]

36 Bericht der Kommission „Bewertung der Tätigkeiten des Europäischen Amtes für Betrugsbekämpfung (OLAF) Verordnungen des Europäischen Parlaments und des Rats (EG) Nr. 1073/1999 und des Rates (Euratom) Nr. 1074/1999 (Artikel 15)" KOM(2003) 154 endg. vom 2. 4. 2003 - Bewertungsbericht -, S. 5.

37 Bewertungsbericht, S. 46, 47.

38 Abrufbar: http://europa.eu.int/comm/anti_fraud/reports/index_en.html

39 Stellungnahme Nr. 2/03, S. 17.

In seiner Stellungnahme vom 18. Juni 2003 zieht der Überwachungsausschuss u. a. die Schlussfolgerung, dass nach (seinerzeit) dreijähriger Tätigkeit des OLAF die Bestimmungen der VO (EG) Nr. 1073/1999 und die von der Haushaltsbehörde bereitgestellten Ressourcen für Fachpersonal noch nicht vollständig die erwartete Wirkung entfaltet hätten. Es gelte also, sie vollständig umzusetzen. Erst dann könne ihre Effizienz beurteilt und gegebenenfalls eine Anpassung oder Ausweitung der Aufgaben des Amtes erwogen werden.

Der Überwachungsausschuss hielt eine Änderung der Verordnung „derzeit" für verfrüht, zumal nach dem Beschluss über die Erweiterung der Union zu bewerten sein werde, inwieweit das Amt in der Lage sei, die ihm vom Gesetzgeber zugewiesenen Aufgaben unter derart *„radikal geänderten"* Bedingungen zu erfüllen. Eine Änderung sei aber *„auf jeden Fall"* erforderlich, wenn *„politische Lösungen"* erarbeitet worden seien. Nach dem Empfinden des Überwachungsausschusses reichten die Maßnahmen, die das OLAF bisher zum Schutz der Grundrechte getroffen hat, nicht aus, um die Ziele im Erwägungsgrund (10) der VO (EG) Nr. 1073/1999 verwirklichen zu können. Es fehle an genauen Verfahrensregeln. Die derzeitige Funktionsweise des OLAF berge deshalb ein nicht unerhebliches Risiko für den Schutz der Grundrechte der von einer Untersuchung betroffenen Person. Es handele sich in den meisten Fällen um Beamte, Bedienstete oder Mitglieder der Gemeinschaftsorgane oder -einrichtungen. Daher stehe hier auch der Status des europäischen öffentlichen Dienstes auf dem Spiel. Die Beziehung zwischen diesen Personen und dem Organ bzw. der Einrichtung werde durch die Unsicherheiten nicht hinlänglich kontrollierter Verfahren beeinträchtigt. Die Reform der Funktionsweise des OLAF sei also nicht nur unter dem Aspekt des Schutzes der Grundrechte, sondern auch wegen der Reform des Beamtenstatus dringend geboten. Zu diesem Zweck müsse nach Auffassung des Überwachungsausschusses das OLAF die Empfehlungen des Ausschusses rasch umsetzen und sich Verfahrensregeln für die Untersuchungen geben, die die Anwendung der VO (EG) Nr. 1073/1999, die Achtung der Grundrechte sowie die Anwendung der nationalen Verfahren *„zwingend"* vorschreiben. Damit solle zum einen gewährleistet sein, dass die Grundsätze und Vorschriften über die Zulässigkeit von Beweismitteln berücksichtigt und die Grundrechte beachtet und zum anderen Berichte mit Empfehlungen erstellt werden, die der *„Finalität"* der Untersuchungen gerecht werden.[40]

V. Wunschvorstellungen

Die Kommission hat zu Beginn des Jahres 2004 ihren Vorschlag zur Änderung der VO (EG) Nr. 1073/1999 vorgelegt. Ihre Vorstellungen sind durch mehrere Gründe und Ziele geprägt. Aus *„Gründen der Rechtssicherheit"* schlägt die Kommission die Aufnahme einer umfassenden Bestimmung über die *„Verfahrensgarantien"* bei in-

40 Stellungnahme Nr. 2/03, S. 24, 25.

ternen und externen Untersuchungen in die Verordnung vor. Diese gründe sich auf die einschlägigen Bestimmungen der Interinstitutionellen Vereinbarung vom 25. 5. 1999 zwischen dem Europäischen Parlament, dem Rat der Europäischen Union und der Kommission der Europäischen Gemeinschaften über die internen Untersuchungen des Europäischen Amtes für Betrugsbekämpfung (OLAF)[41] (und der verschiedenen Durchführungsbeschlüsse) sowie des (mittlerweile überarbeiteten) Statuts der Beamten der Europäischen Gemeinschaften. Dadurch entstehe nach Auffassung der Kommission ein „einheitliches Bündel" grundlegender Garantien für sämtliche internen und externen Untersuchungen des OLAF. Im Vergleich mit der Interinstitutionellen Vereinbarung kämen folgende Garantien hinzu:

- Bestimmungen über die Informationen, die das OLAF vor einem Gespräch zu übermitteln hat und über die Erstellung eines Gesprächsprotokolls.
- Das Recht des Betroffenen, sich bei dem Gespräch durch eine Person seiner Wahl unterstützen zu lassen.
- Das Recht des Betroffenen, keine Angaben zu machen, die ihn belasten würden.

Diese Garantien seien nicht nur vor der Erstellung des abschließenden Untersuchungsberichts einzuhalten, sondern auch vor der Übermittlung von Informationen an die nationalen Behörden gemäß Art. 10 Abs. 3 der VO (EG) Nr. 1073/1999.[42]

Die Kommission hat seinerzeit (!) auch geglaubt, dass das OLAF von einer stärkeren Rolle des Überwachungsausschusses profitieren würde. Dies gelte insbesondere u. a. im Hinblick auf den *„Bereich der persönlichen Rechte"*. Insoweit sollten die Betroffenen künftig den Überwachungsausschuss um Rat ersuchen können. Gleichermaßen hätten auch die betroffenen Organe und Einrichtungen diese Möglichkeit in Bezug auf Sachverhalte, über die sie das OLAF informieren müsse.

Die Kommission hat in diesem Zusammenhang hervorgehoben, dass der Gerichtshof in seinem Urteil vom 10. Juli 2003 (Rechtssache C-11/00 – Kommission gegen Europäische Zentralbank, Rdn. 139) bestätigt habe, dass die VO (EG) Nr. 1073/1999 in ihrer ursprünglichen Fassung von dem festen Willen des Gemeinschaftsgesetzgeber getragen gewesen sei, die Gewährung der dem OLAF übertragenen Befugnisse von der vollständigen Beachtung der Menschenrechte und Grundfreiheiten abhängig zu machen.

Der Kommission erschien es angesichts verschiedener Fragen, die bei der praktischen Arbeit des OLAF aufgetaucht seien, angebracht, die Verfahrensgarantien noch weiter zu verstärken und sie auf sämtliche internen wie externen Untersuchungen des OLAF anwendbar zu machen. Dessen Untersuchungen seien zwar lediglich vorbereitender Art und ihre Schlussfolgerungen stellten als solche keine beschwerende Maßnahme dar. Sie könnten aber strafrechtliche Verfahren nach sich ziehen. Deshalb wahrten diese Garantien die insbesondere in der Charta der Grundrechte der

41 ABl. L 136 vom 31. 5. 1999.
42 Änderungsvorschlag, S. 4.

Union anerkannten Grundrechte und gingen sogar über den in der Grundrechtecharta geforderten Mindestschutz hinaus.[43] Schließlich sollte die Zahl der Mitglieder des Überwachungsausschusses des OLAF von fünf auf sieben erhöht werden. Die Kommission hat bei der Formulierung ihres Vorschlags im Einzelnen folgende Gründe erwogen:

- Erforderlichkeit klarer Regeln zur Festlegung der vorrangigen Zuständigkeit des OLAF für interne Untersuchungen.
- Einführung von Mechanismen, mit deren Hilfe Organe, Einrichtungen, Ämter und Agenturen rasch Fälle untersuchen können, in denen OLAF nicht eingreifen möchte.
- Klarstellung zur Geltung des Opportunitätsgrundsatzes für die Einleitung einer Untersuchung durch OLAF.
- Festlegung der Unterrichtungspflicht des OLAF gegenüber Organen, Einrichtungen, Ämtern und Agenturen bei persönlicher Verwicklung eines Mitglieds, Leiters, Beamten oder sonstigen Bediensteten.
- Klarstellung bestimmter Aspekte und Behebung bestimmter Unzulänglichkeiten z. B. bei der Durchführung von Kontrollen und Überprüfungen nach den Vorschriften der VO (Euratom, EG) Nr. 2185/96 des Rates vom 11. November 1996[44] einschließlich der Entwicklung geeigneter Verfahren in den Mitgliedstaaten zur Anwendung von Zwangsmaßnahmen bei Ablehnung der vorgesehenen Kontrollen.
- Notwendigkeit einer Klarstellung der geltenden Verfahrensgarantien für die internen und externen Untersuchungen des OLAF und des Hinweises darauf, dass diese Untersuchungen lediglich vorbereitender Art sind und ihre Schlussfolgerungen als solche zwar keine beschwerende Maßnahme darstellen, aber verwaltungs- oder strafrechtliche Verfahren nach sich ziehen können.
- Ausweitung der Rolle des Überwachungsausschusses mit mehrfacher Zielsetzung:
    1. Verstärkung der Führung des Amtes.
    2. Festigung der Unabhängigkeit des OLAF.
    3. Sicherstellung der ordnungsgemäßen Anwendung der VO (EG) Nr. 1073/99 durch das Amt.
    4. Gewährleistung der Rechte der Personen.
    5. Anpassung der Zusammensetzung des Überwachungsausschusses entsprechend der gewachsenen Rolle.

Vor diesem Hintergrund hielt die Kommission eine Änderung der VO (EG) Nr. 1073/1999 für erforderlich. Damit beschneide man in keiner Weise die Befugnisse und Zuständigkeiten der Mitgliedstaaten auf dem Gebiet der Be-kämpfung von Betrug zum Nachteil der finanziellen Interessen der Gemeinschaften. Man stelle le-

43 Änderungsvorschlag, S. 6.
44 ABl. L 292 vom 15. 11. 1996, 2.

diglich in einigen Punkten die Handlungsmöglichkeiten des OLAF klar und bringe Verbesserungen dort an, wo sich Rechtslücken aufgetan hätten.

Die Ausweitung der Verfahrensgarantien auf die externen Untersuchungen sei zudem erforderlich, um einen einheitlichen Rechtsrahmen für sämtliche Untersuchungen des OLAF zu schaffen.

Auch die geänderte Verordnung stehe in völliger Übereinstimmung mit dem Subsidiaritäts- und Verhältnismäßigkeitsgrundsatz (Art. 5 (EUV). Die Verordnung befinde sich auch im Einklang mit den Grundrechten und Grundsätzen, die insbesondere in der Grundrechtecharta anerkannt wurden.

Nach einer Neufassung des Art. 5 der VO (EG) Nr. 1073/1999 könnte OLAF eine Untersuchung einleiten, wenn „ausreichender" Verdacht besteht, dass Betrugs- oder Korruptionsdelikte oder sonstige rechtswidrige Handlungen im Sinne von Art. 1 der VO (EG) Nr. 1073/1999 begangen worden sind. Die Einleitung externer Untersuchungen wird vom Direktor des Amtes von sich aus oder auf Ersuchen eines betroffenen Mitgliedstaates oder der Kommission beschlossen. Die Einleitung interner Untersuchungen wird ebenfalls vom Direktor des Amtes von sich aus oder auf Ersuchen des Organs, der Einrichtung oder des Amtes oder der Agentur, bei dem die Untersuchung durchgeführt werden soll, beschlossen.

Falls das Amt aus „Opportunitätserwägungen" beschließt, keine interne Untersuchung einzuleiten, übermittelt es unverzüglich die ihm vorliegenden Informationen zur Kenntnisnahme an das (bzw. die) betroffene Organ, Einrichtung, Amt oder Agentur und vereinbart gegebenenfalls geeignete Maßnahmen zur Wahrung der Vertraulichkeit der Informationsquelle.

Die Kommission schlägt u. a. die Einfügung eines neuen Art. 7 a in die Verordnung vor, der die „Verfahrensgarantien" enthalten soll. In dieser Vorschrift wird zunächst hervorgehoben, dass die Untersuchungen des OLAF der Ermittlung sowohl der belastenden als auch der entlastenden Fakten dienen sollen.

Offenbart sich die Möglichkeit einer persönlichen Verwicklung eines Mitglieds, Leiters, Beamten oder Bediensteten eines Organs, einer Einrichtung, eines Amts oder einer Agentur oder eines Wirtschaftsbeteiligten, so ist der Betroffene hierüber „rasch" in Kenntnis zu setzen, sofern dies der Untersuchung nicht abträglich sein kann.

Beim Abschluss der Untersuchungen dürfen im Hinblick auf natürliche oder juristische Personen auf keinen Fall Schlussfolgerungen gezogen werden, ohne dass dem Betroffenen Gelegenheit gegeben wurde, sich zu allen ihn betreffenden Sachverhalten zu äußern. In der Einladung zu einem „Gespräch" ist ihm eine Zusammenfassung dieser Sachverhalte zu übermitteln.

Der Betroffene kann sich von einer „Person seiner Wahl", die nicht in die untersuchten Sachverhalte verwickelt sein darf, unterstützen lassen.

Natürliche Personen haben das Recht zur Aussageverweigerung, wenn sie sich selbst belasten würden.[45]

45 Grundsätzlich zum Schutz des Rechts auf Aussageverweigerung durch die EMRK: Weiß, NJW

Der Direktor des OLAF kann beschließen, den Betroffenen erst zu einem späteren Zeitpunkt zu einem Gespräch einzuladen. Dies gilt in den Fällen, in denen aus untersuchungstechnischen Gründen absolute Vertraulichkeit gewahrt werden muss und ein Rückgriff auf in die Zuständigkeit einer nationalen Justizbehörde (bei externen Untersuchungen einer zuständigen nationalen Behörde) fallende Untersuchungsmittel erforderlich ist. Der Direktor hat seine Absicht vorab dem Untersuchungsausschuss mitzuteilen, der eine Stellungnahme abgeben kann. Bei internen Untersuchungen trifft der Direktor seinen Beschluss „im Einvernehmen" mit dem Organ, dem Amt oder der Agentur, dem (der) der Betroffene angehört.

Die Einladungen zu Gesprächen sind sowohl Zeugen als auch Betroffenen mindestens acht Werktage im Voraus zu übermitteln. Diese Frist kann *„mit Einverständnis"* der zu hörenden Person verkürzt werden. Die Einladung enthält insbesondere eine Auflistung ihrer Rechte. Zu jedem Gespräch hat das Amt ein Protokoll zu erstellen. Der gehörten Person muss Zugang zu dem Protokoll gewährt werden, damit sie dem Protokoll ihre Zustimmung erteilen oder Anmerkungen hinzufügen kann. Offenbart sich im Laufe des Gesprächs, dass die gehörte Person *„möglicherweise"* in den untersuchten Sachverhalt *„verwickelt"* ist, sind unverzüglich die in Art. 2 VO (EG) Nr. 1073/1999 vorgesehenen Bestimmungen anzuwenden.

Die genannten Verfahrensgarantien gelten unbeschadet eines umfassenderen Schutzes, wie er sich gegebenenfalls aus den Bestimmungen der Verträge oder der geltenden nationalen Rechtsvorschriften ergeben mag. Sie gelten auch unbeschadet der aus dem Statut erwachsenden Rechte und Pflichten und insbesondere der Loyalitätspflicht gegenüber den Gemeinschaften.

Nach dem von der Kommission vorgeschlagenen neuen Art. 7 b der VO (EG) Nr. 1073/1999 beschließt der Direktor des OLAF die Einstellung der Untersuchung, wenn an deren Ende keiner der Vorwürfe gegen das *„beschuldigte"* Mitglied bzw. den *„beschuldigten"* Leiter, Beamten oder Bediensteten des betreffenden Organs, Einrichtung, Amts oder Agentur oder gegen den *„beschuldigten"* Wirtschaftsteilnehmer aufrechterhalten werden kann. Der Direktor unterrichtet den Betroffenen davon schriftlich.

Er hat auch dafür Sorge zu tragen, dass die Bediensteten des Amtes und die anderen unter seiner Verantwortung handelnden Personen die gemeinschaftlichen und die innerstaatlichen Rechtsvorschriften über den Schutz personenbezogener Daten einhalten. Dies gilt insbesondere für die VO (EG) Nr. 45/2001 des Europäischen Parlaments und des Rates (Art. 8 Abs. 3 der VO (EG) Nr. 1073/1999 n. F.).[46]

Der Direktor des OLAF übermittelt den Justizbehörden des betreffenden Mitgliedstaates die bei internen Untersuchungen vom Amt eingeholten Informationen über gegebenenfalls strafrechtlich zu ahndende Handlungen. Dies teilt er vorab dem betreffenden Organ mit; die mitgeteilten Informationen umfassen insbesondere den

1999, 2236 f. Zum Aussageverweigerungsrecht für juristische Personen ebenfalls Weiß, JZ 1998, 289 ff.

46 ABl. L 8 vom 12. 1. 2001, 1.

Namen des von der Untersuchung Betroffenen, eine Zusammenfassung des festgestellten Sachverhalts, eine vorläufige rechtliche Würdigung sowie die ermittelte Schadenshöhe.

Bevor die genannten Informationen übermittelt werden, gibt das Amt den von der Untersuchung Betroffenen Gelegenheit, sich nach den erwähnten Modalitäten zu den ihn betreffenden Tatsachen zu äußern (Art. 9 Abs. 2 VO (EG) Nr. 1073/1999 n. F.).

Nach der vorgeschlagenen Neufassung des Art. 11 Abs. 1 der VO Nr. 1073/1999 stellt der Überwachungsausschuss durch die *„regelmäßige Kontrolle"*, die er bezüglich der Ausübung der Untersuchungstätigkeit vornimmt, die Unabhängigkeit des Amtes sicher. Er achtet darauf, dass die Rechte des Einzelnen respektiert werden, beachtet aber auch, dass die Interessen der Union gewahrt werden müssen. Der Ausschuss gibt Stellungnahmen zu den Tätigkeiten des Amtes ab, greift jedoch nicht in den Ablauf der Untersuchungen ein. Auf Wunsch der Betroffenen nimmt er Stellung zu den Verfahrensgarantien und gibt auf Ersuchen der Organe, Einrichtungen, Ämter und Agenturen Stellungnahmen bezüglich ihrer Unterrichtung ab. Jede Stellungnahme wird dem Direktor des Amtes und dem Ersuchenden übermittelt. Das betreffende Organ, Einrichtung, Amt oder Agentur erhält eine Kopie der Stellungnahme. Der Ausschuss weist gegebenenfalls darauf hin, welche Teile der Stellungnahme vertraulich zu behandeln sind. Er beauftragt eines seiner Mitglieder mit der Vorbereitung seiner Arbeiten betreffend die Achtung der Rechte des Einzelnen durch das Amt (Art. 11 Abs. 2 der VO (EG) Nr. 1073/1999 n. F.). Der Überwachungsausschuss erhält eine Kopie jeder nach Art. 90 a des Statuts eingereichten Beschwerde und gibt dazu eine an den Direktor des Amtes gerichtete Stellungnahme ab (Art. 14 der VO (EG) Nr. 1073/1999).

VI. Selbstverpflichtungen

Am 1. August 2003 ist das „OLAF Manual" (Manual 2003) veröffentlicht worden. Es handelt sich um eine systematische Zusammenstellung der hoch differenzierten internen Arbeitsanleitungen an das Personal des Amtes, die übrigens auch schon vorher in verschiedenen Versionen verfügbar waren. Die Anleitungen beschäftigen sich vornehmlich mit der Durchführung der verwaltungsrechtlichen Untersuchungen. Im Vorwort wird hervorgehoben, dass die Tätigkeiten des OLAF in Integrität, Unparteilichkeit und mit Professionalität stattfinden und dass dabei in jeder Phase des Verfahrens die Rechte und die Freiheiten des Einzelnen beachtet werden, also jederzeit den Erfordernissen der Rechtmäßigkeit Genüge getan wird.

Am 25. Februar 2005 wurde eine gründlich überarbeitete Fassung des Manuals vorgelegt (Manual 2005). Herzstück des Werks ist der Abschnitt II, der sich mit der konkreten Durchführung der Untersuchungen, der Koordinierung, der Unterstützung und mit den Folgemaßnahmen beschäftigt (Seiten 78 bis 165).

Die grundsätzlichen Aussagen über die Untersuchungsphase beginnen mit dem Hinweis auf die Grundprinzipien, die für die Durchführung von Untersuchungen durch das Amt maßgebend sind. An erster Stelle steht der *Aufruf zur Beachtung der Rechte des Einzelnen.* Daneben wird darauf hingewiesen, dass die Verwertbarkeit von Beweisen sichergestellt sein muss, die Grundsätze der Rechtmäßigkeit und der Verhältnismäßigkeit zu beachten und die Verpflichtungen gegenüber den institutionellen Partnern des OLAF immer zu erfüllen sind.[47]

Zur Eröffnung einer Untersuchung ist eine Rechtsgrundlage unverzichtbar. Die in Betracht kommenden Grundlagen werden im Manual 2005 sowohl für interne als auch für externe Untersuchungen vollständig aufgeführt. Es wird betont, dass OLAF keine Rechtsgrundlage hat, um als strafrechtliche Ermittlungsbehörde tätig zu werden. Die hierzu erforderlichen Befugnisse sind nach Maßgabe der einschlägigen mitgliedstaatlichen gesetzlichen Grundlagen ausschließlich bestimmten Amtsträgern übertragen. Sollte ein Bediensteter des OLAF Beweismittel in unrechtmäßiger Weise zusammentragen, wäre das Risiko mangelnder Verwertbarkeit in den jeweiligen einzelstaatlichen Strafverfahren offensichtlich sehr hoch. Die zuständigen Justizbehörden in den Mitgliedstaaten wären zudem womöglich selbst an einer ordnungsgemäßen Beweissammlung gehindert. Im Ergebnis könnten einzelne Vorwürfe also nicht in der erforderlichen rechtsstaatlichen Weise belegt bzw. bewiesen werden. Diese Beschränkungen schließen indes die Sicherung von Informationen oder Dokumenten durch Bedienstete des OLAF nicht aus, die von den zuständigen Behörden eines Mitgliedstaates in rechtmäßiger Weise im Rahmen eines strafrechtlichen Verfahrens erlangt wurden.

Die von OLAF vorgenommenen verwaltungsrechtlichen Untersuchungen sind nicht mit Rechnungsprüfungen („audits") zu verwechseln. Solche Prüfungen zielen darauf ab, die Regelmäßigkeit und die ordnungsgemäße Anwendung einschlägiger gesetzlicher Bestimmungen zu kontrollieren, um verwaltungsmäßige Defizite oder Unregelmäßigkeiten aufzudecken. Die Arbeit des OLAF besteht demgegenüber aus genauen und konkreten Untersuchungen, die das Ziel haben, Tatsachen und/oder regelwidriges Verhalten aufzudecken, die möglicherweise Anlass für verwaltungsrechtliche oder strafrechtliche Folgemaßnahmen (-verfahren) gegen natürliche oder juristische Personen bieten können. Hierzu kann auch die Rückforderung von Finanzmitteln gehören, die unrechtmäßigerweise erlangt oder verwendet wurden.

Die Feststellungen, die während einer normalen Rechnungsprüfung getroffen wurden, können durchaus die Grundlage für weitere detaillierte Untersuchungen durch das OLAF sein. Grundsätzlich sind die jeweiligen Generaldirektionen für die Durchführungen der Rechnungsprüfungen in Koordination mit den Mitgliedstaaten selbst verantwortlich. Für die Untersuchungen ist hingegen das OLAF zuständig.

Die internen Untersuchungen erfolgen unter Einhaltung der Vorschriften der Verträge, insbesondere des Protokolls über die Vorrechte und Befreiungen, sowie des Statuts unter Bedingungen und Modalitäten, die sowohl in der VO (EG) Nr.

47 Manual 2005, S. 103.

1073/1999 als auch in den von den einzelnen Organen zu erlassenden einschlägigen Beschlüssen vorgesehen sind. Die mit diesen Beschlüssen einzuführenden Regelungen sind unter den Organen abzustimmen.[48]

Bei Einhaltung der gesetzlich fixierten und im Manual 2005 präzisierten Bedingungen erhält OLAF ohne Voranmeldung und unverzüglich Zugang zu sämtlichen Informationen und Räumlichkeiten der Organe, Einrichtungen sowie Ämter und Agenturen. Das Amt darf die Rechnungsführung der genannten Institutionen kontrollieren. Es kann Kopien aller Dokumente und des Inhalts aller Datenträger, die in deren Besitz sind, anfertigen oder Auszüge davon erhalten und diese Dokumente und Informationen erforderlichenfalls sicherstellen, um ein mögliches Verschwinden zu verhindern. Das Amt kann die Mitglieder der Organe und Einrichtungen, die Leiter der Ämter und Agenturen sowie die Mitglieder des Personals um mündliche Informationen ersuchen.[49]

Es dürfen auch Kontrollen vor Ort bei betroffenen Wirtschaftsteilnehmern vorgenommen werden, um Zugang zu Informationen zu erhalten, die etwaige Unregelmäßigkeiten betreffen und über die diese Wirtschaftsteilnehmer eventuell verfügen. Ferner kann das Amt von jedem Betroffenen die Informationen anfordern, die es für seine Untersuchungen für sachdienlich hält.[50] Das Amt unterliegt in diesen Zusammenhängen umfassenden Unterrichtungspflichten. Wie bereits angedeutet, können die dabei anfallenden Informationen zu einem späteren Zeitpunkt erteilt werden, wenn aus untersuchungstechnischen Gründen absolute Geheimhaltung gewahrt werden muss oder ein Rückgriff auf Untersuchungsmittel erforderlich ist, die in die Zuständigkeit einer innerstaatlichen Justizbehörde fallen.[51]

So bald sich im Zusammenhang mit der Untersuchung von Unregelmäßigkeiten ein strafrechtlich relevanter Verdacht abzeichnet, sollen Bedienstete einer Einheit des Amtes hinzugezogen werden, die aus Staatsanwälten und Richtern aus den Mitgliedstaaten besteht. Sie stehen dem Team zur Verfügung, das den jeweiligen Fall bearbeitet. Es ist ihre Verantwortlichkeit, die Beweissammlung während der Untersuchung so zu organisieren, dass die Ergebnisse in strafrechtlichen Verfahren in den Mitgliedstaaten auch verwertet werden können.[52]

Die Mitglieder, Beamten und Bediensteten der Organe und Einrichtungen sowie die Leiter, Beamten und Bediensteten der Ämter und Agenturen unterliegen der Pflicht, mit OLAF zu kooperieren und ihm Auskunft zu erteilen.[53]

48 Art. 4 Abs. 1 VO (EG) Nr. 1073/1999.

49 Art. 4 Abs. 2 VO (EG) Nr. 1073/1999.

50 Art. 4 Abs. 3 VO (EG) Nr. 1073/1999 i. V. mit VO (Euratom, EG) Nr. 2185/1996. Vgl. dazu insgesamt: Kuhl/Spitzer, EuZW 1998, 37 ff.; Spitzer, in: Europäisches Forum für Außenwirtschaft, Zölle und Verbrauchsteuern – EFA (Hrsg.), 1999, S. 31 ff.; Ulrich, Kontrollen der Kommission bei Wirtschaftsbeteiligten zum Schutz der finanziellen Interessen der Gemeinschaft, 1999; ders., EWS 2000, 137 ff.

51 Art. 4 Abs. 4, 5 VO (EG) Nr. 1073/1999.

52 Manual 2005, S. 121.

53 Art. 4 Abs. 6 VO (EG) Nr. 1073/1999.

Die Untersuchungen sind ohne Unterbrechung durchzuführen; ihre Dauer muss den Umständen und der Komplexität des betreffenden Falles angemessen sein.[54]

Nach Durchführung der Untersuchung wird ein Bericht erstellt, der die im Recht des betreffenden Mitgliedstaates vorgesehenen Verfahrenserfordernisse berücksichtigt. Die so erstellten Berichte stellen in der gleichen Weise und unter denselben Bedingungen wie die Verwaltungsberichte der Kontrolleure der einzelstaatlichen Verwaltungen „zulässige Beweismittel" in den Verwaltungs- oder Gerichtsverfahren des Mitgliedstaates dar, in dem sich ihre Verwendung als erforderlich erweist. Sie werden nach denselben Maßstäben beurteilt wie die Verwaltungsberichte der einzelstaatlichen Kontrolleure und sind – wie bereits erwähnt – als diesen „gleichwertig" zu betrachten.[55]

Der nach Abschluss einer externen Untersuchung erstellte Bericht wird mit allen „zweckdienlichen" Schriftstücken den zuständigen Behörden der betreffenden Mitgliedstaaten übermittelt.[56] Das Gleiche gilt sinngemäß nach dem Abschluss einer internen Untersuchung. Die Adressaten sind verpflichtet, die gemäß den Ergebnissen der Untersuchung erforderlichen Folgemaßnahmen zu ergreifen, insbesondere die disziplinarrechtlichen und justiziellen. Der Direktor des OLAF ist innerhalb der von ihm in den Schlussfolgerungen seines Berichts gesetzten Frist über die Folgemaßnahmen der Untersuchungen zu unterrichten.[57]

Jeder Beamte oder sonstige Bedienstete der Europäischen Gemeinschaften kann nach den im Statut vorgesehenen Modalitäten beim Direktor des OLAF Beschwerde gegen ihn beschwerende Maßnahmen einlegen, die das Amt im Rahmen einer internen Untersuchung ergriffen hat. Das Gleiche gilt analog für das Personal von Organen, Einrichtungen sowie Ämtern und Agenturen, das nicht dem Statut unterliegt.[58]

Die Bediensteten des Amtes, die eine Untersuchung durchzuführen haben, müssen im Besitz eines vom Direktor ausgestellten schriftlichen Auftrages sein, aus dem der Gegenstand der Untersuchung hervorgeht.[59] Sie dürfen Personen befragen, um alle für den Untersuchungszweck erheblichen Informationen in Erfahrung zu bringen, über die der Befragte verfügt, und (auch) auf diese Weise den Sachverhalt aufklären. Es dürfen nicht nur Zeugen befragt werden, sondern auch Betroffene *(„Interested parties")*. Ihnen sollte grundsätzlich Gelegenheit zur Äußerung über alle sie betreffenden Tatsachen gegeben werden. Dementsprechend sollten ihnen alle Tatsachen, die Grundlage für sie betreffende Schlussfolgerungen sein können, vorgehalten werden. Nur in Ausnahmefällen darf dieser Vorhalt später erfolgen. [60]

Im Manual 2005 wird besonders betont, dass die Rechte des Befragten beachtet werden müssen. Die Mitglieder des Befragungsteams müssen sicherstellen, dass die

54 Art. 6 Abs. 5 VO (EG) Nr. 1073/1999.
55 Art. 9 Abs. 2 VO (EG) Nr. 1073/1999.
56 Art. 9 Abs. 3 VO (EG) Nr. 1073/1999.
57 Art. 9 Abs. 4 VO (EG) Nr. 1073/1999.
58 Art. 14 VO (EG) Nr. 1073/1999.
59 Art. 6 Abs. 3 VO (EG) Nr. 1073/1999.
60 Manual 2005, S. 126, 127.

Befragung in Übereinstimmung mit den Verteidigungsrechten und den örtlichen Erfordernissen der jeweils zuständigen Gerichtsbarkeit stattfindet.

Die Betroffenen müssen in formstrenger Weise schriftlich *(„registered letter")* zu einer Befragung gebeten werden. Sie sind dabei auch darüber zu informieren, dass die Untersuchung eine oder mehrere bestimmte Folgen haben kann (z. B. Rückforderungen, Übergabe an Disziplinar- oder Justizbehörden). Zeugen dürfen auf andere Weise (z. B. telefonisch oder per e-mail) eingeladen werden. Falls erforderlich, kann dies auch durch Einschreiben erfolgen.

In dem Einladungsschreiben sind die Betroffenen in mehrfacher Hinsicht über ihre Rechte zu belehren. Jeder Betroffene muss darauf hingewiesen werden, dass:

- ein Rechtsanwalt oder eine andere Person seiner Wahl ihn während der Befragung vertreten darf;
- er nicht verpflichtet ist, sich selbst zu belasten;
- er vorab beantragen kann, dass die Befragung in einer der amtlichen Sprachen der Gemeinschaften durchgeführt wird;
- ein offizielles schriftliches Protokoll gefertigt wird;
- seine Äußerungen zusammen mit dem Protokoll als Beweismittel in einem Disziplinarverfahren oder in einem Gerichtsverfahren verwendet werden können;
- er beantragen darf, dass von ihm gefertigte Dokumente der Befragungsniederschrift beigefügt und zusammen mit den Fallakten an die Justizbehörden oder die Disziplinarbehörde gesandt werden mögen.

Zur Vorbereitung sollen die Untersuchungsbeamten eine Übersicht über die relevanten Fragen erstellen. Die zeugenschaftliche Befragung sollte in offener Weise erfolgen, um zu vermeiden, dass der Befragte in eine bestimmte Richtung geführt wird. Selbstverständlich muss vor Beginn der Befragung auch über die „Rollenverteilung" entschieden werden („Wer führt?"). Der befragende Beamte sollte von einem rechtskundigen Kollegen („Magistrate") unterstützt werden, falls justizielle Folgemaßnahmen zu erwarten sind. Die Befragung sollte mit einer bestimmten Erklärung/Belehrung beginnen:

> *„Die Befragung wird durchgeführt von (Name des Untersuchungsbeamten) in (Ort) am (Zeit). Der Befragte ist (Name). Andere anwesende Personen sind (Name). Die Befragung dient der Sammlung von Informationen in folgender Angelegenheit (Befragungsgegenstand). Sie haben das Recht, in jeder der Amtssprachen der Gemeinschaft zu sprechen. Sie haben das Recht auf Anwesenheit eines Rechtsvertreters oder einer anderen Person. Sie haben das Recht, sich nicht selbst zu belasten. Sie haben das Recht zu beantragen, dass jedes von Ihnen gefertigte Dokument dem offiziellen Befragungsprotokoll beigefügt wird. Sie werden eine Kopie des Protokolls mit allen Anhängen erhalten. Das Protokoll kann als Beweismittel in Verwaltungs- und Disziplinarverfahren, Rechts- oder Strafverfahren verwendet werden."*

Mitglieder der Europäischen Institutionen erhalten eine Zusatzinformation:

> *„Sie sind zu voller Zusammenarbeit mit OLAF verpflichtet. Sie haben die Pflicht, dem Amt jede für die Untersuchung erforderliche Unterstützung zu leisten und ihm alle insoweit nützlichen Informationen und Erklärungen zu geben, soweit dadurch ihr Recht, sich nicht selbst zu belasten, unberührt bleibt."*

Mit Ausnahme rein disziplinarrechtlicher Fälle sind die Regeln der Beweiserhebung der jeweils zuständigen Gerichtsbarkeiten zu beachten. Dokumente, auf die während der Befragung Bezug genommen wird, müssen eindeutig gekennzeichnet, dem Zeugen gezeigt und dem Protokoll beigefügt werden.

Sollte der zu Befragende die Zusammenarbeit verweigern (Nichterscheinen, Verweigerung einer Antwort), hat OLAF keine Befugnisse, die Zusammenarbeit zu erzwingen. Handelt es sich bei der betreffenden Person um einen Bediensteten der Gemeinschaft, sollte er jedoch an seine Kooperationsverpflichtung erinnert und darüber belehrt werden, dass eine Weigerung zu disziplinarrechtlichen Folgen führen kann. Zusätzlich können die Organe der Gemeinschaft um Unterstützung gebeten werden. Falls erforderlich, können auch die Justizbehörden eines Mitgliedstaates mit der Angelegenheit befasst werden.

Grundsätzlich verlangt die Bekanntgabe von Tatsachen während der Befragung nicht die Offenlegung von Beweismitteln gegenüber dem Befragten. Gleichwohl ist es manchmal erforderlich, einen Zeugen über den Inhalt eines Dokuments zu befragen. In diesen Fällen sollen die Untersuchungsbeamten grundsätzlich Rechtsrat sowohl zu den nationalen Verfahrensregeln als auch zu Fragen des Datenschutzes einholen. Es mag angebracht sein, einem Zeugen den Inhalt eines Dokuments auszugsweise vorzulesen oder ihm eine Kopie eines Auszugs auf einem gesonderten Blatt zu zeigen. Das Befragungsprotokoll sollte eine wörtliche Zitierung des gelesenen oder gesehenen Auszugs enthalten. Sollte es notwendig sein, das Dokument dem Befragten zu zeigen, ist vorher die ausdrückliche Zustimmung des Direktors des Direktorats B einzuholen. Dabei wird es grundsätzlich nur um Dokumente gehen, die Fakten enthalten, die für den Fall von zentraler Bedeutung sind und die Grundlage für Schlussfolgerungen am Ende der Untersuchungen sind. In diesem Zusammenhang sind die Regeln des Datenschutzes besonders zu beachten, indem die Namen natürlicher Personen gelöscht werden, mit Ausnahme des Namens des Befragten und anderer Personen, die notwendigerweise bekannt sein müssen. Die Dokumente, die dem Befragten gezeigt wurden, sind dem Befragungsprotokoll beizufügen.[61]

VII. Zukunftsperspektiven

Die Erkenntnis, dass kriminelle Handlungen zum Nachteil der finanziellen Interessen der Europäischen Gemeinschaften effektiver geahndet werden müssen, veranlasste die Kommission, die Einrichtung einer Europäischen Staatsanwaltschaft vorzuschlagen.[62] Ein entsprechender Vorschlag (Einfügung eines Artikels in den EG-Vertrag) wurde auf der Regierungskonferenz im Dezember 2000 vom Europäischen Rat in Nizza nicht aufgegriffen.

61 Vgl. insgesamt: Manual 2005, S. 126, 127, 128.
62 Vgl. dazu: Brüner/Spitzer, NStZ 2002, 393 ff.

Der Jubilar hat sich besondere Verdienste dadurch erworben, dass man die Thematik im Rahmen der Verhandlungen über den Vertrag für eine Verfassung Europas nicht nur aufgriff, sondern auch ein erfolgreicher Abschluss möglich wurde. Zur Bekämpfung von Straftaten zum Nachteil der finanziellen Interessen der Union „kann" durch Europäisches Gesetz des Rates ausgehend von Eurojust eine Europäische Staatsanwaltschaft eingesetzt werden. Sie ist, gegebenenfalls in Verbindung mit Europol, zuständig für strafrechtliche Untersuchung und Verfolgung sowie Anklageerhebung in Bezug auf Personen, die als Täter oder Teilnehmer Straftaten zum Nachteil der finanziellen Interessen der Union begangen haben. Die Europäische Staatsanwaltschaft nimmt bei diesen Straftaten vor den zuständigen Mitgliedstaaten die Aufgaben der Staatsanwaltschaft wahr. Durch Europäisches Gesetz werden ihre „Satzung", die Einzelheiten für die Erfüllung ihrer Aufgaben, die für ihre Tätigkeiten geltenden Verfahrensvorschriften sowie die Regeln für die Zulässigkeit von Beweismitteln[63] und für die gerichtliche Kontrolle der vorgenommenen Prozesshandlungen festgelegt. Gleichzeitig wird dem Europäischen Rat die Möglichkeit eröffnet, einen Beschluss über die Ausdehnung der Befugnisse der Europäischen Staatsanwaltschaft auf die Bekämpfung von schwerer Kriminalität mit grenzüberschreitender Dimension zu fassen (Art. III-275 des Verfassungsentwurfs).[64]

Die Kommission hatte die Debatte mit einem „Grünbuch zum strafrechtlichen Schutz der finanziellen Interessen der Europäischen Gemeinschaften und zur Schaffung einer Europäischen Staatsanwaltschaft"[65] (Grünbuch) und öffentlichen Anhörungen unter maßgeblicher Mitwirkung des OLAF vorbereitet.

Im Grünbuch wurde schon hervorgehoben, dass der Europäische Staatsanwalt in Ausübung seines Amtes die Grundrechte achten muss, die insbesondere in Art. 6 des EU-Vertrages, in den vom Europäischen Gerichtshof entwickelten Grundprinzipien des Gemeinschaftsrechts, in der Grundrechtecharta der Europäischen Union und in der EMRK verankert sind. Insbesondere alle Zwangsmaßnahmen, die der Europäische Staatsanwalt ergreift, sollten zuvor von einem Richter, der auf nationaler Ebene die Funktion eines Richters im Ermittlungsverfahren („juge des libertés") ausübt, überwacht, ja sogar angeordnet werden.

Nach Auffassung der Kommission würde eine Europäische Staatsanwaltschaft es nicht nur ermöglichen, gegen Personen, die heute noch straffrei bleiben, Klage zu erheben. Sie könnte sogar dazu beitragen, die Situation von Beschuldigten zu verbessern, weil sie das „Knäuel" verschiedener, sich überschneidender innerstaatlicher Strafverfolgungen entwirren würde. Dadurch würde das Vorverfahren und damit auch das Hauptverfahren beschleunigt werden. Wegen der auf diese Weise erhöhten Effizienz wären nationale Behörden weniger häufig veranlasst, auf Untersu-

63 Zur Problematik „Nationale Strafverfolgung und Europäische Beweisführung": Brüner/Hetzer, NStZ 2003, 113 ff.

64 Zur Strafverfolgung über Grenzen hinweg: Gleß/Lüke, Jura 1998, 70 ff.

65 KOM (2001) 715 endg. (11.12. 2001). Vgl. dazu: Hetzer, ZfZ 2002, 295 ff.

chungshaft und freiheitsbeschränkende Maßnahmen zu dem Zweck zurückzugreifen, den Beschuldigten in ihrem Hoheitsgebiet zu halten.[66]

Stößt der Europäische Staatsanwalt auf belastende Umstände, so gelten ab diesem Zeitpunkt die Unschuldsvermutung und der Grundsatz des kontradiktorischen Verfahrens. Nach dem Grünbuch bezeichnet dieser Grundsatz das Recht der Parteien und ihres Rechtsbeistandes auf Einsicht in die Akten des Europäischen Staatsanwalts. Im Hinblick auf den Beschuldigten umfasst dieser Grundsatz ferner die Wahrung der Verteidigungsrechte und insbesondere das Recht des Beschuldigten, sich umfassend zu den ihn betreffenden Umständen zu äußern. Die Tätigkeit des Europäischen Staatsanwalts müsste zudem dem Grundsatz des fairen Verfahrens und dem Gesetzmäßigkeitsprinzip genügen, so dass nur Elemente mit Beweiskraft in seine Schlussfolgerungen einfließen.[67]

Nach der Vorstellung der Kommission sollen die Organe, Einrichtungen, Ämter und Agenturen, die auf der Grundlage des EG-Vertrages und des Euratom-Vertrages errichtet worden sind – sowie ihre Bediensteten – gehalten sein, die Europäische Staatsanwaltschaft über alle ihnen bekannten Tatsachen zu informieren, die eine in die Zuständigkeit der Staatsanwaltschaft fallende Straftat sein könnten.

Vor diesem Hintergrund drängt sich die Frage auf, ob das OLAF dann noch über die diese Tatsachen in Kenntnis gesetzt werden muss. Das Amt hat nicht nur die Befugnis, verwaltungsrechtliche Untersuchungen durchzuführen. Nach dem Empfinden der Kommission liegt es gleichzeitig „in seiner Natur", den nationalen Justizbehörden einen Teil seiner operativen Ergebnisse zu übermitteln. Es ist immerhin „direkter Ansprechpartner der Polizei- und Justizbehörden". Die Einrichtung einer Europäischen Staatsanwaltschaft würde sich insoweit auf die derzeitige Rolle des OLAF auswirken als Ermittlungen und Strafverfolgung dann durch die Gemeinschaftsebene veranlasst wären. Die materiellen Zuständigkeitsbereiche der beiden Behörden würden sich überschneiden. Ihre Verknüpfungspunkte bedürften einer angemessenen Regelung. Die Pflicht zur Unterrichtung des OLAF sollte an die Regeln zur Befassung der Europäischen Staatsanwaltschaft angepasst werden. Zur Vermeidung unnötiger Ermittlungsarbeit müsste die Europäische Staatsanwaltschaft zudem die Ergebnisse der Arbeit des OLAF für eigene Zwecke verwenden können. Das bedeutet nach Auffassung der Kommission, dass die Pflicht des OLAF zur Übermittlung der Informationen an die Europäische Staatsanwaltschaft vorzusehen wäre.

Status und Aufgaben des OLAF müssten also im Licht der Befugnisse der Europäischen Staatsanwaltschaft neu überdacht werden. Die Kommission betont, dass der „Acquis communautaire" auf dem Gebiet der verwaltungsrechtlichen Kontrolle nicht angetastet werden dürfe. Zunächst sei die Frage zu stellen, inwieweit dem OLAF die Befugnis übertragen werden könnte, strafrechtliche Ermittlungen innerhalb der EU-Organe, Einrichtungen, Ämter und Agenturen durchzuführen. In diesem Zusammenhang hebt die Kommission hervor, dass die Einrichtung einer Euro-

66 Grünbuch, S. 19, 48.
67 Grünbuch, S. 48.

päischen Staatsanwaltschaft, die der Kontrolle eines nationalen Richters im Ermittlungsverfahren oder einer besonderen Kammer des Europäischen Gerichtshofs unterläge, den Weg für eine *richterliche Kontrolle des Amtes* ebnen würde. Dabei könne geprüft werden, ob die „funktionelle Dualität" des OLAF, das eine Dienststelle der Kommission ist, aber auch über „Untersuchungsautonomie" verfügt, aufrecht erhalten werden sollte, oder ob es nicht angezeigt wäre, einen Teil des OLAF völlig aus der Kommission auszugliedern.[68]

VIII. Schlussbemerkungen

Die verwaltungsrechtlichen Untersuchungen des OLAF finden in einem rechtlichen Umfeld statt, in dem der Schutz der Grundfreiheiten der Betroffenen auf allen Ebenen normativer Hierarchie eine zentrale Bedeutung hat. Man mag dessen ungeachtet der Auffassung sein, dass die Frage, welche Verfahrensgarantien für die von einer OLAF-Untersuchung Betroffenen Anwendung finden, in den bisherigen Rechtsgrundlagen für die Arbeit des Amtes nur unvollständig geregelt ist und beklagen, dass sich die VO Nr. 1073 (EG) Nr. 1073/1999 im Hinblick auf die internen Untersuchungen mit einem Hinweis auf die Anwendbarkeit allgemeiner Rechtsgrundsätze in den Erwägungsgründen begnügt und auf die Regelungsbedürftigkeit von Details im Statut verweist.[69]

Vielleicht lag es auch an dieser Rechtslage, dass es bei der Durchführung interner Untersuchungen immer wieder zu Problemen und Auseinandersetzungen gekommen ist.[70] Dies scheint die Kommission auch dazu motiviert zu haben, diese Verfahrensgarantien in ihren Änderungsvorschlag zu integrieren und einheitlich für interne und externe Untersuchungen zu regeln und zu ergänzen. Insgesamt löste die Initiative der Kommission ein verhaltenes Echo aus. Zeitpunkt und Ausgestaltung der angestrebten Reform stießen auf erhebliche Vorbehalte.[71]

Einerseits hält man die (beabsichtigte) Aufnahme eines Katalogs von Verfahrensgarantien (mit grundrechtsschützender Bedeutung) für begrüßenswert, weil man damit praxisrelevante Zweifelsfragen löse und Rechtsklarheit für den Betroffenen schaffe. Damit finde ein bereits seit längerem zu beobachtender Trend zur Übernahme von strafprozessualen Garantien im verwaltungsrechtlichen Vorverfahren auf europäischer Ebene seine Fortsetzung.

68 Vgl. insgesamt: Grünbuch, S. 74, 75.

69 Immerhin war in dem der Interinstitutionellen Vereinbarung beigefügten Standardbeschluss von Anfang an ein detailliert geregeltes Recht zur Stellungnahme des Betroffenen vor Abschluss der Untersuchungen enthalten (Art. 3 und 4). Mittlerweile ist auch in dem am 1. 5. 2004 in Kraft getretenen überarbeiteten Statut die Pflicht geregelt, den Betroffenen von der Einleitung sowie der Einstellung der Untersuchung zu informieren.

70 Vgl. die Nachweise bei Spitzer, europa blätter 2004, 208, 212, Fn. 64.

71 Spitzer, a. a. O., (wie Fn. 70), S. 213.

Andererseits habe der vorgeschlagene Katalog ohnehin in erster Linie deklaratorischen Charakter, da er dem durch die Rechtsprechung des EuGH entwickelten Rechtszustand entspreche. Mit der (vorgeschlagenen) Kontrolle der Einhaltung der Verfahrensgarantien durch den Überwachungsausschuss werde auch kein echter Rechtsbehelf geschaffen. Die rechtlich unverbindlichen Stellungnahmen dieses Gremiums seien nicht geeignet, den (eventuellen) Verletzungen von Verfahrensgarantien abzuhelfen. Sie eröffneten auch nicht den Rechtsweg zu einem Verfahren vor dem EuG bzw. dem EuGH, da es sich gerade nicht um eine beschwerdefähige Entscheidung handele. Kritisiert wird auch das Fehlen von Bestimmungen über rechtliche Konsequenzen bei Nichtbeachtung von Verfahrensgarantien.

Man gelangt zu eindeutigen Bewertungen: Eine echte Verbesserung der Rechtsschutzmöglichkeiten für die Betroffenen sei nicht erkennbar, weil die durch die Kommission vorgesehenen Änderungen den bereits bisher bestehenden Rechtsschutzmöglichkeiten nur einen weiteren „frist-, form- und fruchtlosen Rechtsbehelf“ hinzufügten.[72] Die bisher geltende Rechtslage bleibe insoweit unverändert als die Rechtmäßigkeit von Untersuchungshandlungen des OLAF im Wesentlichen inzidenter (erst) im Rahmen eines im Anschluss daran eingeleiteten Disziplinar- oder Gerichtsverfahrens überprüft werden könne. Aus dieser Sicht sind Untersuchungsakte des OLAF für sich genommen nicht geeignet, die Rechtsstellung eines Untersuchungsbetroffenen zu beeinträchtigen. Es fehlt also an der Beschwerdefähigkeit. Die wünschenswerte Überprüfbarkeit von Maßnahmen vor Abschluss einer Untersuchung oder eine vorbeugende Rechtskontrolle wäre dadurch zu eröffnen (gewesen), dass man bestimmte Untersuchungshandlungen als beschwerdefähig definiert hätte. Ungelöst bleibe auch die Frage, zu welchem Zeitpunkt Akteneinsicht während einer laufenden Untersuchung gewährt werden könne. Zudem werden fundamentale Versäumnisse thematisiert. Die in bestimmten Fällen (Eurostat) deutlich gewordene Problematik der politischen Verantwortung und der Rechenschaftspflicht für das funktionell unabhängige OLAF sei weder angesprochen noch gar gelöst. Hierzu wäre es erforderlich gewesen, eine Debatte über die „Externalisierung“ des OLAF zu führen. Angesichts der entsprechenden Unterlassung wird sogar die Ernsthaftigkeit der Reforminitiative der Kommission in Zweifel gezogen.

Eine Änderung der gegebenen Verhältnisse ist in der Tat nicht ohne die Schaffung der vertraglichen (verfassungsmäßigen) Voraussetzungen für eine rechtliche Verselbstständigung des OLAF möglich. Diese verlangt auf der Grundlage des Verfassungsentwurfs die Entwicklung eines Gesamtkonzepts, in das Europol, Eurojust, das Europäische Justizielle Netz und die Europäische Staatsanwaltschaft einzubeziehen sind.[73] Es wäre ein strategischer Fehler, sich mit zusätzlichen Informationspflichten für OLAF gegenüber den europäischen Institutionen zu begnügen oder im Vorfeld die Rolle des Überwachungsausschusses auszubauen. Damit wird weder die Rechenschaftspflicht für OLAF noch die Rechtmäßigkeitskontrolle in grundrechts-

72 Spitzer, a. a. O., (wie Fn. 70), S. 214.
73 Vgl. insgesamt: Spitzer, a. a. O., (wie Fn. 70), S.215, 216.

relevanter Weise verbessert. Vielmehr würde man früher oder später in einem gefährlichen Dilemma enden. Die äußerst schwierige Arbeit des OLAF ist nur erfolgreich zu leisten, wenn die Unabhängigkeit des Amtes im Rahmen seiner Untersuchungsfunktionen und „Intelligence"-Arbeit jederzeit in absolut verlässlicher Art und Weise geschützt wird. Wollte man hingegen aus dem Überwachungsausschuss einen Verwaltungs- oder Aufsichtsrat machen, würde man den Willen des historischen Gesetzgebers geradezu in sein Gegenteil verkehren. Dies wurde schon vor etlichen Jahren mit bemerkenswerter Klarheit erkannt.[74] Eine derartige „Hybridisierung" würde im Hinblick auf einen verbesserten Grundrechtsschutz für die von einer Untersuchung des OLAF Betroffenen eher eine gegenteilige Wirkung haben.

Ein Element des nach Art. 15 der VO (EG) Nr. 1073/1999 erstellten Evaluierungsberichts verdient schließlich besondere Beachtung. Für die weitere Entwicklung des OLAF plädieren dessen Verfasser für eine Konsolidierung und Optimierung der Tätigkeit des Amtes, ohne den Reformansatz von 1999, der sich grosso modo bewährt habe, grundlegend zu verändern. In der langfristigen Perspektive wiederholt der Bericht das Plädoyer der Kommission für die (notwendige) Einrichtung einer Europäischen Staatsanwaltschaft. Es wird immerhin angedeutet, dass dann unter Umständen eine völlige Umgestaltung von OLAF in eine eigenständige Polizeibehörde mit Unterstützungsaufgaben für den Staatsanwalt zu erwägen sei. Dies passt in den historischen Zusammenhang der Reform des Jahres 1999, in dem die stärkere Betonung der strafrechtlichen Finalität der externen Untersuchungstätigkeit von OLAF ein wesentliches Element war.[75]

Eine derartige Entwicklung würde den Stellenwert der Arbeit des Jubilars, die mit der Verabschiedung der Grundrechtecharta und der Vorlage des Entwurfs eines Vertrages über eine Verfassung für Europa einen (vorläufig!) krönenden Abschluss fand, besonders deutlich machen. An der Grundrechtskonformität der Untersuchungen des OLAF bestehen zwar schon gegenwärtig keine begründeten Zweifel. Nach der Errichtung einer Europäischen Staatsanwaltschaft wären die Anstrengungen zum Schutz der finanziellen Interessen der Europäischen Union aber in einen justiziell geprägten Kontrollzusammenhang gestellt. Dort könnte die Optimierung des Grundrechtsschutzes der von Untersuchungen Betroffenen in der gebotenen rechtsstaatlichen Präzision stattfinden.

Damit ist – endlich – der unwiderlegbare Beweis für die Unverzichtbarkeit des fortgesetzten Engagements des Jubilars erbracht: Ad multos annos!

74 Stellungnahme Nr. 2 des Rechnungshofes der Europäischen Gemeinschaften zu einem geänderten Vorschlag für eine Verordnung (EG, Euratom) des Rates über die Untersuchungen des Amtes für Betrugsbekämpfung (1999/C 154/01 – ABl. C 154 1999, 1 ff.).

75 Vgl. dazu auch: Spitzer, ZEuS 2004, 107, 114, 117.

Menschenrechte im europäischen Strafvollzug

Gewährleistung oder Gefährdung durch Staat, Gesellschaft und Staatengemeischaft?

von Prof. Dr. Dr. h. c. mult. Günther Kaiser, ehem. Direktor des Max-Planck-Instituts für ausländisches und internationales Strafrecht

I. Die Menschenwürde als Grundbedingung zivilisierter Staatlichkeit

In einem seiner jüngsten wissenschaftlichen Beiträge hat sich *Jürgen Meyer* speziell der Menschenwürde in der künftigen Verfassung der Europäischen Union zugewandt und deren Bedeutung als „Hauptgrundrecht" hervorgehoben.[1] Mögen selbst nach dem Debakel der Referenden in Frankreich und den Niederlanden im Frühjahr 2005 Schicksal und Akzeptanz der Europäischen Verfassung einstweilen ungewiss erscheinen, so bleiben doch Rang der Menschenwürde und deren Kommentierung durch den Jubilar ungeschmälert. Treffend weist *Meyer* darauf hin, dass schon der bisherige Rechtsvergleich sowie die Analysen von Europäischer Menschenrechtskonvention und die „gemeinsamen Verfassungsüberlieferungen der Mitgliedstaaten" die herausragende Bedeutung des Schutzes der Menschenwürde belegen, u.a. konkretisiert durch das absolute Folterverbot sowie durch das Verbot der Androhung und Verhängung entwürdigender Strafen.[2] Der hier gemeinte Schutzbereich betrifft auch und gerade Menschen unter den Bedingungen des stationären Strafvollzugs.

Demgegenüber wird die erneut aktuelle Frage nach Einsatz und Häufigkeit der Strafen bzw. von Punitivität offenbar direkt davon nicht erfasst. Ihre Beantwortung liegt – von Grenzfällen abgesehen – anscheinend außerhalb von Reichweite und Relevanz der Menschenwürde. Dem steht nicht entgegen, dass die Behauptung von der sog. „Neuen Lust auf Strafe"[3] in einem Teil der zeitgenössischen Publizistik zu einem Modethema avanciert ist und penetrant von mehreren Autoren nahezu mit den-

1 *Meyer, J.*: Menschenwürde in der künftigen Verfassung der Europäischen Union. In: Politisches Denken ist. FS für M. von Renesse, hrsg. von S. Bräcklein, J. Meyer u. H. Scharf. Frankfurt/M. u.a. 2005, 53-62 (57).

2 *Meyer, J.* (Fn. 1) 54f.

3 *Cremer-Schäfer, H., Steinert, H.*: Straflust und Repression. Münster 1998, 183ff., 210ff.; *Hassemer, W.*: Die neue Lust auf Strafe. Frankfurter Rundschau Nr. 296 v. 20.12.2000, S. 16; *Beste, H.*: Der Periodische Sicherheitsbericht und die Lage der deutschen Kriminologie. KrimJ 35 (2003), 260-266; *Lautmann, R.* u.a. (Hrsg.): Punitivität. Weinheim 2004, 3; *Liedke, U., Robert, E.* (Hrsg.): Neue Lust am Strafen? Aachen 2004, 9ff.; *Hamm, R.*: Feindstrafrecht – Bürgerstrafrecht – Freundstrafrecht. In: *I., Kammeier, H., Leipert, M.* (Hrsg.): Neue Lust auf Strafen. Münster 2004, 105-132.

selben Argumenten vertreten wird. Sie reicht bis zur als „Kampfvokabel“ erfundenen machttheoretischen These des „Governing through crime“[4]. *Foucaults* Lehre von der Gouvernementalität als der Theorie der Regierungspraxis liefert für die vermutete Herrschaftssicherung durch Strafrecht anscheinend zusätzliche Argumentationshilfe. Auch die anders gewendete Frage danach, wie viel an Kriminalität die Gesellschaft braucht,[5] entpuppt sich bei Lichte betrachtet nur als eine Variation der altbekannten Frage nach der Punitivität. Selbst das einem anderen gedanklichen Zusammenhang entstammende Konstrukt vom sog. Feindstrafrecht[6] wird bemüht, um die „neue Lust auf Strafe“ zu belegen. Immerhin stoßen die Tendenz zur Universalität und gemeineuropäische Entwicklungen einerseits sowie das Beharren auf Besonderheiten von Nationalität und Regionalität andererseits aufeinander. Zugleich prägen sie die Unterschiede der europäischen Strafwirklichkeit. Diese wird trotz aller Schritte und Anstrengungen zur europäischen Harmonisierung, nämlich einheitlich einen „Raum der Freiheit, der Sicherheit und des Rechts“ zu schaffen, von unterschiedlich national und regional geformten Justizkulturen bestimmt, anerkannt durch die differenzierte Säulen-Architektur in der entsprechenden Kompetenzverteilung der europäischen Verträge von Maastricht und Amsterdam. Partiell gegenläufige Entwicklungstendenzen wie solche der Europäisierung und Globalisierung versus Regionalisierung unter Einschluss von Teil- und Subkulturen treffen aufeinander und beeinträchtigen sowohl die Verhaltenskonformität wie auch die Verhaltenskontrolle. Extremistisches Aufbegehren in der Gegenwart und dessen Bewältigung veranschaulichen die Problematik, namentlich bei sog. Zu-kurz-Gekommenen und „Verliererkulturen“. Dieser Sachverhalt muss sich demgemäß auch durch Unterschiede in den Kulturen strafrechtlicher Sozialkontrolle äußern.

II. Unterschiedliche Justizkulturen und Strafvollzugsmodelle

Nach Theorie und Praxis heutiger Verbrechenskontrolle wird international dem Strafvollzug als Institution und Ort der Vollziehung freiheitsentziehender Kriminalsanktionen noch immer, ja erneut eine wichtige Aufgabe zugewiesen. Daran haben die Zeit überdauernden oder neu entstandenen Defizite ebensowenig zu ändern ver-

4 Siehe *Simon, J.*: Governing through crime: criminal law and the reshaping of American government 1965-2000. Miami 2002, 1ff.; ihm folg. *Sack, F.*: Wie die Kriminalpolitik dem Staat aufhilft. Governing through crime als neue politische Strategie. In: Punitivität. Hrsg. v. R. Lautmann u.a. Weinheim 2004, 30-50 (35), und ferner *Karstedt, S.,* u. *Oberwittler, D.*: Neue Perspektiven in der Kriminalsoziologie. In: Sonderheft der Kölner Zeitschrift für Soziologie und Kriminalpsychologie. Wiesbaden 2004, 8-35 (19, 21), jedoch nicht ganz widerspruchsfrei. Kritisch-differenzierend und einschränkend hingegen *Groenemeyer, A.*: Punitivität im Kontext. In: Grenzenlose Konstruktivität?, hrsg. v. *B. Menzel* u.a. Opladen 2003, 209-232 (218f.).

5 Vgl. *Christie, N.*: Wieviel Kriminalität braucht die Gesellschaft? München 2005, 8ff.

6 Vgl. *Jakobs, G.*: Kriminalisierung im Vorfeld einer Rechtsgutsverletzung. ZStW 97 (1985), 751-785 (756f.); und *Beste* (Fn. 3), 263 sowie *Hamm* (Fn. 3), 105ff. und dramatisierend bis beschwörend *Melia, M. C.*: Feind„strafrecht“? ZStW 117 (2005), 267-289.

mocht wie postmodern motivierte Skepsis, feindstrafrechtliche Beschwörungen oder abolitionistische Kritik. Immerhin treffen wir auf **unterschiedliche Justizkulturen** mit jeweils spezifischen Ausprägungen in Sanktionsstil und Sanktionspraxis sowie auf eine unterschiedliche Gewährleistung, aber auch Gefährdung der Menschenrechte in Vollstreckung und Vollzug freiheitsentziehender Kriminalsanktionen.

Soweit sich nach den verfügbaren Informationen erkennen lässt, weisen die Strafvollzugssysteme international, insbesondere jene Westeuropas, beachtliche Übereinstimmungen, aber auch erhebliche Divergenzen auf. Fast jedes der nationalen Systeme kennt herausragende Vollzugsleistungen und weiterführende Experimente, aber auch manche Schwächen. Wir erblicken offensichtlich **Vollzugsmodelle mit unterschiedlichem Profil**.

Die Gefangenenrate (Zahl der Gefangenen pro 100.000 Einwohner der Bevölkerung) liefert für die vergleichende Analyse fraglos einen wichtigen Anhaltspunkt. Aufgrund ihrer Anschaulichkeit und Verfügbarkeit wird sie im Schrifttum auch gern herangezogen und argumentativ verarbeitet. Dennoch kann sie aufgrund ihrer beschränkten Aussagekraft nicht als alleiniger Maßstab gelten, erfasst sie das gesamte Strafregime doch nur bruchstückhaft.[7] Auch nehmen andernfalls die Kleinstaaten Andorra, Island, Monaco, Slowenien oder Zypern und nicht die Niederlande oder Schweden eine Spitzenstellung im europäischen Strafvollzug ein. Würde man hingegen lediglich auf die geringe Verurteilungsrate zu Freiheitsstrafen abstellen, so rückte international Japan an die Spitze; legte man schließlich den Grad der Verrechtlichung und juristischen Durchdringung des Vollzugswesens als entscheidend zugrunde, so hätte die Bundesrepublik gute Chancen, einen der oberen Ränge einzunehmen.

Wir begegnen also überwiegend nicht einer einseitigen Häufung negativer oder positiver Merkmale bei den Vollzugssystemen der einzelnen Länder, obschon Cluster und Vollzugsprofile in der einen oder anderen Richtung deutlich werden. Doch internationaler Bekanntheitsgrad, relativer Umfang, Menschenrechtsqualität, Humanisierung und Sozialisationsleistung des Strafvollzugs treffen keinesfalls stets zusammen. Auf die letztgenannten Kriterien als Indikatoren für die Qualität des Strafvollzugs wird allerdings selten zurückgegriffen, da diese offenbar schwieriger zu begreifen und zu vergleichen sowie weniger plakativ in der Argumentation einzusetzen sind. Man betrachte und analysiere nur die entsprechenden Texte von *Christie*[8] und *Sack*[9], deren selektiv-vergleichende Darstellungsweisen methodisch unter den an modernen Vollzugs- und Systemvergleich zu stellenden Anforderungen erheblich zurück bleiben und damit auch ihre Aussagekraft beeinträchtigen.

7 Daher *Groenemeyer* (Fn. 4), 212ff., mit recht kritisch gegenüber der Gefangenenrate als validem Indikator für Punitivität.

8 *Christie* (Fn. 5).

9 *Sack* (Fn. 4), 35ff., 42ff. sowie ähnlich ders. auch in *Liedke* u.a. (Fn. 3), 17-50 unter dem Titel: Kritische Kriminologie und soziale Arbeit, differenzierter hingegen *Whitman, J. Q.*: Harsh justice. Criminal punishment and the widening divide between America and Europe. Oxford 2003, obschon nur z.T. überzeugend.

Obgleich die Hindernisse nicht verkannt werden sollen, die der Beurteilung aufgrund internationalen oder interkulturellen Vergleichs entgegenstehen[10], kann man Strafvollzugssysteme ebenso wie Strafrechtssysteme sowohl nach ihrem repressiven Gehalt, nach der Reichweite und Intensität ihrer Überwachung, nach ihrer rechtsstaatlichen Qualität als auch nach ihrem Sozialisationspotential einschließlich ihrer Angleichung an die Außenwelt (Normalisierung) zu messen suchen und einander gegenüberstellen. Dabei muss die komparative Analyse keinesfalls sogleich in die grobe und allzu dramatisierende Gegenüberstellung von Bürgerstrafrecht und Feindstrafrecht münden[11], geschweige zur Beschwörung des sog. Sicherheitsstaates führen. Doch immer steht die **Frage** im Mittelpunkt, wie viele Strafen in welcher Art und Höhe oder kürzer **wie viel Punitivität** zum Zwecke eines präventiven Optimums notwendig sind, um die Gesellschaft zu stabilisieren. Diese Problematik wird substanziell auch dann getroffen, wenn man mit *Christie* danach fragt, wie viel Kriminalität die Gesellschaft braucht. Kennzeichnend meint denn auch *Christie*, obschon erst auf Seite 157 seines Buches: „Wir sollten mit dem Sanktionssystem beginnen und dabei grundlegende Werte zum Ausgangspunkt nehmen". Doch der von *Christie* gewählte Ansatz greift zu kurz. Schon eine differenzierte Analyse nach der Struktur der Gesellschaft (z.B. Grad von Homogenität) unterbleibt. Ferner müsste zur Beantwortung der hier relevanten Frage die gesamte Breite der Verbrechenskontrolle miterfasst werden, um auszudrücken, wie viele Bürger zeitweilig mit strafrechtlichen Mitteln sanktioniert oder überwacht werden. In den USA waren dies im Jahre 2003 mit 6,8 Mio. Bürgern etwa 3 % der gesamten Erwachsenenbevölkerung[12], jedoch doppelt so viele bei den Männern und gar mehr als 30 % bei den männlichen Afro-Amerikanern im Alter von 20 bis 25 Jahren[13]. Dies entspricht nach

10 Siehe dazu etwa *Meyer*, *J.*: Kriminalpolitik im Ausland in rechtsvergleichender Sicht. In: Der Rechtsstaat lebt von Reformen. Ausgewählte Schriften und Parlamentsreden zu Kultur, Strafrecht und Europa aus den Jahren 1962-2001. Baden-Baden 2001, 104-114.
Die Schwierigkeiten der komparativen Analyse veranschaulicht namentlich Band V über „Lernprozesse im Vergleich der Kulturen" des anspruchsvollen, mehrbändigen und von Lüderssen herausgegebenen Werkes über „Aufgeklärte Kriminalpolitik oder Kampf gegen das Böse?" (1998), das allerdings über eine additive Zusammenstellung interessanter Beiträge ausländischer Autoren nicht hinausgelangt und weder in eine komparative Analyse eintritt noch einen vergleichenden Ertrag erkennen lässt.

11 Dazu etwa *Hamm* (Fn. 3) in der Auseinandersetzung mit *Jakobs* (Fn. 6); ferner *Beste* (Fn. 3), 263, unter Beschwörung „einer neuen gesellschaftlichen Kontrollarchitektur und Überwachungskultur", sowie *Melia* (Fn. 6), 289, mit der Vermutung eines „Paradigmawechsels an der Wand", offenbar als Menetekel gemeint.

12 Vgl. *Christie* (Fn. 5), 81f. und 157.

13 Siehe Overcrowded Times 6/6 (1995), 1; 8/1 (1997), 1; 9/3 (1998), 14f; 10/3 (1999), 2f.; dazu auch *Jung*: Strafvollzug im Vergleich: Grundfragen staatlichen Strafens. Festschrift für H. Müller-Dietz. München 2001, 315-326 (321) unter Zitierung der überschießenden Kritik, wonach der fragliche Befund "is approximating social if not biological genozid"; sowie *Christie* (Fn. 5) 81ff. m.w.N.

*Foucault*scher Lesart jene nach der neuen „Ökonomie der Macht“[14]. Die Weite des Kontrollnetzes spielt bekanntlich in Wissenschaft und Kriminalpolitik zunehmend eine Rolle. Man denke etwa an den umstrittenen so genannten Net-widening-Effekt im Rahmen der Diversion[15]. Zwar lassen sich insbes. im Zusammenhang mit der Migration Probleme der Subkultur und des Kulturkonfliktes integrations-resistenter Zuwanderer nicht ignorieren; auch werden Beobachtung, Überwachung und Verfolgung extremistischer Personen mitunter geradezu als „Hexenjagd“ missdeutet. Gleichwohl erscheint der im kritischen Schrifttum beliebte Rückgriff auf die sog. dangerous classes[16], die vor allem mittels der Freiheitsstrafe bekämpft würden, jedenfalls für Europa als überzogen und verfehlt. Eine Ausnahme könnte nur für Terroristen gelten.

Die Auswertung von 5 weltweiten Erhebungen der Vereinten Nationen zeigt, dass sich zwischen 1972 und 1992 in den hochentwickelten Industriestaaten im Gegensatz zu den Entwicklungsländern die Gefangenenraten überwiegend verdoppelt haben. Allein zwischen 1990 und 1994 wiesen 30 von 65 Staaten einen fortgesetzten Anstieg aus, während nur 7 Staaten eine Abnahme der Gefangenenzahlen erkennen lassen[17].

Vergleicht man in Europa die Verurteilung zur Freiheitsstrafe nach der Zahl derjenigen Personen, die in der Bevölkerung von Freiheitsstrafen überhaupt betroffen sind, dann werden in den Niederlanden und in Schweden im Durchschnitt erheblich mehr Personen pro 100.000 der jeweiligen Bevölkerung zu Freiheitsstrafen verurteilt, als dies etwa im Bundesgebiet, geschweige in Japan, der Fall ist.

Auch andere europäische Länder wie Dänemark, England, Frankreich, Italien, Norwegen, Österreich und die Schweiz verurteilen wesentlich häufiger zu Freiheitsstrafen, wenn man deren Zahlen jeweils auf die Bezugsgruppen der entsprechenden Bevölkerung bezieht. Dass sie mit Ausnahme Englands, Frankreichs und Österreichs – bezogen auf die jeweilige Bevölkerung – dennoch kleinere Gefängnispopulationen aufweisen, wirft die Frage auf, **wie** diese Staaten es fertigbringen, solche vergleichsweise **geringen Gefangenenraten zu erreichen**. Offenbar dient eine gemischte

14 Vgl. *Foucault*: Überwachen und Strafen. Die Geburt des Gefängnisses. Frankfurt/Main 1978, 35; *Nutz*: Strafanstalt als Besserungsmaschine. Reformdiskurs und Gefängniswissenschaft 1775-1848. München 2001, 4.

15 Vgl. *Kerner* (Hrsg.): Diversion der Haftstrafe? Heidelberg 1983, 7, 38ff.; *Heinz/Storz*: Diversion im Jugendstrafverfahren von der Bundesrepublik Deutschland: Erzieherische Maßnahmen im deutschen Jugendstrafrecht – Anschluss- und Vertiefungsuntersuchung. Abschlussbericht. Bonn 1992, 93.

16 Vgl. *Christie*: Crime Control as Industry: Towards Gulags, Western Style. London 1993; ders. (Fn. 5) 2005, 156. *Cremer-Schäfer/Steinert* (Fn. 3) 21, 71, 219. In Frankreich waren 2005 immerhin 70% der 60.000 Gefängnisinsassen muslimischen Glaubens; FAZ Nr. 170 v. 25.7.05 („Muslime in Gefängnis: Eine französische Studie beunruhigt“).

17 *Bondeson*: Global trends in corrections: International annals of criminology. Ed. by International society for criminology 36-1/2 (1998) 91-116 (97). Demgemäß stellen *Bouloukos/Dammann*: United Nations and the Promotion of Prison Standards. 2001, 770 zusammenfassend fest: “For serious crime, prison is the universal sanction and is applied more than any other punishment, regardless of the legal system or level of development of the country.”

Strategie von kurzen Freiheitsstrafen, bedingten Entlassungen, Strafverkürzungen, Wartelisten, Amnestien, Gnadenerlassen und sonstigem Sanktionsverzicht (z.B. Verzicht auf Vollstreckung von Ersatzfreiheitsstrafe) dieser Zielsetzung. Dies wird anschaulich, wenn man sich vergegenwärtigt, dass eine Reihe von Ländern gezielt und fast regelmäßig von dem Mittel der Amnestie Gebrauch macht, um der Überbelegung Herr zu werden und die Vollzugsanstalten zu leeren. Ferner erscheint belangvoll, dass die Inhaftierungsdauer recht unterschiedlich ist; so betrug die durchschnittliche Länge der Freiheitsstrafe 1993 in Dänemark 1,1, jedoch im Bundesgebiet 5,5 Monate. Allerdings weisen Italien mit 6,1, Frankreich mit 7,5 und Portugal gar mit 11,4 Monaten noch höhere Durchschnitte in der Inhaftierungsdauer auf[18].

Der internationale Vergleich der Gefangenenzahlen lässt erkennen, dass europäisch, ja weltweit betrachtet die skandinavischen Staaten mit etwa 35 bis 65 pro 100.000 der Bevölkerung in den Jahren 1999-2002 noch immer die niedrigsten Gefangenenquoten aufweisen, wenn man von Japan, Andorra, Monaco, Slowenien und Zypern absieht[19].

Demgegenüber verdeutlicht die Sanktionenstatistik die Teilfunktion des stationären Strafvollzugs im Gesamtsystem der strafrechtlichen Sozialkontrolle. Arten, Einteilungen und Entwicklung der Kriminalsanktionen belegen, dass zum einen eine Vielzahl von Organen, Behörden und Kontrollstellen in Verfahren, Verhängung, Vollstreckung und Vollzug beteiligt ist, zum anderen der Anteil freiheitsentziehender Strafen und Maßregeln an allen Kriminalsanktionen gegenwärtig nur einen kleinen Bruchteil ausmacht. Trotz unterschiedlicher Wandlungen und Verhältnisse finden sich derartige Strukturen international fast überall, mit der Tendenz zur Gleichförmigkeit aber besonders in West- und Nordeuropa[20].

18 *Tournier*: Prison information bulletin No. 15 (1990), 12 m.w.N.; *ders.*: Penological information bulletin No. 19/20 (1994/95), 34-92 (84); *Kensey/Tournier*: French prison population. Paris 1997, 13 mit tabellarischem Überblick der Zeit von 1975-1996; Overcrowded Times 9/4 (1998), 11; *Kaiser, G., Schöch, H.*: Strafvollzug. 5. Aufl. Heidelberg 2003, 93ff.; *Christie* (Fn. 5) 2005, 80ff., 91ff. allerdings unter etwas ethnozentrischer Hervorhebung des skandinavischen Modells.

19 *Tournier*: Penological information bulletin No. 19/20 (1994/95), 77; ferner *ders.* in: Overcrowded Times 9/4 (1998), 11; und *Walmsley*: World Prison Population List. In: Research Findings No. 88. London 1999, 5; ders.: World Prison Population List. London 2000, 5; zur wechselvollen Entwicklung in den Niederlanden mit dem allmählichen Anstieg von Freiheitsstrafen und Gefangenen in den letzten 20 Jahren *Junger-Tas:* Dutch penal policies changing direction. Overcrowded Times 9/5 (1998), 1, 4ff.; *Christie* (Fn. 5) 80.

20 Zum Ganzen eingeh. *Best:* Europäische Kriminalpolitik auf der Grundlage der Menschenrechtskonvention – The European Rules – In: Festschrift f. Böhm 1999, 49ff.; *Dünkel/Snacken*: Strafvollzug in Europa. In: Neue Kriminalpolitik, Heft 4, 2000, 31ff.; *Christie* (Fn. 5) 91f.; leider lässt das European Sourcebook of Crime and Criminal Justice Statistics, ed. by the Council of Europe. Straßburg 2000, derartige Strukturen nur zum Teil erkennen, so dass es hinter der Erwartung deutlich zurückbleibt, zumal es bislang erst den Stand des Jahres 1995 widerspiegelt.

III. Europäische Harmonisierungsbestrebungen

Obgleich heute allgemein anerkannt ist, dass auch der Strafgefangene Träger der für jedermann geltenden Menschenrechte ist, waren Umfang und Form der Einschränkbarkeit lange Zeit umstritten. Menschen- und Bürgerrechte sind nach westeuropäischer und nordamerikanischer Verfassungstradition eigentlich nur durch oder aufgrund eines förmlichen Gesetzes einschränkbar.

Bezüglich der internationalen Regelungskomplexe handelt es sich im Einzelnen um die UNO-Menschenrechtserklärung von 1948, die Europäische Menschenrechtskonvention von 1950 und den Internationalen Pakt für Bürgerliche und Politische Rechte (1966), die Anti-Folterkonventionen der UNO (1984) und des Europarats (1987) sowie die Mindestgrundsätze der Vereinten Nationen für die Behandlung von Gefangenen (1955) und die Europäischen Strafvollzugsgrundsätze (1987). Sie haben sich trotz teilweise defizitärer Implementation als prägend erwiesen.[21]

Vor allem wird das staatliche Handeln im Strafvollzug und der Umgang mit dem Gefangenen durch die **Europäische Konvention zum Schutze der Menschenrechte und Grundfreiheiten (EMRK)** bestimmt. Sie wurde am 4.11.1950 in Rom unterzeichnet und gilt nach entsprechender Ratifizierung in den Unterzeichnerstaaten als nationales Recht. Aufgrund des 11. Protokolls zur EMRK, das zum 1. November 1998 in Kraft trat, wurde der Kontrollmechanismus grundlegend umgestaltet[22].

Schon früh wurde die EMRK als „das erste Stück einer gemeinsamen Verfassung" der europäischen Staaten apostrophiert. Sie ist sowohl in ihren Rechtswirkungen als auch von ihrer programmatischen Kraft her das mit Abstand bedeutendste Werk des Europarats geblieben[23]. Sie gilt nach entsprechenden Ratifikationen der Unterzeichnerstaaten als nationales Recht, zum Teil mit Verfassungsrang wie in Österreich. Von der Bundesrepublik wurde sie durch Gesetz vom 7.8.1952[24] i.V.m. der Bekanntmachung über das Inkrafttreten vom 15.12.1953[25] ratifiziert und gilt seitdem als einfaches Bundesrecht[26]. Die EMRK regelt das Verhältnis der Staatsgewalt zum einzelnen[27] und stellt somit auch im Bereich staatlicher Strafvollziehung

21 Überblick bei *Neubacher*: Der internationale Schutz von Menschenrechten Inhaftierter durch die Vereinten Nationen und den Europarat. In: ZfStrVo 1999, 211-218.

22 Vgl. BT-Drucks. 13/858; zum Ganzen *Schlette*: Europäischer Menschenrechtsschutz nach der Reform der EMRK. In: JZ 1999, 219-226.

23 *Sommermann* (Fn. 33), 2 m.w.N.

24 BGBl II, 685.

25 BGBl II, 1879.

26 So BVerfGE 10, 271, 274; international weist die EMRK meist Gesetzes-, gelegentlich Übergesetzes-, und sogar Verfassungsrang auf; dazu *Villiger*: Die Europäische Menschenrechtskonvention und die Schweizerische Rechtsordnung. EuGRZ 18 (1991), 81-89 (82); ferner *Kirchhof* (Fn. 34), 18f., 25.

27 *Schmidhäuser*: Strafrecht Allgemeiner Teil, 2. Aufl. Tübingen 1975, 343; *Maurach/Zipf*: Strafrecht Allgemeiner Teil, Bd. I, 7. Aufl. Heidelberg, 1987, 351; zur Kasuistik *Morava*: Das Verbot der unmenschlichen und erniedrigenden Behandlung oder Bestrafung des Art. 3 EMRK in

verbindliche Grenzen für hoheitliche Eingriffe in die persönliche Rechtssphäre des Strafgefangenen auf. Hervorzuheben sind Art. 3 EMRK mit dem Grundsatz der Menschenwürde, dem Verbot der Folter sowie der unmenschlichen und erniedrigenden Bestrafung[28], ferner die Garantie der persönlichen Freiheit (Art. 5 EMRK), das Recht des Gefangenen auf Kontakte mit der Außenwelt (Art. 8 EMRK) und das Beschwerderecht (Art. 13 und 34 EMRK). Im Übrigen ist in naher Zukunft ein Zusatzprotokoll zur EMRK über die Gefangenenrechte zu erwarten, sobald die Vorarbeiten in den entsprechenden Ausschüssen abgeschlossen sind[29].

Allerdings haben die europäischen Staaten das Recht auf Individualbeschwerde ihrer Bürger und die Zuständigkeit der Europäischen Menschenrechtskommission erst allmählich und zum Teil sehr zögernd anerkannt. Doch in der jüngeren Vergangenheit ist ein Wandel in der europäischen Spruchpraxis zu erkennen. Der Inhalt der einzelnen Freiheitsrechte ist wesentlich konkretisiert worden; insbesondere ist nun entschieden, dass gegen jede Form der Freiheitsentziehung Rechtsmittel offen stehen müssen. Trotz Wahrung eines weiten nationalen Beurteilungsspielraums werden Verletzungen der Menschenrechte inzwischen eher angenommen als vor drei Jahrzehnten[30].

der Rechtsprechung der Straßburger Instanzen zum Strafvollzug. In: Menschenrechte und Strafvollzug, hrsg. vom Bundesministerium für Justiz Wien 1998, 1-98, 203-248.

28 Vgl. dazu das Urteil des Europäischen Gerichtshofes für Menschenrechte vom 28. Juli 1999 (No. 25803/94 – ECHR 1989-V 151-201) in dem Fall des marrokanischen Drogenhändlers Selmouni, wodurch Frankreich als erster Staat des Europarates zur Zahlung einer Entschädigungsleistung verurteilt wurde; dazu FAZ Nr. 173 v. 29.7.1999.

29 Der Lenkungsausschuss für Menschenrechte (Steering Committee for Human Rights) hat eine Arbeitsgruppe damit beauftragt, einen Entwurf für ein Zusatzprotokoll zur EMRK auszuarbeiten, welches zusätzliche Rechte bei Freiheitsentzug gewährleisten soll. In dem Entwurf sollen folgende Rechte enthalten sein: Das Recht auf Information über Gründe des Freiheitsentzuges, Benachrichtigung eines Rechtsanwalts sowie einer weiteren Person, das Recht, anwaltlichen Beistand zu beauftragen, ein Anspruch auf unentgeltliche Übersetzung, das Recht auf angemessene Gesundheitsfürsorge sowie das Verbot medizinischer Versuche ohne Einwilligung; dazu Council of Europe (ed.): Information Sheet No. 36 (1995) 112; Information Sheet No. 37 (1995), 106; krit. zu Verlauf und Ergebnis der Diskussion zum Zusatzprotokoll *Jung, H.*: Die Rechte von Gefangenen im Lichte der Europäischen Menschenrechtskonvention. Eine strategische Betrachtung. In: FS für St. Trechsel. Zürich 2002, 861-867 (864, 866f.).

30 Es ist erst unlängst bekannt geworden, dass der wegen Entführung und Mordes des Frankfurter Bankierssohnes Jacob von Metzler zu einer lebenslangen Freiheitsstrafe verurteilte Magnus Gäfgen wegen Verletzung des Folterverbots am Europäischen Gerichtshof für Menschenrechts Beschwerde gegen die Bundesrepublik Deutschland eingelegt hat, gemeint ist damit die von dem damaligen Frankfurter Polizeivizepräsidenten Wolfgang Daschner am 1.10.2002 gegebene Weisung an den wenige Stunden zuvor unter dringendem Tatverdacht festgenommenen Gäfgen sei in der Vernehmung anzudrohen, ihm würden starke Schmerzen zugefügt werden, wenn er nicht verrate, wo er das Kind versteckt halte. Die Polizei versuchte damals, vier Tage nach der Entführung, den Jungen noch lebend finden zu können; tatsächlich hatte Gäfgen sein Opfer schon kurz nach der Entführung getötet. Daschner wurde im Dezember 2004 wegen Verleitung zu Nötigung schuldig gesprochen und unter Strafvorbehalt verwarnt. Der Bundesgerichtshof wies die Revision Gäfgens gegen sein Urteil ebenso zurück wie das Bundesverfassungsgericht eine Verfassungsbeschwerde. Vor dem Gerichtshof in Straßburg will Gäfgens

Das durch die EMRK etablierte europäische System kollektiven Menschenrechtsschutzes ist für die Bürger der Europäischen Gemeinschaft überdies durch die **Charta der Grundrechte der Europäischen Union**[31] verstärkt worden.

Die Charta fasst die in den Mitgliedstaaten geltenden Grundrechtstraditionen in 54 Artikeln zusammen und stellt sie auf eine gemeineuropäische Grundlage. Obwohl die nationalen Parlamente von einer Zustimmung zur Ratifizierung der Charta vorerst abgesehen haben, sind die Organe der Europäischen Union (Parlament, Rat und Kommission) mit ihrer feierlichen Proklamation der Grundrechtscharta vom 08.12.2000 eine Selbstbindung eingegangen, welche die Beachtung der Charta durch Gesetzgebung und Rechtsanwendung sichern soll. Demgemäß ist auch der EuGH an die Charta gebunden; er kann freilich über das dort verbürgte Schutzniveau hinausgehen, falls sich weiterreichende Verfassungstraditionen nachweisen lassen. Allerdings sind die Grundrechte, welche die Charta gewährleistet, nach dieser selbst bislang nicht einklagbar[32], so dass es im Wesentlichen bei den üblichen Rechtsbehelfen, etwa bei dem Beschwerderecht nach der EMRK und den dort genannten Voraussetzungen bleibt.

Demgemäß wird das System der Menschenrechte in Europa durchweg durch nationale Gesetze und andere Rechtsvorschriften konkretisiert. Darüber hinaus wird gefordert, die nationalen Regelungen, unabhängig von der Frage innerstaatlicher Geltung der internationalen Konvention, in deren Licht „menschenrechtskonform" auszulegen und anzuwenden[33]. Dies soll unabhängig von der gesetzessystematischen Anordnung der Regelungen gelten, die bekanntlich von Land zu Land abweichen. Doch auf Deutschland bezogen läuft die vorgenannte Forderung leer. Denn

„der deutsche Grundrechtsschutz geht in seiner Wirkungsbreite und Kontrolldichte über die internationalen Gewährleistungen hinaus. Dementsprechend dürfte es keine Fälle geben, in

Anwalt letztlich erreichen, dass der Prozess gegen seinen Mandanten wieder aufgenommen wird; ber. n. FAZ Nr. 158 v. 12.7.2005. Der fragliche Fall ist in der wissenschaftlichen und allgemeinen Publizistik in reichem Maße dokumentiert worden; zur Problematik *Kaiser, G.*: Folter, Misshandlung und krimineller Machtmissbrauch heute. KrimJ 35 (2003), 243-259. Eine instruktive Kritik bietet *Hoffmann, H.*: Zwischen Therapie und Folter. Eine Gratwanderung mit dem Europäischen Gerichtshof für Menschenrechte. In: Korrespondenzen in Sachen: Strafvollzug, Rechtskulturen, Kriminalpolitik, Menschenrechte, hrsg. v. S. Burkhardt u.a. Münster 2005, 417-423.

31 Siehe Amtsblatt der Europäischen Gemeinschaften – Abl.EG 2000/C 364/01 vom 18.12.2000; dazu eingeh. *Calliess/Müller-Dietz*: Strafvollzugsgesetz. Kommentar. 10. Aufl. München 2005, § 4 Rn. 14 m.N.; und *Meyer, J.*: Die EU ist auch eine Wertegemeinschaft – Die Grundrechtscharta soll die Integration fördern. In: Rechtsstaat (Fn. 10), 344; ferner ebd. S. 351ff., 357ff., 370ff.

32 *Calliess/Müller-Dietz*: Strafvollzugsgesetz. Kommentar. 10. Aufl. München 2005, Einl. Rn. 50.

33 *Sommermann*: Der Schutz der Menschenrechte im Rahmen des Europarats. In: Forschungsinstitut für öffentliche Verwaltung bei der Hochschule für Verwaltungswissenschaften Speyer. 2. Aufl. 1990, 28; ferner Alternativ-Kommentar zum Strafvollzugsgesetz, bearbeitet von *Feest* u.a., 4. Aufl. Neuwied 2000, vor § 1 Rn. 6.

denen ein internationales Kontrollorgan zum ***Schutz der Menschenrechte*** *über die Prüfungs- und Verwerfungskompetenz des Bundesverfassungsgerichts hinausgegangen wäre"*[34].

Die Mindestgrundsätze des Europarats von 1973, die aus den Minimum Rules der Vereinten Nationen hervorgegangen waren, wurden inzwischen durch die 1987 verabschiedeten **Europäischen Strafvollzugsgrundsätze** (European Prison Rules)[35] überarbeitet und den kriminalpolitischen Wandlungen angepasst.

Die Mindestgrundsätze der Vereinten Nationen wurden hierbei teils durch neu eingeführte Vorschriften ergänzt (Regeln Nr. 6, 43, 51 f., 78, 83–85, 87), teils durch Streichung (Nr. 1-4, 57, 67, 84.1, 85.2, 87 a.F.), inhaltliche Veränderungen oder durch Neuformulierung überarbeitet.

Letztlich sind die vom Europarat entwickelten Vorschriften und die darin enthaltenen Gedanken auf die internationale Strafrechtsreformentwicklung, die gegen Ende des 19. Jahrhunderts einsetzte, und auf den Wandel der Strafziele zurückzuführen. Bereits damals fanden internationale Konferenzen, die sich den Strafvollzugsproblemen widmeten, in Stockholm (1878), Rom (1885), St. Petersburg (1890), Paris (1895), Brüssel (1900), Budapest (1905) und in Washington (1910) statt[36].

Die Neufassung der Mindestgrundsätze von 1987 soll dem heutigen sozialen Hintergrund in Europa, den veränderten kriminologischen Erkenntnissen und den sich wandelnden Verhältnissen im Strafvollzug Rechnung tragen[37]. Sie zeigt außerdem die wachsende Internationalisierung der Kriminal- und Vollzugspolitik an. Die sich derzeit vollziehende Veränderung der Lage, einschließlich der Kriminalitätsstrukturen, äußert sich auch in einem relativ hohen Anteil ausländischer Gefangener in mehreren Mitgliedstaaten des Europarats[38].

Die europäischen Regeln begründen jedoch kein innerstaatliches Recht und wenden sich auch nicht direkt an die unmittelbar Betroffenen.

„Dessen ungeachtet liegt die moralische Kraft der Europäischen Strafvollzugsgrundsätze darin, dass sie über Staatsgrenzen hinweg, gemeinsame Vorstellungen über einen zeitgemäßen und menschlichen Strafvollzug zusammenfassen und Impulse für laufende Verbesserungen geben".

34 *Kirchhof*: Verfassungsrechtlicher Schutz und internationaler Schutz der Menschenrechte: Konkurrenz oder Ergänzung? EuGRZ 1994, 16-44 (35); zur neueren Diskussion *Mückl, St.*: Kooperation oder Konfrontation? – Das Verhältnis zwischen Bundesverfassungsgericht und Europäischem Gerichtshof für Menschenrechte. In: Der Staat 44 (2005), 403ff.

35 Recommendation No. R [87] 3; s. auch Prison Information Bulletin 1987, 5; *Treverton-Jones*: Imprisonment: Legal Status and Rights of Prisoners. London 1989, App. 2.

36 Vgl. European Prison Rules 1987, 72.

37 Ebd., 84.

38 In der Bundesrepublik Deutschland wurde er zum 31.3.2003 auf 28,5 % geschätzt. In anderen Ländern, wie etwa der Schweiz (47,1 %) und in Frankreich (31,8 %), lagen die Raten noch deutlich höher, in England mit etwa 6% und in den osteuropäischen Ländern mit weniger als 3% wiederum erheblich niedriger; vgl. Penological Information Bulletin 19/20 (1995), 46, 79.

Sie betonen sowohl die Rechtsstellung der Gefangenen als auch die Resozialisierung und Individualisierung der Behandlung[39]. Des Weiteren enthalten sie Mindestbedingungen bezüglich der Hygiene in den Strafanstalten (Regel Nr. 20), sowie der Bekleidung (Nr. 22ff.), Ernährung (Nr. 25) und medizinischen Versorgung (Nr. 26ff.) der Gefangenen. In Inhalt und Anforderung gehen sie über das geltende deutsche Strafvollzugsrecht nicht hinaus, in der Regelungsgenauigkeit und systematischen Durchdringung bleiben sie erheblich zurück[40]. Empfindliche Regelungslücken betreffen vor allem den Umgang mit Ausländern, Frauen und Jugendlichen.

Besonders die Durchsetzung von Menschenrechten und die Gewährleistung der Grundfreiheiten[41], auch im Strafvollzug, sowie die Einrichtung und Spruchpraxis entsprechender Kontrollorgane in Straßburg haben die gestaltende Kraft des internationalen Strafvollzugsrechts zunehmend verdeutlicht. **Maßstab** ist danach der **gemeineuropäische Standard**[42].

Aufgrund dessen hat das Straßburger System kollektiven Menschenrechtsschutzes in den letzten drei Jahrzehnten eine noch in den sechziger Jahren unvorhersehbare Dynamik entfaltet. In seiner Effektivität wird es von keinem anderen regionalen oder universalen Schutzsystem erreicht.

In Art. 10 Abs. 3 des Internationalen Paktes über bürgerliche und politische Rechte von 1966[43] findet sich erstmals im internationalen Recht die Bestimmung, dass der Strafvollzug der sozialen Wiedereingliederung der Gefangenen zu dienen hat. Diese Regelung entspricht den Mindestgrundsätzen der Vereinten Nationen, ist aber im Unterschied dazu für die Unterzeichnerstaaten wie in der Bundesrepublik geltendes Recht[44].

39 Vgl. Rule No. 3 (1987); zum Ganzen *Gonsa*: Die Europäischen Strafvollzugsgrundsätze und das österreichische Strafvollzugsgesetz. In: Menschenrechte im Strafvollzug (Fn. 27), 43-82 (53).

40 Vgl. hierzu European Prison Rules 1987, No. 64ff.; krit. *Doleisch*: Kritische Gedanken zu den neuen europäischen Gefängnisregeln (European Prison Rules). ZfStrVo 38 (1989), 35-37 (36); ferner *Gonsa*: Introduction to the European Prison Rules. Historical background, development, main contents. In: Penological Information Bulletin Nos 19, 20 (1994-1995), 24-33, (24ff.).

41 Siehe dazu den Überblick von *Morava*: Die strafvollzugsrelevanten Menschenrechte und Grundfreiheiten in der Europäischen Menschenrechtskonvention, der Europäischen Sozialcharta und anderen internationalen Instrumenten. In: Menschenrechte im Strafvollzug, hrsg. vom Bundesministerium für Justiz. Wien 1998, 1-42.

42 Dazu *van Dijk/van Hoof*: Theory and Practice of the European Convention of Human Rights. *Deventer* u.a. 1990, 226-241 (231); *Sommermann* (Fn. 33), 26; *Probst*: Die Bewahrung der Würde des Staatsbürgers und der Vollzug der Freiheitsstrafe – ein Zielkonflikt. In: Menschenrechte im Strafvollzug (FN 27), 123-201.

43 BGBl 1973, Teil II, 1534; zur praktischen Bedeutung *Bank*: Die internationale Bekämpfung von Folter und unmenschlicher Behandlung auf den Ebenen der Vereinten Nationen und des Europarates. Eine vergleichende Analyse von Implementation und Effektivität der neueren Kontrollmechanismen. Freiburg 1996, 28ff, 354ff, 382ff.

44 Vgl. *Jescheck/Weigend*: Lehrbuch des Strafrechts. Allgemeiner Teil. 5. Aufl. Berlin 1996, 12, 27f., 133 und Krey: Strafverfahrensrecht. Ein Studienbuch. Bd. I. Stuttgart 1988, Rn. 158.

Weil die internationalen Mindestgrundsätze trotz vielfältiger Anstrengungen und Beschlüsse noch immer nur zögernd und lückenhaft in die Vollzugswirklichkeit Eingang finden, wollen mehrere zwischenstaatliche Initiativen in der jüngeren Vergangenheit einen humanen Vollzug freiheitsentziehender Kriminalsanktionen sichern. Dazu gehören an herausragender Stelle die UNO-**Anti-Folterkonvention** vom 10.12.1984, die Interamerikanische Anti-Folterkonvention vom 9.12.1985 sowie die Europäische Konvention zur Verhütung von Folter und unmenschlicher oder erniedrigender Behandlung oder Strafe vom 26.11.1987[45]. Diese Konventionen knüpfen an die UNO-Menschenrechtserklärung von 1948 und zum Teil an die Europäische Menschenrechtskonvention vom 4.11.1950 an.

Inhaltlich sind die neueren Entschließungen dadurch gekennzeichnet, dass sie verstärkt organisatorische und verfahrensrechtliche Sicherungen zur Verhinderung und Kontrolle von Menschenrechtsverletzungen im Vollzug enthalten. In seinem erläuternden Bericht zur Anti-Folterkonvention legt der Europarat dar, dass zwar Folter und grausame, unmenschliche oder erniedrigende Behandlung oder Strafe durch innerstaatliches Recht sowie durch mehrere internationale Vereinbarungen verboten seien. Doch zeige die Erfahrung, dass ein **Bedürfnis für breitere und wirksamere internationale Kontrollmaßnahmen** bestehe, um vor allem den Schutz von Personen zu verstärken, denen die Freiheit entzogen ist. Es erscheine daher sinnvoll, das durch die Europäische Menschenrechtskonvention eingerichtete Überwachungssystem zu ergänzen. Dieses beruht bisher auf Beschwerden, die von Einzelpersonen oder Staaten mit der Behauptung erhoben werden, dass Menschenrechtsverletzungen stattgefunden hätten. Die Ergänzung erfolgt durch ein **Verfahren von vorbeugendem Charakter.** Dessen Aufgabe ist es, im Rahmen einer so genannten “fact-finding mission” die Behandlung von inhaftierten Personen zu untersuchen. Daher ist aufgrund der Konvention des Jahres 1987 ein **Ausschuss** errichtet worden, welcher jeden der Hoheitsgewalt der Vertragsstaaten unterworfenen Ort untersuchen darf, an dem Personen ihre Freiheit durch eine öffentliche Behörde entzogen ist[46].

45 Siehe die Berichte in EuGRZ 16 (1989), 45 ff.; 16 (1989), 469 ff. Erläuternder Bericht zur Europäischen Anti-Folterkonvention findet sich in EuGRZ 16 (1989), 504-511. Das Übereinkommen (BGBl 1989, Teil II, 1946) ist nach Art. 19 Abs. 2 für die Bundesrepublik Deutschland am 1.6.1990 in Kraft getreten (BGBl 1990, Teil II, 491). Die UNO-Anti-Folterkonvention ist abgedruckt in EuGRZ 12 (1985), 131, die Europäische Anti-Folterkonvention in EuGRZ 16 (1989) 502ff.

46 Vgl. die Besuchsberichte des Ausschusses: CPT-Report Germany. Report to the Government of the Federal Republic of Germany on the Visit to Germany carried out by the CPT from Dec. 8-20, 1991. Straßburg 1993 sowie CPT-Report Germany. Report to the Government of the Federal Republic of Germany on the Visit to Germany carried out by the CPT from April 14-26, 1996. Straßburg 1997; ferner CPT-Report Germany. Report to the German Government on the Visit to Frankfurt am Main Airport carried out by the CPT from May 25-27, 1998. Straßburg 1999.

IV. Konsequenzen für Rechtsgrundlagen und Rechtsschutz

Da der Strafvollzug jedenfalls in Europa rechtlich normiert und organisiert ist, liegt es nahe, zunächst dem **Grad seiner Verrechtlichung** ("judiciarisation") sowie dem Rechtsschutz der Strafgefangenen Aufmerksamkeit zu widmen[47]. Auch wenn man dem Strafvollzug ein gewisses Eigenleben bescheinigen muss, da er besonderen Organisationszielen und eigenen Gesetzmäßigkeiten folgt – gelegentlich bezeichnet man ihn insgesamt gar als „totale" Institution[48] – wird er doch mehr denn je von der Herrschaft des Rechts bestimmt. Die dem internationalen Strafvollzugsrecht zuordnungsfähigen Normensysteme, namentlich die Europäische Menschenrechtskonvention (EMRK), die Europäischen Strafvollzugsgrundsätze und die Regelungen des internationalen Paktes für politische und bürgerliche Rechte mögen dafür stehen.

Daher gilt für die meisten europäischen Staaten mittlerweile das **Prinzip der gesetzlichen Grundlage des Strafvollzugs**. Diese Ausprägung des Rechtsstaatsprinzips (Etat de droit, "Rule of law") wird geradezu als Konstante des zeitgenössischen Strafvollzugs begriffen[49]. Herrschen traditionell Strafprozess- und vollstreckungsrechtliche Lösungen vor (z.B. in Frankreich, Polen, Portugal und Russland), so sind in neuerer Zeit in vielen Staaten spezielle Vollzugsgesetze entstanden (z.B. in der Bundesrepublik, in Griechenland, Island, Italien, Japan, den Niederlanden, Österreich, Norwegen, Schweden und Ungarn; in Spanien wurde außerdem eine Regelung in die Verfassung aufgenommen). Aber auch im materiellen Strafrecht findet sich die Regelung der grundsätzlichen Fragen des Strafvollzugs (z.B. in der Schweiz). Gegenüber dem überall sichtbaren Prozess der Verrechtlichung des Strafvollzugs tritt die formale Zuordnung zu den traditionellen Rechtsgebieten zurück.

47 Dementsprechend richteten die deutschen Situationsanalysen ihre besondere Aufmerksamkeit darauf sowie auf Vollzugslockerungen und das Vollzugsziel, zum Teil stark angereichert mit kriminalpolitischer Kritik zugunsten von Alternativen zum Strafvollzug. Hingegen traten Vollzugsregime, Unterbringung, sanitäre Einrichtung, Ernährung, Hofgang, Verlegung, Klassifikation und Differenzierung, einschließlich des Umgangs mit schwierigen Gefangenen, ferner mit Frauen, Ausländern und Alten sowie Arbeitslosigkeit der Gefangenen und Überforderung des Personals weniger ins Blickfeld; zum Ganzen siehe *Frehsee*: Neuere Tendenzen in der aktuellen Kommentar- und Lehrbuchliteratur zum Strafvollzug. NStZ 1993, 165ff; *Jung, H.*: Strafvollzug und Strafvollzugsrecht – eine Literaturschau. ZfStrVo 1993, 3ff und *Dünkel, F.*: Empirische Forschung im Strafvollzug, Bonn 1996, 12ff., 29ff., 34ff.

48 So z.B. *Feest* u.a.: Totale Institution und Rechtsschutz: Eine Untersuchung zum Rechtsschutz im Strafvollzug. Opladen u.a. 1997, in Anlehnung an *Goffman*: Asyle. Über die soziale Situation psychiatrischer Patienten und anderer Insassen. Frankfurt/Main 1972.

49 Zur Rechtslage der 80er Jahre *Kaiser*: Strafvollzug im Europäischen Vergleich. Darmstadt 1983, 208ff.; *Müller-Dietz*: Entwicklungstendenzen des Strafvollzugs im Internationalen Vergleich. ZfStrVo 38 (1989), 323-333; zu Situation und Vergleich in den neunziger Jahren eindrucksvoll *Koeppel*: Kontrolle des Strafvollzuges. Individueller Rechtsschutz und generelle Aufsicht. Ein Rechtsvergleich. Bonn 1999; ferner *Best*: (Fn. 20), 49ff., und neuerdings *Dünkel/Van Zyl Smit*: Conclusion. In: Imprisonment Today and Tomorrow. Ed. by Dünkel u.a., Deventer 2001, 796-859 (821ff., 826ff.).

Auf das einzelstaatliche Handeln im Strafvollzug hat sich besonders die **Europäische Konvention zum Schutz der Menschenrechte und Grundfreiheiten (EMRK)** nachhaltig ausgewirkt. Vor allem haben die Länder Südeuropas, später auch jene Ost- und Mitteleuropas – bezogen auf die dortigen Vollzugsentwicklungen – Neuland betreten.

Die Abänderung oder gar legislative Neuschöpfung des Strafvollzugsrechts während der letzten drei Jahrzehnte hat sich, teils unter unmittelbarem Einfluss der Gesetzgebung ausländischer Staaten (so z.B. in Spanien), teils durch die prägende Kraft internationaler Regelungen des Strafvollzugsrechts, nicht zuletzt durch die Spruchpraxis der europäischen Menschenrechtsorgane, entwickelt. Immerhin sollen die internationalen Strafvollzugsgrundsätze überall berücksichtigt werden. Dennoch ist der **Aufnahme- und Umsetzungsprozess in das nationale Recht** unter rechtsstaatlichen Gesichtspunkten **nicht stets** gleichermaßen **befriedigend** verlaufen. Zwar wird die Beachtung der Mindestgrundsätze der Vereinten Nationen in den Berichten und Stellungnahmen der einzelnen Regierungen durchweg behauptet. Wie jedoch Erfahrungsberichte des Europarats oder der Vereinten Nationen oder von sog. NGOs erkennen lassen, erfolgt die Durchsetzung der Mindestgrundsätze noch immer nicht problemlos[50].

In verstärktem Maße trifft dies für die **Frage des Rechtsschutzes** zu, insbesondere für die gerichtliche Kontrolle. Verschiedene Modelle und Lösungen suchen den Rechtsschutz der Gefangenen zu gewährleisten. Neben verwaltungsinterner Kontrolle (z.B. in Belgien, England und Frankreich, hier trotz eines Strafvollzugsgerichts) oder Überprüfung durch unabhängige Aufsichtskommissionen (z.B. in den Niederlanden[51]) und dem so genannten Ombudsman[52] besteht auch die Zulassung gerichtlicher Kontrolle (in der Bundesrepublik, in Frankreich, Griechenland, Italien, Österreich, der Schweiz, in Schweden und Spanien). Außerdem kommt wie erwähnt die Anrufung der europäischen Menschenrechtsorgane (Europäischer Gerichtshof für Menschenrechte und Europäischer Ausschuss zur Verhütung der Folter) in Betracht, in der Praxis zahlenmäßig zum Teil mit abnehmender, jedoch qualitativ mit erheblicher „generalpräventiver“ Bedeutung. Nach dem Grad der Verrechtlichung des Strafvollzugs und der gerichtlichen Überprüfung nimmt das deutsche Vollzugssystem fraglos einen der vorderen Plätze ein.

In dieser Entwicklung zur Verrechtlichung mögen Stärke und Schwäche zugleich liegen, wie es bereits die alte Kontroverse zwischen *Freudenthal* und *v. Liszt* zur Rechtsstaatlichkeit und Resozialisierung vor mehr als 90 Jahren erkennen lässt[53]. Ist der Prozess der Verrechtlichung auch im Bereich des Strafvollzugs weitgehend ge-

50 Vgl. *Walmsley*: Implementing international Prison Standards. In: Home Office Research Bulletin No. 29 (1990), 47-51 (48f.). *ders.*: European Prison rules in Central and Eastern Europe. European Journal on Criminal Policy 3-4 (1995), 73-90 (73 ff.).

51 Vgl. dazu *Koeppel* (Fn. 49), 68 ff.

52 Dazu Näheres unten unter VI.

53 Dazu eingeh. *Kaiser/Schöch*: Strafvollzug. Ein Lehrbuch. 5. Aufl. Heidelberg 2002, 41 (§ 2, Rn. 57).

boten, jedenfalls aber unaufhaltsam, so bedeutet dies gleichzeitig die Einschränkung des Spielraums für kriminalpädagogische und -therapeutische Interventionen sowie für die Experimentierfreudigkeit und schöpferische Phantasie. Diese Spannung besteht unverändert fort. Schon der neuere Streit über Ziel und Aufgaben des Strafvollzugs lässt dies erkennen, aber auch die mögliche Überforderung des Vollzugspersonals und die gelegentliche „Unterkühlung" der Beziehungen zwischen Vollzugsstab und Vollzugsinsassen. Teilweise spricht man wegen der wachsenden Unbeweglichkeit der Praxis durch den Prozess der Verrechtlichung und der Einengung des Beurteilungsspielraums geradezu von einem **Dilemma**. Die Formel vom „defensiven Formalismus" ist dafür kennzeichnend. Diese Problematik wird nach deutscher Doktrin als Frage nach dem Vollzugsziel begriffen und in internationaler Terminologie unter den Begriffen der „Gefängnisphilosophie" oder „Behandlungsphilosophie" erörtert. Auch wenn man sich davor hüten muss, die Bedeutung der Vollzugsziele und ihre Diskussion zu überschätzen, zumal die Praxis bei engeren Spielräumen ohnehin ihre eigenen Wege geht, sind die Ziele der Freiheitsentziehung keineswegs unwichtig. Denn mit der Verrechtlichung der Freiheitsentziehung haben sich Vollzugsinhalt und Vollzugsmaßnahmen in überprüfbarer Weise stärker denn zuvor an den Zielen messen zu lassen. Dabei zeigt sich freilich auch eine gewisse Austauschbarkeit von inhaltlichen Bestimmungen dessen, was man "penal" oder "prison philosophy" nennt.

V. Strafrechtspflege und Öffentlichkeit als heikles Beziehungsgeflecht zwischen Staat und Gesellschaft

Das Strafvollzugswesen als Teil der Justiz und damit Teil der Staatsverwaltung ist grundsätzlich zur **Informierung der Öffentlichkeit** genauso wie andere staatliche Institutionen verpflichtet. Dabei geht es zunächst einmal darum, dass die Bürger als Steuerzahler, als Wähler und als Glieder des Volkes, von dem sich laut Artikel 20 Abs. 2 S. 1 GG alle Staatsgewalt ableitet, unterrichtet sein müssen über das, was in ihrem Namen veranstaltet wird; denn andernfalls wäre, wie die Anschauung im Alltag sowieso vielfach lehrt, die Idee der dienenden Rolle des Staates praktisch funktionslos. Das früher politisch in langen Kämpfen durchgesetzte Prinzip der **Öffentlichkeit der Strafrechtspflege** betont bereits einen speziellen Gesichtspunkt, nämlich die jederzeit zu gewährende demokratische „Aufsichts"-Möglichkeit zum Schutz vor Willkür und Geheimjustiz. Es „ist ein Bestandteil des Rechtsstaatsprinzips" und „entspricht dem allgemeinen Öffentlichkeitsprinzip der Demokratie". Es gilt direkt zwar nur für das Erkenntnisverfahren (§ 169 GVG) und ist inzwischen auch dort in mancherlei Hinsicht aus guten Gründen modifiziert (§§ 170ff. GVG und § 48 JGG)[54]. Jedoch bleibt **Vertrauen durch Kontrolle** zumindest im Grund-

54 Dazu *Kaiser*: Funktionswandel der Öffentlichkeit und Strafrecht. In: Festschrift für Rehberg. Zürich 1996, 171-187; BVerfG, EuGRZ 2001, 59 ff.

satz für das Vollstreckungsverfahren und den Vollzug relevant: Die Tätigkeit im Licht der Öffentlichkeit trägt zur Transparenz der Strafrechtsverwirklichung bei und kann das Vertrauen in die Rechtsstaatlichkeit und Funktionsfähigkeit der Rechtspflege stärken, weil dadurch Kontrollmöglichkeiten für die Allgemeinheit eröffnet werden[55]. Ein weiterer spezieller Gesichtspunkt betrifft die **Handlungsmöglichkeit der Vollzugsverwaltung** und der Ministerien, aber gelegentlich auch der Parlamente. Da Widerstand gegen Veränderung des Vollzuges und im Vollzug leicht zu wecken ist, muss unter anderem intensive Öffentlichkeitsarbeit geleistet werden, um den Grad der Akzeptanz zu erhöhen. Dies bedeutet viel mehr als nur die so genannte Imagepflege, bei der andere staatliche Institutionen vergleichsweise großen Vorsprung gewonnen haben.

Das eigentliche Problem von Vollzug und Öffentlichkeit liegt tiefer begründet. An dieser Stelle sind auch dazu nur globale Hinweise möglich: **Vollzug ist Teil der** immer noch „peinlichen“, **mit Pein verbundenen Strafe** und damit vom Ausgang her ein Strafleiden. Historische Traditionen der „alten Gerichtsbarkeit“[56] sind zwar in der Justizpraxis überwunden, sie müssen aber deshalb im Untergrund des gesellschaftlichen Wirkungsgefüges und der sozialhistorisch geprägten kollektiven „Mentalitäten“ noch lange nicht „vergessen“ sein. Einige der auch heute noch genutzten Vollzugsbauten aus dem 19. Jahrhundert beispielsweise verkörpern einen Vollzugsgeist, der mit Resozialisierung im gegenwärtigen Sinn kaum zu vereinbaren ist. Nicht zufällig wurden zum Teil bis in die jüngste Vergangenheit hinein die Anstalten außerhalb der Gemeinden gebaut. Die Öffentlichkeit ... sollte mit den Problemen des Strafvollzuges nicht in Berührung geraten”[57]. Wie die Initiativen und Proteste der Bürger veranschaulichen, wollte und will die Öffentlichkeit häufig auch keine Kontaktnähe. Die Verknüpfung des Vollzuges mit dem **Strafübel als Ausgangspunkt** lässt sich auch durch jüngste Reformen nicht auflösen. Wie noch ausführlich zu entwickeln ist, wird jedoch im Rahmen der tatsächlichen Durchführung bzw. Ausgestaltung des Vollzugs die Möglichkeit eröffnet, den **Endpunkt anders zu bestimmen**: Das Vollzugsziel der Resozialisierung weist über die Verbüßung der Strafe hinaus auf die im Ergebnis erhoffte **Aussöhnung zwischen Rechtsbrecher und Gesellschaft**. Diesem Gedanken ist namentlich die Idee der sog. “Restorative Justice” verpflichtet. Gemeint sind damit neue Formen reintegrierender Gerechtig-

55 Vgl. *Müller-Dietz*: Strafvollzugsrecht. 2. Aufl. Berlin u.a. 1978, 311; das mit dem Demokratiegrundsatz untrennbar verbundene Erfordernis der Transparenz unter Hinweis auf Art. I, 49 der Europäischen Verfassung betont auch *J. Meyer*: Demokratische Elemente im Europäischen Verfassungsprozess. In: Europa in guter Verfassung, hrsg. v. Ch.-E. Palmer, Stuttgart 2004, 49-58 (54).

56 Siehe dazu anschaulich *Schild*: Alte Gerichtsbarkeit. Vom Gottesurteil bis zum Beginn der modernen Rechtsprechung. München 1980, bes. 197ff. und 208ff.; neuerdings *Britz*: Strafe und Schmerz – eine Annäherung. In: FS für H. Müller-Dietz, hrsg. v. H. Jung u.a. München 2001, 73-98, und *Christie* (Fn. 5) 140ff., 146, allerdings mit dem nicht befriedigenden Eingeständnis, „dass wir am Ende keine bessere Lösung finden als Vergebung und Wiederaufbau“.

57 Vgl. *AK-Feest* (Fn. 33), vor § 154 VollzG, Rn. 8.

keit wie z.B. Konzepte des Täter-Opfer-Ausgleichs und der Schadenswiedergutmachung.[58]

Eine solche Aussöhnung, wenn sie überhaupt je gelingen kann, glückt jedenfalls dann nicht, wenn das soziale System die Prämissen vernachlässigt. Zu diesen Prämissen gehören die Aufnahmebereitschaft für Vollzugsanliegen und die Bereitschaft zur unvoreingenommenen Aufnahme der nach Strafverbüßung Entlassenen. Nach wie vor bestehen hier manche Hindernisse. Zu den Prämissen zählt weiter eine angemessene rechtspolitische wie justizpraktische Aufmerksamkeit für Vollzugs- und speziell Gefangenenbelange. Hier ist zwar mit dem StVollzG ein Zeichen gesetzt worden. Vollzugsrecht sowie Vollstreckungs- und Vollzugsgerichte haben freilich ihren Platz in der Rangskala des Rechtswesens noch nicht wirklich befriedigend festigen können. Akzeptiert als normaler Teil der Staatstätigkeit ist der Vollzug im Übrigen so lange nicht, als flankierende soziale oder sozialpolitische Maßnahmen entweder gar nicht oder nur unter überproportionalem Aufwand an Kraft und Zeit in der politischen Arena in Gang gesetzt werden können. Auch dies muss man bei der Einschätzung des Öffentlichkeitswertes des Vollzuges mit berücksichtigen. Bei den im nächsten Gedankenschritt ins Blickfeld geratenden **einzelnen Justizvollzugsanstalten** vor Ort heben selbst Praktiker immer wieder hervor, dass so genannte **Abschirmungstendenzen** wirkten.

Von der mit dem StVollzG verbundenen **Grundidee der vollen Wiedereingliederung** her können sich weder Vollzugsanstalten noch das gesamte Vollzugssystem indes leisten, dem Sachzwang nachzugeben und **Öffentlichkeit auszusperren** oder auch nur durch gängige Verwaltungstechniken in ihren Wirkungen zu neutralisieren. Denn Abschirmung von der Gesellschaft, wie unvollkommen und in vielem unangenehm deren „Repräsentanz" im konkreten Fall auch immer sein möge, bedeutete systematisches Ausblenden eben derjenigen Realität, auf die und für die sowohl Insassen als auch deren Bezugspersonen vorbereitet werden sollen.

VI. Öffentlichkeit als soziale Kontrolle im Dienst der Menschenrechte

Wie bereits angedeutet handelt es sich hier hauptsächlich um die Herstellung von Transparenz, Vertrauen, Schutz der Gefangenen und um die Kontrolle des Vollzugswesens ganz allgemein. Bedeutung und Rang der Öffentlichkeit bestehen also darin, Anreger, Resonanzboden, Kontrolle und kritischer Begleiter von Praxis und Gesetzgeber zu sein. Zwar werden derartige Aufgaben, wie nicht verkannt werden soll, bereits durch interne Verwaltungs- und durch die justizielle Rechtskontrolle weithin gewährleistet. Allerdings sind diese in den Staaten international verschieden organisiert und ausgeprägt. Sie sind auch nicht stets funktionstüchtig und effizient.

58 Siehe zum Ganzen die in dem von *H. Schöch* und *J.-M. Jehle* herausgegebenen Sammelwerk über angewandte Kriminologie zwischen Freiheit und Sicherheit, Mönchengladbach 2004, 115 ff. abgedruckten Berichte zu Stand und Perspektiven der Restorative Justice.

Überdies sind sie in der Regel einzelfallbezogen und erfassen nur selten die gesamte Institution des Strafvollzuges. Offenbar reichen die intern-administrative, justizielle und fachwissenschaftliche Kritik nicht aus, um Amtsmissbräuche zu verhindern. Entsprechend dem demokratischen Prinzip und zugleich Paradox wird Vertrauen durch Kontrollmöglichkeiten erzeugt, die zunächst aufgrund von Misstrauen eingeführt worden sind. Daher ist „**Kontrolle der Kontrolle**" notwendig. Es besteht also ein zusätzliches Bedürfnis nach Durchschaubarkeit und Überwachung, freilich stärker dort, wo es schon an gerichtlicher Überprüfung mangelt, wie dies zum Teil herkömmlich in England und in Skandinavien der Fall ist. Es erscheint deshalb nicht erstaunlich, dass dort funktionale Äquivalente zur justizförmigen Kontrolle schon früh entstanden und besonders entwickelt sind wie z.B. die Institution des sog. Ombudsmans, aber auch die regierungsunabhängigen Organisationen (Non Governmental Organisations [NGOs]). Insoweit sind allerdings zugleich etwaige Konflikte zwischen den Gewalten, allgemein zwischen Staat und Gesellschaft, und d.h. auch solche zwischen Strafrechtspflege und Öffentlichkeit, vorprogrammiert. Gleichwohl besteht über die Kontrollfunktion hinaus ein Bedürfnis nach Bürgernähe und Einbettung des Strafvollzuges in die Gesellschaft, und zwar nicht nur wegen des Schutzes der Gefangenen sondern auch zu deren Resozialisierung.

Wie allerdings Analysen von Entwicklungen und Situationen zeigen, haben sich aus Gründen des Persönlichkeitsschutzes, aber auch der Prozessökonomie zunehmend **Grenzen** für die Öffentlichmachung herausgebildet. Neben den Grenzen lassen sich ferner die **Gefahren** des Einflusses der Öffentlichkeit nicht verkennen. Das Konzept der Gewaltenteilung des 18. Jahrhunderts kennt die „Massenmedien" als vierte Gewalt noch nicht, damit auch nicht die gesteigerten Möglichkeiten zur Verzerrung, Übertreibung und Stigmatisierung, wie dies in der modernen Medienöffentlichkeit, insbesondere aufgrund der technisch fast jederzeit abrufbaren Information, geschehen kann. Dem Persönlichkeitsrecht und dem Resozialisierungsanspruch der Gefangenen würde damit diametral entgegengewirkt. Wie im Strafrecht ganz allgemein stehen wir auch hier vor dem Befund, dass die Öffentlichkeit unverändert wichtig, einflussreich und mächtig ist, dass sie aber durch ihren **Funktionswandel** in der Strafrechtspflege, ferner durch Möglichkeiten zum Missbrauch sowie zur Kontraproduktivität Grenzen verdient, nicht zuletzt um schutzwürdige Interessen der Betroffenen, einschließlich der Opfer, zu wahren und zur Geltung zu bringen[59]. Trotz dieser Grenzen und Bedenken, selbst bei partiell unerwünschter Skandalisierung, ist Öffentlichkeit für den Strafvollzug notwendig, sollen größere Gefahren, Vertrauensverlust und schädliche Entwicklungen vermieden werden. Sie ist zugleich Voraussetzung, Schrittmacher und Begleiter aller Neuerung; ohne sie geht nichts. Analysen zum Zeitgeist und zur Akzeptanz unterstreichen den Einfluss[60]. Aber auch der Siegeszug von neueren Einrichtungen wie dem Ombudsman und der Bedeu-

59 Dazu eingeh. *Kaiser*: Kriminologie. Heidelberg 1996, 186f. m.w.N.; ferner ders.: Medienkriminalität. ZRP 2002, 30ff.; BVerfG, EuGRZ 2001, 59 ff.

60 Dazu *Müller-Dietz*: Gesellschaftliche Erwartungen und Legitimierbarkeit von Recht – am Beispiel des Strafvollzugsrechts. In: Festschrift für Ellscheid, Bonn 1999, 90-117 (97 f.)

tungszuwachs von sog. NGOs belegen dies. Der internationale Machtgewinn der NGOs kann geradezu als Ausdruck von Privatisierung staatlicher Kontrolle gelten.

Öffentlichkeit wird insbesondere durch parlamentarische Kontrolle, sei es durch einen Petitionsausschuss[61], durch einen Strafvollzugsbeauftragten oder Bürgerbeauftragten (Ombudsperson) hergestellt. Obwohl in Schweden die Institution des Ombudsmans bereits Anfang des 19. Jahrhunderts (1809) eingeführt wurde[62], setzte sich die **Idee des Ombudsmans** erst in der Zeit nach dem Zweiten Weltkrieg allmählich durch, so in Finnland und Dänemark (1955), Neuseeland und Norwegen im Jahre 1962, Island 1987, gefolgt von zahlreichen Ländern in den letzten Jahrzehnten[63]. Gegenwärtig existieren Ombudsman-Einrichtungen in mehr als 40 Ländern auf allen Kontinenten[64]. Inzwischen hat auch der Europarat die Initiative ergriffen, um die Institution und ihr Verfahren fortzuentwickeln sowie zu harmonisieren. Nach einem "Seminar on the non-judicial Means for the Protection and Promotion of Human Rights" im Jahre 1982 folgte 1985 die Europaratsempfehlung R(85)13 mit dem Hinweis, Möglichkeiten ins Auge zu fassen, einen Ombudsman auf nationaler, regionaler oder lokaler Ebene oder für spezifische Gebiete der öffentlichen Verwaltung zu bestellen und ihm dabei besonders die allgemeine Zuständigkeit in Menschenrechtsfragen einzuräumen[65]. Obwohl es keine allgemein akzeptierte Definition des Ombudsmans gibt, ist man sich einig, dass es sich um eine unabhängige Einrichtung zur Verwaltungskontrolle und Beschwerdeprüfung handelt. Daher hat das Ombudsman Committee of the international Bar Association die folgende **Definition** vorgeschlagen:

> *"An office provided for by the constitution or by action of the legislature or parliament and headed by an independent, high-level public official who is responsible to the legislature or parliament, who receives complaints from aggrieved persons against government agencies, officials and employees, or who acts on his own motion, and who has the power to investigate, recommend corrective action, and issue reports".*

Gleichwohl ist diese Definition nicht universell angenommen oder verbindlich[66]. Neben der klassischen Beschwerdeprüfungsfunktion haben sich – von Land zu Land

61 Eindrucksvoll *Daum, G.*: Die Petition im Strafvollzug. Dargestellt an Entscheidungen des Landtages von Baden-Württemberg. Baden-Baden 2005, insbes. 129 ff., 144 ff., 153 f.

62 *Holm*: A gift from Scandinavia to the world. In: The Danish Ombudsman, ed. by Gammeltoft-Hansen. Kopenhagen 1995, 13-21 (13); ferner *Pickl, V.*: Die Institution des Ombudsmannes und ihre politischen Dimensionen. In: Festschrift für Klecatski, Wien 1990, 237-246 (240).

63 Vgl. den allerdings aktualisierungsbedürftigen Überblick von *Maurer, M.*: Die parlamentarischen Ombudsmann-Einrichtungen in den Mitgliedsstaaten des Europarates – Systematischer Überblick. In: *Matscher, F.* (Hrsg.): Ombudsmann in Europa – Institutioneller Vergleich, Kehl u.a. 1994, 123 ff. bis 152.

64 *Pickl* 1990 (Fn. 62), 237 f.

65 *Jörundson*: The Ombudsman and the European Human Rights Institutions. In: The Danish Ombudsman 1995, 79-92. Dazu auch *Meyer, J.* (Fn. 1) 56f. insbesondere zur Rolle des Europäischen Bürgerbeauftragten gem. Art. 49 der Europäischen Verfassung.

66 *Holm*: (Fn. 62), 13-21.

variierend – verschiedene zusätzliche Aufgaben herausgebildet. Zusammenfassend sind

die Kontrollfunktion,
die Konfliktlösungsfunktion,
die Reformfunktion und
die demokratiepolitische Repräsentationsfunktion hervorzuheben[67].

Im Wesentlichen geht es darum, im Interesse von Rechtsstaatlichkeit häufige Ermessensentscheidungen zu kontrollieren und den Schutz der Individualperson gegen Akte der Verwaltung zu verbessern. Dies gilt insbesondere dort, wo wie in Dänemark „keine Hierarchie von Verwaltungsgerichten" existiert im Unterschied zu zahlreichen anderen Ländern des europäischen Kontinents[68] und der Ombudsman eine Auffangfunktion ausübt. Demgegenüber stellt in England und Wales der „Prisons Ombudsman" die wichtigste Beschwerdeinstanz dar. Entsprechendes gilt für Polen; hingegen ist er in Frankreich, Spanien und den Niederlanden nur von beschränkter Bedeutung[69]. Zu den Vorzügen des Ombudsmanverfahrens zählt, dass es relativ einfach, leicht, wenig formalisiert, mit großzügiger bemessenen Fristen versehen und nur mit geringen Kosten belastet ist.

Es kommt daher besonders jenem Personenkreise entgegen, der Schwierigkeiten hat, sich auszudrücken und eine Beschwerde zu formulieren. Zudem ist der Prüfungsrahmen der Ombudspersonen weiter. So muss nicht notwendig ein subjektives Recht des beschwerdeführenden Gefangenen betroffen sein; vielmehr können sich die Gefangenen auch allgemein über bestimmte Zustände im Gefängnis beschweren. Demgemäß obliegt es dem Ombudsman, über die Einzelfälle hinaus auch auf allgemeine Missstände im Gefängniswesen hinzuweisen. Er kann außerdem über die gesetzlichen Vorgaben hinausgehen und die Reform des Vollzugs und der Vollzugsgesetzgebung durch entsprechende Vorschläge anregen. Allerdings kann der Ombudsman die Abänderung einer konkreten Vollzugsmaßnahme nur anregen; zur Durchsetzung seiner Entscheidung ist er nicht ermächtigt. Dennoch soll die „Erfolgsquote" der Gefangenenbeschwerden z.B. in England höher sein als in Deutschland. Die Einflussmöglichkeiten von Ombudspersonen beruhen offenbar auf dem hohen Ansehen in der Öffentlichkeit, das sich u.a. auf ihre Überparteilichkeit gründet. Die Stellung ist somit eng mit der jeweiligen Persönlichkeit verknüpft. Bezeichnend für die herausgehobene Position und den Einfluss eines Ombudsmans ist es, dass sich etwa in England der Ombudsman intensiv darum bemüht, die Gefangenen über seine Funktion und Tätigkeit zu informieren. Hingegen erscheint es nicht vorstellbar, dass ein Strafvollstreckungsrichter über seine Funktion aufklärt und etwa Merkblätter über seine Tätigkeit herausgibt, sowie ferner jährlich einen Tätigkeits- und Erfahrungsbericht der Öffentlichkeit vorlegt. Obschon die Entscheidungen und Stellungnahmen des Ombudsmans nur empfehlenden Charakter haben, hat die Insti-

67 *Pickl* (Fn. 62), 238.
68 *Holm*: (Fn. 62), 17.
69 *Koeppel* (Fn. 49), 231, 234 ff., 252 f.

tution des Ombudsmans durch die zunehmend komplizierter werdenden Verfahren allmählich den Charakter einer Art Verwaltungsgericht erworben, und zwar entgegen ursprünglich ganz anderer gesetzlicher Motive. Soweit sich den Tätigkeitsberichten der Ombudsleute entnehmen lässt, befassen sich derartige Einrichtungen ungefähr in 10-20% der Fälle mit Petitionen zu Strafvollzugsproblemen, allerdings dort häufiger, wo die Rechtslage unklar und vage, sowie die verwaltungsinterne oder gerichtliche Kontrolle weniger verankert sind als in anderen Staaten. Insgesamt gilt der Ombudsman als der *"citizen's watchdog against the ever-increasing regulation by public law and the growing administration that flows from this"*[70].

In Deutschland wird die Funktion des Ombudsmans anderer Staaten weitgehend durch einen parlamentarischen **Petitionsausschuss oder** einen sog. **Strafvollzugsbeauftragten** bzw. Bürgerbeauftragten wie in Rheinland-Pfalz und in Hamburg wahrgenommen, soweit nicht bereits die Strafvollstreckungsrichter die entsprechenden Aufgaben erledigen. Ob die etwaige Verlagerung der Behandlung von Gefangenenbeschwerden vom Richter auf den Ombudsman den erhofften positiven Effekt hätte, erscheint jedoch fraglich, zumal der Einfluss kaum weiter reichte als der gerichtliche Rechtsschutz. „Während die Entscheidungskompetenz des Richters beschränkt ist, hat der Ombudsman gar keine". Deshalb könnten weitere Kontrollinstanzen in Deutschland eher einen „Kompetenz-Dschungel" bewirken, in dem die Bürger (und erst recht Strafgefangene) sich nicht mehr zurecht fänden, so dass gerade der gegenteilige Effekt, nämlich ein Defizit an Bürgerschutz, erreicht würde[71].

Wie schon die verfassungsrechtliche Einstufung und hochrangige Bewertung der Informationsfreiheit andeuten, erfüllen die **Massenmedien** als Sprachrohr der Öffentlichkeit oder auch veröffentlichten Meinung eine unverzichtbare Funktion. Obwohl sie wegen ihrer Skandalisierungstendenz und unerwünscht übertreibenden Darstellung von Informationen über Verbrechen und Verbrechenskontrolle nicht nur segensreich wirken, sondern nicht selten erst Probleme schaffen, sind sie doch wegen ihrer Informationsaufgabe sowie zum Abbau von Ängsten und Vorurteilen in der Öffentlichkeit, ganz abgesehen von ihrer Anregungs- und Kontrollfunktion unentbehrlich. Auch wird man nicht verkennen dürfen, dass es Ende der 60er Jahre gerade die Skandalisierung des Strafvollzuges durch die Massenmedien war, die spätere Reformbewegungen wesentlich vorbereitet, eingeleitet und beschleunigt hat. Wandlungen des Strafvollzugs und der Einstellung gegenüber dem Strafvollzug wurden von einer zunehmend sensibilisierten Öffentlichkeit einerseits und von zahlreichen Gefängnisskandalen andererseits begünstigt[72]. Wie nämlich die Öffentlichkeit auf die Praxis und Erfahrungen mit Vollzugslockerungen reagiert, hängt zwar nicht ausschließlich, aber in erheblichem Umfang von der einschlägigen Berichter-

70 *Gammeltoft-Hansen, H.*: Communicating with Complainants. In: The Danish Ombudsman 1995, 105-115.

71 Vgl. zum Ganzen *Koeppel* (Fn. 49), 253 f.; ferner FAZ Nr. 116 vom 21.5.1999 („Seit 25 Jahren gibt es in Mainz den Ombudsman").

72 Vgl. *Dünkel, F.*: Empirische Forschung im Strafvollzug. Bestandsaufnahme und Perspektiven. Bonn 1996, 10.

stattung und Kommentierung durch die Massenmedien ab, wird doch der vom Straf- und Maßregelvollzug nicht unmittelbar betroffene Bürger in aller Regel erst durch Presse, Funk- und Fernsehen über den Vollzug und die mit ihm in Zusammenhang stehenden oder gebrachten Ereignisse informiert. Damit verschaffen sich allerdings Trends der öffentlichen oder veröffentlichten Meinung – deren reale Existenz als Mehrheitsmeinungen überdies empirisch keineswegs mit hinreichender Sicherheit dargetan ist – Eingang in die Auslegung und Handhabung des geltenden Strafvollzugsrechts[73]. Freilich lässt sich bei alledem die Ambivalenz wegen etwaiger Gefahren der Stigmatisierung und Kontraproduktivität nicht übersehen. In diesem Zusammenhang ist vor allem auf das sog. Lebach-Urteil des Bundesverfassungsgerichts[74] hinzuweisen, da mit dieser Entscheidung wegen des vorrangigen Persönlichkeitsschutzes und des Resozialisierungsinteresses den Massenmedien Grenzen gesetzt wurden.

Ähnliche Aufgaben wie ehrenamtliche Betreuer und Ombudsleute erfüllen die sog. **nichtregierungsabhängigen Organisationen (NGOs)**. Dabei bedienen sich private und gesellschaftliche Initiativen als Gegenöffentlichkeit um der Wirksamkeit willen auch der Massenmedien. Die NGOs gelten als ein Grundelement in der Repräsentation der öffentlichen Meinung in der modernen Welt und als Garantie politischer Legitimität. Unabhängig von Regierung und Staat bringen sie unmittelbar die Gesellschaft zur Geltung und bilden als internationale Organisationen gemeinsam mit der Vielzahl der Staaten eine „Regulierungsgemeinschaft" mit „globalen Verantwortungszusammenhängen".[75] Die mobilisierenden Kräfte der NGOs werden

73 *Müller-Dietz*: Gesellschaftliche Erwartungen und Legitimierbarkeit von Recht (Fn. 60), 97 f.; ferner *Kaiser*: Medienkriminalität (Fn. 59); zum Zerrbild des Strafvollzugs in den Massenmedien: *Geerds*, In: Gedächtnisschrift für Albert Krebs. Pfaffenweiler 1994, 259-271.

74 BVerfGE 35, 202, 235 f.; zur medialen Vermarktung des Lebach-Falles siehe die unterschiedlichen Entscheidungen des OLG Saarbrücken NJW-RR 1998, 745 und OLG Koblenz ZUM-RD 1998, 260 ff.; ferner BVerfG EuGRZ 2001, 59-67 (63 ff.), zur möglichen Prangerwirkung und Erschwerung späterer Resozialisierung. Außerdem sind noch weitere und modernere Formen der Publizität den Resozialisierungschancen abträglich. Dies gilt z.B. für die in manchen Teilen der Welt neuerdings bekanntgewordenen Auflistungen der Personalien von Sexualtätern in zusammenfassenden Publikationen oder im Internet; dazu *Kaiser*: Ist die Resozialisierung noch ein aktuelles Thema?, in: Festschrift für Lenckner 1998, 781-800 (796); *ders.* (Fn. 59); ferner FAZ Nr. 153 vom 06.07.1999 („Scham und Schande können Wunder wirken. In Amerika werden entlassene Sexualverbrecher im Internet, in der Zeitung und im Radio an den Pranger gestellt". Am 20.7.2005 hat das amerikanische Office of Justice Programs eine Natinal Sex Offender Public Registry Website veröffentlicht. Danach sind Personendaten von mehr als 500.000 Sexualstraftätern erfasst und für jedermann über das Internet abrufbar; dazu auch die Badische Zeitung Nr. 168 v. 23.7.2005 („Hier wohnt ein vorbestrafter Sexualstraftäter. In den USA informiert eine Internetseite darüber, wer wegen Sexualdelikten bestraft worden ist und wo er wohnt"). Eine derartige Stigmatisierung äußert sich als ein an sich legitimes Schutzbedürfnis der Öffentlichkeit gegenüber potentiellen Opfern im Ergebnis geradezu kontraproduktiv. Zur Problematik der „Medienrealität" und zu den „Medienberichten als Wirklichkeitskonstruktion" *Hoffmann-Riem*: Kriminalpolitik als Gesellschaftspolitik. 2000, 191 ff., 221.

75 *Kämmerer*: Privatisierung. 2001, 561, 571.

als notwendig angesehen, um eine globale Demokratisierung durchzusetzen[76]. Den NGOs wird daher ein Beratungsstatus im Rahmen der Tätigkeit der Vereinten Nationen eingeräumt. Aber auch auf regionaler Ebene, etwa bei den Aktivitäten des Europarats, sprechen die NGOs mit gewichtiger Stimme, soweit es sich um Angelegenheiten der Strafrechtspflege und des Strafvollzuges handelt. Dies gilt etwa für Organisationen wie die "Howard League for Penal Reform", "The Human Rights Watch", "Amnesty International" und die "International Association of Penal Law". Daher leuchtet ein, dass derartige Organisationen und Institutionen besonders bei der Klärung von Menschenrechtsfragen konsultiert werden, wie dies etwa vor und bei Besuch der Delegationen des Europäischen Anti-Folter-Ausschusses stets der Fall ist. Die NGOs sind wegen ihrer Unabhängigkeit und kritischen Distanz, ihres Sachverstandes, ihrer regionalen oder lokalen Kenntnisse sowie ihres Engagements geschätzte Kontaktpartner[77], ohne wie etwa die Massenmedien auf Verkaufswert oder Absatz ihrer Wahrnehmungen, Nachrichten oder Erzeugnisse achten zu müssen. Im Gegensatz zu den Massenmedien arbeiten sie mehr im Stillen und im Hintergrund[78]. Allerdings tun sich auch die NGOs schwer, hinsichtlich ihrer Aktivitäten und Finanzierung genügende Transparenz zuzulassen.[79]

VII. Zusammenfassung und Ausblick

Hat sich die Institution des stationären Strafvollzugs auch behauptet und in manchen Staaten überdies erneut an Bedeutung gewonnen, so ist sie doch unverändert problematisch. Dies ergibt sich schon allein dadurch, dass ein Eingriff in das herausragende Rechtsgut der Freiheit vorliegt und zudem eine Besserung des Inhaftierten durch den Vollzug nicht garantiert werden kann. Obwohl durch die Erneuerung des Strafvollzugs vieles erreicht worden ist, verdeutlichen die immer noch bestehenden oder wieder aufgebrochenen Mängel eine Vielzahl von Problemlagen, die neben der Kontrolle durch Öffentlichkeit und Justiz erhebliche Reformanstrengungen sowie eine intensive wissenschaftliche Begleitung erfordern. Trotz des relativen Bedeutungsverlustes der Freiheitsstrafe im Gesamtspektrum kriminalrechtlicher Sanktio-

76 UN Newsletter 32/33 (1997), on „special double issue on the community of non governmental organisations working in the field of crime prevention, criminal justice, human rights and the treatment of offenders. Vienna 1997, 3 ff.; ferner *Coyle*: Non-Governmental Organizations. In: Imprisonment Today and Tomorrow 2001, Chapter 29.

77 UN Newsletter, aaO, 6 ff.

78 Zum Ganzen siehe *Coyle* (Fn. 76); ferner *Matscher, F.* (Editor): Ombudsmann in Europa – Internationaler Vergleich. Kehl u.a. 1994.

79 Immerhin fließen nach Angaben der EU-Kommission allein 2 Mrd. € jährlich aus den EU-Töpfen für Projekte in die Kassen der NGOs. Dies ermöglicht vielen der Nichtregierungsorganisationen erst, Demonstrationen gegen EU-Projekte und Lobbyarbeit zu bezahlen. Die Kommission finanziert also Lobbies, die bei ihr Lobbying betreiben; FAZ Nr. 175 v. 30.7.05 („Die europäische Kommission bezahlt viele Nichtregierungsorganisationen für Lobbyarbeit in Brüssel").

nen – in Deutschland von 70 auf 6% während der letzten 100 Jahre[80] – und trotz mancher Erneuerung bietet die Vollzugswirklichkeit immer wieder Anlass zur Kritik, werden hier Menschenrechte immer wieder gefährdet. Dies lässt nicht bloß die Reformbewegung nicht zur Ruhe kommen, sondern weckt überdies Zweifel an Reform- und Zukunftsfähigkeit des Strafvollzuges[81].

Mitunter scheint es daher, als ob der Strafvollzug 400 Jahre nach Amsterdam und zwei Jahrhunderte nach *Howard* und *Wagnitz* gescheitert sei. Derart resignative Schlussfolgerungen legen jedenfalls die zeitgenössischen Bestrebungen des Abolitionismus nahe[82], einer Bewegung, welche die Abschaffung des Strafrechts und damit auch des Strafvollzugs auf ihre Fahnen geschrieben hat. Doch gerade für die Kritiker der Freiheitsstrafe und des Strafvollzugs stellt sich die Frage nach funktionalen Äquivalenten[83]. Trotz aller Anstrengungen zur Ausschöpfung von ambulanten Sanktionen[84] sind mittelfristig zumindest bei langen Freiheitsstrafen keine überlegenen Alternativen zur Institution des Strafvollzugs erkennbar. Eine Ausnahme könnte lediglich für die Verminderung der Untersuchungshaft gelten, etwa durch die Einführung eines elektronisch überwachten Hausarrests[85]. Alle kritischen Einwände und Forderungen nach Einschränkung oder Abschaffung der Freiheitsstrafe haben an der

80 Nachweise bei *Kaiser, G.*: Kriminologie. Ein Lehrbuch. Heidelberg 1996, 985.

81 Siehe die Skepsis von *Müller-Dietz:* Hat der Strafvollzug noch eine Zukunft? In: Festschrift für Schneider 1998, 995-1012 (1996, 1010) einerseits und von *Arzt*: Privatisierung der Sicherheit – Strafrecht am Ende. In: Rechtliche Probleme der Privatisierung, hrsg. v. W. Wiegand. Bern 1998, 313-341 (339 ff.) andererseits; anders wiederum *Adler* u.a.: Criminology, 2nd ed. New York 1995, 509.

82 Vgl. z.B. *Mathiesen*: The Politics of Abolition. Essays in Political Action Theory. Oslo 1974; *Schumann*: Vom Ende des Strafvollzugs. Ein Leitfaden für Abolitionisten. Bielefeld 1988; *Quensel, S.:* Gefängnisse abschaffen – abolitionistische Alternative? MschrKrim 73 (1990), 336-343; im Sinne fortbestehender Bedeutung *Walter*: Strafvollzug 1999, 168; kritisch-ablehnend hingegen *Roxin*: Hat das Strafrecht eine Zukunft? In: GS. f. H. Zipf. Heidelberg 1999, 135-151 (137).

83 Solche werden von *Lüderssen*: Aufgeklärte Kriminalpolitik oder Kampf gegen das Böse? 1998, Band I, 12 zwar empfohlen und pauschal angedeutet, jedoch wenig überzeugend konkretisiert.

84 Siehe dazu die kritische Analyse von *Tonry, M.*: Sentencing Matters. Carry/NC 1995; *ders.* Crime and Punishment in America. In: The Handbook of Crime and Punishment, edited by Michael Tonry. New York, Oxford 1998, 3 ff.; ferner *van Kalmthout/Dünkel*: Ambulante Sanktionen und Maßnahmen in Europa. Neue Kriminalpolitik 12, 4 (2000), 26-30 (27 ff.) zu den Grenzen und Fehlschlägen der ambulanten Sanktionen.

85 Zur Perspektive des elektronisch überwachten Hausarrests als Möglichkeit zur Sanktionierung von Kleindelikten in Deutschland siehe *Krahl*: Elektronisch überwachter Hausarrest. NStZ 1997, 457-461; ferner *Hudy*: Elektronisch überwachter Hausarrest. Baden Baden 1999 und *Kawamura*: Elektronisch überwachter Hausarrest: Strafe zu Hause? Neue Kriminalpolitik 11,1 (1999), 7-9; *H.-J. Albrecht* u.a.: Der hessische Modellversuch zur Anwendung der „Elektronischen Fußfessel“. ZRP 33, 2000, 466-469 (468 f.).

Existenz des Strafvollzugs substanziell nichts zu ändern vermocht. Daran vermag auch die Heftigkeit abolitionistischer Kritik nicht zu rütteln[86].

Gleichwohl lässt sich nicht verkennen, dass wir selbst in Europa noch immer auf Punitivitäts- und Strafvollzugsmodelle mit unterschiedlichem Profil treffen. Doch überall bedarf es vielfältiger Anstrengungen in Staat und Gesellschaft, um die Menschenrechte auch im Strafvollzug zu gewährleisten. Internationale Harmonisierungsbestrebungen – sei es durch die europäischen Menschenrechtsorgane, oder sei es durch die Nichtregierungsorganisationen (sog. NGOs) – erweisen sich dabei als hilfreich. Sie rücken die Schaffung gemeineuropäischer Standards in eine realistische Reichweite. Sie vermögen aber, so notwendig sie sich auch erweisen, die Unterschiede zwischen den vorwiegend national oder regional gebundenen Justizkulturen nicht aufzuheben. Das daraus erwachsende Spannungsverhältnis muss sich aber keineswegs destruktiv äußern. Es kann auch fruchtbar wirken, indem es der Erstarrung vorbeugt und für Erneuerung sorgt. Ganz im Sinne des Jubilars kann dies auch zukünftig nur heißen: „Der Rechtsstaat lebt von Reformen", nicht zuletzt im Bereich des Sanktionenrechts und des Strafvollzugs.

86 So im Ergebnis auch *Müller-Dietz:* Der Ort des Strafvollzugs in einem künftigen Sanktionensystem. In: Festschrift für Böhm 1999, 3 ff. (19) mit der lapidaren Feststellung: „Mit dem prognostizierten oder postulierten Ende des Strafvollzugs oder des Gefängnisses ist also-vorerst jedenfalls-nichts". Und in diesem Sinne wohl auch *Roxin*: Hat das Strafrecht eine Zukunft? In: Gedächtnisschrift für Zipf 1999, 135-151(137); aA aber *Sessar, K.*: Overcrowding – Not the only crisis in the custodial system. European Journal of Criminal Policy and Research 2 (1994), 107-116 (107-114); ferner *Cristie, N.*: Crime Control as Industry. Towards Gulags Western Style. Second Edition London u.a. 1994, 59 ff., 98 ff. und *Cremer-Schäfer/Steinert* (Fn. 3), 183.

B.

Allgemeines Staats- und Verfassungsrecht und Europapolitik

Last der Wahrheiten

von Dr. Susann Bräcklein, Rechtsanwältin

Wer ein schwarz eingebundenes Buch 'schwarz' nennt,
ist im Freien Westen ein ausgesprochen ehrlicher Kerl.
(Wer 'rot' behauptete, wäre 1 Lügner, klar.)
Was aber ist Derjenige, der uns ständig
einzureden versucht: es sei 'nicht-grün'?!
Lächelte & florierte also Bonn.

Arno Schmidt, Kühe in Halbtrauer (1960)

Häufig trifft man in Deutschland auf die Ansicht, parlamentarische Untersuchungsausschüsse hätten mit Wahrheitsfindung nichts zu tun. Es handele sich schlicht um eine Inszenierung von Politik. Untersuchungsausschüsse seien nur Kampfinstrumente der Opposition. Die Sachverhaltserforschung erfolge entlang der Parteigrenzen. Das Ergebnis sei nicht *die* Wahrheit, sondern eine unerträgliche Vielzahl von Wahrheiten. Das Untersuchungsverfahren gehe aus, wie das Hornberger Schießen und sei – im Gegensatz zum Gerichtsverfahren – nicht geeignet, das Vertrauen in die staatlichen Institutionen zu fördern.

Warum ist die Institution des parlamentarischen Untersuchungsausschusses so schlecht beleumundet? Warum werden parlamentarische Untersuchungsausschüsse mit der Erwartung der absoluten Wahrheit belegt? Warum besteht so wenig Vertrauen in die parlamentarische Streitkultur? Woraus resultiert die Über- und zugleich Unterforderung des parlamentarischen Untersuchungsverfahrens im Auge des Betrachters und in den Händen der Akteure?

Die folgenden Ausführungen widmen sich diesen Fragestellungen auch vor dem Hintergrund des Visa-Untersuchungsausschusses des Jahres 2005, der erstmals in einem neuen Licht stand: dem Licht der Scheinwerfer und Fernsehkameras. Zuvor heftig kritisiert, wurde der Schritt der TV-Öffnung nach der Premiere weitgehend begrüßt.[1]

Ich danke mit diesem Beitrag Prof. Dr. Jürgen Meyer für die geistige Förderung und die Bereitschaft, sich in persönlichen Gesprächen mit einer großen Zahl von Wahrheiten auseinanderzusetzen, die sich im Zusammenhang mit seiner Tätigkeit als Abgeordneter und meiner als Mitarbeiterin im Deutschen Bundestag auftaten. Der Beitrag erinnert auch an einen gemeinsamen „Besuch“ des Parteispenden-

1 Eingesetzt am 17. Dezember 2004, BT-Plenarprotokoll 15/149, S. 13989 ff.; Abschlussbericht v. 2. September 2005, BT-Drs. 15/5975.

Untersuchungsausschusses im Jahre 2001, dessen Verhandlungen wir als „Öffentlichkeit" im Sinne des Art. 44 Abs. 1 GG beiwohnten. Schnell waren wir beide uns einig, dass es dem Sinn und Zweck des Untersuchungsverfahrens am Besten entspräche, würde man die Performance des ehemaligen Bundeskanzlers im Fernsehen übertragen. Die Freude darüber, dass dieser Gedanke nunmehr eine Umsetzung erfahren hat, soll an dieser Stelle nicht unerwähnt bleiben.

Darüber hinaus spricht das gewählte Thema nicht nur die zurückliegende Mitarbeit Jürgen Meyers in verschiedenen Untersuchungsausschüssen des Landtags Baden-Württemberg an, sondern auch seine Arbeit als Strafverteidiger. Denn es wird die Frage aufgeworfen, ob der Sinn der Begriffe „Legalität" bzw. „Opportunität", die als Prozessmaximen den Strafprozess leiten auch dem parlamentarischen Untersuchungsrecht mehr gedankliche Schärfe verleihen können. Diese Perspektive ist auch den Worten Meyers enthalten, an die ich mich erinnere: *„Politisches Fehlverhalten kann weit schwerwiegendere Folgen haben, als rechtliches Fehlverhalten."* Es besteht wenig Anlass an dieser Aussage – beispielsweise mit Blick auf die Geschichte der „Kriegslügen" – zu zweifeln. Lässt sich aber bereits deshalb schon von einem Legalitätsprinzip, d.h. einer parlamentarischen Ermittlungspflicht sprechen?

I. Der lange Weg zu parlamentarischen Untersuchungsbefugmissen

Während parlamentarische Untersuchungsausschüsse in den Vereinigten Staaten von Beginn an zum ständigen Instrumentarium des US-Kongresses gehörten,[2] musste das Parlament im deutschen Raum eigenständige Untersuchungsbefugnisse – wie auch Gesetzgebungskompetenzen – zunehmend der monarchischen Exekutive abtrotzen.

Im Anschluss an die Bismarck-Ära, in der, wie die Beilegung des Preußischen Verfassungskonflikts von 1862 zeigt, verfassungsrechtliche „Lücken" zum Nachteil des Parlaments ausgelegt worden waren, wurde mit der Erlass der Weimarer Reichsverfassung die Chance genutzt, ein eigenständiges Untersuchungsrecht des Parlaments verfassungsrechtlich zu verankern.[3] Den Vorüberlegungen Max Webers ist zu verdanken, dass dieses Recht – im Gegensatz zur englischen Praxis, wo es im Prozess der Herausbildung des parlamentarischen Regierungssystems verkümmerte – explizit als Minderheitenrecht ausgestaltet wurde. Hier liegt allerdings auch ein Grund dafür, dass Untersuchungsausschüsse heute regelmäßig als Instrument verstanden werden, in denen parteipolitische Machtkonstellationen die Aufklärung leiten und das Interesse am „Skandal" überwiege.

2 Die ersten Untersuchungen erfolgten nach dem Vorbild der englischen *Select Committees*. Erstmalig setzte das Repräsentantenhaus 1792 einen Untersuchungsausschuss, um zu klären, wie General St. Clair die Hälfte seine Truppen in einer Schlacht im damaligen Ohio-Gebiet verlieren konnte. Das Committee hatte das Recht „to call for such persons, papers and records, as may be necessary to assist their inquiries", 3 Annals of Congress 490-494 (1792).

3 *Bräcklein*, Investigativer Parlamentarismus, Duncker & Humblot (im Druck).

Das von Weber vorgeschlagene Modell *eines* speziellen parlamentarischen Untersuchungsausschusses (ad hoc) mit eigenständige Beweiserhebungsbefugnisse, wie sie damals nur der Exekutive oder den Gerichten zustanden, fand in Art. 34 Weimarer Rechtsverfassung Eingang. Ein dem heutigen amerikanischen Modell vergleichbares, in dem auch alle ständigen Parlamentsausschüsse wie ein ad hoc-Untersuchungsausschuss nach deutschem Verständnis operieren können, hätte wohl – dessen Kenntnis unterstellt –, eine Überforderung der damaligen Zeit und ihrer politischen Verhältnisse bedeutet.[4]

Zur Regelung durchsetzungsfähiger Untersuchungsbefugnisse wurde dem Untersuchungsausschuss eine damals moderne Prozessordnung an die Hand gegeben. Die gerade 40 Jahre alte Strafprozessordnung wurde in Art. 34 Abs. 3 der Weimarer Reichverfassung für sinngemäß anwendbar erklärt. Auch die Nachfolgeregelung in Art. 44 Grundgesetz verweist in Absatz 2 auf die sinngemäße Anwendung der Regeln des Strafprozesses – eine Formulierung, die nicht nur die Rechtswissenschaft seit nunmehr fast hundert Jahren beschäftigt und eine Unmenge Literatur hervorgebracht hat, sondern auch die Perspektive des Strafverfahrens prädeterminiert hat. Udo DiFabio konstatierte 1988 zutreffend, dass die „fast 7 Jahrzehnte währende Auslegungsmühe", was die „sinngemäße Anwendung" der strafprozessualen Regeln in Art. 44 Abs. 2 GG bzw. dessen fast wortgleichem Vorläufer Art. 34 WRV bedeute, bewirkt habe, dass dem parlamentarischen Untersuchungsverfahren letztlich eine geringere öffentliche Bedeutung gegenüber dem Strafverfahren unterstellt und der "*Normzweck des Strafverfahrens zum Maßstab der Auslegung*" erhoben würde.[5] Er schreibt diese *„falsche Weichenstellung"* dem einflussreichen Verfassungsrechtler Gerhard Anschütz zu. Der definierte in der älteren Weimarer Debatte den Kern des Untersuchungsrechts in Abgrenzung zum Kern des Strafverfahrens. Er hielt es für *„sinnwidrig"*,

> *„würde man den Untersuchungsausschüssen gestatten, bei ihrer Tätigkeit Befugnisse anzuwenden, die sozusagen rein kriminalistisch konstruiert [sind], die ihrer ganzen Wesensart durch den Strafverfolgungszweck, dem sie dienen [...] spezifisch bestimmt sind."*[6]

Diese Auffassung findet sich in der heutigen Kommentarliteratur nicht mehr. Trotzdem ist das Untersuchungsverfahren praktisch nicht nur von der strafverfahrensrechtlichen Terminologie, sondern auch von der Normstruktur der Strafprozessordnung bestimmt. Selbst das Bundesverfassungsgericht vergleicht in seiner Flick-Entscheidung die parlamentarischen Untersuchungsbefugnisse noch *„mit hoheitlichen Mitteln, wie sie sonst nur Gerichten und besonderen Behörden zustehen."*[7] Das Untersuchungsausschussgesetz vom 21. Juni 2001 (PUAG) lockert den Bezug zum Strafverfahren nur geringfügig.[8]

4 Zur rechtsvergleichenden Betrachtung *Bräcklein*, aaO.
5 *Di Fabio*, Rechtsschutz im parlamentarischen Untersuchungsverfahren, Berlin, 1988, S. 54ff.
6 *Anschütz*, Die Verfassung des Deutschen Reichs vom 11. August 1919, Art. 34 WRV, Anm. 8b.
7 BVerfGE 67, 100 (127).
8 Verkündet am 25. Juni 2001 (BGBl. I, S. 1142).

Die dem vorliegenden Beitrag andere „Grammatik“ will dem Versuch, das Recht parlamentarischer Untersuchungen in Grundlage, Gewichtung und Wirkweise vom Strafprozess abzulösen einen weiteren hinzufügen. So wird insbesondere der Begriff „Untersuchungskompetenz“ an Stelle von „Untersuchungsrecht“ verwendet. Im Begriff „Kompetenz“ wird die Frage nach einem handlungsberechtigten Akteur beantwortet. Er passt besser für das funktional geordnete Gefüge der staatlichen Organisationen, als der des subjektiven Rechts, der stärker in das Beziehungsgeflecht Bürger/Staat passt. Darüber hinaus beschreibt der Begriff „parlamentarische Untersuchung(en)“ stärker den Ermittlungsvorgang als der institutionell geprägte Begriff „Untersuchungsausschuss“. Er weist auch darauf hin, dass Wahrheitserforschung nicht erst im Untersuchungsausschuss nach Art. 44 GG erfolgt, sondern auch in anderen parlamentarischen Gremien, z.B. in den ständigen Ausschüssen des Bundestages oder in Enquetekommissionen. Wenn auch mit eingeschränkten Befugnissen, liegen diesen Aufklärungsvorgängen die gleichen verfassungsrechtlichen Grundlagen parlamentarischer Informations- und Kontrollrechte und -pflichten zu Grunde. Der offene Begriff „Auskunftsperson“ erfasst die unterschiedlichen Konstellationen von Aussagepflichten besser, als der des „Zeugen“. Ebenso gehen die offenen Begriffe „Information“ oder „Informationsbeschaffung“ über die sachlichen Grenzen hinaus, die beispielsweise die Begriffe „Zeugen- und Urkundsbeweis“ vorgeben.

Die Überlegungen zur Geltung eines Legalitätsprinzips für parlamentarische Untersuchungen laufen diesem Ziel nicht entgegen. Denn sie sollen nachdrücklich das Treuhandverhältnis der Politik mit Tatsachenwahrheiten und die damit verbundene Pflichtenkonstellation thematisieren. Deshalb kann – nicht nur aus Anschaulichkeitsgründen – das Vokabular dem Bereich entlehnt werden, in dem die Ermittlungspflicht als Prozessmaxime ohne Weiteres anerkannt ist: dem der Strafjustiz.

II. Der Wahrheitsfindungsprozess im parlamentarischen und im gerichtlichen Untersuchungsverfahren

Die Erwartung, die den Erfolg eines parlamentarischen Untersuchungsverfahrens am gerichtlichen Wahrheitsfindungsprozess ausrichtet, beruht auf einem fundamentalen Missverständnis.

Die Untersuchungsprozesse im gerichtlichen und parlamentarischen Verfahren weisen nur wenige Gemeinsamkeiten auf. Sie beschränken sich auf den natürlichen bzw. naturwissenschaftlichen Vorgang der Ermittlungstätigkeit und der logischen Beweisführung: Darlegung von Richtigkeit (Verifikation) oder Unrichtigkeit (Falsifikation) von Urteilen durch logische Schlüsse oder empirische Befunde (Deduktion, Induktion). Hier wie dort handelt es sich bei einem Beweis um einen gültigen Schluss mit wahren Prämissen und wahrer Konklusion. Die Beweismittel, mit denen politische Urteile begründet werden können, entsprechen insoweit denen, die ein rechtliches Urteil begründen. Vermutungen und Behauptungen können durch Informationen über Personen oder Sachen – oder in der Sprache des Straf- und Zivilprozess durch Augenscheinnahme, Zeugen, Sachverständige, Urkunden und Parteivernehmung – begründet oder widerlegt werden.

Im Übrigen findet weder der Richter, noch der Untersuchungsausschuss *die* Wahrheit, sondern nur relative Wahrheit*en*. Dies entspricht der demokratischen Grundidee, die eine skeptische Grundeinstellung gegenüber *der* Wahrheit voraussetzt.[9] Sie entspricht auch dem Verzicht des modernen säkularen Staates darauf, als Garant einer inneren Wahrheits- und Tugendordnung einzustehen, sondern seine Legitimation aus der Zusicherung und Durchsetzung einer äußeren Gerechtigkeits- und Friedensordnung zu ziehen. Der Verzicht auf die absolute Wahrheit bedeutet deshalb nicht den Verlust oder die Notwendigkeit von Gewissheiten. Ohne die grundsätzliche Unterscheidung von Lüge und Wahrheit muss die Verlässlichkeit des öffentlichen Lebens schwinden.[10] Ohne die Anerkennung von Wahrheit und Wirklichkeit können Gerechtigkeit und Rechtsfrieden keinen Bestand haben.

Allerdings können weder Gerichte noch Untersuchungsausschüsse *die* Wirklichkeit abbilden. Dies ergibt sich aus der jeweils unterschiedlichen Deutungshoheit über die ermittelten Teilwirklichkeiten, welche durch den Sinn und Zweck des jeweiligen Verfahrens bestimmt werden und den Prozess der Wahrheitsfindung leiten. Das Gerichtsverfahren soll ein Urteil vorbereiten. Das parlamentarische Untersuchungsverfahren soll die Urteilsfähigkeit der Öffentlichkeit herstellen. Der Anspruch der Wahrheitsfindung im gerichtlichen Verfahren wird durch den rechtlichen Tatbestand determiniert. Ziel des strafgerichtlichen Verfahrens ist, mit den beschränkten Befugnissen der Sachaufklärung zu ermitteln, ob sich der Anklagevorwurf bestätigt oder nicht. Im parlamentarischen Untersuchungsverfahren gilt es hingegen einen politisch relevanten Sachverhalt herauszuarbeiten. Maßstab der Untersuchung ist die Richtigkeit politischer Entscheidungsprozesse. Mit *der* Richtigkeit politischen Handelns verhält es sich aber, wie mit *der* Wahrheit oder *der* Wirklichkeit. Hier finden wir das große Problem, dem wir im parlamentarischen Untersuchungsverfahren begegnen: Der politische Tatbestand selbst ist streitig. Er offenbart sich nicht durch schlichtes Hinsehen oder einen *„Blick ins Gesetz.“*

Muss um den Tatbestand, an dem sich die Sachverhaltserforschung ausrichtet – anders als im Gerichtsverfahren – noch *vor*, *mit* und *in* der Öffentlichkeit gerungen werden, folgt einerseits, dass auch die Mittel, welche die Wahrheitsfindung im Untersuchungsverfahren tragen, stärker diskursiven Charakter haben müssen. Vor allem aber folgt daraus, dass der Anspruch, der das Untersuchungsergebnis an Hand seiner Annäherung an *die* Wahrheit misst, auch das Scheitern jedes Untersuchungsausschusses impliziert. Derjenige, der dem Richter mehr Vertrauen schenkt als dem Politiker, muss fast zwangsläufig von dem gleichen Richter im parlamentarischen Untersuchungsverfahren bitter enttäuscht werden, selbst wenn dieser die Ermittlung mit dem gleichen Bemühen um Objektivität und Neutralität leitet. Denn ihm fehlt

9 So z.B. *Kelsen* in seiner Verteidigung der Weimarer Republik, Vom Wesen und Wert der Demokratie, Tübingen 1929, S. 103 f.

10 *Arendt,* Von Wahrheit und Politik, 1972.

der verfahrensleitende rechtliche Tatbestand, auf Grund dessen er den Sachverhalt objektiv und neutral ermittelt könnte.

Dieses Missverständnis wird durch die deutsche Untersuchungspraxis weiter verfestigt. Üblicherweise werden in Deutschland dem Abschlussbericht eine Vielzahl von Sondervoten oder abweichende Berichte beigefügt, die den entsprechenden parteipolitischen Lagern zugeordnet werden können. Im Abschlussbericht des Visa-Untersuchungsausschusses gab *der Ausschuss* sogar auf das Minderheitenvotum eine Replik.[11] In der öffentlichen Wahrnehmung entsteht der Eindruck unverlässlicher Wahrheiten entlang parteipolitischer Interessen. Dies ist nicht unvermeidlich, wie der Blick in die anglo-amerikanische Untersuchungspraxis zeigt. In den Vereinigten Staaten, wie in England sind Untersuchungsberichte ohne Minderheitenvoten die Regel. Hieran knüpft sich die Erwartung einer großen Glaubwürdigkeit und einer Aktualisierung des Vertrauens in die politischen Institutionen. Das bedeutet nicht, dass man „einer Meinung" ist. Diese Meinung ist gerade Teil der Bewertung des politischen Sachverhalts. Vielmehr besteht ein übergeordnetes Interesse daran, auch einem Dritten die Möglichkeit der Bewertung zu eröffnen, die nicht durch die am Verfahren Beteiligten vorweggenommen werden soll. Der Untersuchungsbericht enthält alle vertretbaren – den denklogischen Gesetzen nicht widersprechenden – Deutungsmöglichkeiten von Vorgängen und Ereignissen an Hand jedes erarbeiteten Tatbestandsmerkmals. Damit wird der Aufklärungsprozess in seiner Gesamtheit der Öffentlichkeit präsentiert. Die Gesamtheit des Diskussionsprozesses wird von parlamentarischer Mehrheit und Minderheit gleichermaßen verantwortet.

Dagegen reduziert der deutsche Anspruch an eine einheitliche und damit autoritäre Bewertung des politischen Sachverhalts die Einigungsmöglichkeiten bei der Erstellung eines gemeinsamen Sachberichtes. Der überhöhte Wahrheitsanspruch öffnet den Vernebelungsaktionen von parlamentarischer Mehrheit sowie den Skandalisierungstendenzen der parlamentarischen Minderheit Tür und Tor. Dies schlägt zurück auf das Vertrauens- oder Misstrauensverhältnis gegenüber politischen Entscheidungs- oder Kontrollprozessen. Darüber hinaus erklärt es die Zurückhaltung gegenüber dem Einsatz und den Ergebnissen von Untersuchungsausschüssen auf der Ebene der Akteure als auch auf der Ebene der Rezipienten.

Stellte man dagegen Akzeptanz und Glaubwürdigkeit in den Vordergrund, würde man auf abweichende Berichte – vergleichbar der Sachverhaltsschilderung im Gerichtsurteil – verzichten und statt dessen, im Tatbestand selbst Streitiges und Unstreitiges in mühevoller Kleinarbeit darstellen. So könnten Untersuchungsberichte entstehen, die von parlamentarischer Mehrheit und Minderheit gleichermaßen akzeptiert und von der Öffentlichkeit als solche zur Kenntnis genommen werden.

Folgt daraus nun, dass es Aufgabe des gesamten Parlaments und damit gleichermaßen von parlamentarischer Mehrheit und Minderheit ist, die Urteilsfähigkeit der Öffentlichkeit herzustellen? Muss jede Maßnahme ergriffen werden, die aufklärungsbedürftige Sachverhalte erhellt? Was heißt Aufklärungsbedürftigkeit? Besteht

11 BT-Drs. 15/5975 S. 295 ff., 319 ff.

eine parlamentarische Untersuchungspflicht? Welche Prozessmaximen gelten für das parlamentarische Untersuchungsverfahren? In welchem Umfang? Wann liegt ein Verstoß vor? Welche Konsequenzen hat der Verstoß? Muss der Aufklärungsprozess der Öffentlichkeit in Wort und Bild übertragen werden?

III. Legalitätsprinzip und parlamentarische Untersuchungspflicht

Im Legalitätsprinzip wird in Deutschland die Verpflichtung der Strafverfolgungsbehörden zusammengefasst, ein Ermittlungsverfahren einzuleiten, wenn sie Kenntnis von einer Straftat erhalten (§§ 152 Abs. 2, 160, 163 StPO). Der Verfolgungszwang für die Rechtsgemeinschaft steht im Zusammenhang mit dem Amtsermittlungsgrundsatz (Offizialprinzip) und dem Anklagemonopol der Staatsanwaltschaft. Ist die Strafverfolgung dem Staat übertragen, besteht bei Vorliegen von Verdachtsmomenten eine Verfolgungs- und Anklagepflicht. Das Legalitätsprinzip wird durch das Opportunitätsprinzip durchbrochen. Der Staatsanwaltschaft steht ein Anklageermessen bei geringer Schuld zu (§§ 153, 153 a StPO).

Liegt der Gedanke des Legalitätsprinzips auch dem parlamentarischen Untersuchungsverfahren zu Grunde? Der Wortlaut des Art. 44 Abs. 1 GG deutet eher auf eine „kann"-Bestimmung hin:

„Der Bundestag hat das Recht und auf Antrag eines Viertels seiner Mitglieder die Pflicht, einen Untersuchungsausschuss einzusetzen, der in öffentlicher Verhandlung die erforderlichen Beweise erhebt."

Inhaltlich gleichen sich beide staatlichen Ermittlungsverfahren insoweit, als sie die Rechts- und Friedensgemeinschaft schützen sollen. Das parlamentarische Untersuchungsverfahren ist dem Prinzip parlamentarischer Kontrolle, wie es sich insbesondere aus Art. 43, 45 ff. GG ergibt, verpflichtet. Auch das parlamentarische Untersuchungsverfahren ist vom Amtsermittlungsgrundsatz geprägt. Der Staat reklamiert in beiden Untersuchungsverfahren institutionelle Zuständigkeit. Der Bürger hat keine rechtlichen Möglichkeiten, sein Aufklärungsinteresse selbständig geltend zu machen. Für die Annahme einer Untersuchungspflicht sprechen daher der in der Verfassung verankerte Grundsatz parlamentarischer Kontrolle der Exekutive und das korrespondierende Prinzip parlamentarischer Verantwortlichkeit. Die Kontrolle der Exekutive und damit auch die Initiierung eines Ermittlungsverfahrens ist ureigenste Aufgabe des Parlaments. Parlamentarische Kontrolle ist primär politische Kontrolle. Nur ein politisches Gremium vermag das Vertrauen in die politischen Institutionen und in politisches Handeln herzustellen. Parlamentarische Kontrolle ist Teil des Mandatsverhältnisses, Teil des Wählerauftrages. Dieser Grundsatz findet sich in überzeugender Klarheit in der vom damaligen Innenminister Hugo Preuß geprägten Entwurfsfassung zur Weimarer Verfassung. Hier wurde die Untersuchungskompetenz erstmalig in § 52 Abs. 1 formuliert:

„Jedes Haus hat das Recht [...], Ausschüsse zur Untersuchung von Tatsachen einzusetzen, wenn die Gesetzlichkeit oder Lauterkeit von Regierungs- oder Verwaltungsmaßnahmen des Reichs angezweifelt wird."

Diese deutlich formulierte Zielrichtung des parlamentarischen Untersuchungsverfahrens der Abwendung von Ungesetzlichkeit und Unlauterkeit wurde zwar im Verlauf der Beratungen fallengelassen. Sie wurde als zu einschränkend empfunden. Die Entwurfsregelung ist aber deshalb in Erinnerung zu rufen, weil sie präzise die Fälle regelt, in denen von einer parlamentarischen Untersuchungspflicht auszugehen ist. Hier treffen Legalität und Legitimität zusammen. In den Fällen, in denen das Parlament von Umständen Kenntnis erhält, die Gesetzlichkeit oder Lauterkeit von Regierungshandeln und Verwaltungshandeln in Zweifel ziehen, ist grundsätzlich eine Ermittlungspflicht anzunehmen. Politische Kontrolle schließt die Kontrolle rechtlichen Fehlverhaltens nicht aus – was vielfach missverstanden wird –, sondern nur die rechtliche Sanktion, welche der Justiz vorbehalten ist.

In welchem Umfang gilt die Ermittlungspflicht? Gilt das Opportunitätsprinzip? Welche Folgen hat das Unterlassen von Aufklärungsmaßnahmen?

Grundsätzlich gilt für die Untersuchungspflicht der Maßstab der Selbstreinigung des politischen Systems. Dieser Maßstab verdichtet sich, je weiter die Einigkeit über die Aufklärungsbedürftigkeit des Sachverhalts reicht. Ist bereits ein Untersuchungsausschuss mit einem Untersuchungsthema eingesetzt, muss das Unterlassen möglicher und zulässiger Beweiserhebung, die eine aufklärungsbedürftige Tatsache erhellen oder belegen kann, als Verstoß gegen die Aufklärungspflicht gewertet werden. Grundsätzlich sind alle zulässigen Mittel auszuschöpfen. Insoweit ist z.B. der Verzicht auf das Mittel der Beugehaft gegen H. Kohl im Parteispenden-Untersuchungsausschuss 2002 nicht akzeptabel. Gänzlich unverständlich ist, warum sich das Parlament im Nachgang zum Parteispenden-Untersuchungsausschuss selbst möglicher Untersuchungsbefugnisse beraubt hat. Der Verzicht auf die Möglichkeit einer Vereidigung unter Hinweis auf die Praxis des Bundestages, die seit 1969 keinen Zeugen mehr vereidigt habe, überzeugt nicht.

Ein im Vergleich zum Strafverfahren strengeres Legalitätsprinzip könnte aus dem Grund angenommen werden, dass im parlamentarischen Verfahren dem Bürger kein, dem Klageerzwingungsverfahren gemäß § 374 StPO, vergleichbares Instrument zur Verfügung steht. Die Öffentlichkeit ist darauf angewiesen, dass sich eine – der notwendigen Einsetzungsmehrheit entsprechende – aufklärungsbereite Menge an Parlamentariern zur Aufklärung bereit erklärt. Andererseits könnte von einem schwächeren Legalitätsprinzip gesprochen werden, weil kein ermittlungsleitender rechtlicher Tatbestand wie die Verbotsbestimmungen des Strafgesetzbuches, sondern der recht allgemeine Verfassungsgrundsatz der parlamentarischen Kontrolle die Initiative leitet und einer weiten Einschätzungsprärogative des Parlaments obliegt.

An die Geltung eines Opportunitätsprinzips im Sinne eines Ermittlungsermessens bei *„geringer Ungesetzlichkeit"* oder *„geringer Unlauterkeit"* ist – im Vergleich zu geringer Schuld nach § 153 a StPO – dann zu denken, wenn andere Verfahren, wie z.B. Dienstaufsichtsbeschwerde, Disziplinarverfahren oder das Verwaltungsverfahren, die Gesetzlichkeit oder Lauterkeit von Regierungs- oder Verwaltungshandeln zum Gegenstand haben und gegebenenfalls über die parlamentarische Aufklärung hinaus rechtliche Sanktionsmechanismen zur Verfügung stellen. Allerdings muss es sich um den gleichen Prüfungsgegenstand und die gleiche Zielsetzung handeln. Allein der Hinweis auf eine anderweitige staatliche Ermittlungstätigkeit genügt nicht. Es bleibt aber festzuhalten, dass die gerichtliche Untersuchung eines aufklärungsbedürftigen Sachverhalts, die parlamentarische zu ersetzen vermag, weil – wie oben ausgeführt – sie nach rechtlichen, nicht nach politischen Determinanten bestimmt wird.

Ebenso wenig genügt der Verweis auf eine *„allgemeine Bekanntheit“* des Sachstandes durch die Faktener- und -vermittlung der Presse. Die Ermittlungen der freien Presse können die parlamentarische Aufklärungspflicht nicht ersetzen. Sie sind im Übrigen – anders als der Ausschussbericht eines parlamentarischen Untersuchungsgremiums – der Gefahr ausgesetzt, im allgemeinen Tagesgeschehen unterzugehen oder nicht mehr im Zusammenhang erfassbar zu sein. Als Verstoß gegen das Legalitätsprinzip können folgende Vorgänge zur Diskussion gestellt werden: So verloren z.B. die Vorwürfe, die im Jahr 2004 gegen den früheren Chef der Bundesagentur für Arbeit, Florian Gerster, erhoben wurden sind, sofort nach dessen Absetzung jedes Interesse. Sie waren nie Gegenstand eines parlamentarischen Untersuchungsverfahrens, obwohl auch Versäumnisse in der Aufsicht des Bundesministeriums für Arbeit und Wirtschaft im Raum standen. Die Versäumnisse im Bundesministerium für Verkehr, Bauen und Wohnen bei der Einführung der LKW-Maut wurden ebenso wenig parlamentarisch aufgeklärt. Die Reihe von Beispielen könnte beliebig fortgesetzt werden.

Es könnte eingewandt werden, dass das Legalitätsprinzips im parlamentarischen Untersuchungsverfahren könne keinerlei Bedeutung entfalten, weil der Verstoß gegen dagegen folgenlos bleibt. Zunächst ist es das Anliegen der vorliegenden Ausführungen, das Leitprinzip parlamentarischer Kontrolle und damit der parlamentarischer Untersuchungspraxis zu formulieren und Selbstreinigungskräfte zu stimulieren. Der Ergänzung mangelhafter Ethikvorschriften im Deutschen Bundestag stehen die Ausführungen nicht entgegen. Zum anderen können Verhaltensänderungen aber auch schon dann bewirken werden, wenn noch keine rechtlichen Sanktionsmechanismen zur Verfügung stehen. Grundsätzlich ist das Schmerzlichste, was ein Politiker zu befürchten hat, der Verlust seiner Glaubwürdigkeit. Die Unzuverlässigkeit politischer Informationen kann den politischen Absturz nach deren Offenlegung zur Folge haben.

Vor dem Hintergrund der vorliegenden Ausführungen ist auch der sog. Lügenausschuss in einem anderen Licht zu sehen. Er wurde nach der Bundestag-Wahl im Herbst 2002 zur Aufklärung von „Wahlbetrug“ auf Betreiben der Opposition mit dem Vorwurf eingesetzt worden ist, die Regierung habe mit ihren Versprechungen die Wähler über die desolate Lage des Staates belogen.[12] Schon im Ansatz unterschlug diese Intention den Unterschied zwischen Fakten und Prognosen. Dem Ausschuss wurde deshalb schon im Vorfeld die Erfolglosigkeit vorausgesagt. Allerdings gilt auch hier der Grundsatz: Lieber eine Wahrheit zu viel, als eine zu wenig. Eine

12 Abschlussbericht des 1. Untersuchungsausschusses der 15. Wahlperiode, BT-Drs. 15/2100.

Wahrheit zu viel verlangt dem souveränen Politiker allein die Anerkennung eines festgestellten Sachverhalts ab. Eine Wahrheit zu wenig gräbt sich hingegen ins kollektive Gedächtnis der Rechtsgemeinschaft ein und wird auch in Zukunft für Misstrauen und Verdruss sorgen.

IV. Das Öffentlichkeitsprinzip

Ist Sinn und Zweck des Untersuchungsverfahrens, die Urteilsfähigkeit der Öffentlichkeit herzustellen, so muss jede Hürde, die der öffentlichen Teilhabe am Aufklärungsprozess entgegengestellt wird, als rechtfertigungsbedürftig angesehen werden. Rechtlich regelt dies Art. 44 Abs. 1 GG, der die Beweiserhebung in der Öffentlichkeit vorschreibt. Damit greift fehl, wer die medienöffentlichen Vernehmungen im Visa-Untersuchungsausschuss für ein „Experiment" hält. Ebenso fehlgerichtet ist das wochenlange „Nachdenken" von Innenminister Otto Schily darüber, ob er der Übertragung „zustimme", da kein Rechtsgut ersichtlich ist, über das mittels persönlicher Einwilligung hätte verfügt werden können. Beide Ansichten können sich zwar auf den Wortlaut des Untersuchungsausschussgesetzes (PUAG) berufen: Hier heißt es in § 13 Abs. 1 PUAG:

> *„Die Beweiserhebung erfolgt in öffentlicher Sitzung. Ton- und Bildaufnahmen sowie Ton- und Bildübertragungen sind nicht zulässig. Der Untersuchungsausschuss kann Ausnahmen von Satz 1 zulassen. Ausnahmen von Satz 2 bedürfen einer Mehrheit von zwei Dritteln der anwesenden oder anzuhörenden Personen."*

Allerdings sind die Auffassungen – wie das Gesetz selbst – mit dem verfassungsrechtlich ermittelten Sinn und Zweck des Untersuchungsverfahrens und der Funktion der Öffentlichkeit im Verfahren nicht zu vereinbaren. Das für die Medienübertragung einschlägige Grundrecht nach Art. 5 Abs. 1 S. 1 2. Alt. GG schützt die Freiheit der Berichterstattung durch Rundfunk und Fernsehen von der Beschaffung der Information bis zur Verbreitung von Nachricht und Meinung.[13] Der Schutz umfasst grundsätzlich auch die Möglichkeit, ein Ereignis für die Zuhörer und Zuschauer akustisch und optisch in voller Länge oder in Ausschnitten, zeitgleich oder zeitversetzt zu übertragen.[14] Der Informationsanspruch reicht im Rahmen der Rundfunkfreiheit nach Art. 5 Abs. 1 S. 1 2. Alt. GG genauso weit, wie für den Bürger allgemein.

Im Untersuchungsverfahren kann nicht, wie im Gerichtsverfahren zwischen Saal- oder Fernsehöffentlichkeit unterschieden werden.[15] Das Öffentlichkeitserfordernis ergibt sich direkt aus der Verfassung. Der Rechtsgedanke, der im Gerichtsverfahren

13 BVerfGE 10, 118 (121); 91, 125 (134).

14 BVerfGE 91, 125 (134).

15 Siehe die ausführliche Begründung in *Bräcklein*, Öffentlichkeit im parlamentarischen Untersuchungsverfahren, ZRP 2003, 348 ff. sowie die rechtsvergleichende Betrachtung mit den Vereinigten Staaten in: *dies*. Investigativer Parlamentarismus aaO.

nach § 169 S. 2 GVG das Verbot von Ton- und Filmaufnahmen – zum Schutz des allgemeinen Persönlichkeitsrechts, des Anspruchs der Beteiligten auf ein faires Verfahren und der Funktionsfähigkeit der Rechtspflege – rechtfertigt, kann im politisch motivierten parlamentarischen Untersuchungsverfahren jedenfalls nicht zum gleichen Ergebnis führen.[16] Dem Öffentlichkeitsprinzip kommt im parlamentarischen Untersuchungsverfahren eine andere und größere Bedeutung zu als im Gerichtsverfahren. Außerdem stehen im Gegensatz zum Gerichtsverfahren keine persönlichen, sondern öffentliche Sachverhalte im Mittelpunkt der Untersuchung. Die Öffentlichkeit des Öffentlichen bedarf aber keiner Rechtfertigung. Nur die Geheimhaltung öffentlicher Angelegenheiten bedarf guter Gründe.

Die Zustimmung von Auskunftspersonen, die als Amtsträger dem Parlament und der Öffentlichkeit über ihre Amtsführung auskunfts- und rechenschaftspflichtig sind, ist demnach nicht erforderlich. Für Bundesminister besteht die Auskunfts- und Rechenschaftspflicht gegenüber dem Untersuchungsausschuss vor den Augen der Öffentlichkeit bereits auf Grund des Prinzips der parlamentarischen Verantwortlichkeit. Die fernsehöffentlichen Anhörungen von Außenminister Joseph Fischer und Innenminister Otto Schily waren damit nicht von der Zustimmung der Auskunftsperson abhängig.

Anders ist dies dagegen bei Auskunftspersonen, die erst durch Gesetz verpflichtet werden, im staatlichen Ermittlungsverfahren mitzuwirken. Hier handelt es sich um einen Grundrechtseingriff in das allgemeine Persönlichkeitsrecht nach Art. 2 Abs. 1 i.V.m. Art. 1 Abs. 1 GG, der rechtfertigungsbedürftig ist.[17] Die Auskunftsperson stellt sich auf Grund dieser gesetzlichen Auskunftspflicht der Beweisaufnahme bzw. der Informationsbeschaffung durch staatlichen Zwang und damit der Öffentlichkeit. Wird diese Aussage in Ton und Bild fixiert und in Rundfunk und Fernsehen ausgestrahlt, wird dieser Eingriff noch intensiviert.[18] Insoweit wird bei einem schonenden Ausgleich der Grundrechte die Nichtübertragung der Aussage an die Rundfunk- und Fernsehöffentlichkeit auch zukünftig die Regel sein. Für Amtsträger kann der individuelle Grundrechtsschutz im Einzelfall aufleben, wenn Sachverhalte außerhalb der Amtsführung Gegenstand der Befragung werden.

Rechtsprechung, Parlamentspraxis und wissenschaftliche Begleitung werden sich in Zukunft mit dem Problem – unter Berücksichtigung der Rechtsprechung zu Per-

16 Zur Frage der verfassungsrechtlichen Vereinbarkeit des Ausschlusses von Ton- und Filmaufnahmen im Gerichtsverfahren nach § 169 S. 2 GVG siehe die letzte Entscheidung des Bundesverfassungsgerichts vom 24. Januar 2001 (BVerfGE 103, 44). Die Verfassungsbeschwerde 1 BvR 2623/95 betraf den Zugang des Nachrichtensenders n-tv zur Hauptverhandlung im sog. Politbüro-Prozess vor dem Landgericht Berlin am 19. Oktober 1995, die Verfassungsbeschwerde 1 BvR 622/99 den Zugang zur Übertragung der mündlichen Verhandlung vor dem 6. Senat des Bundesverwaltungsgerichts am 21. April 1999 im Revisionsverfahren 6 C 18.98 zum sog. Kruzifix-Verfahren.

17 Anders dagegen *Wiefelspütz*, Untersuchungsausschussgesetz, Baden-Baden, 2002, der die Zeugnispflicht für eine nach deutscher Rechtstradition allgemeine Staatsbürgerpflicht hält, S. 242.

18 BVerfGE 103, 44, 67.

sonen der Zeitgeschichte und der statusrechtlichen Fragen im Beamtenrecht – beschäftigen und eine differenzierte Kasuistik entwickeln müssen. Aufgabe ist es in dem Zusammenhang, die im politischen Bereich immer schwer zu ziehende Grenze zwischen „öffentlich" und „privat" ein weiteres Mal zu konkretisieren. So stellt sich z.B. die Frage, bis in welche Hierachieebene hinein, eine fernsehöffentliche Anhörung akzeptiert werden muss.

Was die Ermessensentscheidung des Untersuchungsausschusses betrifft, die das Gesetz intendiert, so kann sich die in § 13 Abs. 1 S. 2 PUAG geregelte qualifizierte Ausschussmehrheit nicht unbegründet über das Öffentlichkeitsprinzip hinwegsetzen. Deshalb ist eine gesetzliche Klarstellung zu fordern, die Regel und Ausnahme der TV-Übertragung in § 13 PUAG umkehrt. Ausschlussgründe können dem detaillierten § 14 PUAG entnommen werden. Hiernach kann der Untersuchungsausschuss zum Schutz grundrechtlich gewährleisteter Privat- und Vermögensinteressen, zur Wahrung öffentlicher Geheimhaltungsinteressen oder im Interesse eines geordneten Verfahrens die Öffentlichkeit ausschließen. Dies kann für die Medienöffentlichkeit in abgestufter Weise gleichermaßen erfolgen. Diese Gründe stützen allerdings nur den Ausschluss im Einzelfall, nicht aber das grundsätzliche Verbot von Ton- und Filmaufnahmen.

V. Gefährdungen der Wahrheitsfindung

Bei den Gefährdungen, denen der Prozess der Wahrheitsfindung im Untersuchungsverfahren ausgesetzt ist, handelt es sich um einen großen Korb an Gefährdungen, denen die Wahrheiten in der Politik allgemein und – noch allgemeiner – in den Beziehungen der Menschen untereinander immer unterliegen. Sie können durch TV-Übertragungen im Untersuchungsausschuss verstärkt, aber auch verringert werden.

Auf der Seite der Gefährdungen stehen die Bedenken, die bereits gegen TV-Übertragungen aus Gerichtsverhandlungen ins Feld geführt worden sind. Allerdings kann es, was die mögliche Veränderung des Aussageverhaltens betrifft, nicht als erwiesen gelten, dass sich die Kamerapräsenz über Nervosität und Anspannung hinaus tatsächlich negativ auf die Aussagetüchtigkeit oder -bereitschaft oder den Wahrheitsgehalt der Aussage auswirkt.[19]

Dem Einwand, die Übertragung würde das Interesse an der Skandalisierung von Politik befördern, ist als erstes entgegenzuhalten, dass die Intention des Art. 44 GG dem medialen Interesse am Skandal nicht widerspricht. In der Regel deckt es sich mit dem Interesse an der Einsetzung eines Untersuchungsausschusses. Die Gefahr selektiver und verfälschender Berichterstattung ist kein Argument, das allein gegen die Rundfunk- und Fernsehübertragungen anzuführen ist. Das Risiko des Verfälschens oder Veränderns einer Aussage in der Beweisaufnahme durch Ton- und

19 Siehe die rechtsvergleichende Untersuchung mit den Vereinigten Staaten von *Vietmeyer*, Vor- und Nachteile der Fernsehöffentlichkeit, Göttingen, 2002, S. 89 ff., S. 254.

Bildberichterstattung ist nicht größer als durch die Presseberichterstattung. Selektive und subjektive Schilderungen sind dem parlamentarischen Untersuchungsverfahren immanent, das der Bewertung des ermittelten Sachverhalts keinen rechtlichen, sondern einen politischen Rahmen verleiht. Man könnte der Fernsehberichterstattung im Hinblick auf eine wirklichkeitsgetreue Abbildung gegenüber oder in Ergänzung der zusammenfassenden Bewertung durch Mitglieder des Untersuchungsausschusses vor laufender Kamera sogar eine größere Authentizität und vertrauensstabilisierende Wirkung zubilligen.

Diese Argumentation wird von der ersten Erfahrung mit der TV-Übertragung aus dem Visa-Untersuchungsausschuss gedeckt. Die Übertragung der Anhörung von Außenminister Fischer und Innenminister Schily in voller Länge ohne Werbeunterbrechungen oder Schnitte hat einen authentischen Eindruck vermittelt. Dies ist vor allem im Gegensatz zur reinen Presseberichterstattung der Vergangenheit bzw. der mittelbaren Bewertung der Parlamentarier vor den Kameras ein deutlicher Fortschritt.

Sinn und Zweck des parlamentarischen Untersuchungsverfahrens ist es, die Urteilsfähigkeit der Öffentlichkeit herzustellen. Dies umfasst grundsätzlich auch, dass sich die Öffentlichkeit einen eigenen Eindruck von den politischen Repräsentanten machen kann, vor allem dann, wenn deren Lauterkeit in Zweifel gezogen wird. Dies bedeutet ungekehrt auch, dem Repräsentanten die Möglichkeit der persönlichen Stellungnahme und Rechtfertigung zu geben. Insoweit vermittelt der im Untersuchungsausschussgesetz verwandte Begriff „Zeuge" fälschlicherweise den Eindruck der Passivität. Der Amtsträger hat sich der Öffentlichkeit, stellvertretend durch das Parlament zu verantworten und hat Rechenschaft über seine Amtsführung abzulegen. Dass sich in diesem Erkenntnisverfahren permanent Tatsachen und Deutungen, (partei)politische Schelte und objektive Sachverhaltsermittlung überschneiden, liegt in der Natur des Politischen. Dass sich Wahrheiten und Lügen in so vielfältiger Weise und Farbenpracht offenbaren, liegt in der Natur der Darsteller, aber auch in der Natur der Betrachter.

Zwar sind wir Beobachter mehr denn je auf „Deutungs- und Erkenntnishilfen" angewiesen. Unsere Fähigkeit, verlässliche Urteile über die Wirklichkeit oder politisches Fehlverhalten allein mit eigenen Denk- und Beobachtungsmitteln zu fällen, ist auf Grund der Komplexität der Lebens- und damit auch der politischen Verhältnisse abgenommen. Gleichzeitig ist aber auch unsere Fähigkeit zum kritischen Umgang mit den Medien gewachsen. Auch hinsichtlich des Faktums, dass politischer Erfolg wesentlich von den Realitätsbildern abhängig ist, die sich im Bewusstsein der Bürger festsetzen.

Darüber hinaus wissen wir eine Menge über die unterschiedlichen Schattierungen des Flunkerns, Schwindelns, Verdrehens und Verleugnens. Wir alle schreiben uns eine große Kompetenz zu, wenn nicht im Lügen selbst, dann doch im Vermuten und Aufdecken von Lügen. Klammert man die moralische Komponente der Wahrheitspflicht aus, bekommt man den Blick für die Funktionslogik des Lügens frei. Von der Ebene der kleinen alltäglichen Interaktionen und Begegnungen von Menschen untereinander aus, die Täuschung und Selbsttäuschung als Selbstverständlichkeit beinhalten, lässt sich auch die politische Ebene der Kommunikation und politischen Beleuchtungstechnik besser verstehen.[20]

Mehr aber als das Licht, das Botschaften auf der politischen Bühne erhellen soll, interessiert hier die Kunst, Schatten und Dunkelheit zu werfen. Im Einzelfall mag es schwierig sein, festzustellen, wann diese Grenze der Inszenierung hin zur Manipulation des Tatsachenmaterials überschritten ist. Die Mechanismen der Verdeckung und Verdunklung reichen in politischen Skandal-Situationen vom Leugnen, Umdeuten, Bestreiten der Verursachung, Abwerten der Quelle, Verweis auf andere Verursacherbeiträge bis zum „das hab ich nicht gewollt“ oder, wenn nichts mehr geht, zum „tut mir leid.“ Dies lässt sich an Hand diverser Skandale der deutschen Nachkriegsgeschichte von der sog. Kieler Affäre bis zum Skandal um die CDU-Parteispenden nachzeichnen. Mit Ausnahme von Barschel scheinen alle Hauptbetroffenen die jeweilige Krise gut gemeistert zu haben. Neben H. Kohl, geben die Fälle der derzeit aktiven Politiker R. Koch und W. Schäuble ein Beispiel für Krisenmanagement, das alle Register der Verdunklung und Verdeckung zieht. Sie reichten von aggressiven Strategien des Aufbaus eines Images, das Integrität impliziert, bis zu defensiven Strategien der Entschuldigung.[21]

Drei Beispiele: Am 4. November 1999 erlässt das Amtsgericht Augsburg einen Haftbefehl wegen des Verdachts der Steuerhinterziehung gegen den früheren CDU-Schatzmeister Leisler-Kiep. Wirtschaftsprüfer Weyrauch bezeugt am 5. November die Zahlung, aber auf ein Treuhandkonto der CDU. Der Parteivorsitzende H. Kohl bestreitet am 6. November, Kenntnis von der Zahlung gehabt zu haben. Die Unterstellungen seinen *„falsch und verleumderisch.“* Am 30. November 1999 räumt er die Entgegennahme von Geldern ein, interpretiert aber sofort den Sachverhalt als „vertretbar“, „nicht gewollt“ und fügt hinzu: *„Jeder, der mich kennt weiß, dass ich mich ausschließlich der Verantwortung für das Wohl unseres Landes verpflichtet sah und weiterhin sehe [...].“* In der Folge rechtfertigt er die Entgegennahme der Spenden mit der Begründung, auf offiziellem Wege hätte er diese nicht erhalten. Die Namen der Spender verschweigt er – auch gegenüber dem parlamentarischen Untersuchungsausschuss – und betont, dass er sein Ehrenwort gegeben habe und sich außer Stande sehe eigene moralische Maßstäbe zu brechen. In der Folge wird er Journalisten *„Hetzjagd“* vorwerfen, sich *„sparsam und unbestechlich“* und als „rundum zur Aufklärung bereit“ beschreiben. 6,3 Mio. werden ihm von diversen Befürwortern gespendet, um das Bußgeld, das der CDU drohte, auszugleichen. Das Verfahren wegen Untreue wird die Staatsanwaltschaft Bonn wegen geringer Schuld nach § 153a StPO einstellen. Der Parteispenden-Untersuchungsausschuss wird die Beugehaft erwägen, um die Namen der illegalen Spender zu erfahren, und das Vorhaben

20 *Hettlage*, Vom Leben in der Lügengesellschaft, in: Verleugnen, Vertuschen, Verdrehen, Konstanz, 2003, S. 9 ff.; *Bettetini,* Eine kleine Geschichte der Lüge, Wagenbach, Berlin 2003; *Dietz,* Die Kunst des Lügens, Rowohlt, Hamburg, 2003.

21 Siehe ausführlich dazu *Schütz/Gröschke/Hertel*, Aufdeckung und Zudeckung, Skandale zwischen Wahrheitsfindung und Vertuschungsinteressen, in: *Hettlage,* aaO.

kurz darauf fallen lassen. Am 2. September 2005 wird Kohl Ehrenbürger von Ludwigshafen. Die Laudatio hält Luxemburgs Premierminister Jean-Claude Juncker. Im September 2005 erhält er den Franz–Josef–Strauß-Preis der Hanns-Seidel-Stiftung. Am 3. Oktober 2005 wird er mit der Quadriga ausgezeichnet, mit der der Verein Werkstatt Deutschland herausragende Europäer der Nachkriegsgeschichte ehrt.

W. Schäuble stellt sich zu Beginn des Skandals als integer dar, indem er Offenheit und Aufklärungsbereitschaft signalisiert. Am 2. Dezember 1999 bestätigt er Kontakte zum Lobbyisten und Geldboten Karl-Heinz Schreiber. Zu Beginn des Kleinen Parteitages der CDU am 19. Dezember 1999 sichert er „rasche und vollständige“ Aufklärung zu: *„Wir haben viel aufzuklären, aber nichts zu verbergen.“* Die defensive Selbstdarstellung beginnt bereits einen Tag später. Schäuble stellt den Spendenvorfall als einmaligen Ausrutscher dar und bestreitet, von Auslandskonten und Zahlungen von Elf Aquitaine gewusst zu haben. Er bezeichnet die Vorwürfe als absurd und als Intrigen zweifelhafter Quelle. Am 10. Januar 2000 bekennt er sich zur Annahme einer Spende, betont aber, dass er die Spende in bestem Glauben weitergegeben und erst später festgestellt habe, dass dies nicht korrekt verbucht worden sei. Er stellt die Verfehlungen als gering dar: *„Insofern haben wir alle ein Stück Mitverantwortung, dass wir nicht nachgefragt haben, sondern gesagt haben: Es wird schon richtig sein.“* Am 11. Februar 2000 gibt Schäuble eine eidesstattliche Versicherung ab, tritt von allen Führungsämtern zurück und wird immer wieder betonen in ein *„Netz der Intrige“* geraten zu sein. Im Jahr 2002 wird W. Schäuble in das Kompetenzteam von Kanzlerkandidat E. Stoiber für die Bundestagswahl aufgenommen, im Jahr 2005 in das Kompetenzteam von A. Merkel. In der 16. Legislaturperiode wird er das Ministerium des Innern, das Verfassungsressort, leiten.

Auf Grund der großen Unterstützung seiner Partei konnte der hessische Ministerpräsident R. Koch von Anfang an eine defensive Strategie wählen und den Vorwurf, hinter anonymen Vermächtnissen an die Partei steckten illegale Spenden, *„aussitzen.*

“ Öffentlich wird Koch erstmalig in der Debatte des Landtages am 16. Dezember 1999 mit Vorwürfen konfrontiert und antwortet: „Ich kenne bis zum heutigen Tag keinen einzigen Vorgang außerhalb der offiziellen Buchhaltung der Christlich-Demokratischen Union [...].“

In den Folgetagen kündigt er eine *„rückhaltlose Aufklärung*“ an und räumt schließlich die Zahlungen und Abhebungen von Schwarzen Konten ein. An 20. Februar 2000 bekennt er, die Öffentlichkeit doch nicht immer korrekt informiert zu haben. Er bagatellisiert dies als *„Dummheit“* und betont, dass rechtlich alles korrekt und nur politisch unkorrekt gewesen sei. Er bezeichnet das Fehlverhalten als *„menschlich.“* Auf die Rücktrittsforderung erklärt er am 14. Februar 2000, sich *„noch nicht so alt*“ zu fühlen. Im Februar 2000 wird Koch durch die hessische CDU mit 97,6 Prozent im Amt bestätigt. Die Forderung nach Neuwahlen lehnt er mit den Worten ab: *„Man darf mit Wahlen nicht spielen.“* Den Wahlsieg im Februar 2003 bezeichnet er als Beginn einer „neuen Ära.“

Im Parteispenden-Untersuchungsausschuss wird beantragt, Koch zu vereidigen.

In der Sitzung am 16. November 2001 weigert sich Koch jedoch, den Eid zu leisten und bezweifelt die Zuständigkeit des Ausschusses. Das Verwaltungsgericht Berlin wird dem später in seiner Entscheidung vom 11. Juni 2003 widersprechen und die Eidesabnahme durch den Untersuchungsausschuss und den Beschluss des Parteispendenuntersuchungsausschusses zur Verhängung eines Ordnungsgeldes von 510 € bestätigen. Ohne weitere Folgen. Eine Vereidigung von Koch unterbleibt; der Untersuchungsausschusses hat seine Arbeit schon ein Jahr vor dieser Entscheidung abgeschlossen und seinen Abschlussbericht am 13. Februar 2002 vorgelegt. Das neue Untersuchungsausschussgesetz von 2001 hat für die Zukunft *„vorsorglich"* gleich gänzlich auf die Möglichkeit der Vereidigung verzichtet.

Hat also die Unzuverlässigkeit politischer Informationen noch den politischen Absturz nach der Aufdeckung von Skandalen zur Folge? Ist das Wichtigste, was ein Politiker zu fürchten haben noch der Verlust von Glaubwürdigkeit? Die Fälle Koch und Schäuble scheinen genau das Gegenteil zu beweisen.

Die Gefährdungen, denen die Wahrheitsfindung und das Funktionieren der Selbstreinigungskräfte im politischen System unterliegen, gehen also nicht nur von Einzelverursachern aus. Die politische Kultur wird ganz wesentlich auch von der Seite der Rezipienten bestimmt. Versagen die Prinzipien sozialer Ächtung durch den Wähler oder durch die politischen Parteien bei der Kandidatenaufstellung, verliert das demokratische Abschreckungspotenzial an Wirkung. Versagt das Parlament bei der Inanspruchnahme von Untersuchungskompetenzen, wird der demokratische Kontrollmechanismus außer Kraft gesetzt. Unredlichkeit im Politischen profitiert vom Mechanismus des Vergessens.

VI. Zusammenfassung

Die Grundaussagen dieses Beitrages können somit wie folgt zusammengefasst werden: Im demokratischen System begegnen wir demjenigen mit Skepsis, der behauptet, die Wahrheit im Dienst der Allgemeinheit gefunden zu haben. Genauso skeptisch sollten wir aber auch demjenigen begegnen, der sich im Dienst der Allgemeinheit nicht einmal auf die Suche nach der Wahrheit begibt. Freiheitliche Systeme scheinen nicht ohne Inszenierung und Selbsttäuschung auszukommen. Die zu akzeptierende Grenze in der Politik ist mit der Veränderung des Tatsachenmaterials überschritten. Der Verlust seiner Glaubwürdigkeit ist das Schmerzlichste, was einem Politiker widerfahren kann – und sollte. Mechanismen der Selbstreinigung des politischen Systems versagen, wenn Mechanismen sozialer Ächtung versagen. Eine Wahrheit zu viel ist besser als eine zu wenig. Oder mit den Worten Arno Schmidts zu sprechen: so lange wir uns davon überzeugen können, dass ein schwarz eingebundenes Buch nicht rot ist, kümmert uns derjenige, der meint, es sei „nicht-grün" recht wenig.

Terrorismusbekämpfung im demokratischen Rechtsstaat

von Professor Dr. Rupert Scholz

Der Terrorismus gehört inzwischen zu den furchtbarsten Geißeln der modernen Menschheit. Weltweit haben vor allem die entsetzlichen Terroranschläge vom 11. September 2001 in New York und Washington die eminenten Gefahren des internationalen Terrorismus und dessen Potentiale in dramatischer Weise in das allgemeine Bewußtsein gerückt.

Obwohl nationaler wie internationaler Terrorismus keineswegs neue Tatbestände darstellen, hat der 11.09.2001 doch eine fundamental neue Qualität des internationalen Terrorismus offengelegt, die grundlegende Veränderungen wie Revisionen auf allen Ebenen internationaler wie nationaler Sicherheitspolitik notwendig macht. Auf nationaler Ebene deshalb, weil der Terrorismus in dramatischer Weise die innere Sicherheit freiheitlicher Gesellschaften bedroht bzw. gerade auf deren so evidente innere Verletzlichkeit spekuliert; in internationaler Hinsicht deshalb, weil der Terrorismus sich längst als weltweites Phänomen offenbart hat, das buchstäblich grenzüberschreitend operiert, das vielfältig mit staatlicher Unterstützung oder Duldung eingesetzt wird und das mit ausschließlich nationalen Sicherheitsstrategien nicht mehr wirksam bekämpft werden kann.

Nationaler wie internationaler Terrorismus begründen eine buchstäblich existentielle Herausforderung für jeden demokratischen Rechtsstaat. Jeder demokratische Rechtsstaat muß – national wie in internationaler Solidarität – die Kraft und Fähigkeit entwickeln, terroristischer Gewalt Einhalt zu gebieten, den eigenen Bürgern gerade gegenüber terroristischen Gewalttätern ein Höchstmaß an rechtlicher Sicherheit zu gewährleisten und dabei doch bzw. zugleich die Grundvoraussetzungen eines jeden demokratischen Rechtsstaates und seiner eigenen Bewährung zu beachten. So bedeutet demokratische Rechtsstaatlichkeit nicht, daß nackter Gewalt von Seiten krimineller Straftäter mit ebenso nackter Staatsgewalt begegnet werden darf. So entsetzlich terroristische Anschläge sind, so bleibt doch stets das Selbstverständnis aller demokratischen Rechtsstaatlichkeit darin bestehen, daß sich ein demokratischer Rechtsstaat auch in der Abwehr kriminellen Unrechts nicht selbst, d.h. in seiner ureigenen Qualität als Rechtsstaat aufgeben oder selbst in Frage stellen darf. Der Rechtsstaat bedingt Rechtssicherheit für den Bürger und bedingt auf der anderen Seite rechtsstaatliche Verfahren bei der Gewährleistung solcher Sicherheit, also auch bei der Bekämpfung krimineller Straftäter. In diesem Sinne bedeutet demokratische Rechtsstaatlichkeit stets auch immer ein Maß an juristischer Selbstbindung an die Prinzipien des Schutzes der Menschenrechte, der Einhaltung justitieller Verfahren und letztendlich auch Bewahrung des Grundsatzes der Verhältnismäßigkeit. Gerade im Lichte des maßlosen kriminellen Unrechts, das Terroristen heute weltweit verbreiten, fällt diese Einsicht sicherlich manchem schwer und ist sie gerade für viele betroffene Bürger und ihres mitunter maßlosen Schmerzes nicht leicht zu vermitteln. Aber terroristische Gewalttäter wollen imgrunde nur eines: Sie wollen als kriegsführende Partei „anerkannt“ werden, sie wollen freiheitlich-demokratischen Gesellschaften ihre Gewalttaten als Akte der Kriegsführung aufzwingen und wollen betroffene freiheitliche Gesellschaften gerade dazu veranlassen, die Auseinandersetzung mit ihnen, den terroristischen Gewalttätern, als eine Art von Bürgerkrieg zu konstituieren und damit auch von der staatlichen Seite her die Spirale der Gewalt weiter anzuheben. Aber eben dies entspricht nicht den Grundsätzen des freiheitlich-demokratischen Rechtsstaates und hieran muß man auch in Situationen wahrhaft existentieller Bedrohung durchaus erinnern. Kein demokratischer Rechtsstaat darf sich gleichsam auf die Ebene der gleichen Methoden begeben, die von terroristischen Gewalttätern angewandt oder verfochten werden.

Ungeachtet dessen gilt aber auch die folgende, zweite Feststellung: Eine wirksame Bekämpfung des Terrorismus fordert neue sicherheitspolitische Strategien und damit auch eine Fülle neuer rechtlicher Instrumentarien – wiederum auf ebenso nationaler wie internationaler Ebene. Voraussetzung für die Entwicklung solcher Strategien und Instrumentarien ist jedoch zunächst eine politisch wie rechtlich gültige und entsprechend operationalisierbare Definition dessen, was unter „Terrorismus“ ebenso definitiv wie weltweit verbindlich zu gelten hat. Schon an einer solchen Definition fehlt es indessen nach wie vor, obwohl das Phänomen des Terrorismus schon seit langem auch rechtlich diskutiert worden ist. So versuchte schon die „Genfer Konvention zur Verhütung und Bekämpfung des Terrorismus“ vom 16.11.1937 den Terrorismus zu definieren, in dem sie diesen als „kriminelle Taten“ definierte, *„die gegen einen Staat gerichtet sind und das Ziel verfolgen, bestimmte Personen, eine Gruppe von Menschen oder die Allgemeinheit in einen Zustand der Angst zu versetzen“.* Im Kern trifft dieser Definitionsansatz durchaus auch noch heute zu. Denn der Terrorismus verfolgt stets politische Ziele, gleichgültig ob mit extremistischen, religiösen, sozialen oder ethnischen Motiven. Er bedeutet stets Anwendung schwerster Gewalt, nicht nur physisch, sondern auch psychisch (namentlich durch massive Einschüchterung der Bevölkerung). Der Terrorismus stellt auf der anderen Seite aber keine eigene Ideologie, sondern nichts anderes als eine bestimmte Gewaltstrategie bzw. eine bestimmte Methode politisch-instrumental eingesetzter Gewalt dar, die sich gerade deshalb nur schwer auf einen geschlossenen und damit voll justitiablen Tatbestand konzentrieren läßt. Soweit terroristische Gewaltakte von Staaten eingesetzt, unterstützt oder doch zumindest geduldet werden, sind solche Terrorakte diesen Staaten zuzurechnen, lassen sie sich also unter das allgemeine Kriegsvölkerrecht subsumieren. Soweit es dagegen um nicht-staatlich organisierte oder initiierte Terrorakte geht, soweit Terrorismus „innergesellschaftlich“ oder „staatsintern“ ausgeübt wird, soweit terroristisches Verhalten also nicht bestimmten Völkerrechtssubjekten zugerechnet werden kann, verbleibt es heute bzw. nach wie vor bei der Feststellung, daß es sich insoweit um zwar schwerwiegendes, aber dennoch bzw. zunächst nur innerstaatlich zu messendes und zu bekämpfendes kriminelles Unrecht handelt. Tatbestandlich unterfallen Terrorismus und Terrorismusbekämpfung damit der klassischen Kategorie der inneren Sicherheit, während Akte des Staatsterrorismus unbestreitbar zum Aktionsfeld der äußeren Sicherheit des jeweils betroffenen Staates unterfallen. Gerade die neuere Entwicklung des Terrorismus, beispielhaft dokumentiert wiederum in den Anschlägen vom 11.09.2001, hat indessen deutlich gemacht, daß die klassische Unterscheidung von innerer Sicherheit und äußerer Sicherheit für die wirksame Bekämpfung des Terrorismus nicht mehr oder doch nicht mehr hinlänglich tragfähig ist. Gerade weil sich staatlich initiierte oder staatlich unterstützte und scheinbar „nur innergesellschaftliche" Terrorismen nahezu unauflöslich miteinander mischen, weil der Terrorismus längst zu einem international-weltweiten Gefahrentatbestand erstarkt ist, kann zwischen innerer und äußerer Sicherheit im Sinne des klassischen Sicherheits- und Staatsorganisationsrecht nicht mehr unterschieden werden. Der internationale Terrorismus hat längst quasi-militärische Bedeutung erlangt, muß also auch militärisch bekämpfbar werden; und dennoch kann der Terrorismus nicht oder doch nicht ohne weiteres unter die klassischen Kategorien des Kriegsvölkerrechts subsumiert werden. Das Kriegsvölkerrecht richtet sich an Völkerrechtssubjekte, also an Staaten. Terroristische Bewegungen sind in aller Regel aber keine Staaten. So sehr sich Terroristen dies gelegentlich auch wünschen mögen, sie sind keine kriegführende Nation, sie sind weder Kombattanten und im Falle ihrer Festnahme auch keine Kriegsgefangenen. Sie sind und bleiben Kriminelle. Die Grundmaxime des Terrorismus heißt dabei vorsätzliche Gewaltanwendung gegen Unschuldige, gegen Nicht-Kombattanten. Dies unterscheidet den Terrorismus entscheidet von der Kriegsführung. Die dabei angewandte kriminelle Energie setzt aber in vielen Fällen gerade auf militärische oder quasi-militärische Mittel. Dies bedeutet, daß die Bekämpfung des Terrorismus, die Abwehr terroristischer Gewaltakte auch ihrerseits den Einsatz militärischer Mittel bedingt wie rechtfertigt. Dies bedeutet namentlich, daß auch präventiv-militärische Maßnahmen gegenüber solchen terroristischen Tätern rechtlich statthaft sind, die terroristische Gewaltakte planen oder erst initiieren.

Begriffsbestimmend für den Terrorismus sind seine ausschließlich-kriminelle Energie, die bezeichnenderweise auch dazu geführt hat, daß viele terroristische Organisationen eng mit der internationalen organisierten Kriminalität verbunden oder verflochten sind. Terroristen anerkennen keine rechtlichen oder moralischen Grenzen für ihr Verhalten. Ihr Ziel heißt ausschließlich Vernichtung als gegnerisch ausgemachter politischer Ordnungen oder Systeme. Terroristen zielen auf die innere Zerstörung solcher Ordnungen oder Systeme mit grenzen- sowie skrupellos eingesetzten Mitteln der Gewalt wie der bewußt verfolgten psychologischen Einschüchterung und Verängstigung von Menschen wie kompletten Gesellschaften. Vor allem H. Münkler hat in seinem grundlegenden Buch über „Die neuen Kriege" (2001) die maßgebenden faktischen wie rechtlichen Unterschiede zwischen Terrorismus einerseits und (klassischem) Kriegswesen bzw. Kriegsvölkerrecht herausgearbeitet: Es geht um „Entstaatlichung" oder gleichsam „Privatisierung" militärischer Gewalt, auf die sich die Regeln des Kriegsvölkerrechtsw zur Beschränkung von Gewaltanwendung, zu Frieden, Kombattantenstatus und Verzicht auf bestimmte Vernichtungswaffen nicht oder doch nicht unmittelbar anwenden lassen. Terroristische Gewaltanwendung ist „asymmetrische" Gewaltanwendung, weil nicht mehr gleichartige – sprich staatlich organisierte und als Mitglieder der Staatengemeinschaft auch in gleicher Weise rechtlich verpflichtete – Gegner miteinander kämpfen, weil es von vornherein um (gesellschaftsinterne) Angriffe auf die Zivilbevölkerung geht und weil vor allem nicht in „symmetrischer" Weise auf bestimmte Formen der Gewaltanwendung verzichtet wird. Oder anders ausgedrückt: Der Terrorismus anerkennt keine rechtliche Begrenzung. Er maßt sich vielmehr die Befugnis an, jenseits von Gesetz und Recht Gewalt auszuüben. Dies bedeutet wiederum, daß auch jede rechtliche Begrenzung von Gewalt faktisch ausgeschlossen wird. Gerade hierauf zielen die Absichten terroristischer Gewalttäter; gerade hierauf setzen sie, um den Rechtsstaat auch seinerseits zu gegebenenfalls auch unbegrenzter Gewaltanwendung zu veranlassen – mit der taktisch verfolgten Absicht, eine Spirale von Gewalt in Gang zu setzen, die ihrerseits wiederum „Solidarisierungseffekte" bei der betroffenen Zivilbevölkerung auslösen soll.

Das Gewalt- und Bedrohungspotential terroristischer Bewegungen anerkennt prinzipiell also keine Grenzen. Auch dies lehrt der 11.09.2001 in besonderer Weise. Die Bedrohungspotentiale des internationalen Terrorismus reichen jedoch, wie längst erkannt, inzwischen noch ungleich weiter. Wurden am 11.09.2001 entführte Flugzeuge gleichsam als Bomben eingesetzt, so weiß heute jeder, daß terroristische Bewegungen auch mit dem Einsatz von Massenvernichtungsmitteln, also mit der Verwendung nuklearer, bakteriologischer und chemischer Kampfstoffe zu operieren bereit sind. Die hieraus resultierenden Gefahren gerade für offene und freiheitliche Industriegesellschaften sind von wahrhaft unvorstellbarer Qualität.

Das Völkerrecht ächtet den Terrorismus schon seit langem bzw. in durchaus prinzipaler Weise. Denn das allgemeine Gewaltverbot im Sinne des Art. 2 Ziff. 4 der UN-Charta erfaßt auch den Terrorismus, wie sich namentlich aus der Resolution 2625 (XXV) der UN-Generalversammlung vom 24.10.1970 ergibt. Dort heißt es, daß „jeder Staat die Pflicht hat zur Unterlassung der Organisation, Anstiftung, Unterstützung der Teilnahme an Bürgerkriegshandlungen oder terroristischen Handlungen in einem anderen Staat oder zur Unterlassung der stillschweigenden Duldung organisierter Aktivitäten auf seinem Hoheitsgebiet, die auf die Begehung solcher Handlungen gerichtet sind". Kein Staat darf "subversive, terroristische Aktivitäten, die auf einen gewaltsamen Umsturz des Regimes eines anderen Staates abzielen, organisieren, unterstützen, finanzieren, anstacheln oder dulden". Diese Resolution wurde durch die Anti-Terrorismusdeklaration A 749/60 von 1995 und in der Folge, namentlich nach dem 11.09.2001, mehrfach bekräftigt. Im einzelnen ist vor allem auf die Resolutionen des Sicherheitsrates 1373 (2001) vom 28.09.2001, 1368 (2001) vom 12.09.2001, 1333 (2000) vom 19.12.2000, 1269 (1999) vom 19.10.1999, 1267 (1999) vom 15.10.1999, 1189 (1998) vom 13.08.1998 und 579 (1985) vom 18.12.1985 sowie auf die Resolutionen der UN-Generalversammlung 56/1 vom 12.09.2001, 54/109 vom 09.12.1999, 52/164 vom 15.12.1997, 51/210 vom

17.12.1996, 50/53 vom 11.12.1995, 49/60 vom 09.12.1994, 40/61 vom 09.12.1985 und 1566 (2004) zu verweisen. Ergänzend treten eine ganze Reihe einzelner internationaler Abkommen hinzu, die sich gegen bestimmte Einzelformen des internationalen Terrorismus richten, wie das Tokioer Abkommen über strafbare und bestimmte andere an Bord von Luftfahrzeugen begangene Handlungen vom 14.09.1963, das Haager Übereinkommen zur Bekämpfung der widerrechtlichen Inbesitznahme von Luftfahrzeugen vom 16.12.1970, das Montrealer Übereinkommen zur Bekämpfung widerrechtlicher Handlungen gegen die Sicherheit der Zivilluftfahrt vom 23.09.1971, das Übereinkommen über die Verhütung, Verfolgung und Bestrafung von Straftaten gegen völkerrechtlich geschützte Personen einschließlich Diplomaten vom 14.12.1973, das Internationale Übereinkommen gegen Geiselnahme vom 18.12.1979, das Europäische Übereinkommen vom 27.01.1977 zur Bekämpfung des Terrorismus, der Gemeinsame Standpunkt des (Europäischen) Rates über die Anwendung besonderer Maßnahmen zur Bekämpfung des Terrorismus vom 20.12.2001 und das Internationale Übereinkommen vom 15.12.1997 zur Bekämpfung terroristischer Bombenanschläge.

Dies alles sind wichtige Fortschritte, unter denen vor allem die Resolutionen 1368 (2001) und 1373 (2001) des UN-Sicherheitsrats herausragen, die die Anschläge vom 11.09.2001 mit Recht als militärische Aggressionsakte qualifizieren und damit den Tatbestand des Art. 51 UN-Charta, also den Tatbestand des Rechts auf individuelle oder kollektive Selbstverteidigung, als erfüllt anerkennen. Ebenso wichtig und folgerichtig ist, daß die terroristischen Anschläge vom 11.09.2001 von der NATO als Bündnisfall gemäß Art. 5 des NATO-Vertrages erkannt und qualifiziert wurden.

Dies alles ändert indessen nichts daran, daß es nach wie vor an einer wirklich allgemeingültigen und so auch allgemein, d.h. von der gesamten Staatengemeinschaft anerkannten Definition des Terrorismus fehlt. Die vorgenannten Resolutionen und Übereinkommen richten sich im Grunde sämtlich bzw. doch vorwiegend gegen Akte des Staatsterrorismus, d.h. gegen solche Terrorakte, die von Staaten, also Völkerrechtssubjekten, initiiert, gefördert oder doch zumindest geduldet wurden; im Falle der Anschläge vom 11.09.2001 also durch das Taliban-Regime in Afghanistan. Gerade das letztere Beispiel belegt jedoch schon, wie fließend die Grenzen zwischen "staatlich" initiiertem und "nicht-staatlich" initiiertem Terror sind. Oder anders ausgedrückt: Handelte es sich bei dem Taliban-Regime in Afghanistan und seiner Unterstützung der Al Qaida-Terroristen wirklich noch um eine Form von "staatlich-initiiertem" oder doch "staatlich-unterstütztem" Terrorismus oder bewegte sich das Ganze doch letztlich bereits in einem Feld, das nicht mehr den Kategorien von Staatlichkeit, staatlicher Organisation und staatlicher Verantwortung im Sinne des klassischen Völkerrechts unterstellt werden kann ?

Einen wichtigen Fortschritt stellt der "Bericht der Hochrangigen Gruppe für Bedrohungen, Herausforderungen und Wandel" der UNO "Eine sicherere Welt: Unsere gemeinsame Verantwortung" aus dem Jahre 2004 (A/59/565) dar. Dieser Bericht stellt zunächst mit Recht fest, daß *"der Terrorismus die zentralen Werte der Charta der Vereinten Nationen angreift: die Achtung vor den Menschenrechten, die Rechtsstaatlichkeit, Regeln für die Kriegführung, die die Zivilbevölkerung schützen, die Toleranz zwischen den Völkern und Nationen und die friedliche Beilegung von Konflikten" (Tz 145).*

Mit Recht wird gefordert, daß *"die Vereinten Nationen unter der Führung des Generalsekretärs eine ... umfassende Strategie fördern sollten"*, die

"unter anderem Folgendes umfassen sollte: Abschreckung, Bemühungen zur Behebung der Ursachen oder Begünstigungsfaktoren des Terrorismus, unter anderem durch die Förderung der sozialen und politischen Rechte, der Rechtsstaatlichkeit und demokratischer Reformen, Bemühungen um die Beendigung von Besetzungen und die Beseitigung der größten Ursachen politischer Unzufriedenheit, Bekämpfung der organisierten Kriminalität, Verringerung von Armut und Arbeitslosigkeit und Verhinderung des Zusammenbruchs von Staaten",

"Anstrengungen zur Bekämpfung von Extremismus und Intoleranz, unter anderem durch Bildung und Aufklärung und durch die Förderung einer öffentlichen Debatte", "Entwicklung besserer Instrumente für die weltweite Zusammenarbeit bei der Terrorismusbekämpfung innerhalb eines rechtlichen Rahmens, der die bürgerlichen Freiheiten und die Menschenrechte respektiert, namentlich auch im Bereich der Strafverfolgung, wo möglich Austausch nachrichtendienstlicher Informationen, erforderlichenfalls Unterbindungs- und Abfangmaßnahmen, sowie finanzielle Kontrollen",

"Aufbau staatlicher Kapazitäten zur Verhütung der Rekrutierung von Terroristen und ihrer Operationen" und *"Kontrolle gefährlicher Materialien und Schutz der öffentlichen Gesundheit" (Tz 147).* Von den Mitgliedstaaten der UNO wird gefordert, daß diese, soweit noch nicht geschehen, alle zwölf internationalen Übereinkommen gegen den Terrorismus unterzeichnen und ratifizieren (Tz 150). Zur Definition des Terrorismus führt der Bericht ebenfalls wesentlich weiter, indem er für eine solche Definition *"die folgenden Elemente"* voraussetzt:

"(a) die Anerkennung dessen, in der Präambel, daß die Anwendung von Gewalt durch einen Staat gegen Zivilpersonen durch die Genfer Abkommen und andere Übereinkünfte geregelt wird und daß diese Gewalt, wenn sie entsprechende Ausmaße annimmt, ein von den betreffenden Personen begangenes Kriegsverbrechen oder ein Verbrechen gegen die Menschlichkeit darstellt; (b) die erneute Feststellung, daß Handlungen unter die 12 früheren Übereinkommen zur Bekämpfung des Terrorismus fallen, Terrorismus darstellen, sowie eine Erklärung, daß sie den Tatbestand eines Verbrechens nach dem Völkerrecht erfüllen, und die erneute Feststellung, daß Terrorismus in Zeiten eines bewaffneten Konflikts durch die Genfer Abkommen und Protokolle verboten ist; (c) eine Bezugnahme auf die Begriffsbestimmungen in dem Internationalen Übereinkommen von 1999 zur Bekämpfung der Finanzierung des Terrorismus und in der Resolution 1566 (2004) des Sicherheitsrats; (d) die Beschreibung des Terrorismus als 'jede Handlung, zusätzlich zu den bereits in den bestehenden Übereinkommen über bestimmte Aspekte des Terrorismus, dem Genfer Abkommen und der Resolution 1566 (2004) des Sicherheitsrats umschriebenen Handlungen, die den Tod oder eine schwere Körperverletzung von Zivilpersonen oder Nichtkombattanten herbeiführen soll, wenn diese Handlung auf Grund ihres Wesens oder der Umstände darauf abzielt, die Bevölkerung einzuschüchtern oder eine Regierung oder eine internationale Organisation zu einem Tun oder Unterlassen benötigen' " (Tz 164).

Größte Probleme wirft vor allem und nach wie vor die Frage der Abgrenzung von Terrorismus und nationalen Befreiungsbewegungen oder -kriegen auf. Terroristen pflegen sich bekanntlich besonders gern als "Freiheitskämpfer" o.ä. zu deklarieren und sich damit auf die völkerrechtlichen Grundsätze von Selbstbestimmung oder auch Notwehr bzw. Widerstandsrecht zu berufen. Gerade die hiesigen Abgrenzungsprobleme haben entscheidend dazu beigetragen, daß es bis auf den heutigen Tag nicht gelungen ist, eine wirklich allgemeinverbindliche bzw. international von allen Seiten akzeptierte Definition des Terrorismus durchzusetzen. Auch dieses Problem ist indessen nicht neu. Schon im Zusammenhang mit den Dekolonialisierungsprozessen der sechziger und siebziger Jahre ist zugunsten des Selbstbestimmungsrechts kolonialistisch unterdrückter Völker über das Zusatzprotokoll I von 1977 zum Genfer Abkommen sowie über die Resolution der UN-Generalversammlung zur Definition der Aggression (3314/XXIX) vom 14.12.1974 festgehalten worden, daß der bewaffnete Kampf oder Widerstand von Völkern gegen Kolonialherrschaften etc. dem allgemeinen Gewaltverbot gemäß Art. 2 Ziff. 4 UN-Charta nicht unterfallen soll. Darf hieraus aber auch eine Rechtfertigung terroristischer Gewaltakte abgeleitet werden ? Ganz eindeutig: nein ! Erkennt man nämlich, daß der Terrorismus eben gerade keine eigene Ideologie oder kein eigenes materiales Ideengut repräsentiert, sich vielmehr nur und ausschließlich als eine Strategie bzw. ein Instrumentarium krimineller Gewalt darstellt, so darf es Terroristen auch nicht erlaubt sein, sich auf diese Grundsätze des Selbstbestimmungs-, Notwehr- oder Widerstandsrechts zu berufen. Ganz abgesehen davon, daß das Selbstbestimmungsrecht ohnehin nicht einzelnen Gruppen oder einzelnen Tätern, vielmehr nur kompletten Völkern zur Seite steht, muß hier ein definitiver und klarer Trennungsstrich gezogen werden. Auch das Prinzip der Selbstbestimmung erlaubt oder rechtfertigt nicht den Einsatz terroristischer Gewalt. Das Gleiche gilt für das Widerstandsrecht. Das Widerstandsrecht kann zwar bestimmte Formen auch von Gewalt gegenüber staatlicher Unterdrückung rechtfertigen; auch dies aber nur nach Maßgabe der Grundsätze von Verhältnismäßigkeit und legitimer Notwehr oder Nothilfe. Dies alles gilt es möglichst rasch in Form einer international und allseits verbindlichen Konvention zur Bekämpfung des Terrorismus festzulegen. Eine solche Konvention hätte den Terrorismus als generell menschenrechtswidrige Form der Kriminalität zu ächten, hätte alle Staaten zu verpflichten, den Terrorismus auf nationaler wie internationaler Ebene wirksam zu bekämpfen und hätte alle Formen des von Staaten initiierten oder unterstützten Terrorismus als militärische oder doch quasi- militärische Aggression gegenüber anderen Staaten zu qualifizieren - mit der Folge der solidarischen Verpflichtung aller Staaten zur individuellen wie kollektiven Verteidigung.

Zumindest ebenso rechtlich kompliziert ist die Frage, wie dem internationalen Terrorismus mit den nötigen präventiven Abwehrmitteln begegnet werden kann. Daß eine wirksame Terrorismusbekämpfung ohne ein wirksames Präventivinstrumentarium unmöglich ist, liegt nach den gegebenen Erfahrungen auf der Hand. Dürfen aber solche Präventivmaßnahmen auch militärische Gewaltakte gegenüber anderen Staaten bzw. auf dem Territorium fremder Staaten einschließen ? Stoßen solche Maßnahmen nicht auf das völkerrechtliche Verbot von Angriffskriegen (vgl. Art. 51 UN-Charta; siehe auch Art. 26 GG) ? Eben diese Frage ist im Zusammenhang mit der neuen Sicherheitsdoktrin der USA von der preemptive self defense akut geworden. Die USA gingen im Verhältnis zum Irak davon aus, daß dieser bzw. dessen Machthaber Saddam Hussein den internationalen Terrorismus unterstützt und gegebenenfalls auch bereit ist, völkerrechtlich unzulässige Massenvernichtungswaffen einzusetzen. Naturgemäß stellte sich damit – unabhängig von der Irak-Resolution des UN-Sicherheitsrates 1441 vom 8.11. 2002 – das Problem präventiver Abwehrmaßnahmen in besonderer Weise. Denn wenn solche Massenvernichtungsmittel – namentlich über terroristische Gewaltakte – erst zum Einsatz gelangt sind, so helfen die repressiven Abwehrinstrumentarien der völkerrechtlich-klassischen Selbstverteidigung in aller Regel nicht mehr oder doch nur noch sehr bedingt. Sicherheitspolitisch ist die Notwendigkeit und damit auch Legitimierung präventiver Abwehr- und damit auch Gewaltmaßnahmen mit anderen Worten evident. Nur wo liegt die Grenze zum rechtswidrigen Angriffskrieg ? Eine Frage, die umso dringender gestellt werden muß, nachdem sich offenbart hat, daß die meisten Einschätzungen zum Irak irrig waren. Auch dies muß völkerrechtlich ebenso rasch wie verbindlich geklärt werden. Auch hier sind die Vereinten Nationen aufgerufen, für die nötige völkerrechtliche Klarstellung bzw. für die Definition derjenigen Kriterien zu sorgen, die über die Ächtung entsprechender Massenvernichtungsmittel hinaus auch das Maß bestimmen, mit dem gegebenenfalls auch präventiv gegen den Besitz, gegen die Entwicklung bzw. gegen den (potentiellen) Einsatz solcher Massenvernichtungsmittel namentlich durch terroristische Gewalttäter und deren „staatlichen Hintermänner" vorgegangen werden kann. Nach hiesiger Auffassung läßt sich das bisherige absolute völkerrechtliche Verbot des Angriffskrieges und das hinter diesem Grundsatz stehende Prinzip von der Unverletzlichkeit staatlich-nationaler Souveränitätsrechte nicht mehr uneingeschränkt aufrecht erhalten. Wenn ein Staat oder bestimmte staatliche Machthaber durch die Entwicklung solcher Massenvernichtungsmittel und gegebenenfalls auch durch die Unterstützung terroristischer Gewalttäter, die ggf. auch mit solchen Massenvernichtungsmitteln zu operieren bereit sind, die Prinzipien der internationalen Friedensordnung und ihrer Verpflichtung auf Gewaltfreiheit zu verletzen bereit sind, so müssen diesen gegenüber auch bestimmte Präventivmaßnahmen statthaft sein.

Terroristische Gewaltakte verletzen und bedrohen, wie gezeigt, in den jeweils betroffenen Staaten oder Gesellschaften deren innere Sicherheit. In diesem Sinne wird die Terrorismusbekämpfung auch in Deutschland nach wie vor bzw. vorrangig dem Aufgabenbereich der staatlich zu gewährleistenden inneren Sicherheit zugeordnet. Bekämpfung des Terrorismus heißt Bekämpfung von Verbrechen und wird damit vorrangig in die staatsinterne Zuständigkeit von Polizei, Justiz und Katastrophenschutz verwiesen. Jedermann weiß indessen, daß eine derart einseitige Definition des Terrorismus und seiner Gewalt- wie Bedrohungspotentiale längst nicht mehr ausreichend ist. Innere und äußere Sicherheit lassen sich gerade im Lichte des internationalen Terrorismus nicht mehr voneinander trennen. Dies bedeutet in der Konsequenz wiederum, daß auch die staatlichen Organe, die für die innere Sicherheit einerseits und die äußere Sicherheit andererseits verantwortlich sind, zusammenzuführen bzw. einem gemeinschaftlich-kooperativen Konzept von möglichst wirksamer Gefahrenbekämpfung und Gefahrenvorsorge zuzuführen sind.

Dies hat zu der ebenso notwendigen wie wichtigen Diskussion geführt, inwieweit die Bekämpfung des Terrorismus auch mit den Mitteln des Militärs, also der Bundeswehr, geleistet werden muß. Nach der gegebenen Verfassungsrechtslage in Deutschland verfügt die Bundeswehr über Zuständigkeiten nur in Bereichen der äußeren Sicherheit, d.h. in den Fällen der militärischen Bedrohung des eigenen Landes. Der internationale Terrorismus hat aber längst gelehrt, daß diese klassischen Unterscheidungen zwischen innerer Sicherheit einerseits und äußerer Sicherheit andererseits nicht mehr hinlänglich tragfähig sind. Aus diesem Grunde wird man auch in Deutschland sehr rasch die nötigen rechtlichen, namentlich verfassungsrechtlichen Konsequenzen zu ziehen haben und auch die Bundeswehr mit zur Bekämpfung bzw. Verhinderung terroristischer Gewaltakte für zuständig zu erklären haben. Für andere demokratische Rechtsstaaten ist dies längst selbstverständlich – von den USA bis zu Israel, von Frankreich über Großbritannien, Spanien bis zu den skandinavischen Staaten usw. Gerade dies entspricht den Prinzipien wirklich wehrhafter Rechtsstaatlichkeit, wie sie heute bei der nationalen wie internationalen Bekämpfung des Terrorismus gefordert ist. Der demokratische Rechtsstaat fordert von aller Staatlichkeit ein Höchstmaß an rechtlicher Sicherheitsgewähr für jeden Bürger. Folgerichtig muß jeder Rechtsstaat auch alle diejenigen rechtlichen wie tatsächlichen Voraussetzungen dafür schaffen, daß nicht nur Polizei und Justiz, sondern ggf. auch die Streitkräfte mit dafür einzustehen haben, daß dem Bürger Sicherheit vor krimineller, terroristischer Gewalt vermittelt wird. Gerade die Erfahrungen vom 11.09.2001 haben zum Erlaß des LuftsicherheitsG geführt, das in § 14 bei der Entführung von Flugzeugen durch Terroristen den Einsatz der Luftwaffe, bishin zum gezielten Abschuß solcher Flugzeuge, vorsieht und damit die insoweit richtige Konsequenz aus der Tatsache zieht, daß gegenüber terroristischen Anschlägen dieser Art die allgemeinen polizeilichen Abwehrmittel nicht ausreichend sind. Verfassungsrechtlich hat sich die insoweit maßgebende Bundestagsmehrheit dabei auch die Regelung des Art. 35 II 2 berufen, derzufolge ein Land "bei einem besonders schweren Unglücksfall" auf die Amtshilfe der Streitkräfte anfordern kann. Diese Begründung überzeugt indessen (noch) nicht und hat bekanntlich auch dazu geführt, daß Bundespräsident Horst Köhler im Rahmen seines Ausfertigungs- und Prüfungsrechts gemäß Art. 82 GG deutliche verfassungsrechtliche Bedenken gegen das LuftsicherheitsG geäußert hat. Diese Bedenken des Bundespräsidenten sind nach hiesiger Auffassung zutreffend und wurden im übrigen auch schon von einer ganzen Reihe von Sachverständigen auf der öffentlichen Anhörung des Innenausschusses des Deutschen Bundestages am 26.04.2004 zum LuftsicherheitsG geäußert. Da das GG so strikt zwischen innerer und äußerer Sicherheit unterscheidet und die Bundeswehr gemäß Art. 87 a II GG definitiv auf die Aufgaben der Landes- und Bündnisverteidigung sowie auf solche Fälle beschränkt, in denen das GG der Bundeswehr eine ausdrückliche Zuständigkeit zuweist, bedarf es auch einer allgemeinen und klaren verfassungsrechtlichen Ermächtigung für die Bundeswehr, in Konfliktlagen der hiesigen Art, also auch in solchen Problemfeldern der inneren Sicherheit, tätig zu werden. Der Grundsatz der Amtshilfe gemäß Art. 35 GG genügt hierfür nicht. Terroristische Gewaltakte, namentlich solche nach dem Muster des 11.09. 2001, können zwar sicherlich zu entsprechenden "Unglücksfällen" führen. Die Verhinderung solcher Gewaltakte bzw. "Unglücksfälle" und eine damit tatsächlich wirksame Bekämpfung terroristischer Gewalttäter fordert jedoch sehr viel mehr, kann vor allem nicht den konkreten "Unglücksfall" gleichsam abwarten, muß vielmehr auch allgemein und namentlich vorbeugend bzw. präventiv wirksam werden. Im übrigen geht es bei der Bekämpfung des Terrorismus nicht nur um den Bereich der Luft. Es geht ebenso um den Bereich des Bodens und der See. In allen diesen Bereichen drohen terroristische Gewaltanschläge, und in allen diesen Bereichen muß der wehrhafte Rechtsstaat im Sinne des GG rechtzeitig ein Höchstmaß an Schutz für die Bürger gewährleisten. Alles dies läßt sich jedoch nicht ohne Einbeziehung der militärischen Kapazitäten der Bundeswehr – von der Luftwaffe über die Marine bishin auch zum Heer – leisten. Man denke nur an jene Bedrohungspotentiale des internationalen Terrorismus, die schon heute mit dem Einsatz von Massenvernichtungsmitteln, also nuklearen, bakteriologischen und chemischen Kampfstoffen spekulieren. Die hieraus resultierenden Gefahren für jede freiheitliche Gesellschaft sind von wahrhaft unvorstellbarer Qualität. Gerade deshalb muß jedermann anerkennen, daß es nicht genügt, Terrorismus als eine bestimmte, furchtbare Form der Kriminalität zu qualifizieren und dennoch allein auf den Schutz der Organe der inneren Sicherheit, also namentlich die der Polizei, zu vertrauen und die allein abwehrtauglichen Ressourcen der Bundeswehr nur im konkreten "Unglücksfall" amtshilfemäßig zu berufen. Gerade weil der Terrorismus längst auch militärische oder quasi-militärische Bedeutung erlangt hat, ist es auch verfassungssystematisch folgerichtig, eine allgemeine und verfassungsunmittelbare Zuständigkeit der Bundeswehr zur Bekämpfung des Terrorismus zu schaffen. Ein einfaches Gesetz wie das LuftsicherheitsG genügt hierfür jedoch (noch) nicht. Konkret bedingt dies eine Änderung der für die Zuständigkeiten der Bundeswehr maßgebenden Regelung des Art. 87 a II GG, die – in entsprechender Erweiterung – etwa wie folgt gefaßt werden könnte: "Zur Abwehr schwerwiegender terroristischer Gefahren kann die Bundesregierung Einheiten der Streitkräfte zur Unterstützung der polizeilichen Gefahrenabwehr zur Verfügung stellen, wenn ein Land dies beantragt". Des weiteren sollte im Rahmen des Art. 87 a III GG auch eine Regelung des folgenden Inhalts aufgenommen werden: "Auch außerhalb des Verteidigungs- und Spannungsfalls kann den Streitkräften der Schutz ziviler Objekte übertragen werden". Gerade ein solcher militärischer Objektschutz würde in vielfältiger Hinsicht wirksame Präventionen gewährleisten, wäre nicht auf den zitierten "Unglücksfall" verwiesen, könnte vielmehr wahrhaft abschreckend wirken – beispielsweise beim Schutz von Kernkraftwerken, militärischen Objekten usw. vor terroristischen Anschlägen.

Bei alledem bliebe – nach Maßgabe des rechtsstaatlichen Grundsatzes der Verhältnismäßigkeit – auch die Abgrenzung zwischen strafrechtlichen-kriminalpolitischen und militärischen Bekämpfungsmaßnahmen durchaus wirksam. Der Einsatz militärischer Abwehrmittel wäre von vornherein auf entsprechend "schwerwiegende terroristische Gefahren" zu begrenzen und wäre stets nur dann statthaft, wenn die allgemeinen polizeilichen Abwehrmittel definitiv nicht ausreichend sind. Unverändert gilt: Da der Terrorismus nichts anderes als kriminelle Gewalt darstellt, gelten naturgemäß und zunächst die Abwehr- und Sanktionsmaßstäbe des allgemeinen Polizei- und Strafrechts. Sofern terroristische Gewalt aber militärische oder quasimilitärische Dimensionen erreicht, sind darüberhinaus – gerade nach Maßgabe des Verhältnismäßigkeitsgrundsatzes – auch militärische Abwehrmaßnahmen statthaft – angefangen vom Einsatz der Streitkräfte, und zwar – wiederum nach Maßgabe des Verhältnismäßigkeitsgrundsatzes abgestuft – in prinzipiell bzw. zunächst repressiver, sofern erforderlich aber auch präventiver Form.

Jeder demokratische Rechtsstaat sieht sich durch den internationalen wie nationalen Terrorismus heute in besonderer Weise herausgefordert. Jeder demokratische Rechtsstaat hat sich gerade gegenüber dem Terrorismus als wehrhaft zu erweisen. Jeder demokratische Rechtsstaat schuldet seinen Bürgern ein Höchstmaß an rechtlicher wie tatsächlicher Sicherheit gegenüber jedwedem kriminellen Unrecht; und dies heißt heute vor allem gegenüber terroristischer Gewalt. Kein demokratischer Rechtsstaat darf auch bei der Bekämpfung des Terrorismus aber das eigene Selbstverständnis und die eigene Wertebindung aufgeben. Dies mag im Einzelfall bedeuten, daß nicht buchstäblich „jedes Mittel“ bei der Bekämpfung terroristischer Gewalttäter eingesetzt werden darf. Der terroristische Gewalttäter ist und bleibt nichts anderes als ein Krimineller. Auch der Kriminelle hat im Rechtsstaat aber das Recht auf ein rechtsstaatliches Verfahren in Verfolgung wie strafrechtlicher Verurteilung. Dies darf gerade der demokratische Rechtsstaat niemals vergessen. Vergißt er dies, so läuft er Gefahr, terroristischen Gewalttätern gerade das zuzugestehen, was diese wollen: nämlich die Grundprinzipien freiheitlicher Rechtsstaatlichkeit aufzukündigen und die Auseinandersetzung mit dem Terrorismus mit Mitteln zu führen, die von ihnen, den Terroristen, eingesetzt werden. Der internationale wie nationale Terrorismus weiß sehr wohl um seine mangelnde rechtliche Legitimation. Er weiß sehr wohl darum, daß er in Wahrheit nichts anderes als kriminelles, also rechtsstaatswidriges Unrecht darstellt. Gerade deshalb bemühen sich Terroristen immer wieder darum, sei es unter dem Mantel eines angeblichen Widerstandsrechts, sei es unter dem Mantel angeblicher Befreiungsbewegungen, auch rechtsstaatlich anerkannt und legitimiert zu werden. Diesem Streben nach Anerkennung und Legitimation muß indessen entschieden entgegengetreten werden. Terroristische Gewalt ist niemals legitimierbar, terroristische Gewalt ist und bleibt nichts anderes als kriminelles Unrecht. Dies stets zu betonen und auch im Rahmen der eigenen und notwendigen Bekämpfung des Terrorismus stets herauszustellen, entspricht dem Selbstverständnis demokratischer Rechtsstaatlichkeit und beweist den demokratischen Rechtsstaat in seiner alleinigen und ausschließlichen rechtlichen Legitimation.

Deutschland im Spannungsverhältnis zwischen internationaler Integration und nationaler Souveränität

Der schwierige Weg zu Artikel 16 Abs. 2 GG

von Alfred Hartenbach, Mitglied des Bundestages,
Parlamentarischer Staatssekretär beim Bundesministerium der Justiz

„Kein Deutscher darf an das Ausland ausgeliefert werden." So lautete die Vorschrift von Artikel 16 Abs. 2 GG in seiner bis zum 29. November 2000 gültigen Fassung. Sie entsprach feststehender deutscher Gesetzes- und Verfassungstradition. Ein genügender Anlass, von dem tradierten Verbot der Auslieferung deutscher Staatsangehöriger abzurücken (etwa zum Zwecke der Förderung der internationalen Integration Deutschlands auf dem Feld der länderübergreifenden Verbrechensbekämpfung), schien dem Verfassungsgesetzgeber jahrzehntelang nicht gegeben. Erst mit Gesetz vom 29. November 2000[1] hat der Deutsche Bundestag mit Zustimmung des Bundesrates beschlossen, dem Artikel 16 Abs. 2 GG folgenden Satz anzufügen: *„Durch Gesetz kann eine abweichende Regelung für Auslieferungen an einen Mitgliedstaat der Europäischen Union oder an einen internationalen Gerichtshof getroffen werden, soweit rechtsstaatliche Grundsätze gewahrt sind."* Die Hintergründe dieser Grundgesetzänderung, an der *Jürgen Meyer* als Ideengeber und Berichterstatter im Rechtsausschuss des Deutschen Bundestages maßgeblich mitgearbeitet hat, werden Gegenstand dieses Festschriftaufsatzes sein. Bevor jedoch das Augenmerk auf die Ergänzung des Artikels 16 Abs. 2 GG gerichtet wird, lohnt es sich zunächst, der Genese des Auslieferungsverbots in Deutschland Aufmerksamkeit zu schenken. Dies dient dem besseren Verständnis der in Rede stehenden Grundgesetzänderung und zeigt darüber hinaus, dass für eine Auflockerung des Auslieferungsverbots durchaus schon im 19. und frühen 20. Jahrhundert aus Gründen Sympathien bestanden haben, die im Zusammenhang mit der Ergänzung des Artikels 16 Abs. 2 GG (wieder) fruchtbar gemacht worden sind.

1 BGBl. I S. 1633.

I. Das Verbot der Auslieferung eigener Staatsangehöriger in Deutschland bis 1949

1. Die Entwicklung vom Beginn des 19. Jahrhunderts bis 1945

Das Auslieferungsrecht der europäischen Staaten erlaubte es diesen etwa bis zum Ende des 18. Jahrhunderts, eigene Staatsangehörige einer ausländischen Hoheitsgewalt zwangsweise zu überstellen. Der entsprechenden Bitte eines anderen Staates wurde jedoch in aller Regel mit äußerster Zurückhaltung begegnet und die Auslieferung üblicherweise davon abhängig gemacht, dass der die Auslieferung ersuchende Staat ebenfalls bereit war, seine eigenen Staatsangehörigen ggf. dem ersuchten Staat zu überantworten[2].

Von der Möglichkeit, eigene Staatsangehörige an das Ausland auszuliefern, nahmen die meisten deutschen Staaten dann zu Beginn des 19. Jahrhunderts Abstand. Entsprechende Verbote hielten Einzug in die einzelstaatlichen Rechtsordnungen. So untersagte Friedrich Wilhelm III. von Preußen mit königlichem Reskript aus dem Jahre 1803, einen *„seiner Unterthanen"* an das Ausland zum Zwecke der Strafverfolgung auszuliefern[3]. Der König von Württemberg stellte in seinem Generalreskript vom 26. Oktober 1806[4] fest, dass es seiner Aufmerksamkeit nicht entgangen sei,

> *„welche Inconvenienzen sich ergeben, wenn unsere königlichen Unterthanen, die in fremden Territorien Verbrechen oder Vergehen begangen haben, auf Requisition an auswärtige Gerichtsbehörden ausgeliefert, und von diesen nach Gesetzen bestraft werden, welche ihnen gewöhnlich unbekannt sind, und von ihren vaterländischen öfters abzuweichen pflegen".*

Um diesen aus seiner Sicht unerwünschten Zustand zu beseitigen, verordnete der König sodann, *„daß keiner unserer Unterthanen künftig an eine auswärtige Gerichtsbehörde ausgeliefert werde, unter welchem Vorwand, und wegen welches Verbrechens oder Frevels solches auch begehrt werden mag"*. Das Prinzip der Nichtauslieferung eigener Staatsangehöriger beanspruchte generelle Gültigkeit. Es galt sowohl im Verhältnis der deutschen Staaten zu nichtdeutschen Mächten als auch in den Rechtsbeziehungen zwischen den einzelnen deutschen Staaten. Letzteres trat in dem Beschluss der Deutschen Bundesversammlung vom 26. Januar 1854[5] *„wegen gegenseitiger Auslieferung von Personen, welche wegen gemeiner Verbrechen oder Vergehen zur Untersuchung gezogen worden sind"* noch einmal deutlich zu Tage. Dort verpflichteten sich die Staaten des Deutschen Bundes zwar grundsätzlich zur gegenseitigen Auslieferung von Straftätern. Diese Verpflichtung galt nach Artikel 1 Nr. 1 des Beschlusses aber nur insoweit, als *„das betreffende Individuum* [nicht] *ein Unterthan des um die Auslieferung angegangenen Staates"* war.

2 *Randelzhofer*, in: Maunz/Dürig, Grundgesetz, 42. Egl. (Februar 2003), München, Artikel 16 Abs. 2 Satz 1 Rdnr. 1.

3 Vgl. *Rinio*, Die Auslieferung eigener Staatsangehöriger. Historische Entwicklung und neuere Tendenzen, Zeitschrift für die gesamte Strafrechtswissenschaft 108 (1996), S. 354, 356 f.

4 Sammlung der Königlich-Württembergischen Generalreskripte und Verordnungen vom Jahr 1806, S. 130.

5 Abgdruckt in der Gesetz-Sammlung für die Königlich Preußischen Staaten 1854, S. 359 ff.

Auch nach Errichtung des Norddeutschen Bundes im Jahr 1867 änderte sich an dem überkommenen Auslieferungsschutz eigener Staatsangehöriger zunächst nichts. Eine Auslieferung erfolgte auch dann nicht, wenn der ersuchende Staat dem Norddeutschen Bund angehörte. Mit Blick auf die gewandelten staatsorganisationsrechtlichen Verhältnisse ließ sich das Verbot der Auslieferung eigener Staatsangehöriger auch im Verhältnis der Bundesstaaten untereinander aber nicht lange aufrechterhalten[6]. Es wurde mit Gesetz über die Gewährung gegenseitiger Rechtshilfe (dort: §§ 21-23) vom 21. Juni 1869 abgeschafft[7]. Im Übrigen wurde jedoch an dem Prinzip der Nichtauslieferung eigener Staatsangehöriger festgehalten. Dies zeigen zunächst die vom Norddeutschen Bund mit anderen Staaten geschlossenen Verträge über die wechselseitige Gewährung von Rechtshilfe. So kam man unter anderem mit dem Großherzogtum Baden im Vertrag vom 14. Januar 1870[8] in Artikel 23 überein, dass *„von Seiten der Staaten des Norddeutschen Bundes kein Norddeutscher, von Großherzoglich Badischer Seite kein Angehöriger des Großherzogthums ausgeliefert* [wird]"[9]. Das Verbot, eigene Staatsangehörige auszuliefern, wurde insbesondere aber auch einer gesetzlichen Regelung zugeführt. Es fand Eingang in das Strafgesetzbuch für den Norddeutschen Bund (dort: § 9) vom 31. Mai 1870[10]. Zur Begründung der Vorschrift griff man zum einen auf den Gedanken der staatlichen Souveränität zurück[11]. Zum anderen wurde auch nationalstaatliches Gedankengut fruchtbar gemacht: Die Aufnahme der Regelung in das Norddeutsche Strafgesetzbuch empfehle sich *„um so mehr, als die Gewißheit, daß innerhalb des Bundesgebietes die Auslieferung an eine auswärtige Macht nicht zulässig sei, für jeden Norddeutschen den Werth der Bundesangehörigkeit erhöhen muß"*[12].

Nach Gründung des Deutschen Reiches im Jahre 1871 wurde in dessen Verfassung vom 16. April 1871[13] das Prinzip der Nichtauslieferung eigener Staatsangehöriger trotz entsprechender Forderungen[14] nicht aufgenommen. Allerdings enthielt – dem Vorbild des Norddeutschen Bundes folgend – das Strafgesetzbuch für das Deutsche Reich vom 15. Mai 1871[15] einen Verbotstatbestand[16]. Dieser fand in den der Reichsgründung nachfolgenden Jahren jedoch keine ungeteilte Zustimmung. Er

6 Vgl. *Pohl*, in: Nipperdey (Hrsg.), Die Grundrechte und Grundpflichten der Reichsverfassung. Kommentar zum zweiten Teil der Reichsverfassung, Berlin 1929, Artikel 112, S. 263.

7 BGBl. des Norddeutschen Bundes, S. 305 ff.

8 BGBl. des Norddeutschen Bundes, S. 67 ff.

9 Entsprechende Absprachen wurden in den Verträgen mit dem Großherzogtum Hessen vom 18. März 1870 (BGBl. des Norddeutschen Bundes, S. 607 ff.) und mit dem Königreich Belgien vom 9. Februar 1870 (BGBl. des Norddeutschen Bundes, S. 53 ff.) getroffen.

10 BGBl. des Norddeutschen Bundes, S. 197 ff.

11 Vgl. Absatz 1 der Motive zu § 9, Stenographische Berichte über die Verhandlungen des Reichstages des Norddeutschen Bundes 1870 (Band 3), S. 33.

12 Absatz 3 der Motive zu § 9, ebenda; vgl. dazu auch *Olshausen*, Kommentar zum Strafgesetzbuch, 2. Auflage, Berlin 1886, § 9 Rdnr. 1.

13 RGBl., S. 63 ff.

14 Vgl. *Laband*, Das Staatsrecht des Deutschen Reiches (1. Band), Tübingen 1876, S. 153.

15 RGBl., S. 127 ff.

16 Siehe § 9 Reichsstrafgesetzbuch.

wurde teilweise als Handikap auf dem Gebiet der zwischenstaatlichen Verbrechensbekämpfung angesehen und darüber hinaus als Ausdruck eines überzogenen Nationalismus gebrandmarkt[17]. Die Kritik führte jedoch nicht zur Aufgabe des Grundsatzes, dass *„ein Reichsangehöriger in keinem Fall einem ausländischen Staat ausgeliefert werden* [darf]*“*[18]. Andernfalls hätte man nach damals vorherrschender Auffassung den Begriff des Reichsbürgerrechts entleert, als dessen wesentlicher Bestandteil der in Rede stehende Grundsatz angesehen wurde[19].

Die insbesondere von *Laband* aufgestellte Forderung, den Auslieferungsschutz eigener Staatsangehöriger verfassungsrechtlich abzusichern, wurde erst in den Beratungen der Nationalversammlung zur Weimarer Reichsverfassung (WRV) wieder aufgegriffen. Die insoweit entscheidenden Weichen wurden am 28. Mai 1919 im Verfassungsausschuss der Nationalversammlung gestellt[20]: Dort wurde überwiegend der Aufnahme einer Auslieferungsschutzbestimmung für Deutsche in die Verfassung das Wort geredet. Der mit Blick auf befürchtete negative Reaktionen des Auslands auf eine entsprechende Verfassungsnorm geäußerten Kritik begegneten die Abgeordneten *Kahl* und *von Delbrück* mit klaren Worten. Ersterer führte aus, dass

> *„wir bei unserer Arbeit nicht immer ängstlich nach dem Ausland schielen und fragen müssen, wie wohl das Ausland über diese und jene Bestimmung denken mag. Gerade gegenüber den unerhörten Friedensforderungen unserer Gegner müssen wir unsere Würde bewahren und uns nicht weiter vor dem Ausland fürchten und verbeugen.“*

Nicht minder deutlich äußerte sich *von Delbrück*. Er vertrat den Standpunkt, dass die Frage des Verbots der Auslieferung eigener Staatsangehöriger *„allen Deutschen an die Ehre geht“* und dass man in diesem Punkt keine Furcht gegenüber dem Ausland walten lassen sollte. Das in diesen Äußerungen zu Tage tretende Verständnis vom Auslieferungsschutz eigener Staatsangehöriger als Ausdruck von nationaler Souveränität und nationalstaatlichem Denken war jedoch auch bei den Befürwortern des Nichtauslieferungsprinzips kein starres Dogma mehr. Anschließend an die Kritik, die das in § 9 Reichsstrafgesetzbuch geregelte Verbot der Auslieferung eigener Staatsangehöriger von Befürwortern internationaler Zusammenarbeit bei der Kriminalitätsbekämpfung erfahren hatte, wurde auch schon im Zuge der Verfassungsberatungen daran gedacht, Auslieferungen an einen internationalen Gerichtshof zu ermöglichen. Allerdings hielt man es seinerzeit mit Blick auf die von den Weltkriegsgegnern und -gewinnern eingenommenen politischen Positionen nicht für denkbar, dass ein solcher Gerichtshof Deutschen gegenüber unparteiisch und neutral auftreten würde. Daher verfolgte man den aufgezeigten Ansatz offenbar nicht weiter. Die Nationalversammlung folgte schließlich der Mehrheitsauffassung des Verfassungsaus-

17 Vgl. *Pohl*, in: Nipperdey (Hrsg.), Die Grundrechte und Grundpflichten der Reichsverfassung. Kommentar zum zweiten Teil der Reichsverfassung, Berlin 1929, Artikel 112, S. 263.

18 So dezidiert *Laband*, Das Staatsrecht des Deutschen Reiches (1. Band), 5. Auflage, Tübingen 1911, S. 155.

19 *Laband*, ebenda.

20 Die dortigen Beratungen werden eingehend kommentiert, nachgezeichnet und auszugsweise wiedergegeben bei *Pohl*, in: Nipperdey (Hrsg.), Die Grundrechte und Grundpflichten der Reichsverfassung. Kommentar zum zweiten Teil der Reichsverfassung, Berlin 1929, Artikel 112, S. 263 ff.

schusses und bestimmte in Artikel 112 Abs. 3 WRV[21], dass *„kein Deutscher einer ausländischen Regierung zur Verfolgung oder Bestrafung überliefert werden darf"*[22].

2. Nachkriegsjahre und Grundgesetz

In den Nachkriegsjahren kam zunächst Bewegung in die Diskussion um das Prinzip der Nichtauslieferung. Wie ein Blick auf die Verfassungen verschiedener deutscher Länder zeigt, nahm man nach dem zweiten Weltkrieg teilweise[23] Rückgriff auf das Auslieferungsrecht, welches im ausgehenden 18. Jahrhundert in Europa überwiegend galt. So sah Artikel 16 Abs. 1 der Verfassung für Rheinland-Pfalz vom 18. Mai 1947 vor, dass *„ein Deutscher ... einer fremden Macht nur bei verbürgter Gegenseitigkeit ausgeliefert werden* [darf]*"*. Eine ähnliche Bestimmung nahm die „Gesetzgebende Versammlung des Saarlandes" in die von ihr beschlossene Verfassung des Saarlandes vom 15. Dezember 1947[24] auf. Dort wurde in Artikel 11 Abs. 1 das Verbot der Auslieferung eines Saarländers an eine fremde Macht festgeschrieben, *„es sei denn, dass die Gegenseitigkeit verbürgt ist."*

Diese im Hinblick auf den internationalen Rechtsverkehr durchaus als integrationsfreundlich anzusehenden Verfassungsbestimmungen konnten allerdings keine Vorbildwirkung für das Grundgesetz entfalten. Der Parlamentarische Rat bestimmte in Artikel 16 Abs. 2 Satz 1 GG vielmehr: *„Kein Deutscher darf an das Ausland ausgeliefert werden."* Bei den Beratungen zu dieser Norm[25] traten allein im Rahmen der Debatte über ihren Wortlaut divergierende Meinungen hervor. Im Übrigen war es

21 Neben den bereits aufgezeigten Motiven ließ sich die Nationalversammlung dabei von der Überzeugung leiten, dass nur der eigene Staat dazu in der Lage sei, seinen Bürgern gegenüber Gerechtigkeit walten zu lassen. Siehe *Pohl*, in: Nipperdey (Hrsg.), Die Grundrechte und Grundpflichten der Reichsverfassung. Kommentar zum zweiten Teil der Reichsverfassung, Berlin 1929, Artikel 112, S. 262; vgl. auch *Randelzhofer*, in: Maunz/Dürig, 42. Egl. (Februar 2003), München, Artikel 16 Abs. 2 Satz 1 Rdnr. 2.

22 Diese Verfassungsbestimmung stand allerdings im Gegensatz zu der Regelung in Artikel 228 Abs. 2 des am 28. Juni 1919 unterzeichneten Friedensvertrags zwischen Deutschland und den alliierten und assoziierten Mächten (RGBl., S. 157 ff.). Nach dieser Vorschrift war die deutsche Regierung verpflichtet, *„den alliierten und assoziierten Mächten oder derjenigen Macht von ihnen, die einen entsprechenden Antrag stellt, alle Personen auszuliefern, die ihr auf Grund der Anklage, sich gegen die Gesetze und Gebräuche des Krieges vergangen zu haben, ... bezeichnet werden"*. Gemäß Artikel 178 Abs. 2 Satz 2 WRV wurden die Bestimmungen des Friedensvertrages von Versailles durch die WRV jedoch nicht berührt. Vgl. hierzu auch *Anschütz*, Die Verfassung des Deutschen Reiches vom 11. August 1919, 2. Auflage, Berlin 1921, Artikel 112 Anm. 3.

23 In der Verfassung Hessens vom 1. Dezember 1946 (GVBl. I, S. 229 ff.) wurde am Auslieferungsschutz deutscher Staatsangehöriger festgehalten (siehe dort Artikel 7 Satz 1).

24 Amtsbl., 1077 ff.

25 Siehe hierzu umfassend *von Doemming/Füsslein/Matz*, Entstehungsgeschichte der Artikel des Grundgesetzes, JöR (neue Folge) 1 (1951), S. 165 ff.; vgl. insoweit auch *Randelzhofer*, in: Maunz/Dürig, 42. Egl. (Februar 2003), München, Artikel 16 Abs. 2 Satz 1 Rdnr. 3 f.; *Rinio*, Die Auslieferung eigener Staatsangehöriger. Historische Entwicklung und neuere Tendenzen, Zeitschrift für die gesamte Strafrechtswissenschaft 108 (1996), S. 358 f.

von Anfang an einhellige Auffassung, dass die Auslieferung eigener Staatsangehöriger an das Ausland verfassungsrechtlich verboten werden sollte. Zur Begründung wurde – wie schon zu früheren Zeiten – darauf verwiesen, dass ein entsprechender Verbotstatbestand eng mit der staatlichen Souveränität des eigenen Landes zusammenhänge[26]. In der Literatur sah man den Auslieferungsschutz auch in dem gegenseitigen Treueverhältnis zwischen Deutschland und den Deutschen verankert: Diese nähmen eine Sonderstellung unter den Bewohnern des Staatsgebiets ein. So wie die Deutschen im In- und Ausland jederzeit bedingungslos zum Schutz ihres Vaterlandes verpflichtet seien, müsse auch Deutschland sie ohne Rücksicht auf ihre Würdigkeit im Inland und soweit möglich auch im Ausland bedingungslos schützen und dürfe sie vor allem nicht fremder Herrschaft preisgeben[27].

II. Der Weg zum modernen Auslieferungsrecht

1. Der Inhalt des grundgesetzlichen Auslieferungsschutzes bis zur Grundgesetzänderung im Jahr 2000

Der Inhalt des Auslieferungsverbotes wurde in Art. 16 Abs. 2 GG selbst nicht näher definiert. Mit Blick auf die Rechtstradition nahm man anfangs teilweise an, das Auslieferungsverbot sei auf den Bereich des Strafrechts beschränkt[28]. In der Tat konnte aus der Zusammenfassung mit Staatsangehörigkeits- und Asylfragen in demselben Artikel der Schluss gezogen werden, dass deutsche Bürger in ihrem staatsbürgerlichen Status, vor allem aber gegenüber Verfolgung im Ausland besonders geschützt werden sollten[29]. Die Rechtsprechung hat den Gewährleistungsgehalt der Schutznorm aber von Anfang an nicht so eng gesehen. Sie hat Artikel 16 Abs. 2 Satz 1 GG vielmehr ein allgemeines, neben dem Strafrecht auch das Zivil- und Verwaltungsrecht umfassendes Auslieferungsverbot entnommen. So machte namentlich das Bundesverfassungsgericht schon früh deutlich, dass Artikel 16 Abs. 2 Satz 1 GG die Bundesregierung verpflichte, sich jeder Mitwirkung zu enthalten, wenn ein Deutscher aus dem Bereich deutscher Hoheitsgewalt zwangsweise entfernt und in den Bereich einer nichtdeutschen Hoheitsgewalt übergeführt werde[30]. Diese Judikatur hatte vor allem die Entstehungsgeschichte zum grundgesetzlichen Auslieferungsverbot auf ihrer Seite. So hatte der Abgeordnete *von Brentano* (CDU) im Rahmen der

26 So der Abgeordnete *Wagner* von der SPD im Rahmen der zweiten Lesung des Hauptausschusses (44. Sitzung vom 19. Januar 1949), zitiert nach *von Doemming/Füsslein/Matz*, Entstehungsgeschichte der Artikel des Grundgesetzes, JöR (neue Folge) 1 (1951), S. 168.

27 *Meyer*, Der Schutz Deutscher vor Überstellung an das Ausland nach dem Grundgesetz, JZ 1956, S. 6.

28 Vgl. *Randelzhofer*, in: Maunz/Dürig, 42. Egl. (Februar 2003), München, Artikel 16 Abs. 2 Satz 1 Rdnr. 6 (m. w. N.).

29 Vgl. BVerfGE 29, S. 183, 189.

30 BVerfGE 10, S. 136, 139.

Beratungen des Parlamentarischen Rates zu Artikel 16 GG vorgeschlagen, das Verbot der Auslieferung eigener Staatsangehöriger wie folgt festzuschreiben: *„Kein Deutscher ... darf einer auswärtigen Regierung zur Verfolgung und Bestrafung ausgeliefert werden.“* Dem trat vor allem der SPD-Abgeordnete *Wagner* entgegen und verlangte, dass ein Deutscher, ganz gleich aus welchen Gründen, nicht an das Ausland ausgeliefert werden dürfe. Der Vorschlag *von Brentanos* wurde daraufhin abgelehnt[31].

2. Die Lockerung des Verbots der Auslieferung eigener Staatsangehöriger

Das vorbeschriebene umfassende Verbot der Auslieferung eines Deutschen an das Ausland wurde erst mit der Änderung von Artikel 16 Abs. 2 GG durch Gesetz vom 29. November 2000 in nicht unerheblichem Maße gelockert. Hierfür waren im Wesentlichen zwei Gründe maßgebend: die Erfüllung völkerrechtlicher Verpflichtungen und die weitere Förderung des Verhältnisses der EU-Staaten zueinander[32].

a. Verpflichtung zur Auslieferung auch von Deutschen an internationale Gerichtshöfe

Mit Beendigung des Zweiten Weltkriegs wurde die juristische Aufarbeitung der schwersten (Kriegs-)Verbrechen den Militärtribunalen in Nürnberg und Tokio übertragen. Hierin kam erstmals die Überzeugung der Staatengemeinschaft von der Notwendigkeit zur internationalen Verfolgung der schwersten Gräueltaten gegen die Menschlichkeit zum Ausdruck. Ein Weltstrafgerichtshof, wie man ihn auch in der Völkermordkonvention vorgesehen hatte, wurde in der Folgezeit mit Blick auf die Ost-West-Konfrontation gleichwohl nicht errichtet, obwohl es genügend Betätigungsfelder für ihn gegeben hätte[33].

Mit dem Zusammenbruch der meisten kommunistischen Herrschaftssysteme Ende der 80er/Anfang der 90er Jahre des vergangenen Jahrhunderts änderten sich die Bedingungen zu Gunsten der Errichtung einer internationalen Strafjustiz. Leider sollten sich auch schon kurze Zeit später Umstände einstellen, die die staatenübergreifende Zusammenarbeit im Rahmen der Verfolgung von Völkermord, Verbrechen gegen die Menschlichkeit und Kriegsverbrechen erforderlich machten: der Bürgerkrieg im ehemaligen Jugoslawien und die furchtbaren Geschehnisse in Ruanda[34].

31 Vgl. *von Doemming/Füsslein/Matz*, Entstehungsgeschichte der Artikel des Grundgesetzes, JöR (neue Folge) 1 (1951), S. 168.

32 Vgl. *Lagodny*, Auslieferung und Überstellung deutscher Staatsangehöriger, ZRP 2000, S. 175.

33 Zum Vorstehenden siehe *Behrens*, Zum Statut des Internationalen Strafgerichtshofs, Betrifft Justiz 2000, S. 238.

34 Vgl. *Behrens*, ebenda.

Vor dem Hintergrund dieser schrecklichen Ereignisse nahm der Sicherheitsrat der Vereinten Nationen auf seiner Sitzung am 25. Mai 1993 zunächst die Resolution 827 (1993) an, mit der er der Errichtung eines internationalen Gerichtshofs zustimmte, *„zu dem ausschließlichen Zweck, die Personen zu verfolgen, die für die ... im Hoheitsgebiet des ehemaligen Jugoslawien begangenen schweren Verstöße gegen das humanitäre Völkerrecht verantwortlich sind“*[35]. In dem gleichzeitig verabschiedeten Statut des Gerichtshofes[36] wurde in Artikel 9 Abs. 2 bestimmt, dass *„der Internationale Strafgerichtshof Vorrang vor nationalen Gerichten* [hat]“. In Artikel 29 des Statuts wurden die Staaten zur umfassenden Zusammenarbeit mit dem Internationalen Strafgerichtshof verpflichtet, wozu auch die Übergabe oder Überstellung von Angeklagten an den Gerichtshof gehört (vgl. Artikel 29 Abs. 2 HS 2 lit. e), und zwar ohne Rücksicht darauf, ob die betreffende Person die Staatsangehörigkeit des übergebenden bzw. überstellenden Staates oder eines anderen Landes besitzt[37].

Dem Internationalen Gerichtshof für das ehemalige Jugoslawien folgte der auf der Resolution 955 (1994)[38] beruhende Internationale Gerichtshof für Ruanda. Dessen Zweck besteht in der Ahndung von Völkermord und anderen schweren Verstößen, welche im Jahr 1994 im Hoheitsgebiet von Ruanda bzw. von ruandischen Staatsangehörigen im Hoheitsgebiet von Nachbarstaaten begangen wurden[39]. Auch gegenüber diesem Strafgerichtshof ist die Bundesrepublik Deutschland völkerrechtlich zur Zusammenarbeit, insbesondere aber auch zur Überstellung eigener Staatsangehöriger verpflichtet[40].

Wenige Jahre später verständigte sich die Diplomatische Bevollmächtigtenkonferenz der Vereinten Nationen am 17. Juli 1998 in Rom auf das so genannte Römische Statut, in dem die Errichtung eines unabhängigen ständigen Internationalen Strafgerichtshofs mit Sitz in Den Haag verabredet wurde, *„der die Gerichtsbarkeit über die schwersten Verbrechen hat“*, von denen die internationale Gemeinschaft als Gesamtheit betroffen ist[41]. Das Statut, welches am 10. Dezember 1998 in New York von der Bundesrepublik Deutschland unterzeichnet wurde und dem der Deutsche

35 Nichtamtliche Übersetzung der Resolution 827 (1993) des Sicherheitsrates der Vereinten Nationen und des Statuts des Gerichtshofes, Anlage 2 zum Gesetzentwurf der Bundesregierung über die Zusammenarbeit mit dem Internationalen Strafgerichtshof für das ehemalige Jugoslawien, BT-Drucks. 13/57, S. 21.

36 Anhang zur Anlage 2 des Gesetzentwurfes der Bundesregierung über die Zusammenarbeit mit dem Internationalen Strafgerichtshof für das ehemalige Jugoslawien, BT-Drucks. 13/57, S. 23 ff.

37 Vgl. die Begründung des Gesetzentwurfes der Bundesregierung zur Änderung des Grundgesetzes (Artikel 16), BT-Drucks. 14/2668, S. 4; siehe auch *Uhle*, Auslieferung und Grundgesetz, NJW 2001, S. 1889.

38 Beschlossen vom Sicherheitsrat der Vereinten Nationen am 8. November 1994.

39 Siehe hierzu die Übersetzung der Resolution 955 (1994), Anlage 4 des Gesetzentwurfes der Bundesregierung über die Zusammenarbeit mit dem Internationalen Strafgerichtshof für Ruanda, BT-Drucks. 13/7953, S. 16 ff.

40 Vgl. die Begründung des Gesetzentwurfes der Bundesregierung zur Änderung des Grundgesetzes (Artikel 16), BT-Drucks. 14/2668, S. 3; *Uhle*, Auslieferung und Grundgesetz, NJW 2001, S. 1890.

41 Vgl. die Präambel des Statuts des Internationalen Strafgerichtshofs, abgderuckt in: EuGRZ 1998, S. 618.

Bundestag mit Gesetz vom 4. Dezember 2000 zustimmte[42], verpflichtet die Vertragsstaaten ebenfalls dazu, für eine Möglichkeit der Überstellung eigener Staatsangehöriger Sorge zu tragen[43].

Vor dem Hintergrund von Artikel 16 Abs. 2 GG a. F. stellte sich die Frage, ob und ggf. wie die Bundesrepublik Deutschland der völkerrechtlichen Pflicht, auch eigene Staatsangehörige an die oben genannten Gerichthöfe auszuliefern, verfassungsrechtlich Rechnung tragen konnte. In der Literatur wurde teilweise die Auffassung vertreten, dass für die Überstellung Deutscher an einen internationalen (Straf-)Gerichtshof keine Grundgesetzänderung, namentlich keine Modifizierung von Artikel 16 Abs. 2 GG a. F. erforderlich sei. Im Hinblick auf die vom Sicherheitsrat der Vereinten Nationen geschaffenen Gerichtshöfe wurde eine Verfassungsänderung schon deshalb für nicht geboten gehalten, weil insoweit Hoheitsrechte im Sinne von Artikel 24 Abs. 1 GG übertragen worden seien[44]. Aber auch im Übrigen stünden weder die Souveränität des Staates noch der Zweck des Auslieferungsverbotes, den Betroffenen *„vor den Unsicherheiten einer Aburteilung unter einem ihm fremden Rechtssystem und in für ihn schwer überschaubaren fremden Verhältnissen zu bewahren"*[45], einer entsprechend restriktiven Auslegung des Artikels 16 Abs. 2 GG a. F. entgegen. Dies sei aus der grundlegenden, aus einer Zusammenschau der Artikel 24 bis 26 GG sowie der Präambel herleitbaren Verfassungsentscheidung für eine offene und völkerrechtsfreundliche Staatlichkeit zu folgern[46].

Die wohl herrschende Meinung bezweifelte demgegenüber die Zulässigkeit der Auslieferung eines Deutschen an einen internationalen Gerichtshof[47] oder hielt sie eindeutig für unvereinbar mit der seinerzeitigen Fassung des Artikels 16 Abs. 2 GG[48]. Zur Begründung wurde darauf verwiesen, dass die Formulierung des Auslie-

42 BGBl. II, S. 1393.

43 Vgl. die Begründung des Gesetzentwurfes der Bundesregierung zur Änderung des Grundgesetzes (Artikel 16), BT-Drucks. 14/2668, S. 3; *Lagodny*, Auslieferung und Überstellung deutscher Staatsangehöriger, ZRP 2000, S. 175.

44 *Zimmermann*, Die Schaffung eines ständigen Internationalen Gerichtshofes, ZaöRV 1998, S. 47, 101 f. (mit Fn. 260); *ders.*, Die Auslieferung Deutscher an Staaten der Europäischen Union und internationale Strafgerichtshöfe, JZ 2001, S. 233, 234.

45 So BVerfGE 29, S. 183, 193.

46 *Schöbener/Bausback*, Verfassungs- und völkerrechtliche Grenzen der „Überstellung" mutmaßlicher Kriegsverbrecher an den Jugoslawien-Strafgerichtshof, DÖV 1996, S. 621, 623 (mit Fn. 32), 629; dieser Ansicht – allerdings ohne nähere Begründung – zuneigend: *Tomuschat*, Sanktionen durch internationale Strafgerichtshöfe, Verhandlungen des 60. Deutschen Juristentages, 1994, II/1, S. 53, 68, der aber immerhin *„heiklere Probleme"* konzedierte, die es als *„gewiß nicht abwegig"* erschienen ließen, das Grundgesetz ausdrücklich zu ergänzen.

47 *Kokott*, in: Sachs (Hrsg.), Grundgesetz, 2. Auflage, München 1999, Artikel 16 Rdnr. 30; *Häde*, Die Auslieferung – Rechtsinstitut zwischen Völkerrecht und Grundrechten, Der Staat 36 (1997), S. 1, 13 (mit Fn. 76).

48 *Lübbe-Wolf*, in: Dreier (Hrsg.), Grundgesetz, 1. Auflage, München 1996, Artikel 16 Rdnr. 74; *Schmalenbach*, Die Auslieferung mutmaßlicher deutscher Kriegsverbrecher an das Jugoslawientribunal in Den Haag, AVR 36 (1998), S. 285, 303 f.; *Rinio*, Die Auslieferung eigener Staatsangehöriger. Historische Entwicklung und neuere Tendenzen, Zeitschrift für die gesamte Strafrechtswissenschaft 108 (1996), S. 391 f.; *Trautwein*, Zum Gesetz über die Zusammenarbeit mit dem Internationalen Strafgerichtshof für das ehemalige Jugoslawien, NJW 1995, S. 1658 f.

ferungsverbots als Verbot der Auslieferung *„an das Ausland"* entstehungsgeschichtlich allein den Sinn gehabt habe, die Möglichkeit einer Auslieferung Deutscher im innerdeutschen Rechtshilfeverkehr offenzuhalten[49]. Ihr komme deshalb *„im übrigen einschränkende Bedeutung – etwa dahingehend, daß nur die Auslieferung an ausländische Staaten ausgeschlossen sein soll – nicht zu"*[50]. Vielmehr sei es – gerade auch im Hinblick auf den Schutzzweck der Vorschrift[51] – *„nur konsequent"*, ein internationales Tribunal mit eigener Strafgewalt insoweit dem Gericht eines fremden Staates gleichzustellen[52]. Eine Korrektur des für sich genommen eben gerade völkerrechtsunfreundlichen (speziellen) Artikels 16 Abs. 2 GG sei mit dem Hinweis auf eine allgemeine Völkerrechtsfreundlichkeit des Grundgesetzes nicht zu begründen[53].

Diejenigen, die eine Auslieferung Deutscher an internationale Strafgerichtshöfe für unvereinbar mit Artikel 16 Abs. 2 GG hielten, konnten sich auch auf die Rechtsprechung des Bundesverfassungsgerichts stützen. Dieses hatte sich zwar bis dahin nicht mit der Frage zu beschäftigen, ob ein internationaler Gerichtshof als *„Ausland"* im Sinne des Artikels 16 Abs. 2 GG a. F. anzusehen war. Wie bereits ausgeführt, entnahm es dieser Grundrechtsnorm jedoch - in bemerkenswerter Abweichung von der Auslegung des Bundesgerichtshofes als *„amtliche Überantwortung einer Person aus dem Bereich der inländischen Gerichtsgewalt an eine ausländische Gerichtsbarkeit"*[54] - eine Verpflichtung der Bundesregierung, sich jeder Mitwirkung zu enthalten, wenn ein Deutscher *„aus dem Bereich deutscher Hoheitsgewalt zwangsweise entfernt und in den Bereich nichtdeutscher Hoheitsgewalt übergeführt wird"*[55]. Danach fiel die Auslieferung an einen internationalen Gerichtshof unter das Auslieferungsverbot, weil ein solcher Gerichtshof nichtdeutsche Hoheitsgewalt ausübt. Damit war klar, dass das Grundgesetz geändert werden musste, um dem unter Umständen gestellten Antrag, einen deutschen Staatangehörigen an einen internationalen Strafgerichtshof auszuliefern, auch verfassungsrechtlich nachkommen zu können.

Dieser Überzeugung waren die Bundesregierung[56], der Bundesrat[57] und der Rechtsausschuss des Deutschen Bundestages[58], dem *Jürgen Meyer* auch damals als

49 Vgl. auch BVerfGE 4, S. 299, 304 f.

50 *Lübbe-Wolf*, in: Dreier (Hrsg.), Grundgesetz, 1. Auflage, München 1996, Artikel 16 Rdnr. 74; vgl. auch *Kimminich*, in: Dolzer/Vogel/Graßhof (Hrsg.), Bonner Kommentar zum Grundgesetz, Heidelberg, Stand: Dezember 2004, Artikel 16 Rdnr. 101.

51 Dazu näher *Schmalenbach*, Die Auslieferung mutmaßlicher deutscher Kriegsverbrecher an das Jugoslawientribunal in Den Haag, AVR 36 (1998), S. 300.

52 *Rinio*, Die Auslieferung eigener Staatsangehöriger. Historische Entwicklung und neuere Tendenzen, Zeitschrift für die gesamte Strafrechtswissenschaft 108 (1996), S. 389.

53 *Schmalenbach*, Die Auslieferung mutmaßlicher deutscher Kriegsverbrecher an das Jugoslawientribunal in Den Haag, AVR 36 (1998), S. 301.

54 BGHSt 5, S. 396, 404.

55 BVerfGE 10, S. 136, 139.

56 Gesetzentwurf der Bundesregierung über die Zusammenarbeit mit dem Internationalen Strafgerichtshof für das ehemalige Jugoslawien, BT-Drucks. 13/57, S. 8.

57 Vgl. den Beschluss des Bundesrates zum Gesetz über die Zusammarbeit mit dem Internationalen Strafgerichtshof für das ehemalige Jugoslawien, BR-Drucks. 143/95 (Beschluss).

Berichterstatter und damit in maßgeblicher Funktion angehörte, schon in dem Gesetzgebungsverfahren zu dem Gesetz über die Zusammenarbeit mit dem Internationalen Gerichtshof für das ehemalige Jugoslawien. Dass ein entsprechender verfassungsändernder Gesetzentwurf gleichwohl nicht vorgelegt wurde, begründete die damalige Bundesministerin der Justiz, *Leutheusser-Schnarrenberger*, in der Sitzung des Deutschen Bundestages am 9. März 1995 wie folgt[59]:

> *„Rang und Bedeutung unserer Verfassung, auch unter Berücksichtigung etwaiger völkerrechtlicher Verpflichtungen, verbieten (es), leichtfertig Eingriffe in Grundrechte vorzunehmen, zumal in solche, die seit 200 Jahren im Recht deutscher Länder ... verwurzelt sind, hohe Bedeutung für die Souveränität des Staates, aber auch für den konkreten Schutz des einzelnen gegenüber fremder Gewalt haben; aber auch in Grundrechte, die von den Nationalsozialisten durch massenhafte Deportationen jüdischer Mitbürger unterlaufen wurden, weshalb unsere Verfassung mit Bedacht das Auslieferungsverbot in Art. 16 GG in den Kontext des Ausbürgerungsverbotes gestellt hat. Wir stehen also nicht unter Zeitdruck und sollten diese Frage deshalb sehr sorgfältig und vor allem auch im Rahmen einer öffentlichen Diskussion führen."*

Der Abgeordnete *Röttgen* verlangte in derselben Bundestagssitzung für die CDU/CSU-Bundestagsfraktion ebenfalls, die Frage, ob der Verfassungsgesetzgeber die Möglichkeit zur Auslieferung deutscher Staatsangehöriger eröffnen solle, nicht *„bei diesem Gesetzentwurf"* zu debattieren.

> *„Wir wollen das separat erörtern. Das ist sicherlich eine Diskussion, die man sehr sorgfältig, sehr abwägend führen muß. Das wollen wir mit dieser aktuellen Debatte nicht vermischen. Wir sind zu einer separaten sachlichen Diskussion darüber bereit, ob in diesem Punkt eine Verfassungsänderung durchgeführt werden soll."*[60]

Die SPD-Bundestagsfraktion wäre wohl damals schon gerne einen Schritt weitergegangen. Für diese wies *Jürgen Meyer* am 9. März 1995 im Deutschen Bundestag darauf hin[61], dass das Gesetz über die Zusammenarbeit mit dem Internationalen Gerichtshof für das ehemalige Jugoslawien nur ein erster, noch unvollkommener Schritt zur Unterstützung dieses Gerichtshofes sein könne. Es sei aber zu begrüßen, dass der Rechtsausschuss dem Wunsch der SPD und des Bundesrates zugestimmt habe, über eine Änderung des Verbots der Auslieferung und der Überstellung von deutschen Staatsangehörigen weiterzuberaten, um die völkerrechtlichen Verpflichtungen der Bundesrepublik Deutschland auch insoweit erfüllen zu können. Der Strafgerichtshof dürfe keine Sondereinrichtung nur für ausländische Straftäter sein. *„Es kann nicht hingenommen werden"*, betonte *Jürgen Meyer*, *„daß sich deutsche Söldner, die im ehemaligen Jugoslawien Mord, Folter, Vergewaltigung oder andere*

58 Beschlussempfehlung und Bericht des Rechtsausschusses des Deutschen Bundestages zu dem Entwurf eines Gesetzes über die Zusammenarbeit mit dem Internationalen Gerichtshof für das ehemalige Jugoslawien, BT-Drucks. 13/716, S. 5.

59 Verhandlungen des Deutschen Bundestages 13. Wahlperiode, Stenographische Berichte Bd. 177, S. 1764.

60 Verhandlungen des Deutschen Bundestages 13. Wahlperiode, Stenographische Berichte Bd. 177, S. 1759.

61 Verhandlungen des Deutschen Bundestages 13. Wahlperiode, Stenographische Berichte Bd. 177, S. 1759, 1760.

Verbrechen begangen haben sollen, oder Rüstungsexporteure, die sich am Völkermord beteiligt haben, nicht vor diesem Gerichtshof verantworten müssen.“

Gleichzeitig räumte er aber auch ein, dass die Problematik sehr schwierig werde, wenn es an die verfassungsrechtliche Umsetzung gehe:

> *„Da stellt sich z. B. die grundsätzliche Frage, ob und inwieweit das Auslieferungsverbot nach Art. 16 Abs. 2 des Grundgesetzes für deutsche Staatsangehörige noch zeitgemäß ist. Sicher gilt weiterhin der Grundgedanke, daß deutsche Staatsangehörige dem Staat gegenüber eine Loyalitätsverpflichtung haben und deshalb auch einen Schutzanspruch gegenüber dem Staat haben. Aber ich frage: Steckt hinter dem absoluten Auslieferungsverbot nicht so etwas wie Mißtrauen gegenüber fremden Justizorganen?“*

Diese und die weiter reichende Frage, ob und wie das Grundgesetz zu Gunsten einer Auflockerung des Verbots der Auslieferung eigener Staatsangehöriger geändert werden sollte, blieben jedoch zunächst unbeantwortet. Auch das Gesetzgebungsverfahren zu dem Gesetz über die Zusammenarbeit mit dem Internationalen Strafgerichtshof für Ruanda entfaltete nicht den nötigen Problemdruck[62], um insoweit eine Entscheidung des Verfassungsgesetzgebers herbeizuführen[63]. Dieser stellte sich erst im Zusammenhang mit der Ratifizierung des Römischen Statuts ein, wurde doch auf dessen Grundlage ein im Vergleich zu den anderen beiden Tribunalen ständiger sowie geographisch nicht eingeschränkter und damit ein zukünftig noch größere Bedeutung besitzender Internationaler Strafgerichtshof errichtet[64]. Das Römische Statut des Internationalen Strafgerichtshofs zur Ahndung von Völkermord, Verbrechen gegen die Menschlichkeit und Kriegsverbrechen kann daher völlig zu Recht als der eine von zwei maßgeblichen Gründen für die seitens der Bundesregierung initiierte Ergänzung von Artikel 16 Abs. 2 GG bezeichnet werden[65].

b. Abschaffung des Verbots der Auslieferung eigener Staatsangehöriger im Verhältnis zu den Mitgliedstaaten der Europäischen Union

Das zweite auslösende Moment für die Grundgesetzänderung war der Wunsch, der mit Blick auf die Bekämpfung der internationalen (organisierten) Kriminalität und des internationalen Terrorismus für erforderlich gehaltenen Möglichkeit, auch Deut-

62 Das Jugoslawien- und das Ruanda-Strafgerichtshofgesetz waren vor dem Hintergrund des damaligen Artikels 16 Abs. 2 GG bezüglich der jeweiligen Verpflichtung zur Überstellung von Personen an den einen oder anderen Gerichtshof daher einschränkend so auszulegen, dass Deutsche nicht an die Gerichtshöfe überstellt werden durften, vgl. die Begründung des Gesetzentwurfes der Bundesregierung zur Änderung des Grundgesetzes (Artikel 16), BT-Drucks. 14/2668, S. 5.

63 Obwohl auch im Rahmen dieses Gesetzgebungsverfahrens sowohl die Bundesregierung (BT-Drucks. 13/7953, S. 8, 10) als auch der Bundesrat (BR-Drucks. 74/97 [Beschluss]) als auch der Rechtsausschuss des Deutschen Bundestages (BT-Drucks. 13/9734, S. 4) die Notwendigkeit hervorgehoben haben, vor der Überstellung Deutscher an diesen Gerichtshof Artikel 16 Abs. 2 GG zu ändern.

64 *Zimmermann*, Die Auslieferung Deutscher an Staaten der Europäischen Union und internationale Strafgerichtshöfe, JZ 2001, S. 234.

65 *Zimmermann*, ebenda.

sche an Mitgliedstaaten der Europäischen Union ausliefern zu können, den verfassungsrechtlichen Boden zu bereiten. Dies war ebenfalls notwendig, da im Auslieferungsverkehr zwischen der Bundesrepublik Deutschland und den übrigen EU-Staaten Artikel 16 Abs. 2 GG a. F. volle Geltung beanspruchte. Eine Nichtanwendung dieser Grundrechtsnorm wegen Vorrangs des Gemeinschaftsrechts kam ungeachtet aller sonstigen sich in diesem Zusammenhang regelmäßig stellenden Zweifelsfragen schon deshalb nicht in Betracht, weil das Auslieferungsrecht der auf Titel VI des EU-Vertrages beruhenden (intergouvermentalen) Zusammenarbeit im polizeilichen und justiziellen Bereich und nicht dem EG-Vertragsrecht unterfällt[66].

An den Gründen, die das Verbot der Auslieferung eigener Staatsangehöriger zu früheren Zeiten zu rechtfertigen vermochten, ließ und lässt sich im Verhältnis der Mitgliedstaaten der Europäischen Union zueinander nicht mehr festhalten[67]. Zutreffend wird darauf hingewiesen, dass weder das Misstrauen gegen eine im Ausland erfolgende Strafverfolgung noch das Recht zum Aufenthalt im Herkunftsland noch die Vorenthaltung des nationalen Richters noch ein Anspruch auf Anwendung des eigenen Strafrechts den überkommenen Auslieferungsschutz eigener Staatsangehöriger in dem europäischen „Raum der Freiheit, der Sicherheit und des Rechts"[68] noch rechtfertigen können[69]. Die Aufgabe des Auslieferungsverbots ist auch nicht unvereinbar mit dem staatlichen Souveränitätsanspruch. Zum einen unterscheidet sich der Souveränitätsgedanke der heutigen Zeit maßgeblich von demjenigen des ausgehenden 18. bzw. beginnenden 19. Jahrhundert[70], der aber die staatsrechtliche Grundlage des Auslieferungsverbots bildete. Zum anderen käme weltweit niemand auf die Idee, dem angelsächsischen Rechtskreis angehörenden Staaten die Souveränität abzusprechen, obwohl ihnen das Verbot der Auslieferung eigener Staatsangehöriger überwiegend fremd ist[71].

66 *Zimmermann*, ebenda.

67 Dass die Europäischen Union die Auslieferung auch eigener Staatsangehöriger seit Mitte der 90er Jahre als Normalfall angesehen hatte, kam in Artikel 7 Abs. 1 des Übereinkommens über die Auslieferung zwischen den Mitgliedstaaten der Europäischen Union vom 27. September 1996 (BGBl. II [1998], S. 2253) deutlich zum Ausdruck. Die Vorschrift erklärte die Ablehnung einer Auslieferung mit der Begründung, dass die auszuliefernde Person Staatsangehöriger des um die Auslieferung ersuchten Staats ist, nämlich für unzulässig. Die Bundesrepublik Deutschland hatte allerdings vor dem Hintergrund der oben beschriebenen Verfassungsrechtslage gemäß Artikel 7 Abs. 2 des genannten Übereinkommens bei dessen Notifizierung erklärt, die Auslieferung eigener Staatsangehöriger nicht zu bewilligen.

68 So ausdrücklich Artikel 29 Abs. 1 EU-Vertrag.

69 *Lagodny*, Auslieferung und Überstellung deutscher Staatsangehöriger, ZRP 2000, S. 176; *Rinio*, Die Auslieferung eigener Staatsangehöriger. Historische Entwicklung und neuere Tendenzen, Zeitschrift für die gesamte Strafrechtswissenschaft 108 (1996), S. 381 ff.; vgl. auch *Zimmermann*, Die Auslieferung Deutscher an Staaten der Europäischen Union und internationale Strafgerichtshöfe, JZ 2001, S. 234.

70 Vgl. *Randelzhofer*, in: Isensee/Kirchhof (Hrsg.), Handbuch des Staatsrechts, 3. Auflage, Heidelberg 2004, § 17 Rdnr. 23 ff., 30; ferner *Schöbener/Bausback*, Verfassungs- und völkerrechtliche Grenzen der „Überstellung" mutmaßlicher Kriegsverbrecher an den Jugoslawien-Strafgerichtshof, DÖV 1996, S. 623.

71 *Schöbener/Bausback*, ebenda.

All dies hatte *Jürgen Meyer* schon früh erkannt[72] und daher auf eine entsprechende Änderung des Grundgesetzes hingearbeitet. Andere deutsche Politiker und Juristen waren in ihrem Denken damals noch nicht so weit, weshalb es auch noch einige Jahre an – nicht zuletzt durch *Jürgen Meyer* geleisteter – Überzeugungsarbeit bedurfte, eine verfassungsändernde Mehrheit für die Änderung des Artikels 16 Abs. 2 GG zu erreichen.

3. Die Ergänzung von Artikel 16 Abs. 2 GG durch Gesetz vom 29. November 2000

Die konkrete verfassungsrechtliche Umsetzung bereitete dann aber noch – wie von *Jürgen Meyer* vorausgesagt – einige Schwierigkeiten, die erst nach zähem, gleichwohl zügigem Ringen beseitigt werden konnten.

Um die verfassungsrechtliche Grundlage für die Überstellung auch von Deutschen an internationale Gerichtshöfe zu schaffen und der zunehmenden europäischen Integration auch auf den Gebieten der polizeilichen und justiziellen Zusammenarbeit hinreichend Rechnung zu tragen, brachte die Bundesregierung am 10. Februar 2000 den Entwurf eines Gesetzes zur Änderung von Artikel 16 GG in den Deutschen Bundestag ein[73]. Dieser sah die Ergänzung von Artikel 16 Abs. 2 GG um einen Satz 2 vor, der folgenden Wortlaut erhalten sollte: *„Durch Gesetz kann eine abweichende Regelung für Auslieferungen an einen Mitgliedstaat der Europäischen Union oder an einen internationalen Gerichtshof getroffen werden."* In der Begründung hieß es zu den Bindungen, die der Gesetzgeber bei Erlass eines entsprechenden Gesetzes zu beachten habe, dass er schon wegen seiner Schutzpflicht den eigenen Staatsbürgern gegenüber gehalten sei, die Möglichkeit einer Auslieferung nur vorzusehen, wenn die Sicherung rechtsstaatlicher Gebote und insbesondere ein im Wesentlichen vergleichbarer Grundrechtsschutz gewährleistet seien[74].

Die Bundestagsfraktionen der CDU/CSU und der FDP waren demgegenüber der Ansicht, dass diese rechtsstaatliche Pflicht des Gesetzgebers bereits im Verfassungstext selbst verankert werden müsse[75]. Daher stellten sie im Rechtsausschuss des Deutschen Bundestages am 28. Juni 2000 den Antrag, Artikel 16 Abs. 2 Satz 2 GG wie folgt zu fassen:

> *„Eine abweichende Regelung kann durch Gesetz bei Wahrung eines diesem Grundgesetz im Wesentlichen vergleichbaren Grundrechtsschutzes für Auslieferungen an einen Mitgliedstaat der Europäischen Union oder an einen internationalen Gerichtshof getroffen werden."*[76]

72 Vgl. z. B. seinen schon oben zitierten Bundestagsdebattenbeitrag vom 9. März 1995.

73 BT-Drucks. 14/2668.

74 BT-Drucks. 14/2688, S. 5.

75 *Scholz,* Zehn Jahre Verfassungseinheit - Nachlese und Ausblick -, DVBl. 2000, S. 1377, 1382; vgl. auch *Zimmermann*, Die Auslieferung Deutscher an Staaten der Europäischen Union und internationale Strafgerichtshöfe, JZ 2001, S. 235.

76 Der Wortlaut des Änderungsantrags ist abgedruckt bei *Scholz*, ebenda, Fn. 56.

Dieser Vorschlag war außenpolitisch nicht unbedenklich, brachte die gewählte Formulierung doch möglicherweise zum Ausdruck, dass der deutsche Verfassungsgesetzgeber nicht nur Zweifel an der Beachtung von Grundrechten durch internationale Gerichtshöfe, sondern auch an deren Beachtung durch die EU-Partner hegte. Andererseits war dem Umstand Rechnung zu tragen, dass eine Grundgesetzänderung die Mehrheit des Artikels 79 Abs. 2 GG benötigte und eine Ergänzung des Artikels 16 Abs. 2 GG daher nur auf der Grundlage eines fraktionsübergreifenden Konsenses möglich war. So kam man überein, Artikel 16 Abs. 2 Satz 2 GG in seine nunmehr gültige Fassung zu kleiden:*„Durch Gesetz kann eine abweichende Regelung für Auslieferungen an einen Mitgliedstaat der Europäischen Union oder an einen internationalen Gerichtshof getroffen werden, soweit rechtsstaatliche Grundsätze gewahrt sind."* Letztlich war es sachlich und dogmatisch naheliegend, die Auslieferung an EU-Staaten und die Auslieferung an internationale Gerichtshöfe an gleiche inhaltliche Voraussetzungen zu knüpfen, wobei von der Wahrung rechtsstaatlicher Grundsätze bei den Mitgliedstaaten der Europäischen Union ausgegangen werden kann. Sie ist nämlich Voraussetzung für die Aufnahme in die Europäische Union und ihre Nichtbeachtung würde die Sanktionsmechanismen des EU-Vertrages in Gang setzen[77]. Zudem hat die gültige Fassung des Artikels 16 Abs. 2 Satz 2 GG im Vergleich zum damaligen Vorschlag der Bundestagsfraktionen der CDU/CSU und der FDP den Vorteil, „schlank" zu sein. Der Verzicht auf die gesonderte Erwähnung grundrechtlicher Gewährleistungen war und ist hinnehmbar, da die Wahrung rechtsstaatlicher Grundsätze im Zusammenhang mit einer Auslieferung primär einschlägig ist und auch die Aspekte, die streng dogmatisch bei den Grundrechten verortet werden, als Oberbegriff mit abzudecken vermag.

Dass das im Zusammenhang mit dem Auslieferungsschutz eigener Staatsangehöriger seit jeher bestehende Spannungsverhältnis zwischen internationaler Integration und nationaler Souveränität in Artikel 16 Abs. 2 Satz 2 GG eine – wie ich meine – so gute Auflösung gefunden hat, ist – wie bereits geschildert – insbesondere auch dem unermüdlichen Wirken von *Jürgen Meyer* zu verdanken, mit dem ich als damaliger Rechtspolitischer Sprecher der SPD-Bundestagsfraktion bei diesem Vorhaben eng zusammengearbeitet habe und von dem ich weiß, dass ihm diese Angelegenheit stets ein großes Herzensanliegen war. Dafür möchte ich ihm an dieser Stelle meinen besonderen Dank aussprechen.

77 Vgl. die Begründung zum Änderungsantrag zum Gesetzentwurf der Bundesregierung zur Änderung von Artikel 16 GG, BT-Drucks. 14/4419, S. 3.

Europatauglichkeit des Grundgesetzes

*von Dr. Sven Hölscheidt, Privatdozent**

1. Europarecht, Grundgesetz und Jürgen Meyer

Am Anfang steht die Präambel des Grundgesetzes: seit dessen Ursprungsfassung von 1949 zeigt sich das deutsche Volk von dem Willen beseelt, „als gleichberechtigtes Glied in einem vereinten Europa dem Frieden der Welt zu dienen". Diese Aussage hat visionäre Kraft bewiesen. Die Bundesrepublik Deutschland ist gleichberechtigtes Glied in einem vereinten Europa geworden.

In die Zukunft Europas geblickt hat auch *Jürgen Meyer*. Bereits 1995 setzte er sich intensiv für eine Europäische Grundrechtecharta ein[1]. Dieses Engagement wurde damals von vielen, auch von mir, skeptisch beurteilt, hatte doch zwei Jahre zuvor das Bundesverfassungsgericht nach weit verbreiteter Auffassung in seiner Maastricht-Entscheidung allzu hochfliegende Integrationspläne etwas gedämpft[2]. Doch *Jürgen Meyer* hat Recht behalten: im Dezember 2000 wurde die Charta feierlich proklamiert, im Oktober 2004 hat sie als Teil II Eingang in die Europäische Verfassung[3] gefunden, deren Ratifikationsprozess allerdings ins Stocken geraten ist. Den Verfassungsrang der Charta hatte *Jürgen Meyer* schon im Dezember 2002 im Vorwort des von ihm herausgegebenen *„Kommentars zur Charta der Grundrechte der Europäischen Union"* prognostiziert[4].

Jürgen Meyer habe ich in seiner Eigenschaft als Delegierter des Deutschen Bundestags im Europäischen Konvent Anfang 2002 kennen gelernt, weil mich die Bundestagsverwaltung mit seiner Unterstützung sowie der Unterstützung des Stellvertreters *Peter Altmaier* beauftragt hatte[5]. In der gesamten Konventszeit ist *Jürgen Meyer* immer optimistisch in Bezug auf die Europäische Verfassung gewesen. Zumindest bis zum Stocken des Ratifikationsprozesses hat sich das als realistisch erwiesen,

* Der Beitrag gibt ausschließlich meine persönliche Meinung wieder.

1 *Jürgen Meyer*, Brauchen wir eine „Charta der Europäischen Grundrechte"?, in: SPD-Bundestagsfraktion (Hrsg.), Dokumente, 1995, S. 7 ff.

2 BVerfGE 89, S. 155 ff.

3 „Vertrag über eine Verfassung für Europa" (im Folgenden „VVE").

4 *Jürgen Meyer*, in: Jürgen Meyer (Hrsg.), Kommentar zur Charta der Grundrechte der Europäischen Union, 1. Aufl., Baden-Baden 2003, S. V (2. Auflage im Erscheinen).

5 Zur Zusammensetzung des Konvents vor allem von deutscher Seite *Jürgen Meyer/Sven Hölscheidt*, Die Verfassung der Föderation der Europäischen Nationalstaaten, Recht und Politik 2002, S. 195 f.; *Sven Hölscheidt*, Europäischer Konvent, Europäische Verfassung, nationale Parlamente, JöR 53 (2005), S. 429, 433 f.

obwohl große Schwierigkeiten zu überwinden waren: während der Beratungen des Europäischen Konvents z. B. die Entschließung der Beauftragten der Staats- und Regierungschefs vom Juni 2003, in der sie sich dafür ausgesprochen hatten, zum Vertrag von Nizza zurückzukehren[6], und während der anschließenden Phase der Regierungskonferenz ihr zwischenzeitliches Scheitern unter italienischer Präsidentschaft[7]. Das unglückliche Vorgehen der Regierungskonferenz hat deutlich gemacht, dass die konsensual orientierte Konventsmethode der konfrontativ orientierten Konferenzmethode deutlich überlegen ist[8].

Die Grundrechtecharta und ihre Aufnahme in die Europäische Verfassung sind der vorläufige Endpunkt einer stürmischen Entwicklung des europäischen Verfassungsrechts in den letzten 20 Jahren. Nach relativer Ruhe in den ersten 30 Jahren der Integration brachte die Einheitliche Europäische Akte 1986 die erste große Gemeinschaftsreform[9]. Es folgten die Verträge von Maastricht (1992), Amsterdam (1997) und Nizza (2000): alle ließen wichtige Fragen unbeantwortet[10]. Inzwischen gilt ein äußerst unübersichtliches Primärrechtskonglomerat, das sich bereits aufgrund seiner Terminologie vom Unionsbürger abschottet[11]. Begleitend zu dieser Entwicklung hat das Sekundärrecht an Umfang und Bedeutung gewonnen. Es gelten derzeit ca. 19.000 Sekundärrechtsakte, davon 6.500 Verordnungen und 1.900 Richtlinien[12]. Gleiches gilt für die Rechtsprechung des Europäischen Gerichtshofs. 2 Urteile fällte er 1954, 2004 waren es 375; die Gesamtzahl beläuft sich bis Ende 2004 auf ca. 6.500[13]. Das Europarecht, das Recht der Europäischen Gemeinschaften und der Europäischen Union, ist umfangreicher und wichtiger geworden.

Mit dieser Entwicklung hat das Europaverfassungsrecht des Grundgesetzes nicht Schritt gehalten, wie in diesem Beitrag gezeigt wird. Darunter ist das nationale deutsche Verfassungsrecht zu verstehen, das sich auf Europa bezieht[14]; im Wesentlichen sind das die Europaartikel 23 und 45 GG[15]. Aber auch auf gesetzlicher und unterge-

6 *Jürgen Meyer*, Der Entwurf eines Vertrages über eine Verfassung für Europa, in: Jürgen Schwarze (Hrsg.), Der Verfassungsentwurf des Europäischen Konvents, Baden-Baden 2004, S. 431.

7 *Rudolf Streinz,* Was ist neu am Verfassungsvertrag? Zum Vertrag von Rom über eine Verfassung für Europa vom 29. Oktober 2004, in: Festschrift für Manfred Zuleeg, Baden-Baden 2005, S. 108.

8 Darauf hat *Jürgen Meyer* an zahlreichen Stellen aufmerksam gemacht; zuerst ausführlich *Jürgen Meyer/Sylvia Hartleif,* Die Konventsidee, ZParl 2002, S. 368 ff.

9 *Sven Hölscheidt/Thomas Schotten*, Von Maastricht nach Karlsruhe, Rheinbreitbach 1993, S. 9 ff.

10 Denkschrift der Bundesregierung zum Vertrag vom 29. Oktober 2004 über eine Verfassung für Europa, BT-Drs. 15/4900 vom 18.02.2005, S. 227.

11 Näher *Sven Hölscheidt/Christian Baldus,* EU und EG als terminologisches Problem, DVBl. 1996, S. 1409 ff.

12 Informationssystem EUR-Lex der EU-Kommission (http:// europa.eu.int/eur- lex/).

13 Jahresbericht 2004 des EuGH (www.curia.eu.int/de/inshit/presentationfr/index_cje.htm).

14 Ausführlich zum Begriff *Rudolf Steinz*, (EG-)Verfassungsrechtliche Aspekte des Vertrages von Nizza, ZÖR 58 (2003), S. 137, 138 ff.

15 Siehe im Übrigen unten 4.1.

setzlicher Ebene sind Defizite zu verzeichnen. Ebenso ist die Behandlung europäischer Angelegenheiten weder innerhalb der Bundesregierung noch in Bundestag und Bundesrat als zufriedenstellend zu bezeichnen. Die Judikative in Gestalt des Bundesverfassungsgerichts ist zur Streitentscheidung im Einzelfall verurteilt. Das wurde zuletzt durch die Auseinandersetzung um den Europäischen Haftbefehl deutlich[16].

Auch für das Europaverfassungsrecht gilt daher leider der Befund von *Eckart Klein*, es habe lange gedauert, bis man bereit gewesen sei, sich die materiellen Einflussnahmen des europäischen Gemeinschaftsrechts auf das nationale Recht klar zu machen[17]. Nun ist die Bereitschaft da, nicht nur der Wissenschaft[18], sondern auch der politischen Praxis: „Europatauglichkeit des Grundgesetzes" war Beratungsgegenstand der so genannten Föderalismuskommission[19].

Im Folgenden werden drei Aspekte des Themas behandelt: Zunächst wird auf die Stellung des Grundgesetzes im Europäischen Verfassungsverbund eingegangen (2.), sodann wird gefragt, welche Forderungen das Europarecht an das Grundgesetz stellt (3.) und welche Antworten das Grundgesetz für das Europarecht bereithält (4.). Der Beitrag schließt mit der Frage nach den Verfassungsperspektiven (5.).

2. Stellung des Grundgesetzes im Europäischen Verfassungsverbund

2.1. Europäischer Verfassungsverbund

Zum Europäischen Verfassungsverbund[20] zählen außer der Europäischen Verfassung die *Verfassungen* der 25 *Mitgliedstaaten* der Europäischen Union. Auch *Jürgen Meyer* hatte und hat sich häufig mit der Kritik auseinanderzusetzen, die Europäische Verfassung sei im Vergleich zum Grundgesetz zu lang und unübersichtlich.

16 BVerfG, NJW 2005, S. 2289 ff.

17 *Eckart Klein*, Gedanken zur Europäisierung des deutschen Verfassungsrechts, in: Festschrift für Klaus Stern, München 1977, S. 1301, 1302.

18 Siehe aus der Fülle der jüngeren in Deutschland erschienenen Literatur z. B. das umfangreiche Werk von Jürgen Schwarze (Hrsg.), Die Entstehung einer europäischen Verfassungsordnung. Das Ineinandergreifen von nationalem und europäischem Verfassungsrecht, Baden-Baden 2000; die Berichte zum Beratungsgegenstand „Europäisches und nationales Verfassungsrecht" von Ingolf Pernice, Peter M. Huber, Gertrude Lübbe-Wolff und Christoph Grabenwarter, VVDStRL 60 (2000), S. 148 ff., 194 ff., 246 ff., 290 ff.; die Beiträge von Hartmut Bauer, Europäisierung des Verfassungsrechts, Juristische Blätter 2000, S. 750 ff.; Karl-E. Hain, Zur Frage der Europäisierung des Grundgesetzes, DVBl. 2002, S. 148 ff.; Dieter H. Scheuing, Europäisierung als Zielsetzung und Herausforderung des deutschen Verfassungsrechts, in: Essays in honour of Georgios I. Kassimatis, Berlin u. a. 2004, S. 261 ff.

19 Deutscher Bundestag/Bundesrat, Öffentlichkeitsarbeit (Hrsg.), Dokumentation der Kommission von Bundestag und Bundesrat zur Modernisierung der bundesstaatlichen Ordnung, Berlin 2005, S. 153 ff.

20 Siehe dazu die jüngsten Äußerungen vom Schöpfer des Begriffs: Ingolf Pernice, Diskontinuität und Europäisches Recht. Legitimationsprobleme im Europäischen Verfassungsverbund, in: Festschrift für Manfred Zuleeg, Baden-Baden 2005, S. 145, 155 f.

Inwieweit ist diese Kritik berechtigt? Ein kurzer Blick auf die europäische Verfassungslandkarte lässt ein vielfältiges Bild erkennen[21]: eine „Pluralität der Verfassungsstrukturen“[22]. Einige Beispiele zeigen das: Großbritannien verzichtet als einziger Mitgliedstaat auf eine Verfassungsurkunde; Österreich hat die mit Abstand längste Verfassung, deren Regelungen sich in einer Vielzahl von Gesetzen mit Verfassungsrang finden: „Seit 1930 ist das B-VG [Bundesverfassungsgesetz der Republik Österreich] selbst 88mal ausdrücklich novelliert worden und durch zahlreiche BVG [Bundesverfassungsgesetze] außerhalb der Verfassungsurkunde (derzeit 61) und Verfassungsbestimmungen (derzeit 401) in einfachen Bundesgesetzen und in Staatsverträgen (derzeit 138) sowie durch Staatsverträge in Verfassungsrang (derzeit 13) inhaltlich abgeändert oder erweitert worden“[23]. Dänemark besitzt mit 89 Paragraphen die kürzeste Verfassungsurkunde aller Mitgliedstaaten; die längste in einer Urkunde enthaltene Verfassung weist Portugal mit 299 Artikeln auf. Zwischen den letztgenannten Verfassungen liegt das Grundgesetz mit seinen 183 Artikeln. Allerdings müssen zusätzlich 16 Landesverfassungen mit insgesamt fast 1.900 Artikeln in den Europäischen Verfassungsverbund einbezogen werden. Die längste, die bayerische Verfassung, weist dieselbe Länge auf wie das Grundgesetz. Das Einbeziehen ist vor allem deshalb notwendig, weil Richtlinien, die sich auf Gegenstände beziehen, für die die Länder die Gesetzgebungskompetenz haben, von jedem einzelnen Land auf der Basis seiner Verfassung umzusetzen sind[24]. Konsequenterweise beschäftigen sich alle Landesverfassungen mit der europäischen Integration[25]. Zu Recht nennt *Jürgen Meyer* Art. 34 a seiner baden-württembergischen „Heimatverfassung“ als besonders gut gelungene Regelung der Beteiligung eines Landtags in europäischen Angelegenheiten[26]. Durch die Einbeziehung der Länder und ihrer Verfassungen ist das deutsche Verfassungsrecht ziemlich komplex.

Die *Europäische Verfassung* umfasst 448 Artikel und 36 Protokolle, ihr Kern, nämlich die Teile I, II und IV, besteht jedoch nur aus 126 Artikeln. Strukturfehler,

21 Jürgen Meyer/Sven Hölscheidt, Wie der Konvent Europa verfasst hat, ZSE 2003, S. 336, 340.

22 Franz C. Mayer, Verfassungsstruktur und Verfassungskohärenz – Merkmale europäischen Verfassungsrechts?, integration 2003, S. 398, 404.

23 Peter Pernthaler, Österreichisches Bundesstaatsrecht, Wien 2004, S. 48; Klammerzusätze vom Verfasser.

24 Sven Hölscheidt, Verfahren der Umsetzung des Gemeinschaftsrechts in den Mitgliedstaaten, in: Siegfried Magiera/Karl-Peter Sommermann (Hrsg.), Verwaltung und Governance im Mehrebenensystem der Europäischen Union, Berlin 2002, S. 55 ff.

25 Peter Häberle, Europäische Verfassungslehre, 3. Aufl., Baden-Baden 2005, S. 80 ff.

26 Art. 34 a BadWürttVerf lautet: „(1) Die Landesregierung unterrichtet zum frühestmöglichen Zeitpunkt den Landtag über alle Vorhaben im Rahmen der Europäischen Union, die für das Land von herausragender politischer Bedeutung sind und wesentliche Interessen des Landes unmittelbar berühren, und gibt ihm die Gelegenheit zur Stellungnahme.
(2) Bei Vorhaben, die Gesetzgebungszuständigkeiten der Länder wesentlich berühren, berücksichtigt die Landesregierung die Stellungnahmen des Landtages. Entsprechendes gilt bei der Übertragung von Hoheitsrechten der Länder auf die Europäische Union.
(3) Einzelheiten der Unterrichtung und Beteiligung des Landtags bleiben einer Vereinbarung zwischen Landesregierung und Landtag vorbehalten.“

unnötige Wiederholungen und ähnliches sind zu beklagen, was zu einem erheblichen Teil daraus resultiert, dass das Präsidium des Europäischen Konvents die Grundrechtecharta entgegen den zahlreichen Warnungen und Hinweisen u. a. von *Jürgen Meyer* als „Steinbruch" genutzt und dessen Normierungen auch in anderen Teilen der Verfassung platziert hat[27]. Die Bewertung der Europäischen Verfassung am Maßstab der Verfassungen der Mitgliedstaaten dürfte ebenso unterschiedlich sein wie die Verfassungen selbst. Aus britischer Sicht mag bereits die Existenz einer umfangreichen Verfassungsurkunde ungewöhnlich erscheinen, aus dänischer Sicht wirkt die Europäische Verfassung lang, aus der Sicht Portugals wohl kaum. Von Österreich aus betrachtet müsste die Europäische Verfassung relativ kurz und übersichtlich erscheinen. Sie dürfte aber auch aus der Perspektive des Grundgesetzes einen vertretbaren Umfang und eine noch überschaubare Struktur aufweisen für die in Jahrzehnten gewachsene rechtliche Grundordnung eines neuartigen Gemeinwesens sui generis, das aus 25 Staaten und 450 Mio. Bürgern besteht. Das gilt erst Recht, wenn man das Landesverfassungsrecht in die Perspektive einbezieht. Es erweist sich, dass die Verfassung eines Mitgliedstaats nicht tauglich ist, um die Europäische Verfassung mit Wirkung „erga omnes" zu bewerten. Das gilt auch für das Grundgesetz als Verfassung des größten Mitgliedstaats.

2.2. Grundgesetz als nationale Verfassung im Europäischen Verfassungsverbund

Das Grundgesetz ist in dem skizzierten Verfassungsverbund in horizontaler Hinsicht, im Verhältnis zu den Verfassungen der anderen 24 Mitgliedstaaten also, gleichberechtigt. Innerstaatlich steht es wie die anderen Verfassungen[28] an der Spitze der nationalen Rechtsordnung. Die nationale Spitzenstellung ragt vertikal in das Europäische Verfassungsrecht erwünschtermaßen hinein, denn dieses ist offen für den Import von nationalem Verfassungsrecht[29]. Das Europäische Verfassungsrecht zeigt sich z. B. rezeptionsbereit für die gemeinsame Verfassungsüberlieferung der Mitgliedstaaten (Art. 6 Abs. 2 EUV/Art. I-9 Abs. 3 VVE), die allgemeinen Rechtsgrundsätze, die den Rechtsordnungen der Mitgliedstaaten gemeinsam sind (Art. 288 Abs. 2 EGV/Art. III-431 Abs. 2 VVE) und die allen Mitgliedstaaten gemeinsamen Grundsätze (Art. 190 Abs. 4 EGV/Art. III-330 Abs. 1 VVE).

Das Grundgesetz und darauf basierende deutsche Rechtsvorstellungen haben die Europäische Verfassung erheblich beeinflusst. Dafür gibt es zahlreiche Belege, wie z. B. die Einrichtung des Vermittlungsausschusses des Europäischen Parlaments

27 *Jürgen Meyer/Sven Hölscheidt*, Die Europäische Verfassung des Europäischen Konvents, EuZW 2003, S. 613, 619.

28 In seinem Urteil zur Vereinbarkeit der Europäischen mit der spanischen Verfassung hat der Verfassungsgerichtshof Spaniens ausdrücklich festgestellt, die spanische Verfassung sei die höchste Norm der spanischen Rechtsordnung, EuR 2005, S. 339, 345.

29 *Christian Calliess,* Das Demokratieprinzip im europäischen Staaten- und Verfassungsverbund, in: Festschrift für Georg Ress, Köln u. a. 2005, S. 399, 403.

(Art. 251 Abs. 3 bis 6 EGV/Art. III-396 Abs. 10 bis 13 VVE; Art. 77 Abs. 2, 2 a GG). Mit Abstand bedeutendstes Beispiel ist, dass in Gestalt der Grundrechtecharta ein geschriebener Grundrechtekatalog in die Europäische Verfassung aufgenommen worden ist. Dazu, dass das gegen heftigen Widerstand aus Großbritannien geschehen konnte, hat *Jürgen Meyer* maßgeblich beigetragen. Nun steht am Anfang der Charta wie am Anfang des Grundgesetzes ein Artikel mit dem Wortlaut *„Die Würde des Menschen ist unantastbar"*. Der Vorschlag *Jürgen Meyers*, eine Charta- oder Grundrechtsbeschwerde analog der Verfassungsbeschwerde (Art. 93 Abs. 1 Nr. 4 a GG) in der Europäischen Verfassung zu verankern, ist im Europäischen Konvent immerhin intensiv diskutiert worden[30]. Festzuhalten bleibt daher, dass das Grundgesetz seine Europatauglichkeit als Exportgut für die Europäische Verfassung hervorragend unter Beweis gestellt hat.

Die Stellung des Grundgesetzes und der anderen Verfassungen der Mitgliedstaaten im Verhältnis zur Europäischen Verfassung ist in ihrem Art. I-6 so festgelegt: *„Die Verfassung und das von den Organen der Union in Ausübung der der Union übertragenen Zuständigkeiten gesetzte Recht haben Vorrang vor dem Recht der Mitgliedstaaten."* Die Regierungskonferenz hat erklärt, der Artikel bringe *„die geltende Rechtsprechung des Gerichtshofs der Europäischen Gemeinschaften und des Gerichts erster Instanz zum Ausdruck"*[31]. In der Tat hat der EuGH den Vorrang schon 1964 entdeckt[32]. Demgemäß haben aus europarechtlicher Sicht primäres und auch sekundäres Gemeinschaftsrecht Vorrang vor dem gesamten staatlichen Recht, einschließlich staatlichem Verfassungsrecht und dessen Strukturprinzipien[33]. Wenn diese bloße ständige, aber nicht unbedingt richtige Rechtsprechung die Weihen des von allen Mitgliedstaaten konsentierten Primärrechts erlangt, wird die Luft dünn für „nationale Verfassungsreservate"[34].

Dieses Verhältnis des Europarechts zum nationalen Recht entspricht dem Verhältnis der europäischen zur nationalen Judikative: Über das Europarecht judiziert der Europäische Gerichtshof (Art. 220 Abs. 1 EGV/Art. I-29 Abs. 1 S. 2 VVE), über das nationale Verfassungsrecht in Gestalt des Grundgesetzes das Bundesverfassungsgericht (Art. 93 GG). Das Bundesverfassungsgericht hat zwar in seinem Maastricht-Urteil ausgeführt, es prüfe, *„ob Rechtsakte der europäischen Einrichtungen sich in den Grenzen der ihnen eingeräumten Hoheitsrechte halten oder aus ih-*

30 *Meyer/Hölscheidt,* EuZW 2003, S. 613, 619 m. w. N.

31 Erklärung Nr. 1 zur Schlussakte des Vertrags.

32 EuGH, Costa/ENEL, Slg. 1964, S. 1253.

33 EuGH, Internationale Handelsgesellschaft, Slg. 1970, S. 1125; Dow Chemical Iberica, Slg. 1989, S. 3165.

34 *Theo Öhlinger,* Der Vorrang des Unionsrechts im Lichte des Verfassungsvertrags, in: Festschrift für Georg Ress, S. 685, 691. *Öhlinger* weiter: „Für Vorbehalte zugunsten des nationalen Verfassungsrechts, wie sie etwa in den Solange- Beschlüssen oder den einschlägigen Ausführungen im Maastricht-Urteil des BVerfG zum Ausdruck kommen, ist dann kein Platz mehr." Ausführlich zur aktuellen Rechtslage auch *Stefan Kadelbach*, Vorrang und Verfassung: Das Recht der Europäischen Union im innerstaatlichen Bereich, in: Festschrift für Manfred Zuleeg, S. 219 ff.

nen ausbrechen"[35]. Ein solches Ausbrechen nähme das Gericht aber wohl erst an, wenn es sich um *„wesentliche Änderungen des im Unions-Vertrag angelegten Integrationsprogramms und seiner Handlungsermächtigungen"*[36] handelt. Überdehnungen der Hoheitsrechte in Einzelfällen sind also hinzunehmen. Das ist selbstverständlich, weil in einer Gemeinschaft nicht jeder Mitgliedstaat nach eigenem Recht entscheiden kann, ob und wie das Gemeinschaftsrecht für ihn gilt. Wenn die Verfassung in Kraft getreten ist, dürfte das noch klarer sein. Ihr zufolge achtet die Union selbst die nationale Identität der Mitgliedstaaten, die „in deren grundlegender politischer und verfassungsrechtlicher Struktur … zum Ausdruck kommt" (Art. I-5 Abs. 1 S. 1 VVE). Der EuGH ist konsequenterweise letzte Instanz bei der Prüfung der Frage, ob ein Rechtsakt der Union die nationale Identität eines Mitgliedstaats und damit zwangsläufig die Europäische Verfassung verletzt: *„Den nationalen (Verfassungs-) Gerichten wird ... das – nach geltendem Gemeinschaftsrecht jedenfalls strittige und von einzelnen nationalen Gerichten in Anspruch genommene – ‚letzte Wort' in diesem Punkt entzogen"*[37].

Es findet ein Export vom Europarecht in das nationale Verfassungsrecht in dem Sinn statt, dass das Europarecht mit seinem Anspruch auf vorrangige Anwendung das nationale Verfassungsrecht blockiert. Die Frage nach der Europatauglichkeit der nationalen Verfassungen stellt sich nicht, soweit das Europarecht anwendbar ist. Die nationalen Verfassungen sind zu Teilverfassungen geworden[38]. Im Europäischen Verfassungsverbund mit offenen Grenzen können sie ihr Verfassungsrecht exportieren; sie importieren nicht nur Verfassungs- (Primärrecht), sondern auch einfaches Recht (Sekundärrecht).

3. Forderungen des Europarechts an das Grundgesetz

Das Europarecht stellt seine Forderungen in gleicher Weise an alle Mitgliedstaaten und deren Verfassungen, in all ihrer Pluralität[39]. Es gilt für einen Gründungsstaat wie Deutschland, dessen „voreuropäische" Verfassung dem Europarecht nach der Gründung angepasst werden musste und die Grundordnung für 82 Millionen Bürger bildet, ebenso wie für den neuen Mitgliedstaat Malta, das die Möglichkeit hatte, seine Verfassung vor dem Beitritt europatauglich zu machen, die die Grundordnung für nur 0,4 Millionen Bürger ist. Das Europarecht ist gegenüber dem nationalen Verfassungsrecht nicht sehr fordernd, muss es auch nicht sein, weil es ja Vorrang hat. Das Verfassungsrecht kann grundsätzlich frei gestaltet werden, denn die Union achtet gegenwärtig die nationale Identität ihrer Mitgliedstaaten (Art. 6 Abs. 3 EUV). Deut-

35 BVerfGE 89, S. 155, 156, 188.

36 BVerfGE 89, S. 155, 188.

37 *Öhlinger,* in: Festschrift für Georg Ress, S. 685, 692; a. A. *Kadalbach,* in: Festschrift für Manfred Zuleeg, S. 219, 231 f.

38 *Häberle*, S. 221 ff.

39 Dazu oben 2.

licher ist die Europäische Verfassung, derzufolge die nationale Identität der Mitgliedstaaten, *„in deren grundlegender politischer und verfassungsrechtlicher Struktur ... zum Ausdruck kommt"* (Art. I-5 Abs. 1 S. 1 VVE). Allerdings gebietet das Europarecht, dass das nationale Verfassungsrecht in bestimmtem Maß unionsfreundlich ist. Gegenwärtig verlangt Art. 10 EGV, dass die Mitgliedstaaten alle Maßnahmen treffen, um die Verpflichtungen erfüllen zu können, die sich aus dem EG-Vertrag oder aus Handlungen der Gemeinschaftsorgane ergeben. Sie erleichtern der Gemeinschaft die Erfüllung ihrer Aufgabe und unterlassen alle Maßnahmen, die die Verwirklichung der Vertragsziele gefährden können. Demgemäß ist der nationale Gesetzgeber allgemein verpflichtet, das nationale Recht so zu gestalten, dass die Vorgaben des Europarechts ihre volle praktische Wirksamkeit entfalten können[40]. Konkret ist dafür zu sorgen, dass die Pflicht erfüllt werden kann, Richtlinien unter Beachtung der Vorgaben des Europäischen Gerichtshofs gemäß Art. 249 Abs. 3 EGV (bzw. Europäische Rahmengesetze gemäß Art. I-33 Abs. 1 UAbs. 3 VVE) in nationales Recht umzusetzen. Innerstaatliche Probleme, selbst Verfassungsprobleme, sind kein Rechtfertigungsgrund für eine mangelhafte Umsetzung[41]. Die Europäische Verfassung nimmt auch die Union deutlich in die Pflicht, indem sie den Grundsatz der Unionstreue in beide Richtungen regelt[42]. Art. I-5 Abs. 2 UAbs. 1 VVE bestimmt: *„Nach dem Grundsatz der loyalen Zusammenarbeit achten und unterstützen sich die Union und die Mitgliedstaaten gegenseitig bei der Erfüllung der Aufgaben, die sich aus der Verfassung ergeben"*. Eine wichtige Vorgabe des Europarechts für die Mitgliedstaaten ist es, Haushaltsdisziplin zu üben (Art. 104 EGV/Art. III-184 VVE). Neu in der Europäischen Verfassung ist die ausdrückliche Verpflichtung der Mitgliedstaaten, die erforderlichen Rechtsbehelfe zu schaffen, *„damit ein wirksamer Rechtsschutz in den vom Unionsrecht erfassten Bereichen gewährleistet ist"* (Art. I-29 Abs. 1 UAbs. 2).

Die nationalen Verfassungen und Verfassungsorgane werden gegenwärtig nur an wenigen Stellen ausdrücklich angesprochen; die Europäische Verfassung ist wesentlich „mitgliedstaatsfreundlicher". Es sind im Wesentlichen grundlegende Regelungen des Primärrechts, die eine Ratifikation bzw. Annahme durch die Mitgliedstaaten gemäß ihren verfassungsrechtlichen Vorschriften erfordern. Das gilt für Vertragsänderungen (Art. 48 EUV/Art. IV-443, IV-445, IV-447 VVE; Art. 300 Abs. 5 EGV), Beitritte (Art. 49 EUV/Art. 58 VVE), Eigenmittelbeschlüsse (Art. 269 Abs. 2 EGV/Art. I-54 Abs. 3 S. 4 VVE) sowie für Bestimmungen zum einheitlichen Wahlverfahren (Art. 190 Abs. 4 EGV/Art. III-330 Abs. 1 VVE). Außerdem gilt es gegenwärtig noch für Beschlüsse zur polizeilichen und justiziellen Zusammenarbeit (Art. 34 Abs. 2 Buchst. d), 42 EUV). Diese Regelungen fehlen in der Europäischen Verfassung, weil sie die Säulenstruktur abgeschafft hat. Die Europäische Verfassung enthält in ihrem Art. IV-444 eine weitere Neuerung: das Parlamentsveto. Vorgese-

40 *Wolfgang Kahl,* in: Christian Calliess/Matthias Ruffert (Hrsg.), Kommentar zu EU-Vertrag und EG-Vertrag, 2. Aufl., Neuwied u.a. 2002, Art. 10 EUV, Rdnr. 19.

41 *Matthias Ruffert*, in: Calliess/Ruffert (Hrsg.), Art. 249 EGV Rdnr. 46 ff.

42 Denkschrift, BT-Drs. 15/4900, S. 255.

hen ist ein vereinfachtes Änderungsverfahren für die Verfassung. Initiativen zu einem solchen Verfahren sind den nationalen Parlamenten zu übermitteln. Lehnt ein nationales Parlament eine Initiative innerhalb von sechs Monaten nach der Übermittlung ab, ist die Initiative gescheitert (Art. IV-444 Abs. 3 S. 1, 2 VVE).

Die Mitgliedstaaten haben aufgrund autonomer Entscheidung als „Herren der Verträge"[43] in den Verträgen festgelegt, dass die genannten Regelungen von ihrem Willen abhängen. So haben Frankreich und die Niederlande jüngst gemäß Art. 48 EUV die Ratifikation der Europäischen Verfassung abgelehnt. Jeder Staat kann in einem rein parlamentarischen Verfahren ratifizieren bzw. annehmen oder ablehnen, alternativ oder kumulativ ein obligatorisches oder fakultatives, bindendes oder nicht bindendes Referendum durchführen bzw. die Letztentscheidung über das staatliche Votum in die Hand eines Gerichtes legen. Zahlreiche Varianten werden in der Praxis genutzt[44]. Das Veto Frankreichs und der Niederlande muss jedenfalls überwunden werden, damit die Europäische Verfassung in Kraft treten kann. Ob die rechtlichen und politischen Voraussetzungen dafür vorliegen, bestimmen die beiden Mitgliedstaaten autonom.

Gegenwärtig finden sich Regelungen über die nationalen Parlamente im europäischen Vertragsrecht nur in einem Protokoll[45]. Demgegenüber enthält die Europäische Verfassung solche Regelungen in den beiden Protokollen *„über die Rolle der nationalen Parlamente der Mitgliedstaaten in der Europäischen Union"* und *„über die Anwendung der Grundsätze der Subsidiarität und der Verhältnismäßigkeit"*; weiter werden die nationalen Parlamente in 12 Artikeln der Europäischen Verfassung ausdrücklich erwähnt[46]. Das Subsidiaritätsprotokoll betritt juristisches Neuland, indem es die Zuständigkeit des Gerichtshofs begründet für Klagen wegen Verstoßes eines Europäischen Gesetzgebungsakts gegen das Subsidiaritätsprinzip, die *„entsprechend der jeweiligen innerstaatlichen Rechtsordnung von einem Mitgliedstaat im Namen seines nationalen Parlaments oder einer Kammer dieses Parlaments übermittelt werden"*[47]. Diese Auflistung belegt eindrucksvoll, dass sich die nationalen Parlamente in der Europäischen Verfassung eine wichtige Rolle erkämpft haben. Die Verfassung vollzieht einen Systemwechsel, weil sich das Primärrecht zum ersten Mal nicht nur an die Mitgliedstaaten wendet, sondern ausführlich unmittelbar an die Parlamente als deren Organe. Sie werden besser von der europäischen Ebene in-

43 BVerfGE 89, S.155, 190; Denkschrift, BT-Drs. 15/4900, S. 228.

44 Übersicht bei *Sven Hölscheidt/Iris Putz*, Referenden in Europa, DÖV 2003, S. 737 ff. Zur Lösung des Grundgesetzes unten 4.

45 „Protokoll über die Rolle der einzelstaatlichen Parlamente in der Europäischen Union" (1997). Selbst im „Protokoll über Anwendung der Grundsätze der Subsidiarität und der Verhältnismäßigkeit" (1997), sind sie nicht erwähnt.

46 Art. I-11 Abs. 3 S. 3; I-18 Abs. 2 S. 1; I-42 Abs. 2 S. 1; I-46 Abs. 2; I-58 Abs. 2 S. 2; III-259; III-260 S. 2; III-261 S. 4; III-273 Abs. 1 S. 4; III-276 Abs. 2 S. 3; IV-443 Abs. 1 S. 2, Abs. 2 S. 1; IV-444 Abs. 3 S. 2 VVE.

47 Ausführlich *Ferdinand Kirchhof*, Zur indirekten Klagebefugnis eines deutschen Bundeslandes beim Europäischen Gerichtshof in Subsidiaritätsfragen über einen Antrag des Bundesrats, DÖV 2004, S. 893 ff.

formiert, zu mehr Zusammenarbeit untereinander und mit den europäischen Organen aufgefordert und erhalten verbesserte Einflussnahme- und Kontrollmöglichkeiten[48].

4. Antworten des Grundgesetzes an das Europarecht

4.1. Überblick über das Europaverfassungsrecht des Grundgesetzes

Zuerst ist die Frage zu klären, inwieweit sich das Grundgesetz mit dem Europaverfassungsrecht auseinandersetzt. Es sind nur zwei Hauptphasen der Beschäftigung des Grundgesetzes mit Europa auszumachen. In der Ursprungsfassung von *1949* enthielt es außer dem erwähnten Europabezug in der Präambel noch die Integrationsklausel des Art. 24. Gemäß Art. 24 Abs. 1 GG kann der Bund *„durch Gesetz Hoheitsrechte auf zwischenstaatliche Einrichtungen übertragen"*. Aus der schlichten Normierung ergibt sich i. V. m. Art. 59 Abs. 2 S. 1 GG, dass durch förmliches, mit einfacher Mehrheit beschlossenes Bundesgesetz Hoheitsrechte übertragen werden können, wodurch materiell Verfassungsänderungen bewirkt werden[49]. Art. 24 GG war außer der Präambel bis *1992* die einzige verfassungsrechtliche Legitimation für die europäische Integration[50]. Erst im Zusammenhang mit der Ratifikation des Vertrags von Maastricht wurde das Grundgesetz an zahlreichen Stellen im Hinblick auf die europäische Integration geändert, europatauglicher gemacht[51]. Eingefügt bzw. neu gefasst wurden 1992 acht Artikel[52]. Die mit Abstand *größte Bedeutung* haben die eingefügten *Europaartikel*[53] *23 (Europäische Union)*[54] und *45 GG (Europaausschuss)*[55]. Weitere Änderungen erfolgten 1993 zum Asylrecht[56], 1994 zu Post-

48 Ausführlich *Hölscheidt,* JöR 53 (2005), S. 429, 443 ff.

49 Ausführlich *Jürgen Schwarze*, Deutscher Landesbericht, in: ders. (Hrsg.), Die Entstehung einer europäischenVerfassungsordnung, S. 109, 129 ff.

50 Ohne Anwendung blieb der im Hinblick auf die Europäische Verteidigungsgemeinschaft beschlossene Art. 142 a GG (eingefügt 1954 [BGBl. I S. 45, aufgehoben 1968, BGBl. I S. 709]).

51 Siehe z. B. *Thomas Schotten*, Das Grundgesetz nach Maastricht, VR 1993, S. 89 ff.; *Siegfried Magiera*, Die Grundgesetzänderung von 1992 und die Europäische Union, Jura 1994, S. 1 ff.

52 BGBl. I S. 2086.

53 Bei den übrigen handelt es sich um die eingefügten Art. 24 Abs. 1 a (Grenznachbarschaftliche Einrichtungen), Art. 28 Abs. 1 S. 3 (Kommunalwahlrecht für Ausländer), Art. 52 Abs. 3 a (Europakammer), Art. 88 S. 2 (Bundesbank) sowie die neu gefassten Art. 50 (Aufgaben des Bundesrats) und Art. 115 e Abs. 2 S. 2 GG (Gemeinsamer Ausschuss); näher *Schotten*, VR 1993, S. 89 ff.; *Magiera*, Jura 1994, S. 1, 7 ff.

54 Ausführlich Uwe Leonardy (Hrsg.), Europäische Kompetenzabgrenzung als deutsches Verfassungspostulat. Dokumente zu Entstehung und Außenwirkung des Artikels 23 GG, Baden-Baden 2002, Besprechung von *Jürgen Meyer,* NJW 2003, S. 3537.

55 Näher *Sven Hölscheidt/Thomas Schotten,* Der Unionsausschuss des Deutschen Bundestages – Gestaltungsprobleme, integration 1994, S. 230 ff.

56 BGBl. I S. 1002: Art. 16 a wurde eingefügt, Art. 18 geändert und Art. 16 Abs. 2 S. 2 GG aufgehoben.

und Telekommunikation[57]. 1994 wurde außerdem die Stellungnahmefrist des Bundesrats im Gesetzgebungsverfahren bei Vorlagen zur Übertragung von Hoheitsrechten nach Art. 23 oder 24 GG von 6 auf 9 Wochen ausgedehnt (Art. 76 Abs. 2 S. 5 GG [58]). Zuletzt wurde im Jahr 2000 das Auslieferungsverbot deutscher Staatsangehöriger gelockert (Art. 16 Abs. 2 Satz 2 GG)[59]. Außerdem wurde Art. 12 a Abs. 4 S. 2 GG geändert[60] und Frauen der freiwillige Dienst mit der Waffe ermöglicht.

4.2. Europatauglichkeit der Art. 23 und 45 GG

Damit stellt sich die Frage nach der Europatauglichkeit der Art. 23 und 45 GG. Zu berücksichtigen ist dabei, dass dieses Europaverfassungsrecht durch die Gesetze über die Zusammenarbeit von Bundesregierung und Bundestag[61] sowie von Bund und Ländern in Angelegenheiten der Europäischen Union[62] gemäß Art. 23 Abs. 3 S. 3, Abs. 7 GG ergänzt wird[63]. Hinzu kommt eine Fülle weiterer untergesetzlicher Normen (wie Geschäftsordnungen und Vereinbarungen)[64].

Art. 23 GG enthält in Absatz 1 Satz 1 eine *Struktursicherungsklausel.* Sie gibt den Organen der deutschen Integrationsgewalt (vor allem Bundesregierung, Bundestag und Bundesrat) vor, bei der Entwicklung der Europäischen Union mitzuwirken, die demokratischen, rechtsstaatlichen, sozialen und föderativen Grundsätzen und dem Grundsatz der Subsidiarität verpflichtet ist und einen Grundrechtsschutz gewährleistet, der dem des Grundgesetzes im Wesentlichen vergleichbar ist. Gemäß der *Übertragungsklausel* des Art. 23 Abs. 1 S. 2 GG kann der Bund hierzu durch Gesetz mit Zustimmung des Bundesrats Hoheitsrechte übertragen. Das Übertragungsgesetz erfüllt die Funktionen, die es auch gemäß Art. 24 Abs. 1 GG erfüllt hat[65]. Die *Substanzklausel* des Art. 23 Abs. 1 S. 3 GG soll die nationale Verfassungssubstanz sichern, indem Integrationsschranken festgelegt werden[66].

Die Grundnorm für die Rechte und Pflichten von Bundesregierung, Bundestag und Bundesrat im europäischen Angelegenheiten ist Art. 23 Abs. 2 GG. In Art. 23 Abs. 2 S. 1 GG ist festgelegt, dass der Bundestag und durch den Bundesrat die Länder in „Angelegenheiten der Europäischen Union" mitwirken. Dies ist der

57 BGBl. I S. 2345: Art. 87 f und 143 b GG wurden eingefügt.
58 BGBl. I S. 3146.
59 BGBl. I S. 1633.
60 BGBl. I S. 1755.
61 BGBl. 1993 I S. 311 (EUBBZG).
62 BGBl. 1993 I S. 313 (EUBLZG).
63 *Rupert Scholz,* Zur nationalen Handlungsfähigkeit in der Europäischen Union. Oder: Die notwendige Reform des Art. 23 GG, in: Festschrift für Manfred Zuleeg, S. 274.
64 Näher z. B. *Sven Hölscheidt*, Mitwirkungsrechte des Deutschen Bundestags in Angelegenheiten der EU, Aus Politik und Zeitgeschichte (APuZ) B 28/2000, S. 31, 32 m.w. N.
65 *Pernice*, in: Dreier (Hrsg.), Art. 23 Rdnr. 82.
66 *Scholz,* in: Maunz/Dürig (Hrsg.), Art. 23 Rdnr. 78 ff.

maßgebende Begriff für alle Tatbestände des Art. 23 Abs. 2 bis 6 GG[67]. Er ist weit zu verstehen und umfasst auch die Gemeinsame Außen- und Sicherheitspolitik sowie die polizeiliche und justizielle Zusammenarbeit in Strafsachen[68]. Die Bundesregierung muss Bundestag und Bundesrat umfassend und zum frühestmöglichen Zeitpunkt unterrichten (Art. 23 Abs. 2 S. 2 GG). Demgemäß muss sie alle relevanten Informationen unverzüglich mitteilen[69]. Sie unterrichtet den Bundestag unverzüglich über ihre Willensbildung, den Verlauf der Beratungen, die Stellungnahmen des Europäischen Parlaments und der Europäischen Kommission, die Stellungnahmen der anderen Mitgliedstaaten sowie über die getroffenen Entscheidungen. Art. 23 Abs. 3 S. 1 GG bestimmt, dass die Bundesregierung dem Bundestag Gelegenheit zur Stellungnahme gibt, bevor sie an Rechtsetzungsakten der Europäischen Union mitwirkt. Rechtssetzungsakte in diesem Sinn sind vor allem Verordnungen und Richtlinien[70]. *„Die Bundesregierung berücksichtigt die Stellungnahme des Bundestages bei den Verhandlungen"* (Art. 23 Abs. 3 S. 2 GG). Solche Stellungnahmen des Bundestags sind schlichte Parlamentsbeschlüsse. Sie enthalten politische Aussagen, die die Bundesregierung rechtlich nicht verpflichten. Sie muss die Stellungnahme in ihre Meinungsbildung einbeziehen und sich damit auseinandersetzen, aber nicht zu eigen machen[71].

Nach Art. 23 Abs. 4 GG ist der Bundesrat an der Willensbildung des Bundes zu beteiligen, soweit er an einer innerstaatlichen Maßnahme mitzuwirken hätte oder soweit die Länder innerstaatlich zuständig wären. Für die Art der Mitwirkung des Bundesrats an der innerstaatlichen Willensbildung wird differenziert: Soweit in einem Bereich ausschließlicher Zuständigkeit des Bundes Interessen der Länder berührt sind oder der Bund das Recht zur Gesetzgebung hat, „berücksichtigt" die Bundesregierung die Stellungnahme des Bundesrats (Art. 23 Abs. 5 S. 1 GG). Wenn hingegen im Schwerpunkt Gesetzgebungsbefugnisse der Länder betroffen sind, ist die Auffassung des Bundesrats „*maßgeblich* zu berücksichtigen" (Art. 23 Abs. 5 S. 2 GG). Dies bedeutet eine gesteigerte Berücksichtigungspflicht der Bundesregierung und den Vorrang vor der Stellungnahme des Bundestags[72]. Nach Art. 23 Abs. 6 GG soll für die außenwirksame Wahrnehmung der Rechte der Bundesrepublik die Verhandlungsführung einem Ländervertreter übertragen werden, wenn durch den zu erlassenden Rechtsakt im Schwerpunkt ausschließliche Gesetzgebungsbefugnisse der Länder betroffen sind.

Insgesamt gibt es ein zu detailreiches und nicht in dem erforderlichen Maß aufeinander abgestimmtes Regelwerk. Die Veröffentlichungen aus der Wissenschaft

67 *Scholz,* in: Maunz/Dürig (Hrsg.), Art. 23 Rdnr. 111.
68 *Pernice*, in: Dreier (Hrsg.), Art. 23 Rdnr. 98.
69 *Pernice*, in: Dreier (Hrsg.), Art. 23 Rdnr. 102.
70 *Pernice*, in: Dreier (Hrsg.), Art. 23 Rdnr. 104.
71 *Scholz,* in: Maunz/Dürig (Hrsg.), Art. 23 Rdnr. 117.
72 *Pernice*, in: Dreier (Hrsg.), Art. 23 Rdnr. 113.

dazu sind deshalb kaum noch überschaubar[73] und in *„der Föderalismus-Kommission sind zur Reformbedürftigkeit des Art. 23 GG ... nur elementar unterschiedliche bzw. gegensätzliche Positionen deutlich geworden“*[74]. Berücksichtigt man außer den schriftlichen Materialien der Föderalismuskommission die in ihrem Umfeld gemachten Äußerungen[75], ergibt sich das folgende grobe Raster: Der *Bundestag* sieht sich im Nachteil gegenüber dem Bundesrat. Dessen Stellungnahmen seien im Unterschied zu seinen eigenen unter Umständen „maßgeblich“ zu berücksichtigen. Außerdem habe nur der Bundesrat die Möglichkeit, auf europäischer Ebene präsent zu sein. Art. 23 GG sei im Übrigen zu kompliziert geraten. Der *Bundesrat* sieht seine Position in Art. 23 GG als gerechte Kompensation innerstaatlicher Kompetenzeinbußen, die eher auf- denn abgewertet werden sollte. Insgesamt habe sich Art. 23 GG bewährt. Beide Verfassungsorgane wollen die Bundesregierung stärker in die Pflicht nehmen. Die *Bundesregierung* möchte ihre europapolitische Gestaltungskompetenz zumindest erhalten, möglichst aber die Außenvertretung allein wahrnehmen.

Es fällt in dieser Situation schwer, zur Europatauglichkeit des Art. 23 GG Stellung zu nehmen. Orientiert an der Wertungs- und Entscheidungsfreude *Jürgen Meyers* will ich Folgendes feststellen: Das Grundgesetz sieht in Art. 23 Abs. 1 S. 2, 3, 59 ein parlamentarisches Integrationsverfahren vor mit der Kontrollmöglichkeit durch das Bundesverfassungsgericht (Art. 93 GG)[76]. Insoweit hat sich das Grundgesetz vielfach als tauglich erwiesen, um die Anforderungen des Primärrechts zu erfüllen[77]; aufgetretene Interpretationsschwierigkeiten sind lösbar[78]. In der 15. Wahl-

73 150 bzw. 75 Seiten umfassen die Kommentierung des Art. 23 GG von *Rupert Scholz,* in: Theodor Maunz/Günther Dürig (Hrsg.) Grundgesetz, München 2005, und von *Ingolf Pernice,* in: Horst Dreier (Hrsg.), Grundgesetz-Kommentar, Band II, Tübingen 1998. Siehe außerdem z. B. übergreifend *Doris König,* Die Übertragung von Hoheitsrechten im Rahmen des europäischen Integrationsprozesses – Anwendungsbereich und Schranken des Art. 23 des Grundgesetzes, Berlin 2000; auf den Bundestag konzentriert *Sandra Hansmeyer,* Die Mitwirkung des Deutschen Bundestages an der europäischen Rechtsetzung, Berlin 2001; auf den Bundesrat konzentriert *Ruth Lang,* Die Mitwirkungsrechte des Bundesrates und des Bundestages in Angelegenheiten der Europäischen Union gemäß Artikel 23 Abs. 2 bis 7 GG, Berlin 1997. Aus der neuesten Literatur z. B. *Niklas Görlitz*, Europäische Verfassung und Artikel 23 GG, ZG 2004, S. 249 ff.; *Adelheid Puttler,* Die neuen Vertragsänderungsverfahren der Europäischen Verfassung im Lichte des Grundgesetzes, DÖV 2005, S. 401 ff.

74 *Scholz*, in: Festschrift für Manfred Zuleeg, S. 274, 280.

75 Wenig informativ ist die allgemeine Antwort der Bundesregierung auf die konkrete Kleine Anfrage „Beteiligung des Deutschen Bundestags und des Bundesrats in Angelegenheiten der Europäischen Union“, BT-Drs. 15/1961 vom 10.11.2003.

76 Grundlegend ist die Maastricht-Entscheidung (BVerfGE 89, S. 155 ff.); die Klage des Abgeordneten *Gauweiler* gegen die Europäische Verfassung ist anhängig.

77 Zur Bedeutung des Art. 23 Abs. 1 GG jüngst: BVerfG, NJW 2005, S. 2289, 2297 (abweichende Meinung *Broß*).

78 Siehe z. B. *Sven Hölscheidt/Thomas Schotten,* Die Erweiterung der EU als Anwendungsfall des neuen Europaartikels 23 GG, DÖV 1995, S. 187 ff.; *Michael Bothe/Torsten Lohmann*, Verfahrensfragen der deutschen Zustimmung zum Vertrag von Amsterdam, ZaöRV 1998, S. 1 ff.

periode des Bundestags sind Versuche gescheitert, plebiszitäre Elemente auch und gerade im Hinblick auf die europäische Integration in das Grundgesetz aufzunehmen[79]. *Jürgen Meyers* Plädoyer hat keinen Erfolg gehabt, die Europäische Verfassung mit Hilfe von Referenden in allen Mitgliedstaaten anzunehmen und in Deutschland ein konsultatives Referendum einzuführen, was seiner Ansicht nach ohne Verfassungsänderung durch einfaches Bundesgesetz möglich gewesen wäre[80]. Bei der Beteiligung in europäischen Angelegenheiten gemäß Art. 23 Abs. 2 bis 6 GG sollten Bundestag und Bundesrat zumindest gleichberechtigt sein. Die gegenwärtige Privilegierung des Bundesrats ist nicht plausibel: Innerstaatlich bildet er nicht einmal eine zweite Kammer in einem einheitlichen Gesetzgebungsorgan[81], sondern durch ihn wirken die Länder bei der Gesetzgebung lediglich mit (Art. 50 GG), und in europäischen Angelegenheiten ist er mächtiger als der Bundestag. Besonders problematisch ist Art. 23 Abs. 6 GG, der die Bundeskompetenz in der Europapolitik beeinträchtigt, die parlamentarische Kontrollkompetenz nicht klar erkennen lässt und deshalb von den Sachverständigen in der Föderalismuskommission zu Recht kritisiert worden ist[82].

Trotz des beachtlichen Umfangs des Art. 23 GG gibt es ergänzend ein umfangreiches untergesetzliches Regelwerk. Das spricht dafür, Art. 23 GG auf das zu reduzieren, was unabdingbar Verfassungsrang haben muss. Nur grundsätzliche Rechte und Pflichten von Bundestag, Bundesrat und Bundesregierung in europäischen Angelegenheiten sollten in der Verfassung festgelegt werden; Detailregelungen gehören in untergesetzliche Normen. Sie sind flexibler als das Grundgesetz, denn sie können leichter geändert werden und z. B. mit Hilfe von Experimentier- und Verfallsklauseln die Europatauglichkeit der Verfassungsordnung insgesamt besser gewährleisten. Ein begrüßenswerter Formulierungsvorschlag wurde in der Föderalismuskommission gemacht[83].

Art. 45 GG bestimmt, dass der Bundestag einen *Europaausschuss* bestellt, den er ermächtigen kann, seine Rechte gemäß Art. 23 GG gegenüber der Bundesregierung

79 Näher *Meyer/Hölscheidt,* ZSE 2003, S. 336, 344 f.

80 Siehe z. B. *Jürgen Meyer,* Konvent auf Verfassungskurs, NJW-Editorial 20/2003.

81 BVerfGE 37, S. 363, 380.

82 Deutscher Bundestag/Bundesrat, Öffentlichkeitsarbeit (Hrsg.), S. 175 ff.; zusammenfassend *Scholz,* in: Festschrift für Manfred Zuleeg, S. 274, 283 ff.

83 Textvorschlag von *Schwall-Düren* (SPD), *Steenblock* (BÜNDNIS 90/DIE GRÜNEN), *Funke* (FDP), Deutscher Bundestag/Bundesrat, Öffentlichkeitsarbeit (Hrsg.), S. 197: Art. 23 Abs. 1 GG soll unverändert bleiben und Absatz 2 wie folgt lauten: „In Angelegenheiten der Europäischen Union wirken der Bundestag und durch den Bundesrat die Länder an der innerstaatlichen Willensbildung mit. Die Bundesregierung hat den Bundestag und den Bundesrat umfassend, fortlaufend und zum frühestmöglichen Zeitpunkt zu unterrichten. Sie gibt ihnen Gelegenheit, zu Angelegenheiten der Europäischen Union Stellung zu nehmen, berücksichtigt ihre Stellungsnahmen bei den Verhandlungen und legt Rechenschaft ab über deren Verlauf und Ergebnis. Das Nähere wird durch Gesetz geregelt." Kritisch *Scholz,* in: Festschrift für Manfred Zuleeg, S. 274, 281.

wahrzunehmen[84]. Der Europaausschuss ist im Grundsatz ein normaler Fachausschuss. Ihm obliegt *„nach Maßgabe der Geschäftsordnung und der Beschlüsse des Bundestages die Behandlung der Unionsvorlagen"* (§ 93 a Abs. 1 GO-BT). Solche Vorlagen sind insbesondere Entwürfe von Richtlinien und Verordnungen. Er hat aber rechtlich gegenüber den übrigen Ausschüssen des Bundestags eine exponierte Position, die ihm durch die *Ermächtigungsmöglichkeit des Art. 45 GG* eingeräumt wird. Einzelheiten der Ermächtigung sind in § 93 a Abs. 2 GO-BT geregelt:

> *„Der Bundestag kann auf Antrag einer Fraktion oder von fünf vom Hundert der Mitglieder des Bundestages den Ausschuss für Angelegenheiten der Europäischen Union ermächtigen, zu bestimmt bezeichneten Unionsvorlagen die Rechte des Bundestages gemäß Artikel 23 des Grundgesetzes gegenüber der Bundesregierung wahrzunehmen. Das Recht des Bundestages, über eine Angelegenheit der Europäischen Union jederzeit selbst zu beschließen, bleibt unberührt."*

Die Ermächtigung verleiht dem Europaausschuss ein eigenes Recht, gegenüber der Bundesregierung Stellung zu nehmen; infolgedessen hat die Bundesregierung eine Stellungnahme des Ausschusses genauso zu berücksichtigen wie eine Stellungnahme des Bundestags selbst. Diese Ermächtigungsmöglichkeit ist geschaffen worden, um den Bundestag jederzeit, also unabhängig von seinem relativ starren Sitzungsrhythmus, die Möglichkeit zu geben, eine Stellungnahme gegenüber der Bundesregierung in Europaangelegenheiten abzugeben. Bislang hat es noch keinen Ermächtigungsfall gegeben: Aus zwei Gründen ist zu erwarten, dass das auch in Zukunft so bleibt. Zum einen ist das Ermächtigungsverfahren relativ kompliziert und steht deshalb dem Zweck der Ermächtigungsnorm entgegen, einen Beschleunigungseffekt zu erzielen. Zum anderen würde eine Ermächtigung den Europaausschuss nicht nur rechtlich, sondern auch tatsächlich gegenüber den anderen Ausschüssen exponieren, was dem Verständnis von der Gleichrangigkeit der Ausschüsse zuwiderliefe. Außerdem gibt es eine *Generalermächtigung* des Ausschusses, eine Stellungnahme zu einer Unionsvorlage gegenüber der Bundesregierung abzugeben, sofern keiner der beteiligten Fachausschüsse widerspricht (§ 93 a Abs. 3 S. 2 GO-BT). Von dieser Ermächtigung ist in wenigen Fällen Gebrauch gemacht worden. Die Ermächtigungsmöglichkeit ist deshalb zwar staatsrechtlich eine interessante singuläre Form der Delegation, in der Parlamentspraxis aber bislang ohne größere Bedeutung.

In der Staatspraxis der Bundesrepublik funktioniert die Mitwirkung jedenfalls des Bundestags unterhalb der Ebene des Primärrechts im „europarechtlichen Alltagsgeschäft" nicht sonderlich gut. Ca. 800 Unionsvorlagen werden Bundestag und Bundesrat von der Bundesregierung offiziell zugeleitet. Für deren Verarbeitung kann sich der Bundesrat auf die geballte Kraft der Landesexekutiven stützen. Der Bundestag hingegen verwaltet sie in einem Verfahren, das erhebliche Kapazitäten bindet,

84 Ausführlich *Hölscheidt*, APuZ B 28/2000, S. 31 ff.; *ders.* The German Bundestag: From Benevolent 'Weakness' Towards Supportive Scrutiny, in: Andreas Maurer/Wolfgang Wessels (Hrsg.), National Parliaments on their Ways to Europe: Losers or Latecomers?, 1. Aufl., Baden-Baden 2001, S. 117, 128 ff. (2. Aufl. in Vorbereitung).

nimmt jedoch nur selten gegenüber der Bundesregierung Stellung. Die Berichterstattung der Bundesregierung über europäische Angelegenheiten erfolgt in den Fachausschüssen gemäß dem Zeitplan von Bundestag und Bundesregierung, in sitzungsfreien Zeiten und während der Konstituierungsphase also gar nicht. Diese unbefriedigende Situation ist keine Folge des unzureichenden Europaverfassungsrechts der Art. 23 und 45 GG, sondern eine Folge der unzureichenden Nutzung der darin enthaltenen Möglichkeiten. Das Recht beinhaltet z. B. die Möglichkeit, die Bundesregierung im Zusammenarbeitsgesetz[85] zu verpflichten, auf besonders wichtige europäische Angelegenheiten durch sorgfältige Berichte aufmerksam zu machen. Darauf könnte sich die parlamentarische Behandlung konzentrieren und weniger Wichtiges außen vor lassen. Die Bundesregierung könnte ebenso verpflichtet werden, einem zuständigen Fachausschuss vor und nach jeder Ratssitzung über ihre Meinungsbildung und ihr Abstimmungsverhalten zu unterrichten.

4.3. Übriges Europaverfassungsrecht

Zu ermitteln bleibt, was das Grundgesetz in seinem Europaverfassungsrecht nicht regelt. Es hält keine befriedigenden Regelungen im Verhältnis Bund-Länder für die Fälle bereit, in denen es Schwierigkeiten bei der Beachtung von Europarecht im deutschen Recht gibt. Weil diese Schwierigkeiten leider häufig auftreten, besteht weitgehend Einigkeit, dass eine Regelung getroffen werden sollte, aber auch weitgehend Uneinigkeit, wie diese Regelung aussehen sollte[86].

Angesichts der hohen Zahl von Richtlinien, die umzusetzen sind[87] und angesichts der großen Schwierigkeiten, die dabei auftauchen[88], ist es erstaunlich, dass das Grundgesetz auf die Umsetzungsverpflichtung nicht europaspezifisch reagiert, sondern auf das ohnehin komplizierte Gesetzgebungsverfahren nach Art. 76 ff. GG vertraut[89]. Die Föderalismuskommission hat zahlreiche Lösungsmöglichkeiten diskutiert, z. B. eine neue Kompetenzart in Form einer Zugriffs- oder Abweichungsgesetzgebung einzuführen[90], ohne im Ergebnis Einigkeit zu erzielen. Diese komplexe Materie ist noch nicht ausdiskutiert. Zumindest im Grundsatz müsste sich aber doch Einigkeit über die Lösung des Falls herstellen lassen, dass ein Land eine Richtlinie zu Unrecht nicht umgesetzt hat. Gegenwärtig müsste der Bund nach einem gegen ihn geführten Vertragsverletzungsverfahren Zwangsgelder zahlen (Art. 228 EGV/

85 Siehe oben 4.1.

86 *Scholz*, in: Festschrift für Manfred Zuleeg, S. 274, 277 f.

87 Oben 1.

88 Antwort der Bundesregierung auf die Kleine Anfrage „Verurteilung der Bundesregierung durch den Europäischen Gerichtshof wegen verspäteter Umsetzung der Pauschalreiserichtlinie der EG"; BT-Drs. 13/6081 vom 12.11.1996, S. 7 f.

89 Kritisch *Klaus Winkel*, Die Umsetzung von EG-Richtlinien in deutsches Recht unter besonderer Berücksichtigung der Erfahrungen in der Praxis, ZG 1997, S. 113, 117.

90 Deutscher Bundestag/Bundesrat, Öffentlichkeitsarbeit (Hrsg.), S. 107 ff.

Art. III-362 VVE) und könnte versuchen, sie von dem betroffenen Land zurückzuerhalten. Worauf er den Versuch stützen könnte, etwa Art. 104 a Abs. 5 GG oder den Grundsatz der Bundestreue, ist allerdings unklar[91]. Das Grundgesetz sollte dafür sorgen, dass die Bundesrepublik ihre Verpflichtungen gegenüber der Europäischen Union so unionstreu wie möglich erfüllen kann. Deshalb ist die Überlegung der Bundesregierung zu begrüßen, dem Bund die Kompetenz einzuräumen, Vorgaben des Europarechts notfalls auch dann in deutsches Recht umzusetzen, wenn ausschließliche Kompetenzen der Länder berührt sind[92]. Dies scheint allemal besser und unionstreuer als der kostenträchtige Weg, erst einmal das Europarecht zu verletzten, dann Europarechtkonformität herzustellen (was ohnehin geschehen muss) und im Anschluss noch über den innerstaatlichen Kostenausgleich zu streiten. Auch scheint es geboten, die an den Mitgliedstaat Bundesrepublik gerichteten Vorgaben des Europarechts zur Haushaltsdisziplin (Art. 104 EGV/Art. III-184 VVE) im Grundgesetz aufzugreifen, d. h. Bund und Länder dafür gemeinsam in die Pflicht zu nehmen[93].

Verlangt die Europäische Verfassung neue Antworten des Grundgesetzes? Der Bundestag hat sich zur Regelung des Parlamentsvetos in Art. IV-444 Abs. 3 VVE gegen eine Verfassungsänderung entschieden[94] und mit Zustimmung des Bundesrats den beiden existierenden Zusammenarbeitsgesetzen das „Gesetz über die Ausweitung und Stärkung der Rechte des Bundestages und des Bundesrates in Angelegenheiten der Europäischen Union“[95] hinzugefügt. Die Normierung der darin enthaltenen Brückenklausel ist so kompliziert ausgefallen[96], dass sie in dieser Form nicht

91 Ausführlich „Bericht der Bundesregierung über die Kostentragungslast der Bundesländer bei Zwangsgeldforderungen der Europäischen Union“, BT-Drs. 15/2805 vom 24.3.2004.

92 Näher Deutscher Bundestag/Bundesrat, Öffentlichkeitsarbeit (Hrsg.), S. 203.

93 Siehe z. B. den Vorschlag des Bundesfinanzministeriums für einen Art. 109 Abs. 5 (neu) GG, in: Deutscher Bundestag/Bundesrat, Öffentlichkeitsarbeit (Hrsg.), S. 883 f.

94 Dafür plädiert Puttler, DÖV 2005, S. 401, 410.

95 Vom 12.5.2005, BGBl. …

96 Von den fünf Absätzen des § 4 (Brückenklausel) lautet der entscheidende Absatz 3: „Für die Ablehnung einer Initiative des Europäischen Rates zum Übergang von der Einstimmigkeit zur qualifizierten Mehrheit für die Beschlussfassung im Rat nach Artikel IV-444 Abs. 1 des Vertrags über eine Verfassung für Europa oder zum Übergang von einem besonderen Gesetzgebungsverfahren zu dem ordentlichen Gesetzgebungsverfahren nach Artikel IV-444 Abs. 2 des Vertrags über eine Verfassung für Europa gelten die nachfolgenden Bestimmungen:

1. Wenn bei einer Initiative im Schwerpunkt ausschließliche Gesetzgebungsbefugnisse des Bundes betroffen sind, wird die Initiative abgelehnt, wenn es der Bundestag mit einer Mehrheit der abgegebenen Stimmen beschließt.
2. Wenn bei einer Initiative im Schwerpunkt ausschließliche Gesetzgebungsbefugnisse der Länder betroffen sind, wird die Initiative abgelehnt, wenn es der Bundesrat mit der Mehrheit seiner Stimmen beschließt.

verfassungstauglich ist. Nach dem Inkrafttreten der Europäischen Verfassung wären dann Zustimmungsverfahren in europäischen Angelegenheiten vom Grundgesetz in Art. 23 erfasst[97], das negative Pendant des Parlamentsvetos lediglich in einem einfachen Gesetz. Es sollte aber was zusammengehört, zusammen geregelt werden, zumindest auf derselben Ebene. Weil die Normierung der Brückenklausel nicht verfassungstauglich ist, ist diese Ebene das einfache Gesetz, als nähere Regelung einer verfassungsrechtlichen Grundsatznorm.

Auch die neuen Informations-, Kooperations- und Kontrollrechte, die die Europäische Verfassung den nationalen Parlamenten gewährt, verlangen nicht nach einer Verankerung im Grundgesetz. Das gilt selbst für die indirekte Klagemöglichkeit, die das Subsidiaritätsprotokoll der Europäischen Verfassung Bundestag und Bundesrat einräumt[98]. Denn bereits gegenwärtig existiert eine indirekte Klagemöglichkeit des Bundesrats, die lediglich in einem einfachen Gesetz[99] geregelt ist. Schließlich erfordert auch die erwähnte Verpflichtung des Art. I-29 Abs. 1 UAbs. 2 VVE, wirksame Rechtsbehelfe zu schaffen[100], keine Rechtsänderung[101].

5. *Verfassungsperspektiven*

Am Ende steht hoffentlich die Europäische Verfassung: das wünscht sich nicht nur *Jürgen Meyer* als europäische Perspektive. Es ist derzeit allerdings eher unwahrscheinlich, dass die Verfassung in Kraft treten wird. Das deutliche Nein aus den Gründungsstaaten Frankreich und Niederlande, sowie die große Skepsis in Großbritannien, die sich im Aussetzen des Verfassungsreferendums manifestiert hat, sind

3. In allen anderen Fällen können der Bundestag oder der Bundesrat innerhalb von vier Monaten seit Übermittlung der Initiative des Europäischen Rates die Ablehnung dieser Initiative beschließen. In diesen Fällen wird die Initiative nur abgelehnt, wenn ein solcher Beschluss nicht spätestens zwei Wochen vor Ablauf der Frist von sechs Monaten gemäß Artikel IV-444 Abs. 3 des Vertrags über eine Verfassung für Europa vom jeweils anderen Organ zurückgewiesen wird. Eine Initiative wird auch dann nicht abgelehnt, wenn ein Organ den Beschluss des anderen Organs in dieser Frist zurückweist, sofern es der Auffassung ist, dass ein Fall der Nummer 1 oder der Nummer 2 nicht vorliegt. Hat der Bundestag den Beschluss über die Ablehnung der Initiative mit einer Mehrheit von zwei Dritteln gefasst, so bedarf die Zurückweisung durch den Bundesrat einer Mehrheit von zwei Dritteln seiner Stimmen. Hat der Bundesrat den Beschluss über die Ablehnung der Initiative mit einer Mehrheit von zwei Dritteln seiner Stimmen gefasst, so bedarf die Zurückweisung durch den Bundestag einer Mehrheit von zwei Dritteln, mindestens der Mehrheit der Mitglieder des Bundestags. Das Nähere regeln Bundestag und Bundesrat in ihren Geschäftsordnungen."

97 *Puttler*, DÖV 2005, S. 409, 410.

98 Oben 3. *Görlitz*, ZG 2004, S. 249, 267, empfiehlt eine „technische" Anpassung des Art. 23 GG.

99 § 7 EUBLZG, oben 4.2.

100 Oben 3.

101 Denkschrift, BT-Drs. 15/4900, S. 261.

schwer zu überwindende Hürden. Tritt die Verfassung nicht in Kraft, bleibt es beim jetzigen Rechtszustand, beim Vertrag von Nizza. In beiden Fällen muss das Grundgesetz unter Beweis stellen, was es in einem und für ein Europa der 25 (und mehr) Mitgliedstaaten „taugt".

Es hat sich erwiesen, dass die Europatauglichkeit des Grundgesetzes viele Facetten aufweist. Tauglicher Maßstab für die Bewertung der Europäischen Verfassung kann es allein nicht sein. Seine Tauglichkeit als Exportgut für die Europäische Verfassung hat es bewiesen. Soweit der Anwendungsvorrang des Europarechts reicht, braucht es seine Europatauglichkeit nicht zu beweisen, denn das Europarecht wird ohnehin angewandt. Im Übrigen ist die Tauglichkeit wie folgt zu beurteilen: Die Beteiligung von Bundesregierung, Bundestag und Bundesrat in europäischen Angelegenheiten ist im Grundgesetz zu kompliziert geregelt. Das ist übertriebene Verfassungsakribie. Verfassungsangemessen ist eine Grundsatznorm, die vorschreibt, Näheres in einem Gesetz zu regeln. Das Grundgesetz hält keine spezifischen Normen bereit für die Umsetzung von Richtlinien bzw. Europäischen Gesetzen und die Regelung der Folgelasten zwischen Bund und Ländern im Falle fehlerhafter Umsetzung. Ebenso ist nicht festgelegt, wie den europarechtlichen Vorgaben der Haushaltsdisziplin innerstaatlich Rechnung zu tragen ist. Grundsatznormen im Grundgesetz würden es der Bundesrepublik erleichtern, die Anforderungen des Europarechts zu erfüllen und innerstaatlich streitvermeidend wirken. Insoweit sollte das Grundgesetz europatauglicher gemacht werden.

Festzuhalten bleibt, auch wenn es den deutschen Verfassungspatrioten schmerzen mag: In dem Maß, in dem die Integration fortschreitet, sinkt die Bedeutung des Grundgesetzes; oder: Je mehr Europäische desto weniger deutsche Verfassung.

schwer zu überwindende Hürden. Tritt die Verfassung nicht in Kraft, bleibt es beim jetzigen Rechtszustand, beim Vertrag von Nizza. In beiden Fällen muss das Grundgesetz unter Beweis stellen, was es in einem und für ein Europa der 25 (und mehr) Mitgliedstaaten „taugt".

Es hat sich erwiesen, dass die Europatauglichkeit des Grundgesetzes viele Facetten aufweist. Tauglicher Maßstab für die Bewertung der Europäischen Verfassung kann es allein nicht sein. Seine Tauglichkeit als Exportgut für die Europäische Verfassung hat es bewiesen. Soweit der Anwendungsvorrang des Europarechts reicht, braucht es seine Europatauglichkeit nicht zu beweisen, denn das Europarecht wird ohnehin angewandt. Im Übrigen ist die Tauglichkeit wie folgt zu beurteilen: Die Beteiligung von Bundesregierung, Bundestag und Bundesrat in europäischen Angelegenheiten ist im Grundgesetz zu kompliziert geregelt. Das ist übertriebene Verfassungsakribie. Verfassungsangemessen ist eine Grundsatznorm, die vorschreibt, Näheres in einem Gesetz zu regeln. Das Grundgesetz hält keine spezifischen Normen bereit für die Umsetzung von Richtlinien bzw. Europäischen Gesetzen und die Regelung der Folgelasten zwischen Bund und Ländern im Falle fehlerhafter Umsetzung. Ebenso ist nicht festgelegt, wie den europarechtlichen Vorgaben der Haushaltsdisziplin innerstaatlich Rechnung zu tragen ist. Grundsatznormen im Grundgesetz würden es der Bundesrepublik erleichtern, die Anforderungen des Europarechts zu erfüllen und innerstaatlich streitvermeidend wirken. Insoweit sollte das Grundgesetz europatauglicher gemacht werden.

Festzuhalten bleibt, auch wenn es den deutschen Verfassungspatrioten schmerzen mag: In dem Maße, in dem die Integration fortschreitet, sinkt die Bedeutung des Grundgesetzes; oder: Je mehr Europäische desto weniger deutsche Verfassung.

Europas Demokratie verwirklichen

von Jo Leinen, Mitglied des Europäischen Parlamentes, Vorsitzender des Ausschusses des Europäischen Parlamentes für Konstitutionelle Fragen und

Dr. Justus Schönlau, wissenschaftlicher Mitarbeiter bei Jo Leinen

Das Projekt Europa war von Anfang an ein Projekt für mehr Demokratie. Es geht und ging bei der europäischen Integration um den Schutz und den Ausbau der demokratischen und rechtsstaatlichen Ordnung als Voraussetzung für Frieden, Sicherheit und Wohlstand. Die Idee, nationalstaatliche Gegensätze durch immer engere Zusammenarbeit zu überwinden und damit Krieg unmöglich zu machen, ist älter, als die Katastrophe des zweiten Weltkriegs, und sie war immer eine Idee zur demokratischen Selbstbestimmung der Bürgerinnen und Bürger. Mit der Europäischen Verfassung hat Europa ein Stadium erreicht, wo es um die Verwirklichung einer europäischen Demokratie auf transnationaler Ebene geht. Diese Demokratie muss im täglichen Leben der Menschen spürbar und erlebbar werden, durch die Mitbestimmung über die Entscheidungen, die Europas Zukunft gestalten.

Das Ziel, Demokratie jenseits des Nationalstaates zu erreichen, ist tief verwurzelt in der Geschichte der Europäischen Integration. Aus der Entwicklung von den Anfängen der Einigung in den Bereichen Kohle und Stahl, über die Realisierung des Binnenmarktes bis zur Wirtschafts- und Währungsunion Union heraus ist zu erklären, warum die Europäische Verfassung ein solch wichtiger Schritt für die Demokratie in Europa bedeutet. Die Verfassung ist nicht das Ende dieses Prozesses, sondern vielmehr eine zentrale Etappe. Dieses Projekt, das von der überwiegenden Mehrheit der Menschen in Europa gewünscht wird, darf nicht verloren gehen. Gerade jetzt sind alle politischen Kräfte aufgerufen, über die weitere Umsetzung der demokratischen Ziele zu diskutieren, damit aus dem Traum von der europäischen Demokratie bald Wirklichkeit wird. Um einen solchen Traum zu formulieren, hat es immer Menschen gebraucht, die wie Prof. Jürgen Meyer ihre Arbeits- und ihre Vorstellungskraft in die Umsetzung großer Ideen investiert haben.

Die Anfänge der europäischen Demokratie

Die europäische Integration, die sich nach 1945 zu entwickeln begann, basiert auf den klassischen demokratischen Ideen, die in einigen Ländern nach dem 2. Weltkrieg tatsächlich wie ein Traum erschienen sein müssen. Die historische Entscheidung Monnets, Schumans und der ersten Generation der europäischen Staatsmänner, mit einer Politik der kleinen Schritte gegenseitiges Vertrauen der ehemaligen

Kriegsgegner aufzubauen, war geprägt von der Überzeugung, dass nur demokratische Strukturen zum Fundament für dauerhaften Frieden taugen. Dabei mußte das richtige Tempo für derart tief greifende Neuerungen durch vorsichtiges Ausprobieren herausgefunden werden. Für ein umfassenderes Projekt einer politischen Union war es offensichtlich Anfang der 50er Jahre noch zu früh, so dass der erste Anlauf am Widerstand des französischen Parlamentes scheiterte.

In jedem Fall war die Politik der pragmatischen Annäherung über die Zusammenarbeit in zentralen Wirtschaftszweigen wie Kohle und Stahl, die als Reaktion auf die Ablehnung der Europäischen Verteidigungsgemeinschaft entstand, gleichzeitig "realistisch" und, angesichts der friedenspolitischen und symbolischen Bedeutung dieser Industrien, unerhört "mutig". Der nächste Schritt zur europäischen Wirtschaftsgemeinschaft war es ebenfalls, denn mit der Idee des gemeinsamen Binnenmarktes und der damit notwendigen Durchsetzung der Grundfreiheiten wurde klar, dass das europäische Projekt direkt die Bürgerinnen und Bürger betreffen würde, und somit nur gelingen konnte, wenn die Menschen das Projekt als das Ihre begreifen. Die demokratische Logik des Integrationsprozesses war damit verankert. Der institutionelle Rahmen wurde dann Zug um Zug an diese neue Dimension angepasst: mit der Einheitlichen Europäischen Akte wurde die Abstimmung des Ministerrates mit qualifizierter Mehrheit eingeführt, mit dem Vertrag von Maastricht die Mitentscheidung des Europäischen Parlamentes. Schließlich wurde 1989, als Antwort auf die Umwälzungen in Europa und der Welt, das Projekt der Politischen Union (wieder) geboren.

Das demokratische Europa wächst

Die Entwicklung der europäischen Demokratie ist die Geschichte der kleinen Rückschläge und der großen Fortschritte, des zähen Bemühens und zahlreicher Krisen, die aber immer auch neue Dynamik brachten – und nicht zuletzt war und ist es die Geschichte der Ausdehnung des Europagedankens auf Grundlage demokratischer Spielregeln über den Kontinent und sogar über seine Grenzen hinaus. Europa erweiterte und vertiefte sich. Die Europäische Union wuchs in die neue Verantwortung hinein, den Ländern Mittel- und Osteuropas bei ihren Demokratisierungsprozessen zur Seite zu stehen. Die Kopenhagener Kriterien für die Aufnahme neuer Mitgliedstaaten forderten eine innerstaatliche Demokratie als Voraussetzung für den Beitritt – und unterstrichen damit das Bekenntnis der EU zur Demokratie nach innen und nach außen. Die Aussicht auf eine Union mit 25 und bald noch mehr Mitgliedstaaten erzeugte auch den Druck, die EU Institutionen grundlegend zu reformieren, um sie effizienter, aber auch demokratischer zu machen.

Außerdem erfasste der Einigungsprozess, angespornt vom Erfolg der wirtschaftlichen Integration, neue politische Bereiche und die Erwartungen der Menschen an die europäische Regierungsebene werden größer. Damit wuchs auch die Herausforderung für die innereuropäische Demokratie. In einer Gemeinschaft, deren Gesetze Vorrang vor nationalem Recht haben, in der europäische Verordnungen direkte

Anwendung finden und Rechte und Pflichten verleihen, muss die demokratische Teilhabe und Kontrolle durch die Bürgerinnen und Bürger gewährleistet sein. Eine Union, die eine gemeinsame Außen- und Sicherheitspolitik für mehr Demokratie in der Welt erarbeiten will, muss zunächst einmal die eigenen Strukturen entsprechend ausrichten.

Und nicht nur das: zunehmend wurde die europäische Ebene zum Katalysator für die Weiterentwicklung der Demokratie in den einzelnen Mitgliedstaaten. Die Dezentralisierung der Mitgliedstaaten und die Stärkung der regionalen Ebene sind wichtiger Bestandteil der europäischen Strukturpolitiken. Das Prinzip der Subsidiarität, das zunächst auf der europäischen Ebene entwickelt wurde, entfaltet auch in den zentralistischen Systemen der Mitgliedstaaten seine Wirkung. Regionalisierung und Dezentralisierung kamen so in vielen Mitgliedstaaten voran. Schließlich hat die Diskussion um Grund- und Bürgerrechte auf europäischer Ebene auch für die Rechtssysteme einzelner Länder wichtige Signalwirkung entfaltet. Mit der von Jürgen Meyer maßgeblich mitinitiierten und mitgestalteten Europäische Grundrechtecharta hat die Union im Jahr 2000 einen neuen Standard für den Schutz der Grund- und Menschenrechte erhalten, der auch auf die nationalstaatlichen Verfassungen zurückwirkt.

Demokratische Institutionen für ein Europa

Die europäische Demokratie entwickelte sich also stetig, aber häufig im Schatten der wirtschaftlichen oder rechtlichen Integration. Es entstanden schrittweise, manchmal verspätet, die demokratischen Institutionen und Verfahren, die notwendig sind, um das wachsende EU System kontrollieren und demokratisch ausrichten zu können:

Das Europäische Parlament wurde 1979 zum ersten Mal in freier und geheimer Wahl direkt gewählt, es erhielt nach und nach Mitwirkungsrechte über das Mitentscheidungsverfahren, die Grundlagen einer europäischen Staatbürgerschaft wurden gelegt, institutionelle Reformen zielten auf mehr Transparenz, mehr Effizienz und mehr Demokratie im gesamten Komplex beim Übergang von den Europäischen Gemeinschaften zur Europäischen Union. Mit dem Vertrag von Maastricht wurde auch klar, dass die Union alle Politikbereiche umfasst und sich deshalb zu einem demokratischen und politischen Projekt entwickeln muss.

Gleichzeitig wurde mit diesem Schritt und mit der Ratifizierungskrise in Dänemark 1992 auch deutlich, dass eine demokratische Entwicklung, die lediglich als nachträgliche Korrektur der Integration verstanden wird, den politischen Ansprüche der Menschen in Europa nicht gerecht wird. Die Diskussion um das "demokratische Defizit" der EU bringt diese Bedenken auf den Punkt. Die Europäische Integration als historisch einmaliges Projekt der Friedens- und Demokratieförderung muss den eigenen Ansprüchen genügen – auch und gerade angesichts der zentralen Rolle, die Europa und die Aussicht auf EU-Mitgliedschaft beim friedlichen Übergang der Länder Mittel- und Osteuropas zu demokratischen Staaten gespielt hat.

Die Debatte um die notwendigen demokratischen Reformen im EU System und die weiteren Herausforderungen für das demokratische Europa führten zu den Vertragsrevisionen der 90er Jahre und in letzter Konsequenz zu den Konventen der Jahre 2000 und 2003. Die grundsätzliche Frage war dabei: wie kann Demokratie, Transparenz und Effizienz in einem einzigartigen Verbundsystem aus regionalen, nationalen und supranationalen Elementen, Traditionen, Hoffnungen und Wünschen zusammengeführt werden und dabei die Verschiedenheit ebenso respektieren, wie die Notwendigkeit und den Willen zu gemeinsamem Handeln. Welche Voraussetzungen im Bewusstsein der Menschen, aber auch in den institutionellen Strukturen müssen geschaffen werden, um eine neue Form von Demokratie zusätzlich zu nationalen und regionalen Arenen etablieren zu können? Was bedeutet diese neue Dimension für unsere "Idee von Demokratie" überhaupt, die bisher historisch so eng mit dem Nationalstaat verbunden war?

Das demokratisch verfasste Europa

Der europäische Verfassungsprozess der letzten Jahre gibt darauf erste Antworten. Er zeigt, wie die weitere Entwicklung der Europäischen Union gleichzeitig abhängt von einer befriedigenden Lösung für die demokratische Frage, und wie die Dynamiken von Erweiterung und Vertiefung die Demokratie selbst verändern. Der Verfassungskompromiss des Jahres 2004 ist ein eindrucksvolles Beispiel, wie mit der Konventsmethode ein neues Ganzes entstehen konnte, das gute Voraussetzungen für die demokratische Zukunft Europas bietet. Im Folgenden werden einige Bereiche der europäischen Demokratie beleuchtet, in denen die Entwicklung in den kommenden Jahren weiter gehen wird auf dem Weg zur Realisierung der europäischen Demokratie.

Die Europäische Demokratie braucht eine interessierte und informierte europäische Öffentlichkeit – das heißt, ein waches europäisches Bewusstsein der Menschen in den Mitgliedstaaten. Um das Interesse für den europäischen Prozess und europäische Entscheidungen zu wecken, muss umfassend über die Chancen und Probleme der Europäischen Einigung informiert werden. Dafür brauchen wir mehr Anstrengungen im Bereich der Bildung und Jugendarbeit, bei den Austauschprogrammen und für mehr und besseren Sprachunterricht – denn die Verständigung ist Voraussetzung für das demokratische Miteinander.

Zu einer informierten Öffentlichkeit braucht es aber auch eine Medienlandschaft, welche die europäische Dimension als wichtigen Bestandteil ihres Informationsauftrages begreift. Zwar bedeutet die Vielfalt der Sprachen eine zusätzlichen Herausforderung für die Schaffung einer europäischen Öffentlichkeit, aber es gibt bereits Ansätze, wie europaweite Themen mit Hilfe von Übersetzungen und gemeinsamen Symbolen durchaus Menschen aus allen Mitgliedstaaten zugänglich gemacht werden kann. Der Informationsaustausch (sowohl auf technischer, als auch auf intellektueller Ebene) muss deshalb verstärkt und innovative Lösungen müssen gezielt gefördert werden. Eine gemeinsame Medien- und Kulturpolitik muss die besonders feine Balance zwischen Vielfalt der Medienkulturen und europäischer Informationspolitik finden. Dazu gehört auch der Schutz des Medienpluralismus in Europa vor allzu großer wirtschaftlicher Konzentration.

Umfassende Information über die EU und ihre Aktivitäten wird das Interesse an europäischen Themen stärken, denn die Erwartung der Bürgerinnen und Bürger ist eindeutig: In wichtigen Bereichen wie in der Politik zur Bewahrung des Friedens, beim Schutz vor Terrorismus oder im Umweltschutz sieht eine Mehrheit der Menschen eine wichtige Rolle für die Union – die EU Verfassung schafft die Voraussetzungen dafür, dass diese Verantwortung in Zukunft wahrgenommen werden kann. Damit steigt sowohl das öffentliche Interesse als auch der Bedarf an Information von der europäischen Ebene, damit die sich demokratische Kontrolle durch die Bürger im Gleichschritt mit den neuen Aufgaben der EU entwickeln kann.

Um diese Informationen einem möglichst großen Publikum vermitteln zu können, ist auch die Personalisierung der europäischen Politik durch das Amt eines Außenministers und einen vom Parlament gewählten Kommissionspräsidenten zu begrüßen. Wenn sich die Politik mit Gesichtern verbindet, wie in der Verfassung vorgesehen ist, wird es einfacher, über Sprach- und Kulturgrenzen hinweg von diesen Politiken zu erzählen. Deshalb ist es so wichtig, die Verfassung zu erklären und deutlich zu machen, dass sie die Grundlage für eine demokratische Weiterentwicklung der Europäischen Union darstellt. Dazu muss mit den Medien und anderen Kommunikationsträgern eine enge Partnerschaft aufgebaut werden.

Europas Demokratie in Aktion

Ein weiterer wichtiger Baustein im Aufbau einer europäischen Demokratie sind die politischen Parteien als Katalysatoren der Meinungsbildung und Kommunikatoren. Die parlamentarische Demokratie braucht Parteien, um die Vielzahl der Einzelinteressen zu bündeln und in der politischen Auseinandersetzung Kompromisse zu finden. Auf der europäischen Ebene wurde ein erster Schritt mit dem Gesetz zur Finanzierung von Parteien im Jahr 2004 getan. Seit den Europawahlen können demokratische Parteien, die bestimmte Grundvoraussetzungen erfüllen, Finanzmittel aus dem EU Haushalt bekommen, um so ihren wichtigen Beitrag zum Aufbau einer kritischen europäischen Öffentlichkeit zu unterstützen. Allerdings gibt es noch viel zu tun: wir brauchen ein echtes europäisches Statut für politische Parteien, damit sie in Zukunft eine gesicherte Rechtsstellung in allen EU Mitgliedstaaten haben und effizient arbeiten können. Wir müssen klären, welche Rolle Parteien bei den Auswahlprozessen in Europa spielen sollen, und dann die notwendigen Voraussetzungen schaffen, damit sie diese Aufgaben erfüllen können. In Zukunft müssen die europäischen Parteien sich zum Beispiel mit klar benannten Spitzenkandidaten auf den europäischen Wahlkampf vorbereiten, damit der politische Wettbewerb sichtbarer wird und die Bürger bei den Europawahlen echte Alternativen haben.

Daraus könnte sich die Politisierung und damit die Demokratisierung des gesamten EU Systems entwickeln, weg von der technokratischen Regulierungsbehörde, hin zu einem lebendigen politischen System. Das Europäische Parlament muss dabei eine Schlüsselrolle spielen. Durch die Kontrolle der Exekutive (das heißt, der Kommission und des Rates) stellt es sicher, dass auch auf der europäischen Ebene jede Entscheidung demokratisch verantwortet wird. Die Verfassung bringt mit der Ausweitung der Mehrheitsentscheidung und der Mitentscheidung des EP, sowie mit der Öffentlichkeit für legislative Ratssitzungen wichtige Fortschritte in diese Richtung. Allerdings wurde die Forderung des Konventes nach einem eigenen Legislativrat von der Regierungskonferenz gekippt – dies ist eine Lücke, die in den nächsten Jahren noch gefüllt werden muss. Damit das Parlament seine Kontrollfunktion in adäquater Weise ausüben kann, braucht es darüber hinaus ein europäisches Statut für alle Europa-Abgeordneten. Nur wenn die von den Bürgerinnen und Bürgern gewählten Vertreter sich bei ihrer Arbeit auf gleiche Bedingungen in allen Mitgliedstaaten verlassen können, sind sie in der Lage, die Union überall gleichmäßig zu legitimieren.

Als Ergänzung zur parlamentarischen Demokratie, und als einzigartige Chance für eine neue europäische Demokratie, führt die Verfassung (nicht zuletzt dank des Einsatzes von Jürgen Meyer!) ein wichtiges Element der direkten Demokratie ein – das Europäische Bürgerbegehren. Dieses Instrument, mit dem eine Million EU-Bürger per Unterschrift die Kommission auffordern können, Vorschläge für Gesetzesinitiativen zu unterbreiten, muss bald möglichst mit Leben erfüllt werden. In den nächsten Jahren könnte die Sammlung von Unterschriften zu einem europäischen Thema in einer 'signifikanten Anzahl von Mitgliedstaaten' zu einem zentralen Bezugspunkt für die Zivilgesellschaft oder Nicht-Regierungsorganisationen werden. Mit solchen Aktionen würden die Menschen über nationale Grenzen hinweg für EU-Themen sensibilisiert. Damit dieses Instrument seine Wirkung entfalten kann, müssen die Rahmenbedingungen (Unterschriftensammlung in welchem Zeitraum, in wie vielen Ländern, von welcher Art von Organisationen, Finanzierung, Medienzugang etc.) bald geklärt werden.

Europäische Demokratie für eine demokratische Welt

Die europäische Demokratie ist nicht nur bedeutend für die Demokratie in der Europäischen Union. Mit der Verfassung bekennt sich die EU klar zu Menschenrechten, Freiheit, Demokratie, Gleichheit und Rechtstaatlichkeit und sie erklärt auch, dass sie diese Werte nicht nur innerhalb ihrer Grenzen, sondern auch darüber hinaus weltweit befördern möchte. Die Europäische Union trägt zunehmend globale Verantwortung. Das entspricht den Erwartungen ihrer Bürgerinnen und Bürger. Deshalb müssen alle Politiken, nicht zuletzt die Außenpolitik, den Grundsätzen der Demokratie gerecht werden. Mit der Auflösung der Säulenstruktur der alten Verträge hat die Verfassung einen ersten wichtigen Schritt getan, auch in der Außenpolitik dem

Europa-Parlament Mitsprache einzuräumen. Aber noch ist die demokratische Kontrolle der Außen- und Sicherheitspolitik unzureichend. Auf diesem Feld ist noch viel Überzeugungsarbeit in den nationalen Hauptstädten zu leisten. Dabei ist klar: nur demokratisch legitimierte Initiativen der EU sind weltweit glaubwürdig, und nur eine wirklich gemeinsame Außenpolitik im Rahmen der EU Institutionen hat die Chance, ernst genommen zu werden.

Gleichzeitig bleibt die Europäische Union eine Hoffnungsträgerin für viele Nachbarn. Sie braucht deshalb in den kommenden Jahren eine kohärente, glaubwürdige und nachhaltige Antwort für die Herausforderung zukünftiger Erweiterungen. Die EU ist eine Organisation, die potentiell allen europäischen Staaten offen steht – vorausgesetzt, die teilen die gemeinsamen Werte der jetzigen Mitgliedstaaten. Dazu gehört ganz zentral die Achtung der Menschenrechte und die Prinzipien der Demokratie und der Rechtstaatlichkeit. Wenn die EU diese Grundsätze in weitere Länder exportieren kann, sei es durch das Heranführen an eine Mitgliedschaft, sei es durch eine neue Nachbarschaftspolitik, leistet die europäische Einigung einen wichtigen Beitrag zur Verwirklichung der Demokratie in ganz Europa und der Welt.

Hierbei geht es selbstverständlich nicht nur um 'klassische' Außenpolitik, sondern auch um die Rolle der EU im Außenhandel, bei der weltweiten Bekämpfung von Armut und Ausgrenzung, beim globalen Umweltschutz, oder als gutes Beispiel für gelungene Friedenspolitik. Der demokratische Ursprung der europäischen Einigung muss sich in der weltpolitischen Rolle der EU widerspiegeln. Die in der Grundrechtecharta und der Verfassung verankerten Werte Europas sind weltweit Vorbild und Inspiration. Die Europäische Union muss die Kräfte und Traditionen ihrer Mitgliedsländer im Interesse einer sichereren, stabileren und demokratischeren Welt nutzen. Auf der Basis der in Europa gemachten Erfahrungen muss die EU sich gemeinsam mit ihren Partnern für die Stärkung der globalen Institutionen, allen voran der Vereinten Nationen einsetzen. Eine demokratische Weltordnung braucht funktionierende multilaterale Strukturen und verbindliche Regeln.

Demokratie weiter entwickeln

Europas Demokratie ist ein hart erkämpfter Schatz. Das Zusammenspiel der Institutionen, das gegenseitige Vertrauen, die gemeinsame Verantwortung in der Union haben sich in den Jahrzehnten seit Ende des zweiten Weltkriegs entwickelt. Eine Demokratie jenseits der Nationalstaaten ist entstanden, die in den kommenden Jahren und Jahrzehnten konsequent weiterentwickelt werden muss. Dazu gehören weitere Reformschritte auf Basis der EU-Verfassung ebenso, wie das Bemühen um ein europäischen demokratischen Bewusstseins der Bürgerinnen und Bürger. Mit den Konventen zur Europäischen Grundrechtecharta und zur Europäischen Verfassung hat das Europa der mittlerweile 25 Mitgliedstaaten gezeigt, dass es willens und in der Lage ist, neue Wege zu gehen, um dem Ziel einer echten supranationalen Demokratie näher zu kommen. Eine europäische Öffentlichkeit wird mit der europäischen Demokratie wachsen, ist aber auch gleichzeitig eine Voraussetzung für sie.

Die Entwicklung der EU wird voranschreiten - es werden in den nächsten Jahren neue Länder hinzukommen. Damit muss die Konsolidierung der EU als effizientes politisches System einhergehen, auf Basis der Europäischen Verfassung. Die Bedeutung der Europäischen Union als regionaler Stabilitätsfaktor wird damit immer größer. Die Politik der neuen Nachbarschaft mit Osteuropa, dem Mittelmeerraum und Nordafrika muss genauso von demokratischen Idealen geleitet sein, wie es die europäische Integration selbst war und ist. Die Europäische Verfassung, wie sie von den Mitgliedern des Konventes erarbeitet und von den Staats- und Regierungschefs unterzeichnet wurde, ist ein ausgewogener politischer Kompromiss. Sie schafft das Fundament, auf dem Europa weiter aufbauen kann. Diejenigen, die wie Jürgen Meyer mit ihrer politischen Arbeit an diesem Projekt mitgebaut haben, können stolz auf das Erreichte sein - aber zugleich wissen sie, dass die Arbeit weitergeht.

Mit dem europäischen Modell einer demokratischen Union leistet Europa einen einzigartigen Beitrag zur Verwirklichung der demokratischen Idee in der Welt. Eine globale Demokratie ist keine Utopie, sondern kann das Ergebnis konkreter Schritte und harter Arbeit sein. Die Europäische Union ist dafür ein Labor. Die Menschen Europas sind auf einem guten Weg, den demokratischen Traum zu verwirklichen.

Perspektiven für die Europapolitik des Deutschen Bundestages

von Matthias Wissmann, Bundesminister a. D.,
Vorsitzender des Europaausschusses des Deutschen Bundestages

Die Ablehnung des am 29. Oktober 2004 in Rom unterzeichneten Vertrages über eine Verfassung für Europa in den Volksabstimmungen in Frankreich und den Niederlanden hat nicht nur diesen Vertrag in Frage gestellt, sondern die Europäische Union insgesamt in eine Legitimitätskrise gestürzt. Wie für alle Befürworter der europäischen Integration ist es für mich als Vorsitzenden des Ausschusses für die Angelegenheiten der Europäischen Union des Deutschen Bundestages eine tiefe Enttäuschung, dass gerade ein Vertragswerk, das die Europäische Union demokratischer, transparenter und bürgernäher machen soll, nicht die Zustimmung der Menschen in diesen Ländern gefunden hat. Umso mehr sind die Parlamente in den Mitgliedstaaten der Europäischen Union gefordert, für eine demokratische Kontrolle, Legitimation und Transparenz der europäischen Institutionen zu sorgen.

Die Sorge, dass die Europäische Gemeinschaft zu stark von der Exekutive dominiert und nur unzureichend parlamentarisch kontrolliert sein könnte, ist so alt wie die Gemeinschaft selbst.[1] Die von den Staats- und Regierungschefs beim Europäischen Rat am 16. und 17. Juni 2005 unter dem Eindruck der Referenden in Frankreich und den Niederlanden beschlossene „Zeit der Reflexion" sollte deswegen dazu genutzt werden, das tatsächliche oder wahrgenommene Demokratiedefizit der Europäischen Union durch eine stärkere Einbindung der Parlamente der Mitgliedstaaten in europapolitische Entscheidungsprozesse zu überwinden.

Im Folgenden wird zunächst dargestellt, welche Rolle die nationalen Parlamente im Institutionengefüge der Europäischen Union spielen, um anschließend die Mitwirkung des Deutschen Bundestages an der Gestaltung der deutschen Europapolitik näher zu beleuchten. Ausgehend von einer Analyse der Verfassungswirklichkeit wird der Versuch unternommen, die Perspektiven für eine Verbesserung der „Europafähigkeit" des Bundestages aufzuzeigen.

1 Siehe Cordula Agnes Janowski, Die nationalen Parlamente und ihre Europa-Gremien, Nomos, 2005, zugl. Bonn, Univ., Diss., 2004., S. 16 ff. mit Nachweisen aus der Bundestags-Debatte um die Ratifizierung des EWG-Vertrages vom 5. Juli 1957.

Im ursprünglichen „institutionellen Dreieck“ aus Kommission, Ministerrat und Parlament, das die Verträge zur Gründung der Europäischen Gemeinschaft für Kohle und Stahl, der Europäischen Wirtschaftsgemeinschaft und der Europäischen Atomgemeinschaft geschaffen haben, kommen die nationalen Parlamente nicht vor. Die immer weiter fortschreitende Vertiefung der Gemeinschaft und der damit einhergehende Eingriff in bisher national geregelte Sachverhalte bedurften aber einer verstärkten demokratischen Legitimation.[2] Aus diesem Grunde wurden die Befugnisse des seit 1979 direkt gewählten Europäischen Parlaments bei jeder Vertragsrevision schrittweise ausgebaut. Diese Entwicklung ist vom Deutschen Bundestag immer gefordert und unterstützt worden.[3]

Der Gedanke einer Beteiligung der Parlamente der Mitgliedstaaten an den Angelegenheiten der europäischen Integration ist dagegen vergleichsweise jüngeren Datums.[4] Erst allmählich hat sich die Erkenntnis durchgesetzt, dass das Europäische Parlament nicht der alleinige Produzent demokratischer Legitimation sein kann, da es auch nach gegenwärtigem Stand kein „Vollparlament“ ist: In der Gemeinsamen Außen- und Sicherheitspolitik (sog. zweite Säule) wird das Europäische Parlament nur informiert und angehört[5], obwohl z.B. gemeinsame Aktionen für die Mitgliedstaaten gem. Art. 14 EUV bindend sind. Entscheidendes Gremium ist der Europäische Rat. In der polizeilichen und justitiellen Zusammenarbeit (sog. dritte Säule) wird das Europäische Parlament nur angehört und unterrichtet,[6] obwohl der Rat nach Art. 34 Abs. 2 Buchst. b EUV Rahmenbeschlüsse zur Angleichung von Rechts- und Verwaltungsvorschriften erlassen kann, die von den Mitgliedstaaten umzusetzen sind. Auch in der stärker vergemeinschafteten ersten Säule (sie besteht nach dem Auslaufen des Vertrages über die Gemeinschaft für Kohle und Stahl heute aus der Europäischen Gemeinschaft (EG) und der Europäischen Atomgemeinschaft) gibt es nach wie vor Bereiche, in denen das Europäische Parlament keine echten Mitentscheidungsrechte hat: In den Bestimmungen des EG-Vertrages über die Landwirtschaft[7] wird das Europäische Parlament nicht einmal erwähnt; bei der gemeinsamen Handelspolitik[8] wird das Parlament nur im Falle internationaler Abkommen beteiligt. Im Haushaltsverfahren, dem „Königsrecht“ eines jeden Parlamentes, wird das Europäische Parlament bei der Festlegung über die Einnahmenseite („System der

2 Vgl. zum Aufkommen des Schlagwortes vom „Demokratiedefizit“ der Gemeinschaft Janowski aaO (Fn. 1), S. 47.

3 Vgl. die Darstellung der europapolitischen Debatten bei Renate Hellwig, „Die Europa-Institutionen des Bundestages und seine großen Europa-Initiativen“ in: Hellwig (Hg.), Der Deutsche Bundestag und Europa, 1993, S. 21 ff.

4 Vgl. Janowski aaO (Fn. 1), S. 31 ff.

5 Art. 21 EUV.

6 Art. 39 EUV.

7 Art. 32 ff. EGV.

8 Art. 133 ff. und 300 EGV.

Eigenmittel") nur angehört und hat auf der Ausgabenseite nur bei den sog. nichtobligatorischen Ausgaben substanzielle Mitentscheidungsrechte.[9]

Daher wurde seit dem Vertrag von Maastricht schrittweise auch die Rolle der nationalen Parlamente ausgebaut. Die Schlussakte zum Vertrag über die Europäische Union von 1992 enthält eine „Erklärung zur Rolle der einzelstaatlichen Parlamente"[10], in der die Notwendigkeit einer größeren Beteiligung der nationalen Parlamente an den Tätigkeiten der Europäischen Union hervorgehoben wird. Zugleich wird die Bedeutung der Kontakte zwischen den nationalen Parlamenten und dem Europäischen Parlament sowie einer rechtzeitigen Information der Parlamente durch die Regierungen betont. Diese Bestimmungen wurden in den Vertragsrevisionen von Amsterdam (1997) zu einem Protokoll aufgewertet und weiter ausgebaut:[11] Danach werden Vorschläge zu Rechtsetzungsakten so rechtzeitig zur Verfügung gestellt, dass die Regierungen der Mitgliedstaaten sie ihren Parlamenten vorlegen können. Grünbücher, Weißbücher und Mitteilungen der Kommission werden den Parlamenten der Mitgliedstaaten unverzüglich zugeleitet. Zwischen der Veröffentlichung eines Vorschlages und der Beschlussfassung im Rat soll außer in dringenden Fällen eine Frist von sechs Wochen eingehalten werden. Die 1989 gegründete „Konferenz der Europa-Ausschüsse", kurz COSAC, wurde als beratendes und mitwirkendes Gremium erstmals im Vertrag verankert. Dieses Protokoll wurde unverändert in den Vertrag von Nizza (2000) übernommen.

Auch wenn diese gemeinschaftsrechtlichen Vorgaben vergleichsweise bescheiden anmuten, machen sie doch deutlich, dass die demokratische Legitimation der Europäischen Union auf zwei Säulen ruht: dem Europäischen Parlament *und* den Parlamenten der Mitgliedstaaten.[12] Dabei sind die nationalen Parlamente allerdings auf eine mittelbare Mitwirkung über die jeweiligen Regierungen beschränkt; es bleibt der verfassungsrechtlichen Praxis eines jeden Mitgliedstaates selbst überlassen, in welcher Weise das Parlament an der Gestaltung der Europapolitik beteiligt wird.[13]

Demgegenüber sieht der Vertrag über eine Verfassung für Europa (VVE) eine substanzielle Ausweitung der Beteiligungsrechte der nationalen Parlamente vor: Das „Protokoll über die Rolle der nationalen Parlamente in der Europäischen Union" enthält detaillierte Informationsrechte; unter anderem sollen den Parlamenten alle Entwürfe europäischer Gesetzgebungsakte direkt von ihrem Urheber (Kommission, Europäisches Parlament, Gruppe von Mitgliedstaaten etc.) zugeleitet werden. Darüber hinaus sollen die Parlamente andere wichtige Informationen wie die Tagesordnungen und Ergebnisse der Ratstagungen erhalten. Das „Protokoll über die Anwendung der Grundsätze der Subsidiarität und der Verhältnismäßigkeit", kurz Subsidiaritätsprotokoll, sieht ein neuartiges „Frühwarnverfahren" vor, nach dem die

9 Art. 268 ff. EGV.

10 Erklärung Nr. 13 zum Maastrichter Vertrag von 1992.

11 Amsterdamer Vertrag, Protokoll Nr. 9 zum EU-Vertrag: „Protokoll über die Rolle der einzelstaatlichen Parlamente in der Europäischen Union".

12 Sog. duales Legitimationsmodell, vgl. Janowksi (Fn. 1), S. 16 ff.

13 Präambel des Protokolls von 1997 (Fn. 11).

nationalen Parlamente sog. begründete Stellungnahmen zu dem Entwurf eines europäischen Gesetzgebungsaktes abgeben können, wenn dieser ihres Erachtens gegen das Prinzip der Subsidiarität verstößt. Dieses in Art. I-11 Abs. 3 VVE verankerte Prinzip besagt, vereinfacht gesagt, dass die Europäische Union nur dann gesetzgeberisch tätig werden darf, wenn sie nachweisen kann, dass das jeweilige Problem nicht ebenso gut auf der Ebene der Mitgliedstaaten, der Bundesländer oder der Kommunen geregelt werden kann und dass deswegen eine europäische Maßnahme erforderlich ist.

Erreicht die Anzahl dieser Stellungnahmen ein Drittel der Stimmen der Parlamente (ein Viertel bei Entwürfen aus dem Bereich der Innen- und Justizpolitik), so muss der Entwurf überprüft werden. Auch wenn der jeweilige Initiator nach dieser Überprüfung beschließen kann, an dem Vorschlag festzuhalten, wird den Parlamenten der Mitgliedstaaten mit diesem Frühwarnsystem ein wichtiges Instrument in die Hand gegeben, um einer Aushöhlung ihrer Kompetenzen vorzubeugen und überflüssigen Regelungen durch die Europäische Union entgegen zu treten. Wird das Gesetz dennoch erlassen, so kann ein nationales Parlament dagegen vor dem Gerichtshof der Europäischen Union klagen.

Sowohl das Frühwarnverfahren wie auch das Klagerecht sind einschneidende Neuerungen: Erstmals sollen die Parlamente als innerstaatliche Verfassungsorgane ein eigenes, unmittelbares Mitspracherecht und einen Rechtsweg auf europäischer Ebene erhalten. Damit würde den Parlamenten ein Stück der Kontrolle über die europäische Gesetzgebung (zurück)gegeben, die sie durch die Übertragung von Hoheitsrechten auf die Europäische Union eingebüßt haben. Die nationalen Parlamente würden Teil der „europäischen Gesetzgebungsmaschinerie“[14], die Legitimation europäischen Rechts würde erhöht. Es sollte daher darüber nachgedacht werden, ob Teile dieses Frühwarnsystems unabhängig vom In-Kraft-Treten des Verfassungsvertrages zur Anwendung gebracht werden können.

Die Einführung einer eigenständigen Klagemöglichkeit für nationale Parlamente dürfte ohne eine Vertragsänderung nicht möglich sein. Etwas anderes gilt aber für die Subsidiaritätsrüge: Schon jetzt steht den Parlamenten der Mitgliedstaaten jeder Rechtsetzungsentwurf eines Organs der Europäischen Union (zumeist der Europäischen Kommission) aufgrund des oben erwähnten Protokolls zum Amsterdamer Vertrag zur Verfügung und das Subsidiaritätsprinzip ist gem. Art. 5 EGV geltendes Gemeinschaftsrecht. Nichts hindert die Parlamente daran, diese Entwürfe künftig in eigener Verantwortung intensiver auf die Einhaltung des Subsidiaritätsprinzips hin zu überprüfen und bei einem Verstoß eine entsprechende Stellungnahme gegenüber dem Urheber des Entwurfes abzugeben. Die Organe der Europäischen Union könnten sich gegenüber den Parlamenten verpflichten, derartige Stellungnahmen sorgfältig zu prüfen und eventuelle Bedenken zu berücksichtigen. Auch ohne eine solche

14 So der Sachverständige Andreas Mauer in der öffentlichen Expertenanhörung des Ausschusses für die Angelegenheiten der Europäischen Union zum Verfassungsvertrag vom 16. März 2005 (www.bundestag.de/parlament/gremien15/a20/oeffentlichesitzungen/index.html).

Selbstverpflichtung ist schwer vorstellbar, dass die Europäische Kommission oder ein anderes Organ kritische Stellungnahmen einer signifikanten Anzahl von nationalen Parlamenten ignorieren würde.

Nach meiner Überzeugung würde ein solches Verfahren nicht den Willen der Wähler in Frankreich und den Niederlanden übergehen, die sich gegen den Verfassungsvertrag ausgesprochen haben.[15] Zum einen waren es sicher nicht die Protokolle über die Rolle der nationalen Parlamente und das Subsidiaritätsprinzip, die in Frankreich und den Niederlanden auf die größten Bedenken gestoßen sind. Zum anderen wäre ein solcher Schritt dazu geeignet, die Transparenz und demokratische Legitimation des Handelns der europäischen Institutionen zu erhöhen, und dürfte damit auf die Zustimmung der Bürgerinnen und Bürger stoßen. Giuliano Amato, einer der Vizepräsidenten des Verfassungskonventes, hat zu Recht dazu aufgefordert, „den Volkswillen aus einer Position des Mutes heraus zu berücksichtigen".[16]

Allerdings sollten an die Subsidiaritätsprüfung, gleich ob nach dem Verfassungsvertrag oder aufgrund geltenden Rechts, keine überzogenen Erwartungen geknüpft werden: Das Frühwarnsystem konzentriert sich auf einen Teilaspekt, nämlich die richtige Kompetenzausübung durch die Europäische Union, betrifft aber nicht die Frage, ob eine Kompetenz überhaupt gegeben ist. Es hat keinesfalls die politische Opportunität einer Maßnahme oder die Wahrung bestimmter (nationaler) Interessen zum Gegenstand. Im europäischen Rechtsetzungsprozess kommt es erst relativ spät zum Zuge, weil der Entwurf bereits vollständig vorliegen muss. Die Subsidiaritätsprüfung ist also kein Allheilmittel gegen das Demokratiedefizit der Europäischen Union. Entscheidend ist vielmehr die Signalwirkung, die von den nationalen Parlamenten auf die Institutionen der Europäischen Union ausgehen kann, aber auch in das Innere des Bundestages hineinwirken würde: Zusätzliche Mitentscheidungsrechte könnten die Abgeordneten auf ihre Mitverantwortung für die europäische Rechtsetzung aufmerksam machen und so insgesamt zu einer „Sensibilisierung" für Europaangelegenheiten führen. Denn dies bleibt die Kernverantwortung der Parlamente der Mitgliedstaaten: Sie müssen die Regierungen bei der Wahrnehmung ihrer europäischen Befugnisse kontrollieren und sich, soweit dies in den jeweiligen Verfassungsordnungen möglich ist, an der Gestaltung der Europapolitik ihres Landes beteiligen.

15 So aber die EU-Kommissarin Margot Wallström gegenüber den COSAC-Vorsitzenden am 18. Juli 2005: Man dürfe nicht den Eindruck erwecken, Teile des Verfassungsvertrages unter Umgehung der Ablehnung eines Teils der Unionsbürger anzuwenden.

16 Giuliano Amato, „Nach der Sintflut", Internationale Politik Juli 2005, S. 13 ff.

B. *Die Mitwirkung des Deutschen Bundestages an der Europapolitik der Bundesrepublik Deutschland*

Seit der Änderung des Grundgesetzes im Zuge der Ratifizierung des Vertrages von Maastricht im Jahre 1992[17] und dem Maastricht-Urteil des Bundesverfassungsgerichts vom Herbst 1993[18] genießt der Bundestag in Angelegenheiten der Europäischen Union eine besondere verfassungsrechtliche Stellung. Aus Sicht der parlamentarischen Praxis ist zu fragen, inwieweit es dem Parlament gelingt, eigene europapolitische Positionen durchzusetzen oder Einfluss auf die Positionen der Bundesregierung auszuüben.

I. Beteiligungsrechte nach Art. 23 GG

Im Zuge der Gründung der Europäischen Union wurde das Grundgesetz durch einen neu formulierten Artikel 23 an die Erfordernisse der Mitgliedschaft der Bundesrepublik Deutschland in der Union angepasst. Diese Bestimmung enthält nicht nur eine ausdrückliche Rechtsgrundlage für die Mitgliedschaft Deutschlands in der Europäischen Union und die Übertragung von Hoheitsrechten, sondern auch ausführliche Bestimmungen über die Mitwirkung des Bundestages und des Bundesrates in den Angelegenheiten der Europäischen Union. Damit macht das Grundgesetz deutlich, dass die Europapolitik nicht als alleinige Domäne der Bundesregierung angesehen werden kann.

Die Einzelheiten der Beteiligung des Bundestages sind im Gesetz über die Zusammenarbeit von Bundesregierung und Deutschem Bundestag in Angelegenheiten der Europäischen Union vom 12. März 1993 (EuZBBG) festgelegt, das kurz als Zusammenarbeitsgesetz bezeichnet wird.[19] Das Verfahren der Bundesministerien zur Unterrichtung des Bundestages in Angelegenheiten der Europäischen Union ist in der sog. Ressortabsprache vom 10. November 1995 niedergelegt.[20]

Die Unterrichtung des Deutschen Bundestages durch die Bundesregierung in Angelegenheiten der Europäischen Union erfolgt auf Grundlage von Art. 23 Abs. 2 GG sowie §§ 3 und 4 EuZBBG. Nach § 3 EuZBBG muss die Bundesregierung den Deutschen Bundestag umfassend und zum frühestmöglichen Zeitpunkt über alle Vorhaben unterrichten, die für die Bundesrepublik Deutschland von Interesse sein könnten. Nach § 4 EuZBBG muss die Bundesregierung dem Bundestag insbesondere Entwürfe von Richtlinien und Verordnungen übersenden. Der Zusatz „insbeson-

17 Gesetz zur Änderung des Grundgesetzes vom 21. Dezember 1992 (BGBl. I, Seite 2086).
18 Urteil des Zweiten Senats vom 12. Oktober 1993 - 2 BvR 2134, 2159/92, BVerfGE 89, 155 ff.
19 BGBl. 1993 I S. 311.
20 Die Ressortabsprache ist auf der Internetseite des Ausschusses für die Angelegenheiten der Europäischen Union hinterlegt: www.bundestag.de/parlament/gremien15/a20/rechtsgrundlagen /index.html.

dere“ macht deutlich, dass es sich bei dieser Bestimmung um eine Klarstellung, nicht eine Einschränkung der Unterrichtungspflicht handelt.

Das wichtigste Instrument des Bundestages ist eine Stellungnahme zu Entwürfen von Rechtsetzungsakten der Europäischen Union, die gemäß Art. 23 Abs. 3 GG von der Bundesregierung bei ihren Verhandlungen zu berücksichtigen ist. Das Grundgesetz fordert den Bundestag damit implizit auf, sich an europäischen Angelegenheiten aktiv zu beteiligen und sichtbar Stellung zu beziehen.[21] Gleichwohl wird dieses Instrument verhältnismäßig selten genutzt: Obwohl der Anfall von Unionsvorlagen in der 14. Wahlperiode immens war (3137 Vorlagen, davon 2652 Ratsdokumente und 485 Entschließungen des Europäischen Parlaments), lag die Anzahl der im Plenum auf Beschlussvorlage eines Ausschusses behandelten Vorlagen nur bei 116. Das entspricht einem Anteil von 3,7 %. Von den 1975 Ratsdokumenten, die dem Deutschen Bundestag in der 15. Wahlperiode bis Ende Juni 2005 förmlich zugeleitet worden sind, haben nur 60 zu Beschlussempfehlungen des jeweils federführenden Ausschusses geführt. Dies entspricht einem Anteil von 3,0 %. Dieser statistische Befund lässt sich nur unzureichend mit dem Hinweis erklären, dass die Mehrheit des Deutschen Bundestages in der Regel die Bundesregierung stützt und ihr nicht durch eigene Stellungnahmen „in die Parade fahren“ will.[22] Parlamentarische Stellungnahmen können durchaus im Interesse der Bundesregierung liegen, wenn ihre Verhandlungsposition im Ministerrat dadurch politisch unterstützt wird.

Art. 23 Abs. 3 GG sieht Stellungnahmen des Bundestages nur bei Rechtsetzungsakten der Europäischen Union vor. Die Bestimmungen des Zusammenarbeitsgesetzes und die Ressortabsprache führen aus, dass dem Bundestag *„insbesondere Entwürfe von Richtlinien und Verordnungen der Europäischen Union“* übersendet werden.[23] Daher werden dem Deutschen Bundestag Entwürfe zu Maßnahmen im Bereich der zweiten und dritten Säule des Unionsvertrages (gemeinsame Standpunkte, gemeinsame Aktionen gem. Art. 12 EUV, gemeinsame Standpunkte, Rahmenbeschlüsse, Übereinkommen etc. nach Art. 34 EUV) nicht immer förmlich zugeleitet.[24] Die Bundesregierung erfüllt ihre Verpflichtung zur umfassenden und frühzeitigen Unterrichtung zwar, indem sie dem Bundestag solche Vorlagen im Wege der sog. allgemeinen Zuleitung zukommen lässt. Diese eröffnet dem Bundestag aber nicht die Möglichkeit, seine Ausschüsse in dem dafür vorgesehenen Verfahren zu befassen und erforderlichenfalls eine Stellungnahme abzugeben.

21 Vgl. Michael Fuchs, „Art. 23 GG in der Bewährung – Anmerkungen aus der Praxis“, in: Die öffentliche Verwaltung, Heft 6/2001, S. 235.

22 So aber sinngemäß Ulrich Günther, Die Mitwirkung des Bundestages in Angelegenheiten der Europäischen Union nach Art. 23 GG, Diss. Univ. Köln,1998, S. 172 ff.

23 § 4 EuZBBG und Punkt I.1 der Ressortabsprache.

24 Die Ressortabsprache (Stand: 10. November 1995) nennt aus der dritten Säule Vorschläge zu Beschlüssen des Rates nach Art. K.3 Abs. 2 und K.9 EU-Vertrag, verwendet also die Bezeichnungen des Maastrichter Vertrages. Die Rechtsgrundlagen für Maßnahmen im Bereich der dritten Säule sind im Vertrag von Amsterdam (1997) und im Vertrag von Nizza (2001) neu nummeriert und inhaltlich erheblich überarbeitet worden; dadurch ist eine genaue Eingrenzung der nach der Ressortabsprache förmlich zuzuleitenden Vorlagen nicht mehr möglich.

Gerade die Rechtsetzung und die Beschlüsse aus der zweiten und dritten Säule gewinnen in jüngster Zeit an politischer und gesetzgeberischer Bedeutung (europäischer Haftbefehl, Haager Programm, Terrorismusbekämpfung). Hinzukommt, dass die Befugnisse des Europäischen Parlamentes in der Gemeinsamen Außen- und Sicherheitspolitik sowie der polizeilichen und justitiellen Zusammenarbeit die größten Lücken aufweisen, so dass die unzureichenden Beteiligungsrechte des Bundestages in diesen Bereichen zu einem Mangel an parlamentarischer Kontrolle und demokratischer Legitimation führen.

II. Ausschuss für die Angelegenheiten der Europäischen Union, Art. 45 GG

Das Grundgesetz schreibt in Art. 45 die Einrichtung eines Ausschusses für die Angelegenheiten der Europäischen Union im Deutschen Bundestag vor, der ermächtigt werden kann, die Rechte des Bundestages gemäß Art. 23 GG gegenüber der Bundesregierung wahrzunehmen.[25] Damit wurde dem Bundestag ein spezialisiertes Gremium gegeben, das die Handlungsfähigkeit des Parlaments in Angelegenheiten der Europäischen Union sicherstellen soll.

Der Ausschuss für die Angelegenheiten der Europäischen Union hat nicht die Allzuständigkeit für die Europapolitik des Deutschen Bundestages. Vielmehr gilt für EU-Vorlagen ebenso wie für innerstaatliche Gesetzesvorlagen das Prinzip der Fachlichkeit, nach dem alle derzeit 21 Fachausschüsse mit Unionsvorlagen befasst sein können. Diese Aufgabenteilung hat den Vorzug, dass Unionsvorlagen in dem parlamentarischen Gremium mit dem jeweils größten politischen Sachverstand behandelt werden, und trägt der wachsenden Erkenntnis Rechnung, dass Europapolitik längst Innenpolitik geworden ist. Der Nachteil besteht darin, dass die Behandlung von Unionsvorlagen im Deutschen Bundestag dezentral erfolgt; die europapolitische Arbeit des Deutsche Bundestages ist damit fragmentiert. Aus diesem Grund räumt das Grundgesetz dem Ausschuss für die Angelegenheiten der Europäischen Union einige Sonderrechte ein, mit deren Hilfe er für eine effektive und in sich geschlossene Wahrnehmung der parlamentarischen Mitwirkung an der Gestaltung der deutschen Europapolitik sorgen soll.[26]

25 Das Privileg einer grundgesetzlichen Verankerung teilt dieser Ausschuss nur mit dem Verteidigungsausschuss, dem Petitionsausschuss und dem Ausschuss für Auswärtige Angelegenheiten. Im Übrigen ist der Deutsche Bundestag in der Einrichtung seiner Ausschüsse frei.

26 Siehe zu den Sonderrechten des Ausschusses Friedbert Pflüger, „Die fortschreitende europäische Integration und der Europaausschuss des Deutschen Bundestages", in: Integration Heft 4/2000, S. 229 ff (233), Michael Fuchs, Der Ausschuss für die Angelegenheiten der Europäischen Union des Deutschen Bundestages – kein Ausschuss wie jeder andere, Berlin 2001.

1. Die Sonderrechte des Ausschusses

Der Ausschuss für die Angelegenheiten der Europäischen Union kann an Stelle des Plenums Stellungnahmen gegenüber der Bundesregierung abgeben, d.h. er kann plenarersetzende Beschlüsse fassen. Dieses Recht ist in der Geschäftsordnung des Bundestages (GO-BT) in zwei Varianten ausgestaltet: Nach § 93 a Abs. 2 GO-BT kann der Deutsche Bundestag den Ausschuss ermächtigen, zu bestimmten Unionsvorlagen eine Stellungnahme gemäß Art. 23 GG abzugeben. Bisher hat das Plenum des Bundestages von dieser Möglichkeit keinen Gebrauch gemacht. Gemäß § 93 a Abs. 3 Satz 2 GO-BT kann der Ausschuss auch ohne besondere Ermächtigung eine Stellungnahme gegenüber der Bundesregierung abgeben, wenn das Einvernehmen mit den beteiligten Fachausschüssen hergestellt wurde. Von dieser Möglichkeit hat der Ausschuss in der 14. Wahlperiode drei Mal Gebrauch gemacht, in der 15. Wahlperiode bisher ein Mal.[27]

Aufgrund einer weiteren Sonderbefugnis kann der Ausschuss bei Unionsvorlagen, die ihm zur Mitberatung überwiesen sind, Abänderungen zur Beschlussempfehlung des federführenden Fachausschusses beantragen (Abänderungsrecht, § 93 a Abs. 5 GO-BT). Dies ermöglicht kurzfristige Aktualisierungen der Beschlusslage des Bundestages als Reaktion auf Beratungsprozesse „in Brüssel“, birgt allerdings auch erhebliches Konfliktpotenzial: So könnte der Ausschuss versuchen, die Berücksichtigung seiner eigenen Position gegenüber einem federführenden Ausschuss zu erzwingen. Dies mag ein Grund dafür sein, dass der Ausschuss dieses Recht bisher nicht genutzt hat. Möglicherweise hat schon die bloße Existenz dieses Instruments ausgereicht, Konflikte von vorneherein zu vermeiden.

Neben seinen Befugnissen weist auch die Zusammensetzung des Ausschusses Besonderheiten auf: Ihm gehören gemäß § 93 a Abs. 6 GO-BT deutsche Mitglieder des Europäischen Parlaments als mitwirkungsberechtigte Mitglieder an. Sie dürfen sich zwar nicht an den Abstimmungen beteiligen, können aber die Behandlung bestimmter Gegenstände anregen und sich an den Beratungen des Ausschusses beteiligen. Trotz der zeitlichen Belastung, der die Mitglieder des Europäischen Parlaments schon wegen der drei verschiedenen Tagungsorte Straßburg, Brüssel und Luxemburg ausgesetzt sind, wird von dieser Möglichkeit immer häufiger Gebrauch gemacht. Dies geschieht jedoch noch nicht in einer Weise, die einen systematischen Gedankenaustausch im Rahmen der Ausschusssitzung erlaubt. Es muss also über andere Wege einer engen Zusammenarbeit zwischen den nationalen und europäischen Parlamentariern nachgedacht werden, ohne die Autonomie auf einer der beiden Ebenen in Frage zu stellen.

27 14. Wahlperiode: Plenarersetzender Beschluss zur Europäischen Grundrechtecharta (Bundestags-Drucksache 14/1819), zur Betrugsbekämpfungseinheit der Europäischen Union OLAF (Bundestags-Drucksache 14/8323), und zur Verfassungsdiskussion in der Europäischen Union (Bundestags-Drucksache 14/6643). 15. Wahlperiode: Plenarersetzender Beschluss zum Europäischen Verfassungskonvent, Bundestags-Drucksache 15/1143.

Durch seine Sitzungsplanung ermöglicht es der Ausschuss für die Angelegenheiten der Europäischen Union seinen Mitgliedern, zugleich ordentliches oder zumindest stellvertretendes Mitglied eines weiteren Ausschusses des Bundestages zu sein.[28] Die Teilnahme von Fachpolitikern aus allen Politikbereichen soll es dem Ausschuss erleichtern, seine Funktion als integrationspolitischer Querschnittsausschuss wahrzunehmen und zugleich die „europäische Perspektive" in die anderen Fachausschüsse zu tragen. Gegenwärtig sind 14 der 33 ordentlichen Mitglieder des Ausschusses für die Angelegenheiten der Europäischen Union zugleich ordentliches Mitglied in einem weiteren Ausschuss.

Der Vorsitzende des Ausschusses nimmt eine wichtige Steuerungsfunktion bei der Behandlung von Unionsvorlagen ein: Gemäß § 93 Abs. 3 GO-BT schlägt er dem Ältestenrat zu sämtlichen Unionsvorlagen und den von den Ausschüssen zum Beratungsgegenstand erklärten Unionsdokumente vor, an welche Ausschüsse sie zu überweisen sind. Dies geschieht in der Praxis nach einer vorherigen Abfrage bei den in Betracht kommenden Ausschüssen, so dass dem Vorsitzenden kein Entscheidungsmonopol zukommt. Nimmt man die seltene Zahl der Fälle zum Maßstab, in denen es zu einer Auseinandersetzung über die Federführung zu einzelnen bestimmten Vorlage kommt, so hat sich dieses aufwändige Verfahren bewährt.

2. Parlamentarische Kontrolle der Europapolitik der Bundesregierung

Der Ausschuss nimmt seine Kontrollfunktion gegenüber der Bundesregierung durch einen regelmäßigen Austausch mit Vertretern der Bundesregierung wahr. Dies geschieht in der Regel im Rahmen der kontinuierlichen Unterrichtung über die Fachministerräte, die fester Bestandteil der Tagesordnung jeder Ausschusssitzung ist. Durch die ständige Vor- und Nachberichterstattung über Ratssitzungen und die daraus resultierende Debatte kann der Ausschuss auf die Verhandlungsposition der Bundesregierung in den Räten Einfluss nehmen und sich mittelbar an der Sekundärrechtsetzung der Europäischen Union beteiligen. Diese Form der Beteiligung erfolgt zwar nicht über eine schriftliche Stellungnahme des Ausschusses; die Bundesregierung erhält jedoch ein Meinungsbild aus allen Fraktionen. Es lässt sich allerdings mit Recht fragen, ob dieses Verfahren ausreicht, um von einer effektiven Mitwirkung des Bundestages in Angelegenheiten der Europäischen Union im Sinne des Art. 23 Abs. 2 GG sprechen zu können.[29] Obwohl sich der Ausschuss in den etwas

28 Der Ausschuss für die Angelegenheiten der Europäischen Union tritt im Gegensatz zu den meisten anderen Ausschüssen des Bundestages am Ausschussmittwoch nicht vormittags, sondern am Nachmittag zusammen.

29 Claudia Lorenz, Entstehung und Arbeitsweise des Ausschusses für die Angelegenheiten der Europäischen Union des Deutschen Bundestages, Shaker Verlag Aachen 2004 zugl. Diss. Universität Bonn, S. 251. Siehe auch die etwas polemische Kritik bei Christian Rath, Entscheidungspotenziale des Deutsche Bundestages in EU-Angelegenheiten, Baden-Baden 2001, zul. Diss. Universität Gießen 2000/2001, S. 67 („niveauvolle Talkshow").

mehr als zehn Jahren seiner Existenz fest etablieren und eigene europapolitische Akzente setzen konnte, ist der Einfluss des Ausschusses auf die Europapolitik der Bundesrepublik Deutschland durch dieses formlose Verfahren eher gering.[30]

III. Das Maastricht-Urteil des Bundesverfassungsgerichts

Mit seinem sog. Maastricht-Urteil vom 12. Oktober 1993 hat das Bundesverfassungsgericht wichtige Vorgaben zur Rolle des Parlaments in der Europapolitik gemacht.[31] Mehrere deutsche Mitglieder des Europäischen Parlamentes hatten geltend gemacht, das Zustimmungsgesetz zum Maastrichter Vertrag und das Gesetz zur Änderung des Grundgesetzes verletzten ihre grundrechtsgleichen Rechte aus Art. 20 Abs. 4 sowie Art. 38 Abs. 1 und 2 GG. Das Bundesverfassungsgericht hat die Verfassungsbeschwerden im Ergebnis zwar zurückgewiesen, zugleich aber die Bedingungen der Mitgliedschaft der Bundesrepublik in der Europäischen Union präzisiert: Ausgehend von der Analyse, dass eine funktionierende Demokratie denknotwendig ein (Staats)volk als Träger der Souveränität voraussetze und ein solches Volk gegenwärtig in den einzelnen Nationalstaaten der Europäische Union, nicht aber als gesamteuropäisches Volk bestehe, wird festgestellt, dass die Ausübung hoheitlicher Aufgaben durch die Europäische Union sich daher in erster Linie auf die Legitimation durch die Staatsvölker der Mitgliedstaaten gründen müsse. Die Legitimation durch das von den Bürgern der Mitgliedstaaten direkt gewählte Europäische Parlament trete lediglich ergänzend hinzu. Mithin verlange das demokratische Prinzip, dass dem Deutschen Bundestag im Rahmen der europäischen Integration „Aufgaben und Befugnisse von substantiellem Gewicht" verbleiben müssen.[32] Der Deutsche Bundestag hätte kaum stärker in die Pflicht genommen werden können: Er trägt die Verantwortung für die demokratische Legitimation des Handels europäischer Organe durch eine parlamentarische Rückkopplung. Das ist Aufgabe und Mahnung zugleich.

Diese Pflicht hat durch die Entwicklung der Europäischen Union seit dem Vertrag von Maastricht nichts von ihrer Aktualität eingebüßt. Durch die Vertragsrevisionen von Amsterdam und Nizza sind die Rechte und Befugnisse der Europäischen Union immer weiter ausgebaut worden. Die im Maastrichter Vertrag vorgesehene Wirtschafts- und Währungsunion ist Realität. Sowohl in der Rechtsetzung wie auch im

30 Die in der Literatur geäußerte Kritik stammt auch von Kennern der parlamentarischen Praxis: Rita Süssmuth, „Machtverlust oder politischer Gewinn? Der Deutsche Bundestag und das Europäische Parlament" in: Armin Laschet/Peter Pappert, Ein Kontinent im Umbruch: Perspektiven für eine europäische Außenpolitik, Frankfurt am Main, 1993, Christian Sterzing/Stefan Tidow, „Die begrenzte Rolle des Bundestages in der deutschen Europapolitik, Integration Heft 3/2001, S. 38 ff., Sven Hölscheidt, „Mitwirkungsrechte des Deutschen Bundestages in Angelegenheiten der EU", Aus Politik und Zeitgeschichte, Band 28/2000, S. 31 ff.

31 Siehe Fn. 18.

32 Ebenda, Leitsätze 2 und 3.

tatsächlichen Handeln haben sich der Wirkungsbereich und die Wirkungsintensität der europäischen Institutionen, allen voran der Europäischen Kommission, verbreitert und vertieft. Die Statistik des Deutschen Bundestages weist aus, dass in der 14. Wahlperiode 35,5 % der im Bundestag durchgeführten Gesetzgebungsverfahren mehr oder weniger direkt auf „Brüsseler" Vorgaben zurückgehen.[33] Die Tendenz ist steigend: In der 15. Wahlperiode gingen fast 37 % der bis Juli 2005 verabschiedeten Gesetze auf europäische Impulse zurück. Verordnungen der Europäischen Union genießen als unmittelbar geltendes Recht (Art. 249 EGV) Vorrang vor entgegenstehendem nationalen Recht; Richtlinien machen den Mitgliedstaaten verbindliche Zielvorgaben, die vom Gesetzgeber umzusetzen sind. Aus dem demokratischen Prinzip folgt daher, dass der Deutschen Bundestag sich in Zukunft noch intensiver als bisher mit den Entwürfen von Rechtsakten der Europäischen Union auseinander setzen und ggf. Einfluss auf ihre Gestaltung nehmen muss.

C. Perspektiven zur Verbesserung der „Europafähigkeit" des Bundestages

Die Notwendigkeit einer Beteiligung des Deutschen Bundestages an der Europäischen Union ergibt sich unmittelbar aus dem Demokratieprinzip.[34] Europa darf nicht länger eine Domäne der Regierungen sein. Die Praxis, dass die Minister in Brüssel unter weitgehendem Ausschluss der Öffentlichkeit Gesetze verabschieden und hinterher „ihre Hände in Unschuld" waschen, wird sich ändern müssen. Das bedeutet in erster Linie, dass der Bundestag die Europapolitik der Bundesregierung intensiv kontrollieren und frühzeitig parlamentarisch begleiten muss. Kurz gesagt: Die Europapolitik der Bundesrepublik Deutschland muss stärker parlamentarisiert, der Bundestag „europafähiger" werden.

Diesem Anspruch stehen trotz der starken rechtlichen Position des Bundestages und seines Ausschusses für die Angelegenheiten der Europäischen Union gewisse strukturelle Defizite entgegen. So ist die Informationsbasis des Parlaments gegenüber der Bundesregierung nach wie vor nicht ausreichend. Obwohl die Bundesregierung ihre Informationsverpflichtung gegenüber dem Bundestag aus Art. 23 Abs. 2 Satz 2 GG und dem EuZBBG zufrieden stellend erfüllt, verfügt sie über deutlich breitere Entscheidungsgrundlagen als das Parlament: Sie ist in allen Ratsformationen durch einen Minister oder Staatssekretär und in den Ratsarbeitsgruppen auf Beamtenebene vertreten und entscheidet dort mit. Durch die Ständige Vertretung verfügt sie über eine kontinuierliche Präsenz in Brüssel. Hinzu kommen die perso-

33 Zahlen aus der zu Ende gehenden 15. Wahlperiode liegen noch nicht vor. Die Tendenz war über die letzten Wahlperioden aber stetig steigend (12. Wahlperiode: 24,0 %, 13. Wahlperiode: 27,1 %).

34 Sven Hölscheidt, „Mitwirkungsrechte des Deutschen Bundestages in Angelegenheiten der Europäische Union", in: aus Politik und Zeitgeschichte, Band 28/2000, S. 31-38, Franz Möller und Martin Limpert, Informations- und Mitwirkungsrechte Bundestages in Angelegenheiten der Europäischen Union, ZParl 1993, S. 21 ff., 24.

nellen Ressourcen der Ministerien in Berlin und Bonn mit ihren spezifischen Sachkenntnissen. Daraus folgt ein kaum einzuholender Informationsvorsprung: Der Bundestag muss in den Angelegenheiten der Europäischen Union weitgehend auf Informationen und Sachkunde der Bundesregierung zurückgreifen. Um der Bundesregierung als eigenständiger europapolitischer Akteur gegenüber zu treten, muss das Parlament versuchen, seine eigene Informationsbasis zu verbreitern und vergleichbare Sachkunde zu erwerben. Außerdem muss es in die Lage versetzt werden, aus der Flut der eingehenden Dokumente die politisch bedeutsamen Vorgänge herauszufiltern und gegenüber der Bundesregierung die richtigen Fragen zu stellen. In einem zweiten Schritt wird es darum gehen, in der Europapolitik durch die effiziente Nutzung der im Grundgesetz vorgesehenen Instrumente inhaltlich Einfluss zu nehmen.

I. Das Gesetz über die Ausweitung und Stärkung der Rechte des Bundestages und des Bundesrates in Angelegenheiten der Europäischen Union vom 12. Mai 2005

Im Zuge der Beratungen über die Ratifizierung des Verfassungsvertrages vom 29. Oktober 2004 wurde deutlich, dass auch die Zusammenarbeit zwischen Bundestag und Bundesrat einer Neuregelung bedarf. Zum einen musste das EuZBBG an die im Verfassungsvertrag verwendete, teilweise neue Terminologie (europäisches Gesetz statt Verordnung, Rahmengesetz statt Richtlinie etc.) angepasst werden, zum anderen galt es, Vorkehrungen für die Nutzung der neuen Rechte zu treffen, die dem Bundestag insbesondere aufgrund des Subsidiaritätsprotokolls, aber auch der sog. Brückenklausel[35] und der Flexibilitätsklausel[36] verliehen werden sollen. Schließlich gibt die geplante die Neugründung der Europäischen Union durch den Verfassungsvertrag Anlass, die Grundlagen der Zusammenarbeit zwischen Bundestag und Bundesrat zu überdenken und neu zu gestalten.

Noch vor Einbringung des Gesetzentwurfes zur Ratifizierung des Verfassungsvertrags durch die Bundesregierung[37] legte die Fraktion der CDU/CSU ihren Gesetzentwurf *„zur Ausweitung der Mitwirkungsrechte des Deutschen Bundestages in Angelegenheiten der Europäischen Union"* vom 25. Januar 2005 vor.[38] Die darin

35 Nach den Art. I-55 Abs. 4 und IV-444 VVE kann der Europäische Rat durch einstimmigen Beschluss von der Einstimmigkeit zu Entscheidungen mit qualifizierter Mehrheit bzw. für die Gesetzgebung von einem besonderen zum Regelverfahren der Mitentscheidung übergehen. Bei Art. IV-444 VVE ist dabei ein Vetrorecht für die nationalen Parlamente vorgesehen.

36 Art. I-18 VVE sieht als Nachfolgebestimmung zu Art. 308 EGV für den Fall, dass die Europäische Union eines ihrer Ziele verwirklichen will, aber nicht über die erforderlichen Befugnisse verfügt, eine Art Auffangzuständigkeit vor. In der Fassung des Verfassungsvertrages ist eine ausdrückliche Information der nationalen Parlamente vorgesehen.

37 Entwurf eines Gesetzes zu dem Vertrag vom 29. Oktober 2004 über eine Verfassung für Europa vom 18.02.2005, Bundestags-Drucksache 15/4900.

38 Bundestags-Drucksache 15/4716.

vorgeschlagene Neufassung des EuZBBG enthielt Regelungen für die innerstaatliche Umsetzung der Subsidiaritätsrüge und -klage sowie für die Beteiligung des Bundestages bei Entscheidungen über die Nutzung der Brückenklausel und der Flexibilitätsklausel. Die Informationsrechte des Bundestages gegenüber der Bundesregierung wurden detailliert ausformuliert und erweitert. Die Wirkung von Stellungnahmen des Bundestages sollte verstärkt werden: Die Bundesregierung sollte nur aus zwingenden außen- oder integrationspolitischen Gründen von ihnen abweichen dürfen und dies zuvor ankündigen und begründen müssen. Ergänzend enthielt der Gesetzentwurf eine Vereinbarung zwischen Bundestag und Bundesregierung über ihre Zusammenarbeit in Angelegenheiten der Europäischen Union.

Der Entwurf der Fraktionen der SPD und Bündnis 90/Die Grünen vom 23. Februar 2005 schlug für die Umsetzung des Frühwarnsystems und der parlamentarischen Komponente der Brückenklausel dagegen ein eigenes, neues Gesetz vor.[39] Darin wurden die Modalitäten der Beschlussfassung über die Subsidiaritätsrüge und die entsprechende Klage den Geschäftsordnungen von Bundestag und Bundesrat überlassen. Das EuZBBG sollte hinsichtlich der Informationsrechte des Bundestages aktualisiert und an den Verfassungsvertrag angepasst werden; dazu gehörte auch eine Rechtsgrundlage für eine Bundesregierung-Bundestag-Vereinbarung.

Zu den Gesetzentwürfen traten Anträge der Fraktionen der SPD und Bündnis 90/Die Grünen[40] sowie der Fraktion der FDP[41] hinzu. Gesetzentwürfe und Anträge wurden im Ausschuss für die Angelegenheiten der Europäischen Union im Rahmen der regelmäßigen Ausschusssitzungen und in mehreren Sondersitzungen federführend beraten. Dabei wurde der Gesetzentwurf der Fraktionen der SPD und Bündnis 90/Die Grünen erheblich überarbeitet: So wurden die Mehrheitsverhältnisse für die Entscheidung über die Erhebung einer Subsidiaritätsklage und den Widerspruch gegen die Nutzung der Brückenklausel nach Art. IV-444 VVE festgelegt. Ferner wurde klargestellt, dass das Plenum den Ausschuss für die Angelegenheiten der Europäischen Union auch hinsichtlich der neuen Beteiligungsrechte ermächtigen kann, die Rechte des Bundestages wahrzunehmen. Schließlich wurde ein Passus eingefügt, durch den der Bundestag ein Mitspracherecht bei der Benennung der deutschen Richter und Generalanwälte am Gerichtshof der Europäischen Union erhalten soll.

Auf der Grundlage von Beschlussempfehlung und Bericht des Ausschusses vom 11. Mai 2005[42] verabschiedete das Plenum des Bundestages am 12. Mai 2005 das „Gesetz über die Ausweitung und Stärkung der Rechte des Bundestages und des Bundesrates in Angelegenheiten der Europäischen Union". Da es zugleich mit dem Ratifizierungsgesetz zum Verfassungsvertrag beraten und angenommen wurde, wird

39 Bundestags-Drucksache 15/4925.

40 „Stärkung der Rolle des Deutschen Bundestages bei der Begleitung, Mitgestaltung und Kontrolle europäischer Gesetzgebung", Bundestags-Drucksache 15/ 4936.

41 „Für mehr Mitsprache des Deutschen Bundestages bei der Rechtsetzung der Europäischen Union nach In-Kraft-Treten des Verfassungsvertrags", Bundestags-Drucksache 15/4937.

42 Bundestags-Drucksache 15/5492.

das Gesetz häufig als Begleitgesetz bezeichnet. Der Bundesrat hat dem Gesetz am 27. Mai 2005 zugestimmt.[43]

Das Gesetz enthält in Artikel 1 eine neues „Gesetz über die Ausübung der Rechte des Bundestages und des Bundesrates aus dem Vertrag vom 29. Oktober 2004 über eine Verfassung". Es regelt die Bedingungen der innerstaatlichen Umsetzung der Subsidiaritätsrüge und der Subsidiaritätsklage sowie das parlamentarische Verfahren bei Inanspruchnahme der Brückenklausel. Nach § 5 des Gesetzes kann der Ausschuss für die Angelegenheiten der Europäischen Union des Deutschen Bundestages ermächtigt werden, die Rechte des Bundestages nach diesem Gesetz wahrzunehmen. Art. 2 des Begleitgesetzes enthält Änderungen am Zusammenarbeitsgesetz: Die Aufzählung der Dokumente, welche die Bundesregierung dem Bundestag nach § 4 EuZBBG zu übersenden hat, wird an die Terminologie des Verfassungsvertrages angepasst, zugleich aber eingeschränkt, weil die Bundesregierung nur diejenigen Dokumente übersenden muss, an deren Zustandekommen sie beteiligt war. Außerdem wird der Bundestag künftig auf die Übersendung von oder Unterrichtung zu einzelnen oder Gruppen von Dokumenten verzichten können, wenn nicht eine Fraktion oder fünf Prozent der Mitglieder des Bundestages widersprechen. In das EuZBBG wird eine neue Rechtsgrundlage für eine Bundestag-Bundesregierung-Vereinbarung eingefügt, mit der Einzelheiten zur Unterrichtung und Beteiligung des Bundestages festgelegt werden sollen.[44] Durch eine Änderung des Richterwahlgesetzes soll die Benennung deutscher Richter und Generalanwälte beim Gerichtshof der Europäischen Union künftig nach dem für Bundesrichter geltenden Verfahren erfolgen. Nach Art. 3 tritt das Begleitgesetz erst an dem Tag in Kraft, an dem auch der Verfassungsvertrages in Kraft tritt; dies allerdings mit einer wichtigen Ausnahme: Die Rechtsgrundlage für die Bundestag-Bundesregierung-Vereinbarung in das EuZBBG wird bereits am Tag nach der Verkündung des Begleitgesetzes wirksam.

Ebenfalls am 12. Mai 2005 hat der Bundestag einen interfraktionellen Antrag[45] angenommen, der den Verfassungsvertrag als wichtigen Schritt für mehr Demokratie, Bürgernähe und Transparenz würdigt und betont: „Gemeinsam mit dem weiter zu stärkenden Europäischen Parlament bilden die nationalen Parlamente das demokratische Fundament der europäischen Bürger- und Staatenunion." Der Bundestag kündigt an, unverzüglich mit den Beratungen über die Vereinbarung zwischen dem

43 Bundesrats-Drucksache 340/05 (Beschluss) vom 27. Mai 2005.

44 § 6 EuZBBG („Bundestag-Bundesregierung-Vereinbarung") wird nach In-Kraft-Treten des Begleitgesetzes wie folgt lauten: Einzelheiten der Unterrichtung und Beteiligung des Bundestages nach diesem Gesetz bleiben einer Vereinbarung zwischen Bundestag und Bundesregierung vorbehalten. In dieser Vereinbarung sind auch die Einzelheiten der Unterrichtung des Bundestages nach dem Gesetz über die Ausübung der Rechte des Bundestages und des Bundesrates aus dem Vertrag vom 29. Oktober 2004 über eine Verfassung für Europa vom ... (einsetzen: Datum und Fundstelle des Gesetzes nach Artikel 1) festzulegen.

45 Entschließungsantrag der Fraktionen SPD, CDU/CSU, BÜNDNIS 90/DIE GRÜNEN und FDP, „Entwurf eines Gesetzes über die Ausweitung und Stärkung der Rechte des Bundestages und des Bundesrates in Angelegenheiten der Europäischen Union", Bundestags-Drucksache 15/5493.

Deutschen Bundestag und der Bundesregierung über die Zusammenarbeit in Angelegenheiten der Europäischen Union beginnen und diese bis Ende 2005 abschließen zu wollen. Dazu legt er seine Vorstellungen über den Umfang seiner künftigen Unterrichtung durch die Bundesregierung und die Berücksichtigung seiner Stellungnahmen dar. Ferner kündigt der Bundestag die Anpassung seiner Geschäftsordnung und seiner Arbeitsweise an die bisherigen und zusätzlichen europapolitischen Erfordernisse an und führt einzelne Punkte dazu aus. In der Bundestagsdebatte am 12. Mai 2005 haben sowohl Bundeskanzler Schröder als auch der Bundesminister des Auswärtigen Fischer signalisiert, in diesem Sinne mit dem Bundestag zusammenarbeiten zu wollen: Die Bundesregierung werde den verstärkten Informations- und Kontrollrechten, die sich für die nationalen Parlamente aus dem Verfassungsvertrag ergeben, in der künftigen Vereinbarung mit dem Bundestag Rechnung tragen.[46]
Das Begleitgesetz enthält nur maßvolle Veränderungen am bisherigen EuZBBG und ist im Vergleich zum Gesetzentwurf der Fraktion der CDU/CSU zurückhaltend ausgefallen: So wäre die Klarstellung sinnvoll gewesen, dass die Unterrichtungspflicht der Bundesregierung gegenüber dem Bundestag auch Maßnahmen außerhalb des Rechtsetzungsverfahrens umfasst, wenn sie zu Festlegungen führen, die sich auf die Bundesrepublik Deutschland auswirken können.[47] Dies sollte im Rahmen der Vereinbarung zwischen Bundestag und Bundesregierung nachgeholt werden.

Der Versuch, den Stellungnahmen des Bundestages über eine Änderung des EuZBB stärkere Bindungswirkung zu verleihen, ließ sich gegen die Mehrheit der Koalitionsfraktionen nicht durchsetzen. Möglicherweise wollte sich die Bundesregierung nicht auf eine über Art. 23 GG Abs. 3 GG hinausgehende Regelung einlassen. Wichtiger erscheint allerdings, dass der Bundestag sein Stellungnahmerecht intensiver nutzt. Es wird zu prüfen sein, welche Möglichkeiten dem Bundestag aufgrund des geltenden Rechts zur Verfügung stehen, seinen Stellungnahmen auf politischem Wege größeren Nachdruck zu verleihen.

Zu bedauern ist, dass der Vorschlag, künftig die Aufnahme von Verhandlungen zur Vorbereitung von Beitritten zur Europäischen Union sowie zur Aufnahme von Verhandlungen zur Änderung der vertraglichen Grundlagen der Europäischen Union von dem Einvernehmen mit dem Deutschen Bundestag abhängig zu machen, nicht aufgegriffen wurde. Bislang werden diese weit reichenden Entscheidungen von den Staats- und Regierungschefs im Europäischen Rat in eigener Verantwortung getroffen. Die Ergebnisse der Verfassungsreferenden in Frankreich und den Niederlanden zeigen aber, dass viele Bürgerinnen und Bürger dies nicht billigen – die Skepsis gegenüber der Europäischen Union wächst. Daher spricht vieles dafür, diese Entscheidungen parlamentarisch zu beraten und ggf. durch einen Beschluss des Bundes-

46 Plenarprotokoll der Sitzung vom 12. Mai 2005, S. 16349 (A) und S. 16362 (B).

47 Vgl. § 3 Abs. 2 des Gesetzentwurfes der Fraktion der CDU/CSU, Bundestags-Drucksache 15/4716.

tages demokratisch zu legitimieren.[48] Ähnliches gilt für die parlamentarische Zustimmung bei der Nutzung der Flexibilitätsklausel nach Art. I-18 VVE, weil diese zu einer Art „Kompetenz-Kompetenz" der Europäischen Union führen kann: Will die Europäische Union über die Einzelermächtigungen hinausgehen, die ihr in den parlamentarisch ratifizierten Verträgen zugewiesen wurden, so sollte dies selbstverständlich von der Zustimmung des Souveräns abhängen.

Der Großteil des am 12. Mai 2005 verabschiedeten Gesetzes wird erst wirksam werden, wenn auch der Verfassungsvertrag in Kraft tritt. Dies bedeutet aber nicht, dass der Bundestag bis zu diesem – derzeit mehr als ungewissen – Zeitpunkt untätig bleiben muss: Es war eine außerordentlich kluge Vorkehrung, dass die Rechtsgrundlage für die künftige Vereinbarung zwischen Bundestag und Bundesregierung unabhängig vom Verfassungsvertrag in Kraft treten soll, weil dem Bundestag damit schon bald eine Grundlage für die Modernisierung seiner Verfahren zur Beteiligung an der Europapolitik zur Verfügung stehen wird.

II. Verbesserung der Zusammenarbeit zwischen Bundestag und Bundesregierung auf der Grundlage des geänderten Zusammenarbeitsgesetzes

Viele der Einzelheiten der Zusammenarbeit zwischen Bundestag und Bundesregierung sind gegenwärtig in der Ressortabsprache vom 10. November 1995 festgelegt. Dabei handelt es sich um eine interne Festlegung der Bundesregierung, aus der der Bundestag streng genommen keine Rechte gegenüber der Bundesregierung ableiten kann. Außerdem ist die Absprache weitgehend überholt: Die Bestimmungen des EU-Vertrags werden noch auf dem Stand des Maastrichter Vertrages zitiert. Die künftige Vereinbarung zwischen Bundestag und Bundesregierung aufgrund der neuen Rechtsgrundlage im EuZBBG sollte diese und andere Schwächen beheben.

1. Bessere Unterrichtung des Bundestages

Im Interesse einer effizienten parlamentarischen Mitwirkung an den Angelegenheiten der Europäischen Union sollte der Deutsche Bundestag sein Recht auf umfassende und frühzeitige Unterrichtung nach Art. 23 Abs. 2 GG stärker ausbauen.

48 Peter M. Huber, Die Rolle der nationalen Parlamente bei der Rechtsetzung der Europäischen Union, München, 2001, S. 56.

a) Umfang der Zuleitung

Die Übersendung von Unionsdokumenten darf nicht von deren Rechtsform oder Ursprung abhängen. So sollte klargestellt werden, dass die Bundesregierung den Bundestag über alle Vorhaben im Rahmen der Gemeinsamen Außen- und Sicherheitspolitik und der polizeilichen und justitiellen Zusammenarbeit unterrichtet und entsprechende Vorlagen übersendet. Zu denken ist außerdem an Grün- und Weißbücher der Kommission ebenso wie an Vorschläge zu Maßnahmen im Rahmen der offenen Koordinierung. Die Unterrichtung des Bundestages wird sich künftig an der Bund-Länder-Vereinbarung über die Zusammenarbeit in Angelegenheiten der Europäischen Union[49] orientieren:[50] Danach erhält der Bundesrat eine Reihe wichtiger Dokumente, zu denen der Bundestag bislang keinen Zugang hat: Dokumente von Dienststellen der Kommission an den Rat, Berichte über die Sitzungen des Europäischen Rates, des Rates, der informellen Ministertreffen, der Ratsgremien und des Ausschusses der Ständigen Vertreter, die dazu eingehenden Berichte der Ständigen Vertretung und vieles andere mehr.

b) Ressortberichte

Gemäß § 4 EuZBBG ist die Bundesregierung verpflichtet, den Bundestag zusätzlich zur Zuleitung von Entwürfen zu Verordnungen und Richtlinien über deren wesentlichen Inhalt und Zielsetzung, über das gemeinschaftsrechtlich anzuwendende Rechtsetzungsverfahren, den voraussichtlichen Zeitpunkt der Beratungen und der Beschlussfassung des Rates zu unterrichten. Außerdem muss sie den Bundestag über ihre eigene Verhandlungsposition, den Verlauf der Beratungen, Stellungnahmen der Europäischen Kommission, des Europäischen Parlaments und anderer Mitgliedstaaten sowie über die getroffenen Entscheidungen unterrichten. In der Praxis werden diese Informationen tabellenartig in einem sog. Ressortbericht übermittelt. Er wird vom dem innerhalb der Bundesregierung zuständigen Ministerium zu jeder förmlich zugeleiteten Unionsvorlage erstellt. Gegenüber dem Bundestag nimmt derzeit das Bundesministerium der Finanzen die Koordination wahr und besorgt die Weiterleitung an den Bundestag. Eingangsstelle im Bundestag ist das sog. Europabüro im Sekretariat des Ausschusses für die Angelegenheiten der Europäischen Union. Es sorgt dafür, dass die Berichte – ebenso wie die zugrunde liegenden Dokumente selbst – in der Regel noch am selben Tag über das Intranet des Bundestages verfügbar sind. Grundlage für diese Praxis sind zum einen die Ressortabsprache, zum

49 Vereinbarung zwischen der Bundesregierung und den Regierungen der Länder über die Zusammenarbeit in Angelegenheiten der Europäischen Union in Ausführung von § 9 des Gesetzes über die Zusammenarbeit von Bund und Ländern in Angelegenheiten der Europäischen Union vom 29. Oktober 1993 in der Fassung vom 8. Juni 1998, Bundesanzeiger Nr. 226/1993, S. 10425 und Bundesanzeiger Nr. 123/1998, S. 9433.

50 Siehe S. 2 des interfraktionellen Antrags vom 12. Mai 2005, Bundestags-Drucksache 15/5493.

anderen die „Grundsätze des Ausschusses für die Angelegenheiten der Europäischen Union über die Behandlung der ihm gemäß § 93 GO-BT überwiesenen Unionsvorlagen" vom 25. Oktober 1995.[51] Danach erwartet der Bundestag den Ressortbericht zu übermittelten Vorlagen von der Bundesregierung binnen fünf Sitzungstagen.

Diese Berichte können ein wertvolles Hilfsmittel für die politische Arbeit des Deutschen Bundestages sein: Durch ihre knappe Form erlauben sie es den Abgeordneten und ihren Mitarbeitern, sich in verhältnismäßig kurzer Zeit einen Überblick über den Gegenstand einer Vorlage, ihre politische Bedeutung und den Stand der Beratungen auf europäischer Ebene zu verschaffen. Da während sitzungsfreier Perioden viel Zeit zwischen der Übersendung der Vorlage und dem Bericht vergehen kann, sollte die Frist für die Übersendung des Berichts künftig unabhängig von den Sitzungswochen fünf Arbeitstage betragen. Auch könnte die Bundesregierung dazu verpflichtet werden, einen neuen Ressortbericht vorzulegen, wenn der Entwurf einer Verordnung oder Richtlinie im Mitentscheidungsverfahren vom Europäischen Parlament oder dem Rat erheblich modifiziert wurde oder andere wesentliche Änderungen vorliegen. Außerdem sollten in einer künftigen Vereinbarung auch Qualitätsstandards für die Berichte festgelegt werden, die ggf. vom Europabüro überprüft werden könnten. Gelegentlich kommt es vor, dass Ressortberichte in den wichtigen Rubriken „Politische Bedeutung" oder „besonderes deutsches Interesse" keine oder nur oberflächliche Angaben enthalten.

2. Zuleitungsverfahren

Gegenwärtig entscheidet die Bundesregierung durch die Wahl der Zuleitungsart, welche EU-Vorlagen im Bundestag im förmlichen Verfahren behandelt werden und welche ihm nur zur Information zugestellt werden. Die Unterscheidung nach förmlicher und allgemeiner Zuleitung ist vom Grundgesetz nicht vorgegeben; sie entstammt der Ressortabsprache. Zwar sind Stellungnahmen nach Art. 23 Abs. 3 GG nur für Rechtsetzungsakte vorgesehen. Art. 23 Abs. 2 GG sieht aber eine umfassende Mitwirkung des Bundestages in Angelegenheiten der Europäischen Union vor. Mit Blick auf die zunehmende Bedeutung der Europäischen Sicherheits- und Verteidigungspolitik und der polizeilichen und justitiellen Zusammenarbeit sollte die Bundesregierung auch hier ausdrücklich zu einer förmlichen Zuleitung verpflichtet werden. Eine Grundgesetzänderung dürfte hierfür nicht erforderlich sein. Auch Maßnahmen im Rahmen der zweiten und dritten Säule können Rechtsetzungsakte der Europäischen Union im Sinne des Art. 23 Abs. 3 GG sein. Die Vereinbarung zwischen Bundestag und Bundesregierung sollte daher klarstellen, dass auch Entwürfe aus diesen Bereichen förmlich zuzuleiten sind. Dies gilt insbesondere für

51 Nachzulesen auf der Internetseite des Ausschusses für die Angelegenheiten der Europäischen Union: www.bundestag.de/parlament/gremien15/a20/rechtsgrundlagen/index.html.

Rahmenbeschlüsse nach Art. 34 Abs. 2 Buchst. b EUV, die die Mitgliedstaaten ähnlich wie Richtlinien zur Anpassung nationalen Rechts verpflichten.[52]

Da der Deutsche Bundestag durch Art. 23 Abs. 2 GG zu einer umfassenden Mitwirkung in den Angelegenheiten der Europäischen Union aufgerufen ist, wäre es noch besser, wenn der Deutsche Bundestag künftig kraft eigener Autonomie entscheiden würde, welche europäischen Initiativen oder Dokumente er zum Gegenstand seiner Beratungen machen will, ohne dabei von einer Entscheidung der Bundesregierung über eine förmliche Zuleitung abzuhängen. Bereits heute beziehen sich einige Beschlussempfehlungen der Ausschüsse beispielsweise auf Mitteilungen oder Weißbücher der Kommission.[53]

3. Berücksichtigung von Stellungnahmen des Bundestages

Gemäß Art. 23 Abs. 2 GG muss die Bundesregierung eine Stellungnahme des Bundestages bei ihrer Mitwirkung an Rechtsetzungsakten der Europäischen Union *„berücksichtigen"*. § 5 EuZBBG sieht vor, dass die Bundesregierung die Stellungnahme ihren Verhandlungen *„zu Grunde legt"*. Auch der interfraktionelle Antrag vom 12. Mai 2005 greift diese Formulierung auf.[54] In der Literatur ist die Frage aufgeworfen worden, ob das EuZBBG damit in unzulässiger Weise über die Vorgaben des Grundgesetzes hinausgeht.[55] Aus der Sicht der Praxis ist aber der tatsächliche Einfluss einer Stellungnahme des Bundestages auf die Verhandlungsführung der Bundesregierung und das auf der europäischen Ebene erzielte Ergebnis entscheidend.

Art. 23 GG Abs. 3 GG räumt dem Deutschen Bundestag keine Möglichkeit ein, die Bundesregierung rechtlich zu binden.[56] Der Bundesregierung muss bei ihren Verhandlungen auf der europäischen Ebene ein Verhandlungsspielraum bleiben, um

52 Dies gilt umso mehr als der Europäische Gerichtshof ihnen über die Rechtsfigur der „gemeinschaftskonformen Auslegung" vor kurzem eine quasi-unmittelbare Wirkung zugesprochen hat: Die Gerichte und Behörden der Mitgliedstaaten sind verpflichtet, die Auslegung des nationalen Rechts so weit wie möglich an Wortlaut und Zweck des genannten Rahmenbeschlusses auszurichten (EuGH, Urteil des Gerichtshofes vom 16. Juni 2005, Rs C-105/03, Pupino).

53 Dies entspricht bereits der Praxis: Einige der 60 Beschlussempfehlungen zu Unionsvorlagen aus der 15. WP beziehen sich beispielsweise auf Mitteilungen der Kommission, vgl. Bundestags-Drucksachen 17/1781 und 15/3893.

54 Bundestags-Drucksache 15/5493, S. 3.

55 Siehe Christian Rath, Entscheidungspotenziale des Deutschen Bundestages in EU-Angelegenheiten, Baden-Baden 2001, zugl. Diss. Univ. Gießen 2000/2001S. 243 ff (251), Ulrich Günther, Die Mitwirkung des Bundestages in Angelegenheiten der Europäischen Union, Diss. Univ. Köln, 1998, S. 151 ff.. Ruth Lang, Die Mitwirkungsrechtes des Bundesrates und des Bundestages in Angelegenheiten der Europäischen Union gemäß Art. 23 Abs. 2 bis 7 GG, Berlin, 1997, zugl. Diss., Univ. Bonn 1994/95, plädiert demgegenüber für eine verfassungskonforme Auslegung, S. 308 ff..

56 Vgl. Lang, aaO (Fn. 55), S. 307. Anderer Ansicht offenbar Rath aaO (Fn. 55), der die Bestimmungen des Grundgesetzes mit einem sog. Mandatsgesetz umgehen will.

Kompromisse eingehen und Verhandlungspakete schnüren zu können, kurz: handlungsfähig zu bleiben.[57] Der Bundestag sollte jedoch seine Möglichkeiten ausschöpfen, die Wirkung seiner Stellungnahmen mit politischen Mitteln zu erhöhen: So könnte die Bundesregierung in der künftigen Vereinbarung verpflichtet werden, bei Vorlagen, zu denen der Bundestag eine Stellungnahme abgegeben hat, unaufgefordert über jede Beratung der Vorlage im Ministerrat zu berichten und die Art und Weise darzulegen, in der die Stellungnahme in die Verhandlungen eingeflossen ist. Zeichnet sich bei den Verhandlungen im Rat eine Abweichung von der Stellungnahme ab, so sollte die Bundesregierung den Bundestag davon unverzüglich unterrichten. Diese Darlegungspflicht sollte sich weiter verdichten, wenn die Beratungen abgeschlossen sind und das Ergebnis mit den Zielen der Stellungnahme verglichen werden kann. Nach Beschlussfassung im Rat muss die Bundesregierung über die Berücksichtigung der Stellungnahme berichten und im Falle einer Abweichung die Gründe dafür darlegen. Auf Seiten des Parlaments sollte der Ausschuss, der die Stellungnahme vorbereitet hat, es sich zur Regel machen, die Beachtung seiner Auffassungen durch die Bundesregierung regelmäßig zu überprüfen und zum Gegenstand seiner Beratungen zu machen.[58] Denkbar wäre außerdem, dass sich die Bundesregierung im Rahmen der Bundestag-Bundesregierung-Vereinbarung dazu verpflichtet, den Deutschen Bundestag vor grundlegenden und wichtigen Entscheidungen wie der Aufnahme von Beitrittsverhandlungen, geplanten Vertragsrevisionen oder der Nutzung der Flexibilitätsklausel von sich aus eine Stellungnahme des Bundestages einzuholen. Damit könnte die oben erwähnte Schwäche des Begleitgesetzes ohne eine erneute Änderung des EuZBBG behoben und die demokratische Legitimation dieser Entscheidungen erhöht werden.

III. Interne Organisation des Bundestags

Ergänzend zu der mit der Bundesregierung zu treffenden Vereinbarung wird der Deutsche Bundestag auch seine eigenen Verfahren überprüfen müssen, um seine Handlungsfähigkeit in Angelegenheiten der Europäischen Union zu erhöhen. Das wird insbesondere dann notwendig werden, wenn der Verfassungsvertrag in Kraft tritt und der Bundestag das Frühwarnsystem nach dem Subsidiaritätsprotokoll nutzen will: Danach ist für die inhaltliche Prüfung eines Rechtsetzungsentwurfes eine Frist von sechs Wochen vorgesehen. In dieser Zeit müsste auch die Koordinierung mit den Parlamenten anderer Mitgliedstaaten erfolgen, so dass das erforderli-

57 Die in der von der CDU/CSU-Fraktion vorgeschlagenen Neufassung des EuZBBG (Bundestags-Drucksache 15/4716) vorgesehene stärkere Bindung der Bundesregierung an die Beschlüsse des Bundestages ist daher als politische Bindung zu verstehen.

58 Die Ressortabsprache sieht vor, dass die Bundesregierung den Ausschuss für die Angelegenheiten der Europäischen Union unverzüglich nach Abschluss eines EU-Vorhabens über die Art der Berücksichtigung der Beschlüsse des Bundestages berichtet (Punkt II.2). Diese Bestimmung sollte auch in eine neue Vereinbarung aufgenommen werden.

che Quorum erreicht werden kann. Diese Frist ist kurz bemessen, insbesondere wenn die sitzungsfreien Zeiten zu Ostern, im Sommer und zu Weihnachten berücksichtigt werden. Zur Umsetzung des Protokolls wird der Bundestag die organisatorischen, personellen und technischen Voraussetzungen schaffen müssen. Dazu werden auch Änderungen an der Geschäftsordnung erforderlich werden. Das am 12. Mai 2005 beschlossene Gesetz über die Ausübung der Rechte des Bundestages und des Bundesrates aus dem Verfassungsvertrag überlässt die Einzelheiten der Beschlussfassung über eine Subsidiaritätsrüge den Geschäftsordnungen des Bundestages bzw. des Bundesrates. Eine Reihe von Maßnahmen könnten jedoch schon jetzt und unabhängig vom In-Kraft-Treten des Verfassungsvertrages getroffen werden.

1. Verbindungsbüro in Brüssel

Der Ausschuss für die Angelegenheiten der Europäischen Union hat bereits Ende der 14. Wahlperiode gemeinsam mit dem Auswärtigen Ausschuss ein Verbindungsbüro des Deutschen Bundestages bei den europäischen Institutionen gefordert.[59] Ein solches Büro würde es dem Bundestag erleichtern, sich unabhängig von der Bundesregierung über politische Initiativen auf europäischer Ebene zu unterrichten und unmittelbaren Kontakt zu den Akteuren vor Ort herzustellen. Es würde auch die Zusammenarbeit mit den Parlamenten der anderen Mitgliedstaaten erleichtern, zumal 17 nationale Parlamente bereits in Brüssel vertreten sind. Es muss sich um eine verhältnismäßig kleine und flexible Arbeitseinheit handeln: der Bundestag sollte nicht versuchen, eine Konkurrenz zur personell stark besetzten Ständigen Vertretung der Bundesregierung aufzubauen. Vielmehr würde dieses Büro dem Bundestag ein „seismografisches" Frühwarnsystem zur Verfügung stellen, das ihn in die Lage versetzt, neue Themen rechtzeitig zu erkennen und sich politisch darauf vorzubereiten.

Ferner sollte der Bundestag seinen Kontakt mit den Parlamenten der anderen Mitgliedstaaten weiter intensivieren und seine Verfahren mit denen der anderen Volksvertretungen vergleichen. Die nordischen Nachbarn Schweden und Dänemark haben gute Erfahrungen mit der Einbindung traditionell starker Parlamente in die Europapolitik gemacht.[60] Viele der am 1. Mai 2004 beigetretenen neuen Mitgliedstaaten haben ihre parlamentarischen Verfahren frühzeitig an die Mitgliedschaft in der Europäischen Union angepasst und sind neue Wege gegangen. Davon könnte sich auch der Bundestag inspirieren lassen.

59 Siehe auch Friedbert Pflüger, „Die fortschreitende europäische Integration und der Europaausschuss des Deutschen Bundestages", Integration Heft 4/2000, S. 229 ff. (243).

60 Janukowski aaO (Fn. 1), S. 178 ff.

2. Lotsenfunktion des Ausschusses für die Angelegenheiten der Europäischen Union

Die Arbeitsteilung des Bundestages und seiner Ausschüsse hat sich grundsätzlich bewährt. Es ist grundsätzlich sinnvoll, dass die Angelegenheiten der Europäischen Union auf diese Weise behandelt werden, denn die Rechtsetzungsinitiativen der Europäischen Union erfordern ebensoviel Sachverstand und Detailkenntnis wie nationale Gesetzesvorlagen. Zugleich muss der Bundestag über eine koordinierende Stelle verfügen, die einzelne Vorlagen auf ihre Bedeutung für die europäische Integration hin einschätzen kann und die Europapolitik der Bundesregierung insgesamt kontrolliert. Der Ausschuss für die Angelegenheiten der Europäischen Union sollte deshalb stärker als bisher eine „Lotsenfunktion" für die Europapolitik des Deutschen Bundestages übernehmen.

So könnte der Ausschuss neue Unionsvorlagen unmittelbar nach ihrem Eingang im Europabüro auf ihre politische Bedeutung hin prüfen. Damit wäre kein Präjudiz für die Federführung innerhalb des Bundestages verbunden. Ziel wäre es vielmehr, in einem möglichst frühen Stadium die wichtigeren von den weniger wichtigen Unionsvorlagen zu trennen, so dass dem Bundestag ausreichend Zeit und Kapazitäten verbleiben, die wirklich bedeutsamen Initiativen im federführenden Ausschuss zu beraten. Dazu müssten sich die Ausschüsse allerdings derartige „Anregungen" des Ausschusses für die Angelegenheiten der Europäischen Union gefallen lassen. Das wird nicht leicht zu erreichen sein, denn jeder Versuch, einen Ausschuss gegenüber anderen hervorzuheben, trifft auf Vorbehalte der anderen.

3. Neue Aufgaben für die Bundestagsverwaltung

Die Bundestagsverwaltung verfügt über eine gute personelle und materielle Ausstattung. In Angelegenheiten der Europäischen Union unterstützt sie den Bundestag gegenwärtig vor allem durch das Sekretariat des Ausschusses für die Angelegenheiten der Europäischen Union einschließlich des Europabüros und den Fachbereich Europa in den Wissenschaftlichen Diensten. Mit verhältnismäßig geringem zusätzlichen Aufwand könnte die Verwaltung das Parlament bei der Selektion der politisch bedeutsamen Vorlagen unterstützen. Dabei könnten die über das Verbindungsbüro in Brüssel gewonnenen Erkenntnisse verwendet werden. Ziel wäre eine erste inhaltliche Bewertung, die ggf. Grundlage einer späteren Stellungnahme werden könnte. Auch die Zusammenarbeit mit den Parlamenten anderer Mitgliedstaaten kann von Angehörigen der Bundestagsverwaltung vorbereitet werden.

D. Ausblick

Europa darf kein Projekt der Eliten bleiben. Dazu muss die Vertrauens- und Legitimationskrise der Europäischen Union überwunden werden. Das geht nur mit mehr Demokratie und Transparenz. Dabei kommt den Parlamenten der Mitgliedstaaten, ergänzend zu dem Europäischen Parlament, eine Schlüsselrolle zu. Die Bürgerinnen und Bürger müssen sich auch in Fragen der Europapolitik von den Mitgliedern des Deutschen Bundestages vertreten fühlen. Die Europapolitik muss deswegen zum Gegenstand der parlamentarischen Debatte werden, zum Thema der parteipolitischen Auseinandersetzung und wenn nötig auch zum Thema eines Wahlkampfes. In seiner Befassung mit der Europapolitik der Bundesregierung ist auch der Deutsche Bundestag Träger einer „europäischen" Funktion.[61] Daher muss er auch einen entsprechenden Einfluss auf die Europapolitik des Bundes erhalten.

Der Deutsche Bundestag wird die institutionellen und verfahrensmäßigen Vorkehrungen zur Verbesserung seiner „Europafähigkeit" auf der Grundlage des am 12. Mai 2005 verabschiedeten Begleitgesetzes treffen. Dieses Gesetz sollte allerdings bald noch einmal auf die Tagesordnung gesetzt werden, um dem Parlament noch weiter gehende Rechte, z.B. vor der Aufnahme neuer Beitrittsverhandlungen oder vor Vertragsrevisionen, zu geben. Entscheidend sind aber nicht nur die institutionellen und rechtlichen Vorkehrungen, sondern auch, dass es den politischen Parteien und den Fraktionen gelingt, ihre Mitglieder für die vielfältigen und oft komplizierten Sachfragen der Europapolitik zu sensibilisieren.

61 Ingolf Pernice, Föderalismus im Umbruch, Zur Frage der Europäfähigkeit des föderalen Deutschland, Humboldt-Universität zu Berlin, Walter Hallstein Institut für Europäisches Verfassungsrecht, WHI-Paper 6/04.

Handlungsfähigkeit: Ein europäisches Deutschland

von Axel Schäfer, Europapolitischer Sprecher der SPD-Bundestagsfraktion, Mitglied des Bundestages

Die Bundesrepublik Deutschland gerät zwischen die Fronten – zwar friedlich, jedoch nicht minder bedeutungsvoll: hier die Länder, dort Europa. Die 16 deutschen Bundesländer wirken durch Artikel 23 des Grundgesetzes über den Bundesrat an der deutschen Europapolitik mit. Soll unser Staat innerhalb der auf 25 Mitglieder erweiterten EU seinen Einfluss gestaltend geltend machen, dann muss er dort aber auch mit einer deutschen Stimme sprechen.

I.

Die Tatbestände: zum einen haben die 16 deutschen Länderparlamente begriffen, dass ihre realen Politikgestaltungs-Möglichkeiten rapide abnehmen, während die Landesregierungen im Bundesrat als Teil der Legislative heute ca. 65 Prozent aller Bundesgesetze mitentscheiden – gedacht war 1949 an ca. 15 Prozent.

Zum anderen wurde mit dem **Vertrag über eine Verfassung für Europa** ein Regelwerk ausgebreitet, das die nationalstaatliche Rechtsetzung in weit mehr als der Hälfte aller Fälle prägt oder vorbestimmt wird.

Als Bundesstaat mit einer 56-jährigen föderalen Geschichte steht der Charakter des einwohnerreichsten EU-Mitglieds auf dem Prüfstand: wie soll sich Deutschland künftig im Konzert von ursprünglich sechs, nunmehr 25 supranationalen Akteuren (EU-Staaten) behaupten, wo 16 nationale Akteure (deutsche Länder) für die Tonlage sorgen? Auf den Punkt gebracht: Die Bundesrepublik, vertreten durch die Bundesregierung, muss in Europa ihre Position finden, um frühzeitig agieren und flexibel reagieren zu können, mehrheits- und kompromissfähig zugleich.

Die deutschen Länder, in der EU ausgestattet mit 16 "Botschaften", genannt Vertretungen, und mehr Beamten als der Bund, sind fast immer beteiligt. Das bringt einerseits zweifelsohne Einfluss, Sachkunde und regionale Vielfalt – kostet jedoch andererseits Zeit, Klarheit und Handlungsfähigkeit.

Wenn das „german vote" im Rat oft Stimmenthaltung heißt, bedeutet das Verzicht auf europäische Einflussnahme. Deutschland hat mit Erfolg das Prinzip der doppelten Mehrheit bei Ratsvoten in die EU-Verfassung eingebracht. Damit wird das Demokratieprinzip im Allgemeinen gestärkt und ganz besonders der Größe der Bevölkerung Rechnung getragen – rund 18 Prozent der 454 Mio. Europäer sind Deutsche.

Nur: mit unseren innerstaatlichen Strukturen werden wir in der EU am Beginn des 21. Jahrhunderts nicht weiterkommen. Denn der neue Europa-Artikel 23 GG (ursprünglich die DDR-Beitrittsoption) ist ein unpraktikables Gesetzeskonstrukt mit Verfassungsrang. Von der maßgeblichen Berücksichtigung der Bundesratsauffassung bis zu den Ländervertretern am Tisch des Ministerrates wurde ein Konstrukt geschaffen, welches deutschem Föderalismus entsprechen mag, in der spezifischen EU-Realität aber auf verlorenem Posten steht. "Nicht anwendbar" sagen alle, "nicht änderbar" glauben viele. Aber es ist nicht nur der deutsche Föderalismus, der inzwischen auf mehr als ein gutes halbes Jahrhundert zurückblicken kann. Auch die fortschreitende europäische Integration ist fast ebenso langer Teil unserer staatlichen Identität geworden.

Wir stehen heute vor Aufgaben, von denen die Gründergeneration Europas wie die Mütter und Väter des Grundgesetzes nur träumen konnten. Sie träumten durchaus realistisch: "als gleichberechtigtes Glied in einem vereinten Europa dem Frieden der Welt zu dienen", so die Präambel unserer Verfassung.

An die Europafähigkeit des Grundgesetzes aber dachten nur wenige – Klimaschutz, Konvergenzkriterien, Digitalisierung und internationaler Terrorismus sind nur einige Beispiele, die damals mangels Vorhandensein noch nicht auf der Tagesordnung standen.

Im Jahr 1949 war der Bundesrat laut Konrad Adenauer ein nicht zu verhinderndes Übel, Europa eine notwendige Idee und Deutschland noch geteilt. Heute sind die Ländervertretungen in Berlin und Brüssel mächtig wie nirgendwo sonst in einem Bundesstaat, der deutsche Föderalismus erfolgreich an seine Grenzen gelangt und der Bundesrat als oppositionelles Blockadeinstrument einsetzbar. Die Repräsentanz des Freistaats Bayern in der belgischen Hauptstadt, zuweilen auch Stoibers „Neuwahnstein" genannt, symbolisiert diese föderale Ausprägung in besonderer Weise.

II.

Die Europafähigkeit Deutschlands war auch ein zentraler Punkt für die **Kommission zur Modernisierung der bundesstaatlichen Ordnung** von Bundestag und Bundesrat. Klare Kompetenzteilung und neue Machtbalance heißen die wichtigsten Stichworte. Wir brauchen Mut bei der Aktualisierung unseres Grundgesetzes; ein Scheitern aus Kleinmut können wir uns nicht leisten.

Auch wenn die Arbeit einstweilen beendet wurde, ohne Einvernehmen erzielen zu können – die Reform des Föderalismus ist damit aber noch nicht endgültig gescheitert. Die Zusammensetzung und die Vorgehensweise der Kommission waren richtig, dasselbe gilt auch für die Beteiligung von Bundesregierung, Landtagen, Kommunalvertretern sowie Sachverständigen. Die von den beiden Vorsitzenden Franz Müntefering und Edmund Stoiber gefundenen Kompromisse zur Änderung unserer Verfassung müssen fixiert und paraphiert werden – als gemeinsamer Besitzstand, hinter den in Zukunft nicht zurückgegangen werden kann (rund 90 Prozent).

Der offene Punkt **Europa** ist schon heute konsensfähig. Die Länder werden (müssen) dem Bund entgegenkommen, weil das Beharren auf dem Status quo ein Rückgang realer Einflussmöglichkeiten bedeuten würde.

Beim „Casus Belli" **Bildung** ist mit gutem Willen eine Verständigung möglich. Die CDU, derzeit stärkste Kraft im Bundesrat, steht ebenso in der Pflicht. Wenn die Ministerpräsidenten der Union glauben machen wollen, Bildung hätte mit Bundespolitik fast nichts zu tun, dann ist das pure Augenwischerei: Keine CDU/CSU-geführte Bundesregierung würde es je akzeptieren, völlig auf Bildungskompetenzen im Gesamtstaat zu verzichten.

Die Kommissionsarbeit war entscheidend durch Sachorientierung geprägt. Die in der Schlussphase deutlich gewordenen machtpolitischen Konflikte sind „nur" ein Spiegelbild der Blockadeversuche im Bundesrat.

III.

Mit dem **Vertrag über eine Verfassung für Europa** werden neue Möglichkeiten der Beteiligung für die nationalen Parlamente der 25 Mitgliedstaaten eröffnet. Das von der Regierungskoalition erarbeitete Begleitgesetz, das als Entschließungsantrag von allen Fraktionen des Deutschen Bundestages am 12. Mai 2005 einstimmig verabschiedet wurde, eröffnet in diesem Kontext neue Möglichkeiten, die unabhängig vom Inkrafttreten der EU-Verfassung konstruktiv und offensiv genutzt werden müssen.

Im Mittelpunkt steht die Subsidiaritätskontrolle durch die nationalen Parlamente. Der Deutsche Bundestag kann diesem Recht jedoch nur dann nachkommen, wenn er frühzeitig und umfassend über europapolitische Entscheidungen miteinbezogen wird. Deshalb umfassen die Begleitgesetze vier Kernelemente:

1. Informationspflicht: Die Bundesregierung wird verpflichtet, künftig alle europäischen Gesetzgebungsakte, Dokumente der EU-Kommission sowie Positionen des Europäischen Parlaments und des Rates im Gesetzgebungsverfahren zu einem möglichst frühen Zeitpunkt dem Deutschen Bundestag bzw. seinen Ausschüssen zuzuleiten. Dies beinhaltet neben einer kontinuierlichen Berichtspflicht über etwaige europäische Gesetzgebungsakte auch eine entsprechende Bewertung und Stellungnahme. Der Bundestag soll durch die Informationsvielfalt in seiner Tätigkeit nicht eingeschränkt werden, sondern vielmehr in den europäischen Gesetzgebungsprozess miteinbezogen werden.

2. Subsidiaritätsrüge: Bei möglichen Verstößen gegen die Nachrangigkeit besitzt der Bundestag ein Rügerecht. Dadurch lassen sich künftig Streitpunkte in jenen Bereichen ahnden, in denen die EU trotz ihrer nicht ausschließlichen Zuständigkeit aktiv wird. Dies setzt allerdings voraus, dass die Ziele der jeweiligen Maßnahme weder durch ein Mitgliedsland noch eine Region hinreichend umgesetzt werden kann. Künftig können Bundestag und Bundesrat innerhalb einer Frist von sechs Wochen nach Übermittlung eines Gesetzgebungsentwurfs eine Stellungnahme bei einem

entsprechenden Verstoß gegenüber der EU-Kommission, dem Europa-Parlament und dem Ministerrat beanstanden. Durch diese Rüge stehen die Organe der EU in der Pflicht. Sind die von den nationalen Parlamenten vorgetragenen Bedenken berechtigt, müssen diese in die entsprechenden Überlegungen der EU-Institutionen miteinbezogen werden. Rascher Handlungsbedarf entsteht nicht dadurch, dass die vorgegebene Frist von sechs Wochen in Bezug auf den parlamentarischen Ablauf relativ kurz ist.

3. Subsidiaritätsklage: Die Bundesregierung wird verpflichtet, den Bundestag umgehend und umfassend über abgeschlossene Gesetzesvorhaben der EU zu informieren. Dadurch lassen sich Konsequenzen für den Gesetzgebungsprozess in Deutschland schneller erkennen und umsetzen. Darüber hinaus ermöglicht die EU-Verfassung, dass Bundestag und Bundesrat beim Europäischen Gerichtshof in Brüssel klagen können, wenn ihrer Ansicht nach europäische Gesetze gegen das Subsidiaritätsprinzip verstoßen. Da eine Klage allerdings innerhalb von zwei Monaten zu erfolgen hat, ist der Deutsche Bundestag frühzeitig in den europäischen Gesetzgebungsprozess einzubeziehen.

4. Brückenklausel: Auch der Vertrag über die Verfassung für Europa sieht in zahlreichen Politikfeldern der EU das Einstimmigkeitsprinzip im Rat vor. In einer EU, die aus 25 Mitgliedstaaten besteht, nehmen so die Blockademöglichkeiten stetig zu. Der Europäische Rat kann jedoch, ohne allzu große Verfassungsänderungen herbeiführen zu müssen, den Übergang von der Einstimmigkeit in die qualifizierte Mehrheit bei Entscheidungen des Ministerrates vornehmen („Passarelle"). Die nationalen Parlamente der Mitgliedsländer können gegen diesen Beschluss innerhalb eines halben Jahres ein Veto einlegen.

Diese vier Kernelemente dienen einerseits der Verbesserung der Arbeitsfähigkeit des Deutschen Bundestages in europäischen Fragestellungen. Andererseits sind sie auch eine längst überfällige Antwort auf die zunehmende Integration.

Bundestag und Bundesrat müssen sich europäisieren. Dies geht weit über ihre Strukturen hinaus. Es ist auch eine Frage des Wandels von Einstellungen bei den handelnden Personen.

C.

Europäische Verfassung

Grundrechtsschutz – Demokratie – Transparenz

Zur neuen Dimension des Europäischen Verfassungsvertrags

von Joseph Fischer, Mitglied des Bundestages und Bundesminister a. D.

Am 29. Oktober 2004 haben die Staats- und Regierungschefs sowie die Außenminister der Mitgliedstaaten der Europäischen Union in Rom den "Vertrag über eine Verfassung für Europa" unterzeichnet. Dies war der vorläufige Höhepunkt eines Prozesses, der mit der Einsetzung des Europäischen Konvents durch den Europäischen Rat von Laeken im Dezember 2001 begonnen hat.

Zurückverfolgen lässt sich dieser Prozess aber mindestens bis zur letzten deutschen Präsidentschaft im ersten Halbjahr 1999. Der Europäische Rat von Köln im Juni 1999 hatte beschlossen, eine Grundrechtscharta der Europäischen Union zu erarbeiten. In Köln wurde außerdem eine Regierungskonferenz vereinbart, die dann zum Vertrag von Nizza führte. Er sollte die Union in die Lage versetzen, weitere Mitgliedstaaten aufzunehmen. Aber wie zuvor waren auch in Nizza wichtige Fragen unbeantwortet geblieben. So konnte zum Beispiel die Frage nach der Abgrenzung von Kompetenzen zwischen nationaler und europäischer Ebene oder die Frage nach der Machtverteilung zwischen den Brüsseler Institutionen nicht gelöst werden.

Die "Erklärung zur Zukunft der Union" in der Schlussakte des Vertrags von Nizza, mit der der Verfassungsprozess eingeleitet wurde, war offensichtlicher Ausdruck des Unbehagens angesichts des unbefriedigenden Ausgangs der Regierungskonferenz. Die weiteren Schritte wurden dann in der Erklärung von Laeken festgelegt.

Sie bildete die Grundlage für die Arbeit des Verfassungskonvents. In ihm haben Vertreter der Regierungen, der nationalen Parlamente, des Europäischen Parlaments und der EU-Kommission gemeinsam den "Entwurf eines Vertrags über eine Verfassung für Europa" erarbeitet, um – wie es in ihrem Auftrag heißt – *„die Europäische Union zukunftsfähig zu machen"*.

Der Entwurf hat sich als guter und tragfähiger Kompromiss erwiesen. Er konnte so zur Grundlage der Einigung über die Europäische Verfassung beim abschließenden Treffen der Regierungskonferenz am 18. Juni 2004 in Brüssel werden. Die Einigung über den Verfassungsvertrag ist einer der bedeutendsten Integrationsschritte, die Europa seit der Unterzeichnung der Römischen Verträge vollzogen hat. Der Vertrag gewährleistet, dass sich die Union weiterentwickeln und auch nach der Erweiterung funktionsfähig bleiben kann.

Wer sich heute mit dem Verfassungsvertrag befasst, kann jedoch die Tatsache nicht ignorieren, dass der Verfassungsprozess mit dem Ausgang der Referenden in Frankreich und den Niederlanden einen herben Rückschlag erlitten hat. Europa muss dies respektieren, auch wenn das Ergebnis bedauerlich ist und uns vor große Herausforderungen stellt.

Warum wurde der Verfassungsvertrag im sechsten Jahrzehnt der Integration gerade in zwei Gründerstaaten der Union abgelehnt? Die Gründe sind vielschichtig und zum Teil widersprüchlich. Gerade in Frankreich haben innenpolitische Aspekte eine große Rolle gespielt. Viele haben aus wirtschaftlichen und sozialen Sorgen angesichts zunehmender Globalisierung gegen den Verfassungsvertrag gestimmt. Andere waren aus allgemeinen europapolitischen Erwägungen, zum Beispiel Skepsis gegenüber tieferer Integration oder weiteren Erweiterungen, gegen den Vertrag. Nur wenige haben ihr Urteil an konkreten Neuerungen des Verfassungsvertrages festgemacht. Wesentliche Bereiche, in denen der Vertrag Verbesserungen der geltenden Rechtslage bringt, wie Demokratisierung, Grundrechtsschutz, Reform der Institutionen, mehr Integration im Bereich Justiz und Inneres, Gemeinsame Außen- und Sicherheitspolitik, spielten für die Ablehnung keine Rolle.

Auch wenn Franzosen und Niederländer in den Referenden also vielleicht nicht in erster Linie ihre Meinung zum Vertrag selbst geäußert, sondern ein allgemeines Unbehagen mit Europa zum Ausdruck gebracht haben mögen, müssen wir ihr Votum ernst nehmen. Um so mehr, als dieses Unbehagen auch in anderen Mitgliedstaaten der Union zu spüren ist. Wir müssen nach Wegen suchen, die Kluft zwischen Europa und seinen Bürgerinnen und Bürgern zu überbrücken.

Paradoxerweise steht der Verfassungsvertrag gerade für mehr Transparenz und Nähe zwischen Europa und seinen Bürgerinnen und Bürgern. Das beginnt mit der Methode seiner Erarbeitung durch einen Konvent. Als der Europäische Rat von Laeken den Konvent einberufen hat, hat er ihm dabei vor allem den Auftrag erteilt, den Bürgern das europäische Projekt und die europäischen Organe näher zu bringen.

Im Konvent stellten deshalb die von den Bürgerinnen und Bürgern gewählten nationalen Parlamentarier die Mehrheit der Mitglieder[1]. Jürgen Meyer und Peter Altmaier waren die Vertreter des Deutschen Bundestages im Konvent. Noch nie hatten Vertreter des deutschen Bundestags von Anfang an unmittelbar an der Gestaltung der europäischen Rechtsordnung mitwirken können. Es besteht Einigkeit darüber, dass die Einsetzung des Konvents sich bewährt hat[2]. Die Konventsmethode ist daher als Regelverfahren für künftige Verfassungsänderungen festgeschrieben worden.

Viele Anregungen gerade des deutschen Bundestages haben durch die Arbeit von Jürgen Meyer im Verfassungsvertrag ihren konkreten Niederschlag gefunden. Seine Initiativen betrafen insbesondere das soziale Europa[3], Schlüsselelemente der institutionellen Reform, die Rechtsverbindlichkeit der Grundrechtscharta und die Verbesserung des Individualrechtschutzes[4], die verstärkte Partnerschaft zwischen Europarat

1 Zu Arbeit und Zusammensetzung des Konvents: J. Meyer, S. Hölscheid, Die Europäische Verfassung des Europäischen Konvents, EuZW 2003, S. 613.

2 J. Meyer, S. Hartleif, Die Konventsidee, ZParl 2002, 368-376.

3 Z. B. CONV 535/03 Contrib 228.

4 Z. B. CONV 439/02 Contrib 160; CONV 607/03 Contrib 274.

und EU[5], die Rechte der nationalen Parlamente im Rahmen der Subsidiaritätskontrolle sowie die verstärkte Integration im Bereich Justiz und Inneres[6].

Grundrechtsschutz –Demokratie – Transparenz: Unter diese drei Begriffe lässt sich das große Engagement Jürgen Meyers für den Verfassungsvertrag subsumieren. Im folgenden wird gerade auf diese, für ihn zentralen Aspekte besonders einzugehen sein. Ausgangspunkt ist dabei ein neuer Gedanke: Die Idee der Doppelnatur der EU als einer Union der Bürger und Staaten Europas.

Als erster europäischer Vertrag erkennt die Verfassung an: Die Union ist mehr als ein Bündnis von Staaten. Sie ist auch die Union der Bürger Europas, in der jeder einzelne Unionsbürger Rechte und Pflichten hat[7].

Als erster europäischer Vertrag spiegelt der Verfassungsvertrag die Doppelnatur der Union auch auf der Entscheidungsebene wieder: Berechnungsgrundlage der qualifizierten Mehrheit im Rat ist die so genannte "doppelte Mehrheit". Entscheidungen kommen im Rat zustande, wenn 55 % der Staaten, die gleichzeitig 65 % der EU-Bevölkerung vertreten, zustimmen. Dadurch fallen Blockadekonstellationen weg und die Entscheidungsfindung wird erleichtert. Die Staatenmehrheit unterstreicht die Gleichberechtigung aller Mitglieder. Das Erfordernis einer Mehrheit der Unionsbürger verwirklicht zugleich das zentrale Prinzip jeder Demokratie: Ein Bürger – eine Stimme. Durch das Bevölkerungselement hat jeder vertretene Einwohner das gleiche Gewicht, anders als nach der zur Zeit geltenden Methode der Stimmengewichtung.

Grundrechtsschutz und Unionsbürgerschaft

Die vollständige Übernahme der Grundrechtscharta in die Verfassung hat Jürgen Meyer selbst als *„größte Errungenschaft des Konvents"* bezeichnet[8].

Die Grundrechtscharta verankert zum erstem Mal einen Grundrechtsschutz der Bürger gegen Machtmissbrauch durch EU-Organe. Sie ist die modernste Normierung eines Grundrechtskatalogs. An ihrem Entstehen war Jürgen Meyer bereits im ersten Konvent, dem Grundrechtskonvent unter Vorsitz von Altbundespräsident Roman Herzog, beteiligt[9]. Mit der Aufnahme der Grundrechtscharta in die Verfassung werden die in ihr verbrieften Grundrechte Teil der Verfassung und damit rechtsverbindlich. Die Aufnahme der Charta in den Vertrag war ein wichtiges deutsches Anliegen[10].

Während der Referendumskampagne in Frankreich wurde deutlich, dass die Grundrechtscharta noch lange nicht ausreichend bekannt ist. Immer wieder wurde

5 Z.B. CONV 688/03.

6 Z.B. CONV 447/02 Contrib 164.

7 Vgl. auch Art. 1 EU-VV: "geleitet vom Willen der Bürger und der Staaten Europas".

8 J. Meyer, S. Hölscheid, Die Europäische Verfassung des Europäischen Konvents, EuZW 2003, S. 613, 618.

9 Hierzu: J. Meyer, S. Hartleif, Die Konventsidee, ZParl 2002, 368-376.

10 CONV 439/02 Contrib 160; CONV 607/03 Contrib 274.

der Verfassungsvertrag als zu wenig sozial kritisiert. Dabei ist er der erste europäische Vertrag, der Arbeitnehmer- und soziale Rechte garantiert.

Die Grundrechte binden nach Artikel II-111 des Verfassungsvertrages die Organe, Einrichtungen und sonstigen Stellen der Union sowie die Mitgliedstaaten bei der Durchführung des Unionsrechts. Jeder kann sich in Verfahren vor den nationalen oder europäischen Gerichten auf diese Grundrechte berufen. Der Verfassungsvertrag verbessert durch die Rechtsverbindlichkeit der Grundrechtscharta auch den sozialen Schutz der EU-Bürgerinnen und Bürger deutlich. Auch hier zeigt sich, dass mit der Ablehnung der Verfassung in den Referenden zugleich Lösungen für die von vielen ihrer Gegner vorgetragene Kritik an der Union verworfen wurden. Schon deswegen muss die Verwirklichung gerade der Grundrechtscharta ein Ziel bleiben.

Nach Art. I-9 EU-VV tritt die Union der Europäischen Konvention zum Schutz der Menschenrechte und Grundfreiheiten (EMRK) bei. Praktisch bedeutet dies, dass die Organe der Union bei ihrem Handeln gegenüber den Bürgerinnen und Bürgern nicht nur die Grundrechtscharta des Verfassungsvertrages, sondern auch die Grundrechte der EMRK zu beachten haben werden. Die Bürger können dann bei vermuteten Menschenrechtsverletzungen unter Berufung auf ihre Grundrechte aus der EMRK auch den Europäischen Gerichtshof für Menschenrechte in Straßburg gegen die Union anrufen. Dies ist insbesondere deshalb bemerkenswert, weil es europäisches Recht insofern nationalem Recht gleichstellt.

Jede Staatsbürgerin und jeder Staatsbürger eines Mitgliedstaates der Europäischen Union ist gemäß Art. I-10 EU-VV zugleich Bürgerin und Bürger der Europäischen Union. Die Unionsbürgerschaft ergänzt die Staatsangehörigkeit in einem Mitgliedsstaat, ohne sie zu ersetzen. Mit der Unionsbürgerschaft sind wichtige Rechte verbunden, die nicht immer so selbstverständlich waren, wie sie uns heute erscheinen mögen: Jeder Unionsbürger hat das Recht, sich im Hoheitsgebiet der Mitgliedstaaten frei zu bewegen und aufzuhalten. Jeder Unionsbürger hat in dem Mitgliedstaat, in dem er seinen Wohnsitz hat, das aktive und passive Wahlrecht bei Kommunalwahlen und Europawahlen zu den selben Bedingungen wie die Angehörigen des betreffenden Mitgliedstaates. Jeder Unionsbürger genießt im Hoheitsgebiet eines dritten Staates den diplomatischen und konsularischen Schutz eines jeden Mitgliedstaates. Und jeder Unionsbürger besitzt schließlich das Recht, eine Petition an das Europäische Parlament zu richten.

Das demokratische Leben der Union

Die Verfassung gibt dem Bürger nicht nur Rechte und Ansprüche gegen die Union, sondern räumt ihm auch neue Möglichkeiten der Mitwirkung ein. Bürgerinnen und Bürger sind im Europaparlament durch die unmittelbar gewählten Europaabgeordneten vertreten[11]. Der Verfassungsvertrag stärkt die Mitwirkungsrechte des Europäi-

11 Art. I-46 EU-VV, "Grundsatz der repräsentativen Demokratie".

schen Parlaments zum einen bei der Wahl des Kommissionspräsidenten, zum anderen im Gesetzgebungsverfahren. Dies ist, da die Abgeordneten direkt gewählt sind, ein wichtiger Beitrag zu mehr Bürgernähe.

Durch die Wahl des Kommissionspräsidenten durch das Europäische Parlament wird nicht nur die demokratische Legitimation dieses Amtes erhöht. Dadurch, dass die Unionsbürgerinnen und -bürger mit ihrer Stimme bei der Europawahl Einfluss auf seine Besetzung nehmen können, wird auch die Europawahl selbst attraktiver.

Bereits im Vorfeld der Wahl können die europäischen Parteien sich zusammenschließen und ihre Kandidatinnen und Kandidaten für europäische Spitzenämter aufstellen. In Zukunft werden die Bürger Europas bei der Europawahl ihre Stimme nicht mehr für eine anonyme Liste abgeben, sondern für Persönlichkeiten – so wie man auch bei der Bundestagswahl im allgemeinen nicht Parteien, sondern Kandidaten wählt. Hier erkennt man deutlich die Handschrift der Parlamentarier im Konvent.

Zum anderen wird die Rolle des Europäischen Parlaments in der Gesetzgebung gestärkt: Das bisherige Mitentscheidungsverfahren wird zum Regelverfahren im Bereich der Gesetzgebung. Das Europäische Parlament wird dadurch – entsprechend dem Konzept der Bürger- und Staatenunion – endgültig zum gleichberechtigten Mitgesetzgeber der Europäischen Union neben dem Rat. Wenn der Verfassungsvertrag umgesetzt ist, wird es im europäischen Rahmen keine Gesetzgebungsakte mehr geben, die nicht dem Europäischen Parlament vorgelegen haben und der Debatte zugänglich gewesen wären. Das stärkt nicht nur die Wahrnehmbarkeit des Europäischen Parlaments in der Öffentlichkeit, sondern auch die Möglichkeit der Bürgerinnen und Bürger Europas, durch ihre Teilnahme an der Europawahl tatsächlich Einfluss auf die Inhalte europäischer Politik zu nehmen.

Es liegt nun an den europäischen Parteien, die Möglichkeiten, die der Vertrag ihnen bietet, zu nutzen. Der Verfassungsvertrag bietet Entwicklungspotenzial für eine europäische Politik, deren Köpfe und Inhalte die Bürgerinnen und Bürger Europas durch Europawahlen bestimmen und legitimieren. In der gegenwärtigen Situation müssen die europäischen Parteien nach Wegen suchen, dieses Potenzial bereits unabhängig vom Inkrafttreten des Verfassungsvertrages mit Blick auf die Wahlen zum Europäischen Parlament 2009 nutzbar zu machen.

Neu ist ein Element direkter Demokratie im Verfassungsvertrag. Das "Meyersche" Bürgerbegehren[12] ist zweifellos der prominenteste Beitrag Jürgen Meyers zum Verfassungsvertrag. Wie nach den geltenden Verträgen hat die Kommission auch nach dem Verfassungsvertrag das alleinige Initiativrecht. Wenn sich jedoch mindestens eine Million Bürgerinnen und Bürger, also lediglich 0,2 % der Gesamtbevölkerung, aus mehreren Mitgliedstaaten zusammenfinden, können sie die Kommission auffordern, Vorschläge zu Rechtsakten zu machen. Ein vergleichbares Recht steht bislang allein dem Europäischen Parlament zu[13].

12 Art. I-47 EU-VV, "Grundsatz der partizipativen Demokratie".

13 Art. 192 II EGV in der Fassung des Vertrages von Nizza.

Vereinfachung und Transparenz: Eine besser verständliche Union

Die neuen Mitwirkungsrechte kann der Bürger nur wahrnehmen, wenn er nachvollziehen kann, was in der Union geschieht. Die Verfassung bemüht sich daher auch um eine Vereinfachung der Strukturen und Entscheidungsmechanismen der Union. Die unverständliche Pfeilerstruktur wird überwunden, Rat und Europäisches Parlament verpflichtet, öffentlich zu tagen, wenn sie Gesetzgebungsvorschläge beraten oder beschließen. Außer den Organen werden auch alle Einrichtungen, Ämter und Agenturen der Union auf den bislang unbekannten Grundsatz der Offenheit verpflichtet. Die Öffentlichkeit der Ministerratssitzungen wurde schon lange gefordert und wird nun endlich verwirklicht. Das Recht auf Zugang zu Dokumenten der Organe der Union wird in den Rang eines Grundrechts erhoben[14].

Ein weiterer wichtiger Beitrag ist die größere Klarheit bei den Rechtsinstrumenten und den Verfahren der Union: die bisher schwer überschaubare Vielzahl von Rechtsinstrumenten wird auf sechs reduziert, nämlich Gesetz, Rahmengesetz, Verordnung, Beschluss, Empfehlung und Stellungnahme. Selten genutzte Verfahren werden abgeschafft, die Gesetzgebung wird auf das Regelgesetzgebungsverfahren, das bisher als Mitentscheidung bekannte Verfahren, konzentriert.

Die Transparenz europäischer Entscheidungsfindung fördert auch das Subsidiaritätsprinzip. Der Subsidiaritätsgrundsatz verlangt im Kern, dass staatliche Entscheidungen so nahe am betroffenen Bürger getroffen werden, wie irgend möglich. Das Subsidiaritätsprinzip ist in der Verfassung prominent verankert. Nach Artikel I-11 der Verfassung darf die Union nur dann tätig werden, sofern und soweit die Ziele der in Betracht gezogenen Maßnahme von den Mitgliedstaaten weder auf zentraler noch auf regionaler oder lokaler Ebene ausreichend verwirklicht werden können.

Subsidiarität war seit Maastricht ein politischer Anspruch. Der Verfassungsvertrag bietet jetzt auch einen operativen Kontrollmechanismus an: Die Kommission übermittelt all ihre Gesetzesinitiativen gleichzeitig dem Unionsgesetzgeber und den nationalen Parlamenten. Dadurch wird die inhaltliche Diskussion über die Politiken frühzeitig auf die nationale Ebene gezogen. Sie wird in Zukunft gleichzeitig auf nationaler wie auf europäischer Ebene stattfinden. Die nationalen Parlamente sind nicht länger gezwungen, Gesetze aus Brüssel "abzunicken", sie können vielmehr während der Entstehung dieser Gesetze ihre Position öffentlich darstellen und so auf den Inhalt Einfluss nehmen. Umstrittene Regelungen wie die Antidiskriminierungsrichtlinie, die Feinstaubrichtlinie oder die Dienstleistungsrichtlinie werden nach dem derzeit geltenden Verfahren erst in der Phase der Umsetzung in nationales Recht in der nationalen Öffentlichkeit diskutiert - also viel zu spät, um noch auf ihren Inhalt Einfluss nehmen zu können. Nach dem Verfassungsvertrag werden sie bereits in den nationalen Parlamenten und damit auch den nationalen Medien und der Bevölkerung diskutiert werden, bevor sie rechtsverbindlich sind.

14 Art. II-102 EU-VV.

Die europäische Gesetzgebung wird dadurch einerseits transparenter, weil Bürgerinnen und Bürger früher davon erfahren, andererseits kann sich aber auch kein nationales Parlament und keine nationale Regierung mehr damit herausreden, eine unpopuläre Regelung sei aus Brüssel vorgegeben worden, ohne dass man sich dazu habe äußern können.

Die Bundesregierung hat sich im Zuge der Ratifizierung des Verfassungsvertrages verpflichtet, den Bundestag unabhängig vom Inkrafttreten des Verfassungsvertrages noch umfassender als bisher über Angelegenheiten der Europäischen Union und den Verlauf der Unionsgesetzgebung zu informieren[15].

Der Verfassungsvertrag ergänzt den Subsidiaritätskontrollmechanismus im Vorfeld der Gesetzgebung durch ein Klagerecht für die einzelnen Kammern der nationalen Parlamente bei vermuteten Subsidiaritätsverletzungen. Dies weist den nationalen Parlamenten eine Schlüsselrolle bei der Verteidigung des Subsidiaritätsprinzips und damit letzten Endes auch ihrer eigenen nationalen Zuständigkeiten zu.

Wie soll es nun weitergehen mit dem Verfassungsvertrag?

Beim Europäischen Rat im Juni 2005 waren die Staats- und Regierungschefs einmütig der Auffassung, dass der Text des Verfassungsvertrages und die darin gefundenen Lösungen bewahrt werden müssen. Der Ratifikationsprozess muss daher fortgesetzt, das Thema auf der europapolitischen Agenda gehalten werden. Aus diesem Grund hat die Regierung des Großherzogtums Luxemburg am 10. Juli 2005 den Verfassungsvertrag seinen Bürgern zur Abstimmung vorgelegt, die den Text mit großer Mehrheit gebilligt haben. Der Europäische Rat hat allerdings den Zeitraum für die Ratifizierung des Vertrages verlängert. Im ersten Halbjahr 2006 wird der Europäische Rat erneut zusammenkommen, um über die Situation zu beraten.

Als erste Reaktion auf die gescheiterten Referenden hat Europa sich außerdem eine Reflexionsphase verordnet – dies bedeutet jedoch keine Pause für Europa. Europa geht weiter, seine Institutionen funktionieren. Europa ist und bleibt im gemeinsamen Interesse aller Europäer. Es kann auch nicht darum gehen, den erreichten Integrationsstand in Frage zu stellen.

Außerdem überzeugt keine der diskutierten „Alternativen" zum Verfassungsvertrag:

Bei Neuverhandlungen würden die gleichen Probleme nochmals diskutiert werden – nicht unbedingt mit besseren Ergebnissen. Ein vorschnelles "Auseinanderbrechen" der Verfassung, also eine Umsetzung einzelner Elemente ohne Ratifizierung, würde zu Minimalergebnissen führen.

Es kommt jetzt darauf an, plausibel aufzuzeigen, dass eine politische Union der Staaten und Bürger Europas die Interessen der Europäer am besten schützen und

15 Art. 1 § 6, Art. 2 Abs. 1 Nr. 2, Art. 3 S. 3 des Gesetzes über die Ausweitung und Stärkung der Rechte des Bundestags und des Bundesrats in Angelegenheiten der Europäischen Union.

vertreten kann. Europa muss greifbarer und begreifbarer gemacht werden – dabei müssen wir uns vor allem den Desillusionierten und Desinteressierten zuwenden!

Die Reflexion muss von einer gemeinsamen, vertieften Analyse der Gründe für abnehmende Akzeptanz der EU in der Bevölkerung ausgehen. Dazu müssen wir folgende Fragen stellen:

Warum waren die Nein-Kampagnen erfolgreich? Welche Ängste löst Europa aus? Was sind die subjektiv wahrgenommenen Probleme? Wie kann den täglichen wirtschaftlichen und sozialen Sorgen der Bürgerinnen und Bürger am besten begegnet werden? Wie können die positiven Ergebnisse der EU (einschließlich Erweiterung) besser in das Bewusstsein der Bevölkerung gebracht werden?

Missverständnisse in der Öffentlichkeit einzelner Mitgliedstaaten zur Rolle der EU bei der Bewältigung der Arbeitslosigkeit müssen aufgeklärt werden. Dazu gehört auch, in der öffentlichen Debatte klar zu stellen, dass wesentliche Kompetenzen, die zur Überwindung von Arbeitslosigkeit und Wirtschaftskrise in Europa beitragen können, nach wie vor bei den Mitgliedstaaten liegen. Dies betrifft vor allem Wirtschaftspolitik allgemein, Tarifpolitik, Steuerpolitik, Systeme der sozialen Sicherung, Forschung und Innovation sowie die Bildungspolitik.

Die Debatte über Europa muss parallel auf nationaler und europäischer Ebene geführt werden. Überlegungen sollten auf europäischer Ebene abgestimmt werden. Nationale Schlussfolgerungen sollten möglichst vermieden, die Analysen gemeinsam vorgenommen und die Schlussfolgerungen gemeinsam gezogen werden, ansonsten besteht die Gefahr, dass zentrifugale Kräfte und nationale Egoismen zunehmen.

Die Bürgerinnen und Bürger – nicht nur die wenigen, ohnehin an Europafragen interessierten Organisationen – müssen in die Debatte und in die europäische Meinungsbildung einbezogen werden, um das Vertrauen in die EU und den Verfassungsprozess wieder herzustellen. Insgesamt sollte die Diskussion so breit angelegt sein wie möglich: Zivilgesellschaft, Sozialpartner, politische Parteien und Stiftungen, die Medien, Wohlfahrtsverbände, Kirchen, Gewerkschaften, Industrie- und Arbeitgeberverbände, Länder und Kommunen sind aufgerufen, sich zu beteiligen.

Fazit

Im Einleitungssatz von Art. 1 EU-VV – "Geleitet vom Willen der Bürger und der Staaten Europas" – liegt der Schlüssel zur Lösung der gegenwärtigen Akzeptanzprobleme der Europäischen Union. Die Väter und Mütter der Verfassung, unter ihnen Jürgen Meyer, haben die Herausforderungen erkannt, vor denen Europa steht und bieten Lösungen an. Es liegt jetzt an denen, die in Europa politische Verantwortung tragen, sie umzusetzen.

Der EU-Ausschuss des Deutschen Bundestages in der 14. Wahlperiode

von Dr. Friedbert Pflüger, Mitglied des Bundestages
Parlamentarischer Staatssekretär beim Bundesministerium der Verteidigung

Der 1994 mit Beginn der 13. Wahlperiode des Deutschen Bundestages eingerichtete Ausschuss für die Angelegenheiten der Europäischen Union (EU-Ausschuss) hat seine verfassungsrechtliche Stellung in der 14. Wahlperiode (1998 bis 2002) in der Verfassungspraxis weiter ausgebaut. Dem EU-Ausschuss ist es im Rahmen der voranschreitenden europäischen Integration gelungen, ein anerkannter Partner der Bundesregierung bei der Formulierung und Durchsetzung der Europapolitik zu sein, also jener Europapolitik, die spätestens seit der Realisierung des Binnenmarktprogramms 1985/87 in weiten Bereichen des öffentlichen Lebens als innenpolitikanaloges Handeln wahrgenommen wird.

Die Europapolitik in der 14. Wahlperiode stand vor dem Hintergrund dreier großer europäischer Integrationsprozesse: der Erweiterung Europas, der Verteidigung Europas und der Verfassung Europas. Der vom EU-Ausschuss parlamentarisch begleitete europäische Erweiterungsprozess der EU, der den historischen Prozess der Vereinigung Europas widerspiegelt, war in eine entscheidende Phase getreten. Am 9. Oktober 2002 legte die Europäische Kommission ein Strategiepapier und einen Bericht über die Fortschritte jedes Bewerberlandes auf dem Weg zum Beitritt zur Europäischen Union vor. Dementsprechend empfahl die Kommission zum 1. Januar 2004 die Aufnahme von zehn neuen Mitgliedsländern: Polen, Ungarn, Tschechien, Lettland, Litauen, Estland, Slowenien, Slowakei, Malta und Zypern. Die parlamentarischen Beratungen hatten gezeigt, dass der EU-Ausschuss in dem Erweiterungsprozess einen Garanten für Freiheit und Sicherheit in Europa sieht. Darüber hinaus bedeutete die EU-Erweiterung auch einen Zuwachs an Absatzmärkten für die exportorientierte deutsche Wirtschaft.

Ein anderer ständiger Beratungsgegenstand des EU-Ausschusses während der 14. Wahlperiode war das Projekt der europäischen Verteidigung. Der EU-Ausschuss beschäftigte sich mit den institutionellen Fragen auf dem Gebiet der Gemeinsamen Außen- und Sicherheitspolitik (GASP) und der sich daraus entwickelnden Europäischen Sicherheits- und Verteidigungspolitik (ESVP). Wie wichtig eine nach innen und nach außen handlungsfähige Europäische Union ist, haben die terroristischen Anschläge seit dem 11. September 2001 deutlich gemacht. Eine noch intensivere Zusammenarbeit im Bereich der dritten Säule wurde notwendig, um den Terrorismus erfolgreich zu bekämpfen. Der EU-Ausschuss hat sich immer wieder dafür ausgesprochen, die Handlungsfähigkeit einer erweiterten Union angesichts globaler Herausforderungen nach innen und nach außen entscheidend zu stärken. Auch die

Gesamtlage im Nahen und Mittleren Osten machte sehr deutlich, dass nur ein gemeinsames europäisches Auftreten in dieser Region zu einer friedlichen Lösung beitragen kann.

Ein drittes Großereignis war das Zusammentreten zweier Konvente: der Konvent zur Grundrechtecharta und der ab Februar 2002 tagende europäische Verfassungskonvent. In beide Gremien hat sich Professor Jürgen Meyer als Vertreter des Bundestages mit großem Engagement eingebracht – und dafür zu Recht viel Wertschätzung erfahren. Der EU-Ausschuss hat im Rahmen dieses Konstitutionalisierungsprozesses wichtige Beiträge geleistet. Festzuhalten bleibt, dass auch der Verfassungskonvent, der über die Ziele, Methoden und Instrumente zur weiteren Demokratisierung der EU diskutiert hat, zu der Zeit in eine entscheidende Phase mündete. Die im Anschluss zum Europäischen Rat von Nizza eröffnete Debatte zum europäischen Verfassungsprozess hatte folgende Schwerpunktthemen: die Verankerung der verabschiedeten Grundrechtecharta als geltendes Recht in einer künftigen europäischen Verfassung, die Vereinfachung der Verträge, die Zuständigkeitsverteilung innerhalb der EU und vor allem die Rolle der nationalen Parlamente in einem erweiterten Europa der 25 und mehr. Die im Konvent gebildeten Arbeitsgruppen wie zum Beispiel die Arbeitgruppe „Nationale Parlamente" haben umfangreiche Vorschläge veröffentlicht. Auch lagen Diskussionsbeiträge von ausgewiesenen Europapolitikern vor wie zum Beispiel Elmar Brok und Andrew Duff, die detaillierte Vorschläge für eine europäische Verfassung machten. Im Vordergrund der Debatte stand die Stärkung der Parlamentsfunktionen im europäischen Entscheidungssystem.

Der Deutsche Bundestag hat mit dem EU-Ausschuss ein parlamentarisches Gremium eingesetzt, um entscheidenden Einfluss auf das europäische Entscheidungssystem bzw. Meinungsbildungsprozess auszuüben. Europapolitik bedarf aus Sicht der Parlamentarier einer stetigen Begleitung. Das zeigt, welche herausragende Rolle die Europapolitik spielt.

Die EU-Ausschussarbeit hat dazu geführt, dass die europapolitischen Entscheidungen eine parlamentarische Rückkoppelung erhalten und die Europapolitik mit einer demokratischen Legitimität ausgestattet ist.

Vor allem auch dank eines europapolitischen Grundkonsenses konnte der EU-Ausschuss in der 14. Wahlperiode wichtige Europaprojekte anstoßen, begeleiten und auch vorantreiben. Die europäischen Integrationsprozesse der Vereinigung, der Verteidigung und der Verfassungsgebung sind dafür exemplarisch.

I. Die Rolle des EU-Ausschusses im Hinblick auf die Zusammenarbeit mit der Bundesregierung

Die Mitwirkungsrechte des Deutschen Bundestages in Angelegenheiten der Europäischen Union sind im Art. 23 GG verankert. Die Angelegenheiten betreffen so zum Beispiel die EU-Erweiterungsverhandlungen, den EU-Verfassungsprozess, die so genannten Unionsvorlagen wie Richtlinien und Verordnungen, Maßnahmen auf dem

Gebiet der Gemeinsamen Außen- und Sicherheitspolitik oder Maßnahmen im Bereich der polizeilichen und justiziellen Zusammenarbeit. Die Mitwirkungsrechte des Deutschen Bundestages umfassen somit alle relevanten Bereiche des EU-Vertrages. Der EU-Ausschuss hat zusätzlich eine verfassungsrechtliche Bestandskraft gemäss Art. 45 GG. Ein Bundesgesetz ordnet darüber hinaus an, dass die Bundesregierung und der Deutsche Bundestag auf dem Gebiet der Europapolitik zusammenarbeiten müssen. Daraus folgt, dass die parlamentarische Kontrolle der Bundesregierung im Rahmen der Zusammenarbeit erfolgt. In der parlamentarischen Praxis hat die Bundesregierung im Rahmen dieses Kooperationsmodells die Pflicht, den Bundestag umfassend und frühestmöglich auf dem Gebiet der Europapolitik zu unterrichten. Diese Informationspflicht konkretisiert sich in der Zuleitung von Unionsvorlagen, in der Unterrichtung über Inhalt, Zielsetzung und Verfahren der Beschlussfassung der verschiedenen Formationen des Rates der Europäischen Union. In der 14. Wahlperiode hat die Bundesregierung in Gestalt des Bundeskanzlers, des Bundesaußenministers sowie anderer Mitglieder der Bundesregierung wie zum Beispiel des Bundesministers der Finanzen oder der Bundesministerin für Wirtschaftliche Zusammenarbeit dem EU-Ausschuss zur Verfügung gestanden. Die Bundesregierung ist ihrer Informationspflicht auch im Rahmen der so genannten Obleutegespräche nachgekommen. So haben Staatsminister des Auswärtigen Amtes die Obleute und die Berichterstatter des EU-Ausschusses regelmäßig zum Beispiel über den Stand der zum Vertrag von Nizza führenden Verhandlungen oder die aktuellen Beitrittsverhandlungen unterrichtet. Die Mitglieder des EU-Ausschusses hatten somit die Gelegenheit, ihre Vorstellungen in Überlegungen der Bundesregierung mit einzubringen. Andererseits konnte die Bundesregierung ihre Verhandlungsposition der parlamentarischen Kontrolle unterziehen und prüfen, ob sie auf die Unterstützung des Parlaments vertrauen kann. Dass dies meist der Fall in der 14. Wahlperiode war, lag daran, dass der EU-Auschuss sich stets für einen europapolitischen Grundkonsens einsetzt.

Die von dem EU-Ausschuss abgegebenen Stellungnahmen im Rahmen dieser Unterrichtungen müssen von der Bundesregierung bei den Verhandlungen im Rat berücksichtigt werden. Diese Berücksichtigung bedeutet jedoch nicht, dass die Bundesregierung in ihrem Handlungsspielraum paralysiert wird. Das Bundesverfassungsgericht hat einer weitgehenden Bindung der Regierung durch das Parlament einen Riegel vorgeschoben mit dem Hinweis auf das Prinzip der Gewaltenteilung und der Eigenverantwortung der Exekutive in auswärtigen Angelegenheiten. Im Rahmen der Ausübung seiner Mitwirkungsrechte lässt sich der EU-Ausschuss stets von der Idee leiten, der deutschen Europapolitik die notwendige Legitimation als auch die Effizienz zu verleihen. Der Bundestag kann indessen die Bundesregierung dazu auffordern, einen Parlamentsvorbehalt in den Ratsberatungen geltend zu machen, sofern eine zeitgerechte Auseinandersetzung mit einer Unionsvorlage nicht möglich ist. Der EU-Ausschuss ist somit der zentrale Ort der Mitwirkung auf dem Gebiet der EU-Politik. Das dem EU-Ausschuss durch die Geschäftsordnung verliehene Stellungnahmerecht ist ein bedeutender Pfeiler in der Zusammenarbeit zwischen Bundesregierung und Deutschem Bundestag. Dieses Recht ermöglicht es dem

EU-Ausschuss, den Rahmen für die EU-Politik der Bundesregierung zu setzen. Gerade in diesem Zusammenhang ist es wichtig, dass dem EU-Ausschuss das Sonderrecht verliehen wurde, plenarersetzende Beschlüsse zu fassen. Nur in Ausübung dieses Sonderrechts war es möglich, rechtzeitig, also am 29. September 1999 vor dem Europäischen Rat in Tampere der Bundesregierung die Auffassung des Deutschen Bundestages mit auf dem Weg zu geben, sich für die Bildung eines mehrheitlich parlamentarischen Konvents einzusetzen, der eine europäische Grundrechtecharta erarbeiten sollte. Das gleiche gilt für den plenarersetzenden Beschluss vom 4. Juli 2001, der einen mehrheitlich aus Parlamentariern zusammengesetzten Verfassungskonvent forderte. Dieses Eintreten des Deutschen Bundestages für eine Stärkung der parlamentarischen Rolle in der EU ist auch als Reaktion auf die Schwerfälligkeit der Regierungskonferenzen zu verstehen. Die Konventsidee, wonach die Parlamentarier die institutionellen EU-Reformen ausarbeiten, steht auch für eine Stärkung des Parlamentarismus in Europa.

Als Ergebnis der Zusammenarbeit zwischen Bundesregierung und Deutschem Bundestag ist auch festzuhalten, dass mittels der durch den EU-Ausschuss ergriffenen Initiative, europapolitische Plenardebatten im Deutschen Bundestag zu initiieren – in der 14. Wahlperiode ist es so zu mehr als 40 europapolitischen Debatten gekommen – der demokratische Grad der europapolitischen Entscheidungen erheblich erhöht wurde. In diesem Zusammenhang müssen auch die öffentlichen Ausschusssitzungen erwähnt werden. Auf der Tagesordnung dieser Sitzungen standen nicht nur die großen europapolitischen Projekte wie die Erweiterung und der Konstitutionalisierungsprozess, sondern auch so wichtige Themen wie die Betrugsbekämpfung im Rahmen der europäischen Betrugsbekämpfungseinheit (OLAF) oder die Arbeitnehmerfreizügigkeit in einem erweiterten Europa. Der EU-Ausschuss trug insofern dazu bei, Ängste, die zum Beispiel mit der EU-Erweiterung zusammenhängen, abzubauen. Die Öffentlichkeitsarbeit des EU-Ausschusses und die Zunahme von europapolitischen Plenardebatten im Deutschen Bundestag sind Garanten dafür, dass die europapolitischen Entscheidungen eine noch größere Legitimation erhielten und die Verfahren und die Entscheidungen der Europäischen Union noch transparenter wurden. Dem EU-Ausschuss ist es folglich gelungen, ein eigenständiges parlamentarisches Profil im Rahmen der EU-Politik zu entwickeln. Zugleich wurde die deutsche Europapolitik in parlamentarischer Sichtweise während der 14. Wahlperiode des Deutschen Bundestages bereichert. Dass es dem EU-Ausschuss im Rahmen der Zusammenarbeit mit der Bundesregierung gelungen ist, ein eigenes parlamentarisches Profil und eine eigene parlamentarische Handschrift zu zeigen, ist in der Tat ein Ereignis, das besonders erwähnt zu werden verdient.

II. Die Rolle des EU-Ausschusses in der parlamentarischen Begleitung der Europapolitik

In allen großen europapolitischen Fragen gelang es dem EU-Ausschuss des Deutschen Bundestages, sich Gehör in der Öffentlichkeit zu verschaffen, da er ein eigenes parlamentarisches Profil in den europapolitischen Debatten entwickelte. Essenzielle Voraussetzung für dieses Profil war, dass ein von den Parlamentariern des EU-Ausschusses getragener eindrucksvoller Grundkonsens in allen wichtigen europapolitischen Fragen herrschte. Diesem Grundkonsens war es zu verdanken, dass der EU-Ausschuss des Deutschen Bundestages mit eigener Handschrift – wie zu zeigen ist – zu allen europapolitischen Fragestellungen Stellung bezog. Zu diesen Fragen zählten insbesondere die großen europäischen Debatten betreffend die EU-Erweiterung, die gemeinsame Verteidigung sowie den Konstituionalisierungsprozess.

Erweiterung der Europäischen Union

Innerhalb des Deutschen Bundestages ist der EU-Ausschuss federführend für Fragen in Bezug auf die Erweiterungsverhandlungen. Diese Kompetenz beruht auf einer Vereinbarung mit dem Auswärtigen Ausschuss. Die am 9. Oktober 2002 von der Europäischen Kommission gebilligte Empfehlung zum 1. Januar 2004 zehn neue Mitgliedstaaten aufzunehmen, führte dazu, dass das historische Projekt der Vereinigung Europas mit dem Ziel den Frieden, die Stabilität und die Demokratie in Europa zu sichern, verwirklicht wurde. Für die Wahlen zum Europäischen Parlament im Juni 2004 waren dann nicht nur die Bürger aus den 15 EU-Mitgliedstaaten wahlberechtigt, sondern auch alle Bürger aus Ungarn, der Tschechischen Republik, Polen, Slowakei, Estland, Lettland, Litauen, Slowenien, Malta und Zypern. Im Hinblick auf Bulgarien und Rumänien bekräftigte die EU-Kommission in ihren Schlussfolgerungen, dass sie alles unternehmen werde, damit beide Länder ihre eigene Zielsetzung erreichen können, nämlich zum erstmöglichen Zeitpunkt beizutreten. Mit der Billigung der Agenda 2000 und einer entsprechenden Beschlussempfehlung an das Plenum hat der Europaausschuss die Weichen für die deutsche Zustimmung zu den finanziellen Voraussetzungen der Erweiterung gestellt. Eine wirksame parlamentarische Begleitung wurde erreicht durch die regelmäßig von der Bundesregierung durchgeführten Unterrichtungen des EU-Ausschusses über den aktuellen Stand der Beitrittsverhandlungen. Außerdem informierte der Staatsminister im Auswärtigen Amt die Obleute und Berichterstatter in monatlichen Abständen über alle Aspekte der Beitrittsverhandlungen. Die Mitglieder konnten ihre Auffassung den Vertretern der Bundesregierung so zum Ausdruck bringen. Erwähnenswert ist, dass der EU-Ausschuss eigenständige Akzente in der Erweiterungsdiskussion gesetzt hat. Von den insgesamt 102 Sitzungen des EU-Ausschusses waren zahlreiche Sitzungen dem EU-Erweiterungsprozess gewidmet. Zu den Themen zählten: ein Gespräch mit allen

Botschaftern der mittel- und osteuropäischen Beitrittsländer sowie Maltas mit dem Ziel, Informationen über die Selbsteinschätzung der beitrittswilligen Staaten zu erhalten; eine öffentliche Anhörung über die Auswirkungen der EU-Erweiterung auf die Gemeinsame Agrarpolitik und die Regionen; ein öffentliches Hearing über die wirtschaftlichen Chancen und Herausforderungen der EU-Erweiterung; eine öffentliche Anhörung, die auf verbreitete Ängste und Befürchtungen in der Bevölkerung einging. Erwähnenswert ist ferner, dass der EU-Ausschuss enge bilaterale Beziehungen zum Nachbarland Polen knüpfte, die zu einer gemeinsamen öffentlichen Sitzung mit dem Ausschuss für Europäische Integration des Polnischen Sejm führte und sich mit so sensiblen Themen wie der wirtschaftlichen Lage im Grenzgebiet und der grenzüberschreitenden Kooperation, der Arbeitnehmerfreizügigkeit und der inneren Sicherheit befasste. Ziel dieser parlamentarischen Bemühungen war es, die Gefahr abzuwenden, dass irrationale Ängste, etwa hinsichtlich einer Masseneinwanderung von osteuropäischen Arbeitskräften, zu weiteren Verzögerungen des Erweiterungsprozesses führen. Der EU-Ausschuss hat somit durch seine parlamentarische Handschrift entscheidend dazu beigetragen, dass die EU-Erweiterungsdiskussion für die Öffentlichkeit transparenter gemacht wurde.

Gemeinsame Verteidigung

Der EU-Ausschuss des Deutschen Bundestages ist federführend zuständig für die institutionellen Fragen auf dem Gebiet der Gemeinsamen Außen- und Sicherheitspolitik (GASP) der EU und der Europäischen Sicherheits- und Verteidigungspolitik (ESVP).

Der EU-Ausschuss agierte zudem in allen Bereichen der Gemeinsamen Außen- und Sicherheitspolitik. In diesem Zusammenhang sind beispielsweise die transatlantischen Beziehungen, das Verhältnis der Europäischen Union zur Russischen Föderation, die nördliche Dimension der Europäischen Union, der Barcelona-Prozess und die Mittelmeer-Politik der Europäischen Union unter besonderer Berücksichtigung der Nahost-Problematik zu nennen. Die parlamentarische Begleitung der Außen- und Sicherheitspolitik durch den EU-Ausschuss umfasste auch die Außenminister- bzw. Gipfelbegegnungen EU-MERCOUSUR, ASEAN, AKP sowie EU-Afrika. Im Rahmen der parlamentarischen Kontrolle hat der EU-Ausschuss in der 14. Wahlperiode auch deutlich gemacht, dass es der GASP noch an Kontinuität sowie Übersichtlichkeit mangelt. Dieser Mangel an Kontinuität resultiert aus der alle sechs Monate rotierenden EU-Präsidentschaft. Die Unübersichtlichkeit in der GASP ergibt sich aus der Vielzahl von Kompetenzbereichen: so gibt es derzeit neben dem Hohen Beauftragten Solana den EU-Außenkommissar Patten, mehrere andere mit Einzelaspekten der Außenpolitik befaßte Kommissare, diverse Sonderbeauftragte sowie 15 Staats- und Regierungschefs sowie die jeweiligen Außenminister. Die Krisenregion im Orient macht es wieder deutlich, dass Europa in der GASP noch ein Gesicht fehlt. Der Irak-Konflikt hat gezeigt, dass Europa nicht mit einer Stimme spricht.

London, Paris und Berlin vertreten verschiedene Meinungen bezüglich der Lösung des Irakproblems. Dabei zeigen Meinungsumfragen, dass die Europäer sich in ihrer überwiegenden Mehrheit für eine GASP aussprechen.

Auf dem Feld der ESVP hat sich der EU-Ausschuss für einen eigenständigen Rat der Verteidigungsminister der Mitgliedstaaten der EU eingesetzt, um so eine bessere Koordinierung der Verteidigungsminister der Mitgliedstaaten zu erreichen. Im Ergebnis hat der EU-Ausschuss erreicht, dass seit Beginn des Jahres 2002 im Rahmen des Allgemeinen Rates regelmäßige Treffen der Verteidigungsminister der Mitgliedstaaten der EU organisiert werden. Zum anderen verlangte der EU-Ausschuss, die ESVP der parlamentarischen Kontrolle zu unterwerfen. Diesbezüglich wurde ein ständiger Dialog mit den Vertretern des Europäischen Parlaments und der Versammlung der Westeuropäischen Union gefördert. Mit dem Bundesministerium der Verteidigung hat der EU-Ausschuss eine regelmäßige Unterrichtung über die Sitzungen der Verteidigungsminister im Rahmen des Allgemeinen Rates vereinbart. Die Diskussion im Rahmen des Verfassungskonvents über eine verstärkte Zusammenarbeit im Bereich der Verteidigung war nur zu begrüßen. Die sich ergebenden Fragestellungen über die Planung von gemeinsamen Krisenmanagement-Einsätzen oder der Gründung einer gemeinsamen Rüstungsagentur, um Kostendegressionen in den Bereich Einkauf, Forschung und Entwicklung zu gewährleisten, sollten den EU-Ausschuss über die 14. Wahlperiode hinaus beschäftigen.

Konstitutionalisierungsprozess

Der europäische Konstitutionalisierungsprozess wurde und wird von dem EU-Ausschuss intensiv begleitet. In der ersten Hälfte der 14. Wahlperiode begleitete der EU-Ausschuss den zur Ausarbeitung einer Grundrechtecharta gebildeten Verfassungskonvent. Zwei seiner Mitlieder, die Abgeordneten Prof. Dr. Jürgen Meyer (SPD) und Peter Altmaier (CDU/CSU) nahmen als Vertreter des Deutschen Bundestages teil. Der Grundrechtekonvent wurde von Roman Herzog, Bundespräsident a.D., geleitet. Der EU-Ausschuss, der sich für einen mehrheitlich aus Parlamentariern zusammengesetzten Konvent eingesetzt hatte, begleitete dessen Beratungen stets. Die parlamentarische Begleitung des Grundrechtekonvents erfolgte auch in Zusammenarbeit mit dem EU-Ausschuss des Deutschen Bundesrates. So veranstalteten beide EU-Ausschüsse am 5. April 2000 eine öffentliche Anhörung zur Charta der Grundrechte. In den Beschlussempfehlungen vom 5. Juli sowie vom 8. November 2000 hat der EU-Ausschuss aktiv auf die Inhalte der Grundrechte-Charta Einfluss genommen. Im Ergebnis bleibt festzuhalten, dass die Konventsarbeit zu einem Grundrechtekatalog geführt hat, der zu einen der modernsten der Welt gehört.

Dieser Grundrechtekatalog stand dann auch in den Beratungen des Verfassungskonvents zur Reform der Institutionen zur Debatte. An diesen Beratungen nahmen wieder die Abgeordneten Prof. Dr. Jürgen Meyer (SPD) und Peter Altmaier (CDU/CSU) als Vertreter des Deutschen Bundestages teil. Ziel war es, den Grundrechtekatalog als verbindliches Recht in der künftigen Verfassung zu verankern.

Ich bin ein wenig stolz darauf, dass der von mir geleitete Europaausschuss des Deutschen Bundestages beim Zustandekommen des Konvents eine entscheidende Rolle gespielt hat. Gleich nach dem dürftigen Ergebnis des EU-Gipfels von Nizza im Dezember 2000 war klar, dass der Intergouvernementalismus in der EU endgültig an seine Grenzen gestoßen war. Vor allem vor dem Hintergrund der EU-Erweiterung musste ein besserer Weg gefunden werden, als die hinter verschlossenen Türen tagenden Regierungskonferenzen der Diplomaten und schließlich die kontroversen Marathonsitzungen der Regierungschefs. Diese schafften es zwar jeweils, nach einer „Nacht der langen Messer" am frühen Morgen des Abreisetages mit fraglichen Paketlösungen und kaum tragfähigen Kompromissen die verschiedenen Gipfel immer wieder zu „retten". Aber visionäre Beschlüsse entstanden dabei in den letzten Jahren nicht mehr. Also musste ein neues Verfahren her. Hatten wir nicht beim Verfassen der Grundrechtecharta mit einem Konvent aus Parlamentariern gute Erfahrungen gemacht?

Die Bundesregierung reagierte auf die entsprechenden Vorstöße aus dem Ausschuss zunächst ablehnend. Bei einer Anhörung des EU-Ausschusses zur europäischen Verfassungsdiskussion im März 2001 wollte Bundesminister Fischer gar nichts davon wissen. Es sei für ihn ein Alptraum, ließ er später verbreiten, dass ein Konvent einen Entwurf für einen Verfassungsvertrag erarbeite, dem dann die Regierungschefs nur noch zustimmen könnten. Auch im Kanzleramt liefen die Berater gegen die Idee Sturm. Die Materie Verfassungsvertrag sei mit Machtfragen verbunden und deshalb viel zu kompliziert, als dass Parlamentarier sie lösen könnten. Nein, das müsste in der Hand der Regierungen bleiben.

Im Europaausschuss waren wir uns überparteilich schnell einig, dass ein europäischer Verfassungsvertrag nur dann Legitimität und Kraft entfalten kann, wenn er nicht von Diplomaten hinter verschlossenen Türen, sondern gewählten Parlamentariern im ständigen Dialog mit Zivilgesellschaft und Öffentlichkeit „von unten" erarbeitet werden würde. Dass der Europäische Rat der Regierungschefs am Ende die letzte Entscheidung hat – zumal dann, wenn der Konvent in bestimmten Fragen nicht zu einer Einigung kommt – blieb ja unbestritten.

Der EU-Ausschuss beschloss am 4. April 2001 einstimmig(!) eine Resolution für die Einberufung eines Konvents und brachte dann am 22. Mai 2001 auf der Sitzung der COSAC, des halbjährlich tagenden Gremiums aller Europaausschüsse der EU (und mit beratender Stimme der Beitrittskandidaten) ein. Nach kontroverser Diskussion wurde auch hier unser Resolutionsentwurf einstimmig (bei einer Enthaltung) angenommen. Am 4. Juli 2001 erhöhte der Ausschuss den Druck auf die Bundesregierung und fasste einen „plenarersetzenden Beschluss", mit dem Kanzler und Außenminister aufgefordert wurden, sich im Europäischen Rat für die rasche Einberufung eines Konvents einzusetzen.

Im August/September 2001 schwenkten die Regierungen der EU-Mitgliedstaaten dann endlich ein und öffneten sich langsam der Konventsidee. Jetzt aber versuchten sie, den Konvent so schwach wie möglich zu halten: Er solle lediglich „Optionen" erarbeiten, aus denen dann die Regierungschefs auswählen können. Mit Hilfe der

Aufgabenbeschreibung und später der Geschäftsordnung wurde immer wieder der Versuch unternommen, den Konvent an die kurze Leine zu legen. Nicht mit den Parlamentariern: Kurz vor dem EU-Gipfel am 14./15. Dezember 2001 im belgischen Laeken trafen sich die EU-Ausschüsse und die Auswärtigen Ausschüsse von Deutschem Bundestag und Französischer Nationalversammlung am 10. Dezember in Paris. Wir verabschiedeten gemeinsam ein Papier für einen starken Konvent – und siehe da: wenige Tage später in Laeken beschlossen die Regierungschefs endlich einen Konvent, der einen durchgängigen Verfassungsentwurf erarbeiten solle und über kontroverse Fragen auch mehrheitlich abstimmen dürfe. Nach langem Kampf hatten wir Parlamentarier uns durchgesetzt. Dirk Koch schrieb im Spiegel:

> *„Der Europaausschuss des Bundestages hat Geschichte gemacht... Der Berliner Ausschuss stoppte die hohen Herren. Die Abgeordneten, selbst die von der rot-grünen Koalition, verlangten von der Bundesregierung, die völlige Unabhängigkeit des Verfassungskonvents zu garantieren. Zudem organisierten sie Widerstand in den anderen Hauptstädten über die Konferenz der Europa- Ausschüsse aller Parlamente. Die Berliner Regierung knickte ein. Außenminister Fischer versprach, man mache sich sämtliche Forderungen des Berliner Gremiums zu Eigen und vertrete sie gegenüber den EU-Partnern." (Der Spiegel, 9. Februar 2002)*

Der Verfassungskonvent, der am 28. Februar 2002 in Brüssel unter dem Vorsitz des ehemaligen französischen Staatspräsidenten Valéry Giscard d'Estaing seine Arbeit aufgenommen hatte, legte nach der Anhörungsphase detaillierte Diskussionspapiere vor. So präsentierte die Arbeitsgruppe „Nationale Parlamente" eine Zusammenfassung der Schlussfolgerungen ihrer Beratungen. Zunächst wurde darauf abgestellt, die Stärkung der Mitwirkungsrechte der nationalen Parlamente auf die Tätigkeit des Ministerrats zu konzentrieren. Die zweimal jährlich tagende Konferenz der Europaausschüsse (COSAC) sollte künftig genutzt werden, um die nationalen Parlamente noch mehr in die europäischen Entscheidungsprozesses einzubeziehen. Darüber hinaus sollte COSAC einen Verhaltenskodex ausarbeiten, um so Standards für eine wirksame parlamentarische Kontrolle der Regierungen aufzustellen. Die Mitglieder dieser Gruppe waren sich darin einig, dass die Stärkung der nationalen Parlamente mit einer Stärkung der demokratischen Legitimität der Europäischen Union einhergehen wird. Empfohlen wurde auch eine verbesserte Informationspraxis, indem die nationalen Parlamente regelmäßig direkt von der Kommission unterrichtet werden sollen. Auch lagen damals detaillierte Diskussionspapiere zu Vorschlägen einer künftigen Verfassung vor. Erwähnenswert und exemplarisch angeführt werden kann der Vorschlag des europäischen CDU-Abgeordneten Elmar Brok, Vorsitzender der EVP-ED-Fraktion im europäischen Konvent. Das Diskussionspapier sah ein Verfassungsprojekt vor, das die bestehenden Verträge in einem einzigen Text zusammenfasst – in einer EU-Verfassung mit 200 Artikeln. Die Verfassung sollte dem Vorschlag zufolge in fünf Teile gegliedert sein: Charta der Grundrechte, Grundsätze der Union, Organisation der Union, verstärkte Zusammenarbeitsformen, allgemeine und Schlussbestimmungen, die auf fünf „Verfassungsprotokollen" über den Binnenmarkt, die WWU, die GASP, die polizeiliche und justizielle Zusammenarbeit bei Strafverfahren sowie die nukleare Sicherheit basieren. Demnach sollte die Charta der Grundrechte Verfassungsrecht der EU werden. Die Rolle der nationalen

Parlamente sollte weiter gestärkt werden. Zu erwähnen ist hier die politische Kontrolle des Subsidiaritätsprinzips nicht nur durch die nationalen Parlamente sondern auch durch die regionalen Parlamente. Der Rat sollte nach diesem Vorschlag eine Kammer der Staaten im Legislativprozess sein und darüber hinaus die Wirtschaftspolitik der Mitgliedstaaten, die GASP sowie die polizeiliche und justizielle Zusammenarbeit koordinieren.

Es bleibt festzuhalten, dass die Parlamentarier des EU-Ausschusses im Rahmen des Konstitutionalisierungprozesses, der Fragen bezüglich einer gemeinsamen Verteidigung sowie der Erweiterung auf eindrucksvolle Art und Weise parlamentarisches Profil gezeigt haben, um wirkungsvoll parlamentarischen Einfluss auf die Europapolitik auszuüben. Der EU-Ausschuss hat während der 14. Wahlperiode die Bundesregierung in der Europapolitik erfolgreich angestoßen, begleitet und kontrolliert. Er hat seine verfassungsrechtlichen Privilegien und seine exklusiven Befugnisse voll genutzt – und damit seine eigene Stellung gefestigt und ausgebaut.

Natürlich bleibt eine weitere Optimierung der europapolitischen Legislativvorschau durch eine noch bessere Unterrichtung des EU-Ausschusses seitens der Bundesregierung wünschenswert, um die Grundlagen für eine noch wirksamere Kontrolle zu verbessern. Denn nur so kann sichergestellt werden, dass der EU-Ausschuss auch bei künftigen europapolitische Herausforderungen wieder „ein Wörtchen mitreden“ wird.

Der Europäische Verfassungsvertrag – Legenden und Tatsachen

von Prof. Dr. iur. Dres h. c. Thomas Oppermann[1]

Begegnung mit einem „Verfassungsvater"

An einer Ehrung für *Jürgen Meyer* beteilige ich mich gerne. Nach einigen sporadischen Begegnungen drückten wir 2002/2003 gemeinsam die Bänke im Brüsseler Sitz des Europäischen Parlaments, wo der Europäische Verfassungskonvent vom 28.2.2002 bis 10.7 2003 tagte. *Jürgen Meyer* MdB, bereits erfahrener „Veteran" des ersten Grundrechtekonvents 1999/2000, vertrat den Deutschen Bundestag im 105-köpfigen Konventsgremium, während ich den Vertreter des Bundesrates, Ministerpräsident *Erwin Teufel* beriet.[2] So hatte ich von den nach hinten aufsteigenden Plätzen der „Collaborateurs" jederzeit gute Sicht auf die vielfältigen Aktionen des vorne sitzenden *Meyer* während der Plenartagungen und begegnete ihm auch sonst regelmäßig in mancherlei Gremien des Konvents. Obwohl unterschiedlichen politischen Familien zugehörig, ergab sich zwischen *Teufel* und *Meyer* bald eine gute sachliche Zusammenarbeit. Europapolitik ist in Deutschland immer noch eine der wenigen überparteilichen Domänen. „Wir machen hier nicht Wahlkampf, sondern Verfassungsarbeit", sagte *Meyer* einmal im Sommer 2002. Bei der dem Experten *Meyer* besonders am Herzen liegenden EU-Grundrechtecharta, der Stärkung des Subsidiaritätsprinzips, einer ausgewogenen Kompetenzordnung zwischen EU und den Mitgliedstaaten und bei vielen anderen Fragen ergaben sich immer wieder nationale deutsche Interessen, die den Schulterschluß zwischen den Vertretern von Bundestag, Bundesrat und Bundesregierung nahe legten. Für *Jürgen Meyers* Arbeit im Konvent waren viele kompetente schriftliche Stellungnahmen ebenso kennzeichnend wie die geschliffenen mündlichen Interventionen im Plenum.[3] Im Gegensatz zu manch redseligem „Conventionnel" hatte er keine Schwierigkeiten mit der Drei-Minutenregel. *Meyer* gehörte zu denjenigen, dessen Beiträge vom Präsidium unter *Giscard d'Estaing* aufmerksam verfolgt wurden.

1 Prof. Dr.iur. Dres h.c., Tübingen. – 2002/2003 Berater von Ministerpräsident Erwin Teufel im Europäischen Verfassungskonvent, Brüssel.

2 *Teufel,* Europa in neuer Verfassung : Das Ergebnis des Verfassungskonvents aus Sicht der deutschen Länder, ZSE 2003, S. 347 ff.; *Oppermann,* Ministerpräsident Erwin Teufel im Europäischen Verfassungskonvent, in : *Palmer* (Hrsg.), Erwin Teufel – für die deutschen Länder im Konvent, 2004, S.25 ff.

3 Die zahlreichen Beiträge *J.Meyers* im Verfassungskonvent sind in: Deutscher Bundestag (Hrsg), Eine Verfassung für Europa – Der Europäische Konvent und der Deutsche Bundestag, 2003, S. 1083 ff. nachlesbar. – Zum Engagement Meyers für die EU-Grundrechte insbesondere *J. Meyer* (Hrsg.), Kommentar zur Charta der Grundrechte der EU, 2003.

Entgegen skeptischen Erwartungen gelang es dem Konvent, der anschließenden Regierungskonferenz im Sommer 2003 einen umfassenden Verfassungsentwurf vorzulegen.[4] Dies musste den überzeugten „Europäer“ *Jürgen Meyer* mit besonderer Befriedigung erfüllen. Er hat dem verschiedentlich Ausdruck verliehen. Die Staats- und Regierungschefs der EU vermochten zum Abschluß der anschließenden Regierungskonferenz am 29.10.2004 in Rom einen „Vertrag über eine Verfassung für Europa“ (EV) zu unterzeichnen, welcher den Konventsentwurf zum allergrößten Teil übernommen hat (ABl. EU 2004, C 310)[5]

A. Verfassungskrise – weshalb ?

Ein knappes Jahr später stehen die „Verfassungsväter“ in Konvent und Regierungskonferenz vor einem **Scherbenhaufen.** Zwar haben ein gutes Dutzend der 25 EU-Staaten, darunter Deutschland, den Verfassungsvertrag parlamentarisch oder über Referenden bereits ratifiziert. Aber ausgerechnet die Bevölkerung der beiden EG-Gründerstaaten Frankreich und Holland hat am 29.Mai. und 1. Juni 2005 den Verfassungsprozeß mit einem **klaren „Nein“** gestoppt (55% in Frankreich und sogar 62 % in den Niederlanden).[6] Die Frage bleibt offen, ob sich die Bürgerinnen und Bürger in Mitgliedstaaten wie Deutschland, die parlamentarisch zustimmten, anders entschieden hätten, wenn man sie gefragt hätte. Das erfreuliche „Ja“ der Luxemburger am 10. Juli 2005 (57 % Ja-Stimmen) kann nicht verallgemeinert werden.

Nach allen bisherigen Analysen über die Gründe der Ablehnung des EU-Verfassungsvertrages durch eine Mehrheit der Franzosen und Niederländer ballte sich nur begrenzt Zorn über den – selten gelesenen – Verfassungstext zusammen. Die Bürgerinnen und Bürger ließen vielmehr ihrem **Unmut über nationale Missstände** (Arbeitslosigkeit, allgemeine soziale Lage, „Abrechnung“ mit *Chirac* und *Balkenende* usw.) ebenso Lauf wie der **grundlegenden Unzufriedenheit mit einem Europa,** welches in großer Ferne von „denen da oben“ in Richtungen gelenkt wurde, auf die der Einzelne normalerweise keinen Einfluß nehmen kann (europäische „Regulierungswut“, zu hohe Finanzzahlungen an Brüssel, rauschhafte EU-Erwei-

4 Statt vieler : *Classen,* The Treaty establishing a Constitution for Europe, GYBIL 2003, S. 323 ff.; *K.-H. Fischer,* Konvent zur Zukunft Europas, 2003; *Oppermann,* Eine Verfassung für die EU. Der Entwurf des Europäischen Konvents, DVBl. 2003, S. 1165 ff., 1234 ff.; *Schwarze* (Hrsg.), Der Verfassungsentwurf des Europäischen Konvents, 2004; *Hölscheidt,* Europäischer Konvent, Europäische Verfassung, nationale Parlamente, JÖR 53 (2005), S. 429 ff.

5 Etwa : *Möstl,* Die Europäische Verfassung, 2004; *Wuermeling,* Der Vertrag für eine europäische Verfassung vom 19.Juni 2004, BayVBl. 2004, S. 577 ff.; *Beckmann/Dieringer/Hufeld* (Hrsg.), Eine Verfassung für Europa, 2. Aufl. 2005; *Brok/Norman,* Die neue EU-Verfassung, 2005; *K.-H. Fischer,* Der Europäische Verfassungsvertrag, 2005.

6 *Jopp/Kuhle,* Wege aus der Verfassungskrise – Die EU nach den gescheiterten Referenden in Frankreich und den Niederlanden, Integr. 2005, S. 257 ff.; *Schild,* Ein Sieg der Angst – das gescheiterte französische Verfassungsreferendum, Integr. 2005, S. 187 ff.

terung bis nach Anatolien usf.). Eine französische Hausfrau begründete ihr „Nein" im Fernsehen mit der Teuerung durch den Euro.

Man schlug den Sack und meinte den Esel. Für *Jürgen Meyer,* der sich im Konvent mit Anderen erfolgreich für „mehr Demokratie" im Verfassungsvertrag eingesetzt hatte (Grundrechte, Europäisches Bürgerbegehren), musste dies eine besonders bittere Erfahrung sein.

1. Misstrauen gegenüber dem Verfassungsvertrag

Es wäre dennoch zu einfach, das vorläufige Scheitern der EU-Verfassung **allein auf externe Gründe zurückzuführen.** Der „zweite Römische Vertrag" galt vielen Neinsagern gefühlsmäßig nicht als die Vollendung der Union im 21. Jahrhundert, welche die Verfassungsschöpfer angestrebt hatten.[7] Dem diffusen Chor der Agitatoren des „Nein" war es gelungen, bestimmte Aspekte der Verfassung bei den Bürgern in ein so negatives Licht zu rücken, dass sie eine Verschlechterung der eigenen Lage befürchteten oder jedenfalls keinerlei Besserung bei Annahme des Vertrages erhofften. **Legenden** verdichteten sich zu subjektiver Überzeugung.

Hinzu kam, daß die Gegner auf **tatsächliche Schwächen** des Werkes von Konvent und Regierungskonferenz hinweisen konnten. Auch wer die EU-Verfassung als entscheidende Voraussetzung für die Handlungsfähigkeit der „Groß-EU" von 25 und bald noch mehr Mitgliedstaaten ansieht, darf bestimmte Schwächen des Verfassungsvertrages nicht übersehen. Gleichwohl ist es ungerecht, diesen an ein Wunder grenzenden „historischen Kompromiß" zwischen 25 Mitgliedstaaten und den europäischen Institutionen deshalb insgesamt zu verdammen.

2. Ein „Risorgimento" der Union tut not !

Die EU ist mit dem „Nein" aus Frankreich und Holland nicht untergegangen. Sie wird erst einmal gezwungen, mit der in Athen 2003 auf die zehn neuen Mitglieder erweiterten **Vertragsverfassung von Nizza** weiterzuleben. Jede Krise hat ihre heilsame Seite. Sie ermöglicht die Besinnung auf die Ursachen und darauf, wie diesen abzuhelfen ist.

Zu einem **„Risorgimento" der EU** gehört Vieles, nicht zuletzt eine Rückbesinnung darauf, was ein friedliches, wohlhabendes und demokratisches Europa seinen Bürgern bereits seit Jahrzehnten gebracht hat. Aber auch die Erkenntnis, dass eine Beibehaltung des Nizza-Status die große Union über kurz oder lang lähmen muß.

7 Schon *Schachtschneider,* Das europäisierte Deutschland nach dem Konventionsentwurf einer „Verfassung für Europa", RuP 2003, S. 202 ff.; Ein prominentes Beispiel : *V.Klaus* (Präsident der Tschechischen Republik), Eine Gefahr für Demokratie und Freiheit in Europa, FAZ 15.3.2005.

Die quälenden Verhandlungen über den Finanzrahmen 2007-2013 stellen ein erstes Wetterleuchten dar. Der unvollkommene Nizza-Vertrag war der eigentliche Grund, weshalb ein Jahr später der Konvent zusammengerufen wurde. Die Verfassungsfrage stellt sich der Union weiterhin in gleicher Schärfe.

3. Erster Schritt : Aufdeckung der „Verfassungslegenden" und wirklicher Schwachstellen

Unter diesen Umständen lohnt es sich, die über den Verfassungsvertrag verbreiteten **Legenden** näher anzusehen und mit dem tatsächlichen Text zu vergleichen. Ebenso nötig ist freilich, **Schwachstellen der Verfassung** zu erkennen und zu überlegen, wie ihnen abzuhelfen wäre. Nur unter diesen Voraussetzungen können eines Tages sinnvolle Vorschläge gemacht werden, wie der Verfassungsprozeß wieder aufgenommen werden kann. Erfolgreiche Therapie bedarf vorheriger Diagnose.

B. Legenden und Böswilligkeiten

Hinter den **nationalen Vorwänden** („Abrechnung mit *Chirac* und *Balkenende*") verbreiteten die Gegner in Frankreich und Holland **einige Legenden über den Verfassungsvertrag**. Sie setzten sich in vielen gutgläubigen Köpfen fest, ohne deshalb richtiger zu werden. Im Wesentlichen ging es um die beiden Vorwürfe, der Verfassungsvertrag beseitige nicht das „Demokratiedefizit" der Europäischen Union und er sei „unsozial" (neoliberal). Sachverständige Kreise bemängelten vor allem in Deutschland umgekehrt, dass die Verfassung die Unabhängigkeit der Europäischen Zentralbank und damit die Stabilität der Preise antaste. Ferner wird gerügt, Konvent und Regierungskonferenz hätten den Auftrag von Nizza und Laeken verfehlt, eine klare Kompetenzordung zu schaffen, welche die nationalen und europäischen Zuständigkeiten eindeutig festlegt und abgrenzt.

Im Chor der Verfassungsgegner mischte sich sachlich-konstruktive Kritik mit böswilligem Populismus aus politischem Machtstreben.

1. „Demokratiedefizit" ?

Der Vorwurf, die EU und früher bereits **die EG sei „undemokratisch"** verfasst, ist so alt wie das europäische Einigungswerk selbst.[8] Er ist ebenso unvermeidlich wie

8 *Nass,* Ein beliebtes Phantom: Das Demokratiedefizit der EU, FAZ 29.3.1999; ausführlich *Tiedtke,* Demokratie in der EU, 2005.

ungerecht und hängt mit dem vielerörterten „Wesen" der Union zusammen. Nach inzwischen weithin herrschender Erkenntnis ist die Gemeinschaft und Union weder ein rein völkerrechtlicher Staatenbund noch der gelegentlich immer noch als Fernziel beschworene Europäische Bundesstaat, sondern eine Art „Zwitter". Das Bundesverfassungsgericht hat für den deutschen Sprachgebrauch das Wort **„Staatenverbund"** durchgesetzt. Die Union ist nichtstaatlich und überstaatlich zugleich. Der Verfassungsvertrag hält diese Doppelnatur der EU fest (Art. I-1 EV).[9]

Die Forderung nach voller EU-Demokratie wäre nur im Falle der Schaffung eines Europäischen Bundesstaates erfüllbar und gerechtfertigt. **Demokratie setzt als Herrschaft des Volkes eine gemeinsame Nation innerhalb eines Staates voraus.** Eine europäische Nation gibt es aber nicht.[10] Der Europäische Bundesstaat entpuppt sich unter 25 und bald mehr EU-Mitgliedstaaten mehr und mehr als Chimäre.

Andererseits sind dem Staatenverbund mit Rechtsetzungs- und Justizgewalt und neuerdings mit einer gemeinsamen Währung wichtige staatliche Attribute überantwortet worden. Die EG/EU bedarf als eine „Gemeinschaft von Demokratien" daher **eines bestimmten Maßes an „Demokratisierung"**, um mit ihren Mitgliedern homogen strukturiert zu sein. Je stärker die Vergemeinschaftung in einzelnen Sachbereichen voranschreitet, um so lauter wird die berechtigte Forderung nach Stärkung demokratischer Elemente im Staatenverbund. Das ist jedoch etwas Anderes als eine „EU-Volkssouveränität". Diese bricht sich an den Mitgliedstaaten, die „Herren der Verträge" bleiben. **Ein grundsätzliches „Demokratiedefizit" liegt im Wesen der EU.**[11]

Vor diesem Hintergrund hat der Verfassungsvertrag in bemerkenswertem Umfang **die Möglichkeiten demokratischer Legitimierung der Gemeinschaftsgewalt erweitert.** Das Europäische Parlament ist der große Gewinner der Verfassung.[12] Das „Gesetzgebungsverfahren" (bisher „Mitentscheidungsverfahren") wird unter weitgehender Gleichberechtigung zwischen Parlament und Ministerrat zum Regelverfahren (Art. I-20 EV). Das gilt grundsätzlich auch für das Haushaltsverfahren. Das Parlament wählt den Präsidenten der Kommission. Mindestens eine Million Unionsbürger können die Kommission zu Gesetzesvorschlägen auffordern (Art. I-47 EV).

Zur „Demokratisierung" der Unionsgewalt gehört ferner die **Einbeziehung der Bevölkerungsgröße** in die Definition der qualifizierten Mehrheit im Europäischen Rat und Ministerrat (Art. I-25 EV). Zu dieser Mehrheit gehört die notwendige Zustimmung von mindestens 15 Mitgliedstaaten, die mindestens 65 % der Unionsbevölkerung ausmachen.

Gemäß der Doppelnatur der Union werden die nationalen Parlamente stärker als bisher an der Gesetzgebung der Union beteiligt (Protokoll Nr. 1 zur EV).

9 BVerfGE 89, 155 ff. – „Maastricht"; näher *Oppermann,* Europarecht, 3. Aufl. 2005, S. 272 ff. (§ 12. Wesen der EU) m.w.N.

10 *Augustin,* Das Volk der EU, 2000.

11 *V. Werthern,* Zur Demokratisierung der EU, RuP 2002, S. 204 ff.

12 Näher *K.-H. Fischer* (Anm. 5), S. 150 f.

Diese und weitere Regelungen zugunsten stärkerer „Demokratisierung" der EU bleiben **begrenzt.** Das liegt nur zum Teil an Unvollkommenheiten der EU-Vertragsverfassung als Menschenwerk. **Entscheidend ist, dass die in der Demokratie im Staatsvolk wurzelnde Souveränität im EU-Staatenverbund auf der nationalen Ebene verbleibt.**[13] Innerhalb der EU findet sie am ehesten im Europäischen Rat der Staats- und Regierungschefs und im Ministerrat sowie bei „Verfassungsänderungen" ungeachtet der „Konventsmethode" in der Ratifikation durch die nationalen Parlamente (Art. IV-443 EV) Ausdruck. Der Umschlag der nichtsouveränen Staatenunion in einen Europäischen Bundesstaat ist unter 25 und demnächst mehr disparaten Mitgliedstaaten nicht mehr zu erwarten.

Diese Tatsachen dürfen nicht vergessen lassen, dass der Verfassungsvertrag das Menschenmögliche getan hat, **um die demokratische Legitimation der EU-Aktion zu verbessern.** EU-Verfassungspolitik bleibt freilich wie jede Politik die Kunst des Möglichen. Sie vermag auch nichts an der Tatsache zu ändern, dass bisherige und künftige Erweiterungen der Union in einem Spannungsverhältnis zur demokratischen Legitimierung der Gemeinschaftsaktion stehen. Je mehr sich die EU geographisch ausdehnt, desto entfernter werden Brüssel und Straßburg den Bürgern der europäischen Nationalitäten.[14] Populisten haben unter diesen Umständen wie kürzlich in Frankreich und Holland leichtes Spiel, hausgemachte Probleme den vaterlandslosen Eurokraten in die Schuhe zu schieben.

2. Eine „neoliberale" Wirtschaftsverfassung ?

Beim „Nein" des französischen Referendums vom 29. Mai 2005 verfing angesichts hoher Arbeitslosigkeit besonders der Vorwurf der Verfassungsgegner, die EU-Verfassung führe zu einem **Abbau des sozialen Europas zugunsten eines hemmungslosen „Neoliberalismus".**[15] Wer die Beratungen des Konvents und der Regierungskonferenz auch nur halbwegs verfolgt hat, erkennt die **Unrichtigkeit, ja Böswilligkeit dieser Behauptungen.**

Richtig ist, dass die geltende Wirtschaftsverfassung des EG-Vertrages auf dem **„Grundsatz einer offenen Marktwirtschaft mit freiem Wettbewerb"** beruht (Art. 4, 98 EGV).[16] Essentielle Elemente sind die Grundfreiheiten des Binnenmarktes und ein Primat des Wettbewerbsprinzips, denen gegenüber sozial gemeinte Interventionen besonderer Rechtfertigung bedürfen. Der Vorrang der **Preisstabilität** in der

13 Herrschende Auffassung: Etwa *Nettesheim,* Die konsoziative Föderation von EU und Mitgliedstaaten, in: Hess (Hrsg.), Wandel der Rechtsordnung, 2003, S. 1 ff.; *Schönberger,* Die EU als Bund, AöR 2004, S. 81 ff.

14 *Oppermann,* Die Grenzen der EU oder das Vierte Kopenhagener Kriterium, FS Zuleeg, 2005, S. 72 ff.

15 „Und jetzt das soziale Europa !", FAZ 31.5.2005.

16 *Hatje,* Wirtschaftsverfassung, in: v. Bogdandy (Hrsg.), Europäisches Verfassungsrecht, 2003, S. 683 ff.

Geldpolitik der Europäischen Zentralbank gehört ebenfalls in diesen Zusammenhang. Soziales Wohlergehen soll sich aus dieser Sicht in erster Linie aus den Vorteilen eines funktionierenden Binnenmarktes für Alle ergeben.

Diese „neoliberale" Seite der EG-Wirtschaftsverfassung ist jedoch seit den Anfängen immer mehr durch eine enge Wechselbeziehung zwischen Wirtschafts- und Sozialpolitik ergänzt worden **(„Europäisches Sozialmodell").**[17] Ein hohes Beschäftigungsniveau, ein hohes Maß an sozialem Schutz , die Gleichstellung von Männern und Frauen, Lebensqualität, wirtschaftlicher und sozialer Zusammenhalt und die Solidarität zwischen den Mitgliedstaaten wurden als Ziele der Gemeinschaft festgeschrieben (Art. 2 EGV). Zu ihrer Verwirklichung ist es bereits zu umfangreicher Setzung sekundären EG-Sozialrechts gekommen. In Maastricht wurde 1992 ein neuer Titel Beschäftigungspolitik in den EG-Vertrag aufgenommen (Art. 125 ff. EGV). Obwohl die nationalen Sozialsysteme im Wesentlichen – vornehmlich aus finanzpolitischen Gründen – in der Obhut der Mitgliedstaaten verblieben sind, ist Sozialpolitik seit langem zu einem festen Bestandteil der Gemeinschaftsaktion geworden.

Hat der Verfassungsvertrag das „europäische Sozialmodell" angetastet und die marktwirtschaftlichen Elemente der EG-Wirtschaftsverfassung zu seinen Lasten verstärkt? Im Gegenteil! Wer die Konventsberatungen und die Regierungskonferenz näher verfolgt hat, weiß, dass starke Kräfte der sozialistisch-sozialdemokratischen „Familie" im Konvent und die von ihr getragenen Regierungen bestrebt waren, die soziale Seite der europäischen Wirtschaftsverfassung so weit als möglich auszubauen. Sie waren damit in Grenzen erfolgreich. **Der Verfassungsvertrag verstärkt die sozialen Zielsetzungen der Union.**[18] An die Stelle des „Grundsatzes einer offenen Marktwirtschaft mit freiem Wettbewerb" tritt als Leitbild **„eine in hohem Maße wettbewerbsfähige soziale Marktwirtschaft"** (Art. I-3 EV). *Ludwig Erhard* als Vater der sozialen Marktwirtschaft deutscher Prägung würde sich im Grabe umdrehen, wenn er den Sinnwandel des einstigen „Markenzeichens" des deutschen Wirtschaftswunders der fünfziger und sechziger Jahre in der EU-Verfassung nachlesen könnte. Bei den **Werten der Union** (Art. I-2 EV) stehen Nichtdiskriminierung, Solidarität und Gleichheit von Frauen und Männern im Vordergrund, bei den **Zielen** ein „ausgewogenes" Wirtschaftswachstum, Vollbeschäftigung , sozialer Fortschritt, die Bekämpfung sozialer Ausgrenzung, soziale Gerechtigkeit und sozialer Schutz, die Solidarität zwischen den Generationen und der Schutz der Rechte des Kindes. Erst in der Regierungskonferenz wurde zu später Stunde die Preisstabilität mit einem einzigen Wort unter die EU-Ziele aufgenommen. Auch wenn die operativen Regelungen der Sozial- und Beschäftigungspolitik im Verfassungsvertrag weithin unverändert geblieben sind (Art. III-203 ff. EV), tritt der **„soziale Geist",** in dem sie angewendet werden sollen, deutlicher als bisher hervor.

17 *Adnett/Hardy,* The European Social Model, 2005.

18 *Ruffert,* Die Wirtschaftsverfassung im Vertrag über eine Verfassung für Europa, 2004; *Schick/Holz,* Der neue europäische Verfassungsvertrag: Zentralisierungstendenzen in der Sozial- und Beschäftigungspolitik, Stiftung Marktwirtschaft (Hrsg.), Nr. 87/2004.

Eingefleischte Sozialpolitiker mögen das europäische Sozialmodell des Verfassungsvertrages immer noch für ungenügend erachten. Wirtschaftspolitiker der deutschen ordoliberalen Schule sehen bereits eine bedenkliche „Verwässerung“ der europäischen Markt- und Wettbewerbsfreiheiten.[19] Auf jeden Fall bedeutete es ein **gehöriges Maß demagogischer Unredlichkeit** der französischen und sonstigen Verfassungsgegner, berechtigte soziale Ängste und Nöte in der Bevölkerung, die ihren Grund in schlechter nationaler Wirtschafts- und Sozialpolitik hatten, auf den Verfassungsvertrag als Sündenbock umzulenken. Er bringt eine **gewisse Stärkung der sozialen Elemente** der EU-Wirtschaftsverfassung mit sich und stellt alles andere als einen Siegeszug des „Ultraliberalismus“ dar.

3. Antastung der Unabhängigkeit der Europäischen Zentralbank ?

Interessanterweise haben die „Liberalen“ ihre eigene „Verfassungslegende“ verbreitet. Kreise um die deutsche Bundesbank, aber auch weitere Stimmen geben der Besorgnis Ausdruck, dass die **unabhängige Position der Europäischen Zentralbank und ihre eigenständige Aufgabe im Verfassungsvertrag geschwächt worden seien**.[20] Dafür wird insbesondere ins Feld geführt, dass die EZB nicht mehr wie in Art. 8 EGV als eine Art Solitär neben die EG-Organe positioniert wird, sondern gemäß Art. I-30 EV unter die „sonstigen Organe“ der EU eingereiht ist. Hieraus wird eine stärkere Einbindung in die sozial akzentuierten Ziele des Art. I-3 EV und damit einen Schwächung des primären Auftrages der Preisstabilität abgeleitet.

Die Regelung im Verfassungsvertrag **rechtfertigt bei genauerer Betrachtung solche Besorgnisse nicht.**[21] Die Grundentscheidung der Europäischen Währungsunion, über ein unabhängiges Eurosystem Währungs- und Preisstabilität dauerhaft zu gewährleisten, wird in der EU-Verfassung 2004 gewahrt. Die EZB ist als sonstiges Organ der EU wie bisher bei ihrer Aufgabenerfüllung gegenüber den Organen, Einrichtungen und sonstigen Stellen der Union sowie gegenüber den Regierungen der EU unabhängig (Art. I-30 Abs. 3 EV). Vorrangiges Ziel des Europäischen Systems der Zentralbanken bleibt die Gewährleistung der Preisstabilität (Art. I-30 Abs. 2 EV). Diese gilt gemäß Art. I-3 EV als Ziel der EU.

Wer die besonders vom einstigen „Stabilitätsanker“ Deutschland 2004/2005 betriebene „Aufweichung“ des in zwei Verordnungen vom 7.7.1997 (ABl. L 209/1ff., 6 ff.) enthaltenen Stabilitäts- und Wachstumspaktes verfolgt hat, weiß, dass sich die Sorgen um den langfristigen Erfolg der Währungsunion **nicht aus der Geldpolitik der EZB herleiten**.[22] Sie hat bisher ihre Hausaufgaben zugunsten der Wahrung von

19 *Cäsar/Kösters,* Europäische Wirtschafts- und Währungsunion: Europäische Verfassung versus Maastricht, Integr. 2004, S. 288 ff.

20 *M.Seidel,* Die Stellung der EZB nach dem Verfassungsvetrag, 2004; *Gramlich/Manger/Nestler,* Währungsrechtliche Defizite der Verfassung für Europa, EuZW 2005, S. 193 ff.

21 *Gaitanides,* Die Verfassung für Europa und das ESZB, FS Zuleeg, 2005, S. 550 ff. m.w.N.

22 *J. Stark,* Die Zukunft des Stabilitätspaktes, 2004.

Preisstabilität gemacht und könnte dies unter dem Verfassungsvertrag fortsetzen. Vielmehr lässt die **unsolide Haushaltspolitik verschiedener EU-Staaten** befürchten, unter die sich inzwischen Deutschland eingereiht hat, dass der EURO eines Tages „weich" werden könnte. Die Fachleute waren sich von Anfang an einig, dass die Geldpolitik der Zentralbank nur eine der beiden Voraussetzungen für die Stabilitätskultur der Währungsunion darstellt.[23] Gegen eine längere inflationstreibende Wirtschafts- und Haushaltspolitik relevanter EU-Staaten wäre die EZB machtlos.

Mit dem Verfassungsvertrag hat das Alles nichts zu tun. Ihn für Währungs- und Preisrisiken verantwortlich machen zu wollen, stellt ein leicht durchschaubares Ablenkungsmanöver von den wahren Gefahren dar, denen der EURO ausgesetzt werden könnte. **Die Verfassungsartikel über die Europäische Währungsunion bleiben so gut wie bisher.** Entscheidend ist der Geist, in dem sie angewendet werden.

C. Schwachstellen des Verfassungsvertrages

Die über den Verfassungsvertrag in Referenden und anderwärts aus durchsichtigen Gründen verbreiteten Legenden und Böswilligkeiten lassen sich entkräften. Das bedeutet nicht, dass die EU-Verfassung, wie sie in Rom am 29.10.2004 unterzeichnet wurde, über jeden Zweifel erhaben wäre. Sie ist wie jede Rechtsregelung ein mit vielen Kompromissen behaftetes Menschenwerk. Von mittlerweile 25 Mitgliedstaaten geschaffen, die nach Größe und europapolitischer „Philosophie" erheblich divergieren, gilt das in besonderem Maße. Neben manchen kleinen und auch kleinlichen Einwänden muß sich der Verfassungsvertrag **substantieller Kritik in drei Punkten** stellen :

- Verbunden mit begriffsjuristischer Wortklauberei um den Begriff „Verfassung"[24] wird die **Länge des Vertrages** gerügt. Darf eine Verfassung 448 Artikel enthalten?
- Zweitens sei der Auftrag von Nizza verfehlt worden, die **EU-Kompetenzen** kritisch daraufhin zu durchleuchten, im Interesse der Bürgernähe der Union überlebte oder verfehlte EG-Zuständigkeiten an die Mitgliedstaaten zurückzugeben. Stattdessen übertrage der Vertrag der Union in einer Art „Einbahnstraße" weitere Kompetenzen.
- Schließlich begünstige die EU-Verfassung vor allem im institutionellen Bereich noch stärker als bisher **die Position der 19 kleinen und mittleren Mitgliedstaaten** zu Lasten der sechs Größeren. Bei einer absehbaren Erweiterung auf 30

23 *Issing,* Politische Union durch gemeinsames Geld ?, 1995.

24 *D.Grimm,* Der Vertrag. Die „europäische Verfassung" ist keine echte Verfassung, FAZ 12.5.2005. Bejahend dagegen *Starck,* Der Vertrag über eine Verfassung für Europa, FS Götz, 2005, S. 73 ff. Aufgeschlossen auch *P. Kirchhof,* Europa auf dem Weg zu einer Verfassung? ZSE 2003, S. 358 ff. („Verschiedene Verfassungsbegriffe"). Die Praxis hat den Verfassungsbegriff akzeptiert: BVerfGE 22, 296; EuGHE 1986, 1339, Rd.Nr 23, st. Rspr.

und mehr Mitglieder werde dieses Ungleichgewicht gefährliche Ausmaße annehmen.

Vor allem die beiden letzten Kritiken sind ernstzunehmen.

1. Eine überlange Verfassung ?

Der Vorwurf, der Verfassungsvertrag sei mit seinen 448 Artikeln ein für den Bürger unverständliches Monstrum, gehört zum Standardrepertoire der Verfassungsgegner nicht nur in Frankreich und Holland.[25] Hier mischen sich Dichtung und Wahrheit.

Es gibt das berühmte amerikanische Diktum, **dass Verfassungen „kurz und dunkel" sein sollen,** um in wechselnden Zeitläufen ausdeutbar und damit bestandskräftig zu bleiben. Auf den ersten Blick verstößt der europäische Verfassungsvertrag hiergegen in eklatanter Weise. Leider hat er sich mit seinen 4 Teilen und 448 Artikeln eine unnötige Blöße gegeben. Die **„eigentliche Verfassung" der Teile I, II und IV,** welche mit Grundsätzen, Organisation und Grundrechten den typischen Inhalt heutiger staatlicher und staatsähnlicher Grundordnungen enthält, **ist mit 125 Artikeln wohltuend kurz**. Kürzer als das deutsche Grundgesetz und manch andere nationale Verfassung ! Der Text dieser Artikel ist zumeist angenehm lesbar geraten. Das ist ein Verdienst des Konventsvorsitzes, vor allem des Präsidenten *Giscard d'Estaing* und des Vizepräsidenten *Amato,* die mit Hilfe des Konventssekretariats entscheidenden Einfluß auf die Formulierungen nahmen.[26] Die Regierungskonferenz hat insoweit nichts Wesentliches geändert.

Ein „Monstrum" stellen allein die **323 Artikel des Teiles III des Verfassungsvertrages** dar. Sie enthalten im Wesentlichen vom Binnenmarkt bis zum Auswärtigen Handeln der Union die Einzelregelungen über die EU-Zuständigkeiten in den verschiedenen Politikbereichen. Anders als bei einer Staatsverfassung ist die minutiöse Festschreibung der europäischen Handlungsmöglichkeiten beim nicht-souveränen „Staatenverbund" unvermeidlich. Gemäß dem **Prinzip der begrenzten Einzelermächtigung** (Art. I-11 EV) soll die EU nach dem Willen ihrer Gründer nur über diejenigen Zuständigkeiten verfügen, die ihr ausdrücklich mitgegeben werden.[27] Begrenzte Möglichkeiten der „Kompetenzabrundung" wie die „Flexibilitätsklausel" des Art. I-18 EV begegnen bereits starkem nationalem Misstrauen.

Es führt daher in die Irre, wenn Konvent und Regierungskonferenz vorgehalten wird, sie hätten nach Art des deutschen Grundgesetzes lediglich **drei abschließende Kataloge ausschließlicher, geteilter und ergänzender Zuständigkeiten** in den Verfassungsvertrag aufnehmen und im Übrigen auf Teil III der Verfassung verzich-

25 Sogar der „Kronjurist" des Konvents, Vizepräsident *Giuliano Amato,* bezeichnet diese Kritik als die „einzig berechtigte", IntPol 7/2005, S. 13 ff.

26 *Oppermann,* Valéry Giscard d'Estaing – Vater der Europäischen Verfassung, FS Delbrück, 2005, S. 519 ff.

27 *Krausser,* Das Prinzip der begrenzten Ermächtigung im Gemeinschaftsrecht als Strukturprinzip des EWG-Vertrages, 1991.

ten sollen. Es muß als ein Erfolg vor allem deutscher Konventsmitglieder festgehalten werden, dass solche Kataloge erstmals ansatzweise in einer EU-Grundordnung enthalten sind (Art. I-12 bis I-14, I-17 EV). Sich damit ohne die „Feineinstellungen" des Teiles III zu begnügen, hätte jedoch nach allen Erfahrungen mit der Entwicklung der EG-Kompetenzen Tür und Tor zu einer nicht absehbaren **Ausdehnung der europäischen Aktionsmöglichkeiten** aufgestoßen. Anders ausgedrückt : der Weg zum Europäischen Bundesstaat wäre auf der gesetzgeberischen Weise eröffnet worden. Da dies dem Willen der übergroßen Konventsmehrheit und der nationalen Regierungen widersprach, musste sich der Umfang der Zuständigkeiten der Union im Sinne der begrenzten Einzelermächtigung aus Teil III des Vertrages ergeben, in dem weithin die Kompetenzregelung des EG-Vertrages abgeschrieben wurde (Art. I-12 Abs. 6 EV).[28]

Ungeachtet dieser Zwangsläufigkeiten wäre es nicht nötig gewesen, den Verfassungsvertrag mit dem „Ballast" der 323 Artikel des Teiles III zu belasten. Die ursprüngliche Absicht des Vorsitzes und mancher Konventsmitglieder ging dahin, neben die 125 Artikel der Teile I, II und IV ein **„Organgesetz"** o.ä. zu stellen, in dem die detaillierten Kompetenzregelungen des Teiles III außerhalb der „eigentlichen Verfassung" untergebracht worden wären.[29] Es ist sehr bedauerlich, dass sich diese Absicht nicht verwirklichen ließ. Sie hätte den Verfassungscharakter des Vertrages im Ratifikationsprozeß deutlich gemacht. Die Idee des Organgesetzes scheiterte an der Sorge maßgeblicher Konventsmitglieder – nicht zuletzt aus Deutschland –, mit einem solchen Gesetz würde neben der Verfassung zu Lasten der Mitgliedstaaten die Möglichkeit **„verfassungsimmanenter" EU-Kompetenzerweiterungen** ohne parlamentarische Ratifikation eingeführt. Zwingend waren diese Befürchtungen nicht. Der nationale Argwohn nährte sich freilich aus jahrzehntelangen Erfahrungen mit **Brüsseler „Regulierungswut"**, welche bereits die bisherigen EG-Kompetenzen gerne bis zum Äußersten ausreizt – nicht selten zum Schaden des Ansehens der Gemeinschaft in der Bevölkerung.

2. Die Kompetenzordnung – Eine „Einbahnstraße" zugunsten der EU?

Eine andere Schwachstelle des Verfassungsvertrages, die seiner Akzeptanz in den Mitgliedstaaten abträglich ist, liegt in dem Versäumnis von Konvent und Regierungskonferenz, die bisherige Zuständigkeitsregelung nicht nur hinsichtlich möglicher Zuwächse zugunsten der europäischen Seite zu überprüfen, sondern gleichzei-

28 Rechtstechnisch wäre eine präzise Auflistung der EU-Kompetenzen in den drei Zuständigkeitskatalogen möglich gewesen, sodaß Teil III weithin entbehrlich geworden wäre. Im Konvent hatte der „Brok-Entwurf" der EVP-Gruppe hierfür Formulierungen vorgelegt (*Selmayr,* Die Arbeit des Konvents und der Verfassungsentwurf von Frascati, Europablätter 2003, S. 256 ff.). Politisch war dies ausgeschlossen, da größere Teile des Konvents eine inhaltliche Diskussion über die Kompetenzen der Union ablehnten.

29 *Amato* (Anm. 25).

tig die **Rückgabe solcher EG-Kompetenzen an die nationale Ebene** ins Auge zu fassen, die sich in der Praxis als **verfehlt oder überlebt** erwiesen hatten. Dieser Auftrag war in der Nizzaer „Erklärung zur Zukunft der Union“ enthalten gewesen, *„eine genauere, dem Subsidiaritätsprinzip entsprechende Abgrenzung der Zuständigkeiten zwischen der EU und den Mitgliedstaaten herzustellen“*.[30] Eine derartige Prüfung im Lichte bisheriger Erfahrungen wäre nicht einfach gewesen. Es gab jedoch Vorarbeiten z.B. des deutschen Bundesrates. Zumindest hätte die Formulierung einer **„zweiseitigen Flexibilitätsklausel“** (Art. I-18 EV) keine besonderen redaktionellen Schwierigkeiten verursacht. Eine solche Bestimmung hätte nicht nur Kompetenzerweiterungen zugunsten der Union ermöglicht, sondern ebenso den Abbau überflüssigen EU-Sekundarrechts erleichtert. Wer jedoch wie Ministerpräsident *Erwin Teufel* als Vertreter des deutschen Bundesrates ketzerische Gedanken zugunsten Rückübertragung von EU-Kompetenzen im Überschwang europäischer Verfassungsgebung zu äußern wagte, stand im Konvent ziemlich allein auf weiter Flur und wurde als „schlechter Europäer“ bezichtigt.[31] . So kam es schließlich dazu, dass der Verfassungsvertrag zwar in großzügiger Auslegung des Nizza-Mandates mit Raumfahrt, Sport, Katastrophenschutz, Verwaltungszusammenarbeit, Offener Koordinierung u.a.m. neue EU-Kompetenzen begründete, **sich jedoch kritischer „Kompetenzdurchforstung“ versagte**. Daran konnte auch die begrüßenswerte Stärkung der Subsidiaritätskontrolle im Verfassungsvertrag nichts ändern, da sie sich nur auf den Erlaß neuen europäischen Rechts bezieht.[32]

Forderungen nach „immer mehr Europa“ mochten im Konvent populär sein. Bei der anschließenden Verteidigung der Verfassung in einer weiteren Öffentlichkeit erwiesen sie sich als Danaergeschenk.

3. Größere und Kleinere Mitgliedstaaten in der Europäischen Union

Jede föderale oder auch nur bundesstaatsähnliche Ordnung wie diejenige der EU steht vor dem fundamentalen Problem, wie die Gewichte zwischen unterschiedlich großen Mitgliedern auszutarieren sind. **Demokratie des Ganzen und Eigenständigkeit der Glieder stehen in einem natürlichen Spannungsverhältnis zueinander**. Bei der im Kern völkerrechtlichen Schaffung der „Vertragsverfassung“ eines Staatenverbundes, dessen Mitgliedstaaten von Malta bis Deutschland „souverän“ sind, stellt sich diese Problematik noch schärfer als in der Nationalversammlung eines Bundesstaates.[33]

30 *Müller-Graff,* Der Post-Nizza-Prozeß, Integr. 2001, S. 208 ff.; *R. Wägenbaur,* Die Erklärung von Laeken zur Zukunft der EU, EuZW 2002, S. 65 ff.

31 *Oppermann* (Anm. 2), S. 35 f.

32 Art. I-11 Abs. 3 EV i.V.m. Protokoll Nr. 2 zum Verfassungsvertrag.

33 *Hrbek,* Föderalismus sui generis, ZSE 2003, S. 430 ff.

Von Rom 1957 bis Athen 2003 hat sich die Zahl der **bevölkerungsreichen („großen") EU-Staaten** von **drei** (Deutschland, Frankreich und Italien) mit dem Hinzutreten Großbritanniens, Polens und Spaniens lediglich auf **sechs** verdoppelt. Ihnen stehen anstelle der **drei Beneluxländer** von 1957 heute nicht weniger als **neunzehn „kleine und mittlere" Mitglieder** gegenüber (Belgien, Dänemark, Estland, Finnland, Griechenland, Irland, Lettland, Litauen, Luxemburg, Malta, Niederlande, Österreich, Portugal, Schweden, Slowakei, Slowenien, Tschechien, Ungarn und Zypern). Der Bogen spannt sich zwischen Deutschland mit 80 Millionen Bürgern und Malta mit 390.000, weniger als die Einwohnerzahl von Köln. Die sechs „Großen" stellen gute zwei Drittel der Unionsbürger und des in der EU erwirtschafteten Bruttosozialproduktes.[34]

Wie soll die Verfassung eines Staatenverbundes, der mit einem Binnenmarkt, gemeinsamen

Politiken und zu einem guten Teil mit einer einheitlichen Währung staatsähnliche Züge aufweist, mit solchen tatsächlichen Diskrepanzen zwischen den Mitgliedstaaten umgehen ? So wie der Staatenverbund der EU „Zwitter" zwischen Staatenbund und Bundesstaat ist, muß seine Grundordnung die **Spannung zwischen der Staatlichkeit seiner Mitglieder und einer Union** aushalten, die sich gleichzeitig demokratisch auf den Willen ihrer Bürgerinnen und Bürger gründen möchte (Art. I-1 EV). Das bedingt eine Reihe von **Kompromissen** vor allem im institutionellen Gefüge der Union.

Dem Verfassungsvertrag ist es nur begrenzt gelungen, hierfür den „goldenen Schnitt" zu finden. Das Konventspräsidium, insbesondere *Valéry Giscard d'Estaing*, hatte dieses Grundproblem der Verfassung erkannt, musste jedoch angesichts des geballten Widerstandes der souveränitätsbewussten „Kleinen" erheblich zurückstecken. Die Regierungskonferenz verwässerte die nötige institutionelle Reform weiter. Vor allem die Zusammensetzung des Europäischen Parlamentes und der Kommission sowie die Abstimmungsmodalitäten im Rat sind auf diese Weise halbherzig geraten.

(1) Ein „degressiv proportionales" Parlament

Ein demokratisches „Europa der Bürgerinnen und Bürger" (Art. I-1 EV) muß sich vor allem im **Europäischen Parlament** widerspiegeln.[35] Um arbeitsfähig zu bleiben, darf die Straßburger Versammlung andererseits **bestimmte Größenordnungen** nicht überschreiten. Die Verfassung legt eine Höchstzahl von 750 Abgeordneten als Vertretung der derzeit 450 Millionen Unionsbürger aus 25 Staaten fest (Art. I-20 EV). Da im Parlament eines Verbundes selbständiger Staaten jedes Mitglied vertre-

34 *Oppermann,* Größere und kleinere Mitgliedstaaten in der EU, FS Schmitt Glaeser, 2003, S. 559 ff. (auch zum Folgenden).

35 *Maurer/Wessels,* Das Europäische Parlament nach Amsterdam und Nizza, 2003.

ten sein sollte, sind Abstriche vom klassisch-demokratischen Prinzip des „One man, one vote“ unvermeidlich. Anderenfalls wären besonders kleine EU-Staa-ten wie Malta oder Luxemburg in Straßburg überhaupt nicht repräsentiert und andere wie beispielsweise Irland lediglich mit ganz wenigen Abgeordneten. Das **Prinzip der „degressiven Proportionalität“** (Art. I-20 EV), welches kleinere Mitgliedstaaten zugunsten der größeren begünstigt, ist damit vorgegeben. Problematisch bleibt jedoch seine **Schärfe,** wie sie der Verfassungsvertrag festlegt. Ein sogenannter „Mindestsockel“ von Mandaten verschafft beispielsweise Malta und Luxemburg je 6 Sitze, Irland 15 (statt 6 bei strikter Proportionalität), während sich Deutschland am anderen Ende mit 99 statt 130 Abgeordneten zu begnügen hat. Bei England, Frankreich und Italien sieht es nicht viel besser aus. Die bevorstehenden Beitritte Rumäniens, Bulgariens und weiterer Balkanstaaten werden die Abweichung vom Demokratieprinzip weiter verschärfen. Nach einem Beitritt der Türkei müsste man sich ein Europäisches Parlament mit ungefähr 50 Deutschen, 70 Türken, 40 Franzosen, 3 Luxemburgern usw. vorstellen.

Es geht hierbei nicht um Zahlenspiele aus nationalem Ehrgeiz. Das Parlament soll die Geltungskraft des europäischen Rechts dadurch stärken, dass es ihm die **Weihe des demokratischen Volkswillens** verleiht. Je stärker die Abweichung vom Demokratieprinzip mittels der degressiven Proportionalität ausfällt, **desto mehr schwindet jedoch die demokratische Legimität der EU-Gesetzgebung.**[36] Die europäischen Unionsbürger verstehen sich anders als die US-Amerikaner oder die Inder nicht als Angehörige einer homogenen Nation. Ihre politische Heimat bleibt in erster Linie der eigene Staat. Wird der deutsche, englische, französische oder italienische Bürger usf. künftig die vom „multiethnischen“ Europäischen Parlament des Verfassungsvertrages verabschiedeten Gesetze noch für sich als demokratisch legitimiert empfinden ? Im Falle von 25 Mitgliedstaaten dürfte die Verfassung die Akzeptanz der degressiven Proportionalität in der Bevölkerung ziemlich ausgereizt haben. Bei weiteren Beitritten wird es der Straßburger Versammlung immer schwieriger werden, ihrer Rolle im institutionellen Gefüge der Union gerecht zu werden.

(2) Eine „Mammut-Kommission“

Die Europäische Kommission bereitet mit ihrem Vorschlagsmonopol des europäische Recht vor. Sie soll kraft Sachkunde in rationaler und politischer Vorausschau das **gemeinsame europäische Interesse** definieren.[37] Ihre Vorschläge sollen kraft „Richtigkeit“ zunächst Parlament und Rat und später die Bürger überzeugen. Die

36 *Oppermann,* Zur normativen Kraft des Europarechts in einer sich erweiternden „Groß-EU“, JZ 2005, S. 1017 ff.

37 Klassisch *Hallstein,* Die Kommission – Ein neues Element im internationalen Leben (1965), in: Hallstein, Europäische Reden, 1979, S. 545 ff.; *Nass,* Die Europäische Kommission als unabhängiges Initiativorgan, FS Folz, 2003, S. 243 ff.

Kommission hat unter großen Präsidenten wie *Walter Hallstein* oder *Jacques Delors* die europäische Einigung tatsächlich mit zukunftweisenden Vorschlägen hervorragend gefördert.

In den fünfziger und sechziger Jahren kam das Kommissionskollegium aus **sechs** homogenen Gründerstaaten. Unter *Delors* gab es **zwölf,** von 1995 bis 2004 **fünfzehn** Kommissare, unter denen die größeren Staaten Anrecht auf zwei, die übrigen auf einen Sitz hatten.[38] Konvent und Regierungskonferenz standen vor dem Problem, wie diese Verteilung **unter 25 und demnächst mehr Mitgliedstaaten fortzuschreiben sei.** Es gibt organisationssoziologische Untersuchungen, nach denen ein Entscheidungsgremium nicht mehr optimal arbeitet, wenn es mehr als ungefähr ein Dutzend Mitglieder umfasst. Auch ist der europäische Zuständigkeitsbereich kleiner als die virtuell „allumfassende" Hoheitsgewalt eines Staates. Sinnvollerweise kann nur eine begrenzte Zahl von Ressorts „geschnitten" werden.

Der Nizza-Vertrag hat gleichwohl seit 2004 auf Verlangen der souveränitätsbewussten „Kleinen" zu einer **25-er Kommission mit je einem Mitglied pro Mitgliedstaat** geführt. Eine Kommission von bis zu 27 Mitgliedern wird für denkbar gehalten. Die mit den Erweiterungen seit den siebziger Jahren fortschreitende **Unterrepräsentation der größeren EU-Staaten** hat damit einen „Höhepunkt" erreicht.

Giscard d'Estaing hatte im Konvent die Problematik erkannt, eine gleichzeitig repräsentative und handlungsfähige Kommission zu schaffen. Art. I-25 Konventsentwurf sah gegen viele Widerstände vor, ab 2009 mittels „gleichberechtigter Rotation" auf Dauer eine **arbeitsfähige Kommission von 15 Mitgliedern** zu etablieren. Das war bereits weit von „präföderalen" Modellen mit sechs ständigen Sitzen für die bevölkerungsreichen Staaten und einer Rotation für die Übrigen entfernt, die diesen immerhin alle paar Jahre Sitz und Stimme im Kommissionskollegium gesichert hätte. Nach dem Konventmodell wären bevölkerungsreiche Staaten wie Deutschland oder Frankreich erstmals zeitweilig nicht im Kommissionskollegium vertreten gewesen.

Die Hartnäckigkeit der kleineren Mitgliedstaaten hat die Konventslösung in der Regierungskonferenz **weiter verwässert.**[39] Nach Art. I-26 EV soll es mindestens für das nächste Jahrzehnt bei der „Mammut-Kommission" von einem Kommissar aus jedem Mitgliedstaat bleiben. Anschließend ist eine ebenso zaghafte wie komplizierte „gleichberechtigte Rotation" vorgesehen, die nach zusätzlichen Erweiterungen leicht zu 20 und mehr Kommissionsmitgliedern führen kann.

Die Verfassungsregelung (und bereits der Konventsentwurf) bleiben auf diese **Weise von Vorstellungen einer repräsentativen und handlungsfähigen Kommission ziemlich entfernt.** Die Befürchtung liegt nahe, dass es „Mammut-Kommissionen" schwerer als früher fallen muß, in ihren Vorschlägen rational über-

38 *Nugent,* The European Commission, 2001.

39 *Temple Lang,* How much do the smaller Member States need the European Commission?, CMLRev 2002, S. 315 ff.

zeugende und gleichzeitig von 25 Kommissaren akzeptierte Lösungen anzubieten. Die „Großen" dürften Kommissionsvorschlägen kritischer gegenüberstehen, wenn sie von ihrer Entstehung weitgehend ausgeschlossen bleiben. Die Kommission vermag unter solchen Umständen ihre Rolle des *„Motors und ehrlichen Maklers"* der Union möglicherweise nicht mehr auszufüllen.[40] Die 2004 ins Amt gelangte *Barroso*-Kommission hat solche Sorgen bisher nicht zu zerstreuen vermocht.

(3) Ein handlungsfähiger Rat ?

Um die Verfassungsbestimmungen über die **verschiedenen Ratsformationen** wurde in Konvent und Regierungskonferenz besonders gestritten. Dies war kein Zufall, da in dieser ultimativen Instanz der EU die „Machtfragen" kulminieren. Legt man die Meßlatte der Repräsentativität und Handlungsfähigkeit an die Ratsregelungen des Verfassungsvertrages an, **mischen sich Licht und Schatten.**

Das politische Zentrum der Unionsgewalt liegt seit längerem beim Europäischen Rat der Staats- und Regierungschefs und über ihn beim Ministerrat.[41] Beim **Europäischen Rat** gelang es *Giscard,* gegen viele Widerstände und mit Billigung der Regierungskonferenz eine der wichtigsten Reformen der Verfassung durchzusetzen : die Beschränkung des Gremiums auf die Staats- und Regierungschefs, den Kommissionspräsidenten und die **Neuschöpfung eines eigenen hauptamtlichen Präsidenten des Europäischen Rates** (Art. I-21 f. EV).[42] Die Schaffung dieses zweieinhalbjährigen „Präsidenten für Europa" (mit einmaliger Wiederwahl) könnte zu einem bedeutsamen Stabilitätsfaktor der EU-Politik werden, falls die Verfassung das Licht der Welt erblickt. Ähnlich wie bei der zweiten institutionellen Innovation, dem von *Joschka Fischer* favorisierten **Außenminister der Union** (Art. I-28 EV),[43] würde das Gelingen dieser Neuerungen personelle Entscheidungen voraussetzen, die der Bedeutung der Ämter angemessen wären.

Die Egoismen der Regierungen **verhinderten in der Regierungskonferenz ähnlich mutige Lösungen für den besonders reformbedürftigen Ministerrat.** Ein Rat der 25 und wahrscheinlich bald mehr Mitgliedstaaten ist bei diesem zentralen Gremium der EU aus der Natur der Sache unvermeidlich. Um so notwendiger wären für die Handlungsfähigkeit des Ministerrates eine längerfristige Leitung, die Zusammenführung der gesetzgeberischen Arbeit und eine Entscheidungsfindung gewesen, in der sich die Berücksichtigung der Bevölkerungsgrößen der Staaten mit für alle akzeptablen Mehrheitsentscheidungen verbunden hätten. In diesen drei Fällen bleibt die Verfassung hinter den Erwartungen zurück.

40 *M.W. Bauer,* Die Europäische Kommission auf der Suche nach einem neuen Leitbild, Integr. 2005, S. 47 ff.

41 *Ludlow,* Die Führung der EU durch den Europäischen Rat, Integr. 2005, S. 3 ff.

42 *Oppermann,* Ein Präsident für Europa ? FS Badura, 2004, S. 1113 ff.

43 *Knoop,* Der Außenminister der EU und der Europäische Auswärtige Dienst, FS Götz, 2005, S. 93 ff.

Beim **Ratsvorsitz** verwarf die Regierungskonferenz den einjährig rotierenden Vorsitz, den der Konvent vorgeschlagen hatte (Art. I-23 Konventsentwurf) und setzte an die Stelle den Entwurf eines **komplizierten Rotationsmodelles** mit einer Gruppe von drei Mitgliedstaaten während 18 Monaten (Art. I-23 EV iVm einem Beschlussvorschlag). Als Positivum verblieb der Dauervorsitz des Europäischen Außenministers im Rat „Auswärtige Angelegenheiten" (Art. I-28 EV). Ebenso fiel der wichtige Konventsvorschlag eines **zentralen, allein gesetzgebungsbefugten „Legislativrates"** dem Egoismus der Fachminister in der Regierungskonferenz zum Opfer. Der Legislativrat hätte das überfällige Kabinettsprinzip als Gegengewicht zur „Regulierungswut" der Fachministerräte in die EU eingeführt.

Hauptstreitpunkt in Konvent und Regierungskonferenz war erwartungsgemäß die **Entscheidungsfindung im Ministerrat.**[44] Hier ging es um den eigentlichen Einfluß der Mitgliedstaaten unterschiedlicher Größe auf die politischen und gesetzgeberischen Entscheidungen der Union. Am Ende setzten sich die „Souveränitäten" der vielen kleinen, mittleren und auch euroskeptischen Mitglieder ungeachtet aller Lippenbekenntnisse zugunsten einer transparenten und demokratisierten Mehrheitsentscheidung in erheblichem Maße durch.

Zunächst bleibt die **Regel der Entscheidung mit qualifizierter Mehrheit** (Art. I-23 EV) weiterhin durch wesentliche **Ausnahmen zugunsten der Einstimmigkeit** in wichtigen Bereichen durchbrochen (Haushalt, Steuern, Auswärtiges Handeln, Sicherheit u.a.m.). Konvent und Regierungskonvent respektierten die berüchtigten „roten Linien" Großbritanniens.[45] Die Mehrheitsentscheidung berücksichtigt zwar nunmehr durchgängig den **demographisch-demokratischen Faktor**, verbindet ihn jedoch gleichzeitig **„föderal"** mit bestimmten Zahlen von Mitgliedstaaten (65 % der Bevölkerung, die mindestens 55% der Mitglieder des Rates und gleichzeitig mindestens 15 Mitglieder ausmachen – Art. I-25 EV). Damit nicht genug, sind weitere Variationen vorgesehen. Die Verbesserung im Verhältnis zur überkomplizierten Mehrheitsentscheidung des Nizza-Vertrages reicht nicht weit.

(4) Sieg der Angst

Der vom Verfassungsvertrag vorgeschlagene EU-Staatenverbund stellt sich insgesamt bei den zentralen Einrichtungen (Parlament, Rat und Kommission) mit wenigen Ausnahmen **kaum als zukunftsträchtiger Fortschritt des europäischen Einigungswerkes im 21. Jahrhundert dar.**[46] Was hervortritt, ist das ängstliche Beharren der Mitgliedstaaten – besonders der „Kleinen", aber sie nicht alleine – auf Wah-

44 *Everling,* Mehrheitsabstimmung im Rat der EU nach dem Verfassungsvertrage, FS Zuleeg, 2005, S. 158 ff.; *Ders.* Zur Mehrheit und Einstimmigkeit in der verfassten EU, FS Götz, 2005, S. 125 ff.

45 *Sturm,* Britische Europapolitik und der europäische Verfassungsvertrag, in : Beckmann/Dieringer/Hufeld (Hrsg.), Eine Verfassung für Europa, 2. Aufl. 2005, S. 261 ff.

46 Ähnlich *Weidenfeld* (Hrsg.), Die Europäische Verfassung in der Analyse, 2005.

rung ihrer Einflussmöglichkeiten. Die Kompromisse zwischen nationaler Eigenständigkeit und europäischer Demokratie gehen regelmäßig zu Lasten der letzteren. Hierin liegt die bedenklichste Schwachstelle des Verfassungsvertrages. Sie spiegelt freilich nur die fehlende politische Bereitschaft in sehr vielen Mitgliedstaaten zu stärkerem europäischen Engagement. Der Europäische Bundesstaat ist unter 25 Mitgliedern längst zur Illusion geworden. Beim Verfassungsvertrag geht es um nicht mehr, freilich auch nicht um weniger als um den **Erhalt eines handlungsfähigen und dauerhaften Staatenverbundes in der „Groß-EU" des 21. Jahrhunderts.**[47] Unverminderte Erweiterungseuphorie bis an Euphrat und Tigris darf dies nicht verschleiern. Jenseits einer bestimmten Ausdehnung würde sich die Europäische Union nolens volens in eine Art zweiten Europarat verwandeln.[48]

D. Das Bessere ist des Guten Feind

Erkenntnis der Schwachstellen des Verfassungsvertrages **bedeutet nicht, den Verfassungsgegnern in Frankreich, den Niederlanden und anderwärts recht zu geben.** Die Legenden und gelegentliche Böswilligkeiten, die sie über die Europäische Verfassung verbreiten, zeigt lediglich auf, dass Manchen die ganze Richtung der europäischen Einigung nicht mehr passt. Gewiß findet sich auch sechs Jahrzehnte nach dem Ende des zweiten Weltkrieges niemand, der „gegen Europa" ist. In Frankreich bekannte sich im Frühjahr 2005 die große Mehrheit der Neinsager in Umfragen gleichzeitig zur Europäischen Union. Sie sollte nur anders und besser werden. Aber wie ?

Europäische Verfassungspolitik ist wie jede Politik nach *Max Weber* das geduldige Bohren harter Bretter oder noch kürzer **die Kunst des Möglichen.** Wer den Europäischen Verfassungskonvent und die Regierungskonferenz 2002-2004 wie *Jürgen Meyer* miterlebt hat, wird sich dem Urteil nicht verschließen, dass der „Vertrag über eine Verfassung für Europa" vom 29.10. 2004 die Chancen europäischer Verfassungsgebung unter den heutigen Umständen **ausgeschöpft** hat.[49] In der Theorie kann man sich manche Lösungen vorstellen, welche die wirklichen Schwächen der projektierten EU-Verfassung beseitigen. Aber das Bessere ist des Guten Feind.

Was kann am Ende der **„Denkpause"** stehen, welche sich die Regierungen im Sommer 2005 nach den negativen Referenden in Frankreich und Holland auferlegt haben ?[50] Nach der weisen Erklärung Nr. 30 zur Ratifikation des Vertrages *„wird der Europäische Rat befaßt"*, wenn zwei Jahre nach der Unterzeichnung vier Fünftel der Mitgliedstaaten ratifiziert haben und in einem oder mehreren Mitgliedstaaten

47 *Van Gerven,* The EU. A Polity of States and Peoples, 2005.

48 *Goulard,* Le Grand Turc et la République de Venise, 2004; *Oppermann* (Anm. 14).

49 Ähnlich *Jopp/Matl* (Hrsg.), Der Vertrag über eine Verfassung für Europa, 2005, S. 15 ff. („Höhepunkt im Prozeß der Konstitutionalisierung der EU").

50 *Papastamkos,* The EU in reflection, New Europe 631/2005.

„Schwierigkeiten bei der Ratifikation" aufgetreten sind. Diese Situation ist seit dem 1. Juni 2005 eingetreten. Der Europäische Rat wird möglicherweise bereits vor dem Herbst 2006 gefordert, wenn die Vier-Fünftel-Schwelle der Ratifikationen nicht erreicht werden sollte.

Es ist müßig, bereits heute über den Fortgang des EU-Verfassungsprozesses zu spekulieren. Sollen die Franzosen und Niederländer wie die Dänen nach Maastricht und die Iren nach Nizza **ein zweites Mal über ihre Meinung zum römischen Verfassungstext befragt werden ?** Oder kann die **„eigentliche Verfassung" der Teile I, II und IV** vom Ballast der Politikbereiche des III. Teiles befreit und einem neuen Ratifikationsprozeß unterworfen werden ? Das Eine ist politisch unwahrscheinlich und das Zweite juristisch schwierig.[51] Die Gefahr besteht, dass die „große EU" der 25 und mehr Mitgliedstaaten auf der ungenügenden Grundlage des Nizza-Vertrages erst einmal **immobil** wird. Es bedarf mehr denn je überzeugter und kompetenter „Europäer" wie *Jürgen Meyer,* gangbare Wege aus der europäischen Verfassungskrise zu finden.

51 *Amato* (Anm. 25) hält beide Alternativen nur dann für sinnvoll und gangbar, wenn es der Union gelingt, zunächst anstehende kontroverse Themen wie die Finanzordnung 2007-2013 und Wirtschaftswachstum im Sinne der Lissabon-Strategie auf der Grundlage des geltenden Rechts zu lösen und damit die Stimmung zu wenden.

Die Subsidiaritätskontrolle der nationalen Parlamente nach dem Subsidiaritätsprotokoll zum EU-Verfassungsvertrag[1]

von Peter Altmaier, Mitglied des Bundestages,
Parlamentarischer Staatssekretär beim Bundesministerium des Inneren

A. Einführung

Laut Präambel des EUV sollte 1992 in Maastricht eine Europäische Union begründet werden, *„in der die Entscheidungen entsprechend dem Subsidiaritätsprinzip möglichst bürgernah getroffen werden"*. Dahinter stand zum einen der Wunsch, die Unterstützung der Bürger der Mitgliedstaaten für den Prozess der Europäischen Integration zu erhalten. Zum anderen ging es um die Bewältigung eines Machtkonflikts zwischen den Rechtsetzungsorganen der Gemeinschaft einerseits und den Parlamenten der Mitgliedstaaten und anderen innerstaatlichen Organen mit Rechtsetzungsbefugnis andererseits. Der kontinuierliche Zuwachs an Kompetenzen der Gemeinschaftsorgane und die immer umfassendere Wahrnehmung von Zuständigkeiten stellte die herkömmliche Rolle der nationalen Parlamente in Frage. Während die nationalen Regierungen im Rat an der EG-Rechtsetzung mitwirkten, blieb den nationalen Parlamenten meist nur die Kenntnisnahme und Umsetzung von Verordnungen und Richtlinien. Besonders die Binnenmarktklausel (Art. 100 EGV-M[2]) und die Generalklausel des Art. 235 EGV-M im Zusammenwirken mit der effet-utile Rechtsprechung des EuGH eröffneten den Gemeinschaftsorganen weit reichende Handlungsmöglichkeiten. Die Notwendigkeit flexibler Rechtsetzungsinstrumente der Gemeinschaft wurde zwar nie ernsthaft in Frage gestellt. Jedoch sollten die offen formulierten Handlungsermächtigungen mit dem Subsidiaritätsprinzip ausbalanciert werden.

Gegenstand dieser Abhandlung soll die Entwicklung des europarechtlichen Subsidiaritätsprinzips vom Maastrichter Vertrag bis zum Verfassungsvertrag sein und die daran anschließende Frage, ob das Subsidiaritätsprinzip einen wirksamen juristischen Maßstab für die Zuständigkeitswahrnehmung zwischen den europäischen und den nationalen Organen vorgibt.

1 Ich danke Herrn Ass. jur. Percy Ehlert für umfangreiche und wertvolle Hilfe bei der Erstellung des Textes.

2 EG-Vertrag in der Fassung des Maastrichter Vertrags.

B. Das Subsidiaritätsprinzip von Maastricht bis Amsterdam[3]

I. Der Text

In die Europäischen Verträge fand das Subsidiaritätsprinzip 1992 Eingang durch den Vertrag von Maastricht.[4] Der EU-Vertrag erwähnt das Subsidiaritätsprinzip in der Präambel und in Art. B (Art. 2). Wegen der intergouvernementalen Struktur des Unionsrechts (2. und 3. Säule) im Gegensatz zum Gemeinschaftsrecht (1. Säule), die sich u.a. in der vollen Entscheidungshoheit der nationalen Parlamente über die Umsetzung des Unionsrechts ausdrückt, ist das Subsidiaritätsprinzip für diesen Bereich jedoch nur von eingeschränkter Bedeutung. Für seinen eigentlichen Anwendungsbereich ist das Subsidiaritätsprinzip in Art. 3b Abs. 2 EGV (seit dem Vertrag von Amsterdam 1997: Art. 5 Abs. 2) definiert.[5] Im erstem Absatz des Art. 5 EGV wird der Grundsatz der begrenzten Einzelermächtigung formuliert: *„Die Gemeinschaft wird innerhalb der Grenzen der ihr in diesem Vertrag zugewiesenen Befugnisse und gesetzten Ziele tätig."* Diese Norm stellt klar, dass die Gemeinschaft nur dort befugt ist, tätig zu werden, wo ihr der Vertrag eine entsprechende Kompetenz zuweist.

Diese Eröffnung der Zuständigkeiten nach Zielen führt jedoch immer wieder zu Abgrenzungsschwierigkeiten. Hinzu kommt, dass die Generalklausel des Art. 235 EGV (seit Amsterdam: Art. 308) ein Tätigwerden der Gemeinschaft bezogen auf den Gemeinsamen Markt notfalls auch ohne ausdrücklich erteilte Befugnis gestattet. Den so eröffneten Zuständigkeiten wird das Subsidiaritätsprinzip entgegengesetzt. Dieses formuliert zwei Voraussetzungen für ein Handeln der Gemeinschaft. Erstens: Die Ziele der in Betracht gezogenen Maßnahmen können auf Ebene der Mitgliedstaaten nicht ausreichend erreicht werden. Zweitens müssen diese Ziele *„daher wegen Ihres Umfangs oder ihrer Wirkungen besser auf Gemeinschaftsebene erreicht werden können"*.[6] In der deutschsprachigen Kommentarliteratur wird die erste Bedingung als Erforderlichkeitskriterium und die zweite als Effizienzkriterium bezeichnet.[7]

3 Der Vertrag von Nizza hat in Hinsicht auf das Subsidiaritätsprinzip keine Neuerungen gebracht.

4 Eine knappe einführende Darstellung gibt Kenntner, NJW 1998, 2871ff.. Ausführlich: Calliess, Subsidiaritäts- und Solidaritätsprinzip in der Europäischen Union, 2. Auflage, Baden-Baden 1999.

5 In der Darstellung des Subsidiaritätsprinzips von Maastricht bis Nizza soll deshalb nur vom Gemeinschaftsrecht und den Gemeinschaftsorganen die Rede sein.

6 In der Literatur (z.B. Kenntner, NJW 1998, 2871, 2873 f.) ist hier von einem System der gestuften Kumulation von Zulässigkeitsvoraussetzungen die Rede, das strukturell dem Aufbau der Erforderlichkeitsklausel in Art. 72 Abs. 2 GG stark ähnele. Ausführlich dazu Calliess, EuGRZ 2003, 181 ff.

7 Lienbacher in: Schwarze (Hrsg.), EU-Kommentar, Art. 5 EGV, Rn. 18, 23. Ähnlich von Bogdandy/Nettesheim in: Grabitz/Hilf, Das Recht der Europäischen Union, Art. 3b EGV, Rn. 33, 38.

Das Subsidiaritätsprinzip gilt für alle Bereiche, die nicht in die ausschließliche Zuständigkeit der Gemeinschaft fallen. Hier wird der unmittelbare Zusammenhang von Kompetenzzuweisung und Subsidiaritätsprinzip deutlich: Die Gemeinschaft hat ausschließliche Befugnisse dort, wo die Mitgliedstaaten, die Herren der Verträge, der Überzeugung sind, dass *dauerhaft „die Ziele der in Betracht gezogenen Maßnahmen auf Ebene der Mitgliedstaaten nicht ausreichend erreicht"* und auf Gemeinschaftsebene besser verwirklicht werden können.[8] Im Bereich der konkurrierenden Zuständigkeit von Mitgliedstaaten und Gemeinschaft ergibt sich die konkrete Handlungsermächtigung für die Gemeinschaft erst aus der Abwägung im Einzelfall, ob die Zielerreichung durch die Mitgliedstaaten in ausreichendem Maße möglich oder ein Tätigwerden der Gemeinschaft notwendig ist.

Eine erste konkretere Ausformung erhielt das Subsidiaritätsprinzip durch die interinstitutionelle Vereinbarung von Europäischem Parlament, Rat und Kommission vom 25.10.1993.[9] Danach verpflichtet sich die Kommission, bei der Vorlage von Legislativvorschlägen die Beachtung des Subsidiaritätsprinzips nachzuweisen. Auch die beiden anderen Organe verpflichten sich zur ständigen Berücksichtigung des Prinzips. Die Kommission hat einen jährlichen Bericht zu erstellen, über den das Parlament eine Aussprache abhält. Kennzeichnend für das Verfahren ist, dass es ausschließlich eine Selbstkontrolle der kompetenzausübenden Organe vorsieht.

Dieses Verfahren wird mit dem 1997 in Amsterdam verabschiedeten Protokoll über die Anwendung der Grundsätze der Subsidiarität und der Verhältnismäßigkeit bestätigt (im weiteren: SubsProt).[10] Dessen Vereinbarkeit mit Art. 5 EGV ist in weiten Teilen jedoch äußerst fragwürdig.[11] In seiner Präambel findet sich, wie schon in der Präambel des EUV, der Hinweis, dass Entscheidungen in der Union so bürgernah wie möglich getroffen werden sollen. Dieser Gedanke ist der knappest mögliche Ausdruck des Subsidiaritätsprinzips und die ratio der Vorschrift. Unter dem Gesichtspunkt der möglichst großen Bürgernähe ist Art. 5 Abs. 2 EGV so zu verstehen, dass bei immerhin ausreichender Möglichkeit der Zielerreichung durch die Mitgliedstaaten kein Raum für ein Tätigwerden der Gemeinschaft ist.[12] Der Gesichtspunkt der größtmöglichen Bürgernähe wirkt sich so aus, dass bei der Abwägung einer nur ausreichenden Zielerreichung durch Tätigwerden der Mitgliedstaaten und einer qualitativ besseren Zielerreichung durch Tätigwerden der Gemeinschaftsorgane die Mitgliedstaaten aufgrund der größeren Bürgernähe Vorrang haben.

Dem wird Nr. 4 des Protokoll nicht gerecht, wo es heißt, die Feststellung, dass ein Gemeinschaftsziel besser auf Gemeinschaftsebene erreicht werden könne, müsse auf

8 Ähnlich Pernice in: Protokoll der 66. Sitzung des Bundestagsausschusses für Angelegenheiten der Europäischen Union (Anhörung vom 16. März 2005 zum EU-Verfassungsvertrag), S. 42.

9 Bulletin der EG 10-1993, S. 125 f.

10 Die dem EGV beigefügten Protokolle sind gemäß Art. 311 EGV Bestandteil des Vertrags.

11 Sehr kritisch auch Kenntner, NJW 1998, 2871 ff.

12 Ebenso, schon aus dem Wortlaut von Art. 5 EGV, Lienbacher in: Schwarze (Hrsg.), EU-Kommentar, Art. 5 EGV, Rn. 23, und von Bogdandy/Nettesheim in: Grabitz/Hilf, Das Recht der Europäischen Union, Art. 3b EGV, Rn. 33.

qualitativen oder – soweit möglich – auf quantitativen Kriterien beruhen. Damit wird nur für die zweite Bedingung eine Darlegungspflicht konkretisiert. Das ist auch kaum mit Nr. 5 zu vereinbaren, unter der betont wird, dass Maßnahmen der Gemeinschaft nur gerechtfertigt sind, wenn beide Bedingungen des Subsidiaritätsprinzips erfüllt sind. In der Tat kann eine Sachlage gegeben sein, dass eine Zielerreichung auf Ebene der Mitgliedstaaten nicht ausreichend möglich ist, aber auch die Gemeinschaft nicht über geeignete Handlungsmöglichkeiten verfügt.

Für die Prüfung dieser Frage wird unverbindlich die Befolgung dreier Leitlinien empfohlen, die jedoch vollkommen missglückt sind. Deren erster und dritter Fall sind nicht mit der Feststellung vereinbar, dass beide Bedingungen erfüllt sein müssen. Im ersten Fall soll ein Handeln der Gemeinschaft indiziert sein, wenn der Bereich transnationale Aspekte aufweist, die durch Maßnahmen der Mitgliedstaaten nicht ausreichend geregelt werden können. Hier würde nur die erste Bedingung geprüft, die Erfüllung der zweiten soll offenbar bei Vorliegen eines transnationalen Aspekts als gegeben angenommen werden. Nach Fall 3 wäre ein Handeln der Gemeinschaft geboten, wenn Maßnahmen auf Gemeinschaftsebene wegen ihres Umfangs oder ihrer Wirkung im Vergleich zu Maßnahmen auf der Ebene der Mitgliedstaaten deutliche Vorteile mit sich brächten. Das kann nur bedeuten, dass bei der Feststellung „deutlicher Vorteile" die Frage der Möglichkeit einer immerhin ausreichenden Zielerreichung durch Tätigwerden der Mitgliedstaaten keine Bedeutung hat. Fall 2 schließlich ist völlig überflüssig, da er in seiner ersten Alternative feststellt, dass eine Maßnahme mit dem Subsidiaritätsprinzip vereinbar sein soll, wenn alleinige Maßnahmen der Mitgliedstaaten oder das Fehlen von Gemeinschaftsmaßnahmen gegen die Anforderungen des Vertrages verstoßen würden. Diese Konstellation bezieht sich wohl auf das grundlegende Gebot der Gemeinschaftstreue. Dieses Gebot umfasst jedoch auch die Wahrung des Subsidiaritätsprinzips. Daher geht es nicht an, Maßnahmen allein mit Hinweis auf das Gebot der Gemeinschaftstreue zu rechtfertigen. Vielmehr ist dieses mit dem Subsidiaritätsprinzip in jedem Einzelfall in Ausgleich zu bringen. Die zweite Alternative der Leitlinie 2 nennt schließlich eine nicht näher bestimmte auf sonstige Weise erhebliche Beeinträchtigung der Interessen der Mitgliedstaaten.

II. Das Subsidiaritätsverständnis der Gemeinschaftsorgane

Aus Sicht der Mitgliedstaaten (auf deutscher Seite im besonderen auch der Bundesländer) ist vor allem das erste, das Erforderlichkeitskriterium des Subsidiaritätsprinzips von Bedeutung:[13] Die Gemeinschaft darf ihre Zuständigkeit nur wahrnehmen, soweit die Mitgliedstaaten die Zielerreichung nicht ausreichend gewährleisten können. Die Gemeinschaftsorgane setzen dagegen den Schwerpunkt auf das Kriterium

13 Bundesratsdrucksache 550/90.

der Effektivität, der besseren Zielerreichung durch ein Handeln der Gemeinschaft.[14] Das Erforderlichkeitskriterium wird dabei vollkommen vernachlässigt.[15] Das Subsidiaritätsprinzip sei ein politischer, subjektiver Grundsatz, der ein Werturteil voraussetze, das die Gemeinschaftsorgane nach eigenem Ermessen fällen.[16] Aus dieser Sicht ließ sich bislang die angemessene Beachtung des Art. 5 Abs. 2 EGV immer darstellen. So ist auch eine spürbare Begrenzung der Wahrnehmung von Zuständigkeiten seitens der Gemeinschaft aufgrund des Subsidiaritätsprinzips bislang nicht zu verzeichnen. Die wesentlichste nachweisbare Folge ist die Entstehung eines umfangreichen Berichtswesens, das jedoch weitgehend formelhaft und stereotyp ist.[17]

Auch der EuGH hat bisher wenig dazu beigetragen, dem Subsidiaritätsprinzip schärfere Konturen zu verleihen.[18] Bislang wurde noch kein Rechtsakt vom EuGH wegen Verstoßes gegen das Subsidiaritätsprinzip für nichtig erklärt.[19] Der EuGH sieht seine Aufgabe hauptsächlich darin, bei der Überprüfung der Einhaltung des Subsidiaritätsprinzips in Erfahrung zu bringen, ob die Organe ihrer Pflicht nachgekommen sind, sich – wenigstens implizit – zur Einhaltung des Subsidiaritätsprinzips zu äußern. Dagegen betreffe die Überprüfung des Gerichtshofs nicht den Inhalt des Rechtsakts, es sei denn, es liege ein offensichtlicher Verstoß vor.[20] Bedenklich ist dabei, dass der EuGH sich in Hinsicht auf die Begründungspflicht nach Art. 253 EGV (siehe auch Punkt 4 und 9 des SubsProt) sehr großzügig gezeigt hat. So hat er bei Fehlen einer ausdrücklichen Begründung der Vereinbarkeit mit dem Subsidiaritätsprinzip erklärt, aus den anderweitigen Erwägungen ergebe sich, dass es gebührend berücksichtigt worden sei.[21] Im Urteil vom 10.12.2002 in der Rechtssache C-491/01 (British American Tobacco) hat der EuGH das Subsidiaritätsprinzip zwar ausdrücklich zum Maßstab genommen, dabei aber entscheidend auf das Effektivitätskriterium („besser") abgestellt. Das Erforderlichkeitskriterium wird mit einem lapidaren Hinweis auf die Heterogenität der Rechtsordnungen der Mitgliedstaaten abgehandelt.[22] Damit folgt der EuGH der Linie der anderen Gemeinschaftsorgane. Diese Haltung ist jedoch mit dem Wortlaut des Art. 5 EGV und dem Gesichtspunkt der Bürgernähe nicht zu vereinbaren.

14 Kenntner, NJW 1998, 2871, 2874.

15 Bezeichnend insoweit die Darstellung von Piris, Konventsdokument WG I – WD 04, S. 4 und 7 f., der mit keinem Wort auf die erste Bedingung eingeht. Dagegen sieht Lienbacher in: Schwarze (Hrsg.), EU-Kommentar, Art. 5 EGV, Rn. 18, den Kern des Problems darin, dass den Gemeinschaftsorganen die Zielformulierung überlassen sei. So auch von Bogdandy/Nettesheim in: Grabitz/Hilf, Das Recht der Europäischen Union, Art. 3b EGV, Rn. 33.

16 Piris, Konventsdokument WG I – WD 04, S. 8.

17 Nachweise dazu bei Calliess, EuGRZ 2003, 181, 182.

18 Zur Diskussion um die gerichtliche Kontrolle des Subsidiaritätsprinzips siehe etwa Calliess, EuGRZ 2003, 181, 184 ff.

19 Calliess, EuGRZ 2003, 181, 186, und CONV 156/02, S. 3.

20 Jacobs in: CONV 156/02, S. 3.

21 Nachweis bei Calliess, EuGRZ 2003, 181, 186 f.

22 Leitsatz 6 und Randnummern 179 bis 184 des Urteils.

C. Der Verfassungsvertrag

Angesichts der Tatsache, dass einerseits die mit der Einführung des Subsidiaritätsprinzips verknüpften Erwartungen einer Begrenzung der gemeinschaftlichen Rechtsetzungstätigkeit sich nur sehr eingeschränkt verwirklicht haben, andererseits dieses aber der einzig mögliche Mechanismus scheint, um die weiterhin notwendige Flexibilität der EU durch Kompetenz-Generalklauseln auszubalancieren, standen Konvent und Regierungskonferenz vor der Aufgabe, dem Subsidiaritätsprinzip im künftigen Verfassungsvertrag größere Wirksamkeit zu verschaffen.

I. Die Beratungen im Konvent

Zur Erörterung der auf das Subsidiaritätsprinzip bezogenen Fragen richtete der Konvent eine eigene Arbeitsgruppe ein. Das Mandat[23] lautete zum einen, Vorschläge für eine verbesserte Anwendung des Subsidiaritätsprinzips durch die Gemeinschaftsorgane zu unterbreiten. Vor allem aber sollten Möglichkeiten einer effizienteren Überwachung der Anwendung des Subsidiaritätsprinzips erörtert werden.

Hinsichtlich der Anwendung des Prinzips gab es Initiativen, die Bedingungen nach Art. 5 Abs. 2 EGV präziser, oder jedenfalls anders zu fassen.[24] Grundlegende Änderungen haben sich daraus jedoch nicht ergeben.

Im Mittelpunkt stand die Frage, wie während und nach Abschluss des Gesetzgebungsverfahrens die Einhaltung des Subsidiaritätsprinzips wirksam überwacht werden könne.[25] Ein Vorschlag lautete, Vertreter der nationalen Parlamente in die Ratsdelegationen der Mitgliedstaaten aufzunehmen. Der Vorschlag fand jedoch kein weiteres Echo. Einen gewissen Zuspruch gab es für die Idee, innerhalb der Kommission einen besonderen Beauftragten, „Herrn/Frau Subsidiarität", vorzusehen, womöglich sogar im Rang eines Vizepräsidenten. Der entscheidende Einwand dagegen lautete, dass jeder Kommissar die Pflicht habe, selbstständig in seinem Geschäftsbereich für die Einhaltung des Subsidiaritätsprinzips zu sorgen. Die Möglichkeiten einer parlamentarischen Überwachung wurden in mehreren Varianten diskutiert. Ein Vorschlag ging dahin, die Konferenz der Europaausschüsse der nationalen Parlamente, COSAC, förmlich mit dieser Aufgabe zu betrauen. Auch ein aus Vertretern der nationalen Parlamente und des Europäischen Parlaments gebildeter Subsidiaritätsausschuss war im Gespräch.[26] Konventspräsident Giscard d'Estaing vertrat mit großem Nachdruck die Idee eines Kongresses der Völker, besetzt aus Vertretern der nationalen Parlamente. Alle diese Vorschläge wurden jedoch verworfen, weil damit

23 CONV 71/02.

24 Siehe etwa Teufel, Konventsdokument WG I – WD 6, S. 6, und Calliess, EuGRZ 2003, 181, 196 f.

25 Siehe zu den Beratungen der Arbeitsgruppe den Zwischenbericht WG I – WD 9 und die Schlussfolgerungen CONV 286/02.

26 Eingehender dazu Meyer, FCE 07/02, S. 6. Derselbe, Konventsdokument WG I – WD 18, S. 2.

ein Ausbau der institutionellen Struktur unvermeidlich gewesen wäre, dessen Folgen kaum abzusehen gewesen wären. Zustimmung fand schließlich der Vorschlag, die Kontrolle während des Gesetzgebungsverfahrens im Rahmen eines „Frühwarnsystems" den nationalen Parlamenten zu übertragen (dazu sogleich).

Auch hinsichtlich der gerichtlichen Kontrolle gab es eine Reihe von Vorschlägen. Einer lautete, nach französischem Modell einen Akt der Gesetzgebung nach Verabschiedung, aber noch vor Inkrafttreten einer gerichtlichen Kontrolle zugänglich zu machen. Dies wurde verworfen, da es kaum praktikabel sei, die gerichtliche Subsidiaritätskontrolle zu einem anderen Zeitpunkt durchzuführen als die Prüfung der Kompetenz und der Verhältnismäßigkeit.[27] Zu klären war auch, ob die gerichtliche Kontrolle dem EuGH zuzuweisen sei, eventuell durch Einrichtung einer besonderen Subsidiaritätskammer, oder sogar ein eigenständiger Spruchkörper, zu gleichen Teilen aus Richtern des EuGH und der nationalen Verfassungsgerichte besetzt, zu bilden sei. Jedoch wurde entschieden, diese Frage der Selbstorganisation des EuGH zu überlassen. Als wirksamstes Instrument einer besseren gerichtlichen Subsidiaritätskontrolle setzte sich der Vorschlag durch, den nationalen Parlamenten in dieser Hinsicht eine besondere Klagebefugnis einzuräumen (dazu sogleich).

II. Art. I-11 VerfV und das neue Subsidiaritätsprotokoll

Als Ergebnis der Beratungen im Konvent wurde das Subsidiaritätsprinzip in einzelnen Punkten neu formuliert. Außerdem wurde ein vollkommen neues Subsidiaritätsprotokoll geschaffen, das eine Beteiligung der nationalen Parlamente an der Subsidiaritätskontrolle vorsieht. Diese Vorschläge des Konvents wurden von der Regierungskonferenz übernommen.

Der Wortlaut des neuen Kompetenz- und Subsidiaritätsartikels, Art. I-11 des Verfassungsvertrags (im weiteren: VerfV), entspricht weitgehend dem von Art. 5 EGV, weist aber doch einige beachtliche Änderungen auf.

(1) In Absatz 1 wird festgestellt, dass die Grundsätze der Subsidiarität und der Verhältnismäßigkeit für die *Ausübung* der Zuständigkeiten gelten sollen, während der Grundsatz der begrenzten Einzelermächtigung für die *Abgrenzung* der Zuständigkeiten gelte. Damit ist klargestellt, dass das Subsidiaritätsprinzip keine Kompetenzzuordnungsregel ist.

(2) In Absatz 3 UA 1, der das Subsidiaritätsprinzip definiert, gibt es zwei Abweichungen zu Art. 5 Abs. 2 EGV. (a) Statt sich pauschal auf die Ebene der Mitgliedstaaten zu beziehen, werden ausdrücklich die zentrale, regionale und lokale Ebene der Mitgliedstaaten nebeneinander erwähnt. (b) Statt der scheinkausalen Verbindung „und daher" zwischen der ersten und der zweiten Bedingung heißt es nun „sondern vielmehr". In einem Unterabsatz 2 wird ausdrücklich auf das Protokoll über die Anwendung der Grundsätze der Subsidiarität und der Verhältnismäßigkeit (im wei-

27 CONV 286/02, S. 9.

teren auch hier: SubsProt) hingewiesen. Erwähnt wird auch die Einbeziehung der nationalen Parlamente in die Subsidiaritätskontrolle.

Das Protokoll legt die Modalitäten der Subsidiaritätskontrolle durch die nationalen Parlamente fest. Es handelt sich um das Frühwarnsystem und die Subsidiaritätsklage. In der Präambel des Protokolls wird bekräftigt, *„dass die Entscheidungen in der Union so bürgernah wie möglich getroffen werden"* sollen. Keine Aufnahme in das neue Subsidiaritätsprotokoll haben die unverbindlichen und untauglichen Leitlinien des Amsterdamer Protokolls (Punkt 5) gefunden.

III. Die Bedingungen und ihre Verknüpfung

Wie bislang schon Art. 5 Abs. 2 EGV eröffnet Art. I-11 Abs. 3 VerfV ein Tätigwerden der Union unter zwei Bedingungen. Zum einen müssen *„die Ziele der in Betracht gezogenen Maßnahmen von den Mitgliedstaaten weder auf zentraler noch auf regionaler noch auf lokaler Ebene ausreichend verwirklicht werden können"*. Zum anderen müssen diese Ziele *„wegen ihres Umfangs oder ihrer Wirkung auf Unionsebene besser zu verwirklichen"* sein. Die (in Art. 5 EGV noch nicht enthaltene) ausdrückliche Erwähnung der regionalen und lokalen Ebene der Mitgliedstaaten hält die Unionsorgane zu einer verstärkten Beachtung der innerstaatlichen Strukturen der Mitgliedstaaten an. Diesem Anliegen dient auch Art. I-5 Abs. 1 S. 1 VerfV.[28] Daraus folgt ein erhöhter Begründungsaufwand in der Darlegung der nicht ausreichenden Möglichkeit der Zielerreichung durch Maßnahmen von Akteuren der Mitgliedstaaten.

Die von Art. 5 S. 4 SubsProt ausgesprochene verbindliche Erwartung, die Feststellung, dass ein Ziel der Union besser auf Unionsebene erreicht werden könne, auf qualitativen und, soweit möglich, quantitativen Kriterien beruhe, kann daher nicht allein für die zweite Bedingung gelten. Schon die Feststellung der nicht ausreichend möglichen Zielverwirklichung durch die Mitgliedstaaten muss auf einer vergleichbaren Grundlage vorgenommen werden. Der Einwand, dass Organe der Union erhebliche Schwierigkeiten hätten, die erforderlichen Daten zusammenzutragen, kann nicht durchgreifen. Nach dem Grundsatz der Unionstreue, wie er in Art. I-5 Abs. 2 VerfV formuliert worden ist, sind die Mitgliedstaaten und ihre Untergliederungen verpflichtet, den Unionsorganen auf deren Anforderung diejenigen Daten zur Verfügung zu stellen, die zur angemessenen Beurteilung der Frage erforderlich sind.

Die neu gefasste Verknüpfung der beiden Bedingungen entzieht dem nach dem Wortlaut des Art. 5 Abs. 2 EGV möglichen Missverständnis die Grundlage, dass immer dann, wenn eine Bedingung erfüllt sei, notwendigerweise auch die andere

28 Art. I-5 Abs. 1 S. 1: „Die Union achtet […] die nationale Identität der Mitgliedstaaten, die in deren grundlegender politischer und verfassungsrechtlicher Struktur einschließlich der regionalen und kommunalen Selbstverwaltung zum Ausdruck kommt."

gegeben sei.[29] Während es in Art. 5 Abs. 2 EGV „und daher" heißt, wurde für Art. I-11 Abs. 3 VerfV die Formulierung „sondern vielmehr" gewählt. Damit ist klargestellt, dass eine Prüfung beider Bedingungen unumgänglich ist.[30]

IV. Frühwarnsystem und Klage

Die Einbindung der nationalen Parlamente wird wohl die weitreichendsten Folgen für die Praxis der Subsidiaritätskontrolle haben. Mit dem Subsidiaritätsprotokoll erhalten die nationalen Parlamente der EU-Mitgliedstaaten zwei neue Kontrollinstrumente. Zum einen können die Parlamente innerhalb von sechs Wochen nach Vorlage einer Gesetzesinitiative mittels einer begründeten Stellungnahme einen Verstoß gegen das Subsidiaritätsprinzip geltend machen. Für dieses in Artikel 6 und 7 des Protokolls geregelte Verfahren hat sich schon während der Beratungen des Konvents die Bezeichnung „Frühwarnsystem" durchgesetzt. Zusätzlich wird in Artikel 8 des Protokolls den nationalen Parlamenten die Möglichkeit eröffnet, nach Verabschiedung eines Aktes der Gesetzgebung einen Verstoß gegen das Subsidiaritätsprinzip vom EuGH überprüfen zu lassen.

Der entscheidende Gesichtspunkt ist, dass nicht länger die Legislativorgane der Union allein in einer reinen Selbstkontrolle über die Einhaltung des Subsidiaritätsprinzips wachen. Diese werden in beinahe jedem Fall gute Gründe dafür finden, warum eine wirksame Regelung nur auf Unionsebene getroffen werden kann. Die nationalen Parlamente sind, wie schon dargestellt, am stärksten von der ausgreifenden Kompetenzwahrnehmung durch die Unionsorgane betroffen. Durch den Frühwarnmechanismus kann dieser Konflikt nun frühzeitig in einem geordneten Verfahren ausgetragen werden.

Nachdem es Konvent und Regierungskonferenz nicht gelungen ist, schärfere materielle Kriterien für die Subsidiaritätskontrolle zu setzen, ist es dieser formalisierte Prozess der Auseinandersetzung an sich, der die Einhaltung des Subsidiaritätsprinzips zu gewährleisten hat. Aufgrund der ganz unterschiedlichen Rechtstraditionen der Mitgliedstaaten der Union ist es nur in engen Grenzen möglich, auf gemeinsame und allgemein akzeptierte Rechtsbegriffe und Institute aufzubauen. Womöglich entstehen aus dem Prozess der Rechtsfindung durch konsentierte Verfahren, wie er jetzt mit Frühwarnsystem und Subsidiaritätsklage angelegt ist, im Laufe der Zeit auch handhabbare materielle Kriterien der Subsidiaritätsprüfung. Als Mindestes ist zu erwarten, dass die nationalen Parlamente auf der gleichrangigen Prüfung der beiden Bedingungen des Subsidiaritätsprinzips bestehen werden.

29 Kritisch zur Formulierung der Verknüpfung in Art. 5 Abs. 2 EGV auch Calliess, Subsidiaritäts- und Solidaritätsprinzip in der Europäischen Union, 2. Auflage, Baden-Baden 1999, S. 105.

30 In diesem Sinne wohl auch Weber, EuR 2004, 841, 849.

Frühwarnsystem und Klage müssen im Zusammenhang mit einer weiteren Neuerung des Verfassungsvertrags gesehen werden. Gemäß Art. I-50 Abs. 2 2. Hs. VerfV tagt der Rat öffentlich, *„wenn er über Entwürfe zu Gesetzgebungsakten berät oder abstimmt“*.[31] Inwieweit diese Bestimmung dazu führen wird, dass der Rat umstrittene Vorschläge tatsächlich öffentlich diskutiert, wird abzuwarten bleiben. Jedenfalls haben die nationalen Parlamente so aber die Möglichkeit, das Abstimmungsverhalten der nationalen Regierung im Rat zu beobachten. Mit der Möglichkeit, darüber eine öffentliche Diskussion anzustoßen, steht den nationalen Parlamenten ein weiteres politisches Instrument zur Verfügung, in wichtigen Fragen auf den europäischen Rechtsetzungsprozess Einfluss zu nehmen.[32]

1. Das Frühwarnsystem - Politischer Hebel im Gesetzgebungsverfahren

a) Verfahren

Nach Art. 4 SubsProt sind alle Vorschläge für Gesetzgebungsakte den nationalen Parlamenten unmittelbar zuzuleiten.[33] Das Einspruchsrecht bezieht sich, wie sich aus dem Zusammenhang mit Art. I-34 ergibt, auf Europäische Gesetze und Rahmengesetze. Europäische Verordnungen und Beschlüsse (Art. I-35 VerfV) sind dagegen der Subsidiaritätskontrolle nicht unterworfen. Die nationalen Parlamente können sich gemäß Art. 6 Abs. 1 SubsProt innerhalb einer Frist von sechs Wochen in Form einer begründeten Stellungnahme zur Einhaltung des Subsidiaritätsprinzips äußern. Die Stellungnahmen der nationalen Parlamente ergehen zu Beginn des Gesetzgebungsprozesses, nach Vorlage des ersten Entwurfs. Dieser wird im Lauf des Verfahrens womöglich erheblich verändert. Im Entwurf für das Subsidiaritätsprotokoll CONV 579/03, Punkt 7, war noch vorgesehen, dass die nationalen Parlamente bei Einleitung des Vermittlungsverfahrens erneut eine begründete Stellungnahme abgeben können. Der Vorschlag wurde im Laufe der Konventsberatungen jedoch wieder verworfen.

31 Der Konventsentwurf sieht in Art. I-23 Abs. 1 UA 3 einen Rat (Allgemeine Angelegenheiten und Gesetzgebung) vor, der als Legislativrat über die Europäischen Gesetze und Rahmengesetze beschließt. Damit war ein bedeutender Schritt zur weiteren Parlamentarisierung der EU durch die allmähliche Umformung des Rates zu einer zweiten Legislativkammer vorgezeichnet. Der Legislativrat wurde jedoch von der Regierungskonferenz gestrichen und die Legislativbefugnis bei den einzelnen Fachministerräten belassen. Zustimmung findet diese Regelung bei Hix in: Schwarze (Hrsg.), Der Verfassungsentwurf des Europäischen Konvents, S. 78 f.

32 Ähnlich, mit Betonung des Zugewinns an Legitimationskraft, Pernice in: Protokoll der 66. Sitzung des Bundestagsausschusses für Angelegenheiten der Europäischen Union (Anhörung vom 16. März 2005 zum EU-Verfassungsvertrag), S. 17.

33 Art. I-34 VerfV und Art. 4 SubsProt nennen die möglichen Urheber. Initiativorgan im ordentlichen Gesetzgebungsverfahren ist nach Art. I-34 Abs. 1 VerfV die Kommission. Abs. 2 und 3 führen die weiteren möglichen Urheber auf.

aa) Frist

Die sechswöchige Stellungnahmefrist wirft eine Reihe von Fragen auf, die sich aus dem Vertragstext nicht mit der erforderlichen Eindeutigkeit beantworten lassen.[34] Aus dem Protokoll ergibt sich weder Aufschluss, wann die Frist zu laufen beginnt, noch, als was sechs Wochen konkret zu verstehen sind, noch, welche Bedingungen für die Fristwahrung erfüllt sein müssen.

Die nationalen Parlamente können *„binnen sechs Wochen nach dem Zeitpunkt der Übermittlung"* Subsidiaritätsbedenken äußern, so heißt es in Art. 6 Abs. 1 S. 1 SubsProt. Das kann so verstanden werden, dass für den Beginn des Fristlaufs auf den Zeitpunkt der Absendung des Gesetzgebungsvorschlags abzustellen ist. Doch lässt sich genauso vertreten, dass der Zeitpunkt des Eingangs bei den nationalen Parlamenten entscheidend sein soll. Das wirft die Folgefrage auf, ob Eingang in elektronischer Form ausreichend oder in einem körperlichen Schriftdokument erforderlich ist, ob man nationale Feiertage o.ä. berücksichtigt, oder wie man die Übermittlung bei Mehr-Kammer-Parlamenten behandelt. Folge wäre, dass der Fristlauf von Mitgliedstaat zu Mitgliedstaat womöglich um mehrere Tage versetzt beginnt. Das wäre ein für die praktische Handhabung wenig glücklicher Zustand.

Auch wenn man Art. 4 des Protokolls über die Rolle der nationalen Parlamente berücksichtigt, ist die Frage des Fristbeginns nicht eindeutig zu klären. Dort ist von einer Sechs-Wochen-Frist zwischen Zuleitung eines Entwurfs für einen Gesetzgebungsakt an die nationalen Parlamente und der Aufnahme in die vorläufige Tagesordnung des Rates zum Erlass oder der Festlegung eines Standpunktes die Rede. Sinn dieser Regelung kann nur sein, die Stellungnahmen der nationalen Parlamente abzuwarten, bevor der Rat in die konkrete Entscheidungsfindung eintritt. Deshalb sind Art. 6 SubsProt und Art. 4 des Protokolls über die Rolle der nationalen Parlamente im Zusammenhang zu sehen. Der Begriff der „Zuleitung" gibt genauso wenig wie der der Übermittlung eindeutig Aufschluss, welches Ereignis konkret für den Beginn der Frist maßgeblich sein soll.

Im Verfassungsvertrag findet sich der Begriff der Übermittlung in Art. III-396 Abs. 7 VerfV wieder, der die zweite Lesung durch das Europäische Parlament im ordentlichen Gesetzgebungsverfahren regelt. Diese Bestimmung ist in weiten Teilen wortgleich mit dem derzeit geltenden Art. 251 Abs. 2 UA 3 EGV, der die zweite Lesung durch das Parlament im Mitentscheidungsverfahren behandelt. Der Begriff der Übermittlung wird in Art. 57 Abs. 1 S. 1 der Geschäftsordnung des EP wie folgt bestimmt: *„Die Übermittlung des Gemeinsamen Standpunkts des Rates gemäß Artikel 251 und 252 des EG-Vertrags erfolgt, indem der Präsident ihn in der Plenarsitzung des Parlaments bekannt gibt."*

Diese Regelung kann nicht unmittelbar zur Bestimmung des Fristbeginns im Frühwarnverfahren herangezogen werden. Die Möglichkeit einer näheren Bestimmung der primärrechtlichen Regelung des Art. 251 EGV durch abgeleitetes Recht

34 So weit ersichtlich, gibt es zur Einspruchsfrist auch noch keine wissenschaftliche Erörterung.

lässt sich über Art. 199 EGV begründen, der die Geschäftsordnungsautonomie des EP statuiert. Dagegen bieten für eine Ausgestaltung des Frühwarnverfahrens durch abgeleitetes Recht weder der Verfassungsvertrag noch das Subsidiaritätsprotokoll eine ausdrückliche Grundlage. Auch eine interinstitutionelle Vereinbarung scheidet aus, da die nationalen Parlamente, die als Berechtigte in eine solche Regelung einzubeziehen wären, keine Unionsorgane sind. Das bestätigt auch Art. III-397 VerfV.

Da eine ausdrückliche Grundlage für eine Durchführungsregelung fehlt, ist an Regelungsbefugnis der Union kraft unmittelbaren Sachzusammenhangs zu denken. Nach der gemeinschaftsrechtlichen Lehre der implied powers ist eine solche Befugnis anzunehmen, wenn der Erlass einer Durchführungsbestimmung für den Vollzug des materiellen Gemeinschaftsrechts unerlässlich ist.[35] Einer Anwendung dieser Lehre auch auf das Unionsrecht nach dem Verfassungsvertrag steht nichts entgegen, da mit dem Verfassungsvertrag das Recht der Europäischen Union nicht vollkommen neu geschaffen, sondern fortentwickelt wird. Eine eindeutige Festlegung des Fristbeginns im Frühwarnverfahren ist zwingend erforderlich. Es bietet sich eine Regelung durch eine Europäische Verordnung an, da diese gemäß Art. I-33 Abs. 1 UA 4 VerfV auch *„der Durchführung [...] einzelner Bestimmungen der Verfassung"* dienen kann.

Auch inhaltlich eignet sich die Regelung des Art. 57 GeschO EP nicht als Vorlage für die Ausgestaltung des Frühwarnsystems. Sie würde bedeuten, dass die Frist nicht nur für jedes nationale Parlament, sondern sogar für die einzelnen Kammern abhängig von der <u>tatsächlichen</u> Kenntnisnahme beginnt. Aus Gründen der praktischen Handhabbarkeit sollte ein möglichst einheitlicher Fristbeginn vorgesehen werden. Entscheidend wäre die <u>Möglichkeit</u> zur Kenntnisnahme. Aufgrund der inzwischen zuverlässigen Verfahren der elektronischen Übermittlung kann ein Eingang bei allen nationalen Parlamenten an dem auf die Absendung folgenden Werktag angenommen werden. Für die Einberufung und das Zusammentreten des nationalen Parlaments oder eines zur Kenntnisnahme befugten Ausschusses wären etwa vier weitere Tage (bzw. der nächste folgende Werktag) anzunehmen, nach deren Ablauf die Übermittlung als geschehen anzunehmen wäre.

Auch zur konkreten Dauer der Sechs-Wochen-Frist geben weder der Vertrag noch die Protokolle eindeutig Aufschluss. Naheliegend wäre es, sechs Wochen als sechs mal sieben Tage, also 42 Tage zu verstehen. Das entspräche dem Muster des Art. 80 § 1 b) VerfO EuGH. Zwingend ist dieses Verständnis aber nicht.

Unklar sind schließlich auch die zur Wahrung der Frist zu erfüllenden Bedingungen. In welcher Form kann oder muss die Stellungnahme abgegeben werden? Muss die Stellungnahme beim Empfängerorgan eingegangen sein oder reicht die Absendung? Reicht im Fall des Art. 6 Abs. 1 SubsProt Eingang bei einem der drei dort genannten Stellen aus, oder müssen alle drei die Stellungnahme erhalten?

Diese Fragen lassen sich ebenfalls nicht mit ausreichender Eindeutigkeit durch Vertragsauslegung beantworten. Die konkrete Dauer der Sechs-Wochen-Frist wie

35 Dazu zuletzt v. Danwitz, NVwZ 2004, 273, 277.

die zu ihrer Einhaltung zu erfüllenden Bedingungen müssen daher ebenso wie der Fristbeginn in einem Durchführungsrechtsakt näher bestimmt werden.

bb) Drittelquorum

Laut Art. 7 Abs. 2 SubsProt hat jedes nationale Parlament zwei Stimmen. In Staaten mit Zweikammersystem, wie Deutschland, hat jede der Kammern eine Stimme. Das bedeutet, dass jede Kammer eines nationalen Parlaments eine Stellungnahme unabhängig von der anderen Kammer abgeben kann,[36] so wie auch nach Art. 8 SubsProt jede Kammer einzeln Klage wegen eines Verstoßes gegen das Subsidiaritätsprinzip erheben kann. Wenn die eingehenden Stellungnahmen ein Drittel der Stimmen der nationalen Parlamente repräsentieren, muss sich nach Art. 7 Abs. 3 SubsProt das Initiativorgan erneut mit seinem Vorschlag befassen. Bei der gegenwärtigen Zahl von Mitgliedstaaten gäbe es 50 Stimmen. Das Drittelquorum wäre dann erreicht, wenn mit 17 Stimmen ein Verstoß gegen das Subsidiaritätsprinzip gerügt wird. Nicht erforderlich ist, dass sich die jeweiligen Begründungen der nationalen Parlamente decken. Selbst wenn diese sich im Einzelfall inhaltlich widersprechen sollten, kommt es im Ergebnis doch nur darauf an, dass das Quorum von einem Drittel erreicht ist.

Allerdings wird die politische Wirksamkeit des Frühwarnsystems in erheblichem Maß davon abhängen, ob es gelingt, die Stellungnahmen der nationalen Parlamente zu koordinieren. Je besser die Positionen unter mehreren Parlamenten abgestimmt werden, desto größer sind die Aussichten, das Gesetzgebungsverfahren konstruktiv beeinflussen zu können. Auf die europäischen politischen Familien der Parteien in den nationalen Parlamenten kommt die schwierige aber lohnende Aufgabe zu, einer solchen Koordinierung den Rahmen zu geben.

Sinnvoll wäre es, wenn die Kritik der nationalen Parlamente konkret auf einzelne Regelungen gerichtet würde. Eine pauschale Ablehnung des gesamten Gesetzgebungsvorschlags macht es schwer, im Dialog der beteiligten Organe zu einer für alle Seiten überzeugenden Lösung zu kommen. Denkbar erscheint darüber hinaus, dass in den Stellungnahmen der nationalen Parlamente konkrete Vorschläge unterbreitet werden, wie die Regelung subsidiaritätskonform ausgestaltet werden könnte.

cc) Erforderlichkeit eines erneuten Beschlusses

Die Neubefassung führt nicht zwingend zu einer Änderung des Vorschlags. Nach Art. 7 Abs. 4 SubsProt kann das Initiativorgan beschließen, an seinem ursprünglichen Vorschlag unverändert festzuhalten. Entscheidend ist, dass ein erneuter Beschluss des Gremiums erforderlich ist. Ist der ursprüngliche Vorschlag nur mit einer

36 CONV 724/03, Anlage 2, S. 146.

knappen Mehrheit auf den Weg gebracht worden, können die Stellungnahmen der Parlamente eine Verschiebung der Mehrheiten verursachen.

b) Gegenstand

Genauer zu erörtern ist der Gegenstand des Frühwarnsystems. Nach dem Wortlaut soll es rein um die Frage der Subsidiarität gehen. Auch hat das Präsidium des Konvents deutlich gemacht, dass der Vorschlag, auch das Verhältnismäßigkeitsprinzip und den Grundsatz der begrenzten Einzelermächtigung im Rahmen des Frühwarnsystems zu prüfen, bewusst nicht umgesetzt wurde.[37] Dem ist insofern Rechnung zu tragen, dass die Stellungnahmen der nationalen Parlamente im Schwerpunkt auf das Subsidiaritätsprinzip zu richten sind. Weil der Frühwarnmechanismus aber ein in erster Linie politisches Instrument ist, das keine zwingende Änderung eines Gesetzgebungsvorschlags nach sich zieht, können sich die nationalen Parlamente selbstverständlich im Rahmen der Subsidiaritätskontrolle auch dazu äußern, ob überhaupt eine EU-Kompetenz für den vorgelegten Legislativvorschlag besteht und ob dieser dem Grundsatz der Verhältnismäßigkeit genügt. Es wäre absurd, die mit dem Frühwarnsystem auch gewollte Ausweitung der öffentlichen Debatte auf die Frage der Subsidiarität beschränken zu wollen, wenn seitens der nationalen Parlamente erhebliche Zweifel entweder hinsichtlich der Kompetenz oder hinsichtlich der Verhältnismäßigkeit bestehen. Es ist kaum vorstellbar, dass die Kommission die Stellungnahme eines nationalen Parlaments als unbeachtlich zurückweist, weil dieses sich nicht nur zur Subsidiarität, sondern auch zur Kompetenzfrage bzw. zur Verhältnismäßigkeit äußert.

2. Die Subsidiaritätsklage

a) Verfahren

Nach Verabschiedung eines Gesetzgebungsaktes können die nationalen Parlamente die Einhaltung des Subsidiaritätsprinzips durch den EuGH überprüfen lassen (nachlaufende Subsidiaritätskontrolle).

aa) Rechtsnatur der Klage

Die Subsidiaritätsklage ist eine Sonderform der Nichtigkeitsklage nach Art. III-365 VerfV. Das ergibt sich aus Art. 8 Abs. 1 SubsProt, nach dem der EuGH

37 CONV 724/03, Anlage 2, S. 145.

zuständig ist für Klagen wegen Verstoßes gegen das Subsidiaritätsprinzip, *„die nach Maßgabe des Art. III-365 der Verfassung von einem Mitgliedstaat erhoben oder [...] von einem Mitgliedstaat im Namen seines nationalen Parlaments oder einer Kammer dieses Parlaments übermittelt werden.“* Für Klagen der Mitgliedstaaten hätte es deshalb einer Regelung im Subsidiaritätsprotokoll gar nicht bedurft. Die Bedeutung des Art. 8 SubsProt liegt darin, dass die nationalen Parlamente den nach Art. III-365 Abs. 2 VerfV privilegierten Klägern gleichgestellt werden, der Prüfungsmaßstab jedoch eingeengt wird. Während die Kläger nach Art. III-365 Abs. 2 VerfV eine *„Verletzung der Verfassung“* geltend machen können, sind die nationalen Parlamente darauf beschränkt, Verstöße gegen das Subsidiaritätsprinzip zu rügen. Erkennt der EuGH einen solchen Verstoß, erklärt er den angegriffenen Gesetzgebungsakt gemäß Art. III-366 VerfV für nichtig.

bb) Klägerbezogene Zulässigkeitsvoraussetzungen

Da das Subsidiaritätsprotokoll den nationalen Parlamenten einen Ausschnitt der Klagemöglichkeiten nach Art. III-365 Abs. 2 VerfV eröffnet, müssen die klägerbezogenen Zulässigkeitsvoraussetzungen näher betrachtet werden. In den Kategorien des deutschen Verfassungsprozessrechts geht es um die Klagebefugnis bzw. das Rechtsschutzbedürfnis. Insbesondere ist zu erörtern, ob die Klage eines nationalen Parlaments unzulässig ist, das im Rahmen des Frühwarnverfahrens keine Stellungnahme zu Subsidiaritätsbedenken abgegeben hat. Des weiteren ist zu klären, ob die Zustimmung einer nationalen Regierung im Rat zu einer angegriffenen Regelung Auswirkungen auf die Zulässigkeit der Klage eines nationalen Parlaments hat.

(i) Stellungnahme im Frühwarnverfahren Zulässigkeitsvoraussetzung?

Aus dem Text des Protokolls geht nicht hervor, dass das klageerhebende Parlament im Rahmen der vorangegangenen Frühwarnkontrolle eine begründete Stellungnahme abgegeben haben muss. Das steht im Widerspruch zu den Auffassungen der Arbeitsgruppe Subsidiaritätsprinzip des Konvents, die in ihren Schlussfolgerungen empfohlen hat, die Zulässigkeit der Klage an die vorhergehende Abgabe einer begründeten Stellungnahme zu knüpfen.[38] Jedoch hat diese Vorgabe zu Recht im Vertragstext keinen Niederschlag gefunden.[39] Zum einen kann nämlich zwischen Vorlage des ersten Entwurfs und der Verabschiedung ein Gesetzgebungsakt derart ver-

38 CONV 286/02, S. 7.

39 Dagegen dem Erfordernis einer vorangehenden Stellungnahme zuneigend Huber in: Protokoll der 66. Sitzung des Bundestagsausschusses für Angelegenheiten der Europäischen Union (Anhörung vom 16. März 2005 zum EU-Verfassungsvertrag), S.44, zweifelnd Pernice, aaO, S. 47.

ändert worden sein,[40] dass ein nationales Parlament zunächst keine, womöglich dann aber im Laufe des Gesetzgebungsverfahrens doch Veranlassung hat, einen Verstoß gegen das Subsidiaritätsprinzip zu rügen. Für den Sonderfall des Vermittlungsverfahrens nach Art. III-396 VerfV sah deshalb der erste Entwurf des Subsidiaritätsprotokolls in Nr. 7 eine weitere Möglichkeit für die nationalen Parlamente vor, Subsidiaritätsbedenken mit einer begründeten Stellungnahme geltend zu machen.[41] Diese Klausel wurde später jedoch fallen gelassen.[42] Das ist insoweit begrüßenswert, als auch ohne Vermittlungsverfahren ein Gesetzgebungsakt so gravierende Änderungen erfahren kann, dass mit einem zusätzlichen Stellungnahmerecht allein bei Einleitung des Vermittlungsverfahrens die Kontrollmöglichkeiten der nationalen Parlamente in unzulässiger Weise verkürzt worden wären.

Statt einer weiteren, das Gesetzgebungsverfahren verzögernden Stellungnahme in einem Sonderfall des Gesetzgebungsverfahrens eröffnet das Protokoll den nationalen Parlamenten nun die Möglichkeit, alle Subsidiaritätsbedenken gerichtlich prüfen zu lassen, gleichgültig, zu welchem Zeitpunkt des Verfahrens diese Bedenken entstanden sind.

Da der Wortlaut des Art. 8 SubsProt die Zulässigkeitsvoraussetzung einer vorausgehenden Stellungnahme im Frühwarnverfahren nicht hergibt, könnte sie höchstens per Analogie in die Vorschrift hineininterpretiert werden. Das setzt aber eine planwidrige Regelungslücke voraus. Die Subsidiaritätsklage steht, wie dargestellt, nicht nur den nationalen Parlamenten offen, sondern in Form der allgemeinen Nichtigkeitsklage auch den Mitgliedstaaten selbst, das bedeutet praktisch: ihren Regierungen. Ein Recht zur Stellungnahme der Regierungen im Frühwarnmechanismus sieht das Subsidiaritätsprotokoll nicht vor, da die Regierungen sich bei den Beratungen im Rat äußern können. Das Zulässigkeitskriterium der vorhergehenden Stellungnahme ist daher in Bezug auf die Regierungen untauglich. Da es keinen Anhaltspunkt dafür gibt, dass die Vertragsparteien unterschiedliche Zulässigkeitsvoraussetzungen aufstellen wollten, je nachdem, ob die Parlamente oder die Regierungen die Subsidiaritätsklage erheben, ist eine planwidrige Regelungslücke abzulehnen.

Auch mit dem Hinweis auf ein möglicherweise fehlendes Rechtsschutzbedürfnis lässt sich das Erfordernis einer vorhergehenden Stellungnahme nicht begründen.[43] Die Bezugnahme auf den Begriff des Rechtsschutzbedürfnisses geht schon insofern fehl, als die nationalen Parlamente mit der Subsidiaritätsklage nicht die Verletzung eigener Rechte rügen, sondern einen Verstoß gegen die objektive Kompetenzausübungsordnung des Verfassungsvertrags.

Dementsprechend hat der EuGH für die Nichtigkeitsklage nach Art. 230 EGV festgestellt, dass die privilegierten Kläger nach Abs. 2 kein Rechtsschutzbedürfnis

40 Piris, Konventsdokument WG I – WD 04, S. 15.

41 Meyer, Konventsdokument WG I – WD 24, Punkt 3.

42 CONV 724/03, Anlage 2, S. 147.

43 Huber in: Protokoll der 66. Sitzung des Bundestagsausschusses für Angelegenheiten der Europäischen Union (Anhörung vom 16. März 2005 zum EU-Verfassungsvertrag), S.44, hält dagegen offenbar die Frage des Rechtsschutzbedürfnisses für erheblich.

dartun müssen.[44] Die einschlägigen Absätze 1 und 2 des Art. III-365 VerfV entsprechen bis auf einige Präzisierungen und Ergänzungen vollständig dem Wortlaut der Absätze 1 und 2 des Art. 230 EGV. Daher ist die Rechtsprechung des EuGH zum Rechtsschutzbedürfnis der privilegierten Kläger ohne weiteres auf den Verfassungsvertrag zu übertragen.

Den nationalen Parlamenten bei Nichtabgabe einer Stellungnahme im Frühwarnverfahren die Möglichkeit einer gerichtlichen Überprüfung zu verwehren gibt es keinen stichhaltigen Grund. Dennoch ist, wie noch zu zeigen sein wird, den nationalen Parlamenten sehr zu empfehlen, Subsidiaritätsbedenken möglichst frühzeitig geltend zu machen.

(ii) Widerspruch zwischen Parlament und Regierung

Die Zustimmung einer nationalen Regierung zu einem Gesetzgebungsvorschlag im Rat hindert das nationale Parlament desselben Staates nicht, Nichtigkeitsklage wegen Verstoßes gegen das Subsidiaritätsprinzip zu erheben. Auch hier ist wieder der entscheidende Gesichtspunkt, dass es nicht um die Wahrung von Organrechten oder Rechten der Mitgliedstaaten geht, sondern um die Einhaltung der objektiven Vertragsordnung. So hat der EuGH zu Art. 230 EGV festgestellt, dass die Klagebefugnis eines Mitgliedstaates nicht entfällt, wenn der Regierungsvertreter dieses Mitgliedstaates im Rat der angegriffenen Regelung zugestimmt hat.[45] Die Begründung liegt auch hier darin, dass es nicht um die Wahrung von Organrechten sondern die Einhaltung der objektiven Vertragsordnung geht. Da die einschlägigen Art. 230 Abs. 1, 2 EGV und Art. III-365 Abs. 1, 2 VerfV im Regelungsgehalt fast identisch sind, besteht kein Anlass, diese Rechtsprechung in Frage zu stellen. Den Parlamenten der Mitgliedstaaten steht daher die Subsidiaritätsklage unabhängig vom Abstimmungsverhalten ihrer jeweiligen nationalen Regierung im Rat offen.

cc) Ausgestaltung des Klagerechts in der innerstaatlichen Rechtsordnung

Das Subsidiaritätsprotokoll sieht vor, dass gemäß der innerstaatlichen Rechtsordnung ein Mitgliedstaat im Namen seines nationalen Parlaments oder einer Kammer dieses Parlaments die Klage übermittelt. Die Ausgestaltung des innerstaatlichen Weges zur Klageerhebung ist den Mitgliedstaaten überlassen.
Entsprechend der Einordnung der Subsidiaritätsklage als Sonderform der Nichtigkeitsklage nach Art. III-365 Abs. 1 und 2, die der Wahrung des Subsidiaritätsprin-

44 Schwarze in: Schwarze (Hrsg.), EU-Kommentar, Art. 230 EGV, Rn. 48 mit Rechtsprechungsnachweis.

45 Schwarze in: Schwarze (Hrsg.), EU-Kommentar, Art. 230 EGV, Rn. 28 mit Rechtsprechungsnachweis.

zips als Teil der objektiven Vertragsordnung dient und nicht dem Schutz spezifischer Organ- oder Mitgliederrechte, hat sich in der deutschen Diskussion die Vorstellung durchgesetzt, dass in den Kategorien des deutschen Verfassungsprozessrechts die Subsidiaritätsklage als abstrakte Normenkontrolle und nicht etwa als Organstreit zu verstehen ist.[46]

Die prozessrechtliche Einordnung der Subsidiaritätsklage war von großer Bedeutung für die Frage, ob sie als Minderheitenrecht ausgestaltet werden könne oder materiell von der Mehrheit im Bundestag getragen werden müsse. Ginge es bei der Subsidiaritätsklage um die Wahrung von Organrechten des Bundestages oder der spezifischen Rechte des EU-Mitglieds Deutschland, wäre eine Ausgestaltung als Minderheitenrecht womöglich nicht zu rechtfertigen gewesen. Mit der zutreffenden Einordnung, dass die Subsidiaritätsklage strukturell der abstrakten Normenkontrolle verwandt ist, konnte die Regelung des Art. 93 Abs. 1 Nr. 2 GG aufgegriffen werden, dass das Bundesverfassungsgericht auf Antrag eines Drittels der Mitglieder des Bundestages einen Rechtsakt auf seine Verfassungsmäßigkeit prüft. Auf Antrag einer Fraktion beschließt der Bundestag, Subsidiaritätsklage zu erheben, wenn dem nicht zwei Drittel seiner Mitglieder widersprechen.[47] Die Mechanik des Klageerhebungsbeschlusses auf Antrag einer Minderheit ist der Einsetzung eines Untersuchungsausschusses nach Art. 44 GG nachgebildet. Die Option, mit zwei Dritteln der Mitglieder des Bundestages eine Klageerhebung unterbinden zu können, wurde aufgenommen, um einen theoretisch denkbaren Missbrauch der Klagemöglichkeit durch einzelne Fraktionen zu verhindern.

b) Maßstab

Maßstab der Subsidiaritätsklage der nationalen Parlamente ist das Subsidiaritätsprinzip. Mit der Einrichtung dieser Klageform stellen sich mit neuer Schärfe die bekannten Fragen, inwieweit eine Subsidiaritätskontrolle unabhängig von der Kompetenzprüfung möglich ist und inwieweit sich aus dem Subsidiaritätsprinzip justiziable Kriterien gewinnen lassen.

aa) Umfang

Auf Klage der nationalen Parlamente prüft der EuGH die Vereinbarkeit des angegriffenen Gesetzgebungsakts mit dem Subsidiaritätsprinzip. Nur in Bezug auf diesen Grundsatz des Verfassungsvertrags sind die nationalen Parlamente klagebefugt, im

46 So auch Winkelmann, Ausschuss für Wahlprüfung, Immunität und Geschäftsordnung, Vermerk vom 01.09.2004, Punkt 1.a) cc), und Vermerk vom 11.11.2004, Punkt (7).

47 Bundestagsdrucksache 15/5492, § 3 Abs. 2 Gesetz über die Ausweitung und Stärkung der Rechte des Bundestages und des Bundesrates in Angelegenheiten der Europäischen Union.

Gegensatz zu den Klägern nach Art. III-365 Abs. 2 VerfV, die einen Gesetzgebungsakt am Maßstab des gesamten Verfassungsvertrags überprüfen lassen können. Fraglich ist, inwieweit die nationalen Parlamente im Rahmen der Subsidiaritätsklage auch Verstöße gegen die Grundsätze der begrenzten Einzelermächtigung und der Verhältnismäßigkeit rügen können.

Für eine strikte Begrenzung auf die Subsidiaritätsfrage spricht der Wortlaut des Art. 8 Abs. 1 SubsProt, der von einem Verstoß gegen das Subsidiaritätsprinzip spricht. Doch der Wortlaut des Art. I-11 Abs. 3 VerfV, des Subsidiaritätsabsatzes, ergibt ein anderes Bild. Dort heißt es: *„Nach dem Subsidiaritätsprinzip wird die Union in den Bereichen, die nicht in ihre ausschließliche Zuständigkeit fallen, nur tätig, sofern [...]“*. Der EuGH wäre also nach dem Wortlaut des Subsidiaritätsabsatzes gehalten, zu Eingang seiner Prüfung festzustellen, ob die Kompetenz, auf die der zu überprüfende Akt der Gesetzgebung gestützt wird, in der ausschließlichen Zuständigkeit der Union liegt, oder ob es sich um eine geteilte Zuständigkeit handelt. Stellt der EuGH eine ausschließliche Zuständigkeit der Union fest, ist kein Raum mehr für die Subsidiaritätsprüfung. Ebenso ist die Einhaltung des Subsidiaritätsgrundsatzes unerheblich, wenn die Union eine Kompetenz in Anspruch nimmt, die nach dem in Art. I-11 Abs. 2 VerfV festgehaltenen Grundsatz der begrenzten Einzelermächtigung in die ausschließliche Zuständigkeit der Mitgliedstaaten fällt. Sofern erhebliche Anhaltspunkte dafür vorliegen, dass der zu überprüfende Akt der Gesetzgebung auf einer Kompetenz beruht, die in der ausschließlichen Zuständigkeit der Mitgliedstaaten liegt, wird der EuGH im Rahmen der Subsidiaritätsklage die Frage zu beantworten haben, ob die Subsidiaritätsprüfung überhaupt eröffnet ist.[48]

Sollte der EuGH ein Handeln der Union „ultra vires“ feststellen, könnte er theoretisch die Subsidiaritätsklage eines nationalen Parlaments als unbegründet zurückweisen: Da es keine Zuständigkeit der Union für den erlassenen Gesetzgebungsakt gibt, kann dieser auch nicht gegen das Subsidiaritätsprinzip verstoßen. Wahrscheinlicher ist, dass der EuGH einen solchen, aus Anlass der Subsidiaritätsprüfung festgestellten Verstoß gegen den Verfassungsvertrag in der vorgelagerten Frage der Kompetenz zum Anlass nehmen wird, den überprüften Gesetzgebungsakt für nichtig zu erklären.[49]

48 Übereinstimmend stellen der Schlussbericht der Konventsarbeitsgruppe Subsidiaritätsprinzip, CONV 286/02, S. 9, und der Generalanwalt des EuGH, Francis Jacobs, in einer vom Verfassungskonvent durchgeführten Anhörung, CONV 156/02, S. 3, fest, dass es kaum praktikabel bzw. problematisch sei, die Einhaltung des Subsidiaritätsprinzips einerseits sowie des Grundsatzes der begrenzten Einzelzuständigkeit andererseits ungeachtet des Zusammenhangs, der zwischen ihnen bestehe, zu verschiedenen Zeitpunkten zu überprüfen.

49 In diesem Sinne auch Wuermeling, EuR 2004, 216, 225.

bb) Kriterien der Subsidiaritätsprüfung

Im Gegensatz zum vorwiegend politischen Frühwarnverfahren ist die Subsidiaritätsklage notwendigerweise ein strikt juristisches Verfahren. Der EuGH ist nicht befugt, Fragen politischer Opportunität zu entscheiden. Er muss erklären, ob ein angegriffener Rechtsakt mit dem europäischen Vertragsrecht vereinbar ist oder nicht, ob er gültig oder nichtig ist. Daher müssen für die Subsidiaritätsprüfung klare Entscheidungskriterien gewonnen werden. Aus dem Wortlaut des Art. I-11 Abs. 3 VerfV ergibt sich jedoch ebenso wenig wie aus dem Subsidiaritätsprotokoll, nach welchen weiteren Anhaltspunkten die Frage der noch ausreichenden bzw. besseren Zielerreichung zu beantworten wäre. Angesichts dieses Befundes wird der EuGH die Subsidiaritätsvorschriften bis auf weiteres vor allem als Darlegungs- und Beweislastregeln anwenden müssen. Ausgangspunkt muss die Vermutung sein, dass im Bereich der geteilten Zuständigkeiten ein Vorrang ihrer Wahrnehmung durch die Mitgliedstaaten oder ihrer regionalen und kommunalen Untergliederungen besteht. Diese Vermutung ergibt sich unmittelbar aus dem in der Präambel des Subsidiaritätsprotokolls festgehaltenen Grundsatz, *„dass die Entscheidungen in der Union so bürgernah wie möglich"* zu treffen sind.

Konkretisiert wird diese Vorrangsvermutung für die Wahrnehmung einer Zuständigkeit durch die Mitgliedstaaten durch das Erforderlichkeits- und das Effizienzkriterium und die einhergehenden Begründungspflichten. Die Begründungspflicht ergibt sich aus Art. I-38 Abs. 2 VerfV und Art. 5 S. 1 SubsProt und wird weiter ausformuliert durch Art. 5 S. 4 SubsProt, nach dem die Feststellung der besseren Zielerreichung auf qualitativen und, soweit möglich, quantitativen Kriterien beruht. Wie oben[50] dargestellt, muss diese Anforderung an die Darstellung der Entscheidungsgrundlagen für das Erforderlichkeitskriterium genauso gelten wie für das Effizienzkriterium. Der Umstand, dass die Beurteilungen der Fragen, ob eine Zielerreichung auf Ebene der Mitgliedstaaten nicht ausreichend und durch ein Handeln der Union besser möglich ist, einen gewissen Einschätzungsspielraum der Unionsorgane eröffnet, stellt nicht die gerichtliche Überprüfbarkeit der Entscheidung in Frage. Art. 5 S. 4 SubsProt macht deutlich, dass jedenfalls die Umstände, auf denen die Entscheidung beruht, im Detail darzulegen sind.

Für die gerichtliche Prüfung bedeutet das konkret, dass zunächst die Einschätzung zu begründen ist, warum ein bestimmtes Ziel allein durch Tätigwerden der Mitgliedstaaten „nicht ausreichend" verwirklicht werden kann. Das versteht sich nach dem Wortlaut des derzeit geltenden Subsidiaritätsabsatzes im EGV wie des neuen im VerfV im Grunde von selbst, entspricht aber, wie dargestellt, bislang weder der Praxis der Gemeinschaftsorgane noch dem Prüfungsschema des EuGH.

Dabei geht es übrigens nicht an, etwa die Harmonisierung als zu erreichendes Ziel anzugeben. Diese formale Zielstellung kann selbstverständlich von den Mitgliedstaaten kaum je „ausreichend" verwirklicht werden und darf nicht als Selbstzweck

50 C.III.1.

behandelt werden. Vielmehr ist auf das dahinter stehende materielle Ziel abzustellen, zu dessen Verwirklichung die Harmonisierung das Mittel darstellt.[51]

Erst im nächsten Schritt kommt es darauf an, ob durch ein Handeln der Union „bessere“ Wirkungen erwartet werden können. Das ist auch bei Bejahung des Erforderlichkeitskriteriums keineswegs selbstverständlich, da möglicherweise weder die Mitgliedstaaten noch die Union über einen geeigneten Ansatz verfügen.

Außer der richtigen Reihenfolge der Darlegung wird der EuGH vor allem zu prüfen haben, ob die den Einschätzungen zugrunde gelegten Tatsachen und die für die Beurteilung der zukünftigen Entwicklung angewandten Prognoseverfahren so dargestellt worden sind, dass die Grundlagen der Entscheidung überprüfbar und nachvollziehbar sind. Insoweit kann die Entwicklung der Rechtsprechung des Bundesverfassungsgerichts zu Art. 72 Abs. 2 GG beispielgebend wirken.[52] Auf die Darstellung der angewendeten Prognoseverfahren ist deshalb zu bestehen, weil nur so eventuelle methodische Fehler aufzudecken sind, die womöglich entscheidenden Einfluss auf das Ergebnis der Abwägung haben.

Die Anforderungen an die Darlegung, warum ein Ziel unmittelbar von den Mitgliedstaaten nicht ausreichend verwirklicht werden kann, sondern vielmehr auf Unionsebene besser zu verwirklichen ist, sind um so höher zu setzen, je eingehender im Verlauf des Gesetzgebungsverfahrens Subsidiaritätsbedenken geäußert wurden.[53] Anhand der in den Stellungnahmen vorgetragenen Tatsachen und Prognosemethoden kann der EuGH konkret prüfen, ob die Voraussetzungen eines Handelns der Union hinreichend dargetan worden sind.[54]

Sollte der EuGH sich der Herausforderung verweigern, eine Orientierung gebende Judikatur zum Subsidiaritätsprinzip zu entwickeln, ist zu vermuten, dass die nationalen Verfassungsgerichte diese Aufgabe an sich ziehen werden.[55]

D. Ausblick

Die Verhinderung subsidiaritätswidriger Gesetzgebungsakte ist ein wesentlicher Gesichtspunkt des Frühwarnverfahrens und der Subsidiaritätsklage. Es wäre jedoch zu kurz gedacht, das Verfahren bloß als Instrument der Notwehr der nationalen Parla-

51 In diesem Sinne auch Calliess, Subsidiaritäts- und Solidaritätsprinzip in der Europäischen Union, 2. Auflage, Baden-Baden 1999, S. 107 f., mit Nachweis eines entsprechenden Fehlverständnisses des EuGH.

52 Dargestellt bei Calliess, EuGRZ 2003, 181, 192 f.

53 Meyer/Hölscheidt, integration 2003, S. 345, 348, erwarten zwar „keine generell allzu hoch einzuschätzende Aussicht, dass der EuGH der Subsidiaritätsklage eines Parlaments stattgibt. […] Das neue Instrument der Subsidiaritätsklage dürfte aber die nicht zu unterschätzende politische Wirkung haben, dass die von den nationalen Parlamenten geltend gemachten Bedenken wesentlich ernster genommen werden als in der Vergangenheit.“

54 Den Vorteil einer dann möglichen raschen gerichtlichen Entscheidung betont Calliess, EuGRZ 2003, 181, 195.

55 So auch Calliess, EuGRZ 2003, 181, 196.

mente zu begreifen. Seine Bedeutung reicht weit darüber hinaus, denn es ist ein Weckruf für die nationalen Parlamente, ihre Rolle in der europäischen Politik und im europäischen Rechtsetzungsprozess neu und selbstbewusster zu bestimmen. Ihnen wird ein förmliches Verfahren zur Verfügung stehen, einer schleichenden Entziehung ihrer Zuständigkeiten entgegenzutreten. Um dieses Verfahren effektiv nutzen zu können, müssen die nationalen Parlamente sich schon zu einem sehr frühen Zeitpunkt mit wichtigen Brüsseler Vorlagen beschäftigen. Wenn die Kontrolle erst bei Vorlage eines Gesetzgebungsentwurfs eingeleitet wird, lässt sich binnen sechs Wochen nur schwer eine fundierte ablehnende Stellungnahme erarbeiten (geschweige denn eine, die mit anderen nationalen Parlamenten abgestimmt ist). Durch den Frühwarnmechanismus haben die nationalen Parlamente einen konkreten Anlass, ihre Kontroll- und Entscheidungsmechanismen so einzurichten, dass sie die aus ihrer Sicht bedeutsamen Initiativen auf Unionsebene rechtzeitig identifizieren und Positionen dazu zu entwickeln, mit denen sie gegenüber den Unionsorganen, ihrer nationalen Regierung und in der Öffentlichkeit die Debatte bestimmen können. Inwieweit eine Änderung der Arbeitsstrukturen den nationalen Parlamenten erlauben wird, eine aktive europäische Politik zu betreiben[56], wird abzuwarten bleiben. Jedenfalls in Bezug auf den Deutschen Bundestag ist im Sinne einer dringend notwendigen Verbesserung seiner Arbeitsstrukturen betreffend die Angelegenheiten der Europäischen Union der durch den Verfassungsvertrag gegebene Anstoß sehr zu begrüßen.[57]

Auch die aktuellen Schwierigkeiten im Ratifikationsprozess schwächen nicht den Impuls, der von der Einführung der parlamentarischen Subsidiaritätskontrolle ausgeht. Es geht darum, dass die nationalen Parlamente mit neuem Selbstbewusstsein ihre Rolle im Prozess der Gestaltung der europäischen Politik wahrnehmen. Die Möglichkeiten dazu rücken mit dem Verfassungsvertrag in das Bewusstsein der Parlamentarier und der Öffentlichkeit. Sollte abzusehen sein, dass die Schwierigkeiten bei der Ratifikation des Verfassungsvertrags nicht nur vorübergehend sind, wird zu prüfen sein, inwieweit die im Verfassungsvertrag vorgesehenen Rechte der nationalen Parlamente schon jetzt in die politische Praxis umgesetzt werden können. So lässt sich gut vorstellen, dass die nationalen Parlamente im Vorgriff auf das Frühwarnsystem Stellungnahmen zu Entwürfen für Gesetzgebungsakte an die EU-Organe richten. Da diese Stellungnahmen auch nach dem Verfassungsvertrag nicht zwingend eine Änderung des Gesetzgebungsvorschlags zur Folge haben, scheint eine vertragliche Grundlage nicht unbedingt erforderlich. Praktische Folgen kann ein solcher Versuch nur haben, wenn eine größere Zahl der nationalen Parlamente dabei mitwirkt. Eine ständige Übung seitens der nationalen Parlamente könnte eine Formalisierung herbeiführen.

Auch die Subsidiaritätsklage auf Veranlassung eines Parlaments könnte wohl schon jetzt zumindest in Ansätzen verwirklicht werden. Da sie nur eine speziell aus-

56 Diese Hoffnung äußert Pernice in: Protokoll der 66. Sitzung des Bundestagsausschusses für Angelegenheiten der Europäischen Union (Anhörung vom 16. März 2005 zum EU-Verfassungsvertrag), S. 42.

57 So auch Kietz, SWP-Aktuell 19/2005, S. 8.

geprägte Form der allgemeinen Nichtigkeitsklage ist, könnte innerstaatlich geregelt werden, dass der Mitgliedstaat auf Veranlassung des Parlaments die Klage nach Art. 230 EGV erhebt. Einwände könnten erhoben werden aus dem unionsrechtlichen Effizienzgebot[58]. Dabei ginge es zum einen grundsätzlich darum, eine Überlastung des EuGH zu vermeiden, zum anderen um den schon erörterten Fall, dass die Regierung eines Mitgliedstaates im Rat einem Gesetzgebungsakt zugestimmt hat, das Parlament dann aber dagegen Klage erhebt, weil es diesen wegen Verstoßes gegen das Subsidiaritätsprinzip für vertragswidrig hält. In der Abwägung der betroffenen Rechtsgüter (einerseits: Effizienz der Rechtsetzungstätigkeit der Union, Funktionsfähigkeit des EuGH; andererseits: Wahrung des Subsidiaritätsprinzips) ist ein Verstoß gegen das Effizienzgebot zu verneinen, da eine Klage in dieser Form allein der Durchsetzung des schon jetzt geltenden Subsidiaritätsprinzips dient, für deren Wahrung („wo kein Kläger, da kein Richter") aber bislang keine wirksamen Instrumente gefunden wurden. Jedoch kann es hier, im Gegensatz zur Subsidiaritätsklage als Minderheitsrecht nach dem Verfassungsvertrag, nur um eine Klage gehen, die materiell von der Mehrheit des Bundestages getragen wird. Erst der Verfassungsvertrag schafft mit Frühwarnsystem und Klage das ausdifferenzierte System der Konfliktbewältigung, das eine Auseinandersetzung mit Positionen ermöglicht, die im Rat der EU nicht vertreten werden.

Diese Erwägungen zeigen, dass den nationalen Parlamenten schon heute deutlich mehr Ansätze zur Wahrung ihrer legislativen Bedeutung und zur gestaltenden Mitwirkung im europäischen Rechtsetzungsprozess zur Verfügung stehen, als viele bislang erkannt haben. Unabhängig vom Schicksal des Verfassungsvertrags sind die nationalen Parlamente im eigenen Interesse aufgefordert, von den Organen der EU die Achtung des Grundsatzes der möglichst bürgernahen Entscheidung als Kern des Subsidiaritätsprinzips beharrlich einzufordern.

58 Zum Zusammenhang Klagerecht der nationalen Parlamente und Effizienzgebot Müller-Graff in: Protokoll der 66. Sitzung des Bundestagsausschusses für Angelegenheiten der Europäischen Union (Anhörung vom 16. März 2005 zum EU-Verfassungsvertrag), S. 40 f.; Huber, aaO, S. 41, spricht hier vom Gebot der Gemeinschaftstreue.

Die Methode der "offenen Koordinierung"

- Politiksteuerung aus Sicht der Europäischen Verfassung -

von Dr. Norbert Bernsdorff, Richter am Bundessozialgericht

Der Europäische Konvent hat am 18.7.2003 den Entwurf eines Vertrags über eine Verfassung für Europa vorgelegt. Mit der Verabschiedung dieses Entwurfs auf der Regierungskonferenz in Brüssel am 18.6.2004 und der Unterzeichnung des Vertrags in Rom am 29.10.2004 fand der Entstehungsprozess der "Europäischen Verfassung" ein vorläufiges Ende. Angesichts der erfolglosen Referenden in Frankreich und den Niederlanden bleibt ihr politisches Schicksal ungewiss. Auch auf europäischer Ebene scheint sie nicht mehr zu den prioritären Vorhaben zu gehören, wie sich aus den jüngsten Äußerungen der Europäischen Kommission ergibt.

Unter den Anliegen der Europäischen Verfassung steht die Verbesserung der "vertikalen" Kompetenzverteilung zwischen der Europäischen Union und den Mitgliedstaaten an zentraler Stelle. Ob der Europäische Konvent die in ihn gesetzten Hoffnungen erfüllt und mit seinem Vorschlag einer Kompetenzordnung bewiesen hat, dass die Union kein "Superstaat" werden will, *"der die Nationen in einer (supranational beherrschten) Politik zusammenfasst"*[1], ist zweifelhaft, soll hier jedoch nicht weiter untersucht werden. Näher zu betrachten sind allerdings die Neuerungen bei den Koordinierungsbefugnissen der Union. Buchstäblich in letzter Minute hat der Europäische Konvent die Methode der "offenen Koordinierung" (MOK) in vier wichtige Politikbereiche des Teils III der Europäischen Verfassung eingeführt, ohne diese Handlungsform vorher allgemein zu definieren. Es ist fraglich, ob der Europäische Konvent dieses schon bisher erprobte Verfahren damit aus seinem "integrationspolitischen Zwielicht"[2] herausgeführt hat. Der vorliegende Beitrag beleuchtet die maßgebliche Konventsdebatte und erläutert Dogmatik und Funktionsweise der MOK, ohne hierbei auftauchende Fragen allerdings vertieft zu behandeln. Abschließend wird der Versuch einer Bewertung der auf neuer verfassungsrechtlicher Grundlage erscheinenden MOK unternommen.

1 Tony Blair, Europas politische Zukunft, Internationale Politik 2/2001, S. 73, 78.

2 So Claus Giering/Almut Metz, Versuchslabor der Integration - Chancen und Risiken der "offenen Methode der Koordinierung", Reform-Spotlight Nr. 02/2004, Centrum für angewandte Politikforschung (CAP) und Bertelsmann-Stiftung, München/Gütersloh, S. 7.

1. Verankerung in der Europäischen Verfassung

Die MOK, die in den Gemeinschaftsverträgen expressis verbis nicht verankert ist, wird mit der Europäischen Verfassung erstmals als offizielles Politikinstrument eingeführt. Ihre (verfassungs)rechtlichen Grundlagen finden sich an unterschiedlichen Orten. So lassen sich Ermächtigungen der Europäischen Kommission zur Koordinierung mitgliedstaatlicher Politiken durch Leitlinien und Indikatoren in Teil III der Europäischen Verfassung ausmachen, und zwar für die Sozialpolitik (Art. III-213 Abs. 2 EurVerf), für die Bereiche Forschung und technologische Entwicklung (Art. III-250 Abs. 2 EurVerf), für den Bereich öffentliche Gesundheit (Art. III-278 Abs. 2 EurVerf) und für die Industriepolitik (Art. III-279 Abs. 2 EurVerf). Darüber hinaus enthält die Verfassung in Teil I, dort Titel III über die Zuständigkeiten der Union, weitere Regelungen. Unter der Überschrift "Arten von Zuständigkeiten" bestimmt Art. I-12 Abs. 3 EurVerf, dass die Mitgliedstaaten ihre Wirtschafts- und Beschäftigungspolitik im Rahmen von Regelungen nach Maßgabe des Teils III koordinieren, für deren Festlegung die Union zuständig ist. In derselben Vorschrift (Absatz 5) wird für Unterstützungs-, Koordinierungs- und Ergänzungsmaßnahmen der Union eine besondere Kategorie eröffnet. Art. I-15 EurVerf befasst sich mit den Kompetenzen zur Koordinierung der Wirtschafts- (Absatz 1) und Beschäftigungspolitik (Absatz 2) sowie der Sozialpolitik (Absatz 3). Bezugsnorm ist außerdem Art. I-17 EurVerf, der zu den Unterstützungs-, Koordinierungs- und Ergänzungsmaßnahmen das Nähere regelt.

Wo auch immer die MOK in der Europäischen Verfassung dogmatisch verortet werden wird, sie ist durch diese zu einer realen Größe geworden. Ihre Aufnahme war während der gesamten Dauer der Konventsberatungen umstritten. Letztlich hat sie das Präsidium des Europäischen Konvents am Vorabend der letzten Plenartagung ohne Aussprache in einer Art "Handstreich" in den Verfassungstext eingefügt.

a) Die Schlussberichte der Working Groups

Nachdem die MOK zunächst auf die Agenda des Plenums gesetzt worden war, wurde die systematische Aufarbeitung dieses Tagesordnungspunktes später jedoch überwiegend in den Working Groups (Arbeitsgruppen) vorgenommen. In den Arbeitsgruppen V ("Ergänzende Zuständigkeiten"), VI ("Ordnungspolitik"), IX ("Vereinfachung") und XI ("Soziales Europa") wurde auf der Grundlage der bisher gemachten Erfahrungen darüber nachgedacht, ob die Methode über eine "horizontale Bestimmung" in den Verfassungstext aufgenommen werden sollte, wie Reichweite und Grenzen der Methode bestimmt werden könnten, ob und wie sie auch in weiteren Politikbereichen zur Anwendung kommen sollte und ob solche Bereiche in einer besonderen Liste zu benennen seien. Die Mitglieder der Arbeitsgruppen VI, IX und XI sprachen sich mehrheitlich für eine explizite Aufnahme der MOK in die Europäische Verfassung aus, allerdings unter der Bedingung, dass zugleich eine klare Definition des Verfahrens erfolge[3]. Die Arbeitsgruppe VI stellte dazu fest:

> *"In der Gruppe gibt es ein großes Maß an Zustimmung dafür, im Interesse der Klarheit die grundlegenden Ziele, Verfahren und Grenzen der offenen Koordinierungsmethode, bei der das Europäische Parlament und die Europäische Kommission ebenfalls eine Rolle spielen sollten, in den Verfassungsvertrag aufzunehmen, wobei jedoch die Flexibilität der Methode (eine ihrer Hauptvorzüge) nicht in Frage gestellt werden darf; auch darf dies nicht dazu führen, dass Gemeinschaftsverfahren oder -politiken ersetzt oder umgangen werden. Die Gruppe empfiehlt hierzu eine Bestimmung, die einen breit angelegten Konsultationsprozess, insbesondere mit den Sozialpartnern, vorsieht."*

Ähnliche Bedingungen formulierte die Arbeitsgruppe XI:

> *"Die Vertragsbestimmung über die offene Koordinierungsmethode müsste in dem Kapitel des Verfassungsvertrags aufgeführt werden, in dem die Instrumente der Union bei den nichtlegislativen Maßnahmen aufgeführt sind. In dieser Bestimmung müssten die Ziele der offenen Koordinierungsmethode und die Grundsätze ihrer Anwendung festgelegt werden. Das heißt, es müssten darin gemeinsame Ziele genannt und ein Zeitplan für entsprechende Maßnahmen sowie gegebenenfalls Ergebnisindikatoren festgelegt werden, anhand deren sich beurteilen lässt, ob die nationalen Maßnahmen zur Verwirklichung der Ziele geeignet sind; zudem müsste der Erfahrungsaustausch zwischen den Mitgliedstaaten erleichtert werden. Der genaue Ablauf der Koordinierungsmethode würde nicht im Vertrag festgelegt, sondern würde vom jeweiligen Sachgebiet abhängen.*
>
> *Gleichzeitig müssten die Reichweite und die Grenzen der Methode bestimmt werden; dabei müsste angegeben werden, dass die offene Koordinierungsmethode ein Instrument zur Verwirklichung der Ziele der Union darstellt, das nur eingesetzt werden kann, wenn die Union über keine Gesetzgebungsbefugnis verfügt, wenn der Vertrag der Union keine Zuständigkeit für die sektorbezogene Koordinierung zuweist (Artikel 99, 104 und 128) oder wenn die Union nur zum Erlass von Mindestvorschriften befugt ist und über diese hinausgegangen werden soll."*

Die Empfehlungen der Arbeitsgruppen fanden im Konventsplenum nicht durchweg Zustimmung. Im Zentrum der Kritik stand dabei die Frage nach der demokratischen Legitimation des Verfahrens, weil die Beteiligungsmöglichkeiten des Europäischen Parlaments und der Regionen mit Gesetzgebungsbefugnissen an der MOK in der Vergangenheit nur schwach ausgeprägt waren. Tendenziell war die Rolle der nationalen Parlamente auf die Umsetzung reduziert und ihre Gestaltungsmöglichkeiten zugunsten der Regierungen eingeschränkt[4]. Als prominenter Sachwalter dieser Kritik muss Jürgen Meyer gelten, der, eine Aufnahme der MOK in die Europäische Verfassung nicht grundsätzlich ablehnend, wiederholt auf die fehlende Transparenz des Verfahrens und den starken Einfluss der Europäischen Kommission sowie der nationalen Regierungschefs hingewiesen hat. In seinen Vorschlägen zu den Punk-

3 Schlussberichte der Gruppe VI "Ordnungspolitik" vom 21.10.2002, Dokument CONV 357/02, S. 5 f., der Gruppe IX "Vereinfachung" vom 29.11.2002, Dokument CONV 424/02, S. 7, und der Gruppe "Soziales Europa" vom 4.2.2003, Dokument CONV 516/1/03 REV 1, S. 2, 17 ff.

4 Claus Giering/Almut Metz, (Fn. 2), S. 4.

ten 4 bis 7 des Mandats der Arbeitsgruppe XI ("Soziales Europa") vom 10.1.2003[5] hat Meyer die beachtlichen Erfolge der MOK bei der Erzielung tatsächlicher Konvergenz in Teilbereichen der Sozialpolitiken der Mitgliedstaaten hervorgehoben, jedoch gleichzeitig festgestellt, dass *"es sich bei ihr um eine intergouvernemental ausgerichtete Zusammenarbeit mit erheblichen Defiziten an demokratischer Legitimation handele, da eine Beteiligung des Europäischen Parlaments nicht vorgesehen sei"*, und gefordert, dass *"das Europäische Parlament daher bei Verankerung in der Verfassung in die offene Koordinierungsmethode einbezogen werden müsse"*.

b) Die Plenartagungen am 4. Juli und 9./10. Juli 2003 - "Handstreich" des Präsidiums (Dokument CONV 848/03)

Auf der Plenartagung am 4.7.2003 waren erneut mehrere Delegierte des Europäischen Konvents dafür eingetreten, die MOK im Verfassungstext zu verankern. Der Konventsvorsitzende hatte daraufhin mitgeteilt, dass sich das Präsidium bemühen werde, ihrem Antrag zu entsprechen und die MOK "in die betreffenden Artikel einzubeziehen"[6]. Gleichwohl waren entsprechende Bestimmungen in den überarbeiteten Entwurf[7] nicht eingefügt worden. Sie fanden sich erst in seiner letzten Fassung[8], die das Präsidium auf der Grundlage der Plenardebatte am Vormittag des 9.7.2003 und der Verhandlungen der Komponenten des Europäischen Konvents und seiner Fraktionen am Nachmittag erstellt und dem Plenum für die Abschlusstagung am 10.7.2003 zugeleitet hatte[9]. Darin ist für die Bereiche Sozialpolitik (Art. III-102 Abs. 2; jetzt Art. III-213 Abs. 2 EurVerf)[10], Forschung und technologische Entwicklung (Art. III-143 Abs. 2; jetzt Art. III-250 Abs. 2 EurVerf)[11], Gesundheitswesen (Art. III-174 Abs. 2; jetzt Art. III-278 Abs. 2 EurVerf)[12] und Industriepolitik (Art. III-175 Abs. 2; jetzt Art. III-279 Abs. 2 EurVerf)[13] festgelegt, dass die Kommission die gemeinsame Koordinierung bzw. die Koordinierung der Mitgliedstaaten fördert bzw. fördern kann

> *"und zwar insbesondere im Wege von Initiativen, die darauf abzielen, Leitlinien und Indikatoren festzulegen, den Austausch bewährter Verfahren durchzuführen und die erforderlichen Elemente für eine regelmäßige Überwachung und Bewertung auszuarbeiten. Das Europäische Parlament wird in vollem Umfang unterrichtet."*

5 Working Group IX – Working Document 29, S. 2.
6 Bericht des Sekretariats vom 14.7.2003 – Dokument CONV 849/03, S. 3.
7 Dokument CONV 847/03.
8 Dokument CONV 848/03.
9 Synthesebericht des Sekretariats vom 23.7.2003 - Dokument CONV 853/03, S. 4 f.
10 Art. III-107 Abs. 2 in der Entwurfsfassung vom 18.7.2003.
11 Art. III-148 Abs. 2 in der Entwurfsfassung vom 18.7.2003.
12 Art. III-179 Abs. 2 in der Entwurfsfassung vom 18.7.2003.
13 Art. III-180 Abs. 2 in der Entwurfsfassung vom 18.7.2003.

Diese Formulierung stellt eine genaue Umschreibung der MOK dar, ohne dass der Begriff selbst jedoch an einer Stelle ausdrücklich Verwendung fände[14]. Das Konventspräsidium hat damit an seiner ursprünglichen Vorstellung festgehalten, die MOK als Handlungsform der Union nicht abstrakt zu definieren. Kritik hat das allerdings nicht fernhalten können. Viele Konventsmitglieder fühlten sich angesichts dieses Vorgehens des Präsidiums getäuscht, weil es den Vorstoß der Europäischen Kommission und anderer nicht verhindert habe. Mit Nachdruck wurde die Gefahr einer *"Europäisierung"* der vier Fachpolitiken beschworen, die bisher *"aus guten Gründen"* weitestgehend in nationaler Verantwortung stünden[15].

2. Ausgangslage: neues und gleichzeitig altes Steuerungsinstrument

Es ist hier nicht der Ort, die Entwicklungslinien der MOK als politischer Strategie in der Europäischen Union lückenlos nachzuzeichnen. Hierzu findet sich eine umfassende, sehr speziell ausgerichtete Literatur[16], auf die für einen tieferen Einblick verwiesen wird. Gleichwohl soll – zur Förderung des Verständnisses der MOK – auf einen kurzen historischen Abriss nicht verzichtet werden:

Im März 2000 hat der Europäische Rat in Lissabon eine Agenda vorgelegt, die darauf zielt, das primäre strategische Ziel der Union für das kommende Jahrzehnt, nämlich

> *"die Union zum wettbewerbsfähigsten und dynamischsten wissensbasierten Wirtschaftsraum in der Welt zu machen - einem Wirtschaftsraum, der fähig ist, ein dauerhaftes Wirtschaftswachstum mit mehr und besseren Arbeitsplätzen und einem größeren sozialen Zusammenhalt zu erzielen"*[17],

14 Vgl. hierzu Mathias Maucher, Politiksteuerung und -koordination in Europa im Bereich der Bekämpfung von Armut und sozialer Ausgrenzung mittels der Offenen Methode der Koordinierung, SF 2005, S. 127, 130.

15 So etwa Erwin Teufel, Europa in neuer Verfassung: Das Ergebnis des Verfassungskonvents aus Sicht der deutschen Länder, ZSE 2003, S. 347, 353 f.

16 Vgl. etwa Bernd Schulte, Die "Methode der offenen Koordinierung" - Eine neue politische Strategie in der europäischen Sozialpolitik auch für den Bereich des sozialen Schutzes, ZSR 2002, S. 1; ders., Die "offene Methode der Koordinierung" (OMK) als politische Strategie in der Europäischen Sozialpolitik, SF 2005, S. 105; ferner: Sybille Angele, Die offene Methode der Koordinierung: Chancen und Herausforderungen, ZESAR 2003, S 444; Martina Eckhardt, Die Methode der offenen Koordinierung - Konsequenzen für die Alterssicherung(spolitik) in der Europäischen Union, SF 2002, S. 197; Susanne Heidel, Die Offene Methode der Koordinierung - Strategien der Alterssicherung im europäischen Vergleich, DAngVers 2003, S. 370; Arnold Schreiber, Die Offene Methode der Koordinierung im Gesundheitswesen und zur aktuellen Situation, SF 2005, S. 149; DSRV (Hrsg.), Offene Methode der Koordinierung im Sozialrecht, Schriftenreihe Bd. 53, 2005; BMAS/VDR/MPI für ausländisches und internationales Sozialrecht (Hrsg.), Offene Koordinierung der Alterssicherung in der Europäischen Union, DRV-Schriften, Bd. 34, 2002.

17 Nr. 5 der Schlussfolgerung des Vorsitzes des Europäischen Rates in Lissabon.

durch eine *"neue offene Methode der Koordinierung auf allen Ebenen, gekoppelt an eine stärkere Leitungs- und Koordinierungsfunktion des Europäischen Rates"* zu verwirklichen, damit eine *"kohärentere strategische Leitung und eine effektive Überwachung der Fortschritte"* gewährleistet ist[18]. Dabei ging es ihm nicht um Harmonisierung. Angestrebt wurde vielmehr ein Einvernehmen zwischen den Mitgliedstaaten über gemeinsame europäische Ziele und eine verbesserte Koordinierung der nationalen Politiken im Zusammenhang mit dem Binnenmarkt und der gemeinsamen Währung bis hin zur Beschäftigungspolitik und der Politik des sozialen Schutzes[19]. Wichtiges Steuerungsinstrument der Politik sollte die *"offene Methode der Koordinierung"* sein, die konzeptionell folgende vier Schritte umfasst:

Die Festlegung von Leitlinien für die Union mit einem jeweils genauen Zeitplan für die Verwirklichung der von ihnen gesetzten kurz-, mittel- und langfristigen Ziele,

gegebenenfalls die Festlegung quantitativer und qualitativer Indikatoren und Benchmarks ("best practice") als Mittel für den Vergleich der bewährten Praktiken,

die Umsetzung dieser europäischen Leitlinien in die nationale und regionale Politik durch die Vorgabe konkreter Ziele und den Erlass entsprechender Maßnahmen unter Berücksichtigung der nationalen und regionalen Unterschiede und

die regelmäßige Überwachung, Bewertung und gegenseitige Prüfung ("peer review") im Rahmen eines Prozesses, bei dem alle Seiten voneinander lernen[20].

Bereits im Juni 2000 hat der Europäische Rat in Santa Maria da Feira die Lissabon-Strategie ausgeweitet und gefordert, dass

> *"das offene Koordinierungsverfahren, gegebenenfalls innerhalb des Rates, als eines der möglichen Instrumente in Politikbereichen wie Informationsgesellschaft, Forschung, Innovation, Unternehmenspolitik, Wirtschaftsreformen, Bildung, Beschäftigung und soziale Integration ausgebaut und verbessert wird"*[21].

In einem dynamischen Prozess wird die MOK seit Anfang 2001 auf eine zunehmende Zahl von Politikfeldern angewandt. Bisherige Anwendungsfälle der MOK im engeren bzw. angrenzenden Bereich des Sozialschutzes sind die – mit der Wirtschaftspolitik verflochtene – Beschäftigungspolitik und die Alterssicherungspolitik. Seit einiger Zeit kommt das offene Koordinierungsverfahren auch bei der Bekämpfung von Armut und sozialer Ausgrenzung zum Einsatz. Zurückhaltung besteht derzeit noch in der Gesundheitspolitik und im Bereich der Langzeitpflege (Altenpflege). Erst jüngst hat die Europäische Kommission vorgeschlagen, die Strategie der *"Modernisierung der Sozialschutzsysteme"* um eine MOK auf diesen Handlungsfeldern zu erweitern[22]. In beiden Bereichen wird eine Zusammenarbeit bislang noch über einen *"kooperativen Ausgleich"* versucht.

18 Nr. 7 der Schlussfolgerungen des Vorsitzes des Europäischen Rates in Lissabon.

19 Vgl. hierzu ausführlich Bernd Schulte (Fn. 16), S. 106.

20 Nr. 37 der Schlussfolgerungen des Vorsitzes des Europäischen Rates in Lissabon.

21 Nr. 38 der Schlussfolgerungen des Vorsitzes des Europäischen Rates in Santa Maria da Feira.

22 Mitteilung der Kommission vom 20. 4.2004, KOM (2004) 304 endg.

Schon bald hatte sich die Erkenntnis durchgesetzt, dass angesichts der wirtschaftlichen Stagnation in der Europäischen Union die ehrgeizigen Ziele von Lissabon nur noch erreicht werden konnten, wenn die bisherigen Anstrengungen erheblich verstärkt würden. Das follow up der Lissabon-Strategie zielte deshalb auf eine noch stärkere Verzahnung verschiedener Politikbereiche. In ihrer Mitteilung zur Stärkung der sozialen Dimension der Lissabonner Strategie vom 27.5.2003[23] schlägt die Kommission eine Straffung ("Streamlining") der MOK im Bereich des Sozialschutzes vor. Der Sozialschutz wird dabei als Bestandteil eines *"politischen Dreiecks"* bezeichnet, das *"auf einer positiven Interaktion zwischen Wirtschafts-, Beschäftigungs- und Sozialpolitik basiert"*. Ziel der Kommission ist die Zusammenführung von Prozessen der MOK in verschiedenen Politikfeldern des Sozialschutzes zu einem verdichteten Verfahren und die Synchronisierung dieses neuen Prozesses mit den Grundzügen der Wirtschafts- und Beschäftigungspolitik.

Schon dieser kurze Überblick macht deutlich, dass die MOK das Potential hat, zu einem *"bestimmenden Muster europäischer Politik"*[24] zu werden. Ihre Verankerung in der Europäischen Verfassung wird dazu führen, dass von diesem "alten" Steuerungsinstrument neue Impulse ausgehen. Aktuelle politische Vorstöße im Kontext der MOK lassen jedenfalls den Willen der Europäischen Kommission erkennen, ihrem Selbstverständnis als "Katalysator", "Koordinator", "Monitoring-Agent" und "Evaluator" entsprechend[25], hiervon verstärkt Gebrauch zu machen.

3. Systemwettbewerb durch "politisches Benchmarking"

Die MOK soll den politischen Wettbewerb beflügeln. Dabei bedient sie sich eines Politikstils, der als "politisches Benchmarking" bezeichnet werden könnte[26]. Diese – auch als "OECD-Technik"[27] umschriebene – Form der Entscheidungsfindung basiert auf einer Initiierung von Lernprozessen durch Leistungsvergleiche und der Nachahmung als besser bewerteter Lösungen. Sie beinhaltet eine "evaluative" und eine "adaptive" Komponente. Indem sie das (aufwendige) zeitliche Nacheinander der Erfahrungsbildung durch ein räumliches Nebeneinander ersetzt, will sie einem – in der Regel betriebswirtschaftlichen – Effizienzpostulat genügen.

Um Effizienz und Nachhaltigkeit der MOK als politischer Strategie besser beurteilen zu können, bedarf es eines kurzen Blicks auf Begriff und Dogmatik der MOK sowie ihre Funktionsweise.

23 KOM (2003) 261 endg.

24 Claus Giering/Almut Metz (Fn. 2), S. 3.

25 Vgl. Mathias Maucher (Fn. 14), S. 130.

26 Vgl. hierzu näher Volker Schmitt, Gestaltung der europäischen Alterssicherungssysteme mit Hilfe von Benchmarking-Prozessen und Indikatoren, SF 2005, S. 121, 122 ff.

27 Bekanntestes Beispiel ist die PISA-Studie der OECD.

a) Begriff und dogmatische Einordnung der "offenen Koordinierung"

Die MOK ist ein eigenständiges, nichtrechtliches Einwirkungsverfahren zur mittelbaren Gestaltung nationaler Politiken, das die einzelstaatlich verantwortlichen Akteure einem transnationalen Steuerungsprozess nach Art des "management by objectives" (Führen mit Zielen) unterwirft[28]. Als "neue Art der Zusammenarbeit" in der Europäischen Union ist sie den Grundsätzen der Flexibilität, Subsidiarität und Legitimität verpflichtet. Sie ist "offen", weil sie auf einem dezentralen Ansatz beruht und auf Konsensbildung angelegt ist ("partizipatives Verfahren"). Denn es lässt sich nicht vorhersehen, welche Ziele, Grundsätze, Indikatoren und Benchmarks am Ende des jeweiligen Politikprozesses stehen werden[29]. Soweit sie "koordinieren" will, ist sie auf Maßnahmen ohne rechtliche Bindungswirkung für die Mitgliedstaaten beschränkt. Zwar sind diese verpflichtet, bei der Anwendung der Methode mitzuwirken. Ob und welche Schritte sie im Rahmen der MOK unternehmen, bleibt jedoch allein ihnen überlassen. Werden bestimmte Leitlinien von einem Mitgliedstaat nicht umgesetzt, liegt darin also kein gemeinschaftsrechtswidriges Verhalten[30].

So verstanden erscheint die MOK dogmatisch als "dritter Weg" zwischen Gemeinschaftsmethode und intergouvernemental geprägter Zusammenarbeit. Sie zielt darauf ab, in Ergänzung zu den beiden klassischen Integrationsmethoden der supranationalen Rechtsetzung der Europäischen Union und der Zusammenarbeit auf Regierungsebene im Rahmen der Gemeinschaftsverträge eine Zwischenstufe, eine "weiche Alternative" zu schaffen[31]. Entsprechend blieb dieses Steuerungsinstrument bislang auf Politikbereiche beschränkt, für die die Union nur sehr eingeschränkt Gesetzgebungsbefugnisse hatte oder für die in den Gemeinschaftsverträgen keine Koordinierungsverfahren vorgesehen waren.

b) Funktionsweise: Mechanismus des "naming, blaming und shaming"

Technisch-inhaltlich funktioniert die MOK - wie jedes andere Benchmarkverfahren auch - über die Leistungsmessung, den Vergleich und die Imitation. Ausgangspunkt ist die Quantifizierung von Leistungsniveaus, ohne die weder die Identifizierung einer besseren Leistung noch der Nachweis einer besseren Leistungssteigerung möglich ist. Der Vergleich stellt gemessene Leistungsausprägungen einander gegenüber, um Unterschiede aufzuspüren und eine relationale Vergleichsaussage zu ermöglichen. Die Imitation schließlich kennzeichnet die Nachahmung und Anpassung von

28 Definition nach einem Papier der Gesellschaft für Versicherungswissenschaft und -gestaltung e.V. - GVG - "zur EU-Politik der offenen Koordinierung", GVG-Informationsdienst 281, Köln Juli 2001.

29 Bernd Schulte (Fn. 16), S. 23; ders. (Fn. 16), S. 112.

30 Vgl. Mathias Maucher (Fn. 14), S. 129.

31 Mathias Maucher (Fn. 14), S. 129: Zwitterstellung.

an einem anderen Ort gefundenen, als besser bewerteten Praktiken zur Lösung von Aufgabenstellungen.

Bei der Quantifizierung der Leistungsniveaus setzt das offene Koordinierungsverfahren gezielt auf eine europäische Transparenz- und Öffentlichkeitswirkung. Allein durch den Vergleich kann ein Mitgliedstaat unter politischen Druck geraten, seine nationale Politik gegenüber einer durch die MOK sensibilisierten Öffentlichkeit zu rechtfertigen. Die MOK engt seinen Gestaltungsspielraum vor allem dann ein, wenn sich auf europäischer Ebene etwas durchsetzt, was der nationalen Linie nicht oder nur wenig entspricht. In diesem Sinne erzeugt der Mechanismus des "naming, blaming und shaming"[32] einen Zwang zur Imitation. Anstatt für erkannte Probleme eine eigenständige Lösung zu entwickeln, wird auf (bereits) erprobtes, fremdes Wissen gesetzt. Problemlösungen werden auf das Auffinden und Ausnutzen von Ähnlichkeiten und Analogien reduziert.

Trotz ihrer (rechtlichen) Unverbindlichkeit dürfen die mittelfristigen (politischen) Auswirkungen der MOK nicht unterschätzt werden. So trifft es zweifellos zu, dass auf ihrer Grundlage nationale Domänen des Rechts und der politischen Kompetenz gewissermaßen *"in einen europäischen Kontext überführt"* werden[33]. Durch sie werden letztlich *"die Korridore geprägt, innerhalb derer sich einzelstaatliche Politikgestaltung künftig vollzieht"*[34]. Auf diese "soft law-Wirkung"[35] beschränkt sich aber der Zugewinn der Europäischen Union. Die offene Koordinierung ist souveränitätsverträglich. Keinesfalls wird mit ihr eine politische Dynamik in Gang gesetzt, in deren Prozess – an der vertraglichen Kompetenzordnung vorbei – Zuständigkeiten der Mitgliedstaaten auf die Union verlagert werden.

4. Die Methode der "offenen Koordinierung" in der Perspektive

Welche integrationspolitische Kraft die MOK auf ihrer neuen verfassungsrechtlichen Grundlage entfalten wird, lässt sich kaum vorhersagen. Maßstab ist zunächst, ob sie dem Effizienz- und Nachhaltigkeitspostulat genügt. Gradmesser ist aber auch, ob sie der Furcht der Mitgliedstaaten vor einer "schleichenden Harmonisierung" zentraler Politikbereiche etwas entgegensetzt und ihr durch Festlegung von Anwendungsgrundsätzen Rechnung trägt. Jedenfalls kommt eine Bewertung der "Zukunftsfähigkeit" der MOK ohne weitere Analyseschritte, insbesondere eine Darstellung ihrer Chancen und Risiken nicht aus. Gleichzeitig wird beleuchtet werden müssen, ob und gegebenenfalls inwieweit die Europäische Verfassung das Risiko möglicher Fehlentwicklungen der MOK begrenzt.

32 Vgl. Claus Giering/Almut Metz (Fn. 2), S. 5.
33 Volker Schmitt (Fn. 26), S. 121.
34 Sybille Angele (Fn. 16), S. 445.
35 Vgl. Bernd Schulte (Fn. 16), S. 112.

a) Potential und mögliche Fehlentwicklungen

Welche Chancen das Verfahren der offenen Koordinierung für die Zusammenarbeit zwischen den Mitgliedstaaten bietet, liegt auf der Hand. Es eröffnet die Möglichkeit, "beste Praxis" zwischen Subsidiarität und echter (rechtlicher) Koordinierung auszuloten und im Sinne einer konstruktiven, sensiblen Steuerung zwischen Regionalisierung und Europäisierung politisch umzusetzen[36]. Die MOK verbessert damit die Problemlösungsfähigkeit der Union. Als im Vergleich mit der Gemeinschaftsmethode milderes, im Hinblick auf den entstehenden Handlungs- bzw Rechtfertigungsdruck aber durchaus erfolgversprechendes Mittel gestattet und befördert sie schnelle Einigungen. Weil Sanktionsmechanismen fehlen, wird die Bereitschaft der Mitgliedstaaten erhöht, sich auf diese Art der Zusammenarbeit einzulassen. Unter bestimmten Voraussetzungen kann die MOK sogar eine Alternative zu erfolglosen Initiativen im Rahmen bestehender Gemeinschaftsverfahren darstellen[37]. Aber auch im Misserfolgsfall beweist die MOK ihre Stärken. Schon der Diskurs über Leitlinien (und Indikatoren) wird zu einer europaweiten Sensibilisierung führen[38]. Ein solcher ist im Ansatz häufig multidimensional und deshalb ressort- und trägerübergreifend. Darüber hinaus kann er im politischen Wettbewerb auf nationaler Ebene Auslöser für Reformen sein.

Die möglichen Fehlentwicklungen und Risiken der MOK sind vor allem von deutschen Autoren immer wieder thematisiert und hinreichend beschrieben worden[39]. Sie sind der MOK als genuin politischem Prozess immanent und decken die Probleme auf, die jedem Benchmarkverfahren anhaften. Sie beruhen darüber hinaus auf dem Legitimationsdefizit des Verfahrens.

Bei realistischer Betrachtung sind Leitlinienprozess und Indikatorenbildung niemals objektiv und ideologiefrei. Politische Gewichtungen bestimmen die Problemwahrnehmung, die Parameter für das Leistungsniveau und damit die Vergleichsgrundlage und das "ranking" mit[40]. Entscheidend ist, welche Akteure mit welchen politischen Vorstellungen beteiligt sind, welchen politischen Einfluss sie besitzen. Insbesondere schafft die MOK ein "Einfallstor" für solche Interessengruppen, die sich auf europäischer Ebene gut organisieren. Gefahren birgt – wegen einer Aus-

36 So zutreffend Wilgart Schuchardt, Die "offene Koordinierung" im Bereich der Alterssicherung – aus Sicht der Bundesländer , in: BMAS/VDR/MPI für ausländisches und internationales Sozialrecht (Hrsg.) (Fn. 16), S. 94, 98.

37 Vgl. Claus Giering/Almut Metz (Fn. 2), S. 5.

38 Mathias Maucher (Fn. 14), S. 134: ... und eine entsprechende Themensetzung - agenda setting - erleichtern.

39 Vgl. etwa die in Fn. 16 aufgeführte Literatur.

40 Volker Schmitt (Fn. 26), S. 122 f.: ... das Benchmarking ersetzt die alten ideologischen Häfen. Zur Problematik der Indikatorenbildung am Beispiel des vereinbarten Ziels der Sicherung angemessener Renten vgl. ders. (Fn. 26), S. 124 ff., und Winfried Schmähl, Die "offene Koordinierung" im Bereich Alterssicherung – aus wirtschaftswissenschaftlicher Sicht, in: BMAS/ VDR/MPI für ausländisches und internationales Sozialrecht (Hrsg.) (Fn. 16), S. 108, 114.

blendung von Randbedingungen – auch die Beschränkung von Indikatoren, wie sie etwa im Rahmen des Straffungsprozesses ("Streamlining") zwangsläufig nötig ist.

Dem Effizienzpostulat genügt die MOK nicht, wenn die Nachahmung erfolgreicher Handlungs- und Denkmuster tatsächlich objektive Verbesserungen verhindert. Eine Orientierung an "best practices" bzw. "worst practices" ist nicht notwendigerweise innovativ, wenn sie lediglich bestehendes Wissen zementiert. Werden als besser bewertete Lösungen implementiert, ohne dass nationale Besonderheiten ausreichend berücksichtigt werden, so bleiben die von der MOK für das jeweilige nationale System erhofften Fortschritte aus[41]. Auch provoziert die MOK geradezu eine Verwischung von Verantwortlichkeiten[42]. Weil Zeit häufig ein entscheidender Faktor ist, Einfluss und Gestaltungsvorschläge in den europäischen Abstimmungsprozess einzubringen, haben föderal verfasste Staaten wegen ihrer ebenenübergreifenden Kooperationsstrukturen gegenüber Zentralstaaten (zeitökonomische) Nachteile. Einer Zentralisierung könnte Vorschub geleistet, nationale Kompetenzabgrenzungen könnten "ausgehöhlt" werden.

Auf die mangelnde demokratische Legitimation und Kontrolle des offenen Koordinierungsverfahrens ist an anderer Stelle bereits hingewiesen worden[43]. Bei der herausragenden Rolle, die dem Europäischen Rat - und tendenziell auch der Europäischen Kommission - in diesem Prozess zugedacht ist, wird die Stellung der Parlamente erheblich geschwächt. Das in Art. III-213 Abs. 2, 250 Abs. 2, 278 Abs. 2 und 279 Abs. 2 EurVerf verortete neue Initiativrecht der Kommission lässt die Exekutive zukünftig noch "übergewichtiger" erscheinen. Zwar verfügt die Kommission damit immer noch nicht über ein direktes Steuerungselement. Auch können ihre Initiativen nur greifen, wenn der jeweilige (fach)politische „Aktionsradius“ vom Europäischen Rat gebilligt worden ist. Schließlich ist die Anwendung der MOK – jedenfalls in den Bereichen Forschung und technologische Entwicklung, öffentliche Gesundheit und Industrie – ihrem Ermessen überlassen. Insgesamt gehen die gestalterischen Möglichkeiten der Europäischen Kommission damit aber weit über das bisher Geregelte, die bloße Koordinierungsfunktion, hinaus[44]. Über das Initiativrecht erhält sie nunmehr auch unterhalb der Rechtsetzungsebene Einfluss auf die Formulierung strategischer Ziele.

41 Vgl. hierzu Claus Giering/Almut Metz (Fn. 2), S. 4; ferner Volker Schmitt (Fn. 26), S. 122 f.; Mathias Maucher (Fn. 14), S. 134: parametrische Anpassungen, Förderung von Prototypen.

42 Claus Giering/Almut Metz (Fn. 2), S. 4.

43 Vgl. oben unter 1.a).

44 Mathias Maucher (Fn. 14), S. 130; Deutscher Verein für öffentliche und private Fürsorge, Anforderungen an eine Einbeziehung der offenen Methode der Koordinierung in den europäischen Verfassungsvertrag (DV 17/02/03), Frankfurt am Main, 16.9.2003; vgl. auch Ulrich Becker, Die soziale Dimension des Binnenmarktes, in: Jürgen Schwarze (Hrsg.), Der Verfassungsentwurf des Europäischen Konvents, Baden-Baden 2004, S. 201, 208 Fn. 94: Das Ermessen dürfte hinsichtlich der Einführung der MOK keinerlei bremsende Wirkung entfalten.

b) Risikobegrenzung durch die Europäische Verfassung?

Weil Reichweite und Grenzen der MOK in der Europäischen Verfassung nicht benannt sind, ist nicht auszuschließen, dass die praktische Entwicklung den Verfassungstext überholen wird[45]. Die Anwendungsgrundsätze der MOK hätten entweder in der Verfassung selbst oder in einer der Schlussakte angehängten "Erklärung zur offenen Methode der Koordinierung" festgelegt werden können. Der Europäische Konvent hat jedoch – der Mehrheit seiner Mitglieder folgend – auf die Schaffung eines solchen Rahmens verzichtet.

Eine in gewisser Weise "risikobegrenzende" Wirkung dürfte sich aber aus der Akzentverschiebung der Finalität der Europäischen Union ergeben, in deren Konsequenz der (bisherige) Vorbehalt der Binnenmarktkompatibilität allen Unionshandelns tendenziell zurücktritt. Jedenfalls im Bereich des Sozialschutzes, der einen der Hauptanwendungsfälle der MOK darstellt, hegt sie mögliche Fehlentwicklungen ein. Stand die Modernisierung der Sozialschutzsysteme bislang unter dem Primat der Wirtschaftspolitik und damit unter dem a priori-Verdacht, ein Binnenmarkt- oder Handelshemmnis zu sein[46], so besitzt die soziale nunmehr neben der Marktintegration einen eigenständigen Wert ("soziale Wertegemeinschaft"). Mit der Aufnahme eines expliziten Solidaritätsgedankens in die Verfassung – in ihre Präambel, den Zielekatalog des Art. I-3 EurVerf und die Präambel sowie den Solidaritätstitel der Grundrechtecharta (Art. II-87 bis 98 EurVerf) – hat der Europäische Konvent dem Status des Wirtschaftsbürgers einen Sozialbürgerstatus gegenübergestellt[47]. Darf Sozialpolitik danach nicht mehr als Störfaktor in einem allokativen Raum effizienten Wirtschaftens verstanden werden, so ergeben sich daraus auch (äußerste) Grenzen für den Koordinierungsprozess. Beispielsweise dürften Leitlinien und Indikatoren, die Erfordernisse der Sozialpolitik auf wirtschafts- und arbeitsmarktpolitische oder fiskalpolitische Aspekte verkürzen, der neuen sozialen Dimension der Union auf der Grundlage der Europäischen Verfassung nicht (mehr) entsprechen.

Zu einer Risikominderung kann möglicherweise auch beitragen, dass das Europäische Parlament nunmehr in die MOK einbezogen ist. Zwar werden ihm in Art. III-213 Abs. 2, 250 Abs. 2, 278 Abs. 2 und 279 Abs. 2 EurVerf echte Mitwirkungsrechte nicht eingeräumt. Das Europäische Parlament wird vielmehr nur *"in vollem Umfang unterrichtet"*. Jedoch ist damit eine gewisse Verbreiterung der demokratischen Legitimation des offenen Koordinierungsverfahrens erreicht[48]. Nicht zu unterrichten sind demgegenüber die nationalen Parlamente. Weil das der Verfassung beigefügte Protokoll über die Anwendung der Grundsätze der Subsidiarität und der Verhältnismäßigkeit auf den Bereich der (europäischen) Gesetzgebung beschränkt ist, bietet

45 So Ulrich Becker (Fn. 44), S. 217 f.

46 Vgl. hierzu Frank Schulz-Nieswandt/Remi Maier-Rigaud, Dienstleistungen von allgemeinem Interesse, die Offene Methode der Koordinierung und die EU-Verfassung, SF 2005, S. 136, 139.

47 Frank Schulz-Nieswandt/Remi Maier-Rigaud (Fn. 46), S. 139.

48 Deutscher Verein für öffentliche und private Fürsorge (Fn. 44).

auch das darin geregelte "Frühwarnsystem" für sie keinen Schutz. Allerdings ist ein Einblick der nationalen Parlamente in den Koordinierungsprozess über den Austausch mit dem Europäischen Parlament gewährleistet. Dieser ist obligatorisch, wie sich aus dem Protokoll über die Rolle der nationalen Parlamente in der Europäischen Union ergibt (dort Titel II Art. 9).

Alle anderen Risiken des offenen Koordinierungsverfahrens bleiben. Damit liegt es auch weiterhin in der Hand der Mitgliedstaaten, ob ihnen ein konstruktiver Umgang mit der MOK gelingt. So verständlich der Wunsch nach einer Bewahrung nationaler politischer Gestaltungsräume auch ist, er kann und wird den Einsatz flexibler (Steuerungs)Instrumente wie der MOK nicht aufhalten. Diese hat sich, so Jürgen Meyer[49], als *"nützlich"* erwiesen und *"sollte deshalb weiterhin bei der Schaffung eines sozialeren Europas angewandt werden"*. Die Verankerung der MOK in der Europäischen Verfassung könnte auch in Deutschland zu einer positiveren Bewertung Anlass geben. Deutschland ist sowohl ein großer als auch ein gemeinschaftsfreundlicher Mitgliedstaat. In einer Union mit 27 oder mehr Mitgliedern wird nicht jeder an jeder gemeinsamen Politik teilnehmen wollen. Das erlaubt es Deutschland und anderen integrationsfreudigen Mitgliedstaaten, unter eng definierten Umständen eine Vorreiterrolle zu spielen. So könnte auf die methodischen Ansätze in den der MOK geöffneten Politikbereichen rechtzeitig und überlegt Einfluss genommen werden.

49 Vorschläge zu den Punkten 4 bis 7 des Mandats der Arbeitsgruppe XI ("Soziales Europa") vom 10.1.2003 (Fn. 5).

Die Justizpolitik im EU-Verfassungsvertrag und die künftige Rechtspolitik

von Prof. Dr. Hansjörg Geiger, Staatssekretär a. D.[*]

A. Einleitung

Durch das Nein der Franzosen und der Niederländer bei den Volksbefragungen am 29. Mai und am 1. Juni 2005 ist ein dunkler Schatten auf die Ratifikation des EU-Verfassungsvertrags gefallen. Die Staats- und Regierungschefs haben auf dem Europäischen Rat vom 16./17. Juni 2005 eine Zeit der Reflexion beschlossen und verabredet, sich im ersten Halbjahr 2006 mit dem Thema erneut zu beschäftigen. In ihrer Erklärung sahen sie die Fortsetzung des Ratifizierungsprozesses aber nicht als in Frage gestellt an. Die Ratifikation ist ja schon in einer erheblichen Zahl von Mitgliedstaaten erfolgt. In Deutschland haben Bundestag und Bundesrat am 12. Mai 2005 beziehungsweise am 27. Mai 2005 zugestimmt. Allerdings ist auf Antrag des Bundestagsabgeordneten Dr. Gauweiler ein Verfahren vor dem Bundesverfassungsgericht anhängig.

Nach dem negativen Ausgang der beiden genannten Referenden haben Malta auf dem parlamentarischen Weg und Luxemburg im Weg der Volksbefragung zugestimmt. Das Projekt des Europäischen Verfassungsvertrags ist also nicht endgültig gescheitert. Vielmehr enthält das Dokument die richtigen Lösungen für die Probleme der EU-Institutionen und für die Aufgaben auf dem Gebiet der Justizpolitik. Selbst bei einem endgültigen Scheitern der Ratifikation des EU-Verfassungsvertrags würden künftige Reform-Überlegungen, die unausweichlich sind, wieder darauf zurückgreifen. Zunächst funktionieren die Union und ihre Justizpolitik aufgrund des Nizza-Vertrags weiter.

Professor Meyer hat an den Regelungen zur Justizpolitik im EU-Verfassungsvertrag wesentlichen Anteil. Seine Vorschläge trugen schon zu dem Erfolg des Konvents über die Grundrechtecharta bei, die als Teil II in den Verfassungsvertrag aufgenommen worden ist. Professor Meyer gehörte auf allen Gebieten zu den besonders aktiven Mitgliedern des Konvents über den Entwurf des Verfassungsvertrags. Er hat sich auch speziell der justizpolitischen Fragen angenommen und als Mitglied der Arbeitsgruppe „Freiheit, Sicherheit und Recht“ des Konvents die Formulierung dieses Kapitels erfolgreich beeinflusst.[1]

* Ich danke Herrn Ministerialrat Dittrich, Leiter des Referats „Grundsatz- und Rechtsfragen der EU“ im Bundesministerium der Justiz, für die Unterstützung bei diesem Beitrag. Der Beitrag ist auf dem Stand Juli 2005.

1 Vgl. Meyer, Menschengerechtes Strafrecht in Festschrift für Albin Eser, S. 797 ff.

Die Justizpolitik ist eine der Einzelpolitiken der Union, auf die sich alle allgemeinen Änderungen des europäischen Vertragswerks durch den Verfassungsvertrag auswirken. Die Justizpolitik bildet zusammen mit der Innenpolitik den „Raum der Freiheit, der Sicherheit und des Rechts". Dies ist neben der Gemeinsamen Außen- und Sicherheitspolitik der einzige Politik-Bereich, der durch den EU-Verfassungsvertrag substanziell geändert werden soll. Die inhaltliche Bedeutung dieses Sektors ist durch den Europäischen Rat vom 4./5. November 2004 erneut hervorgehoben worden. Die Staats- und Regierungschefs haben ein neues Fünf-Jahres-Programm verabschiedet: das Haager Programm zur Stärkung von Freiheit, Sicherheit und Recht in der Europäischen Union.[2] Auf dessen Grundlage haben der Rat und die Kommission im Juni 2005 einen Aktionsplan mit konkreten Maßnahmen verabschiedet, der vom Europäischen Rat zur Kenntnis genommen wurde.[3] Programm und Aktionsplan berücksichtigen sowohl die geltende Vertragslage wie das Inkrafttreten des Verfassungsvertrags. Auch Deutschland wird insbesondere während seiner Präsidentschaft im ersten Halbjahr 2007 die Integration im Justizsektor weiter vorantreiben.

B. Die neuen Regelungen der EU-Verfassung für die Justizpolitik

Unter dem Begriff Justizpolitik werden die klassischen Zweige Zivilrecht und Strafrecht behandelt, nicht das Verwaltungsrecht und sonstige Rechtsgebiete. Für Zivilrecht und Strafrecht gelten derzeit auf europäischer Ebene Rechtsgrundlagen unterschiedlicher Art. Die justizielle Zusammenarbeit in Zivilsachen ist in der ersten Säule, der Gemeinschaft, im EG-Vertrag geregelt (insbesondere Art. 65 EG). Sedes materiae für die strafrechtliche Zusammenarbeit ist die überwiegend völkerrechtlich geprägte dritte Säule im EU-Vertrag (Art. 29 ff EU).

I. Auflösung der Säulenstruktur und Integration des gesamten Justizbereichs in den allgemeinen Rahmen des Vertrages

Die erste grundsätzliche Neuerung des Verfassungsvertrags für die Justiz ist der Wegfall der dritten Säule. Damit würde das Handlungsfeld der justiziellen Zusammenarbeit in Strafsachen als supranationale Kompetenz vollständig in den allgemeinen Rahmen des einheitlichen Vertrages integriert. Abgrenzungsprobleme zwischen den Säulen entfielen. Für den Raum der Freiheit, der Sicherheit und des Rechts bestünde insgesamt eine geteilte Zuständigkeit der Union mit den Mitgliedstaaten,

2 Schlussfolgerungen des Vorsitzes von der Tagung des Europäischen Rates (Brüssel) vom 4./5. November 2004, S. 4 f und S. 11 ff.

3 Schlussfolgerungen des Vorsitzes von der Tagung des Europäischen Rates (Brüssel) vom 16./17. Juni 2005.

das heißt eine konkurrierende Kompetenz (Art. I-14 Abs. 2 Buchst. j[4]). Für die Justizpolitik sollen die neugefassten allgemeinen Instrumente der ersten Säule mit wenigen Abweichungen gelten. Die einzige Besonderheit von Gewicht ist das Initiativrecht einer Gruppe von Mitgliedstaaten. Im Bereich der Gemeinschaft besitzt die Kommission das Initiativmonopol. In der justiziellen Zusammenarbeit in Strafsachen hat derzeit jeder Mitgliedstaat neben der Kommission ein eigenes Initiativrecht (Art. 34 EU). Nach dem Verfassungsvertrag steht ein solches Initiativrecht neben der Kommission nur einer Gruppe von einem Viertel der Mitgliedstaaten zu (Art. III-264 Buchst. b). Als Folge des Verfassungsvertrags müsste sich Deutschland mit anderen Staaten zusammenfinden, wenn es eine Gesetzesinitiative starten will. Eine umfassendere Revision des Initiativmonopols der Kommission etwa im Sinne eines Initiativrechts für das Parlament und den Rat kam nicht zustande.

II. Anwendbarkeit der allgemeinen Vorschriften auf die Justiz

Die Anwendbarkeit der allgemeinen Vorschriften würde das Gesicht der justiziellen Zusammenarbeit in Strafsachen verändern und sie demokratischer und wirkungsvoller machen. Drei Punkte sind hervorzuheben.

1. Mitentscheidung des Europäischen Parlaments

Im Verfassungsvertrag ist durchweg das volle Mitentscheidungsrecht des Europäischen Parlaments als ordentliches Gesetzgebungsverfahren vorgesehen (Art. I-34 und III-396). Derzeit wird das Europäische Parlament zur justiziellen Zusammenarbeit in Strafsachen nur angehört (Art. 39 EU). Das Mitentscheidungsrecht des Europäischen Parlaments würde die demokratische Legitimation erhöhen.

2. Mehrheitsentscheidung im Rat

Nach dem Verfassungsvertrag gilt grundsätzlich die qualifizierte Mehrheit im Rat. Die Ausnahmen von der qualifizierten Mehrheit werden unten im Rahmen der Darstellung der Einzelbestimmungen über die Justiz behandelt. Derzeit entscheidet der Rat in der justiziellen Zusammenarbeit in Strafsachen einstimmig (Art. 34 EU).

Aufgrund des Verfassungsvertrags soll die so genannte doppelte Mehrheit – der Mitgliedstaaten und der Bevölkerung – zur Anwendung kommen (Art. I-25). Die gewichteten Stimmenanteile fielen weg. Für einen Beschluss des Rates sollen 55 %

4 Zitierte Artikel ohne weitere Angaben beziehen sich auf den Vertrag vom 29. Oktober 2004 über eine Verfassung für Europa.

und mindestens 15 der Mitgliedstaaten nötig sein, die mindestens 65 % der Bevölkerung ausmachen. Eine Sperrminorität muss aber mindestens 4 Mitgliedstaaten umfassen. Wenn der Vorschlag nicht von der Kommission ausgeht, sondern z. B. im Bereich der justiziellen Zusammenarbeit in Strafsachen von einem Viertel der Mitgliedstaaten, liegt die Schwelle bei 72 % der Mitgliedstaaten. Als Folge des Elements des Bevölkerungsanteils erhöht sich das Gewicht Deutschlands.

Von der Mehrheitsentscheidung sind eine Beschleunigung der Beschlussfassung im Rat und eine bessere Kohärenz der Regelungen zu erwarten, weil nicht auf jeden einzelnen Staat Rücksicht genommen zu werden braucht. Die qualifizierte Mehrheit ist nicht zuletzt im Hinblick auf die bereits erfolgten und die bevorstehenden Beitritte nötig, weil es mehr Staaten gibt, die ein Veto einlegen könnten, und weil die Willensbildung durch die größere Zahl von Beteiligten schwerfälliger geworden ist. Konsequent wäre es wohl gewesen, auch die Regelung zu überprüfen, wonach der Rat Änderungen von Vorschlägen der Kommission nur einstimmig beschließen kann.

3. Anwendbarkeit der allgemeinen Instrumente der Gesetzgebung

Nach dem Verfassungsentwurf sollen generell Gesetz und Rahmengesetz zur Anwendung kommen. Derzeit bestehen in der justiziellen Zusammenarbeit in Strafsachen spezifische Rechtsformen, insbesondere der Beschluss und der Rahmenbeschluss, daneben das kaum mehr genutzte Übereinkommen. Beschlüsse und Rahmenbeschlüsse können keine unmittelbare Wirkung gegenüber dem Bürger entfalten (Art. 34 Abs. 2 EU), was allerdings an ihrer Verpflichtungswirkung für den Staat nichts ändert, wie auch der Europäische Gerichtshof verdeutlicht hat.[5] Für die Harmonisierung des Strafverfahrensrechts und des Strafrechts im Hinblick auf die grenzüberschreitende justizielle Zusammenarbeit lässt der Verfassungsvertrag nur Rahmengesetze zu. Wie die derzeitigen Richtlinien können sie relativ detailliert sein und im Falle der Nichtumsetzung innerhalb der gesetzten Frist unmittelbare Wirkung zugunsten der Bürger entfalten. Zudem wäre die Umsetzungsverpflichtung gerichtlich im Vertragsverletzungsverfahren erzwingbar. Dies würde eine umfassende und rechtzeitige Umsetzung sicherstellen.

III. Besondere Vorschriften für den Bereich Justiz

Der Verfassungsvertrag enthält schon im Teil I eine Grundsatzbestimmung über den Raum der Freiheit, der Sicherheit und des Rechts (Art. I-42). Sie trifft die Grundaussage, dass die Union einen Raum der Freiheit, der Sicherheit und des Rechts bildet, als Zielbestimmung und beschreibt die Hauptformen der Unionstätigkeit auf diesem

5 EuGH, Urteil vom 16. Juni 2005 in der Rechtssache C-105/03 Pupino.

Gebiet: Rechtsangleichung, gegenseitige Anerkennung und operative Zusammenarbeit. Im Teil III ist ein besonderes Kapitel dem Raum der Freiheit, der Sicherheit und des Rechts gewidmet (Kapitel 4). Es enthält einen allgemeinen Abschnitt mit Querschnittsregelungen und dann spezifische Abschnitte für die einzelnen Rechtsgebiete. Der Abschnitt 1 beginnt seinerseits mit einer Grundsatzbestimmung (Art. III-257). Deren einzelnen Absätze umreißen die Ziele der Politiken, die die Union auf den Teilgebieten des Raums der Freiheit, der Sicherheit und des Rechts verfolgt, unter anderem die Kriminalitätsbekämpfung (Absatz 3) und den Zugang zum Recht in Zivilsachen (Absatz 4).

1. Grundsatz der gegenseitigen Anerkennung gerichtlicher Entscheidungen

Sowohl für die Zivilsachen als auch für die Strafsachen soll der Grundsatz der gegenseitigen Anerkennung gerichtlicher Entscheidungen als Grundlage der Zusammenarbeit vertraglich verankert werden (jeweils Art. III-269 und III-270 Abs. 1). Der Grundsatz hat schon in der bisherigen Praxis eine wichtige Rolle gespielt. Zu seiner Verwirklichung wurden zwei Maßnahmeprogramme aufgestellt.[6] Das Prinzip ist auch im Haager Programm besonders hervor gehoben. Der Grundsatz der gegenseitigen Anerkennung wäre allerdings aufgrund des Verfassungsvertrags nicht unmittelbar anwendbar, sondern die Anerkennung muss in einzelnen Rechtsakten geregelt werden, einschließlich ihrer Bedingungen und Grenzen. Dabei stellt sich die Frage nach den Voraussetzungen dieser gegenseitigen Anerkennung. Der Sache nach ist Voraussetzung das Vertrauen in die Gleichwertigkeit der Justiz der anderen Mitgliedstaaten. In bestimmten Fällen ist es erforderlich, dass durch europäische Regelung sichergestellt wird, dass bestimmte Mindeststandards gelten. Denn die Justizgewährung ist in den Mitgliedstaaten unterschiedlich. Das gilt schon unter den alten Mitgliedstaaten, gilt insbesondere aber auch im Verhältnis zu den neuen Mitgliedstaaten, die eine rechtsstaatliche Justiz erst in kürzester Zeit aufbauen mussten.

2. Justizielle Zusammenarbeit in Zivilsachen

Die Regelung der justiziellen Zusammenarbeit in Zivilsachen ist im Abschnitt 3 enthalten (Art. III-269). Die Vorschrift begründet eine Gesetzgebungskompetenz zur Rechtsangleichung (Absatz 2) in Zivilsachen mit grenzüberschreitenden Bezügen. Der Anwendungsbereich dieser Rechtsgrundlage umfasst wie im geltenden Recht das Zivilprozessrecht, das Internationale Privatrecht und das Internationale Zivilpro-

6 Maßnahmenprogramm zur Umsetzung des Grundsatzes der gegenseitigen Anerkennung gerichtlicher Entscheidungen in Zivilsachen, ABl. C 12 vom 15.01.2001, S. 1; Maßnahmenprogramm zur Umsetzung des Grundsatzes der gegenseitigen Anerkennung gerichtlicher Entscheidungen in Strafsachen, ABl. C 2 vom 15.01.2001, S. 10.

zessrecht. Diese Zuständigkeit schließt aber nicht das materielle Zivilrecht ein. Hierfür sind Regelungen auf der Basis der allgemeinen Binnenmarktkompetenz möglich (Art. 95 EG, Art. III-172). Die Bundesregierung wollte hier weitergehen und hatte, unterstützt von Professor Meyer, im Konvent eine spezifische Rechtsgrundlage für die Angleichung des materiellen Zivilrechts vorgeschlagen, konnte sich aber nicht durchsetzen. Dies ist umso bedauerlicher, als Einigkeit darüber besteht, dass Schritte zu einem europäischen Vertragsrecht nötig sind. Die Kommission hat hierzu einen Aktionsplan vorgelegt.[7] Auch im Haager Programm ist die Entwicklung eines gemeinsamen Bezugsrahmens vorgesehen, um die Möglichkeit zur Entwicklung von EU-weiten Standardbestimmungen auszuloten. Der Ausarbeitung des gemeinsamen Referenzrahmens kommt aus Sicht der Bundesregierung besondere Priorität zu und soll unter deutscher Präsidentschaft mit Nachdruck gefördert werden.

Die Harmonisierungskompetenz für die justizielle Zusammenarbeit in Zivilsachen (Art. III-269) kann insbesondere dann ausgeübt werden, wenn eine Maßnahme für das reibungslose Funktionieren des Binnenmarkts erforderlich ist. Wegen des in der Vorschrift enthaltenen Worts „insbesondere" sind Maßnahmen auch dann zulässig, wenn keine enge Binnenmarktrelevanz gegeben ist. Allgemeine Voraussetzung der Harmonisierungskompetenz ist nach dem Verfassungsvertrag, dass es um Zivilsachen mit grenzüberschreitenden Bezügen geht. Was das genau bedeutet, ist umstritten. In diesem Zusammenhang kommt auch den Grundsätzen der Subsidiarität und der Erforderlichkeit besondere Bedeutung zu.

Bei der Verabschiedung der Richtlinie über die Prozesskostenhilfe im Jahre 2002[8] und bei der aktuellen Beratung über den Verordnungsvorschlag für ein europäisches Mahnverfahren[9] wird beispielsweise intensiv diskutiert, ob nur grenzüberschreitende Fälle oder auch rein nationale Sachverhalte erfasst werden sollen. In beiden Fällen wendet sich das Bundesministerium der Justiz mit Nachdruck gegen eine Regelung auch rein nationaler Sachverhalte. Für rein innerstaatliche Sachverhalte müsse bei diesen Rechtsakten das innerstaatliche Recht zur Anwendung kommen, das effizient, kostengünstig und anerkannt sei.

Inhaltlich ist der Anwendungsbereich der Gesetzgebungskompetenz durch die Aufzählung einzelner Fallgruppen umschrieben. Sie sind weitgehend schon im geltenden Recht (Art. 65 EG) enthalten. Der Verfassungsvertrag ergänzt sie um einige weitere Maßnahmen. Da die Fallgruppen derzeit Regelbeispiele im Rahmen der Generalklausel der justiziellen Zusammenarbeit darstellen, sind die jetzt zusätzlich aufgeführten Maßnahmen auch bisher schon möglich. Durch die Neufassung werden

7 Mitteilung vom 12.02.2003 KOM (2003) 68 endgültig.

8 Richtlinie 2002/8/EG des Rates vom 27. Januar 2003 zur Verbesserung des Zugangs zum Recht bei Streitsachen mit grenzüberschreitendem Bezug durch Festlegung gemeinsamer Mindestvorschriften für die Prozesskostenhilfe in derartigen Streitsachen, ABl. L 26 vom 31.01.2003, S. 41.

9 Vorschlag für eine Verordnung des Europäischen Parlaments und des Rates zur Einführung eines Europäischen Mahnverfahrens, KOM (2004) 173 endgültig.

die Fallgruppen allerdings abschließend. Im Einzelnen geht es um folgende Aktivitäten:

a.

Maßnahmen zur gegenseitigen Anerkennung und Vollstreckung gerichtlicher Entscheidungen (Buchstabe a):

Dazu gibt es im europäischen Rahmen schon seit langem Regelungen, die immer weiter ausgebaut worden sind. Die Fortführung dieser Maßnahmen gehört zu den Prioritäten der künftigen europäischen Justizpolitk. 1968 haben die Mitgliedstaaten das Brüsseler Übereinkommen über die gerichtliche Zuständigkeit, und die Anerkennung und Vollstreckung in Zivil- und Handelssachen abgeschlossen, das auf der Vorläufervorschrift zu Art. 293 EG beruhte. Sein Inhalt wurde im Jahr 2001 in eine Verordnung überführt.[10] Parallel dazu gibt es eine Verordnung über die Zuständigkeit und die Anerkennung und Vollstreckung in Ehesachen und in Verfahren betreffend die elterliche Verantwortung.[11] Ebenfalls schon verabschiedet ist die Verordnung über den Vollstreckungstitel für unbestrittene Forderungen.[12] Ein Projekt für die Zukunft ist nach dem Haager Programm die Anerkennung und Vollstreckung von Unterhaltsentscheidungen. Ein weiteres im Haager Programm enthaltenes Vorhaben ist eine Regelung für geringfügige Forderungen.

b.

Maßnahmen über die grenzüberschreitende Zustellung von Schriftstücken (Buchstabe b):

Dazu wurde im Jahr 2000 bereits eine Verordnung erlassen.[13] Das Haager Programm sieht einen Vorschlag der Kommission zur Verbesserung vor.

10 Verordnung (EG) Nr. 44/2001 des Rates vom 22. Dezember 2000 über die gerichtliche Zuständigkeit und die Anerkennung und Vollstreckung von Entscheidungen in Zivil- und Handelssachen, ABl. L 12 vom 16.01.2001, S. 1.

11 Verordnung (EG) Nr. 2201/2003 des Rates vom 27. November 2003 über die Zuständigkeit und die Anerkennung und Vollstreckung von Entscheidungen in Ehesachen und in Verfahren betreffend die elterliche Verantwortung und zur Aufhebung der Verordnung (EG) Nr. 1347/2000, ABl. L 338 vom 23.12.2003, S. 1.

12 Verordnung (EG) Nr. 805/2004 des Europäischen Parlaments und des Rates vom 21. April 2004 zur Einführung eines europäischen Vollstreckungstitels für unbestrittene Forderungen, ABl. L 143 vom 30.04.2004, S. 15.

13 Verordnung (EG) Nr. 1348/2000 des Rates vom 29. Mai 2000 über die Zustellung gerichtlicher und außergerichtlicher Schriftstücke in Zivil- und Handelssachen in den Mitgliedsstaaten, ABl. L 160 vom 30.06.2000, S. 37.

c.

Maßnahmen zur Vereinbarkeit der in den Mitgliedstaaten geltenden Kollisionsnormen und zur Vermeidung von Kompetenzkonflikten (Buchstabe c):

Damit ist das Internationale Privatrecht gemeint. Dazu besteht das Abkommen von Rom über das auf vertragliche Schuldverhältnisse anzuwendende Recht.14 Zu dem außervertraglichen Recht hat die Kommission einen Verordnungsvorschlag („Rom II") vorgelegt.15 Die Fortentwicklung dieser Regelungen kann auf der Grundlage der genannten Vorschrift erfolgen. Für das vertraglichen Recht ist im Aktionsplan die Umwandlung des Übereinkommens von Rom in eine Verordnung vorgesehen. Nach dem Haager Programm sollen Regelungen über das Kollisionsrecht im Erbrecht, beim ehelichen Güterstand und in Scheidungssachen in Angriff genommen werden und bis 2011 fertiggestellt sein. Diese wichtigen Fragen sollen unter deutscher Präsidentschaft nach Kräften gefördert werden.

d.

Maßnahmen zur Zusammenarbeit bei der Erhebung von Beweisen (Buchstabe d):

Dazu ist im Jahr 2001 eine Verordnung über die Beweisaufnahme in Zivil- und Handelsachen beschlossen worden.[16]

e.

Maßnahmen für den effektiven Zugang zum Recht (Buchstabe e):

Das ist eine durch die Verfassung neu eingeführte Fallgruppe, die vor allem auf die Effizienz des Rechtsschutzes abzielen dürfte. Die weite Fassung könnte auch den Umstand kompensieren, dass die aufgezählten Fallgruppen nach dem Verfassungsvertrag, anders als bisher, abschließend sind.

14 Konsolidierte Fassung des Übereinkommens, Abl. C 27 vom 26.01.1998, S. 34.

15 Vorschlag für eine Verordnung des Europäischen Parlaments und des Rates über das auf das außervertragliche Schuldverhältnisse anzuwendende Recht vom 22.07.2003, KOM (2003) 427 endgültig.

16 Verordnung (EG) Nr. 1206/2001 des Rates vom 28. Mai 2001 über die Zusammenarbeit zwischen den Gerichten der Mitgliedsstaaten auf dem Gebiet der Beweisaufnahme in Zivil- oder Handelssachen, ABl. L 174 vom 27.06.2001, S. 1.

f.

Die Maßnahmen zur Beseitigung von Hindernissen für die reibungslose Abwicklung von Zivilverfahren erforderlichenfalls durch Förderung der Vereinbarkeit der in den Mitgliedstaaten geltenden zivilrechtlichen Verfahrensvorschriften (Buchstabe f):

Der Wortlaut soll klarstellen, dass nicht das nationale Zivilprozessrecht insgesamt harmonisiert werden soll. Hierher gehören die schon erwähnte Richtlinie über die Prozesskostenhilfe und der Verordnungsvorschlag für ein grenzüberschreitendes Mahnverfahren.

g.

Die Fallgruppe der Maßnahmen zur Entwicklung von alternativen Methoden für die Beilegung von Streitigkeiten ist im Verfassungsvertrag neu hinzugefügt (Buchstabe g).

Unter dem Aktionsplan soll eine Richtlinie über bestimmte Aspekte der Mediation[17] beschlossen werden.

h.

Auch die Möglichkeit von Maßnahmen zur Förderung der Weiterbildung von Richtern und Justizbediensteten (Buchstabe h) ist eine Ergänzung durch den Verfassungsvertrag. Der Europäische Rat hat die Kommission beauftragt, sobald wie möglich einen Vorschlag zu einem europäischen Weiterbildungsnetz für die Justizbehörden auszuarbeiten.[18]

Alle genannten Maßnahmen könnten wie schon bisher im Wege der Mitentscheidung des Parlaments vom Rat mit qualifizierter Mehrheit beschlossen werden. Eine Ausnahme würde nur gelten, soweit die Maßnahmen das Familienrecht betreffen. Dafür wäre weiterhin Einstimmigkeit im Rat nötig und nur eine Anhörung des Parlaments vorgesehen (Art. III-269 Abs. 3).

Insgesamt sind die Änderung des Verfassungsvertrags in Zivilsachen als eher marginal einzustufen. Die vorhandenen Rechtsgrundlagen reichen für die Erfordernisse der Fortentwicklung der justiziellen Zusammenarbeit in Zivilsachen auch aus.

17 Vorschlag für eine Richtlinie des Europäischen Parlaments und des Rates über bestimmte Aspekte der Mediation vom 22.10.2004 KOM (2004) 718 endgültig.

18 Dafür relevant ist auch die Verordnung (EG) Nr. 743/2002 des Rates vom 25. April 2005 über eine allgemeine Rahmenregelung der Gemeinschaft zur Erleichterung der justiziellen Zusammenarbeit in Zivilsachen, Abl. L 115 vom 1.5.2002 S. 1, das für den Zeitraum 2007-2013 durch ein Programm Ziviljustiz fortgeführt werden soll.

3. Justizielle Zusammenarbeit in Strafsachen

In Strafsachen werden die Kompetenzen im Verfassungsvertrag präzisiert und substanziell erweitert. Die Regelungen finden sich in Abschnitt 4 des Kapitels über den Raum der Freiheit, der Sicherheit und des Rechts. Der Verfassungsvertrag sieht drei Komplexe von Regelungen vor:

- Vorschriften über die grenzüberschreitende Zusammenarbeit,
- Mindestvorschriften im Strafverfahrensrecht und
- materielles Strafrecht.

a. Vorschriften über die grenzüberschreitende Zusammenarbeit

Zunächst lässt der Verfassungsvertrag allgemeine Regelungen für die justizielle Zusammenarbeit in Strafsachen durch Gesetze und Rahmengesetze zu (Art. III-270 Abs. 1 Unterabs. 2).

aa.

Dabei geht es einmal darum, Regeln und Verfahren festzulegen, mit denen die Anerkennung aller Arten von Urteilen und gerichtlichen Entscheidungen in der gesamten Union sichergestellt wird (Buchstabe a). Diese Handlungsmöglichkeit ist eine Konsequenz aus der Verankerung des Prinzips der gegenseitigen Anerkennung. Solche Regelungen sind schon derzeit zum Zweck des gemeinsamen Vorgehens in der justiziellen Zusammenarbeit möglich (Art. 31 Abs. 1 EU Buchst. a) und wurden in der Praxis auch erlassen. Allerdings bestanden Zweifel, wie weit die vorhandene Rechtsgrundlage geht. In diese Fallgruppe der Kompetenz gehören von den bereits beschlossenen Rechtsakten beispielsweise die Rahmenbeschlüsse über den Europäische Haftbefehl[19], über die Anerkennung von Geldstrafen und Geldbußen[20] und über die Vollstreckung von Entscheidungen über die Sicherstellung von Vermögensgegenständen oder Beweismitteln[21]. Von den laufenden Projekten ist unter anderem

19 Rahmenbeschluss des Rates vom 13. Juni 2002 über den Europäischen Haftbefehl und die Übergabeverfahren zwischen den Mitgliedstaaten (2002/584/JI), ABl. L 190 vom 18.07.2002, S. 1; vgl. hierzu BVerfG, 2BvR 2236/04 vom 18.07.2005.

20 Rahmenbeschluss 2005/214/JI des Rates vom 24. Februar 2005 über die Anwendung des Grundsatzes der gegenseitigen Anerkennung von Geldstrafen und Geldbußen, ABl. L 76 vom 22.03.2005, S. 16.

21 Rahmenbeschluss 2003/577/JI des Rates vom 22. Juli 2003 über die Vollstreckung von Entscheidungen über die Sicherstellung von Vermögensgegenständen oder Beweismitteln in der Europäischen Union, ABl. L 196 vom 02.08.2003, S. 45.

der Vorschlag für einen Rahmenbeschluss „Ne bis in idem" hierher zu zählen.[22] Für die Schengen-Staaten gibt es eine solche Regelung bereits im Schengener Durchführungsübereinkommen.[23] Zu diesen Vorschriften des Übereinkommens ergingen zwei Entscheidungen des Europäischen Gerichtshofs.[24]

Im Strafrecht ist das Spannungsverhältnis zwischen Anerkennung und Harmonisierung besonders stark. Daher sind hier die in den verabschiedeten Rechtsnomen über die Anerkennung enthaltenen Verweigerungsgründe von besonderer Bedeutung, aufgrund derer der ersuchte Staat die Vollstreckung ablehnen kann. Die Verweigerungsgründe im Rahmenbeschluss über den Europäischen Haftbefehl spielten im Urteil des Bundesverfassungsgerichts vom 18. Juli 2005 eine zentrale Rolle.[25]

bb.

Maßnahmen, um Kompetenzkonflikte zwischen den Mitgliedstaaten zu verhindern und beizulegen (Buchstabe b) sind in praktisch identischer Form im EU-Vertrag (Art. 31 Abs. 1 Buchst. d) vorgesehen. Es geht um die internationale Zuständigkeit der Strafgerichte und den Geltungsbereich des materiellen Strafrechts. Auf diesem Feld ist nur wenig geschehen. In verschiedenen Rechtsinstrumenten ist zur Vermeidung negativer Kompetenzkonflikte festgelegt, dass jeder Mitgliedstaat auf seinem Territorium die Strafbarkeit sicherstellt.[26] Aus deutscher Sicht besteht dringender Handlungsbedarf. Im Haager Programm werden insbesondere die Möglichkeiten der Konzentration der Strafverfolgung in grenzüberschreitenden multilateralen Fällen in einem Mitgliedstaat angesprochen. Damit sollen positive Kompetenzkonflikte vermieden werden. Es geht um die Entwicklung transparenter Kriterien für die Bestimmung der federführenden Ermittlungsbehörde. Im Aktionsplan ist ein Vorschlag der Kommission zu Kompetenzkonflikten und zum Ne-bis-in-idem-Grundsatz angekündigt.

22 Initiative der Hellenischen Republik im Hinblick auf die Annahme eines Rahmenbeschlusses des Rates über die Anwendung des „ne-bis-in-idem"-Prinzips, ABl. C 100 vom 26.04.2003, S. 24.

23 Art. 54 ff. des Übereinkommens zur Durchführung des Übereinkommens vom Schengen betreffend den schrittweisen Abbau der Kontrollen an den Grenzen; ABl. 2000, L 239, S. 13.

24 Urteil vom 11. Februar 2003 in den verbundenen Rechtssachen C-187/01 und C-385/01 Gözütok und Brügge, Slg. 2003, I-1345, Urteil vom 10. März 2005 in der Rechtssache C-469/03 Miraglia.

25 BVerfG, 2BvR 2236/04 vom 18.07.2005.

26 Z. B. Rechtsakt des Rates vom 26. Juli 1995 über die Ausarbeitung des Übereinkommens über den Schutz der finanziellen Interessen der Europäischen Gemeinschaften; ABl. C 316 vom 27.11.1995, S. 48.

cc.

Maßnahmen, um die Weiterbildung von Richtern und Staatsanwälten sowie Justizbediensteten zu fördern (Buchstabe c) werden im Verfassungsvertrag erstmals aufgeführt.[27] In der Praxis gab es allerdings schon in der Vergangenheit Förderprogramme in diesem Bereich.[28] Für den Finanzzeitraum 2007-2013 wird sie im Rahmen eines noch zu beschließenden Rahmenprogramms „Sicherheit und Schutz der Freiheitsrechte" erfolgen.

dd.

Die Vorschrift für Maßnahmen, um die Zusammenarbeit zwischen den Justizbehörden im Rahmen der Strafverfolgung sowie des Vollzugs und der Vollstreckung von Entscheidungen zu erleichtern (Buchstabe d) ist weitgehend mit dem geltenden Recht (Art. 31 Abs. 1 Buchst. a EU) identisch. Wichtigster Anwendungsfall ist die Rechtshilfe. Dazu wurden im Jahr 2000 das Übereinkommen über die Rechtshilfe in Strafsachen zwischen den Mitgliedsstaaten der Europäischen Union[29] abgeschlossen und im Jahr 2001ein ergänzendes Protokoll[30]. Zur praktischen Zusammenarbeit wurde das Europäische Justizielle Netz eingerichtet.[31] Die Vorschrift über die Zusammenarbeit der Justizbehörden würde grundsätzlich auch die Auslieferung erfassen, über die zwei EU-Übereinkommen geschlossen worden sind. Die dafür im geltenden Recht noch enthaltene spezielle Grundlage (Art. 31 Abs. 1 Buchstabe b) soll wegfallen. Nach den Schlussfolgerungen des Europäischen Rates von Tampere soll die förmliche Auslieferung zwischen den Mitgliedstaaten nämlich durch eine einfache Überstellung ersetzt werden.[32] Diese Konzeption liegt bereits dem Rahmenbeschlusses über den Europäischen Haftbefehl zugrunde. Nachdem das Bundes-

27 Zur Weiterbildung im Bereich der Justiziellen Zusammenarbeit in Zivilsachen vgl. B. III. 2. h.

28 Beschluss des Rates vom 22. Juli 2002 über ein Rahmenprogramm für die polizeiliche und justizielle Zusammenarbeit in Strafsachen (AGIS) (2002/630/JI), ABl. L 203 vom 01.08.2002, S 5.

29 Rechtsakt des Rates vom 29. Mai 2000 über die Erstellung des Übereinkommens – gemäß Art. 34 des Vertrages über die Europäische Union – über die Rechtshilfe in Strafsachen zwischen den Mitgliedstaaten der Europäischen Union (2000/C197/01), ABl. C 197 vom 12.07.2000, S. 1.

30 Rechtsakt des Rates vom 16. Oktober 2001 über die Erstellung – gemäß Art. 34 des Vertrages über die Europäische Union – des Protokolls zu dem Übereinkommen über die Rechtshilfe in Strafsachen zwischen den Mitgliedstaaten der Europäischen Union (2001/C 326/01), ABl. C 326 vom 21.11.2001, S. 1.

31 Rahmenbeschluss 2005/214/JI des Rates vom 24. Februar 2005 über die Anwendung des Grundsatzes der gegenseitigen Anerkennung von Geldstrafen und Geldbußen, ABl. L 76 vom 22.03.2005, S. 16.

32 Schlussfolgerungen des Vorsitzes von der Tagung des Europäischen Rates (Tampere) vom 15./16. Oktober 1999.

verfassungsgericht das Europäische Haftbefehlsgesetz für nichtig erklärt hat, ist unverzüglich ein neues deutsches Umsetzungsgesetz zu erlassen.[33]

Die Zuständigkeitsvorschrift wäre des weiteren Grundlage für den Informationsaustausch. Dafür soll nach dem Haager Programm der Grundsatz der Verfügbarkeit gelten. Ein Strafverfolgungsbeamter in einem Mitgliedstaat, der für die Erfüllung seiner Aufgaben Informationen benötigt, soll von der Strafverfolgungsbehörde eines anderen Mitgliedstaats, die über diese Informationen verfügt, diese für den erklärten Zweck erhalten. Hier spielen das unterschiedliche Verhältnis von Justiz und Polizei in den Mitgliedstaaten und der Datenschutz hinein. Darum geht es unter anderem auch bei der aktuellen Diskussion um die so genannte Vorratsspeicherung von Daten in Kommunikationsnetzen[34] und den schwedischen Vorschlag zum Verfügbarkeitsgrundsatz[35]. Zum Informationsaustausch sind im Aktionsplan weitere Vorschläge vorgesehen. Die Kommission soll einen Vorschlag betreffend die Übermittlung von Informationen über strafrechtliche Verurteilungen an den Mitgliedstaat der Staatsangehörigkeit und deren Aufbewahrung in diesem Mitgliedstaat vorlegen. Deutschland, Frankreich, Spanien und Belgien haben mit einem Pilotprojekt für eine Vernetzung der Strafregister Pionierarbeit geleistet.

b. Mindestvorschriften im Strafverfahrensrecht

Der Verfassungsentwurf sieht erstmals eine ausdrückliche Rechtsgrundlage für die Harmonisierung des nationalen Strafprozessrechts vor (Art. III-270 Absatz 2). Eine solche Harmonisierung ist allerdings schon aufgrund der geltenden Vorschriften über die justizielle Zusammenarbeit (Art. 31 Abs. 1 Buchst. c EU) in gewissem Umfang möglich und wurde auch praktiziert. Durch den Verfassungsvertrag würde Klarheit geschaffen.

Allgemeine Voraussetzung der Inanspruchnahme der neuen Kompetenz der Union ist, dass die jeweilige Maßnahme zur Erleichterung der gegenseitigen Anerkennung gerichtlicher Urteile und Entscheidungen und der polizeilichen und justiziellen Zusammenarbeit bei Strafsachen mit grenzüberschreitender Dimension erforderlich ist. Mit der Festlegung der Ziele und des Erforderlichkeitskriteriums wird die Subsidiarität gesichert.

33 BVerfG, 2BvR vom 18.7.2005; vgl. hierzu auch B. III. 3. a. aa.

34 Initiative der Französischen Republik, Irlands, des Königreichs Schweden und des Vereinigten Königreichs zur Annahme eines Entwurfs eines Rahmenbeschlusses über die Vorratsspeicherung von Daten, die in Verbindung mit der Bereitstellung öffentlicher elektronischer Kommunikationsdienste verarbeitet und aufbewahrt werden, oder von Daten, die in öffentlichen Kommunikationsnetzen vorhanden sind, für die Zwecke der Vorbeugung, Untersuchung, Feststellung und Verfolgung von Straftaten, einschließlich Terrorismus vom 28. April 2004.

35 Initiative des Königreichs Schweden vom 4. Juni 2004 für einen Rahmenbeschluss über die Vereinfachung des Austausches von Informationen und Erkenntnissen zwischen den Strafverfolgungsbehörden der Mitgliedstaaten der Europäischen Union.

Die neue Kompetenzvorschrift enthält eine Liste von Gegenständen, für die durch Rahmengesetze Mindestvorschriften geschaffen werden können. Sie enthält Folgendes:

aa.

Vorschriften über die Zulässigkeit von Beweismitten zwischen den Mitgliedstaaten (Buchstabe a):

Unter dem geltenden Vertrag wird ein Vorschlag für einen Rahmenbeschluss über die Beweisanordnung im Rat diskutiert, der bis Ende 2005 angenommen werden soll.[36] Dieser Vorschlag schöpft aber die Kompetenz nicht aus, weil er nur sächliche Beweismittel betrifft. Ein weiterer Vorschlag zur Ergänzung ist im Aktionsplan vorgesehen, ebenso wie ein Vorschlag zu Mindestnormen für die Beweiserhebung.

bb.

Vorschriften über die Rechte des Einzelnen im Strafverfahren (Buchstabe b):

Derzeit wird über den Entwurf eines Rahmenbeschlusses über die Rechte von Beschuldigten verhandelt.[37] Dieser deckt allerdings nur einen Teil der Problematik ab. Ein Vorschlag zur Ergänzung ist im Aktionsplan angekündigt. Maßstab für künftige Regelungen muss die Gewährleistung eines ausgewogenen Verhältnisses zwischen Maßnahmen zur effektiven Bekämpfung grenzüberschreitender Kriminalität und den Schutzrechten des Einzelnen sein.

cc.

Vorschriften über die Rechte der Opfer von Straftaten (Buchstabe c):

Über die Stellung des Opfers im Strafverfahren wurde bereits im Jahr 2001 ein Rahmenbeschluss[38] gefasst, bei dessen Auslegung der EuGH entschieden hat, dass nationales Recht rahmenbeschlusskonform auszulegen ist.[39] Anlässlich der vorgese-

36 Vorschlag für einen Rahmenbeschluss des Rates über die Europäische Beweisanordnung zur Erlangung von Sachen, Schriftstücken und Daten zur Verwendung in Strafverfahren, KOM (2003) 688 endgültig.

37 Vorschlag für einen Rahmenbeschluss des Rates über bestimmte Verfahrensrechte in Strafverfahren innerhalb der Europäischen Union vom 28.04.2004 KOM (2004) 328 endgültig.

38 Rahmenbeschluss des Rates vom 15. März 2001 über die Stellung des Opfers im Strafverfahren (2001/220/JI), ABl. L 82 vom 22.03.2001, S. 1.

39 Urteil des Gerichtshofs vom 16. Juni 2005 in der Rechtssache C-105/03 Pupino.

henen Umsetzungsberichte wird die Wirksamkeit dieses Rahmenbeschlusses zu evaluieren sein.

dd.

Die Liste der drei genannten Gegenstände kann nach dem Verfassungsvertrag vom Ministerrat mit Zustimmung des Parlaments einstimmig um sonstige spezifische Aspekte des Strafverfahrens erweitert werden (Buchstabe d). Wenn dieser Beschluss einstimmig gefallen ist, erfolgt die Wahrnehmung der erweiterten Kompetenz dann im ordentlichen Gesetzgebungsverfahren mit Mehrheit im Rat.

Die Fortentwicklung der Mindeststandards im Strafrecht wird ein Schwerpunkt der deutschen EU-Präsidentschaft 2007 sein.

c. Materielles Strafrecht

Der Verfassungsvertrag (Art. III-271) präzisiert die bisherige Rechtsgrundlage für die Angleichung des materiellen Strafrechts (Art. 31 Abs. 1 Buchst. e EU) und erweitert sie. Die neue Kompetenzgrundlage lässt Rahmengesetze mit Mindestvorschriften zur Festlegung von Straftaten und Strafen unter zwei alternativen Voraussetzungen zu.

Der erste Harmonisierungstatbestand ermöglicht die Angleichung der Rechtsvorschriften in Bereichen besonders schwerer Kriminalität, die eine grenzüberschreitende Dimension haben (Art. III-271 Abs. 1). Der Text enthält eine abschließende Aufzählung dieser Bereiche: Terrorismus, Menschenhandel und sexuelle Ausbeutung von Frauen und Kindern, illegaler Drogenhandel, illegaler Waffenhandel, Geldwäsche, Korruption, Fälschung von Zahlungsmitteln, Computerkriminalität und organisierte Kriminalität. Eine Erweiterung der Liste kann der Rat einstimmig mit Zustimmung des Parlaments vornehmen, wobei er an das Kriterium der grenzüberschreitenden Dimension gebunden ist.

Die Liste der Gegenstände geht über die geltende Spezialregelung des EU-Vertrags (Art. 31 Abs. 1 Buchst. e) hinaus, die nur die organisierte Kriminalität, Terrorismus und Drogenhandel nannte. Auf den im derzeitigen Text aufgezählten Gebieten sind etwa der Rahmenbeschluss zur Bekämpfung des Terrorismus[40] und der Rahmenbeschluss über den Drogenhandel[41] erlassen worden. Jenseits dieser ausdrücklich genannten Materien war die Harmonisierungskompetenz umstritten.

40 Rahmenbeschluss des Rates vom 13. Juni 2002 zur Terrorismusbekämpfung (2002/475/JI), ABl. L 164 vom 22.6.2002, S. 3.

41 Rahmenbeschluss 2004/757/JI des Rates vom 25. Oktober 2004 zur Festlegung von Mindestvorschriften über die Tatbestandsmerkmale strafbarer Handlungen und die Strafen im Bereich des illegalen Drogenhandels, ABl. L 335 vom 11.11.2004, S. 8.

Wie weit der Begriff organisierte Kriminalität reicht, ist im Einzelnen kontrovers. Die Bundesregierung hat losgelöst von den ausdrücklich genannten Materien eine Harmonisierung des materiellen Strafrechts für möglich angesehen, soweit sie für die justizielle Zusammenarbeit in Strafsachen erforderlich war (gestützt auf die Eingangsformel von Art. 31 Abs. 1 EU, sowie Art. 29 EU). In der Praxis wurde eine ganze Reihe von Rechtsakten erlassen, die Gegenstände betrafen, die erst durch den Verfassungsvertrag neu ausdrücklich in den Katalog aufgenommen werden: die Rahmenbeschlüsse über den Menschenhandel[42], über die Bekämpfung sexueller Ausbeutung von Kindern[43], über die Geldwäsche[44], über die Bekämpfung der Bestechung im privaten Sektor[45], über unbare Zahlungsmittel[46] und über den Angriff auf Informationssysteme.[47] Durch die Ausdehnung des ausdrücklichen Anwendungsbereichs würde eine gesicherte Grundlage zur Harmonisierung des materiellen Strafrechts geschaffen. Allerdings dürften auch in Zukunft die Bekämpfung des Terrorismus und der organisieren Kriminalität im Vordergrund stehen.

Harmonisiert werden können Straftaten und Strafen. Dementsprechend wurden in der Vergangenheit die Tatbestände harmonisiert, um die Strafbarkeit in allen Mitgliedstaaten festzulegen und zugleich die Zusammenarbeit dort zu sichern, wo es auf die gegenseitige Strafbarkeit ankommt. Ein Beispiel ist der genannte Rahmenbeschluss zur Bekämpfung des Terrorismus. Außerdem wurden Strafrahmen harmonisiert, indem Mindesthöchststrafen festgelegt wurden. Dabei wurde ein Vier-Stufen-Konzept mit vier Niveaus – 1-3, 2-5, 5-10, 10 Jahre – verwendet. Ein Rechtsakt zur Annäherung strafrechtlicher Sanktionen ist im Aktionsplan enthalten.

Der Vertragsentwurf enthält einen zweiten Harmonisierungstatbestand für das materielle Strafrecht, der die Angleichung der Strafrechtsnormen zulässt, wenn sie sich als unerlässlich erweist für die wirksame Durchführung einer Politik der Union auf einem Gebiet, auf dem zuvor Harmonisierungsmaßnahmen erfolgt sind (Art. III-271 Abs. 2). Der Beschlussfassungsmodus richtet sich nach der Politik, um deren Absicherung es geht. Die Vorschrift soll die umstrittenen Rechtsprobleme bei der strafrechtlichen Bewehrung von Gemeinschaftsnormen positivrechtlich bereinigen. Unter dem geltenden Recht hat die Kommission, unterstützt vom Parlament behauptet, dass die Rechtsgrundlagen für die gemeinschaftlichen Sachpolitiken eine straf-

42 Rahmenbeschluss des Rates vom 19. Juli 2002 zur Bekämpfung des Menschenhandels (2002/629/JI), ABl. L 203 vom 01.08.2002, S. 1.

43 Rahmenbeschluss (2004/68/JI) des Rates vom 22. Dezember 2003 zur Bekämpfung der sexuellen Ausbeutung von Kindern und der Kinderpornographie, ABl. L 13 vom 20.01.2004, S. 44.

44 Rahmenbeschluss des Rates vom 26. Juni 2001 über Geldwäsche sowie Ermittlung, Einfrieren, Beschlagnahme und Einziehung von Tatwerkzeugen und Erträgen aus Straftaten (2001/500/JI), ABl. L 182 vom 05.07.2001, S. 1.

45 Rahmenbeschluss 2003/568/JI des Rates vom 22. Juli 2003 zur Bekämpfung der Bestechung im privaten Sektor, ABl. L 195 vom 31.07.2003, S. 54.

46 Rahmenbeschluss des Rates vom 28. Mai 2001 zur Bekämpfung von Betrug und Fälschung im Zusammenhang mit unbaren Zahlungsmitteln (2001/413/JI), ABl. L 149 vom 02.06.2001, S. 1.

47 Rahmenbeschluss 2005/222/JI des Rates vom 24. Februar 2005 über Angriffe auf Informationssysteme, ABl. L 69 vom 16.03.2005, S. 67.

rechtlichen Annexkompetenz enthalten, während die Mitgliedstaaten einschließlich der Bundesregierung dies bestritten haben. Dazu ist derzeit vor dem Europäischem Gerichtshof ein Verfahren anhängig, dass eine richterliche Entscheidung der Kontroverse bringen dürfte.[48]

d. Beschlussfassungsverfahren

Abgesehen von der Erweiterung der Liste der harmonisierungsfähigen Aspekte des Strafverfahrens und der Kriminalitätsbereiche, für die eine Harmonisierung des materiellen Rechts zugelassen ist, gelten nach dem Verfassungsvertrag für die Harmonisierung im Strafverfahrensrecht und im materiellen Strafrecht die qualifizierte Mehrheit im Rat und die Mitentscheidung des Europäischen Parlaments. Jedoch wurde ein sogenannter „Notbremse"-Mechanismus eingebaut (Art. III-270 und Art. III-271 jeweils Abs. 3 und 4): Ein Mitgliedstaat, der der Auffassung ist, dass ein Entwurf grundlegende Aspekte seiner Rechtsordnung berühren würde, kann den Europäischen Rat befassen. Der Europäische Rat kann den Entwurf an den Rat zurückverweisen, womit das Verfahren mit qualifizierter Mehrheit seinen Lauf nimmt, oder einen neuen Entwurf verlangen, womit ein neues Verfahren beginnt. Für die Entscheidung des Europäischen Rates ist eine Frist von 4 Monaten vorgesehen. Wenn der Europäische Rat in dieser Frist nicht entscheidet, gilt automatisch die Ermächtigung zu einer verstärkten Zusammenarbeit als erteilt, falls ein Drittel der Mitgliedstaaten sie eingehen wollen. Es sind also kein Kommissionsvorschlag und keine Ratsentscheidung mit qualifizierter Mehrheit dafür nötig. Wenn auf Aufforderung des Europäischen Rates ein neuer Entwurf vorgelegt worden ist und innerhalb von 12 Monaten nicht entschieden wird, ist in gleicher Weise der Weg in die verstärkte Zusammenarbeit eröffnet. Wie sich diese „Notbremse" auswirkt, ist schwer vorher zu sehen. Die Mitgliedstaaten werden wahrscheinlich so agieren, dass sie möglichst die „Notbremse" nicht ziehen müssen.

e. Eurojust

Unter dem Namen Eurojust ist mit Beschluss von 2002 eine Koordinierungsstelle der Justiz geschaffen worden.[49] Das Gremium setzt sich aus einem Vertreter je Mitgliedstaat zusammen, dessen Befugnisse sich nach nationalem Recht richten. Der

48 Klage der Kommission gegen den Rat wegen des Rahmenbeschlusses Umweltstrafrecht RS C-176/03; Generalanwalt Ruiz-Jarabo Colomer hat in seinen Schlussanträgen vom 26. Mai dafür plädiert, der Klage der Kommission stattzugeben. Urteilsverkündung ist für den 13. September 2005 angesetzt.

49 Beschluss des Rates vom 28. Februar 2002 über die Einrichtung von Eurojust zur Verstärkung der Bekämpfung der schweren Kriminalität (2002/187/JI), ABl. L 63 vom 06.03.2002, S. 1.

Verfassungsvertrag (Art. III-273) umschreibt Auftrag und Aufgaben von Eurojust präziser als im geltenden Recht (Art. 31 Abs. 2 EU). Aufbau, Arbeitsweise, Tätigkeitsbereich und Aufgaben von Eurojust sollen im ordentlichen Gesetzgebungsverfahren festgelegt werden. Hinsichtlich der Einleitung von strafrechtlichen Ermittlungsmaßnahmen sowie Vorschlägen zur Einleitung strafrechtlicher Verfolgungsmaßnahmen enthält der Verfassungsvertrag eine Ausweitung der möglichen Aufgaben von Eurojust. Im Haager Programm wird der Rat aufgefordert, auf Grundlage eines Vorschlags der Kommission, spätestens am 1. Januar 2008, das im Verfassungsvertrag vorgesehene Gesetz über Eurojust anzunehmen, und zwar unter Einbeziehung aller Eurojust anvertrauter Aufgaben. Eurojust kann jedoch auch auf der geltenden Rechtsgrundlage fortentwickelt werden.

f. Europäische Staatsanwaltschaft

Der Verfassungsvertrag räumt der Union die Zuständigkeit zur Einrichtung einer Europäischen Staatsanwaltschaft ein (Art. III-274). Damit soll auch auf Wunsch der Bundesregierung dem Bedürfnis nach grenzüberschreitenden zentralen Ermittlungen Rechnung getragen werden. Die Kommission hatte bereits im Jahr 2000 ein Grünbuch vorgelegt, das aber nur den Schutz der finanziellen Interessen der Gemeinschaft betraf. Insbesondere zur Bekämpfung von Finanzbetrügereien hat sich auch Prof. Meyer für eine Europäische Staatsanwaltschaft eingesetzt. Der Umfang der Rechtsgrundlage war in der Regierungskonferenz lange umstritten. Die im Verfassungsvertrag vorgesehene Kompetenz bezieht sich zunächst auf den Schutz der finanziellen Interessen der Union. Der Europäische Rat kann aber durch einstimmigen Beschluss mit Zustimmung des Parlaments und nach Anhörung der Kommission die Befugnisse auf die Bekämpfung schwerer Kriminalität mit grenzüberschreitender Dimension ohne weitere Ratifikation durch die nationalen Parlamente ausdehnen. Für die Errichtung einer Europäischen Staatsanwaltschaft ist ein europäisches Gesetz mit Einstimmigkeit im Rat und Zustimmung des Parlaments erforderlich (Art. III-274 Abs. 1 VerfV). Dies lässt sich im Hinblick auf den institutionellen Charakter der Entscheidung auch sachlich rechtfertigen. Die Diskussionen über die Schaffung und Ausgestaltung einer europäischen Staatsanwaltschaft dürfte nach Inkrafttreten des Verfassungsvertrags ein wichtiges Thema der künftigen europäischen Rechtspolitik sein. Ohne eine primärrechtliche Grundlage, wie sie im Verfassungsvertrag vorgesehen ist, kann eine Europäische Staatsanwaltschaft nicht eingerichtet werden.

IV. Wegfall der Beschränkungen der Zuständigkeit des Europäischen Gerichtshofs

Derzeit ist in der justiziellen Zusammenarbeit in Strafsachen die Zuständigkeit des Europäischen Gerichtshofs eingeschränkt (Art. 35 EUV): Die Zulässigkeit von Vorabentscheidungsersuchen hängt von einer entsprechenden Erklärung des jeweiligen Mitgliedstaats ab. Nichtigkeitsklagen einzelner und Vertragsverletzungsklagen der Kommission sind nicht vorgesehen. In der justiziellen Zusammenarbeit in Zivilsachen dürfen nur letztinstanzliche Gerichte Vorlagefragen an den EuGH richten. Professor Meyer hat entschieden gegen diese Defizite in der juristischen Kontrolle gekämpft. Der Verfassungsentwurf sieht den Wegfall aller dieser Beschränkungen vor. Erhalten bliebe nur die Beschränkung, dass in Strafsachen der Gerichtshof die Gültigkeit oder Verhältnismäßigkeit von Maßnahmen der Polizei oder anderer Strafverfolgungsmaßnahmen nicht überprüfen kann (Art. III-377). Damit das Vorabentscheidungsverfahren sinnvoll genutzt werden kann, schreibt der Verfassungsvertrag vor, dass der Gerichtshof in einem schwebenden Verfahren, das eine inhaftierte Person betrifft, innerhalb kürzester Zeit entscheidet (Art. III-369 Abs. 4). Die wichtigsten Auswirkungen für die Rechtspolitik hätte die Zulassung von Vertragsverletzungsklagen in Strafsachen. Wenn künftige Rahmengesetze vom nationalen Gesetzgeber nicht rechtzeitig umgesetzt werden, könnte die Kommission vor dem Gerichtshof klagen und auch finanzielle Sanktionen für die Nichtumsetzung verhängen lassen.

C. Schlussbemerkung

Angesichts der Unsicherheiten über das Inkrafttreten ist es angebracht, die im EU-Verfassungsvertrag enthaltenen Fortschritte vor dem Hintergrund der aktuellen Handlungsmöglichkeiten herauszustellen. Vor allem die Integration des Straf- und Strafverfahrensrechts in das Gemeinschaftsverfahren durch Wegfall der dritten Säule und damit die Heraufstufung zu einer Kompetenz im Rechtssinne, die Anwendbarkeit der Instrumente des Gesetzes und des Rahmengesetzes, die Mitentscheidung des Europäischen Parlaments und die weitgehende Mehrheitsentscheidung im Rat, würden ein schnelleres, effizienteres und demokratischeres Handeln der Union ermöglichen. Diese Neuerungen und ihre Vorteile können nur durch eine Änderung der geltenden Verträge, so wie sie der Verfassungsvertrag vorsieht, erreicht werden. Die inhaltliche Präzisierung und Ausweitung der spezifischen justizpolitischen Handlungsmöglichkeiten im Verfassungsvertrag würde störende Zweifelsfragen und Einschränkungen beseitigen. Aber auch die geltenden Rechtsgrundlagen lassen eine umfangreiche Tätigkeit der Union auf dem Gebiet der Justizpolitik und die weitgehende Verwirklichung des Haager Programms zu. Eine stärkere Bemühung und Bereitschaft zum Kompromiss im bestehenden Rahmen könnte manche konkreten Schwierigkeiten entschärfen. Die Schaffung einer europäischen Staatsanwaltschaft dagegen ist nur durch Vertragsänderungen wie im Verfassungsvertrag vorgesehen möglich. Ihre Ziele, wie die Anklageerhebung nach grenzüberschreitenden Ermittlungen, lassen sich durch einen bloßen Ausbau von Eurojust, so nützlich er ist, nicht erreichen. Insgesamt enthält der EU-Verfassungsvertrag die richtigen institutionellen Lösungen für die Herausforderungen, die sich im Bereich der europäischen Justizpolitik stellen.

Die horizontale Dimension des Europäischen Verfassungsverbundes

Europäische Justizpolitik im Lichte von Pupino und Darkanzali

von Prof. Dr. Ingolf Pernice, geschäftsführender Direktor des Walter Hallstein-Instituts für Europäisches Verfassungsrecht der Humboldt-Universität zu Berlin[*]

I. Einleitung

Schneller als in der Öffentlichkeit wahrgenommen entfaltet die Europäische Union ihre Politik in Bezug auf den Raum der Freiheit, der Sicherheit und des Rechts. Erst die jüngste Debatte um den Europäischen Haftbefehl[1] und das Urteil des Bundesverfassungsgerichts mit der Nichtigerklärung des deutschen Ausführungsgesetzes hierzu im Fall *Darkanzali*[2] haben aber den Blick der Öffentlichkeit auch im Bereich des Straf- und Strafprozessrechts auf Europa gelenkt. Noch „intergouvernemental", also im Wege der Zusammenarbeit der Regierungen und unter nur begrenzter Kontrolle durch Europäisches Parlament und nationale Parlamente entwickelt die Europäische Union spätestens seit dem Vertrag von Amsterdam auf der Basis der „Leitlinien" des Europäischen Rats in Tampere von 1999[3], getrieben von einer ununterbrochenen Serie von Terroranschlägen, die in den Katastrophen vom 11. September 2001, dem 11. März 2004 in Madrid und den jüngsten Anschlägen in London gipfelte, Schritt für Schritt eine europäische Justizpolitik, die trotz einer Vielzahl von weit reichen-

* Prof. Dr. jur., Lehrstuhl für öffentliches Recht, Völker- und Europarecht der Humboldt-Universität zu Berlin, geschäftsführender Direktor des Walter Hallstein-Instituts für Europäisches Verfassungsrecht der Humboldt-Universität zu Berlin (www.whi-berlin.de). Der Beitrag beruht auf einem Vortrag vor den Mitgliedern des Rechtsausschusses des Deutschen Bundestages im Jan. 2005, WHI-paper 3/05, www.whi-berlin.de/pernice-justizpolitik.htm. Für wertvolle Mitarbeit und Hinweise danke ich meinem wiss. Mitarbeiter Jan Witzmann.

1 RAHMENBESCHLUSS DES RATES vom 13. Juni 2002 über den Europäischen Haftbefehl und die Übergabeverfahren zwischen den Mitgliedstaaten (2002/584/JI). Bericht der Kommission v. 23.2.2005 auf der Grundlage von Artikel 34 des Rahmenbeschlusses vom 13. Juli 2002 über den Europäischen Haftbefehl und die Übergabeverfahren zwischen den Mitgliedstaaten, KOM(2005) 63 endg., http://europa.eu.int/comm/justice_home/doc_centre/criminal/doc/com_2005_063_de.pdf.

2 BVerfG, 2 BvR 2236/04 v. 18.7.2005 – *Darkanzali,* http://www.bundesverfassungsgericht.de/entscheidungen/rs20050718_2bvr223604 .

3 Im Internet http://ue.eu.int/ueDocs/cms_Data/docs/pressData/de/ec/00200-r1.d9.htm. Schlussfolgerungen des Vorsitzes, Europäischer Rat (Tampere) v. 15. u. 16. Oktober 1999.

den Entscheidungen und Rahmenbeschlüssen[4] und der jüngsten Aufregung über den Europäischen Haftbefehl, in ihrer Bedeutung für die Bürgerinnen und Bürger der Union erst langsam ins Licht rückt.

In dieser Europäischen Justizpolitik verbinden sich zwei Gegenstände, welche den Jubilar indessen schon viele Jahre intensiv beschäftigt haben: Das materielle Strafrecht und insbesondere das Strafverfahrensrecht, um das sich *Jürgen Meyer* als Wissenschaftler höchst verdient gemacht hat, und die europäische Integration, insbesondere der Schutz der Grundrechte und die Verfassung der Europäischen Union, deren Entwicklung er als Politiker und Mitglied des Deutschen Bundestages, dann als dessen Vertreter in beiden Konventen unermüdlich und mit großem Erfolg vorangetrieben hat.[5] Viele wissenschaftliche Aufsätze, aber auch der erste Kommentar zur Charta der Grundrechte, den er herausgegeben hat, zeugen davon, dass *Jürgen Meyer* dabei die Wissenschaft nicht vergessen hat, und gerade dies zeichnet ihn als Kämpfer für Europa als Rechtsgemeinschaft aus, der seinesgleichen sucht.

Wenig bekannt ist bei allem, dass die Erarbeitung der Europäischen Grundrechte-Charta praktisch im Gleichschritt mit der Verwirklichung des „Programms von Tampere" erfolgte, wonach das Einvernehmen des Europäischen Rates über die Zusammensetzung des Grundrechte-Konvents „in engem Zusammenhang mit dem Raum der Freiheit, der Sicherheit und des Rechts" erreicht wurde.[6] Und wenn *Jürgen Meyer* in seinem Kommentar zur Charta der Grundrechte schreibt, dass *„(a)uch der Raum der Freiheit, der Sicherheit und des Rechts ... dazu dienen [soll], die Person in den Mittelpunkt des Handelns der Union zu stellen*"[7], so wird hier sein visionärer europäischer Geist deutlich, welcher die künftige Integration in allen Bereichen auf dem Fundament einer „Wertegemeinschaft" fortentwickeln will. Der Jubilar hat schon im Jahre 1995 mit einer Anhörung der SPD im Bundestag[8] – zu der er freundlicherweise auch den Verfasser dieses Beitrags eingeladen hatte – einen neuen, vielleicht den entscheidenden Anstoß dazu gegeben, dass dieses Wertefundament heute in Artikel gegossen als Europäische Grundrechte-Charta existiert und hoffentlich bald als Teil II der Verfassung für Europa in Kraft treten wird.

Bei den im Zuge der Verwirklichung des „Programms von Tampere" erlassenen Maßnahmen handelt es sich um Rechtsakte von einer auch im europäischen Recht so bisher unbekannten Dimension. Der Entschließungsantrag der Fraktionen CDU/CSU

4 Vgl. http://www.europa.eu.int/comm/justice_home/doc_centre/intro/doc_intro_de.htm, virtuelles Dokumentationszentrum der Kommission.

5 S. nur die Dokumentation: Deutscher Bundestag, Referat für Öffentlichkeitsarbeit (Hrsg.), Eine Verfassung für Europa. Der Europäische Konvent und der Deutsche Bundestag, Zur Sache 1/2003.

6 Vgl. Fn. 3, Präambel Abs. 4.

7 *Jürgen Meyer*, in: Meyer (Hrsg.), Kommentar zur Charta der Grundrechte der Europäischen Union, Nomos, Baden-Baden, 2003, Präambel, Rn. 37.

8 SPD im Bundestag. Dokumente zu: „Brauchen wir eine ‚Charta der europäischen Grundrechte?', Texte der Anhörung am 27. September 1995, mit dem Entwurf einer „Europäischen Grundrechtscharta" von *Jürgen Meyer*, ebd., S. 57 ff.

und FDP zu der Beratung der Unterrichtung durch die Bundesregierung über die Europäische Beweisanordnung hebt das deutlich hervor:[9]

„*Mit der Anwendung des Grundsatzes der gegenseitigen Anerkennung justizieller Entscheidungen werden die Bürgerinnen und Bürger eines Mitgliedstaates den verschiedenen strafrechtlichen und strafverfahrensrechtlichen Normen anderer Mitgliedstaaten unterworfen, an deren Zustandekommen sie nicht beteiligt waren*".

Dasselbe gilt für den Europäischen Haftbefehl. Dies bemerkt auch das Bundesverfassungsgericht in seinem Urteil hierzu, wenn es darauf hinweist, dass die

„*Überstellung in eine andere, auch in eine durch die europäische Integration näher gerückte, mitgliedstaatliche Rechtsordnung nicht nur eine verfahrensrechtliche Schlechterstellung, die in Sprachkenntnissen, kulturellen Unterschieden sowie andersartigem Prozessrecht und Verteidigungsmöglichkeiten liegen kann*",

bedeutet. Sondern, „*sie bindet*", wie es weiter ausführt,[10]

„*ihn auch im Ergebnis an ein materielles Strafrecht, das er demokratisch mitzugestalten nicht in der Lage war, das er – anders als das deutsche Strafrecht – nicht kennen muss und das ihm in vielen Fällen wegen mangelnder Vertrautheit der jeweiligen nationalen öffentlichen Kontexte auch keine hinreichend sichere Parallelwertung in der Laiensphäre erlaubt*".

Nicht der Grundgedanke der gegenseitigen Anerkennung ist dabei neu. Er liegt dem berühmten Urteil des Europäischen Gerichtshofs im Falle *Cassis de Dijon* zugrunde,[11] ebenso wie dem europäischen Binnenmarktprogramm nach dem *Cecchini*-Bericht von 1988.[12] Neu hingegen sind gegenüber den bislang geltenden Grundsätzen Stoßrichtung und Intensität des Eingriffs bei den Regelungen zur gegenseitigen Anerkennung im Bereich der 3. Säule. Im Binnenmarkt geht es um die Freiheitsrechte des Unionsbürgers. Die Mitgliedstaaten sind verpflichtet, gleichwertige Schutzbestimmungen, Qualifikationsnachweise etc. von Unionsbürgern aus anderen Mitgliedstaaten gegenseitig anzuerkennen und damit die tatsächliche Wahrnehmung der Freiheiten des Handels und der Niederlassung sowie die Freizügigkeit zu erleichtern. Die Rahmenbeschlüsse über den Europäischen Haftbefehl und die Europäische Beweisanordnung sind zwar Rechtsakte zur Verwirklichung des Raums der Freiheit, der Sicherheit und des Rechts und dienen damit auch dem allgemeinen Ziel der Freiheit. Aber im Einzelfall sehen sie weitreichende Eingriffe in individuelle Rechte vor: Sie verpflichten jeden Mitgliedstaat, Haftbefehle und Beweisanordnungen anderer Mitgliedstaaten zu vollstrecken und die betreffende Person zu „übergeben" – man spricht nicht mehr von Auslieferung – bzw. Beweismittel zu erheben und zu übermitteln, ohne die Anordnung im einzelnen überprüfen zu können – und dies ohne die bekannte Voraussetzung der „beiderseitigen Strafbarkeit": Die

9 BT Drucksache 15/3832 v. 29.9.2004, Ziff. II.

10 BVerfG (Fn. 2), Rn. 85.

11 EuGH, Rs. 120/78, Slg. 1979, 649 – *Cassis de Dijon*; vgl. auch *Mattera*, L'arrêt "Cassis de Dijon": une nouvelle approche pour la réalisation et le bon fonctionnement du marché intérieur, RMC 1980, 505 ff.

12 *Paolo Cecchini*, Europa '92 Der Vorteil des Binnenmarktes, 1988.

Vollstreckung kann also nicht unter Berufung darauf versagt werden, dass die betreffende Tat im Inland nicht strafbar sei, wenn es um eine der 32 ausdrücklich genannten Straftaten geht.[13] Der einzelne wird im eigenen Lande der Vollstreckung von Maßnahmen einer anderen Staatsgewalt unterworfen, Vollstrecker sind die eigenen nationalen Behörden, die ihrerseits nur in begrenztem Umfang, d.h. aus den abschließend genannten Gründen die Pflicht bzw. das Recht haben, die Vollstreckung zu verweigern.[14]

Diese Art der Anerkennung und Vollstreckung fremder justizieller Entscheidungen ist allerdings vom früheren Brüsseler Gerichtsstands- und Vollstreckungsübereinkommen (EuGVÜ) her bekannt, das im Jahre 2001 auf der Grundlage von Art. 65 EG in die Form einer Verordnung (Nr. 44/2001) gegossen wurde.[15] Eine Verweigerung kann auch hier nur auf die ausdrücklich genannten Gründe gestützt werden, insbesondere auf den „ordre public" (Art. 34 und 35). Die Nachprüfung der ausländischen Entscheidung in der Sache selbst ist ausgeschlossen (Art. 36). Doch sind mit dem Haftbefehl und der Beweisanordnung deutlich einschneidendere Eingriffe für den Betroffenen verbunden: Festnahme, Beschlagnahme von Sachen, Durchsuchung von Räumlichkeiten, informationelle Selbstbestimmung. Was im Verwaltungsrecht seit einiger Zeit diskutiert und dogmatisch erarbeitet wird, das neue Phänomen des „transnationalen Verwaltungsakts",[16] wie er vor allem für die Anerkennung von Zulassungen und Genehmigungen eines Mitgliedstaats durch andere Mitgliedstaaten Bedeutung erlangt hat,[17] ist im Bereich der dritten Säule noch rechtsdogmatisches Neuland. Der Konflikt zwischen dem Bundesverfassungsgericht im Verfahren zum Europäischen Haftbefehl (*Darkanzali*) und dem Europäischen Gerichtshof im Urteil

13 Vgl. Art. 16 des Vorschlags eines Rahmenbeschlusses über die Europäische Beweisanordnung, mit der Übergangsregelung des Art. 24 II und III (der Rahmenbeschluss findet sich unter der Nr. KOM (2003) 688 endgültig v. 14.11.2003 im Internet unter: http://europa.eu.int/eur-lex/de/com/pdf/2003/com2003_0688de01.pdf.), sowie Art. 2 II des Rahmenbeschlusses über den Europäischen Haftbefehl (oben, Fn. 1).

14 Ablehnungsgründe: Art. 3 (Pflicht) und Art. 4 (Recht) des Rahmenbeschlusses 2002/584/JI., bzw. Art. 15 des Vorschlags für einen Rahmenbeschluss über die europäische Beweisanordnung.

15 VERORDNUNG (EG) Nr. 44/2001 DES RATES vom 22. Dezember 2000 über die gerichtliche Zuständigkeit und die Anerkennung und Vollstreckung von Entscheidungen in Zivil- und Handelssachen, ABl. 2001 L 12/1, s. hier insbes. Art. 33 und 38

16 Vgl. erstmals *Eberhard Schmidt-Assmann*, Deutsches und Europäisches Verwaltungsrecht, DVBl. 1993, 924 (935); näher insbes. *Volker Neßler*, Europäisches Richtlinienrecht wandelt deutsches Verwaltungsrecht, 1994, und *ders.*, Der transnationale Verwaltungsakt – Zur Dogmatik eines neuen Rechtsinstituts, NVwZ 1995, 863; aus jüngerer Zeit: *Joachim Becker*, Der transnationale Verwaltungsakt, DVBl. 2001, 855; *Matthias Ruffert*, Der transnationale Verwaltungsakt, Die Verwaltung 2001, 435.

17 Vgl. etwa zur „Dual-Use"-Verordnung, Verordnung 3381/94 des Rates über eine Gemeinschaftsregelung der Ausfuhrkontrolle von Gütern mit doppeltem Verwendungszweck, ABl. 1994 L 367/1, geänd. durch die Verordnung (EG) 837/95, ABl. 1995 L 90/1, *Ingolf Pernice/Stefan Kadelbach*, Verfahren und Sanktionen im Wirtschaftsverwaltungsrecht, DVBl. 1996, 1100, 1104.

zur gemeinschaftsrechtskonformen Auslegung von Europäischen Rahmenbeschlüssen (*Pupino*) erweckt keine großen Hoffnungen auf Klarheit in diesem Bereich.[18]

Aber das Programm von Tampere geht viel weiter: Ein gemeinsames Asylsystem (Ziff. 13 ff.), die Verbesserung der Rechtsstellung von Drittstaatsangehörigen (Ziff. 138 ff.), und eine Migrationspolitik stehen auf der Tagesordnung (Ziff. 22 ff.). Für die Schaffung eines „echten" europäischen Rechtsraums soll der Zugang zum Recht verbessert werden (Ziff. 29 ff.), ebenso wie die gegenseitige Anerkennung gerichtlicher Entscheidungen im Zivil- und Strafrecht (Ziff. 33 ff.) – der Haftbefehl und die Beweisanordnung sind nur erste Schritte – das Netz der Kriminalitätsverhütung soll ausgebaut (Ziff. 41 f.), die Zusammenarbeit in der Kriminalitätsbekämpfung intensiviert werden durch gemeinsame Ermittlungsteams und eine operative Task Force der europäischen Polizeichefs (Ziff. 43 ff.), Europol soll ein Initiativrecht für Ermittlungen erhalten (Ziff. 45), Eurojust die Koordinierung der Staatsanwaltschaften erleichtern (Ziff. 46), der besseren Schulung soll eine Europäische Polizeiakademie dienen (Ziff. 47) und auch der Geldwäsche soll die Union zu Leibe rücken, mit Hilfe von Europol (Ziff. 51 ff.).

Diese Linie setzt nach einer Vielzahl schon ergangener Umsetzungsakte[19] jetzt „Tampere II" oder, wie die offizielle Bezeichnung lautet: Das Haager Programm des Europäischen Rates vom November 2004 fort.[20] Es „entspricht", wie es in der Einleitung heißt, „*den ehrgeizigen Zielen, die im Vertrag über eine Verfassung für Europa gesteckt wurden, und trägt dazu bei, die Union auf das Inkrafttreten dieses Vertrags vorzubereiten*". Bemerkenswert ist dabei die Heraushebung der leitenden Zielsetzung:

„*Ziel des Haager Programms ist die Verbesserung der gemeinsamen Fähigkeit der Union und Ihrer Mitgliedstaaten zur Gewährleistung der Grundrechte, der Mindestnormen für Verfahrensgarantien und des Zugangs zur Justiz im Hinblick auf* ..."

Dann werden Dinge wie Asylrecht, Wanderung und Kontrolle der Außengrenzen genannt, der Kampf gegen organisierte Kriminalität und Terrorismus, die Realisierung des Potentials von Europol und Eurojust, die Weiterentwicklung der gegenseitigen Anerkennung von Gerichtsentscheidungen und Urkunden oder die Beseitigung rechtlicher und gerichtlicher Hindernisse bei Rechtsstreitigkeiten in Zivil- und Familiensachen mit grenzüberschreitenden Bezügen:

18 Dazu unten, S. 382 ff.

19 Vgl. die MITTEILUNG DER KOMMISSION AN DEN RAT UND DAS EUROPÄISCHE PARLAMENT vom 2. Juni 2004 Raum der Freiheit, der Sicherheit und des Rechts: Bilanz des Tampere-Programms und Perspektiven, KOM(2004) 401 endgültig, unter http://europa.eu.int/comm/justice_home/doc_centre/intro/docs/bilan_tampere_de.pdf und weiter die Analysen bei *Neil Walker*, Europe's Area of Freedom, Security and Justice, 2004, insbesondere von *Christine van den Wyngaert*, Eurojust and the European Public Prosecutor in the *Corpus Juris* Model: Water and Fire?, ebd., S. 201 ff., sowie *Cyrille Fijnaut*, Police Co-operation and the Area of Freedom, Security and Justice, ebd., S. 243 ff.

20 Anlage I zu den Schlussfolgerungen des Vorsitzes des Europäischen Rates (Brüssel) vom 4./5. November 2004, S. 11 ff., zu finden unter: http://ue.eu.int/ueDocs/cms_Data/docs/pressData/de/ec/82542.pdf.

„... *Dieses Ziel muss im Interesse unserer Bürger erreicht werden, indem eine gemeinsame Asylregelung festgelegt wird und der Zugang zu den Gerichten, die praktische Zusammenarbeit von Polizei und Justizbehörden, die Rechtsangleichung und die Ausarbeitung einer gemeinsamen Politik in verschiedenen Bereichen verbessert werden.*"

Es geht also um die Sicherheit des Gemeinwesens, das gegenseitige Vertrauen und die Rechtsstaatlichkeit in der gesamten Union. Dafür sei ein „*multidisziplinäres und abgestimmtes Vorgehen*" nötig. Das zu erfüllende Programm beruhe auf den Grundsätzen der Subsidiarität, der Verhältnismäßigkeit, der Solidarität sowie auf der Achtung der unterschiedlichen Rechtssysteme und Traditionen der Mitgliedstaaten (Ziff. II.1). Die Grundrechte der EMRK und der Charta der Grundrechte sollen geachtet, aber auch „gezielt gefördert werden", aus der Europäischen Stelle zur Beobachtung von Rassismus und Fremdenfeindlichkeit wird eine „Agentur für die Menschenrechte" (Ziff. II.2).

Wie diese anspruchsvollen Ziele im einzelnen verwirklicht werden sollen, mag hier dahinstehen. Bislang gibt es nur die Instrumente des Art. 34 II EUV, insbesondere den Europäischen Rahmenbeschluss, der einer Richtlinie ähnlich ist (vgl. unten, S. 385, 388 f.). Aufschlussreich ist dabei die Vermehrung der Agenturen[21] und Fonds[22] sowie die Stärkung von Europol[23] und Eurojust die in Zusammenhang mit den zahlreichen Einzelmaßnahmen vorgesehen und zu einem Teil schon beschlossen wurden. Die Koordinierung der Aktivitäten soll durch eine intensive Zusammenarbeit in Form von regelmäßigen Sitzungen der Vorsitzenden des Strategischen Ausschusses für Einwanderungs-, Grenz- und Asylfragen und des „Artikel 36"-Ausschusses sowie von Vertretern der Kommission, von Europol, Eurojust, der Europäischen

Agentur für die operative Zusammenarbeit an den Außengrenzen, der Task Force der Polizeichefs und des EU-Lagezentrums SITCEN erfolgen.

Das Ziel der Grundrechts-Sicherung gerät hier allerdings etwas aus dem Blick. Der außenstehende Bürger staunt vielmehr über die Vielfalt der grenz- und sicherheitsbezogenen Maßnahmen. Die intergouvernementale Zusammenarbeit erweist

21 Beispielhaft seien hier nur die im Aufbau befindliche Europäische Agentur für die operative Zusammenarbeit an den Außengrenzen (VERORDNUNG (EG) Nr. 2007/2004 DES RATES vom 26. Oktober 2004 zur Errichtung einer Europäischen Agentur für die operative Zusammenarbeit an den Außengrenzen der Mitgliedstaaten der Europäischen Union, ABl. 2004 L 349/1) und die geplante „europäische Unterstützungsagentur" im Asylbereich genannt.

22 Hier sei auf die beiden, die genannten Agenturen in ihrer Arbeit (unter-)stützenden Fonds hingewiesen: den Grenzschutzfond und den sog. „europäischen Rückkehrfonds".

23 Europol wird zur Zentralstelle der Union für Euro-Falschgeld (s. den neuen Art. 3 Abs. 4 des Protokolls aufgrund von Artikel 43 Absatz 1 des Übereinkommens über die Errichtung eines Europäischen Polizeiamts (Europol-Übereinkommen) zur Änderung dieses Übereinkommens, dazu den RECHTSAKT DES RATES vom 27. November 2003 zur Erstellung – aufgrund von Artikel 43 Absatz 1 des Übereinkommens über die Errichtung eines Europäischen Polizeiamts (Europol-Übereinkommen) – eines Protokolls zur Änderung dieses Übereinkommens (2004/C 2/01)) http://europa.eu.int/eur-lex/pri/de/oj/dat/2004/c_002/c_00220040106de000100 12.pdf.

sich trotz der angeblich schwerfälligen Mechanismen als unerwartet effizient. Wirklich einen Überblick zu gewinnen, fällt schwer, aber klar wird: Die Europäische Union hat seit dem Vertrag von Amsterdam (1997/99) endgültig ihr Gesicht verändert. Sie wird politische Union in einem neuen Sinne. Von der Rechtsverbindlichkeit und der innerstaatlichen Vollstreckung ausländischer Entscheidungen bis hin zu gemeinsamen Ermittlungsgruppen[24] und einer europäischen Grenzschutztruppe. Sogar eine Europäische Staatsanwaltschaft ist in der Verfassung programmiert (Art. III-274 VVE). Fällt damit das Gewaltmonopol der Mitgliedstaaten, das die EU bislang charakterisiert?[25] Wie steht es mit dem effektiven Rechtsschutz, wie mit der demokratischen Legitimation und Kontrolle?

Nach der Stärkung der Freiheit und der Sicherheit ist im Haager Programm auch die Stärkung des Rechts angesprochen (Ziff. III.3). Diese soll im Mittelpunkt des vorliegenden Beitrages stehen: Ausgehend von den Kernanliegen der künftigen Justizpolitik nach dem Haager Programm (dazu II.) soll auf der Basis einiger grundsätzlicher Bemerkungen zur Struktur der Europäischen Union als Verfassungsverbund und zu den Instrumenten der Justizpolitik in der neuen Verfassung für Europa (dazu III.) ein Blick auf die Zukunft der Europäischen Justizpolitik vor dem Hintergrund jüngerer Entwicklungen gewagt werden (dazu VI.).

II. Künftige Justizpolitik nach dem Haager Programm

Das Kapitel des Haager Programms zur „Stärkung des Rechts" unterstreicht als besonderes Ziel, dass „die Grenzen zwischen den Ländern Europas der Beilegung zivilrechtlicher Streitigkeiten oder der Erhebung zivilrechtlicher Klagen und der Vollstreckung zivilrechtlicher Entscheidungen nicht länger im Wege stehen" sollen. Stichworte für die jetzt ins Auge gefassten Schritte sind:

- Effektivierung der Rolle des EuGH,
- Erweiterung seiner Zuständigkeit
- Stärkung des gegenseitiges Vertrauen und Vertrauensbildung,
- Konzentration der Strafverfolgung in grenzüberschreitenden multilateralen Fällen,
- „Gegenseitige Anerkennung als Basis der justiziellen Zusammenarbeit",

24 EMPFEHLUNG DES RATES vom 8. Mai 2003 zu einem Modell für eine Vereinbarung über die Bildung einer gemeinsamen Ermittlungsgruppe (GEG) (2003/C 121/01) http://europa.eu.int/eur-lex/pri/de/oj/dat/2003/c_121/c_12120030523de00010006.pdf. im Blick auf Vereinbarungen gem. dem Rahmenbeschluss v. 13. 6. 2002 über gemeinsame Ermittlungsgruppen, ABl. 2002 L 162/1 http://europa.eu.int/eur-lex/pri/de/oj/dat/2002/l_162/l_16220020620de00010003.pdf.

25 Zur Bedeutung dieses Aspekts für die Qualifizierung der EU als supranationale Union näher *Ingolf Pernice*, Zur Finalität Europas, in: Gunnar Folke Schuppert/Ingolf Pernice/Ulrich Haltern, Handbuch der Europawissenschaften, 2005, S. 743 (776 ff.).

- Annäherung der Rechtsvorschriften, vor allem im materiellen Strafrecht,
- Stärkung und Weiterentwicklung von Eurojust
- Erleichterung grenzüberschreitender Zivilverfahren
- Gegenseitige Anerkennung und Regelung des Kollisionsrechts für Schuldverhältnisse
- Ausbau der Zusammenarbeit und europäische Fortbildung für alle Rechtsberufe
- Einige der vielen Punkte des Arbeitsprogramms zur Justizpolitik verdienen wegen ihrer grundsätzlichen Bedeutung besondere Aufmerksamkeit:

1. Erweiterte Zuständigkeit des Gerichtshofs

Der Maßnahmenkatalog beginnt mit dem EuGH. Das Programm begrüßt die Aufhebung der wesentlichen Beschränkungen seiner Zuständigkeit im Bereich der Freiheit, der Sicherheit und des Rechts durch die Verfassung von Europa und meldet sogleich die Notwendigkeit einer privilegierten Behandlung von Vorabentscheidungsersuchen aus diesem Bereich an. In der Tat sieht die Verfassung bei Vorlageverfahren nach Art. III-369 IV VE eine Sonderregelung für Verfahren vor, die inhaftierte Personen betreffen: Der Gerichtshof entscheidet hier „innerhalb kürzester Zeit". Einschränkungen der Zuständigkeit des EuGH im EU-Vertrag nach Art. 35 und im EG-Vertrag nach Art. 68, werden aufgehoben, was vor allem für den Schutz der Grundrechte in diesem relevanten Bereich unerlässlich ist.[26] Nur in Art. III-377 VE bleibt es hinsichtlich der Justiziellen Zusammenarbeit in Strafsachen (Art. III-270 ff. VE) und der polizeilichen Zusammenarbeit (Art. 275 ff. VE) beim Ausschluss der Zuständigkeit des Gerichtshofs

„für die Überprüfung der Gültigkeit oder Verhältnismäßigkeit von Maßnahmen der Polizei oder anderer Strafverfolgungsbehörden eines Mitgliedstaats oder der Wahrnehmung der Zuständigkeiten der Mitgliedstaaten für die Aufrechterhaltung der öffentlichen Ordnung und den Schutz der inneren Sicherheit".

Dies muss freilich eher als Klarstellung denn als Ausnahme vom übrigen Recht verstanden werden. Denn das Rechtschutzsystem der EU ist gerade dadurch gekennzeichnet, dass weder nationale Gerichte über die Gültigkeit von EU-Recht befinden können, noch der EuGH über die Gültigkeit von nationalen Rechtsakten, gleich

26 S. dazu schon *Brigitte Zypries*: Der Raum der Freiheit, der Sicherheit und des Rechts in der Verfassung der EU; FCE 4/03; www.whi-berlin.de/zypries.htm.

welcher Art. Insofern gibt es auch keine Hierarchie zwischen den Rechtsordnungen im Europäischen Verfassungsverbund[27].

Im Blick auf die Schaffung neuer Agenturen, aber auch der Stärkung von Europol und Eurojust wird schließlich von wachsender Bedeutung sein, dass nach Art. III-365 I und V VE jetzt ausdrücklich auch Klagen gegen Rechtsakte „*der Einrichtungen oder sonstigen Stellen der Union mit Rechtswirkung gegenüber Dritten*" zulässig sind.

2. Vertrauensbildung als Grundlage der gegenseitigen Anerkennung

Wahrscheinlich das heikelste Thema im Zusammenhang mit der gegenseitigen Anerkennung justizieller Entscheidungen im Zivilrecht, vor allem aber im Strafrecht, ist die Frage des gegenseitigen Vertrauens. Die Vorstellung, dass ein Haftbefehl aus Belgien, aus der Slowakei oder künftig aus Rumänien in Deutschland ohne weiteres vollstreckt und der betreffende deutsche Staatsbürger der Strafjustiz dieses Landes übergeben wird, könnte manche Menschen mit Sorge erfüllen. Das Grundgesetz sieht seit seiner Änderung im November 2000 mit Art. 16 II 2 GG eine Öffnung hierfür vor, soweit rechtsstaatliche Grundsätze gewahrt sind. Diese Änderung des Grundgesetzes stellt ein Element der horizontalen Dimension des Verfassungsverbundes dar: Indem die Mitgliedstaaten sich wechselseitig ihrer Rechtsstaatlichkeit versichern, schaffen sie die verbindende Grundlage für gegenseitiges Vertrauen in

27 Zur Hierarchie-Frage vgl. *Ingolf Pernice*, Europäisches und nationales Verfassungsrecht, VVDStRL 60 (2001), S. 148, 184 ff. Vgl. auch: *Franz C. Mayer*, Kompetenzüberschreitung und Letztentscheidung, S. 63 ff., 73 ff., 260 ff.; weiterführend auch *Miguel Poires Maduro*, Europe and the Constitution, in: J.H.H. Weiler/Marlene Wind (eds.), European Constitutionalism Beyond the State, 2003, S. 74, 95 ff., im Anschluss an den pluralistischen Ansatz, wie er von *Neil MacCormick*, Beyond the Sovereign State, Modern Law Review 56 (1993), 1 ff., entwickelt wurde. Ausführlich, unter Rückgriff auf das Netzwerkmodell: *Anne Peters*, Elemente einer Theorie der Verfassung Europas, 2001, S. 253 ff.; entsprechend findet sie für den Vorrang eine „prozedurale Vorranglösung" (ebd., S. 325). S. auch *Hanns Peter Nehl*, Europäisches Verwaltungsverfahren und Gemeinschaftsverfassung. Eine Studie gemeinschaftsrechtlicher Verfahrensgrundsätze unter besonderer Berücksichtigung „mehrstufiger" Verwaltungsverfahren, Berlin 2002, S. 151, für den „... sich eine Normenhierarchie zwischen nationalem und gemeinschaftlichem Verfassungsrecht weder verfassungstheoretisch begründen lässt, noch auf der Basis des hier vertretenen ‚funktionalen' und ‚pluralistischen' Verfassungsverständnisses verfassungspolitisch akzeptabel ist." Mit der Unterscheidung zwischen *primacía* und *supremacía* folgt dem auch das spanische Verfassungsgericht, vgl. vgl. zur Vereinbarkeit des Vertrags über eine Verfassung für Europa mit der spanischen Verfassung die Erklärung DTC 1/2004 vom 13. Dezember 2004, deutsche Übersetzung EuR 2005, 339 (346), dazu: *Anne Becker*, Vorrang versus Vorherrschaft – Anmerkung zur Erklärung des spanischen Tribunal Constitucional DTC 1/2004, EuR 2005, 353 (355). Krit. aus der Sicht kelsenscher Rechtstheorie: *Matthias Jestaedt,* Der Europäische Verfassungsverbund - Verfassungstheoretischer Charme und rechtstheoretische Insuffizienz einer Unschärferelation, in: Rüdiger Krause/Winfried Veelken/Klaus Vieweg (Hrsg.), Recht der Wirtschaft und der Arbeit in Europa: Gedächtnisschrift für Wolfgang Blomeyer, S. 637 (662 ff.).

einer Rechtsgemeinschaft.[28] Dies lässt sich auch dem Urteil des Bundesverfassungsgerichts entnehmen, wenn es Art. 16 II 2 GG als „*Erwartung einer Strukturentsprechung*" interpretiert.[29] Ferner führt das BVerfG aus:

> *„Der grundrechtseinschränkende Gesetzgeber muss sich insofern davon überzeugen, dass die Beachtung rechtsstaatlicher Grundsätze durch die die Strafgewalt über einen Deutschen beanspruchende Stelle gewährleistet ist. Dabei wird in Rechnung zu stellen sein, dass jeder Mitgliedstaat der Europäischen Union die in Art. 6 Abs. 1 EU genannten Grundsätze und somit auch den Grundsatz der Rechtsstaatlichkeit zu achten hat und somit eine Grundlage für gegenseitiges Vertrauen besteht."*[30]

Das Haager Programm zielt hierfür auf die „*fortschreitende Entwicklung einer europäischen Rechtskultur*" und die Stärkung des Vertrauens aller Bürger, dass sie Zugang zu einem Justizwesen haben, das hohe Qualitätsnormen erfüllt. Hier gibt es sicher Nachholbedarf, in Form gemeinsamer Mindestregeln zum Verfahrensrecht, vielleicht auch zu den Institutionen der Justiz, kann einiges erreicht werden. Das Programm zählt wichtige Initiativen dazu auf, u.a. die Entwicklung gleichwertiger Standards gerade für die Verfahrensrechte in Strafverfahren, zu denen ein Rahmenbeschluss bis Ende 2005 angenommen werden soll.[31] Nicht weniger wichtig aber erscheint die ebenso avisierte und künftig in Art. III-260 VVE verankerte Evaluierung der Umsetzung der justizpolitischen Maßnahmen der EU,[32] die Vernetzung der Justiz etwa durch das „*Netz der Räte für das Justizwesen, das Europäische Netz der obersten Gerichtshöfe und das Europäische Justiz-Ausbildungsnetz*". Eine koordinierte oder vernetzte europäische Aus- und Weiterbildung für die Richter und Justizbeamten ist dem entsprechend auch in Art. III-269 II lit. h) und in Art. III-270 I 2 lit. c) VE vorgesehen, und letztlich wird dies eine, wenn nicht die wesentliche Basis für gegenseitiges Vertrauen sein, ohne das die gegenseitige Anerkennung nicht realisierbar ist: Gefragt ist damit der Europäische Jurist[33].

28 Siehe auch Art. 98 S. 3 der 2004 reformierten lettischen Verfassung: „A citizen of Latvia may not be extradited to a foreign country, except in the cases provided for in international agreements ratified by the *Saeima* if by the extradition the basic human rights specified in the Constitution are not violated." Siehe weiterhin die jeweiligen Länderberichte der FIDE-Konferenz 2004 zu den (verfassungs-)rechtlichen Problemen bei der Umsetzung des Europäischen Haftbefehls unter: http://www.fide2004.org/reports.html.

29 BVerfG – *Darkanzali*, (Fn. 2), Rn. 77.

30 BVerfG – *Darkanzali*, (Fn. 2), Rn. 78.

31 Vgl. GRÜNBUCH DER KOMMISSION über Verfahrensgarantien in Strafverfahren innerhalb der Europäischen Union, KOM(2003) 75 endgültig v. 19.2.2003, http://europa.eu.int/eur-lex/de/com/pdf/2004/com2004_0328de01.pdf, sowie den Vorschlag für einen RAHMENBESCHLUSS DES RATES über bestimmte Verfahrensrechte in Strafverfahren innerhalb der Europäischen Union vom 28.4.2004, KOM(2004) 328 endgültig, http://europa.eu.int/eur-lex/de/com/pdf/2004/com2004_0328de01.pdf.

32 So etwa der Bericht der Kommission v. 23.2.2005 über den Europäischen Haftbefehl (oben, Fn. 1).

33 Zu diesem Leitbild, freilich in etwas allgemeineren Sinne vgl. *Peter Häberle*, Der europäische Jurist, in: JÖR 50 (2002), S. 123 ff.; s. auch *Ingolf Pernice*, Peter Häberle: Der Europäische Ju-

Für das Verständnis der Europäischen Union in ihrem Verhältnis zu den Mitgliedstaaten und für das Verhältnis der in ihr verbundenen Mitgliedstaaten zueinander folgt daraus eine Stärkung der Union als Rechts- und Verfassungsverbund.[34] Wenn

rist, in: Alexander Blankenagel/Ingolf Pernice/Helmuth Schulze-Fielitz (Hrsg.), Verfassung im Diskurs der Welt, Liber Amicorum für Peter Häberle, 2004, S. 3 ff.

34 Zum Konzept erstmals: *Ingolf Pernice*, Bestandssicherung der Verfassungen: Verfassungsrechtliche Mechanismen zur Wahrung der Verfassungsordnung, in: Roland Bieber/Pierre Widmer (Hrsg.), L'espace constitutionnel européen. Der europäische Verfassungsraum. The European constitutional area, 1995, S. 225 (261 ff.), sowie *ders.*, Die dritte Gewalt im europäischen Verfassungsverbund, EuR 31 (1996), 27 ff., englisch: *ders.*, Multilevel Constitutionalism and the Treaty of Amsterdam: European Constitution-Making Revisited, CMLRev. 36 (1999), 703 ff., auch www.whi-berlin.de/pernice-cmlrev.htm. Aufbauend auf diesem Ansatz und weiterführend etwa: *Anne Peters*, Elemente einer Theorie der Verfassung Europas, 2001, insbes. S. 205 ff.; *Thorsten Kingreen*, Das Sozialstaatsprinzip im europäischen Verfassungsverbund. Gemeinschaftsrechtliche Einflüsse auf das deutsche Recht der gesetzlichen Krankenversicherung, 2003, insbes. S. 381 ff., 386 ff., mwN.; *Sven Hölscheidt/Eva* Mund, Religionen und Kirchen im europäischen Verfassungsverbund, EuR 2003, 1083; *Daniel Thym*, European Constitutional Theory and the Post-Nice Process, in: Mads Andenas/John Usher (eds.), The Treaty of Nice and Beyond. Enlargement and Constitutional Reform, 2003, S. 147 (156 ff.); *Jo Shaw*, Law of the European Union, 3. Aufl. 2000, S. 178 ff., 188 f.; vgl. auch *Christoph Grabenwarter*, Staatliches Unionsverfassungsrecht, in: Armin v. Bogdandy (Hrsg.), Europäisches Verfassungsrecht. Theoretische und dogmatische Grundzüge, 2003, S. 293 (335 f.); *Stefan Oeter*, Föderalismus, ebd., S. 59 (117); *Manfred Zuleeg,* Die Vorzüge der Europäischen Verfassung, ebd., S. 931 (956). *Frank Schorkopf*, Homogenität in der Europäischen Union – Ausgestaltung und Gewährleistung durch Art. 6 Abs. 1 und Art. 7 EUV, 2000, S. 220, 231; *Meinhard Hilf*, Der Grundrechtsschutz von Unternehmen im Europäischen Verfassungsverbund, NJW 2003, 1; *Hanns Peter Nehl*, Europäisches Verwaltungsverfahren und Gemeinschaftsverfassung. Eine Studie gemeinschaftsrechtlicher Verfahrensgrundsätze unter besonderer Berücksichtigung „mehrstufiger" Verwaltungsverfahren, Berlin 2002, S. 24; als Konzept zugrunde gelegt bei: *Matthias Ruffert*, Schlüsselfragen der Europäischen Verfassung der Zukunft. Grundrechte – Institutionen – Kompetenzen – Ratifizierung, EuR 2004, 165 (170, 181, 187, 197 f.). Zur Würdigung: *Armin v. Bogdandy*, A Bird's Eye View on the Science of European Law: Structures, Debates and Development Prospects of Basic Research on the Law of the European Union in a German Perspective, ELJ 6 (2000), 208, 226 f.; *W.T. Eijsbouts*, Review Essay: Classical and baroque constitutionalisms in the face of Europe, CMLRev. 37 (2000), 213 (218); *Matthias Jestaedt*, Der Europäische Verfassungsverbund – Verfassungstheoretischer Charme und rechtstheoretische Insuffizienz einer Unschärferelation, in: Rüdiger Krause/Winfried Veelken/Klaus Vieweg (Hrsg.), Recht der Wirtschaft und der Arbeit in Europa: Gedächtnisschrift für Wolfgang Blomeyer, 2004, S. 637, 641 f., mit anschließender grundsätzlicher Kritik, ebd., S. 645 ff. Mit krit. Einwänden auch: *Martin Nettesheim*, EU-Recht und nationales Verfassungsrecht. Deutscher Bericht für die XX. FIDE-Tagung 2002, in: British Institute of International and Comparative Law BIJCL (ed.), F.I.D.E XX Congress London 30 October-2 November 2002, vol. 1 National Reports, 2002, S. 81, 106 f., und *Paul Kirchhof*, Die rechtliche Struktur der Europäischen Union als Staatenverbund, in: Armin von Bogdandy (Hrsg.), Europäisches Verfassungsrecht, 2003, S. 893, 897. – In einem anderen Sinne, vom Staat her gedacht, wird der Begriff verwendet bei *Peter M. Huber*, Europäisches und nationales Verfassungsrecht, VVDStRL 60 (2001), S. 194 (199 ff., 208 f.). Eher unspezifisch ist die

nationale Verfassungen und die europäische Ebene zusammen ein einheitliches Rechtssystem bilden, das von denselben Bürgerinnen und Bürgern legitimiert ist, auf die es auch bezogen ist und wirkt, in welchem Mitgliedstaat auch immer, so bedarf es für seine Funktionsfähigkeit des Vertrauens auf die effektive Gewährleistung des Rechts nicht nur im vertikalen Verhältnis zwischen Mitgliedstaaten und Union, sondern auch im horizontalen Verhältnis zwischen den Rechtsordnungen der Mitgliedstaaten.

Die vertikale Verflechtung der Verfassungsebenen in dem letztlich von den – durch ihre staatlichen Organe handelnden – Bürgerinnen und Bürgern Europas konstitutierten europäischen Verfassungsverbund wird in vielerlei Hinsicht gestärkt durch die Verfassung für Europa. Institutionell zeigt sich dies etwa an der ausdrücklichen Einbeziehung der nationalen Parlamente in den Willensbildungsprozess der Union im Rahmen des Frühwarnverfahrens oder an den ihren Kontrollrechten gegenüber Eurojust (Art. III-273 I, Uabs. 3 VE) und Europol (Art. III-276 II Uabs. 2 VE). Im materiellen Recht ist der Bereich der Justizpolitik ein wichtiges Beispiel für die verstärkte Verflechtung im Einklang mit dem Subsidiaritätsprinzip[35]: Das System der gegenseitigen Anerkennung, in dem nunmehr auch zulasten der betroffenen Bürgerinnen und Bürger ausländische hoheitliche Entscheidungen in jedem Mitgliedstaat verbindlich und durchsetzbar werden, unterstreicht die *horizontale* Dimension des Verfassungsverbundes. Dabei stellt sich, wie schon bemerkt (oben, S. 361) die Legitimitätsfrage in besonderer Weise, denn der deutsche Bürger ist nicht Ausgangspunkt und damit Legitimationsquelle etwa des spanischen Gesetzes, aufgrund dessen der Haftbefehl erlassen wird, den die deutsche Behörde dann gegen ihn durchsetzt.

Die neue Konstellation lässt sich unter drei Gesichtspunkten näher beschreiben: Institutionell und technisch geht es um die Vereinfachung der Entscheidungsverfahren (dazu 1.); dogmatisch lenken die Änderungen im Bereich der Justizpolitik den Blick auf die horizontale Dimension des europäischen Verfassungsverbundes (dazu 2.); normativ knüpft sich daran die Forderung, diese Entwicklung durch die verstärkte Artikulierung und den Ausbau von Grundrechtsschutz und demokratischer Kontrolle zu flankieren (dazu 3.).

Verwendung bei *Franz Merli*, Funktionen des europäischen Grundrechtsschutzes, in: FS Adamovich, 2002, S. 449 (450). Dass, wie *Christoph Schönberger*, Die Europäische Union als Bund. Zugleich ein Beitrag zur Verabschiedung des Staatenbund-Bundesstaat-Schemas, AöR 129 (2004), 81, 118, bemerkt, die Formel vom Verfassungsverbund auf die europäische Integration einen „bundesrepublikanisch überhöhten ‚postnationalen' Verfassungsbegriff" projiziere und eine „deutsche Sonderperspektive auf die europäische Integration" sei, bedürfte ebenso weiterer Begründung, wie die Qualifikation der Verwendung des Begriffs Verfassung auf die EG und der Betrachtung der nationalen zusammen mit ihr als „einheitliche Rechtsordnung", als „verzerrt" (ebd., S. 110).

35 So ausdrücklich BVerfG (Fn. 2) – *Darkanzali*, Rn. 75.

1. Neue Entscheidungsverfahren, neuer Handlungsrahmen

Schrittweise werden die Entscheidungsverfahren für den Raum der Freiheit, der Sicherheit und des Rechts vereinfacht. Seit dem 1. Januar 2005 können gemäß einem Beschluss des Rates vom 22. Dezember 2004 nach Art. 67 II EG[36] Regelungen nach Art. 62 über Kontrollen Drittstaatsangehöriger beim Überschreiten der Binnen- und Außengrenzen der EU mit qualifizierter Mehrheit gefasst werden. Die justizielle Zusammenarbeit in Zivilsachen unterfällt in den für den Binnenmarkt relevanten Bereichen schon kraft der in Nizza getroffenen Regelung des Art. 67 V EGV seit dem 1. Mai 2004 dem Mitentscheidungsverfahren – freilich mit der Ausnahme des Familienrechts. Dieses wird auch in Zukunft weiterhin der Einstimmigkeit unterliegen (vgl. Art. III-269 III VE).

Deutlich weiter geht die Verfassung für Europa, mit der die Säulen-Struktur der EU jedenfalls formal überwunden wird. Die besonderen Handlungsformen der dritten Säule für die Justizielle Zusammenarbeit in Strafsachen und die polizeiliche Zusammenarbeit, etwa der Rahmenbeschluss oder andere Beschlüsse, werden durch die allgemeinen Formen des Gesetzes bzw. des Rahmengesetzes ersetzt (Art. III-270 ff. VE). Das Entscheidungsverfahren unterliegt damit im Wesentlichen der Gemeinschaftsmethode. Danach können Regeln über die gegenseitige Anerkennung von Urteilen und andere gerichtliche Entscheidungen und Mindestvorschriften zur Zulässigkeit von Beweismitteln, zu den Rechten der Einzelnen im Strafverfahren oder zu den Rechten von Opfern von Straftaten erlassen werden (Art. III-270 VE), Mindestvorschriften zur Festlegung von Straftaten und Strafen im Bereich besonders schwerer Kriminalität bzw. bei Notwendigkeit für die wirksame Durchführung einer Politik der Union (Art. III-271 VE), aber auch Regelungen zur polizeilichen Zusammenarbeit, etwa über Datensammlung und -austausch, gemeinsame Ermittlungstechniken (Art. III-275 VE) oder auch über Aufbau, Arbeitsweise und Aufgaben von Europol (Art. III-276 VE). Soweit es um die Einrichtung einer europäischen Staatsanwaltschaft zum Schutz der finanziellen Interessen der EU geht (Art. III-274 I VE), um die operative Zusammenarbeit der Polizeibehörden (Art. III-275 III VE) oder das Tätigwerden der Polizei eines Mitgliedstaats im Hoheitsgebiet anderer (Art. III-277 VE), bleibt es allerdings bei der Einstimmigkeit im Rat. Einem einstimmigen Beschluss des Europäischen Rats mit Zustimmung des Europäischen Parlaments und nach Anhörung der Kommission ist die Erweiterung der Zuständigkeiten einer europäischen Staatsanwaltschaft auf die Bekämpfung schwerer Kriminalität mit grenzüberschreitender Dimension vorbehalten (Art. III-274 IV VE).

Gegenseitige Anerkennung gerichtlicher Entscheidungen, Mindestvorschriften über Verfahren, Straftaten und Strafen, bis hin zur europäischen Staatsanwaltschaft,

36 BESCHLUSS DES RATES vom 22. Dezember 2004 über die Anwendung des Verfahrens des Artikels 251 des Vertrags zur Gründung der Europäischen Gemeinschaft auf bestimmte Bereiche, die unter Titel IV des Dritten Teils dieses Vertrags fallen (2004/927/EG), ABl. 2004 L 396/45.

zu gemeinsamen Ermittlungsgruppen im Rahmen von Europol (Art. III-276 II lit. b VE) – all dies wird mit dem Vertrag über eine Verfassung für Europa Teil des Legislativalltags der Europäischen Union und damit bald auch zum Alltag ihrer Bürgerinnen und Bürger. Dass die Staaten Europas und ihre Bürger in einem Rechtsverbund miteinander stehen, wird spürbarer. Der Verbund wird enger. Dass er durch eine gemeinsame Verfassung begründet und legitimiert sein, auf gemeinsamen Werten beruhen muss, wird deutlicher.

2. Justizpolitik und die horizontale Dimension des Verfassungsverbunds

Die bisher wenig wahrgenommene neue Dimension ist die unmittelbare Bindung des Einzelnen an „fremde" Entscheidungen, die nicht *als* europäisches Recht durch ihn mitlegitimiert sind, sondern nur *über* europäische Normen für ihn verbindlich werden. Allerdings gibt es Beispiele für nationale Entscheidungen mit Auswirkungen auch über die Grenzen jedes Mitgliedstaats hinaus. Im Verbraucherschutzrecht oder auch bei der Zulassung von Arzneimitteln ist das längst bekannt. Die horizontale Verflechtung der Mitgliedstaaten gründet sich in allen diesen Fällen auf das europäische Gesetz. Die herausragende Bedeutung dieses europäischen Gesetzes liegt in zwei grundlegenden Faktoren:

Es lässt die Mitgliedstaaten zusammenwachsen, indem ihre jeweiligen Hoheitsakte mit ihren Rechtswirkungen die Binnengrenzen der Union überschreiten. Europäische Vorgaben und im einzelnen festgelegte Bedingungen der gegenseitigen Anerkennung öffnen die nationalen Grenzen für fremdes Recht, und die Rechtsangleichung bietet dabei die Chance gegenseitigen Lernens. Vor allem ist die Harmonisierung, auch in der Form des Erlasses von Mindestnormen, das Instrument für die Setzung gemeinsamer Standards zum Schutz der einzelnen in allen Mitgliedstaaten, ohne welche die horizontal grenzübergreifende Rechtswirkung nicht anerkannt werden könnte.

Es ist zudem, demokratietheoretisch gesehen, die einzige Legitimation für die Akzeptanz des fremden Rechts als verbindliche Norm. Nur weil und soweit das europäische Primärrecht derartige Öffnungen durch Rahmenbeschlüsse oder künftig durch Gesetz oder Rahmengesetz erlaubt und nur soweit auf seiner Grundlage im Rechtsetzungsverfahren der Union die grenzüberschreitende Geltung nationalen Rechts legitimiert wird, muss der Einzelne sie hinnehmen. Es gibt keine andere Legitimationsgrundlage – und auch diejenige, welche die europäische Norm geben kann, ist äußerst mittelbar, allgemein und daher schwach.

Ergänzend zum freien Waren-, Personen-, Dienstleistungs- und Kapitalverkehr entwickelt sich ein europäischer „Binnenmarkt für Rechtsdienstleistungen und Judikate".[37] Werden Entscheidungen im Bereich der Justizpolitik damit in anderen Mit-

37 So der zuständige Referatsleiter im BMJ, *Stefan Walz*, in einem persönlichen Gespräch im Vorfeld des diesem Beitrag zugrunde liegenden Vortrags.

gliedstaaten für jeden Unionsbürger verbindlicher, so wird sich auch für die (Innen-)Politik anderer Mitgliedstaaten mehr interessieren müssen. Dies zwingt zu einem verstärkten europäischen politischen Diskurs über das Strafrecht, über rechtsstaatliche Garantien, zum den Schutz der Grundrechte ggf. durch Verfassungsgerichte in allen Mitgliedstaaten, d.h. letztlich über die Werte, die Art. 6 I EU bereits anspricht, und die Sicherstellung ihrer Beachtung im konkreten Fall. Entsprechend sind die Politiker und vor allem die Parlamentarier in jedem Mitgliedstaat gefordert: Sie werden sich für die Rechtsstaatlichkeit der Verfahren und den Grundrechtsschutz in den anderen Mitgliedstaaten interessieren müssen, soweit europäisches Recht den Entscheidungen anderer Mitgliedstaaten Rechtswirksamkeit auch für sie und ihre Wähler verleiht. Und soweit europäische Vorgaben umgekehrt ihren eigenen politischen Entscheidungen rechtliche Wirkung auch für die Bürgerinnen und Bürger der anderen Mitgliedstaaten verleihen, werden unsere Politiker sich zunehmend auch diesen und ihren Vertretern gegenüber verantworten müssen. Die Offenheit von Verfassung und Staat mit dem europäischen Prinzip der gegenseitigen Anerkennung zwingt zur Offenheit des politischen Diskurses horizontal über die Binnengrenzen Europas hinweg.

In der horizontalen Dimension, von Bürger zu Bürger, Staat zu Staat, wird damit auch der Europäische Verfassungsverbund dichter. Die Eingriffe in individuelle Rechte werden gegenüber den uns im europäischen Recht bislang vertrauten Formen der gegenseitigen Anerkennung unvergleichbar direkter und für den Einzelnen spürbarer. Als Grundlage dafür ist ein besonderes Maß an Vertrauensbildung, Transparenz und demokratischer Kontrolle unverzichtbar.

3. Vertrauensbildung im Binnenmarkt der staatlichen Entscheidungen

Die horizontale europäische Dimension nationaler Hoheitsakte, wie sie mit der neuen Justizpolitik in der Europäischen Union schrittweise ermöglicht wird, macht die Notwendigkeit und auch Überfälligkeit zweier grundlegender Neuerungen im Vertrag über die Verfassung für Europa deutlich: Zum einen die Einigung auf gemeinsame, grundlegende Werte und ihre Festlegung als Richtschnur und Leitplanken für das Handelns der Europäischen Union einschließlich ihrer Mitgliedstaaten. Zum anderen die Überführung der Justiziellen Zusammenarbeit in Strafsachen sowie der polizeilichen Zusammenarbeit von den bisherigen Formen intergouvernementaler Entscheidung in das Verfahren der Mitentscheidung, wodurch Transparenz[38] und demokratische Kontrolle erhöht werden.

38 Vgl. zu den Transparenzeffekten des Mitentscheidungsverfahrens, insbesondere aufgrund der Beteiligung des Europäischen Parlaments im Einzelnen: *Christoph Sobotta*, Transparenz in den Rechtsetzungsverfahren der Europäischen Union. Stand und Perspektiven des Gemeinschaftsrechts unter besonderer Berücksichtigung des Grundrechtes auf Zugang zu Informationen, 2001, S 183 ff.

a. Gemeinsame Werte und Standards

Ein Stück Sicherheit für jeden potentiell Betroffenen im Blick auf den Schutz seiner Grund- und Menschenrechte auch im Ausland gründet sich bereits auf die Tatsache, dass alle Mitgliedstaaten der Europäischen Union Vertragsparteien der EMRK und damit einer letzten, überstaatlichen Kontrolle hinsichtlich der Achtung der Menschenrechte unterworfen sind. Die Praxis zeigt, dass gerade im Bereich des Strafrechts und der Justiz die Beschwerdemöglichkeit vor dem Europäischen Gerichtshof für Menschenrechte in Straßburg selbst in denjenigen Mitgliedstaaten nicht bedeutungslos ist, die wie Deutschland über ein Verfassungsgericht und ein System individueller Grundrechtsbeschwerden verfügen.

Wo allerdings die EU regulierend auf den Plan tritt, kann dies nicht genügen. Dass die Ausarbeitung der Grundrechte-Charta für die Europäische Union und die Entwicklung der europäischen Justizpolitik Hand in Hand war kein Zufall, und beides hatte auch nicht nur mit der Erweiterung der Union zu tun. Was bei einer Wirtschaftsgemeinschaft nur marginal von Bedeutung ist, wird für eine politische Union als Rechtsgemeinschaft[39] zur *conditio sine qua non*: Eine solide gemeinsame Basis der Rechtsstaatlichkeit, Demokratie und vor allem der Wahrung der Grundrechte, die nicht Homogenität, sondern Selbstentfaltung, Achtung des Anderen, also Vielfalt, Pluralismus garantieren.[40] Seit dem Unionsvertrag von Maastricht findet sich in Art. 6 I EUV iVm. dem Sanktionsverfahren des Art. 7 EUV eine Verpflichtung der Union und ihrer Mitgliedstaaten auf diese gemeinsamen Werte, quasi als europäisches *pendant* zur Struktursicherungsklausel des Art. 23 I GG. Da die EU sowohl bei der politischen Willensbildung und Besetzung der Organe, als auch für die Durchführung des Rechts auf demokratische und rechtsstaatliche Strukturen in jedem Mitgliedstaat angewiesen ist, muss die Wahrung dieser tragenden Grundsätze als Funktionsbedingung der Union angesehen werden. Nur das wird auch der von

39 Grundlegend *Walter Hallstein*, Der unvollendete Bundesstaat, 1969, S. 33: „Das ist das entscheidend Neue, was sie gegenüber früheren Versuchen auszeichnet, Europa zu einigen. Nicht Gewalt, nicht Unterwerfung ist als Mittel eingesetzt, sondern eine geistige, eine kulturelle Kraft, das Recht. Die Majestät des Rechts soll schaffen, was Blut und Eisen in Jahrhunderten nicht vermochten. Denn nur die selbstgewollte Einheit hat Aussicht auf Bestand, und Rechtsgleichheit und -einheit sind untrennbar miteinander verbunden. Keine Rechtsordnung ohne Gleichheit vor dem Gesetz, Gleichheit aber bedeutet Einheit. Auf dieser Einsicht beruht der Vertrag von Rom, und darum schafft er eine Friedensordnung par excellence". S. auch *Manfred Zuleeg*, Die Europäische Gemeinschaft als Rechtsgemeinschaft, NJW 1994, 545 ff.; *Ingolf Pernice*, Begründung und Konsolidierung der Europäischen Gemeinschaft als Rechtsgemeinschaft, in: Manfred Zuleeg (Hrsg.), Der Beitrag Walter Hallsteins zur Zukunft Europas. Referate zu Ehren von Walter Hallstein, 2003, S. 56 ff., sowie unter demselben Titel: *Gil Carlos Rodriguez Iglesias*, ebd., S. 93 ff.

40 Vgl. in ausdrücklichem Widerspruch zu einer Formulierung in BVerfGE 89, 155, 186 – *Maastsricht*, die mit einen zweifelhaften Zitat *Hellers* darauf abstellt, was das Volk „– relativ homogen – geistig, sozial und politisch verbindet...", *Ingolf Pernice*, Eine Grundrechte-Charta für die Europäische Union, DVBl. 2000, 847, 850 ff.

Winfried Hassemer, dem Vizepräsidenten des Bundesverfassungsgerichts unterstrichenen besonderen Bedeutung Europas in der Welt gerecht:[41]

„Es ist gefragt als ‚Wertegemeinschaft', als Repräsentant einer Tradition, die – auch unter Schmerzen – Muster einer humanen und zugleich überlebensfähigen Weltordnung entwickelt hat".

Die Verlässlichkeit des Rechts, der effektive Schutz der Grundrechte und die Achtung der gemeinsamen Werte, wie sie jetzt in Art. 2 VVE und vor allem in der Charta der Grundrechte Ausdruck finden, sind Grundlage für das gegenseitige Vertrauen, ohne das schon die Geltung des europäischen Rechts im Sinne der Anerkennung des Sekundärrechts als verbindlicher Maßstab – selbst wenn dieses Recht im Einzelfall „nur" mit einer qualifizierten Mehrheit im Rat und ggf. sogar gegen die Stimme des eigenen Mitgliedstaats beschlossen wurde – nicht verlangt oder vorausgesetzt werden könnte. Nur die strikte Achtung der Grundrechte des einzelnen und die Rechtsstaatlichkeit der Verfahren erlauben im besonders sensiblen Bereich des Strafrechts die gegenseitigen Anerkennung staatlicher Entscheidungen. Dabei erweitert sich der Anwendungsbereich der europäischen Grundrechte nach der Art. II-111 I VE inhärenten Logik dynamisch mit jedem Rechtsakt der Union, der sich auf das nationale Straf- und Verfahrensrecht bezieht: Sie binden jeden Mitgliedstaat insofern, als – etwa wie beim Europäischen Haftbefehl – sein Handeln als Durchführung des Rechts der Union betrachtet werden kann.

In dieser Perspektive konnte auch der Gerichtshof im Fall *Gözütok*, seinem ersten Urteil zum Bereich Inneres und Justiz, im Blick auf das Verbot der Doppelbestrafung[42] nach Art. 54 des Schengener Durchführungsabkommens feststellen, diese Vorschrift bringe zum Ausdruck, dass

> *„ein gegenseitiges Vertrauen der Mitgliedstaaten in ihre jeweiligen Strafjusti-systeme besteht und dass jeder Mitgliedstaat die Anwendung des in den anderen Mitgliedstaaten geltenden Strafrechts akzeptiert, auch wenn die Anwendung seines eigenen nationalen Rechts zu einem anderen Ergebnis führen würde."*[43]

Präziser noch wird der EuGH im Fall *Pupino*, wo er ausdrücklich das Rückwirkungsverbot und den Grundsatz der Rechtssicherheit für den Bereich der dritten Säule anerkennt.[44] Bemerkenswert ist, dass der Gerichtshof in beiden ersten grundlegenden Urteilen zum Unionsrecht neben allgemeinen Grundsätzen vor allem auf die Achtung der Justizgrundrechte der Verfahrensbeteiligten pocht. Dennoch genügt

41 *Winfried Hassemer*, Strafrecht in einem europäischen Verfassungsvertrag, ZStW 116 (2004), Heft 2 (nach Fn. 15), dies freilich mit ernsten Zweifeln, ob die strafrechtsbezogenen Regelungen im Vertrag über eine Verfassung für Europa diesem Leitbild entsprechen.

42 Siehe hierzu auch die griech. Initiative zur Annahme eines Rahmenbeschlusses des Rates über die Anwendung des "ne-bis-in-idem"-Prinzips, unter: http://europa.eu.int/eur-lex/de/archive/2003/c_10020030426de.html

43 EuGHE 2003, I-1345 – *Gözütok,* Rn. 33; mit Anm. *Daniel Thym*, NStZ 2003, 334 f.

44 EuGH, Entscheidung vom 16. Juni 2005 in der Rs. C-105/03 - *Pupino*, Rn. 44 ff., unter: http://www.curia.eu.int. Jetzt in: JZ 2005, 838 ff., mit krit. Anmerkung *Christian Hillgruber*, JZ 2005, 841 ff.

der prätorische Grundrechtsschutz durch den EuGH nicht. Notwendig sind präzisere Vorschriften zum Strafverfahrensrecht, möglicherweise auch zum Strafvollzug. Das geltende Recht der Union erlaubt in Art. 31 I lit. e) EU nur die „*schrittweise Annahme von Maßnahmen zur Festlegung von Mindestvorschriften*“ im Bereich des materiellen Strafrechts hinsichtlich organisierter Kriminalität, Terrorismus und illegalem Drogenhandel. Maßnahmen zur „Erleichterung der Auslieferung zwischen Mitgliedstaaten“ können nach lit. b) dieser Vorschrift ergriffen werden. Eine eindeutige Regelung für Bestimmungen zum Verfahrensrecht und insbesondere zum Schutz der Rechte des Einzelnen im Strafverfahren oder zur Zulässigkeit von Beweismitteln enthält das geltende Recht der EU indessen nicht. Diese Lücke schließt erst Art. III-270 II VVE im Blick auf die

> *„Erleichterung der gegenseitigen Anerkennung gerichtlicher Urteile und Entscheidungen und der polizeilichen und justiziellen Zusammenarbeit in Strafsachen mit grenzüberschreitender Dimension“. Dabei müssen die „Unterschiede zwischen den Rechtsordnungen und -traditionen der Mitgliedstaaten berücksichtigt“*

werden (Art. III-270 II 2 VE). Allerdings stützt sich die Praxis auf die etwas kryptische Ermächtigung nach Art. 31 I lit. c) EUV, in der es um die Gewährleistung der Vereinbarkeit der jeweils geltenden Vorschriften der Mitgliedstaaten untereinander geht, „soweit dies zur Verbesserung dieser Zusammenarbeit erforderlich ist“, so etwa das Grünbuch der Kommission vom 19.2.2003 und der Vorschlag für einen Rahmenbeschluss über bestimmte Verfahrensrechte in Strafverfahren innerhalb der Europäischen Union vom 28.4.2004.[45]

Eine weitgehende Harmonisierung im Bereich des Strafrechts und vor allem des Strafverfahrensrechts der Mitgliedstaaten muss indessen auf die besondere kulturelle Bedingtheit des Strafrechts achten, so wie umgekehrt – gerade wegen der Verschiedenheit – ein gegenseitiges Vertrauen gleiche Standards doch gerade voraussetzt. Die zentrale Herausforderung ist es daher, auf der Basis gemeinsamer Werte und Instrumente zur Sicherung der individuellen Rechte die richtige Balance zwischen gegenseitiger Anerkennung und Harmonisierung zu finden. Zum einen bedarf es eines Mindestmaßes an Harmonisierung als Voraussetzung für das Vertrauen, das Grundlage der gegenseitigen Anerkennung ist. Zum anderen darf der Vorteil des Grundsatzes der gegenseitigen Anerkennung nicht aus den Augen geraten, mit dem gerade die Subsidiarität, also die Wahrung der Besonderheiten der Strafjustizsysteme der Mitgliedstaaten ermöglicht wird[46].

45 Vgl. oben Fn. 31.

46 So ausdrücklich BVerfG (Fn. 2), - *Darkanzali*, Rn. 75: „Die in der ‚dritten Säule‘ der Europäischen Union praktizierte Zusammenarbeit einer begrenzten gegenseitigen Anerkennung, die keine allgemeine Harmonisierung der mitgliedstaatlichen Strafrechtsordnungen vorsieht, ist gerade auch mit Blick auf den Grundsatz der Subsidiarität (Art. 23 Abs. 1 GG) ein Weg, um die nationale Identität und Staatlichkeit in einem europäischen Rechtsraum zu wahren“. S. auch *Brigitte Zypries*: Der Raum der Freiheit, der Sicherheit und des Rechts in der Verfassung der EU, FCE 4/03; www.whi-berlin.de/zypries.htm: *„Ich meine, dass der Grundsatz der gegenseitigen Anerkennung für die Zusammenarbeit in Strafsachen ebenso wie bei den Zivilsa-*

Als Voraussetzung für gegenseitiges Vertrauen werden gemeinsame Mindestvorschriften daher nur in essentiellen Fragen und engen Grenzen zu erwarten sein. Notwendig sind sie aber auch für die Festlegung der Straftatbestände und Strafen bei besonders schwerer Kriminalität von grenzüberschreitender Dimension, wie Art. 31 I lit. e) EU sie ansatzweise, künftig Art. III-271 I VE in weiterem Umfang ermöglicht. Wenn nach der Rechtsprechung des EuGH die Strafverfolgung dem „Recht des ersten Zugriffs" unterliegt, wie es der EuGH – zum Schutz der Grundrechte der Unionsbürger – in Auslegung des Art. 54 SDÜ zu Recht angenommen hat, sind zudem Maßnahmen geboten, um der Gefahr eines „forum shopping" vorzubeugen. Die Strafverfolgung in einem Mitgliedstaat steht nach der Rechtsprechung einer Bestrafung in einem anderen Mitgliedstaat grundsätzlich auch dann entgegen, wenn es um eine staatsanwaltschaftliche Verfahrenseinstellung unter Auflagen geht[47]. Hierfür sind klare Regeln zur Zuständigkeit in Strafsachen nötig, wie sie in Art. 31 I lit. d) EU ausdrücklich vorgesehen sind und auch vom Haager Programm avisiert werden. Zur Vermeidung von Konflikten muss klar festgelegt werden, welche Staatsanwaltschaft in grenzüberschreitenden Fällen zuständig ist.

b. Demokratische Kontrolle

Im Bereich der intergouvernementalen Zusammenarbeit sind Transparenz und demokratische Kontrolle gegenwärtig nur rudimentär gewährleistet (dazu aa.). Der Vertrag über eine Verfassung für Europa stärkt die Kontrollmöglichkeiten allerdings erheblich (dazu bb.). Damit rückt der durch die Integration bedingte Funktionswandel der nationalen Parlamente deutlicher in den Blick (dazu cc.). Zusätzlich stärkt der Vertrag die demokratische Legitimation durch das Europäische Parlament (dazu dd.).

aa. Demokratische Kontrolle der intergouvernementalen Zusammenarbeit

Bei Beschlüssen, Rahmenbeschlüssen des Rates und Übereinkommen der Mitgliedstaaten nach Art. 34 II EUV wird das Europäische Parlament gemäß Art. 39 EUV angehört. Im übrigen wird es über die Arbeiten in diesem Bereich unterrichtet und kann Fragen stellen. Der Bundestag ist nach Art. 23 II und III GG zu beteiligen, da Maßnahmen im Bereich der dritten Säule Angelegenheiten der Europäischen Union sind, wobei noch nicht eindeutig geklärt ist, ob sie als „Rechtsetzungsakte der Europäischen Union" gelten. Nach § 4 des Ausführungsgesetzes zu Art. 23 GG gilt das

chen zentrale Bedeutung bekommen soll. Gerade im Strafrecht sind die nationalen Rechtsordnungen so unterschiedlich, dass eine vollständige Harmonisierung nicht sinnvoll wäre."

47 Näher EuGH (Fn. 43), *Gözütok*, a.a.O.

Verfahren zwar nur für Verordnungen und Richtlinien der EG,[48] eine entsprechende Anwendung wäre aber nicht ausgeschlossen. Auch der Umstand, dass das Bundesverfassungsgericht das Unionsrecht als „Teilrechtsordnung, die bewusst dem Völkerrecht zugeordnet ist", betrachtet,[49] steht einer solchen Anwendung auf Rechtsakte der Union nicht zwingend entgegen. Da Rahmenbeschlüsse für den innerstaatlichen Gesetzgeber ebenso wie Richtlinien verbindliche Vorgaben geben, sollten sie dem Konsultationsverfahren des Art. 23 III, IV-VI GG unterworfen werden. Jedenfalls sind Bundestag wie Bundesrat frühzeitig zu informieren. Stellungnahmen des Bundestages sind dann nach Art. 23 III GG von der Bundesregierung zu berücksichtigen. Der tatsächliche Einfluss des Bundestages auf den Inhalt der Beschlüsse des Rates lag bislang allerdings unterhalb seiner Möglichkeiten.[50]

bb. Transparenz und Kontrolle der Justizpolitik durch die nationalen Parlamente

Mit der künftigen Verfassung für Europa erhalten die nationalen Parlamente und damit der Bundestag erheblich umfassendere, auch förmliche Mitwirkungs- und Kontrollrechte.[51] Zum einen wird die Transparenz gestärkt, indem der Vertrag in Art. I-24 VI VE und I-50 II VE vorsieht, dass der Rat öffentlich tagt, soweit er legislativ tätig wird.[52] Damit können die Beratungen und Beschlüsse des Rats über Gesetzgebungsakte von den Interessierten mitverfolgt werden, und die Minister können von ihrem jeweiligen Parlament substantieller zu ihren Positionen im Rat und zu den Hintergründen der Beschlüsse befragt werden.

Auf der anderen Seite schafft die Beteiligung der nationalen Parlamente im Frühwarnsystem, auf das Art. III-259 VVE ausdrücklich verweist, eine frühzeitige Kontrollmöglichkeit für die nationalen Parlamente. Daneben sind aber auch die in Art. I-42 II VVE vorgesehene Beteiligung der nationalen Parlamente in den Bewertungsmechanismen nach Art. III-260 VVE und ihre Einbeziehung in die politische Kontrolle von Europol nach Art. III- 276 II Uabs. 2 VVE sowie in die Bewertung der Tätigkeit von Eurojust nach Art. III-273 I Uabs. 3 VVE von erheblicher Bedeu-

48 Enger noch für den Begriff der Rechtsetzungsakte *Ingolf Pernice*, in: Dreier, GG Kommentar, Bd. 2 (1998), Art. 23 Rn. 104, freilich mit einem weiteren Begriff der Angelegenheiten der Europäischen Union nach Art. 23 II GG ebd., Rn. 98. Wie hier schon *Claus-Dieter Classen*, in: v. Mangoldt/Klein, GG Kommentar, Band 2,4. Aufl. 2000, Art. 23 Rn. 75.

49 BVerfG (Fn. 2), - *Darkanzali*, Rn. 81.

50 Vgl. sehr instrunktiv die vergleichende Studie von *Daniela Kietz*, Der Bundestag in der Europapolitik, SWP-Aktuell 19 (2005), http://swp-berlin.org/common/get_document.php?id=1265, insbes. S. 20.

51 Näher zu den institutionellen Reformen nach dem Vertrag über eine Verfassung für Europa in diesem Bereich *Daniel Thym*, The Area of Freedom, Security and Justice in the Treaty establishing a Constitution for Europe; WHI-Paper 12/2004, www.whi-berlin.de/afsj.htm.

52 Zu den Defiziten des gegenwärtigen Systems der Vertraulichkeit im Blick auf die Kontrollmöglichkeiten der nationalen Parlamente vgl. *Sobotta*, Transparenz (Fn. 38), S. 142 ff.

tung für die Legitimation dieser Politiken und ihre Entwicklung, die damit durchaus von nationalen Parlamenten erhalten können.

Die Einführung des Frühwarnsystems zur Kontrolle der Subsidiarität nach Art. I-11 III VE iVm. dem Protokoll Nr. 1 über die Anwendung der Grundsätze der Subsidiarität und der Verhältnismäßigkeit wird wegen der Sensibilität der Themen gerade im Bereich der Justizpolitik eine entscheidende Änderung bewirken. Die nationalen Parlamente werden nicht nur im frühesten Zeitpunkt über die Vorhaben der Union, insbesondere die Entwürfe der Kommission zur Gesetzgebung unterrichtet. Sie werden sich auch die Gelegenheit nicht entgehen lassen, neben der Kontrolle der Subsidiarität im Dialog mit der Kommission inhaltliche Gesichtspunkte geltend zu machen. Damit steigt das politische Interesse der Abgeordneten, ihre zunehmende „europäische" Verantwortung wirksam wahrzunehmen.

cc. Funktionswandel des Deutschen Bundestages

Entsprechende institutionelle Vorkehrungen, die die Ausübung dieser neuen Befugnisse effektiv regeln und möglicherweise auch eine interparlamentarische Kooperation und Abstimmung mit den zuständigen Gremien anderer nationaler Parlamente fördern mögen, werden in der Begleitgesetzgebung zum Zustimmungsgesetz über den Vertrag vom 29. Oktober 2004 eingeführt.[53] Der Mechanismus des Frühwarnsystems in seiner konkreten Anwendung gemäß diesem Gesetz garantiert beiden Häusern eine frühzeitige Information über die Entwürfe der Kommission im Gesetzgebungsverfahren, zwingt sie, sich im Rahmen der Subsidiaritätsprüfung intensiv auch inhaltlich mit den Vorhaben der Union zu befassen und erlaubt ihnen, zunächst politisch gegenüber der Kommission, später dann sogar durch Klage vor dem Gerichtshof zu intervenieren. Zusammen mit den durch die Öffentlichkeit der Ratssitzungen gestärkten Kontrollmöglichkeiten gegenüber der Regierung gewinnen Bundestag und Bundesrat bedeutenden Einfluss auf die europäische Gesetzgebung. Dies entspricht einer gewandelten Funktion dieser Organe im Zuge der europäischen Integration, die bislang weder wahrgenommen, noch gar im Sinne einer pro-aktiven Nutzung der durch die Europäische Union gebotenen Möglichkeiten der konstruktiven Politikgestaltung umgesetzt wird. Die nationalen Parlamente müssen sich freilich ihrer europäischen Mitverantwortung, aber auch ihrer Loyalitätspflichten gegenüber der Europäischen Union erst noch bewusst werden.[54]

53 Gesetzesbeschluss des Deutschen Bundestages v. 12. Mai 2005, Gesetz über die Ausweitung und Stärkung der Rechte des Bundestages und des Bundesrates in Angelegenheiten der Europäischen Union, Bundesrat Drucksache 340/05.

54 Vgl. dazu schon *Ingolf Pernice*, Europäisches und nationales Verfassungsrecht, VVDStRL 60 (2001), S. 149, 177 f.; näher *ders.*, The Role of National Parliaments in the European Union, in: Dimitris Melissas/Ingolf Pernice (Hrsg.), Perspectives of the Nice Treaty and the Intergovernmental Conference in 2004, ECLN-Series Vol. 1, 2002, S. 73-93 (auch http://www.whi- berlin.de/pernice-parliaments.htm), insbes. unter B.II.

Die neuen politischen Kontroll- und Mitwirkungsbefugnisse werden für den Bereich Inneres und Justiz von besonderer Bedeutung sein. Denn es geht in jedem Mitgliedstaat um die Legitimation der Geltung des Rechts anderer Mitgliedstaaten für die eigenen Bürgerinnen und Bürger. Hierfür bedarf es der Intensivierung der demokratischen Kontrolle der europäischen Gesetzgebung auch über die nationalen Parlamente in besonderem Maße, da die Menschen in einem Mitgliedstaat zur Legitimation und Kontrolle der Entscheidungen im anderen Mitgliedstaat nicht anders beitragen können, als über den Weg des europäischen Rechts, auf das sich ihre übergreifende Geltung stützt. Viel mehr als bisher wird damit auch das gegenseitige Interesse für die Gesetzgebung und für das Funktionieren rechtsstaatlicher Verfahren von einem zum anderen Land gefordert sein, so wie es die Struktursicherungsklausel des Art. 16 II 2 GG und die ähnliche Klausel des Art. 98 S. 3 der lettischen Verfassung voraussetzen.

dd. Stärkung des Europäischen Parlaments

Der zweite Strang demokratischer Legitimation und damit parlamentarischer Kontrolle und Mitverantwortung in der Union ist das Europäische Parlament. Es wird erst einen wirklichen Einfluss haben, wenn die wesentlichen Maßnahmen im Bereich Inneres und Justiz nach der neuen Verfassung für Europa durch Europäische Gesetze oder Rahmengesetze, dh. im normalen Mitentscheidungsverfahren erlassen werden.[55] Dann aber ist auch gewährleistet, dass Argumente und Gegenargumente für eine bestimmte gesetzliche Lösung im öffentlichen, europäischen Diskurs gewechselt und abgewogen werden können, einschließlich der Konsequenzen für die innerstaatlichen Legislativen und die Rechte der Einzelnen.

Das Europäische Parlament wird neben den nationalen Parlamenten nach der neuen Verfassung stärker in die Kontrolle auch der operativen Maßnahmen im Bereich Inneres und Justiz einbezogen. Sie sollen über die Bewertung dieser Politik durch die Behörden der Mitgliedstaaten unterrichtet werden (Art. III-260 VVE), sie werden über die Arbeiten des Ausschusses zur operativen Zusammenarbeit im Bereich der inneren Sicherheit auf dem Laufenden gehalten (Art. III-261 VVE), gemäß einem Europäischen Gesetz sollen sie auch an der Bewertung der Tätigkeiten von Eurojust (Art. III-273 I 3 VVE) und von Europol beteiligt werden (Art. III-276 II 2 VVE). Besonders hervorzuheben ist ferner das spezielle Zustimmungsrecht des Europäischen Parlaments für einstimmige Beschlüsse des Rates über die Ausdehnung der Kompetenz zum Erlass von Mindestvorschriften nach Art. III-271 II lit. d) VE auf „*spezifische Aspekte des Strafverfahrens*“ oder über Gesetze zur Einrichtung der Europäischen Staatsanwaltschaft. Auch die Ausdehnung der Zuständigkeit der europäischen Staatsanwaltschaft durch den Europäischen Rat auf die Bekämpfung von

55 Diesen Aspekt bewertet *Jürgen Meyer* ebenfalls positiv, wie er in einem in den BRAK-Mitteilungen 4/2004 abgedruckten Interview kundtut.

schwerer Kriminalität mit grenzüberschreitender Dimension bedarf der Zustimmung des Europäischen Parlaments (Art. III-274 VE).

Insgesamt kann damit festgestellt werden, dass die Verfassung für Europa einen erheblichen Zugewinn an Transparenz und parlamentarischer Kontrolle für die Politik der Europäischen Union vorsieht, der für die Justizpolitik von grundsätzlicher Bedeutung ist.

c. Die sekundärrechtliche Sicherung von Verfahrensrechten

Kritischen Darstellungen der Entwicklungen in der PJZS zufolge liegt der Schwerpunkt der politischen Arbeit an der Errichtung des Raums der Freiheit, der Sicherheit und des Rechts allein bei der Sicherheit.[56] Demgegenüber lässt sich am Beispiel der sekundärrechtlichen Gewährung von Verfahrens(grund-)rechten – flankiert von der jüngeren Rechtsprechung des EuGH[57] – belegt werden kann, dass das freiheitliche Element in der dritten Säule nicht zu kurz kommt. So sind neben dem bereits erwähnten Vorschlag zu einem Rahmenbeschluss über die Einführung eines unionsweit geltendem *ne bis in idem*[58] bereits wesentliche Sicherungen für die Stellung des Auszuliefernden im Rahmenbeschluss über den Europäischen Haftbefehl enthalten.[59] Weitere ehrgeizige Projekte der Kommission sind dem Grünbuch der Kommission zu Verfahrensgarantien in Strafverfahren innerhalb der Europäischen Union zu entnehmen: Neben dem Recht auf rechtlichen Beistand und Unterstützung durch einen Rechtsanwalt sowie dem Recht auf einen Dolmetscher und der Übersetzung der wesentlichen Schriftstücke sieht das Grünbuch die künftige Verpflichtung zur Aushändigung eines „Letter of Rights“ an die Beschuldigten vor.[60] Dieser soll die Verdächtigen in ihrer Landessprache ausführlich über ihre Verfahrensrechte im jeweiligen Land informieren. Die wesentlichen Inhalte des Grünbuchs wurden bereits in den Vorschlag über einen entsprechenden Rahmenbeschluss zu den Verfahrensrechten übernommen.[61] Wenngleich bei der Umsetzung der genannten Maßnahmen nurmehr ein rechtsstaatliches Mindestmaß an Verfahrenssicherungen gewährleistet

56 Vgl. nur – teils sehr polemisch – *Bernd Schünemann*, Europäischer Haftbefehl und EU-Verfassungsentwurf auf schiefer Ebene, ZRP 2003, 185 ff.

57 Vgl. zum Grundsatz des *ne bis in idem* EuGH, *Gözütok* (Fn. 43); zum Grundsatz der Rechtssicherheit und dem Rückwirkungsverbot EuGH, *Pupino* (Fn. 44), Rn. 44 ff.

58 Oben Fn. 46.

59 So sei hier auf Art. 5, 8, 11 und 14 des Rahmenbeschlusses hingewiesen; siehe hierzu auch: Mario Chiavario, La Coopération Policière et Judiciaire en Matière Pénale, Rapport Général, FIDE XXI Congress, Dublin, 2004 unter: http://www.fide2004.org/reports.html .

60 Grünbuch über Verfahrensgarantien in Strafverfahren innerhalb der Europäischen Union, KOM(2003) 75, endgültig.

61 Vorschlag vom 28. April 2004 für einen Rahmenbeschluss des Rates über bestimmte Verfahrensrechte in Strafverfahren innerhalb der Europäischen Union, KOM (2004) 328 endgültig, unter: http://europa.eu.int/eur-lex/lex/LexUriServ/site/de/com/2004/com2004_0328de01.pdf .

würde, so wird doch deutlich, dass die Sicherheit im Rahmen der dritten Säule nicht auf Kosten der Freiheit „erkauft" wird.

IV. Europäische Rahmenbeschlüsse zwischen Darkazanli und Pupino

Die bereits angesprochene Kontroverse um den Europäischen Haftbefehl in Deutschland hat mit dem Urteil des Bundesverfassungsgerichtes auf Grund der Verfassungsbeschwerde des Deutsch-Syrers *Darkazanli* ihren vorläufigen Höhepunkt erreicht. Das Gericht bezieht eine dezidiert völkerrechtliche Position (dazu 1.), obwohl der Europäische Gerichtshof kurz vorher im Urteil *Pupino* zum europarechtlichen Charakter der EU-Rahmenbeschlüsse bedeutungsvolle Aussagen getroffen hatte (dazu 2.). Eine Lösung des Konflikts muss den Sinn der Maßnahmen im Rahmen der dritten Säule gerade im Fall der Justizpolitik berücksichtigen (dazu 3.). Die Beurteilung der Gültigkeit von Rahmenbeschlüssen und damit der Verpflichtung der Mitgliedstaten zu ihrer Umsetzung muss dem Gerichtshof vorbehalten bleiben (dazu 4.).

1. Das Urteil des Bundesverfassungsgerichts zum Europäischen Haftbefehl

Reißerisch stellt *H. Prantl* in der Süddeutschen Zeitung vom 26.11.04 die Frage: „Was ist wichtiger – Europa oder die Grundrechte?"[62] Jedenfalls hat das Bundesverfassungsgericht mit seinem Urteil vom 18. Juli 2005 der weiteren Anwendung des Rahmenbeschlusses 2002/584/JI v. 13. Juni 2002 über den Europäischen Haftbefehl und die Übergabeverfahren zwischen den Mitgliedstaaten[63] vorerst einen Riegel vorgeschoben.[64] Mit der Nichtigerklärung des Umsetzungsgesetzes entsteht ein „juristisches Vakuum"[65], welches es unter Beachtung der Vorgaben des Bundesverfassungsgerichts zu füllen gilt.

Bedeutsam ist an dem Urteil, dass sich das Gericht auf die Prüfung des deutschen Umsetzungsgesetzes beschränkt (dazu a.), während es sich hinsichtlich der Rechtsnatur des ihm zugrunde liegenden Europäischen Rahmenbeschlusses doch nebenbei einer grundsätzlichen Klarstellung nicht enthalten konnte (dazu b.).

62 *Heribert Prantl*, Karlsruhe contra Brüssel. Das Bundesverfassungsgericht zweifelt daran, dass die Grundrechte in Europa gut aufgehoben sind, SZ v. 26.11.04, S. 4.

63 ABl. 2002 L 190/1.

64 BVerfG (Fn. 2), – *Darkanzali*.

65 So ein Sprecher der Europäischen Kommission, zit. nach: FTD vom 19. Juli 2005, http://www.ftd.de/pw/de/14913.html .

a. Prüfung des Umsetzungsgesetzes am Maßstab der deutschen Grundrechte

Im Mittelpunkt der Entscheidung des Bundesverfassungsgerichtes steht das Thema der Auslieferung Deutscher an das Ausland, was lange Zeit vom Grundgesetz ausgeschlossen war. Art. 16 II 2 GG wurde im Jahre 2000 allerdings eigens eingeführt, um eine Auslieferung Deutscher an den internationalen Strafgerichtshof oder an einen Mitgliedstaat der EU möglich zu machen, soweit das betreffende Gesetz – hier die Neuregelung des Gesetzes über die internationale Rechtshilfe in Strafsachen vom 24.8.2004[66] – „rechtsstaatliche Grundsätze" wahrt.

Das BVerfG prüfte das deutsche Umsetzungsgesetz zu recht am Maßstab der deutschen Grundrechte prüft: Es konnte sich auf die Frage beschränken, ob der deutsche Gesetzgeber die sich aus der Offenheit des Rahmenbeschlusses ergebenden Gestaltungsspielräume in einer mit dem Grundgesetz vereinbaren Weise genutzt hat. Nicht erforderlich waren allerdings die Ausführungen des Gerichts zur Natur des im Rahmen der „dritten Säule" der Union gesetzten Rechts, zur Unionsbürgerschaft und zum Diskriminierungsverbot des Art. 12 I EG.[67] Diese Ausführungen scheinen mehr als nur *colorandi causa* zu sein: Von der Aussendung dunkler Signale spricht die Bundesverfassungsrichterin *Lübbe-Wolff* in ihrem abweichenden Votum. Sie scheinen Ersatz dafür zu sein, dass das Bundesverfassungsgericht auf die Rechtmäßigkeit des dem Umsetzungsgesetz zu Grunde liegenden Rahmenbeschlusses nicht eingehen konnte. Bei Zweifeln hierzu hätte es die Sache an das Hanseatische Oberlandesgericht zur Vorlage an den EuGH zurückverweisen[68] oder selbst nach Art. 35 EUV dem Europäischen Gerichtshof vorlegen müssen, so wie es jüngst der Belgische Schiedshof tat.[69]

b. Rechtsnatur des sekundären Unionsrechts

Die *obiter dicta* der Senatsmehrheit zur Rechtsnatur europäischer Rahmenbeschlüsse verdienen indessen besondere Aufmerksamkeit: Das Gericht bezeichnet sie, wie das Primärrecht im Rahmen der dritten Säule, als Bestandteil einer „*Teilrechtsordnung, die bewusst dem Völkerrecht zugeordnet ist*".[70] Es zieht sich damit auf einen formalistischen Standpunkt zurück und betont die fehlende Möglichkeit unmittelba-

66 BGBl. I 1982, 2071, Änderung: BGBl. 2004 I 2198.

67 Hierauf weist mit Recht auch die Verfassungsrichterin *Lübbe-Wolff* in ihrer abweichenden Meinung hin, BVerfG (Fn. 2) - *Darkanzali*, Rn. 158.

68 In diesem Sinne schon *Ingolf Pernice*, Europäische Justizpolitik in der Perspektive der Verfassung für Europa, WHI-paper 3/05, www.whi-berlin.de/pernice-justizpolitik.htm, S. 26.

69 Siehe die kürzlich ergangene Vorlageentscheidung des belgischen Schiedshofes an den EuGH bzgl. der Rechtmäßigkeit des RBEuHb unter: http://www.eurowarrant.net/documents/cms_eaw_293_1_2005-124d.pdf .

70 BVerfG (Fn. 2) - *Darkanzali*, Rn. 81

rer Wirksamkeit von Rahmenbeschlüssen[71], ohne die weitgehenden Ähnlichkeiten zur EG-Richtlinie, insbesondere den zwingenden Charakter in bezug auf das Ziel, zu berücksichtigen. Damit will das Gericht offenbar – wie *Thomas Gutschker* im Rheinischen Merkur schreibt – die dritte Säule förmlich in Beton gießen[72], ohne Rücksicht auf den nach den Verträgen von Amsterdam und Nizza und durch die Rechtsprechung des EuGH bereits erreichten Stand der Integration beim Ausbau der horizontalen Dimension des europäischen Verfassungsverbunds im Bereich der Justizpolitik.

Besonders problematisch sind an dieser Stelle die Ausführungen des Gerichts zum Demokratieprinzip in der dritten Säule. Dass dem Europäischen Parlament im Rahmen der Rechtsetzung im Bereich zur Justizpolitik laut Art. 39 I EU nur ein Anhörungsrecht gewährt wird, sieht das Gericht nicht als Demokratiedefizit: Denn die politische Gestaltungsmacht verbleibe weiterhin im Rahmen der Umsetzung bei den mitgliedstaatlichen Parlamenten, „notfalls auch durch die Verweigerung der Umsetzung". [73] Dies ist nicht nur begrifflich verwirrend – wie lässt sich durch Verweigerung gestalten? –, sondern auch vor dem Hintergrund der geschilderten Implikationen der Politik in diesem Bereich für das Verhältnis der mitgliedstaatlichen Rechtssysteme zueinander (oben, S. 372) wenig sachgerecht und aus dem Grundgesetz nicht zu rechtfertigen: Art. 23 GG unterscheidet nicht zwischen dem Recht der EG und demjenigen der EU.[74] Schon allein der systematische Vergleich mit Art. 24, 25 und 59 GG belegt, dass die Europäische Union zusammen mit der Europäischen Gemeinschaft aus der Sicht des Grundgesetzes eine Sonderstellung gegenüber dem Völkerrecht einnimmt. Vor diesem Hintergrund trifft es den Kern, wenn *Lübbe-Wolff* in ihrem abweichenden Votum bemerkt[75]:

„*Wo man demokratische Legitimation in der Freiheit des Parlaments zum Verstoß gegen Unionsrecht aufsuchen zu müssen glaubt, liegt etwas im Argen*".

2. Antithese: Das Urteil Pupino

Das Bundesverfassungsgericht setzt sich überdies in Widerspruch zum kurz zuvor ergangenen Urteil des Europäischen Gerichtshofs in der Sache *Pupino*[76], das dem Senat bei seiner Entscheidung durchaus bekannt war.[77] Hier hat der EuGH u.a. klar-

71 BVerfG (Fn. 2) – *Darkanzali*, Rn. 80 ff.

72 Rheinischer Merkur vom 21. Juli 2005, Online-Ausgabe, unter: http://www.merkur.de/6317.0.html?&no_cache=1 .

73 BVerfG (Fn. 2) – *Darkanzali*, Rn. 80 ff.

74 Hierauf weist auch *Joachim Vogel* hin: Europäischer Haftbefehl und deutsches Verfassungsrecht, JZ 2005, 801 ff., 805.

75 Abw. Votum *Lübbe-Wolff*, BVerfG (Fn. 2) – *Darkanzali*, Rn. 177.

76 EuGH (Fn. 44) – *Pupino*

77 Verfassungsrichter *Gerhardt* spricht in seiner abweichenden Meinung vom Urteil des EuGH in der Sache *Pupino;* vgl. BVerfG (Fn. 2) – *Darkanzali*, Rn. 196.

gestellt, dass die Mitgliedstaaten auch im Bereich der dritten Säule die Pflicht zur loyalen Zusammenarbeit trifft.[78] Die Mitgliedstaaten müssen danach, wie nach Art. 10 EGV, *„alle geeigneten Maßnahmen allgemeiner oder besonderer Art zur Erfüllung ihrer Verpflichtungen nach dem Recht der Europäischen Union treffen*".

Hierzu gehört, dass „der Grundsatz gemeinschaftsrechtskonformer Auslegung in Bezug auf Rahmenbeschlüsse, die im Rahmen von Titel VI des Vertrages über die Europäische Union ergangen sind, anzuwenden ist".[79] Dass der Gerichtshof statt von rahmenbeschlusskonformer Auslegung von der *gemeinschaftsrechts*konformen Auslegung nationalen Rechts spricht, macht deutlich, dass für ihn ein grundsätzlicher Unterschied zwischen Unionsrecht und Gemeinschaftsrecht nicht besteht.[80] Wenn der Gerichtshof dabei die Mitgliedstaaten „zur Erfüllung ihrer Verpflichtungen nach dem *Recht der Europäischen Union*, ... *auch* im Rahmen der polizeilichen und justiziellen Zusammenarbeit in Strafsachen" anhält, wird erkennbar, dass er sich mehr und mehr eines einheitlichen Blickes auf beide Sektoren des europäischen Rechts bedient. Rahmenbeschlüsse sind für ihn „Rechtsinstrumente mit analogen Wirkungen wie im EG-Vertrag", also wie Richtlinien, und die Zuständigkeit des Gerichtshofs zu ihrer Auslegung, so führt er aus[81], *„würde ihrer praktischen Wirksamkeit beraubt, wenn die Einzelnen nicht berechtigt wären, sich auf Rahmenbeschlüsse zu berufen, um vor den Gerichten der Mitgliedstaaten eine gemeinschaftsrechtskonforme Auslegung des nationalen Rechts zu erreichen*".

Die These von der „Einheit der europäischen Verfassung" und der Union als einheitlichem Verband gewinnt mit diesen Worten des Gerichtshofes an Plausibilität.[82] Ohne die gleiche Verbindlichkeit der europäischen Normen gerade im Bereich der Justizpolitik wären Legitimation und gegenseitiges Vertrauen, auf die ihre Wirksamkeit gründet, nicht zu gewährleisten.

Gemessen an der mit Art. 249 III EGV identischen Formulierung des Art. 34 II lit. b) EUV ist die Annahme, dass ein Rahmenbeschluss eine der Richtlinie vergleichbare Bindungswirkung hat, auch nur konsequent. Von Bedeutung dürfte zudem die den Richtlinien im Wesentlichen wortgleiche Formulierung der Schlussklauseln in den Rahmenbeschlüssen sein. Sie macht deutlich, dass es dem Willen der Mitgliedstaaten entspricht, eine den Richtlinien entsprechende Bindungswirkung der Rahmenbeschlüsse auch wirklich zu erzeugen. Nur so kann das System der auch auf eine Mindestharmonisierung gestützten gegenseitigen Anerkennung überhaupt funktionieren. Ein Staat, der sich erst auf diese Formulierungen einlässt und nachfolgend

78 EuGH (Fn. 44) – *Pupino*, Rn. 42.

79 Ebd., Rn. 42.

80 Krit. deswegen die Anmerkung *Hillgruber*, JZ 2005, 841.

81 EuGH – *Pupino* (Fn. 44), Rn. 38.

82 Siehe hierzu *Stefan Kadelbach*, Einheit der Rechtsordnung als Verfassungsprinzip der Europäischen Union?, in: Armin von Bogdandy/Claus-Dieter Ehlermann (Hrsg.), Konsolidierung und Kohärenz des Primärrechts nach Amsterdam, Europarecht Beiheft 2/1998, S. 51 ff.; die Union auf Grund ihrer einheitlichen Organstruktur als einheitlichen Verband betrachtend schon: *Armin von Bogdandy*, Die Europäische Union als einheitlicher Verband, in: ebd., S. 165 ff., 171 ff.

eine geringere Bindungskraft geltend macht, handelt nicht nur treuwidrig, sondern gefährdet das System und die mit der Europäischen Union verfolgten gemeinsamen Ziele insgesamt.

3. Die Lösung des Widerspruchs

Wenn das Bundesverfassungsgericht in letzter Konsequenz eine Verweigerung der Umsetzung konkreter Rahmenbeschlüsse zur Legitimitätsvoraussetzung ihrer Geltung macht, bedeutet dies einen klaren Verstoß gegen die auch im Unionsrecht geltende Pflicht zur loyalen Zusammenarbeit[83]. Im Bereich der dritten Säule ein „*Recht zur Vertragsverletzung*" anzunehmen, wo es hier doch in besonderer Weise um die Gewährleistung der Sicherheit und der Rechte einzelner geht, entspricht nicht den weitreichenden Zwecken, die der Vertrag gerade im Bereich der Justizpolitik verfolgt. Doch selbst wenn man sich auf den Standpunkt der Senatsmehrheit begibt und das Unionsrecht weiterhin als Völkerrecht betrachtet, verlässt der Beschluss den Boden des Grundgesetzes: Auch die Erlaubnis zum Völkerrechtsbruch steht im krassen Widerspruch zur Völkerrechtsfreundlichkeit des Grundgesetzes. Dieser gebietet im weitesten Sinne präventiv Konflikte mit dem Verfassungsrecht zu lösen, um die Verpflichtungen Deutschlands in der Weltgemeinschaft einhalten zu können. Allerdings zeichnet sich mit dem vorliegenden Beschluss des Gerichts eine Rechtsprechungslinie ab, welche ihren Ausgangspunkt im Urteil zum Fall *Görgülü* zu haben scheint. Dort hat das BVerfG die „*weitgehende Völkerrechtsfreundlichkeit*" des Grundgesetzes dahingehend interpretiert, dass es diesem Ziel nicht widerspreche,[84] „*wenn der Gesetzgeber ausnahmsweise Völkervertragsrecht (sc. hier die Europäische Menschenrechtskonvention) nicht beachtet, sofern nur auf diese Weise ein Verstoß gegen tragende Grundsätze der Verfassung abzuwenden ist*".

Der in diesem Zusammenhang erstmals ausdrücklich genannte, auch für das europäische Gemeinschaftsrecht geltende „*Souveränitätsvorbehalt*" erheische Achtung, selbst wenn nach den Worten des Gerichts das Grundgesetz „*die Einfügung Deutschlands in die Rechtsgemeinschaft friedlicher und freiheitlicher Staaten erstrebt". Denn es verzichte „nicht auf die in dem letzten Wort der deutschen Verfassung liegende Souveränität*".[85]

Wenn *Eckart Klein* diese Feststellung mit den Worten kommentiert, sie stifte „*Verwirrung*",[86] ist das freilich ein noch milder Ausdruck. Rechtsgemeinschaft bedeutet: Bindung an das Recht, auch an das Völkerrecht. Der Zweck der EMRK ist es gerade, ein Instrument überstaatlicher Kontrolle für den Schutz der Menschenrechte gegenüber dem Staat zu bieten. Es würde wertlos, wenn sich die Organe des betrof-

83 EuGH - *Pupino* (Fn. 44), Rn. 39 ff.
84 BVerfG JZ 2004, 1171 (1172) – *Görgülü,* Rn. 35.
85 Ebd., S. 1172, Rn. 36 und 35.
86 *Eckart Klein*, Anmerkung in JZ 2004, 1176, 1177, 1178.

fenen Staates über ein Urteil des Europäischen Gerichtshofs für Menschenrechte in der Annahme hinwegsetzen dürften, „doch selbst am besten zu wissen, was dem einzelnen frommt“.[87] In den Augen des Bundesverfassungsgerichts indessen geht es um den effektiven Schutz der Grundrechte nach dem – vorrangigen – Grundgesetz.[88]

Indem das BVerfG in seinem Urteil nunmehr dem Rahmenbeschluss mit der Nichtigerklärung des Umsetzungsgesetzes die innerstaatliche Wirksamkeit ohne Übergangsregelung entzieht, führt es die Bundesrepublik zu einem Verstoß gegen die unionsrechtliche Loyalitätspflicht. Diese geht weit über den dem Völkerrecht sein Gepräge verleihenden Grundsatz *pacta sunt servanda* hinaus und gebietet es, auch im Bereich des Unionsrechts wohlverstandene Rücksichtnahme auf die anderen Mitgliedstaaten zu üben. Spanien hat im Gegenzug die Vollstreckung Europäischer Haftbefehle aus Deutschland ausgesetzt.[89] Das ist aus der völkerrechtlichen Gegenseitigkeitsperspektive verständlich, aber in gleicher Weise ein Verstoß gegen das Recht der Union. Die Freilassung mutmaßlicher Terroristen macht die Risiken des traditionell völkerrechtlichen Denkens deutlich. Der für solche Fälle der Vertragsverletzung gegebene Weg des Art. 35 VII EUV wurde offenbar übersehen.

Ein Beispiel für eine „unionsfreundlichere“ Vorgehensweise gibt das polnische Verfassungsgericht, welches eine Übergangsfrist von 18 Monaten für die ebenfalls als verfassungswidrig befundene polnische Umsetzungsregelung gewährt.[90] Statt das gesamte Gesetz nichtig zu erklären und damit die Pflichten Deutschlands aus dem EU-Vertrag zu verletzen, hätte das Bundesverfassungsgericht gut daran getan, das konkrete Problem mit einer verfassungskonformen Auslegung des Gesetzes zu lösen[91] und im Hinblick auf das Anliegen einer verstärkten demokratischen Kontrolle der Gesetzgebung im Bereich der europäischen Justizpolitik den deutschen Gesetzgeber an die Möglichkeit einer konsequenteren Wahrnehmung seiner bereits beste-

87 So treffend die Kritik von *Klein*, JZ 2004, 1178. Krit. auch *Ingolf Pernice*, BVerfG, EGMR und die Rechtsgemeinschaft, EuZW 2004, 704; *Carl Otto Lenz*, „An die Gewährleistungen der Konvention gebunden“. Zum Urteil des Bundesverfassungsgerichts in der Rechtssache Görgülü, in: FS für Manfred Zuleeg, 2005, 234 ff., mit dem Hinweis, dass es dem Parlamentarischen Rat seinerzeit um vieles andere ging als um staatliche Souveränität (ebd., S. 236 f.).

88 BVerfG JZ 2004, 1171, 1175: „‘Berücksichtigen‘ bedeutet, die Konventionsbestimmung in der Auslegung des Gerichtshofs zur Kenntnis zu nehmen und auf den Fall anzuwenden, soweit die Anwendung nicht gegen höhrerrangiges Recht, insbesondere gegen Verfassungsrecht verstößt“.

89 So als Konsequenz dieses durch das BVerfG verfügten Auslieferungs- resp. Übergabestopps der Beschluss der spanischen Audienca Nacional, die Vollstreckung deutscher „Europäischer Haftbefehle“ bis auf weiteres abzulehnen, siehe FAZ v. 23. Juli 2005, S. 1.

90 Nach Art. 190 III Poln. Verfassung, Verfassungsgerichtshof Polen, Urt. v. 27. April 2005, P 1/05, Ziff. 10 ff., unter: http://www.trybunal.gov.pl/eng/summaries/documents/ P_1_05_DE.pdf .

91 In diesem Sinne das abw. Votum *Lübbe-Wolff*, BVerfG (Fn. 2) - *Darkanzali*, Rn. 181 f.; zu den Möglichkeiten einer am Einzelfall orientierten Lösung s. auch das abw. Votum *Gernardt*, ebd., Rn. 190 ff.; vgl. auch *Joachim Vogel*, Europäischer Haftbefehl und deutsches Verfassungsrecht, JZ 2005, 801 (804).

henden Rechte als *„europäisches Parlament*“ zu erinnern[92] bzw. diese Rechte etwa durch ein *„parlamentarisches Mitspracherecht*“ auszubauen.[93]

4. Gültigkeitskontrolle von EU-Rahmenbeschlüssen

Die Überlegungen zur Umsetzungsverpflichtung bei Rahmenbeschlüssen der Union sind Grundlage auch für die Frage, ob und in welchem Umfang es Sache mitgliedstaatlicher Gerichte sein kann, ihre Vereinbarkeit mit Grundrechten und damit ihre innerstaatliche Rechtswirkung zu beurteilen.

Aus den schon zitierten Äußerungen im Urteil *Pupino* über das Recht der Einzelnen, vor den innerstaatlichen Gerichten eine gemeinschaftsrechtskonforme Auslegung des nationalen Rechts am Maßstab auch von Rahmenbeschlüssen zu verlangen, wird bereits erkennbar, dass der Gerichtshof es nicht akzeptieren würde, wenn ein innerstaatliches Gericht über die Gültigkeit eines Rahmenbeschlusses oder seine Anwendbarkeit befinden würde. Dies sollte auch für das Bundesverfassungsgericht gelten: Der EU-Vertrag wurde zusammen mit dem EG-Vertrag gemäß Art. 23 I GG in Kraft gesetzt und nachfolgend durch die Verträge von Amsterdam und Nizza mit der Tendenz zur fortschreitenden „Vergemeinschaftung“ der Kompetenzen im Bereich der Dritten Säule weiterentwickelt. Es ist daher kein Recht „zweiter Klasse“ und unterliegt daher in bezug auf eine Gültigkeitskontrolle durch nationale Gerichte denselben Beschränkungen, wie das Gemeinschaftsrecht.[94] Dass in der Substanz keine unterschiedliche Geltungskraft beabsichtigt war, folgt auch aus der ausdrücklichen Kompetenz des Gerichtshofs für Entscheidungen über die Auslegung und Gültigkeit (!) von Rahmenbeschlüssen und Beschlüssen nach Art. 34 EUV: Denn nach Art. 35 I EU entscheidet der Gerichtshof – und sonst kein anderes Gericht – *„im Wege der Vorabentscheidung über die Gültigkeit und die Auslegung der Rahmenbeschlüsse und der Beschlüsse... und über die Gültigkeit und Auslegung der dazu gehörigen Durchführungsmaßnahmen*“.

92 Siehe oben, S. 377.

93 Auf diese Möglichkeit verweist *Michael Böhm,* Das Europäische Haftbefehlsgesetz und seine rechtsstaatlichen Mängel, NJW 2005, 2588 ff., 2589. Nach dem abw. Votum *Lübbe-Wolff*, BVerfG (Fn. 2) - *Darkanzali*, Rn. 180, „muss die noch ausstehende Entwicklung hin zu einer besseren demokratischen Fundierung auch dadurch erfolgen, dass auf nationaler Ebene in Recht und Praxis der parlamentarische Einfluss auf das Stimmverhalten der Regierungsvertreter im Rat verstärkt wird“.

94 Ebenso *Martin Böse*, Polizeiliche und Justizielle Zusammenarbeit in Strafrechtsfragen, EuR Beiheft 1/2005, 55 (57), der freilich von einer völkerrechtlichen Natur der Unionsrechtsakte ausgeht.

Die Bundesrepublik Deutschland hat diese Zuständigkeit ausdrücklich anerkannt[95] und sich damit dem System der Auslegung und Gültigkeitskontrolle durch den EuGH unterworfen. Eine parallele Zuständigkeit des BVerfG stünde dazu in krassem Widerspruch. Sie ist auch materiellrechtlich nicht geboten. Denn für die Kontrolle von Rechtsakten nach dem EU-Vertrag gilt nach Art. 6 I und II EUV derselbe Grundrechtsmaßstab, wie für die Bindung der EG an die Grundrechte. Sie erlaubt es dem Bundesverfassungsgericht, die Kontrolle europäischer Rechtsakte am Maßstab der deutschen Grundrechte grundsätzlich abzulehnen, so wie es die vorrangige Kompetenz des EuGH schon für den Bereich des Gemeinschaftsrechts ausdrücklich anerkannt hat.[96] Im *Tabakrauch*-Beschluss und später auch im Beschluss über die *Teilzeitarbeit* vom Januar 2001 findet sich die Feststellung:[97]

> *„Wenn der nationale Gesetzgeber Spielraum bei der Umsetzung von sekundärem Gemeinschaftsrecht hat, ist er zwar an die Vorgaben des Grundgesetzes gebunden und unterliegt insoweit in vollem Umfang der verfassungsgerichtlichen Überprüfung (vgl. BVerfG, Beschluss der 3. Kammer des Zweiten Senats vom 9. Juli 1992 – 2 BvR 1096/92 –, NVwZ 1993, S. 883 <884>) ... Soweit im Übrigen die Normsetzung zwingend dem Gemeinschaftsrecht folgt, ist sie ebenso wie das sekundäre Gemeinschaftsrecht selbst nicht am Maßstab der deutschen Grundrechte durch das Bundesverfassungsgericht zu prüfen, sondern unterliegt dem auf Gemeinschaftsrechtsebene gewährleisteten Grundrechtsschutz."*

Diese Grundsätze finden auf Rahmenbeschlüsse der Europäischen Union in gleicher Weise Anwendung. Sie beruhen auf der Erkenntnis, dass die einheitliche Geltung und Achtung des europäischen Rechts eine Frage seiner gleichen Verbindlichkeit für alle ist, d.h. der Gleichheit vor dem Gesetz und damit Grundlage nicht nur des im EG- bzw. EU-Vertrag verankerten Gegenseitigkeitsprinzips, sondern auch der darauf beruhenden Funktionsfähigkeit der Union.[98] Wo mitgliedstaatliche Gerichte leichtfertig die Kompetenz für sich in Anspruch nehmen, eigenständig über die Anwendbarkeit europäischen Rechts im eigenen Lande zu entscheiden, brechen sie die Vertragstreue, auf deren Achtung im Gegenzug die Erwartung jedes Mitgliedstaats und jedes Unionsbürgers beruht, dass ihre Ansprüche und Rechte im anderen Land durchsetzbar sind und die gemeinsamen Ziele zum Vorteil aller erreicht werden.

Wenn *Hillgruber* annimmt, das Vorlageverfahren schaffe lediglich die Möglichkeit für die mitgliedstaatlichen Gerichte, sich ein unentgeltliches „*Gutachten*" des EuGH über die Völkerrechtskonformität der von Ihnen beabsichtigten Auslegung einzuholen, verkennt er die Bedeutung des Gerichtshofs für die Erreichung der vereinbarten Ziele, die Ernsthaftigkeit des mit seiner zentralen Rolle verfolgten Anlie-

95 Vgl. § 1 Abs. 2 des Gesetzes betreffend die Anrufung des Gerichtshofes der Europäischen Gemeinschaften im Wege des Vorabentscheidungsverfahrens auf dem Gebiet der polizeilichen Zusammenarbeit und der justiziellen Zusammenarbeit in Strafsachen nach Artikel 35 des EU-Vertrages – EuGH-Gesetz – vom 6.8.1998 (BGBl. 1998 I, S. 2035), dazu die Erklärung nach Art. 35 Abs. 2 EU: ABl. L 114 vom 1.5.1999, S. 56.

96 S. insbesondere BVerfGE 102, 147, 163 f. – *Bananen.*

97 BVerfG, 1 BvR 1036/99 vom 9.1.2001, EuZW 2001, 255 – *Teilzeitarbeit*, II.1.b).

98 S. auch *Pernice*, Verfassungsrecht (Fn. 54), S. 182 ff.

gens und die Besonderheit des nach Art. 23 I GG begründeten Unionsrechts. Auch der Vorbehalt der Wahrung rechtsstaatlicher Grundsätze in Art. 16 II GG deutet auf diese Besonderheit hin, die von der angeblichen Unverbindlichkeit des Völkerrechts weit entfernt ist. Wie bei Art. 23 I 1 GG, der für die EU insgesamt einen dem Grundgesetz „im wesentlichen" gleichen Grundrechtsschutz fordert, ist damit auch im speziellen Fall der Auslieferung Deutscher aufgrund europäischer Regelungen eine Kontrolle durch das BVerfG als grundsätzlich ausgeschlossen anzusehen, wenn nicht das auf gemeinsame Werte und Verfahrensgarantien gestützte, vom verfassungsändernden Gesetzgeber selbst zu Grunde gelegte System Mindestvorschriften zusammen mit der europarechtlich vermittelten gegenseitigen Anerkennung auf den Kopf gestellt werden soll.[99]

Was die innerstaatliche Durchführung des europäischen Rechts betrifft, verweist der *Bananen*-Beschluss im Übrigen auf den *Solange II*-Beschluss. Danach sei der Europäische Gerichtshof

> *„unter den Voraussetzungen, die der Senat in BVerfGE 73, 339 – Solange II – formuliert hat, auch für den Grundrechtsschutz der Bürger der Bundesrepublik Deutschland gegenüber Akten der nationalen (deutschen) öffentlichen Gewalt, die auf Grund von sekundärem Gemeinschaftsrecht ergehen, zuständig".*[100]

Würde ein innerstaatlicher Vollzugsakt etwa zu einer EG-Verordnung durch ein nationales Gericht aufgehoben, ohne dass der EuGH zuvor Gelegenheit hatte, seine Gültigkeit zu prüfen und ggf. die Verordnung aufzuheben, so setzte sich der betreffende Mitgliedstaat in Widerspruch zu seinen Pflichten aus dem Vertrag. Die Situation wäre dieselbe, wie im Fall der mangelnden Umsetzung einer Richtlinie. Zu recht sieht das Bundesverfassungsgericht folglich den einzigen Weg des wirksamen Schutzes der Grundrechte des einzelnen in diesen Fällen in der Vorlage an den EuGH. Versäumt das zuständige Gericht, bei Fragen möglicher Grundrechtsverletzung infolge eines europäischen Rechtsakts diese dem EuGH vorzulegen, so verletzt es das Recht auf den gesetzlichen Richter aus Art. 101 I 2GG.[101]

99 Diese Überlegung verdanke ich einer Anregung meines Mitarbeiters *Franz Mayer*, anlässlich der kritischen Durchsicht dieses Entwurfs.

100 BVerfGE 102, 147, 163 – *Bananen.*

101 BVerfG EuZW 2001, 255, 256 – *Teilzeitarbeit*: „Diese Grundrechtsverbürgungen, die vom EuGH aus den mitgliedstaatlichen Verfassungen und der EMRK entwickelt worden sind und als allgemeine Rechtsgrundsätze Geltung als primäres Gemeinschaftsrecht entfalten, bilden die Grundlage dafür, dass das BVerfG von einem wirksamen Schutz der Grundrechte gegenüber der Hoheitsgewalt der Gemeinschaft durch den EuGH aussgeht und sich seiner Kontrollbefugnis begeben hat... Das BVerwG hat nicht in Betracht gezogen, dass es zur Überprüfung des sekundären Gemeinschaftsrechts einen solchen durch den EuGH entwickelten Grundsatz der Gleichbehandlung der Geschlechter geben könnte.., der dem im Grundgesetz verankerten Diskriminierungsverbot wegen des Geschlechts entsprechen und Geltung als primäres Gemeinschaftsrechts entfalten könnte. Auch diese Überlegung hätte eine Vorlage unabweisbar gemacht. Denn der Grundrechtsschutz der Bf. liefe ins Leere, wenn das BVerfG mangels Zuständigkeit keine materielle Prüfung anhand der Grundrechte vornehmen kann und der EuGH

So sind der Rechtskontrolle europäischer Rahmenbeschlüsse und ihrer Durchführungsakte durch das BVerfG dieselben Grenzen gesetzt, wie der Kontrolle von Rechtsakten der EG und ihren nationalen Vollzugsmaßnahmen. Daher sollten entsprechende Verfassungsbeschwerden vom BVerfG als unzulässig abgewiesen werden. Zulässig wären diese allenfalls unter dem Gesichtspunkt der Verletzung des Rechts auf den gesetzlichen Richter aus Art. 101 I 2 GG, etwa wenn ein Gericht im konkreten Fall die Auslieferung für zulässig erklärt, ohne angesichts der ggf. aufgeworfenen Grundrechtsprobleme nach Art. 35 I EU dem Gerichtshof die Frage der Gültigkeit des Rahmenbeschlusses über den Europäischen Haftbefehl vorgelegt zu haben.[102]

V. Ausblick

Mit der Entwicklung der gemeinsamen Justizpolitik erhält das gegenseitige Interesse für innerstaatliches Recht und damit der horizontale Diskurs zwischen Bürgern und Institutionen der verschiedenen Mitgliedstaaten im europäischen Verfassungsverbund eine grundlegende Bedeutung. Es geht um die horizontale Verbundenheit der Rechtsordnungen der Mitgliedstaaten[103], die bislang vernachlässigt wurde. Vor allem die Erfahrung mit dem Europäischen Haftbefehl, aber auch die Vielzahl der schon erlassenen und geplanten weiteren Maßnahmen zur Verwirklichung des Raums der Freiheit, der Sicherheit und des Rechts in der Europäischen Union sind Anlass, über diesen grundlegenden Wandel genauer nachzudenken. In dem Widerspruch der Auffassungen von Europäischem Gerichtshof in der Sache *Pupino* und Bundesverfassungsgericht in der Sache *Darkanzali* zeigt sich neuer Sprengstoff für den Zusammenhalt der Union in einem zentralen Bereich. Der Konflikt um die Einordnug des Unionsrechts kann möglicherweise erst durch das Inkrafttreten des Vertrags über eine Verfassung für Europa entschärft werden. *Jürgen Meyer* hat sich als Vertreter des Deutschen Bundestages im Konvent um diesen Vertrag besonders verdient gemacht, speziell auch mit seinen Beiträgen zur Arbeitsgruppe X über den

mangels Vorabentscheidungsersuchens nicht die Möglichkeit erhält, sekundäres Gemeinschaftsrecht anhand der für die Gemeinschaft entwickelten Grundrechtsverbürgungen zu überprüfen. In Fällen dieser Art verletzt das letztinstanzlich zuständige Fachgericht Art. 101 I 2 GG durch eine Nichtvorlage an den EuGH".

102 Zur Verletzung des Art. 101 II 1 GG bei Verletzung der Vorlagepflicht im Falle möglicher Grundrechtsverletzungen vgl. BVerfG NJW 2001, 1267, 1268 – *Teilzeitarbeit*.

103 S. auch *Christine Langenfeld*, Erweiterung ad infinitum? – Zur Finalität der Europäischen Union, ZRP 2005, 73 (75), mit Blick auf die Ergänzung des Staatenverbunds durch den Europäischen Verfassungsverbund: „Das europäische (Teil-)Verfassungsrecht steht in einem inhaltlichen Verbund mit den Verfassungsordnungen der Mitgliedstaaten. Der Verbund ist gekennzeichnet durch das Zusammenwirken und die wechselseitige Durchdringung staatlicher und zwischenstatlicher Ordnungen".

Raum der Freiheit, der Sicherheit und des Rechts[104]; jetzt ist er ständig unterwegs, um für die Annahme der Verfassung zu werben, auch damit es für die gesamte Innen- und Justizpolitik „einen großen Schritt in Richtung mehr Demokratie und mehr parlamentarischer Legitimität von europäischen Gesetzen und Regelungen gibt“[105]. Auch hier wird das Bundesverfassungsgericht ein entscheidendes Wort zu sprechen haben, wenn es im Verfahren *Gauweiler* zu einer Entscheidung über die Verfassung kommt[106].

Dabei wird es mit dem Inkrafttreten der Verfassung für Europa nicht getan sein. Neue Fragen rücken ins Blickfeld, wenn etwa im Rahmen von Europol auf der operationellen Ebene grenzüberschreitende Handlungsbefugnisse von Beamten begründet werden, so wie sich dies im Fall der „*Gemeinsamen Ermittlungsgruppen*“ andeutet – hier freilich noch auf der Grundlage besonderer Vereinbarungen. In welchem Umfang die nationalen Behörden hierbei Kompetenzen an die beteiligten Akteure anderer Mitgliedstaaten oder an Europol abgeben, hängt danach von der Bereitschaft jedes Mitgliedstaats im Einzelfall ab. So kann kein Mitgliedstaat gegen seinen Willen zur Teilnahme gezwungen werden. Doch geht es darum, ob und in welchem Umfang grundsätzlich die Ausübung von unmittelbarem Zwang Personen übertragen werden kann, die nicht im Amts- und Pflichtenverhältnis des betreffenden Mitgliedstaates stehen. Hier steht das staatliche Gewaltmonopol in Frage, das bislang in der EU unangetastet blieb und dessen Achtung für diese typusprägend ist.

Von grundsätzlicher Bedeutung ist es daher, dass in Art. I-5 I 2 VE „die grundlegenden Funktionen des Staates, insbesondere die Wahrung der territorialen Unversehrtheit, die Aufrechterhaltung der öffentlichen Ordnung und der Schutz der nationalen Sicherheit“ als besondere Schutzgüter der Verfassung hervorgehoben werden, so wie schon nach dem bisherigen Vertragsrecht die Wahrnehmung dieser Zuständigkeiten von der Politik der Union unberührt bleiben soll (vgl. Art. 33, 35 V EUV, Art. 68 II EGV).

Nach Art. III-276 III 2 VVE bleibt die Ausübung von Zwangsgewalt bei der polizeilichen Zusammenarbeit auch für Gemeinsame Ermittlungsgruppen ausschließlich Sache der zuständigen einzelstaatlichen Behörden. Allenfalls beim Grenzschutz könnte sich langfristig eine andere Entwicklung ergeben: Art. III-265 I c) und II d) VVE sieht die „*schrittweise Einführung eines integrierten Grenzschutzsystems an den Außengrenzen*“ vor – steps towards federal border control. Doch auf welcher rechtlichen Grundlage würden ggf. ausländische Beamte einer darauf gegründeten

104 Vgl. etwa sein Arbeitspapier X/34 vom 29.11.02, http://european-convention.eu.int/docs/wd10/5760.pdf. Vgl. auch *Jürgen Meyer*, Die Arbeiten an einer Europäischen Verfassung – Ein Werkstattbericht, Vortrag vom 3.12.02 an der Humboldt-Universität, FCE 7/02, www.whi-berlin.de/jmeyer.htm.

105 So *Jürgen Meyer*, Der Europäische Verfassungsvertrag: Mehr Rechte für die Bürger und mehr Verantwortung für die Anwaltschaft. Ein Interview, BRAK-Mitt. 4/2004, S. 151 (152).

106 Organklage und Verfassungsbeschwerde des Abg. *Peter Gauweiler* vom 27. Mai 2005, 2 BvE 2/05 – 2 BvR 839/05, unter: http://www.peter-gauweiler.de/pdf/themen/EU-Verf-Klage-27-5.pdf.

Europäischen Grenzschutztruppe dann innerstaatlich agieren dürfen? Da Deutschland gegenüber Drittstaaten selbst außer zur Schweiz keine Außengrenzen hat, ist es kaum davon berührt. Im Hinblick auf die Sicherheit geht es allerdings um ein zentrales Anliegen Deutschlands, bei dessen Verwirklichung sich dann auch die Frage nach den Grenzen der Integration und der Finalität Europas stellen wird.

Ähnliche Fragen könnte die Einführung einer Europäischen Staatsanwalt aufwerfen, wie sie jetzt in Art. III-274 VVE vorgesehen ist. Entscheidend ist, welche Befugnisse ihren Beamten übertragen werden und auf welcher Grundlage sie handeln. Materiellrechtlich wird der *corpus juris* zum Schutz der finanziellen Interessen der Gemeinschaft, der nach Abs. 1 und 2 zu beschließen ist[107], den Ausschlag geben, daneben wird der Europäische Rat möglicherweise die Zuständigkeit des Europäischen Staatsantwalts gemäß Abs. 4 auf weitere Straftaten ausdehnen. Wenn es dann, wie in Art. III 274 II 2 VE angesprochen, darum geht, dass die Europäische Staatsanwaltschaft „bei diesen Straftaten vor den zuständigen Gerichten der Mitgliedstaaten die Aufgaben der Staatsanwaltschaft" wahrnimmt, wäre im einzelnen sicherzustellen, dass die Ausübung von Zwangsgewalt in der Hand der mitgliedstaatlichen Behörden belassen und damit der besondere, überstaatliche Charakter der Europäischen Union gewahrt wird[108].

Mit dieser Grenze wird am Ausbau der horizontalen Dimension des europäischen Verfassungsverbundes ein wichtiger Unterschied zum Bundesstaat deutlich: Die Europäische Union ist als Rechtsgemeinschaft auf die strikte Achtung des – freiwillig vereinbarten – Rechts gegründet, nicht auf Gewalt, Macht und physischen Zwang. Das ist ihr Spezifikum, das auf die Unverbrüchlichkeit des gemeinsamen Rechts gestützte Vertrauen macht sie für Beitrittsländer attraktiv – trotz der offenbaren Souveränitätsverluste – und das ist der Grund, warum sich auch ein Bundesverfassungsgericht verpflichtet fühlen sollte, demjenigen Recht uneingeschränkte Geltung zu verschaffen, das wir uns vertreten durch unsere Regierungen und Parlamente als Deutsche gemeinsam mit den Bürgerinnen und Bürgern der anderen Mitgliedstaaten – überstaatlich – für unsere gemeinsamen Ziele geschaffen haben. Das setzt voraus, dass bei der Verwirklichung des Raumes der Freiheit, der Sicherheit und des Rechts die Freiheit und damit die Wahrung der Grundrechte einen besonders hohen Stellenwert erhalten und behalten: Auch Risiken und Ängste gegenüber ungezügelter Staatsgewalt sind für den einzelnen Sicherheitsrisiken. Auf dieser Basis muss der anderen Seite dann aber auch das gemeinsame Recht uneingeschränkt gelten, einschließlich des aufgrund gegenseitiger Anerkennungsregeln verbindlichen Rechts der anderen Mitgliedstaaten. „Souveränitätsvorbehalte" einzelner Mitgliedstaaten oder Institutionen passen zum Projekt der Europäischen Union ebenso wenig wie zum Schutzzweck der Europäischen Menschenrechtskonvention.

107 Näher *Christine van den Wyngaert*, Eurojust and the European Public Prosecutor in the *Corpus Juris* Model: Water and Fire, in: Neil Walker (Hrsg.): Europe's Area of Freedom, Security and Justice (2004), S. 201-239.

108 Hierauf weist im Blick auf Europol schon *Meyer*, Arbeiten (Fn. 104), S. 10, hin.

D.

Europarecht, Internationales Recht und Rechtsvergleichung

Die Europäische Insolvenzverordnung

Vom Insolvenzimperialismus zum Insolvenzpragmatismus?

von Karl-Heinz Lauser, Rechtsanwalt und Wirtschaftsmediator, Kanzlei Derra, Meyer & Partner, Berlin und Bologna und Elke Rief, Rechsanwältin, Frankfurt

Einleitung

Seit Inkrafttreten der *„Verordnung (EG) Nr. 1346/2000 des Rates vom 29. Mai 2000 über Insolvenzverfahren"* (EuInsVO) am 31.05.2002 sind nun doch schon einige Entscheidungen in einzelnen Mitgliedstaaten zu Fragen der Zuständigkeit im Sinne des Art. 3 EuInsVO, insbesondere zur Auslegung des *center of main interests*, ergangen.[1] Eine gewisse Berühmtheit hierzu hat darunter die Daisytek ISA- Entscheidung des High Court of Justice in Leeds vom 16.05.2003[2] erlangt, in der das englische Gericht auf Grund der Tatsache, dass sich die Konzernzentrale in England befand, auch über die selbständigen Tochtergesellschaften mit Satzungssitz in Deutschland und Frankreich das Insolvenzverfahren (nach englischem Recht) eröffnete. Dies wurde zum Anlass genommen, schon davon zu sprechen *„Britannia waves the rules, the Continent is not amused."*[3] Und auch im Zusammenhang mit der Insolvenz der italienischen Parmalat-Gruppe streiten sich europäische Gerichte bzw. Insolvenzverwalter um die Zuständigkeit für die Abwicklung bzw. Sanierung der Tochtergesellschaften in Irland („Eurofood")[4] und Deutschland („Deutsche Parmalat GmbH").[5] Schließlich hat in Deutschland das AG München in seiner Hettlage-Entscheidung die Kompetenz für die Abwicklung der österreichischen Tochtergesellschaft des Textilretailers für sich in Anspruch genommen.[6] Dies sind nur einige der (bekanntesten) Fälle, die dazu geführt haben, dass derzeit das Wort vom Insolvenzimperialismus durch Europa geht,[7] das den Gläubigern Angst macht und den Insolvenzverwaltern zwischen Dublin und Parma die Sanierung von europaweit

1 In diesem Zusammenhang wird auf die Datenbank in www.eir-database.com hingewiesen, wo zahlreiche Entscheidungen aus verscheidenen Ländern zu finden sind.

2 ZIP 2004, 963; ZIP 2003,1362.

3 Zitat von Professor Harry Rajak, Universität Sussex, Brighton anläßlich des Vortrages „Das Verhältnis zwischen dem Haupt- und dem Sekundärinsolvenzverfahren", Seminar „Europäisches Insolvenzrecht" an der Europäischen Rechtsakademie Trier vom 26.-27.01.2004.

4 ZIP 2004, 1220.

5 ZIP 2004, 2295.

6 ZIP 2004, 962.

7 Mankowski, RIW 2004, 597.

agierenden Konzernen zentriert am Sitz der Muttergesellschaft ermöglicht und damit ein lukratives Geschäft garantiert. Es scheint ein wahrer Wettlauf der Mitgliedstaaten um die Eröffnung des Hauptinsolvenzverfahrens entbrannt zu sein.[8]

Doch: Eigentlich sollte die EuInsVO einen solchen *„einheitlichen Gerichtsstand für Konzerninsolvenzen"* gar nicht schaffen.[9]

Das Phänomen COMI

Die weit überwiegende Mehrzahl der Entscheidungen der Gerichte in den Mitgliedstaaten der EU stellen zur Ermittlung des Interessenmittelpunktes einer Gesellschaft (*„centre of main interests"*, COMI) und somit zur Bestimmung der internationalen Eröffnungszuständigkeit im Sinne des Art. 3 Abs. 1 EuInsVO ganz im Sinne einer *„going concern"* Betrachtung auf den Ort der strategischen Unternehmensleitung, auf das Innenverhältnis zwischen Tochter- und Muttergesellschaft sowie auf die Hauptgläubiger ab.[10] Diese Meinungsströmung wurde auch schon als *„mind-of-management-Theorie"* bezeichnet.[11] Nur in der Minderheit scheinen die Gerichte entscheidend darauf abzustellen, wo die Schuldnerin ihre werbende Tätigkeit entfaltet und wo diese für Dritte, sprich die potentiellen Gläubiger, erkennbar wird. So werden objektive und für Dritte erkennbare Kriterien zur Bestimmung des *center of main interests* etwa postuliert vom AG München in seiner Hettlage-Entscheidung[12] und vom AG Mönchengladbach in seiner EMBIC I - Entscheidung.[13] Auch das AG

8 Bähr/Riedemann, ZIP 2004, 1066, 1067 (in einer Anmerkung zu AG Mönchengladbach ZIP 2004, 1064).

9 Duursma-Kepplinger/Duursma/Chalupsky, EuInsVO, 2002, Art. 1 Rn. 48 ff m.w.N.

10 Daisytek-ISA-Entscheidung, High Court of Justice Leeds, ZIP 2004, 963, 965.
Hettlage-Entscheidung, AG München ZIP 2004, 962, 963.
Eurofood IFSC/Parmalat I - Entscheidung, Tribunale di Parma v.19.02.2004 ZIP 2004, 1220
Eurofood IFSC/Parmalat, II-Entscheidung, High Court Dublin v. 23.03.2004, ZIP 2004, 1223.
Dt. Parmalat GmbH/Entscheidung, Tribunale di Parma, v. 15.06.2004, ZIP 2004, 2295.
Parmalat Slowakei/Entscheidung Municipalità Court von Fejer/Székesfehérvdr (Ungarn) v. 14.06.04, ZInsO 2004, 861.
Hukla-Werke-Entscheidung, AG Offenburg EWiR 2005, 73.
Zenith-Entscheidung, AG Siegen, EWiR 2005, 175.
Zenith-Entscheidung LG Klagenfurt, EWiR 2005, 217.
Rover-Entscheidung High Court of Justice Birmingham, ZIP 2005, 1610.

11 Csia, ZInsO 2004, 861, 862.

12 ZIP 2004, 962: Zuständigkeit für die Eröffnung eines Hautpinsolvenz über das Vermögen einer österreichischen Tochtergesellschaft am Sitz der Konzernmutter in Deutschland, wenn von dort aus tatsächlich auch im Verhältnis zu Dritten die Unternehmensführung erfolgte, insbesondere durch Zentralisierung des Einkaufs und der Personalverwaltung.

13 ZIP 2004,1064.

Weilheim i. OB[14] schlägt wohl diese Linie ein. Für diese Sichtweise der Dinge wurde schon der Begriff *„business-activity-Theorie"* geprägt.[15]

Eine eigene, nationale Linie scheint in diesem Zusammenhang der italienische Kassationsgerichtshof zu verfolgen, wenn er feststellt, dass der nationale Richter nach nationalem Recht festzustellen habe, wo der *center of main interests* angesiedelt ist, da die EuInsVO nämlich keine Legaldefinition dieses Tatbestandsmerkmals von Art. 3 Abs. 1 EuInsVO biete.[16] Dies dürfte jedoch kaum dem Sinn der EuInsVO entsprechen, die in Art. 3 verordnungsautonom den COMI bestimmen und dies gerade nicht im Anwendungsbereich der nationalen Rechtsordnungen der Mitgliedstaaten belassen wollte.[17]

Zu den verschiedenen Auslegungsmöglichkeiten des Begriffes des *center of main interest* sei zunächst auf die umfassenden Ausführungen von *Kübler*[18] verwiesen. Ein klärendes Wort versprechen sich Lehre und auch Praktiker nunmehr vor allem aber vom EuGH, der dazu im Rahmen eines Vorabentscheidungsersuchens des Supreme Court of Ireland vom 27.07.2004 in Sachen Parmalat/Eurofood IFSC Ltd.[19] zu befinden hat. Gleichwohl scheint die Klärung dieser Frage zumindest für den EuGH nicht gar so dringend zu sein, wies er doch mit Beschluss vom 15.09.2004 einen Antrag auf Entscheidung im beschleunigten Verfahren ab.[20] Bei Abschluss des Manuskriptes für diesen Beitrag lagen lediglich die Schlussanträge des Generalanwaltes beim EuGH vor.[21] Sollte der EuGH diesen folgen, dann würde er den bis dato sichtbaren Tendenzen hin zu einer Zuständigkeit der Gerichte am Sitz der Konzernzentrale eine klare Absage erteilen zugunsten der Eröffnung des Hauptinsolvenzverfahrens am satzungsmäßigen Sitz der (konzerngebundenen) Tochtergesellschaft.

Und so lautet zumindest bis zu einem (hoffentlich) klärenden Wort aus Luxemburg die Regel: wer im Falle einer Konzerninsolvenz zuerst den Antrag stellt und den (heimischen) Insolvenzrichter von seiner Zuständigkeit überzeugt, hat gute Chancen, dass sämtliche Verfahren aller (europäischen) Konzerngesellschaften an einem Ort, unter einem Recht und unter der Führung eines Verwalters konzentriert werden. Und die Eigentümlichkeit der deutschen InsO bugsiert die deutschen Verwalter hier mit dem bisweilen (gewollt) langen Eröffnungsverfahren bisher eher in die zweite oder gar dritte Startreihe im Grand Prix um die begehrten Konzerninsolvenzen.

14 ZIP 2005,1611 (nicht rechtskräftig).

15 Csia, ZInsO 2004, 861, 862.

16 Cass Civ. (sezioni unite), Urteil vom 20.05.2005; im Leitsatz veröffentlicht in „Il Fallimento" 2005, 827.

17 So auch Wimmer, ZInsO2005, 119, 122.

18 Festschrift für Walter Gerhardt, 2004, Seite 527, 540 ff.

19 Supreme Court of Ireland Vorabentscheidungsersuchen vom 27.07.2004, DZWIR 2005, 60ff.

20 Der Beschluss ist abrufbar über http://curia.eu.int; das Verfahren vor dem EuGH trägt das Aktenzeichen C-341/04.

21 ZIP 2005, 1878.

Die vorstehend skizzierte Entwicklung in der Rechtsprechung zeigt, dass wir auf dem besten Weg zu einem einheitlichen Konzerninsolvenzgerichtsstand sind, es sei denn, der EuGH gibt in Sachen Parmalat/Eurofood klare Vorgaben für eine Kehrwendung.

Aber nicht nur ein einheitlicher Konzerninsolvenzgerichtsstand würde so geschaffen; diese Haltung führt weiterhin auch dazu, dass das Recht des Eröffnungsstaates und damit das Recht am Sitz der Konzernmutter als *lex fori concursus* i.S.d. Art. 4 EuInsVO einheitlich bezüglich aller insolvenzrechtlicher Fragen zur Anwendung kommt. Gesellschaftsrechtliche Fragen sind hingegen nach dem Gründungsstatut und damit nach dem Recht des Landes zu beantworten, in dem die einzelnen Gesellschaften gegründet wurden.[22] Das damit verbundene Auseinanderfallen von Insolvenz- und Gesellschaftsstatut könnte zum Anreiz für einen gewissen „Insolvenztourismus" werden. Die Antwort auf die Frage, welches gesellschaftsrechtliche Haftungsrecht z.B. für Geschäftsführer und Vorstände günstiger erscheint, könnte ausschlaggebend für die Wahl des Gründungsortes sein. Durch die sich derzeit abzeichnende Entwicklung der Rechtsprechung hin zu einem einheitlichen Konzerninsolvenzgerichtsstand wird ein, wie es *Weller* zutreffend formuliert, *„Rosinenpicken"* dergestalt ermöglicht, dass sich die Konzerne während der werbenden Tätigkeit hinter dem Haftungsschott der ausländischen Tochtergesellschaft verstecken, dieses im Insolvenzfalle zu Gunsten des Gesamtkonzerns jedoch wieder ausblenden wollen, was letztendlich auch zu Lasten der Gläubiger ginge.[23]

Wie auch immer: Das vorhandene Fallmaterial zeigt, dass es faktisch nahezu immer zur Eröffnung einer Sekundärinsolvenz am Satzungssitz der Tochtergesellschaft kommt, wenn über deren Vermögen am Sitz der Mutter unter weiter Auslegung des COMI ein Hauptinsolvenzverfahren eröffnet wurde.[24] So unter anderem geschehen in Sachen Hettlage (München und Innsbruck), Hukla (Offenburg und Wien), Rover (Birmingham und Düsseldorf) und Zenith (Siegen und Klagenfurt).[25] Der Grund dafür mag (auch) darin zu sehen sein, dass sich die lokalen Gläubiger der Tochtergesellschaft, beispielsweise die Arbeitnehmer oder der Fiskus, durch die Anwendung des (ihnen bekannten) lokalen Insolvenzrechts als *lex concursus* Vorteile versprechen. Diese können beispielsweise in der unterschiedlichen Rangklasse und damit in den unterschiedlichen Befriedigungschancen liegen, die das lokale Insolvenzrecht

22 EuGH – Inspire-Art-Urteil, ZIP 2003, 1885; BGH NJW 2005, 1648, 1649.

23 Weller, IPRAX 2004, 412 (416).

24 Vgl. Mankowski EWiR 2005,637,638 (zu Rover).

25 Eine Ausnahme scheint hier wohl die Grundig-Insolvenz darzustellen. Diese wurde wohl lediglich durch die Eröffnung einer Reihe von Hauptinsolvenzverfahren in einigen europäischen Staaten abgewickelt.

gegenüber dem Insolvenzrecht am Sitz der Muttergesellschaft bietet.[26] *Mankowski* spricht in diesem Zusammenhang zu Recht von der *„Attraktivität der Sekundärinsolvenz"*[27] und *Oberhammer* sieht in der Beantragung und Eröffnung von Sekundärverfahren sogar *"eine denkbare Abwehrmaßnahme gegen das Übergreifen englischer Konzerninsolvenzverfahren"*.[28] Und da Sekundärverfahren gem. Art. 3 Abs. 3 EuInsVO definitionsgemäß (in den Grenzen des Art. 34 Abs. 1 EuInsVO) Liquidationsverfahren sein müssen, vermag daher wahrlich bezweifelt werden, ob die Konzentration von Hauptinsolvenzverfahren am Sitz der Konzernmutter wirklich der gläubigernützlichen Gesamtverwertung von Konzernen zuträglich ist.[29]

Das eigentliche Ziel, nämlich die (sanierende) Abwicklung eines Gesamtkonzerns unter Anwendung eines einheitlichen Insolvenzrechts dürfte sich damit in der Praxis eher selten voll und ganz erreichen lassen. Und umso mehr schlägt dann in Konzerninsolvenzen das eigentliche Defizit des „europäischen Insolvenzrechts" durch, nämlich dass es ein solches materiell gar nicht und formell in der EuInsVO eben nur auf einem kleinsten gemeinsamen europäischen Nenner gibt. Weil zudem die gesellschaftsrechtlichen Fragen, nicht nur in Folge von Centros, Überseering und Inpire Art, nach dem Recht des Gründungsstaates zu beurteilen sind, dürfte zumindest ein vorsichtiger Verwalter eines englischen Hauptverfahrens über das Vermögen der in Deutschland „ansässigen" Konzerntochter schon aus Gründen des haftungsrechtlichen Selbstschutzes geneigt sein, durch die Beantragung eines Sekundärverfahrens über das Vermögen „seiner" Tochtergesellschaft einen deutschen Verwalterkollegen ins Spiel zu bringen, der mit dem deutschen Gesellschaftsrecht im Zweifel besser vertraut ist als er selbst.[30]

Gegen das Abstellen auf den und die weitere Entwicklung des Begriffes COMI zur Schaffung eines einheitlichen europäischen Konzerninsolvenzgerichtsstandes spricht auch ein weiteres Argument, das in der bisherigen Diskussion noch kaum klar formuliert wurde:[31] eine mögliche Interessenskollision in der Person des „Super-Konzerninsolvenzverwalters". Im Rahmen einer europäischen Konzernstruktur kommt es nicht selten vor, dass der oder ein Geschäftsführer der Muttergesellschaft zugleich auch alleiniger Geschäftsführer einer oder mehrere Tochtergesellschaften ist. Der Interessenkonflikt in dessen Person ist evident. Das italienische Gesellschaftsrecht hält für derartige Fälle in Art. 2475ter Codice Civile als Rechtsfolge die Erklärung der Unwirksamkeit von im Interessenkonflikt abgeschlossenen Verträgen bereit. Derartige Situationen sollten daher tunlichst vemieden werden.

26 Dies sieht auch High Court of Justice Birmingham in seiner Entscheidung vom 11.05.2005 (dort Ziff. 10), mit der er wesentliche Erwägungen für seine Entscheidung vom 8.04.2005 in Sachen Rover gleichsam nachliefert.

27 Mankowski, RIW 2005, 561, 575.

28 Oberhammer ZInsO 2004,761, 770.

29 So auch aus österreichischer Sicht Konecny, ZIK 2005, 1 (2).

30 Ähnlich auch Oberhammer, ZInsO 2004, 761, 771.

31 Angesprochen wird es in der Entscheidung des High Court von Brimingham in Sachen Rover unter Ziff. 4.

In genau diese Situation eines Interessenkonfliktes wird der Verwalter einer Konzerninsolvenz jedoch manövriert, wenn wie beispielsweise im Fall der Parmalat-Pleite alle Ämter auf eine Person konzentriert werden. Man denke beispielsweise an die Insolvenz eines Produktionsunternehmens mit zahlreichen Vertriebstöchtern verstreut in Europa. Wie soll sich der Konzerninsolvenzverwalter in Bezug auf etwaige Ausgleichsansprüche der Vertriebstöchter gegenüber der Muttergesellschaft verhalten? Oder wie stellt er sich zu Dividendenansprüchen innerhalb des Konzerns? Zur Einzahlung ausstehenden Stammkapitals? – Interessenkollisionen lauern an jeder Ecke.

Würde sich eine solche Konstellation innerhalb einer rein deutschen Konzerninsolvenz ergeben, würden deutsche Insolvenzgerichte im Zweifel aus Gründen der Verfahrenseffizienz für Mutter- wie auch Tochtergesellschaft ebenfalls denselben Insolvenzverwalter bestellen. Für eventuell in der Verfahrensabwicklung auftretende Interessenskollisionen würde zu deren Lösung sodann aber meist ein Sonderverwalter eingesetzt. Diese Figur aber ist in der EuInsVO nicht vorgesehen.

Die Entschärfung des Konfliktes kann nur über die Eröffnung eines Hauptinsolvenzverfahrens (am Sitz der Konzernleitung) und die anschließende Eröffnung eines Sekundärverfahrens (am Sitz der Tochtergesellschaft) erfolgen, wenn man schon meint, den COMI am Konzernsitz annehmen zu müssen.

Pro Konzerninsolvenzgerichtsstand

Was spricht in dieser Situation dann überhaupt noch dafür, ein gleichsam einheitliches Insolvenzverfahren über das Vermögen eines Konzerns einheitlich am Sitz der Konzernmutter und damit unter Rückgriff auf ein einheitliches und einziges Insolvenzrecht zu eröffnen?

Sicher darf nicht außer Acht gelassen werden, dass zumindest in einigen Fällen eine Restrukturierung wie auch eine sinnvolle Verwertung eines gesamten Unternehmens einschließlich ausländischer Tochtergesellschaften nur möglich sein wird, wenn dies im Rahmen eines einheitlichen Insolvenzverfahrens bzw. unter Anwendung eines einzigen Insolvenzrechtes auf alle Konzerngesellschaften geschieht. Angesichts der europaweit doch sehr unterschiedlichen Stellung der einzelnen Organe des Verfahrens, insbesondere des Verwalters, scheint auch die Konzentration der (Verwaltungs-)Macht auf eine oder doch wenige Personen aus demselben Rechtskreis durchaus förderlich.

Auch die europaweite Gleichbehandlung vergleichbarer Gläubigergruppen nach einem Insolvenzrecht mag grundsätzlich ein Argument für die Verfahrenskonzentration unter einer Rechtsordung sein. Der Schutz der Gläubiger im Sitzland der Tochtergesellschaften ist sicher kein Argument dafür. Wenngleich diese (möglicherweise) vermittelt über einen höheren Verwertungserlös im Falle der Gesamtverwertung (anstelle einer Zerschlagung des Konzerns) über eine (geringfügig) höhere Quote Vorteile haben, so ist doch nicht zu verkennen, dass diese (und ihre nationalen Berater) gezwungen sind, sich an einem Verfahren in einem anderen Land mit anderen, unbekannten Regeln zu beteiligen. Bereits bei der bloßen Forderungsanmeldung beginnen hier die Probleme. Während eine solche etwa nach deutschem Recht in der Regel durch das Ausfüllen eines verhältnismäßig einfachen Formulars möglich ist und daher auch vom Milchbauern in Brandenburg ohne anwaltliche Hilfe erfolgen kann, wird es schon erheblich schwieriger, dieselbe Forderung beim Tribunale in Parma in italienischer Sprache in Form einer formalen Eingabe anzumelden und dazu noch einen Zustellungsbevollmächtigten am Sitz des Gerichts zu bestellen. Dass dies nicht der Geist der EuInsVO sein kann, hat wohl auch der Superverwalter der Parmalat-Gruppe, Enrico Bondi, gesehen und ganz im Sinne der Verfahrensvereinfachung für die deutschen Gläubiger der deutschen Parmalat-Tocher ein Formular in deutscher Sprache zur Anmeldung ihrer Forderungen im italienischen Verfahren entwickelt und zur Verfügung gestellt. Soweit ersichtlich gab es so etwas in der italienischen Insolvenzpraxis zuvor noch nicht. Man sieht: die Praxis entwickelt sich – oder vielleicht wollte man durch diese „Hilfestellung" auch nur vermeiden, dass deutsche Gläubiger die Eröffnung eines Sekundärverfahrens beantragen, nur um die Unbequemlichkeiten einer Verfahrensbeteiligung im fernen Italien zu vermeiden.

Das Spiegelbild zum COMI – die Niederlassung im Sinne von Art. 3 Abs. 2 EuInsVO

Der Insolvenzimperialismus zeigt nicht nur in den oben genannten spektakulären Fällen seine Blütenpracht, in denen es um die Auslegung des Begriffes *center of main interests* geht, sondern bringt auch noch weitere (Stil)Blüten hervor, wie der nachstehende Fall aus unserer anwaltlichen Praxis, soweit ersichtlich noch nicht im Detail veröffentlichte Fall zeigt.[32]

Am 10.10.2003 ordnete das Amtsgericht München das vorläufige Insolvenzverfahren über das Vermögen der BTZ Bayerische Trailerzug Gesellschaft für Bimodalen Güterverkehr mbH (Schuldnerin) mit Sitz in München an. Mit Beschluss vom 27.02.2004 wurde das Insolvenzverfahren eröffnet und ein deutscher Insolvenzverwalter bestellt.

Mit Beschluss des Tribunale di Verona vom 04.12.2003 war bereits das Insolvenzverfahren über das Vermögen der BTZ Italia s.r.l. (einer selbständigen italienischen Gesellschaft mit beschränkter Haftung) eröffnet worden, die ihren Sitz in Verona hatte und deren Mehrheitsgesellschafterin die Schuldnerin war.

Sodann beantragten Gläubiger, die behaupteten, Forderungen gegen BTZ Italia s.r.l. und gegen die Schuldnerin zu haben, nach Art. 29 EuInsVO beim Tribunale di Verona die Eröffnung eines Sekundärverfahrens über das Vermögen der Schuldnerin mit der Begründung, dass die Schuldnerin in Italien über eine Niederlassung verfüge. Sie trugen vor, dass zwischen ihnen und der Schuldnerin Transportverträge

32 Lediglich der Leitsatz der sogleich zu besprechenden Entscheidung des Tribunale di Verona vom 24.07.04 findet sich in „Il Fallimento" 2005, 343.

geschlossen worden seien und legten hierzu zahlreiche Rechnungen vor. Auf den Fahreranweisungen zu den jeweiligen Rechnungen, die auf Briefpapier der Schuldnerin gedruckt waren, befand sich der Aufdruck *„BTZ Niederlassung Verona"*. Auf einem Umschlagplatz in Verona hatten sich ferner Fahrzeuge der Schuldnerin befunden, die nachweislich aber im Eigentum einer deutschen Leasinggesellschaft standen. Mehr hatte die Schuldnerin in Italien nicht aufzubieten, sieht man einmal von einigen Forderungen gegen in Italien ansässige Schuldner ab. Insbesondere unterhielt die Schuldnerin in Italien weder Geschäftsräume noch verfügte sie über dort arbeitenes Personal.

Über die Anhängigkeit diese Antragsverfahren wurden weder die Schuldnerin noch deren deutscher Insolvenzverwalter unterrichtet.[33] Mit Beschluss vom 24.07.2004 eröffnet das Tribunale di Verona sodann das Sekundärverfahren über das Vermögen der deutschen Schuldnerin. Es war der Auffassung, dass es nach Art. 27 EuInsVO zuständig sei, ein Sekundärinsolvenzverfahren zu eröffnen, da die Schuldnerin in Italien eine Niederlassung i.S.v. Art. 3 Abs. 2 EuInsVO unterhalte. Das Gericht ließ es für den Begriff der Niederlassung genügen, dass sich einige Gegenstände der Schuldnerin in Italien befanden. Eine weitere Prüfung, ob diese Vermögenswerte auch einer wirtschaftlichen Aktivität der Schuldnerin dienten, hat das italienische Gericht nicht vorgenommen. Wäre es zu einer Schuldneranhörung gekommen, hätte der deutsche Verwalter des Hauptverfahrens zudem sofort klarstellen können, dass die Gegenstände, die sich mehr oder weniger zufällig, gleichsam „auf der Durchreise" in Verona befanden, gar nicht im Eigentum der Schuldnerin standen sondern nur geleast waren.

Insolvenzimperialismus also einmal umgekehrt? Weite Auslegung (um nicht zu sagen Zurechtbiegen) des Begriffs der „Niederlassung", um eine Zuständigkeit für die Eröffnung eines Sekundärverfahrens zu begründen ?

Durch eine ausufernde Auslegung des Begriffes der Niederlassung spiegelbildlich zur ausufernden Auslegung des Begriffes des *center of main interests* bejaht das italienische Insolvenzgericht seine Zuständigkeit zur Eröffnung des Sekundärverfahrens. Dies allein zum Zwecke der Protektion der Antrag stellenden Gläubiger des Mitgliedstaates, in dem sich die „Niederlassung" mit den vermeintlich werthaltigen Vermögenswerten befanden.

Dass dies von den Verfassern der EuInsVO nicht gewollt sein konnte, ist offensichtlich. Die Verordnung definiert in Art. 2 lit h) den Begriff Niederlassung als jeden Tätigkeitsort, an dem der Schuldner einer wirtschaftlichen Aktivität von nicht vorübergehender Art nachgeht, die den Einsatz von Personal und Vermögenswerten voraussetzt. Das AG Köln[34] hat es für den Begriff der Niederlassung „ausreichen"

33 Auch in Sachen Parmalat/Eurofood scheint es so gewesen zu sein, dass das italienische Insolvenzgericht eine „restriktive Informationspolitik" gegenüber dem vorläufigen Verwalter aus Irland verfolgt hat, was den Generalanwalt Jacobs sogleich dazu veranlasst hat, dem italienischen Verfahren das Recht auf (automatische) Anerkennung abzusprechen (Schlussantrag, Randziffer 152 (4)).

34 AG Köln ZIP 2004, 471,472.

lassen, dass bei der Schuldnerin des Sekundärverfahrens, einer 100% Tochtergesellschaft der englischen Muttergesellschaft, 103 Arbeitnehmer arbeiteten und eine Produktionsstätte vorlag. Darüber hinaus war es der Auffassung, dass es für die Eröffnung des Sekundärverfahrens nicht relevant sei, ob es sich bei der „Niederlassung" um eine rechtlich selbständige oder unselbständige handle. Auch der Umstand, dass sich am „Ort der Niederlassung" tatsächlich auch der satzungsmäßige Sitz der Gesellschaft befand, stand in den Augen des AG Köln (zu Recht) der Eröffnung eines Sekundärverfahrens nicht entgegen. Der Eröffnung eines Hauptinsolvenzverfahrens stand nur entgegen, dass zeitlich früher andernorts bereits ein solches eröffnet worden und dieses nach der EuInsVO und dem dort niedergelegten Prioritätsgrundsatz anzuerkennen war.

Kritisch wurde hierzu bemerkt, dass rein formal die Voraussetzungen einer Niederlassung bei eine operativ tätigen Tochtergesellschaft immer erfüllt sein werden, bei Vorliegen einer rechtlich selbständigen Gesellschaft aber unbeachtet bleibt, dass dort sogar der Mittelpunkt der Interessen liegen könnte.[35] Für die Eröffnung des Hauptverfahrens ist dann nicht mehr die prima-facie Vermutung des Art. 3 Abs. 2 Satz 2 EuInsVO maßgeblich, sondern der Ort der Zentrale. Mit der Folge, dass dies zwar dem Niederlassungsbegriff dem Wortlaut nach entspricht, aber die Unterscheidung zwischen rechtlich selbständiger Tochtergesellschaft und unselbständiger Niederlassung aufhebt und letztendlich eine einheitliche Konzerninsolvenz ermöglicht.[36]

Die weite Auslegung und Handhabung der Begriffe des *center of main interests* und der Niederlassung haben bei näherer Betrachtung doch eines gemeinsam: das Ziel der Durchsetzung handfester, wirtschaftlicher Interessen einzelner Gläubiger. Diese Form von Insolvenzimperialismus ist deshalb nicht nur aus den skizzierten dogmatischen Gründen abzulehnen, sondern auch im Hinblick auf das (auch) der EuInsVO zu Grunde liegende Prinzip der gleichmäßigen Befriedigung aller Gläubiger. Es bleibt abzuwarten, ob den genannten Tendenzen durch den Richterspruch aus Luxemburg in Sachen Eurofood/Parmalat Einhalt geboten wird oder ob nicht diejenigen, die das derzeit geltende, also solches nicht vorhandene „europäische Insolvenzrecht" juristisch leben müssen, Verwalter und Insolvenzgerichte, letztlich im wohlverstandenen Eigeninteresse gesetzesgemäße und praktikable Lösungen finden müssen, um letztlich das einzige Ziel, nämlich die bestmögliche Verwertung des Gesamtkonzerns zu erreichen.

Vom Insolvenzimperialismus zum Insolvenzpragmatismus ?

Nachdem der erste Reiz des internationalen Schlagabtausches zu den sicher spannenden Fragen der Zuständigkeit weitestgehend verflogen zu sein scheint, spätestens

35 Blenske EWIR 2004, 601, 602.
36 Blenske EWIR 2004, 601, 602.

aber wenn der EuGH seine Position klar gemacht haben wird, dürfte das Interesse der europäischen Insolvenzverwalterschaft, sich weiter in Streitigkeiten über Zuständigkeiten zu verlieren, schnell erloschen sein. Bereits jetzt beschäftigen sie sich schon mit der weiteren Umsetzung der Europäischen Insolvenzverordnung in der Abwicklungspraxis. Und mitunter gehen deutsche Insolvenzgerichte diesen Weg auch mit. Mit etwas good will und juristischem Geschick lässt sich mit der Verordnung auch in Fällen von Konzerninsolvenzen nämlich gut arbeiten.

Folgende Ansätze zur Bewältigung von Konzerninsolvenzen scheinen sich in der Praxis abzuzeichnen:

Die Eigenverwaltung i.S.d. deutschen InsO

Zunächst der kurz zusammengefaßte Fall des AG Köln:[37] Das Hauptinsolvenzverfahren über die deutsche Tochtergesellschaft der englischen Konzernmutter wird in England eröffnet; das zeitlich später in Deutschland angeordnete Verfahren über die vorläufigen Verwaltung wird aufgehoben und als deutsches Sekundärinsolvenzverfahrens unter Anordnung der Eigenverwaltung auf Antrag des englischen Insolvenzverwalters des Hauptverfahrens eröffnet.

Mit diesem Modell war die Berücksichtigung der Gläubigerinteressen im Sekundärverfahren gewährleistet, standen doch die englischen Insolvenzverwalter unter der „Aufsicht des deutschen Sachwalters" des Sekundärinsolvenzverfahrens. Zur Verwertung des in Deutschland belegenen Vermögens waren die englischen Insolvenzverwalter auf Grund der übergegangenen Verwaltungs- und Verfügungsbefugnis nach den Vorschriften des UK Insolvency Act 1986 befugt, ein Kompetenzkonflikt zwischen den Verwaltern des Hauptinsolvenz- und des Sekundärinsolvenzverfahrens vermieden und die einheitliche Verwertung der Vermögenswerte der Unternehmensgruppe eröffnet. Meyer-Löwy/Poertzgen sprechen in ihrer Kommentierung dieser Entscheidung des AG Köln in diesem Zusammenhang davon, dass die Eigenverwaltung nach den Vorschriften der §§ 270ff InsO zum Exportschlager für ausländische Insolvenzverwalter werden könnte.[38]

Das Modell der Eigenverwaltung ist aber nicht das einzige, das die Praktiker inzwischen entwickelt haben.

Information und Kooperation statt Konfrontation

Die EuInsVO regelt in den Art. 31 und 33 das Verhältnis zwischen dem Insolvenzverwalter des Hauptinsolvenzverfahrens und dem Verwalter des Sekundärinsol-

37 ZIP 2004, 471 und verkürzt ZInsO 2004, 216.

38 Meyer-Löwy/Poertzgen, ZInsO 2004, 195, 198; kritisch dazu: Kübler in Festschrift für Walter Gerhardt, 2004, Seite 527, 540.

venzverfahrens. Zur Verordnungssystematik sei zunächst auf die Darstellung von *Ehrike*[39] verwiesen, der dieses Verhältnis als principal-agent- Beziehung bezeichnet.[40]

Würde diese Struktur formalistisch gelebt werden, würden sich wahrscheinlich die Verwalter in Rechtsmittelzügen bekriegen. Dass dies nicht so sein muss[41], zeigt wiederum der nachstehende Fall aus der jüngsten Praxis des AG Düsseldorf (Rover).[42]

Der High Court of Birmingham (England) hatte am 18.04.2005 eine *administration* nach englischem Recht[43] über das Vermögen der MG Rover Deutschland GmbH sowie der sieben weiteren europäischen Vertriebsgesellschaften des Rover-Konzerns mit Sitz in Longbridge angeordnet. Die MG Rover Deutschland GmbH mit Satzungssitz in Neuss stellte daraufhin zunächst in England einen Antrag auf Eröffnung eines Hauptinsolvenzverfahrens. Sowohl für die Muttergesellschaft als auch für die deutsche und die anderen europäischen Tochtergesellschaften wurden in England *administrators* bestellt. Zeitlich später stellte dieselbe MG Rover Deutschland in Düsseldorf Antrag auf Eröffnung eines Sekundärverfahrens nachdem bereits der MG Rover Händlerverband Deutschland e.V. ebenfalls Insolvenzantrag gestellt hatte. Im Hinblick auf Art. 29 Buchst. b) EuInsVO steht das Antragsrecht beider sicher ausser Zweifel; ob im Hinblick auf § 64 GmbHG für die Geschäftsführer der deutschen Tochtergesellschaft auch eine Antragspflicht bestand, soll hier nicht vertieft werden.[44]

Am 22.06.2005 hat das AG Düsseldorf das vorläufige Insolvenzverfahren angeordnet als Sekundärinsolvenzverfahren und einen vorläufigen Insolvenzverwalter bestellt, Art. 3 Abs. 2, 27 EuInsVO.

Da sich wesentliche Vermögenswerte – Nutzfahrzeuge – auf deutschem Staatsgebiet befanden und Fragen des Eigentumsvorbehaltes daran streitig waren, hat das AG Düsseldorf mit Beschluss vom 14.07.2005[45] Folgendes angeordnet:

„In dem Sekundärinsolvenzverfahren gemäß Art. 3 Abs. 2, 27 EuInsVO über das Vermögen der im Handelsregister Neuss unter HRB 3820 eingetragenen MG Rover Deutschland (...), bleibt der Beschluss vom 22.06.2005, mit dem Horst Piepenburg zum vorläufigen Insolvenzverwalter bestellt worden ist, aufrechterhalten.

In Ergänzung dieses Beschlusses wird der vorläufige Insolvenzverwalter ermächtigt, den Administratoren über das Vermögen der MG Rover Deutschland GmbH die Zustimmung zu erteilen, die auf dem Boden der Bundesrepublik Deutschland be-

39 Ehrike ZIP 2005, 1104.

40 Ehrike ZIP 2005, 1105.

41 Aber mitunter wohl (noch) so ist, vgl. Landesgericht Leoben/Österreich, Beschl. v. 31.08.2005 in ZIP 2005,1930.

42 ZIP 2005, 1610.

43 Dabei handelt es sich um ein auf Sanierung abzielendes Insovenzverfahren.

44 Dazu Vallender/Fuchs ZIP 2004, 829.

45 Fundstelle: www.insolvenzbekanntmachungen.de; siehe dazu auch Mankowski EWiR 2005, 637.

findlichen Nutzfahrzeuge, für die die MG Rover Exports Ltd. durch ihre Administratoren Eigentumsvorbehalte geltend macht, mit der Maßgabe zu veräußern, den Erlös aus der Veräußerung auf einem vom vorläufigen Insolvenzverwalter eingerichteten Anderkonto (…) einzuziehen und über dessen Bestand ausschließlich zur Abführung der nach deutschem Steuerrecht abzuführenden Umsatzsteuer und der unmittelbar mit der Veräußerung entstehenden Kosten zu verfügen, im übrigen den Bestand bis zur Entscheidung über die Wirksamkeit der von MG Rover Exports Ltd. geltend gemachten Eigentumsrechte zu sichern."

Da die Veräußerung bzw. Verwertung des schuldnerischen Vermögens nach deutschem Insolvenzrecht erst im eröffneten Verfahren zulässig ist, bedurfte es zu der Veräußerung der Nutzfahrzeuge einer speziellen Ermächtigung durch das deutsche Insolvenzgericht.

Das Verhältnis der Verwalter von Haupt- und Sekundärverfahren bestimmt sich sodann in erster Linie nach Art. 31 EuInsVO. Dort sind in Abs. 1 eine doch weitgehende Informationspflicht, in Abs. 2 eine Pflicht zur Zusammenarbeit und in Abs. 3 schließlich Regeln im Hinblick auf die Verwertung vorgesehen. Dieses Regelungspaket dürfte, richtig verstanden im Sinne einer Kooperation der Verwalter zum Wohle aller Gläubiger, gleich in welchem Land der EU diese angesiedelt sein mögen, in der Praxis zu durchaus brauchbaren Lösungen führen. Nimmt man hinzu, dass zumindest bei Sekundärverfahren in Deutschland gem. Art. 34 Abs. 1 EuInsVO nicht zwangsläufig die Zerschlagung des Betriebes Ziel des Verfahrens sein muß, dürften auf diesem Weg auch konzernorientierte Lösungen möglich sein.

Mit etwas gegenseitigem good will und juristischer Findigkeit können daher selbst dann brauchbare Ergebnisse im Sinne aller Gläubiger gefunden werden, wenn Haupt- und Sekundärverfahren nebeneinander eröffnet wurden. Darüber hinaus zeigt der Fall auch, dass die Zeit für die bestmögliche Verwertung eines schuldnerischem Vermögenswertes zu Gunsten der Gläubiger manchmal knapp bemessen ist und die juristische Umsetzung sich flexibel gestalten muss. Dies ermöglicht aber wie sich gezeigt hat die Regelung des Art. 31 EuInsVO durchaus. Und kein Verwalter in Europa ist gehindert, sein Handeln an den in Art. 31 EuInsVO enthaltenen Prinzipien auch dann auszurichten, wenn er es mit einem anderen „gleichberechtigten" Verwalter eines Hauptinsolvenzverfahrens über das Vermögen „seiner Tochtergesellschaft" zu tun hat. Vor diesem Hintergrund sollte es – zumindest aus der Sicht der Gläubiger – möglich sein, in Konzernsituationen den Parallelismus zwischen Hauptinsolvenzverfahren (am Sitz der Muttergesellschaft) und Sekundärinsolvenzverfahren (am Sitz der Tochtergesellschaft) zu vermeiden. Ob diese Verdoppelung des Aufwandes (und damit auch der Verfahrenskosten) aus anderen Gründen verfolgt wird, soll hier nicht vertieft werden.

Insolvenzplan

In Deutschland bestehen nunmehr schon einige Erfahrungen mit „geplanten" Insolvenzen nach §§ 217 ff InsO. Dass diese Form der Bewältigung von Unternehmenskrisen so schlecht nicht sein kann zeigt der Umstand, dass beispielsweise Italien im Zuge der (längst überfälligen) Reformierung des nationalen Konkursrechtes auch an die Einführung eines solchen Verfahrens denkt. Es könnte daher durchaus auch darüber nachgedacht werden, ein solches Planverfahren *de lege ferenda* in die Europäische Insolvenzverordnung zu implementieren. Dass dieser Gedanke in der Verordnung zumindest in Ansätzen bereits vorhanden ist, ergibt sich aus Art. 34 Abs. 1 EuInsVO, wo im Hinblick auf die Beendigung von Sekundärverfahren explizit auch auf die Möglichkeit einer Verfahrensbeendigung durch „Sanierungsplan" hingewiesen wird.

Ob dies jedoch in absehbarer Zeit möglich sein wird, ist nach den Erfahrungen und Diskussionen auf EU-Ebene bis zur Verabschiedung der EuInsVO mehr als fraglich.

Zusammenfassung

Die wahre Krux bei der Abwicklung grenzüberschreitender Insolvenzen liegt nämlich tatsächlich wohl in der Unterschiedlichkeit der nationalen Insolvenzordnungen. Dieser Umstand zwingt allzu oft zu juristischen Klimmzügen. Die Rechtsprechung der nationalen Gerichte zum Konzerninsolvenzgerichtsstand zeigt deutlich, dass die Praktiker die rechtlichen Schachzüge zur Abwicklung von grenzüberschreitenden Insolvenzen bereits in Europa vollziehen, während Brüssel bzw. Luxemburg gerade erst beim Aufstellen der Schachfiguren sind. Die Buchstaben der EuInsVO als kleinstem gemeinsamem europäischen Nenner in Sachen Insolvenz haben sich bereits kurz nach deren Inkrafttreten als für die Abwicklung komplexer Konzerninsolvenzen wenig geeignet erwiesen. Es liegt daher an der Praxis, sich nicht im Dschungel der Gerichtsinstanzen zwischen Leeds, Birmingham, Düsseldorf, München und Parma zu verlieren, sondern dem europäischen Gesetzgeber vorzuleben, wie kooperativ im Sinne der Gläubiger – und letztlich sollte es nur um deren Interessen gehen – komplexe Konzerninsolvenzen kompetent und effizient abgewickelt werden könnten. Irgendwann wird dann auch Brüssel die rechtlichen Grundlagen nachliefern.

Refusal to Supply and Abuse of Dominant Position in European Antitrust Law: an Analysis of the Case Law of the Court of Justice.

von Dr. Irene Grassi, Avvocato,
Kanzlei Derra, Meyer & Partner, Bologna

1. Introduction

The principle of free competition lies at the heart of the Community's economic order [1]. The institution of a system of undistorted competition has been one of the main aims of the Treaties since the foundation of the Community and, in the following decades, has developed into a very sophisticated system.

The single market, following the integration of national markets, is intended to be not only free, but also fair and equitable for all participants. For this reason it must be governed by rules that prevent market forces dominating and that preserve effective freedom [2].

In the past few years, the attention of antitrust authorities and academics was mainly focused on Article 81 EC, concerning the agreements between undertakings, and on merger control. However, in more recent times the attention of the commentators and the Commission itself has returned to Article 82 EC and to anti-competitive abuses of dominant positions [3].

Between the business practises which are considered as abusive, some of the most interesting developments concern refusal to deal, that is refusal by a dominant subject to meet, in full or in part, orders placed with it by its customers.

Refusal to deal is generally considered abusive, as it limits the customers' activity and prevents access of other competitors to the market of a certain product or service. In this field the boundry between an illegal restriction and a practice which is the legitimate expression of the commercial policy by the dominant competitor is however particularly difficult to define.

1 GREEN, HARTLEY, USHER, *The legal foundations of the Single European Market*, Oxford, Oxford University Press, 1991, p. 197.

2 On EC Competition Law in general see BELLAMY, CHILD, *European Community Law of Competition,* London 2001; WHISH, *Competition Law,* London 2003.

3 EILMANSBERGER, *How to Distinguish Good from Bad Competition Under Article 82 EC: In Search of Clearer and More Coherent Standards for Anti-Competitive Abuses*, [2005] CMLR, 129; SHER, *The Last of the Steam-Powered Trains: Modernizing Article 82,* [2004] ECLR, 243.

In a case recently argued before the European Court of Justice [4], a pharmaceutical industry refused to supply products in order to prevent parallel trade on the part of the wholesalers [5]. Unfortunately for the present discussion, the Court concluded it had no jurisdiction in the case and therefore did not rule on the merits. The questions posed by the referring authority remain therefore open.

This paper reviews the case law of the Court concerning refusal to deal, as well as the specific conditions of competition applicable in the highly regulated pharmaceutical market. It subsequently examines the opinion of the Advocate General Jacobs in the Syfait case, exploring possible alternative solutions to the question.

2. Refusal to Supply as an Abuse of a Dominant Position

The Court of Justice first outlined an obligation of undertakings that are in a dominant position in the sense of Article 82 to meet in full the orders of their customers in the case *ICI and Commercial Solvents* [6].

The case originated from a refusal of a dominant producer to supply one of its customers with a raw material for the manufacture of ethambutol, the producer having decided to develop its own specialities based on that substance and therefore to enter in competition with its former customers. The refusal to supply had therefore the aim to facilitate its own access to the market for the derivatives.

The Court ruled that 'an undertaking which has a dominant position in the market of raw materials and which, with the object of reserving such raw material for manufacturing its own derivates, refuses to supply a customer, which is itself a manufacturer of these derivatives, and therefore risks eliminating all competition on the part of this customer, is abusing its dominant position'.

The above principle was confirmed and developed some years later, in *United Brands* [7], a case concerning the refusal of the Chiquita banana producer to supply a customer that had participated in an advertising campaign for one of Chiquita's competitors.

The Court declared that 'an undertaking in a dominant position for the purpose of marketing a product – which cashes in on the reputation of a brand name known to and valued by the consumers – cannot stop supplying a long standing customer who

4 Judgment of 31 May 2005, case C-53/03, *Syfait and Others v. GSK.*

5 The case generated considerable expectations, as in a previous judgment on 6 January 2004, case C-2/01, *Bayer*, [2004] ECR I-23, the Court had considered export bans intended to prevent parallel trade not to constitute an agreement under Article 81. See BROWN, *Bayer v. Commission: the ECJ Agrees*, [2004] ECLR 386.

6 Judgment of 6 March 1974, joined cases 6/73 and 7/73 [1974] ECR 223. A wide selection of EC antitrust cases can be found in Italian in MANZINI, *Antitrust applicato – Raccolta sistematica della giurisprudenza comunitaria*, Torino, Giappichelli 2004.

7 Judgement of 14 February 1978, Case 27/76 [1978] ECR 207.

abides by regular commercial practice, if the orders placed by that customer are in no way out of the ordinary'.

However, the prohibition is not absolute: a refusal to supply may be justified by the right of the dominant undertaking 'to take such reasonable steps as it deems appropriate to protect its [commercial] interests', although 'such behaviour cannot be countenanced if its actual purpose is to strengthen this dominant position and abuse it'. In other words, the refusal to supply may be legitimate as a commercial response to competitors' attacks, but it must be proportionate to the threat, taking into account the economic strength of the undertakings confronting each other.

On the fact of *United Brands*, the Court found that the decision to refuse to supply was disproportionate, being in excess of what might reasonably be contemplated as a sanction for the conduct of the customer and, further, that the conduct adopted by United Brands was intended to have a serious effect on competition by discouraging small and medium sized firms from giving preference to competitors' goods.

Application of the proportionality test yielded a different result in the *BP* case [8], where the Court judged as justified the decision of BP, in a period of fuel shortage, not to supply a customer (or to apply to him greater rates of reduction than to other customers), due to the fact that it was only an occasional customer when the crisis began, having ceased to have a long-term contract with BP in the year prior to the oil crisis.

It was therefore considered as justified to apply different rates of reduction to occasional customers than to regular ones. It is interesting to note that the Commission [9] had considered the conduct of BP abusive, evaluating habitual customers under different criteria.

The same principle does not apply however if the dominant undertaking discriminates among the customers, preferring "loyal" customers to those who buy also from other suppliers. The Court of First Instance [10] judged that whilst it is open to an undertaking in a dominant position, in times of shortage, to lay down criteria for according priority in meeting orders, those criteria must be objective, must not be discriminatory in any way and must be objectively justified, in accordance with the rules governing fair competition, between economic operators. That requirement is not met by a criterion based on a distinction between customers who obtain their supplies only from the undertaking holding the dominant position and those who also market products bought from certain of its competitors. The behaviour was deemed as anti-competitive by reason of the discriminatory purpose that it pursues and the exclusionary effect that may result from it.

8 Judgement of 29 June 1978, *Benzine en Petroleum and others v. Commission,* Case 77/77 [1978] ECR 1513.

9 Decision 77/327/EEC (OJ 1977, L 1/17).

10 Judgment of the Court of First Instance of 1 April 1993, case T-65/89, *BPB Industries and Bitish Gypsum v. Commission*, [1993] ECR II-389.

A further confirmation of the above principles comes from the *Telemarketing* case [11], concerning a Belgian television broadcaster also carrying out an ancillary activity of telephone marketing. In order to protect its position in the latter market, the dominant undertaking refused to sell television time to competitors in the telephone marketing and refused to sell time to advertisers for advertisements which involved an invitation to make a telephone call unless the telephone number used was that of its own telephone marketing operation.

Consistent with the former case-law, the Court ruled that an abuse of a dominant position is committed

> *'where, without any objective necessity, an undertaking holding a dominant position on a particular market reserves to itself an ancillary activity which might be carried out by another undertaking as part of its activities on a neighbouring but separate market, with the possibility of eliminating all competition from such undertaking'.*

An interesting development of the case law on refusal to supply concerns the exercise of intellectual property rights.

In its judgment in the *Volvo* case [12], the Court examined a refusal, on the part of the Volvo car manufacturer, to grant licences to produce replacement body panels.

The Court ruling was that the right of a proprietor of a protected design to prevent third parties from manufacturing and selling or importing, without its consent, products incorporating the design constitutes the very subject-matter of his exclusive right and therefore a refusal to grant a licence cannot in itself constitute an abuse of a dominant position.

However, the exercise of an exclusive right by the proprietor of a registered design in respect of car body panels 'may be prohibited under Article 86 if it involves, on the part of an undertaking holding a dominant position, certain abusive conduct such as the arbitrary refusal to supply spare parts to independent repairers, the fixing of prices for spare parts at an unfair level or a decision no longer to produce spare parts for a particular model even though many cars of that model are still in circulation'.

The same approach was followed in *Magill*, a case concerning the marketing of weekly television guides in Ireland. At the material time, no comprehensive television guide was available on the market in Ireland and each television station published a guide covering exclusively its own programmes, claiming copyright protection for its own weekly programme listings in order to prevent their reproduction by third parties. Main television broadcasters provided their programme schedules with a licence free of charge to newspapers, only allowing daily publication and setting conditions relating to the format.

When Magill TV Guide Ltd attempted to publish a comprehensive weekly television guide, the television broadcasters obtained an injunction prohibiting to do

11 Judgement 3 October 1985, *CBEM v. CLT and IPB*, case 311/4, [1985] ECR 3261.

12 Judgement of 5 October 1988, *AB Volvo v. Erik Veng (UK) Ltd.*, case 238/87, [1988] ECR 6211.

so. Following to a complaint of Magill, the Commission [13] found that there had been a breach of Article 86 and ordered the TV broadcasters to supply third parties on request and on a non-discriminatory basis with their individual programme listings and to permit reproduction of those listings by such parties, asking "reasonable loyalties" for granting reproduction licenses.

Following *Volvo*, the Court[14] ruled that

> *'refusal to grant a licence, even if it is the act of an undertaking holding a dominant position, cannot in itself constitute abuse of a dominant position' but at the same time 'the exercise of an exclusive right by a proprietor may, in exceptional circumstances, involve abusive conduct'.*

Moreover, upholding the judgment of the Court of First Instance [15], the Court found that the conduct of Irish TV broadcasters was abusive taking into account the following three issues: 1) the conduct of the broadcasters prevented the development of a new product, a comprehensive weekly guide to television programmes, which the companies concerned did not offer and for which there is a potential consumer demand; 2) there was no justification for the refusal; 3) the broadcasters reserved to themselves the secondary market of weekly television guides by their conduct, namely excluding all competition from the market by denying access to the basic information necessary for the compilation of such a guide.

It is possible therefore to extrapolate some principles that the Court followed when dealing with the above cases of refusal to supply.

The starting point is that undertakings which have a dominant position in the market are not, for this reason alone, obliged to supply all customers and to meet in full the orders which are submitted to them. In other words, refusal to supply is not *per se* an abuse of a dominant position.

A refusal to supply may be the legitimate expression of the commercial policy of the dominant undertaking: however this is only the case when the refusal is a necessary and proportionate measure to protect a legitimate interest and has therefore an objective justification.

Finally, refusal to supply will not be tolerated and is not justified when its purpose and effect is to eliminate competition in a secondary market, to prevent or make impossible the development of a new product or otherwise to strengthen the dominant position of the undertaking concerned.

13 Decision 89/205/EEC of 21 December 1988, OJ 1989 L 78/43.

14 Judgment of 6 April 1995, *RTE and ITP v. Commission*, joined cases C-241/91 P and C-242/91 P, [1995] ECR I-743.

15 Judgments of 10 July 1991, cases T-69/89, [1991] ECR II-485 and T-76/89, [1991] ECR II-575.

3. The Essential Facilities Doctrine and the Bronner and IMS cases.

When discussing of refusal to supply, the 'essential facilities' doctrine is often referred to.

The essential facilities doctrine originated in United States antitrust law [16] and has been construed in many different ways. In broad terms, it specifies when the owner of an 'essential' or 'bottleneck' facility is required to provide access to that facility at a 'reasonable' price.

Four elements are considered necessary [17] to establish liability under the essential facilities doctrine:

Control of the essential facility by a monopolist;

A competitor's inability practically or reasonably to duplicate the essential facility;

The denial to use of the facility of a competitor;

The feasibility of providing the facility.

Examples of essential facilities in US antitrust law have historically included: railway bridges into the city of St. Louis, a nationwide communications network, a local electricity transmission network, a sports stadium.

Although essential facilities may arise in purely private contexts, they are more common in contexts where the owner/controller of the essential facility is subject to the economic regulation or is an emanation of the State. This often generates a conflict between economic regulation and competition laws.

In European antitrust law, the first published Commission decision openly to refer to the doctrine is *Sea Containers v. Stena Sealink* [18]. The Commission ruled that an undertaking that occupies a dominant position in the provision of an essential facility and that itself uses that facility (i.e. a facility of infrastructure, without access to which competitor cannot provide services to their customers), and which refuses other companies access to that facility without objective justification or grants access to competitors only on terms less favourable than those which it gives to its own services, infringes Article 86 if the other conditions of that Article are met.

In the *Magill* case, examined above, the Commission maintained that RTE and ITP owned, through their exclusive right to use their copyright material, an essential

16 VAN SICLEN, *The Essential Faicilities Concept*, OECD/GD(96)113, Paris 1996; WERDEN, *The law and economics of the essential facility doctrine*, Saint Louis University Law Journal, 1987, Vol. 32, 433.

17 The leading US essential facilities case is MCI Communication Corp. v. AT&T (708 F.2d 1081, 1132 (7th Cir.), cert. denied, 464 U.S. 891 (1983)).

18 Case IV/34.689 OJ 1994 L15/8 - Markets for port services and passenger ferry services; see also case IV/34.801 FAG Flughafen Frankfurt/Main AG, OJ 1998 L 72/30 - Separate markets for airport facilities for the landing/take-off of aircraft and the provision of ramp-handling services. See EILMANSBERGER, *How to Distiguish Good from Bad Competition*, *cit. supra* note 3, 139 note 49.

facility, being the only sources of the basic information on programme scheduling indispensable for compiling weekly television guides [19].

It was however in *Bronner v. Mediaprint* [20] that the doctrine was directly addressed by the Court.

Oscar Bronner, an Austrian minor daily newspaper publisher, invoked the essential facilities doctrine in order to have access to the network of home delivery set up by Mediaprint, a competitor holding 46.8% of the Austrian daily newspaper market [21]. Bronner argued that, in view of its small number of subscribers, it would be entirely unprofitable for them to organise their own home-delivery service and that postal delivery does not represent an equivalent alternative to home-delivery. On the other hand, Mediaprint contended that the establishment of its home-delivery service required a great administrative and financial investment, and that holding a dominant position does not oblige to subsidise competition by assisting competing companies.

According to the Court, the refusal of Mediaprint to allow Bronner to have access to its home-delivery scheme did not constitute an abuse of a dominant position.

The Court referred to *Commercial Solvents*, *Telemarketing* and *Magill* but put particular emphasis on the fact that the refusal should concern a service the supply of which is indispensable for carrying on the business in question.

The Court ruled that, in order to rely successfully on the existence of an abuse, it would be necessary to show not only that the refusal of the service comprised in home delivery was likely to eliminate all competition in the daily newspaper market on the part of the person requesting the service and that such refusal was incapable of being objectively justified, but also that the service in itself was indispensable for the conduct of Bronner's business, for lack of any actual or potential substitute in existence for that home-delivery scheme.

On the facts of that case, the Court found that a) other methods of distributing daily newspapers, such as by post and through sale in shops and at kiosks, while potentially less advantageous for the distribution of certain newspapers, existed and were used by some publishers and b) there were no technical, legal or even economic obstacles capable of making it impossible, or even unreasonably difficult, for any other publisher of daily newspapers to establish, alone or in cooperation with other publishers, its own nationwide home-delivery scheme and use it to distribute its own daily newspapers.

19 TEMPLE LANG, *Anticompetitive Non-Prising Abuses Under European and National Antitrust Law*, in International Antitrust Law & Polices, Fordham Corp. L. Inst., 2004, 235; AITMAN, JONES, *Competition Law and copyright: Has the copyright owner lost the ability to control his copyright?* [2004] EIPR 137.

20 Judgment of 26 November 1998, case C-7/97, [1998] ECR I-7791.

21 The reference for a preliminary ruling come from the Oberlandesgericht Wien, in its capacity as Kartellgericht. This is interesting to note in the light of the *Syfait* case (see para. 7), where the Court refused to rule on a preliminary ruling coming from the Greek Competition Authority, which was considered not fulfilling the requirements of independence necessary to be considered a 'court or tribunal' within the meaning of Article 234.

The approach of the Court to the essential facilities doctrine is therefore particularly strict: according to *Bronner*, it requires impossibility, or an unreasonable difficulty, of the competitor to duplicate the essential facility.[22]

In the more recent *IMS* case [23] the Court was again faced with a refusal to licence.

IMS, the world's leading company providing market research and information solutions to the pharmaceutical industry, provided in Germany a regional sales-data service based on a brick structure, entitled the "1860 brick structure". This structure was developed by IMS considering geographical areas, administrative units, population and other similar criteria and constituted the core feature of the regional sales-data service provided by IMS in Germany. It was then launched on the market and became, according to the Commission, a 'de facto' industry standard [24].

When a competitor, Pharma Intranet Information (PII) tried to sell in Germany services based on copies of the 1860 brick structure, IMS brought copyright infringement proceedings before the German Courts.

On a preliminary ruling, the Court referred to *Magill* and *Bronner* and ruled that the refusal of IMS was abusive if the following three conditions were fulfilled: a) the undertaking requesting the licence intends to offer a new products, and not only a duplicate of the goods or services already offered by IMS; b) the refusal is not objectively justified; c) the refusal is such as to eliminate competition on the market for the supply of data on sales of pharmaceutical products.

4. The Syfait Case

In the *Syfait* case [25] the Court was faced with an alleged abuse of dominant position deriving from a refusal to supply aimed at preventing parallel imports.

Syfait was and is an association of pharmacists established in Greece, whose main activity is the operation of a joint wholesale repository for pharmaceutical products. They purchase the products from various pharmaceutical companies and supply their members on the Greek territory.

Syfait, as well as other associations and organizations of wholesalers of pharmaceutical products operating in Greece purchased among others from the Greek subsidiary of the pharmaceutical manufacturing company GlaxoSmithKline plc (GSK) and then distributed them on the Greek market but also abroad.

22 BERGMAN, *The Bronner case: A turning point for the essential facilities doctrine?* [2000] ECLR 59; see also DOHERTY, *Just what are essential facilities?* [2001] CMLR 397; SOTHERS, *Refusal to supply as abuse of a dominant position: Essential facilities in the European Union*, [2001] ECLR 256.

23 Judgment of 29 April 2004, *IMS v. NDC*, case C-418/01, [2004] ECR I-5039. See SOTHERS, *IMS Health and its implications for compulsory licensing in Europe*, [2004] EIPR 467.

24 Commission decision of 3 July 2001, case COMP D3/38.044 – NDC Health/IMS Health: Interim Measures, OJ 2002 L59/18, paragraph 180.

25 Judgment of 31 May 2005, case C-53/03, *Syfait and Others v. GSK*.

GSK found out however that a large proportion of the supplies corresponding to the orders of Syfait and the other Greek wholesalers was re-exported to other Member States, especially to the United Kingdom, because of the much higher price of the same medicines in that country. Therefore, invoking shortages on the Greek market, which it attributed to re-exports by third parties, GSK stopped meeting the orders of the Greek wholesalers, stating that it would supply hospitals and pharmacies directly. It subsequently reinstated supplies to wholesalers, but still refused to meet their orders in full.

Syfait and the other organizations involved introduced a complaint against GSK before the Greek Antitrust Authority (Epitropi Antagonismou), alleging that the pharmaceutical company had committed an abuse of a dominant position by refusing to meet their orders in full. This concerned in particular three medicines, Imigran, Lamictal and Serevent, which are classified as prescription medicines.

Some time later, the GSK asked the Greek Antitrust Authority for a negative clearance in respect of its refusal to cover more than 125% of Greek demand.

The Greek Antitrust Authority, with an *interim* measure, temporarily required GSK AEVE, the Greek distributor fully owned by the British manufacturer GSK plc, to meet in full the orders received from the wholesalers. GSK AEVE maintained, however, that it fulfilled the orders to the extent that it was supplied by GSK plc.

The Greek Antitrust Authority concluded that GSK enjoyed a dominant position on the relevant market in Greece in respect of at least one of the three medicines at issue, Lamictal. Therefore, it decided to refer to the Court for a preliminary ruling concerning the existence of an abuse within the meaning of Article 82 EC.

The questions posed by the Greek Authority may be summarized as follows:

Whether or not a refusal of an undertaking holding a dominant position to supply the wholesalers in order to limit their export activity (and hereby parallel trade) constitutes *per se* an abuse according to Article 82 and whether the answer to that question is affected by the fact that the market of pharmaceutical products is governed to a large extent by State intervention;

If the refusal to supply is not *per se* an abuse, what criteria should be considered to assess an abuse. The Greek Authority suggested in particular:

- The percentage by which normal domestic consumption is exceeded;
- The loss suffered by the dominant undertaking compared with its total turnover and total profits;
- A balancing of interests, including the financial advantages to the ultimate consumers from the parallel trade and the interests of social insurance bodies in cheaper medicinal products.

5. The Peculiarities of Pharmaceutical Market

In the questions referred by the Greek Authority a clear reference was made to the specifics of the market of pharmaceuticals, as governed to a large extent by State intervention and therefore where conditions of competition are distorted.

The pharmaceuticals market is in fact subject to a high regulatory presence of the Member States, only partially harmonized at Community level [26].

No medicinal product may be placed on the market of a Member State unless an authorisation has been issued by the competent authorities of that Member State or by the European Agency for the Evaluation of Medicinal Products, whereas all national authorizations are mutually recognized. All aspects of marketing: manufacture, labelling, packaging, import, distribution and advertising of pharmaceuticals is subject to authorization, according to harmonization measures contained in Directive 2001/83/EC of 6 November 2001 on the Community code relating to medicinal products for human use [27].

The directive was recently amended to include a new Article 81, which now obliges holders of a marketing authorization to 'ensure appropriate and continued supplies' to pharmacies 'so that the needs of patients in the Member States in question are covered'. However, the State measures implementing such obligation should be justified on grounds of public health protection and be proportionate in relation to the objective of such protection, in compliance with Treaty rules particularly those concerning free movement of goods and competition [28].

State intervention also involves price fixing. As the national health insurance organizations support a major part of the cost for medicines, both in the form of direct purchase and in the form of reimbursement to the patients, the Member States either unilaterally fix or negotiate with the manufactures the prices at which each medicinal products can be sold within a territory. Alternatively, the health authorities set the amount which is reimbursed to the patients [29].

The result is, on the one hand, the total absence of intra-brand competition within each national territory and, on the other hand, different price levels for the same

26 HANCHER, *The European Pharmaceutical Market: Problems of Partial Harmonisation*, [1990] ELR 9.

27 OJ L 311 of 28 November 2001.

28 Article 81 was amended by Directive 2004/27/EC of 31 March 2004, OJ L 136/34 of 30 April 2004. The original text was based on a different approach: the decision whether or not to impose public service obligations was left to Member States, providing however that the said obligations shoud be justified, in keeping with the Treaty, on grounds of public health protection and be proportionate in relation to the objective of such protection.

29 NAZZINI, *Parallel Trade in the Pharmaceutical market – Current Trends and Future Solution,* World Competition [2003] 53, 58.

medicine in different Member States. As price differentials between Member States may be significant, the opportunities for parallel trade are evident [30].

When negotiating with the States the price of pharmaceuticals, the manufacturers claim the necessity to take into account the high costs implied by research of new specialities. On the other hand, the interest of public health imposes a central control on prices that cannot go beyond what is affordable to certain categories of patients and to the public health structures. The above two conflicting interests (to repay R&D costs and to offer medicines at affordable prices) are the main factors which have so far restricted competition in the market of pharmaceuticals.

Unlike the authorization system, which is harmonized at Community level, the pricing system is almost entirely national.

Already in its 1998 Communication on the Single Market in pharmaceuticals [31], referred to by Advocate General Jacobs in his opinion in the Syfait case, the adoption of a central European pricing system for medicines was considered *'undesirable and currently impracticable'* by the Commission, which found that *'establishing an appropriate level of price across the Community would prove extremely difficult'*.

More recently, in its 2003 Communication on strengthening the European pharmaceutical industry for the benefit of the patient [32] the Commission suggested steps to take in order to facilitate market integration.

The Commission suggested in particular giving manufacturers the option of setting the prices of medicinal products and leaving to negotiation with Member States safeguard mechanisms to contain pharmaceutical expenditure. Moreover, the Commission asked the Member States to remove price controls on medicines that are not reimbursed by the State and for those which are not to be sold to the public sector and suggests favouring reclassification of products from prescription to non-prescription status, in order to strengthen the competitive non-prescription market.

6. The Opinion of Advocate General Jacobs

In his opinion, Advocate General Jacobs thoroughly examined the case-law on refusal to supply, coming first of all to the conclusion that a refusal to supply by which a dominant pharmaceutical undertaking aims at limiting parallel trade does not in itself constitute an abuse of a dominant position within the meaning of Article 82.

30 NAZZINI, Parallel Trade in the Pharmaceutical Market, cit.. supra note 29. With a particular reference to the enlargement of the Community see FEDDERSEN, Parallel Trade in Pharmaceuticals in a Europe of 25: What the "Specific Mechanism" Achieves and What it Does Not, [2003] EIPR, 545; LEMAIRE, Parallel Trade of Pharmaceutical Produts within the Enlarged European Union, [2005] EIPR, 43.

31 COM (1998) 588 final.

32 COM (2003) 383 final.

According to him, although generally the intention of partitioning the market is a circumstance rendering abusive a refusal of supply, this is not so in the present case, where, due to the characteristics of the market, GSK is attempting to protect what it sees as its legitimate commercial interests. It becomes crucial, therefore, to find out whether it is possible to demonstrate an objective justification for the refusal.

The first question of the Greek referring authority should therefore receive a negative answer.

The issue of objective justification was then examined by the Advocate General in the light of the pervasive regulation present in the pharmaceutical market.

According to Jacobs, the partitioning of the markets and the restrictions of supply are more a result of the measures of the national authorities in the State of export than of the commercial policy of pharmaceutical industries.

Such measures include not only price fixing, but also additional duties imposed to distributors of medicines, such as the obligation to maintain a full stock appropriate for covering the requirements of a defined geographical area. Due to the obligation to meet domestic demand, wholesalers were prevented from exporting all of their stock even in the absence of any limiting measures from manufactures.

In the opinion of the Advocate General, the effects of State regulation shed light on the reasonableness and proportionality of the restriction of supply, in the sense that restrictions do not protect price disparities, nor do them directly impede trade, which is rather blocked by public service obligations imposed by the Member States and are therefore capable of justification as a reasonable and proportionate measure in defence of the undertaking's commercial interests.

Two additional lines of reasoning led Advocate General to the same conclusion.

The first is based on the economics of the pharmaceutical industry and considers that substantial investments are typically required in the research and development of new pharmaceutical products: of course, the decision whether to invest in new products depends in part upon the expectations that prices will repay investments. If parallel trade were generalised across the Community, the incentives for a pharmaceutical undertaking to invest in research would be reduced, given the lower returns that such an undertaking could expect to enjoy. In alternative, there would be a pressure for prices to rise in low-price Member States and in the end this would result in a redistribution of resources from consumers in the low-price Member States to those in the high-price Member States.

A second line of reasoning focuses on the possible effects of parallel trade in pharmaceuticals. Due to the specific structure of the market, it is possible that the price differential which gave rise to the parallel trade is completely absorbed as profit by those involved in the distribution chain and that no benefit is enjoyed by the health care systems or the patients.

The conclusion of the Advocate General was therefore that a restriction to supply by a dominant pharmaceutical undertaking in order to limit parallel trade is capable of justification as a reasonable and proportionate measure in defence of that undertaking's commercial interests.

Finally, Jacobs particularly emphasised that such a conclusion is 'highly specific to the pharmaceutical industry in its current condition and to the particular type of conduct at issue in the present proceedings' and that 'it is highly unlikely that any other sector would exhibit the characteristics' which led him to that conclusion.

7. Refusal to Supply and Pharmaceuticals: Considerations on the Syfait case

In its judgment of 31 May 2005 the Court did not rule on the case, having found it had no jurisdiction to answer the questions referred by the Epitropi Antagonismou. The Greek Antitrust Commission was found not to be a 'court or tribunal' within the meaning of Article 234 EC [33].

The case is now left to the decision of the Greek authority [34], but the questions remain open at Community level [35].

If one examines the *Syfait* case in the light of previous case law on refusal to supply, it is uncertain whether the conduct of GSK constituted an abuse [36].

The opinion of the Advocate General is mainly focused on the regulatory features of the pharmaceutical market, which in his view appear to deprive the undertakings of any freedom to act in the market.

In the Community system, however, the existence of different national regulations should not prevent the application of competition rules. For so long as the diverging national regulations remain unharmonized, the implementation of the

33 The issue is extremely interesting, although going beyond the scope of this article. Advocate General Jacobs had concluded that the Greek Antitrust Authority is "situated very close to the border line between a judicial authority and an administrative authority having certain judicial characteristics" and considered in the end that "it is sufficiently judicial in character to qualify as a court or tribunal for the purposes of Article 234 EC". For a similar case see the Judgement of 21 March 2000, Joined Cases C-110/98 to C-147/98, *Gabalfrisa and others*, [2000] ECR I-1577.

34 The Greek Competition Commission has already found in an interim decision in 2002 that GSK, as a dominant undertaking, was abusing its leading position by restricting supplies to wholesalers; moreover, the Court of First Instance of Athens granted compensation to wholesalers for the losses suffered from the refusals to supply by GSK: see KOBELT, *Perpetual Scenario – Europe's highest court has failed to rule for or against the practice of parallel trade*, in Pharmaceutical Marketing Europe, Summer 2005, 18.

35 HEIDE, PEREZ, *Parallel imports*, Competition Law Insight, 14 June 2005, 3: according to the authors, although the opinion of the AG does not formally constitute binding authority, it will have significant influence on the developement of subsequent cases before the national and Community courts.

36 The opinion of the Advocate General is fully supported by HULL, *Parallel trade in Pharmaceutical Products in Europe: The Advocate General's opinion in SYFAIT v. GlaxoSmithKline*, in Competition Law Insight, 9 November 2004, 3; A critical view is taken by KOBELT, *Perpetual Scenario*, *cit. supra* note 34 and KOENIG, ENGELMANN *Parallel Trade Restrictions in the Pharmaceuticals Sector on the Test Stand of Article 82 EC. Commentary on the Opinion of Advocate General Jacobs in the Case* Syfait/GlaxoSmithKline, [2005] ECLR 338.

single market requires that trade is not restricted through state measures or competition distortions, without a substantive justification.

The case law of the Court of Justice as reviewed above makes clear that no objective justification may be invoked when the purpose and the effect of the conduct is to eliminate competition or to strengthen the dominant position of the undertaking concerned.

One cannot deny that in the *Syfait* case the restriction on the part of GSK was aimed at causing the foreclosure and the partitioning of the national markets [37], therefore eliminating competition within the markets concerned.

In the case law of the Court concerning the free movement of goods, national measures intended to restrict parallel trade are carefully scrutinised and repeatedly condemned [38].

It appears contradictory, therefore, to allow a dominant company to obtain, through its unilateral conduct, the results which would be forbidden as an outcome of state measures or agreements [39].

The above considerations do not intend to ignore the special features of the pharmaceutical market.

In particular, the third point raised by Advocate General Jacobs as a justification for restrictions, namely that parallel trade in medicines would not necessarily benefit consumers, is certainly substantive [40]. It is a fact that profits from parallel imports invariably benefit the distributors themselves.

At least to some extent, however, parallel trade in pharmaceuticals has the effect of increasing competition in national markets where prices have a higher level, thus generating direct savings for health insurance systems and also for patients [41].

Moreover, there is evidence in the economic analysis that parallel trade in drugs in the EU market has in practice contributed to a reduction in the extent of price discrimination between different national markets [42].

37 KOENIG, ENGELMANN, Parallel Trade Restrictions, cit. supra note 36.

38 In the pharmaceutical sector see the Judgement of 5 December 1996, Merck and Beecham, joint cases C-267/95 and C-268/95, [1996] ECR I-6285; Judgement of 12 October 1999, C-379/97, Upjohn [1999] ECR I-6927; Judgments of 23 April 2002, case C-143/00, Boehringer Ingelheim, [2002] ECR I-3759; case C-443/99, Merck, Sharp & Dome [2002] ECR I-3703.

39 A case is now pending before the European Court of First Instance (Case T-168/01) concerning the appeal of Glaxo Wellcome against a Commission decision of 8 May 2001 concerning dual pricing system in Spain. The Commission (OJ 29.9.2001 C275/17) found the terms and conditions of sale of Glaxo to be contrary to Article 81 (1) since they restricted parallel imports.

40 On the contrary, and in spite of the popularity of the argument, there is appeearently no evidence of a connection between R&D investments and parallel trade: In the Syfait case, GSK failed to prove that R&D funding was reduced as a result of parallel exports from Greece: see KOENIG, ENGELMANN, Parallel Trade Restrictions, cit. supra note 36, 345.

41 This is particularly true in the States where the healthcare system reimburse the costs of drugs to the level of the actual pharmacy retail prices. The savings for the health system deriving from parallel trade are explained in detail in KOENIG, ENGELMANN, Parallel Trade Restrictions, cit. supra note 36, 346.

If one considers the aims of market integration and the Community system as a whole, the conclusion should be that a refusal to supply aimed at preventing parallel trade, even in a highly specific market like those of pharmaceuticals, does indeed constitute an abuse of a dominant position within the meaning of Article 82.

42 GLYNN, *Article 82 and Price Discrimination in Patented Pharmaceuticals: the Economics*, [2005] ECLR 135: the author argues however that price discrimination in pharmaceuticals should not be regarded as an abuse; see also LORENZ, LUEBBIG, RUSSELL, *Price Discrimination, a Tender Story*, [2005] ECLR 355.

If one considers the aims of market integration and the Community system as a whole, the conclusion should be that a refusal to supply aimed at preventing parallel trade, even in a highly specific market like those of pharmaceuticals, does indeed constitute an abuse of a dominant position within the meaning of Article 82.

Abschied von der Privatautonomie auf dem Weg zu materieller Gerechtigkeit

Welche Perspektiven für Europa?

von Dr. Marion Träger, Rechtsanwältin,
Kanzlei Derra, Meyer & Partner, Ulm

I. Parteiautonome Vertragsgestaltung und die Frage eines angemessenen Interessenausgleichs

Ausgangspunkt eines jeden Vertragsschlusses ist zunächst ein freier Willensentschluß der Parteien zu einem Vertragsabschluss sowie die Einigung über den Vertragsinhalt. Einer parteiautonomen Vertragsgestaltung sind heute jedoch starke Grenzen gesetzt. Man denke z. B. nur an das soziale Mietrecht, den Schutz des Arbeitnehmers, das Recht der Allgemeinen Geschäftsbedingungen und die zahlreichen Regelungen zum Schutz des Verbrauchers. Hierbei handelt es sich nicht um ein auf Deutschland beschränktes Phänomen. So gehen z. B. die verschiedensten Verbraucherschutzgesetze, welche in die privatautonome Vertragsgestaltung eingreifen, auf europäische Initiativen zurück.[1] Die Begrenzung der im 19. Jahrhundert noch weitgehend unangetasteten Privatautonomie unter dem Aspekt einer materiellen Vertragsgerechtigkeit oder des Schutzes einer schwächeren Vertragspartei ist eine im Laufe des 20. Jahrhundert ebenfalls international zu beobachtende Erscheinung.[2]

In Deutschland mag man sich im Hinblick auf stark ausgeprägte richterliche Interventionen in die Vertragsgestaltung und eine umfangreiche Schutzgesetzgebung vielleicht fragen, ob nicht der Grundsatz der Vertragsfreiheit bereits zugunsten einer vertraglichen Angemessenheitskontrolle aufgegeben worden ist oder ob vielleicht die intensive Ausprägung der Vertragskontrolle – auch im Hinblick auf veränderte

1 Z. B. das Produkthaftungsgesetz auf die Produkthaftungsrichtlinie 85/374/EWG des Rates vom 25.07.1985, das Gesetz über den Widerruf von Haustürgeschäften und ähnlichen Geschäften auf die Richtlinie 85/577/EWG des Rates zu Haustürgeschäften vom 20.12.2985, das Verbraucherkreditgesetz auf die Verbraucherkreditrichtlinie 87/102/EWG des Rates vom 22.12.1986, Änderungen im Reisevertragsrecht des BGB auf die Pauschalreisenrichtlinie 90/314/EWG des Rates vom 13.06.1990, das Fernabsatzgesetz auf die Fernabsatzrichtlinie 97/7/EG des Rates und des Europäischen Parlamentes vom 20.05.1997, Teile der Schuldrechtsreform 2002 auf die Richtlinie 99/44/EG des Rates und des Europäischen Parlamentes zu bestimmten Aspekten des Verbrauchsgüterkaufs und der Garantien für Verbrauchsgüter vom 25.05.1999.

2 S. für einen Überblick z. B. Kötz, Europäisches Vertragsrecht, Band 1, Tübingen 1996, S. 15 ff., 189 ff.

wirtschaftliche und soziale Bedingungen – ein Ausgangspunkt für eine Rückkehr zum ursprünglichen Grundsatz einer parteiautonomen Vertragsgestaltung sein könnte. Um mögliche Perspektiven einzuschätzen, kann es hilfreich sein, den Stellenwert der Vertragsfreiheit im Konflikt mit der Idee inhaltlicher Vertragsgerechtigkeit in internationalen Regelwerken und anderen nationalen Rechtsordnungen zu betrachten.

Die *UNIDROIT Principles of International Commercial Contracts* (Grundregeln der internationalen Handelsverträge)[3] schreiben in Artikel 1.1 den Grundsatz der Vertragsfreiheit sowohl hinsichtlich des Vertragsabschlusses als auch hinsichtlich der inhaltlichen Gestaltung fest. In der Kommentierung zu Artikel 1.1. wird die Vertragsfreiheit als elementarer Grundsatz im Rahmen des internationalen Handels betont.[4] Nach Artikel 1.7 und der diesbezüglichen Kommentierung zählen auch Treu und Glauben und der redliche Geschäftsverkehr als Verhaltenspflichten der Parteien zu den Grundgedanken des Regelwerkes.[5] Die Grundregeln enthalten zwar ein Kapitel über die Gültigkeit von Verträgen, behandeln jedoch nicht die Kontrolle der Sitten- oder Rechtswidrigkeit eines Vertrages und formulieren daher auch keine Überprüfung der inhaltlichen Vertragsgerechtigkeit. Lediglich punktuell sehen die Grundregeln Ansätze zu einer inhaltlichen Vertragskontrolle vor, und zwar in Bezug auf Haftungsfreizeichnungen und -beschränkungen und auf Klauseln, welche einer Partei die einseitige Modifizierung der Vertragserfüllung gestatten (Art. 7.1.6) sowie in Bezug auf Vertragsstraferegelungen (Art. 7.4.13).

Interessant ist ein Blick auf die *European Principles* of *Contract Law* (Grundregeln des europäischen Vertragsrechts der Kommission für Europäisches Vertragsrecht)[6], weil diese auch die Frage einer vertraglichen Inhaltskontrolle in ihr Regelwerk einbeziehen. Die Grundregeln des europäischen Vertragsrechts bestimmen in Artikel 1:102 die Freiheit der Parteien, Verträge zu schließen und deren Inhalt zu bestimmen, sehen jedoch in Artikel 4:110 eine Möglichkeit der Anfechtung von nicht individuell ausgehandelten Vertragsbedingungen vor, die entgegen Treu und Glauben und dem redlichen Geschäftsverkehr zu einem wesentlichen Ungleichge-

3 Die 1994 veröffentlichten Grundregeln der internationalen Handelsverträge existieren in fünf offiziellen Sprachen (Englisch, Französisch, Deutsch, Italienisch und Spanisch) und wurden in weitere Sprachen übersetzt. Die Grundregeln des UNIDROIT-Instituts sind in deutscher Sprache abrufbar unter der Internetseite http://www.unidroit.org/german/principles/contracts/principles2004/blackletter2004.pdf.

4 S. neben der offiziellen Kommentierung auch BONELL (Leiter der Arbeitsgruppe für die Vorbereitung der UNIDROIT-Prinzipien), *The UNIDROIT Principles of International Commercial Contracts, Nature, Purposes and First Experiences in Practice*, 1999, S. 7 f. (Der Aufsatz ist veröffentlicht unter der Internetseite http://www.unidroit.org/english/principles/pr-exper.htm).

5 S. neben der offiziellen Kommentierung auch BONELL, *UNIDROIT Principles* (FN 4), S. 8 f.

6 Die Kommission für Europäisches Vertragsrecht, die sogenannte Lando-Kommission tagte in drei Kommissionen, deren Arbeitsergebnisse 1995, 1998 und 2002 veröffentlicht wurden. Sämtliche Texte sind in deutscher Sprache abrufbar unter der Internetseite http://www.ipr.uni-koeln.de (dort unter EU-Privatrecht, Einrichtungen zum Europäischen Privatrecht) oder direkt über http://www.cbs.dk/departments/law/staff/ol/commission_on_ecl/index.html.

wicht der vertraglichen Rechte und Pflichten führen. Dieser Kontrollansatz erinnert an die Vorgaben der europäischen Richtlinie über mißbräuchliche Klauseln in Verbraucherverträgen. Die Prinzipien des Europäischen Vertragsrechts wählen damit eine Kompromißlösung, die einerseits vom Grundsatz der Vertragsfreiheit ausgeht, jedoch auch eine durch Wahl der Generalklausel flexible Inhaltskontrolle ermöglicht. Bemerkenswert ist insofern, dass eine nach Artikel 4:110 unangemessene Bedingung nicht automatisch unwirksam ist, sondern nur die benachteiligte Partei zur Anfechtung berechtigt, diese also entscheiden kann, ob sie die angebotene Inhaltskontrolle in Anspruch nimmt.

Der italienischen Rechtsordnung, welche nach Polen als zweites europäisches Land bereits 1942 im *codice civile* und damit lange vor Deutschland eine Regelung zu Allgemeinen Geschäftsbedingungen eingeführt hat, war bis zur Umsetzung der europäischen Richtlinie über mißbräuchliche Klauseln in Verbraucherverträgen eine inhaltliche Kontrolle von Allgemeinen Geschäftsbedingungen auf ihre Angemessenheit ebenso fremd wie die Funktionalisierung der Konzepte von Treu und Glauben sowie Rechtsmißbrauch zur Korrektur von Verträgen.[7] Im italienischen Rechtssystem steht anders als in Deutschland trotz der auch dort gegebenen Einschränkungen der Privatautonomie durch den Gesetzgeber noch der Parteiwille, die autonome Vertragsgestaltung im Vordergrund, welche richterliche Vertragskorrekturen nur im Ausnahmefall zwingender gesetzlicher Regelungen, nicht jedoch generell im Interesse einer materiellen Vertragsgerechtigkeit erlaubt.[8]

Welche Herangehensweise an die Problematik einerseits freier und andererseits inhaltlich gerechter Vertragsgestaltung könnte ein Modell für ein gemeinsames europäisches Privatrecht sein? Läßt sich ein solches Zukunftsmodell überhaupt feststellen oder sind gewisse Unterschiede in verschiedenen nationalen Rechtsordnungen und auf internationaler Ebene durch tradierte Denkstrukturen und rechtskulturelle Eigenheiten vorgegeben und notwendig?

Einen Einblick in verschiedene Möglichkeiten des Umgangs mit dieser Problematik kann eine vergleichende Betrachtung unterschiedlicher Lösungsansätze ermöglichen, wie sie sich z. B. in Deutschland und Italien zu dieser Problematik ergeben. Ausgangspunkt hierfür ist eine umfangreiche empirische Auswertung deutscher und italienischer Rechtsprechung zu eine Vertragspartei einseitig belastenden Vertragsklauseln in ausgewählten Fallbereichen, die über längere Zeiträume in beiden Ländern praktische Relevanz besaßen.[9] Für Deutschland stellt sich die Frage der Handhabung des Konfliktes zwischen Vertragsfreiheit und inhaltlicher Vertragsgerechtigkeit im wesentlichen bei der Verwendung von Allgemeinen Geschäftsbedingungen bzw. Formverträgen. In Italien ist die Situation etwas anders, als dort – ab-

7 TRÄGER, *Vertragsfreiheit und giustizia sostanziale in Deutschland und Italien im 20. Jahrhundert – Eine vergleichende Analyse anhand ausgewählter Fallbereiche*, in: Frank/Rückert/Schneider/Walther (Hrsg.), Fundamenta juridica, Bd. 42, Nomos Verlagsgesellschaft, Baden-Baden 2003, S. 232, 351 f., 422, 426, 442, 450.

8 TRÄGER, *Vertragsfreiheit und giustizia sostanziale* (FN 7), S. 228 ff., 345, 352, 422, 450, 502.

9 Die Autorin untersucht diese Fragestellung im Rahmen ihrer in FN 7 benannten Dissertation.

gesehen von der in Art. 1341 und 1342 *codice civile* von 1942 vorgesehenen formalen Kontrolle von Allgemeinen Geschäftsbedingungen und Formverträgen – diejenigen Vorschriften im *codice civile*, welche die freie Vertragsgestaltung der Parteien begrenzen, nicht speziell Allgemeine Geschäftsbedingungen bzw. Formverträge betreffen. Gleichwohl handelt es sich bei der für Deutschland und Italien ausgewerteten und im folgenden zusammengefasst dargestellten Rechtsprechung zum Umgang mit Vertragsklauseln, die in bestimmten Fallbereichen in beiden Rechtsordnungen relevant waren, regelmäßig um Urteile zur Handhabung Allgemeiner Geschäftsbedingungen.

Wesentlicher Gesichtspunkt für den Vergleich der in beiden Rechtsordnungen gewählten Lösungsansätze ist hierbei, ob der Aspekt materieller Vertragsgerechtigkeit als eigener Wert neben dem Grundsatz der Vertragsfreiheit anerkannt wird und wie im einzelnen die Gewichtung zwischen beiden Positionen erfolgt. Je nachdem, wie die Prioritäten gesetzt werden, kann die Vertragsfreiheit durch den Aspekt inhaltlich ausgeglichener Verträge immanent beschränkt werden, kann sogar der Zielvorgabe materieller Gerechtigkeit untergeordnet sein. Bleibt die Privatautonomie dagegen im Grundsatz unangetastet, dient sie als Rechtfertigung, um Eingriffe in die parteiliche Vertragsgestaltung im Interesse einer gerechten Risikoverteilung abzuschneiden. Der Wunsch nach einer die Interessen beider Vertragspartner berücksichtigenden Lösung wird dann eher über eine Stärkung der Autonomie des unterlegenen Partners verfolgt.

Diese verschiedenen Gewichtungen in den Argumentationen der Richter geben wesentlich Aufschluß über den Stellenwert der Vertragsfreiheit im jeweiligen Rechtssystem, das unterschiedliche Bewußtsein für den Konflikt von Vertragsfreiheit und materieller Vertragsgerechtigkeit sowie die verschiedenen Einstellungen zu richterlichen Vertragskorrekturen.

II. Vertragsfreiheit und materielle Gerechtigkeit in Deutschland und Italien im 20. Jahrhundert

1. Handhabung von einseitig belastenden Vertragsklauseln in Italien

Betrachtet man die Handhabung einseitiger Vertragsklauseln in verschiedenen Fallbereichen wie Verwirkungs- und Fälligkeitsklauseln bei Abzahlungsgeschäften, Gewährleistungsklauseln, Ausschlussfristen, Beweislastklauseln und Gerichtsstandsvereinbarungen durch die italienische Rechtsprechung im 20. Jahrhundert, fällt über den gesamten Zeitraum die zentrale Rolle der Vertragsfreiheit auf, die auch nicht grundsätzlich unter dem Aspekt inhaltlich ausgeglichener Verträge in Frage gestellt wird.[10] Teilweise wird ein möglicher Konflikt zwischen parteiautonomer Vertrags-

10 TRÄGER, *Vertragsfreiheit und giustizia sostanziale* (FN 7), S. 71 ff., 102 ff., 227 ff., 279 ff., 345 ff., 387, 417 f., 422 ff., 428.

gestaltung und der Realisierung materieller Gerechtigkeit gar nicht erst problematisiert. Wenn die italienischen Richter bei einfachen Abzahlungsgeschäften vor 1942 explizit die Gefahr übermäßiger Belastungen des Abzahlungskäufers ansprechen, nehmen sie zumindest diesen möglichen Kontrast wahr, lehnen aber in deutlicher Betonung der Vertragsfreiheit einen richterlichen Eingriff in die Vertragsgestaltung ab.[11] Ebenso wird in den anderen Fallbereichen regelmäßig die Bindung der Richter an den von den Parteien bestimmten Vertragsinhalt herausgestellt. Im Bereich der Abzahlungsgeschäfte ist die Situation teilweise etwa seit den 70er Jahren etwas verändert, so im Bereich des Finanzierungsleasings, bei dem ein Teil der italienischen Richter den Schutz des Leasingnehmers vor ungerechtfertigten Benachteiligungen und das Ziel eines angemessenen Interessenausgleichs trotz grundsätzlich bestehender Privatautonomie als notwendig anerkennt.[12]

Die in Italien im Vordergrund stehende freie Vertragsgestaltung wird keinesfalls der Idee eines inhaltlich gerechten Vertrages untergeordnet. Zwar suchen die italienischen Richter in verschiedenen Fällen einen angemessenen Interessenausgleich zwischen den Parteien. Doch handelt es sich hierbei stets um spezifische Kontrollen, die vor 1942 mangels gesetzlicher Vorgaben aufgrund traditioneller Institute der Rechtslehre oder nach 1942 vor allem aufgrund konkreter gesetzlicher Vorgaben vorgenommen werden. Keinesfalls sehen es die italienischen Richter als ihre Aufgabe an, Vertragsbedingungen generell auf ihren Gerechtigkeitsgehalt zu überprüfen. Ihnen ist daher auch prinzipiell der Gedanke fremd, die parteiautonom gewählte Vertragsgestaltung im Interesse der *giustizia sostanziale* (materielle Gerechtigkeit) zu korrigieren.[13] Sie sind insoweit noch dem liberalen Modell der Vertragsfreiheit verhaftet, das den freien Vertragsschluß durch die Parteien grundsätzlich als Gewähr für einen angemessenen Interessenausgleich begreift und Einschränkungen dieser Freiheit nur in Ausnahmefällen zuläßt. So stellen die italienischen Richter auch bei der Prüfung von Gewährleistungs-, Haftungsfreizeichnungsklauseln und Ausschlußfristen auf ihre Vereinbarkeit mit dem *ordine pubblico* (öffentliche Ordnung) den Ausnahmecharakter dieser gesetzlichen Kontrolle heraus. Diese wird in den engen Grenzen des traditionellen Rechtssatzes des *pactum ne dolus praestetur* vorgenommen. Dabei wird auf den Grundsatz der unzulässigen Freizeichnung von der Vorsatzhaftung auch nicht in allen, sondern nur in den Fallbereichen Bezug genommen, welche schon in der Vergangenheit traditionell unter diesem Rechtssatz erfaßt (allgemeine Freizeichnungsklauseln und Gewährleistungsvereinbarungen als spezieller Anwendungsfall) oder die traditionell dem Bereich der öffentlichen Ordnung zugeordnet wurden (so Ausschlußfristen wegen ihres engen Zusammenhangs zu den Ver-

11 TRÄGER, *Vertragsfreiheit und giustizia sostanziale* (FN 7), S. 71 ff., 76 f., 102, 227 f., 428.

12 TRÄGER, *Vertragsfreiheit und giustizia sostanziale* (FN 7), S. 188 ff., 193, 222 ff., 228 f., 428.

13 TRÄGER, *Vertragsfreiheit und giustizia sostanziale* (FN 7), s. im Kapitel Abzahlung S. 225, 228 ff., im Kapitel Gewährleistung S. 281, 352 und im Kapitel Ausschlußfristen S. 400, 417 f., 421 f.

jährungsregelungen).[14] Die Unabdingbarkeit der Vorsatzhaftung war bereits über Jahrhunderte fester Bestandteil der europäischen Tradition, bevor im Industriezeitalter Haftungsfreizeichnungsklauseln verstärkt Verbreitung fanden.[15] Somit haben die von den italienischen Richtern vorgenommenen Beschränkungen der Vertragsfreiheit stets Ausnahmecharakter, sei es, daß sich die Gerichte auf konkrete zwingende Rechtsvorschriften stützen, aber auch dann, wenn sie die Gültigkeit von Geschäftsbedingungen unter Berufung auf unbestimmte Prinzipien wie die öffentliche Ordnung kontrollieren.

Die grundsätzliche Achtung vor der Vertragsfreiheit zeigt sich auch darin, daß die italienischen Richter ihre Falllösungen vielfach unter zumindest äußerlicher Wahrung des Parteiwillens zu begründen suchen, so besonders deutlich im Rahmen des einfachen und drittfinanzierten Abzahlungskaufs[16] sowie bei der engen Auslegung von Gewährleistungsklauseln[17]. Dieses Verständnis der Richter wird auch in der Argumentation zur AGB-Kontrolle nach art. 1341/2 *codice civile*[18] deutlich, die einen Schutz vor unbilligen Geschäftsbedingungen über eine Stärkung der Vertragsfreiheit des AGB-Kunden ermöglichen soll. So ziele die Notwendigkeit der *specifica approvazione* (besondere Annahme) auf eine *contrattualità effettiva e funzionale* (effektive und funktionale Vertragsmäßigkeit), indem der freie Willensentschluß der belasteten Partei gestärkt und auf diese Weise eine Position von Gleichheit garantiert werde.[19] Folge dieser Sichtweise ist, daß jeder Vertragspartner grundsätzlich selbstverantwortlich auf eine gerechte Interessenregelung hinwirken müsse und es anders als in der deutschen Rechtsprechung kaum als erforderlich angesehen wird, die schwächere Partei vor übermäßigen Belastungen zu schützen.[20]

Ein gewisser Wandel in der italienischen Judikatur zeichnet sich allerdings in der Rechtsprechung zum Finanzierungsleasing ab. Hier betont ein Teil der Instanzgerichte deutlich die Notwendigkeit einer materiellen Vertragskontrolle unter Heran-

14 TRÄGER, *Vertragsfreiheit und giustizia sostanziale* (FN 7), s. hierzu im Kapitel Gewährleistung S. 245 ff., 279 und im Kapitel Ausschlußfristen S. 367 f., 385, 419 f., 421 f.

15 BENATTI, *Contributo allo studio delle clausole di esonero da responsabilità*, Milano 1971, pp. 5, 19.

16 TRÄGER, *Vertragsfreiheit und giustizia sostanziale* (FN 7), s. im Kapitel Abzahlung S. 67 f., 93 ff., 97 f., 103 f., 151 ff., 162, 227 f. und FN 167, 169, 284, 309-311, 542.

17 TRÄGER, *Vertragsfreiheit und giustizia sostanziale* (FN 7), S. 352, 430.

18 Nach art. 1341/1 codice civile sind die von einer Vertragspartei eingebrachten Allgemeinen Geschäftsbedingungen gegenüber der anderen Vertragspartei wirksam, wenn diese sie bei Vertragsschluß bei Anwendung der allgemeinen Sorgfalt kannte oder kennen mußte.
Art. 1341/2 codice civile sieht für bestimmte vom Gesetzgeber als belastend gesehene Fallgruppen von Allgemeinen Geschäftsbedingungen (u. a. Haftungsbeschränkungen) als zusätzliche Wirksamkeitsvoraussetzung die sog. *specifica approvazione*, d. h. eine besondere Annahme vor.

19 TRÄGER, *Vertragsfreiheit und giustizia sostanziale* (FN 7), s. im Kapitel Gewährleistung S. 346 ff. und FN 539-544.

20 Der Unterschied zeigt sich besonders deutlich im Rahmen der Abzahlungsgeschäfte, bei denen in Deutschland der Schutz des Käufers (bzw. Darlehensnehmers beim drittfinanzierten Abzahlungskauf) gerade den Leitgedanken der kundenschützenden Urteile bildet.

ziehung der für typische Verträge vorgesehenen gesetzlichen Schutzvorschriften, um Überschreitungen der Privatautonomie zu vermeiden und einen angemessenen Interessenausgleich zu erzielen.[21] Hierin kann insofern eine Neuerung gesehen werden, als diese Richter neben der grundsätzlich geltenden Vertragsfreiheit auch die inhaltliche Angemessenheit der von den Parteien gewählten Bedingungen als notwendige Begrenzung der freien Vertragsgestaltung anerkennen. Andererseits ist aus ihren Begründungen zu entnehmen, daß sie die Begrenzung der Vertragsfreiheit aus zwingenden Gesetzesvorschriften, die für vergleichbare Vertragstypen bestehen, ableiten.[22] Auch diese Richter stellen die Frage nach der inhaltlichen Angemessenheit von Vertragsbedingungen also nur im Zusammenhang mit konkreten zwingenden Vorgaben des Gesetzgebers. Sie verbleiben somit in der festgestellten Grundhaltung der italienischen Gerichte, der eine prinzipielle Überprüfung von Verträgen auf ihren Gerechtigkeitsgehalt fremd ist. Anders als die deutschen Richter räumen die italienischen den dispositiven Normen auch keine Leitbildfunktion im Sinne einer von den Parteien zu berücksichtigenden, gerechten Interessenregelung ein. Der Bereich der dispositiven Normen unterliegt vielmehr der freien Gestaltung durch die Parteien; Grenze ihrer Autonomie sind allein die ausnahmsweise bestehenden imperativen Vorschriften.

2. Handhabung von einseitig belastenden Vertragsklauseln in Deutschland

Die deutsche Judikatur kennzeichnet sich in der Handhabung einseitig ausgestalteter Vertragsbedingungen in verschiedenen Fallbereichen durch einen anderen Stellenwert der Vertragsfreiheit sowie durch eine verschiedene Einstellung zum Konflikt von freier Vertragsgestaltung und inhaltlicher Richtigkeitsgewähr. Die deutschen Gerichte erkennen zwar im Ausgangspunkt ebenso die parteiautonome Inhaltsbestimmung als Grundsatz an, stellen aber zugleich regelmäßig die Frage nach einem angemessenen Interessenausgleich zwischen dem Verwender von Allgemeinen Geschäftsbedingungen und seinem Vertragspartner. So setzen sie sich mit dem Problem inhaltlich unausgeglichener Verträge und einer möglichen Rechtlosstellung einer Partei durch einseitige Vertragsbedingungen auch dann auseinander, wenn sie im konkreten Fall keine weitere Einschränkung der Vertragsgestaltung zugunsten des AGB-Kunden vornehmen.[23]

In Bezug auf Umfang und Intensität der richterlichen Interventionen in die Vertragsfreiheit bestehen zwar zeitliche Unterschiede, doch läßt sich schon in den An-

21 TRÄGER, *Vertragsfreiheit und giustizia sostanziale* (FN 7), s. im Kapitel Abzahlung S. 191 ff., 222, 228 f. und FN 719-724.

22 Trib. Genova, 23.02.1982, Dir. fall. 1982, II, 1101, 1103; Trib. Torino, 10.04.1986, Riv. it. leasing 1987, 419, 425, 426 s.; A. Genova, 21.11.1988, Foro pad. 1989, I, cc. 109 s., 117.

23 So z. B. bei der Reduktion von Fälligkeitsklauseln nach § 4 II AbzG beim einfachen Abzahlungskauf, s. TRÄGER, *Vertragsfreiheit und giustizia sostanziale* (FN 7), im Kapitel Abzahlung S. 51 ff.

fängen des 20. Jahrhunderts die Grundhaltung feststellen, die von den Parteien gewählten Vertragsbedingungen unter dem Gesichtspunkt einer gerechten Interessenlösung zu überprüfen und entsprechend auch zu korrigieren. Im Laufe der Jahrzehnte nimmt die richterliche Vertragskontrolle stetig zu; die Gewichtung im Konflikt zwischen Vertragsfreiheit und materieller Gerechtigkeit verlagert sich deutlich in Richtung der letzteren. So überwiegen in der ersten Hälfte des 20. Jahrhunderts verdeckte Formen der Kontrolle über eine ‚enge Auslegung' von Gewährleistungsklauseln und Ausschlußfristen sowie über den Einwand der Arglist bei Ausschlußfristen, während in geringerem Umfang die Gültigkeit der vertraglichen Vereinbarungen, so bei Freizeichnungsklauseln oder in der Rechtsprechung zu drittfinanzierten Abzahlungskäufen, Gegenstand der Entscheidung ist. Seit den 50er/60er Jahren findet dann verstärkt eine offene Wirksamkeitskontrolle statt, die nach und nach andere Kontrollformen zurückdrängt und 1977 zum wesentlichen Inhalt des AGB-Gesetzes wird.

Einen wesentlichen Schritt in der inhaltlichen Prüfung der Vertragsbedingungen stellt dabei der Wechsel von der zu § 138 BGB entwickelten Monopolmißbrauchslehre zur Kontrolle anhand von Treu und Glauben dar, die sich vereinzelt schon in Urteilen des Reichsgerichts andeutet[24], im wesentlichen aber von der Rechtsprechung in der Bundesrepublik entwickelt wird. Während nämlich das Anknüpfen am Monopolmißbrauch eine Korrektur der Geschäftsbedingungen nur bei deren Verwendung durch Monopolunternehmer unter engen Voraussetzungen zuläßt, führt die von der Rechtsprechung über § 242 BGB entwickelte Kontrolle zu einer generellen Prüfung des Vertragsinhalts auf seine Angemessenheit. Damit wird die parteiautonome Vertragsgestaltung grundsätzlich und nicht nur vereinzelt wie in Italien dem Ziel der Vertragsgerechtigkeit im Sinne eines angemessenen Interessenausgleichs untergeordnet. Das bedeutet eine prinzipielle Zurückdrängung der Vertragsfreiheit, die nicht nur ausnahmsweise begrenzt wird, sondern der Schranken im Sinne der Vertragsgerechtigkeit immanent sind. Dies führt zu einer inhaltlichen Kontrolle nicht nur der untersuchten Klauseln bei Abzahlungsgeschäften, der Haftungsfreizeichnung und der Ausschlußfristen, sondern grundsätzlich in allen Bereichen von Allgemeinen Geschäftsbedingungen, so z. B. bei Beweislastvereinbarungen ab den 60er Jahren[25], bei Gerichtsstandsklauseln seit den 70er Jahren[26].

24 RG v. 12.07.1939, HRR 1939, Nr. 1459; RG v. 31.03.1941, DRW 1941, 1726, 1727; OLG Kassel v. 17.04.1941, HRR 1942, Nr. 13; RG v. 19.10.1942, II 55/42, zitiert von HILDEBRANDT, in: SCHLEGELBERGER, *Handelsgesetzbuch Kommentar*, 3. Bd., 3. Aufl. 1956, § 346, Rn. 32.

25 BGHZ 41, 151, 154 (17.02.1964); BGH v. 25.10.1966, VersR 1967, 63, 65; BGH v. 27.01.1967, VersR 1967, 402, 403 f.; BGH v. 13.03.1969, VersR 1969, 511, 513; BGH v. 19.02.1971, VersR 1971, 623, 624; BGH v. 18.02.1976, VersR 1976, 688, 689.

26 AG München v. 24.06.1970 (8 C 699/70 – unveröffentlicht), zitiert bei LÖWE, NJW 1971, 1342; LG Braunschweig v. 21.04.1971, NJW 1971, 1413; LG Frankfurt/Main v. 14.01.1972, BB 1972, 381; LG München v. 17.11.1972, BB 1973, 355, 356; LG Koblenz v. 31.01.1973, BB 1973, 444 f.; OLG Köln v. 28.04.1975, VersR 1976, 537, 538; OLG Düsseldorf v. 26.11.1981, DB 1982, 220, 222; OLG Hamm v. 18.02.1983, BB 1983, 1304, 1307; OLG

Für die immer stärkere Akzentuierung zugunsten der angestrebten Vertragsgerechtigkeit ist die sich wandelnde Haltung der Richter zum Verhältnis von Vertragsfreiheit und dispositivem Recht von wesentlicher Bedeutung. So erkennen die deutschen Richter etwa ab Anfang der 60er Jahre dem dispositiven Recht verstärkt eine Leitbildfunktion zu, an der sich die von den Parteien bestimmten Vertragsbedingungen ausrichten müssen. So werden Abweichungen von den eine gerechte Interessenregelung verkörpernden dispositiven Normen nur bei Vorliegen besonderer Gründe zugelassen. Der gewählte Vertragsinhalt muß in angemessener Weise die Interessen beider Parteien berücksichtigen. Auf diese Weise wird das *per definitionem* der Vertragsfreiheit unterliegende dispositive Recht der parteiautonomen Gestaltung entzogen. Hier wird das geänderte Verhältnis zwischen der Vertragsfreiheit und der Idee materieller Vertragsgerechtigkeit augenfällig.

Bei Ausschlußfristen[27], Gewährleistungsbeschränkungen[28], aber auch bei Beweislastklauseln[29], Gerichtsstandsvereinbarungen[30] und in anderen Bereichen von Allgemeinen Geschäftsbedingungen[31] findet man immer wieder die Argumentation, daß Vertragsbedingungen dann nicht anerkannt werden können, wenn „*sie den im dispositiven Recht enthaltenen, ausgewogenen Ausgleich widerstreitender Interessen verdrängen, ohne den Vertragspartner des Verwenders angemessen zu sichern*“[32]. Je stärker das hinter den dispositiven Normen stehende Gerechtigkeitsgebot sei, desto strenger müßten Abweichungen in Geschäftsbedingungen auf ihre Wirksamkeit kontrolliert werden.

Frankfurt v. 26.05.1983, ZIP 1983, 1213, 1216; LG Konstanz v. 23.06.1983, BB 1983, 1372; AG München v. 07.11.1986, NJW-RR 1987, 241; LG Karlsruhe v. 03.04.1989, JZ 1989, 690, 692; LG Köln v. 02.11.1989, NJW-RR 1990, 419, 420; LG Bielefeld v. 08.07.1993, NJW 1993, 2690, 2691; OLG Hamm v. 14.01.1994, NJW 1995, 2499.

27 TRÄGER, *Vertragsfreiheit und giustizia sostanziale* (FN 7), s. im Kapitel Ausschlußfristen S. 407, 414 f., 418 f.

28 TRÄGER, *Vertragsfreiheit und giustizia sostanziale* (FN 7), s. im Kapitel Gewährleistung S. 344, 352.

29 BGHZ 41, 151, 154 (17.02.1964); BGH v. 25.10.1966, VersR 1967, 63, 65; BGH v. 19.02.1971, VersR 1971, 623, 624.

30 AG München v. 24.06.1970 (8 C 699/70 – unveröffentlicht), zitiert bei LÖWE, NJW 1971, 1342; LG Braunschweig v. 21.04.1971, NJW 1971, 1413; LG Frankfurt/Main v. 14.01.1972, BB 1972, 381; LG München v. 17.11.1972, BB 1973, 355, 356; LG Koblenz v. 31.01.1973, BB 1973, 444 f.; LG Karlsruhe v. 03.04.1989, JZ 1989, 690, 692; LG Bielefeld v. 08.07.1993, NJW 1993, 2690, 2691.

31 BGH v. 04.11.1964, Jus 1965, 156 Nr. 1; BGH v. 11.11.1968, NJW 1969, 230, 231; BGH v. 08.10.1969, Jus 1970, 138 Nr. 3; BGHZ 54, 106, 109 f. (04.06.1970); BGHZ 60, 243, 245 (28.02.1973); BGHZ 72, 222, 226 f. (12.10.1978).

32 BGHZ 72, 222, 226 f. (12.10.1978); s. auch BGHZ 60, 243, 245 (28.02.1973); s. auch ALFF (Richter am Bundesgerichtshof), in: BGB-RGRK, Bd. 2, Teil 1, Berlin 1976, § 242, Rn. 111.

„Verdanken Vorschriften des dispositiven Rechts ihre Entstehung nicht nur Zweckmäßigkeitserwägungen, sondern einem aus der Natur der Sache sich ergebenden Gerechtigkeitsgebot, so bedarf es zur Wirksamkeit einer von ihnen abweichenden Regelung durch Allgemeine Geschäftsbedingungen gewichtiger Gründe, wenn die betreffende Klausel das Gerechtigkeitsgebot, wie es aus der Leitbildfunktion des dispositiven Rechts ersichtlich ist, in Frage stellt und gleichwohl mit Recht und Billigkeit vereinbar sein soll.“[33]

Indem die deutschen Richter Vertragsbedingungen am Gerechtigkeitsgehalt des gerade nicht zwingenden und somit der parteiautonomen Vertragsgestaltung offenstehenden Rechts messen, ordnen sie prinzipiell die Vertragsfreiheit der Idee einer materiellen Vertragsgerechtigkeit unter. Darin unterscheidet sich die Gewichtung zwischen freier Vertragsgestaltung und der Realisierung einer *giustizia sostanziale* durch die deutschen Gerichte grundlegend von der Einstellung der italienischen Richter.

Die deutliche Intensivierung der richterlichen Vertragskontrolle läßt sich auch gut in der sich wandelnden Rechtsprechung zum drittfinanzierten Abzahlungskauf beobachten. Hier gewährt die Rechtsprechung vor 1945 einen abzahlungsrechtlichen Schutz gegenüber Verwirkungs- und Fälligkeitsklauseln im Darlehensvertrag zunächst unter den engeren Voraussetzungen der wirtschaftlichen Identität oder Abhängigkeit von Verkäufer und Darlehensgeber, während die spätere Rechtsprechung für die Anwendung des Abzahlungsgesetzes schon die enge Verknüpfung von Kauf und Darlehen genügen läßt. In den 50er Jahren ist der über die Argumentation mit der „wirtschaftlichen Einheit“ von Kauf und Darlehen gewährte Schutz noch auf den Bereich der Verwirkungs- und Fälligkeitsklauseln im Darlehensvertrag beschränkt. Nach und nach führt allerdings die wirtschaftliche Betrachtungsweise auch im Bereich von Einwendungen des Darlehensnehmers gegenüber dem Finanzierungsinstitut zu einer Überwindung der formalen rechtlichen Ausgestaltung. Die dabei vorgenommene Vertragskontrolle wird stetig intensiviert, indem der zunächst in Bezug auf Sachmängel entwickelte Einwendungsdurchgriff auf Fälle von Nichtlieferung und arglistiger Täuschung ausgedehnt, der geschützte Personenkreis erweitert und die Subsidiarität des Einwendungsdurchgriffs abgeschwächt werden.

33 BGHZ 72, 222, 226 f. (12.10.1978); s. ähnlich auch BGHZ 41, 151, 154 (17.02.1964); BGH v. 04.11.1964, Jus 1965, 156 Nr. 1; LG Berlin v. 25.04.1966, NJW 1966, 1818, 1819; BGH v. 25.10.1966, VersR 1967, 63, 65; BGH v. 11.11.1968, NJW 1969, 230, 231; BGH v. 08.10.1969, Jus 1970, 138 Nr. 3; BGHZ 54, 106, 109 f. (04.06.1970); AG München v. 24.06.1970 (FN 18); BGH v. 19.02.1971, VersR 1971, 623, 624; LG Braunschweig v. 21.04.1971, NJW 1971, 1413; BGH v. 28.04.1971, NJW 1971, 1795, 1797; LG Frankfurt/Main v. 14.01.1972, BB 1972, 381; LG München I v. 17.11.1972, BB 1973, 355, 356; LG Koblenz v. 31.01.1973, BB 1973, 444 f.; BGHZ 60, 243, 245 (28.02.1973); BGHZ 60, 377, 380 (08.05.1973); BGHZ 63, 238, 239 (08.11.1974); BGH v. 13.01.1975, BB 1975, 402; BGH v. 24.11.1976, NJW 1977, 854, 855; BGH v. 07.02.1979, MDR 1979, 665, 666; BGHZ 89, 206, 211 f. (21.12.1983); BGHZ 90, 280, 284 (08.03.1984); LG Karlsruhe v. 03.04.1989, JZ 1989, 690, 692; BGH v. 10.04.1990, NJW-RR 1990, 1075; BGH v. 21.06.1990, NJW 1990, 3197, 3198; LG Bielefeld v. 08.07.1993, NJW 1993, 2690, 2691; s. auch ALFF, in: *BGB-RGRK*, § 242, Rn. 111.

Die in Deutschland praktizierte inhaltliche Prüfung von Allgemeinen Geschäftsbedingungen wird zum Teil über die Notwendigkeit eines angemessenen Interessenausgleichs zwischen den Vertragsparteien gerechtfertigt[34], zum Teil unter dem Aspekt des Mißbrauchs der Vertragsfreiheit begründet[35], wobei beide Argumentationen oft ineinander übergehen.

Da Allgemeine Geschäftsbedingungen einseitig von einem Vertragspartner aufgestellt und nur durch die Unterwerfung des anderen Vertragspartners Vertragsbestandteil würden, könnten sie im Hinblick auf „*die Wahrung elementarer Vertragsgerechtigkeit*" nicht anerkannt werden, wenn sie die Rechte und Pflichten der Beteiligten einseitig regelten.[36] Soweit die Vertragsbedingungen nur einseitig den AGB-Verwender begünstigten und sich nicht als sachgerechter Ausgleich der beiderseitigen Parteiinteressen darstellten, mißbrauche dieser seine Vertragsfreiheit und verletze „*die Grundsätze der Vertragsgerechtigkeit*".[37]

> *„Nach gefestigter Rechtsprechung nimmt nun aber derjenige, der allgemeine Geschäftsbedingungen aufstellt, die an sich bestehende Vertragsfreiheit, soweit sie die Gestaltung des Vertragsinhalts betrifft, für sich allein in Anspruch und ist daher nach Treu und Glauben verpflichtet, schon bei der Abfassung der allgemeinen Geschäftsbedingungen die Interessen seiner künftigen Vertragspartner angemessen zu berücksichtigen. Bringt er nur seine eigenen Interessen zur Geltung, so mißbraucht er die Vertragsfreiheit, die insoweit durch § 242 BGB eingeschränkt ist."*[38]

Der Vertragsfreiheit des AGB-Verwenders sind somit bei der einseitigen Gestaltung des Vertragsinhalts unter dem Gesichtspunkt einer gerechten Interessenregelung immanente Schranken gesetzt.[39]

34 BGHZ 22, 90, 98 (29.10.1956); BGHZ 33, 216, 219 f. (29.09.1960); BGHZ 38, 183, 185 (29.10.1962); LG Tübingen v. 13.12.1963, NJW 1964, 1798, 1799 f.; BGHZ 41, 151, 154 (17.02.1964); BGH v. 04.11.1964, Jus 1965, 156 Nr. 1; LG Ravensburg v. 24.11.1964, NJW 1965, 637 f.; BGH v. 27.01.1967, VersR 1967, 402, 403; BGH v. 11.11.1968, NJW 1969, 230, 233; BGH v. 11.11.1968, NJW 1969, 230, 233; BGHZ 52, 86, 91 f. (30.04.1969); BGHZ 54, 106, 109 (04.06.1970); OLG München v. 10.07.1972, BB 73, 354, 355; LG München I v. 17.11.1972, BB 1973, 355; LG Koblenz v. 31.01.1973, BB 1973, 444 f.; BGHZ 60, 243, 245 (28.02.1973); BGH v. 13.01.1975, BB 1975, 442; BGH v. 18.02.1976, VersR 1976, 688, 689; BGHZ 74, 383, 390 (11.06.1979); BGH v. 10.04.1990, NJW-RR 1990, 1075; BGH v. 21.06.1990, NJW 1990, 3197, 3198.

35 LG Ravensburg v. 24.11.1964, NJW 1965, 637 f.; LG Berlin v. 25.04.1966, NJW 1966, 1818, 1819; BGH v. 11.11.1968, NJW 1969, 230, 233; BGH v. 08.10.1969, Jus 1970, 138 Nr. 3; BGHZ 54, 106, 109 (04.06.1970); LG Frankfurt/Main v. 14.01.1972, BB 1972, 381; OLG München v. 10.07.1972, BB 73, 354, 355; BGHZ 60, 243, 245 (28.02.1973); BGHZ 89, 206, 211 (21.12.1983); BGHZ 90, 280, 284 (08.03.1984); BGH v. 10.04.1990, NJW-RR 1990, 1075; BGH v. 21.06.1990, NJW 1990, 3197, 3198.

36 BGHZ 52, 86, 91 f. (30.04.1969).

37 BGHZ 60, 243, 245 (28.02.1973).

38 BGHZ 54, 106, 109 (04.06.1970).

39 S. zu immanenten Schranken der Vertragsfreiheit BGHZ 22, 90, 94, 100 (29.10.1956); BGH v. 11.11.1968, NJW 1969, 230; BGHZ 54, 106, 109 (04.06.1970); LG München I v. 17.11.1972, BB 1973, 355; BAG v. 23.06.1994, BB 1995, 204.

Der Mißbrauch der Vertragsfreiheit wird dem Bereich der unzulässigen Rechtsausübung nach § 242 BGB zugeordnet[40], wobei es sich aber nicht um eine Form des individuellen Rechtsmißbrauchs, sondern um einen sogenannten institutionellen Rechtsmißbrauch handelt. Während das Verbot des individuellen Mißbrauchs die Gültigkeit einer vertraglichen Vereinbarung unberührt läßt und nur im Einzelfall die Berufung auf diese untersagt, setzt der institutionelle Mißbrauch generell an der Wirksamkeit der Allgemeinen Geschäftsbedingungen an und führt im Fall der mißbräuchlichen Ausübung der Vertragsfreiheit zur Ungültigkeit der entsprechenden Vertragsbedingungen. In Deutschland wird auch die individuelle unzulässige Rechtsausübung zur Vertragskontrolle genutzt, so z. B. über den Arglisteinwand bei der Geltendmachung von Ausschlußfristen, doch ermöglicht sie nur eine Überprüfung konkreter Verhaltensweisen im Einzelfall. Dagegen stellt die auf den institutionellen Rechtsmißbrauch gestützte Inhaltskontrolle generell die Angemessenheit der Allgemeinen Geschäftsbedingungen selbst in Frage. Indem sie nicht erst bei der Anwendung der Klauseln im Einzelfall, sondern bei deren Gültigkeit ansetzt, greift sie deutlich stärker in die Privatautonomie ein als die Kontrolle über den individuellen Rechtsmißbrauch.

Die Begründung der AGB-Kontrolle unter Verbindung mit dem Institut des Rechtsmißbrauchs ist wohl vor dem Hintergrund der zuvor von der Rechtsprechung ausgeübten Vertragskontrollen über §§ 138, 242 BGB entstanden, welche den Monopolmißbrauch und den Arglisteinwand, also die unzulässige Rechtsausübung betreffen. Gegenüber der Monopolmißbrauchslehre geht die auf dem Mißbrauch der Vertragsfreiheit begründete Prüfung der Vertragsbedingungen insofern deutlich weiter, als sie die Wirksamkeit der Vereinbarungen nicht nur unter den engen Voraussetzungen einer Monopolstellung, sondern generell unter dem Aspekt einer gerechten Vertragsgestaltung im Sinne eines angemessenen Interessenausgleichs diskutiert.

Der italienischen Rechtsordnung ist dagegen der institutionelle Mißbrauch der Vertragsfreiheit als Fall des Rechtsmißbrauchs fremd und kann daher auch keinen Eingriff in die freie Vertragsgestaltung in Form einer Angemessenheitsprüfung rechtfertigen. Zwar ist in Italien der Gedanke eines *abuso della libertà contrattuale* (Mißbrauch der Vertragsfreiheit) durch die deutsch-italienische Zusammenarbeit bei der Reform des Zivilrechts in den 30er, 40er Jahren des 20. Jahrhunderts durchaus

40 SOERGEL-SIEBERT, *Kommentar zum BGB*, Bd. I, §§ 1-432, 9. Aufl., Stuttgart 1959, § 242, Rn. 112; SOERGEL-SIEBERT-KNOPP, *Kommentar zum BGB*, Bd. II, Schuldrecht I, 10. Aufl. 1967, § 242, Rn. 169; STAUDINGER-WEBER, *Kommentar zum BGB*, Bd. II, Teil 1a, 11. Aufl. 1967, Einl. N 43, N 62; STAUDINGER-WEBER, *Kommentar zum BGB*, Bd. II, Teil 1b, 11. Aufl. 1961, D 97; WEBER, NJW 1968, 1, 5; ALFF (Richter am Bundesgerichtshof), in: *BGB-RGRK*, § 242, Rn. 89 ff., 111; REBE, *Privatrecht und Wirtschaftsordnung*, Bielefeld 1978, S. 198 ff., 201 ff., 207 ff., 228 f.; SOERGEL-TEICHMANN, *Kommentar zum BGB*, Bd. II, Schuldrecht I, 12. Aufl. 1990, § 242, Rn. 15 ff.; ERMAN-WERNER, *Handkommentar zum BGB*, Bd. 1, 9. Aufl., Münster 1993, § 242, Rn. 102; PALANDT-HEINRICHS, *Kommentar*, 55. Aufl. 1996, § 242, Rn. 13, 40; JAUERNIG, *Bürgerliches Gesetzbuch mit Gesetz zur Regelung des Rechts der Allgemeinen Geschäftsbedingungen*, 8. Aufl., München 1997, § 242, Rn. 34.

bekannt, doch ist dieses für die deutsche AGB-Kontrolle so wesentliche Konzept nie Teil des italienischen Rechtsdenkens geworden.[41]

3. Regelungen zum Recht der Allgemeinen Geschäftsbedingungen im codice civile von 1942

In Italien wurde 1942 mit der Einführung von art. 1341 *codice civile* eine gesetzliche Grundlage geschaffen, um die Einbeziehung von Allgemeinen Geschäftsbedingungen in den Vertrag zu begrenzen.[42] Dabei knüpft art. 1341/1 *codice civile* an die Kenntnis bzw. das Kennenmüssen der Vertragsbedingungen an, während art. 1341/2 *codice civile* in Bezug auf besonders belastende Klauseln die formale Anforderung einer *specifica approvazione* stellt.

Die italienische Rechtsprechung hat diese Regelungen entsprechend ihrer Entstehungsgeschichte und ihrer systematischen Stellung im *codice civile* im Sinne einer formalen Einbeziehungskontrolle angewandt[43], wobei art. 1341/2 *codice civile* im Vordergrund steht[44]. Diese Kontrolle ist nur von begrenzter praktischer Auswirkung, weil sie nur dann greift, wenn das Formerfordernis einer besonderen Annahme, d. h. einer getrennten Unterschrift in Bezug auf die in art. 1341/2 *codice civile* angeführten Klauseln, nicht eingehalten wird. Immerhin führt die Anwendung von art. 1341/2 *codice civile* in einigen Fällen, so z. B. im Bereich der Ausschlußfristen, zur Nichtigkeit der entsprechenden Vertragsbedingungen mangels *specifica approvazione*.[45]

41 TRÄGER, *Vertragsfreiheit und giustizia sostanziale* (FN 7), s. im Kapitel Gewährleistung, FN 550, 551.

42 TRÄGER, *Vertragsfreiheit und giustizia sostanziale* (FN 7), s. im Kapitel Gewährleistung, S. 283 ff.

43 TRÄGER, *Vertragsfreiheit und giustizia sostanziale* (FN 7), s. im Kapitel Gewährleistung S. 300 f. und im Kapitel Ausschlußfristen S. 395 f.

44 Art. 1341/1 codice civile hat praktisch kaum Bedeutung erlangt, s. ROPPO, *Contratti standard, autonomia e controllo nella disciplina delle attività negoziali di impresa*, Milano 1975, p. 231; REALMONTE, *Condizioni generali di contratto e norme uniformi bancarie*, in: PORTALE, *Le operazioni bancarie*, Milano 1978, pp. 86, 100; NAPOLI, *Le condizioni generali di contratto nella giurisprudenza*, in: BIANCA, *Le condizioni generali di contratto*, vol. II, Milano 1981, pp. 3, 12 s., 67.

45 A. Firenze, 03.02.1950, Giur. tosc. 1950, 5 s.; Trib. Genova, 10.03.1951, Dir. mar. 1952, 208, 210, 213; A. Genova, 11.04.1951, Dir. mar. 1951, 234, 236; Trib. Venezia, 30.06.1952, Rep. Foro it. 1953, voce noleggio e trasporto per acqua e per aria, n. 160; Trib. Genova, 31.07.1952, Dir. mar. 1953, 304, 305; Cass., 13.08.1952, n. 2697, Rep. Foro it. 1952, voce vendita, n. 316; Trib. Napoli, 25.09.1953, Rep. Foro it. 1953, voce noleggio e trasporto per acqua e per aria, n. 224; Cass., 30.03.1955, n. 934, Foro pad. 1955, I, cc. 565, 567; Trib. Genova, 18.12.1964, Dir. mar. 1967, 211, 213; Cass., 25.05.1965, n. 1006, Foro it. 1965, I, cc. 2073, 2078; Trib. Milano,

Neben der rein formalen AGB-Kontrolle läßt die Rechtsprechung zu art. 1341/2 *codice civile* vereinzelt Aspekte einer inhaltlichen Prüfung erkennen. So verlangt der Kassationshof z. B. in einem Fall einer vertraglichen Ausschlußfrist für das Vorliegen einer *clausola vessatoria* im Sinne von art. 1341/2 *codice civile*, daß die Ausschlußfrist der Rechtsausübung des Kunden starke Grenzen setze.[46] Auf die konkrete inhaltliche Vertragsgestaltung stellt die Rechtsprechung auch ab, wenn sie eine extensive Anwendung von art. 1341/2 *codice civile* auf Situationen zuläßt, in denen dieselbe *ratio* wie in den gesetzlich normierten Fällen besteht, d. h. dieselbe Notwendigkeit, den AGB-Kunden in einer für ihn besonders ungünstigen Situation zu schützen.[47] Materielle Gesichtspunkte sind auch erkennbar, wenn die Rechtsprechung bei der Anwendung von art. 1341/2 *codice civile* auf den Schutz des *contraente debole* (der schwächeren Vertragspartei) abstellt[48] oder das Formerfordernis

19.10.1968, Mon. Trib. 1969, 193, 194; Cass., 10.01.1980, n. 197, Rep. Foro it. 1980, voce assicurazione (contratto), n. 94; dagegen Wirksamkeit der Klausel, weil gesondert angenommen in Trib. Genova, 16.07.1956, Rep. Foro it. 1957, voce noleggio e trasporto per acqua e per aria, n. 49.

46 Cass., 25.05.1965, n. 1006, Foro it. 1965, I, cc. 2073, 2078.

47 S. z. B. Cass., 03.11.1987, n. 8062, Rep. Foro it. 1987, voce contratto in genere, n. 268: „*L'interpretazione estensiva delle categorie di clausole vessatorie di cui al 2° comma, art. 1341 c.c., benchè non incompatibile con la tassatività della elencazione ivi contenuta, può essere ammessa solo quando l'ipotesi non prevista in detta norma sia accomunata a quella espressamente contemplata dalla medesima ratio, cioè dall'esigenza di tutela del contraente per adesione in situazioni per lui particolarmente sfavorevoli.*" S. auch A. Milano, 10.12.1948, Giur. it. 1949, I, 2, c. 318 (Begründung zum Teil zitiert bei BIGIAVI, Giur. it. 1949, I, 2, cc. 317 s.); A. Milano, 03.07.1953, Assic. 1954, II, 139; A. Palermo, 02.03.1955, Rep. Giur. it. 1955, voce assicurazione (contratto di), n. 1; Pret. Roma, 25.11.1970, Giust. civ. 1971, I, 168, 170; Cass., 19.08.1971, n. 2555, Mass. Foro it. 1971, cc. 753 s.; Trib. Napoli, 05.03.1976, Dir. e giur. 1977, 617; AULETTA, *Le clausole vessatorie nella giurisprudenza*, in: BIANCA, *Le condizioni generali di contratto*, vol. I, Milano 1971, pp. 3, 5 ss.; GERBO, *Le condizioni generali di contratto nel settore assicurativo privato*, in: BIANCA, *Le condizioni generali di contratto*, vol. II, Milano 1981, pp. 183, 200 ss.

48 Die italienische Rechtsprechung sieht zwar den Schutz der schwächeren Vertragspartei nicht als *ratio* von art. 1341 codice civile an; diese bestehe vielmehr in der Wiederherstellung der durch die AGB-Verwendung beeinträchtigten Vertragsfreiheit des Kunden (s. auch TRÄGER, *Vertragsfreiheit und giustizia sostanziale* (FN 7), im Kapitel Gewährleistung, FN 537-540). Trotzdem spricht sie im Zusammenhang mit der Anwendung von art. 1341/2 codice civile verschiedentlich vom *contraente debole*: Cass., 05.10.1953, n. 3179, Rep. Foro it. 1953, voce obbligazioni e contratti, n. 93; Cass., 30.03.1955, n. 934, Foro pad. 1955, I, cc. 565, 567; Trib. Nuoro, 26.02.1960, Rep. Foro it. 1962, voce cit., n. 118; Trib. Bolzano, 06.07.1961, Rep. Foro it. 1963, voce cit., n. 142; Trib. Genova, 23.11.1961, Rep. Foro it. 1962, voce cit., n. 140; A. Cagliari, 18.05.1962, Rep. Foro it. 1963, voce cit., n. 141; Cass., 29.11.1962, n. 3215, Rep. Foro it. 1962, voce cit., n. 111; Cass., 13.09.1963, n. 2492, Rep. Foro it. 1963, voce cit., n. 127; A. Bari, 25.03.1965, Rep. Foro it. 1966, voce cit., n. 195; Cass., 29.10.1966, n. 2716, Rep. Foro it. 1966, voce cit., n. 200; Pret. Milano, 31.10.1967, Rep. Foro it. 1968, voce cit., n. 145; Cass., 12.02.1968, n. 470, Rep. Foro it. 1968, voce cit., n. 122; Cass., 13.02.1968, n. 494, Rep. Foro it. 1968, voce cit., n. 124; Cass., 13.02.1968, n. 495, Rep. Foro it. 1968, voce cit., n. 123; A. Roma, 24.04.1971, Rep. Foro it. 1973, voce contratto in genere, atto e negozio giuridico, n.

von art. 1341/2 *codice civile* dann nicht heranzieht, wenn zwischen den Vertragspartnern Parität besteht[49], die Vertragsklauseln im einzelnen ausgehandelt sind[50] oder nur bestehende Normen bestätigen.[51] Trotz dieser verschiedenen materiellen Aspekte nehmen aber die italienischen Richter im Rahmen von art. 1341/2 *codice civile* keine wirkliche inhaltliche Prüfung von Allgemeinen Geschäftsbedingungen vor. Kriterium für die Wirksamkeit oder Nichtigkeit der entsprechenden Vertragsbedingungen bleibt stets die Einhaltung der formellen Erfordernisse der *specifica approvazione*.

Eine inhaltliche Kontrolle des Vertrages findet in Italien auch nicht über art. 1341/1 *codice civile* statt. Entsprechend zahlreichen deutschen Urteilen, wonach nur diejenigen Geschäftsbedingungen als Vertragsbestandteil angesehen wurden, mit deren Aufstellung der Kunde billiger- und gerechterweise rechnen konnte[52], wäre für Italien über den Begriff des Kennenmüssens in art. 1341/1 *codice civile* eine verdeckte inhaltliche Prüfung über die Einbeziehungskontrolle denkbar gewesen[53].

Art. 1370 *codice civile*, welcher die Auslegung unklarer Geschäftsbedingungen zu Lasten des AGB-Verwenders vorsieht, hat in Italien praktisch keine Bedeutung.[54]

125; Cass., 24.07.1971, n. 2457, Rep. Foro it. 1971, voce contratto in genere, n. 140; Cass., 21.06.1972, n. 2021, Rep. Foro it. 1972, voce cit., n. 142; Cass., 06.10.1972, n. 2902, Rep. Foro it. 1972, voce cit., n. 141; Cass., 11.12.1973, n. 3371, Rep. Foro it. 1973, voce contratto in genere, atto e negozio giuridico, n. 133; Cass., 18.12.1973, n. 3432, Rep. Foro it. 1973, voce cit., n. 128; Cass., 01.06.1974, n. 1575, Rep. Foro it. 1974, voce cit., n. 117; Cass., 16.10.1974, n. 2879, Rep. Foro it. 1974, voce cit., n. 120; Cass., 26.10.1976, n. 3882, Rep. Foro it. 1976, voce cit., n. 113; Cass., 11.01.1978, n. 79, Rep. Foro it. 1978, voce contratto in genere, n. 95; Cass., 28.02.1985, n. 1738, Rep. Foro it. 1985, voce cit., n. 143; Cass., 14.08.1986, n. 5052, Rep. Foro it. 1986, voce cit., n. 226; anders Cass., 04.06.1979, n. 3153, Rep. Foro it. 1979, voce cit., n. 120.

49 Z. B. Cass., 18.11.1959, n. 3404, Sett. Cass. 1959, pp. 714, 715; Cass., 22.06.1967, n. 1486, Foro it. 1967, I, cc. 2750, 2753; Cass., 12.02.1968, n. 470, Giust. civ. 1968, I, 1016, 1017 s.; Cass., 26.01.1987, n. 713, Rep. Foro it. 1988, voce contratto in genere, n. 282.

50 A. Napoli, 13.05.1969, Dir. e giur. 1971, 131, 132, 135 s.; Cass., 23.07.1969, n. 2766, Foro it. 1970, I, cc. 96, 98, 101 s.; Cass., 25.10.1969, n. 3507, Foro it. 1970, I, cc. 95, 97, 98; Cass., 01.06.1974, n. 1575, Rep. Foro it. 1974, voce contratto in genere, n. 117; Cass., 25.02.1977, n. 814, Rep. Foro it. 1977, voce contratto in genere, atto e negozio giuridico, n. 95; Cass., 15.09.1977, n. 3989, Rep. Foro it. 1977, voce cit., n. 85; Cass., 15.06.1979, n. 3373, Giur. it. 1980, I, 1, cc. 236, 246 ss.

51 Z. B. Cass., 17.12.1951, n. 2834, Foro it. 1952, I, c. 1; Cass., 13.10.1960, n. 2721, Foro it. 1960, I, cc. 1452, 1454; Cass., 23.05.1994, n. 5024, Rep. Foro it. 1994, voce contratto in genere, n. 293.

52 BGHZ 17, 1, 3 (08.03.1955); BGHZ 33, 216, 219 f. (29.09.1960); BGHZ 38, 183, 185 (29.10.1962); LG Tübingen v. 13.12.1963, NJW 1964, 1798, 1799; BGHZ 54, 106, 110 (04.06.1970).

53 BONELL, ZvglRWiss 78 (1979), 1, 5 f.; ROPPO, *Contratti standard* (FN 44), p. 231.

54 Neben der Irrelevanz von art. 1370 codice civile in den eigenen Untersuchungsbereichen stütze ich mich auf die Untersuchungen von SACCOMANI, Giur. mer. 1976, IV, 295, 299, n. 16; CASSOTTANA, *Il problema dell'interpretazione delle condizioni generali di contratto*, in: BIANCA, *Le condizioni generali di contratto*, vol. I, Milano 1971, pp. 123, 136 ss.; ALPA/RAPISARDA,

Die Rechtsprechung bewertet die Vorschrift als subsidiäre Interpretationsregel, welche nur dann eingreift, wenn nach der vorausgehenden subjektiven Auslegung noch Unklarheiten bestehen.[55] Im Vordergrund der Auslegung Allgemeiner Geschäftsbedingungen steht die Bestimmung des gemeinsamen Parteiwillens nach art. 1362/2 *codice civile*, in die allerdings auch objektive Elemente einfließen können.[56] Dies zeigt erneut die Intention der italienischen Richter, ihre Falllösungen unter zumindest äußerlicher Wahrung des Parteiwillens zu begründen, sowie den besonderen Stellenwert der Vertragsfreiheit.

Neben der formalen AGB-Kontrolle über art. 1341/2 *codice civile* überprüfen italienische Richter die Vertragsbedingungen inhaltlich nur, soweit konkrete, zwingende Normen des *codice civile* eine Beschränkung der parteilichen Vertragsgestaltung vorsehen. So werden Verwirkungs- und Fälligkeitsklauseln beim Abzahlungskauf nach artt. 1525, 1526 *codice civile*[57], Gewährleistungsklauseln gemäß artt. 1229, 1490/2 *codice civile*[58], Freizeichnungsklauseln nach art. 1229 *codice civile*[59], Ausschlußfristen über artt. 2936, 2965 *codice civile*[60] und Beweislast-klauseln nach art. 2698 *codice civile*[61] auf ihre Gültigkeit kontrolliert. Dabei beschränken sich die

Riv. dir. comm. 1989, I, 531, 556; FRANCESCHELLI, *I contratti per adesione e l'interpretazione contro l'autore della clausola*, in: BIANCA/ALPA, *Le clausole abusive nei contratti stipulati con i consumatori, L'attuazione della direttiva comunitaria del 5 aprile 1993*, Padova 1996, pp. 463, 466 ss.

55 Z. B. Cass., 14.07.1954, n. 2479, Rep. Foro it. 1954, voce obbligazioni e contratti, n. 170; Cass., 29.09.1960, n. 2529, Rep. Foro it. 1960, voce cit., n. 181; Cass., 17.02.1961, n. 335, Rep. Foro it. 1961, voce cit., nn. 225 s.

56 Zur indirekten Anwendung der in art. 1370 codice civile enthaltenen *interpretatio contro proferentem* über die subjektive Auslegung nach art. 1362/1 codice civile z. B. Cass., 20.12.1972, n. 3646, Rep. Giust. civ. 1972, voce assicurazioni, n. 50; Cass., 24.02.1972, n. 545, Rep. Giust. civ. 1972, voce obbligazioni e contratti, n. 203; s. auch die Untersuchungen von CASSOTTANA, *Interpretazione* (FN 54), pp. 136 ss.

57 S. TRÄGER, *Vertragsfreiheit und giustizia sostanziale* (FN 7), S. 88 ff., 95, 98 ff.

58 S. TRÄGER, *Vertragsfreiheit und giustizia sostanziale* (FN 7), S. 301 ff., 306 ff.

59 Z. B. Trib. Genova, 10.12.1949, Foro it. 1950, I, cc. 1097, 1100; A. Bari, 28.10.1954, Foro it. 1955, I, cc. 81, 84; Cass., 05.07.1956, n. 2451, Giust. civ. 1956, I, 1210, 1213; Cass., 03.07.1968, n. 2240, Foro it. 1968, I, cc. 2466, 2468; Cass., 16.05.1975, n. 1918, Rep. Foro it. 1975, voce vendita, n. 39; Cass., 29.03.1976, n. 1129, Foro it. 1976, I, cc. 1531, 1534 s.; Cass., 26.11.1979, n. 6197, Foro it. 1982, I, cc. 810 ss., 813, 817; Cass., 08.03.1980, n. 1543, Foro it. 1981, I, cc. 2539, 2542; Trib. Milano, 14.09.1989, Corr. giur. 1989, 1303, 1304 s.; Cass., 03.11.1989, Foro it. 1990, I, cc. 1290, 1300; Trib. Milano, 04.06.1990, Giur. mer. 1992, 54, 55 s.; Trib. Pescara, 21.02.1991, Banca, borsa ecc. 1992, II, 374, 375 s.; Cass., 12.05.1992, n. 5617, Foro it. 1993, I, cc. 878, 880, 894 s.; Cass., sez. unite, 01.07.1994, n. 6226, Banca, borsa ecc. 1995, II, 446, 460.

60 S. TRÄGER, *Vertragsfreiheit und giustizia sostanziale* (FN 7), S. 396 ff., 399 f.

61 Trib. Cagliari, 09.09.1947, Assic. 1948, II, 89, 95; A. Napoli, 09.07.1958, Banca, borsa ecc. 1958, II, 564, 566; Cass., 13.07.1959, n. 2254, Giust. civ. 1959, I, 1915, 1918; Trib. Napoli, 08.07.1965, Rep. Foro it. 1966, voce vendita, n. 92; Trib. Genova, 08.01.1978, Giur. it. 1978, I, 2, c. 604; Trib. Genova, 20.02.1978, Giur. it. 1978, I, 2, cc. 604, 609; Trib. S. Maria Capua Vetere, 18.04.1979, Giur. it. 1978, I, 2, cc. 604, 613; A. Napoli, 27.03.1982, Dir. e prat. assic.

Richter zum großen Teil auf eine reine Subsumtion unter den Gesetzeswortlaut und problematisieren Wertungsspielräume, wie sie z. B. durch den Begriff des *esercizio eccessivamente difficile* (übermäßig schwierige Ausübung) in artt. 2698, 2965 *codice civile* gegeben sind, praktisch nicht.[62] Nur in Einzelfällen geht die Rechtsprechung über die vom Gesetzeswortlaut vorgegebenen Kontrollmöglichkeiten hinaus, wenn sie z. B. auf Ausschlußfristen neben der Spezialregelung in art. 2965 *codice civile* die für Verjährungsfristen geltende Beschränkung des art. 2936 *codice civile* anwendet[63] oder bei Gewährleistungsklauseln aus art. 1490/2 *codice civile* über dessen Wortlaut und Entstehungsgeschichte hinaus Verhaltenspflichten aus Treu und Glauben ableitet[64]. Auch diese auf Ausnahmefälle beschränkte rechtsfortbildende Rechtsprechung hat stets konkrete, zwingende Gesetzesvorgaben als Ausgangspunkt der Kontrolle und erlaubt keine generelle Überprüfung des Vertragsinhalts auf seine Gerechtigkeit im Sinne eines angemessenen Interessenausgleichs zwischen den Parteien.

Soweit die Rechtsprechung sich mit gesetzlich nicht geregelten Vertragstypen beschäftigt, prüft sie z. B. beim Finanzierungsleasing über den Vergleich mit ähnlichen, gesetzlich geregelten Vertragtypen (hier Abzahlungskauf, Miete) die analoge Anwendung der für diese Vertragstypen bestehenden zwingenden Schranken der Vertragsfreiheit (hier artt. 1526, 1579 *codice civile*).[65] So erfolgt auch hier eine materielle Prüfung der Vertragsbedingungen nur anhand konkreter gesetzlicher Grundlagen.

Dagegen sind die italienischen Richter sehr zurückhaltend, wenn es nicht mehr um einzelne Beschränkungen der Vertragsfreiheit aufgrund konkreter Gesetzesvorgaben, sondern darum geht, weitergehende Schranken der parteilichen Vertragsgestaltung aus Generalklauseln wie dem *ordine pubblico* (öffentliche Ordnung), dem *buon costume* (gute Sitten) oder der *buona fede* (Treu und Glauben) abzuleiten. Für die Zeit bis 1942, in welcher unter dem *codice civile* von 1865 kaum konkrete Schranken in Bezug auf vertragliche Vereinbarungen bestanden[66], hatte der *ordine pubblico* zwar eine gewisse Bedeutung für die Kontrolle von Freizeichnungs-, Ge-

1982, 520, 530; A. Torino, 26.03.1986, Rep. Foro it. 1987, voce fideiussione e mandato di credito, n. 22; Trib. Reggio Calabria, 16.10.1987, Rep. Foro it. 1989, voce contratti bancari, n. 55; A. Milano, 13.10.1995, Banca, borsa ecc. 1996, II, 415.

62 In Bezug auf art. 2698 codice civile s. z. B. A. Napoli, 09.07.1958, Banca, borsa ecc. 1958, II, 564, 566; Cass., 13.07.1959, n. 2254, Giust. civ. 1959, I, 1915, 1918; A. Napoli, 27.03.1982, Dir. e prat. assic. 1982, 520, 530; A. Milano, 13.10.1995, Banca, borsa ecc. 1996, II, 415; in Bezug auf art. 2965 codice civile s. TRÄGER, *Vertragsfreiheit und giustizia sostanziale* (FN 7), S. 397 f.

63 S. TRÄGER, *Vertragsfreiheit und giustizia sostanziale* (FN 7), S. 399 f., 417, 422.

64 S. TRÄGER, *Vertragsfreiheit und giustizia sostanziale* (FN 7), S. 302 ff., 342, 345, 353.

65 S. TRÄGER, *Vertragsfreiheit und giustizia sostanziale* (FN 7), S. 189 ff.; weitere Beispiele für inhaltliche Kontrollansätze über den Vergleich mit gesetzlichen Vertragstypen in: Cass., 31.01.1959, n. 291, Giust. civ. 1959, I, 419, 423; Cass., 06.10.1970, n. 1813, Mass. Foro it. 1970, c. 574; Cass., 19.08.1971, n. 2555, Mass. Foro it. 1971, cc. 753 s.

66 Die in artt. 1229, 1525, 1526, 2698, 2936, 2965 codice civile enthaltenen Regelungen sind erstmalig im *codice civile* von 1942 eingeführt worden.

währleistungsklauseln und Ausschlußfristen.[67] Die Anwendung des *ordine pubblico* führte aber nur im Ausnahmefall des *dolo* (Vorsatz)[68] und nur in den genannten Bereichen von Vertragsbedingungen zu deren Ungültigkeit und wurde insofern aus dem traditionell anerkannten Grundsatz des *pactum ne dolus praestetur* abgeleitet. Keinesfalls war damit eine generelle Überprüfung der Allgemeinen Geschäftsbedingungen auf ihre inhaltliche Angemessenheit verbunden.[69] Nach Inkrafttreten des *codice civile* von 1942 wurden Vertragsbedingungen nur ganz vereinzelt auf ihre Vereinbarkeit mit unbestimmten Rechtsbegriffen wie dem *ordine pubblico* oder dem *buon costume* ohne wesentliche praktische Bedeutung im Ergebnis geprüft.[70]

Insgesamt ist also die italienische Rechtsprechung bis 1942 durch eine auf wenige Fallsituationen begrenzte inhaltliche Überprüfung der Vertragsbedingungen gekennzeichnet, nach 1942 durch eine im wesentlichen formale Kontrolle nach art. 1341/2 *codice civile*, die durch die Anwendung konkreter zwingender Gesetzesvorschriften ergänzt wird. Daneben dient z. B. bei Gewährleistungsklauseln und Ausschlußfristen die Auslegung der Vertragsbedingungen im begrenzten Umfang als Mittel, diese in ihrer Reichweite und ihren belastenden Wirkungen für den AGB-Kunden zu beschränken. Hintergrund dieser nur begrenzten richterlichen Interventionen in die Vertragsgestaltung ist der hohe Stellenwert der Vertragsfreiheit, welche grundsätzlich nicht unter dem Aspekt inhaltlich gerechter Verträge in Frage gestellt wird. So ist den italienischen Richtern im Gegensatz zu der in Deutschland praktizierten umfassenden Inhaltskontrolle von Allgemeinen Geschäftsbedingungen bis heute fremd, die von den Parteien gewählten Vertragsbedingungen generell im Sinne eines angemessenen Interessenausgleichs zwischen den Parteien zu überprüfen und zu korrigieren. Die in der italienischen Lehre etwa seit den 70er Jahren vielfach diskutierten Vorschläge zu einer verstärkten inhaltlichen Vertragskontrolle über die Generalklauseln des *ordine pubblico*[71], der *buona fede*[72] und der *utilità sociale*[73] (art. 41/2 Cost.) haben in der Rechtsprechung keinen entsprechenden Niederschlag gefunden.[74]

67 S. TRÄGER, *Vertragsfreiheit und giustizia sostanziale* (FN 7), im Kapitel Gewährleistung S. 245 ff., im Kapitel Ausschlussfristen S. 367 ff.

68 Bei Freizeichnungs- und Gewährleistungsklauseln wurde zum Teil eine Ausdehnung auf den Fall der groben Fahrlässigkeit diskutiert, s. TRÄGER, *Vertragsfreiheit und giustizia sostanziale* (FN 7), z. B.: A. Torino, 14.02.1916, Dir. comm. 1916, II, 645, 646; Cass. Torino, 04.05.1917, Riv. dir. comm. 1918, II, 133, 136 s.; Cass. Regno, 18.10.1924, Rep. Foro it. 1925, voce noleggio, n. 84; Cass. Regno, 11.01.1927, Giur. it. 1927, I, 1, cc. 186, 188; Cass. Regno, 05.07.1930, Rep. Foro it. 1930, voce noleggio, n. 28; Cass. Regno, 24.04.1936, n. 1385, Foro it. 1936, I, cc. 775, 777; für weitere Rechtsprechungs- und Literaturnachweise s. TRÄGER, *Vertragsfreiheit und giustizia sostanziale* (FN 7), im Kapitel Gewährleistung FN 60.

69 S. TRÄGER, *Vertragsfreiheit und giustizia sostanziale* (FN 7), im Kapitel Gewährleistung S. 245 ff., 251 und im Kapitel Ausschlußfristen S. 367ff.

70 Z. B. Cass., 19.04.1982, n. 2428, Rep. Giust. civ. 1982, voce obbligazioni e contratti, n. 75; s. auch NAPOLI, *Condizioni generali di contratto nella giurisprudenza*, pp. 3, 70 s.

71 DI MAJO, Riv. dir. comm. 1970, I, 192, 219; DERS., *Causa e tipo*, in ALPA/BESSONE, *Tecnica e controllo dei contratti standard*, Rimini 1984, pp. 59, 71; PANZA, *Buon costume e buona fede*, Napoli 1973, p. 256; CAVALLI, *Le clausole vessatorie nei contratti bancari*, in: PORTALE, *Operazioni bancarie* (FN 44), pp. 103, 128 ss.; BENATTI, *Le clausole di esonero da responsabi-*

Etwas anderes gilt auch nicht für die neuere italienische Rechtsprechung, die z. B. bei Gewährleistungsklauseln und der sogenannten *fideiussione omnibus* (Kreditbürgschaft mit globaler Zweckerklärung) auf der Grundlage von Treu und Glauben das Recht des AGB-Aufstellers beschränkt, sich auf bestimmte Vertragsklauseln zu berufen.[75] Im Bereich der Gewährleistungsklauseln hat die italienische Rechtsprechung auf der Grundlage von Treu und Glauben bestimmte Verhaltenspflichten des Verkäufers entwickelt. Danach werden Ausschluß oder Beschränkung von Gewährleistungsrechten als unbeachtlich angesehen, wenn der Verkäufer die Mängel der Kaufsache grob fahrlässig oder fahrlässig nicht kennt. Diese von der italienischen Rechtsprechung ausgeübte Kontrolle knüpft am individuellen Verhalten des Verkäufers an, stellt aber gerade nicht die Gültigkeit der Gewährleistungsklauseln selbst in

lità nella prassi bancaria, in: PORTALE (ebd.), pp. 135, 161 s., 166; VISINTINI, *Inadempimento e mora del debitore*, in: Schlesinger, *Commentario, Il codice civile*, artt. 1218- 1222, Milano 1987, p. 381; MORELLO, *voce condizioni generali di contratto*, Dig. disc. priv., sez. civ., vol. III, Torino 1988, pp. 334, 387 ss.; DE NOVA, *voce leasing*, Dig. disc. priv., sez. civ., vol. X, Torino 1993, pp. 462, 466.

72 BIGLIAZZI GERI, *Note in tema di interpretazione secondo buona fede (art. 1366 cod. civ.)*, Pisa 1970, pp. 73 s., 89 ss., 93, 95, 100, 110, 115; DIESELBE, *voce buona fede nel diritto civile*, pp. 154, 172 s., 179 ss., 182; DIESELBE, *L'interpretazione del contratto*, in: SCHLESINGER, *Commentario, Il codice civile*, artt. 1362-1371, Milano 1991, pp. 19 ss., 22, 25 ss., 250, 262; DIESELBe, *A proposito della proposta di attuazione della direttiva comunitaria sulle clausole abusive nei contratti stipulati con i consumatori*, in: BIANCA/ALPA, *Le clausole abusive nei contratti stipulati con i consumatori, L'attuazione della direttiva comunitaria del 5 aprile 1993*, Padova 1996, pp. 317, 323 s.; RODOTÀ, *Condizioni generali di contratto, buona fede e poteri del giudice*, in: AA.VV, *Condizioni generali di contratto e tutela del contraente debole*, Atti della tavola rotonda tenuto presso l'Istituto di diritto privato dell'Università di Catania, 17-18 maggio 1969, Milano 1970, pp. 79, 88 ss.; DERS., *La buona fede*, in: ALPA/BESSONE, *Contratti standard* (FN 71), pp. 115, 116; DE NOVA, Riv. dir. comm. 1973, II, 329, 340 s.; DERS., *Il tipo contrattuale*, Padova 1974, pp. 157 ss.; MAZZONI, *Contratti di massa e controlli nel diritto privato*, Napoli 1975, pp. 214 ss.; CECCHERINI, Riv. giur. del lavoro 1978, I, 859, 867 s.; CALANDRA BUONAURA, Riv. dir. civ. 1978, II, 181, 195, 209; AMOROSO, *Contratti bancari e condizioni generali di contratto*, in: BIANCA, *Condizioni generali di contratto* (FN 44), vol. II, pp. 85, 108; COSTANZA, Riv. dir. civ. 1986, II, 335, 340; DIESELBE, *Profili dell'interpretazione del contratto secondo buona fede*, Milano 1989, pp. 62 s., 88 ss., 91; VISINTINI, *Inadempimento* (FN 71), p. 381; PATTI/PATTI, *Responsabilità precontrattuale e contratti standard*, in: SCHLESINGER, *Commentario, Il codice civile*, Milano 1993, artt. 1337-1342, pp. 465 s.; DE NARDO, *Sui fondamenti del diritto*, Padova 1996, pp. 183, 187, 192, 211, 216 ss., 219, 222 s., 229; PALEOLOGO, *Mercato, disciplina dei contratti e riforme legislative, Appunti di diritto privato dell'economia*, Padova 1996, pp. 105, 110 ss.; BUSNELLI, *Note introduttive II*, NLCC 1997, 757, 765 s.

73 LISERRE, *Tutela costituzionale dell'autonomia contrattuale*, Milano 1971, pp. 92 s., 97; NUZZO, *Utilità sociale e autonomia privata*, Milano 1975, pp. 106 s.

74 S. hierzu auch ROPPO, *Contratti standard* (FN 44), p. 237.

75 Darauf weist zutreffend RANIERI, *La fideiussione «omnibus» nell'esperienza giuridica straniera*, in: MUNARI, *Fideiussione omnibus e buona fede*, Milano 1992, pp. 69, 86 für die italienische Rechtsprechung zum Bürgschaftsrecht hin.

Frage.[76] Wie bei den Gewährleistungsvereinbarungen und bei drittfinanzierten Abzahlungskäufen leitet die italienische Rechtsprechung auch im Bereich der *fideiussione omnibus* aus Treu und Glauben bestimmte Verhaltenspflichten ab und begrenzt auf diese Weise das Recht des AGB-Aufstellers, sich auf bestimmte Vertragsbedingungen zu berufen. Auch hier wird die Gültigkeit der Vertragsklauseln selbst nicht angetastet, vielmehr wird das Kreditinstitut nur in der Ausübung seiner Rechte beschränkt. Diese Form der Vertragskontrolle auf der Ebene der Rechtsausübung unterscheidet sich ganz wesentlich von der in Deutschland praktizierten Inhaltskontrolle, welche gerade die von den Parteien gewählte Vertragsgestaltung selbst unter dem Aspekt inhaltlicher Richtigkeit in Frage stellt und korrigiert.[77]

4. Vergleich der italienischen und deutschen Rechtsprechung

Im Ergebnis bestätigen sich somit über den gesamten Untersuchungszeitraum des 20. Jahrhunderts in den verschiedenen Fallbereichen von Allgemeinen Geschäftsbedingungen die festgestellten charakteristischen Unterschiede der deutschen und italienischen Rechtsprechung in Bezug auf mögliche richterliche Interventionen in die Vertragsgestaltung. Nach dem italienischen Verständnis ist eine Vertragsänderung nur bei Vorliegen zwingender Vorschriften im Einzelfall möglich. Der Grundsatz von Treu und Glauben hat dagegen über die Begründung von vertraglichen Nebenpflichten die Funktion, die Vertragsvereinbarungen zu ergänzen, nicht sie zu modifizieren, und dadurch die von den Parteien angestrebten Ziele bestmöglichst zu realisieren. Im Vordergrund steht der Parteiwille, die autonome Vertragsgestaltung, welche richterliche Vertragskorrekturen nur im Ausnahmefall zwingender Vorgaben des Gesetzgebers, nicht generell im Interesse einer *giustizia sostanziale* gestattet. Die deutsche Rechtsprechung nimmt dagegen innerhalb des untersuchten Zeitraums mit zunehmendem Maße eine andere Gewichtung im Verhältnis von Vertragsfreiheit und inhaltlicher Richtigkeit des Vertrages vor. So ordnet sie zunehmend die parteilichen Vereinbarungen dem Ziel materieller Gerechtigkeit unter, insbesondere wenn sie auf den Gerechtigkeitsgehalt des dispositiven Rechts als Leitbild verweist. Die Generalklausel von Treu und Glauben dient dann der deutschen Rechtsprechung anders als der italienischen dazu, die Vertragsbedingungen in ihrer Wirksamkeit unter dem Aspekt eines angemessenen Interessenausgleichs in Frage zu stellen, und ermöglicht richterliche Korrekturen des Vertragsinhalts auf Kosten der Privatautonomie.[78]

76 Ausführlich zur Handhabung der Gewährleistungsklauseln durch die italienische Rechtsprechung TRÄGER, *Vertragsfreiheit und giustizia sostanziale* (FN 7), S. 283 ff., 297 ff., insbesondere 302 ff. und 343, 443 f.

77 Ausführlich zur italienischen Rechtsprechung zur *fideiussione omnibus* TRÄGER, *Vertragsfreiheit und giustizia sostanziale* (FN 7), S. 444 ff.

78 Nach Cass., 18.10.1980, n. 5610, Riv. dir. comm. 1982, II, 167, 171 s., führten die Regeln der *correttezza* und *buona fede* zu Verhaltenspflichten der Parteien, begründeten aber keine Haf-

III. Der Konflikt von Vertragsfreiheit und giustizia sostanziale im unterschiedlichen Verständnis beider Rechtskulturen

1. Problemstellung

In der zu den einzelnen Fallbereichen untersuchten italienischen Rechtsprechung steht kontinuierlich die parteiautonome Vertragsgestaltung an oberster Stelle und wird auch prinzipiell nicht unter dem Gesichtspunkt inhaltlich gerechter, die Parteiinteressen ausgleichender Verträge in Frage gestellt. Die zentrale Rolle der Vertragsfreiheit führt dazu, daß vor 1942 z. B. bei Abzahlungskäufen Eingriffe des Richters in die Vertragsgestaltung mangels gesetzlicher Grundlage abgelehnt werden. In anderen Bereichen werden Vertragsklauseln im begrenzten Umfang unter Bezugnahme auf den traditionellen Grundsatz des *pactum ne dolus praestetur* inhaltlich kontrolliert. Keinesfalls aber werden Allgemeine Geschäftsbedingungen generell auf ihren Gerechtigkeitsgehalt geprüft. Nach 1942 dienen neu eingeführte, konkrete Normen des *codice civile* zu einer begrenzten Kontrolle der vertraglichen Vereinbarungen. Darüber hinaus wird der Vertragsinhalt nicht unter dem Aspekt eines angemessenen Interessenausgleichs diskutiert. Auch wenn ein Teil der italienischen Richter z. B. beim Finanzierungsleasing die Notwendigkeit einer richterlichen Vertragskontrolle betont, stützt er diese auf die analoge Anwendung konkreter Vorschriften des *codice civile*, nämlich artt. 1525, 1526 *codice civile*[79]. Die Vertragsfreiheit wird dabei nur

tung oder die Nichtigkeit des Vertrages. Auf die wesentlichen Unterschiede in Bezug auf richterliche Interventionen in die Vertragsgestaltung sowie auf die verschiedene Funktion von Treu und Glauben in beiden Rechtsordnungen weisen zutreffend hin BENATTI, *Prassi bancaria* (FN 71), p. 166, n. 89; UDA, Riv. dir. comm. 1990, I, 301, 320, 322, 327 e n. 101; RANIERI, *voce eccezione di dolo generale*, in: Dig. disc. priv., sez. civ., vol. VII, Torino 1991, pp. 311, 314, 317 s., 324, 327, 330; DERS., *Fideiussione «omnibus»* (FN 75), pp. 86 ss.; WALTER, *Die formularvertragliche Kreditbürgschaft mit Globalzweckerklärung im italienischen Recht*, Eine rechtsvergleichende Untersuchung, Diss. Mainz 1992, S. 211 f.; s. auch PANZA, *Condizioni generali di contratto, buona fede e poteri del giudice*, in: AA.VV., *Condizioni generali di contratto e tutela del contraente debole*, Atti della tavola rotonda tenuto presso l'Istituto di diritto privato dell'Università di Catania, 17-18 maggio 1969, Milano 1970, pp. 96 ss., 101 s. (mit Kritik an der deutschen Vertragskorrektur auf der Grundlage von Treu und Glauben); RUSSO, intervento alla Tavola Rotonda, in: AA.VV., *Condizioni generali di contratto e tutela del contraente debole* (ebd.), pp. 238 s. (zur Unzulässigkeit einer Vertragskorrektur auf der Basis der *buona fede* im italienischen Rechtssystem); MARICONDA, Foro it. 1989, I, cc. 3102, 3105 (Treu und Glauben begründe Verhaltenspflichten bei der Vertragsausführung, könne aber kein Kriterium für die Beurteilung der Wirksamkeit einer Vertragsklausel oder eines Schuldverhältnisses sein); DERS., Foro it. 1989, I, cc. 2763, 2765, n. 5; DI MAJO, Contr. e impr. 1991, 19, 26 f., 31 (zur Funktion der *buona fede* in Italien am Beispiel der *fideiussione omnibus*); TULLIO, *Il contratto per adesione tra il diritto comune dei contratti e la novella sui contratti dei consumatori*, Milano 1997, p. 101, n. 7 (keine Verwendung des Instituts des Rechtsmißbrauchs in Italien zur Begründung der Unwirksamkeit von Vertragsklauseln).

79 Die Art. 1525 und 1526 betreffen den Verkauf unter Eigentumsvorbehalt.

durch einzelne zwingende Normen von außen her begrenzt, nicht jedoch durch Anforderungen der *giustizia sostanziale* immanent beschränkt.

Der zentrale Stellenwert der Privatautonomie wird in den Argumentationen auch darin deutlich, daß die italienischen Gerichte ihre Lösung sehr oft unter Heranziehung des Parteiwillens zu begründen suchen. Diese Sichtweise zeigt sich ebenso bei der Anwendung der 1942 eingeführten AGB-Vorschrift (art. 1341 *codice civile*), die nach den Ausführungen der Richter den freien Willensentschluß des AGB-Kunden stärken und eine Position von Gleichheit zwischen den Parteien herstellen soll.

Aus der prinzipiell unantastbaren Vertragsfreiheit folgt konsequent die ablehnende Haltung der Richter gegenüber Interventionen in die parteiliche Vertragsgestaltung.

Die deutsche Rechtsprechung geht zwar im Ausgangspunkt ebenfalls vom Grundsatz der Vertragsfreiheit aus, doch stellt sie dabei regelmäßig auch die Frage nach der inhaltlichen Richtigkeit der vertraglichen Vereinbarungen. Dabei entwickelt sie verschiedene Mechanismen, um einen gerechten, angemessenen Interessenausgleich zwischen den Parteien zu realisieren. Die Intensität der Vertragskontrolle nimmt kontinuierlich zu, beginnend bei der äußerlich noch am Parteiwillen orientierten ‚engen Auslegung' von Vertragsklauseln über die unzulässige Rechtsausübung nach § 242 BGB, die Gültigkeitskontrolle mit Hilfe der Lehre vom Monopolmißbrauch bis hin zur generellen Wirksamkeitskontrolle Allgemeiner Geschäftsbedingungen auf der Grundlage von Treu und Glauben. Anders als die italienischen prüfen die deutschen Gerichte den Vertragsinhalt nicht nur bei Vorliegen zwingender gesetzlicher Beschränkungen, sondern generell mit Hilfe der Generalklauseln der §§ 138, 242 BGB auf seine materielle Gerechtigkeit. Die Gewichtung im Konflikt zwischen Privatautonomie und *giustizia sostanziale* verlagert sich dabei stetig zugunsten der letzteren. Die Vertragsfreiheit wird allmählich dem Ziel der Vertragsgerechtigkeit untergeordnet, insbesondere dann, wenn die Gerichte den Gerechtigkeitsgehalt des dispositiven Rechts zum Maßstab der AGB-Kontrolle bestimmen und damit die *per definitionem* der Privatautonomie unterliegenden dispositiven Normen einer freien Abänderung durch die Vertragsparteien entziehen. Die Vertragsfreiheit wird nicht

Art. 1525 enthält die Regelung, daß auch bei entgegenstehender Parteivereinbarung die Nichtzahlung einer Rate, die nicht den achten Teil des Preises übersteigt, nicht das Recht zur Auflösung des Vertrages gibt und daß der Käufer den Vorteil der Ratenzahlung behält.
Gemäß Art. 1526/1 muß der Verkäufer bei Auflösung des Vertrages wegen Nichterfüllung die erhaltenen Raten zurückerstatten, abgesehen von seinem Recht auf einen billigen Ausgleich für den Gebrauch der Sache sowie auf Schadensersatz.
Soweit im Vertrag vereinbart worden ist, daß die bezahlten Raten als Entschädigung beim Verkäufer verbleiben, kann der Richter nach Art. 1526/2 die Entschädigung nach den Umständen reduzieren.
Gemäß Art. 1526/3 ist die Vorschrift auch auf den Fall eines Mietvertrages anzuwenden, bei dem vereinbart ist, daß der Mieter bei Beendigung des Mietvertrages und Bezahlung aller vereinbarten Raten das Eigentum an der Mietsache erwirbt.
Zur Anwendung der Art. 1526, 1526 durch italienische Richter auf Finanzierungsleasingverträge s. TRÄGER, *Vertragsfreiheit und giustizia sostanziale* (FN 7), S. 189 ff., 193, 225, 228 f.

nur ausnahmsweise, sondern generell von innen her begrenzt. Treu und Glauben wird zur immanenten Schranke jeder Rechtsausübung. Eine einseitige, die Interessen des Vertragspartners nicht angemessen berücksichtigende vertragliche Regelung ist als Mißbrauch der Vertragsfreiheit unzulässig. Sie erlaubt Vertragskorrekturen durch den Richter auch gegen den Parteiwillen, zunächst in verdeckter Form über die Vertragsauslegung, dann zunehmend offen über das Institut der unzulässigen Rechtsausübung, die Lehre vom Monopolmißbrauch und insbesondere durch die generell auf der Basis von Treu und Glauben begründete Inhaltskontrolle von Allgemeinen Geschäftsbedingungen.

Der unterschiedliche Umgang deutscher und italienischer Richter mit der Problematik eine Vertragspartei einseitig belastender Vertragsklauseln führt zu der Frage, ob möglicherweise ein unterschiedliches Verständnis in beiden Rechtskulturen besteht, soweit es um das Verhältnis von parteiautonomer Vertragsgestaltung und materieller Vertragsgerechtigkeit geht. Ein Blick auf die Handhabung des Konflikts in der Lehre kann zeigen, ob die festgestellten Differenzen typisch für eine unterschiedliche Herangehensweise in beiden Rechtsordnungen sind. Im Rahmen des vorliegenden Beitrags kann diesbezüglich nur ein grober Überblick über die in der Literatur geführten Diskussionen erfolgen.[80]

2. Die Lehre in Deutschland

Die deutsche Doktrin beschäftigt sich etwa seit den 30er Jahren regelmäßig mit der Problematik Allgemeiner Geschäftsbedingungen im Spannungsfeld mit dem Grundsatz der Vertragsfreiheit und dem Problem übermäßiger Belastungen eines Vertragspartners.[81] Auffallend ist, daß die Lehre dabei quasi durchweg die Frage nach der inhaltlichen Richtigkeit, der Gerechtigkeit der vertraglichen Regelungen aufwirft.

In den 30er und 40er Jahren wurde eine inhaltliche Kontrolle des Vertrages verschiedentlich unter Bezugnahme auf den Gemeinschaftsgedanken und allgemein die neuen Rechtsanschauungen des nationalsozialistischen Staates begründet.[82] Bei der Untersuchung der Vorarbeiten zu einer AGB-Regelung im Volksgesetzbuchentwurf sowie zu art. 1341 *codice civile* wurde aber bereits festgestellt, daß das politische System nicht notwendige Voraussetzung, sondern nur fördernder Begleitumstand für

80 Für eine eingehendere Analyse s. TRÄGER, *Vertragsfreiheit und giustizia sostanziale* (FN 7), Kapitel D, S. 487 ff.

81 Z. B. GROSSMANN-DOERTH, *Selbstgeschaffenes Recht der Wirschaft und staatliches Recht*, 1933; RAISER, *Das Recht der allgemeinen Geschäftsbedingungen*, 1935; ROQUETTE, JW 1938, 545 ff.; BRANDT, DRW 1940, 76 ff.; HAUPT, ZAkDR 1943, 84 ff.

82 ROTH, JW 1936, 2897, 2898 f.; HERSCHEL, DR 1941, 1727, 1728; HAUPT, ZAkDR 1943, 84, 85; PAGENSTECHER, *Lieferungsbedingungen*, 2. Aufl. 1944, S. 101, 103; andeutungsweise auch bei GROSSMANN-DOERTH, *Selbstgeschaffenes Recht* (FN 81), S. 26 f.; Roquette, JW 1938, 545, 548 f.; für weitere Hinweise s. auch TRÄGER, *Vertragsfreiheit und giustizia sostanziale* (FN 7), im Kapitel Gewährleistung FN 260.

die Diskussion um Eingriffe in die parteiliche Vertragsgestaltung war. So ging die AGB-Diskussion von dem Bewußtsein aus, daß das freie Spiel der Kräfte die Gefahr weitgehender Mißbräuche zum Nachteil des schwächeren Vertragspartners mit sozial unerwünschten Rechtsfolgen mit sich brachte. Die mit dem politischen System verbundene Überordnung des Gemeinwohls über die individuelle Freiheit diente nur als Mittel, um die als notwendig angesehenen Einschränkungen der Vertragsfreiheit im Bereich Allgemeiner Geschäftsbedingungen zu legitimieren.[83] Insofern war die Diskussion in den 30er und 40er Jahren um Einschränkungen der freien Vertragsgestaltung zum Schutz des Kunden vor unbilligen Allgemeinen Geschäftsbedingungen nicht abhängig von der bestehenden politischen Ordnung, sondern vielmehr Ausdruck eines bestimmten Bewußtseins für den Konflikt zwischen Vertragsfreiheit und materieller Gerechtigkeit. Dafür spricht auch, daß dieselbe Diskussion mit ganz ähnlichen Argumenten wie z. B. dem Mißbrauch der Vertragsfreiheit in Deutschland nach dem Fall des Nationalsozialismus fortgeführt wurde.[84]

Die deutsche Lehre wählt ähnlich wie die Rechtsprechung verschiedene Möglichkeiten, um eine gerechte Vertragsgestaltung im Sinne eines angemessenen Interessenausgleichs zu erreichen. Dazu dienen unter anderem eine ‚enge Auslegung' von Vertragsklauseln zu Gunsten des AGB-Kunden[85], das Institut der unzulässigen Rechtsausübung nach § 242 BGB[86] und die Gültigkeitskontrolle über die Lehre vom Monopolmißbrauch[87]. Soweit diese Lösungswege in der Literatur kritisiert werden, bedeutet dies regelmäßig keine generelle Ablehnung richterlicher Interventionen in die Vertragsgestaltung. So wird z. B. eine Vertragskontrolle über eine ‚enge Ausle-

83 S. TRÄGER, *Vertragsfreiheit und giustizia sostanziale* (FN 7), S. 291 ff. und FN 268-271.

84 Z. B. NIPPERDEY, DRZ 1950, 193, 198; ENNECCERUS-NIPPERDEY, *Allgemeiner Teil des Bürgerlichen Rechts*, 1. Halbband, 14. Aufl. 1952, S. 187; VON CAEMMERER, JZ 1953, 97, 99; SCHNEIDER, NJW 1954, 133, Fn. 5; KRAUSE, BB 1955, 265, 268 f.; HILDEBRANDT, in: SCHLEGELBERGER, *Handelsgesetzbuch Kommentar*, 3. Bd., 3. Aufl. 1956, § 346, Anm. 31 f., DERS., JR 1955, 325, 326; V. HIPPEL, *Zum Aufbau und Sinnwandel unseres Privatrechts*, Tübingen 1957, S. 26 f.; FISCHER, BB 1957, 481, 486; KUHN, in: *BGB-RGRK*, Bd. II, 1. Teil, 11. Aufl. 1959, Anm. 1 vor § 433; SOERGEL-SIEBERT, *Kommentar zum BGB*, Bd. I, 9. Aufl. 1959, § 242, Rn. 112.

85 ROSENTHAL, JW 1927, 656; SCHWARZE, MDR 1958, 195, 196; HABERKORN, VersR 1961, 585, 586; MEESKE, *Die Mängelrüge*, Heidelberg 1965, S. 205, 215; SCHMID, DAR 1980, 166, 168.

86 SIEGFRIED, *Die Haftung des Verkäufers für Sachmängel im Recht der allgemeinen Geschäftsbedingungen*, Diss. Jena 1940, S. 65 f.; SCHNEIDER, NJW 1954, 133, 136; V. BRUNN, *Die formularmäßigen Vertragsbedingungen der deutschen Wirtschaft*, 2. Aufl., Berlin 1956, S. 103; SCHWARZE, MDR 1958, 195, 197; MEESKE, *Mängelrüge* (FN 85), S. 215; WEBER, NJW 1968, 1, 5, 7 f.; WESTERMANN, AcP 178, 150, 177.

87 BÖHM, *Wettbewerb und Monopolkampf, Eine Untersuchung zur Frage des wirtschaftlichen Kampfrechts und zur Frage der rechtlichen Struktur der geltenden Wirtschaftsordnung*, Berlin 1933, S. 48; WIENEKE, *Die Freizeichnungsklausel*, Köln 1936, S. 81 ff., 88; GALLOIS, JR 1956, 45, 47; STAUDINGER-COING, *Kommentar zum BGB*, Bd. I, 11. Aufl. 1957, Vorb. zu § 145, Rn. 24n; STAUDINGER-WEBER, *Kommentar zum BGB*, Bd. II, Teil 1 b, 11. Aufl. 1961, D 97.

gung' als verdeckte Vertragskorrektur kritisiert[88], dabei aber meist eine anderweitige Kontrollmöglichkeit eröffnet[89]. Negative Äußerungen gegenüber der Argumentation mit dem Monopolmißbrauch beruhen meist auf der Überlegung, daß ein Schutzbedürfnis gegenüber unbilligen Vertragsbedingungen nicht nur bei Bestehen einer Monopolsituation gegeben sei[90], und sind meist mit Vorschlägen für eine weitergehende inhaltliche Prüfung verbunden.[91]

Über die genannten, in ihrer Tragweite begrenzten Möglichkeiten einer richterlichen Vertragskontrolle hinaus befürwortet ein erheblicher Teil der Doktrin bereits seit den Anfangsjahren der AGB-Diskussion eine generelle, unabhängig von einer Monopolsituation vorzunehmende inhaltliche Prüfung Allgemeiner Geschäftsbedingungen und eine offene, richterliche Vertragskorrektur, um einem Mißbrauch der Vertragsfreiheit durch den AGB-Aufsteller zu begegnen und eine gerechte Verteilung der Rechte und Pflichten zwischen den Parteien zu erreichen. Die inhaltliche Kontrolle wird dabei auf § 138 BGB[92], § 242 BGB[93], direkt auf den Mißbrauch von

88 Z. B. RAISER, *Geschäftsbedingungen* (FN 81), S. 264 f., 269 f.; SIEGFRIED, *Sachmängel* (FN 86), S. 64; V. CAEMMERER, JZ 1953, 97, 99; STAUDINGER-WEBER, *Kommentar zum BGB*, Bd. II, Teil 1a, 11. Aufl. 1967, Einl. zu § 241, N 326 ff., 331, 333, 375; Fastrich, *Richterliche Inhaltskontrolle im Privatrecht*, München 1992, S. 22.

89 RAISER, *Geschäftsbedingungen* (FN 81), S. 95, 99, 102, 269 f., 277 ff., 281 ff.; V. CAEMMERER, JZ 1953, 97, 99; SCHNEIDER, NJW 1954, 133, 134, 136 (Kontrolle über § 138 BGB); GÖTZ, *Sachmängelbeseitigung beim Kauf*, Bielefeld 1960, S. 71 f.; STAUDINGER-WEBER, *Kommentar zum BGB*, Bd. II, Teil 1a, 11. Aufl. 1967, Einl. zu § 241, N 345 ff., 353, 380; KÖTZ, *Welche gesetzgeberischen Maßnahmen empfehlen sich zum Schutze des Endverbrauchers gegen Allgemeine Geschäftsbedingungen und Formularverträge, Gutachten zum 50. DJT*, Band 1, München 1974, A 64; FASTRICH, *Inhaltskontrolle* (FN 88), S. 72.

90 Z. B. GROSSMANN-DOERTH, *Selbstgeschaffenes Recht* (FN 81), S. 12; HILDEBRANDT, in: SCHLEGELBERGER, *Handelsgesetzbuch Kommentar*, 3. Bd., 3. Aufl. 1956, § 346, Anm. 31; SOERGEL-HEFERMEHL, *Kommentar zum BGB*, Bd. I, 9. Aufl. 1959, § 138, Rn. 64; ENNECCERUS-NIPPERDEY, *Allgemeiner Teil des Bürgerlichen Rechts*, 2. Halbband, 15. Aufl. 1960, S. 1011; KLIEGE, *Rechtsprobleme der Allgemeinen Geschäftsbedingungen in wirtschaftswissenschaftlicher Analyse (unter besonderer Berücksichtigung der Freizeichnungsklauseln)*, Göttingen 1966, S. 82; RAISER, *Vertragsfreiheit heute*, in: DERS., *Die Aufgabe des Privatrechts*, Kronberg 1977, S. 38, 51 f.

91 Z. B. ROQUETTE, JW 1938, 545, 548; SCHNEIDER, NJW 1954, 133, 134; Hildebrandt, in: SCHLEGELBERGER, *Handelsgesetzbuch Kommentar*, 3. Bd., 3. Aufl. 1956, § 346, Anm. 31; SOERGEL-HEFERMEHL, *Kommentar zum BGB*, Bd. I, 9. Aufl. 1959, § 138, Rn. 64; ENNECCERUS-NIPPERDEY, *Allgemeiner Teil des Bürgerlichen Rechts*, 2. Halbband, 15. Aufl. 1960, S. 1011 f.; STAUDINGER-WEBER, *Kommentar zum BGB*, Bd. II, Teil 1a, 11. Aufl. 1967, Einl. zu § 241, N 345 ff., 353, 380.

92 Z. B. SCHNEIDER, NJW 1954, 133, 136; SCHWARZE, MDR 1958, 195, 197; SOERGEL-HEFERMEHL, *Kommentar zum BGB*, Bd. I, 9. Aufl. 1959, § 138, Rn. 64; WEBER, NJW 1968, 1, 6.

93 Z. B. v. TUHR, *Der allgemeine Teil des Deutschen Bürgerlichen Rechts*, München 1914, 2. Bd., 1. Hälfte, S. 183 ff.; HAUPT, ZAkDR 1943, 84, 85 ff.; NIPPERDEY, DRZ 1950, 193, 198; v. CAEMMERER, JZ 1953, 97, 99; HILDEBRANDT, JR 1955, 325, 326; STAUDINGER-WEBER, *Kommentar zum BGB*, Bd. II, Teil 1a, 11. Aufl. 1967, Einl. zu § 241, N 62, 334, 373 ff.; FIKENTSCHER, *Vertrag und wirtschaftliche Macht*, in: MÖHRING/ULMER/WILDE (Hrsg.), *Neue Entwicklungen im Wettbewerbs- und Warenzeichenrecht,* Festschrift für Wolfgang Hefermehl

Autonomiebefugnissen[94] oder allgemein auf den Grundsatz von Treu und Glauben[95] gestützt. Im Vordergrund stehen Gedanken wie Vertragsgerechtigkeit[96], die Unausgewogenheit der vertraglichen Regelung[97] oder eine fehlende Richtigkeitsgewähr[98], also Aspekte einer materiellen Gerechtigkeit. Zum Teil wird überhaupt die Vertragsgerechtigkeit als Ziel an die Stelle der Vertragsfreiheit gesetzt.[99] Nur vereinzelt erscheinen dagegen Überlegungen wie eine fehlende Selbstbestimmung[100] oder eine mangelnde rechtsgeschäftliche Entscheidungsfreiheit[101], also das Fehlen realer Vertragsfreiheit selbst als Grund für ein Einschreiten der Gerichte. In der deutschen Doktrin steht somit vergleichbar zur deutschen Rechtsprechung eine inhaltlich gerechte Vertragsgestaltung im Sinne eines angemessenen Interessenausgleichs im Vordergrund und erlaubt Interventionen des Richters in die vertraglichen Regelungen auf Kosten der Privatautonomie. Wenn auch kritische Hinweise dahingehend nicht fehlen, daß § 242 BGB in seiner Funktion auf die Regelung der Leistung und

zum 65 Geburtstag am 18. September 1971, Heidelberg 1971, S. 41, 51 ff., 54; SCHWENZER, *Die Freizeichnung des Verkäufers von der Sachmängelhaftung im amerikanischen und deutschen Recht*, Arbeiten zur Rechtsvergleichung, Schriftenreihe der Gesellschaft für Rechtsvergleichung, Heft 95, Frankfurt 1979, S. 20.

94 RAISER, *Geschäftsbedingungen* (FN 81), S. 102, 269 f., 277 ff., 281 ff.; MÜLLER-LAUBE, *Teilzahlungskredit und Umsatzgeschäft*, Baden-Baden 1973, S. 61, 63.

95 FASTRICH, *Inhaltskontrolle* (FN 88), S. 72.

96 Z. B. ROQUETTE, JW 1938, 545, 548; HILDEBRANDT, in: SCHLEGELBERGER, *Handelsgesetzbuch Kommentar*, 3. Bd., 3. Aufl. 1956, § 346, Anm. 31 f.; RAISER, *Vertragsfunktion und Vertragsfreiheit*, in: CAEMMERER/FRIESENHAHN/LANGE (Hrsg.). *Hundert Jahre Deutsches Rechtsleben*, Bd. 1, Karlsruhe 1960, S. 101, 129 ff.; REBE, *Privatrecht und Wirtschaftsordnung, Zur vertraglichen Relevanz der Ordnungsfunktion dezentraler Interessenkoordination in einer Wettbewerbswirtschaft*, Bielefeld 1978, S. 211 f.; KÖTZ, *Europäisches Vertragsrecht*, Bd. I, Abschluß, Inhalt und Gültigkeit des Vertrages, Die Beteiligung Dritter am Vertrag, Tübingen 1996, S. 15.

97 Z. B. HAUPT, ZAkDR 1943, 84, 85 f.; V. CAEMMERER, JZ 1953, 97, 99; COING, *Bemerkungen zum überkommenen Zivilrechtssystem*, in: V. CAEMMERER/NIKISCH/ZWEIGERT (Hrsg.), *Vom Deutschen zum Europäischen Recht, Festschrift für Hans Dölle*, Bd. I, Deutsches Privat- und Zivilprozeßrecht, Rechtsvergleichung, Tübingen 1963, S. 25, 36; REBE, *Privatrecht und Wirtschaftsordnung* (FN 97), S. 211 f.; LIEB, AcP 178 (1978), 196, 206; BERGERFURTH/MENARD/FUCHS, *Das Kaufrecht*, 4. Aufl., Freiburg 1992, S. 176.

98 Z. B. SCHMIDT-RIMPLER, AcP 147 (1941), 130, 156 f., 161, 165; HAUPT, ZAkDR 1943, 84, 86; KRAUSE, BB 1955, 265, 268; SOERGEL-HEFERMEHL, *Kommentar zum BGB*, Bd. I, 9. Aufl. 1959, § 138, Rn. 64; SIMITIS, *Gute Sitten und ordre public*, Marburg 1960, S. 26 f.; STAUDINGER-WEBER, *Kommentar zum BGB*, Bd. II, Teil 1a, 11. Aufl. 1967, Einl. zu § 241, N 334; FASTRICH, *Inhaltskontrolle* (FN 88), S. 55 ff., 60 f., 74 f., 77 f., 79 ff., 278 f.; KÖTZ, *Europäisches Vertragsrecht* (FN 96), Bd. I, S. 213.

99 ZWEIGERT, *»Rechtsgeschäft« und »Vertrag« heute*, in: CAEMMERER/MENTSCHIKOFF/ZWEIGERT (Hrsg.), *ius privatum gentium*, Festschrift für Max Rheinstein zum 70. Geburtstag, Bd. II, Nationales und vergleichendes Privatrecht, Tübingen 1969, S. 493, 501, 503 f.; KÖTZ, *Europäisches Vertragsrecht* (FN 96), Bd. I, S. 15.

100 HÖNN, *Kompensation gestörter Vertragsparität*, München 1982, S. 300 f., 303, 308; ZÖLLNER, AcP 196 (1996), 1, 30 ff.

101 WOLF, *Rechtsgeschäftliche Entscheidungsfreiheit und vertraglicher Interessenausgleich*, Tübingen 1970, S. 11, 18 f., 31, 43, 56, 60; ZÖLLNER, AcP 196 (1996), 1, 30, 32 ff., 35.

die Begrenzung der individuellen Rechtsausübung beschränkt sei und eine generelle Inhaltskontrolle nicht rechtfertigen könne[102], so bedeutet dies noch keine generelle Ablehnung gegenüber richterlichen Eingriffen in die Vertragsgestaltung. Ganz überwiegend wird dann nämlich auf anderer Grundlage eine inhaltliche Prüfung der Geschäftsbedingungen auf ihre Angemessenheit begründet.[103] Nur wenige Stimmen in der Lehre betonen dagegen prinzipiell den beherrschenden Grundsatz der Vertragsfreiheit[104] und stehen damit einer richterlichen Vertragskorrektur kritisch gegenüber. Nur vereinzelt wird anstelle einer richterlichen Vertragskontrolle ein Schutz des AGB-Kunden über kollektive Verbraucherverbände[105] oder über das Wettbewerbsrecht[106] vertreten.

Parallel zur deutschen Rechtsprechung und zum Teil schon vor ihr in den 30er und 40er Jahren orientiert sich ein großer Teil der Lehre bei der Prüfung von Vertragsbedingungen am „*wohlerwogenen Interessenausgleich*" des dispositiven Rechts.[107] Die dispositiven Normen werden damit trotz ihres gerade nicht zwingenden Charakters zum Maßstab für die Vertragskontrolle. Wie für die Rechtsprechung zeigt sich hier besonders die Unterordnung der Privatautonomie unter das Ziel materieller Gerechtigkeit.

102 Z. B. RAISER, *Geschäftsbedingungen* (FN 81), S. 281 f.; V. BRUNN, *Vertragsbedingungen* (FN 86), 2. Aufl. 1956, S. 104 ff., 107; SIMITIS, *Gute Sitten* (FN 98), S. 31; TOSCH, *Entwicklung und Auflösung der Lehren vom Vertrag*, Marburg 1980, S. 187 ff., 197 f.; FASTRICH, *Inhaltskontrolle* (FN 88), S. 24 ff., 47, 68, 77.

103 RAISER, *Geschäftsbedingungen* (FN 81), S. 270, 277 ff., 282 f.; KRAUSE, BB 1955, 265, 268 f.; MEESKE, BB 1959, 857, 861; KLIEGE, *Rechtsprobleme* (FN 90), S. 91, 102 ff.; FASTRICH, *Inhaltskontrolle* (FN 88), S. 72.

104 Z. B. WIENEKE, *Freizeichnungsklausel* (FN 87), S. 52; V. BRUNN, *Vertragsbedingungen* (FN 86), 2. Aufl. 1956, S. 104 ff., 107; STAHL, DB 1956, 393; ROSCHER, *Vertragsfreiheit als Verfassungsproblem, dargestellt am Beispiel der Allgemeinen Geschäftsbedingungen*, Berlin 1974, S. 31 ff., 36 f., 39, 83 ff., 108; CANARIS, *Gesamtunwirksamkeit und Teilgültigkeit rechtsgeschäftlicher Regelungen*, in: BAUR/HOPT/MAILÄNDER (Hrsg.), *Festschrift für Ernst Steindorff zum 70. Geburtstag am 13. Mai 1990*, Berlin 1990, S. 519, 548.

105 BARTHOLOMEYCZIK, AcP 166 (1966), 30, 64 f., 68, 71 f., 74 f.; ROSCHER, *Vertragsfreiheit* (FN 104), S. 83 ff., 108; WESTERMANN, AcP 178 (1978), 150, 171, 176.

106 GRÖNER/KÖHLER, *Verbraucherschutzrecht in der Marktwirtschaft, Ökonomische und rechtliche Aspekte des Konsumentenkredits*, in: Vorträge und Aufsätze/Walter-Euchen-Institut, Bd. 114, Tübingen 1987, S. 37 ff.; CANARIS, *Verfassungs- und europarechtliche Aspekte der Vertragsfreiheit in der Privatrechtsgesellschaft*, in: BADURA/SCHOLZ (Hrsg.), *Wege und Verfahren des Verfassungslebens*, Festschrift für Peter Lerche zum 65. Geburtstag, München 1993, S. 873, 882.

107 Z. B. GROSSMANN-DOERTH, *Selbstgeschaffenes Recht* (FN 81), S. 26; RAISER, *Geschäftsbedingungen* (FN 81), S. 103, 270 f.; HAUPT, ZAkDR 1943, 84, 85 ff.; NIPPERDEY, DRZ 1950, 193, 198; FISCHER, BB 1957, 481, 486; MEESKE, BB 1959, 857, 861; STAUDINGER-WEBER, *Kommentar zum BGB*, Bd. II, Teil 1a, 11. Aufl. 1967, Einl. zu § 241, N 60 ff.; WEBER, NJW 1968, 1, 5, 8; SCHMIDT-SALZER, *Allgemeine Geschäftsbedingungen, Bilanz und rechtspolitische Folgerungen*, Berlin 1973, S. 9 ff.; PETERS, JZ 1991, 385, 387, 391.

Mit dieser Gewichtung im Konflikt zwischen Vertragsfreiheit und *giustizia sostanziale* korrespondiert die Vorstellung von immanenten Schranken der Vertragsfreiheit.[108]

3. Die Lehre in Italien

Die ältere italienische Lehre unter dem *codice civile* von 1865 betraf zum großen Teil das Problem der Kenntnisnahme, d. h. der Einbeziehung von Allgemeinen Geschäftsbedingungen in den Vertrag, zum Teil aber auch die Frage unbillig belastender Vertragsklauseln und einer fehlenden materiellen Vertragsfreiheit des AGB-Kunden.[109] *De lege lata* hielt man zum Teil einen Schutz des belasteten Vertragspartners über die Interpretation des Vertrages oder über korporative Prinzipien des faschistischen Staates für möglich.[110] Unter dem *codice civile* von 1942 setzte eine verstärkte Auseinandersetzung mit dem Problem einer inhaltlichen Vertragskontrolle erst in den 70er Jahren ein.

In der italienischen Doktrin zum Komplex von Vertragsfreiheit, Vertragsgerechtigkeit und Allgemeinen Geschäftsbedingungen fällt auf, daß anders als in der deutschen Rechtsprechung und Literatur Überlegungen zur inhaltlichen Richtigkeit der Vertragsgestaltung oder zur Realisierung eines sachgerechten Interessenausgleichs nur eine geringe Rolle spielen. Der Begriff der *giustizia sostanziale* (materielle Gerechtigkeit) oder *giustizia contrattuale* (Vertragsgerechtigkeit) erscheint kaum im Vokabular der Literatur.[111] Stattdessen werden Aspekte wie die fehlende Vertrags-

108 v. TUHR, *Der allgemeine Teil des Deutschen Bürgerlichen Rechts*, 2. Bd., 1. Hälfte, S. 183; RAISER, *Geschäftsbedingungen* (FN 81), S. 269 ff., 279, 282; HAUPT, ZAkDR 1943, 84, 86; v. CAEMMERER, JZ 1953, 97, 99; KRAUSE, BB 1955, 265, 268 f.; FISCHER, BB 1957, 481, 486; KLIEGE, *Rechtsprobleme* (FN 90), S. 91, 102 ff.; BARTHOLOMEYCZIK, AcP 166 (1966), 30, 56; STAUDINGER-WEBER, *Kommentar zum BGB*, Bd. II, Teil 1a, 11. Aufl. 1967, Einl. zu § 241, N 338; SCHMIDT-SALZER, NJW 1970, 8, 14; MÜLLER-LAUBE, *Teilzahlungskredit* (FN 94), S. 60; EMMERICH-GRAF V. WESTPHALEN/EMMERICH/V. ROTTENBURG, *Verbraucherkreditgesetz*, 2. Aufl. 1996, Einl., Rn. 12 ff.; PALANDT-HEINRICHS, *Kommentar zum BGB*, 55. Aufl. 1996, § 242, Rn. 19, 38.

109 DONATI, Dir. e prat. comm. 1934, I, 349, 356, 359; MOSSA, *L'impresa nell'ordine corporativo*, Firenze 1935, p. 27; PACCHIONI, *Diritto civile italiano*, parte seconda, diritto delle obbligazioni, vol. II, dei contratti in generale, seconda ed., Padova 1936, p. 38; MOSSA, *Diritto commerciale*, parte prima, Milano 1937, p. 410.

110 MOSSA, *Impresa* (FN 109), pp. 27 s.; DONATI, Dir. e prat. comm. 1934, I, 349, 358 s., 366 s.

111 Von *giustizia sostanziale* oder *giustizia sociale* sprechen z. B. PACCHIONI, *Diritto civile italiano* (FN 109), pp. 150 s.; BIGLIAZZI GERI, *Note* (FN 72), pp. 90 s.; BIANCA, Riv. dir. civ. 1983, 205, 216; ROPPO, *voce contratto*, in: Dig. disc. priv., sez. civ., vol. IV, Torino 1988, pp. 87, 123; PATTI, *Alcune innovazioni del codice civile del 1942 nella materia dei contratti e la loro incidenza sulla autonomia privata*, in: *I cinquant'anni del codice civile, Atti del Convegno di Milano 4-6 giugno 1992*, vol. II (comunicazioni), Milano 1993, pp. 759, 768.

freiheit[112], fehlende Gleichheit zwischen den Vertragspartnern[113] und Disparität[114] betont. Wenn vom Schutz der schwächeren Vertragspartei gesprochen wird[115], geschieht dies anders als in Deutschland[116] weniger mit der Vorstellung, zum Schutz der unterlegenen Partei eine gerechte Vertragslösung herbeizuführen. Dagegen besteht eher die Überlegung, die durch die stärkere Partei faktisch beschränkte Vertragsfreiheit des schwächeren Vertragspartners[117] wiederherzustellen. Die Realisierung von *parità* (Parität) und *eguaglianza* (Gleichheit) sieht ein Teil der Lehre als Ziel der AGB-Kontrolle und der AGB-Vorschrift in art. 1341 *codice civile*.[118] Allgemein werden Eingriffe in die Vertragsfreiheit als Mittel zur Realisierung gleicher Chancen und materieller Vertragsfreiheit aufgefaßt.[119] Hier bestätigt sich die für die

112 Z. B. FRANCESCHELLI, Riv. dir. nav. 1938, 249, 257 s.; MEDEIROS DA FONSECA, Riv. dir. comm. 1950, I, 437; BIGLIAZZI GERI, *Note* (FN 72), p. 87; MAZZONI, *Contratti di massa* (FN 72), p. 63; GALGANO, *Diritto privato*, quinta ed., Padova 1988, p. 227; BIGLIAZZI GERI/BRECCIA/BUSNELLI/NATOLI, *Diritto civile, 1. 2. Fatti e atti giuridici*, Torino 1988, pp. 484, 486; DE NARDO, *Fondamenti del diritto* (FN 72), Padova 1996, pp. 144, 186 s., 216, 224 s., 230.

113 Z. B. BARCELLONA, *Intervento statale e autonomia privata nella disciplina dei rapporti economici*, Milano 1969, p. 39; MAZZONI, *Contratti di massa* (FN 72), pp. 10, 53 ss., 157, 160; NUZZO, *Utilità sociale* (FN 73), Milano 1975, pp. 99 s., 101 n. 30, 102; TULLIO, *Contratto per adesione* (FN 78), p. 2.

114 Z. B: CANDIAN, *Nozioni istituzionali di diritto privato*, Milano 1946, seconda ed. 1949, p. 208; MESSINEO, *Manuale di diritto civile e commerciale (codici e norme complementari)*, vol. III, nona ed., Milano 1959, p. 631; MAZZONI, *Contratti di massa* (FN 72), pp. 10, 48 ss., 60 s.; NUZZO, *Utilità sociale* (FN 73), pp. 99 ss., 101 n. 30, 102; NANNI, Contr. e impr. 1986, 501, 557; BIGLIAZZI GERI/BRECCIA/BUSNELLI/NATOLI, *Diritto civile, 1. 2. Fatti e atti giuridici* (FN 112), pp. 478 ss., 525; MAGGIOLO, *Il contratto predisposto*, Padova 1996, p. 128.

115 Z. B. MOSSA, Riv. dir. comm. 1926, I, 232, 251; FRANCESCHELLI, Riv. dir. nav. 1938, 249, 253 ss., 257 s.; DI MAJO, Riv. dir. comm. 1970, I, 192, 206, 232; GIORGIANNI, Riv. dir. agr. 1972, 381, 384 s.; CABELLA PISU, *Le clausole di esonero da responsabilità*, in: RESCIGNO, *Trattato di diritto privato*, vol. IX, t. 1, Torino 1984, pp. 227, 233 s.; BESSONE, *Economia di mercato e controllo dei contratti d'impresa*, in: ALPA/BESSONE, *Contratti standard* (FN 71), pp. 19, 21.

116 Auch in Deutschland wird im Zusammenhang mit Allgemeinen Geschäftsbedingungen vielfach auf den Schutz der schwächeren Vertragspartei abgestellt, z. B. ROQUETTE, JW 1938, 545, 548; FISCHER, BB 1957, 481, 486; SCHMIDT-SALZER, NJW 1967, 373; STAUDINGER-WEBER, *Kommentar zum BGB*, Bd. II, Teil 1a, 11. Aufl., 1967, Einl. N 44, 46, 47; LANGENFELD, *Vertragsgestaltung, Methode – Verfahren – Vertragstypen*, München 1991, S. 72.

117 FRANCESCHELLI, Riv. dir. nav. 1938, 249, 257 s.; LISERRE, *Tutela cosituzionale* (FN 73), p. 14; GRASSETTI/CARNEVALI, *voce diritto civile*, in: NDI, vol. II, Torino 1981, pp. 1160, 1162 s.; DE NARDO, *Fondamenti del diritto* (FN 72), pp. 144, 186 s., 216, 222, 224 s.

118 Z. B. DE SEMO, *Istituzioni di diritto privato*, quarta ed., Firenze 1946, p. 425; SCONAMIGLIO, Banca, borsa ecc. 1954, I, 776, 780 s., 790; DERS., *voce negozio giuridico*, enc. giur., vol. XX, Roma 1990, p. 7; DI MAJO, Riv. dir. comm. 1970, I, 192, 206; DE NARDO, *Fondamenti del diritto* (FN 72), pp. 221 s.

119 Z. B. MESSINEO, *Il contratto in genere*, in: CICU/MESSINEO, *Trattato di diritto civile e commerciale*, vol. XXI, t. 1, Milano 1968, p. 465; BARCELLONA, *Intervento statale* (FN 113), pp. 21, 23; BIGLIAZZI GERI/BRECCIA/BUSNELLI/NATOLI, *Diritto civile, 1.2. Fatti e atti giuridici*

italienische Rechtsprechung festgestellte zentrale Rolle der Privatautonomie. Diese erfährt anders als in Deutschland keine generelle Begrenzung unter dem Aspekt des Mißbrauchs der Vertragsfreiheit. Soweit die Lehre ganz vereinzelt auf letzteren Gedanken Bezug nimmt[120], wird damit die Gültigkeit der vertraglichen Vereinbarungen nicht in Frage gestellt. Dem italienischen Rechtssystem ist nämlich eine Begrenzung der Wirksamkeit des Parteiwillens über das Institut des Rechtsmißbrauchs fremd.[121]

Die vorrangige Stellung der Privatautonomie wird auch deutlich, wenn die Lehre sich mit der Frage auseinandersetzt, auf welchen Wegen den Problemen Allgemeiner Geschäftsbedingungen begegnet werden soll. Ein Teil der Lehre tritt für eine kollektive Lösung über die Beteiligung von Verbraucherverbänden ein[122], setzt also bei einer Stärkung der Privatautonomie als sogenannter *autonomia privata assistita* (Privatautonomie über Verbände) an. Vereinzelt wird die Sicherung der freien Verbraucherwahl über das Wettbewerbsrecht herausgestellt[123] und damit der Schwerpunkt ebenfalls auf die Selbstbestimmung der Parteien gelegt. Was die Möglichkeiten einer richterlichen Kontrolle des Vertragsinhalts betrifft, bildet das Prinzip der parteiautonomen Vertragsgestaltung bei manchen die Grundlage, um parteiliche Abweichungen vom dispositiven Recht einer richterlichen Prüfung zu entziehen.[124] Andere rechtfertigen umgekehrt eine materielle Vertragskontrolle direkt aus dem Grundsatz der Vertragsfreiheit[125] oder über die Bestimmung des gemeinsamen Parteiwillens[126]. Soweit in der Literatur eine inhaltliche Prüfung der Vertragsbedingungen auf ihre Vereinbarkeit mit dem *ordine pubblico* (öffentliche Ordnung) vorgeschlagen wird, tastet dies insofern nicht den Vorrang der Vertragsfreiheit an, als

(FN 112), pp. 484, 486, 525; ALPA, *I contratti in generale, introduzione alla nuova giurisprudenza*, Torino 1990, pp. 206, 258; SCONAMIGLIO, *Negozio giuridico e autonomia privata*, in: *La civilistica italiana dagli anni '50 ad oggi tra crisi dogmatica e riforme legislative, congresso dei civilisti italiani*, Venezia 23-26 giugno 1989, Padova 1991, pp. 289, 302; PATTI, *Innovazioni* (FN 111), p. 762; DI MAJO, Riv. crit. dir. priv. 1995, 5, 33.

120 Z. B. FERRARA, *Diritto privato attuale*, parte prima, Roma 1945, p. 138; DI MAJO, Riv. dir. comm. 1970, I, 192, 205; BENATTI, *Prassi bancaria* (FN 71), p. 169; PATTI, *Innovazioni* (FN 111), p. 767; DE NARDO, *Fondamenti del diritto* (FN 72), pp. 221, 226, 229.

121 S. z. B. RANIERI, *Fideiussione »omnibus«* (FN 75), pp. 69, 85 ss.; TULLIO, *Contratto per adesione* (FN 78), p. 101 e n. 7; MAZZONI, *Contratti di massa* (FN 72), p. 199.

122 PAVONE-LA ROSA, *Introduzione*, in: AA.VV., *Condizioni generali di contratto e tutela del contraente debole*, Atti della tavola rotonda tenuto presso l'Istituto di diritto privato dell'Università di Catania, 17-18 maggio 1969, Milano 1970, pp. 3, 7; SCONAMIGLIO, *voce negozio giuridico* (FN 118), p. 7.

123 IRTI, *I cinquant'anni del codice civile*, in: *I cinquant'anni del codice civile, Atti del Convegno di Milano 4-6 giugno 1992,* vol. I (relazioni), Milano 1993, pp. 429, 439 s., 441.

124 FERRI, *L'ordine pubblico*, in: ALPA/BESSONE, *Contratti standard* (FN 71), pp. 99, 113 s.

125 DI MAJO, Riv. dir. comm. 1970, I, 192, 237 ss.; s. auch DERS., *Causa e tipo* (FN 71), pp. 87 ss., 90.

126 DE NARDO, *Fondamenti del diritto* (FN 72), pp. 98, 102, 104, 147 ss., 150 s., 156, 183 s., 187, 192, 211, 216, 218 ss., 222 ss.

der *ordine pubblico* zu den traditionellen, schon im *codice civile* von 1865 ausnahmsweise vorgesehenen Beschränkungen der Privatautonomie gehört.[127]

Einer differenzierten Betrachtung bedürfen die Vorschläge zu einer Kontrolle Allgemeiner Geschäftsbedingungen auf der Basis der *buona fede*. Soweit diese über eine Interpretation des Vertrages nach Treu und Glauben (art. 1366 *codice civile*) begründet wird[128], betrifft dies die *rilevanza* (Erheblichkeit) der Vertragsklauseln auf der Ebene der Vertragsauslegung, nicht ihre *inefficacia* (Unwirksamkeit)[129]. Dieser Eingriff in die Vertragsgestaltung ist deutlich schwächer als die in Deutschland auf der Basis von Treu und Glauben begründete Gültigkeitskontrolle. Auch die Rechtfertigung einer AGB-Kontrolle über art. 1337 *codice civile*[130], welcher Verhaltenspflichten der Parteien nach Treu und Glauben bei den Vertragsverhandlungen betrifft, läßt die Wirksamkeit der parteilichen Vereinbarungen selbst unberührt. Der Vorschlag, Treu und Glauben bei der Bestimmung der *conoscibilità* (Erkennbarkeit) der Vertragsklauseln nach art. 1341/1 *codice civile* zu berücksichtigen[131], ermöglicht nur eine Einbeziehungskontrolle, nicht dagegen ein wirkliche inhaltliche Überprüfung des Vertrages auf einen angemessenen Interessenausgleich. Ein anderer Teil der Doktrin rechtfertigt dagegen allgemein auf der Basis von Treu und Glauben die Abwägung der gegenüberstehenden Parteiinteressen, ohne das dabei zugrundeliegende Konzept der *buona fede* näher darzulegen.[132] Hier besteht eine Affinität zu der in Deutschland über Treu und Glauben begründeten Inhaltskontrolle von Allgemeinen Geschäftsbedingungen. Doch bleibt fraglich, ob sich die italienische Doktrin hier wirklich bewußt die in Deutschland praktizierte Gültigkeitskontrolle zu eigen macht, weil dem italienischen Rechtssystem eine Vertragskorrektur auf der Basis der *buona fede* prinzipiell fremd ist.[133]

127 Z. B. TRABUCCHI, *Istituzioni di diritto civile*, seconda ed. 1945, pp. 577, 588; CAVALLI, *Contratti bancari* (FN 71), p. 123.

128 Z. B. BIGLIAZZI GERI, *Note* (FN 72), pp. 73, 89 s., 93, 96 s., 110; DIESELBE, *voce buona fede nel diritto civile* (FN 72), pp. 172, 180, 182; CECCHERINI, Riv. giur. lav. 1978, I, 859, 865 ss., 868; COSTANZA, Riv. dir. civ. 1986, II, 335, 340; BUSNELLI, *Note introduttive II* (FN 72), NLCC 1997, 757, 765 s.

129 BIGLIAZZI GERI, *Note* (FN 72), pp. 90, 110; DIESELBE, *voce buona fede nel diritto civile* (FN 72), pp. 172, 180, 182; CECCHERINI, Riv. giur. lav. 1978, I, 859, 865 ss., 868 (spricht teilweise von *rilevanza* und teilweise von *validità*; wegen der deutlichen Parallelen zu der zeitlich früheren Argumentation der ebenfalls in Pisa lehrenden Bigliazzi Geri ist im Zweifel aber davon auszugehen, daß sich Ceccherini ebenfalls auf eine Kontrolle auf der Interpretationsebene bezieht, zumal sie ihre Argumentation auf die Interpretationsnorm des art. 1366 codice civile stützt); BUSNELLI, *Note introduttive II* (FN 72), NLCC 1997, 757, 765.

130 PATTI/PATTI, *Responsabilità precontrattuale* (FN 72), pp. 465 s.

131 MAZZONI, *Contratti di massa* (FN 72), pp. 209 s., 214 ss.

132 Z. B. RODOTÀ, *Poteri del giudice* (FN 72), pp. 88 ss.; DE NOVA, Riv. dir. comm. 1973, II, 329, 340; CALANDRA BUONAURA, Riv. dir. civ. 1978, II, 181, 195, 209; VISINTINI, *Inadempimento* (FN 71), p. 381.

133 S. hierzu näher TRÄGER, *Vertragsfreiheit und giustizia sostanziale* (FN 7), S. 459 ff., insbesondere 470 f., 472 f., und dort FN 185.

Aus den Vorschlägen zu einer inhaltlichen Kontrolle von Allgemeinen Geschäftsbedingungen ergibt sich einerseits, daß die italienische Lehre in diesem Bereich über die Rechtsprechung hinausgeht, welche die parteilichen Vereinbarungen nur formal über art. 1341/2 *codice civile* oder über konkrete, zwingende Normen des *codice civile* prüft, nicht jedoch die Frage nach ihrer inhaltlichen Angemessenheit über die Generalklauseln des *ordine pubblico* und der *buona fede* stellt. Andererseits verbleibt die Lehre in weiten Teilen der vorgeschlagenen Kontrollmechanismen in der zuvor für Rechtsprechung und Lehre als typisch festgestellten Vorrangstellung der Vertragsfreiheit.

Aufgrund der zentralen Rolle der Vertragsfreiheit ist verständlich, daß der für die deutsche AGB-Kontrolle so wesentliche Gerechtigkeitsmaßstab des dispositiven Rechts in der italienischen Doktrin wie schon in der Rechtsprechung praktisch keine Rolle spielt.[134] Dagegen wird vielmehr die Autonomie der Vertragspartner im Bereich des dispositiven Rechts betont.[135] Konsequente Folge der „*intangibilità della volontà contrattuale*" (Unantastbarkeit des vertraglichen Willens) ist die Zurückhaltung der Doktrin gegenüber richterlichen Interventionen in die Vertragsgestaltung.[136]

134 Nur ganz vereinzelt wird unter Bezugnahme auf die deutsche Doktrin im dispositiven Recht ein Maßstab für eine gerechte Vertragsgestaltung gesehen, so BENATTI, *Prassi bancaria* (FN 71), pp. 164 s., 166 s.; COSTANZA, *Profili dell'interpretazione* (FN 72), p. 89.

135 TRIMARCHI, *Atto giuridico e negozio giuridico*, Milano 1940, p. 37; MESSINEO, *Manuale di diritto civile e commerciale (codici e norme complementari)*, vol. III, seconda ed. 1952, p. 591; STOLFI, Riv. dir. comm. 1964, I, 163, 164; FERRI, *Condizioni generali di contratto, diritto dispositivo e ordine pubblico*, in: AA.VV., *Condizioni generali di contratto e tutela del contraente debole*, Atti della tavola rotonda tenuto presso l'Istituto di diritto privato dell'Università di Catania, 17-18 maggio 1969, Milano 1970, pp. 47, 64; DERS., *Ordine pubblico* (FN 124), pp. 113 s.; DE NOVA, *Tipo contrattuale* (FN 72), p. 158 n. 89 (anders aber pp. 158 ss: inhaltliche Prüfung über einen Vergleich mit zwingenden und dispositiven Normen, wobei Abweichungen durch sachliche Gründe gerechtfertigt sein müssen); MOLLE, Banca, borsa ecc. 1978, II, 454, 463 s., 467 s.; FESTI, Contr. e impr. 1991, 1221, 1235.

136 DI MAJO, Riv. dir. comm. 1970, I, 192, 229 s., 236; DERS., *Causa e tipo* (FN 71), pp. 79 s., 86; DERS., Riv. crit. dir. priv. 1995, 5, 15 ss., 33; ROPPO, *Il contratto*, Bologna 1977, pp. 126 s., 157 s.; BESSONE, *L'esigenza di una riforma*, in: ALPA/BESSONE, *Contratti standard* (FN 71), pp. 221, 223; COSTANZA, *Profili dell'interpretazione* (FN 72), pp. 90 s.; UDA, Riv. dir. comm. 1990, I, 301, 327; D'ANGELO, Contr. e impr. 1990, 702, 722; GALGANO, *Degli effetti del contratto*, artt. 1372-1386, in: SCIALOJA/BRANCA, *Commentario del codice civile (a cura di Francesco Galgano), libro quarto – delle obbligazioni, artt. 1372-1405*, Bologna 1993, p. 5; zum Zusammenhang zwischen dem hohen Stellenwert des Parteiwillens und der Zurückhaltung gegenüber einer Kontrolle des Vertragsinhalts BIANCA, *Le tecniche di controllo delle clausole vessatorie*, in: BIANCA/ALPA, *Le clausole abusive nei contratti stipulati con i consumatori, L'attuazione della direttiva comunitaria del 5 aprile 1993*, Padova 1996, pp. 357 s.; CAVALLI, *Contratti bancari* (FN 71), pp. 122 s., weist auf den revolutionären Charakter hin, den eine richterliche Intervention über Treu und Glauben oder Billigkeit für das italienische Rechtssystem bedeuten würde; MAZZONI, *Contratti di massa* (FN 72), pp. 134, 206, sieht die unterschiedliche Betrachtungsweisen der richterlichen Aktivität in beiden Ländern als Grund dafür, daß eine Modifikation von Allgemeinen Geschäftsbedingungen durch den Richter in Italien

Ausdruck der starken Orientierung an der Privatautonomie ist auch, daß die Lehre überwiegend gesetzliche Beschränkungen der Vertragsgestaltung nicht als Eingriff in den Vertragsinhalt, sondern nur als Regelung der vertraglichen Wirkungen auffaßt.[137]

Zu dieser Sichtweise der Vertragsfreiheit gehört an sich die Vorstellung, daß die parteiliche Selbstbestimmung nur ausnahmsweise von außen Begrenzungen unterliegt.[138] Die neuere Doktrin hat sich aber trotz weiterhin anerkannter Vorrangstellung der Privatautonomie von dieser Betrachtungsweise gelöst und erkennt nunmehr insbesondere in der verfassungsrechtlich vorgegebenen *solidarietà* (Solidarität) bzw. *utilità sociale* (sozialer Nutzen, art. 41/2 Cost.) immanente Schranken der Vertragsfreiheit.[139] Das veränderte Verständnis zu den Schranken der Vertragsfreiheit führt aber wie dargestellt noch nicht dazu, die parteilichen Vereinbarungen prinzipiell unter dem Aspekt materieller Gerechtigkeit zur Diskussion zu stellen.

4. Ergebnis

Parallel zu den in der deutschen und italienischen Rechtsprechung festgestellten Unterschieden lassen sich somit auch in der deutschen und italienischen Lehre Unterschiede erkennen, welche den Umgang mit dem Konflikt von Vertragsfreiheit und materieller Vertragsgerechtigkeit betreffen.

So stellt die deutsche Doktrin ganz ähnlich wie die Rechtsprechung trotz der im Ausgangspunkt anerkannten Privatautonomie durchgehend die Frage nach der inhaltlichen Gerechtigkeit des Vertrages im Sinne eines sachgerechten Interessenaus-

kaum vorstellbar sei; RODOTÀ, *Le fonti di integrazione del contratto*, Milano 1970, pp. 177, 182 s., 197, befürwortet einerseits die richterliche Vertragsergänzung auf der Basis der *correttezza*, doch dürften die Vertragsergänzungen nicht im Kontrast zum Parteiwillen stehen und nicht zu materiellen Veränderungen der ursprünglichen Vereinbarungen führen.

137 OSTI, *voce contratto*, in: NDI, vol. IV, Torino 1959, pp. 462, 523; MESSINEO, *voce contratto*, enc. dir., vol. IX, Varese 1961, pp. 784, 938, 944 s.; DERS., *Contratto in genere* (FN 119), p. 54; BARASSI, *La teoria generale delle obbligazioni*, vol. II, Milano 1964, pp. 234 ss.; anders RODOTÀ, *Fonti di integrazione* (FN 136), pp. 51 s., 77, 89 ss., 177.

138 So TRABUCCHI, *Istituzioni di diritto civile*, seconda ed. 1945, pp. 577 s., 588; BARASSI, *Istituzioni di diritto civile*, seconda ed., Milano 1945, p. 391; DERS., *Istituzioni di diritto privato (secondo i nuovi libri del codice civile)*, seconda ed., Milano 1946, p. 287; DOSSETTI, Riv. dir. comm. 1950, I, 248, 252; FERRI, Riv. trim. dir. e proc. civ. 1957, 129, 137, 161 s., 165 s.

139 NICOLÒ, *voce diritto civile*, enc. dir., vol. XII, Varese 1964, pp. 904, 910 ss.; RODOTÀ, *Fonti di integrazione* (FN 136), p. 19; SANTORO-PASSARELLI, *Dottrine generali del diritto civile*, nona ed., Napoli 1973, pp. 76 s.; SACCO, *Il contratto*, in: VASSALLI, *Trattato di diritto civile italiano*, vol. VI, t. 2, Torino 1975, p. 699; NUZZO, *Utilità sociale* (FN 73), p. 196; CAVALLI, *Contratti bancari* (FN 71), p. 129; BIANCA, *Diritto civile*, vol. III, *Il contratto*, Milano 1984, p. 34; BIGLIAZZI GERI/BRECCIA/BUSNELLI/NATOLI, *Diritto civile, 1. 2. Fatti e atti giuridici* (FN 112), pp. 504, 517; PERLINGIERI, *Profili del diritto civile*, terza ed., Napoli 1994, pp. 243, 253; ALPA, Riv. crit. dir. priv. 1995, 35, 49; DE NARDO, *Fondamenti del diritto* (FN 73), pp. 94, 150.

gleichs zwischen den Vertragspartnern. Wenn sie dabei auch zum Teil die Rechtsprechung in der von ihr ausgeübten Vertragskontrolle kritisiert, entwickelt die Lehre selbst durchgehend Wege, um Vertragsklauseln auf ihre Angemessenheit zu prüfen. Dabei verlagert sich wie in der Rechtsprechung die Gewichtung in Richtung einer immer stärker betonten materiellen Gerechtigkeit, der die Vertragsfreiheit allmählich untergeordnet wird. Dabei spielt wie schon in der deutschen Rechtsprechung der im dispositiven Recht erkannte Gerechtigkeitsgehalt als Beurteilungsmaßstab für eine gerechte Verteilung der Rechte und Pflichten eine entscheidende Rolle.

Die italienische Doktrin unterscheidet sich insofern von der italienischen Rechtsprechung, daß sie über die Anwendung konkreter Normen des *codice civile* hinaus eine weitergehende inhaltliche Kontrolle Allgemeiner Geschäftsbedingungen für möglich hält. Außerdem hat die neuere Lehre ein im Vergleich zur Rechtsprechung ausgeprägteres Bewußtsein für die Schranken der Vertragsfreiheit, die nicht mehr als ausnahmsweise bestehende äußere Begrenzung, sondern als immanente Schranken aufgefaßt werden. Hier bestätigt sich die These von einer gewissen Konservativität der italienischen Richter dahingehend, daß sie fortschrittlichen Diskussionen in der Lehre eher verschlossen oder hinter ihnen zurückbleiben.[140]

Abgesehen von diesen Unterschieden zeigt sich in der Lehre die für die italienische Rechtsprechung typische Bevorzugung der Vertragsfreiheit. Dies wird in der allgemeinen Diskussion zum Konflikt von Vertragsfreiheit und materieller Gerechtigkeit, in der ablehnenden Haltung gegenüber richterlichen Modifikationen des Parteiwillens und in der Art und Weise deutlich, wie Möglichkeiten einer inhaltlichen Kontrolle von Allgemeinen Geschäftsbedingungen begründet werden.

IV. Konfliktlösung in einem Europäischen Privatrecht

Die Untersuchung von Rechtsprechung und Literatur zur Handhabung von eine Vertragspartei einseitig belastenden Vertragsklauseln hat gezeigt, dass hier zwei in ihrem Privatrechtssystem an sich ähnliche Rechtsordnungen mit einem ganz unterschiedlichen Verständnis an den Konflikt zwischen parteiautonomer Vertragsgestaltung und der Realisierung inhaltlich ausgeglichener Verträge herangehen. Mit Umsetzung der europäischen Richtlinie über mißbräuchliche Klauseln in Verbraucherverträgen wurde nunmehr eine nach dem Vorbild der deutschen AGB-Kontrolle gestaltete Inhaltskontrolle auf der Basis von Treu und Glauben vom italienischen Gesetzgeber eingeführt, die dem italienischen Rechtssystem aufgrund des oben geschilderten Stellenwertes der Vertragsfreiheit, einer anderen Funktion von Treu und Glauben und einer Ablehnung richterlicher Vertragskorrekturen unter dem Aspekt materieller Gerechtigkeit fremd ist.

Es ist zu vermuten, daß auch nach Durchführung der formalen Rechtsangleichung die Unterschiedlichkeit nationaler Vertragsrechtsordnungen in ihren Traditionszu-

140 S. TRÄGER, *Vertragsfreiheit und giustizia sostanziale* (FN 7), S. 479 f., 502.

sammenhängen und kulturell bedingten Präferenzen zu inhaltlichen Unterschieden in der Handhabung mißbräuchlicher Klauseln in Verbraucherverträgen führen wird.

Möglicherweise ist es im Hinblick auf die unterschiedlichen Vorverständnisse und Traditionszusammenhänge nicht sinnvoll, ein einheitliches europäisches Lösungsmodell für die Frage nach einer einerseits freien, andererseits inhaltlich gerechter Vertragsgestaltung festzulegen. So ist es denkbar, den einzelnen europäischen Rechtsordnungen unter Vorgabe nur eines europaweit angestrebten Mindestschutzstandards zu überlassen, angemessene Interessenlösungen im Sinne der europäischen Vorgabe durch Wahl von dem eigenen Rechtssystem vertrauten Schutzmechanismen zu finden.

Soweit darüber hinaus ein eigenes europäisches Vertragswerk angestrebt wird, das dann auch zur Frage der Vertragsfreiheit und möglichen Einschränkungen im Interesse eines inhaltlich angemessenen Vertrages Position beziehen müßte, könnte wahrscheinlich nur eine Kompromißlösung ähnlich den Grundregeln eines Europäischen Vertragsrechts gewählt werden, die ausgehend vom Grundsatz der Vertragsfreiheit eine generalklauselartig sehr flexible Form der inhaltlichen Vertragskontrolle vorsieht und damit den einzelnen Rechtsordnungen in der Konkretisierung einen weiten Spielraum läßt.

Ein „Sicherer Hafen“?

Zur Neuregelung der Haftung von Vorständen und Aufsichtsräten für so genannte unternehmerische Entscheidungen in § 93 Abs. 1 S. 2 AktG.

von Armin Schürer, Rechtsanwalt,

Kanzlei Derra, Meyer & Partner, Berlin

A. Einleitung

Am 01.11.2005 ist das Gesetz zur Unternehmensintegrität und Modernisierung des Anfechtungsrechts (UMAG) in Kraft getreten. Gegenstand dieses Gesetzes ist unter anderem die Einfügung eines neuen § 93 Abs. 1 S. 2 AktG, welcher folgenden Inhalt hat: *„Eine Pflichtverletzung liegt nicht vor, wenn das Vorstandsmitglied bei einer unternehmerischen Entscheidung vernünftigerweise annehmen durfte, auf der Grundlage angemessener Information zum Wohle der Gesellschaft zu handeln.“*

Die Neuregelung gilt wegen der Verweisung in § 116 AktG auch für die Tätigkeit des Aufsichtsrates im Rahmen seiner Überwachungsfunktion.

Die Neuregelung befasst sich mit einer schwierigen Materie, weil unternehmerisches Handeln stets geprägt ist von der Einschätzung zukünftiger Abläufe, also Prognoseentscheidungen betrifft, für welche dem verantwortlich Handelnden grundsätzlich ein Entscheidungsspielraum eingeräumt werden muss. Insofern versucht die Neuregelung umzusetzen, was bislang dem Richterrecht vorbehalten war, nämlich die zumindest teilweise Justiziabilität unternehmerischer Entscheidungen.

Der Beitrag versucht eine erste Einschätzung zu geben, welche Auswirkungen die Neuregelung tatsächlich auf die Rechtsprechung haben und ob hierdurch insbesondere auch für die handelnden Personen mehr Rechtssicherheit geschaffen wird.

B. Die ARAG-Entscheidung des BGH

Grundlage für die Entwicklung der Rechtsprechung und schließlich der Kodifizierung der Haftung von Organen einer Aktiengesellschaft war die so genannte ARAG-Entscheidung des BGH von 1997.[1] Verdienst des BGH war es, eine Leitlinie dafür zu finden, ab wann ein, die Schadenersatzpflicht auslösendes, schuldhaftes und

1 BGH, Urteil vom 21.04.1997, Az.: II ZR 175/95; NJW 1997 S. 1926 ff, ZIP 1997, 883, 885-886.

pflichtwidriges Fehlverhalten des Vorstandes in Abgrenzung zur nicht pflichtwidrigen Eingehung bestimmter Risiken vorliegt.

Hierzu hat der BGH festgestellt, dass zu berücksichtigen sei,

> *„dass dem Vorstand bei der Leitung der Geschäfte (...) ein weiter Handlungsspielraum zugebilligt werden muss, ohne den eine unternehmerische Tätigkeit schlechterdings nicht denkbar ist. Dazu gehört neben dem bewussten Eingehen geschäftlicher Risiken grundsätzlich auch die Gefahr von Fehlbeurteilungen und Fehleinschätzungen, der jeder Unternehmensleiter, mag er auch noch so verantwortungsbewusst handeln, ausgesetzt ist. (...) dass dem Vorstand das nötige Gespür für eine erfolgreiche Führung des Unternehmens fehlt, kann ihm (dem Aufsichtsrat) Veranlassung geben, auf dessen Ablösung hinzuwirken. Eine Schadenersatzpflicht des Vorstandes kann daraus nicht hergeleitet werden. Diese kann erst in Betracht kommen, wenn die Grenzen, in denen sich ein, vom Verantwortungsbewusstsein getragenes, ausschließlich am Unternehmenswohl orientiertes, auf sorgfältiger Ermittlung der Entscheidungsgrundlagen beruhendes unternehmerisches Handeln bewegen muss, deutlich überschritten sind, die Bereitschaft, unternehmerische Risiken einzugehen, in unverantwortlicher Weise überspannt worden ist oder das Verhalten des Vorstands aus anderen Gründen als pflichtwidrig gelten muss.“*[2]

Auch anderen Orts hat sich der BGH entschlossen, den Handlungsspielraum verantwortlich handelnder Organe einer juristischen Person zu betonen und ausgeführt, dass die Sorge um die persönliche Haftung dazu führen könne, dass die Vorstände zu übertrieben defensivem Verhalten veranlasst werden mit der Folge, dass auch zum Schaden von Gesellschaftern und Gesellschaftsgläubigern neue, risikobehaftete Geschäftschancen nicht wahrgenommen werden und das Unternehmen schließlich die Markentwicklung verpasst.[3]

C. Die „Business Judgement Rule“ und die Auslegung der ARAG-Entscheidung

Allgemein wird die so genannte ARAG-Entscheidung des BGH als Implementierung einer Rechtsfigur in das deutsche Rechtssystem verstanden, welche dem angelsächsischen Rechtsraum entspringt, der so genannten „Business Judgement Rule“.[4]

Die Business Judgement Rule hat ihre Grundlage in der Erkenntnis, dass die Gerichte mangels Sachkenntnis nicht in der Lage sind, unternehmerische Entscheidungen zu treffen und sich deshalb in der inhaltlichen Überprüfung solcher Entscheidungen zurückhalten sollten. Der amerikanische Gesetzgeber hat sich bislang außer Stande gesehen, eine Kodifikation dieser Regel vorzunehmen, in anderen Ländern wie z.b. Australien ist allerdings eine gesetzliche Regelung vorgenommen worden.

Nach der Definition des *American Law Institut* handelt ein Organ einer Aktiengesellschaft immer dann sorgfältig, wenn folgende Voraussetzungen erfüllt sind:

2 BGH a.a.O. NJW S.1927, 1928.

3 BGH ZIP 1997,1027, 1029.

4 Henze NJW 1998, 3309, 3310 ff; Hopt, Großkommentar zur AktG § 93 Rz. 81 Horn ZIP 1997, 1129, 1134.

„(1) he is not interested in the subject of his business judgement; (2) he is informed with respect to the subject of his business judgement to the extent he reasonably believes to be appropriate under the circumstances; (3) he rationally believes that his business judgement is in the best interests of the corporation."[5]

Wesentlicher Unterschied der Business Judgement Rule zur Rechtslage nach § 93 Abs. 1 S. 1 i.V.m. Abs. 2 S. 2 AktG ist es, dass bei der Prüfung des Fehlverhaltens von Vorständen einer Aktiengesellschaft nach herrschender Meinung sowohl die Pflichtwidrigkeit als auch das Verschulden des Organs vermutet und es ihm aufgebürdet wird, sich zu exkulpieren, die Erfüllung der Voraussetzungen der Business Judgement Rule allerdings zu einer Exkulpation von vornherein führt, also einen Tatbestand schafft, bei welchem vermutet wird, dass der handelnde Vorstand sorgfältig gehandelt hat.[6] Sie schafft dem Vorstand damit einen nicht justiziablen Ermessensspielraum, einen „Sicheren Hafen" eben. Die Business Judgement Rule ist nach dem amerikanischen Verständnis also eine sogenannte safe harbor rule.

Umstritten ist in der deutschen Lehre lediglich die Grenze, ab wann der Vorstand sich nicht mehr im sicheren Wasser des Hafens befinden soll. Zum Teil wird auch grobe Fahrlässigkeit noch unter den Schirm der Business Judgement Rule gezählt[7], andere wollen die Grenze zwischen einfacher und grober Fahrlässigkeit ziehen.[8]

Außerdem ist die Business Judgement Rule eine Beweislastregel, der Geschädigte soll verpflichtet sein, das Nichtvorliegen der Voraussetzungen der Business Judgement Rule und die Sorgfaltspflichtverletzung zu beweisen.[9]

Die Business Judgement Rule stellt demnach die Beweislastregel des § 93 Abs. 2 S. 2 AktG auf den Kopf, wonach es am Vorstand ist, die Einhaltung der Sorgfalt sowie fehlendes Verschulden zu beweisen.

D. Die Neuregelung des § 93 Abs. 1 S. 2 AktG.

1. Das Konzept

Die Regelung arbeitet, wenn man der Gesetzesbegründung folgt, mit dem bislang in deutschem Recht nicht gebräuchlichen Instrument des so genannten „Sicheren Hafens" und beruft sich zugleich darauf, dass damit die so genannte Business Judgement Rule normiert worden sei.[10]

5 American Law Institute, Principles of Corporate Governance: Analyses and Recommendations, Vol. 1, 1994, § 4.01 c.

6 Heermann AG 1998, 201, 206.

7 Vgl. Hopt in Festschrift Mestmäcker 1996, S. 909 ff, 920.

8 Westermann, Haftung und Zurechnung im Unternehmensbereich, Karlsruher Forum 1993, Sonderheft VersR, S. 18.

9 Vgl Hopt a.a.O.

10 Begründung zum Regierungsentwurf des UMAG, ZIP 2004, 2455; Fleischer ZIP 2004, 685 ff, 688.

Der Gesetzgeber hat beabsichtigt, durch Einfügung des § 93 Abs. 1 S. 2 AktG eine Abgrenzung auf der Ebene der Pflichtverletzung vorzunehmen, das Vorliegen der Voraussetzungen des Abs. 1 S. 2 AktG soll einen Rückgriff auf § 93 Abs. 1 S. 1 AktG versperren.[11] Liegen aber die Voraussetzungen des § 93 Abs. 1 S. 2 AktG nicht vor, so soll deshalb noch keine Pflichtverletzung vorliegen, vielmehr beurteilt sich diese Frage nach dem bekannten Prüfungsschema zu § 93 Abs. 1 S. 1 AktG mit der bekannten Beweislastverteilung.

2. Die einzelnen Tatbestände

a) Die so genannte unternehmerische Entscheidung

Der Gesetzgeber beschreibt die unternehmerische Entscheidung als Gegensatz zu rechtlich gebundenen Entscheidungen der Gestalt, dass es für illegales Verhalten keinen sicheren Hafen geben soll. Gemeint sind damit die so genannten Treuepflichten, Informationspflichten und sonstigen allgemeinen Gesetzes- und Satzungsverstöße. [12]

Dabei wird vor allem auf die Zukunftsbezogenheit der bei solchen Entscheidungen zu treffenden Prognosen abgestellt.[13]

Fraglich ist allerdings, ob die Abgrenzung zur Verletzung von Treuepflichten, Gesetz oder Satzung für die Definition der unternehmerischen Entscheidung zutreffend ist. So erscheint insbesondere die so genannte Treuepflicht kein taugliches Abgrenzungskriterium zu sein, weil insbesondere aus dem Wortlaut des Gesetzes selbst, nämlich dass die unternehmerische Entscheidung im Interesse der Gesellschaft getroffen werden müsste, folgt, dass die Frage der Einhaltung von Treuepflichten wohl dem Tatbestandsmerkmal des Handelns zum Wohle der Gesellschaft zugeordnet werden muss. [14]

Dass dies der Gesetzgeber selbst so sieht, folgt auch aus der Begründung zum Regierungsentwurf, wenn es dort heißt: *„die Tatbestandseinschränkung setzt fünf – teils implizierte – Tatbestandsmerkmale voraus: Unternehmerische Entscheidung, (...), handeln zum Wohle der Gesellschaft ...“*

Als weiteres Negativtatbestandsmerkmal wird angenommen, die Entscheidung dürfe nicht von vorn herein gegen Gesetz oder Satzung verstoßen.[15]

Begründet wird dies damit, dass der so genannte Rückschaufehler vermieden werden solle.[16]

11 Schäfer ZIP 2005, 1253 ff., 1255; Fleischer a.a.O.
12 Begründung zum Regierungsentwurf des UMAG a.a.O.
13 Schäfer a.a.O.
14 Schäfer ZIP 2005, S. 1254 ff, 1265.
15 Schäfer ZIP 2005, S. 1255 ff, 1265.
16 Schäfer a.a.O.

Jedenfalls bei Gesetzes- und Satzungsverstößen stünde die Verletzung aber schon im Entscheidungszeitpunkt fest, das Risiko habe sich also bereits realisiert.[17]

Diese These ist nur eingeschränkt zutreffend. So zeigt die höchstrichterliche Rechtsprechung des BFH zur Möglichkeit der Passivierung von Rückstellungen wegen ungewisser Verbindlichkeiten nach § 249 Abs. 1 S.1, 1. Alt. HGB, dass auch im Falle deliktischer Handlungen der Unternehmer erst dann berechtigt sein soll, Rückstellungen für mögliche Inanspruchnahmen zu bilden, wenn der Anspruchsinhaber seinen Anspruch bereits positiv kennt.[18]

Bis dahin werden die daraus gewonnenen Gewinne, der Steuer unterworfen, also als gesetzmäßig behandelt.

Dass der Gesetzesverstoß unter Umständen nicht per se feststeht, zeigt auch die Beratungspraxis der Steuerberater. Steuerliche Gestaltungsformen werden hier unter Zugrundelegung der Auslegung von Gesetzen gewählt, solange nicht das Vorliegen des so genannten Missbrauchstatbestandes gem. § 42 Abs. 1 AO festgestellt wird. § 42 Abs. 1 AO greift ein, wo die Auslegung der Steuernorm endet. Die Feststellung des Missbrauchs der Gestaltungsformen ist eine Gesetzesumgehung.[19]

Sind die auf der Grundlage dieser Steuergestaltungen getroffenen Entscheidungen dann aus sich selbst heraus bereits keine unternehmerischen Entscheidungen mehr?

Schon die erste Analyse von Horn zur ARAG-Entscheidung des BGH in ZIP 1997 S. 1129 ff. hat zu Tage gefördert, dass Gesetzesverstöße des Vorstandes nicht per se dazu führen, dass dem Vorstand ein Handlungsspielraum nicht mehr eröffnet ist. Dies kann vielmehr nur bei eindeutiger Rechtslage gelten. Es kann dem Vorstand insbesondere nicht verwehrt sein, sich bei zweifelhafter Rechtslage auf den für die Aktiengesellschaft günstigen Standpunkt zu stellen und damit das Risiko einzugehen, dass nachträglich eine Gesetzesverletzung festgestellt wird.[20]

Der Fall, dass Gesetzesverstöße per se festzustellen sind, wird vor diesem Hintergrund wohl nur eingeschränkt denkbar sein. Allenfalls bei gesetzlich geregelten Tätigkeitsfeldern wie beispielsweise in § 3 KWG wird anzunehmen sein, dass bei einem Verstoß von unternehmerischer Tätigkeit nicht gesprochen werden kann.

Es spricht deshalb vieles dafür, die Frage der Gesetzmäßigkeit des Handelns des Vorstandes unter dem Tatbestandsmerkmal „Handeln zum Wohl der Gesellschaft" einzuordnen.

Dies muss schließlich auch für satzungsmäßige Verstöße gelten. Der Ansicht von Schäfer, wonach wegen der Teleologie der Business Judgement Rule eine Entscheidung dann keine unternehmerische mehr sei, wenn sie nicht dem Unternehmenszweck entspricht, ist in ihrer Absolutheit so nicht zuzustimmen, weil damit dem handelnden Vorstand der „Sichere Hafen" des § 93 Abs. 1 S. 2 AktG vorschnell versperrt und er in die unsicheren Gewässer des § 93 Abs. 1 S. 1 AktG entlassen würde.

17 Schäfer a.a.O.
18 Beckscher Bilanzkommentar § 249 Rz. 43.
19 Klein AO, § 42, Rz. 7.
20 Horn ZIP 1997 S. 1136; Mertens, Kölner Kommentar zur AktG § 93 Rz. 7, 89.

Demzufolge erscheint es also zu formalistisch, wenn Schäfer betont, der Kauf von Maschinen sei keine unternehmerische Entscheidung im Sinne von § 93 Abs. 1 S. 2 AktG, wenn der Unternehmenszweck im Kauf und Verkauf von Computern bestehe. Wenn der Vorstand begründete Annahmen dafür hat, dass auch der Handel mit Maschinen in diesem konkreten Einzelfall der Mehrung des Gesellschaftsvermögens dient, so dürfte sich die Entscheidung im Rahmen dessen bewegen, was zum Wohle der Gesellschaft nützlich ist, ganz abgesehen davon, dass es sich wohl auch bei Computern um Maschinen im weiteren Sinne handelt.

Auch aus diesem Grunde bietet sich die Einordnung dieser Frage bei der Prüfung des Tatbestandsmerkmals „Handeln zum Wohle der Gesellschaft" an, zumal der Vorstand immer auf der Grundlage angemessener Informationen tätig werden muss, also verpflichtet ist, die Sinnhaftigkeit seiner Entscheidungen zu überprüfen.

Nicht zuletzt spricht auch der Wortlaut der Begründung des Regierungsentwurfs dafür, die Frage der Beachtung des Unternehmenszwecks nicht bei der Prüfung des Vorliegens einer unternehmerischen Entscheidung einzuordnen, wenn festgestellt wird, ein Handeln zum Wohle der Gesellschaft liege jedenfalls dann vor, wenn es der langfristigen Ertragsstärkung und der Wettbewerbsfähigkeit des Unternehmens und seiner Produkte und Dienstleistungen dient.[21]

All dies vorweggeschickt ist festzuhalten, dass von einer unternehmerischen Entscheidung bereits dann auszugehen sei, wenn es sich um eine Entscheidung mit Prognosecharakter handelt, unabhängig davon, ob diese dem Unternehmenszweck entspricht oder nicht, solange die Wettbewerbsfähigkeit und Ertragskraft nach Auffassung der Geschäftsleiter gestärkt wird. Jede weitere Überfrachtung dieses Tatbestandsmerkmals ist überflüssig.

b) Handeln zum Wohle der Gesellschaft

Ein Handeln zum Wohle der Gesellschaft liegt vor, wenn dieses der Ertragsstärkung und Wettbewerbsfähigkeit des Unternehmens dient. Nach der Gesetzesbegründung steht das Handeln zum Wohle der Gesellschaft neben der Voraussetzung, das Handeln müsse frei von Sonderinteressen sein.[22]

Ausdrücklich geregelt ist dieses Erfordernis im Gesetzestext nicht. Allerdings geht der Gesetzgeber davon aus, dass die Tatbestandsvoraussetzung des Handelns zum Wohle der Gesellschaft impliziert, dass dieses frei von Sonderinteressen und sachfremden Einflüssen sein müsse.[23]

Diesbezüglich wird vor allem problematisiert, ob es ausreicht, dass der Vorstand die Sonderinteressen offen legt. Jedenfalls die Begründung des Gesetzesentwurfs

21 Begründung zum Regierungsentwurf des UMAG a.a.O.

22 Begründung zum Regierungsentwurf des UMAG a.a.O.

23 Begründung zum UMAG S. 2456.

hält dies für möglich und will dadurch die Einflüsse sachfremder Interessen beseitigt wissen.

Eine solche Offenlegung kann jedoch selbst einen Interessenkonflikt oder Sonderinteressen nicht vermeiden, liegt die Offenlegung doch allein im objektiven Bereich. Außerdem wird dadurch Raum für Schutzbehauptungen gegeben.[24]

Die Begründung widerspricht sich außerdem selbst, wenn sie einerseits mitteilt, nur der dürfe annehmen, zum Wohle der Gesellschaft zu handeln, der sich frei von solchen Einflüssen wisse, andererseits durch die bloße Offenlegung solcher Einflüsse dem Vorstand die Möglichkeit einräumt, nunmehr zum Wohle der Gesellschaft zu handeln.

Auch die Business Judgement Rule verlangt, dass der Vorstand selbst nicht an dem Gegenstand der Entscheidung interessiert sein dürfe, die Offenlegung solcher Interessen kann also nicht ausreichend sein.

Dass das Aktiengesetz an anderer Stelle wert darauf legt, dass die Entscheidung eben frei von sachfremden, insbesondere eigennützigen Interessen sein müsse zeigen die §§ 89 bzw. 115 AktG. Danach bedarf die Vergabe eines Kredits an Vorstände und Aufsichtsräte der Beschlussfassung durch den Aufsichtsrat. Ziel der Regelung ist die Verhinderung von Missbrauch.[25] Bei § 115 AktG ist das zu kreditierende Aufsichtsratsmitglied von der Abstimmung in entsprechender Anwendung des § 34 BGB von der Stimmabgabe ausgeschlossen.[26]

Der sichere Hafen sollte deshalb nur solchen Vorständen vorbehalten bleiben, welche ohne Sonderinteressen tätig werden. Auch schriftliche Abhandlungen über einen Abwägungsprozess können nicht zur Anwendung des § 93 Abs. 1 S. 2 AktG führen. Man wird die Vorstände in solchen Konstellationen auf die Regelung des § 93 Abs. 1 S. 1 AktG verweisen müssen, dies gebietet die Transparenz und die Notwendigkeit eine derart weit reichende Exkulpationsregel wie den neuen § 93 Abs. 1 S. 2 AktG restriktiv auszulegen.

c) Handeln auf Grundlage angemessener Information

Schließlich normierte das Gesetz, dass der Vorstand auf der Grundlage angemessener Informationen handeln müsse. Hier scheint es eine Abkehr von dem bisher vom BGH vertretenen Grundsatz zu geben, welcher ein Handeln auf Grundlage sorgfältiger Ermittlungen der Entscheidungsgrundlagen verlangt.

Die Tatbestandvoraussetzung der „angemessenen Information" soll dem Umstand Rechnung tragen, dass unter Umständen Entscheidungen unter hohem, nicht selbst

24 Schäfer ZIP 2005, 1257.
25 Hüffer AktG § 89 Rz. 1.
26 Hüffer AktG § 108 Rz. 9.

erzeugtem Zeitdruck zu treffen sind und eine umfassende Entscheidungsvorbereitung schwierig oder gar unmöglich sein kann.[27]

Diese Annahme scheint fragwürdig. Es ist zwar einsichtig, dass keine Information vollständig sein kann und es insbesondere bei hohem Zeitdruck ausreichen muss, dass sich der Vorstand hinsichtlich der Information auf die Kriterien Rentabilität, Risikobewertung, Investitionsvolumen und Finanzierung beschränkt[28], allerdings hierbei schon den Vorstand in den „Sicheren Hafen" segeln zu lassen, erscheint zu großzügig.

Es muss deshalb dabei bleiben, dass der Vorstand sein Handeln auf die Grundlage sorgfältiger Informationen zu stellen hat. Wie sorgfältig die Information zu sein hat, hängt mit dem jeweiligen Gegenstand der unternehmerischen Entscheidung zusammen. Dies folgt letztlich auch aus der Business Judgement Rule, wenn diese verlangt, der verantwortlich Handelnde müsse in bezug auf den Gegenstand der unternehmerischen Entscheidung genügend informiert sein. Dieser notwendige Grad an Information kann sich aber grundsätzlich nicht daran messen lassen, wie viel Zeit für die Entscheidung bleibt. Es ist daher vorzuziehen, die Frage, ob angesichts der Kürze der Zeit die Information ausreichend war, in die Prüfung des § 93 Abs. 1 S. 1 AktG zu verlagern und in solchen Fällen die Anwendung des § 93 Abs. 1 S. 2 AktG zu verneinen.

d) Der Verschuldensmaßstab des § 93 Abs. 1 S. 2 AktG

In subjektiver Hinsicht verlangt die Neuregelung, dass der Vorstand „vernünftigerweise annehmen durfte, auf der Grundlage angemessener Information zum Wohle der Gesellschaft zu handeln."

Die Entwurfsfassung hatte noch vorgesehen, dass der Vorstand *„ohne grobe Fahrlässigkeit annehmen durfte, auf der Grundlage angemessener Information zum Wohle der Gesellschaft zu handeln"*[29]

Nachdem die Anknüpfung an die grobe Fahrlässigkeit wegen der Vermengung der Tatbestandselemente Pflichtwidrigkeit und Verschulden aufgegeben worden ist,[30] wird nun das Wort *„vernünftigerweise"* verwandt.

Es stellt sich die Frage, ob damit eine Subjektivierung des objektiven Sorgfaltsmaßstabes einhergeht mit der Folge, dass fortan nicht mehr auf den ordentlichen und gewissenhaften Geschäftsleiter, sondern vielmehr auf den konkreten Vorstand abzustellen ist.

27 Begründung zum Regierungsentwurf des UMAG, ZIP 2004, 2456.
28 So etwa Schäfer a.a.O. 1258.
29 Gesetzesentwurf, www.rws-verlag.de, Volltexte vom 28.01.2004.
30 Fleischer a.a.O., 689.

Hierzu vertritt etwa Schäfer, dass es keinesfalls um die Subjektivierung des ansonsten im Zivilrecht üblichen Sorgfaltsmaßstabs gehe.[31] Auch die Gesetzesbegründung geht nicht von einer Subjektivierung aus.[32]

In der Sache ist dem zuzustimmen. Die Frage, ab wann ein Geschäftsleiter annehmen darf, auf der Grundlage angemessener Informationen zu handeln, kann nur objektiv beurteilt werden. Jede andere Anknüpfung würde die Vorschrift nicht mehr handhabbar machen.

3. Die Beweislast für die Voraussetzungen des § 93 Abs. 1 S. 2 AktG

Es bedurfte bereits in § 93 Abs. 2 S. 2 AktG einer ausdrücklichen Regelung der Beweislastregelung, da diese von der allgemeinen Beweislastregel, dass nämlich der Geschädigte sowohl Pflichtverletzung, Verschulden als auch Schaden darzulegen und zu beweisen hat abweicht.

Das amerikanische Vorbild, die Business Judgement Rule, fungiert als Beweislastregel[33], der Geschädigte muss das Nichtvorliegen der Voraussetzungen der Business Judgement Rule beweisen.[34] Die Business Judgement Rule entspricht daher grundsätzlich der auch im deutschen Recht geltenden Beweislastregel.

Umso mehr verwundert es, dass die Gesetzesbegründung einerseits die Business Judgement Rule gesetzlich festschreiben, andererseits aber dem Organ nach § 93 Abs. 2 S. 2 AktG die Darlegungs- und Beweislast auch für die Voraussetzungen des § 93 Abs. 1 S. 2 AktG auferlegen will.[35] Der Gesetzgeber geht davon aus, dass es sich bei § 93 Abs. 1 S. 2 AktG gerade um eine Ausnahmevorschrift zu § 93 Abs. 1 S. 1 AktG handelt, die Beweislast für deren Vorliegen also beim Organ liegen müsse.[36]

Darin liegt also der eigentliche Unterschied zur Business Judgement Rule. Der vom Gesetzgeber errichtete „sichere Hafen" erweist sich also für den Vorstand nicht als sicheres Rückzugsgebiet, da es ihm aufgebürdet wird, die Voraussetzungen dafür zu beweisen.

Beim amerikanischen Vorbild hingegen kann sich der Vorstand sicher sein, zunächst im sicheren Hafen zu schwimmen, muss doch der Geschädigte die Einfallstore in diesen sicheren Raum öffnen.

Die Gesetzesbegründung kann nicht zutreffend sein. Die Aufbürdung der Beweislast auf das handelnde Organ kann wohl nicht damit begründet werden, dass es sich bei der Neuregelung um eine Ausnahmevorschrift handelt, obliegt doch schon bei der Prüfung des § 93 Abs. 1 S. 1 AktG dem Vorstand der Entlastungsbeweis.

31 Schäfer a.a.O.
32 Begründung zum Regierungsentwurf des UMAG, ZIP 2004, 2455.
33 Ulmer ZHR 163 (1999), 290, 298.
34 Hopt siehe FN 7.
35 Begründung zum Regierungsentwurf des UMAG, ZIP 2004, 2456.
36 Begründung zum Regierungsentwurf des UMAG, ZIP 2004, 2456.

Man kann natürlich vertreten, eine solche Sonderbehandlung von Vorständen durch Errichtung eines „sicheren Hafens“ rechtfertige es, diesen auch die Beweislast für das Vorliegen der Voraussetzungen aufzubürden. Allerdings ist eine solche Argumentation schief, da es sich bei § 93 Abs. 1 S. 2 AktG eben nicht um eine Ausnahmevorschrift, sondern vielmehr um eine Konkretisierung des Maßstabes handelt, welcher gemeinhin als die Sorgfalt eines gewissenhaften Geschäftsleiters verstanden wird.

Die sachnähere Begründung sollte daher sein, dass der Gesetzgeber eben diesen in § 93 Abs. 1 S. 1 AktG bislang nicht definierten Maßstab abgrenzen wollte und es deshalb bei der Beweislastregel belassen hat.

Die vom Gesetzgeber herangezogene Begründung dürfte allerdings nicht der bereits vom BGH gefundenen Beweislastverteilung zur bisherigen Rechtslage bei § 93 AktG entsprechen. Danach muss die Gesellschaft darlegen und beweisen, dass der erlittene Schaden auf dem pflichtwidrigen Verhalten des Geschäftsleiters beruht, der Geschäftsleiter seinerseits muss darlegen und beweisen, dass er seiner Sorgfalt genügt hat.[37]

Im Einzelnen ist die von § 93 Abs. 2 S. 2 AktG aufgestellte Beweislastumkehr in ihrem Umfang sehr umstritten. Die derzeit wohl herrschende Lehre geht davon aus, die Gesellschaft müsse nur den Schaden und die zu diesem Schaden führende Handlung des Geschäftsleiters darlegen und beweisen. Andere gehen davon aus, die Beweislast treffe den Geschäftsleiter nur hinsichtlich des Verschuldens, die Gesellschaft müsse hingegen sowohl die Handlung als auch deren Pflichtwidrigkeit darlegen und beweisen.[38]

Hat demnach die Gesellschaft die zum Schaden führende Handlung darzulegen, so wird sie nunmehr nach der Neuregelung in der Konsequenz auch darzulegen und zu beweisen haben, dass die Voraussetzungen des § 93 Abs. 1 S. 2 AktG nicht vorliegen. Die Umkehrung der Beweislast in § 93 Abs. 2 S. 2 AktG kann hierauf keine Anwendung finden.

Zwar spricht die Einordnung der neuen Regelung in § 93 Abs. 1 AktG dafür, dass § 93 Abs. 2 S. 2 AktG nunmehr auch hierauf Anwendung findet, allerdings widerspricht dies dem erklärten Willen des Gesetzgebers nach Kodifizierung der Business Judgement Rule.

Eine Umkehrung der Beweislast ist auch nicht etwa deshalb zwingend, weil die Gesellschaft negative Tatsachen, also das Nichtvorliegen der Voraussetzungen des § 93 Abs. 1 S. 2 AktG beweisen müsste. Es darf insbesondere nicht verkannt werden, dass nach deutschem Verständnis der Geschädigte grundsätzlich die Darlegungs- und Beweislast für sämtliche Tatbestandsvoraussetzungen hat und außerdem auch nach den Beweislastregeln in Deutschland allein die Tatsache, dass das materielle Recht negative Tatsachen, also das Nichtvorliegen von Umständen zu An-

37 So jedenfalls Kiethe WM 2003, 861 ff, 866.

38 Zum Streitstand Hüffer AktG § 93 Rz. 16.

spruchsvoraussetzungen erhebt, noch nicht zu einer Abkehr von den Grundsätzen der Darlegungs- und Beweislast führt.[39]

Die durch die Neuregelung nunmehr anzuwendende Prüfungsreihenfolge spricht sogar für die Anwendung der allgemeinen Beweislastregel auf § 93 Abs. 1 S. 2 AktG. Zunächst muss der Geschädigte darlegen und beweisen, dass die Voraussetzungen des § 93 Abs. 1 S. 2 AktG nicht vorliegen. Gelingt ihm dies, so kommt dem Geschäftsleiter die gesetzliche Vermutung das § 93 Abs. 1 S. 2 AktG nicht zu Gute. Es setzt sodann die Prüfung der Voraussetzungen des § 93 Abs. 1 S. 1 AktG ein, der Geschäftsleiter muss dann allerdings die Einhaltung der Sorgfalt darlegen und beweisen.

Angesichts der Absicht des Gesetzgebers, dem Geschäftsleiter einen sicheren Hafen zu ermöglichen, und vor dem Hintergrund, dass der Gesetzgeber die Business Judgement Rule in das deutsche Rechtssystem aufnehmen wollte, erscheint die so verstandene Einordnung des § 93 Abs. 1 S. 2 AktG zwingend.

Demgegenüber vertritt Fleischer, dass es bei der bereits bestehenden Beweislastverteilung verbleibe und dass die Einführung fremder Rechtskonstrukte immer auch eine Assimilation, also eine Anpassung an die inländische Dogmatik bedeute.[40] Dem wird man nicht folgen können. Allein die Frage der Beweislast damit zu begründen, die Business Judgement Rule werde in assimilierter Form angewandt, ist nicht tragfähig.

Nach Auffassung des Unterzeichners kann daher die Neuregelung nur dazu führen, dass § 93 Abs. 2 S. 2 AktG nur noch eingeschränkt anwendbar ist und im Rahmen der Anwendung von § 93 Abs. 1 S. 2 AktG die Darlegungs- und Beweislast für das Nichtvorliegen der dort genannten Voraussetzungen bei der geschädigten Gesellschaft verbleibt..

E) Ergebnis

Die Ausführungen zeigen, dass die geplante Umsetzung der Business Judgement Rule nicht konsequent verfolgt wurde. Weil dies aber so ist, wird im Ergebnis wohl festzuhalten sein, dass die Neuregelung gegenüber der bisherigen Rechtslage für die handelnden Vorstände keinen Vorteil bringt, solange nicht die Neuregelung auch im Sinne einer echten Beweisregel verstanden wird. Es bleibt daher die Frage nach der Sinnhaftigkeit der Gesetzesfassung, wenn doch die Rechtsprechung bereits den Regelungsgegenstand vorweggenommen hat.

Die durch konsequente Umsetzung der Business Judgement Rule gegebene Möglichkeit, eine Abkehr von der bisherigen Beweislastregelung vorzunehmen und die Beweislast dem Geschädigten aufzubürden, ist zumindest, wenn man der Begründung des Gesetzgebers folgt, nicht durchgeführt worden. Solche Tendenzen gab es

39 Zöller ZPO vor § 284 Rz. 24.
40 Fleischer ZIP 2004, 687 ff, 688.

aber bereits in der Literatur, wenn vertreten wurde, dass zumindest die strenge Beweislastregel nicht auf Geschäftsleiter angewendet werden kann, die aus dem Unternehmen ausgeschieden sind, da sie nicht mehr über die erforderlichen Unterlagen verfügten und es ihnen deshalb nicht zuzumuten sei, den vollen Entlastungsbeweis zu führen.[41]

Es bleibt daher zu hoffen, dass Gerichte und Literatur die Aufforderung der Gesetzesbegründung annehmen, wonach die Neuregelung und die bislang gefundenen Regelungsmuster der Literatur und Rechtsprechung *„als Anknüpfungspunkt für die weitere Rechtsentwicklung dienen“*.[42]

41 Kiethe WM 2003, 861 ff, 866 f; Hüffer AktG § 93, Rz. 17.

42 Begründung zum Regierungsentwurf des UMAG, ZIP 2004, 2456.

Die Haftung von Gesellschaftern und Geschäftsführern einer Limited nach englischem Recht im deutschen Insolvenzverfahren

von Dr. Martin Scheuing, Rechtsanwalt,

Kanzlei Derra, Meyer & Partner, Ulm

A) Einleitung

Der Jubilar widmete und widmet einen erheblichen Teil seines beruflichen Lebensweges der europäischen Integration. Er war maßgeblich an der Entwicklung eines europäischen Grundrechtskataloges und an der Gestaltung der Verfassung der europäischen Union beteiligt. Der Ausgangspunkt der europäischen Einigung war die Schaffung eines gemeinsamen Marktes, also die Einigung Europas im wirtschaftlichen Bereich.

Auch wenn mit der Gründung der europäischen Union die europäische Einigung weit über den Zusammenschluss von Volkswirtschaften hinausgeht, bildet der Ausbau eines gemeinsamen Marktes nach wie vor einen Schwerpunkt der europäischen Rechtsordnung.

In jüngster Zeit ist in diesem Zusammenhang eine neue Entwicklung zu beobachten. Der europäische Gerichtshof entwickelte gestützt auf die Niederlassungsfreiheit der Art. 43, 48 des EU-Vertrages eine Rechtsprechung, wonach der Zuzug von Gesellschaften aus einem anderen Mitgliedsstaat nicht durch nationale Regelungen eingeschränkt werden darf.[1] Nach diesen Entscheidungen verstößt es gegen die Niederlassungsfreiheit der Art. 43, 48 EGV, wenn es einer Gesellschaft aus einem anderen Mitgliedsstaat mit Hinweis auf ihre weniger strengen Gründungsregelungen versagt wird, in einem anderen europäischen Land ins Handelsregister eingetragen zu werden, sie nicht als Rechts- und parteifähige juristische Person zu behandeln oder ausländische Gesellschaften anderes zu behandeln als inländische.[2]

Dies hat in Deutschland zu einer regelrechten Welle von Sitzverlegungen englischer Kapitalgesellschaften in der Rechtsform der Private Company Limited by Shares, kurz „Ltd.", geführt. Hierbei handelt es sich in der Regel nicht etwa um britische Unternehmen, die ihre Tätigkeit auf Deutschland ausweiten, sondern um ausschließlich für die Betätigung in Deutschland gegründete Gesellschaftsmäntel. Die Rechtsform der Limited ist eine juristische Person, die mit der GmbH nach deutschem

1 EuGH, Urteil vom 09.03.1999 – Rs. C-212/97, NJW 1999, 2027 (Centros); EuGH, Urteil vom 05.11.2002 – Rs. C-208/00, NJW 2002, 3614 (Überseering); EuGH, 30.09.2003 – Rs. C 167/01 (Inspire Art), NJW 2003, 3331.

2 Vgl. allgemein hierzu Horn, NJW 2004, 893, 895.

Recht vergleichbar ist. Nach Schätzungen des britischen Handelsregisters (Companies House) bestanden bereits im Jahr 2004 mehr als 15.000 Limiteds mit Verwaltungssitz in Deutschland.

Dies führt zu einer Fülle rechtlicher Probleme, da die deutsche Rechtsordnung und das englische Gesellschaftsrecht nicht aufeinander abgestimmt sind. Nachdem von den zahlreichen in Deutschland betriebenen Limiteds bereits die ersten Insolvenz anmelden mussten und zu erwarten ist, dass noch zahlreiche weitere Gesellschaften diesen Weg gehen werden, sollen an dieser Stelle Probleme im Überschneidungsbereich des englischen Gesellschaftsrechts und des deutschen Insolvenzrechts untersucht werden.

Es geht darum zu klären, ob und nach welchen Normen Geschäftsführer und Gesellschafter im Rahmen eines in Deutschland durchgeführten Insolvenzverfahrens über eine Limited in Anspruch genommen werden können. Eine persönliche Haftung von Gesellschaftern oder Geschäftsführern ist nicht selbstverständlich. Der Begriff private company limited by shares bedeutet, dass die Haftung der Gesellschafter auf die Gesellschaftereinlage beschränkt ist.[3] Diese Gesellschaftsform entspricht daher in ihrer Funktion und ihrer Struktur der deutschen GmbH. Den Gesellschaftern wird damit der Zugang zur wirtschaftlichen Betätigung unter dem Schutz des Privatvermögens ermöglicht. Wie die GmbH ist die Limited eine juristische Person, die als Träger von Rechten und Pflichten Eigentum erwerben, Vertragspartei sein und vor Gericht klagen und verklagt werden kann.[4]

Durch die Haftungsbeschränkung auf das Gesellschaftsvermögen sind die Gläubiger im Vergleich zu Einzelkaufleuten und zu Gesellschaftern von Personengesellschaften weniger geschützt, da dort die Gesellschafter bzw. Einzelkaufleute mit ihrem gesamten Privatvermögen haften. Bei der deutschen GmbH haben Gesetzgeber und Rechtsprechung zum Zwecke des Gläubigerschutzes Ausgleichsmechanismen geschaffen. Dies ist das haftende Mindestkapital, das der Gesellschaft nicht entzogen werden kann (§§ 19, 30, 31 GmbHG), die Insolvenzantragspflicht des Geschäftsführers (§ 64 Abs. 1 GmbHG), das Eigenkapitalersatzrecht sowie in bestimmten Fällen die Haftung von Geschäftsführern und Gesellschaftern. Auch im englischen Recht gibt es Gläubigerschutzmechanismen. Dazu gehören u. a. die Haftung des Geschäftsführers in der Insolvenz für Verbindlichkeiten, die er nach Insolvenzreife eingegangen ist (wrongful trading, section 214 Insolvency Act und für fraudulent trading, section 213 Insolvency Act für vorsätzliche Schädigung von Insolvenzgläubigern). Neben diesen gesetzlichen Haftungsregelungen kommen Haftungsansprüche nach common law in Betracht. Weitere Säulen des britischen Gläubigerschutzes sind umfangreiche Pflichten zur Einreichung von Unterlagen zum Handelsregister (Companies House) und der Verlust der Möglichkeit, ein Geschäftsführeramt zu übernehmen. Mit Hilfe des Companies Directors Disqualification Act (CDDA) können ungeeignete Personen von der Übernahme des Geschäftsführeram-

3 Salomon v A. Salomon & Co. Ltd. [1897] AC 22.
4 Luke, Die U. K. Limited, Stuttgart 2005, 17.

tes und von der indirekten oder direkten Beteiligung an Gründung oder Leitung einer Gesellschaft ausgeschlossen werden.[5]

Ziel des vorliegenden Beitrages ist es, zu untersuchen, welche Anspruchsgrundlagen und Haftungsinstitute die Gläubiger einer in Deutschland operierenden Limited nach englischem Recht schützen. Dies ist zunächst ein Problem des internationalen Privatrechtes (IPR). Für die Frage, welches nationale Recht auf die Haftung von Gesellschaftern und Geschäftsführern einer in Deutschland operierenden Limited Anwendung findet, ist zu klären, welchem Rechtsgebiet solche Haftungstatbestände zugehören. In Betracht kommen hierfür Gesellschaftsrecht, Insolvenzrecht oder Deliktsrecht. Diese Frage ist deshalb von entscheidender Bedeutung, da sich danach entscheidet, ob im IPR das Insolvenzstatut, das Gesellschaftsstatut oder das Deliktsstatut anwendbar ist. Diese können jeweils zu unterschiedlichen Antworten für die Frage des nationalen Rechtes führen. Die Untersuchung vollzieht sich also in zwei Schritten: Zunächst ist zu klären, welchem Rechtsgebiet die einzelne Anspruchsgrundlage zugehört; sodann stellt sich die Frage ihrer Anwendbarkeit unter IPR-Gesichtspunkten. Diese Prüfung ist für jede Anspruchsgrundlage einzeln durchzuführen, da sich jeweils unterschiedliche Ergebnisse einstellen können.

B) Vorfrage: Internationales Privatrecht

Als Vorfrage ist zu klären, wann nach den Grundsätzen des internationalen Privatrechtes deutsches oder englisches Recht Anwendung findet. Die Haftung kann auf einen einzelnen Tatbestand einer der beiden nationalen Rechtsordnungen nur dann gestützt werden, wenn dieser Tatbestand nach den einschlägigen Regelungen des IPR Anwendung findet. Die rechtliche Problematik liegt darin, dass hier verschiedene Rechtsgebiete, nämlich Gesellschaftsrecht, Insolvenzrecht und Deliktsrecht zusammentreffen. Für diese Bereiche sind unterschiedliche IPR-Regelungen einschlägig, die für die Frage, welches nationale Recht anwendbar ist, zu unterschiedlichen Ergebnissen führen. Dies hat zur Folge, dass die Anwendbarkeit eines bestimmten Tatbestandes davon abhängt, in welchem Rechtsgebiet man ihn verortet.

Welcher Tatbestand unter welches Rechtsgebiet fällt, ist dort im Einzelnen zu prüfen. Sodann wird dort die Anwendbarkeit nach den einschlägigen Regelungen des IPR zu prüfen sein. Ob man deutsches oder englisches Recht anwenden muss, hängt wesentlich davon ab, um welches Rechtsgebiet es sich handelt. Es ist daher als Vorfrage für sämtliche Haftungstatbestände zu klären, welches nationale Recht für die einzelnen Rechtsgebiete anzuwenden ist.

5 Zum CDDA vgl. Lanzius, ZInsO 2004, 296.

In Deutschland existiert keine gesetzliche Regelung des Gesellschaftsstatutes. Art. 37 Satz 1 Nr. 2 EGBGB stellt ausdrücklich klar, dass die Kollisionsregeln des EGBGB über schuldvertragliche Verhältnisse auf das Gesellschaftsrecht, das Vereinsrecht und das Recht der juristischen Personen keine Anwendung finden. Es obliegt daher der Rechtsprechung, über die Anknüpfung des Gesellschaftsstatuts zu entscheiden.

Für die Bestimmung des Gesellschaftsstatutes kommen zwei Anknüpfungspunkte in Betracht: Zum einen die Rechtsordnung, nach der die Gesellschaft gegründet wurde, zum anderen die Rechtsordnung, in deren Bereich die Gesellschaft ihren effektiven Verwaltungssitz hat und von wo aus sie ihre Geschäfte tätigt. Dementsprechend wird zwischen der *Gründungstheorie* und der *Sitztheorie* unterschieden. Im anglo-amerikanischen Rechtskreis ist Gründungstheorie herrschend. Aus der Sicht des englischen Rechts bedeutet dies für die Gesellschaften, die in England nur zu dem Zweck gegründet werden, um den Sitz in einen anderen EU-Mitgliedsstaat zu verlegen und dort Geschäfte zu betreiben, dass diese weiterhin dem englischen Gesellschaftsrecht unterliegen. Für die Frage, ob ein Geschäftsführer oder Gesellschafter ggf. auch vor einem deutschen Gericht in Anspruch genommen werden kann, ist jedoch entscheidend, wie nach der deutschen Rechtsordnung die Frage des Gesellschaftsstatuts beantwortet wird.

Klassischerweise geht das deutsche IPR in Rechtsprechung[6] und Literatur[7] von der Sitztheorie aus. Dabei ist der effektive Verwaltungssitz und nicht der Satzungssitz gemeint.[8] Hierunter versteht man den Schwerpunkt des körperschaftlichen Lebens, an dem die grundlegenden Entscheidungen der Unternehmensleitung effektiv in laufende Geschäftsführungsakte umgesetzt werden.[9]

Die Anwendung der Sitztheorie führt jedoch nach der in der Einleitung zitierten Rechtsprechung des europäischen Gerichtshofes[10] in bestimmten Konstellationen zu einem Verstoß gegen die Niederlassungsfreiheit der europäischen Union nach Art. 43, 48 EGV. Verlegt eine nach ausländischem Recht gegründete Gesellschaft ihren effektiven Verwaltungssitz nach Deutschland, so wird ihre Existenz und Rechtsfähigkeit mangels Beachtung der erforderlichen deutschen Gründungsvorschriften nach der Sitztheorie nicht anerkannt. Hierdurch wird nach der Rechtsprechung des

6 BGH 26.09.1966, NJW 1967, 36; BGH 30.01.1970, NJW 1970, 998; BGH 05.11.1980, NJW 1981, 522; BGH 21.03.1986, NJW 1986, 2194, 2195; BGH 30.03.2000, EuZW 2000, 412; BGH 01.07.2002, NJW 2002, 3539, 3540; BGH 29.01.2003, NJW 2003, 1607, 1608.

7 MünchKomm-BGB (Kindler), 3. Aufl. München 1999, IntGesR Rn. 313; Palandt (Heldrich), BGB, 65. Aufl. München 2006, Anhang zu Art. 12 EGBGB, Rn. 2; Baumbach/Hopt, HGB, 31. Aufl., München 2003, vor § 105, Rn. 29; vgl. umfassenden Literaturnachweis bei MünchKomm-BGB (Kindler), IntGesR Rn. 264 Fn. 343 bis 345, auch zu Gegenansichten.

8 BGH 29.01.2003, NJW 2003, 1607, 1608.

9 Palandt (Heldrich), Anhang zu Art. 12 EGBGB, Rn. 3.

10 Vgl. oben Fn. 1.

EuGH die Niederlassungsfreiheit verletzt. Auch die vom BGH zwischenzeitlich vertretene Auffassung, dass eine solche Sitzverlegung eine „Neugründung" einer Personengesellschaft darstellt mit der Folge, dass diese zwar rechtsfähig ist, jedoch nicht in den Genuss einer Haftungsbeschränkung kommt[11], genügt den Anforderungen der Niederlassungsfreiheit nicht. Der persönlichen Gesellschafterhaftung wird abschreckende Wirkung zugemessen. Für die Fälle des Zuzuges einer Gesellschaft aus einem anderen Mitgliedsstaat nach Deutschland muss daher von der Anwendung der Gründungstheorie ausgegangen werden.[12]

Gesellschaften aus Nicht-EU-Staaten kommen dagegen nicht in den Genuss der Niederlassungsfreiheit. Soweit mit Drittstaaten bilaterale Abkommen bestehen, die der Niederlassungsfreiheit vergleichbare Regelungen enthalten, ist im Verhältnis zu diesen Staaten ebenfalls von der Gründungstheorie auszugehen. Der BGH hat dies für die USA auf der Grundlage des Freundschafts-, Handels- und Schifffahrtsvertrages zwischen der Bundesrepublik Deutschland und den Vereinigten Staaten von Amerika vom 29.10.1954 entschieden.[13] In dieser Entscheidung wird allerdings ebenfalls ausgeführt, dass grundsätzlich die Sitztheorie weiterhin Anwendung findet.[14] Gesellschaften aus Ländern außerhalb der EU können daher im Inland lediglich als Neugründung einer Personengesellschaft Rechtsfähigkeit erlangen.[15]

Im Bereich der EU ist weiterhin zu beachten, dass die EuGH-Rechtsprechung zu Centros, Überseering und Inspire Art lediglich den Zuzug betreffen, d. h. die Frage, ob der Staat, wohin der Sitz verlegt wird, gegen die Niederlassungsfreiheit verstößt, wenn er diese Gesellschaften nicht anerkennt. Eine andere Frage ist, welche europarechtliche Bedeutung der Wegzug aus einem Mitgliedsstaat in einen anderen hat. Mit anderen Worten: Verstößt der Staat des bisherigen Sitzes gegen die Niederlassungsfreiheit, wenn ein Wegzug nicht gestattet wird? Eine GmbH, deren Sitz ins Ausland verlegt wird, gilt nach deutschem Recht als aufgelöst[16], nach anderer Ansicht ist der Beschluss nichtig.[17] Der EuGH hat für diese Wegzugsfälle bereits früher in der Daily-Mail-Entscheidung befunden, dass entsprechende nationale Regelungen nicht gegen die Niederlassungsfreiheit verstoßen.[18] Eine Sitzverlegung deutscher Gesellschaften in das Ausland ist daher nicht möglich.[19] Dies bedeutet, dass bei der Sitzverlegung von einem Mitgliedsstaat in den anderen zunächst die Zulässigkeit des Wegzuges nach dem nationalen IPR des bisherigen Sitzstaates zu prüfen ist, sodann kann unter der Rechtsprechung des EuGH zur Niederlassungsfreiheit für den Zu-

11 BGH 01.07.2002, DStR 2002, 1678.

12 Palandt (Heldrich), Anhang zu Art. 12 EGBGB, Rn. 6; Spahlinger/Wegen, Internationales Gesellschaftsrecht in der Praxis, 2005, Rn. 73; Binge/Thölke, DNotZ 2004, 21, 24; BGH, 13.03.2003, NJW 2003, 1461; OLG Zweibrücken, 26.03.2003, NZG 2003, 537.

13 BGH 29.01.2003, NJW 2003, 1607.

14 BGH, aaO; BayObLG 20.02.2003, DB 2003, 819, 820.

15 BGH 01.07.2002, DStR 2002, 1678; BayObLG, aaO, für Sambia.

16 Baumbach/Hueck, GmbHG, 17. Aufl. 2000, § 4 a, Rn. 10 mit weiteren Nachweisen.

17 MünchKomm-BGB (Kindler), IntGesR, Rn. 399; Hüffer, AktG, 6. Aufl. 2005, § 5, Rn. 12.

18 EuGH 27.09.1988, NJW 1989, 2186 (Daily-Mail).

19 OLG Brandenburg 30.04.2004, ZIP 2005, 489.

zugsstaat die Gründungstheorie angewendet werden. Im Ergebnis führt dies dazu, dass die Verlegung nur aus solchen Staaten möglich ist, die ohnehin von der Gründungstheorie ausgehen. Anderenfalls scheitert die Verlegung zwar nicht an Regelungen des Zuzugsstaates, jedoch an der Rechtsordnung des bisherigen Sitzstaates.

Für englische Limiteds, deren Sitz nach Deutschland verlegt werden soll, bedeutet dies, dass die Sitzverlegung möglich ist. Da das englische IPR von der Gründungstheorie ausgeht, lässt es einen Wegzug zu. Im deutschen IPR ist für diese Fälle ebenfalls von der Gründungstheorie auszugehen, um den Vorgaben der EuGH-Rechtsprechung genüge zu tun. Daher bleibt diesen Gesellschaften bei einer Sitzverlegung nach Deutschland ihre Rechtsfähigkeit erhalten. Auf die gesellschaftsrechtlichen Verhältnisse ist nach der Gründungstheorie englisches Recht anzuwenden.

II. Insolvenzstatut

Innerhalb der europäischen Union regelt sich die Frage, welches nationale Insolvenzrecht anwendbar ist gemäß Art. 4 Abs. 1 EuInsVO nach dem Recht des Staates, in dem das Verfahren eröffnet wird. Daher ist als Vorfrage zu klären, ob das Insolvenzverfahren über eine englische Limited, die ihren Sitz nach Deutschland verlegt hat und dort ihre Geschäfte betreibt, durch ein deutsches oder durch ein englisches Insolvenzgericht zu eröffnen ist. Hierzu ist in Art. 3 Abs. 1 EuInsVO geregelt, dass die Gerichte des Mitgliedsstaates zuständig sind, in dessen Gebiet der Schuldner den Mittelpunkt seiner hauptsächlichen Interessen hat.[20] Nach Art. 3 Abs. 1 Satz 2 EuInsVO wird bei Gesellschaften und juristischen Personen bis zum Beweis des Gegenteils vermutet, dass der Mittelpunkt ihrer hauptsächlichen Interessen am Ort des satzungsmäßigen Sitzes ist. Gemäß Section 2 (1) (b) Companies Act 1985 muss der satzungsmäßige Sitz einer Limited (registered office) stets in England oder Wales liegen. Eine Verlegung innerhalb von England und Wales ist stets möglich, nicht jedoch eine Verlegung nach Schottland oder gar ins Ausland. Soweit die englische Limited zu dem Zweck gegründet wird, ihre Geschäftstätigkeit in einen anderen Mitgliedsstaat der EU zu verlegen, geht es dabei lediglich um die Verlegung des tatsächlichen Verwaltungssitzes, nicht um die Verlegung des satzungsmäßigen Sitzes.

Ausgehend von dem satzungsmäßigen Sitz in England wäre nach Art. 3 Abs. 1 Satz 2 EuInsVO die Zuständigkeit englischer Insolvenzgerichte begründet. Bei den Gesellschaften, die ausschließlich zum Zweck der Geschäftstätigkeit in Deutschland gegründet werden, ist jedoch davon auszugehen, dass diese den Mittelpunkt ihrer hauptsächlichen Interessen in Deutschland haben. Dies ist jedenfalls dann der Fall,

20 Vgl. zum Mittelpunkt der hauptsächlichen Interessen (Center of Main Interests), Lauser/Rief, Die Europäische Insolvenzverordnung – Vom Insolvenzimperialismus zum Insolvenzpragmatismus? in dieser Festschrift S. 397 ff.

wenn sich ihre Geschäftstätigkeit ausschließlich auf Deutschland beschränkt.[21] Nicht so eindeutig ist dies bei Gesellschaften, die – auch – Geschäfte in England betreiben.

Die Vermutungsregel in Art. 3 Abs. 1 Satz 2 EuInsVO entbindet das Gericht allerdings nicht, von Amts wegen zu prüfen, wo der Mittelpunkt der wirtschaftlichen Interessen ist und eventuell vom satzungsgemäßen Sitz abweicht.[22]

Wird bei einem deutschen Insolvenzgericht Insolvenzantrag über eine englische Limited gestellt, so hat das Gericht zu prüfen, ob der Mittelpunkt der wirtschaftlichen Interessen der Gesellschaft sich in Deutschland befindet. Ist dies der Fall, ist das deutsche Gericht zuständig. Die Eröffnung eines Insolvenzverfahrens über eine ausländische Gesellschaft in Deutschland ist nach dem nationalen Recht zulässig, da gemäß § 11 Abs. 1 InsO jede juristische Person insolvenzfähig ist, also auch eine solche nach ausländischem Recht.

Bei dem hier interessierenden Limiteds nach englischem Recht, die lediglich zu dem Zweck ins Leben gerufen wurden, um in Deutschland Geschäfte zu betreiben, ergibt sich damit eine Zuständigkeit deutscher Insolvenzgerichte. Nach Art. 4 Abs. 1 EuInsVO ist in diesen Fällen deutsches Insolvenzrecht anzuwenden.

III. Deliktsstatut

Nach den gesetzlichen Regelungen des deutschen IPR (Art. 40 Abs.1 EGBGB) unterliegen Ansprüche aus unerlaubter Handlung dem Recht des Staates, in dem der Ersatzpflichtige gehandelt hat. Alternativ kann der Verletzte verlangen, dass anstelle dieses Rechtes das Recht des Staates angewandt wird, in dem der Erfolg eingetreten ist.

Bei englischen Gesellschaften, die ausschließlich in Deutschland tätig sind, wird in der Regel sowohl der Handlungsort als auch der Erfolgsort in Deutschland liegen, sodass nach Art. 40 Abs. 1 EGBGB deutsches Recht Anwendung findet.

C) Die einzelnen Tatbestände

Für die einzelnen in Frage kommenden Haftungstatbestände nach deutschem und englischem Recht ist jeweils zu prüfen, ob diese in einem deutschen Insolvenzverfahren auf eine englische Limited unter dem Gesichtspunkt des internationalen Privatrechtes anwendbar sind. Als Vorfrage ist jeweils zu klären, zu welchem Rechtsgebiet (Gesellschaftsrecht, Insolvenzrecht, Deliktsrecht) der einzelne Tatbestand gehört. Ausgehend hiervon kann dann weiter untersucht werden, ob nach den einschlägigen Regelungen des internationalen Privatrechtes eine Haftung in Frage

21 Lawlor, NZI 2005, 432, 433.

22 Smid, Deutsches und Europäisches Internationales Insolvenzrecht, Stuttgart 2004, Art. 3 EuInsVO, Rn. 12, 13.

kommt. Soweit dies der Fall ist, ist weiter zu untersuchen, ob dies mit der Niederlassungsfreiheit der Art. 43, 48 EGV in Einklang steht.

I. Insolvenzverschleppungshaftung des Geschäftsführers nach § 823 Abs. 2 BGB i. V. m. § 64 Abs. 1 GmbHG

1. Der Haftungstatbestand

Der Geschäftsführer einer deutschen GmbH haftet für Schäden, die dadurch entstehen, dass er nach Eintritt von Zahlungsunfähigkeit oder Überschuldung nicht rechtzeitig Insolvenzantrag stellt. Das Gesetz setzt ihn in § 64 Abs. 1 GmbHG hierfür eine Frist von drei Wochen ab Insolvenzreife. Diese Frist darf allerdings nur ausgeschöpft werden, wenn realistische Aussichten auf eine Rettung in dieser Zeit bestehen. Anderenfalls ist der Geschäftsführer gehalten, bereits vorher Insolvenzantrag zu stellen.[23]

2. Insolvenzrechtliche Einordnung

Ob § 64 Abs. 1 GmbHG auch auf die Limited nach englischem Recht anwendbar ist, hängt davon ab, welchem Rechtsgebiet die Insolvenzantragspflicht zugeordnet wird. Wie oben gezeigt wurde, ist deutsches Gesellschaftsrecht auf die Limited nicht anwendbar, sodass dieser Tatbestand nur dann zum Zuge kommt, wenn man ihn dem Insolvenzrecht oder dem Deliktsrecht zuordnet.

Die Insolvenzantragspflicht ist im GmbHG, also einem Gesetz betreffend gesellschaftsrechtliche Regelungen niedergelegt. Allein die Festschreibung der Antragspflicht in gesellschaftsrechtlichen Gesetzen führt jedoch nicht zwingend dazu, die Pflicht auch dem Gesellschaftsrecht zuzuordnen.[24] Dies ist vielmehr nach materiellen Gesichtspunkten zu klären.

Für eine gesellschaftsrechtliche Einordnung kann sprechen, dass es sich bei der Antragspflicht um eine Organpflicht des Geschäftsführers handelt und diese als Bestandteil des gesellschaftsinternen Organisationsrechts angesehen werden kann.[25] Weiter wird in der Literatur für die gesellschaftsrechtliche Einordnung angeführt, dass eine Insolvenzantragspflicht für ausländische Kapitalgesellschaften einen Verstoß gegen die Niederlassungsfreiheit darstelle, sofern das Gesellschaftsrecht des Heimatstaates keine Antragspflicht kennt.[26] Darüber hinaus sei eine Insolvenzantragspflicht nur bei bestimmten risikoreichen Schuldnern, nämlich Kapitalgesell-

23 Zur Insolvenzantragspflicht vgl. Baumbach/Hueck, GmbHG, § 64, Rn. 43 ff.; Goette, DStR 2005, 197, 200.

24 Müller, NZG 2003, 414, 416.

25 Schumann, DB 2004, 743, 746; Ulmer, NJW 2004, 1201, 1207.

26 Mock/Schildt, ZinsO 2003, 396, 400.

schaften vorgesehen, um die Gläubiger vor einer Fortführung in der Insolvenz zu schützen. Die Ratio der Insolvenzantragspflicht liege daher in der gesellschaftsrechtlichen Risikoverteilung, die aus der nationalen Ausgestaltung der einzelnen Gesellschaftsform resultiere. Eine Übertragung auf ausländische Gesellschaften sei daher systemwidrig.[27]

Der vorgenannten Auffassung ist nicht zu folgen, vielmehr ist die Haftung für Insolvenzverschleppung sowie die Insolvenzantragspflicht dem Insolvenzrecht zuzuordnen. Die insolvenzrechtliche Qualifikation ergibt sich daraus, dass der Zweck der Haftung darin liegt, zum Wohle aller Gläubiger eine möglichst hohe Haftungsrealisierung unter Knappheitsbedingungen zu erreichen. Dies ist nicht allein auf deutsche Kapitalgesellschaften beschränkt, sondern gilt ebenso für ausländische Gesellschaftsformen, insbesondere auch für die Limited nach englischem Recht, bei der die Haftung auf das Gesellschaftsvermögen beschränkt ist. Die Auffassung, die Antragspflicht und die hieraus resultierende Haftung sei lediglich als Bestandteil des gesellschaftsrechtlichen Systems der deutschen GmbH zu verstehen, ist deswegen nicht stichhaltig, da auch nach dem englischen Recht für die Gesellschaftsform der Limited eine Haftung des Geschäftsführers vorgesehen ist (Sections 213, 214 Insolvency Act, dazu unten). Dieses Haftungsinstitut ist zwar, wie noch zu zeigen sein wird, in dem deutschen Insolvenzverfahren nicht anwendbar. Die Systematik jedoch, bei einer beschränkt haftenden Gesellschaft im Falle einer verspäteten Antragsstellung eine Haftung des Geschäftsführers zu begründen, unterliegt dem Insolvenzrecht. Ein weiteres Argument hierfür ist, dass die Antragspflicht im deutschen Recht nicht auf eine einzelne Gesellschaftsform beschränkt ist, sondern alle Kapitalgesellschaften (§ 64 Abs. 1 GmbHG, § 92 Abs. 2 AktG, § 99 Abs. 1 GenG) sowie die GmbH & Co. KG (§ 130 a Abs. 1 HGB) und den Verein (§ 42 Abs. 2 BGB) betrifft.

Die Frage der Vereinbarkeit mit der Niederlassungsfreiheit führt nicht zu einer möglichen Einordnung in das Gesellschaftsrecht, sondern hat im Falle eines Verstoßes die Folge, dass die Insolvenzverschleppungshaftung möglicherweise nicht angewendet werden kann (dazu unten).

3. Die Anwendbarkeit auf die Limited

Mit der Einordnung der Verschleppungshaftung in das Insolvenzrecht ist dieser Haftungstatbestand unter den Gesichtspunkten des internationalen Privatrechtes in einem deutschen Insolvenzverfahren gemäß Art. 4 Abs. 1 EuInsVO grundsätzlich anwendbar, da diese Haftung der Lex Fori Concursus unterliegt. Zwar besteht nach dem englischen Gesellschafts- und Insolvenzrecht keine Pflicht des Geschäftsführers einer Limited, Antrag zu stellen. Er unterliegt lediglich im Falle der verspäteten Antragstellung der persönlichen Haftung nach Section 213, 214 Insolvency Act. Dennoch sind auf eine englische Limited, die ihren Schwerpunkt der wirtschaftlichen Interessen in Deutschland hat und daher dem deutschen Insolvenzrecht unterliegt,

27 Mock/Schildt, aaO.

sowohl die Insolvenzantragspflicht des § 64 Abs. 1 GmbHG als auch die daraus resultierende Haftung nach § 823 Abs. 2 BGB anwendbar. Anders ist dies allerdings wegen des Analogieverbotes im Strafrecht für die Strafbarkeit nach § 84 Abs. 1 Nr. 2 GmbHG zu sehen.

Die Anwendbarkeit ergibt sich aus der sogenannten kollisionsrechtlichen Substitution.[28] Bei der Bezeichnung Substitution geht es um die Gleichwertigkeit fremder Rechtserscheinungen im Tatbestand von Rechtsnormen. Sowohl die deutsche GmbH als auch die englische Limited haften ihren Gesellschaftern nur beschränkt auf ihr Gesellschaftsvermögen. Die englische Limited ist nach deutschem Insolvenzrecht gemäß § 11 InsO insolvenzfähig. Gestützt auf die Insolvenzgründe der §§ 17 bis 19 InsO kann sich die Gesellschaft unter den Schutz des Insolvenzverfahrens flüchten. Hieraus ergibt sich, dass die Gläubiger einer in Deutschland operierenden englischen Limited ebenso wie die Gläubiger einer GmbH den sich aus der Insolvenz resultierenden Ausfallrisiken unterliegen. Die aus der beschränkten Haftung resultierende Notwendigkeit eines Gläubigerschutzes gilt für beide Gesellschaftsformen. Beide Rechtsordnungen bewirken diesen Schutz u. a. mit der Haftung des Geschäftsführers bei verspäteter Antragstellung. Damit kann im Wege der kollisionsrechtlichen Substitution sowohl eine Insolvenzantragspflicht nach deutschem Recht als auch die hieraus resultierende Verschleppungshaftung nach § 823 Abs. 2 BGB i. V. m. § 64 Abs. 1 GmbHG bejaht werden. Nach der Lex Fori Concursus des Art. 4 Abs. 1 EuInsVO ist hierfür auch bei der Limited deutsches Recht anwendbar.[29]

4. Vereinbarkeit mit der Niederlassungsfreiheit

Als nächstes stellt sich die Frage, ob das gefundene Ergebnis der Haftung des Geschäftsführers nach § 823 Abs. 2 BGB i. V. m. § 64 Abs. 1 GmbHG mit der europäischen Niederlassungsfreiheit vereinbar ist. Die Niederlassungsfreiheit schützt das Recht zur Aufnahme und Ausübung einer selbständigen Erwerbstätigkeit und zur Gründung von Unternehmen sowie zur Ausübung der Unternehmertätigkeit. Dabei unterliegt allerdings derjenige, der sich auf die Niederlassungsfreiheit beruft, den Bestimmungen, die im Niederlassungsstaat für dessen eigene Staatsangehörige gelten.[30]

Eine Verletzung der Niederlassungsfreiheit ist durch die Insolvenzantragspflicht und die daraus resultierende Haftung schon deshalb nicht gegeben, weil die Limited nicht anders behandelt wird als eine deutsche GmbH. Die Limited hat sich den Bestimmungen des Niederlassungsstaates für dessen eigene Angehörige zu unterwerfen. Insoweit unterscheidet sich die Insolvenzverschleppungshaftung nach dem deutschen Recht von der Fallkonstellation in der Überseering-Entscheidung. Dort

28 Vgl. zum Begriff MünchKomm-BGB (Sonnenberger), 4. Aufl. München 2006, Einleitung IPR, Rn. 614.

29 Ebenso Eidenmüller, NJW 2005, 1618, 1620; Kuntz, NZI 2005, 424, 426; Müller, NZG 2003, 414, 417; Borges, ZIP 2004, 733, 739.

30 EuGH 05.11.2002, NJW 2002, 3614 bei Ziff. 56 (Überseering).

waren in einem niederländischen Gesetz Regelungen im Hinblick auf den Gläubigerschutz geschaffen worden, die speziell für ausländische Gesellschaften gelten sollten, die ihren Sitz in die Niederlande verlegen. Insoweit war von einer Diskriminierung der ausländischen Gesellschaften auszugehen. Die Pflicht zur Insolvenzantragstellung resultiert nicht aus der Gesellschaftsverfassung der GmbH, sondern aus den Gedanken des Gläubigerschutzes, der bei sämtlichen juristischen Personen von Bedeutung ist. Es handelt sich damit um eine Pflicht des Geschäftsführers, die sich aus der Teilnahme der Gesellschaft am Rechtsverkehr ergibt, ähnlich wie steuerliche oder öffentlich-rechtliche Pflichten. Die Pflicht gilt nicht nur für eine Limited, sondern für alle juristischen Personen des Privatrechts. Es verstößt nicht gegen die Niederlassungsfreiheit, wenn der Sitzstaat derartige Pflichten nach nationalem Recht definiert.[31] Damit liegt bereits kein Verstoß gegen die Niederlassungsfreiheit vor, sodass es auf eine eventuelle Rechtfertigung eines Eingriffes nicht mehr ankommt.

Als Zwischenergebnis lässt sich festhalten, dass der Geschäftsführer einer englischen Limited mit Geschäftssitz in Deutschland der Insolvenzantragspflicht unterliegt und bei Verstoß hiergegen nach § 823 Abs. 2 BGB i. V. m. § 64 Abs. 1 GmbHG persönlich haftet.

II. Massesicherungspflicht des Geschäftsführers der Limited gemäß § 64 Abs. 2 GmbHG

§ 64 Abs. 2 GmbHG begründet einen eigenen Schadensersatzanspruch und schützt die Gläubiger vor der Schmälerung der Insolvenzmasse. Durch die Konkretisierung des Schadens in der Vorschrift wird die Berechnung und damit die Durchsetzung erleichtert.

Wiederum stellt sich im Hinblick auf die Anwendbarkeit auf die englische Limited die Frage, ob die Vorschrift dem Insolvenzrecht oder dem Gesellschaftsrecht zuzuordnen ist. Nur bei insolvenzrechtlicher Einordnung trifft sie mit Art. 4 Abs. 1 EuInsVO auch den Geschäftsführer einer Limited.

Hier gelten die gleichen Überlegungen wie zu der Schadensersatzpflicht nach § 823 Abs. 2 i. V. m. § 64 Abs. 1 GmbHG. Auch hier liegt der Zweck der Haftung darin, zum Wohle aller Gläubiger eine möglichst hohe Haftungsrealisierung unter Knappheitsbedingungen zu bewirken. Eine solche Zielsetzung ist als insolvenzrechtlich zu qualifizieren.[32] Die oben angestellten Überlegungen gelten entsprechend, sodass von der insolvenzrechtlichen Verortung des Tatbestandes auszugehen ist.

Damit ist der Tatbestand als insolvenzrechtliche Vorschrift gemäß Art. 4 Abs. 1 EuInsVO auch auf englische Limiteds anzuwenden, über deren Vermögen das Insolvenzverfahren in Deutschland eröffnet wird. Insoweit gelten die obigen Überle-

31 Borges, ZIP 2004, 733, 740.

32 Ebenso Goette, DStR 2005, 197, 200.

gungen entsprechend, ebenso wie zur Vereinbarkeit der Vorschrift mit der Niederlassungsfreiheit.

III. Haftung des Geschäftsführers wegen Wrongful Trading (Section 214 Insolvency Act) und wegen Fraudulent Trading (Section 213 Insolvency Act)

1. Der Haftungstatbestand

Als Äquivalent zur deutschen Insolvenzverschleppungshaftung kann das wrongful trading nach Section 214 Insolvency Act angesehen werden. Diese Haftung trifft den Geschäftsführer einer Limited, sobald er erkennt oder erkennen muss, dass es keine vernünftige Aussicht darauf gibt, die Insolvenz wegen Überschuldung abzuwenden.[33] Die Haftung kann nicht von den Gläubigern direkt geltend gemacht werden, sondern lediglich von einem Insolvenzverwalter in einem britischen Insolvenzverfahren. Der Geschäftsführer kann sich von der Haftung frei zeichnen, wenn er nachweist, dass er alle Schritte unternommen hat, um ab der erkennbaren Unvermeidbarkeit der Insolvenz alle möglichen Verluste zu minimieren. Dies bedeutet im Ergebnis, dass ab dem Zeitpunkt der Insolvenzreife der Geschäftsführer nicht mehr (nur) den Gesellschaftern gegenüber verantwortlich ist, sondern die Pflicht hat, im Gläubigerinteresse zu handeln. Diese Pflichten treffen auch einen Scheingeschäftsführer (shadow director). Die Rechtsfolgen, d. h. insbesondere die Höhe der Haftung stehen im Ermessen des Gerichts.

Beim fraudulent trading nach Section 213 Insolvency Act haftet der Geschäftsführer, wenn ihm nachgewiesen werden kann, dass er trotz Kenntnis der Insolvenzreife vorsätzlich entgegen den Gläubigerinteressen die Geschäfte der Gesellschaft fortführt. Auch diesen Anspruch kann lediglich der Insolvenzverwalter nach britischem Recht geltend machen. Wie beim wrongful trading stehen die Rechtsfolgen und damit die Höhe der Haftung im Ermessen des Gerichts.

Die wirtschaftliche Bedeutung dieser Vorschriften liegt weniger darin, dass diese bisher zu umfangreiche gerichtliche Inanspruchnahme von Geschäftsführern in England geführt haben. Vielmehr wird dadurch, dass die Geschäftsführer sich entlasten können, ein Anreiz geschaffen, frühzeitig einen Insolvenzeigenantrag zu stellen.

Nach dem englischen Recht kann diese Haftung, wie bereits erwähnt, lediglich von einem englischen Insolvenzverwalter geltend gemacht werden. Für in Deutschland tätige Limiteds, über die ein deutsches Insolvenzverfahren eröffnet wird, stellt sich die Frage, ob diese Vorschriften als materielle Anspruchsgrundlagen für eine Haftungsinanspruchnahme von Geschäftsführern oder faktischen Geschäftsführern herangezogen werden können.

33 Vgl. dazu ausführlich Gower/Davies, The Principles of Modern Company Law, 7. Aufl. 2003, 196 ff.

2. Insolvenzrechtliche Einordnung

Hierzu ist zunächst wieder zu klären, ob diese Haftungsvorschriften insolvenzrechtlich oder gesellschaftsrechtlich einzuordnen sind. Nach Art. 4 Abs. 1 EuInsVO kann auf ein deutsches Insolvenzverfahren nur deutsches Insolvenzrecht Anwendung finden. Soweit diese Vorschriften insolvenzrechtlich qualifiziert werden, käme eine Inanspruchnahme der Geschäftsführer hiernach nicht in Betracht. Anders ist dies zu sehen, wenn es sich dabei um materielles Gesellschaftsrecht handelt, da wie oben in Abschnitt B I gezeigt wurde, in Deutschland tätige Limiteds dem englischen Gesellschaftsrecht unterliegen.

Für eine insolvenzrechtliche Qualifizierung spricht zunächst die Regelung durch den englischen Gesetzgeber im Insolvenzgesetz. Dies ist allerdings, wie bereits zur Insolvenzverschleppungshaftung nach deutschem Recht ausgeführt, kein geeignetes Kriterium zur Abgrenzung, da es durchaus zufällig sein kann, in welchem Gesetz ein bestimmter Sachverhalt geregelt wird.

Ausgangspunkt für die Verortung im Insolvenz- oder Gesellschaftsrecht ist der Zweck der Haftung. Geht man davon aus, dass der Geschäftsführer durch diese Vorschriften dazu bewegt werden soll, ab der Unvermeidbarkeit der Insolvenz nur noch im Gläubigerinteresse zu handeln, geht der Zweck der Haftung letzten Endes wie bei der Insolvenzverschleppungshaftung nach deutschem Recht dahin, bei knappen finanziellen Verhältnissen eine möglichst hohe Befriedigungsquote für die Gläubiger zu erreichen. Damit müssen diese Tatbestände als insolvenzrechtlich angesehen werden.[34]

3. Anwendbarkeit der Vorschrift

Mit der insolvenzrechtlichen Einordnung können die Vorschriften der Sections 213, 214 Insolvency Act in deutschen Insolvenzverfahren nicht angewendet werden, da hier nach Art. 4 Abs. 1 EuInsVO lediglich deutsches Insolvenzrecht Anwendung findet. Hinzu kommt, dass nach dem englischen Recht der Anspruch formell nur durch einen nach englischem Recht eingesetzten Insolvenzverwalter geltend gemacht werden kann.

Der Geschäftsführer einer in Deutschland tätigen Limited haftet daher nicht nach den Grundsätzen des wrongful trading und des fraudulent trading.

Die Nichtanwendbarkeit dieser Vorschriften spricht wiederum für die Unterwerfung des Geschäftsführers einer in Deutschland tätigen Limited unter die deutschen Vorschriften der Insolvenzverschleppungshaftung. Beide Rechtsordnungen sehen in ihrem Insolvenzrecht Haftungstatbestände für den Fall der verspäteten Antragstel-

34 So auch Lawlor, NZI 2005, 432, 434; Eidenmüller, Ausländische Kapitalgesellschaften im deutschen Recht, 2004, § 9, Rn. 32; aA Riegger ZGR 2004, 510, 527, der eine gesellschaftsrechtliche Einordnung vertritt.

lung vor. Im Interesse des Gläubigerschutzes ist es erforderlich, zumindest eine der beiden nationalen Rechtsordnungen für die Frage der Geschäftsführerhaftung anzuwenden. Welche der beiden Rechtsordnungen dies sein soll, beantwortet Art. 4 Abs. 1 EuInsVO dahingehend, dass das Recht des Landes einschlägig ist, in dem das Insolvenzverfahren eröffnet wurde.

IV. Handelndenhaftung gemäß § 11 Abs. 2 GmbHG

Die Handelndenhaftung nach § 11 Abs. 2 GmbHG begründet eine Haftung derjenigen Personen, die für eine GmbH vor deren Eintragung im Register handeln. Eine englische Limited ist, auch wenn sie nach englischem Recht im dortigen Register (Companies House) eingetragen und damit entstanden ist, nach dem deutschen Handelsrecht auch im hiesigen Handelsregister gemäß § 13 d HGB zum Handelsregister anzumelden. In einem vom Bundesgerichtshof entschiedenen Fall[35] hatte das Berufungsgericht eine Haftung auf eine analoge Anwendung von § 11 Abs. 2 GmbHG gestützt. Dies wurde damit begründet, dass im Gläubigerinteresse durch Anwendung der Sitztheorie sicher zu stellen sei, dass eine im Ausland gegründete Kapitalgesellschaft mit Tätigkeitsschwerpunkt in Deutschland den deutschen Gründungsvorschriften unterworfen werde. Der Umgehung der Gründungsvorschriften müsse durch eine persönliche Haftung analog § 11 Abs. 2 GmbHG begegnet werden. Die hieraus resultierende Verletzung der Niederlassungsfreiheit sei durch zwingende Gründe des Gemeinwohls gerechtfertigt.

Das Berufungsurteil hielt der revisionsrechtlichen Nachprüfung nicht stand. Der Bundesgerichtshof begründete dies mit einem Verstoß gegen die Niederlassungsfreiheit der Art. 43, 48 EGV, wobei auf die einschlägige Rechtsprechung des EuGH[36] Bezug genommen wurde. Weiter wurde die Frage erörtert, ob wegen der fehlenden Eintragung im deutschen Handelsregister die persönliche Haftung als adäquate Sanktion für dieses Versäumnis angesehen werden kann mit der Folge, dass die Haftung unter diesem Gesichtspunkt zulässig wäre. Nach der gesetzlichen Regelung in § 14 HGB ist jedoch als Sanktion lediglich die Festsetzung von Zwangsgeld vorgesehen, nicht jedoch die persönliche Haftung.

V. Haftung der Geschäftsführer nach englischem Common Law und nach Equity

1. Der Haftungstatbestand

Das System des englischen common law ist ein Rechtssystem, welches anders als das kontinentaleuropäische nicht auf geschriebenen Gesetzen beruht, sondern auf

35 BGH 14.03.2005, NJW 2005, 1648.

36 Vgl. oben Fn. 1.

Richterrecht und durch die Gerichte in Form von Einzelfallentscheidungen entwickelt wurde und stetig weiter entwickelt wird.

Unter dem common law wurden für Geschäftsführer einer Limited Sorgfaltspflichten (duties of care and skill) und Treuepflichten (fiduciary duties) entwickelt. Ihre Verletzung führt zu einer Schadensersatzhaftung.

Zu den Sorgfaltspflichten gehört es, die Sorgfalt eines „vernünftigen Menschen" (reasonable person) anzuwenden, die aufgrund der Kenntnisse und Erfahrungen des Betreffenden von einer Person in seiner Position erwartet werden können. Die Treuepflichten beziehen sich darauf, dass der Geschäftsführer im Interesse der Gesellschaft handelt, ihr Vermögen ausschließlich zu ihrem Vorteil verwaltet und nutzt sowie finanzielle Vorteile, die er in seiner Stellung als Geschäftsführer aus einem Geschäft zieht, an die Gesellschaft abführt. Für die Treuepflicht spielt es ferner eine Rolle, welche Gesellschaftszwecke im Memorandum of Association aufgeführt sind. Soweit Handlungen vorgenommen werden, die hiervon nicht erfasst werden, liegt ebenfalls eine Treueverletzung vor.[37]

Im Hinblick auf den Gläubigerschutz spielt es eine besondere Rolle, dass die Pflichten des common law bei einem gesunden Unternehmen gegenüber den Gesellschaftern geschuldet sind. Soweit diese bestimmte Handlungen billigen, ist der Geschäftsführer für den entstandenen Schaden nicht verantwortlich. Sobald die Gesellschaft jedoch insolvent wird, gehen die Interessen der Gläubiger denjenigen der Gesellschafter vor. Hieraus ergibt sich eine allgemeine Pflicht der Geschäftsführer, die Interessen der Gläubiger einer insolventen Gesellschaft zu schützen. Dies gilt sowohl für Sorgfalts- als auch für Treuepflichten.[38]

Ähnliche Treue- und Sorgfaltspflichten wurden unter dem sogenannten Billigkeitsrecht (equity law) entwickelt. Bei dem equity law handelte es sich historisch um eine Korrektur des common law unter Billigkeitsgesichtspunkten. Unter diesem System wurden ebenfalls Sorgfalts- und Treuepflichten entwickelt. Im Laufe der historischen Entwicklung wurden die Pflichten des Common law und das equity law weitgehend angeglichen.[39] Es kann mittlerweile von einem einheitlichen Pflichtensystem ausgegangen werden.

2. Gesellschaftsrechtliche Einordnung

Die Unterscheidung zwischen common law und equity law spielt allerdings für die Frage eine Rolle, welches Recht in internationalen Fällen anzuwenden ist. In der Entscheidung Base Metal Trading Ltd. v Shamurin[40] entschied der Court of Appeal, dass die Pflichten nach common law dem Deliktsrecht zuzuordnen sind. Nach engli-

37 Vgl. allgemein hierzu Gower/Davies, Principles of Modern Company Law, 7. Auflage, 2003, 372 ff.; Lawlor, NZI 2005, 432, 435.

38 Lawlor, NZI 2005, 432, 436; Schall, ZIP 2005, 966, 968.

39 Bristol and West Building Society v Mothew (t/a Stapley & Co.) [1996] 4 All ER 698, [1998] Ch 1, [1997] 2 WLR 436, CA.

40 Base Metal Trading Ltd v Shamurin, Court of Appeal, Civil division, [2004] EWCA Civ 1316.

schem IPR ist für das Deliktsstatut maßgeblich, wo die Handlung begangen wird. Dies entspricht im übrigen der Regelung des deutschen Rechts in Art. 40 Abs. 1 EGBGB. Alternativ kann nach deutschem Recht der Verletzte verlangen, dass das Recht des Staates anzuwenden ist, in dem der Erfolg eingetreten ist. Bei englischen Limiteds, die ausschließlich in Deutschland handeln, kommt man sowohl nach dem englischen IPR als auch nach beiden Varianten des Art. 40 Abs. 1 EGBGB zur Anwendbarkeit deutschen Rechts.

In der genannten Entscheidung hat jedoch der Court of Appeal entschieden, dass die Ansprüche aus equity ein eigenes Statut gilt, wonach der Ort der Gründung der Gesellschaft maßgeblich ist. Insoweit wird also das Gesellschaftsstatut angewandt.

3. Anwendbarkeit

Dies bedeutet, dass für Sorgfalts- und Treuepflichten unter dem Gesichtspunkt des equity-Rechts für englische Limiteds, die in Deutschland agieren, englisches Gesellschaftsrecht und die daraus resultierende Sorgfalts- und Treuepflichten unter equity-Gesichtspunkten Anwendung finden.

Ein Geschäftsführer kann daher vom deutschen Insolvenzverwalter wegen Sorgfalts- und Treuepflichtverletzungen nach englischem Recht in Anspruch genommen werden. Eine entsprechende Klage ist auch vor einem deutschen Gericht möglich. Ein deutscher Gerichtsstand wird sich in aller Regel aus dem Beklagtenwohnsitz ergeben. Das deutsche Gericht hat dann englisches Recht anzuwenden.

Probleme aus der Niederlassungsfreiheit entstehen hier nicht, da auf die englische Gesellschaft das Recht ihres Heimatstaates angewendet wird.

VI. Kapitalerhaltungshaftung der Gesellschafter

Die Private Company Limited by Shares (Ltd.) kennt kein Mindestkapital.[41] Im Gesellschaftsvertrag, dem sogenannten Memorandum of Association[42], kann aber eine Kapitalsumme zwischen den Gesellschaftern vereinbart werden. Der Erhalt dieses vereinbarten Gesellschaftskapitals wird sowohl nach common law als auch nach der gesetzlichen Regelung im Companies Act geschützt.[43] Die entsprechenden Regelungen sind denen des deutschen GmbH-Rechtes mit dem ihren Voraussetzungen mindestens vergleichbar. So sind Ausschüttungen nach Section 263 Companies Act nur aus konsolidierten, realisierten Gewinnen möglich. Unzulässige Ausschüttungen können jedoch nur von bösgläubigen Empfängern zurückverlangt werden. Zusätz-

41 Spahlinger/Wegen, Internnationales Gesellschaftsrecht in der Praxis, Rn. 1158; anders ist dies bei der Public Limited Company (Plc.), bei der gesetzlich ein Mindestkapital von £ 50.000,00 vorgeschrieben ist, aaO Rn. 1159.

42 Das Memorandum of Association regelt das Innenverhältnis der Gesellschaft, während in den sogenannten Articles of Association das Außenverhältnis der Gesellschaft geregelt wird.

43 Schall, ZIP 2005, 965, 969; Happ/Holler, DStR 2004, 730, 733.

lich können jedoch die Geschäftsführer für unzulässige Ausschüttungen auf Schadensersatz in Anspruch genommen werden.[44]

Bei diesen Regelungen handelt es sich um englisches Gesellschaftsrecht. Nach den oben dargestellten Grundsätzen zum Gesellschaftsstatut im Rahmen des internationalen Privatrechts ist auf die in Deutschland tätige Limited nach der Gründungstheorie englisches Recht anzuwenden. Sie unterfallen daher den englischen Vorschriften der Kapitalerhaltung.

Dem gegenüber unterfällt eine in Deutschland tätige Limited nach der Gründungstheorie nicht den §§ 30, 31 GmbHG. Ebenso ist die Wirksamkeit von Sacheinlagen nach englischem Recht zu beurteilen.

VII. Haftung der Gesellschafter wegen Eigenkapitalersatz

1. Der Haftungstatbestand

Das Eigenkapitalersatzrecht erfasst die Konstellation, dass ein Gesellschafter der Gesellschaft in einer Krise finanzielle Mittel zur Verfügung stellt, dies jedoch nicht in der Form von Eigenkapital geschieht, sondern in Form von Nutzungsüberlassungen, Darlehen oder anderen Finanzierungshilfen mit kreditierendem Charakter. Ebenso sind die Regeln des Eigenkapitalersatzes anwendbar, wenn eine solche Finanzierungshilfe nach Eintritt der Krise der Gesellschaft belassen wird, obwohl der Gesellschafter die Möglichkeit gehabt hätte, diese sofort abzuziehen mit der Konsequenz der Insolvenz der Gesellschaft.[45] Die Folge besteht darin, dass analog § 30 GmbHG derartige Leistungen für die Dauer der Krise nicht zurückgewährt werden können, soweit eine Unterbilanz besteht, d. h. wenn das Vermögen der Gesellschaft zur Deckung des Stammkapitals nicht mehr ausreicht. Erfolgte Zurückzahlungen sind analog § 31 GmbHG an die Gesellschaft zurück zu erstatten. Diese Grundsätze gelten sowohl außerhalb der Insolvenz als auch in einem Insolvenzverfahren. In der Insolvenz kommt als weitere Rechtsfolge die Anfechtbarkeit eigenkapitalersetzender Leistungen nach § 135 InsO hinzu.

2. Gesellschaftsrechtliche Einordnung

Für die Frage, ob diese Regelungen auch auf eine Limited anwendbar sind, über die ein deutsches Insolvenzverfahren eröffnet wurde, ist zu klären, ob Eigenkapitalersatzrecht dem Insolvenzstatut oder dem Gesellschaftsstatut unterfällt. Die Schwierigkeit besteht darin, dass es hier um einen Schnittbereich zwischen Gesellschaftsrecht und Insolvenzrecht geht. Die Anfechtung unterfällt nach Art. 4 Abs. 2 m) Eu-

44 Schall, ZIP 2005, 965, 969.

45 Allgemein zum Eigenkapitalersatz vgl. die Kommentierungen zu § 32 a GmbHG und zu § 135 InsO.

InsVO ausdrücklich dem Insolvenzrecht. Dementsprechend wird in Teilen der Literatur das Eigenkapitalersatzrecht als insolvenzrechtlich qualifiziert.[46] Begründet wird dies damit, dass das Kapitalersatzrecht unmittelbar der Verwirklichung der insolvenzrechtlichen Haftungsordnung diene. Nach überwiegender Ansicht hingegen werden die Regelungen des Eigenkapitalersatzes als Teil des Gesellschaftsrechtes angesehen.[47] Eine differenzierende Auffassung geht davon aus, dass das Gesellschaftsstatut darüber entscheidet, ob die Tatbestandsvoraussetzungen, also die Behandlung von Gesellschafterdarlehen als Kapitalersatz vorliegen. Die insolvenzrechtlichen Folgen hingegen sollen sich nach dem Insolvenzstatut richten.[48]

Die rein insolvenzrechtliche Qualifizierung ist abzulehnen. Sie wird darauf gestützt, dass das Kapitalersatzrecht unmittelbar der Verwirklichung der insolvenzrechtlichen Haftungsordnung diene. Dem ist entgegen zu halten, dass sich Rechtsfolgen aus dem Kapitalersatzrecht auch außerhalb der Insolvenz ergeben. Auch hier dürfen in der Krise kapitalersetzende Leistungen nicht an den Gesellschafter zurückgezahlt werden (§ 30 GmbHG analog). Leistungen, die der Gesellschafter dennoch erhalten hat, muss er analog § 31 GmbHG an die Gesellschaft zurückerstatten. Das Kapitalersatzrecht regelt damit nicht nur die Haftungsordnung in der Insolvenz, sondern auch außerhalb eines Insolvenzverfahrens. Die Haftungsverfassung einer Gesellschaft ist eine genuin gesellschaftsrechtliche Frage. Sie unterliegt daher dem Gesellschaftsstatut. Dies ergibt sich auch daraus, dass das Kapitalersatzrecht eine Weiterentwicklung der Kapitalerhaltung nach §§ 30, 31 GmbHG durch die Rechtsprechung darstellt.

Die Anfechtbarkeit nach § 135 InsO sowie die Einstufung kapitalersetzender Forderungen als nachrangig nach § 39 Abs. 1 Nr. 5 InsO sind hingegen insolvenzrechtlich einzustufen, sodass insoweit das Insolvenzstatut gilt. Die für die Klärung dieser Tatbestände zu beantwortende Vorfrage, ob ein Darlehen oder eine andere Finanzierungsleistung kapitalersetzenden Charakter hat, ist jedoch dem Gesellschaftsrecht zuzuordnen. Insoweit tritt eine Kombination dergestalt ein, dass diese Vorfrage nach dem Gesellschaftsstatut zu klären ist, die Anfechtbarkeit dann jedoch dem Insolvenzstatut unterliegt.

3. Anwendbarkeit der Regelung

Im Ergebnis ist daher für eine Anfechtung nach § 135 InsO Voraussetzung, dass auch die ausländische Rechtsordnung eine Finanzierungsleistung als kapitalersetzend anerkennt.[49] Dies kann nur der Fall sein, wenn in dem ausländischen Recht ebenfalls die Existenz von kapitalersetzenden Leistungen vorgesehen ist, wie z. B. in

46 Haas, NZI 2001, 1, 9.

47 BGH 25.06.2001, NJW 2001, 3123; Scholz/Westermann, GmbHG, Einleitung Rn. 96; Spahlinger/Wegen, Internationales Gesellschaftsrecht in der Praxis, Rn. 314.

48 MünchKomm-BGB (Kindler), IntGesR, Rn. 6.

49 Spahlinger/Wegen, Internationales Gesellschaftsrecht in der Praxis, Rn. 315; Müller, NZG 2003, 414, 417.

Österreich. In diesem Fall ist nach dem Gesellschaftsstatut die Einstufung von Darlehen und anderen Finanzierungsleistungen als kapitalersetzend möglich. Dadurch wird der Anwendungsbereich von § 135 InsO eröffnet, der aufgrund des Insolvenzstatutes die Frage der Anfechtbarkeit entscheidet. Dies ergibt sich auch daraus, dass nach Art. 13 EuInsVO und § 339 InsO eine Anfechtung ausscheidet, wenn der Anfechtungsgegner nachweist, dass für eine möglicherweise anfechtbare Handlung das Recht eines anderen Mitgliedsstaates maßgebend ist und die Handlung nach diesem Recht nicht angreifbar ist.

Für das englische Recht, welches keinen Eigenkapitalersatz kennt[50], ist davon auszugehen, dass Gesellschafterdarlehen oder andere Finanzierungsleistungen der Gesellschafter auch in einer Krise nicht mit haftendem Eigenkapital gleich zu setzen sind. Damit scheidet eine Anfechtbarkeit der Rückzahlung von Gesellschafterdarlehen bei der englischen Limited nach § 135 InsO aus. Die sich aus der analogen Anwendung der §§ 30, 31 GmbHG ergebenden Rechtsfolgen scheitern erst recht, da es sich hierbei um Gesellschaftsrecht handelt.

VIII. Existenzvernichtungshaftung der Gesellschafter

1. Haftungstatbestand

Die von der Rechtsprechung entwickelte Existenzvernichtungshaftung[51], welche die Haftung nach dem qualifiziert faktischen Konzern ersetzte, haften die Gesellschafter einer GmbH, wenn sie der Gesellschaft das Gesellschaftsvermögen entziehen, ohne auf die Zweckbindung dieses Vermögens zugunsten der Gesellschaft angemessen Rücksicht zu nehmen und ein Ausgleich über §§ 30, 31 GmbHG nicht möglich ist. Soweit hier durch die Fähigkeit der GmbH, ihre Verbindlichkeiten ganz oder teilweise zu erfüllen nicht unerheblich beeinträchtigt wird, bejaht die Rechtsprechung den sogenannten existenzvernichtenden Eingriff mit der Folge, dass die Gesellschafter den Gläubigern persönlich haften. In der Insolvenz kann dieser Anspruch durch den Insolvenzverwalter gemäß § 93 InsO geltend gemacht werden.

2. Gesellschaftsrechtliche Einordnung

Für die Frage, ob diese Haftung dem Gesellschaftsstatut, dem Insolvenzstatut oder dem Deliktsstatut zuzuordnen ist, ist zunächst wiederum zu klären, welchem Rechtsgebiet diese Haftung angehört. Hierfür kommt es darauf an, worauf die Haftung dogmatisch zu stützen ist.

50 Fleischer, DStR 2000, 1015, 1017.

51 BGH 17.09.2001, NJW 2001, 3622 (Bremer Vulkan); BGH 25.02.2002, NJW 2002, 1803; BGH 24.06.2002, NJW 2002, 3024 (KBV); Vgl. insgesamt zum existenzvernichtenden Eingriff Vetter, ZIP 2003, 601 ff. und Hoffmann, NZG 2002, 68 ff.

Der BGH stützt die Haftung darauf, dass die Haftungsprivilegierung nach § 13 Abs. 2 GmbHG entfällt, wenn es an der Respektierung der Zweckbindung des Gesellschaftsvermögens durch die Gesellschafter mangelt. Die eigentliche Anspruchsgrundlage wird kontrovers diskutiert. Teilweise werden §§ 105, 128 HGB analog herangezogen.[52] Andere Auffassungen stellen auf eine analoge Geschäftsführerhaftung gemäß § 43 Abs. 3 GmbHG oder auf Treuepflichtverletzungen ab. Gemein ist diesen Auffassungen, dass sie die Haftung als gesellschaftsrechtlich qualifizieren.

Nach anderer Ansicht stellt der existenzvernichtende Eingriff einen insolvenzrechtlichen Tatbestand dar. Ähnlich der Insolvenzanfechtung nach §§ 129 ff. InsO gehe es auch beim existenzvernichtenden Eingriff darum, die Beeinträchtigung des Gesellschaftsvermögens zum Nachteil der Gesamtgläubigerschaft rückgängig zu machen.[53]

Gegen diese Sichtweise ist einzuwenden, dass nach der Rechtsprechung Voraussetzung für das Eingreifen der Existenzvernichtungshaftung ist, dass ein Ausgleich über §§ 30, 31 GmbHG nicht möglich ist. Damit fügt sich die Haftung für den existenzvernichtenden Eingriff in die Systematik der Kapitalerhaltung ein. Diese ist allerdings gesellschaftsrechtlich einzuordnen (s. oben Ziff. VI). Ebenso wie die Kapitalerhaltungsvorschriften ist daher die Existenzvernichtungshaftung als gesellschaftsrechtlich einzustufen.

3. Anwendbarkeit

Hieraus ergibt sich die Anwendung des Gesellschaftsstatutes, sodass die Existenzvernichtungshaftung als Anspruchsgrundlage deutschen Rechts auf die englische Limited nach der Gründungstheorie keine Anwendung findet.[54]

Trotz einer generellen gesellschaftsrechtlichen Qualifizierung des Haftungsinstitutes kann man möglicherweise zu seiner Anwendbarkeit auf die Limited gelangen. Dies kann konstruktiv über eine Sonderanknüpfung auf ausländische Gesellschaften mit tatsächlichem Verwaltungssitz im Inland geschehen. Hierbei wird beschränkt auf die Frage der persönlichen Gesellschafterhaftung aufgrund existenzvernichtenden Eingriffes nicht auf das Recht des Gründungsstaates, sondern auf das Recht des Sitzstaates rekurriert.[55] Im Ergebnis handelt es sich dabei um die beschränkte Anwendung der Sitztheorie für den Anwendungsbereich der existenzvernichtenden Haftung. Begründet wird dies mit der Notwendigkeit des Gläubigerschutzes als zwingendem Allgemeininteresse.

52 Hoffmann, NZG 2002, 68, 71.

53 Weller, Europäische Rechtsformwahl und Gesellschafterhaftung, Heidelberg 2004, 282.

54 AG Bad Segeberg, 24.03.2005, NZG 2005, 762; Spahlinger/Wegen, Internationales Gesellschaftsrecht in der Praxis, Rn. 343; s. dazu auch Kuntz, NZI 2005, 424, 431.

55 Eidenmüller, ZIP 2002, 2233, 2242; Borges, ZIP 2004, 733, 741; Altmeppen, NJW 2004, 97, 101 f.

4. Vereinbarkeit mit der Niederlassungsfreiheit

Folgt man dieser Auffassung, ist weiter die Vereinbarkeit mit der Niederlassungsfreiheit zu prüfen. Nationale Maßnahmen, die die Niederlassungsfreiheit behindern, können nur unter vier Voraussetzungen gerechtfertigt werden: Sie müssen in nicht diskriminierender Weise angewandt werden (1). Die Beeinträchtigung muss aus zwingenden Gründen des Allgemeininteresses gerechtfertigt sein (2), sie muss zur Zielerreichung geeignet (3) und erforderlich (4) sein. Fehlende Diskriminierung und Geeignetheit liegen sicherlich vor. Als zwingendes Interesse des Allgemeinwohls kommt der Gläubigerschutz in Betracht.

Zweifel bestehen allerdings an der Erforderlichkeit. In der Inspire-Art-Entscheidung hat der BGH die Unvereinbarkeit des Eingriffes mit der Niederlassungsfreiheit damit begründet, dass den Gläubigern, die mit einer Gesellschaft kontrahieren, deren Rechtsform bekannt ist. Sie haben Kenntnis davon, dass für diese andere rechtliche Regelungen gelten, als für inländische Gesellschaften.[56] Die Gläubiger können sich daher darauf einstellen. Damit fehlt es an der Erforderlichkeit der Sonderanknüpfung an deutsches Recht, sodass der Eingriff in die Niederlassungsfreiheit jedenfalls für vertragliche Ansprüche nicht gerechtfertigt ist.[57] Hinzu kommt, dass die Erforderlichkeit des Eingriffes auch dann scheitert, wenn das Gründungsrecht in seiner Gesamtheit einen ausreichenden Gläubigerschutz bietet. Für die englische Limited ist zu beachten, dass der Gläubigerschutz dort nicht nur über die persönliche Haftung der Gesellschaft und Geschäftsführer verwirklicht wird, sondern vor allem durch umfangreiche Pflichten zur Einreichung von Unterlagen und Jahresabschlüssen an das Companies House.[58] Diese Unterlagen sind für jedermann einsehbar.

Eine Haftung der Gesellschafter aufgrund der Rechtsprechung zum existenzvernichtenden Eingriff ist daher zu verneinen.

IX. Piercing the Veil nach Common Law

Auch nach englischem Recht kommt eine Ausnahme zur Haftungsbeschränkung auf das Gesellschaftsvermögen in Betracht, mit der Folge einer persönlichen Gesellschafterhaftung (sog. piercing the veil, also sinngemäß das Durchstoßen des Schleiers, der das Gesellschaftsvermögen vom Privatvermögen trennt). Diese Fälle sind allerdings auf enge Ausnahmen von Betrugsfällen beschränkt.[59]

Ein solcher Anspruch ist deliktsrechtlich einzuordnen. Insoweit findet das Deliktsstatut Anwendung. Nach der deutschen Regelung in Art. 40 Abs. 1 EGBGB hat

56 EuGH 30.09.2003, NJW 2003, 3331, 3334 bei Ziff. 135.

57 AG Bad Segeberg, 24.03.2005, NZG 2005, 762, 763; Schumann, DB 2004, 743, 748; Kuntz, NZI 2005, 424, 431 f.

58 Vgl. hierzu Luke, Die U. K. Limited, 47 ff.

59 Schall, ZIP 2005, 965, 966.

der Verletzte die Wahl zwischen dem Handlungsort und dem Erfolgsort. Üblicherweise wird man nach beiden Anknüpfungen für die in Deutschland operierenden Limiteds zur Anwendbarkeit deutschen Rechts kommen. Dasselbe gilt nach englischem IPR für den Fall, dass eine Klage vor englischen Gerichten erhoben wird[60].

Eine Haftung nach englischem Deliktsrecht kommt daher nicht in Betracht. Allerdings wird in diesen Fällen häufig ein Deliktstatbestand nach deutschem Recht (§ 826 BGB, § 823 Abs. 2 BGB i. V. m. § 263 StGB) erfüllt sein.

D) Schlussbetrachtung

Grundsätzlich ist die Haftung für Verbindlichkeiten der Gesellschaft auf das Gesellschaftsvermögen beschränkt. Eine persönliche Haftung von Gesellschaftern und Geschäftsführern kommt im Rahmen eines deutschen Insolvenzverfahrens nur in den dargestellten Fällen in Betracht.

Als Ergebnis kann festgehalten werden, dass die Geschäftsführer einer in Deutschland operierenden Limited wegen deutscher Insolvenzverschleppungshaftung (§ 823 Abs. 2 BGB i. V. m. § 64 Abs. 1 GmbHG), wegen Verletzung der Massesicherungspflicht gemäß § 64 Abs. 2 GmbHG und wegen Verletzung von Sorgfalts- und Treuepflichten nach englischem equity-Recht haften. Die Gesellschafter können nach englischem Recht für die Kapitalerhaltung, sowie ggf. nach deutschem Deliktsrecht in Anspruch genommen werden.

60 S.o. bei C V 2.

E.

Strafrecht, Strafprozessrecht und Strafvollzug

Interlokales „ne bis in idem" in Europa?

Von »westfälischem« Souveränitätspathos zu europäischem Gemeinschaftsdenken

*von Prof. Dr. Dr. h. c. mult Albin Eser**, Richter am Internationalen Straftribunal für das ehemalige Jugoslawien und Christoph Burchard, wissenschaftlicher Mitarbeiter am Max-Planck-Institut für ausländisches und internatinales Strafrecht*

Noch vor wenigen Monaten konnte der verehrte Jubilar euphorisch über *„Die künftige Europäische Verfassung und das Strafrecht"*[1] berichten; noch vor wenigen Monaten war eine Europäisierung des Strafrechts „das" Thema, welches teils leidenschaftlich bekämpft, nämlich als *„Bemäntelung polizeistaatlicher Gelüste"*[2] verunglimpft, und teils emphatisch als Verwirklichung eines einheitlichen *„Raum[s] der Freiheit, der Sicherheit und des Rechts"*[3] willkommen geheißen wurde. Gerade weil das Strafrecht traditionell zum Kernbereich staatlicher Hoheitsgewalt zählt,[4] konnte durch die zunehmende strafrechtliche Integration der europäischen Völker der Eindruck entstehen, als ob sich ein echtes europäisches Gemeinschaftsdenken anschickt, jenes Souveränitätspathos zu überwinden, welches seit dem Westfälischen Frieden von 1648 die völkerrechtlichen Beziehungen zwischen den Staaten Europas prägt. Aufgrund der jüngsten Entwicklungen hat sich dieser tendenzielle Eindruck wieder abgeschwächt: Der europäische Verfassungs- und auch Integrationsprozess

* Persönliche Vorbemerkung: Soll der Beitrag zur Festschrift eines Jubilars, dem man sich durch eine langjährige, bis auf eine gemeinsame Studienzeit im Wintersemester 1956/57 an der Freien Universität Berlin zurückreichende Freundschaft verbunden fühlt, nicht völlig beliebig sein, so ist bei der Themenwahl ein gewisser Bezug zur Person des zu Ehrenden wünschenswert. Was läge da im Falle von JÜRGEN MEYER näher, als an seinen akademischen Ursprung im westfälischen Münster anzuknüpfen und seinem gegenwärtigen politischen Engagement für Europa Tribut zu zollen? Dieses Vorhaben hätte sich freilich angesichts meiner derzeitigen Verpflichtungen als Richter am Internationalen Straftribunal für das ehemalige Jugoslawien in den Den Haag schwerlich verwirklichen lassen, wenn ich dabei nicht die Miturheberschaft von CHRISTOPH BURCHARD, Wissenschaftlicher Mitarbeiter am Max-Planck-Institut für ausländisches und internationales Strafrecht, Freiburg i. Br., gefunden hätte. Dafür bin ich ihm zu besonderem Dank verpflichtet. ALBIN ESER.

1 MEYER, Die künftige Europäische Verfassung und das Strafrecht, in: Arnold/Burkhardt u.a. (Hrsg.), Menschengerechtes Strafrecht, Festschrift für Albin Eser zum 70. Geburstag, München 2005, S. 797-806.

2 SCHÜNEMANN, Europäischer Haftbefehl und EU-Verfassungsentwurf auf schiefer Ebene – Die Schranken des Grundgesetzes, in: Zeitschrift für Rechtspolitik (ZRP) 2003, S. 185-189 (188).

3 Vgl. Art. III- 257 des Entwurfs für eine europäische Verfassung, BT-Drucksache 15/4900.

4 Vgl. JUNG, Zur „Internationalisierung" des Grundsatzes „ne bis in idem", in: Albrecht/Ehlers u.a. (Hrsg.), Festschrift für Horst Schüler-Springorum, Köln 1993 , S. 493-502 (493).

ist durch die ablehnenden Referenden in Frankreich und den Niederlanden ins Stocken geraten; die Schaffung eines harmonisierten europäischen Strafrechtsraums hat durch die Entscheidung des Bundesverfassungsgerichts zum europäischen Haftbefehl einen deutlichen Dämpfer erfahren.[5]

Diese Entwicklungen dürfen jedoch nicht entmutigen, weiterhin couragiert für eine gemeinsame europäische Strafrechtsrechtspflege einzutreten. Dabei ist das derzeit zu notierende Stillstehen der Strafrechtsharmonisierung auch nicht so sehr als Rückschritt oder gar als Niedergang einer pan-europäischen Strafrechtsidee aufzufassen, sondern vielmehr als Chance – als eine Chance dafür, kühlen Kopfes die hitzige Dynamik der Europäisierung des Strafrechts zu transzendieren und die Weichenstellungen für einen einheitlichen Strafrechtsraum kritisch zu reflektieren. Die beiden Lehren, die es insofern zu berücksichtigen gilt, lauten: Zum einen müssen, um die demokratischen Defizite eines zusammenwachsenden Europas zu überwinden, die europäischen Bürger endlich ernst genommen werden. Für die Strafrechtswissenschaft bedeutet das: die europäische Kriminalpolitik hat sich (wieder) um die Menschen zu kümmern, darf sich also nicht auf die (möglichst effektive) Koordination staatlicher Strafinteressen beschränken. Zum anderen gilt es, das „Gespenst" eines molochartigen Brüsseler Strafrechtsdiktats zu vertreiben – insbesondere aus den Köpfen jener, die, gleich ob sie dies zu erreichen oder zu verhindern suchen, mit der Europäisierung des Strafrechts einzig und allein die gleichmacherische Überwindung länderspezifischer Sonderwege verbinden. Als Vision, die sich gegenüber allen Pragmatikern erhaben zeigt, darf deshalb ein bürgerfreundliches europäisches Strafrecht projiziert werden, das die berühmte „Einheit in der Vielfalt" garantiert.

Diese Vision sei im Folgenden an einem Exempel demonstriert, und zwar durch eine Analyse der Europäisierung des Grundsatzes „ne bis in idem", der auf zwischenstaatlicher Ebene ein Verbot des Doppel-Verfolgung postuliert. Wie sich zeigen wird, beruht diese Transnationalisierung weiterhin auf hier so bezeichneten „westfälischen" Grundlagen, nämlich auf dem „zwei-dimensionalen" Verhältnis zweier souveräner und autonomer Einzelstaaten; diese westfälischen Grundlagen werden lediglich durch mancherlei neue Begriffe ergänzt und dadurch konfundiert, bringen aber im Kern weiterhin die (eifersüchtige) Konkurrenz zweier Souveräne zum Ausdruck. Würde es gelingen, diese auf die jeweiligen nationalen Eigeninteressen gerichtete Engführung durch ein transnationales Gemeinschaftsdenken zu überwinden, könnte für den europäischen Rechtsraum vielleicht sogar der Weg zu einem von „interlokalen" Strafanwendungsregeln geleiteten „ne bis in idem" eröffnet sein.

1. Der Ausgangspunkt im Souveränitätspathos des Westfälischen Friedens

Bevor auf die eigentliche Europäisierung des Grundsatzes ne bis in idem durch Art. 54 SDÜ eingegangen werden kann (dazu 2.), wollen zuerst die allgemeinen Grund-

5 BVerfG, Neue Juristische Wochenschrift (NJW) 2005, 2289.

lagen eines transnationalen Verbots der Doppel-Verfolgung kurz dargestellt werden. Insofern liegt es beim nationalen Souverän, ob und gegebenenfalls wie er auf eine vorhergehende fremde Strafverfolgung reagiert. In der internationalen Rechtspraxis der Staaten finden sich hierzu drei Reaktionen: Einerseits erkennen bislang nur sehr wenige Länder, beispielhaft die Niederlande,[6] ausländische Urteile an und verzichten demzufolge auf die eigene Strafverfolgung (so genanntes Erledigungsprinzip). Andererseits neigt das entgegengesetzte Extrem, wie es von den USA im Rahmen ihrer „dual-sovereignty"-Doktrin praktiziert wird, dazu, die ausländische Strafverfolgung zu ignorieren und so Raum für ein neues eigenes Verfahren zu schaffen. Dazwischen liegend ist als drittes der beispielsweise in Deutschland verfolgte Mittelweg des Anrechnungsprinzips zu nennen, wonach die im Ausland erfolgte Aburteilung die inländische Strafverfolgung nicht ausschließen soll, immerhin aber zur Vermeidung von Härten die im Ausland vollstreckte Strafe auf die inländische Strafe anzurechnen ist.[7]

a) Die U.S.-amerikanische „dual-sovereignty"-Doktrin

Die als zweite genannte Reaktion, die fremde Erstverfolgung zu ignorieren und eine eigene Zweitverfolgung zuzulassen, verkörpert westfälisches Denken reinsten Geistes. Obgleich es nahe liegen könnte, dieses Denken kurzerhand mit dem Argument zurückzuweisen, dass es für einen einheitlichen europäischen Strafrechtsraums *per se* ungeeignet sei, wäre dies doch übereilt; denn die „dual-sovereignty"-Doktrin, wie sie die USA nach außen im Verkehr mit Drittstaaten anwenden, gilt ganz entsprechend auch innerhalb des U.S.-amerikanischen Strafrechtsraum als Kooperationsmodell zwischen Bund und Bundesstaaten – immerhin ein Kooperationsmodell, das nach EICKER[8] der vermeintlich noch weniger engen Kooperation der europäischen Staaten am nächsten kommen soll. Deshalb muss die Frage erlaubt sein, ob das U.S.-amerikanische Modell nicht durchaus Vorbild für einen zusammenwachsenden europäischen Strafrechtsraum oder, um an eine gerne verwandte Wendung zu erinnern, für die „Vereinigten Staaten von Europa" sein könnte. Demgegenüber ist jedoch Folgendes bewusst zu machen:

Wie aus kontinentaler Sicht im Hinblick auf die „dual-sovereignty"-Doktrin häufig verkannt, erstreckt sich das im Fünften Zusatz zur U.S.-Verfassung enthaltene Verbot von „double jeopardy" [9] gerade *nicht* auf *„die nacheinander abfolgende*

6 Vgl. BACIGALUPO, Bemerkungen zu strafrechtlichen Fragen des Verfassungsentwurfs, in: Zeitschrift für die gesamte Strafrechtswissenschaft (ZStW) 116 (2004), S. 326-330 (330).

7 Vgl. STREE, in: Schönke/Schröder, Strafgesetzbuch, 26. Aufl., München 2001, § 51 Rn. 28 ff.

8 EICKER, Transstaatliche Strafverfolgung, Herbolzheim 2004, S. 137.

9 Für eine eingehende und kritische Analyse des Verbots der Doppel-Verfolgung in den USA vgl. ESER, For Universal Jurisdiction: Against Fletcher's Antagonism, in: Tulsa Law Review 39 (2004), S. 955-978 (963 ff.).

Strafverfolgung derselben Tat durch unterschiedliche Souveräne,"[10] wobei als unterschiedliche Souveräne nicht nur die ausländischen Staaten, sondern *auch* der Bund, die Bundesstaaten und die indianischen Stämme gelten;[11] vielmehr bezieht sich das Verbot von „double jeopardy" nur auf den Schutz vor ein und demselben Souverän.

Die „dual-sovereignty"-Doktrin beruht auf der vom U.S. Supreme Court blumig beschriebenen Haltung, *„dass jede Regierung ihre originäre hoheitliche Gewalt ausübt, wenn sie darüber entscheidet, was ein Verbrechen gegen ihren Frieden und gegen ihre Würde sein soll."*[12] Weil jede Strafgewalt aus eigenständigen und unabhängigen Quellen fließe, müsse jeder Souverän auch seine eigenen Interessen und Gesetze durchsetzen können, ohne dabei mit einem anderen Souverän in Konflikt zu treten. Insbesondere dürfe sich nicht die eine Strafkompetenz über die andere erheben und so auf Kosten der anderen ihre je eigene Zuständigkeit vindizieren. In diesem (nicht Mit- sondern) Nebeneinander unterschiedlicher Souveräne kann kein wechselseitiges Misstrauen entstehen: Die Strafgewalten aller Souveräne sind klar von einander geschieden, man respektiert sich, schenkt anderen Strafkompetenzen aber nach innen – bei der eigenen Strafverfolgung – keine Beachtung. Aufgrund ihrer Isolation und Undurchdringlichkeit, können – und das ist zweifellos ein westfälisches Verdienst – die Souveräne nicht miteinander kollidieren weil sie (nicht pro-, sondern) ko-existieren.[13]

Diese zwei-dimensionale Struktur Souverän-Souverän darf nach dem U.S. Supreme Court nicht durch den Einfluss des mehrfach verfolgbaren Täters und der kooperierenden Souveräne gestört werden. Ersterem sei es zu verwehren, die eine gegen die andere Jurisdiktion auszuspielen, indem er sich z.B. mit Hilfe einer nur nominellen Verurteilung in einem Bundesstaat der nachfolgenden Strafverfolgung durch den Bund entziehe; die „dual-sovereignty"-Doktrin verhindert mit anderen Worten die Möglichkeit des „forum shopping", könnte der Einzelne doch andernfalls – unter anderem – Konflikte zwischen den Souveränen provozieren. Eine Ausnahme von der „dual-sovereignty"-Doktrin und damit ein trans-souveränes Verbot von „double jeopardy" soll jedoch dann Platz greifen, wenn die theoretisch getrennten Souveräne praktisch als einer handeln – so wenn die Zweitverfolgung auf der

10 U.S. v. Rashed, 83 F. Supp. 2d 96, 100 (D.C. 1999) („does not extend to sequential prosecutions by separate sovereigns for the same offense").

11 Vgl. STUCKENBERG , Double Jeopardy. Das Verbot doppelter Bestrafung und Strafverfolgung im US-amerikanischen Recht, Heidelberg 2001, S. 37 ff. m.w.N.

12 U.S. v. Lanza, 260 U.S. 377, 382 (1922): „Each government in determining what shall be an offense against its peace and dignity is exercising its own sovereignty, not that of the other. It follows that an act denounced as a crime by both national and state sovereignties is an offense against the peace and dignity of both and may be punished by each."

13 Mit diesem Aufbau wird den Befindlichkeiten der U.S.-amerikanischen Staatsorganisation Rechnung getragen, in der die Bundesstaaten peinlich darauf bedacht sind, keine Machtfülle beim Bund sich konzentrieren zu lassen, so dass Bund und Bundesstaaten mit originären Strafkompetenzen nebeneinander konkurrieren.

Ermutigung und der Unterstützung durch einen Erstverfolger beruhe, der mit seiner Anklage gegen den gleichen Beschuldigten bereits gescheitert sei.

Ohne dies weiter entfalten zu brauchen, zeichnen sich bereits zwei Phänomene der U.S.-amerikanischen „dual-sovereignty"-Doktrin ab, die sie schwerlich als ein Vorbild für einen zusammenfassenden europäischen Strafrechtsraum geeignet erscheinen lassen. Das ist zum einen die aus ungebremsten Souveränitätsrücksichten notwendig resultierende Rechts- und Jurisdiktionszersplitterung eines auf den ersten Blick vereinheitlichten Strafrechtsraums. Und das ist zum anderen – und bei weniger souveränitätspathetischer Sicht noch schwerwiegender – die Erkenntnis, dass in den USA das Recht des Einzelnen auf die Einmaligkeit seiner Strafverfolgung marginalisiert ist und hinter dem Schutz der souveränen Strafgewalten zurücktritt. Der Einzelne ist, wenn man so will, nicht mit seinen eigenen Schutzrechten „emanzipiert", das Verbot von „double jeopardy" ist „zwei-dimensional" strukturiert, weil einzig der erst- und der zweitverfolgende Souverän in Erscheinung treten. Demzufolge ist der Individualschutz der U.S.-Verfassung gegen ein „double jeopardy" bei weitem nicht so umfassend ausgeprägt, wie man das unbefangen vermuten möchte. Die Kooperation des Bundes und der Bundesstaaten beruht auf dem westfälischen Paradigma, eine Kollision verschiedener Souveräne um allen Preis verhindern zu wollen. Das aber geht auf Kosten des Individualschutzes des Einzelnen, der sich einer Zersplitterung weitgehend völlig unabhängiger Strafgewalten gegenüber sieht.

b) Das deutsche Anrechungsprinzip

Was für den U.S. Amerikaner das verfassungsrechtliche Verbot des „double jeopardy", ist für den Deutschen der in Art. 103 Abs. 3 GG geregelte Grundsatz „ne bis in idem". Dessen Schutzfunktion[14] ist freilich auf die deutsche Gerichtsbarkeit beschränkt. Zwar wird mitunter eine Erstreckung des Anwendungsbereichs auf rechtsstaatlich zustande gekommene Entscheidungen von Gerichten der Mitgliedsstaaten der Europäischen Union befürwortet;[15] bislang unrevidiert steht aber in der Rechtsprechung des Bundesverfassungsgerichts der Satz, dass die Geltung des Grundsatzes ne bis in idem sich nicht auf *„vorangegangene Strafverfahren in einem anderen Staat"*[16] erstreckt. Art. 103 Abs. 3 GG wird so in die nationalstaatlichen Grenzen verwiesen, was abermals mit der Souveränität des nationalen Rechts gerechtfertigt wird.[17] Insbesondere übernimmt die deutsche Strafjustiz keine Garantie für die End-

14 Vgl. SCHULZE-FIELITZ, in: Dreier (Hrsg.), Grundgesetz Kommentar Bd. III, Tübingen 2000, Art. 103 Rn. 12.

15 SCHULZE-FIELITZ (FN 14), Art. 103 Rn. 28 m.w.N.

16 BVerfGE 75, S. 1, 24 (Herv. im Org.).

17 Vgl. JUNG (FN 4), S. 495 m.w.N.

gültigkeit der Entscheidung eines anderen souveränen Staates, behält sich also einen „Nachschlag“ vor.[18]

Der Unterschied zur U.S. amerikanischen „dual-sovereignty“-Doktrin liegt in einer feinen, aber wesentlichen Ergänzung: Nach § 51 Abs. 3 StPO sind in der inländischen Strafzumessung die Härten anzurechnen, welche durch die ausländische Vollstreckung einer Strafe für dieselbe Tat angefallen sind. Der Anrechnungs-Maßstab ist dem richterlichen Ermessen überlassen, wonach das im Ausland erlittene Übel in das inländische Strafensystem „umgerechnet“, nämlich in ein entsprechendes Äquivalent übersetzt werden muss, wobei es beispielsweise besonders belastende Haftumstände und dergleichen zu berücksichtigen gilt.[19]

In dieser Anrechnungslösung sieht JUNG, ganz apodiktisch, *„den Gedanken ne bis in idem in abgeschwächter Form zum Ausdruck“* gebracht.[20] Das ist richtig, wenn man durch diesen Gedanken nicht (allein) die pragmatische Effizienz der Strafverfolgung gesteigert sieht, nämlich durch die Verhinderung ineffizienter multipler Strafverfolgungsmaßnahmen, sondern mit ihm auch eine menschenrechtliche Schutzfunktion verbindet – getreu dem Motto *nemo debet bis vexari pro eadem causa*.[21] Das Anrechnungsprinzip kann diesbezüglich als menschenrechtlicher Einschlag bezeichnet werden, welches der im Grunde westfälischen Struktur des Art. 103 Abs. 3 GG angehängt ist. Allerdings kommt dieser menschenrechtliche Einschlag nur in sehr abgeschwächter Form zur Geltung, weil der zweitverfolgende Souverän das betroffene Individuum ein weiteres Mal den Stigmatisierungseffekten und der existentiellen Unsicherheit eines Strafverfahrens aussetzen darf. Die Zweitverfolgung dient gleichsam der Bestärkung der eigenen Souveränität, sie dient der Hypostasierung der eigenen Strafgewalt und der Manifestation des eigenen „demos“ im Urteilsspruch: „im Namen des Volkes“ – die Anerkennung vom Verurteilten erlittener Härten ist demgegenüber nur von zweitrangiger Bedeutung, wird sie doch erst in der Strafzumessung „nachgeschoben“.

c) Der westfälische Ausgangspunkt: ein erstes Fazit

Ein transnational gültiges ne bis in idem muss demnach, so kann zusammengefasst werden, seinen westfälischen Ausgangspunkt überwinden, so namentlich das Nebeneinander souveräner Strafgewalten, die miteinander um die Strafverfolgung des mehrfach verfolgbaren Täters *konkurrieren*, d. h. im ursprünglichen lateinischen

18 Vgl. DANNECKER, Community Fines and non-Member State Sanctions, in: Eser/Rabenstein (Hrsg.), Neighbours in Law. Are Common Law and Civil Law Moving Closer Together., Freiburg i. Br. 2001, S. 153-183 (162).

19 Vgl, STREE, in: Schönke/Schröder (FN 7), § 51 Rn. 32 m.w.N.

20 JUNG (FN 4), S. 495.

21 Zu den unterschiedlichen Zielsetzungen des Grundsatzes ne bis in idem im nationalen Kontext vgl. ESER, Justizielle Rechte, in: Meyer (Hrsg.), Kommentar zur Charta der Grundrechte der Europäischen Union, Baden-Baden 2003, Art. 50 Rn. 7 m.w.N.

Wortsinne lediglich „zusammenlaufen", dabei aber *nicht kollidieren*, d. h. nicht „gegeneinander laufen". Eine solche Konkurrenz kann jedoch zu Kollisionen führen, wenn der zweitverfolgende Staat – ganz „unwestfälisch" – auf die Entscheidungen des Erstverfolgenden Rücksicht nehmen muss und somit seine eigene Strafgewalt nicht ungehindert in seiner Strafverfolgung zum Ausdruck bringen darf; Kollisionen drohen mit anderen Worten erst, wenn zwischen den Souveränen Vorrangregeln herrschen, wenn also der Wettbewerb in Gegnerschaft und das Neben- in ein Gegeneinander umschlägt.[22]

2. Art. 54 SDÜ und die Europäisierung des Grundsatzes ne bis in idem

a) Zur Einführung: Die Rechtssache Miraglia

Das Urteil des EuGH[23] vom 10.03.2005 in der Rechtssache *Miraglia* deckt in aller Deutlichkeit die Irrungen und Wirrungen auf, welche die Europäisierung des Grundsatzes ne bis in idem durch Art. 54 SDÜ mit sich bringt. Dieser als Teil des Schengen-Acquis in den Vertrag von Amsterdam integrierte Artikel sieht im Prinzip vor, dass derjenige, der „durch eine Vertragspartei rechtskräftig abgeurteilt worden ist", nicht „durch eine andere Vertragspartei wegen derselben Tat" nochmals verfolgt werden darf. Im Fall *Miraglia* hatte der EuGH über die Auslegung dieser Regelung zu befinden und war dabei mit einer Konstellation konfrontiert, welche paradigmatisch für die schwierige Koordination, Kooperation und Kollision weiterhin westfälisch denkender Mitgliedsstaaten der Europäischen Union steht.

Begonnen hatte alles mit einem von italienischen und niederländischen Behörden gemeinsam geführten Ermittlungsverfahren gegen einen gewissen Miraglia wegen des Transports von ca. 20 kg Heroin aus den Niederlanden nach Bologna.[24] Der Beschuldigte wurde zuerst von niederländischen Behörden verhaftet, dann aber wieder auf freien Fuß gesetzt. Der von der Staatsanwaltschaft gestellte Antrag auf Fortdauer der Haft wurde sodann endgültig im gerichtlichen Berufungsverfahren verworfen. Aus den Akten ergibt sich, dass diese Entscheidung deshalb getroffen wurde, weil in Italien Anklage wegen der identischen Tat erhoben worden war. Das aus eben dieser Anklage resultierende Gesuch der italienischen Behörden auf Rechtshilfe wurde von den niederländischen Behörden alsdann mit der Begründung zurückgewiesen, dem stehe Art. 54 SDÜ entgegen. Es liege eine abschließende Entscheidung eines Richters vor, so dass in vorbeugender Anwendung des Verbotes der Doppelbestrafung einem Rechtshilfeersuchen nicht nachzukommen sei.

22 Vgl. ESER, Aktuelle Perspektiven transnationalen Strafrecht, in: Bundesministerium der Justiz (Hrsg.), Rechtsraum Europa, Konferenz aus Anlass der Einweihung des Bundesministeriums der Justiz, Berlin 2002, S. 53-94 (61).

23 EuGH, RS C-469/03, EuZW 2005, S. 252 ff. (Filomeno Mario Miraglia).

24 Vgl. die Beschreibung zu den Hintergründen des Falles in EuZW 2005, S. 253.

Der EuGH hat dieser Begründung in aller gebotenen Entschiedenheit entgegengesetzt, dass kein Fall einer der in Art. 54 SDÜ genannten Art von „rechtskräftiger Aburteilung" vorliege, wenn die gerichtliche Entscheidung, die Strafverfolgung einzustellen, nur deshalb ergeht, weil in einem anderen Mitgliedsstaat Strafverfolgungsmaßnahmen gegen denselben Beschuldigten wegen derselben Tat eingeleitet worden sind.

Dieses Ergebnis erscheint – und die apodiktische Kürze sei verziehen – *materiell* als das einzig „richtige". Gleichwohl war die niederländische Position *formal* betrachtet nicht „falsch"; vielmehr wirft sie ein bezeichnendes Licht auf ein europäisiertes und transstaatliches „ne bis in idem", das zwischen zwei souveränen Strafbefugnissen zweier souveräner Einzelstaaten zu vermitteln versucht. Ausgangspunkt ist und bleibt nämlich, dass sowohl Italien als auch die Niederlande dem Beschuldigten den Prozess kraft ihrer originären Strafgewalt hätten machen können. Erst vor dem Hintergrund dieser miteinander *konkurrierenden* Strafbefugnisse wird verständlich, dass Art. 54 SDÜ bei erfolgter Anwendung der Strafgewalt des – ganz temporal formuliert – erstverfolgenden Staates einem möglichen zweitverfolgenden Staat die Anwendung seiner Strafgewalt verbietet. Das ist gemeint, wenn hier von einem Verbot der faktischen Doppel-Verfolgung einer mehrfach verfolgbaren Tat gesprochen wird. Diesem Verbot kann jedoch, wie der Fall *Miraglia* vor Augen führt, eine *Koordination* der beiden konkurrierenden Strafgewalten vorausgehen: Wissen die beiden Souveräne Italien und Niederlande, dass sie beide zusammen „nur *einen* Versuch" haben, werden sie sich abstimmen und entscheiden, welche Strafgewalt im konkreten Einzelfall zum Einsatz kommen soll. Dazu werden sie, wie es das italienische Rechtshilfegesuchen auch illustriert, *kooperieren* und die Strafverfolgungserkenntnisse kumulieren. Doch dieses theoretisch skizzierte Bild von kooperierenden, durch Art. 54 SDÜ koordinierten Souveränen bekommt durch das Verhalten der niederländischen Behörden im Fall *Miraglia* einen Schönheitsfehler: Die innerstaatliche Entscheidung, das Verfahren endgültig einzustellen, *konfligiert* mit der zwischenstaatlichen Entscheidung, das Verfahren den italienischen Behörden zu überlassen. Es ist insofern bezeichnend, dass die niederländische Strafverfolgung dem innerstaatlichen Akt der Verfahrenseinstellung den Vorrang einräumte und sogar den Gang zum EuGH riskierte. Dabei ist zu beachten, dass die niederländischen Behörden das Rechtshilfegesuchen aus italienischer Warte prüften und rügten, die Italiener würden gegen Art. 54 SDÜ verstoßen, falls sie ihre Strafgewalt ausübten. Die niederländische Verfahrenseinstellung wirkte also – in der niederländischen Interpretation – absolut und durfte von italienischer Seite nicht, insbesondere nicht mit Blick auf die Gründe der Einstellung, hinterfragt werden. Die Verfahrenseinstellung war formal gültig und verhinderte in den Niederlanden eine nochmalige Strafverfolgung – es sei denn, es gäbe neue Beweise. Eine von den niederländischen Behörden eingeforderte Transformation dieser innerstaatlichen Abschlusswirkung in die zwischenstaatliche Beziehung zu Italien kann leicht als *westfälisches* Denken interpretiert werden: In der *innerstaatlichen Sicht des Erstverfolgers* tritt die Koordination der beiden Strafgewalten zurück; die richterliche Verfahrenseinstellung will transnational beachtet werden, auch wenn sie material der Koordination dient.

Das Urteil des EuGH, die niederländische Entscheidung habe keine transnationale Sperrwirkung, spricht eine andere Sprache: Aus der Sicht Italiens, d.h. aus der *innerstaatlichen Sicht des Zweitverfolgers,* tritt die Filterfunktion[25] des Art. 54 SDÜ in den Vordergrund, weil nicht jeder innerstaatlichen, insbesondere nicht der infrage stehenden Verfahrenseinstellung ein transnationaler Effekt zuwachse. Dadurch lebt das Nebeneinander der konkurrierenden Strafgewalten Italiens und der Niederlande fort, ohne dass dieses Nebeneinander durch ein transnationales ne bis in idem beeinträchtigt würde. Zu diesem Ergebnis gelangt der EuGH mit eigenen, nämlich *zwischenstaatlichen oder europäischen Integrations-Überlegungen*:[26] Art. 54 SDÜ diene der „Weiterentwicklung der Union als Raum der Freiheit, der Sicherheit und des Rechts". Dieses Ziel dürfe nicht dadurch unterlaufen werden, dass die Entscheidung des einen Mitgliedsstaates, auf die eigene Strafverfolgung zugunsten der Einleitung von Verfolgungsmaßnahmen in einem anderen Mitgliedsstaat zu verzichten, einen transnationalen Sperreffekt auslöse und dadurch eben diese Verfolgungsmaßnahmen des anderen Mitgliedsstaates beinträchtige. Das europäische ne bis in idem soll also die Kooperation der Souveräne fördern, nicht die transnationale Strafverfolgung unnötig behindern. Dadurch gesellt sich zur westfälischen Konkurrenz zweier Souveräne – zwischen denen Art. 54 SDÜ mit seinem Gebot der einmaligen Strafverfolgung der mehrfach verfolgbaren Tat vermittelt – ein artfremder, pan-europäischer Integrationsansatz. Damit nicht genug, betont der EuGH ferner, dass Art. 54 SDÜ „verhindern soll, dass eine Person, die von ihrem Recht auf Freizügigkeit Gebrauch macht, wegen derselben Tat in mehreren Mitgliedsstaaten verfolgt" wird.[27] Die westfälische Beziehung zwischen zwei isolierten Souveränen wird mithin um ein *ius commune* ebenso ergänzt wie um den Freizügigkeit genießenden Bürger.

Der Fall *Miraglia* offenbart die verschiedenen Dimensionen eines europäischen ne bis in idem und die Schwierigkeiten, diese miteinander in Einklang zu bringen. Dabei basiert Art. 54 SDÜ auf der Konkurrenz zweier oder mehrerer souveräner Strafgewalten. Mögen sich dazu auch andere Erwägungen hinzugesellen, namentlich ein einheitlicher Strafrechtsrechtsraum oder der Freizügigkeit genießende Bürger, so bleibt das europäische ne bis in idem im Kern weiterhin westfälisch, was – wie es im Folgenden nachzuweisen gilt – zu Zielkonflikten mit der europäischen Integration einerseits und der Bürgerfreundlichkeit andererseits führt.

25 Zur Unterscheidung zwischen der Transformations- und Filterfunktion des Art. 54 SDÜ vgl. STEIN, Zum europäischen ne bis in idem, Frankfurt a.M. 2004, S. 51 ff.

26 EuGH (FN 23), para. 34.

27 EuGH (FN 23), para. 32.

b) Die Rechtsprobleme des Art. 54 SDÜ im Überblick

Um diese Zielkonflikte aufzudecken, muss man sich den umfangreichen Fragenkatalog vergegenwärtigen, der zu Art. 54 SDÜ in der Diskussion steht. Im harmlos klingenden Verbot: „Wer durch eine Vertragspartei *rechtskräftig abgeurteilt* worden ist, darf durch eine andere Vertragspartei wegen *derselben Tat* nicht verfolgt werden," verbergen sich drei rechtliche Hauptprobleme:

Erstens: Was ist *dieselbe Tat*? Zur Wahl steht der Grundsatz ne bis in idem *factum*, wie er in den meisten kontinental europäischen Staaten gilt, und der Grundsatz ne bis in idem *crimen*, wie er insbesondere in den anglo-amerikanische Jurisdiktionen zur Anwendung kommt. Einmal ist es also der im wesentlichen gleiche Lebenssachverhalt, der – freilich mit mannigfaltigen normativen Ausnahmen – nicht zweimal zum Gegenstand der Strafverfolgung gemacht werden darf; und ein anderes mal sind es nur die tatsächlich verfolgten Straftatbestände, derentwegen nicht ein zweites Mal verfolgt werden darf. Während das erste – idem *factum* – einen relativ breiten Schutz vor Doppel-Verfolgung bietet, kann das zweite – idem *crimen* – so eng konstruiert werden, dass sich einer Zweit-Verfolgung wenig Hürden in den Weg stellen.

Zweitens: Wann ist eine Tat *rechtskräftig* abgeurteilt? Hier stellt sich das Problem, dass sich Rechtskraft in unterschiedlichen Intensitätsgraden einstellen kann. Nach *unten* ist beispielsweise an das deutsche Institut der Teilsrechtskraft zu denken, wie sie in § 153a Abs. 2 S. 5 StPO vorzufinden ist. Und nach *oben* hin ist zu konstatieren, dass in vielen europäischen Staaten eine Durchbrechung der Rechtskraft auch zuungunsten des Beschuldigten in Form der Wiederaufnahme des Verfahrens erlaubt ist – wobei freilich diesbezüglich verschieden hohe Anforderungen gestellt werden: Während in Deutschland § 362 StPO die Wiederaufnahme nur unter sehr engen Voraussetzungen gestattet, genügt in Österreich nach § 355 Nr. 2 öStPO das bloße Vorliegen neuer Tatsachen für eine erneute Strafverfolgung.[28]

Drittens: Was bedeutet *abgeurteilt*? Obwohl der deutsche Wortlaut eindeutig das Vorliegen eines richterlichen Urteils einzufordern scheint, schwindet diese Eindeutigkeit mit Blick auf die anderssprachigen Fassungen von Art. 54 SDÜ, die auch andere Entscheidungsformen als das richterliche Urteile umfassen (z.B. niederländisch „vonnis" oder französisch „jugée").[29] Ob Art. 54 SDÜ einen transnationalen Strafklageverbrauch auch bei außergerichtlichen Entscheidungsformen auslöst, ist offensichtlich von großem Einfluss auf die Attraktivität solcher verfahrensbeendender Maßnahmen für den Täter; dieser wird sich z.B. kaum auf einen außergerichtlichen „deal" einlassen, wenn ihm die nochmalige Verfolgung in einem anderen Staat droht. Obwohl für die nichtrichterliche Abwicklung des Strafverfahrens ihre Zügig-

28 Vgl. näher zur österreichischen Rechtslage BOHNERT/LAGODNY, Art. 54 SDÜ im Lichte der nationalen Wiederaufnahmegründe, in: Neue Zeitschrift für Strafrecht (NStZ) 2000, S. 636-640 (639 f.).

29 Näher zur Wortlautinterpretation von Art. 54 SDÜ PLÖCKINGER/LEIDENMÜHLER, Zum Verbot doppelter Strafverfolgung nach Art. 54 SDÜ 1990, in: Zeitschrift für Wirtschafts- und Steuerstrafrecht (wistra) 22 (2003), S. 81-88 (84).

keit vorteilhaft zu Buche schlägt, ist auf der anderen Seite auch der Nachteil zu bedenken, dass eine summarische Prüfung nie die eingehende Prüfungsdichte wird erreichen können, die bei einem richterlichen Urteil zu erwarten ist. Darum sinkt im transnationalen Verkehr die Akzeptanz außergerichtlicher Entscheidungen, weil dem zweitverfolgenden Staat nur eine summarische Richtigkeitsgewähr gegeben werden kann.

Diese drei Fragen zum Inhalt der „rechtskräftig abgeurteilten Tat" bilden nur eine erste Stufe, die es zur Bewältigung der Rechtsprobleme des Art. 54 SDÜ zu nehmen gilt. Auf einer zweiten Stufe ist die Methodik zu problematisieren, wie jeder dieser Einzelfragen zu antworten ist. Insofern findet sich eine nächste Trias, nämlich ob die Erstentscheidung nach Maßgabe der Standards des Zweitverfolgers, nach denen des Erstverfolgers oder nach einem autonomen Gemeinschaftsansatz, der einheitliche Richtwerte vorgibt, auf ihren transnationalen Effekt hin zu untersuchen ist. Ersteres wird weithin mit Blick auf die rechtsvergleichenden Schwierigkeiten abgelehnt, weil eine Transponierung der Erstentscheidung in das Recht des *Zweitverfolgenden* an den unüberbrückbaren Unterschieden zwischen den nationalen Strafrechtsordnungen scheitern könnte. Ob hingegen allein das Recht des *Erstverfolgerstaates* entscheiden soll oder doch eine *autonome europäische* Begrifflichkeit zu bilden ist, wird lebhaft diskutiert. So soll es beispielsweise nach der einen Auffassung[30] nicht erforderlich sein, die Rechtsordnungen sämtlicher Vertragsparteien des Amsterdamer Vertrages zu harmonisieren; vielmehr obliege die Definitionsmacht über den Verfahrensgegenstand und die Rechtskraftwirkung allein dem Erstverfolgerstaat. Dem setzen andere[31] die eklatanten Wertungswidersprüche entgegen, die entstünden, wenn Entscheidungen, die aus rechtsvergleichender Perspektive materiell vergleichbar seien, einmal ein transnationales ne bin in idem auslösten, ein anderes mal hingegen nicht – abhängig davon, welcher Souverän zufällig diese Entscheidung getroffen habe bzw. welches Recht zufällig zur Anwendung gekommen sei: Nicht der Zufall dürfe aber in „Schengenland" regieren; vielmehr müssten dies einheitliche europäische Normen sein.[32]

30 Wie die von HECKER, Das Prinzip „ne bis in idem" im Schengener Rechtsraum, in: Strafverteidiger (StV) 2001, S. 306-311 (309).

31 So namentlich BOHNERT/LAGODNY (FN 28), S. 640.

32 Spitzfindig könnte man der zweiten methodologischen Stufe im Fragenkatalog zu Art. 54 SDÜ noch eine dritte, eine dezisionistische Stufe hinzufügen. Denn wenn das Recht des Erstverfolgers oder ein autonomes ius commune gilt, dürfen dann die Behörden oder Gerichte des Zweitverfolgers souverän dieses fremde Recht anwenden oder müssen sie die Rechtsfragen vorlegen? Insofern ist zweierlei zu notieren: Der BGH hat in der Vergangenheit des Öfteren Art. 54 SDÜ betreffende Verfahren ausgesetzt und um Rechtsauskunft bei den Behörden des erstverfolgenden Staates nachgesucht, um sich auf dieselbe Weise Klarheit über die Rechtskraftwirkungen ausländischer Entscheidungen zu verschaffen (vgl. z.B. BGH NStZ 1998, 149). Des Weiteren fordert beispielsweise SCHOMBURG einen auf Strafrecht spezialisierten Spruchkörper des EuGH (vgl. SCHOMBURG, Die Europäisierung des Verbots doppelter Strafverfolgung, NJW 2000, S. 1833-1840 [1839]), wozu nunmehr Art. 225a EGV eine vertragliche Grundlage bietet.

Dass sich in Schrifttum und Rechtsprechung zu dem im Vorstehenden aufgeführten stattlichen Fragenkatalog die unterschiedlichsten Antworten finden, bedarf keiner Worte. Einige instruktive Antworten seien nunmehr analysiert, um den westfälischen Kern des Art. 54 SDÜ und seiner Rechtsprobleme freizulegen.

c) Die Wiederherstellung des westfälischen Nebeneinanders konkurrierender Souveräne

Äußerst instruktiv ist der von BÖSE[33] vertretene enge Tatbegriff des Art. 54 SDÜ, der *europaeinheitlich* (zweite, methodische Stufe) als *idem crimen* (erste, inhaltliche Stufe des Fragenkatalogs zu Art. 54 SDÜ) zu verstehen sei. BÖSE rückt insofern die Ahndung der Rechtsgutsverletzung in den Mittelpunkt: Ein transnationales ne bis in idem sei nur dann angezeigt, wenn das erste Strafverfahren der Verletzung jener Rechtsgüter gegolten habe, die bei einer nochmaligen Verfolgung desselben Lebenssachverhaltes in einem anderen Staat in Frage stünden. Soweit die Verletzung eines bestimmten Rechtguts nicht bereits Gegenstand eines ersten Strafverfahrens gewesen sei, müsse das Interesse des Beschuldigten am Schutz vor einer erneuten, wegen der Verletzung des besagten Rechtsgutes durchgeführten Strafverfolgung in einem anderen Mitgliedsstaat des Schengener Übereinkommens *„hinter dem öffentlichen Interesse an einer effektiven transnationalen Strafrechtspflege zurücktreten.“*[34] Deutlicher kann ein Vorrang der souveränen Strafgewalt vor dem Individualschutz des Einzelnen nicht formuliert werden.

Zu dieser Schlussfolgerung gelangt BÖSE, indem die Effektivität der transnationalen Strafrechtspflege in den Mittelpunkt gestellt wird. Diese Effektivität wäre gemindert, wenn die nochmalige Verfolgung eines Tatgeschehens unter einem neuen strafrechtlichen Aspekt durch einen Erstentscheider ausgeschlossen werden könne, der natürlich nicht alle möglichen Rechtsgutsverletzungen aller Einzelstaaten zu würdigen vermöge.[35] Als problematisch empfindet er, *„dass die rechtliche Würdigung durch das Gericht des Erstverfolgerstaats von vorneherein lückenhaft ist, da dieses die Tat nur nach den inländischen Strafbestimmungen und nicht auch nach dem Strafrecht der anderen Mitgliedsstaaten bewerten kann.“*[36] Würde sich Art. 54 SDÜ auf einen weiten Tatbegriff im Sinne von *idem factum* beziehen, so regierte im europäischen Strafrechtsraum der Zufall, weil Strafbarkeit und Strafmaß ganz erheblich davon abhingen, in welchem Land *„zufällig das erste Strafverfahren abgeschlossen wird.“*[37] Und weiter:

33 BÖSE, Der Grundsatz „ne bis in idem“ in der Europäischen Union, in: Goltdammers Archiv (GA) 2003, S. 744-763 (760 ff.).

34 BÖSE (FN 33), S. 762.

35 BÖSE (FN 33), S. 760.

36 BÖSE (FN 33), S. 760.

37 BÖSE (FN 33), S. 760.

„Mit der Anerkennung verfahrensabschließender Entscheidungen nach Art. 54 SDÜ wird der strafrechtliche Schutz von Rechtsgütern durch den anderen Mitgliedsstaat als dem eigenen Schutz prinzipiell gleichwertig anerkannt, ungeachtet des Umstands, dass das Ausmaß des strafrechtlichen Schutzes im Einzelfall erhebliche Unterschiede aufweisen kann (z.B. im Bereich der Betäubungsmittelkriminalität). [...] Dieses Vertrauen ist jedoch nicht angezeigt, soweit in dem vom Erstverfolgerstaat durchgeführten Strafverfahren die Verletzung von Rechtsgütern nicht gewürdigt worden ist, um deretwillen nunmehr der Zweitverfolgerstaat ein Strafverfahren einzuleiten beabsichtigt. In einem solchen Fall besteht grundsätzlich ein berechtigtes Interesse des letztgenannten Staates an der erneuten Strafverfolgung. Auch diese Erwägung spricht dafür, den Begriff der Tat in Art. 54 SDÜ nicht allein nach tatsächlichen Umständen, sondern nach der Art des strafrechtlichen Vorwurfs zu bestimmen.“[38]

Welche Stoßrichtung hat dieser enge Tatbegriff? Zur Antwort darf einmal mehr das westfälische Paradigma bemüht werden: Ko-existieren souveräne Strafgewalten *neben*einander, so kann weder Vertrauen noch Misstrauen ein Thema sein, weil aus der Konkurrenz keine Kollision der unterschiedlichen strafrechtlichen Zuständigkeiten folgt; das konnte anhand der U.S.-amerikanischen „dual-sovereignty“-Doktrin illustriert werden.[39] Art. 54 SDÜ führt nunmehr, wie die Rechtssache *Miraglia* erkennen lässt, die vormals unabhängigen Mitgliedsstaaten des Schengener Abkommens unter dem Dach eines einheitlichen Strafrechtsraums zusammen. Dadurch entsteht ein (nicht Neben-, sondern) *Mit*einander der entsprechenden Souveräne, die fortan Rücksicht auf fremde innerstaatliche Entscheidungen nehmen müssen. Erst dadurch aber wird das Misstrauen gesät, dass diese fremden Entscheidungen hinter den eigenen Erwartungen zurückbleiben oder sie nicht die Qualität der eigenen Strafrechtspraxis erfüllen.

In dieser Gegenüberstellung von westfälischem Neben- und pan-europäischem Miteinander gelingt BÖSE die weitgehende (Wieder-)Herstellung des *Neben*einanders der konkurrierenden, nicht aber kollidierenden Souveräne. Aufgrund des engen Tatbegriffs findet sich die Strafverfolgung des Zweitverfolgers durch die ausgeübte Strafgewalt des Erstverfolgers häufig nicht gehindert, so dass der Zweitverfolger die Erstentscheidung nicht zu berücksichtigen hat. Dass sich durch das Kriterium der (teil-)identischen Rechtsgutsverletzung ein transnationales ne bis in idem, wie es Art. 54 SDÜ vorsieht, *ad absurdum* führen lässt, muss nicht weiter ausgeführt werden: Denn es müsste lediglich das jeweils verfolgte Rechtsgut als originäres Produkt souveräner Rechtssetzungshoheit bezeichnet werden, um Art. 54 SDÜ leer laufen zu lassen und zum westfälischen „Naturzustand“ zurückzukehren. Keinen anderen Weg beschreitet BÖSE, wenn das Recht des Einzelnen auf die Einmaligkeit seiner transnationalen Strafverfolgung ausgeblendet wird – bzw. es hinter den öffentlichen Strafverfolgungsinteressen bzw. hinter einer effektiven transnationalen Strafrechtspflege zurücktritt.

38 BÖSE (FN 33), S. 760 (Herv. der Verf.).

39 Vgl. oben I.1.a.

d) Das Misstrauen kollidierender Souveräne

Die deutsche Rechtsprechung ist dem von BÖSE vorgeschlagenen (Aus-)Weg nicht gefolgt: Da in den zu Art. 54 SDÜ ergangenen Entscheidungen der Tatbegriff nicht (übermäßig) eng auf die gewürdigte Rechtsgutsverletzung bezogen wurde, stellten sich unvermeidlich Kollisionen zwischen dem deutschen Strafverfolgungsinteresse und ausländischen Strafverfolgungsentscheidungen ein. Durch diese Kollisionen wurde Misstrauen gesät – Misstrauen des Zweitverfolgers gegenüber dem Erstverfolger, welcher aufgrund von Art. 54 SDÜ mit seinen Entscheidungen einen transnational gültigen Strafklageverbrauch für ein Tatgeschehen zu erreichen und somit die Durchsetzung der originären Strafgewalt des zweitverfolgenden Staates endgültig zu verhindern vermag. Kollisionen und Misstrauen überschatteten denn auch die deutsche Rechtsprechungspraxis und ihre restriktive Auslegung der Begriffe „rechtskräftig" und „abgeurteilt".

In der brisanten Entscheidung *Lacour* urteilte der BGH[40], dass eine fremde Gerichtsentscheidung eine nachfolgende deutsche Strafverfolgung nach Art. 54 SDÜ nicht hindere, wenn nach dem Recht des Erstverfolgers (zweite, methodische Stufe) diese Erstentscheidung nur in vorläufige und begrenzte Rechtskraft erwachse (erste, inhaltliche Stufe). Was war passiert? Der französische Staatsbürger Lacour sollte sich wegen der Tötung eines Deutschen in Alsting (Frankreich) vor deutschen Gerichten verantworten. Da dem Angeklagten nach Eröffnung des Hauptverfahrens die Flucht aus der Untersuchungshaft gelang, er sich aber wenig später wegen anderer Delikte in Frankreich in Strafhaft befand, wurde die französische Republik um Übernahme der Strafverfolgung ersucht. Die „cour d'appel" in Metz stellte daraufhin das Mordverfahren mangels Tatverdachts ein (so genannte „ordonnance de non-lieu"); in einem späteren Verfahren vor dem Saarbrücker Landgericht wurde Lacour dagegen wegen Mordes zu lebenslanger Haft verurteilt. Der BGH hatte darüber zu befinden, ob die französische Gerichtsentscheidung ein Verfahrenshindernis darstellte und deshalb der Angeklagte aus der Haft zu entlassen war. Aus deutscher Sicht war dies ein ebenso unerträglich erscheinendes Ergebnis, wie die Verurteilung die französischer Seite irritierten konnte, die dem eigenen Staatsbürger ja gerade keine Tatbeteiligung hatte nachweisen können.[41] Der BGH löste dieses Dilemma, indem er die nur vorläufig und begrenzt rechtskräftige „ordonnance de non-lieu" – mit dem Plazet der französischen Seite[42] – nicht dem Art. 54 SDÜ subsumierte.

Während der BGH im Fall *Lacour* eine äußerst konservative Lösung für die „Rechtskraftfrage" des Art. 54 SDÜ fand, zeugen andere Beispiele aus der Rechtsprechung vom tiefen Misstrauen gegenüber der Richtigkeitsgewähr fremder nichtrichtlicher Verfahrenseinstellungen: Ein transnationaler Strafklageverbrauch wurde

40 BGH NStZ 1999, 579.

41 BOHNERT/LAGODNY (FN 28), S. 640.

42 Vgl. HARMS, Von Transactien, ordonannces de non-lieu und anderen europäischen Besonderheiten, in: Hanach/Hilger u.a. (Hrsg.), Festschrift für Peter Riess, Berlin 2002, S. 725-737 (732).

nur fremden Verfahrensentscheidungen, die unter Beteiligung eines Richters erfolgten, zugesprochen; entsprechenden außergerichtlichen Entscheidungen, z.B. denen einer Verwaltungsbehörde, wurden demgegenüber von der deutschen Judikatur kein Verbrauch der eigenen Strafgewalt vergönnt. So führte das OLG Hamburg aus, ein Verfahrenshindernis könne „lediglich dann angenommen werden, wenn die ausländische Entscheidung unter Beachtung von verfahrensrechtlichen Mindestanforderungen zustande gekommen ist. Dies ist in einem ausreichenden Maße nur bei Gerichtsentscheidungen gewährleistet.“ [43] Dem Art. 54 SDÜ könne nicht entnommen werden,

> *„dass nationalrechtliche Besonderheiten wie zum Beispiel die belgische ‚Transactie' in anderen Mitgliedsstaaten dergestalt Wirkung entfalten, dass sie die dortige Strafverfolgung verhindern und damit dem anderen Staat die nach seinem Rechtsverständnis notwendige Möglichkeit nehmen, auch in seinem Hoheitsgebiet begangene Rechtsverstöße zu ahnden.“*[44]

Pointiert zusammengefasst: zu *„willkürliche[n] Ergebnisse[n] wie dem Freikauf von Strafe für sich und andere“* darf es nicht kommen. Diese Konservierung der eigenen Strafkompetenzen, die sich nicht durch fremde außergerichtliche Verfahrensabschlüsse verbrauchen sollen, führt STEIN[45] vollkommen zurecht auf das „Misstrauen“ zurück, *„das von einigen Schengenstaaten noch immer gegenüber fremden Rechtsordnungen gehegt wird.“* Nur Gerichtsentscheidungen verbürgen, so muss das OLG Hamburg verstanden werden, dass der fremde Entscheidungsträger seiner Kognitionspflicht ausreichend nachgekommen ist, zuverlässige Methoden zur Aufklärung des Sachverhaltes herangezogen und eine ausreichende (schriftliche) Begründung seiner Entscheidung abgegeben hat – mit anderen Worten: nur Gerichtsentscheidungen erbringen die Richtigkeitsgewähr, die aus deutscher Sicht einen Verbrauch der Strafklage rechtfertigt.

Für die bisher analysierten Auslegungen von Art. 54 SDÜ – BÖSES engem Tatbegriff, der restriktiven Haltung des BGH zur Rechtskraftfrage und der konservativen Unverbindlicherklärung fremder außergerichtlicher Verfahrensabschlüsse durch das OLG Hamburg – kann folgendes Zwischenfazit gezogen werden: Dem in Art. 54 SDÜ angelegten Miteinander in einem einheitlichen europäischen Strafrechtsraum, dem Schengenland, wird misstrauisch begegnet. Dem europäischen Verbot der faktischen Doppelverfolgung mehrfach verfolgbarer Taten wird keine koordinative oder sogar Kooperation fördernde Funktion zuteil; im Gegenteil: durch eine möglichst enge Auslegung des transnationalen ne bis in idem sollen Kollisionen zwischen den Strafgewalten der betroffenen Souveräne verhindert werden; angestrebt wird eine Rückkehr zum westfälischen Nebeneinander konkurrierender, nicht aber kollidierender Strafzuständigkeiten – die je eigenständigen europäischen Strafgewalten wollen ihre Unabhängigkeit bewahren und ihren europäischen Partnern und Freunden keinen Vorrang gewähren.

43 OLG Hamburg, wistra 15 (1996), 193, 195.

44 A.a.O.

45 STEIN, Ein Meilenstein für das europäische „ne bis in idem“, NJW 2003, S. 1162, 1163.

e) Die faktische Koordination der verschiedenen Strafgewalten: Die Rechtssache Gözütok/Brügge

Am 11.02.2003 hat der EuGH in seiner bahnbrechenden Leitentscheidung *Gözütok/Brügge* dem westfälischen Impetus des europäischen ne bis in idem scheinbar die Schwungkraft genommen: Der EuGH kommt nämlich zum Schluss,

> *„dass das in Art. 54 SDÜ aufgestellte Verbot der Doppelbestrafung auch für zum Strafklageverbrauch führende Verfahren der in den Ausgangsverfahren in Rede stehenden Art gilt, in denen die Staatsanwaltschaft eines Mitgliedstaats ohne Mitwirkung eines Gerichts ein in diesem Mitgliedstaat eingeleitetes Strafverfahren einstellt, nachdem der Beschuldigte bestimmte Auflagen erfüllt und insbesondere einen bestimmten, von der Staatsanwaltschaft festgesetzten Geldbetrag entrichtet hat.“*[46]

Die Entscheidung, die unter anderem konkret den transnationalen Strafklageverbrauch durch eine Verfahrenseinstellung nach § 153a StPO zum Gegenstand hatte, klärt inhaltlich die Rechtskraftfrage und lässt erkennen, dass kein Richter an der transnational gültigen Verfahrenseinstellung beteiligt sein muss.

Mit Blick auf letzteres soll sich Art. 54 SDÜ fortan auch auf die einfache außergerichtliche Verfahrenserledigung beziehen, so dass ein transnationaler Strafklageverbrauch nicht allein bei Gerichtsentscheidungen eintritt. Daran ist zweierlei zu begrüßen: Zum einen wird die Attraktivität nichtgerichtlicher – und für eine effektive inländische Strafrechtspflege notwendiger – Verfahrensmaßnahmen gestärkt, weil der Beschuldigte das Damoklesschwert einer nochmaligen Verfolgung in einem Drittstaat abwenden kann. Zum anderen wird der Zufall aus dem Schengenland verbannt, weil nicht mehr die zufällige mitgliedsstaatliche Verfahrensmodalität – nämlich die zufällige Beteiligung eines Richters an der Verfahrensentscheidung – darüber entscheidet, ob ein transnationales Verbot erneuter Strafverfolgung ausgesprochen wird.

Wesentlich heikler und auch instruktiver ist hingegen das Votum des EuGH zur *Rechtskraftfrage*. Hierzu darf man sich nicht, wie bereits KÜHNE[47] herausgehoben hat, durch die *„sorglose, ja fehlerhafte Terminologie“* täuschen lassen: Wenn der EuGH nämlich den § 153a StPO dem Art. 54 SDÜ mit den Worten subsumiert, die Strafklage sei *„endgültig verbraucht“*[48], die Strafverfolgung *„endgültig beendet“*[49] und „Strafklageverbrauch“[50] im Inland eingetreten, so übersieht der EuGH § 153a Abs. 1 S. 5 StPO; der EuGH vernachlässigt mit anderen Worten, dass die deutsche Verfahrenseinstellung nach § 153a StPO in nur höchst eingeschränkte Rechtskraft erwächst. Deswegen muss man die Entscheidung in Wahrheit so verstehen dürfen,

46 EuGH, verb. Rs. C-187/01 u. C-385/01, NJW 2003, S. 1173, 1175 (Hüseyin Gözütok u. Klaus Brügge).

47 KÜHNE, Urteilsanmerkung, in: Juristen Zeitung (JZ) 2003, S. 305-307 (307).

48 EuGH (FN 46), para. 30.

49 EuGH (FN 46), para. 38.

50 EuGH (FN 46), para. 39.

dass bereits diese Teilrechtskraft – zwar kein innerstaatliches, wohl aber – ein transnationales ne bis in idem konstituiert.[51]

Der EuGH begründet diese seine Antwort auf die Rechtskraftfrage mit zwei ineinander übergehenden Erwägungen: Zum einen wird das gegenseitige *„Vertrauen der Mitgliedsstaaten in ihre jeweiligen Strafjustizsystem"* betont, also *„dass jeder Mitgliedsstaat die Anwendung des in den anderen Mitgliedsstaaten geltenden Strafrechts akzeptiert, auch wenn die Anwendung seines eigenen nationale[n] Rechts zu einem anderen Ergebnis führen würde."*[52] Zum anderen soll, so der EuGH, Art. 54 SDÜ verhindern, *„dass eine Person, die von ihrem Recht auf Freizügigkeit Gebrauch macht, wegen derselben Tat in mehreren Mitgliedsstaaten verfolgt wird";* zur Verwirklichung dieses Ziels könne nur dann wirksam beigetragen werden, wenn der Grundsatz ne bis in idem *„auch auf Entscheidungen anwendbar ist, mit denen die Strafverfolgung in einem Mitgliedsstaat endgültig beendet"* werde.[53]

Dieser Verweis auf die europäische Grundfreiheit der Freizügigkeit ist auf den ersten Blick das transnationale Spiegelbild der menschenrechtlichen Schutzfunktion des innerstaatlichen ne bis in idem. So wird das Urteil des EuGH im Schrifttum auch als Stärkung des Beschuldigtenschutzes und seiner effektiven Freizügigkeit interpretiert.[54] Bei näherem Hinsehen tun sich allerdings Zweifel auf: Die innerstaatliche menschenrechtliche Schutzfunktion basiert auf einem Vertrauenstatbestand, den der Staat durch seine erste Strafverfolgung schafft und den er nicht wieder durch eine zweite Strafverfolgung bzw. durch einen Nachschlag brechen darf. Wann ein solcher Vertrauenstatbestand geschaffen ist, variiert von Rechtsordnung zu Rechtsordnung. Als plastisches Beispiel sei auf das Berufungsrecht der Staatsanwaltschaft verwiesen: Während in angloamerikanischen Jurisdiktionen ein solches Recht emphatisch als Verstoß gegen das „double jeopardy"-Verbot gegeißelt wird, rechtfertigen sich staatsanwaltschaftliche Rechtsmittel nach kontinental-europäischem Verständnis damit, dass der Angeklagte Vertrauen in die Endgültigkeit des Verfahrens erst entwickeln – und man beachte die Normativität der Aussage – darf, wenn der Instanzenzug beendet ist.[55]

Das lässt die Frage zu, ob in den vom EuGH entschiedenen Ausgangsfällen ein inländischer Vertrauenstatbestand geschaffen war, der ein transnationales ne bis in idem menschenrechtlich geboten erscheinen lässt. Zumindest mit Blick auf § 153a StPO ist das mehr als fraglich: Warum soll der Beschuldigte *nach außen* mehr Sicherheit genießen als *nach innen*? Zumindest menschenrechtlich – was heißt: zum

51 Wie hier die Interpretation von Böse (FN 33), S. 755; Kühne (FN 47), S. 307; Rübenstahl/Krämer, Die Einstellung des Verfahrens durch die Staatsanwaltschaft und das Verbot der Doppelbestrafung gemäß Art. 54 SDÜ in der Rechtsprechung des EuGH, HRR-Strafrecht 2003, S. 65-71 (69).

52 EuGH (FN 46), para. 33.

53 EuGH (FN 46), para. 38.

54 Vogel/Norouzi, Europäisches „ne bis in idem", in: Juristische Schulung (JuS) 2003, S. 1059-1062 (1062).

55 Vgl. Eser (FN 9), S. 967.

Schutz vor Stigmatisierung und vor den existentiellen Unsicherheiten eines Strafverfahrens – scheint die vom EuGH offensichtlich angedachte Schaffung eines europaweiten *absoluten* Verbotes der Zweitverfolgung nicht geboten, wenn im Inland nur ein *relativer* Vertrauenstatbestand geschaffen wurde.

Es ist müßig darüber zu diskutieren, ob der EuGH die Grundfreiheit der Freizügigkeit ausgeweitet hat – namentlich mit dem individuellen Recht des Einzelnen, in einem Szenario konkurrierender Strafgewalten nur einem, und zwar dem Recht des Erstentscheidenden unterworfen zu werden, so dass allen anderen Souveränen die Durchsetzung ihrer Strafverfolgungsinteressen durch Art. 54 SDÜ versperrt ist. Das Gedankenspiel über ein solches Individualrecht ist deshalb müßig, weil der EuGH zumindest gemeinschaftsrechtlich eine neuartige Koordinations-, nämlich eine *faktische Kollisionsregelung* geschaffen hat: Im Falle der Kollision verschiedener miteinander konkurrierenden Strafgerichtsbarkeiten gilt das Recht desjenigen, der faktisch als erster – unter den vom EuGH genannten Voraussetzungen – entscheidet.

Dieses faktische Kollisionsmodell, das auf ein „faktisches Prioritätsprinzip“[56] hinausläuft, fördert insofern die Schaffung eines effektiven europäischen Strafrechtsraums und ist insofern im Sinne der europäischen Integration, als sich die verschiedenen Mitgliedsstaaten in Zukunft bei der Verfolgung von Straftaten enger abstimmen müssen. Zum einen sorgt die *koordinative* Funktion von Art. 54 SDÜ für eine effizientere Auslastung der Verfolgungsbehörden, weil transnationale Mehrfachbelastungen vermieden werden. Zum anderen tritt auch die *integrative Funktion* von Art. 54 SDÜ in Erscheinung, weil sich die unterschiedlichen Strafverfolgungssysteme nicht mehr mit kleinkariertem Misstrauen beäugen dürfen, sondern sich Toleranz und Akzeptanz auf die Fahnen schreiben müssen.[57]

Bei aller Hoffnung in eine solche „self-fulfilling-prophecy“: die dem Art. 54 SDÜ vom EuGH überantwortete faktische Koordination der souveränen Strafgewalten bleibt einem beachtlichen rechtspraktischen Einwand ausgesetzt. Dieser entzündet sich an der normativen Kraft des Faktischen, d.h. daran, dass sich der faktische Erstentscheider über andere Strafgewalten erhöhen kann, obwohl diese eventuell über die passenderen Foren oder die vordringlicheren Strafverfolgungsinteressen verfügen. So war es in dem vom EuGH entschiedenen Ausgangsfall: Der deutsche Staatsangehörige Brügge hatte in Belgien eine Belgierin verletzt, dann aber in einem deutschen Ermittlungsverfahren nach Zahlung von 1000,- DM eine Einstellung des Verfahrens nach § 153a StPO erwirkt, die er schließlich der belgischen Strafverfolgung erfolgreich nach Art. 54 SDÜ entgegenzusetzen vermochte. Es ist zu befürchten, dass es in Zukunft häufig zu Wettläufen um die jeweils günstigste Rechtsordnung kommen wird:[58] Unter dem Eindruck eines normativen Vorrangs des Rechts des faktischen Erstentscheiders wird die Verteidigung in die mildeste Rechtsordnung drängen; transnational kooperierende Strafverfolgungsbehörden werden sich

56 VANDER BEKEN/VERMEULEN/LAGODNY, Kriterien für die jeweils „beste“ Strafgewalt in Europa, NStZ 2002, S. 624-628 (624).

57 PLÖCKINGER/LEIDENMÜHLER (FN 29), S. 85.

58 Vgl. VANDER BEKEN/VERMEULEN/LAGODNY (FN 56), S. 624.

hingegen eher – wenn der adversariale Trend anhält – für das punitivste Recht entscheiden. Dass die Akzeptanz einer Europäisierung des Strafrechts durch ein solches „forum shopping" sicherlich nicht gesteigert wird, bedarf keiner näheren Ausführungen.

f) Die prozedurale Koordination der verschiedenen Strafgewalten de lege ferenda

Anstatt eines faktischen Prioritätsprinzips zur Lösung der Kollision von Strafgewalten schlagen u.a. VANDER BEKEN/VERMEULEN/LAGODNY[59] eine *prozedurale* Lösung vor: Mithilfe eines Qualitätsprinzips zur einzelfallbezogenen Reduktion bzw. Stufung mehrerer Strafgewalten soll es *de lege ferenda* gelingen, dass europaweit pro Tat nur eine Strafgewalt besteht und nur ein Strafverfahren stattfindet. Der „Freiburg Proposal on Concurrent Jurisdiction and the Prohibition of Mulitiple Prosecutions in the European Union"[60] zeigt paradigmatisch, wie eine Konzentration konkurrierender Strafgewalten vonstatten gehen könnte: In einem ersten Schritt müssten die verschiedenen Souveräne ermittelt werden, die strafkompetent und an der Verfolgung interessiert sind. Finden sich mehrere konkurrierende Strafgewalten, so müsste in einem zweiten Schritt über das Forum entschieden werden, vor dem die Tat zur Verfolgung bzw. zur Anklage zu bringen ist; bei dieser Entscheidung gälte es die verschiedenen Anknüpfungspunkte staatlicher Strafgewalt – vom Territorialitäts- über das aktive bzw. passive Personalitäts- bis hin zum Universalitätsprinzip – sowie die individuellen Schutzinteressen der Beschuldigten miteinander in praktische Konkordanz zu bringen. Diese kooperative Koordination der verschiedenen Strafgewalten müsste, gleichsam in einem dritten Schritt, vom Angeklagten gerichtlich überprüfbar sein.[61]

Eine prozedurale Koordination konkurrierender Strafgewalten ist die Weiterentwicklung des – wie LAGODNY[62] es nennt – Netzgedankens, der die pan-europäische transnationale Kriminalpolitik beherrscht. Der Netzgedanke will für eine Tat möglichst viele Anknüpfungspunkte schaffen, so dass möglichst viele Rechtsordnungen zur Strafverfolgung berufen sind; dadurch soll verhindert werden, dass ein mutmaßlicher Straftäter in einen Staat ohne Strafgewalt flüchten kann. Dieser Netzgedanke hat in einem zusammenwachsenden Europa seine Schuldigkeit getan, sobald eine Festnahme erfolgt ist; ab der Festnahme stellt sich eine überschießende „Existenz

59 VANDER BEKEN/VERMEULEN/LAGODNY (FN 56), S. 624 ff; vgl. ferner MANSDÖRFER, Das Prinzip ne bis in idem im europäischen Strafrecht, Berlin 2004, S. 162 Fn. 117 m.w.N.

60 Abgedruckt in Revue Internationale de Droit Penal 73 (2002), S. 1195 ff.

61 Vgl. „Freiburg Proposal" (FN 60), §§ 1-5 (S. 1199).

62 LAGODNY, Viele Strafgewalten und nur ein transnationales ne-bis-in-idem?, in: Donatsch u.a. (Hrsg.), Strafrecht, Strafprozessrecht und Menschenrechte, Festschrift für Stefan Trechsel zum 65. Geburtstag, Zürich 2002, S. 253-267 (263).

von nationalen Strafgewalten"[63] ein, die es durch eine prozedurale Kollisionsregelung zu koordinieren gilt.

Hieran wird auch ersichtlich, inwiefern ein solches prozedurales Koordinationssystem kriminalpolitisches Neuland betritt: Es würde sich nämlich „vor" Art. 54 SDÜ setzen, begründete es doch ein mit Festnahme gültiges Verbot der Doppel-Verfolgbarkeit für Taten, die vor Festnahme noch mehrfach verfolgbar waren. Demgegenüber begnügt sich Art. 54 SDÜ mit dem Verbot der faktischen Doppel-Verfolgung der mehrfach verfolgbaren Tat. Man mag skeptisch sein, ob diese der Wissenschaft entspringenden Vorschläge zur Ergänzung des transnationalen ne bis in idem in der europäischen Kriminalpolitik auf fruchtbaren Boden fallen.[64] Allemal weist eine solche prozedurale gegenüber einer faktischen Kollisionsregelung den Vorteil auf, dass es nicht zu einem wahllosen „forum shopping" kommt.

Gegen ein entsprechendes prozedurales System zur Bestimmung der verfolgungskompetenten Strafgewalt wendet sich MANSDÖRFER[65] mit dem Argument, das „internationale Strafrecht" würde „zu einem Recht der Gerichtsstände zurückgebildet" werden; das sei insofern angreifbar, als die materiellen Anknüpfungspunkte für die Bestimmung des Forums zum Teil zufällig erschienen und eine hierarchische Abstimmung unter ihnen äußerst schwierig sei. Dem lässt sich freilich entgegenhalten, dass einer Rückbildung des europäischen – nicht, wie MANSDÖRFER, schreibt: internationalen – Strafrechts auf ein Recht der Gerichtsstände nichts *per se* Schlechtes anhaftet. Immerhin würde zum einen die Effektivität der europäischen Strafrechtspflege gefördert, wenn die einzelnen Strafverfolgungsgewalten zur Kooperation (und zu ihrem „Glück") gezwungen ihre Kräfte bündeln müssten. Zum anderen träte die menschenrechtliche Schutzfunktion des Grundsatzes ne bis in idem auch transnational stärker in den Vordergrund, weil in der Auswahl des adäquaten Forums auch die Schutzinteressen des Beschuldigten eine gewichtige Rolle spielten. Da es sich überdies um eine prozedurale Auswahl des in die Strafverfolgung gerufenen Souveräns handeln würde, bei der ein Ermessensspielraum bestünde, steht eine kategorische Hierarchisierung der aufzunehmenden Ermessens-Gesichtspunkte gar nicht zur Diskussion.

Da es sich um eine Ermessensentscheidung handelt, wiegt ein zweiter Kritikpunkt von MANSDÖRFER wesentlich schwerer: Der Grundsatz des gesetzlichen Richters, wie er in Art. 101 Abs. 1 S. 2 GG niedergelegt ist, scheint durch die der Tat nachfolgende, in ihrem Ausgang unsichere Auswahl des Forums verletzt.[66] Aber auch dieser Einwand weiß nicht zu überzeugen. Denn der besagte Grundsatz des gesetzlichen Richters

63 VANDER BEKEN/VERMEULEN/LAGODNY (FN 56), S. 625.
64 VANDER BEKEN/VERMEULEN/LAGODNY (FN 56), S. 624.
65 MANSDÖRFER (FN 56), S. 164.
66 MANSDÖRFER (FN 56), S. 164.

„gilt nur innerhalb der deutschen Rechtsordnung, nicht aber zusätzlich für fremde Rechtsordnungen [...]. Art. 101 GG verhindert deshalb nicht, dass die Strafgewalt durch eine übergeordnete Instanz von Deutschland auf einen anderen Staat übertragen wird.“[67]

Überdies gibt es eine Garantie der schematischen Vorherbestimmung des zuständigen Richters außer in Deutschland nur in relativ wenigen Ländern, während eine solche Garantie in vielen Staaten häufig entweder gar nicht bekannt oder doch nur mit weniger strengen Anforderungen umgesetzt ist.[68] Zudem dient der Grundsatz des gesetzlichen Richters dem Schutz des Bürgers, der allemal durch eine justiziable Auswahl der geeignetsten Strafgewalt besser gestellt wäre als durch ein Nebeneinander verschiedener verfolgungsbereiter Jurisdiktionen.

g) Die Europäisierung des Grundsatzes ne bis idem: ein Fazit

Ein prozedurales Kollisionsregime ist – wie auch sein in Art. 54 SDÜ angesiedeltes faktisches Pendant – nur Ausdruck des westfälischen Kerns des europäischen ne bis in idem. Denn die völkerrechtlichen Beziehungen, die weiterhin den europäischen Strafrechtsraum prägen, orientieren sich weiterhin an den miteinander konkurrierenden Strafgewalten der souveränen europäischen Staaten. Das faktische bzw. prozedurale Koordinationsmodell ist lediglich Ausfluss jenes Netzgedankens, der als Schleppnetz europaweit alle Bürger und all ihr Verhalten einfängt. Das mag solange unproblematisch klingen, wie man alles westfälisch, d.h. alles zwei-dimensional (Staat-Staat) analysiert und den Bürger nicht als dritte Dimension anerkennt. Tritt dieser aber mit eigenen Schutzrechten auf, so zeigen sich die eigentlichen Verwerfungen, die den zu schaffenden einheitlichen europäischen Strafrechtsraum charakterisieren: Der Bürger findet sich in einem Europa wieder, das ihm *vor der Tat* ganz westfälisch verschiedene Strafrechtsordnungen überordnet, dann aber diese Strafrechtsordnungen *nach der Tat* ganz unwestfälisch zur Kooperation antreibt. Ein immer noch westfälisch weiter gedachtes transnationales ne bis in idem bemüht sich dabei nicht um die Lösung des eigentlichen Problems: Vor der Tat ist der Bürger – normtheoretisch gewendet – Adressat von *Verhaltensregeln* zahlloser Strafgewalten;[69] vor der Tat konkurrieren diese Strafgewalten, sind also westfälisch unkoordiniert. Erst nach der Tat kommt es durch Art. 54 SDÜ zu einer Koordination der Zuständigkeiten. Die Diskussion zum europäischen ne bis in idem ist insofern nichts

67 LAGODNY, Empfiehlt es sich, eine europäische Gerichtskompetenz für Strafgewaltskonflikte vorzusehen?, Gutachten im Auftrag des Bundesministeriums der Justiz, Berlin März 2001, S. 114. Das Gutachten findet sich unter http://www.sbg.ac.at/ssk/lago.pdf. Vgl. ferner DERS. (FN 62), S. 266.

68 Vgl. für eine rechtsvergleichende Übersicht ESER, Der »gesetzliche Richter« und seine Bestimmung für den Einzelfall, in: Eser/Kullmann u.a. (Hrsg.), Straf- und Strafverfahrensrecht, Recht und Verkehr, Recht und Medizin, Festschrift für Hannskarl Salger zum Abschied aus dem Amt als Vizepräsident des Bundesgerichtshofes, Köln 1995, S. 247-271 (258 ff.).

69 Vgl. GLEß, Zum Prinzip der gegenseitigen Anerkennung, ZStW 116 (2004), S. 353-367 (361).

anderes als eine Diskussion über eine – wieder normtheoretisch gesprochen – *Behandlungsnorm*:[70] Deren Adressat ist nicht der Bürger, sondern der transnational tätige Rechtsanwender, der darüber zu entscheiden hat, welche Verhaltensregel welcher Rechtsordnung der Einzelne verletzt hat bzw. für welche Verletzung er zur Verantwortung gezogen werden soll.

Erst bei Anwendung dieser nach der Tat relevant werdenden Behandlungsnorm kommt das gegenseitige Vertrauen zum Tragen, welches sich die Mitgliedsstaaten (vermeintlich) entgegenbringen. Das gegenseitige Anerkennen macht die Kollision der eigenen Strafgewalt mit anderen konkurrierenden Strafgerichtsbarkeiten tragbar, weil man den Vorrang fremder Rechtsordnungen respektiert; man akzeptiert und toleriert fremde Verfahrensentscheidungen, auch wenn das gleichermaßen anwendbare eigene Recht zu einem anderen Ergebnis geführt hätte. Das gegenseitige *„Vertrauen der Mitgliedstaaten in ihre jeweiligen Strafjustizsysteme“*[71] setzt also erst in der Strafverfolgung, in der Phase nach der Tat, ein: Davor verlässt man sich, ganz als souveräner Einzelstaat, nur auf das eigene materielle Strafrecht, für das man mannigfaltige Anknüpfungspunkte schafft. Transnational kumulieren sich so die Strafgewalten, die sich für ein und dasselbe Geschehen für zuständig erklären; erst in der Verfolgungsphase soll dieser „Überschuss“ durch das europäische ne bis in idem auf nur eine Strafverfolgung konzentriert werden.

Der westfälische Kern der Europäisierung des Grundsatzes ne bis in idem zeigt sich mithin in mannigfaltiger Gestalt:

- Der von BÖSE zu Art. 54 SDÜ vertretene rechtsgutsbezogene Tatbegriff kehrt weitgehend zu den zwei westfälischen Dimensionen „Staat-Staat“ zurück: Bezog sich die Erstverfolgung nicht auf jene Rechtsgutsverletzung(en), die der Zweitverfolger zu ahnden gedenkt, so soll eine nochmalige Strafverfolgung des gleichen Lebenssachverhaltes nicht untersagt sein; Erst- und Zweitverfolger können so ihre originären Strafinteressen durchsetzen, ohne auf die zurücktretenden Schutzinteressen des Beschuldigten Rücksicht nehmen zu müssen. Dadurch wird – ganz westfälisch – die Kollision souveräner Strafgewalten bei der Strafverfolgung verhindert, weil keiner Strafgewalt ein Vorrang zukommt.
- Kommt es hingegen zu einer entsprechenden Kollision, so fand sich in der deutschen Rechtsprechung starkes Misstrauen gegenüber den ausländischen Strafverfolgungsentscheidungen: Teilrechtskräftige Entscheidungen sollten ebenso wenig einen transnationalen Strafklageverbrauch nach sich ziehen wie nichtrichterliche Verfahrensbeendigungen. Das besagte Misstrauen entspringt dem Dünkel eines souveränen Staates, der nicht gewohnt ist, auf fremde Entscheidungen Rücksicht zu nehmen.

70 Zur Unterscheidung zwischen Behandlungsnorm und Verhaltensregel vgl. ESER, Verhaltensregeln und Behandlungsnormen – Bedenkliches zur Rolle des Normadressaten im Strafrecht, in: Eser u.a. (Hrsg.), Festschrift für Theodor Lenckner zum 70. Geburtstag, München 1998, S. 25-54 (S. 53).

71 EuGH (FN 46), para. 33.

▪ Der EuGH hat in Sachen *Gözütok/Brügge* den transnationalen Strafklageverbrauch auch der außergerichtlichen und im Inland nur teilrechtskräftigen Verfahrenseinstellungen betont: In Europa gilt eine faktische Kollisionsregelung, mit der sich durch die Erstentscheidung die Strafverfolgung im erstentscheidenden Staat konzentriert. Das prozedurale Gegenmodell will eine entsprechende Konzentration aufgrund einer justiziablen Auswahl der geeignetsten Strafverfolgungsgewalt erzielen. Beide Koordinationsmodelle sind Reaktionen auf westfälisch konkurrierende Strafgewalten, in deren Netz ein und dasselbe Verhalten mehrmals eingefangen ist.

▪ Am deutlichsten tritt der westfälische Kern des europäischen Grundsatzes ne bis in idem durch seine Charakterisierung als Behandlungsnorm zu Tage. Diese Behandlungsnorm führt die westfälische Konkurrenz mehrerer Strafhoheiten in einem europäischen Strafrechtsraum zusammen und entscheidet, welcher Souverän die von mehreren Souveränen pönalisierte Tat verfolgen darf.

3. Eine Vision: Ne bis in idem als echtes Verbot der Doppel-Verfolgbarkeit

Welche Schlüsse sind daraus zu ziehen, dass die Europäisierung des Grundsatzes ne bis in idem – *de lege lata* und *de lege ferenda* – die westfälische Konkurrenz souveräner Strafgewalten perpetuiert? Darauf soll abschließend mit der Skizze einer Vision geantwortet werden: Ein zusammenwachsendes Europa verdient – kurz gesagt – die Überwindung westfälischen Souveränitätspathos' und die Hinwendung zu echtem europäischen Gemeinschaftsdenken. Ein europäischer Strafrechtsraum verdient mehr „Einheit in der Vielfalt", als er eine faktische oder prozedurale Koordination jeder für sich zuständiger Strafgewalten verspricht. Und eine bürgerfreundliche Kriminalpolitik schafft nicht für ein und dasselbe Verhalten zuerst ein engmaschiges Netz ganz unterschiedlicher Verhaltensregeln ganz unterschiedlicher Strafrechte, um dann in der Verfolgungsphase mit Hilfe einer Behandlungsnorm über das im Einzelfall anzuwendende Recht zu entscheiden; eine bürgerfreundliche Kriminalpolitik ordnet vielmehr einem Verhalten eine ganz bestimmte Verhaltensregel eines ganz bestimmten Staates zu, multipliziert also nicht die anwendbaren Rechtsordnungen, sondern koordiniert sie vor der Tat. Nicht die *Konkurrenz*, d.h. das Nebeneinander nationaler Strafrechtsordnungen, sondern die *Kongruenz* nationaler Strafrechte muss als ein Leitbild des strafrechtlichen Integrationsprozesses in Europa ausgegeben werden dürfen.[72]

Die Diskussion über das europäische ne bis in idem ist eine Diskussion über eine Behandlungsnorm. Das muss sich ändern. Es ist mehr über die Verhaltensregeln zu sprechen, über den Abbau konkurrierender Gerichtsbarkeiten. Art. 54 SDÜ schafft ein Kollisionsregime, das die Strafverfolgung mehrfach verfolgbarer Tat koordiniert und ein Verbot der faktischen Doppel-Verfolgung des mehrfach verfolgbaren Täters postuliert. Ein zusammenwachsendes Europa der Bürger muss nach mehr streben als

72 Näher dazu ESER (FN 22), S. 59 ff.

nach einer solchen Koordination der Strafverfolgungsapparate; sonst drohte in der Tat eine Art „inquisitorischer Overkill“[73], weil das Individuum sich mit der Tat multiplen Strafgewalten aussetzt, die nach der Tat kooperieren und eine effektive Strafverfolgung arrangieren. Ein gemeinsamer europäischer Strafrechtsraum bedarf eines echten Kollisionsrechts, das konkurrierende Gerichtsbarkeiten abbaut und entscheidet, welcher Rechtsordnung die Strafhoheit für ein Verhalten zukommt.

In diesem Zusammenhang mögen, was hier zur Diskussion gestellt sei,[74] die Regelungen zum *Interlokalen Strafrecht* eine neue und ungeahnte Bedeutung gewinnen. Das Interlokale Strafrecht regelt das Verhältnis verschiedener in einem Bundesstaat geltender Teilrechtsordnungen; es ist im Gegensatz zu dem in §§ 3-7 StGB geregelten inter-nationalen Strafrecht echtes intra-nationales Kollisionsrecht, welches das anzuwendende Recht festlegt. Interlokales Strafrecht bricht deshalb die Antithese zwischen den zersplitterten Rechtsordnungen der verschiedenen europäischen Staaten auf, überwindet also die das Internationale Strafrecht beherrschende Antithese miteinander konkurrierender Souveräne. Das Interlokale Strafrecht setzt – und die seit 1976 im Schönke/Schröder zu findende Definition scheint sich im nachhinein als unbewusste Vorwegnahme aller europäischen Integrationsbemühungen zu lesen – *„grundsätzlich eine von gegenseitigem Vertrauen beherrschte Anerkennung der verschiedenen Teilrechtsgebiete für den gesamten Bereich“*[75] voraus. Die Regeln des Interlokalen Strafrechts gehen von einem Gesamtterritorium aus, das zwar nach innen in einzelnen Teilen eigenständige Strafgesetzgebungen aufweist, aber nach außen eine echte völkerrechtliche Einheit bildet:

> *„Aus der dem [...] Interlokalen Strafrecht zugrunde liegenden einheitlichen Gesamtanschauung der immer mehr zusammenwachsenden Teile folgt, dass die regierenden Gewalten der Gebiets-Teile auf gleicher Ebene de iure anerkannt sind und dass die Unterschiede in Gesetzgebung und Verwaltung nur als rechtlich mögliche Varianten des gleichen geistig-politischen Gesamtkonzept erscheinen.“*[76]

Das Interlokale Strafrecht beruht auf einer radikalen gegenseitigen Anerkennung, die weit über das Vertrauen in die andere Strafverfolgung hinausgeht und das Vertrauen in die richtigen fremden gesetzgeberischen Wertentscheidungen umfasst. Eine solche radikale gegenseitige Anerkennung stünde einem einheitlichen europäischen Strafrechtsraum gut zu Gesicht. Dabei ist freilich zu beachten: Das Schlagwort der gegenseitigen Anerkennung bezieht sich auf das „gesamte Paket“, auf das ineinander greifende fremde System der Strafrechtsgesetzgebung und der Strafrechtspflege.

Deswegen missversteht auch die in Europa angedachte Verkehrsfähigkeit von Beweisen das Konzept der gegenseitigen Anerkennung ganz fundamental. Sollten

73 Wie wohl erstmals apostrophiert von SCHÜNEMANN, Bürgerrechte ernst nehmen bei der Europäisierung des Strafverfahrens, in: Strafverteidiger (StV) 2003, S. 116-122 (118).

74 Vgl. dazu bereits ansatzweise ESER (FN 22), S. 63 ff.

75 ESER, in: Schönke/Schröder, Strafgesetzbuch, 18. Aufl., München 1976, Vorbem. §§ 3-7 Rn. 52 sowie 26. Aufl. (FN 7), Vorbem. §§ 3-7 Rn. 51.

76 MATTIL, Zur Problematik des Interlokalen Strafrecht, GA 1958, S. 142-151 (144).

nämlich die Mitgliedsstaaten dazu verpflicht werden, jedes Beweismittel zuzulassen, das nach dem nationalen Recht eines anderen Mitgliedsstaates rechtmäßig erhoben wurde,[77] so forderte man ein Vertrauen in einzelne Verfahrensmodalitäten, die willkürlich aus dem fremden Gesamtsystem herausgerissen sind; damit bliebe unberücksichtigt, dass die Rechtmäßigkeit der verschiedenen nationalen Beweismittel aufeinander abgestimmt ist, engere Voraussetzungen hier durch breitere Voraussetzungen dort ausgeglichen werden. Diese nationale Abstimmung würde gesprengt, falls man einzelne Beweismittel transnational hin und her verschieben könnte; der Beschuldigte dürfte in der Folge durch eine transnationale Kumulation verschiedener aus seiner und aus fremden Rechtsordnungen stammender Beweismittel verurteilt werden, die national weder in der eigenen noch in der fremden Rechtsordnung zusammengeführt werden dürften. Der daraus resultierenden Ungerechtigkeit gegenüber dem einzelnen Straftäter könnte nur durch eine radikale Vereinheitlichung des europäischen Beweismittelrechts geantwortet werden, weshalb GLEß[78] zurecht kritisiert, die Verkehrsfähigkeit von Beweisen ziele auf *„Rechtsharmonisierung durch die Hintertür."*

Ein durch Interlokales Strafrecht koordiniertes Europa der (Strafrechts-)Regionen basierte demgegenüber – und aus dem Konjunktiv spricht die Vision – nicht auf einer gegenseitigen Anerkennung aller ausländischen Verfahrensmodalitäten, sondern auf der Anerkennung des gesamten fremden Strafrechts, mitsamt seiner Besonderheiten.[79] So anstößig es aus deutscher Sicht auch klingen mag: Das niederländische Euthanasieregime müsste ebenso anerkannt werden wie die harschen irischen Abtreibungsregeln oder die freizügige Drogenpolitik unserer holländischen Nachbarn; umgekehrt müssten aber auch die Niederländer die strikten deutschen Betäubungsmittelgesetze akzeptieren, wie die Iren sich auch mit den liberalen Abtreibungsgesetzen ihrer europäischen Freunde arrangieren müssten. Das alles bedeutet: anzuerkennen ist sowohl jene Strafgewalt, die sich in Strafgesetzen und Verhaltensregeln manifestiert, wie auch jene Strafhoheit, die sich in der Schaffung von Freiräumen hypostasiert. Wenn in den Niederlanden der Konsum weicher Drogen nicht verboten ist, heißt das doch, dass ein entsprechender Freiraum geschaffen wurde. Wenn der Deutsche, der in den Niederlanden weiche Drogen konsumiert, nach deutschem Recht bestraft werden sollte, würde dieser in den Niederlanden geschaffene Freiraum eklatant verletzt bzw. nicht anerkannt.

Das führt uns zurück zu einem echten europäischen ne bis in idem, welches die westfälische Konkurrenz mehrerer Strafgewalten überwindet sowie die verschiedenen europäischen Strafhoheiten – in ihrer Strenge wie in ihrer Milde – nach interlokalem Vorbild koordiniert. Das Interlokale Strafrecht könnte in einem zusammenwachsenden Europa die Aufgabe übernehmen, jene materiellen Strafgesetze ausfindig zu machen, nach welchen das relevante Geschehen zu verfolgen und zu verurtei-

77 Vgl. GLEß (FN 69), S. 365 m.w.N.
78 GLEß (FN 69), S. 365.
79 Vgl. BURUMA, Radikale Toleranz, ZStW 116 (2004), S. 424-435 (425).

len ist.[80] Auszugehen wäre dabei vom Tatortprinzip, demzufolge die Handlung nach dem Strafrecht des Tatorts zu beurteilen ist, selbst wenn dieses für die verfolgende Behörde oder das erkennende Gericht fremdes, ausländisches Recht sein sollte. Bei den immer wichtiger werdenden grenzüberschreitenden Distanzdelikten wäre das nach konkreter Betrachtung strengste Gesetz anzuwenden. Ausnahmsweise ließe sich auch die *lex fori* zur Geltung bringen, wenn das Tatortrecht dem *ordre public* des am Gerichtsort geltenden Recht widerspräche.[81]

Eine solche normative Konzentration des anzuwendenden Rechts wäre der notwendige erste Schritt, dem in einem zweiten Schritt die Auswahl der geeigneten Strafverfolgungsbehörde nachfolgen müsste. Beides ergänzte sich zu einem europäischen Strafrechtsraum, in dem eine echtes Verbot der Doppel-Verfolgbarkeit des nicht mehrfach verfolgbaren Täters herrschte. Ein solches Verbot brächte dreierlei Werte zum Ausdruck, die alle in einem gemeinsamen Europa umgesetzt sein wollen:

- Zum ersten wäre es Ausdruck der radikalen gegenseitigen Anerkennung der europäischen Staaten, die nicht missionarisch das eigene Recht auf fremden Hoheitsgebiet zur Anwendung bringen wollen, sondern die strafrechtlichen Wertentscheidungen der anderen Mitgliedstaaten, Handlungen schwerer, milder oder gar nicht zu pönaliseren, akzeptieren.
- Zum zweiten fände sich die emphatische menschenrechtliche Schutzfunktion des Grundsatzes ne bis in idem umfassend verwirklicht, weil der Beschuldigte nicht mit divergierenden Geboten oder Verboten oder Erlaubnissätzen unterschiedlichster, westfälischer Souveräne konfrontiert wäre.
- Zum dritten wäre auch die Effizienz der Strafverfolgung sichergestellt, weil die Strafverfolgungsorgane der Mitgliedsstaaten guten Gewissens zusammenarbeiten könnten.

Man mag skeptisch sein, ob diese Vision eines europäischen Strafrechtsraums sich gegenseitig anerkennender Strafrechtsordnungen Wirklichkeit werden kann. Trotzdem sei diese Vision hier dem Jubilar in dem Wissen verehrt, dass er sich über Jahre und Jahrzehnte für den Aufbau eines Europas der Bürger und – wenn auch nicht terminologisch, so doch ideologisch – für den Abbau westfälischer Vorurteile im internationalen Recht eingesetzt hat.

80 Vgl. hierzu und zum Folgenden ESER, in: Schönke/Schröder, (FN 7), Vorbem. §§ 3-7 Rn. 52 ff.

81 Vgl. ESER (FN 22), S. 64.

Die Entwicklung des Prämiengedankens im italienischen Strafrecht

von Alessandro Honert, Rechtsanwalt und Avvocato,
Kanzlei Derra, Meyer & Partner, Ulm und Bologna

1. Der Prämiengedanke im codice penale

Bis Ende der siebziger Jahre hatte der Prämiengedanke nur vereinzelt Eingang ins italienische Strafrecht gefunden.[1] Die Belohnung des Straftäters – im Wege der Strafminderung oder des Absehens von Strafe – als Element der Sozialkontrolle war lediglich in einigen wenigen Vorschriften des *codice penale* vorgesehen.[2]

Aus dem "Allgemeinen Teil" des *codice penale* sind insbesondere zu nennen der Rücktritt vom Versuch (Art. 56 *codice penale)* und die Strafzumessungsregel des Art. 62 Nr. 6 *codice penale*, die ein auf Wiedergutmachung des Schadens gerichtetes Nachtatverhalten des Straftäters honoriert.

Aus dem "Besonderen Teil" gehören hierher die Art. 308, 309 *codice penale,* nach denen der an einer Verschwörung gegen den Bestand des Staates Beteiligte straffrei bleibt, wenn er die zum Zwecke der Konspiration gegründete Vereinigung auflöst; ferner Art. 376 *codice penale*, der § 158 StGB (Berichtigung einer falschen Aussage) entspricht, und Art. 525 *codice penale*, der dem Täter eines Entführungsdelikts im Sinne des § 236 a StGB a. F. Strafminderung zuerkennt, wenn er die entführte Person aus eigenem Entschluss freigibt, ohne unzüchtige Handlungen an ihr begangen zu haben.

All diesen – und den übrigen[3], hier nicht genannten – "belohnenden" Vorschriften des *codice penale* liegt dieselbe Struktur zugrunde: Die Prämie wird dem Straftäter für ein freiwilliges Verhalten zuerkannt, das der strafbaren Handlung diametral entgegensteht, final auf Wiedergutmachung gerichtet ist und kausal zu einer wenigstens partiellen Wiedergutmachung der Rechtsgutverletzung führt.[4] Mit anderen Worten: der Täter "repariert" sein Unrechtsverhalten durch eine Leistung, die ihm als eigene zuzurechnen ist. Diese Selbstbesinnung, in der sich seine Rechtstreue manifestiert, begründet ein hinreichendes Gegengewicht zu dem Unrechts- und Schuldgehalt der vorangegangenen Straftat und rechtfertigt die Belohnung des Straftäters.

1 Näher dazu: *Pisani*, L'indice penale 1981, 197 ff; *Pricolo*, Rivista italiana di diritto e procedura penale 1981, 1479 ff.

2 Überblick bei: *Scandellari*, La giustizia penale 1993,III, 216.

3 Art. 386 (Gefangenenbefreiung), 463 (Geldfälschung), 655 (aufrührerische Zusammenrottung) *codice penale*.

4 Näher: *Scandellari*, La giustizia penale 1993, III, 216, 218.

2. *Der Prämiengedanke im Kampf gegen die organisierte Kriminalität*

Die zunehmende Bedrohung des italienischen Gemeinwesens durch die organisierte Kriminalität führte Ende der siebziger Jahre im Gegenzug zur Lockerung dieses – die traditionellen prämierenden Vorschriften des *codice penale* kennzeichnenden – Zusammenhangs zwischen Selbstbesinnung des Täters einerseits und (partieller) Wiedergutmachung der Rechtsgutverletzung andererseits.

a)

Im Kampf zunächst gegen terroristische, dann allgemein gegen kriminelle Organisationen favorisieren die italienischen Ermittlungsbehörden die Strategie der "inneren Zersetzung": Einzelne Mitglieder sollen aus den kriminellen Vereinigungen herausgebrochen werden, um einerseits das wechselseitige Vertrauen in der Gruppe sowie ihren organisatorischen Zusammenhalt zu stören und andererseits ermittlungsrelevante Informationen über die kriminellen Vereinigungen zu erlangen. Diese Taktik macht plausibel, dass der Kronzeuge – *pentito, collaboratore della giustizia*[5] – zur zentralen Figur bei der Verbrechensbekämpfung wurde[6], und die Bemühungen des italienischen Gesetzgebers seit Jahren darauf gerichtet sind, ein "*pentiti*-freundliches Klima"[7] zu schaffen.

Die meist als Antwort des Staates auf spektakuläre Gewalttaten geschaffenen Regelungen weisen eine einheitliche Struktur auf: Einerseits werden die Strafandrohungen für "uneinsichtige" Täter empfindlich erhöht, andererseits werden Prämien – zahlreiche Fälle von Straflosigkeit sowie weitreichende Strafminderungen bzw. Vollzugslockerungen – für solche Straftäter vorgesehen, die sich von ihren Mittätern lossagen, weitergehende Folgen der Straftat verhindern und mit den Ermittlungsbehörden zusammenarbeiten.

Ohne eine Einzelexegese der zahlreichen gesetzlichen Regelungen vorzunehmen, die diesem Muster entsprechen, sollen nachfolgend einige "Meilensteine" der *pentiti*-freundlichen Vorschriften benannt werden:

Eigenständige Relevanz bei der Strafzumessung erlangt die auf die Ergreifung der Mittäter gerichtete Kollaboration des Straftäters erstmals im Zusammenhang mit der Novellierung des Art. 630 Abs. 5 *codice penale*[8] *(Freiheitsberaubung zum Zwecke des Raubes oder der Erpressung):* Strafminderung bis zu zwei Dritteln wird dem Mittäter zugestanden, der sich von den anderen lossagt und mit den Ermittlungsbehörden zusammenarbeitet, wenn er hierdurch einerseits die Freilassung des Opfers

5 *Pentito* heißt wörtlich soviel wie: der Reumütige, *collaboratore della giustizia* bezeichnet wörtlich den „Justizkollaborateur“.

6 *Di Chiara*, Legislazione penale 1993, 165, 167.

7 Dieser Ausdruck geht zurück auf *Falcone*, Difesa Penale 1992, 72,76.

8 *Legge* 30.12.1980, Nr. 894.

erreicht und er andererseits den Ermittlungsbehörden entscheidende Hinweise[9] liefert, die zur Feststellung der Identität oder der Ergreifung der Mittäter führen.[10]

Decreto legge 15.12.1979, Nr. 625[11] und *legge 29.5.1982, Nr. 304*[12] setzen den eingeschlagenen Weg fort. Sie enthalten "belohnende" Vorschriften nicht nur – wie bisher – für einzelne Tatbestände, sondern für ganze Deliktsgruppen: Für terroristische und umstürzlerische Vereinigungsdelikte wird einerseits der Strafrahmen um die Hälfte erhöht[13] und andererseits eine Kronzeugenregelung vorgesehen, die der des vorzitierten Art. 630 Abs. 5 *codice penale*[14] entspricht. Darüber hinaus sieht der Gesetzgeber eine Reihe von Fällen vor, in denen der Täter straffrei bleibt[15] oder seine Strafe gemindert[16] werden muss.

Im Jahre 1991 entstand schließlich eine umfassende Kronzeugenregelung für die Mafia: In Art. 7 *decreto legge* 13.5.1991, Nr. 152 wird zunächst die Strafe für Taten im Zusammenhang mit der Bildung und Tätigkeit einer kriminellen Vereinigung *"di tipo mafioso"* (Art. 416 bis *codice penale*) um ein Drittel bis zur Hälfte erhöht. Jedoch kann der Straftäter, der sich von der Vereinigung trennt, dazu beiträgt, weitergehende Folgen der Straftat zu verhindern, und durch konkrete Maßnahmen entscheidende Hinweise für die Rekonstruktion der Taten und die Identifizierung oder Festnahme der Mittäter gibt, eine Strafminderung von einem Drittel bis zur Hälfte für alle Straftaten erlangen, die im Zusammenhang mit seiner Mitgliedschaft in der

9 Die Formulierung des Gesetzes, wonach der Straftäter die entscheidenden Beweise (*"prove decisive"*) liefern muss, dürfte mit der Reform des Strafverfahrens hinfällig geworden sein. Heute können vor der mündlichen Hauptverhandlung nur Beweisquellen ermittelt werden; erst in der mündlichen Hauptverhandlung entsteht daraus dann "der Beweis".

10 Art. 6 *decreto legge* 15.1.1991, Nr. 8 (*legge* 15.3.1991, Nr. 82, zuletzt geändert durch Art. 1, *legge* 13.2.2001, Nr. 45) billigt dem Mittäter eines Verbrechens nach Art. 630 *codice penale* in Fällen außerordentlicher Bedeutung eine weitere Strafminderung bis zu einem Drittel zu, wenn sich von seinen Komplizen trennt etc.

11 Sog. *decreto Cossiga,* das durch *legge* 6.2.1980, Nr. 15 den Rang eines Parlamentsgesetzes erhalten hat.

12 Dieses Gesetz findet lediglich auf solche Straftaten Anwendung, die vor dem 31.1.1982 begangen wurden und bei denen der Täter nach dem Inkrafttreten des Gesetzes die strafmindernde Handlung vorgenommen hat. Das Gesetz ist kommentiert in: Legislazione penale 1982, S. 539 ff.

13 Art. 1 *decreto legge* 15.12.1979, Nr. 625.

14 Art. 4 *decreto legge* 15.12.1979, Nr. 625 zuletzt geändert durch Art. 4 von *legge* 14.2.2003, Nr. 34.

15 z.B. im Hinblick auf Vereinigungsdelikte und bestimmte Sprengstoff- und Begünstigungsdelikte, wenn der Täter die Auflösung der Vereinigung herbeiführt oder sich von dieser trennt und die Polizei umfassend über Organisation und Struktur der Vereinigung informiert, Art. 1 *legge* 29.5.1982, Nr. 304.

16 z.B. wegen aller Straftaten, die im Zusammenhang mit der Mitgliedschaft in der kriminellen Vereinigung stehen, wenn der Täter sich von der Vereinigung lossagt, ein umfassendes Geständnis ablegt und sich während des Prozesses um die Abwendung der schädlichen und gefährdenden Folgen der Tat bemüht, Art. 2, *legge* 29.5.1982, Nr. 304. Ferner: Strafminderung *ex* Art. 3 *legge* 29.5.1982, Nr. 304, für den Fall der Zusammenarbeit des Straftäters mit den Ermittlungsbehörden, die zur Ergreifung der Mittäter führt.

kriminellen Vereinigung stehen, Art. 8. Die Strafschärfung des Art. 7 findet dann keine Anwendung.

Neben diese prämierenden Vorschriften stellt der Gesetzgeber – und das ist neu gegenüber den Kronzeugenregelungen für Terroristen – Instrumente, die dem reumütigen Mafioso die Möglichkeit eines "Neuanfangs" bieten sollen: Dem Kronzeugen wird – nach dem Vorbild des nordamerikanischen Zeugenschutzprogramms – Schutz versprochen, und es werden existenzsichernde Maßnahmen vorgesehen:[17] Innenministerium und Justizministerium entwickeln ein auf die jeweiligen individuellen Anforderungen zugeschnittenes, besonderes Schutzprogramm für den Kronzeugen und seine Angehörigen. Dazu gehört gegebenenfalls, dass dem Kronzeugen eine neue Identität[18] und eine sichere Wohnung verschafft werden. In besonders gelagerten Fällen werden dem Kronzeugen sogar Hilfe bei der Arbeitssuche und wirtschaftliche Unterstützung zugesichert. Die *pentiti* machen von den Vergünstigungen des Zeugenschutzprogramms regen Gebrauch: Presseberichten[19] zufolge hat ein *boss* aus Neapel seine Aussage vom Schutz von 140 Angehörigen abhängig gemacht.

Übergreifende *pentiti*-freundliche Regelungen finden sich schließlich im Strafvollzugsrecht.[20] Auf der einen Seite wird Verurteilten, die als "besonders sozialgefährlich" gelten, der Zugang zu (Vorzugs-) Vollzugsarten erschwert: Straftäter, die wegen terroristischer oder staatsumstürzlerischer Taten, wegen der Mitgliedschaft in einer Vereinigung "*di tipo mafioso*" oder bestimmten Rauschgiftdelikten verurteilt worden sind, können nur dann zum offenen Vollzug, Freigang sowie zu den alternativen Vollzugsformen zugelassen werden, wenn sie nach der Verletzung dazu beitragen, weitgehende Folgen der Straftat zu verhindern, und durch konkrete Maßnahmen entscheidende Hinweise für die Rekonstruktion der Taten und der Identifizierung oder Festnahme der Täter geben.[21] Zudem müssen "sozialgefährliche" Täter länger im Normalvollzug bleiben als "gewöhnliche Verurteilte", bevor sie in den Genuss von Vollzugserleichterungen kommen.

Andererseits wird für *collaboratori della giustizia* eine Vorzugsbehandlung vorgesehen: Sie müssen nicht länger im Normalvollzug bleiben als "gewöhnliche Verurteilte".[22] Darüber hinaus können Kronzeugen nach Maßgabe von Art. 13 bis und 13 ter[23] *decreto legge* 15.1.1991, Nr. 8, in Abweichung von den Vorschriften des Strafvollzugsgesetzes außerhalb einer Justizvollzugsanstalt ihre Freiheitsstrafe verbüßen oder – weitergehend – zu einem zur Freiheitsstrafe alternativen Vollzug zuge-

17 *Decreto legge* 15.1.1991, Nr. 8 (*legge* 15.3.1991, Nr. 82).

18 Das ist näher geregelt in *decreto legislativo* 29.3.1993, Nr. 119.

19 Corriere della Sera, 11.01.1995; La Repubblica, 11.05.1995.

20 Insoweit sind insbesondere folgende gesetzliche Regelungen zu nennen: *Legge* 26. 7.1975, Nr. 354, geändert durch *decreto legge* 13.5.1991, Nr. 152 und *legge* 8.6.1992, Nr. 306 *(legge* 7.8.1992, Nr. 356). Einen Überblick gibt: *Iovino*, Cassazione penale 1992, 438 ff.

21 Art. 4 bis *legge* 26.7.1975, Nr. 354 i.V.m. Art. 58 ter, *legge* 26.7.1975 (novelliert durch *legge* 12.7.1991, Nr. 203). Vgl. hierzu den kritischen Kommentar von: *Iovino*, Cassazione Penale 1992, 438, 440.

22 Art. 58 ter *legge* 26.7.1975, Nr. 354.

23 Beide Vorschriften wurden eingeführt durch *decreto legge* 8.6.1992, Nr. 306.

lassen werden. Ist der Kronzeuge zum Zeugenschutzprogramm zugelassen, kann er einem freien Beschäftigungsverhältnis außerhalb der Anstalt nachgehen und hat – in Abweichung von den Vorschriften des Strafvollzugsgesetzes – näher bestimmte Sonderausgangsrechte. Mit anderen Worten: Auch wenn der Kronzeuge schwerste Straftaten begangen hat und wegen dieser Straftaten verurteilt worden ist, ist es ihm – je nach "Verhandlungsgeschick" – möglich, um die Verbüßung seiner Strafe in der Justizvollzugsanstalt zu vermeiden.

b)

Die Zusammenschau dieser prämierenden Vorschriften lässt maßgebliche Unterschiede zu den bis Ende der siebziger Jahre im italienischen Strafrecht nachweisbaren "belohnenden" Strafrechtsnormen erkennen.

Nach wie vor ist die Strafminderung zwar von einer – auf welche Motive auch immer zurückzuführenden – Selbstbesinnung des Täters abhängig. Der Aspekt der kausal hierdurch bewirkten Wiedergutmachung der Rechtsgutverletzung tritt allerdings in den Hintergrund: So profitiert ein Mafioso, der im Zusammenhang mit seiner Mitgliedschaft in der kriminellen Vereinigung einen Mord begangen hat und sich dann zur Zusammenarbeit mit den Ermittlungsbehörden entschließt, von einer deutlichen Strafminderung[24], obwohl seine Selbstbesinnung nur im Hinblick auf das Vereinigungsdelikt, nicht aber in Bezug auf das Rechtsgut "Leben" zu einer Wiedergutmachung führen kann.

Neben und vor die Wiedergutmachung treten nunmehr prozessuale Ziele:[25] Voraussetzung für die Strafminderung ist die Unterstützung der Ermittlungsbehörden bei der Feststellung der Identität und Ergreifung der Mittäter. Das führt zu einer Vermischung von materiellem und prozessualem Strafrecht:

Bis Ende der siebziger Jahre kam dem Strafverfahrensrecht eine dienende Funktion im Verhältnis zum materiellen Strafrecht zu. Es bezweckte allein die Verwirklichung des materiellen Rechts durch Ermittlung und Aburteilung des strafbaren Verhaltens.[26] Mit den Kronzeugenregelungen hingegen wird das materielle Recht in Gestalt der besonderen Strafzumessungsregeln der Erreichung strafprozessualer Ziele – nämlich die Ermittlung und Ergreifung der Mittäter – untergeordnet und erlangt insoweit selbst eine dienende Funktion in Bezug auf den Strafprozess. Die Kronzeugenregelungen sind damit nur auf den ersten Blick Normen des materiellen Strafrechts im eigentlichen Sinne. Der Sache nach handelt es sich um Normen, die der Verfolgung begangener und der Verhinderung geplanter Straftaten dienen.[27]

24 Im Beispiel: Statt lebenslänglicher Freiheitsstrafe, Art. 575 i.V.m. 576, 577 *codice penale,* Freiheitsstrafe von 12 bis 20 Jahren, Art. 8 *decreto legge* 13.05.1991, Nr. 152.

25 In diesem Sinne auch *D'Alterio*, Legalità e giustizia 1993, 454, 460.

26 Zur entsprechenden Rechtslage im deutschen Recht vgl. etwa: *Henkel*, Strafverfahrensrecht, 2. Aufl., S. 17; *Roxin*, Strafverfahrensrecht, 23. Aufl., RN 1.

27 So für die entsprechende Problematik im deutschen Recht zu § 31 BtmG der Bundesgerichtshof, BCHSt 31, 167.

c)

Die Kronzeugenregelungen haben folglich entgegen ihrem Charakter als Strafzumessungsregeln unmittelbar weder etwas mit Unrecht noch mit Schuld hinsichtlich der jeweils in Rede stehenden Taten zu tun. Allenfalls ein mittelbarer Bezug der Strafminderung zu Unrecht und Schuld kann durch die – dem deutschen Recht nicht unbekannte[28] – Konstruktion geschaffen werden, das kooperative Verhalten des Täters nach der Tat lasse Schlüsse auf die kriminelle Energie des Täters zur Tatzeit zu. Solche Erwägungen werden aber regelmäßig auf schwachen Beinen stehen, da die Kronzeugenregelungen nicht nach den Motiven für die Selbstbesinnung fragen und keine echte, "innere Umkehr" des Täters voraussetzen: Gerade im Bereich der ideologielosen, gewöhnlichen organisierten Kriminalität wird bloßer Opportunismus des Täters, der von den ihm in Gestalt der Kronzeugenregelungen angebotenen Vorteilen profitieren will, regelmäßig Hauptmotiv für die Selbstbesinnung sein. Dieses Profitdenken lässt noch keinen Schluss auf einen geringeren Schuld- und Unrechtsgehalt der Tat zu; es lässt sich im Gegenteil ohne weiteres mit der kriminellen Vorgeschichte des Straftäters in Übereinstimmung bringen.

Damit begründen die in den Kronzeugenregelungen vorgesehenen Strafminderungen – jedenfalls in der Regel – eine Denaturierung des Prämiengedankens gegenüber seiner ursprünglichen Konzeption im *codice penale*, die eine Reihe von Fragen aufwirft:

Zweifel an der Zulässigkeit der in den Kronzeugenregelungen vorgesehenen Strafminderungen könnten zunächst mit Blick auf das Prinzip der schuldangemessenen Strafe entstehen: Fraglich ist, ob das verfassungsrechtliche Schuldprinzip[29] der schuldunterschreitenden Strafe entgegensteht. Im Ergebnis ist diese Frage zu verneinen: Strafe hat nicht die Aufgabe, Schuld um ihrer selbst willen auszugleichen. Vielmehr ist sie nur gerechtfertigt, wenn sie sich zugleich als notwendiges Mittel zur Erfüllung der präventiven Schutzaufgabe des Strafrechts erweist. Unter dem Aspekt der Generalprävention gilt insoweit mit Blick auf die Kronzeugenregelungen: Einerseits wird durch die Ergreifung vom Mittätern mit Hilfe des Kronzeugen die Normgeltung bestätigt und das Vertrauen in den Schutz der Strafrechtsordnung gefestigt ("positive Generalprävention"); andererseits steigt das Risiko des Erwischt- und Bestraftwerdens ("negative Generalprävention") in demselben Maße, in dem die Strategie der "inneren Zersetzung" der kriminellen Organisationen funktioniert.

Zweifel an der geminderten Strafwürdigkeit des Kronzeugen können folglich allenfalls mit Blick auf den Gesichtspunkt der Spezialprävention bestehen. Ansatzpunkt für Bedenken kann die Erwägung sein, die Zusammenarbeit des Kronzeugen mit den Ermittlungsbehörden sei allein kein Indiz für geringeren "Erziehungsbedarf"; denn die Kronzeugenregelungen sind wertneutral; keine der Kronzeugenregelungen fragt nach den Motiven, die der Selbstbesinnung zugrundeliegen.

28 Hierzu umfassend: *Bruns*, Das Recht der Strafzumessung, 2. Aufl., S. 219 ff.

29 Art. 27 der italienischen Verfassung.

Eine solche Argumentation ließe aber die besondere Natur der Vereinigungsdelikte außer Betracht, auf die die Kronzeugenregelungen zugeschnitten sind: Die Mitarbeit des Kronzeugen bedingt automatisch dessen Isolation in der kriminellen Vereinigung; der "Vertrauensbruch", der in dem Überlaufen auf die Seite der Justiz liegt, dürfte in allen Fällen endgültig sein. Damit katapultiert der Kronzeuge sich unabhängig von den Motiven seiner Selbstbesinnung durch die selbstgeschaffene Isolation aus dem Bereich der organisierten Kriminalität hinaus: eine besondere Form der Spezialprävention, die unter dem Gesichtspunkt der vom Täter selbst begründeten Sozialisierung eine Strafminderung zu rechtfertigen vermag.

Damit verschiebt die verfassungsrechtliche Problematik sich vom Schuldprinzip weg hin zu der Gleichbehandlungsproblematik *ex* Art. 3 der italienischen Verfassung. Die Gewährung von Strafmilderung für Kronzeugen ist zum einen eine Ungleichbehandlung gegenüber seinen Komplizen, die die gleichen Delikte wie er begangen haben, zum anderen gegenüber Straftätern, die Straftaten begangen haben, ohne in eine kriminelle Organisation eingebunden zu sein. Diese Differenzierung ist nur dann vereinbar mit Art. 3 der italienischen Verfassung, wenn sie sachgerecht ist, für sie also ein sachlich einleuchtender Grund spricht:[30]

Die Beschränkung der Kronzeugenregelungen auf den Bereich der – terroristischen oder sonstigen – organisierten Kriminalität lässt sich mit der besonderen Gefährlichkeit dieser Kriminalitätsformen sowie der besonderen Schwierigkeit der Bekämpfung der verbrecherischen Vereinigungen mit hohem Organisationsgrad rechtfertigen. Gegenüber den Komplizen ist Grund der Vergünstigung die Leistung von Aufklärungshilfe im Sinne der Kronzeugenregelungen. Hierin ist mit Blick auf das verfassungsrechtlich sanktionierte Erfordernis einer funktionstüchtigen Strafrechtspflege[31] ein sachlicher Grund für die Besserstellung des Kronzeugen zu sehen; denn sämtliche Kronzeugenregelungen setzen tatbestandlich das Vorliegen eines Ermittlungsnotstandes voraus: Der Kronzeuge muss die entscheidenden Hinweise[32] gegeben haben, also solche, die nicht hinweggedacht werden können, ohne dass der Aufklärungserfolg entfiele. Damit ist die Ungleichbehandlung des Kronzeugen unter Gleichbehandlungsgesichtspunkten nicht zu beanstanden.

Jedoch könnte erwogen werden, die Besserstellung des Kronzeugen als Verstoß gegen den *nemo-tenetur*-Grundsatz aufzufassen. Die Strafminderung für den Aufklärungsgehilfen kann ja auch als Bestrafung des Beschuldigten angesehen werden, der von seinem Schweigerecht Gebrauch machen will.[33] Bei einer solchen Sicht der Dinge würde dem Beschuldigten ein Verhalten als strafschärfend angelastet, das ihm unter prozessualen Gesichtpunkten erlaubt ist. Dieser Umstand – so könnte argu-

30 Zur identischen Problemstellung im deutschen Recht vgl.: *Lammer*, ZRP 1989, 248, 250 und *Hoyer*, JZ 1994, 233, 236 jeweils m.w.N.

31 Dieser Aspekt steht im Mittelpunkt der Entscheidung des Verfassungsgerichtshofs 22/92, Il foro italiano 1992, I, 2012, 2027.

32 "*... elementi decisivi ...*"

33 In diesem Sinne: *Ubertis*, La giustizia penale 1994, III, S. 97, 98.

mentiert werden – begründe einen solchen "Selbstbelastungsdruck" beim Beschuldigten, dass das *nemo-tenetur*-Prinzip verletzt sei.

Indessen gingen solche Überlegungen fehl. Denn hier würde verkannt, dass nicht nach formal-logischen Gesichtspunkten – die an die Wortspielerei vom halb vollen bzw. halb leeren Glas Bier erinnern – entschieden werden darf, ob ein bestimmtes Sanktionsverhalten sich als Besserstellung oder Bestrafung darstellt. Vielmehr handelt es sich insoweit um eine wertend zu beantwortende Frage. Wertungsmaßstab müssen dabei das Maß der Schuld und der Zweck der Strafe sein. Diese Faktoren bestimmen die Höhe der verwirkten Strafe des Täters. Legt man diese Maßstäbe an, so ergibt sich mit Rücksicht auf die bereits gemachten Ausführungen, dass die Kronzeugenregelungen keine Bestrafung des schweigenden Beschuldigten vorsehen, sondern eine schuldunterschreitende Bestrafung des Aufklärungsgehilfen, dessen mildere Bestrafung mit Blick auf die Präventionszwecke des Strafrechts angemessen erscheint.

Bei alledem ist jedoch nicht zu übersehen, dass die Privilegierung der Kronzeugen schwerlich in Einklang zu bringen ist mit der dem Strafprozess im übrigen eigenen "Neutralität" des Schweigens. Das ist insbesondere in dem akkusatorischen Verfahren des reformierten *codice di procedura penale* bedenklich. Denn das neue italienische Strafverfahren verwirklicht im Grundsatz das kontradiktorische Prinzip, das die Wahrheitsfindung dem dialektischen Widerstreit der Parteien anvertraut.[34] Den Kronzeugenregelungen hingegen liegt die unausgesprochene Vorstellung zugrunde, der Beschuldigte trage die "Wahrheit" in sich, und es gelte nur, an diese in irgend einer Form – etwa durch die Auslobung von Prämien – "heranzukommen". Im Ergebnis wird das kontradiktorische Prinzip des neuen *codice di procedura penale* teilweise aufgegeben.

3. *Die Konzeption der Reformgesetzgeber*

Die Kronzeugenregelungen haben – wie gezeigt – den für den Prämiengedanken ursprünglich wesentlichen Zusammenhang zwischen der Selbstbesinnung des Straftäters und der Wiedergutmachung der Rechtsgutsverletzung aufgelockert, indem der Wiedergutmachungsgedanke prozessualen Zielen weitgehend untergeordnet wurde. Einen Schritt weiter ist der Reformgesetzgeber mit der Schaffung rein prozessualer Strafminderungsgründe im neuen *codice di procedura penale* gegangen.

a)

Die 1989 mit dem Inkrafttreten des neuen *codice di procedura penale* abgeschlossene Reform des italienischen Strafprozesses brachte in ihrer ursprünglichen Fassung einen ausgeprägt akkusatorischen Prozess hervor, in dem die Hauptverhandlung zum

34 Näher zum Wahrheitsbegriff des neuen *codice di procedura penale* und zu dessen kontradiktorischem Prinzip: Honert, ZStW 106 (1994), 427, 443 f.

zentralen Moment des Strafverfahrens erhoben wurde: Hier tragen Kläger und Angeklagter, im dialektischen Widerstreit und auf der Ebene der Gleichordnung, Umstände vor (und beweisen sie ggf.), die die Anklage erhärten bzw. entkräften. Die Ergebnisse des staatsanwaltlichen Ermittlungsverfahrens können der richterlichen Entscheidung grundsätzlich nicht zugrunde gelegt werden; sie sind nur vor die mündliche Vorverhandlung von Belang, in der ein Richter über die Eröffnung der Hauptverhandlung entscheidet.[35]

Es war abzusehen, dass der neue Strafprozess mit seiner aufwendigen Hauptverhandlung gegenüber demjenigen des – gemischt-inquisitorischen – *codice Rocco* von 1930 wesentlich an Umfang zunehmen würde. Deshalb hat der Reformgesetzgeber eine Reihe von besonderen Verfahrensarten vorgesehen, die zum Wegfall der Hauptverhandlung und so zu einer Entlastung der Gerichte führen sollten.[36] Diese besonderen Verfahrensarten – insbesondere die hier interessierende Strafabrede und das abgekürzte Verfahren – sind durch weitreichende konsensuale Elemente sowie – zugleich – Konzessionen an den Prämiengedanken gekennzeichnet.

Bei der Strafabrede[37] macht der Beschuldigte sich die Ermittlungsergebnisse der Staatsanwaltschaft zu eigen und handelt auf dieser Grundlage mit der Staatsanwaltschaft eine Strafe – im Anschluss an die Gesetzesänderung durch Art. 1 *legge* 12.6.2003, Nr. 134 auch Freiheitsstrafen bis zu maximal fünf Jahren – aus.

Beim abgekürzten Verfahren machte der Beschuldigte sich nach Maßgabe der ursprünglichen Fassung des Reformgesetzes die Ermittlungsergebnisse der Staatsanwaltschaft zu eigen, und im Einvernehmen mit der Staatsanwaltschaft wurde dem Richter der Vorverhandlung die Sache zur Entscheidung nach Aktenlage vorgelegt. Im Anschluss an die nachstehend referierten Entscheidungen des italienischen Verfassungsgerichts wurde das Institut des abgekürzten Verfahrens allerdings im Jahre 1999 vom Gesetzgeber radikal modifiziert – siehe nachfolgend zu Ziffer 5.

Sowohl im Falle der Strafabrede als auch beim abgekürzten Verfahren wird die Strafe um maximal ein Drittel gegenüber der schuldangemessenen Strafe herabgesetzt. Diese Strafminderung soll für den Beschuldigten Anreiz sein, auf die rechtsstaatlichen Garantien der Hauptverhandlung zu verzichten, und zugleich "Belohnung" für die Entlastung der Gerichte darstellen.[38]

35 Einen Überblick über die Reform geben *Amodio*, ZStW 102 (1990), S. 171 ff.; *Stile,* ZStW 104 (1992), S. 429 ff; *Maiwald/Ippolitti*, GA 1990, 495 ff; *Jescheck,* FS für Arthur Kaufmann, 1993, S. 659 ff.

36 Siehe *Budde*, ZStW 102 (1990), S. 196 ff.; *Jescheck*, FS für Arthur Kaufmann, 1993, S. 655, 669-675; *Sinner*, ZRP 1994, 478 ff.

37 Näher zu dem sog. *patteggiamento*: *Sinner*, ZRP 1994, 478 ff.

38 *Veneziano*, Il foro italiano 1992, I, 2055, 2056 oben m.w.N.

b)

Mit der Einführung dieser prozessualen Strafminderungsgründe hat der Gesetzgeber die ursprüngliche *ratio* des Prämiengedankens vollends aufgegeben. Die Strafminderung wird unabhängig von einer Selbstbesinnung des Straftäters und von Rechtsguterwägungen für ein bloß prozessuales Verhalten gewährt. In dieser Weise wird das klassische Verhältnis zwischen materiellem und prozessualem Strafrecht umgekehrt: Das materielle Recht – in Gestalt des Strafzumessungsrechts – wird dem Ziel der Verfahrensbeschleunigung untergeordnet. Die prozessualen Strafminderungsgründe der besonderen Verfahrensarten führen so nicht nur zur Verhängung schuldunterschreitender Strafen, sondern weitergehend zu Sanktionen, die zur Erreichung der präventiven Strafzwecke ungeeignet sind.

Unter dem Aspekt der negativen Generalprävention ergibt sich das schon daraus, dass das Abschreckungspotential der Kriminalstrafe sinken muss, wenn alle Strafandrohungen unterschiedslos und automatisch um ein Drittel reduziert werden. Dieses *minus* an Abschreckungs-Generalprävention wird auch nicht durch ein *plus* an positiver Generalprävention ausgeglichen. Zwar könnte man argumentieren, die Entlastung der Gerichte gewährleiste das Funktionieren der Strafjustiz und dieser Umstand sei – in Verbindung mit der schnellen Aburteilung der Straftäter – geeignet, die Normgeltung zu bestätigen. Indessen würde eine solche Sicht der Dinge verkennen, dass die konsensualen Elemente der besonderen Verfahrensarten, insbesondere der ihnen anhaftende Charakter eines *deals*, im Grundsatz nicht geeignet sein dürften, das Vertrauen in der Schutz der Strafrechtsordnung zu festigen.

Unter dem Aspekt der Spezialprävention ist festzustellen, dass die Wahl eines besonderen Verfahrens allein nicht als Indiz für die soziale Anpassung des Straftäters gewertet werden kann.[39] So ergeben sich Probleme mit Blick auf Art. 27 Abs. 2, Satz 2, 2. Halbsatz der italienischen Verfassung, wonach die Strafen die Umerziehung des Verurteilten anstreben müssen: Dieses Ziel können die nach den strafprozessualen Strafminderungsgründen ausgeworfenen Strafen aber jedenfalls nicht vollständig erreichen, da sie weder dem Unrechts- und Schuldgehalt der Tat entsprechen – die gewährte Strafminderung knüpft an ein Nachtatverhalten ohne Rechtsgutbezug an – noch am "Sozialisierungsbedarf" des Straftäters ausgerichtet sind.

4. Die Rechtsprechung des Verfassungsgerichtshofs

Nach alledem kann es nicht verwundern, dass der italienische Verfassungsgerichtshof mehrfach unter Gleichbehandlungsgesichtspunkten zu der Frage Stellung nehmen musste, unter welchen Voraussetzungen ein Beschuldigter in den Genuss der prozessualen Strafminderungsgründe kommen soll.[40] Die in diesem Zusammenhang ergangenen Entscheidungen verblüffen:

39 In diesem Sinne auch *Sinner*, ZRP 1994, 478, 481, m.w.N. in FN 62.
40 Näher hierzu: Honert, ZStW 106 (1994), 427, 431f, 439f.

Auf der einen Seite sanktioniert der Verfassungsgerichtshof die Loslösung der Strafminderung von materiell-rechtlichen Gesichtspunkten: Er stellt in Entscheidung 284/1990[41] lapidar fest, die prozessualen Strafminderungsgründe seien nicht zu beanstanden, obwohl der Täter ohne Rücksicht auf den Schuld- und Unrechtsgehalt seiner Tat sowie die Strafzwecke privilegiert werde. Denn die Philosophie des neuen Strafprozesses müsse respektiert und die traditionellen kulturellen und wissenschaftlichen Vorgaben müssten den neuen Anforderungen angepasst werden: Im Hinblick auf die verfassungsrechtlichen Prinzipien habe deswegen eine andere Lesart zu gelten.

Andererseits entzieht der Verfassungsgerichtshof dem Prämiengedanken die prozessuale, auf Verfahrensbeschleunigung gerichtete Rechtfertigung, die ihm die Reformgesetzgeber gegeben hatten: Als Ergebnis einer Reihe von Entscheidungen[42], in deren Zentrum das abgekürzte Verfahren steht, löst der Verfassungsgerichtshof das Junktim zwischen Strafminderung und Verkürzung des Verfahrens. Das Gericht räumt dem Beschuldigten vielmehr immer dann einen Anspruch auf Strafminderung ein, wenn es möglich gewesen wäre, das Strafverfahren durch die vom Beschuldigten begehrte Entscheidung nach Aktenlage noch vor der Eröffnung des Hauptverfahrens zum Abschluss zu bringen.[43] Zur Begründung wird ausgeführt, nur dieses Kriterium erlaube eine im Sinne des Gleichheitsgebotes sachgerechte Differenzierung der Strafrahmen. Denn *ratio* der Strafminderung sei nicht, dass der Beschuldigte zur Verkürzung des Strafverfahrens und somit zur Entlastung der Gerichte beitrage. Vielmehr solle durch die Reduzierung der Strafe das vom Beschuldigten eingegangene Risiko, ohne die rechtsstaatlichen Garantien der Hauptverhandlung nach Aktenlage verurteilt zu werden, kompensiert werden.[44] Die Strafe des Beschuldigten müsse folglich auch dann gemindert werden, wenn in der Hauptverhandlung sich herausstelle, dass der Staatsanwalt den Antrag des Beschuldigten auf Durchführung des abgekürzten Verfahrens zurückgewiesen habe, obwohl zum Zeitpunkt der Vorverhandlung die tatsächlichen Voraussetzungen für eine Entscheidung nach Aktenlage gegeben gewesen seien.[45] Entsprechendes gelte, wenn der Richter der Vorverhandlung den übereinstimmenden Antrag von Staatsanwaltschaft und Beschuldigtem auf Durchführung des abgekürzten Verfahrens mit der Begründung zurückgewiesen habe, eine Entscheidung nach Aktenlage sei noch nicht möglich.[46]

Das Ergebnis dieser verfassungsgerichtlichen Rechtsprechung ist paradox: Der Beschuldigte wird auch dann mit Strafminderung belohnt, wenn es nicht zu einer Verfahrensverkürzung gekommen ist.

41 Abgedruckt in: Il foro italiano 1990, II, 619, Nr. 14.

42 Nämlich: 81/91, abgedruckt in: Il foro italiano 1991, I, 2322 ff.; 23/92, abgedruckt in: Il foro italiano 1992, I, 1057 ff.; 92/92, abgedruckt in: Il foro italiano 1992, I, 1635 ff. Die Entscheidungen werden besprochen von *Veneziano*, Il foro italiano 1992, I, 2055 ff.

43 *Veneziano*, Il foro italiano 1992, I, S. 2055 ff.

44 So auch schon in Entscheidung 284/1990, abgedruckt in: Il foro italiano 1990, II, 619, Nr. 14.

45 Diese Konstellation lag Entscheidung 81/91 zugrunde.

46 Diese Konstellation lag Entscheidung 23/92 zugrunde.

Mehr noch: Die Rechtsprechung des Verfassungsgerichtshofs zwang die Instanzgerichte bis zur vorstehend bereits angesprochenen Reform des Instituts des abgekürzten Verfahrens im Jahre 1999, hypothetisch zu prüfen, ob zum Zeitpunkt der Vorverhandlung eine Entscheidung nach Aktenlage möglich gewesen wäre; dies führt zu einer weiteren Belastung und damit Verlängerung der Hauptverhandlung.

Im Zusammenhang mit den besonderen Verfahrensarten fand die "Belohnung" des Straftäters auf Grundlage der Rechtsprechung des italienischen Verfassungsgerichts also noch nicht einmal mehr eine auf Verfahrensbeschleunigung gerichtete, prozessuale Rechtfertigung.

5. *Die Reform des abgekürzten Verfahrens*

Die vorstehend referierte Rechtsprechung des italienischen Verfassungsgerichts führte die vom Reformgesetzgeber mit der Einführung des abgekürzten Verfahrens verfolgten Ziele *ad absurdum*. Aus diesem Grunde ist im Jahre 1999 der Gesetzgeber tätig geworden und hat das Institut des abgekürzten Verfahrens mit Gesetz Nr. 479/99 grundlegend umgestaltet.

Im Anschluss an die Gesetzesänderung ist für die Durchführung des abgekürzten Verfahrens nicht mehr die Zustimmung der Staatsanwaltschaft erforderlich. Ferner entfällt das Erfordernis der Möglichkeit einer Sachentscheidung nach Aktenlage. Vielmehr kann nunmehr der Beschuldigte den Antrag auf Durchführung des abgekürzten Verfahrens von der Einholung bestimmter Beweise abhängig machen; stellt der Beschuldigte nicht selbst Beweisanträge, kann auch das Gericht von Amts wegen weitere Beweise einholen.

Der italienische Gesetzgeber bestätigt damit den Ansatz des italienischen Verfassungsgerichts, nach Maßgabe dessen die Rechtfertigung für die mit dem abgekürzten Verfahren verbundene Strafminderung nicht eine tatsächlich eingetretene Verfahrensbeschleunigung ist (denn eine solche wird bei der Zulassung neuer Beweisanträge auch im Rahmen des abgekürzten Verfahrens *de facto* in aller Regel nicht zu erzielen sein), sondern allein die Bereitschaft des Beschuldigten, sich auf ein Verfahren einzulassen, das mit weniger rechtsstaatlichen Garantien ausgestattet ist als die akkusatorische Hauptverhandlung des reformierten italienischen Strafprozesses.

6. *Fazit*

Der Prämiengedanke des italienischen Strafrechts ist vom stetigen Verlust von Legitimität gekennzeichnet. Die Entwicklung reicht von der rechtsgutorientierten, materiell-rechtlichen Konzeption des *codice penale* über die gemischt materiell-prozessuale Orientierung der Notstandsgesetze und die rein prozessuale Logik der Reformer bis zur Rechtsprechung des Verfassungsgerichtshofs, die der Prämie an den Beschuldigten jegliche Rechtfertigung entzieht.

Zur Feststellung des Steuerhinterziehungstatbestandes durch die Finanzverwaltung

von Julian Ott, Rechtsanwalt, Steuerberater und Fachanwalt für Steuerrecht

I. Einleitung

Die Steuerhinterziehung gemäß § 370 Abs. 1 Abgabenordnung ist eine Straftat, die durch die ordentlichen Gerichte verfolgt wird. Die Norm beinhaltet einen Straftatbestand, der außerhalb des Strafgesetzbuchs, nämlich in der AO geregelt ist. Die AO stellt den rechtlichen Rahmen für den Ablauf des Besteuerungsverfahrens durch die Finanzämter. Sie beinhaltet im Schwerpunkt Verfahrensrecht für die Erhebung der in den Einzelsteuergesetzen, wie z.B. dem Einkommensteuergesetz, materiell geregelten Steuern.

An der Qualität des Hinterziehungstatbestands als Norm des Strafrechts bestehen schon aufgrund des Wortlauts des § 370 Abs. 1 Nr. 1 AO keine Zweifel:

> *„Mit Freiheitsstrafe bis zu 5 Jahren oder mit Geldstrafe wird bestraft, wer den Finanzbehörden oder anderen Behörden über steuerlich erhebliche Tatsachen unrichtige oder unvollständige Angaben macht und dadurch Steuern verkürzt oder für sich oder einen anderen nicht gerechtfertigte Steuervorteile erlangt."*

§ 386 AO begründet eine Ermittlungskompetenz der Finanzbehörde beim Verdacht einer Steuerstraftat. Die Finanzbehörde (Bußgeld- und Strafsachenstelle) kann das strafrechtliche Ermittlungsverfahren selbständig durchführen, wenn die Tat ausschließlich eine Steuerstraftat darstellt. Das Verfahren kann durch Beantragung eines Strafbefehls durch die Finanzbehörde beim Amtsrichter abgeschlossen werden. Ist die Sache zur Behandlung im Strafbefehlsverfahren nicht geeignet, legt die Finanzbehörde die Akten der Staatsanwaltschaft vor (§ 400 AO). Für das Strafverfahren wegen des Vorwurfs einer Steuerhinterziehung gelten die allgemeinen Gesetze über das Strafverfahren, namentlich die Strafprozessordnung (§ 385 AO) und selbstverständlich die Grundsätze in dubio pro reo und nemo tenetur se ipsum accusare. Für das in der AO geregelte Besteuerungsverfahren gelten jedoch Verfahrensgrundsätze, die von den Regeln des Strafverfahrens abweichen müssen. Der Staat ist vom regelmäßigen Steueraufkommen abhängig und muss jährlich die Festsetzung und Erhebung der Steuern in Millionen von Einzelfällen durchführen. Damit gehen eine Vielzahl von Verfahrens- und Beweiserleichterungen zugunsten der Finanzverwaltung einher.

Strafverfahren und Besteuerungsverfahren weisen Schnittstellen auf, die zu Kollisionen beider Verfahrensordnungen führen können. Der Beitrag befasst sich mit einer dieser Schnittstellen, nämlich der Feststellung des Steuerhinterziehungstatbestandes durch die Finanzbehörden im Besteuerungsverfahren. Einige rein steuerliche Normen setzen das Vorliegen einer Steuerhinterziehung als steuerliches Tatbestandsmerkmal voraus. Adressat dieser steuerlichen Normen ist zunächst die Finanzverwaltung, die im Rahmen des Besteuerungsverfahrens Rechtsanwender ist. Wird die Rechtsanwendung durch das Finanzamt in Frage gestellt, steht nach Durchlaufen des Einspruchsverfahrens dem Steuerpflichtigen der Weg zu den Finanzgerichten offen.

II. Steuerhinterziehung als Tatbestandsmerkmal außerstrafrechtlicher Besteuerungsnormen

Dem Tatbestand der Steuerhinterziehung kommt auch außerhalb des Strafverfahrens erhebliche Bedeutung zu, denn folgende rein steuerrechtliche Normen knüpfen an die Steuerhinterziehung an:

1. Verlängerung der Festsetzungsfrist (§ 169 Abs. 2 S. 2 AO)

§ 169 AO regelt die Festsetzungsfrist für den Erlass von Steuerbescheiden durch die Finanzverwaltung. Diese beträgt für den häufigsten Praxisfall, die Festsetzung von Einkommensteuer, vier Jahre. Nach Ablauf der Festsetzungsfrist ist ein gleichwohl ergehender Steuerbescheid rechtswidrig und die Steuer darf nicht erhoben werden. Diese regelmäßige Festsetzungsfrist wird durch § 169 Abs. 2 S. 2 AO von vier auf zehn Jahre verlängert. Die Festsetzungsfrist beträgt zehn Jahre, soweit eine Steuer hinterzogen, und fünf Jahre, soweit sie leichtfertig verkürzt worden ist. Der Vorschrift kommt erhebliche praktische Bedeutung zu, was sich an einem typischen Fall der Steuerhinterziehung unschwer erkennen lässt:

Besteht der Verdacht, dass Zinseinnahmen aus ausländischen Bankkonten bei der Einkommensteuererklärung im Sinne einer Steuerhinterziehung verschwiegen wurden, könnte die Finanzbehörde nach Entdeckung die Einkommensteuerbescheide zehn Jahre – statt nur vier Jahre ohne Hinterziehung – rückwirkend ändern und höhere Steuern festsetzen. Da häufig die erhobenen Nachsteuern nebst Zinsen die größte Belastung für den von einem Strafverfahren betroffenen Steuerpflichtigen darstellen, kommt dem Streit über die Verlängerung der Festsetzungsfrist erhebliche praktische Bedeutung zu.

2. Hinterziehungszinsen (§ 235 Abs. 1 S. 1 AO)

Als weitere rein steuerliche Norm, die eine Steuerhinterziehung als Tatbestandsmerkmal aufweist, ist § 235 Abs. 1 AO zu nennen. Hiernach sind hinterzogene Steuern zu verzinsen.

Die Erhebung von Hinterziehungszinsen ist keine Strafmaßnahme. Die Regelung bezweckt vielmehr, beim Nutznießer einer Steuerhinterziehung den Zinsvorteil abzuschöpfen. Der Normzweck erschließt sich aus § 235 Abs. 1 S. 2 AO, wonach der Zinsschuldner derjenige ist, zu dessen Vorteil die Steuern hinterzogen worden sind. Vor dem Hintergrund dieses Normzwecks legt der die Finanzverwaltung bindende Anwendungserlass zur AO zu § 235 unter Ziff. 1.3 fest, dass Hinterziehungszinsen auch festzusetzen sind, wenn wirksam eine Selbstanzeige erstattet wurde, wenn der Strafverfolgung Verfahrenshindernisse entgegenstehen (z. B. Tod des Täters oder Strafverfolgungsverjährung) oder das Strafverfahren wegen Geringfügigkeit eingestellt oder sonst die Strafverfolgung beschränkt wird. Letzteres erfasst alle Fälle der Beendigung eines Steuerstrafverfahrens nach §§ 153, 153a, 154, 154a StPO.

3. Haftung des Hinterziehers und Teilnehmers (§ 71 AO)

Eine weitere steuerrechtliche Norm ermöglicht der Finanzbehörde, den Täter oder Teilnehmer für die hinterzogene Steuer in Haftung zu nehmen, was dann bedeutsam wird, wenn Täter und Steuerschuldner der hinterzogenen Steuer nicht personenidentisch sind: Wer eine Steuerhinterziehung oder eine Steuerhehlerei begeht oder an einer solchen Tat teilnimmt, haftet für die verkürzten Steuern und die zu Unrecht gewährten Steuervorteile sowie für die Zinsen nach § 235 AO. Praktisch bedeutsam wird die Möglichkeit des Rückgriffs im Haftungswege auf den Täter oder Teilnehmer vor allem dann, wenn die Steuer vom eigentlichen Steuerschuldner – z. B. aufgrund Insolvenz – nicht mehr erlangt werden kann.

Die vorstehenden Regelungen haben gemeinsam, dass ihr Sinn und Zweck darin besteht, die dem Fiskus durch Steuerdelikte entstehenden Nachteile umfassend auszugleichen bzw. die beim Steuerpflichtigen entstehenden Vorteile vollständig zu erfassen und abzuschöpfen.[1] Ihre enge tatbestandsmäßige Anlehnung an das Steuerstrafrecht erklärt sich aus Sinn und Zweck der Normen, durch die das gesetzgeberische Ziel des Steuerstrafrechts unterstützt werden soll. Die Abschöpfung unmittelbarer und mittelbarer Vorteile einer Steuerstraftat dient nicht nur der Sicherung des staatlichen Steueranspruchs; sie soll darüber hinaus potentiellen Tätern den Anreiz zur Begehung von Steuerdelikten nehmen und sichert dadurch den Steueranspruch auch im Vorfeld eines Steuerdeliktes[2]. Die Vorschriften bilden das steuerliche Korrelat zu den Straftatbeständen, erst durch sie wird deren präventive Wirkung umfassend hergestellt, denn sie stellen sicher, dass die Begehung eines Steuerdelikts in einer Gesamtschau für den Täter nie vorteilhaft sein kann[3].

1 Krause, DStR 1998, S. 553.
2 Bax, Die Haftung nach allg. Abgabenrecht aus steuer- und verfassungsrechtlicher Sicht, S. 88.
3 Krause, DStR 1998, S. 553, 554.

III. Anforderungen an die Feststellung der Steuerhinterziehung

Allgemein anerkannt ist, dass die Bejahung des Tatbestandsmerkmals Steuerhinterziehung im Rahmen der vorgenannten steuerlichen Normen die Feststellung eines Steuerdelikts erfordert[4]. Die Prüfung des Tatbestandes der jeweiligen steuerlichen Norm erfordert somit eine Inzidentprüfung der Steuerhinterziehung. Der Tatbestand des § 370 AO muss hinsichtlich aller Merkmale sowohl objektiv als auch subjektiv erfüllt sein.[5]

Die Prüfung des Tatbestandsmerkmals Hinterziehung hat grundsätzlich nicht nach den Vorschriften der StPO, sondern nach den Vorschriften der AO und FGO zu erfolgen.[6] Die Finanzbehörde hat den Sachverhalt gemäß § 88 AO von Amts wegen zu ermitteln. Auch für das Finanzgericht gilt der Amtsermittlungsgrundsatz (§ 76 Abs. 1 S. 1 FGO). Die Frage, ob eine Steuerhinterziehung vorliegt, ist im Besteuerungsverfahren unabhängig von strafprozessualen Vorschriften nach den steuerlichen Verfahrensregeln zu ermitteln. Es handelt sich dabei um eine strafrechtliche Vorfrage im Rahmen der Entscheidung über die Rechtmäßigkeit eines Steuerbescheides[7]. Dass hierbei der Tatbestand der Steuerhinterziehung hinsichtlich aller Merkmale sowohl objektiv als auch subjektiv erfüllt sein muss, wird dogmatisch abgeleitet aus der steuerlichen Verfahrensregel, wonach im Besteuerungsverfahren der Steuergläubiger die Feststellungslast (objektive Beweislast) für die Tatsachen trägt, die den Steueranspruch begründen[8]. Insoweit wird auch dogmatisch bei der Anforderung an die Feststellung des Steuerdeliktes hinsichtlich aller objektiven und subjektiven Merkmale das Rechtsgebiet des steuerlichen Verfahrensrechts nicht verlassen.

Als Mindestanforderung an die Qualität dieser Feststellung ist eine umfassende Auseinandersetzung mit dem Steuerdelikt im Rahmen eines Haftungsbescheides oder Hinterziehungszinsbescheides aufgestellt. Schon diese Mindestanforderung ist in der Praxis nicht immer erfüllt, wie exemplarische Rechtsprechung zeigt:

> *„Dem Betroffenen muss nachgewiesen werden, dass er die Tat vorsätzlich (und nicht – wie in der Einspruchsentscheidung ausgeführt wird – auch grob fahrlässig) begangen hat. Jedenfalls ist die Feststellung vorsätzlichen Handelns ohne Vernehmung des Beschuldigten in aller Regel nicht möglich. Aus der Einspruchsentscheidung ist nicht ersichtlich, dass das Finanzamt den Antragsteller zum Vorwurf der Steuerhinterziehung gehört hat“*[9].

Die Feststellungslast des Finanzamts für anspruchsbegründende Tatsachen erfährt im steuerlichen Verfahrensrecht Einschränkungen dadurch, dass in einer Reihe von Vorschriften gesetzlich das Vorliegen bestimmter Tatsachen – in der Regel wider-

4 GrS des BFH BFHE 127,140,145; BFH, BFHE 130,131; BFH, BFHE 165,458,463; BFH BStBl. 1975 II 129; BFH BStBl. 1988 II, 213.

5 BFH, BStBl. 1992 II, S. 9; BStBl. 1998 II, S. 467.

6 GrS des BFH a.a.O.

7 Hübschmann/Hepp/Spitaler, § 169 AO (FGO) Rz. 53.

8 Hübschmann/Hepp/Spitaler a.a.O.; Tipke/Kruse, AO § 169 Rz. 25.

9 BFH, Beschluss. v. 15.09.1992, VII B 62/92.

legbar – vermutet wird[10]. Derartige Vermutungsregeln wurden auch von der steuerrechtlichen Rechtsprechung mitgeprägt. Beispielsweise sei eine Vermutung bei der Rechtsfigur der verdeckten Gewinnausschüttung (§ 8 Abs. 3 Satz 2 KStG) genannt, wonach vermutet wird, dass eine durch das Gesellschaftsverhältnis veranlasste Vermögensminderung dann vorliegt, wenn einem beherrschenden Gesellschafter im Rahmen eines Leistungsaustausches ein Entgelt gewährt wird, ohne dass zuvor eine klare Vereinbarung hierüber abgeschlossen worden ist[11]. Neben diesen Vermutungsregelungen sieht das steuerliche Verfahrensrecht für die Finanzbehörde Beweiserleichterungen vor, deren Hintergrund im Erfordernis einer effizienten Abwicklung von Massenverfahren zu sehen ist. Bedeutsame Beweiserleichterungen bieten insbesondere die Regelungen in § 90 Abs. 2 AO und § 162 AO.

§ 90 Abs. 2 AO fordert eine gesteigerte Mitwirkungspflicht des Steuerpflichtigen bei Auslandssachverhalten. Die Beteiligten haben den Sachverhalt aufzuklären und die erforderlichen Beweismittel zu beschaffen. Dabei haben sie alle bestehenden rechtlichen und tatsächlichen Möglichkeiten auszuschöpfen. Ein Beteiligter kann sich nicht darauf berufen, dass er den Sachverhalt nicht aufklären oder Beweismittel nicht beschaffen kann, wenn er sich nach Lage des Falls bei der Gestaltung seiner Verhältnisse die Möglichkeit dazu hätte beschaffen oder einräumen lassen können.

§ 162 AO ordnet an, dass die Finanzbehörde die Besteuerungsgrundlagen zu schätzen hat, wenn sie diese nicht ermitteln oder berechnen kann. Insbesondere gelangt die Schätzung dann zur Anwendung, wenn der Beteiligte Mitwirkungspflichten verletzt, eine Buchführung nicht vorhanden ist oder diese verworfen wird. Die Finanzverwaltung hat eine Vielzahl von unterschiedlichen Schätzungsmethoden entwickelt, derer sie sich bedienen kann und die von der finanzgerichtlichen Rechtsprechung gestützt werden. Zu nennen sind insbesondere innerer und äußerer Betriebsvergleich, Geldverkehrsrechnung und Vermögenszuwachsrechnung. Die Rechtmäßigkeit eines auf diesen Methoden basierenden Schätzungsbescheides ist nicht davon abhängig, ob das Ergebnis den tatsächlichen Verhältnissen entspricht. Ein Schätzungsbescheid ist immer dann rechtmäßig, wenn die Tatbestandsvoraussetzungen des § 162 AO vorliegen und das Ergebnis der Schätzung sich schlüssig, wirtschaftlich vernünftig und möglich darstellt, wenn auch an der oberen Grenze des Schätzungsrahmens[12].

Diese Beweismaßerleichterungen zugunsten der Finanzverwaltung führen im Zusammenhang mit dem Vorwurf einer Steuerhinterziehung zu Streitigkeiten, die sich nicht nur auf das Vorliegen einer Steuerhinterziehung dem Grunde nach, sondern häufig auch auf die Höhe der hinterzogenen Steuern als Folge einer Schätzung der Besteuerungsgrundlagen erstrecken.

Einigkeit besteht darüber, dass die Beweiserleichterungen zugunsten der Finanzverwaltung im Strafverfahren keine Anwendung finden[13]. Für die Annahme einer

10 Krekeler, PStR 2000, S. 19, 20.
11 Krause, DStR 1998 S. 554, 555.
12 Pahlke/König, AO, § 162 Rz. 124.
13 BGH, wistra 1995, S. 67; Krekeler, a.a.O; Franzen/Gast/Joecks, Steuerstrafrecht, § 370 Rz. 56.

Steuerhinterziehung ist der Sachverhalt vom Strafrichter umfassend aufzuklären. Die Feststellung der Steuerverkürzung in § 370 AO setzt voraus, dass der zugrunde liegende Sachverhalt nach der Überzeugung des Strafrichters einen Steueranspruch begründet, und zwar ohne dass steuerliche Vermutungen bei der Würdigung dieses Anspruchs zugrundegelegt werden. Diese Anforderungen sind auch von der Finanzverwaltung zu beachten, wenn die Bußgeld- und Strafsachenstelle des Finanzamts das Verfahren selbständig führt. Umstritten ist hingegen die Anwendbarkeit der Beweismaßvorschriften im Rahmen des Besteuerungsverfahrens, also bei der Ziehung der steuerlichen Konsequenzen der Hinterziehung, nämlich der Abschöpfung der Vorteile unter Anwendung der verlängerten Festsetzungsfrist, der Festsetzung von Hinterziehungszinsen und dem Erlass von Haftungsbescheiden.

IV. Abweichende Rechtsauffassungen

In der finanzgerichtlichen Rechtsprechung werden unterschiedliche Auffassungen zur Anwendbarkeit der Vorschriften des § 162 AO und § 90 Abs. 2 AO im Zusammenhang mit der Feststellung einer Steuerhinterziehung vertreten.

1. Finanzgericht Düsseldorf

Das Finanzgericht Düsseldorf[14] hatte einen derzeit beim Bundesfinanzhof in der Revision anhängigen Fall zu entscheiden, der im Jahr 1999 mit einem Auskunftsersuchen der Steuerfahndung beim Steuerpflichtigen zu nicht erklärten Zinseinkünften begann. Das Finanzamt erhielt als Folge des Ersuchens eine berichtigte Steuererklärung für die steuerstrafrechtlich noch nicht verjährten Jahre. Diese führte als Selbstanzeige zur Straffreiheit. Der Steuerpflichtige gab an, im Zusammenhang mit der Einführung der Zinsabschlagsteuer etwa sechshunderttausend DM ab 1992 im Ausland angelegt zu haben, erklärte die Zinseinkünfte für die Folgejahre nach und beglich die hieraus folgenden Mehrsteuern. Das Finanzamt forderte konkrete Nachweise für die Herkunft des Geldes. Der Kläger wies lediglich nach, dass dieser Anfangsbestand ohne weiteres aus versteuerten anderen Einkünften bzw. dem Verkauf einer ererbten Immobilie stammen könnte; ein konkreter Nachweis durch Vorlage der Kontoauszüge mit den einzelnen Transfers erfolgte nicht. Das Finanzamt nahm mit Blick darauf, dass es sich um einen Auslandssachverhalt sowie um eine Verletzung der Mitwirkungspflichten handelte, eine Schätzung für die vorangegangenen, nach seiner Auffassung nicht festsetzungsverjährten Jahre ab 1987 vor. Es unterstellte einen jährlichen Ansparbetrag von 30.000 DM und einen Zinssatz von 7,5% und errechnete hiervon ausgehend ansteigende zusätzliche Einkünfte aus Kapital-

14 FG Düsseldorf, Urteil vom 04.11.2004 – 11 K 2702/02 – nicht rechtskräftig, EFG 2005, S. 246 f.; Az der Revision: VIII R 81/04.

vermögen zwischen rund 19.000 DM im Jahr 1987 bis zu rund 39.000 DM im Jahr 1992 und setzte diese gegen den Steuerpflichtigen fest. Das Finanzgericht Düsseldorf gab der gegen die geänderten Einkommensteuerbescheide 1987-1992 gerichteten Klage statt. Es stützte sich hierbei in erster Linie auf den Grundsatz in dubio pro reo. Dieser Grundsatz schließe es aus, die Schätzung der hinterzogenen Steuern – entsprechend den allgemeinen Grundsätzen im Falle der Verletzung von Mitwirkungspflichten – auf Wahrscheinlichkeitserwägungen, d. h. auf ein reduziertes Beweismaß zu stützen und an der oberen Grenze des für den Einzelfall zu beachtenden Schätzungsrahmens auszurichten. Erforderlich sei vielmehr, dass das Finanzamt und das Finanzgericht auf der Grundlage des Gesamtergebnisses des Verfahrens von der Höhe der Steuerhinterziehung überzeugt sind[15]. Gegenteilige finanzgerichtliche Rechtsprechung berücksichtige hierbei nicht den Grundsatz in dubio pro reo, obgleich dieser als Teil des Rechtsstaatsprinzips ebenso bei der Auslegung zu beachten sei, wie das Verbot des Zwangs zur Selbstbelastung.

2. Finanzgericht Münster

Anders hat das Finanzgericht Münster[16] entschieden. Die Kläger hatten in den Steuererklärungen der Jahre 1992 ff. keine Einkünfte aus Kapitalvermögen erklärt. In 1995 erhielten sie eine Überweisung von 82.897 DM von einer türkischen Bank. Am Folgetag wurden 160.000 DM über eine türkische Bank in die Türkei transferiert, um hiervon Kreditbriefe der türkischen Nationalbank mit einer Verzinsung von bis zu 13% p.a. zu kaufen. Ein strafrechtliches Ermittlungsverfahren wurde wegen des Verdachts der Einkommensteuerhinterziehung für die Jahre 1996 bis 2000 eingeleitet. Der gerichtlichen Aufforderung, die genauen Zinseinkünfte nachzuweisen, kamen die Kläger nicht nach. Bei der wegen Verletzung der Mitwirkungspflicht vorgenommenen Schätzung setzte das Finanzamt den maximal erzielbaren Zinssatz von 13% p.a. an, unterstellte die Wiederanlage von Kapital und Zinsertrag über einen Zeitraum von vier Jahren und nahm zusätzlich einen Sicherheitszuschlag in Höhe von 1,8% der Zinseinnahmen vor. Das Finanzgericht Münster wies die Klage als unbegründet ab. Bei der Prüfung der subjektiven Tatbestandsmerkmale einer Steuerhinterziehung ging das Gericht davon aus, dass der Grundsatz in dubio pro reo zu beachten ist. Allerdings mindere sich das Beweismaß, wenn die vollständige Aufklärung des Sachverhalts daran scheitert, weil der Steuerpflichtige seinen Mitwirkungspflichten nicht genügt[17]. Das Gericht unterstreicht, dass es der Auffassung des Finanzgerichts Düsseldorf im angeführten Urteil nicht folge. Diese führe zu einem Wertungswiderspruch, weil sie im Besteuerungsverfahren einen vermeintlichen

15 FG Düsseldorf, a.a.O.

16 FG Münster, Urteil vom 15.03.2005 – 12 K 3958/03 E.

17 FG Münster, a.a.O. unter Verweis auf BFH, BFHE 186, 299.

Steuerhinterzieher gegenüber den Steuerpflichtigen, die ihre Kapitalerträge ordnungsgemäß erklären, bevorzugt[18].

Einigkeit besteht lediglich hinsichtlich der Geltung des Grundsatzes in dubio pro reo. Aufgrund der Beweismaßvorschriften kommen jedoch keine Zweifel auf, die zugunsten des Angeklagten sprechen könnten. Es ist daher vorrangig die Frage nach der Anwendbarkeit der Beweismaßvorschriften aufzuwerfen, die durch Auslegung zu beantworten ist.

V. Teleologische Reduktion der Beweismaßvorschriften

Aus dem Wortlaut der Beweismaßvorschriften sind keine Hinweise zu entnehmen, die gegen eine Anwendbarkeit sprechen könnten. Die eingangs aufgelisteten Normen sind systematisch der AO zuzuordnen, was zunächst auch für eine Anwendbarkeit der Beweismaßvorschriften des gleichen Gesetzes spricht. Allerdings kommt den fraglichen Normen im System der AO Ausnahmecharakter zu, weil diese nicht dem regulären Erhebungsverfahren zuzuordnen sind, sondern alle die Besonderheit aufweisen, dass Tatbestandsvoraussetzung die Verwirklichung eines Steuerdeliktes ist. Der Ausnahmecharakter ergibt sich auch daraus, dass die Normen als öffentlich-rechtliche Haftungs- und Abschöpfungstatbestände die präventive Wirkung des § 370 AO steuerlich ergänzen. Aus der systematischen Stellung allein kann eine Anwendbarkeit der Beweismaßvorschriften auf die deliktsvoraussetzenden Normen der AO daher nicht sicher hergeleitet werden.

Die Beweismaßvorschriften dienen der Durchführung des Besteuerungsverfahrens. Etwa bietet die Schätzung gemäß § 162 AO ein Verfahren, Besteuerungsgrundlagen zu ermitteln, wenn eine sichere Feststellung trotz des Bemühens um Aufklärung nicht möglich oder nicht zumutbar ist[19]. Sie ist das äußerste Mittel der Finanzbehörde, um Besteuerungsgrundlagen dem Grunde und der Höhe nach möglichst zutreffend festzustellen[20]. § 162 AO normiert damit eine gesetzliche Beweismaßreduzierung auf eine größtmögliche Wahrscheinlichkeit[21]. Das Finanzamt muss dem Fall sachgerecht begegnen können, dass ein Bürger seiner Steuererklärungspflicht nicht nachkommt. Andernfalls wäre eine praktische Durchführung der Millionen von jährlichen Besteuerungsverfahren ausgeschlossen. Steuerliche Beweislastregeln dienen also der Funktionsfähigkeit des Steuersystems in seiner Gesamtheit. Ohne sie wären die Finanzbehörden in zahlreichen Fällen mit Schutzbehauptungen der Steuerbürger konfrontiert, die sie nicht oder nur mit unverhältnismäßig hohem Aufwand widerlegen könnten. Daher wird im Interesse der Allgemeinheit in Kauf genommen, dass bei der steuerrechtlichen Prüfung eines Sachverhalts Entscheidun-

18 FG Münster, a.a.O.
19 Pahlke/König, AO, § 162 Rz. 1.
20 BT-Drucksachen VI 1982, S. 147.
21 BFH, BStBl. 2004 II, S. 25.

gen zu Lasten des Bürgers ermöglicht werden, die diesen unter Umständen einem Steueranspruch aussetzen, der tatsächlich materiell nicht besteht[22].

Schon dies zeigt, dass die Beweismaßvorschriften nach ihrem Sinn und Zweck nicht geeignet sind, auf die §§ 71, 169 und 235 AO, die eine Straftat voraussetzen, zur Anwendung zu gelangen. Diese Normen erweitern die Ansprüche des Staates aus Anlaß einer inkriminierenden Handlung des Bürgers. Die Straftat des Bürgers ist die Legitimationsgrundlage für die Rechtsfolgen dieser Normen. Wo staatliche Eingriffe ihre Legitimation aus individuellem Fehlverhalten herleiten, fehlt die Legitimation, wenn dieses nicht nachgewiesen ist. Aus dem Erfordernis der Funktionsfähigkeit des Besteuerungsverfahrens als Massenverfahren kann diese Legitimation nicht hergeleitet werden: Schutzbehauptungen des Angeklagten sind das täglich Brot des Strafverfahrens; das Bedürfnis, diese zu widerlegen, erlaubt dem Strafrichter gleichwohl keinesfalls, das erforderliche Beweismaß für eine Verurteilung herabzusenken. Vielmehr muss dieser aufgrund des Rechtsstaatsprinzips einen – aus Sicht der Finanzverwaltung bei der regulären Besteuerung sicher unverhältnismäßig – hohen Aufwand treiben, um Schutzbehauptungen zu widerlegen.

Die Heranziehung von Beweisvermutungen, die zur Belastung des Bürgers mit materiell nicht bestehenden Ansprüchen führen können, verbietet sich hier. Eine teleologische Reduktion der Anwendbarkeit der steuerrechtlichen Beweismaßregeln ist daher erforderlich. Diese finden demnach keine Anwendung auf Normen der AO, die eine Verwirklichung einer Steuerstraftat tatbestandsmäßig voraussetzen.

Die grundsätzliche Rechtfertigung für die teleologische Reduktion liegt im Gebot, Ungleiches ungleich zu behandeln, d.h. die von der Wertung her erforderlichen Differenzierungen vorzunehmen. Diese können geboten sein aus dem Sinn und Zweck der Norm selbst oder durch den insoweit vorrangigen Zweck einer anderen Norm oder durch ein für eine bestimmte Fallgruppe vorrangiges, dem Gesetz immanentes Prinzip[23]. Die Differenzierung ist hier geboten durch den Ausnahmecharakter der Fallgruppe derjenigen Normen der AO, die eine Steuerhinterziehung tatbestandlich voraussetzen und damit die steuerliche Abrundung der Präventivwirkung des Steuerstraftatbestandes darstellen. Ihre Legitimation liegt in der inkriminierenden Handlung des Bürgers, nicht in der Notwendigkeit der Durchführung von Massenverfahren. Diese Normen sind daher ungleich zu den sonstigen Normen der Abgabenordnung zu behandeln und gebieten die teleologische Reduktion der für das Massenverfahren der regulären Besteuerung geschaffenen Beweismaßvorschriften der AO in den Fällen der Feststellung des Steuerhinterziehungstatbestandes als Tatbestandsvoraussetzung einer steuerlichen Norm.

22 Krause, DStR 1998 S. 554, 557.

23 Canaris, Methodenlehre der Rechtswissenschaft , S. 211.

VI. Verfassungsorientierte Auslegung

Zu keinem anderen Ergebnis führt eine verfassungsorientierte Auslegung[24] der Beweismaßvorschriften der AO bei der Feststellung von Steuerdelikten.

1. Gleichmäßigkeit der Besteuerung

Für die Anwendbarkeit der Beweismaßvorschriften spricht auf den ersten Blick das aus Art. 3 GG abzuleitende Gebot der Gleichmäßigkeit der Besteuerung. Dem Argument der Bevorzugung des vermeintlichen Steuerhinterziehers gegenüber dem Steuerpflichtigen, der ordnungsgemäß erklärt, ist durch den Ausnahmecharakter der relevanten Steuernormen zu begegnen. Diese sind nicht Bestandteil des regulären Besteuerungsverfahrens. Das Haftungsverfahren gemäß § 71 AO berührt die originäre Steuerschuld nicht; Hinterziehungszinsen hindern die reguläre Zinsvorschrift des § 233 a AO nicht und die Finanzbehörde ist weiter nicht gehindert, die Beweismaßregeln im regulär nicht festsetzungsverjährten Besteuerungszeitraum zur Anwendung zu bringen. Das Argument der Bevorzugung des Hinterziehers gegenüber dem ehrlichen Bürger trägt bei der Frage der Anwendbarkeit von Beweismaßvorschriften zur Feststellung des Hinterziehungstatbestandes nicht.

2. Rechtsstaatsprinzip

Die Unschuldsvermutung ist aus dem Rechtsstaatsprinzip des Art. 20 Abs. 3 GG abzuleiten. Sie schützt den Beschuldigten vor Nachteilen, die Schuldspruch oder Strafe gleichkommen, denen aber kein rechtsstaatliches prozeßordnungsgemäßes Verfahren vorausgegangen ist[25]. Die Feststellung einer Straftat – auch in einem Steuerbescheid – ist als staatliches Unwerturteil anzusehen, welches den Empfänger des hoheitlichen Verwaltungsakts mit einem Makel versieht. Auch ohne die strafrechtliche Sanktion gebietet es daher das Rechtsstaatsprinzip, dieses Unwerturteil nur dann auszusprechen, wenn es in einem Verfahren gefunden wurde, das rechtsstaatlichen Regeln unterliegt, die für diese Zwecke geeignet sind und nicht dem Praktikabilitätsdiktat eines Massenverfahrensrechts gehorchen.

Als Mindestanforderung an diese rechtsstaatlichen Regeln ist die Unschuldsvermutung anzuwenden. Ob dem Verfassungsrang des Grundsatzes „in dubio pro reo“ durch dessen grundsätzliche Anerkennung auch im Besteuerungsverfahren Genüge getan wird, ist fraglich, wenn die Anwendbarkeit der massenverfahrensorientierten Beweismaßregeln in den allermeisten Fällen keine Zweifel aufkommen lassen können.

24 Hübschmann/Hepp/Spitaler, AO, § 4 Rz. 284.
25 BVerfGE 73, 371; 82, 114.

3. Selbstbezichtigungsverbot

Der Grundsatz nemo tenetur se ipsum accusare ergibt sich aus Art. 2 Abs. 1 i.V.m. Art. 1 GG. Das Verbot des Zwangs zur Selbstbelastung hat damit Verfassungsrang[26]. Er gilt nicht nur im Strafverfahren. Ein Schutz gegen Selbstbezichtigungen besteht auch in anderen Verfahren, in denen dem Betroffenen ähnliche Sanktionen drohen. Leistungsberechtigte in Verfahren der Sozialverwaltung dürfen solche Angaben verweigern, die sie der Gefahr strafgerichtlicher Verfolgung aussetzen. Die Schweigerechte beruhen auf dem Persönlichkeitsrecht aus Art. 2 Abs. 1 i.V.m. Art. 1 GG und können aufgrund gesetzlicher Vorschriften eingeschränkt werden, wobei das Verhältnismäßigkeitsprinzip zu beachten ist[27].

Im Gegensatz etwa zu § 97 InsO, der die Auskunfts- und Mitwirkungspflichten des Schuldners im Insolvenzverfahren regelt und ein dem Verhältnismäßigkeitsprinzip geschuldetes strafprozessuales Verwendungsverbot der Auskunft des Schuldners in Abs. 1 S. 3 enthält, enthält etwa § 90 Abs. 2 AO kein derartiges Verwendungsverbot. Die Norm entfaltet praktisch erheblichen Zwang, da die negativen steuerlichen Folgen meist bereits in einem frühen Verfahrensstadium gezogen werden. Sehr häufig erfolgt die Auswertung und Steuerfestsetzung bereits nach Vorlage des Berichts der Straf- und Bußgeldstelle und damit weit vor dem Abschluss des oft durch lange Verfahrensdauer geprägten Steuerstrafverfahrens. Hierdurch wird das mit Verfassungsrang ausgestattete Selbstbezichtigungsverbot ausgehöhlt. Nicht selten übertreffen die finanziellen Folgen der steuerlichen Auswertung des Schweigens die Belastung durch das Strafverfahren.

VII. Zusammenfassung

Steuerliche Beweismaßregeln gelten im Steuerstrafverfahren nicht – auch dann nicht, wenn die Finanzbehörde das Steuerstrafverfahren führt. Im Besteuerungsverfahren hat die Finanzverwaltung bei der Anwendung der Vorschriften über die Verlängerung der Festsetzungsfrist, über Hinterziehungszinsen und über die Haftung des Hinterziehers das Vorliegen einer Steuerstraftat als Tatbestandvoraussetzung einer steuerlichen Norm festzustellen. Auch hierbei sind die Beweismaßregeln des regulären Besteuerungsverfahrens nicht anwendbar. Dies folgt aus einer wegen des Ausnahmecharakters vom regulären Besteuerungsverfahren gebotenen teleologischen Reduktion der steuerlichen Beweismaßvorschriften. Die Nichtanwendbarkeit wird auch durch eine verfassungsorientierte Auslegung getragen. Der Grundsatz „in dubio pro reo“ gilt auch im Besteuerungsverfahren.

26 Wannemacher/Seipel in Beermann, § 393 AO.
27 V. Mangoldt/Klein/Storck, GG, Art. 2 Abs. 1 Rz. 105.

„Wer aber überwacht die Wächter?“[*]

Der OLAF-Überwachungsausschuss, Grundrechtsgarant oder Kontrollinstanz?

von Franz-Hermann Brüner, Generaldirektor des Europäischen Amtes für Betrugsbekämpfung (OLAF) und Harald Spitzer, Verwaltungsrat beim OLAF[**]

I. Vorbemerkungen

1. Grundrechtscharta und Europäischer Staatsanwalt

Die Verwirklichung eines effektiven Grundrechtsschutzes auf europäischer Ebene ist untrennbar mit dem Lebenswerk des hier zu ehrenden Jubilars verwoben. Stellvertretend seien hier nur seine maßgebliche Rolle als Delegierter des Konvents zur Erarbeitung einer Charta der Grundrechte der Europäischen Union[1] und als Vertreter der Bundesrepublik Deutschland im Verfassungskonvent erwähnt[2]. War es bloße prophetische Gabe des Jubilars oder vielmehr dessen tatkräftige Mithilfe[3] – Tatsache ist jedenfalls, dass die Grundrechtscharta heute integraler Bestandteil des Vertrages über eine Verfassung für Europa ist[4] und sich somit der Begriff „Verfassung“ zu Recht in dessen Titel wieder findet[5].

In dieser letztgenannten Funktion hatten wir Gelegenheit, mit Jürgen Meyer zusammenzuarbeiten und dabei von seiner Expertise und langjährigen Erfahrung sowohl als Wissenschaftler als auch als Politiker (Prof. Dr. Meyer war vom 20. Dezember 1990 bis 17. Oktober 2002 Mitglied des Deutschen Bundestages) zu profitie-

* Juvenal Satiren VI, 347.

** Franz-Hermann Brüner ist Generaldirektor des Europäischen Amtes für Betrugsbekämpfung (OLAF) in Brüssel. Harald Spitzer ist Verwaltungsrat beim OLAF. Die im Beitrag geäußerten persönlichen Meinungen sind für die Kommission in keiner Weise bindend. Die Verfasser danken Rechtsreferendar Andreas Dornseifer für die wertvolle Hilfe bei der Bearbeitung des Manuskripts.

1 Verkündet am 7. Dezember 2000 in Nizza aus Anlass des Gipfels der Staats- und Regierungschefs.

2 Der daraus resultierende „Vertrag über eine Verfassung für Europa“ wurde am 29. Oktober 2004 in Rom unterzeichnet und am 16. Dezember 2004 veröffentlicht, ABl. C 310, S. 0001 ff.

3 Meyer, Jürgen (Hrsg.), Kommentar zur Charta der Grundrechte der Europäischen Union, 1. Aufl. Baden-Baden, 2003.

4 Vgl. Teil II des Vertrags über eine Verfassung für Europa, Charta der Grundrechte der Union, ABl. C 310 vom 16.12.2004, S. 0041 ff.

5 Zu der Debatte um die korrekte Bezeichnung siehe Streinz/Pechstein, EUV, Art 1, Rz. 27 f. m.w.N.

ren. Es ist nämlich nicht zuletzt Verdienst des Jubilars, dass im Verfassungsvertrag nicht nur eine Grundrechtscharta Aufnahme fand, sondern auch die von der Kommission bereits seit langem[6] vergeblich geforderte verfassungsrechtliche Grundlage für die Schaffung einer Europäischen Staatsanwaltschaft[7] Bestandteil des Verfassungsvertrages geworden ist[8]. Bedenkt man, dass nach den Vorstellungen der Kommission[9] der Europäische Staatsanwalt bei der Ausübung seines Amtes dem Schutz der Grundrechte, so wie sie u.a. in der Grundrechtscharta der Europäischen Union niedergelegt sind, verpflichtet sein soll, fügt sich dieses Engagement nahtlos in die wissenschaftlichen und politischen Interessenschwerpunkte von Jürgen Meyer.

Mag sich die konkrete Ausgestaltung einer zukünftigen Europäischen Staatsanwaltschaft mit Kompetenz zum Schutz des EU-Haushalts bisher allenfalls in groben Umrissen erschließen (die Entwicklung aus Eurojust, Möglichkeit der Erweiterung der Befugnisse auf die Bekämpfung von schwerer Kriminalität mit grenzüberschreitender Dimension gemäß Artikel III-274 Abs. 4 des Vertrages über eine Verfassung für Europa, Verhältnis zu Europol, Ausgestaltung der Satzung der Europäischen Staatsanwaltschaft wären hier zu nennende Stichworte), ist jedoch bereits heute klar, dass diese konkrete Perspektive der Errichtung einer europäischen Strafverfolgungsbehörde Auswirkungen auf Funktion und Arbeitsweise des Europäischen Amtes für Betrugsbekämpfung (OLAF) haben wird.

Waren die Vorstellung der Kommission im Grünbuch und in den daran anschließenden Folgearbeiten[10] noch vergleichsweise unpräzise, sind sie durch den Kommissionspräsidenten Prodi selbst im so genannten Prodi-Action-Plan zur Aufarbeitung der Eurostat-Affäre[11] dahingehend präzisiert worden, dass OLAF eine Art „Hilfsbeamtenfunktion" für die geplante Europäische Staatsanwaltschaft übernehmen sollte, d.h. im Klartext Ermittlungsarbeit in deren Auftrag durchführen würde. Sofern die für die Tätigkeit der Europäischen Staatsanwaltschaft zu erarbeitende Satzung eine gerichtliche Kontrolle der von ihr bei der Erfüllung ihrer Aufgaben vorgenommenen Prozesshandlungen vorsehen würde, wäre dann auch eine derartige Kontrolle der Untersuchungstätigkeit und damit der Einhaltung der Grundrechte

6 Die Kommission hatte bereits auf der Regierungskonferenz in Nizza im Jahre 2000 einen entsprechenden Vorschlag unterbreitet.

7 Vgl. dazu Brüner/Spitzer, NStZ 2002, 393 ff.

8 Art. III-274 des Vertrags über eine Verfassung für Europa.

9 Grünbuch zum strafrechtlichen Schutz der finanziellen Interessen der Europäischen Gemeinschaften und zur Schaffung einer Europäischen Staatsanwaltschaft, KOM (2001) 715 endg. vom 11.12.2001 (vgl. dazu: Hetzer, ZfZ 2002, S. 295 ff.).

10 Follow-up-Mitteilung der Kommission zum Grünbuch KOM(2003) 128; Entschließung des Europäischen Parlaments zu dem Grünbuch, P5_TA(2003)0130.

11 Vgl. Rede des Kommissionspräsidenten Prodi vor der Konferenz der Präsidenten des Europäischen Parlaments vom 25.09.2003, im Internet abrufbar unter http://europa.eu.int/rapid/pressReleasesAction.do?reference=SPEECH/03/432&format=PDF&aged=1&language=EN&guiLanguage=en; die Rede des Kommissionspräsidenten Prodi vor der Plenarversammlung des Europäischen Parlaments vom 18.11.2003, im Internet abrufbar unter http://europa.eu.int/rapid/pressReleasesAction.do?reference=SPEECH/03/551&format=PDF&aged=1&language=DE&guiLanguage=en.

durch OLAF gewährleistet. Entgegen Überlegungen des Europäischen Parlaments[12], wonach der Europäische Staatsanwalt selbst und unmittelbar Garant für Grundrechtskonformität der Untersuchungstätigkeit von OLAF sein soll, wäre dies dann allerdings nur mittelbar der Fall, indem man die Tätigkeit des Staatsanwalts einer gerichtlichen Überprüfung zuführt. Hinzu kommt dass der Staatsanwalt bei der Erteilung seiner Untersuchungsaufträge an OLAF ohnehin an Recht und Gesetz gebunden wäre und im Rahmen der Dienstaufsicht sicherstellen müsste, dass auch OLAF bei seiner Untersuchungstätigkeit die einschlägigen rechtlichen Vorgaben beachtet.

2. OLAF und die Grundrechtscharta

Diese einführenden Überlegungen de lege ferenda zeigen aber eine Problematik auf, die Gegenstand unserer Betrachtungen für die Festgabe an den Jubilar sein sollen, nämlich die Grundrechtsrelevanz der Untersuchungstätigkeit des Europäischen Amtes für Betrugsbekämpfung und die daraus resultierende Notwendigkeit von Mechanismen zu deren Kontrolle, wozu insbesondere der im Titel erwähnte OLAF-Überwachungsausschuss gehört. Zum besseren Verständnis der Problematik erscheint es angebracht, de lege lata einige in diesem Zusammenhang relevante Besonderheiten des Europäischen Amtes für Betrugsbekämpfung kurz zu skizzieren[13].

Zunächst ist von Bedeutung, dass es sich – in Abweichung vom Regelfall des Vollzugs des Gemeinschaftsrechts als Aufgabe der Behörden der Mitgliedstaaten[14] – bei der Untersuchungstätigkeit des Amtes, neben den Kompetenzen der Kommission im Bereich des Wettbewerbsrechts (vgl. insbesondere Artikel 85 ff. EGV), um den wohl prominentesten Fall von unmittelbarem Vollzug von Gemeinschaftsrecht durch eine Gemeinschaftseinrichtung handelt. Der Grund hierfür ist einmal die in der im EG-Vertrag niedergelegte Verantwortung der Kommission für den Vollzug des Gemeinschaftshaushalts (vgl. Art. 274 EGV) sowie in der in Artikel 280 EGV der Gemeinschaft und den Mitgliedstaaten gemeinsam als Aufgabe übertragene Schutz ih-

12 Diemut R. Theato in ihrem Beitrag zur Anhörung des Ausschusses für Haushaltskontrolle des Europäischen Parlaments am 12./13. Juli 2005, S. 1, http://www.europarl.eu.int/comparl/cont/site/auditions/olaf/theato_de.pdf.

13 Vgl. hierzu Hetzer, ZfZ 2003, S. 32 ff.; Berner, Die Untersuchungsbefugnisse des Europäischen Amts für Betrugsbekämpfung (OLAF) gegenüber dem Europäischen Parlament, 2004; Horn, Die Durchführung von Kontrollen durch das Europäische Amt für Betrugsbekämpfung in Irland, 2002; Billwiller, Die Befugnisse des Europäischen Amts Für Betrugsbekämpfung (OLAF) im Rahmen von Kontrollen bei Wirtschaftsbeteiligten in Portugal, 2002; Weber, Die Kontrollen des Europäischen Amts für Betrugsbekämpfung (OLAF) in Italien, 2003; vgl. hierzu auch Brüner, in: Tagungsband des 12. Europäischen Zollrechtstages der EFA in Salzburg, 2000, S.17 ff.; Haus, EuZW 2000, S. 745 ff.; Kuhl/Spitzer, EuR 2000, S. 671; Thym, EuR, S. 990 ff.; Mager, ZEuS 2000, S. 177 ff.; Ulrich, EWS 2000, S. 137 ff.; Rabe, NVWZ, Sonderheft 2001, S. 54 ff.; von Buhnhoff, ZEuS 2002, S. 185 ff.

14 Art. 10 Abs. 1 Satz 1 EGV.

rer finanziellen Interessen[15]. Hieraus folgt, dass eine Gemeinschaftseinrichtung gegenüber den Bürgern selbst und unmittelbar als Vollzugsbehörde in Erscheinung tritt.

Die Grundrechtsrelevanz dieser Tatsache ist evident, wenn man bedenkt, dass Grundrechte vor allem auch dazu dienen, Eingriffe des Staates in die Rechtssphäre des Einzelnen in ihren unterschiedlichsten Erscheinungsformen abzuwehren, mindestens aber zu beschränken. Dieser Befund wird noch deutlicher angesichts der Tatsache, dass – anders als im Wettbewerbsrecht, wo in erster Linie juristische Personen (Unternehmen) Gegenstand wirtschaftlicher Sanktionen sind – die Untersuchungstätigkeit des Amtes, jedenfalls auf einer abstrakten Ebene, auch natürliche Personen betreffen kann und u.U. sogar strafrechtliche Folgen zu gewärtigen sind[16].

Betrachtet man die Aufgaben und Befugnisse dagegen auf einer konkreten Ebene gelangt man jedoch zu einer nuancierteren Betrachtungsweise[17]. Gemäß Artikel 2 VO 1073/99 führt OLAF Untersuchungen verwaltungsrechtlicher Natur, sog. *„administrative Untersuchungen"* durch, um den *„Beweis für Unregelmäßigkeiten"*[18] zu erbringen. Die Zuständigkeit der Mitgliedstaaten für die Strafverfolgung wird dadurch jedoch nicht berührt, so ausdrücklich Artikel 2 Satz 2. VO 1073/99. Hinsichtlich der Art der vom Amt durchzuführenden Untersuchungen ist zu unterscheiden zwischen sog. „externen[19] und internen" Untersuchungen im Binnenbereich der Gemeinschaftsorgane (vgl. Artikel 4 VO 1073/99). Die Befugnis zur Durchführung interner Untersuchungen ist die wesentliche, aus der Entstehungsgeschichte des Amtes zu erklärende Neuerung im Vergleich zur Vorläufereinrichtung UCLAF (Unité de Coordination pour la Lutte Anti-Fraude)[20]. Ein Blick auf die dem Amt dabei eingeräumten Durchsuchungsbefugnisse, (so hat das Amt z.B. Zugang zu allen Räum-

15 Zu den Einzelheiten siehe Prieß/Spitzer in: von der Groeben, Hans/Schwarze, Kommentar zum Vertrag über die Europäische Union und zur Gründung der Europäischen Gemeinschaft (EU/EG-Vertrag), Artikel 280, Rz. 3ff.

16 Vgl. Artikel 10 I VO 1073/99 für externe Untersuchungen und insbesondere Artikel 10 II VO 1073/99, der bei internen Untersuchungen für das Amt sogar die Möglichkeit der Übermittlung von Informationen an die Justizbehörden bezüglich ggf. strafrechtlich zu ahndender Handlungen vorsieht, ABl. L 136 vom 31.05.1999, S. 0001(0005); siehe auch Artikel 2 VI des Kommissions-Beschlusses zur Errichtung des Amtes, wonach OLAF direkter Ansprechpartner der Polizei- und Justizbehörden ist, ABl. L 136 vom 31.05.1999, S. 0020 (0021); wohl deshalb gelangt der ehemalige Vorsitzende des Überwachungsausschusses Raymond Kendall zu der zweifelhaften Einschätzung: „Olaf`s director-general has more powers than any law enforcement chief in the world that I know of", in: „Europe`s Anti-Fraud Office Accused of Abusing its Power", Daily Telegraph vom 8. Juli 2004.

17 Ulrich, Stephan, Kontrollen der EG-Kommission bei Wirtschaftsbeteiligten zum Schutz der finanziellen Interessen der Gemeinschaft, Frankfurt a. Main/Berlin u.a., 1999.

18 Zur Definition dieses Begriffes siehe Artikel 4 VO 2988/95, ABl. L 312 vom 23.12.1995, S. 0001 ff.

19 Vgl. Artikel 3 VO 1073/99; dazu mit Bezug zu Deutschland: Gemmel, Heiko, Kontrollen des OLAF in Deutschland, Aachen, 2002.

20 Die Errichtung des Amtes war eine Reaktion auf den durch interne Skandale verursachten Rücktritt der Santer-Kommission im März 1999 – zu den Einzelheiten Kuhl, Lothar/Spitzer, Harald, EuR 2000, S.671f.

lichkeiten und Unterlagen aller EU-Einrichtungen und kann deren Mitarbeiter um Auskunft ersuchen[21]) bestätigt zwar die Grundrechtsrelevanz, jedoch hat die mittlerweile als ständig zu bezeichnende Rechtsprechung des Gerichts erster Instanz bzw. des EuGH[22] – unmissverständlich – klargestellt, dass weder die OLAF-Untersuchung selbst, noch die Übermittlung des Abschlussberichts an eine Disziplinar- oder Justizbehörde für sich genommen zu einem Eingriff in die Rechtssphäre des Bediensteten bzw. einer Beschwer („acte faisant grief") führen. Die Konsequenzen sind erheblich, denn nach ebenfalls ständiger Rechtsprechung[23] ergibt sich daraus, dass eine Reihe von verfahrensrechtlichen Garantien, die man unter dem Begriff Verteidigungsrechte – welche durch die Grundrechtscharta nunmehr in den Rang von Grundrechten aufgewertet werden – zusammenfassen könnte, erst im anschließenden Disziplinar- bzw. Strafverfahren ihre volle Wirkung entfalten (Akteneinsicht, Rechtliches Gehör, nemo-tenetur -Grundsatz etc.). Eventuelle Verfahrensfehler bei der Durchführung der OLAF-Untersuchungen können erst inzidenter im Rahmen einer eventuellen gerichtlichen Überprüfung eines aufgrund der Untersuchungsergebnisse von OLAF durchgeführten Disziplinar- oder Strafverfahren geltend gemacht werden, sofern erforderlich auch durch Vorlage gemäß Artikel 234 EGV an den Europäischen Gerichtshof.

Hinsichtlich der Durchführung externer Untersuchungen durch das Europäische Amt für Betrugsbekämpfung ist die Rechtslage weitgehend identisch. Auch der Blick auf die der Kommission gemäß VO 2185/96 eingeräumten Untersuchungsbefugnisse, (siehe dazu Prieß/Spitzer, EuZW 1994, S. 297-304), welche im Kontext der Betrugsbekämpfung in erster Linie in Betracht kommen (vgl. Art. 3 I VO 1073/99), bestätigt deren Grundrechtsrelevanz. Auch hier haben OLAF-Mitarbeiter beispielsweise ein Zutrittsrecht zu den Gewerberäumen betroffener Wirtschaftsteilnehmer und Anspruch auf Herausgabe von Kopien relevanter Unterlagen[24].

Auch hier gilt jedoch in aller Regel, dass die OLAF-Untersuchungen für sich genommen noch keinen Eingriff in die Rechtssphäre des Wirtschaftsbeteiligten bewirken und deshalb deren Durchführung und Ergebnisse nicht isoliert anfechtbar sind, so jedenfalls die ständige Rechtssprechung des Gerichtshofs[25]. Dies ist wiederum nur inzidenter möglich im Rahmen des sich nach Übermittlung der OLAF-Untersuchungsergebnisse (vgl. insbesondere Artikel 10 III VO 1073/99) an die zuständige mitgliedsstaatliche Behörde, anschließende Verwaltungs- bzw. Gerichtsverfahren

21 Artikel 4 II VO 1073/99.

22 Beschluss EuG – Santiago Gómez-Reino/Kommission, RS T-215/02; Slg. d. Rspr. – Öffentlicher Dienst 2003, Seite IA-00345; Seite II-01685. Beschluss des Präsidenten des EuG vom 15. Oktober 2004 - Hans-Martin Tillack/Kommission, RS T-193/04, abrufbar im Internet unter http://europa.eu.int/smartapi/cgi/sga_doc?smartapi!celexapi!prod!CELEXnumdoc&lg=DE&numdoc=62004B0193&model=guichett

23 Beschluss EuG - Santiago Gómez-Reino/Kommission, a.a.O.

24 Vgl. Artikel 5 II, 7 I VO 2185/96, ABl. L 292 vom 15.11.1996, S. 0002 - 0005.

25 Beschluss des EuG vom 13. Juli 2004. Comunidad Autónoma de Andalucía/Kommission, RS T-29/03, im Internet abrufbar unter htp://europa.eu.int/smartapi/cgi/sga_doc?smartapi!celexapi!prod!EXnumdoc&lg= E&numdoc=62003B0029&model=guichett.

(wobei es sich dabei auch um ein Strafverfahren handeln kann). Ausnahmen von diesem Grundsatz ergeben sich allerdings dann, wenn z.B. im Bereich der gemeinsamen Agrarpolitik die Kommission selbst Vollzugsbehörde ist und z.B. Sanktionen[26] unmittelbar gegenüber Wirtschaftsteilnehmern auf der Grundlage der OLAF-Untersuchungsergebnisse ausspricht[27]. In diesen Fällen handelt es sich dann um eine nach allgemeinen Regeln anfechtbare Kommissionsentscheidung[28].

3. OLAF und seine Kontrolle

Im Bewusstsein der Grundrechtsrelevanz (oder Sensitivität) der Aufgabenstellung des Amtes hat der Gemeinschaftsgesetzgeber eine Reihe von Mechanismen (Checks and Balances) vorgesehen, die sicherstellen sollen, dass die administrative Untersuchungstätigkeit des Amtes in grundrechtskonformen Bahnen abläuft.

Insbesondere wird das Amt bei der Ausübung seiner Untersuchungsbefugnisse auf die vollumfängliche Wahrung der Menschenrechte und Grundfreiheiten verpflichtet entsprechend dem Erwägungsgrund 10 VO 1073/99, der diesen Grundsatz durch die Aufzählung einer Reihe von Verfahrensrechten konkretisiert. Jedoch entfalten Erwägungsgründe trotz Bezugnahme auf durch die Rechtsprechung des EuGH konkretisierte allgemeine Grundsätze des Gemeinschaftsrechts keine eigenständige Rechtswirkung[29]. Für externe Untersuchungen gilt das Prinzip, dass die von OLAF erstellten Untersuchungsberichte die Verfahrensvorschriften des betreffenden Mitgliedstaates berücksichtigen müssen, um als zulässige Beweismittel in nationalen Verwaltungs- oder Gerichtsverfahren verwendet werden zu können[30].

Für interne Untersuchungen sieht zunächst die Verordnung selbst[31] zusammen mit den von den Gemeinschaftsorganen zu deren Umsetzung ergangenen Durchfüh-

26 Zu dem Begriff der Sanktion siehe EuGH-Kommission/Griechenland, RS 68/88 – Slg. 2965.; EuGH- Otto Pressler Weingut-Weingroßkellerei / Bundesamt für Ernährung und Forstwirtschaft Slg. 1992, I-00203 (217).

27 Siehe zu Beispielen und Übersichten bzgl. Follow-up-Maßnahmen, S. 46 f., S. 65 f. des 5. OLAF-Tätigkeitsbericht, im Internet abrufbar unter http://europa.eu.int/comm/anti_fraud/reports/olaf/2003-2004/de.pdf.

28 Nichtigkeitsklage gemäß Artikel 230 EGV.

29 Ganz generell können Erwägungsgründe für sich genommen keine Rechte und Pflichten begründen, siehe Ziffer 10.1 des Gemeinsamen Leitfadens des Europäischen Parlaments, des Rates und der Kommission für Personen, die in den Gemeinschaftsorganen an der Abfassung von Rechtstexten mitwirken, ABl. C 73 vom 17.3.1999, S. 0001.

30 Vgl. Artikel 9 II VO 1073/99 und damit korrespondierend Erwägungsgrund 16.

31 Vgl. Artikel 4 VO 1073/99.

rungsbeschlüssen[32], sodann das Beamtenstatut[33] und schließlich das Protokoll über die Vorrechte und Befreiungen eine Reihe verfahrensrechtlicher Garantien vor, einschließlich einer Beschwerdemöglichkeit mit Eröffnung des Rechtsweges zum Gericht erster Instanz[34], die dazu dienen, auch EU-Bediensteten einen rechtsstaatlichen Prinzipien genügenden Untersuchungsablauf zu gewährleisten. In diesen Kontext gehören auch die Bestimmungen zum Schutz der Vertraulichkeit der Untersuchungen[35], deren Zweck u.a. auch der Schutz der Unschuldsvermutung ist [36] sowie last but not least die dem Amt für die Ausübung seiner Untersuchungstätigkeit eingeräumte funktionelle Unabhängigkeit (vgl. Artikel 3 des Errichtungsbeschlusses, ABl. L 136 vom 31.05.1999, S. 0020 ff. und Artikel 12 III VO 1073/99). Hiermit soll sichergestellt werden, dass die Untersuchungstätigkeit des Amtes frei von Einflussnahme von außen bleibt, was letzten Endes ein rechtsstaatliches Verfahren garantieren soll und damit im Sinne der von einer OLAF-Untersuchung Betroffenen ist.

Es handelt sich dabei um eine der Konsequenzen aus dem Rücktritt der Santer Kommission, in dessen Zusammenhang das EP den Verdacht geäußert hatte, die Kommission habe in unzulässiger Weise Einfluss auf die Untersuchungstätigkeit des Vorläufers von OLAF genommen[37].

4. Der OLAF-Überwachungsausschuss – eine Innovation des Gesetzgebers

Für den Gemeinschaftsgesetzgeber war diese funktionelle Unabhängigkeit als zweite grundlegende Neuerung für das Funktionieren des Amtes einerseits von derart wesentlicher Bedeutung, und andererseits von derart hoher Sensibilität, dass er zu ih-

32 Vgl. Artikel 4 VI VO 1073/99 i.V.m. dem Standardbeschluss im Anhang zur InterinstitutionellenVereinbarung vom 25. Mai 1999 zwischen dem Europäischen Parlament, dem Rat der Europäischen Union und der Kommission der Europäischen Gemeinschaften über die internen Untersuchungen des Europäischen Amtes für Betrugsbekämpfung (OLAF), ABl. L 136 vom 31.05.1999, S. 0015 – 0019; Beschluss der Kommission vom 2. Juni 1999 über die Bedingungen und Modalitäten der internen Untersuchungen zur Bekämpfung von Betrug, Korruption und sonstigen rechtswidrigen Handlungen zum Nachteil der Interessen der Gemeinschaft (bekanntgegeben unter Aktenzeichen K(1999) 802), ABl. L 149 vom 16.06.1999, S. 0057 – 0059.

33 Verordnung (EG, Euratom) Nr. 723/2004 des Rates vom 22. März 2004 zur Änderung des Statuts der Beamten der Europäischen Gemeinschaften und der Beschäftigungsbedingungen für die sonstigen Bediensteten dieser Gemeinschaften, ABl. L 124 vom 27.04.2004, S. 0001–0118; siehe dazu Spitzer, Europablätter 2004, S. 208 (S. 214).

34 Vgl. Artikel 14 VO 1073/99 und Artikel, 90 Abs. 2, 90a, 91 des Statuts der Beamten der Europäischen Union.

35 Artikel 8, 12 III UA 2, 3 VO 1073/99 und Erwägungsgrund 15.

36 Artikel 6 EMRK.

37 Entschließung des EP zur Unabhängigkeit, zur Rolle und zum Status der Dienststelle für die Koordinierung der Betrugsbekämpfung (UCLAF) (Sonderbericht Nr. 8/98 des Rechnungshofs über die mit der Betrugsbekämpfung beauftragten Dienststellen der Kommission) PE 225.069/endg., ABl. C 328 vom 26.10.1998, S. 0095 ff.

rem Schutz ein eigenes Gremium vorsah, nämlich einen sog. Überwachungs-Ausschuss, dessen Aufgabe die regelmäßige Kontrolle der Wahrnehmung der Untersuchungsbefugnisse durch das Amt sein sollte (vgl. Artikel 4 Errichtungsbeschluss) mit dem Ziel, die Unabhängigkeit des Amtes sicherzustellen (vgl. Artikel 11 I VO 1073/99 iVm Erwägungsgrund 17). Inwieweit, diesem durch den Gemeinschaftsgesetzgeber geschaffenen institutionellen Novum auch eine Rolle beim Schutz der Grundrechte von durch OLAF Untersuchungen betroffenen zukommt, soll im Folgenden anhand der Entstehungsgeschichte, seiner Aufgabenbeschreibung und der tatsächlichen Praxis näher untersucht werden.

II. Der OLAF-Überwachungsausschuss zwischen Verwaltungsrat und Beschwerdeinstanz

1) Entstehungsgeschichte

Sowohl Existenz als auch Aufgabenbeschreibung des OLAF-Überwachungsausschusses erschließen sich wohl nur durch einen Blick auf die nicht ganz einfache Genese des Amtes[38], welches dieses Gremium überwachen soll. Diese soll daher hier kurz skizziert werden.

Als Antwort auf die Vorgänge, welche letztlich zum Rücktritt der Kommission Santer führten, hatte die Kommission zunächst vorgeschlagen [39], eine unabhängige Einrichtung mit eigener Rechtspersönlichkeit zu schaffen, der die Aufgabe übertragen werden sollte, zur Bekämpfung von Betrug zum Nachteil des Gemeinschaftshaushalts[40] Untersuchungen in den Mitgliedstaaten und interne[41] Untersuchungen in den Gemeinschaftsinstitutionen durchzuführen. Mit anderen Worten: die Kommission beabsichtigte die Schaffung einer Betrugsbekämpfungsagentur. Im Einklang mit den für andere Agenturen auf Gemeinschaftsebene vorgesehenen Verwaltungs- und Kontrollstrukturen[42] sah der Kommissionsvorschlag[43] einen Verwaltungsrat vor, welcher in Zusammensetzung und Aufgabenstellung dem besonderen Charakter der Tätigkeit dieser Agentur Rechnung tragen sollte. So sollten dem Verwaltungsrat sowohl Vertreter von Kommission und Rechnungshof als auch den in erster Linie für den Schutz der finanziellen Interessen der Gemeinschaft zuständigen Gemein-

38 Zur Entstehungsgeschichte siehe Kuhl/Spitzer, EuR 2000, S. 671f.

39 KOM(1998)717 endg. vom 01.12.1998, ABl. C 021 vom 26.01.1999, S. 0010.

40 Zum Begriff siehe Artikel 4 VO 1073/99.

41 Zum Begriff siehe Artikel 4 VO 1073/99.

42 Das Gefüge des Verwaltungsrates ist bezüglich der einzelnen Agenturen uneinheitlich; siehe aber bzgl. der Zusammensetzung die Mitteilung der Europäischen Kommission über die Rahmenbedingungen für die europäischen Regulierungsagenturen, KOM (2002) 718 endg. vom 11.12.2002, im Internet abrufbar unter http://europa.eu.int/eur-lex/de/com/cnc/2002/com2002 0718de01.pdf.

43 Vgl. Artikel 9 und Erwägungsgrund 11 KOM (1998) 717 endg.

schaftsorganen angehören, des weiteren von Rat und Parlament benannte unabhängige Experten auf dem Gebiet der Betrugsbekämpfung. Aufgabe des Gremiums sollte die Ernennung des Direktors (auf Vorschlag der Kommission)[44], die Ausübung der Disziplinargewalt sowie die Abgabe von Stellungnahmen an den Direktor zu den Tätigkeiten des Amtes sein[45]. Ein Eingriff in den Ablauf der durchgeführten Untersuchungen war ebenso wenig vorgesehen, wie eine etwaige Rolle als Beschwerdeinstanz.

Dieser ursprüngliche Kommissionsvorschlag erwies jedoch aufgrund der der Agenturlösung inne-wohnenden rechtlich-institutionellen Schwächen, welche eine echte autonome Entscheidungskompetenz für das Amt über Eröffnung und Abschluss einer Untersuchung ausschlossen[46], als nicht konsensfähig. Die Kommission sah sich daher gezwungen, das von ihr ursprünglich favorisierte Agenturmodell aufzugeben und einen neuen, erheblich modifizierten Vorschlag vorzulegen[47]. Dieser sah im Wesentlichen vor, dass das Amt zwar administrativ weiterhin Bestandteil der Kommission bleiben, für die Durchführung seiner Untersuchungstätigkeit jedoch über weitgehende funktionelle Unabhängigkeit verfügen sollte, ergänzt durch eine gewisse Autonomie in Haushalts- und Personalfragen[48]. Dieses Ziel war jedoch nur um den Preis einer komplexen Architektur von ineinander verschränkten Rechtsgrundlagen (bestehend aus dem Errichtungsbeschluss der Kommission, der Definition der Untersuchungsbefugnisse durch Verordnung und der interinstitutionellen Vereinbarung zur Umsetzung dieser Befugnisse in allen Gemeinschaftseinrichtungen) zu erreichen[49]. Der Vorschlag der Kommission hielt jedoch an der Idee eines Verwaltungsrates fest, wenn auch in einer an die veränderten institutionellen Gegebenheiten angepassten und modifizierten Form. An die Stelle des nicht mehr erforderlichen Verwaltungsrates sollte ein als „Begleitausschuss" bezeichnetes Gremium treten, welches aus fünf von Kommission, Parlament und Rat gemeinsam ernannten unabhängigen externen Experten bestehen und das Amt bei seiner Tätigkeit unterstützen sollte, ohne jedoch in den Ablauf der Untersuchungen selbst eingreifen zu können. Die ursprünglich vorgesehene Disziplinargewalt und das Recht, den Direktor zu ernennen, wurden gestrichen, da obsolet[50]. Auch eine Funktion als Beschwerdeinstanz war weiterhin nicht vorgesehen.

Dieser überarbeitete Vorschlag der Kommission wurde ohne wesentliche inhaltliche Änderungen in die endgültige Fassung der Verordnung 1073/99 übernommen. Allerdings deutet die Änderung in der Bezeichnung des neugeschaffenen Gremiums vom „Begleitausschuss" zum „Überwachungsausschuss", zumindest für die deut-

44 Artikel 10 KOM (1998) 717 endg.

45 Artikel 9 VI KOM (1998) 717 endg.

46 Zu den Einzelheiten siehe Kuhl/Spitzer, EuR 2000, S. 673f.

47 KOM (1999) 140 endg., ABl. C 131 vom 12.05.1999, S. 0005.

48 Zu den Einzelheiten siehe Kuhl/Spitzer, EuR 2000, S. 674 f.; Spitzer, ZEuS 2004, S. 119.

49 Kuhl/Spitzer, EuR 2000, S. 675; Spitzer, ZEuS 2004, S. 107 (S. 110 f.).

50 So ausdrücklich Artikel 11 IV und der damit korrelierende Erwägungsgrund 15 KOM (1999) 140 endg.

sche Sprachfassung, eine gewisse Akzentverschiebung an, welche sich aus der besonderen Aufgabenstellung des Amtes bei den internen Ermittlungen erschließt. Die für die Wahrnehmung seiner Untersuchungsaufgaben in der Verordnung garantierte funktionelle Unabhängigkeit des Amtes war nämlich die Voraussetzung dafür, dass die anderen Gemeinschaftseinrichtungen eine Wahrnehmung dieser Aufgabe durch eine Kommissionsdienststelle akzeptieren konnten[51].

Gerade diese funktionelle Unabhängigkeit des Amtes, und die damit einhergehende Reduzierung der durch die Kommission ausgeübten regulären administrativen Kontrolle machte jedoch die Schaffung eines Kontrollmechanismus als Gegengewicht erforderlich, der sowohl für Parlament und Rat als auch Kommission und damit letztlich alle Gemeinschaftseinrichtungen akzeptabel war, indem er verhinderte, dass OLAF durch die eine oder die andere Institution instrumentalisiert würde[52].

Aus den bereits geleisteten Vorarbeiten und wohl auch aus den gewonnenen Erfahrungen mit dem 1999 zur Untersuchung des Rücktritts der Kommission eingesetzten Rats der Weisen erklärt sich, dass zur Wahrnehmung dieser für die Glaubwürdigkeit des ganzen Unterfangens so bedeutsamen Funktion letztendlich der Weg eines, in seiner Anzahl begrenzten, aus externen unabhängigen Experten zusammengesetzten Kontrollgremiums gewählt wurde[53].

2) Die Aufgaben des OLAF-Überwachungsausschusses gemäß VO 1073/99 – zwischen Anspruch und Wirklichkeit

a) Anspruch

Eine Zusammenschau der für OLAF einschlägigen Rechtsgrundlagen, also insbesondere der Verordnung 1073/99 über die Untersuchungen des Europäischen Amtes für Betrugsbekämpfung[54] und des Beschlusses der Kommission zur Errichtung des Europäischen Amtes für Betrugsbekämpfung[55], ergibt ein klares Bild der dem OLAF-Überwachungsausschuss durch den Gemeinschaftsgesetzgeber übertragenen Funktionen.

In erster Linie hat der Ausschuss die Aufgabe, die Ausübung der Untersuchungsbefugnisse durch das Amt zu kontrollieren[56]. Damit soll zweierlei erreicht werden.

51 Siehe Spitzer in ZeuS 2004, S. 110; Urteil EuGH – Kommission/Europäische Zentralbank (EZB) , RS C-11/00, Slg. d. Rspr. 2003, S. I-07147; Urteil EuGH – Kommission/Europäische Investitionsbank (EIB), RS C-15/00, Slg. d. Rspr. 2003, S. I- 07281.

52 Siehe Spitzer, ZEuS 2004, S.110.

53 Neuhann, Florian, Im Schatten der Integration. OLAF und die Bekämpfung von Korruption in der Europäischen Union, Baden-Baden, 2005, S.122.

54 ABl. L 136 vom 31.05.1999, S. 0001 – 0007.

55 ABl. L 136 vom 31.05.1999, S.0020 – 0022.

56 Artikel 4 des Errichtungsbeschlusses und Artikel 11 I VO 1073/99.

Zum einen die Sicherstellung der Unabhängigkeit des Amtes[57] und zum anderen die Gewährleistung der ordnungsgemäßen Durchführung der Untersuchungen des Amtes[58]. Dabei wird zwischen diesen beiden Aufgaben ein Kausalzusammenhang hergestellt [59]. In Ergänzung hierzu wird dem Ausschuss allgemein die Aufgabe übertragen, den Direktor des Amtes bei der Wahrnehmung seiner Aufgaben zu unterstützen[60]. In den Rechtsgrundlagen selbst wird die allgemeine Unterstützungspflicht insofern konkretisiert, als der Ausschuss auf Ersuchen des Direktors oder aber aus eigener Initiative Stellungnahmen zu den Tätigkeiten des Amtes an diesen richten kann[61]. Außerdem hat der Direktor das jährliche Arbeitsprogramm des Amtes[62] sowie den Haushaltsvorentwurf für das Amt vorzulegen[63]. Des weiteren ist der Ausschuss eingebunden in die Auswahl des Direktors von OLAF[64], besitzt über ein Anhörungsrecht im Falle eines Disziplinarverfahrens gegen den Direktor und ist an der Überwachung der Einhaltung der Datenschutzbestimmungen beteiligt[65]. Darüber hinaus war eine Befassung des Ausschusses mit dem von der Kommission nach 3 Jahren Tätigkeit zu erstellenden Bewertungsbericht vorgesehen[66].

Die Rechtsgrundlagen der Tätigkeit von OLAF treffen auch eine Reihe von Vorkehrungen, um den Ausschuss in die Lage zu versetzen, die Untersuchungstätigkeit des Amtes auch tatsächlich kontrollieren zu können, bzw. deren ordnungsgemäße Durchführung gewährleisten zu können. Zu erwähnen sind in diesem Zusammenhang die Berichtspflicht an den Ausschuss für länger als neun Monate dauernde Untersuchungen[67], die Pflicht, den Ausschuss für den Fall, dass EU-Einrichtungen den durch das Amt gemachten Empfehlungen keine Folge leisten, zu unterrichten, sowie die Pflicht den Ausschuss zu informieren, wenn die von OLAF bearbeiteten Fälle eine Übermittlung an die nationalen Justizbehörden erforderlich machen[68]. Der Ausschuss erstellt des weiteren jährlich einen an das Parlament, den Rat sowie den Rechnungshof und die Kommission adressierten Tätigkeitsbericht. Zusätzlich kann

57 Artikel 11 I VO 1073/99.
58 Erwägungsgrund 5 des Errichtungsbeschlusses.
59 Erwägungsgrund 17 der VO 1073/99.
60 Erwägungsgrund 17 der VO 1073/99.
61 Artikel 11 I UA2 VO 1073/99.
62 Artikel 11 VII VO 1073/99.
63 Artikel 6 II des Errichtungsbeschlusses.
64 Artikel 12 VO 1073/99.
65 Artikel 8 VO 1073/99.
66 Artikel 15 VO 1073/99; Bericht der Kommission - Bewertung der Tätigkeiten des Europäischen Amtes für Betrugsbekämpfung (OLAF) Verordnungen des Europäischen Parlaments und des Rates (EG) Nr. 1073/1999 und des Rates (Euratom) Nr. 1074/1999 (Artikel 15), KOM/2003/0154 endg., http://europa.eu.int/eur-lex/de/com/rpt/2003/act0154de03/1.pdf; Stellungnahme des Überwachungsausschusses Nr. 2/03 zum Bericht der Kommission, im Internet abrufbar unter http://europa.eu.int/comm/anti_fraud/reports/sup_comm/2003/avis/de.pdf; Spitzer, ZEuS 2004, S. 107 ff.
67 Artikel 11 VII VO 1073/99.
68 Siehe dazu Artikel 10 I und II VO 1073/99.

der Ausschuss Berichte über Ergebnisse und Folgemaßnahmen zu den von OLAF durchgeführten Untersuchungen vorlegen[69].

Auch Funktionsweise und dem Ausschuss zur Verfügung stehende Ressourcen sind durch den Gesetzgeber erstaunlich detailliert geregelt worden. So ist der Ausschuss etwa berechtigt, eine Geschäftsordnung zu erstellen und verpflichtet jährlich mindestens zehn Sitzungen abzuhalten. Außerdem ist das Verfahren zur Beschlussfassung für den Ausschuss normiert worden[70]. Schließlich verfügt er auch über ein eigenes, durch das Amt zu stellendes Sekretariat.

Eventuelle Eingriffe in den Ablauf der von OLAF durchgeführten Untersuchungen hat der Gesetzgeber jedoch ausdrücklich ausgeschlossen[71]. Ebenso wenig sehen die Rechtsgrundlagen eine Funktion des Ausschusses bei der Rechtmäßigkeitskontrolle der Tätigkeit des Amtes im Sinne eines Gerichts vor[72].

Zusammenfassend lässt sich daher sagen, dass es sich bei dem für OLAF zur Kontrolle und Begleitung seiner Tätigkeit geschaffenen Mechanismus um eine rechtlich wie politisch einmalige Lösung handelt, die sich einer systematischen Einordnung weitgehend entzieht. Es handelt sich weder um einen klassischen Verwaltungsrat nach dem Vorbild des Europol-Verwaltungsrats[73], des OPOCE-Direktoriums[74] oder der verschiedenen in jüngster Zeit geschaffenen Agenturen[75] noch um einen Ausschuss nach dem Vorbild der Ausschüsse aus dem aus den Gemeinschaftsgesetzgebungsverfahren bekannten Komitologie-Verfahren[76], in denen in im Einzelnen unterschiedlicher Ausprägung Vertreter der Mitgliedstaaten an der Wahrnehmung der der Kommission übertragenen Aufgaben beteiligt werden. Wie gezeigt, handelt es sich bei dem Ausschuss nach dem Willen des Gesetzgebers auch nicht um eine Beschwerde- oder gar Rechtsmittelinstanz, mithin also nicht um eine

69 Artikel 11 VIII VO 1073/99.

70 Artikel 11 VI VO 1073/99.

71 Artikel 11 I UA2 VO 1073/99.

72 Artikel 14 VO 1073/99 erwähnt den Ausschuss in diesem Zusammenhang nicht.

73 Artikel 28 des Übereinkommens aufgrund von Artikel K.3 des Vertrags über die Europäische Union über die Errichtung eines Europäischen Polizeiamts (Europol-Übereinkommen), ABl. C 316 vom 27.11.1995, S. 0002 – 0032.

74 Artikel 4 ff. des Beschlusses des Europäischen Parlaments, des Rates, der Kommission, des Gerichtshofs, des Rechnungshofs, des Wirtschafts- und Sozialausschusses und des Ausschusses der Regionen vom 20. Juli 2000 über den Aufbau und die Arbeitsweise des Amtes für amtliche Veröffentlichungen der Europäischen Gemeinschaften (2000/459/EG, EGKS, Euratom), ABl. L 183 vom 22.7.2000, S.0012.

75 Verordnung (EG) Nr. 851/2004 des Europäischen Parlaments und des Rates vom 21.April 2004 zur Errichtung eines Europäischen Zentrums für die Prävention und die Kontrolle von Krankheiten, ABl. L 142 vom 30/04/2004, S.1; Verordnung (EG) Nr. 460/2004 des Europäischen Parlaments und des Rates vom 10. März 2004 zur Errichtung der Europäischen Agentur für Netz- und Informationssicherheit, ABl. L 77 vom 13.03.2004, S. 1.

76 Beschluss des Rates vom 28. Juni 1999 zur Festlegung der Modalitäten für die Ausübung der der Kommission übertragenen Durchführungsbefugnisse (1999/468/EG), ABl. L 184 vom 17/07/1999, S. 0023.

Form der justiziellen oder gerichtlichen Kontrolle[77]. Auch die Einordnung als eine Form von parlamentarischer Kontrolle geht letztlich fehl, auch wenn man angesichts des Verfahrens zur Ernennung der Ausschussmitglieder und der gesetzlich vorgesehenen Berichtspflichten auf den Gedanken kommen könnte, dass der Ausschuss seine Kontrollfunktionen zumindest auch im Auftrag des Europäischen Parlaments wahrnimmt. Zwar sind dem Ausschuss auch Funktionen im Bereich des Datenschutzes übertragen (s.o.), jedoch ohne dass diese dadurch mit anderen, auf europäischer Ebene bekannten Datenschutzmechanismen auf eine Stufe zu stellen wären[78]. Naheliegend ist unter funktionalen Aspekten ein Vergleich mit dem im Rahmen der europäischen Währungsunion geschaffenen Wirtschafts- und Finanzausschuss[79]. Sieht man einmal davon ab, dass es sich dabei um ein Gremium zur Beratung des Ministerrates handelt, besteht eine Parallele insofern, als auch dieser Ausschuss in erster Linie beratende, also unverbindliche Stellungnahmen und Berichte abgibt. Betrachtet man die Zusammensetzung des Gremiums, ist das Vorbild des Rates der Weisen unverkennbar (s.o.), aber auch dabei handelte es sich bereits um eine ad-hoc Lösung außerhalb des Rechtsrahmens der Gemeinschaft und ohne echtes institutionelles Vorbild. Gleiches gilt für den OLAF-Überwachungsausschuss, den man wohl als institutionelle Neuerung qualifizieren muss[80], die vor allem zur Absicherung der weiteren in Verbindung mit OLAF beschlossenen Innovation geschaffen wurde, d. h. zum Schutz seiner funktionalen Unabhängigkeit vor Eingriffen durch die Kommission, die aufgrund der Entstehungsgeschichte (s.o.) zu befürchten sein konnten. Denn die administrative Anbindung des Amtes an die Kommission blieb bestehen.

b) Wirklichkeit

Von Anfang an herrschte insbesondere hinsichtlich der mit dieser Konstruktion gefundenen Lösung zur Begleitung, aber auch Kontrolle von OLAF eine weit verbreitete Skepsis. So hat der Europäische Rechnungshof in seiner gemäß Artikel 280 IV EGV zum Gesetzgebungsvorschlag der Kommission abgegebenen Stellungnahme[81] Bedenken an der vorgeschlagenen Lösung geäußert. Zum einen bezweifelte er die Existenz einer Rechtsgrundlage für eine derartige Konstruktion und zum anderen befürchtete er, die vorgesehene Aufgabenbeschreibung könnte diesem Gremium als Konsequenz einen zumindest verwaltungsratsähnlichen Charakter verleihen. Die Folge hieraus wiederum wäre eine Verwässerung des interinstitutionellen Charakters des OLAF, da das Amt de facto nicht mehr den Institutionen, sondern dem Verwaltungsrat verantwortlich wäre.

77 Committee of independent experts, Second Report on Reform of the Commission, http://europa.eu.int/comm/anti_fraud/reports/sages/2_en.pdf, Empfehlung 55, S. 16.

78 Neuhann, Florian, Fn. 53, S.122.

79 Artikel 114 II EGV.

80 In diesem Sinne bereits Spitzer, ZEuS 2004, S.121.

81 Stellungnahme Nr. 2/99, ABl. C 154, S. 0001.

Im Ergebnis hielt der Rechnungshof das Instrument eines Überwachungsausschusses für entbehrlich, weil nicht zielführend[82]. Auch der 2. Weisenbericht zur Kommissionsreform war von deutlichen Vorbehalten gegenüber dieser Konstruktion geprägt, wenn auch unter einem anderen Gesichtspunkt. Die fünf Experten vertraten die Ansicht, der Überwachungsausschuss sei aufgrund seiner Zusammensetzung[83], seiner Funktionsweise und seiner Befugnisse letztendlich nicht in der Lage, die ihm zugedachten Kontroll- und Überwachungsfunktionen wahrzunehmen[84], da es sich gerade nicht um eine gerichtliche Kontrollinstanz handeln könne. Eine solche gerichtliche Kontrolle der Untersuchungstätigkeit hielten die fünf Weisen jedoch für zwingend erforderlich und plädierten deshalb für die Einrichtung einer speziellen Kammer beim Gericht erster Instanz (u.U. mit dem EuGH als Rechtsmittelinstanz).

Mit bemerkenswerter Klarheit waren damit die beiden Konfliktpotentiale identifiziert, welche sich in der Praxis mit der Tätigkeit des OLAF-Überwachungsausschusses bestätigt haben. Auch wenn der OLAF-Überwachungsausschuss im Wege der Geschäftsordnung[85] und unter Berufung auf den Erwägungsgrund 10 der VO 1073/99 seine Überwachungs- und Kontrollaufgaben über den gesetzlichen Auftrag hinaus erweitert[86] und es sich zur Aufgabe gemacht hat, über die uneingeschränkte Wahrung der Menschenrechte und Grundfreiheiten durch OLAF bei seiner Untersuchungstätigkeit zu wachen, ist in der täglichen Praxis festzustellen, dass – wie von den fünf Weisen vorhergesehen – durch die Tätigkeit des Ausschusses keinerlei effektive Kontrolle der Rechtmäßigkeit der OLAF-Untersuchungen erreicht worden ist. Auch wenn der Ausschuss eigenen Angaben zufolge häufig mit individuellen Beschwerden wegen Verletzung der Menschenrechte bzw. Grundfreiheiten befasst wurde[87], was angesichts der selbstgegebenen Aufgabenstellung nicht weiter überraschen kann, hatten diese Beschwerden mangels entsprechender Befugnisse[88] keinerlei sichtbare Folgen – beispielsweise in Form von Abhilfeentscheidungen, was einen unzulässigen Eingriff in den Untersuchungsablauf bedeutet hätte, sondern waren allenfalls Anlass zu abstrakten rechtstheoretischen Ausführungen, etwa um die Notwendigkeit einer Europäischen Staatsanwaltschaft zu begründen[89]. Dieser Widerspruch zwischen selbstgestellter Aufgabe und tatsächlichen Befugnis-

82 Stellungnahme Nr 2/99, ABl. C 154, S. 0002.

83 Unter Einschluss des Verfahrens zur Ernennung seiner Mitglieder.

84 2. Weisenbericht, siehe im Internet unter http://europa.eu.int/comm/anti_fraud/reports/sages/2_en.pdf, Punkte 5.12.5. – 5.12.9.

85 ABl. L 41 vom 15.02.2000, S. 0012 ff.; vgl. Artikel 2.

86 Siehe Sonderbericht des Europäischen Rechnungshofs Nr. 1/2005 zur Verwaltung des Europäischen Amtes für Betrugsbekämpfung (OLAF), Ziffer 66, ABl. C 202 vom 18.8.2005, S. 0001.

87 Siehe Stellungnahme Nr. 2/03 des Überwachungsausschusses zum Bericht der Kommission - Bewertung der Tätigkeiten des Europäischen Amtes für Betrugsbekämpfung (OLAF), S. 16, http://europa.eu.int/ comm/ anti_fraud/reports/sup_comm/2003/avis/de.pdf.

88 Prieß/Spitzer in: von der Groeben, Hans / Schwarze, EU/EG-Vertrag, Artikel 280, Rz. 157.

89 Siehe Stellungnahme Nr. 5/1999 des Überwachungsausschusses, S. 4; Stellungnahme Nr. 3/2001 des Überwachungsausschusses, S. 1 ff. oder Stellungnahme Nr. 2/2002, S. 1 ff., im Internet jeweils abrufbar unter http://europa.eu.int/comm/anti_fraud/reports/index_en.html.

sen hatte nahezu mit einer gewissen Zwangsläufigkeit zur Folge, dass es in der Praxis zu den vom Europäischen Rechnungshof festgestellten Überschneidungen zwischen der Tätigkeit des Überwachungsausschusses und des Europäischen Bürgerbeauftragten[90] gekommen ist[91].

In diesem Zusammenhang hat der bereits erwähnte Sonderbericht des Europäischen Rechnungshofs als weiteres potentielles Risiko identifiziert, dass der Überwachungsausschuss letztlich doch in den Ablauf der Untersuchungen eingreifen kann[92] aufgrund der ihm durch Geschäftsordnung zuerkannten Befugnisse [Übermittlung der beim Direktor eingegangenen Beschwerden, Mitteilung der Rechtsetzungsinitiativen des Amtes betreffend die Betrugsbekämpfung und den Schutz der finanziellen Interessen, Zugang zu sämtlichen Dokumenten und Akten des OLAF, eigene Haushaltsmittel, Ernennung des Sekretariatspersonals, Festlegung des Sekretariatssitzes][93], weshalb der Rechnungshof eine Überprüfung der Rolle des Überwachungsausschusses empfiehlt[94].

Auch die vom Europäischen Rechnungshof vorhergesehene Entwicklung des Überwachungsausschusses zu einer Einrichtung mit verwaltungsratsähnlichem Charakter hat sich in der Praxis bewahrheitet. Eine summarische Analyse der vom Ausschuss vorgelegten Tätigkeitsberichte und der auf Anfrage oder aus eigener Initiative vorgelegten Stellungnahmen zeigt, dass diese überwiegend Verwaltungs- und Management-Fragen zum Gegenstand hatten, während die Überwachung der Untersuchungstätigkeit nur geringen Raum einnahm[95]. Der frühere Vorsitzende des Überwachungsausschusses selbst hat anlässlich einer Anhörung vor dem House of Lords einen solchen Wandel der Funktion des Ausschusses hin zu einem „management committee" eingeräumt[96]. Angesichts der oben beschriebenen, per Gesetz dem Ausschuss übertragenen diesbezüglichen Aufgaben war eine solche Entwicklung wohl systemimmanent und insofern nicht überraschend. Da der Direktor weiterhin für seine Amtsführung gegenüber der Kommission, der er insbesondere in administrativen Fragen Rede und Antwort zu stehen hat, und übrigen Organen verantwortlich bleibt, ist diese Entwicklung aber aus den vom Europäischen Rechnungshof bereits 1999 aufgezeigten Gründen problematisch.

Auch hinsichtlich des nach dem Willen des Gesetzgebers wohl wichtigsten Auftrags des Ausschusses, nämlich seiner Funktion als Garant der funktionellen Unabhängigkeit von OLAF, ist eine gewisse Diskrepanz zwischen Anspruch und Wirk-

90 Artikel 195 EGV; siehe dazu Streinz/Huber, EGV, Art. 195 m.w.N.

91 Siehe Sonderbericht des Europäischen Rechnungshofs Nr 1/2005, Ziffer 68.

92 Auch der 2. Weisenbericht hat dieses Risiko bereits gesehen Ziffer 5.11.8, im Internet abrufbar unter http://europa.eu.int/comm/anti_fraud/ reports/sages/2_en.pdf.

93 Artikel 3 Buchstabe b), 4 V, 19 I, II IV, VII, 22 VI-VII, 25 der Geschäftsordnung des Überwachungsausschusses.

94 Sonderbericht Nr. 1/2005 des Europäischen Rechnungshofs, Ziffer 93.

95 Zu den Auswirkungen der 9-Monats-Berichte siehe Sonderbericht des Europäischen Rechnungshofs Nr. 1/2005, Ziffern 24, 80.

96 House of Lords (nachfolgend HoL), 24th Report of Session 2003-04- Strengthening OLAF, the European Anti-Fraud Office, Ziffer 22.

lichkeit festzustellen. Entgegen den Erwartungen mancher Akteure hat es jedenfalls seitens der Kommission keinerlei Eingriffe in die Unabhängigkeit des Amtes gegeben. Weder sah sich der Direktor deswegen gezwungen, den Ausschuss anzurufen[97], noch hat der Europäische Rechnungshof anlässlich seiner Prüfung Indizien für ein entsprechendes Eingreifen feststellen können[98].

Dass der Ausschuss darüber hinaus auch seiner Aufgabe, den Direktor von OLAF bei der Wahrnehmung seiner Aufgaben zu unterstützen, in der Praxis nur unvollständig nachgekommen ist, sei nurmehr der Vollständigkeit halber erwähnt; die Bilanz des Experiments OLAF-Überwachungsausschuss in seiner derzeitigen Form ist ohnedies ernüchternd:

Der Ausschuss war nicht in der Lage, seine teilweise selbst definierten Überwachungs- und Kontrollaufgaben tatsächlich in effizienter Weise zu erfüllen. In seiner Rolle als Garant der Unabhängigkeit des Amtes war er nicht gefordert, die Wahrnehmung seiner ihm gesetzlich übertragenen sonstigen Aufgaben drängte ihn in eine Rolle als Quasi-Verwaltungsrat, die er nach dem Willen des Gesetzgebers nicht spielen sollte. Die Ausschussfunktion als Beistand des Direktors hat er de facto nicht ausgefüllt. Aufgrund seiner Besetzung mit externen Experten und seines Status als von den EU-Organen unabhängige Einrichtung war er aber auch nicht in der Lage, das notwendige Forum für den Dialog zwischen betroffenen Institutionen zu bieten, welches nötig gewesen wäre, um der interinstitutionellen Aufgabenstellung von OLAF gerecht werden zu können und Konsens über strategische Grundsatzfragen[99] herzustellen. Stattdessen war auch beim Ausschuss eine aus anderen Zusammenhängen bekannte Tendenz zu beobachten, sich zu verselbstständigen und eine eigene Agenda zu entwickeln. Beispiel dafür ist die selbstgestellte Aufgabe des Schutzes der Individualrechte und Grundfreiheiten (unter Berufung auf einen diesbezüglichen Erwägungsgrund der VO 1073/99 und Überdehnung der eigenen Geschäftsordnungskompetenz). Dies geschah einerseits mit dem Ziel, einen Beitrag zur Schaffung einer europäischen Staatsanwaltschaft zu leisten, andererseits mit dem Anspruch, eine Koordinierungsfunktion zur Förderung der Zusammenarbeit von Eurojust, Europol und OLAF zu übernehmen[100] und schließlich gleichsam auf einer Me-

97 Aus den OLAF-Tätigkeitsberichten lässt sich keine entsprechende Anrufung ersehen. Die zwischen OLAF und der Kommission bestehenden Kontakte haben die Unabhängigkeit von OLAF nicht beeinträchtigt, siehe Tätigkeitsbericht Nr.5 des Olaf, S. 2, im Internet abrufbar unter http://europa.eu.int/comm/anti_fraud/reports/ olaf/2003-2004/de.pdf.

98 Sonderbericht Nr. 1/2005 des Europäischen Rechnungshofs, Ziffer 70; deutlicher noch Lars Tobisson, Mitglied des Europäischen Rechnungshofs, in seinem Beitrag aus Anlass des OLAF-Hearings vom 12./13.Juli 2005 vor dem Haushaltskontrollausschuss des Europäischen Parlaments, S. 6 f., http://www.europarl.eu.int/ comparl/ cont/site/auditions/olaf/tobisson.pdf.

99 Siehe Sonderbericht Nr. 1/2005 des Europäischen Rechnungshofes, Ziffern 66 f., 93, ABl. C 202 vom 18.8.2005, S. 0001 ff.

100 Bruti-Liberati aus Anlass des OLAF-Hearings vor dem Haushaltskontrollausschuss des Europäischen Parlaments unter Verweis auf frühere Stellungnahmen, http://www.europarl.eu.int/ comparl/cont/ site/auditions/olaf/liberati.pdf.

ta-Ebene unter Erhebung des Anspruchs, die Arbeit von OLAF solle generell zur Entwicklung einer europäischen Justizkultur beitragen[101].

3. Erste Reformbestrebungen

Diese, insbesondere durch den unlängst vorgelegten Sonderbericht des Rechnungshofs, aufgezeigten Funktionsprobleme des OLAF-Überwachungsausschusses waren bereits seit einiger Zeit erkennbar, wurden jedoch von den beteiligten Akteuren eher verhalten angegangen. So klammerte die Kommission in ihrem im April 2003 gemäß Artikel 15 VO 1073/99[102] vorgelegten Evaluierungsbericht die Frage der Funktionsfähigkeit des Ausschusses weitgehend aus[103]. Man begnügte sich damit, aufgetretene Probleme administrativ-technischer Natur konstruktiv und pragmatisch zu lösen[104]. Eine grundlegende Reform von Funktion und Arbeitsweise des Ausschusses wurde jedoch zunächst nicht ins Auge gefasst. Der Überwachungsausschuss wurde in seiner Stellungnahme hierzu bereits deutlicher und sprach von sich selbst als einer nur als „Übergangslösung“[105] akzeptablen Einrichtung und mahnte darüber hinaus eine Reihe von Veränderungen an, welche der Stärkung des Status als unabhängiges Gremium dienen sollten[106]. Auch das Europäische Parlament forderte in seiner Stellungnahme zum Evaluierungsbericht der Kommission ebenfalls eine Stärkung der Rolle des Überwachungsausschusses[107], ohne dass dies zunächst Folgen zeigte.

Erst im Februar 2004 gaben die Vorgänge im Zusammenhang mit der sog. „Eurostat-Affäre“ der Kommission den Anlass, Notwendigkeit, Funktion und Arbeitsweise von OLAF insgesamt unter Einschluss der dafür vorgesehenen Kontrollmechanismen zu überdenken und Anregungen zur Verbesserung in Gestalt eines Vorschlags zur Änderung der VO 1073/99 zu unterbreiten[108]. Intention der von der

101 Tätigkeitsbericht des Überwachungsausschusses - Juli 1999 bis Juli 2000, Empfehlung P5, S. 52, im Internet abrufbar unter http://europa.eu.int/comm/anti_fraud/reports/sup_comm/2000/rep_ sc_2000_de.pdf.

102 Bericht der Kommission - Bewertung der Tätigkeiten des Europäischen Amtes für Betrugsbekämpfung, KOM(2003) 154 endg., vom 2. April 2003, http://europa.eu.int/comm/anti_fraud/ reports/commission/2003/art15_de.doc

103 Kritisch dazu bereits Spitzer, ZeuS 2004, S. 121.

104 Evaluierungsbericht S. 48.

105 Stellungnahme Nr. 2/2003 des Überwachungsausschusses zum Bericht der Kommission – Bewertung der Tätigkeiten des Europäischen Amtes für Betrugsbekämpfung, S. 25, im Internet abrufbar unter http://europa.eu.int/comm/anti_fraud/reports/sup_comm/2003/avis/de.pdf.

106 In diesem Sinne bereits sein Tätigkeitsbericht September 2001 - Juni 2002, ABl. C 234 vom 30.09.2002, S. 0028.

107 A5-0393/2003 endgültig (PE 328.713), S. 8, 14.

108 Vorschlag für eine Verordnung des Europäischen Parlaments und des Rates zur Änderung der Verordnung (EG) Nr. 1073/1999 über die Untersuchungen des Europäischen Amtes für Betrugsbekämpfung (OLAF), KOM (2004) 103 – siehe dazu ausführlich Spitzer, Europablätter 2004, S. 208 ff.

Kommission unterbreiteten Vorschläge war dabei in erster Linie eine Stärkung der Rolle des Überwachungsausschusses[109], weniger eine grundsätzliche Überarbeitung der Kontroll- und Governance-Struktur des OLAF.

Wie bereits durch die Geschäftsordnung des Ausschusses vorgezeichnet, schlug die Kommission vor, dem Ausschuss nunmehr ausdrücklich eine Rolle bei der Wahrung der Rechte des Einzelnen zuzuweisen[110]. Außerdem ermöglichte der Vorschlag dem Ausschuss, nunmehr de facto Eingriffe in den Ablauf der von OLAF durchgeführten Untersuchungen. Dies gilt insbesondere für die Dauer der Untersuchungen[111] und für die Einhaltung der Verfahrensgarantien, bezüglich derer sich Untersuchungsbetroffene an den Überwachungsausschuss wenden konnten[112]. Dem Vorschlag zufolge soll der Ausschuss wie bisher über Fälle unterrichtet werden, welche eine Befassung der Justizbehörden eines Mitgliedstaates erforderlich machten.

Zur Bewältigung dieser zusätzlichen Aufgaben ist die Erhöhung der Anzahl der Mitglieder von bisher fünf auf künftig sieben Mitglieder vorgesehen, wobei einem insbesondere die Wahrung der Rechte der Untersuchungsbetroffenen übertragen werden soll. Das Sekretariat des Ausschusses soll künftig nicht mehr durch das Amt selbst, sondern durch die Kommission gestellt werden, was Ausfluss der zukünftig erweiterten Kontrollfunktion und damit einhergehend der Notwendigkeit einer größeren (auch) organisatorischen Distanz ist.

Problematisch an diesem von der Kommission vorgeschlagenen Weg ist jedoch, dass er gerade keine Lösung für die beiden oben aufgezeigten, mit der bisherigen Arbeit des OLAF-Überwachungsausschusses verbundenen Konfliktpotentiale anbietet, sondern diese in der Tendenz eher noch verstärkt. Obwohl der Ausschuss eine größere Rolle bei der Beachtung der bei OLAF-Untersuchungen geltenden Verfahrensgarantien spielen sollte, handelte es sich aber gerade nicht um eine Rechtmäßigkeitskontrolle mit der Möglichkeit, im Interesse von OLAF-Untersuchungen Betroffenen Abhilfe zu schaffen[113]. Die de facto Stärkung der Eingriffs- und Kontrollrechte des Ausschusses hinsichtlich des Ablaufs der OLAF Untersuchungen und damit einhergehend der Rechenschaftspflicht des Amtes gegenüber dem Ausschuss sind geeignet, diesen immer mehr in die Rolle eines Verwaltungs- bzw. Aufsichtsrates zu

109 Erwägungsgrund 6 KOM (2004)103, ohne dass dies eingehender begründet worden wäre; Neuhann, Florian, Fn. 53, S.120.

110 Artikel 11 I KOM (2004) 103.

111 Artikel 5 KOM (2004) 103.

112 Artikel 11 I UA 2 KOM (2004) 103.

113 Siehe dazu Spitzer, ZeuS 2004 S. 126 f. sowie Stellungnahme des Europäischen Rechnungshofes Nr. 6/2005, ABl. C 202 vom 18/8/2005, S. 33 (34); Institute of Advanced Legal Studies School of Advanced Study, University of London, Strengthening OLAF – towards greater effectiveness in the protection of the Communities' financial interests: the revision of the OLAF regulation 1073/99, betont ebenfalls die fehlende Gerichtseigenschaft, S.17f., im Internet abrufbar unter http://www.europarl.eu.int/comparl/cont/site/ uditions/olaf/ials.pdf.; siehe auch Beitrag von C.W.A. Timmermans aus Anlass des OLAF-Hearings vom 12./13. Juli 2005 vor dem Haushaltskontrollausschuss des Europäischen Parlaments, im Internet abrufbar unter http://www.europarl.eu.int/comparl/cont/site/auditions/olaf/timmermans.pdf.

drängen[114]. Nach der Intention des Vorschlags ist dem Ausschuss weiterhin eine solche Rolle ebenso wenig zugedacht wie ein echtes Recht zur Kontrolle der OLAF-Untersuchungen[115].

III. Zukunftsperspektiven

Das Ende der Legislaturperiode des Europäischen Parlaments[116] sowie das Ende des Mandats der Kommission Prodi[117] ließen eine Bearbeitung des Vorschlags der Kommission zur Überarbeitung der VO 1073/99 durch die beteiligten Institutionen nach dem in Artikel 280 EGV vorgesehenen Verfahren nicht mehr zu. Der Beginn der neuen Legislaturperiode des EP und der Amtsantritt der Kommission Barroso bieten nunmehr die Gelegenheit, den begonnenen interinstitutionellen Dialog über eine Reform von OLAF fortzusetzen und jüngste Entwicklungen und Erkenntnisse, wie z.B. den Sonderbericht des Europäischen Rechnungshofes, zu berücksichtigen. Eine wichtige Rolle wird dabei die Frage nach der geeigneten „Governance"-Struktur für OLAF spielen müssen und zwar unter den Gesichtspunkten der Rechenschaftspflicht von OLAF für seine Untersuchungstätigkeit einerseits und der Legalitätskontrolle für dieselbe andererseits.

Die Antwort auf die dabei in der Praxis auftretenden und hier geschilderten Probleme wird wohl in einer strikten organisatorischen Trennung der beiden Funktionen Rechenschaftspflicht und Rechtmäßigkeitskontrolle innerhalb der Governance-Struktur von OLAF zu suchen sein[118].

Für die Rechtmäßigkeitskontrolle muss es dabei in erster Linie darum gehen, das bereits vorhandene, weitgehend lückenlose Rechtsschutzsystem[119] zu ergänzen und aus der Sicht der Untersuchungsbetroffenen effizienter und effektiver zu gestal-

114 Kendall vor dem HoL, Fn. 96.

115 Kritisch zu diesem Spannungsverhältnis auch der Europäische Rechnungshof in seiner Stellungnahme Nr. 6/2005 zum Kommissionsentwurf, Ziffer 13.

116 Ende der 5. Legislaturperiode nach den Wahlen zum Europäischen Parlament am 13. Juni 2004 und derKonstituierung des Parlaments am 20. Juli 2004.

117 Am 18. November 2004 wurde die neue EU-Kommission unter Durão Barroso durch das Europäische Parlament bestätigt.

118 Lars Tobisson, Mitglied des Europäischen Rechnungshofes in seinem Beitrag zum OLAF – Hearing, S. 3 ff., im Internet abrufbar unter http://www.europarl.eu.int/comparl/cont/site/ auditions/olaf/tobisson.pdf.; Stellungnahme des Europäischen Rechnungshofes Nr. 6/2005, ABl. C 202 vom 18/8/2005, S. 33 f.; EU-Kommissar Siim Kallas in seinem Beitrag aus Anlass des OLAF-Hearings vom 12./13. Juli 2005 vor dem Haushaltskontrollausschuss des Europäischen Parlaments, S. 4 f., im Internet abrufbar unter http://europa.eu.int/rapid/pressReleasesAction.do?reference=SPEECH/05/455&format=PDF&aged=0&language=EN&guiLanguage=en;HoL ,S.32 f.; Rapport d'information déposé par la Délégation de l'Assemblée Nationale pour l'Union Européenne (1), sur l'Office européen de lutte anti- fraude, S. 38, im Internet abrufbar unter http://www.assemblee-nationale.fr/12/pdf/europe/rap-info/i1533.pdf.

119 Hetzer, Kriminalistik 2005, S. 419 f.

ten[120]. Zu denken ist dabei insbesondere an die Möglichkeit, dass bereits während einer laufenden OLAF-Untersuchung bestimmte Untersuchungshandlungen einer gerichtlichen Überprüfung zugeführt werden können[121], ggf. nach Durchführung einer Vorprüfung auf Verwaltungsebene mit der Möglichkeit zur Abhilfe. Dabei wird man über organisatorische Vorkehrungen auf administrativer Ebene, beispielsweise in Gestalt eines Beschwerdeverfahrens bei einer bei OLAF anzusiedelnden Beschwerdeinstanz ebenso zu reden haben wie über die Schaffung einer beim Gericht erster Instanz zu schaffenden speziellen Kammer[122].

Die verbleibenden Aufgaben des Überwachungsausschusses sollten außerdem dahingehend präzisiert werden, dass neben dem Schutz der funktionellen Unabhängigkeit (sofern man dies weiterhin für erforderlich hält), auch Aufgaben übertragen werden, welche typischerweise von Verwaltungsräten oder vergleichbaren Gremien wahrgenommen werden. Dieses Gremium könnte OLAF's Kernaufgaben und strategische Zielsetzungen festlegen, in regelmäßigen Abständen die Schwerpunkte seiner Untersuchungstätigkeit bestimmen sowie im Rahmen der Tätigkeit von OLAF auftretende strukturelle Probleme und Grundsatzfragen behandeln. OLAF würde diesem Gremium anhand von Statistiken, über vorher festgelegte Performanceindikatoren regelmäßig in allgemeiner Form über die Art und Weise der Wahrnehmung seiner Untersuchungsaufgaben berichten und so seiner Rechenschaftspflicht nachkommen[123]. Ein Eingriff in den Ablauf einer konkreten Untersuchung sollte jedoch weiterhin ausgeschlossen bleiben; ggf. bedarf es hier einiger Klarstellungen und Präzisierungen hinsichtlich des genauen Umfangs der Befugnisse[124]. Ist jedoch anderweitig effizienter und effektiver Rechtsschutz gewährleistet (s.o.), sollte sich hier das bisher bestehende Konfliktpotential deutlich verringern lassen.

Idealerweise geht eine solche Veränderung der Aufgabenstellung des OLAF-Überwachungsausschusses einher mit einer Veränderung von Status und Besetzung. Zu denken wäre dabei insbesondere an eine Zusammensetzung aus von den Orga-

120 Siehe auch die IALS-Studie (Fn.115), welche diesbezüglich Defizite aufzeigt.

121 Spitzer, Europablätter, 2004, S. 215; Diemut R. Theato in ihrem Beitrag zur Anhörung des Ausschusses für Haushaltskontrolle des Europäischen Parlaments am 12./13. Juli 2005, S. 5, im Internet abrufbar unter http://www.europarl.eu.int/comparl/cont/site/auditions/olaf/theato_de.pdf.

122 Vgl. Empfehlung 55 des 2. Weisenberichts, http://europa.eu.int/comm/anti_fraud/reports/sages/2_en.pdf; die in der IALS-Studie erwogene Möglichkeit der Zuweisung von Rechtsaufsichtskompetenzen an den Überwachungsausschuss (Fn. 119, S. 25) ist angesichts des in der ersten Säule bestehenden Systems der Rechtskontrolle abzulehnen; so zu Recht C.W.A. Timmermans in seinem Beitrag aus Anlass des OLAF-Hearings vom 12./13. Juli 2005 vor dem Haushaltskontrollausschuss des Europäischen Parlaments S. 4.

123 Vgl. EU-Kommissar Siim Kallas in seinem Beitrag Zum OLAF-Hearing vor dem Haushaltskontrollausschuss des Europäischen Parlaments am 12./13. Juli 2005, S. 4, im Internet abrufbar unter http://europa.eu.int/rapid/pressReleasesAction.do?reference=SPEECH/05/455&format=PDF&aged0 &language=EN&guiLanguage=en.

124 Siehe Sonderbericht des Europäischen Rechnungshofs, Ziffer 93 sowie dessen Stellungnahme Nr. 6/2005 zum Kommissionsvorschlag, Ziffer 13.

nen[125] entsandten Vertretern. Der ursprüngliche Vorschlag der Santer-Kommission (s. o. Fn. 38) gibt dafür einen Fingerzeig. Möglicherweise ließe sich auf diese Weise besser als bisher die funktionelle Unabhängigkeit gewährleisten, welche Voraussetzung für seine interinstitutionelle Aufgabenstellung ist[126], gewährleisten. Durch die Rechenschaftspflicht der Vertreter gegenüber ihren entsendenden Organen wäre zudem eine größere Verantwortlichkeit dieses Kontroll- und Steuerungsgremiums sichergestellt und damit auch Juvenals berühmte Frage: „Aber wer überwacht die Wächter?"[127] in „zureichenderer" Weise als bisher beantwortet[128].

Nur ein sowohl effizient arbeitendes als auch effektiver rechtsstaatlicher Kontrolle unterliegendes OLAF, welches den EU-Haushalt schützt und dabei zugleich die Verfahrens- und Verteidigungsrechte betroffener EU-Bürger achtet, kann einen Beitrag zu (Wieder-)Herstellung der Glaubwürdigkeit des europäischen Einigungswerkes leisten. Sollte dies gelingen, wird es auch möglich sein, das Projekt der Errichtung einer Europäischen Staatsanwaltschaft weiter zu verfolgen und vielleicht auch ohne die dafür im Europäischen Verfassungsvertrag vorgesehene Rechtsgrundlage, dessen Inkrafttreten nach den jüngsten Referenden in weite Ferne gerückt ist, zu verwirklichen[129]. Dies kann jedoch nur mit fortgesetztem Einsatz des hier zu ehrenden Jubilars, der sich bereits in der Vergangenheit unschätzbare Verdienste um dieses Projekt erworben hat, gelingen; in diesem Sinne: ad multos annos.

125 Europäisches Parlament, Europäische Kommission, Rat der Europäischen Union, eventuell Europäischer Rechnungshof.

126 Urteil EuGH – Kommission/Europäische Zentralbank (EZB) , RS C-11/00, Slg. d. Rspr. 2003, S. I-07147; Urteil EuGH - Kommission/Europäische Investitionsbank (EIB), RS C-15/00, Slg. d. Rspr. 2003, S. I- 07281.

127 Satiren, VI, 347.

128 Siehe auch Bericht des HoL, welcher die Frage der Verantwortlichkeit des OLAF-Über-wachungsausschusses thematisiert hat, Ziffern 66, 67.

129 Siehe dazu Würmeling, ZRP 2005, S. 153.

Sicherheitsunion Europa

Stellung und Funktion des Europäischen Polizeiamts (Europol)

von Dr. Bernd Kremer, Regierungsrat

Einleitung

Die Gewährleistung eines Raums der Freiheit, der Sicherheit und des Rechts ist eines der grundlegenden Ziele der Europäischen Union (EU).[1]

Infolge der gravierenden quantitativen und qualitativen Änderung der Kriminalitätslage im zusammenwachsenden Europa[2] steht die Verbrechensbekämpfung in der EU und ihren Mitgliedstaaten vor neuen Herausforderungen. Eine besondere Bedrohungslage resultiert aus dem internationalen, insbesondere islamistischen Terrorismus. Als Zielspektrum des globalen islamistischen Terrorismus steht Europa *„heute vor einer weitaus größeren terroristischen Bedrohung als je zuvor."*[3]

Diese Bedrohungsdimension verdeutlicht in besonderer Weise die Notwendigkeit, die EU auch zu einer „Sicherheitsunion"[4] zu entwickeln. Mit dem am 29. Oktober 2004 in Rom unterzeichneten Vertrag über eine Verfassung für Europa[5] ist ein wesentlicher Schritt in diese Richtung vollzogen worden. Der EU-Verfassungsvertrag dokumentiert in Art. III-276[6] die herausgehobene Stellung des Europäischen Polizeiamts (Europol) bei der Verhütung und Bekämpfung der organisierten Kriminalität und des internationalen Terrorismus.

Da die Erhebung, Auswertung und der Austausch von (personenbezogenen) Informationen die *„entscheidende Ressource"*[7] zur Kriminalitätsverhütung und -be-

1 Vgl. Art. I-3 Abs. 2 des Vertrags über eine Verfassung für Europa – Amtsblatt (ABl.) C 310 vom 16.12.2004, S. 1 ff; Art. 2 des Vertrags über die Europäische Union (EUV) in der Fassung des Vertrags von Nizza – ABl. C 235 vom 24.1.2002, S. 33 ff.

2 Vgl. Schuster, Europäisierung der Polizeiarbeit, in: BKA (Hrsg.) Kriminalitätsbekämpfung im zusammenwachsenden Europa, Herbsttagung 1999, S. 117 ff.

3 Bundesinnenminister Schily, Netzwerke des Terrors – Netzwerke gegen den Terror, in: BKA (Hrsg.) Netzwerke des Terrors – Netzwerke gegen den Terror, Herbsttagung 2004, S. 5 ff; ders. Rede beim 1. Europäischen Katastrophenschutzkongress am 17. Mai 2005 in Bonn – http://www.bmi.bund.de.

4 Schulte, Europäische Polizeiliche Zusammenarbeit – Stand und Perspektiven, Die Polizei 2004, S. 267 ff.

5 A.a.O. (Anm. 1).

6 Artikel ohne Angabe sind solche des EU-Verfassungsvertrags.

7 Bundesinnenminister *Schily*, a.a.O. (Anm. 3).

kämpfung darstellt,[8] ist eine Intensivierung der informationellen Zusammenarbeit der Sicherheitsbehörden auf nationaler und europäischer Ebene unerlässlich. Im Rahmen dieser Kooperation sind die Grundfreiheiten und Grundrechte, insbesondere das Grundrecht auf Schutz personenbezogener Daten (vgl. Art. I-51 und II-68), zu gewährleisten.

Seit den Terroranschlägen vom 11. September 2001 in den Vereinigten Staaten hat die Bekämpfung des internationalen Terrorismus eine neue Dimension und Dringlichkeit erhalten.[9] In seiner Erklärung zu den Terroranschlägen in Madrid vom 11. März 2004 hat der Europäische Rat strategische Ziele im Kampf gegen den Terrorismus definiert und betont, dass die EU und ihre Mitgliedstaaten alles in ihrer Macht stehende tun werden, um alle Formen des Terrorismus zu bekämpfen[10] - unter Gewährleistung der Grundfreiheiten und Grundrechte.[11] Prävention und Bekämpfung des Terrorismus haben weiterhin „oberste Priorität".[12] Notwendig zur Verwirklichung dieses Ziels ist die Gewährleistung eines effizienten Informationsaustauschs durch die Intensivierung und den Ausbau von Kooperations- und Austauschstrukturen auf nationaler, EU- und internationaler Ebene[13] zwischen allen operativen Dienststellen, die für die Terrorismusbekämpfung zuständig sind (Europol, Eurojust, Nachrichtendienste, Polizei- und Justizbehörden).[14]

Im Kampf gegen den internationalen Terrorismus nimmt Europol eine *„Schlüsselrolle"*[15] ein.

Raum der Freiheit, der Sicherheit und des Rechts

Die zur Entwicklung des Raums der Freiheit, der Sicherheit und des Rechts begründete innen- und justizpolitische Zusammenarbeit ist ein *„vergleichsweise junges Feld"*[16] europäischer Politik, das innerhalb weniger Jahre, insbesondere seit Inkraft-

8 Vgl. Bruguière, Der europäische Anti-Terror-Kampf, in: BKA (Hrsg.) a.a.O. (Anm. 3), S. 103 ff.

9 Vgl. Schlussfolgerungen des Europäischen Rats vom 4./5. November 2004 – EU-Ratsdokument (Ratsdok.) 14292/04.

10 Vgl. Ratsdok. 13982/04.

11 Vgl. Schlussfolgerungen des Europäischen Rats, a.a.O. (Anm. 9).

12 Ratsdok. 7863/04.

13 Vgl. Ratsdok. 11060/05; 13982/04.

14 Vgl. Beschluss 2003/48/JI des Rats vom 19. Dezember 2002 über die Anwendung besonderer Maßnahmen im Bereich der polizeilichen und justitiellen Zusammenarbeit bei der Bekämpfung des Terrorismus gemäß Art. 4 des Gemeinsamen Standpunkts 2001/931/GASP – ABl. L 16 vom 22.01.2003, S. 68 ff.

15 Ziffer 46 der Schlussfolgerungen des Europäischen Rats von Tampere, abgedruckt in: Bulletin der Bundesregierung 1999, Nr. 84, S. 798.

16 *Knelangen*, Die Innen- und Justizpolitik der EU und die Erweiterung -http://www.lpb.bwue.de/aktuell/bis/1_04/innen.html.

treten des Amsterdamer Vertrags im Jahr 1999, erheblich an Bedeutung und Dynamik gewonnen hat und „vom Rand in das Zentrum“[17] der EU-Politiken gerückt ist.

Beginnend mit der TREVI-Kooperation ist diese Zusammenarbeit kontinuierlich ausgebaut und Europol eine zentrale Rolle bei der Kriminalitätsbekämpfung zugewiesen worden.

TREVI-Kooperation – Keimzelle von Europol

Vor dem Hintergrund der anwachsenden Bedrohung durch den grenzüberschreitend operierenden Terrorismus beschloss der Europäische Rat im Jahr 1975 eine engere Zusammenarbeit im Bereich der inneren Sicherheit durch ein regelmäßig tagendes Gremium der Innen- und Justizminister. Zur Umsetzung dieses Beschlusses einigten sich die Innen- und Justizminister im Jahr 1976 auf ein Arbeitsprogramm zur Verbesserung der Zusammenarbeit im Bereich der inneren Sicherheit. *„Dies war die Geburtsstunde der so genannten TREVI-Kooperation“*[18] (**T**errorism, **R**adicalism, **E**xtremism, **V**iolence **I**nternational) – eines auf rein zwischenstaatlicher Ebene agierenden Gremiums ohne rechtlichen Bezug zum EG-Rahmen.

Die Zusammenarbeit im Rahmen der TREVI-Kooperation erfolgte durch einen Informations- und Erfahrungsaustausch auf dem Gebiet des Terrorismus, den Austausch von Polizeibeamten zwischen den beteiligten Staaten, die Erarbeitung gemeinsamer polizeilicher Strategien, den Austausch technischer Erfahrungen und die Zusammenarbeit in Ausbildungsfragen. Sukzessive wurde diese Zusammenarbeit auf die Bekämpfung der organisierten Kriminalität ausgedehnt. Seit dem Jahr 1990 existiert eine Unterarbeitsgruppe der im Jahr 1985 zur Bekämpfung der Drogenkriminalität und des organisierten Verbrechens gegründeten Arbeitsgruppe TREVI III, die seit Juni 1991 als „AG-Europol“ bezeichnet wird und die auch mit der Errichtung einer Europäischen Kriminalpolizeilichen Zentralstelle betraut worden war.[19] Die TREVI-Kooperation ist die *„Keimzelle von Europol“*.[20]

Schengener Abkommen

Ein weiterer wesentlicher Schritt zur Intensivierung der europäischen polizeilichen Zusammenarbeit erfolgte durch das im Jahr 1985 vereinbarte Schengener Übereinkommen[21] zum Abbau der Personenkontrollen an den Binnengrenzen der EG. Mit

17 A.a.O.

18 *Sule*, Europol und europäischer Datenschutz, 1999, S. 19.

19 Vgl. *Wehner*, Europäische Zusammenarbeit bei der polizeilichen Terrorismusbekämpfung aus rechtlicher Sicht, 1993, S. 233.

20 *Di Fabio*, Die “dritte Säule” der Union – Rechtsgrundlagen und Perspektiven der europäischen Polizei- und Justizzusammenarbeit, DÖV 1997, S. 89 ff.

21 GMBl. 1986, S. 79.

dem Schengener Durchführungsübereinkommen (SDÜ)[22] wurde im Jahr 1990 ein System verschiedenartiger Ausgleichsmaßnahmen für den endgültigen Abbau der Binnengrenzkontrollen und deren Verlagerung an die Außengrenzen des Schengener Raums geschaffen. Eine dieser Ausgleichsmaßnahmen war die Einführung eines europaweit einheitlichen computergestützten polizeilichen Personen- und Sachfahndungssystems der Vertragparteien (Schengener Informationssystem (SIS)). Über einen zentralen Computer in Straßburg sind die in den Vertragsstaaten vorhandenen nationalen Datenbanken miteinander verbunden, so dass der gesamte Datenbestand in allen Mitgliedstaaten abrufbar ist.[23] Derzeit ist das SIS die größte zentrale europäische Datenbank im Rahmen der Initiativen in den Bereichen Visa, Einwanderung und polizeiliche und justitielle Zusammenarbeit.[24]

Bis 2006 soll ein Informationssystem der zweiten Generation (SIS II) implementiert werden, welches grundlegende Neuerungen enthalten und sich *„erheblich"*[25] auf wesentliche Aufgabenbereiche in Europa und die Rechte und Grundfreiheiten seiner Bürger auswirken wird.[26] Nach den bisher vorliegenden Konzepten soll auch eine qualitative Erweiterung in Bezug auf die Speicherung personenbezogener Informationen erfolgen, beispielsweise durch die Einbeziehung neuer Kategorien sensibler personenbezogener Daten (Aufnahme von Fingerabdrücken und anderen biometrischen Merkmalen) sowie die Implementierung neuer Zweckbestimmungen und Speicherfristen.[27] Vorgesehen ist zudem eine Erweiterung der Zugriffsberechtigungen auf das SIS II – auch zugunsten von Europol.[28]

Maastrichter Vertrag

Mit dem Inkrafttreten des Vertrags über die Europäische Union am 1. November 1993 (Maastrichter Vertrag)[29] wurde für die innen- und justizpolitische Zusammenarbeit der EU ein eigenständiger Handlungsrahmen (sog. dritte Säule) außerhalb der Europäischen Gemeinschaft geschaffen und die informelle Zusammenarbeit der Mitgliedstaaten im Bereich der inneren Sicherheit institutionell und instrumentell formalisiert. Die informelle TREVI-Kooperation wurde durch den „Rat der Innen- und Justizminister" der Union abgelöst. Im Maastrichter Vertrag ist die Einrichtung Europols beschlossen worden.

22 Bundesgesetzblatt (BGBl.) II 1993 , S. 1010.

23 *Schulte*, a.a.O. (Anm. 4), S. 271.

24 Tätigkeitsbericht der Gemeinsamen Kontrollinstanz (GKI) Schengen vom 5. April 2004 – SCHAC 2502/04.

25 A.a.O.

26 A.a.O.; vgl. Beschluss des Rats vom 6. Dezember 2001 über die Entwicklung des Schengener Informationssystems der zweiten Generation (SIS II) – ABl. L 328 vom 13.12.2001, S. 1 ff.

27 Vgl. Ratsdok. 9943/05.

28 Vgl. Ratsdok. 9942/05.

29 Abgedruckt in: BGBl. II 1992, S. 1253.

Amsterdamer Vertrag

Eine weitere, inhaltlich und strukturell bedeutende Reform der polizeilichen und justitiellen Zusammenarbeit in Strafsachen erfolgte durch den am 2. Oktober 1997 geschlossenen und am 1. Mai 1999 in Kraft getretenen Amsterdamer Vertrag.[30] Dieser Vertrag hat den Vertrag über die Europäische Union in wesentlichen Teilen fortentwickelt und dient – ausweislich der Präambel – dem Aufbau eines Raums der Freiheit der Sicherheit und des Rechts. Hierdurch soll den Ansprüchen und Erwartungen der Unionsbürger an die Fortentwicklung der EU Rechnung getragen werden.[31] Durch ein Protokoll zum Amsterdamer Vertrag[32] wurde der Schengen-Besitzstand in den institutionellen Rahmen der EU überführt.

Während durch den Amsterdamer Vertrag wichtige klassische Bereiche der Innenpolitik [Kontrolle der Außengrenzen (mit Visapolitik) sowie die Asyl- und Einwanderungspolitik] aus der dritten Säule[33] in die erste Säule der EU überführt, d.h. auf die EU übertragen und damit vergemeinschaftet worden sind,[34] erfolgt die polizeiliche, strafjustitielle und die Zoll-Zusammenarbeit – als Kernbereich nationalstaatlicher Souveränität – nach wie vor im Rahmen der dritten Säule, d.h. in Form der intergouvernementalen Zusammenarbeit zwischen den Mitgliedstaaten der EU.

Die in Titel IV des Vertrags über die Europäische Union normierten Regelungen zur polizeilichen und justitiellen Zusammenarbeit in Strafsachen weisen Europol eine herausgehobene Stellung bei der Kriminalitätsbekämpfung zu. Unter Einschaltung von Europol soll die nichtorganisierte und organisierte Kriminalität durch eine engere Zusammenarbeit der Polizei-, Zoll- und anderer zuständiger Behörden in den EU-Mitgliedstaaten verhütet und bekämpft werden (vgl. Art. 29 EUV). Zum Zweck der Intensivierung dieser Zusammenarbeit wurde zudem die Möglichkeit geschaffen, Europol mit weiteren Befugnissen auszustatten (vgl. Art. 30 Abs. 2 EUV). Ziel dieser Reglungen ist es, den Bürgerinnen und Bürgern in einem Raum der Freiheit, der Sicherheit und des Rechts ein „hohes Maß an Sicherheit“ (Art. 29 EUV) zu gewährleisten.

Tampere

Auf der Sondertagung in Tampere hat der Europäische Rat im Oktober 1999 politische Leitlinien zur Schaffung eines Raums der Freiheit, der Sicherheit und des Rechts beschlossen. Nach den Schlussfolgerungen des Europäischen Rats soll die

30 Vgl. Bulletin der BReg. 1997, Nr. 94, S. 1089 ff.

31 Vgl. *Hilf/Pache*, Der Vertrag von Amsterdam, NJW 1998, S. 705 ff.

32 Protokoll zur Einbeziehung des Schengen-Besitzstands in den Rahmen der Europäischen Union vom 19.06.1997, BGBl. II 1998, S. 429 ff.

33 Zur Terminologie der „Drei Säulen“ vgl. *Seidel*, Zur Verfassung der Europäischen Gemeinschaft nach Maastricht, Europarecht (EuR) 1992, S. 125 ff.

34 Siehe Titel IV (Art. 61 ff) EGV in der Fassung des Amsterdamer Vertrags.

„Schlüsselrolle"[35] Europols bei der Intensivierung der polizeilichen Zusammenarbeit – anknüpfend an die Regelungen des Art. 30 Abs. 2 lit. a und b EUV – weiter gestärkt werden. Danach soll Europol nicht nur die Befugnis zur unterstützenden Teilnahme an gemeinsamen Ermittlungsteams der EU-Mitgliedstaaten erhalten, sondern auch ermächtigt werden, die Mitgliedstaaten um die Einsetzung entsprechender Teams zu ersuchen und die Einleitung, Durchführung oder Koordinierung von Ermittlungen zu initiieren.[36]

Vertrag von Nizza

Der am 26. Februar 2001 unterzeichnete und am 1. Februar 2003 in Kraft getretene Vertrag von Nizza[37] hat gegenüber dem Amsterdamer Vertrag im Bereich der Inneren Sicherheit keine grundlegenden Änderungen erbracht.

EU-Verfassungsvertrag

Der EU-Verfassungsvertrag[38] gewährleistet den Bürgerinnen und Bürgern einen Raum der Freiheit, der Sicherheit und des Rechts (vgl. Art. I-42 Abs. 1). Das Ergebnis des EU-Verfassungsvertrags ist ein *„qualitativer Integrationssprung"*,[39] der weit über die bisherigen Verträge hinausgeht. Mit der Überwindung der Säulenstruktur, der rechtsverbindlichen Integration der Grundrechtecharta als dem *„modernsten Grundrechtekatalog der Welt"*[40], der endgültigen Abschaffung der Unterscheidung zwischen EU und EG, der Stärkung der Parlamente in Europa und der Verbesserung der Handlungsfähigkeit der EU nach innen und außen ist die EU-Verfassung ein *„herausragender Meilenstein der europäischen Verfassungsgeschichte"*.[41]

Gegenüber dem Vertrag von Nizza erzielt der EU-Verfassungsvertrag im Bereich der Justiz- und Innenpolitik durch die Überwindung der Säulenstruktur und die damit verbundene Aufgabe des Einstimmigkeitsprinzips sowie die Reformierung maßgeblicher Vorschriften zum Raum der Freiheit, der Sicherheit und des Rechts substantielle Fortschritte. Mit der Überwindung der Säulenstruktur wird die polizeiliche

35 S. o. (Anm. 15).

36 Vgl. Schlussfolgerungen Nr. 43 und 45, abgedruckt in: Bulletin der BReg. 1999, Nr. 84, S. 797 f.

37 ABl. C 325 vom 24.12.2002, S. 5 ff.

38 S. o. (Anm. 5).

39 *Meyer/Hartleif*, in: Deutscher Bundestag (Hrsg.), Eine Verfassung für Europa – Der Europäische Konvent und der Deutsche Bundestag, 2004, Teil A: Einleitung, S. 15 ff.

40 *Meyer*, in: Schwarze (Hrsg.), Der Verfassungsentwurf des Europäischen Konvents, 2004, S. 431 ff; *Meyer/Höhlscheidt*, Wie der Konvent Europa verfasst hat, Zeitschrift für Staats- und Europawissenschaften (ZSE) 2003, S. 336 ff.

41 *Meyer/Hartleif*, a.a.O. (Anm. 39), S. 37.

Zusammenarbeit als Bestandteil der intergouvernementalen Zusammenarbeit der dritten Säule unter Beibehaltung bestimmter Sonderregelungen in das normale Unionsrecht einbezogen und damit weitgehend in das Regelgesetzgebungsverfahren überführt. Die polizeiliche Zusammenarbeit wird im Rahmen von Europol weiter ausgebaut und der Kontrolle durch das Europäische Parlament und die nationalen Parlamente unterstellt. Mithin stärkt der EU-Verfassungsvertrag die demokratisch rechtsstaatliche Legitimation des Europäischen Polizeiamts.

Haager Programm

Nach Abschluss und Bilanzierung des fünfjährigen Arbeitsprogramms von Tampere[42] hat der Europäische Rat im November 2004 ein neues Mehrjahresprogramm – das so genannte „Haager Programm"[43] – zur Weiterentwicklung des Raums der Freiheit, der Sicherheit und des Rechts beschlossen. Dieses erstreckt sich ebenfalls auf einen Zeitraum von fünf Jahren und soll die Europäische Union in die Lage versetzen, ausgehend von dem bereits Erreichten, Probleme, die zukünftig auf sie zukommen, effizient zu meistern.[44] Das Haager Programm stellt die Weichen für die Innen- und Justizpolitik der kommenden Jahre und spiegelt nach Auffassung des Europäischen Rats die Ambitionen wider, die im Vertrag über eine Verfassung für Europa zum Ausdruck kommen.[45] Wesentliche Zielsetzungen zur Stärkung der Sicherheit sind beispielsweise die Verbesserung des grenzüberschreitenden Informationsaustauschs, die Intensivierung der polizeilichen Zusammenarbeit zwischen den nationalen Behörden der Mitgliedstaaten und Europol sowie die wirksame Verhütung und Bekämpfung des Terrorismus – unter uneingeschränkter Wahrung der Grundrechte.[46]

Der Aufforderung des Europäischen Rats folgend, hat die EU-Kommission am 10. Mai 2005 einen Aktionsplan mit Vorschlägen für konkrete Maßnahmen sowie einen Zeitplan für deren Annahme und Umsetzung vorgelegt.[47] Der Aktionsplan enthält zehn Prioritäten. Zu den strategischen Zielen, auf die sich die Arbeiten nach Auffassung der Kommission konzentrieren sollen, gehören die Schaffung eines europäischen Rechtsraums, in dem ein effektiver Rechtsschutz für alle Entscheidungen gewährleistet ist, die Ausarbeitung eines globalen bzw. strategischen Konzepts zur Bekämpfung des Terrorismus und der organisierten Kriminalität unter voller Ausschöpfung des Potentials von Europol sowie die Entwicklung eines ausgewogenen Verhältnisses zwischen dem Grundrecht auf Datenschutz und dem

42 Vgl. KOM(2004) 401 endgültig.
43 ABl. C 53 vom 03.03.2005, S. 1 ff.
44 Vgl. Schlussfolgerung Nr. 15 – Ratsdok. 14292/1/04 REV1.
45 A.a.O.
46 Vgl. ABl. C 53 vom 03.03.2005, S. 7 ff.
47 KOM(2005) 184 endgültig.

Grundsatz der Verfügbarkeit von Informationen, wie er im Haager Programm festgelegt worden ist.[48]

Nach dem Verfügbarkeitsgrundsatz soll der grenzüberschreitende Austausch strafverfolgungsrelevanter Informationen mit Wirkung vom 1. Januar 2008 in zweifacher Hinsicht verbessert werden.[49] Zum einen sollen die Informationen unter Wahrung der im Haager Programm aufgeführten Bedingungen[50] möglichst schnell zwischen den beteiligten Strafverfolgungsbehörden ausgetauscht werden. Diesem Ziel dient beispielsweise die Initiative Schwedens für einen Rahmenbeschluss über die Vereinfachung des Austauschs von Informationen und Erkenntnissen zwischen den Strafverfolgungsbehörden der EU-Mitgliedstaaten (sog. Schwedische Initiative),[51] die zurzeit in der multidisziplinären Gruppe „Organisierte Kriminalität" beraten wird.[52] Zum anderen soll es den Strafverfolgungsbehörden ermöglicht werden, mittels einfacher Verfahren davon Kenntnis zu erhalten, dass die von ihnen benötigten Informationen in einem anderen Mitgliedstaat verfügbar sind.

Auf der Grundlage des Verfügbarkeitsgrundsatzes bestehen im Wesentlichen vier Möglichkeiten für die Verwirklichung des grenzüberschreitenden Informationszugangs:[53]

- Indirekter Informationszugang auf Ersuchen:
  Hierbei erhalten die Strafverfolgungsbehörden der anderen Mitgliedstaaten einen gleichwertigen Zugang, d.h. einen Zugang unter denselben Bedingungen wie die Behörden des ersuchten Staats. Mit der sog. Schwedischen Initiative[54] soll dieses Prinzip in die Praxis umgesetzt werden.
- Direkter Zugang zu den Datenbanken eines anderen Mitgliedstaats:
  Ein entsprechendes Zugangsrecht normiert beispielsweise der am 27. Mai 2005 zwischen Belgien, Deutschland, Spanien, Frankreich, den Niederlanden, Luxemburg und Österreich geschlossene Vertrag über die Vertiefung der grenzüberschreitenden Zusammenarbeit, insbesondere zur Bekämpfung des Terrorismus, der grenzüberschreitenden Kriminalität und der illegalen Migration, der in Anlehnung an den Vertragsort (Prüm/Eifel) als Prümer Vertrag[55] bezeichnet wird. Mit diesem Vertrag wird der Informationsaustausch zur Verhinderung und Verfolgung von Straftaten zwischen den Unterzeichnerstaaten erheblich verbessert. Als wesentliche Neuerung gegenüber der bisherigen Zusammenarbeit sieht der Vertrag vor, dass sich die beteiligten Staaten untereinander bestimmte direkte Zugriffsrechte auf DNA- und Fingerabdruckdateien sowie Fahrzeugregister auf der Grundlage eines „Treffer/kein Treffer"-Systems gewähren, d.h. durch

48 Vgl. a.a.O.
49 Vgl. ABl. C 53 vom 03.03.2005, S. 7 f.
50 Vgl. a.a.O., S. 8.
51 Ratsdok. 10215/04.
52 Vgl. Ratsdok. 7641/05.
53 A.a.O.
54 S. o. Anm. 51.
55 Abgedruckt in: http://www.bmi.bund.de.

einen direkten Zugriff auf die DNA- und Fingerabdruckdateien der jeweils anderen Unterzeichnerstaaten feststellen können, ob dort zu einer DNA-Spur oder einem Fingerabdruck Daten gespeichert sind. Im Trefferfall werden weitergehende Daten – wie bisher – im Wege der Rechtshilfe übermittelt. Sollte sich diese multilaterale Vereinbarung in der Praxis bewähren, werden die Vertragsparteien entsprechend der im Prümer Vertrag getroffenen Abrede spätestens nach drei Jahren eine Initiative starten, um die Regelungen des Vertrags in den Rechtsrahmen der Europäischen Union zu überführen.

- Indirekter Zugang zu Informationen eines anderen Mitgliedstaats über ein Zentralregister auf der Grundlage eines „Treffer/kein Treffer"-Systems:
  Voraussetzung hierfür ist die Schaffung eines Europäischen Registers, in das nach Maßgabe bestimmter Kriterien bestimmte Arten von Informationen eingegeben werden. Mit der Umsetzung des von Europol automatisiert geführten Informationssystems (EIS) wird ein derartiges Zentralregister zur Verfügung stehen, das die in den meisten EU-Mitgliedstaaten in unterschiedlichen Dateien gespeicherten Daten in einem gemeinsamen Datenpool vereinigt und abrufbereit zur Verfügung stellt. Ein derartiges Zentralregister bedarf weder der Interoperabilität einschlägiger nationaler und gemeinschaftlicher Informationssysteme noch der Einrichtung nationaler Register.
- Schaffung zentraler europäischer Datenbanken:
  Nach dem Haager Programm sollen neue zentralisierte europäische Datenbanken nur geschaffen werden, wenn *„auf der Grundlage von Untersuchungen ihr Zusatznutzen aufgezeigt werden kann."*[56]

Nach der Vorgabe des Europäischen Rats sind bei der Verwirklichung des Verfügbarkeitsgrundsatzes die im Haager Programm vorgegebenen *„Hauptbedingungen streng einzuhalten"*.[57] Hierzu gehören auch die Überwachung der Einhaltung der Datenschutzvorschriften, die Sicherstellung einer geeigneten Kontrolle vor und nach einem Datenaustausch sowie die Gewährleistung eines effektiven Schutzes von Einzelpersonen vor Datenmissbrauch. Zu gewährleisten ist zudem der Anspruch Betroffener auf Berichtigung unrichtiger Daten.[58]

Hinsichtlich der anzuwendenden Methoden für den Informationsaustausch sollen nach der Vorgabe des Europäischen Rats die neuen Technologien *„in vollem Umfang"*[59] genutzt werden. Die Methoden müssen an jede Art von Informationen angepasst sein, gegebenenfalls durch gegenseitigen Zugriff auf nationale Datenbanken oder deren Interoperabilität, oder direkten (Online-)Zugang, auch für Europol, zu den bestehenden zentralen Datenbanken der EU, wie z.B. dem SIS.[60]

56 ABl. C 53 vom 03.03.2005, S. 8.
57 A.a.O.
58 A.a.O.
59 A.a.O.
60 Vgl. a.a.O.

Europol

Europol ist eine der „wichtigsten Säulen“[61] der Verbrechensbekämpfung im europäischen Rahmen und bleibt auch nach der Konzeption des Verfassungsvertrags zentrale Anlaufstelle für die polizeiliche Zusammenarbeit in Europa.

Am 1. Juli 1999 hat das Europäische Polizeiamt seine Arbeit in Den Haag aufgenommnen.[62] Damit endete die Tätigkeit der im Jahr 1994 als Vorläuferorganisation eingerichteten Europol-Drogenstelle. Grundlage für die Tätigkeitsaufnahme Europols ist das am 26. Juli 1995 von den EU-Mitgliedstaaten unterzeichnete und am 1. Oktober 1998 in Kraft getretene Übereinkommen aufgrund von Artikel K.3 des Vertrags über die Europäische Union über die Einrichtung eines Europäischen Polizeiamts (Europol-Konvention).[63] Die tatsächliche Arbeitsaufnahme Europols erfolgte erst am 1. Juli 1999, nachdem alle in Art. 45 Abs. 4 der Europol-Konvention aufgeführten und für die Arbeitsaufnahme Europols erforderlichen Rechtsakte in Kraft getreten waren.

Geltende Rechtslage

Europol ist keine Institution der EU, sondern eine internationale Organisation mit eigener Rechtspersönlichkeit (vgl. Art. 26 Abs. 1 Europol-Konvention) im Bereich der intergouvernementalen Zusammenarbeit (dritte Säule). Das zunächst restriktiv gefasste Mandat Europols ist sukzessive erweitert[64] und durch das Protokoll aufgrund von Art. 43 Abs. 1 des Europol-Übereinkommens zur Änderung dieses Übereinkommens[65] auf die Verhütung und Bekämpfung bestimmter Formen der schweren internationalen Kriminalität ausgeweitet worden. Auf dieser Grundlage wird Europol eine zunehmend wichtige Rolle bei den Maßnahmen spielen, die die Mitgliedstaaten zur Bekämpfung der organisierten Kriminalität und des Terrorismus durchführen.[66]

Nach geltendem Recht ist Europol auf die Kriminalitätsanalyse, den Daten- und Informationsaustausch sowie auf die Unterstützung und Förderung der (operativen) Ermittlungstätigkeit nationaler Polizei- und Strafverfolgungsbehörden beschränkt (vgl. Art. 3 Europol-Konvention). Mit Ausnahme einer unterstützenden Teilnahme seiner Bediensteten an gemeinsamen Ermittlungsgruppen (vgl. Art. 30 Abs. 2 lit. a

61 Bundesministerium des Innern (Hrsg.), Frei und sicher leben – deutsche Innenpolitik in Europa, 2004, S. 10; vgl. Antwort der Bundesregierung – BT-Drs. 14/4113, S. 37.

62 Vgl. ABl. C 185 vom 01.07.1999, S. 1.

63 ABl. C 316 vom 27.11.1995, S. 1 ff.

64 Vgl. ABl. C 362 vom 18.12.2001, S. 1.

65 ABl. C 2 vom 06.01.2004, S. 1 ff.

66 Vgl. Schlussfolgerung Nr. 25 des Vorsitzes des Europäischen Rats vom 12./13. Dezember 2003 – Ratsdok. 5381/04.

EUV) und der Initiierung nationaler Ermittlungen (vgl. Art. 30 Abs. 2 lit. b EUV)[67] hat Europol derzeit keine originären Ermittlungs- oder Operationsbefugnisse.

Aufgrund der Befugnis Europols zur Durchführung operativer Fallanalysen unter Einbeziehung weicher, d.h. nicht gerichtsfester, sensitiver personenbezogener Daten im Sinne des Artikels 6 Satz 1 des Übereinkommens des Europarats vom 28. Januar 1981 zum Schutz des Menschen bei der automatisierten Verarbeitung personenbezogener Daten[68] (rassische Herkunft, politische Anschauungen, religiöse oder andere Überzeugungen, Gesundheit und Sexualleben) von auch so genannten tatfernen Personen (Zeugen, Informanten, Opfern, Kontaktpersonen) ist Europol nach geltendem Recht nicht nur in der Lage, durch die Verarbeitung dieser Daten weit reichend in das Recht der Betroffenen auf informationelle Selbstbestimmung[69] einzugreifen. Aufgrund seines einzigartigen, umfassenden Wissenstandes ist es Europol auch möglich, nationale Ermittlungen in den Mitgliedstaaten nicht nur zu unterstützen, sondern potentiell zu steuern.[70] Durch eine entsprechende Steuerung könnte Europol polizeiliche Zwangsmaßnahmen (Vernehmungen, Kontrollen, Festnahmen, Durchsuchungen etc.) gegen einen Betroffenen veranlassen und damit weitergehende Grundrechtsbeeinträchtigungen verursachen.[71] Infolgedessen besteht in besonderer Weise die Notwendigkeit zur Gewährleistung einer angemessenen justitiellen und parlamentarischen Kontrolle des Europäischen Polizeiamts, zumal die operative Analyse das wirksamste Instrument zur Unterstützung der Sicherheitsorgane auf lokaler, regionaler und internationaler Ebene darstellt[72] und die Aufgaben von Europol zunehmend operativen Charakter tragen.[73] In seiner derzeitigen Fassung entspricht das Europol-Übereinkommen nicht dieser Vorgabe.[74] Ausgestaltung und Funktion der Gemeinsamen Kontrollinstanz von Europol (vgl. Art. 24 Europol-Konvention) sind mit dem Gebot effektiver Rechtsschutzgewährung nicht zu vereinbaren.[75] Angesichts der Grundrechtssensibilität der Tätigkeit Europols erfordert

67 Vgl. Rechtsakt des Rats vom 28.11.2002 zur Erstellung eines Protokolls zur Änderung des Europol-Übereinkommens und des Protokolls über die Vorrechte und Immunitäten für Europol, die Mitglieder der Organe, der stellvertretenden Direktoren und die Bediensteten von Europol – ABl. EG C 312 vom 16.12.2002, S. 1 ff.

68 BGBl. II 1985, S. 538.

69 Vgl. BVerfGE 64, 1 ff.

70 Vgl. *Kremer*, Immunität für Europol-Bedienstete? – Eine Untersuchung der Aufgaben und Befugnisse von Europol unter besonderer Berücksichtigung der Immunitätsproblematik, 2003, S. 190 ff.

71 A.a.O.; vgl. *Wagner*, "Halt, Europol!" – Probleme der europäischen Polizeikooperation für parlamentarische Kontrolle und Grundrechtsschtz, Hessische Stiftung Friedens- und Konfliktforschung (HSFK), Report 15/2004, S. 18.

72 Vgl. *Kendall*, Zentralstellen im Wandel – Interpol, in: BKA (Hrsg.) Kriminalitätsbekämpfung im zusammenwachsenden Europa, Herbsttagung 1999, S. 79 ff.

73 Vgl. Zweiter Tätigkeitsbericht der Gemeinsamen Kontrollinstanz (GKI) von Europol (November 2002 – Oktober 2004), S. 28.

74 Vgl. *Kremer*, a.a.O. (Anm. 70), S. 394 ff.

75 A.a.O., S. 400 ff; vgl. *Kröger*, Europol – Europäisches Polizeiamt und Individualrechtsschutz, 2004, S. 192 ff.

die Gewährleistung effektiven Rechtsschutzes ein Individualklagerecht der Betroffenen.[76] Dieses ist bislang nicht vorgesehen. Sollte Europol, wie von Bundesinnenminister Schily befürwortet,[77] im Rahmen der Fortentwicklung der europäischen Sicherheitsarchitektur weitere operative Befugnisse zur Kriminalitätsbekämpfung erhalten, ist diese Rechtsschutzgewährung unerlässlich.

Zukünftige Entwicklung

Der EU-Verfassungsvertrag prägt maßgeblich die zukünftige Entwicklung Europols.

Stellung und Funktion

In Art. III-276 ist die Umwandlung Europols in eine Agentur der Union vorgesehen. Nach Art. III-276 Abs. 1 hat Europol den Auftrag, die Tätigkeit der Polizeibehörden und der anderen Strafverfolgungsbehörden der Mitgliedstaaten sowie deren gegenseitige Zusammenarbeit bei der Verhütung und Bekämpfung der zwei oder mehr Mitgliedstaaten betreffenden schweren Kriminalität, des Terrorismus und der Kriminalitätsformen, die ein gemeinsames Interesse verletzen, das Gegenstand einer Politik der Union ist, zu unterstützen und zu verstärken. Der Aufbau, die Arbeitsweise, der Tätigkeitsbereich und die Aufgaben von Europol sollen durch Europäisches Gesetz, d.h. einen Gesetzgebungsakt mit allgemeiner Geltung (vgl. Art. I-33 Abs. 1 Satz 2), festgelegt und damit zukünftig mit qualifizierter Mehrheit – unter gleichberechtigter Mitentscheidung des Europäischen Parlaments – getroffen werden (vgl. Art. III-276 Abs. 2). Diese Novellierung erleichtert *„erheblich“*[78] die Beschlussfassung und verbessert deutlich die Entwicklungsperspektiven des Europäischen Polizeiamts. Lediglich operative Maßnahmen darf Europol nach dem EU-Verfassungsvertrag nur in Verbindung und in Absprache mit den Behörden des Mitgliedstaats oder der Mitgliedstaaten ergreifen, deren Hoheitsgebiet betroffen ist (vgl. Art. III-276 Abs. 3 Satz 1), so dass entsprechende Beschlüsse weiterhin nur einstimmig und nach Anhörung des Europäischen Parlaments getroffen werden können. Die Anwendung von Zwangsmaßnahmen soll Europol weiterhin versagt, d.h. ausschließlich den zuständigen einzelstaatlichen Behörden vorbehalten bleiben (vgl. Art. III-276 Abs. 3 Satz 2). Da Europol bereits nach geltendem Recht grundrechtsrelevante Handlungen vornehmen kann,[79] sind unter den Begriff „Zwangsmaßnahmen“ nur solche Rechtseingriffe zu subsumieren, die zusätzlich zu ihrer

76 *Meyer*, Der Rechtsstaat lebt von Reformen, 2001, S. 196.

77 Vgl. Rede beim 1. Europäischen Katastrophenschutzkongress, a.a.O. (Anm. 3).

78 *Wagner*, a.a.O. (Anm. 71), S. 25.

79 S.o. (Anm. 71).

Grundrechtsrelevanz mit der Anwendung unmittelbaren Zwangs verbunden sind (Festnahmen, Durchsuchungen etc.).

Zu den durch Europäisches Gesetz festzulegenden Aufgaben Europols gehören neben dem Einholen, Speichern, Verarbeiten, Analysieren und dem Austausch von Informationen auch die Koordinierung, Organisation und Durchführung von Ermittlungen und von operativen Maßnahmen, die gemeinsam mit den zuständigen Behörden der Mitgliedstaaten oder im Rahmen gemeinsamer Ermittlungsgruppen durchgeführt werden (vgl. Artikel III-276 Abs. 2 Satz 2 lit. a und b). Ferner sollen durch Europäisches Gesetz auch die Einzelheiten für die durch das Europäische Parlament zu gewährleistende Kontrolle der Tätigkeit Europols festgelegt werden (vgl. Art. III-276 Abs. 2 Satz 3).

Nach den vom Europäischen Rat auf seiner Sitzung vom 4./5. November 2004 getroffenen Schlussfolgerungen soll der Rat möglichst bald nach Inkrafttreten des Verfassungsvertrags, spätestens aber bis zum 1. Januar 2008, das in Art. III-276 vorgesehene Europäische Gesetz über Europol nach den Vorgaben des Haager Programms erlassen und dabei allen Europol übertragenen Aufgaben Rechnung tragen.[80]

Gerichtliche Kontrolle

Der Verfassungsvertrag verbessert erheblich die gerichtliche Kontrolle Europols, da die polizeiliche Zusammenarbeit vergemeinschaftet und damit prinzipiell der Rechtsprechung des Europäischen Gerichtshofs (EuGH) unterstellt wird. Die Überprüfung der Gültigkeit oder Verhältnismäßigkeit von Maßnahmen der nationalen Polizei- und Strafverfolgungsbehörden oder der Wahrnehmung der Zuständigkeiten der Mitgliedstaaten für die Aufrechterhaltung der öffentlichen Ordnung und für den Schutz der inneren Sicherheit wird dem EuGH jedoch – entsprechend dem geltendem Recht (vgl. Art. 35 Abs. 5 EUV) – weiterhin vorenthalten (vgl. Art. III-377).

Von herausragender Bedeutung ist die Verbesserung des Grundrechtsschutzes durch den EU-Verfassungsvertrag. Diese resultiert zum einen aus der Aufnahme der Charta der Grundrechte in den EU-Verfassungsvertrag, wodurch alle EU-Institutionen, einschließlich Europol, an diesen Grundrechtekatalog gebunden sind, mit der Folge, dass sich der EuGH in seiner Rechtsprechung unmittelbar auf diese Grundrechte beziehen kann, ohne – wie bisher erforderlich – einen *„Umweg“*[81] über die gemeinsamen Rechtstraditionen der Mitgliedstaaten gehen zu müssen.[82] Zum anderen folgt die Verbesserung des Grundrechtsschutzes aus der Regelung des Art. I-9 Abs. 2, wonach die EU der Europäischen Konvention zum Schutz der Menschenrechte und Grundfreiheiten (EMRK) beitritt. Durch diesen Beitritt wird der Weg der

80 Vgl. Ratsdok. 14292/1/04 REV 1.
81 *Wagner*, a.a.O. (Anm. 71), S. 26.
82 Vgl. a.a.O.

Beschwerde gemäß Art. 13 EMRK zum Europäischen Gerichtshof für Menschenrechte auch gegen Menschenrechtsverletzungen durch Europol als Einrichtung der EU eröffnet. Da hinsichtlich der gerichtlichen Kontrolle von EU-Einrichtungen eine der deutschen Verfassungsbeschwerde (vgl. Art. 93 Abs. 1 Nr. 4a Grundgesetz) entsprechende Chartabeschwerde im EU-Verfassungskonvent bedauerlicherweise nicht durchgesetzt werden konnte,[83] können die Bürger Rechtsakte der Union nicht unmittelbar dem EuGH zur Grundrechtsprüfung vorlegen. Infolgedessen wird der Beitritt der EU zur EMRK für die Rechtsschutzgewährung eine *„nicht zu unterschätzende praktische Bedeutung haben"*.[84]

Kooperation mit Nachrichtendiensten

Auf seiner Sitzung im Dezember 2004 hat der Europäische Rat die Notwendigkeit der Verbesserung des Informationsaustauschs zwischen Europol und den Nachrichtendiensten betont.[85] In ihrem Beitrag zur Tagung des Europäischen Rats am 19. März 2004 über die Verbesserung der Zusammenarbeit bei der Terrorismusbekämpfung in der EU hat die Kommission die Übermittlung sämtlicher, d.h. auch nachrichtendienstlicher, operativer Informationen und Intelligence an Europol als dringend notwendig erachtet.[86] Nach Auffassung des Europol-Direktors muss die Zusammenarbeit Europols mit den Nachrichtendiensten forciert werden.[87] Aktuell vereinbart werden soll ein Kooperationsabkommen zwischen Europol und dem EU-Lagezentrum (SitCen),[88] das seit dem Jahr 2003 einen Status als eigene Nachrichtendienststelle innerhalb der Ratsstrukturen hat[89] und mit der Erstellung von Analysen befasst ist, in die auch Informationen der externen und internen Dienste einfließen.[90] Seit den Terroranschlägen vom 11. September 2001 und 11. März 2004 basieren die nationalen Antiterrormaßnahmen der Mitgliedstaaten vor allem auf der Zusammenarbeit der Nachrichtendienste, Polizei- und Justizbehörden.[91] Vielfach sind in den

83 Vgl. *Meyer*, Die künftige Europäische Verfassung und das Strafrecht, in: Festschrift für Albin Eser zum 70. Geburtstag, 2005, S. 797 ff.

84 *Meyer*, a.a.O.

85 Vgl. Ratsdok. 16238/1/04 REV 1.

86 Vgl. Mitteilung der Kommission an das Europäische Parlament und den Rat betreffend den Ausbau der polizeilichen Zusammenarbeit in der Europäischen Union vom 2. Juni 2004 – Ratsdok. 9903/04.

87 Vgl. Interview mit Europol-Direktor Max-Peter Ratzel, in: DER STANDARD vom 24. Juni 2005 - http://derstandard.at/druck/?id=2088396.

88 Vgl. Ratsdok. 8849/05 (Presse 114).

89 Vgl. *Mayer*, Sicherheitspolitische Interventionen der Europäischen Union, TranState Working Papers No. 13, 2005, S. 14 f.

90 A.a.O.

91 Vgl. Mitteilung der Kommission an das Europäische Parlament und den Rat betreffend den Ausbau der polizeilichen und zollbehördlichen Zusammenarbeit in der Europäischen Union – Ratsdok. 9903/04.

Mitgliedstaaten neben den Polizeibehörden auch die Nachrichtendienste für das Sammeln, die Analyse und die Verbreitung von Intelligence im Rahmen der Terrorismusbekämpfung verantwortlich.[92] Teilweise haben Mitgliedstaaten innerhalb des Polizeisystems Nachrichtendienste speziell zur Terrorismusbekämpfung aufgebaut.[93] Ein Trennungsgebot – wie in Deutschland – ist den meisten Mitgliedstaaten fremd.[94] Durch die Vorgaben der EU gerät dieses Trennungsgebot zunehmend *„unter Druck"*.[95] Für die deutschen Sicherheitsbehörden gelten aufgrund des Trennungsgebots bestimmte Grenzen der informationellen Zusammenarbeit, zwecks Gewährleistung der Abgrenzung ihrer Aufgaben und Befugnisse.[96] Eine Intensivierung der Zusammenarbeit ist daher nur in engen Grenzen (datenschutz)-rechtlich vertretbar.[97]

Europäischer Datenschutz

Für die Intensivierung der Zusammenarbeit der nationalen und europäischen Sicherheitsbehörden ist der Austausch personenbezogener Daten von entscheidender Bedeutung. Durch die Weiterentwicklung der bereits bestehenden bzw. in der Entwicklung befindlichen Informationssysteme, wie z.B. dem Schengener Informationssystem (SIS II), dem Europol-Informationssystem (EIS) oder dem Visa-Informationssystem (VIS), soll die Vernetzung der Sicherheitsstrukturen optimiert[98] und ein interoperabler europäischer Informationsverbund geschaffen werden, in den alle sicherheitsrelevanten Erkenntnisse zusammenfließen.[99] Das SIS II soll *„das Kernstück"*[100] dieses Informationsverbunds werden.

Der forcierte Ausbau der Europäischen Sicherheitsarchitektur erfordert zwingend eine Verbesserung des Schutzes der Grundrechte der Bürgerinnen und Bürger.[101] Dies gilt insbesondere für den – auch in der EU-Verfassung (vgl. Art. I-51, II-68) grundrechtlich gewährleisteten – Schutz personenbezogener Daten. Nach den Vor-

92 Vgl. a.a.O.

93 A.a.O.

94 *Holzberger*, Antiterroristische Triangel – EU-Terrorismusbekämpfung nach dem Anschlag in Madrid, in: Bürgerrechte & Polizei/CILIP 78 (2/2004), S. 56 ff.

95 A.a.O.

96 Vgl. Urteil des Verfassungsgerichtshofs des Freistaates Sachsen vom 21. Juli 2005 – Az. Vf.67-II-04.

97 Vgl. Der Bundesbeauftragte für den Datenschutz (Hrsg.), 20. Tätigkeitsbericht (2003-2004), 5.1.1.

98 Vgl. Antwort der Bundesregierung - BT-Drs. 15/5661, S. 8.

99 Vgl. Bundesinnenminister *Schily*, Rede anlässlich des 1. Europäischen Katastrophenschutzkongresses, a.a.O. (Anm. 3); Zweiter Tätigkeitsbericht der GKI Europol, a.a.O. (Anm. 73), S. 28.

100 Bundesinnenminister *Schily*, a.a.O.

101 Vgl. *Gijs de Vries* (EU-Koordinator für die Terrorismusbekämpfung), in: EU-Nachrichten vom 07.04.2005, Themenheft Nr. 10, unter Hinweis auf die entsprechende Auffassung der deutschen Minister für Innen und Justiz.

gaben der EU-Verfassung dürfen personenbezogene Daten nur nach Treu und Glauben für festgelegte Zwecke und mit Einwilligung der Betroffenen oder auf einer sonstigen gesetzlich geregelten legitimen Grundlage verarbeitet werden (vgl. Art. II-68 Abs. 2 Satz 1). Der Begriff der Datenverarbeitung ist entsprechend der EG-Datenschutzrichtlinie[102] extensiv auszulegen und erfasst bereits die Erhebung der Daten.[103] Zudem gewährt die EU-Verfassung jeder Person das Recht, Auskunft über die sie betreffenden Daten zu erhalten und die Berichtigung der Daten zu erwirken (Art. II-68 Abs. 2 Satz 2). Die Einhaltung dieser Vorschriften soll durch eine unabhängige Stelle überwacht werden (vgl. Art. II-68 Abs. 3).

Bis zur Ratifizierung des EU-Verfassungsvertrags ist es erforderlich, für den Bereich der intergouvernementalen Zusammenarbeit schnellstmöglich diesen Vorgaben entsprechende europäische Regelungen zu entwickeln, die einen hohen und gleichwertigen Datenschutzstandard in der dritten Säule gewährleisten und sich am Standard der EG-Datenschutzrichtlinie orientieren.[104] Nach Inkrafttreten des Europäischen Verfassungsvertrags sollte ein umfassendes europäisches Datenschutzgesetz erarbeitet werden, das sämtliche Bereiche der Verarbeitung personenbezogener Daten abdeckt. Den Appellen des Europäischen Parlaments und der europäischen Datenschutzkonferenz folgend, hat die EU-Kommission angekündigt, im Jahr 2005 erste Leitprinzipien für den Umgang mit personenbezogenen Daten im Bereich der dritten Säule vorzulegen.

Ohne die Erarbeitung eines kohärenten europäischen Datenschutzsystems besteht im Rahmen der Intensivierung der europäischen Zusammenarbeit der Sicherheitsbehörden aufgrund des unterschiedlichen Datenschutzniveaus der Mitgliedstaaten für Staaten mit einem hohen Datenschutzniveau die Gefahr einer Aushöhlung und damit einer Verschlechterung des Datenschutzes.[105] Derzeit können beispielsweise über Europol personenbezogene Daten ausgetauscht werden, zu deren Erhebung der Empfänger nach nationalem Recht nicht befugt ist.[106] Zudem ist es datenschutzrechtlich äußerst bedenklich, wenn (höchstpersönliche) personenbezogene Daten in einem Empfängerstaat länger als im übermittelnden Staat gespeichert, zu anderen Zwecken genutzt oder vom Empfängerstaat – entgegen den nationalen Regelungen des übermittelnden Staats – an Drittstaaten oder Drittstellen weitergeleitet werden dürfen.

102 Richtlinie 95/46/EG des Europäischen Parlaments und des Rats vom 24.10.1995 zum Schutz natürlicher Personen bei der Verarbeitung personenbezogener Daten und zum freien Warenverkehr – ABl. L 281 vom 23.11.1995, S. 31 ff.

103 *Bernsdorff*, in. Meyer (Hrsg.), Kommentar zur Charta der Grundrechte der Europäischen Union, 2003, Art. 8 Rdn. 16.

104 Vgl. Erklärung der europäischen Datenschutzkonferenz von Krakau vom 26. April 2005 – http://www.bfd.bund.de/information/DS-Konferenzen/krakau1.pdf.

105 *Wagner*, a.a.O. (Anm. 71), S. 19.

106 A.a.O.

Schlussbemerkung

Nationale Sicherheit lässt sich in Zeiten der Globalisierung nicht mehr allein innerhalb der Grenzen der Einzelstaaten gewährleisten, sondern erfordert mehr denn je eine Intensivierung der internationalen Zusammenarbeit unter maßgeblicher Beteiligung Europols. Da eine europäische Politik der inneren Sicherheit in dem Maße demokratisch legitimiert und rechtlich kontrollierbar sein muss, in dem sich aus ihr Folgen für die nationale Gesetzgebung wie auch für den einzelnen Bürger ergeben, ist flankierend zu dieser Entwicklung ein Ausbau der justitiellen und parlamentarischen Kontrolle erforderlich. Aufgrund der mit der Weiterentwicklung der europäischen Zusammenarbeit verbundenen Intensivierung der Datenverarbeitung bedarf es zur Wahrung des notwendigen Ausgleichs zwischen Sicherheitsgewährung und Grundrechtsschutz der Entwicklung eines kohärenten europäischen Datenschutzsystems und der Errichtung einer unabhängigen europäischen Datenschutzkontrollbehörde.

Strafbarkeit der Einflussnahme auf Volksvertreter

von Joachim Stünker, Rechtspolitischer Sprecher der SPD-Bundestagsfraktion, Mitglied des Bundestages

I. Einführung

Die Einflussnahme von Lobbyisten und anderen Interessenvertretern auf Parlamentarier nimmt stetig zu. Zugleich hat der Versuch mächtiger Wirtschaftsverbände und anderer Interessengruppen, Einfluss auf legislative Entscheidungen zu nehmen, im Laufe der Zeit zunehmend subtilere Züge angenommen. Damit ist sicherlich auch die Versuchung manches Abgeordneten, sein parlamentarisches Verhalten an den mit der Zuwendung von Vorteilen verbundenen Interessen Dritter auszurichten, nicht geringer geworden. Die zielgerichtete Zuwendung eines materiellen Vorteils für ein bestimmtes künftiges Stimmverhalten im Plenum des Deutschen Bundestages spielt indes in der parlamentarischen Praxis eine untergeordnete Rolle und spiegelt die gesellschaftspolitische Realität nicht wider. Dementsprechend nimmt es nicht Wunder, dass der speziell diesen Fall der Beeinflussung parlamentarischer Entscheidungen betreffende Straftatbestand der Abgeordnetenbestechung (§ 108e StGB) die Rechtsprechung bislang nicht beschäftigt hat.

Sicherlich wird sich jetzt mancher Leser dieses Beitrages fragen, welchen spezifischen Zusammenhang diese Thematik mit Leben und Arbeit des Jubilars aufweist. *Jürgen Meyer* hat sich nicht nur als Kriminologe immer wieder mit Fragen der nationalen und internationalen Korruptionsbekämpfung auseinandergesetzt, sondern sich in seiner Eigenschaft als langjähriges Mitglied des Deutschen Bundestages darüber hinaus intensiv an den Diskussionen über Für und Wider der strafrechtlichen Einordnung von Einflussnahmen auf Abgeordnete beteiligt.

II. Geltende Rechtslage

Dass die Sanktionierung diesbezüglichen Fehlverhaltens des Abgeordneten selbst oder des ihn beeinflussenden Dritten mit Mitteln des Strafrechts bislang eher ein

Schattendasein führt, wird in der Literatur[1] vor allem auf Unzulänglichkeiten des Tatbestandes der Abgeordnetenbestechung zurückgeführt. Nach geltendem Recht sind Bestechlichkeit und Bestechung *nationaler* Volksvertreter bzw. Mitglieder des Europäischen Parlaments nur in den Formen des Kaufs und Verkaufs der Stimme bei Wahlen und Abstimmungen nach § 108e strafbar. Ergänzt wird die Regelung seit 1998 durch Artikel 2 § 2 des Gesetzes zur Bekämpfung internationaler Bestechung (IntBestG)[2], der die Bestechung *ausländischer* Abgeordneter im Zusammenhang mit internationalem geschäftlichen Verkehr mit Strafe bedroht[3].

III. Entstehungsgeschichte

Rechtshistorisch ist die Erfassung der Abgeordnetenbestechung als kriminelles Unrecht durch das Bemühen um Schaffung eines restriktiven, auf eindeutig strafwürdige Verhaltensweisen begrenzten Tatbestandes, sowie lang anhaltende Strafbarkeitslücken geprägt. In ihrer gegenwärtigen Form ist die Abgeordnetenbestechung erst wieder seit dem 14.1.1994[4] strafrechtlich bewehrt, nachdem sie zuvor vierzig Jahre lang nicht sanktioniert war.

Erstmals wurde 1851 das Kaufen und Verkaufen einer Wahlstimme in Art. 86 des Preußischen Strafgesetzbuches mit Strafe bedroht. 1871 wurde dieselbe Tathandlung – bezogen auf den Bereich „öffentlicher Angelegenheiten" – in § 109[5] des Reichsstrafgesetzbuches unter Strafe gestellt. Der Straftatbestand wurde vergleichsweise weit interpretiert[6]. Neben den vom Wortlaut erfassten Wahlen und Abstimmungen

1 Zur Kritik siehe insbesondere *Barton*, NJW 1994, 1098 ff; *Dölling*, Gutachten DJT 1996, S. C 80 ff; *Becker*, Korruptionsbekämpfung im parlamentarischen Bereich, 1998, S. 49 ff; *Heisz*, Die Abgeordnetenbestechung nach § 108e StGB, 1998, S. 49 ff; *Schaller*, Strafrechtliche Probleme der Abgeordnetenbestechung, 2002, S. 117 ff; *Schaupensteiner*, Kriminalistik 2003, 9, 12.

2 Gesetz zur Bekämpfung internationaler Bestechung (IntBestG) v. 10.9.1998, BGBl. II, 2327.

3 Artikel 2 § 2 IntBestG hat folgenden Wortlaut:
„(1) Wer in der Absicht, sich oder einem Dritten einen Auftrag oder einen unbilligen Vorteil im internationalen geschäftlichen Verkehr zu verschaffen oder zu sichern, einem Mitglied eines Gesetzgebungsorgans eines ausländischen Staates oder einem Mitglied einer parlamentarischen Versammlung einer internationalen Organisation einen Vorteil für dieses oder einen Dritten als Gegenleistung dafür anbietet, verspricht oder gewährt, dass es eine mit seinem Mandat oder seinen Aufgaben zusammenhängende Handlung oder Unterlassung künftig vornimmt, wird (...) bestraft.
(2) Der Versuch ist strafbar."

4 Eingefügt durch das 28. StrÄndG v. 13.1.1994, BGBl. I, 84.

5 Die Vorschrift lautete:
„Wer in öffentlichen Angelegenheiten eine Wahlstimme kauft oder verkauft, wird mit Gefängnis von einem Monat bis zu zwei Jahren bestraft; auch kann auf Verlust der bürgerlichen Ehrenrechte erkannt werden."

6 *Schaller* (Fußn. 1), S. 6 f; *Becker* (Fußn. 1), S. 9 ff; *Epp*, Die Abgeordnetenbestechung – § 108e StGB, 1997, S. 40 f; *Möhrenschlager*, in: Weber-FS, S. 217, 218.

zu den Gesetzgebungskörperschaften wurden auch Wahlen und Abstimmungen *innerhalb* dieser Körperschaften vom Anwendungsbereich erfasst. Gleichermaßen wurde die Tathandlung „Wählen“ über die Auswahl zwischen verschiedenen Personen hinaus auch auf Entscheidungen über Sachfragen bezogen. Nach dem 2. Weltkrieg wurde die Diskussion wieder aufgenommen. Eine Anknüpfung an die Vorgängernorm des § 109 RStGB erfolgte aber nicht. Vielmehr wurde die Abgeordnetenbestechung unter Einbeziehung von Entscheidungen über Sachfragen innerhalb der Volksvertretungen 1953[7] wieder straflos gestellt. Diese Rechtslage hatte nahezu vierzig Jahre Bestand. Auf die in diesem Zeitraum erfolglosen Initiativen zur Einführung eines neuen Straftatbestandes der Abgeordnetenbestechung soll hier nicht näher eingegangen werden.[8]

Erst wieder im Jahre 1991 hatte die SPD-Bundestagsfraktion Bestechungsvorwürfe, die gegen Mitglieder des Bundestages im Zuge des Wechsels des Regierungssitzes von Bonn nach Berlin erhoben worden waren, zum Anlass genommen, einen Gesetzentwurf[9] zur Schaffung eines Straftatbestandes der Abgeordnetenbestechungen in den Bundestag einzubringen. Nachdem dieser 1993 von den damaligen Regierungsfraktionen CDU/CSU und FDP nahezu inhaltsgleich wiederaufgegriffen worden war[10], wurden beide Entwürfe zusammengeführt[11] und der geltende § 108e durch das 28. Strafrechtsänderungsgesetz[12] in das Strafgesetzbuch eingefügt.

Danach waren es regelmäßig internationale Abkommen, die den deutschen Gesetzgeber zu weiteren legislativen Maßnahmen im Bereich „Abgeordnetenkorruption“ veranlassten. Das unter dem Vorsitz der OECD ausgehandelte Übereinkommen vom 17. Dezember 1997 über die Bekämpfung ausländischer Amtsträger im internationalen Geschäftsverkehr begründete in Art. 1 i.V.m. Abs. 4a die Verpflichtung der Vertragsstaaten, die Strafbarkeit von Bestechungshandlungen von und gegenüber „ausländischen Amtsträgern“ auf Personen, „die in einem anderen Staat durch Ernennung oder Wahl ein Amt im Bereich der Gesetzgebung“[13] innehaben, auszudehnen. Aufgrund dieses weit gefassten Amtsträgerbegriffs wurde mit Art. 2 § 2 IntBestG erstmals ein eigenständiger Tatbestand für die aktive Bestechung eines ausländischen oder internationalen Parlamentariers über den Stimmenkauf hinaus geschaffen.

7 3. StrÄndG, BGBl. 1953 I, S. 735, 740.
8 Siehe hierzu den Überblick bei *Schaller* (Fußn. 1), S. 12 ff.
9 BT-Drucks. 12/1630.
10 BT-Drucks. 12/5927.
11 Beschlußempfehlung und Bericht des Rechtsausschusses, BT-Drucks. 12/6092, S. 5.
12 Siehe oben Fußn. 4.
13 „a., foreign public official‘ means any person holding a legislative, administrative or judicial office of a foreign country, whether appointed or elected.“

IV. Kritik an der aktuellen Rechtslage

Die Kritik an der geltenden Rechtslage ist vielstimmig und ebbt nicht ab. Nicht zuletzt im Zuge einiger aktuell durch die Medien aufgedeckter Skandale[14] um prominente Politiker erhielt diese in jüngster Zeit wieder neue Nahrung. Die Kritik konzentriert sich zum einen auf den Straftatbestand des § 108e selbst und zum anderen auf die Inkonsequenz der gesetzlichen Regelungen, insbesondere die schwer nachvollziehbare Ungleichbehandlung nationaler und ausländischer Abgeordneter bei der aktiven Bestechung in § 108e und Artikel 2 § 2 IntBestG.

An der Regelung der Abgeordnetenbestechung in § 108e entzündete sich von Anfang an heftige Kritik. Nach Ansicht von *Barton* bleibt die Norm weitgehend ohne instrumentelle Wirkungen und reduziert sich auf ein symbolisches Fanal, das wirksamen Rechtsgüterschutz eher erschwere als fördere.[15] Der Tatbestand könne nur *„ausgesprochen krude, krasse und simple Formen"*[16] der Bestechung bzw. Bestechlichkeit erfassen und sei als lediglich *„symbolische Gesetzgebung*[17] *mit einem hohen Maß an Täuschungselementen"*[18] nicht hinnehmbar. Sachlich bemängelt wird insbesondere, dass der Tatbestand nur die Stimmabgabe im Plenum erfasse und dort, wo die eigentliche Willensbildung erfolgt, nämlich im Vorfeld der parlamentarischen Beratungen z.B. in Fraktionen und deren Untergliederungen (Arbeitskreise etc.),[19] nicht greife. Auch die Beschränkung auf künftige Abstimmungen und damit die Straflosigkeit des *„nachträglichen Belohnens"* stelle eine Regelungslücke dar[20]. Vielfach wird auch eine Annäherung des § 108e an die §§ 331 ff. gefordert[21]. Darüber hinaus wird eingewandt, der Tatbestand könne seine Aufgabe, strafwürdige von politisch adäquaten Verhaltensweisen abzugrenzen, nicht erfüllen[22]. So gesteht *Barton*[23] ein, dass § 108e die Grenzen des Strafrechts bei der Bewältigung politischer Aufgaben aufzeige, und vertritt die Auffassung, dass eine Ausdehnung der Strafbarkeit wegen der ungeklärten Frage, was politisch adäquates Verhalten inhaltlich ausmacht, nicht in Betracht komme.

14 So z. B. die Gehaltsaffäre des CDA-Vorsitzenden Hermann Josef Arentz, die Abfindungszahlungen an den ehemaligen CDU-Generalsekretär Laurenz Meyer sowie die Gehaltsaffären der Bundestagsabgeordneten Ulrike Flach (FDP) und Jann Peter Janssen (SPD); siehe hierzu: Der Spiegel v. 17.1.2005 „Diener zweier Herren".

15 So Barton, NJW 1994, 1098.

16 Barton, NJW 1994, 1100; Heisz (Fußn. 1), S. 112.

17 So auch Becker (Fußn. 1), S. 54 f; Heisz (Fußn. 1), S. 115; abl. Schaller (Fußn. 1), S. 114. Eingehend zum Begriff des Alibi- bzw. Kompromissgesetzes Voß, Symbolische Gesetzgebung, 1989, S. 31 ff.

18 *Barton*, NJW 1994, 1100. Ähnlich auch *Schaupensteiner*, Kriminalistik 2003, 9, 12.

19 *Barton*, NJW 1994, 1100; *Becker* (Fußn. 1), S. 51 f; *Heisz* (Fußn. 1), S. 109 f; *Überhofen*, Korruption und Bestechungsdelikte im staatlichen Bereich, 1999, S. 208; *Schaller* (Fußn. 1), S. 31 f, 115; *Schaupensteiner*, Kriminalistik 2003, 9, 12.

20 *Überhofen* (Fußn. 19), S. 208; *Schaller* (Fußn. 1), S. 89 f, 115; *Becker* (Fußn. 1), S. 52.

21 *Heisz* (Fußn. 1), S. 113.

22 *Becker* (Fußn. 1), S. 52 „nicht hinzunehmende Rechtsunsicherheit"; *Heisz* (Fußn. 1), S. 111.

23 NJW 1994, 1101.

Kritik richtete sich auch gegen die Vorschrift des Art. 2 § 2 IntBestG. *Zieschang*[24] äußert Zweifel bezüglich der Weite der Strafbestimmung in Art. 2 § 2 IntBestG und gibt zu bedenken, dass ein den Amtsträgern vergleichbares „do ut des-Verbot" für die Sphäre der Politik nicht gelte und die Norm darüber hinaus im Gegensatz zu § 334 durch das Fehlen einer pflichtwidrigen Diensthandlung[25] gekennzeichnet sei. Angesichts der unterschiedlichen Regelungsgehalte der Straftatbestände sei schließlich an eine Neufassung des § 108e zu denken[26]. Auch für *Dölling*[27] vergrößert die Schaffung des Sondertatbestandes für die Bestechung ausländischer Abgeordneter die Problematik der Beschränkung von § 108e auf den Stimmenkauf. *Möhrenschlager*[28] verweist auf die kuriose Folge des Nebeneinanders beider Regelungen, welches dazu führe, dass für die Bestechung eines ausländischen Abgeordneten in Deutschland nunmehr härtere strafrechtliche Sanktionen drohten als für die Bestechung nationaler Abgeordneter.

V. Aktuelle Reformüberlegungen

Ein Anlass für aktuelle Reformbestrebungen bildet wiederum die bevorstehende Umsetzung internationaler Übereinkommen. Dabei handelt es sich um das Strafrechtsübereinkommen des Europarates über Korruption vom 27. Januar 1999[29] (ETS Nr. 173) und das Übereinkommen der Vereinten Nationen gegen Korruption vom 31. Oktober 2003[30].

1. Europarats-Übereinkommen

Das Strafrechtsübereinkommen des Europarates über Korruption v. 27.1.1999 ist am 1.7.2002 in Kraft getreten. Die für Abgeordnete maßgeblichen Vorschriften finden sich in Art. 4[31], 6 und 10, die ihrerseits auf die Art. 2 und 3, die die Tathandlungen der aktiven und passiven Bestechung nationaler Amtsträger umschreiben, verweisen.

24 *Zieschang*, NJW 1999, 105, 107.

25 *Zieschang*, NJW 1999, 107. Kritisch ebenso *Gänßle*, NStZ 1999, 543, 544.

26 Insoweit weist *Zieschang*, NJW 1999, 107, zu Recht auf die „Kohärenz innerhalb der eigenen (Straf)Rechtsordnung" hin. Für eine Harmonisierung beider Vorschriften sprechen sich auch *Dölling*, ZStW 112 (2000), 334, 354, und *Korte*, wistra 1999, 81, 87, aus.

27 *Dölling*, ZStW 112 (2000), 334, 354.

28 *Möhrenschlager*, in: Weber-FS, S. 228; ebenso *Heinrich*, Der Amtsträgerbegriff im Strafrecht, 2001, S. 675.

29 Abrufbar unter: http://conventions.coe.int/Treaty/EN/Treaties/Html/173.htm.

30 Doc. A/58/422, abrufbar unter: http://www.unodc.org/pdf/crime/convention_corruption/signing/Convention-e.pdf. Das Übereinkommen wurde am 9.12.2003 von Deutschland unterzeichnet, ist aber noch nicht in Kraft getreten.

31 „Any person who is a member of any domestic public assembly exercising legislative or adminstrative powers".

Sieht man von der Möglichkeit eines Vorbehalts nach Art. 37 Abs. 1 des Übereinkommens[32] ab, weist *Möhrenschlager*[33] zu Recht darauf hin, dass Abgeordnete hier zwar nicht ausdrücklich in den Amtsträgerbegriff einbezogen sind, die Regelungen aber dennoch durch die Verpflichtung, für Parlamentarier an den Vorgaben für die aktive und passive Bestechung nationaler Amtsträger gem. Art. 2 und 3 ausgerichtete Paralleltatbestände zu schaffen, in ihrer Reichweite sowohl über § 108e als auch über Art. 2 § 2 IntBestG hinausgehen.

2. UN-Konvention

Das Übereinkommen der Vereinten Nationen gegen Korruption vom 31.10.2003 definiert im Gegensatz zum Europaratsübereinkommen einen „weiten" Amtsträgerbegriff[34]. Nach Art. 2 a) (i) bezeichnet der Ausdruck „Amtsträger" jede Person, die in einem Mitgliedstaat durch Ernennung oder Wahl befristet oder unbefristet, bezahlt oder unbezahlt unabhängig vom Dienstalter ein Amt im Bereich der Gesetzgebung, der Exekutive, der Verwaltung oder Justiz innehat[35]. Die hiernach auch für Abgeordnete zwingenden Vorgaben finden sich in Art. 15[36] und 16, welche die maßgeblichen Regelungen über die Bestechung und Bestechlichkeit inländischer, ausländischer und internationaler Amtsträger enthalten. Danach ist das unmittelbare oder mittelbare Fordern oder Annehmen eines ungerechtfertigten Vorteils durch einen Amtsträger (...), damit dieser in Ausübung seiner Dienstpflichten eine Handlung vornimmt oder unterlässt, unter Strafe zu stellen.

32 Danach kann jeder Vertragsstaat sich das Recht vorbehalten, Abgeordnete betreffende Strafvorschriften in seinem Recht nicht oder nur teilweise einzuführen.

33 *Möhrenschlager*, in: Weber-FS, S. 229.

34 Zum insoweit kontroversen Verlauf der Verhandlungen siehe *Möhrenschlager*, in: Weber-FS, S. 229, 230.

35 "Public official" shall mean: (i) any person holding a legislative, executive, administrative or judicial office of a State Party, whether appointed or elected, whether permanent or temporary, whether paid or unpaid, irrespective of that person's seniority".

36 „Bribery of national public officials: Each State Party shall adopt such legislative and other measures as may be necessary to establish as criminal offences, when committed intentionally: (a) The promise, offering or giving, to a public official, directly or indirectly, of an undue advantage, for the official himself or herself or another person or entity, in order that the official act or refrain from acting in the exercise of his or her official duties; (b) The solicitation or acceptance by a public official, directly or indirectly, of an undue advantage, for the official himself or herself or another person or entity, in order that the official act or refrain from acting in the exercise of his or her official duties."

3. Regelungen im Ausland

Ein Vergleich mit zahlreichen ausländischen Rechtsordnungen[37] belegt, dass die Strafbarkeit der Abgeordnetenbestechung heute überwiegend durch die Einbeziehung von Abgeordneten in den Amtsträgerbegriff bzw. die Anwendung der Bestechungstatbestände für Amtsträger auf Abgeordnete erreicht wird. Insofern nehmen die Regelungen in Deutschland und Österreich[38] in Europa eine Sonderstellung ein. Grundsätzlich lassen sich die existierenden Vorschriften in drei Kategorien einteilen. In der überwiegenden Zahl der Fälle wird die Strafbarkeit der Mandatsträger über die Einbeziehung von Abgeordneten in den allgemeinen Amtsträgerbegriff hergestellt. Diese Einbeziehung erfolgt entweder ausdrücklich durch Aufnahme in die gesetzliche Definition[39] oder wird dem Amtsträgerbegriff durch Auslegung[40] entnommen. Die dritte Kategorie bildet die ausdrückliche Einbeziehung von Abgeordneten in die Bestechungstatbestände.[41]

VI. Reformvorschlag

Vor dem Hintergrund der umzusetzenden Übereinkommen des Europarates und der Vereinten Nationen muss eine neue Regelung über die Strafbarkeit von Bestechungshandlungen von und gegenüber Abgeordneten geschaffen werden.

1. Keine unmittelbare Anwendung der Bestechungstatbestände

Im Hinblick auf die weite Amtsträgerdefinition im UN-Übereinkommen dürfte die Forderung nach einer ausdrücklichen Einbeziehung des Abgeordneten in den Amtsträgerbegriff des § 11 Abs. 1 Nr. 2 StGB vermutlich wieder aufkommen.

37 Siehe dazu den instruktiven Überblick bei *Möhrenschlager*, in: Weber-FS, S. 223 f. Ausführlich zu verschiedenen Rechtsordnungen auch außerhalb Europas, *Eser/Überhofen/Huber*, Korruptionsbekämpfung durch Strafrecht, 1997.

38 Nach dem Sondertatbestand der „Verbotenen Intervention“ (§ 308 öStGB) macht sich der Abgeordnete selbst nicht strafbar, *Überhofen* (Fußn. 19), S. 287; *Becker* (Fußn. 1), S. 86 f.

39 So in den Niederlanden (Art. 177, 362 i.V.m. Art. 84 Abs. 1 Wetboek van Strafrecht), Spanien (Art. 419 ff. i.V.m. Art. 24 Código Penal), Zypern (Art. 100 i.V.m. Art. 4 Criminal Code) und verschiedenen osteuropäischen Staaten. Durch eine ähnlich weite Fassung des potentiellen Täterkreises zeichnen sich zudem die Straftatbestände von Schweden (Kap. 20 § 2 Abs. 2 Nr. 1 Kriminalgesetzbuch [alle Arbeitnehmer]), Polen (Art. 229 StGB), der Slowakei (Art. 160 ff StGB) sowie der Tschechischen Republik (Art. 160 ff StGB) aus.

40 Dies gilt z.B. für Belgien (Art. 246 ff. c.p.) und Dänemark (§§ 122, 144 StGB).

41 In Europa lassen sich für diese Fallgruppe beispielhaft anführen: Frankreich (Art. 432-11 ff. n.c.p.), Luxemburg (Art. 246 ff. c.p.), Italien (Art. 318 ff. i.V.m. Art. 357 Abs. 1 c.p.), Irland (Prevention of Corruption [Amendment] Act Nr. 27 v. 9.7.2001), Lettland (§ 316 Abs. 2 StGB) und Malta (Art. 112 ff. Criminal Code).

Dies hätte den Vorteil einer Annäherung an die Rechtsordnungen zahlreicher europäischer Nachbarländer. So wird in Frankreich die Gleichstellung des Abgeordneten mit dem Amtsträger durch ausdrückliche Einbeziehung[42] von Abgeordneten in den Tatbestand des Art. 432-11 Nouveau Code Pénal vollzogen, der die passive Bestechung („corruption passive") und den sog. Einflusshandel („trafic d'influence") unter Strafe stellt. Danach ist der Straftatbestand auch auf eine Person anwendbar, die „mit einem öffentlichen Wahlmandat versehen ist"[43]. In ähnlicher Weise ist die Abgeordnetenbestechung im italienischen Recht geregelt. Nach der weiten Definition des Art. 357 Abs. 1 codice penale sind Amtsträger diejenigen, *„die eine öffentliche Funktion in der Gesetzgebung, Justiz oder Verwaltung ausüben"*[44]. Die Bestechungstatbestände der Art. 318 bis 322 c.p. gelten damit unmittelbar auch für Mandatsträger. Des Weiteren enthalten die Strafgesetzbücher Spaniens[45] und der Niederlande[46] besondere Vorschriften für die ausdrückliche Gleichstellung des Abgeordneten mit dem Amtsträger.

In Deutschland erscheint eine Ausweitung des Täterkreises der §§ 331 ff. auf Mandatsträger jedoch nicht sinnvoll. Der Amtsträger wird in § 11 Abs. 1 Nr. 2c) definiert als eine Person, die dazu bestellt ist, „Aufgaben der öffentlichen Verwaltung (...) wahrzunehmen". Nach h.M.[47] sind dazu die Aufgaben eines Abgeordneten im Bereich der Legislative nicht zu rechnen. Dies ergibt sich bereits aus dem Prinzip der Gewaltenteilung, das den Bereichen der Gesetzgebung, Verwaltung und Rechtsprechung verfassungsrechtlich grundlegend unterschiedliche Staatsfunktionen zuweist[48]. Ebenso wenig kommt es in Betracht, den Abgeordneten als Amtsträger i.S. v. § 11 Abs. 1 Nr. 2a) anzusehen, da der Abgeordnete nicht in ein staatsrechtliches Beamtenverhältnis übernommen wird. Gleiches gilt – auch wenn in Art. 48 Abs. 2 S. 1 GG von einem „Amt" des Abgeordneten die Rede ist – für eine Amtsträgerstellung nach § 11 Abs. 1 Nr. 2b). Der Abgeordnetenstatus begründet kein „öffentlich-rechtliches Amtsverhältnis"[49], da eine mit dem Beamtenverhältnis vergleichbare personale Beziehung des Mandatsträgers zu einem öffentlichen Träger gerade nicht vorliegt. Der Abgeordnete ist im Unterschied zum Beamten nicht verpflichtet, seine Entscheidung unparteiisch und frei von politischen Einflüssen zu treffen. Es existiert kein genau umgrenzter Pflichtenkreis[50], der es dem Abgeordneten untersagt, neben Sachargumenten persönliche Interessen und taktische Erwägungen zu berücksichtigen. Daher kann der Abgeordnete auch nicht wie ein Beamter

42 Siehe *Barth*, in: Eser/Überhofen/Huber (Fußn. 37), S. 111 f.

43 „par une personne ... ou investie d'un mandat électif public".

44 Dazu ausführlich *Hein*, in: Eser/Überhofen/Huber (Fußn. 37), S. 223 f.

45 Art. 24 Código Penal.

46 Art. 84 Abs. 1 Wetboek van Strafrecht.

47 BGHSt 5, 100, 106; *Sch/Sch/Eser*, StGB, § 11 Rn. 23; *Tröndle/Fischer*, StGB, § 11 Rn. 23.

48 *Heinrich* (Fußn. 28), S. 500, 670; siehe auch *Rohlff*, Die Täter der „Amtsdelikte", 1995, S. 71; *Epp* (Fußn. 6), S. 211.

49 Zu dieser Gruppe gehören aber Minister, Parlamentarische Staatssekretäre sowie der Wehrbeauftragte des Bundestages, *Rohlff* (Fußn. 48), S. 165.

50 So auch die Gesetzesbegründung zu § 108e, BT-Drucks. 12/1630, S. 5.

pflichtgemäß oder pflichtwidrig i.S.d. §§ 331 ff. handeln. Es ist daher richtig, die Abgeordnetenbestechung separat unter Strafe zu stellen[51]. Dementsprechend hat sich auch der 61. Deutsche Juristentag eindeutig gegen eine uneingeschränkte Anwendung der §§ 331 ff. auf den Abgeordneten ausgesprochen[52]. Da weder die Europarats- noch die UN-Konvention eine ausdrückliche Gleichbehandlung von Abgeordneten und Amtsträgern verlangen, kann die Umsetzung demzufolge auch in Form eines Sondertatbestandes[53] erfolgen.

2. Rechtssystematik

Der erforderlichen Neufassung der Abgeordnetenbestechung sollte demnach durch einen eigenen Tatbestand Rechnung getragen werden, der wie § 108e im Abschnitt über die „Verfassungsorgane"[54] verankert werden sollte. Es erscheint außerdem sinnvoll, den Tatbestand des § 108e als Sonderregelung für besonders gravierende Fälle der Abgeordnetenbestechung in der Form des Stimmenkaufs aufgrund des darin zum Ausdruck kommenden eigenständigen Unrechtsgehalts aufrecht zu erhalten, jedoch das Strafmaß anzuheben. Der Stimmenkauf sollte daher künftig als qualifizierter Fall der Bestechlichkeit und Bestechung von Volksvertretern zu werten sein. Die sich aus der Umsetzung der internationalen Vorgaben ergebenden tatbestandlichen Erweiterungen sollten hingegen einer eigenständigen Strafnorm vorbehalten bleiben. Es empfiehlt sich daher, die einfache Abgeordnetenbestechung in einem neuen § 108f[55] in der folgenden Weise auf Handlungen außerhalb des (Ver)Kaufs einer Stimme bei Wahlen und Abstimmungen auszudehnen:

§ 108f neu (Bestechlichkeit und Bestechung der Mitglieder von Volksvertretungen):

Wer als Mitglied

1. einer Volksvertretung des Bundes, der Länder, Gemeinden oder Gemeindeverbänden oder
2. eines Gesetzgebungsorgans eines ausländischen Staates, des Europäischen Parlaments oder einer parlamentarischen Versammlung einer sonstigen internationalen Organisation

einen unbilligen Vorteil für sich oder einen Dritten dafür fordert, sich versprechen lässt oder annimmt, dass er bei der Wahrnehmung seines Mandats eine Handlung im Auftrag oder auf Weisung vornehme oder unterlasse, wird mit Frei-

51 *Überhofen* (Fußn. 19), S. 235.

52 Beschluss II 16 der Abteilung Strafrecht, abgedruckt in: NJW 1996, 2994, 2997.

53 So auch *Möhrenschlager*, in: Weber-FS, S. 231.

54 So auch die Begründung des Gesetzentwurfs zu § 108e StGB, BT-Drucks. 12/1630, S. 6; siehe auch *Epp* (Fußn. 6), S. 229 f.

55 Die SPD-Bundestagsfraktion hatte im Frühjahr 2005 einen Gesetzentwurf zur Einfügung eines neuen § 108f StGB erarbeitet, der jedoch infolge des vorzeitigen Endes der Legislaturperiode nicht mehr in die parlamentarischen Gremien eingebracht werden konnte.

heitsstrafe bis zu fünf Jahren oder mit Geldstrafe bestraft, wenn die Tat nicht in § 108e mit Strafe bedroht ist.

Ebenso wird bestraft, wer einem Mitglied
1. einer Volksvertretung des Bundes, der Länder, Gemeinden oder Gemeindeverbänden oder
2. eines Gesetzgebungsorgans eines ausländischen Staates, des Europäischen Parlaments oder einer parlamentarischen Versammlung einer sonstigen internationalen Organisation

einen unbilligen Vorteil für dieses oder einen Dritten anbietet, verspricht oder gewährt, damit es bei der Wahrnehmung seines Mandats eine Handlung im Auftrag oder auf Weisung vornehme oder unterlasse.

3. Tathandlung

Die Tathandlung liegt hinsichtlich der passiven Begehungsweise im Fordern, Sichversprechenlassen oder Annehmen eines unbilligen Vorteils dafür, dass der Abgeordnete bei der Wahrnehmung seines Mandats eine Handlung im Auftrag oder auf Weisung des Zuwendenden vornimmt oder unterlässt. Die neue Strafbestimmung hält sich damit in der tatbestandlichen Ausgestaltung eng an die Begrifflichkeiten der internationalen Vorgaben und nähert sich gleichzeitig den für Amtsträger geltenden Bestechungstatbeständen der §§ 331 ff. an[56]. Insoweit wird auch eine Angleichung an den Standard der oben dargestellten ausländischen Rechtsordnungen erreicht. Die Handlungsmodalitäten weisen gegenüber den Vorgaben des Europarats- und UN-Übereinkommens keine Besonderheiten auf und bereiten auch in ihrer Auslegung schon wegen ihrer Parallelität zu den §§ 331 ff. keine Schwierigkeiten.

4. Vorteilsbegriff

Der Begriff „Vorteil“ ist in Anlehnung an die Bestechungstatbestände und nicht im Sinne der Gegenleistung für die Stimmabgabe nach § 108e auszulegen. Das Tatbestandsmerkmal des „Kaufens“ bei § 108e soll im Sinne des allgemeinen Sprachgebrauchs „bildlich“ zu verstehen sein und die Käuflichkeit des Abgeordneten zum Ausdruck bringen. Die Literatur geht hinsichtlich der Beschaffenheit der Leistung

56 Wie auch in der Literatur, z.B. von *Heisz* (Fußn. 1), S. 113 f, gefordert, die darauf verweist, dass eine Annäherung an die §§ 331 ff schon wegen der ungleich einflussreicheren Position des Abgeordneten erforderlich sei. Insofern sei nicht nachvollziehbar, dass § 108e gegenüber §§ 331 ff sowohl auf der Tatbestands- wie auf der Rechtsfolgenseite die mildere Norm sei. An die Integrität eines das Handeln der Exekutive festlegenden Gesetzes müsse ein mindestens ebenso hoher Maßstab angelegt werden wie an dessen spätere Ausführung.

des Bestechers überwiegend davon aus, dass nur materielle oder geldwerte Zuwendungen tatbestandsmäßig sind und immaterielle Vergünstigungen zur Deliktsverwirklichung nicht ausreichen[57]. Im Rahmen der §§ 331 ff. ist dagegen ein Vorteil jede „Leistung materieller oder immaterieller Art, die den Täter besser stellt und auf die er keinen rechtlich begründeten Anspruch hat“[58].

Von dem neuen Tatbestand der Abgeordnetenbestechung müssen künftig jedoch auch immaterielle Zuwendungen erfasst werden. Die Notwendigkeit zur Ausdehnung des Vorteilsbegriffs auf immaterielle Zuwendungen ergibt sich explizit aus Nr. 37 des Erläuternden Berichts zum Europaratsübereinkommen[59], wobei dort z. B. auch ein Urlaub zu den immateriellen Vorteilen gerechnet wird, der nach hiesigem Verständnis bereits zu den geldwerten Vorteilen gezählt werden müsste. Das kann jedoch nicht ohne weiteres gleichermaßen für die zusätzlich aufgeführten Beispiele, wie etwa die schnellere Bearbeitung eines Falles („case handled within a swifter time“) oder bessere Karrierechancen („better career prospects“), gelten. Dadurch ergibt sich eine Ausdehnung der Strafbarkeit im Verhältnis zum bisherigen Tatbestand der Abgeordnetenbestechung und eine Angleichung an die Interpretation des Vorteilsbegriffs der Bestechungstatbestände für Amtsträger. Immaterielle Vorteile unterfallen damit zukünftig dem Tatbestand, soweit sie einen objektiv messbaren Inhalt aufweisen und den Täter in irgendeiner Weise besser stellen[60].

Ebenso wie bei den allgemeinen Bestechungsdelikten[61] erfüllen auch Zuwendungen an Dritte den Tatbestand. Die Einbeziehung von Drittzuwendungen folgt ebenfalls aus den Vorgaben sowohl der Europarats-[62] als auch der UN-Konvention[63]. Damit wird auch die so genannte mittelbare Bestechung erfasst, d.h. die Fälle, in denen dem Täter kein unmittelbarer oder mittelbarer Nutzen zugeflossen ist, sondern der Vorteil von vornherein einem Dritten zugute kommen sollte.

57 So *Sch/Sch/Eser*, StGB, § 108e Rn. 8; *Tröndle/Fischer*, StGB, § 108e Rn. 4; *Lackner/Kühl*, StGB, § 108e Rn. 3; *Schaller* (Fußn. 1), S. 72; a.A. *Epp* (Fußn. 6), S. 298 f (299), mit der Einschränkung, dass immaterielle Zuwendungen einen objektiv messbaren Wert besitzen müssen.

58 *Sch/Sch/Cramer*, StGB, § 331 Rn. 17.

59 „37. The undue advantages given are usually of an economic nature but may also be of a non-material nature. What is important is that the offender (or any other person, for instance a relative) is placed in a better position than he was before the commission of the offence and that he is not entitled to the benefit. Such advantages may consist in, for instance, money, holidays, loans, food and drink, a case handled within a swifter time, better career prospects, etc.“

60 *Sch/Sch/Cramer*, StGB, § 331 Rn. 19.

61 *Sch/Sch/Cramer*, StGB, § 331 Rn. 20a.

62 Art. 3: „for himself or herself or for anyone else“.

63 Art. 15: „for the official himself or herself or another person or entity“.

5. Unrechtsvereinbarung

Wie beim Stimmenkauf kann auch im neuen Tatbestand der Abgeordnetenbestechung nicht auf das Erfordernis einer Unrechtsvereinbarung verzichtet[64] werden. Dies lässt sich schon aus dem Wortlaut der UN-Konvention ableiten, der in Art. 15 verlangt, *„the promise (..) to a public official, (..) in order that the official act or refrain from acting in the exercise of his or her official duties"* unter Strafe zu stellen. Weniger deutlich kommt es in der Formulierung der englischen Fassung des Europaratsübereinkommens zum Ausdruck. Dass jedoch auch diese Norm im obigen Sinne interpretiert werden muss, lässt sich zumindest der Übersetzung entnehmen, die die Verknüpfung der Zuwendung mit der vorzunehmenden oder zu unterlassenden Handlung des Abgeordneten mit der Wendung „als Gegenleistung dafür" umschreibt.

Die Unrechtsvereinbarung ist dabei wie im Rahmen von § 332 als „qualifizierte Unrechtsvereinbarung" zu verstehen. Zwar wurde das Tatbestandsmerkmal der „Unrechtsvereinbarung" in den Bestechungstatbeständen durch das Gesetz zur Bekämpfung der Korruption vom 13.8.1997[65] in der Weise gelockert, als nunmehr zur Verwirklichung des Straftatbestandes der Vorteilsannahme bzw. -gewährung nur noch die Übereinstimmung der Beteiligten, „dass der Vorteil für irgendeine in den Zuständigkeitsbereich des Beamten fallende Tätigkeit gewährt wird"[66], erforderlich ist. Für die Tatbestände Vorteilsannahme oder -gewährung bedarf es daher nicht mehr des Nachweises einer „hinreichend bestimmten Diensthandlung". Durch diese „Lockerung" der Unrechtsvereinbarung sollten auch Fallgestaltungen wie Beraterverträge, Zuwendungen zur Klimapflege und Anbahnungszuwendungen (sog. „Anfüttern") pönalisiert werden.

Es ist jedoch nicht möglich, diese Kriterien für eine „gelockerte" Unrechtsvereinbarung uneingeschränkt auf Abgeordnete zu übertragen. Die Schwierigkeiten, die sich insoweit ergeben, entsprechen denjenigen, denen sich der Gesetzgeber schon bei den Beratungen zum heutigen Straftatbestand der Abgeordnetenbestechung gegenübersah. So sollte durch eine restriktive Tatbestandsfassung der Gefahr eines Missbrauchs der Norm als „politisches Kampfmittel"[67] entgegengewirkt werden. Schutzgut der Strafbestimmung ist neben der Integrität des parlamentarischen Meinungsbildungsprozesses vor unlauteren Manipulationen und dem öffentlichen Vertrauen auf die Unabhängigkeit der Mandatsinhaber und die Sachbezogenheit ihrer Entscheidungen die Funktionsfähigkeit des repräsentativen Systems[68] insgesamt. Dieser Schutzzweck rechtfertigt es, für den Tatbestand ein – zumindest angestrebtes

64 So auch *Schaller* (Fußn. 1), S. 116.

65 BGBl. 1997 I, S. 2038.

66 *Sch/Sch/Cramer*, StGB, § 331 Rn. 28.

67 *Schaller* (Fußn. 1), S. 82, mit Bezug auf BT-Drucks. 12/5927, S. 6; ebenso bereits BT-Drucks. 12/1630, S. 6.

68 *Lackner/Kühl*, StGB, § 108e Rn. 1; *Tröndle/Fischer*, StGB, § 108e Rn. 2; *Überhofen* (Fußn. 19), S. 188.

– Gegenseitigkeitsverhältnis zwischen Zuwendung und Stimmverhalten zu verlangen. Denn die Funktionsfähigkeit des repräsentativen Systems würde massiv beeinträchtigt[69], wenn die isolierte Behauptung, ein Abgeordneter habe zu Unrecht Zuwendungen erhalten, ausreichen würde, um einen Anfangsverdacht nach § 152 Abs. 2 StPO zu begründen und ein staatsanwaltliches Ermittlungsverfahren auszulösen.

Deshalb muss – wie im Rahmen der §§ 108e, 332, 334 – eine engere Auslegung der Unrechtsvereinbarung maßgeblich sein. Danach muss sich die Vereinbarung auf eine *bestimmte* künftige Handlung oder Unterlassung bei der Wahrnehmung des Mandats beziehen. Dabei ist es nicht erforderlich, dass das künftige Verhalten in seiner konkreten Gestalt nach Zeitpunkt, Anlass und Ausführungsweise in allen Einzelheiten feststeht. Es genügt, wenn sich das Einverständnis der Beteiligten darauf bezieht, dass der Abgeordnete innerhalb eines bestimmten Bereichs oder Kreises von Lebensbeziehungen nach einer gewissen Richtung hin tätig werden soll und die einvernehmlich ins Auge gefasste Handlung nach ihrem sachlichen Gehalt zumindest in groben Umrissen erkennbar und festgelegt ist[70].

Danach reichen Vorteile, die dem Abgeordneten im Rahmen der Kontaktpflege in der allgemeinen Erwartung zufließen, dieser werde zu gegebener Zeit die Interessen des Vorteilsgebers bei der Wahrnehmung seines Mandats berücksichtigen, ebenso wenig wie beim Stimmenkauf nach § 108e für die Tatbestandsverwirklichung aus. Die typische Fallgestaltung der so genannten Zahlung „zur Pflege der politischen Landschaft“ bleibt damit nach wie vor straffrei. Es ist zu erwarten, dass diese Tatsache erneut Kritik hervorrufen wird.

Auch das „nachträgliche Belohnen“ wird nur dann erfasst, wenn der Vorteil vor der Handlung in Wahrnehmung des Mandats versprochen, angeboten oder gefordert und erst nach der Vornahme der Handlung gewährt oder angenommen wird. Dies entspricht dem, was bereits heute im Rahmen des § 108e gilt und besonders deshalb harscher Kritik ausgesetzt war, weil nach §§ 332, 334 auch bestraft wird, wer als Amtsträger nachträglich eine Belohnung für eine bereits erfolgte Diensthandlung annimmt, und ein sachlicher Grund für eine Differenzierung zwischen Beamtem und Volksvertreter in diesem Punkt nicht vorhanden sei[71]. Aber auch hier muss auf die obigen Ausführungen verwiesen werden. Hinzu kommen die zusätzlichen Beweisschwierigkeiten[72], die mit der Zuordnung eines einer vorausgehenden Stimmabgabe oder einer sonstigen mandatsbezogenen Handlung oder Unterlassung zeitlich nachfolgenden Vorteils verbunden sind.

Das Festhalten am Kriterium der strengen Unrechtsvereinbarung dient angesichts der tatbestandlichen Ausweitung der Norm auf alle mandatsbezogenen Handlungen letztendlich auch der verfassungsrechtlich gebotenen Bestimmtheit[73] des Straftatbe-

69 So auch *Schaller* (Fußn. 1), S. 82, 107.

70 BGH NStZ 2005, 214, 215.

71 *Schaller* (Fußn. 1), S. 89.

72 So auch *Epp* (Fußn. 6), S. 283, für den Parallelfall bei § 108e.

73 Siehe dazu *Überhofen* (Fußn. 19), S. 190, der im Hinblick auf das Bestimmtheitsgebot eine Tatbestandsausweitung von § 108e für problematisch hält.

standes. Dies gilt z.B. für die ausdrückliche Erfassung von Drittzuwendungen, durch die prinzipiell auch Spenden[74] umfasst werden, welche nicht dem Volksvertreter, sondern unmittelbar seiner Partei zufließen. Ohne konkreten Bezug zu einem *bestimmten* mandatsbezogenen Verhalten des betroffenen Abgeordneten in Form einer strengeren Unrechtsvereinbarung wäre hier die Schwelle zur Strafbarkeit zu schnell überschritten.

6. Bezugshandlung

Die Bezugshandlung des Abgeordneten soll durch die vorgeschlagene Regelung zwar deutlich über die Stimmabgabe hinausgehen, jedoch auf parlamentsbezogene Handlungen beschränkt sein. Durch die Formulierung *„in Wahrnehmung des Mandats"* soll der vielfach erhobenen[75] Forderung nach Einbeziehung der Stimmabgabe in Fraktionen und Arbeitskreisen Rechnung getragen werden. Auch die Weitergabe von Insiderinformationen[76] an Unberechtigte soll vom Tatbestand erfasst sein. Gleiches gilt für die unzulässige Einflussnahme im Gesetzgebungsverfahren z.B. dadurch, dass ein Abgeordneter dafür „bezahlt" wird, einen Gesetzesvorschlag nicht in die Beratungen seiner Fraktion einzubringen. Der Tatbestand umfasst danach den gesamten Bereich parlamentsbezogenen Verhaltens außerhalb von Wahlen und Abstimmungen. Dazu gehören auch unzulässige Beeinflussungen des Rederechts, des Rechts auf Antragstellung oder des Rechts, Anfragen zu stellen[77]. Damit erfährt der Tatbestand der Abgeordnetenbestechung eine nicht zu unterschätzende Ausweitung.

Die Merkmale „Auftrag" und „Weisung" sollen den Bezug zum „freien Mandat" des Abgeordneten nach Art. 38 Abs. 1 S. 2 GG zum Ausdruck bringen und sind nicht im zivilrechtlichen Sinne, sondern im Sinne des allgemeinen Sprachgebrauchs auszulegen. Darunter soll jede Handlung verstanden werden, die den Abgeordneten dazu bewegen soll, im Interesse des „Auftrag- oder Weisungsgebers" tätig zu werden.

Nicht erfasst wird die politische Einflussnahme außerhalb des parlamentarischen Bereichs. Damit soll der Tatsache Rechnung getragen werden, dass der Vorstellung, der unlauteren Einflussnahme auf Volksvertreter mit Mitteln des Strafrechts Herr werden zu können, aufgrund der besonderen verfassungsrechtlichen Stellung des Abgeordneten natürliche Grenzen gesetzt sind. Zu Recht wurde schon in der Diskussion um § 108e immer wieder betont, dass eine effektive Begrenzung der Korruption im politischen Bereich besser durch außerstrafrechtliche Maßnahmen erreicht werden kann[78]. Auch in der Literatur[79] wurde die Notwendigkeit flankierender außer-

74 Zur Spendenproblematik vgl. *Überhofen* (Fußn. 19), S. 195.

75 *Schaller* (Fußn. 1), S. 31 f, 115; *Überhofen* (Fußn. 19), S. 208; *Heisz* (Fußn. 1), S. 109 f; *Becker* (Fußn. 1), S. 51.

76 *Überhofen* (Fußn. 19), S. 189.

77 *Überhofen* (Fußn. 19), S. 189, 195, 208.

78 BT-Drucks. 12/1630, S. 7.

strafrechtlicher Maßnahmen zur Gewährleistung der Integrität der parlamentarischen Arbeit immer wieder hervorgehoben. Verwiesen wird dabei hauptsächlich auf die Verhaltensregeln[80] für Mitglieder des Deutschen Bundestages.

Diese konnten in ihrer bisherigen Ausgestaltung die an sie gestellten Erwartungen nicht erfüllen. Der Anzeige einer wie auch immer gearteten Beratungstätigkeit kann ein Abgeordneter dadurch entgehen, dass er diese im Rahmen seiner Berufstätigkeit[81] (z.B. als „Unternehmensberater") ausübt. Da der Begriff „Beruf" verfassungsrechtlich weit zu interpretieren ist, fallen nicht nur Tätigkeiten mit rechtlich oder anderweitig festgelegten Berufsbildern, sondern auch frei gewählte, untypische Betätigungsformen darunter. Dies eröffnet den Abgeordneten erhebliche Spielräume, „anstößige" Interessenverbindungen unter dem Schutz der „Berufstätigkeit" der Anzeigepflicht zu entziehen. Das gleiche gilt für die aus einer fortgeführten Berufstätigkeit erzielten Einkünfte[82]. Die Verhaltensregeln werden damit dem Auftrag des Bundesverfassungsgerichts aus dem „Diäten-Urteil"[83], gesetzliche Vorkehrungen gegen Scheinarbeitsverträge oder so genannte „unechte Beraterverträge" zu treffen, nicht hinreichend gerecht. Insbesondere die zu diesem Zweck in § 9 der Verhaltensregeln getroffene Regelung der „verbotenen Interessentenzahlung"[84] stellt insoweit kein effektives Instrument dar. Dies hat nicht zuletzt auch eine Ursache darin, dass sich die für Verstöße gegen die Verhaltensregeln vorgesehenen „Sanktionen" auf die Veröffentlichung als Bundestagsdrucksache beschränken und damit unter präventiven Gesichtspunkten wenig Abschreckungswirkung entfalten können.

Es kann deshalb kaum verwundern, dass sich die Verhaltensregeln in der Vergangenheit als untauglich[85] im Kampf gegen Korruption erwiesen haben und der Ruf nach einer Verschärfung insbesondere im Hinblick auf erhöhte Transparenz der Nebentätigkeiten von Abgeordneten und erweiterte Offenlegungspflichten der daraus erzielten Einkünfte nie verklungen[86] ist. Vor diesem Hintergrund hat die rotgrüne

79 *Dölling*, Gutachten DJT; S. C 84; *Tröndle/Fischer*, StGB, § 108e, Rn. 8a; *Lackner/Kühl*, StGB, § 108e, Rn. 3; *Schaller* (Fußn. 1), S. 115; *Überhofen* (Fußn. 19), S. 210; *Richter*, Lobbyismus und Abgeordnetenbestechung, 1997, S. 196 ff.

80 Die Verhaltensregeln (VR) sind nach § 44a AbgG i.V.m. § 18 GOBT Bestandteil der Geschäftsordnung des Deutschen Bundestages.

81 § 1 Abs. 2 Nr. 6 VR.

82 § 1 Abs. 3 S. 1 VR bezieht sich ausdrücklich nur auf Abs. 2 *Nr. 2* bis 8 VR, nicht aber auf Einkünfte aus einer nach Abs. 1 *Nr. 1* VR der Anzeigepflicht unterliegenden fortgeführten Berufstätigkeit.

83 BVerfGE 40, 296, 297, 318 f.

84 Die Vorschrift dient der Konkretisierung von § 44a Abs. 2 Nr. 4 AbgG, der auf die einschlägige Formulierung im „Diäten-Urteil" des BVerfG zurückgeht. Nach einhelliger Auffassung setzt der Verbotstatbestand die nachweisliche Vereinbarung einer Interessenvertretung voraus.

85 *Becker* (Fußn. 1), S. 47 f, verweist insoweit auf die erhebliche Rechtsunsicherheit, die darin begründet ist, dass die Verhaltensregeln aufgrund ihrer Einbindung in die GOBT dem Grundsatz der Diskontinuität unterliegen.

86 *Überhofen* (Fußn. 19), S. 207; *Schaller* (Fußn. 1), S. 99, 115.

Koalition in der 15. Wahlperiode weitreichende Änderungen[87] der Verhaltensvorschriften für Abgeordnete beschlossen, die insbesondere verschärfte Anzeige- und Offenlegungspflichten sowie erstmals ein Sanktionssystem[88] bei Verletzung der Verhaltensregeln zum Gegenstand haben. So wurde die bisherige, nicht nachvollziehbare Unterscheidung zwischen Berufs- und sonstiger Nebentätigkeit aufgegeben. Der Anzeigepflicht unterfallen künftig sämtliche Tätigkeiten, die der Abgeordnete neben dem Mandat ausübt, unabhängig davon, ob diese im Rahmen einer Berufstätigkeit erfolgen oder nicht[89]. Auch hinsichtlich der insoweit erzielten Einkünfte wird die Anzeigepflicht erweitert[90]. Eine wesentliche Neuerung enthält zudem die Neufassung von § 44a Abs. 2 AbgG, der die Regelung zur „verbotenen Interessentenzahlung" ersetzt und im Anwendungsbereich deutlich erweitert. Von der Vorschrift sollen – auch ohne die Vereinbarung einer Interessenvertretung – die Fälle des so genannten „arbeitslosen Einkommens"[91] erfasst werden.

7. Abgrenzung von politisch adäquaten Verhaltensweisen

Das normative Tatbestandsmerkmal „unbillig" soll der Abgrenzung strafwürdiger von politisch üblichen und sozialadäquaten Verhaltensweisen dienen. Vergleichbare Begrifflichkeiten wurden im Zuge der Beratungen zur strafrechtlichen Erfassung der Abgeordnetenbestechung mehrfach als Abgrenzungskriterien diskutiert[92] und sind im Ergebnis stets verworfen worden. Auch im Schrifttum sind gegen die Verwendung normativer Kriterien Bedenken[93] geäußert worden. Dennoch erscheint die Heranziehung eines solchen normativen Abgrenzungskriteriums unumgänglich, wie auch der Blick auf vergleichbare Regelungen im Ausland[94] und die Vorgaben in den umzusetzenden Konventionen[95] belegt, welche ebenfalls normative Abgrenzungskriterien verwenden. So wird auch in Nr. 38 des Erläuternden Berichts zur Europa-

87 26. Gesetz zur Änderung des Abgeordnetengesetzes (BT-Drucks. 15/5671) und Antrag zur Änderung der Geschäftsordnung des Deutschen Bundestages – Verhaltensregeln für Mitglieder des Deutschen Bundestages (BT-Drucks. 15/5698).

88 § 44a Abs. 4 AbgG-neu ermöglicht die Verhängung von Ordnungsgeld bis zur Höhe der Hälfte der jährlichen Abgeordnetenentschädigung.

89 § 1 Abs. 2 Nr. 1 VR-neu.

90 § 1 Abs. 3 VR-neu.

91 Siehe die Begründung zum Gesetzentwurf, BT-Drucks. 15/5671, S. 4.

92 So schon in der Großen Strafrechtskommission, siehe *Epp* (Fußn. 6), S. 323 f; *Schaller* (Fußn. 1), S. 108 f.

93 *Dölling*, Gutachten DJT, S. C 80, 83.

94 Dazu *Möhrenschlager*, in: Weber-FS, S. 232, der die Verwendung normativer Begriffe unter Berufung auf ausländische Regelungen z.B. in Kanada („corruptly") und der Schweiz („nicht gebührender Vorteil") für unvermeidbar hält.

95 Beide verwenden die Formulierung „undue" (Art. 2 Europarats-Übereinkommen, Art. 15 UN-Konvention).

rat-Konvention der Begriff „undue“ als Abgrenzungskriterium von entscheidender Bedeutung[96] für die Umsetzung in nationales Recht gewertet.

Verdeutlichen lässt sich dies durch einen Vergleich mit der Beamtenbestechung. Wo für den Amtsträger aufgrund klarer rechtlicher Grenzen auf der Hand liegt, ob eine Handlung pflichtgemäß oder pflichtwidrig ist, lässt sich dies für Volksvertreter nur schwer entscheiden, da ein verbindlicher Pflichtenkreis für Abgeordnete nicht existiert. Die Grenzziehung zwischen dem, was als politisch noch adäquat oder schon strafwürdig empfunden wird, erweist sich im politischen Alltag als besonders schwierig. Nicht zuletzt das Fehlen präziser Verhaltenskodices führte deshalb bislang – zumindest in der öffentlichen Diskussion – zu einer eher gefühlsmäßigen Beurteilung anhand von ethisch-moralischen Maßstäben.

Nach Art. 38 Abs. 1 S. 2 GG sind die Abgeordneten Vertreter des ganzen Volkes, an Aufträge und Weisungen nicht gebunden und nur ihrem Gewissen unterworfen. Diese verfassungsrechtlich gewährleistete Unabhängigkeit besteht aber nicht grenzenlos. Unbestritten ist, dass das durch Art. 38 Abs. 1 S. 2 GG garantierte „freie Mandat“ des Abgeordneten keinen Freibrief dafür darstellt, sich in die Abhängigkeit von Geldgebern zu begeben und sich bei der Wahrnehmung des Mandats von der Aussicht auf Erlangung persönlicher Vorteile motivieren zu lassen. Auf der anderen Seite ist ein völlig frei von äußeren Einflüssen agierender Volksvertreter undenkbar, und wäre so auch von der Verfassung nicht gewollt. Der Abgeordnete ist in der demokratischen Wirklichkeit faktisch in ein Netz verschiedenster Interessenverbindungen eingebunden. Im diesem Rahmen ist ihm „Parteilichkeit“ grundsätzlich nicht verwehrt[97]. Erst wenn die von ihm geforderte freie Gewissensentscheidung hinter die Verfolgung eigennütziger Ziele zurücktritt, wird der Bereich des gerade noch Erlaubten überschritten.

Ob das Merkmal „unbillig“ geeignet ist, unter Berücksichtigung der verschärften Verhaltensregeln für Parlamentarier diese „Gratwanderung“ der Abgrenzung strafwürdiger von politisch üblichen und sozial adäquaten Verhaltensweisen erfolgreich vorzunehmen, wird letztlich aber nur die Praxis erweisen können.

96 What constitutes „undue“ advantage will be of central importance in the transposition of the Convention into national law. „Undue“ for the purposes of the Convention should be interpreted as something that the recipient is not lawfully entitled to accept or receive. For the drafters of the Convention, the adjective „undue“ aims at excluding advantages permitted by the law or by administrative rules as well as minimum gifts, gifts of very low value or socially acceptable gifts.

97 Ähnlich auch *Schaller* (Fußn. 1), S. 96 f.

Schriftenverzeichnis

Professor Dr. Jürgen Meyer

A *Buchveröffentlichungen:*

(Alleinverfasser oder Mitverfasser und Herausgeber)

1. Dialektik im Strafprozeß, Tübingen 1965, XII, 153 S. (Dissertation)
2. Die Wiederaufnahme des Strafverfahrens im deutschen und ausländischen Recht, Bonn 1974, hrsg. zus. mit H.-H. Jescheck, 870 S. (mit Teil 1 der Habilitationsschrift, S. 729-870)
3. Wiederaufnahmereform, Bonn 1977, 168 S. (Teil 2 der Habilitationsschrift)
4. Öffentliche Vorverurteilung und faires Strafverfahren. Eine rechtsvergleichende Untersuchung im Auftrag des Bundesministeriums der Justiz, Freiburg i.Br. 1986, hrsg. zus. mit A. Eser, X, 367 S.
5. Betäubungsmittelstrafrecht in Westeuropa. Eine rechtsvergleichende Untersuchung im Auftrag des Bundeskriminalamts, Freiburg i.Br. 1987, Hrsg., VIII, 835 S.
6. Gewinnabschöpfung bei Betäubungsmitteldelikten, Rechtsvergleichender Querschnitt (deutsch und englisch), Wiesbaden 1989, VIII, 59 S.
7. Gewinnabschöpfung bei Betäubungsmitteldelikten, Rechtsvergleichende und kriminologische Untersuchung, Wiesbaden 1989, hrsg. zus. mit A. Dessecker und J.R. Smettan, 681 S.
8. Die Charta der Grundrechte der Europäischen Union – Eine europäische Verfassung? Dokumentation der Veranstaltung vom 29.11.2000, Bremische Bürgerschaft, Bremen 2001, 45 S.
9. Der Rechtsstaat lebt von Reformen, Baden-Baden 2001, 381 S.
10. The Charter of Fundamental Rights of the European Union, Seoul 2001, 49 S., Hrsg. Friedrich-Ebert-Stiftung (zus. mit M. Engels)
11. Kommentar zur Charta der Grundrechte der Europäischen Union, Baden-Baden 2003, Hrsg., XXXII, 634 S.; 2. Aufl. Baden-Baden 2005, Hrsg., ca. 800 S.
12. Transnational Democracy in the Making, IRI Europe Handbook 2004, Amsterdam 2003, hrsg. zus. mit B. Kaufmann und A. Lamassoure, 276 S.
13. Politisches Denken ist – Festschrift für Margot von Renesse, Frankfurt a.M. 2005, hrsg. zus. mit Susann Bräcklein und H. Scherf, 304 S.

B Aufsätze:

14. Präsente Zeugen und Sachverständige nur nach förmlicher Ladung? MDR 1962, 540-541
15. Der Strafvollzug und seine Neuorganisation, Deutsche Tagespost vom 4.7.1967, S. 8
16. Zum Begriff der Neuheit von Tatsachen oder Beweismitteln im Wiederaufnahmeverfahren, JZ 1968, 7-10
17. Aktuelle Probleme der Wiederaufnahme des Strafverfahrens, ZStW 1972, 909-936 (Kurzfassung in: Mitteilungen aus der Max-Planck-Gesellschaft 1972, 378-399)
18. Kritik an der Neuregelung der Versuchsstrafbarkeit, ZStW 1975, 598-622
19. Brauchen wir den Kronzeugen? ZRP 1976, 25-27
20. Vorwort und Einführung sowie zusammenfassende Thesen, in: Die Lage der Hochschulen in Baden-Württemberg (hrsg. von der Fraktion der SPD im Landtag von Baden-Württemberg), Stuttgart 1979, S. III und 1-9 sowie 215-217
21. Kriminalpolitik im Ausland aus rechtsvergleichender Sicht, BKA-Vortragsreihe, Band 26 (1981), S. 85-91
22. "Die Gerichtssprache ist deutsch" – Auch für Ausländer? ZStW 1981, 507-528
23. West Germany: Country Without Capital Punishment, Cochin University Law Review 1982, S. 1-20 = Indian Socio-Legal Journal 1985, S. 1-15 = Crimes and Punishment in New Perspective (hrsg. von Agarwal und Kumar), New Delhi 1986, S. 40-62
24. Recidivism in German Criminal Law, Cochin University Law Review 1982, S. 416-428
25. Strafrechtliche Aspekte des Rückfalls im deutschen Recht, in: Erstes deutsch-polnisches Kolloquium über Strafrecht und Kriminologie, Baden-Baden 1983, S. 79-100 (polnische Übersetzung in: Problemy recydywy, Warschau u.a. 1984, S. 57-74)
26. Zur prozeßrechtlichen Problematik des V-Mannes, ZStW 1983, 834-861 = V-Leute. Die Falle im Rechtsstaat (hrsg. von Lüderssen), Frankfurt a.M. 1985, S. 425-456
27. Wiederaufnahme bei Teilrechtskraft, in: Festgabe für Karl Peters aus Anlaß seines 80. Geburtstages, Heidelberg 1984, S. 375-385
28. Zur V-Mann-Problematik aus rechtsvergleichender Sicht, in: Festschrift für Hans-Heinrich Jescheck zum 70. Geburtstag, Berlin 1985, Band 2, S. 1311-1332
29. Plädoyer für Norbert Greinacher, in: Verwerflich? Friedensfreunde vor Gericht, Knaur-Taschenbuch 3808, München 1985, S. 95-109
30. Öffentliche Vorverurteilung und faires Strafverfahren, Rechtsvergleichender Querschnitt, in: Öffentliche Vorverurteilung, hrsg. von A. Eser/J. Meyer, Freiburg i.Br. 1986, S. 323-353 = Bundestagsdrucksache 10/4608, S. 34-44

31. Fernmeldeanlagen, Straftatbestände, in: Ergänzbares Lexikon des Rechts, Luchterhand 1986 (und 2000), 8/520, S. 1-3
32. Ordnungswidrigkeitenverfahren, in: Ergänzbares Lexikon des Rechts, Luchterhand 1986 (und 2000), 8/1070, S. 1-5
33. Wiederaufnahme des Verfahrens, in: Ergänzbares Lexikon des Rechts, Luchterhand 1986 (und 2000), 8/1950, S. 1-5
34. Ziviler Ungehorsam und Nötigung gemäß § 240 StGB, in: Ziviler Ungehorsam und rechtsstaatliche Demokratie (Arnoldshainer Texte, Band 43, hrsg. von M. Stöhr), Frankfurt a.M. 1986, S. 5-26
35. Betäubungsmittelstrafrecht in Westeuropa, Rechtsvergleichender Querschnitt (mit englischer Übersetzung), in: Betäubungsmittelstrafrecht in Westeuropa, hrsg. von J. Meyer, Freiburg i.Br. 1987, S. 729-816
36. Der praktische Fall – Strafrecht: Schmähungen im Wahlkampf, JuS 1988, 554-558
37. Zur Beschlagnahme selbstrecherchierten Materials von Journalisten, in: Festschrift für Herbert Tröndle zum 70. Geburtstag, Berlin u.a. 1989, S. 837-854
38. German Criminal Law Relating to International Terrorism, University of Colorado Law Review 1989, S. 571-582
39. Hilfe durch Recht, in: Suchtabhängigkeit – Herausforderung für das Leben (hrsg. vom SPD-Landesverband Baden-Württemberg), Stuttgart 1989, S. 48-51
40. Betäubungsmittel, in: Lexikon Medizin-Ethik-Recht (hrsg. von Eser/ von Lutterotti/Sporken), Freiburg i.Br. 1989, S. 242-248
41. Zeugnisverweigerungsrecht für Suchtberater, ZRP 1989, 423-427
42. Landesbericht Indien (zus. mit K.D. Gaur), in: Schwangerschaftsabbruch im internationalen Vergleich (hrsg. von Eser/Koch), Teil 2, 1989, S.385-424
43. Gewinnabschöpfung bei Betäubungsmitteldelikten, Rechtsvergleichender Querschnitt (mit englischer Übersetzung), in: Gewinnabschöpfung bei Betäubungsmitteldelikten, hrsg. von J. Meyer/A. Dessecker/J.R. Smettan, Wiesbaden 1989, S. 464-517
44. German Criminal Law Relating to International Terrorism, in: Indian Journal of International Law, 1989, Bd. 29, S. 78-86
45. Sucht – Profit – Sucht, Gewinnabschöpfung im Betäubungsmittelrecht, Neue Kriminalpolitik 1990, S. 22-26
46. Gewinnabschöpfung durch Vermögensstrafe? ZRP 1990, 85-89
47. The Vicarious Administration of Justice: An Overlooked Basis of Jurisdiction, Harvard International Law Journal 1990, S. 108-116
48. Strafverfolgungspflicht und Handlungsspielraum der Staatsanwaltschaft im europäischen Vergleich, in: Ist das Legalitätsprinzip noch zeitgemäß? (hrsg. vom Ministerium für Justiz, Bundes- und Europaangelegenheiten Baden-Württemberg), Stuttgart 1990, S. 57-97
49. Entlastung der Rechtspflege durch Demontage des Rechtsstaats? in: Richter ohne Robe, Zeitschrift der Deutschen Vereinigung der Schöffinnen und Schöffen DVS, 1991, S. 36 f.

50. Unter welchen Bedingungen können Äußerungen gegenüber Polizeiorganen und die hierüber allfällig aufgenommenen Protokolle oder deren Inhalt als Beweismittel in der Hauptverhandlung verwendet oder im Urteil verwertet werden? in: Strafprozeßreform, Schriftenreihe des Österreichischen Bundesministeriums für Justiz, Band 54, 1991, S. 175-201
51. Zur strafprozessualen Überwachung des Fernmeldeverkehrs aus rechtsvergleichender Sicht, in: Festschrift für Rudolf Schmitt zum 70. Geburtstag, Tübingen 1992, S. 331-343
52. Betäubungsmittelstrafrecht im westeuropäischen Vergleich, drogen-report 2/1992, 32-36
53. Argumente zum Einsatz technischer Mittel in Wohnungen, in: Kontra, Magazin der Jusos Baden-Württemberg, 9/1992, 16-18
54. Informationelle Selbstbestimmung im Strafverfahren und im Polizeirecht der Bundesrepublik Deutschland, Hogaku-Shirin, Review of Law and Political Sciences, Hosei University, Tokyo 1992, Bd. 90, Nr. 2, S. 1-20
55. Verwertbarkeit von Äußerungen gegenüber Polizeiorganen in der Hauptverhandlung, Rechtsvergleichender Querschnitt, in: Verhandlungen des Elften Österreichischen Juristentages Linz 1991, Wien 1992, Bad. V, Teil II, S. 2-39
56. Verfassungsrechtliche Fragen im Zusammenhang mit dem Schwangerschaftsabbruch, in: Friedrich-Ebert-Stiftung (Hrsg.), Frauenpolitik und aktuelle verfassungspolitische Fragen, 1992, S. 9-14
57. Betäubungsmittelstrafrecht im westeuropäischen Vergleich, in: Sucht ohne Grenzen? Opening Doors euro TC 1992 in Berlin, Tagungsband, hrsg. von R. Beß und H. Bröme, München 1993, S. 24-41
58. Der "Fall Ossietzky" - auch eine Sache des Gesetzgebers, ZRP 1993, 284
59. Initiativen der SPD-Bundestagsfraktion zum Thema "Sicherheitsbedürfnis der Bevölkerung und Alltagskriminalität", in: Intern, Informationsdienst der SPD, Nr. 1 (1993), S. 8 f.
60. Entwurf eines Strafverfahrensänderungsgesetzes Genetischer Fingerabdruck, in: Hogaku-Shirin, Review of Law and Political Sciences, Hosei University, Tokyo 1993, Bd. 90, Nr. 3, S. 70-90
61. Zur Verwertung polizeilicher Protokolle in der Hauptverhandlung, ZStW 1993, S. 386-395
62. Der Rechtsausschuß als Verfassungsausschuß, untersucht am Beispiel der Vermögensstrafe, in: Festschrift für Herbert Helmrich zum 60. Geburtstag, München 1994, S. 565-581
63. Geldstrafen auf Bewährung – Einige notwendige Änderungen des strafrechtlichen Sanktionensystems, in: SPD-Bundestagsfraktion (Hrsg.), Tatort Deutschland. Zur Reform der Inneren Sicherheit. Argumente, Bonn 1994, S. 54-58
64. Geldwäsche – Stellungnahme aus dem Deutschen Bundestag, in: Friedrich-Ebert-Stiftung (Hrsg.), Geldwäsche – Problemanalyse und Bekämpfungsstrategien, Berlin 1994, S. 127-130

65. Kommunale Vorbeugungsmaßnahmen bei der Kriminalitätsbekämpfung, Einführung, in: SPD-Bundestagsfraktion (Hrsg.), Dokumente, 1995, S. 2 f.
66. Wunschvorstellungen an die Schule von morgen, in: Festschrift des Städtischen Görres-Gymnasiums Düsseldorf 1545-1995, Düsseldorf 1995, S. 408-414
67. Grundrechtsschutz für Europa, in: Mittelfränkischer Vorwärts, 3. Jahrgang, Nr. 10/1995, Nürnberg 1995, S. 8
68. Den Daten- und Persönlichkeitsschutz bei der Genomanalyse sichern, in: Parteivorstand der SPD (Hrsg.), Informationsdienst, Thema: Justiz, Nr. 58/95, Bonn 1995, S. 5 f.
69. Brauchen wir eine "Charta der europäischen Grundrechte"? in: SPD-Bundestagsfraktion (Hrsg.), Dokumente, 1995, S. 7-10 (Einführung), S. 50 (Zusammenfassung) und S. 57-62c (Europäische Grundrechtscharta - Diskussionsentwurf)
70. Zeugenschutz im Spannungsfeld von Wahrheitsermittlung und Beschuldigtenrechten, in: Grenzüberschreitungen, Beiträge zum 60. Geburtstag von Albin Eser, Freiburg i.Br. 1995, S. 95-123
71. Wiedergutmachung im Strafverfahren – Lösungsansätze durch den Entwurf eines Gesetzes zur Reform des strafrechtlichen Sanktionensystems, in: Täterrechte – Opferrechte, 6. Mainzer Opferforum, Mainz 1996, S. 34-39
72. Zur Reform des strafrechtlichen Sanktionensystems unter besonderer Berücksichtigung des Täter-Opfer-Ausgleichs, in: Festschrift für Otto Triffterer zum 65. Geburtstag, Wien 1996, S. 629-647
73. The Case for a Charter of European Basic Rights (zus. mit H. Wieczorek-Zeul), in: Does Europe need a Constitution, The Philip Morris Institute (Hrsg.), Brüssel 1996, S. 58-66 (mit deutscher, französischer, italienischer und spanischer Übersetzung)
74. Brauchen wir ein neues Strafrecht? in: FOCUS, Nr. 26, 1996, S. 54
75. Gewinnabschöpfung durch Besteuerung (zus. mit W. Hetzer), ZRP 1997, 13-21
76. Die Abschöpfung von Verbrechensgewinn (zus. mit W. Hetzer), Kriminalistik 1997, 31-36
77. Deliktsopfer im Strafprozeß, in: SPD-Bundestagsfraktion (Hrsg.), Dokumente 1997, S. 1-5 (Einführung)
78. Organized Crime: Recent German Legislation and the Prospects for a Coordinated European Approach, in: Columbia Journal of European Law 1997, volume 3, issue 2, p. 243-256
79. Präventionsmöglichkeiten gegen die Organisierte Kriminalität, in: Bundeskriminalamt (Hrsg.), Organisierte Kriminalität, BKA-Forschungsreihe Bd. 43, 1997, S. 312-315
80. Fahrverbot für Kleinkriminelle? in: FOCUS, Nr. 40/1997, S. 76
81. Schulterschluß gegen Organisierte Kriminalität – Ein Beispiel politischer Vernunft (zus. mit W. Hetzer), Kriminalistik 1997, 694-698
82. Geisteswissenschaften und Technik – Gegner oder Verbündete? in: SPD-Parteivorstand (Hrsg.), Wissenschaftsnotizen, 1997, Heft 12, S. 18 f.

83. Neue Gesetze gegen die Organisierte Kriminalität (zus. mit W. Hetzer), NJW 1998, 1017-1029
84. Prävention gegen Jugendkriminalität, in: SPD-Bundestagsfraktion (Hrsg.), Dokumente 10/1998, S. 82-85 (Schlußwort)
85. Organisierte Kriminalität – Erscheinungsformen, Präventions- und Bekämpfungsstrategien im Spiegel deutscher Parlamentsinitiativen, in: Festschrift für Günther Kaiser zum 70. Geburtstag, Berlin 1998, S. 633-656
86. Das organisierte Verbrechen: Neue deutsche Gesetzgebung, in: Verbund der Rechtsanwälte in der Arabischen Republik Syrien (Hrsg.), Rechtsanwälte 1999, Heft 1 und 2, S. 22-31 (arabische Übersetzung)
87. Criminal Responsibilities of Legal and Collective Entities: Comments on Developments in Germany, in: Beiträge und Materialien aus dem Max-Planck-Institut für ausländisches und internationales Strafrecht, Band S 78, Freiburg i. Br. 1999, S. 129-134
88. Die EU ist auch eine Wertegemeinschaft – Die Grundrechtecharta soll die Integration fördern, ZRP-Rechtsgespräch, ZRP 2000, 114-116
89. Europa muß auch die sozialen Rechte schützen – Dazu gehört das Recht auf Arbeit, die tageszeitung vom 4.4.2000, S. 12
90. Will Europa sein Modell opfern? Die geplante EU-Grundrechtecharta belebt die alte Debatte über die Notwendigkeit sozialer Rechte neu, Frankfurter Rundschau vom 28.4.2000, Nr. 99, S. 6
91. Europäische Union – Mehr Bürokratie und weniger Freiheiten? Schriftenreihe der Blue Band Hotels Berlin, Heft 1, 2000, S. 12-16
92. Europäische Charta der Grundrechte zwingend, in: FOCUS, Nr. 30/ 2000, S. 48
93. Rückblick und Ausblick auf die Arbeiten des Konvents zur Erarbeitung einer europäischen Grundrechtecharta, in: Bundesministerium für Familie, Senioren, Frauen und Jugend (Hrsg.), Dokumentation der Tagung "Soziale Grundrechte", Berlin 2000, S. 25-31
94. An European Fundamental Right to Health-Update, in: International Forum Gastein (Hrsg.), 3rd issue, 2000, S. 12
95. Aufnahme von sozialen Grundrechten in die Europäische Grundrechtecharta? (zus. mit M. Engels), ZRP 2000, S. 368-371
96. Modell für eine europäische Verfassungsgebung? – Der Konvent und die Charta, Frankfurter Allgemeine Zeitung vom 25.9.2000, Nr. 223, S. 9
97. EU-Grundrechtecharta – Zur Aufnahme des Prinzips der Solidarität in die Charta, EU-Magazin 10/2000, S. 16 f.
98. EU-Grundrechtecharta – Herzstück einer europäischen Verfassung, Berliner Zeitung vom 5.10.2000, Nr. 232, S. 6
99. Die Arbeit im EU-Konvent – Beispiel soziale Grundrechte, Gewerkschaftliche Praxis 2/2000, S. 14-17
100. Europäische Werte: Wofür wir eine Grundrechtecharta brauchen, Deutschland – Zeitschrift für Politik, Kultur, Wirtschaft und Wissenschaft 5/2000, S. 34

101. Rechtsverbindlichkeit der EU-Grundrechtecharta?, in: FOCUS, Nr. 43/ 2000, S. 120
102. Strafgefangenenentlohnung – Erhöhung um 15 %?, Deutsche Richterzeitung 10/2000, S. 388
103. Charta muss einklagbar werden, Münchener Merkur vom 4./5.11.2000, Nr. 254, S. 3
104. Die Grundrechtecharta mit einem Referendum verabschieden, Financial Times Deutschland vom 20.11.2000, S. 29
105. EU-Grundrechte mit Referendum absichern, Südwest Presse vom 23.11.2000, Nr. 271, S. 4
106. Abstimmen über Europas Grundrechte? Hamburger Abendblatt vom 28.11.2000, Nr. 278, S. 5
107. Das modernste Menschenrecht der Welt – Nicht einklagbar, Rheinische Post vom 28.11.2000, Nr. 276
108. Mehr Demokratie wagen – Auch in Europa, Badische Zeitung vom 30.11.2000, Nr. 277, S. IV
109. Die Grundrechtecharta der Europäischen Union – Ein sozial-demokratisches Projekt, in: SPD-Bundestagsfraktion (Hrsg.), Dokumente 02/01, S. 5 (Vorwort) und 14-20 (Referat) sowie 39 ff. (Diskussionsbeiträge)
110. Die Charta der Grundrechte der Europäischen Union, Einleitung (zus. mit M. Engels), in: Deutscher Bundestag, Referat Öffentlichkeitsarbeit (Hrsg.), Zur Sache 1/2001, S. 7-38
111. Die Hinterzimmer schließen! (zus. mit Chr. Sterzing), in: die tageszeitung vom 3.5.2001, Nr. 6436, S. 11
112. EU-Reform/Ein Plädoyer: Mehr Dialog und Diskussion!, in: Rheinischer Merkur vom 10.5.2001, Nr. 19/2001, S. 3
113. Kein Kavaliersdelikt, Steuerhinterziehung und Banker als Geldwäscher, in: DM, Heft 7/2001, S. 27
114. Eine Frage der Identität. Plädoyer für einen Konvent zur Erarbeitung einer Verfassung und ein Referendum in den EU-Mitgliedstaaten, in: Frankfurter Rundschau vom 13.7.2001, Nr. 160/2001
115. Menschenrechte – Grundrechte, in: Der Neue Pester Lloyd, Die deutschsprachige Zeitung Ungarns vom 24. bis 30. Oktober 2001, Nr. 42/2001, S. 4
116. Der Grundrechtekonvent und die Annäherung von Common Law und Civil Law, in: Betrifft Justiz, Nr. 68/2001, S. 181-185
117. Die Charta der Grundrechte der Europäischen Union (zus. mit M. Engels), in: Jahrbuch der Europäischen Integration 2000/2001, hrsg. von Weidenfeld und Wessels, Institut für Europäische Politik, Berlin 2001, S. 37-44
118. The Charter of Fundamental Rights of the European Union, An Introduction (zus. mit M. Engels), in: The Charter of Fundamental Rights, Texte und Materialien, hrsg. vom Ausschuss des Deutschen Bundestages für die Angelegenheiten der Europäischen Union, Bd. 29, Berlin 2001, S. 7-37; 2nd enlarged edition, Berlin, October 2002, S. 7-38

119. The Charter of Fundamental Rights and the Convergence of Common Law and Civil Law, in: Neighbours in Law, Papers in Honour fo Barbara Huber on her 65th birthday, eds. Albin Eser and Christiane Rabenstein, Freiburg 2001, p. 187-201
120. Umsetzung der Palermo-Konvention gegen das internationale organisierte Verbrechen, in: SPD-Bundestagsfraktion (Hrsg.), Dokumente 06/01, Transnational organisierte Kriminalität und Geldwäsche – Parasit der Wirtschaft, S. 57-60
121. Wir müssen für Europa begeistern, in: Berliner Zeitung v. 1.2.2002, S. 6
122. Machtzuwachs für Brüssel, in: Der Spiegel, vom 30.3.2002, Nr. 14/2002, S. 79
123. Menschenrechte und internationaler Strafgerichtshof, in: Friedrich-Ebert-Stiftung (Hrsg.), Recht schafft Zukunft, Rechtspolitischer Kongress 2002, Karlsruhe 26.-28.4.2002, S. 72-75
124. Die Problematik der neuen Regelung zur gewerbsmäßigen Steuerhinterziehung nach § 370a AO, in: DStR 20-21, 2002, S. 879-884
125. Von der Grundrechtecharta zum Verfassungskonvent, in: Vorwärts, Juni 2002, Regionalausgabe Baden-Württemberg, S. 46
126. Steuerverkürzungsbekämpfungsgesetz – § 370a AO, Motive des Gesetzgebers - Folgen für die beratenden Berufe, in: Wirtschaftsprüferkammer-Mitteilungen, Mai 2002, 40. Jahrgang, S. 90-95
127. Der Schritt von der Wirtschaftsgemeinschaft zur Werteordnung, ZRP-Rechtsgespräch, in: ZRP 2002, S. 272-274
128. Gewerbs- und bandenmäßige Steuerhinterziehung als Verbrechen: Der neue § 370a AO, in: BRAK-Mitteilungen 3/2002, 33. Jahrgang, S. 105-109
129. Mit dem Europäischen Konvent zu mehr Demokratie, in: punkt, 11. Jahrgang, Ausgabe 52, Mai/Juni 2002, S. 3-5
130. Die Konventsidee (zus. mit S. Hartleif), in: Zeitschrift für Parlamentsfragen (ZParl 2/2002), Juni 2002, S. 368-376
131. Konvent ohne Denkverbote, in: Europäische Zeitung, Juni/Juli 2002, S. 10
132. Wir sind alle zum Erfolg verurteilt, in: Südwestpresse vom 17.7.2002, S. 4
133. Die Europapolitik zu Zeiten des Europäischen Konvents, in: polunity.com vom 22.8.2002, S. 1-3
134. Grundrechtecharta wird auch für Ungarn verbindlich, in: Der neue Pester Lloyd vom 10.9.2002, S. 13
135. EU-Institutionen: Aktiv gestalten - Eine demokratischere Staatengemeinschaft braucht ein gestärktes EU-Parlament, in: Deutschland, Nr. 5/2002, Oktober/November, S. 34
136. EU-Grundrechtecharta – Mitgliedsländer streiten um die Rechtsverbindlichkeit, in: Diakonie 6, Dezember 2002, S. 26-28
137. Die Verfassung der Föderation der europäischen Nationalstaaten (zus. mit S. Hölscheidt), in: Recht und Politik 4/2002, S. 195-200
138. Demokratie und Handlungsfähigkeit in einer erweiterten Europäischen Union, in: Sitzung der EU-Ausschüsse von Bundesrat und Deutschem Bundestag am 26.6.2002, Bundesrat (Hrsg.), Berlin 2002, S. 28-30 und passim

139. Konvent zur Zukunft Europas, in: Konvent zur Zukunft Europas, Öffentliche Anhörung des Ständigen Ausschusses des Landtags von Baden-Württemberg am 15.11.2002, Stuttgart 2002, S. 29-32 und 42-44
140. Contra: Flexibilisierung des Stabilitätspakts?, in: ZRP 2003, 28
141. Solidarität wird zum Kennzeichen der EU, in: Ver.di Publik 02/2003, S. 4
142. Der Europäische Konvent entwirft die Föderation von 25 Nationalstaaten, in: Phoenix, Dezember 2002, S. 46-49
143. Bemühungen um eine Verfassung für die EU – Gott kommt bisher nicht vor, in: Schwäbische Zeitung Ehingen vom 10.2.2003
144. Europa wird ein Staatenverbund sein, ZRP-Rechtsgespräch, in: ZRP 2003, 104-106
145. Die Rolle der nationalen Parlamente – einschließlich der Länderparlamente – in der Europäischen Union, in: Interparlamentarische Arbeitsgemeinschaft, Protokoll Nr. 74 des Forums vom 25.11.2002, Bonn 2003, S. 10-14 und 18 f.
146. Europa wählen, in: taz (die tageszeitung) vom 3.4.2003, Nr. 7021, S. 12
147. Vorwort, in: Kommentar zur Charta der Grundrechte der Europäischen Union, hrsg. v. J. Meyer, Baden-Baden 2003, S. V-VII
148. Präambel, in: Kommentar zur Charta der Grundrechte der Europäischen Union, hrsg. v. J. Meyer, Baden-Baden 2003, S. 1-43
149. Römische Herausforderungen – Kultur in der Europäischen Verfassung, in: ifa (Hrsg.: Institut für Auslandsbeziehungen), Zeitschrift für Kultur Austausch 1/03, S. 110-111
150. Weniger oder mehr Grundrechtsschutz für Bürgerinnen und Bürger der Europäischen Union?, in: Beilage zur Ergebnisniederschrift der EAK (Europäische Arbeitsgemeinschaft zur Betreuung der Kriegsdienstverweigerer) – Mitgliederversammlung in Straßburg vom 24.-26.2.03, S. 1-20
151. Konvent auf Verfassungskurs, NJW-Editorial, Heft 20/2003 v. 12.5.03, III
152. Der Konvent zur Zukunft Europas - Aktueller Sachstand und Ausblick, Schleswig-Holsteinischer Landtag, Niederschrift der 38. Sitzung des Europaausschusses vom 26.11.02, S. 4 - 12
153. Braucht Europa eine Verfassung?, in: Verhandlungen des 64. Deutschen Juristentages, Berlin 2002, Bd. II/1 Sitzungsberichte, S. 5-40 (Podiumsdiskussion S. 10f., 13-15, 18f., 23-25, 28-30, 32f., 35, 39), München 2002
154. Der Europäische Konvent und die Öffentlichkeit, PIN-Aufsatz aus dem Bereich der Politischen Theorie, http://www.politik-im-netz.com/pin_rl/rational/rat_aufsatz.lasso
155. Der Konvent zur Zukunft Europas aus deutscher Sicht, Vortrag am 2.5.2002 im Goethe-Institut in Helsinki, http://www.goethe.de/ne/hel/progr/wort/de.meyer.htm
156. Auch in Deutschland sollen die Bürger selbst über die EU entscheiden, in: Frankfurter Rundschau vom 19.5.03, Nr. 115/2003, S. 7

157. Solidarität ist ein Auftrag, Diskussionsbeitrag in: Wie solidarisch ist Europa?, Dokumentation, hrsg. von ver.di, 2003, S. 12-17
158. Echte Wertegemeinschaft, in: Badische Zeitung v. 16.6.03, S. 2
159. EU-Grundrechte werden einklagbar, in: Schwäbische Zeitung v. 21.6.03.
160. Towards a Constitution for Europe (zus. mit S. Hölscheidt), in: FES-ALERT on German Political Currents 4/2003 (interner Newsletter der Friedrich-Ebert-Stiftung, Washington DC)
161. Menschenrechte und Internationaler Strafgerichtshof, in: Recht schafft Zukunft (hrsg. für die Friedrich-Ebert-Stiftung von H. Däubler-Gmelin und I. Mohr), Bonn 2003, S. 167 - 176
162. Europäischer Konvent – Der Blick aufs Ganze, in: Blickpunkt Bundestag Nr. 5/2003, S. 9
163. Raum der Freiheit, der Sicherheit und des Rechts, in: Mitt. Bl. DAV Internationaler Rechtsverkehr 1/03, S. 89 - 93
164. Der Europäische Konvent entwirft die Föderation von 25 Nationalstaaten, in: Bewusstsein für ein Europa von morgen, Internationale Perspektiven der Erwachsenenbildung (Hrsg. für den DVV = Deutscher Volkshochschul-Verband von H. Hinzen und J. Leyhe), Heft 42, Bonn 2003, S. 37-40
165. Die Zivilgesellschaft intensiv beteiligen, in: Frankfurter Rundschau v. 28.08.03, S. 2
166. Welcome to the Future of European Democracy, Introduction in: Transnational Democracy in the Making (zus. mit B. Kaufmann und A. Lamassoure), Amsterdam 2003, S. 11 f.
167. The Europe-wide Constitution Referendum, zus. mit S. Hölscheidt, in: Transnational Democracy in the Making (hrsg. zus. mit B. Kaufmann und A. Lamassoure), Amsterdam 2003, S. 85
168. Die Europäische Verfassung des Europäischen Konvents (zus. mit S. Hölscheidt), in: EuZW 2003, S. 613-621
169. Nach der Erweiterung: Die EU und ihre europäischen Nachbarn (zus. mit S. Hölscheidt), in: Europe Russian language quarterly of the Polish Institute of International Affairs, Warschau 2003, S. 31-38
170. Langfristig werden die europäischen Entscheidungen auf das Parlament und den Rat übergehen, in: Das Parlament v. 03.11.2003, S. 2
171. Religion in der zukünftigen EU-Verfassung, in: Die EU und die Religionen (hrsg. von der Bundestagsfraktion Bündnis 90/Die Grünen), Berlin, November 2003, S. 5-7, 23-25
172. Wie der Konvent Europa verfasst hat (zus. mit S. Hölscheidt), in: Zeitschrift für Staats- und Europawissenschaften (ZSE), 3/2003, S. 336-346
173. Warum braucht Europa eine Verfassung?, in: Jahrbuch der Juristischen Gesellschaft Bremen, 2003, S. 7-16
174. Die Europäische Verfassung aus der Sicht des Deutschen Bundestags (zus. mit S. Hölscheidt), in: integration 2003, S. 345-350

175. Der Brüsseler Konvent und die zukünftige Verfassung der Europäischen Union, in: Sachsen-Anhalt in Europa – Europa in Sachsen-Anhalt (Hrsg. Wolfgang Renzsch), Landeszentrale für politische Bildung Sachsen-Anhalt, 2004, S. 37-50
176. Einleitung (zus. mit S. Hartleif) von: Eine Verfassung für Europa – Der Europäische Konvent und der Deutsche Bundestag (Hrsg. Deutscher Bundestag, Referat für Öffentlichkeitsarbeit), Zur Sache 1/2003, S. 15-41
177. Schriftliche Beiträge und Redebeiträge sowie Änderungsanträge des Delegierten des Bundestags im Europäischen Konvent, in: Eine Verfassung für Europa – Der Europäische Konvent und der Deutsche Bundestag (Hrsg. Deutscher Bundestag, Referat für Öffentlichkeitsarbeit), Zur Sache 1/2003, S. 1083-1247
178. Die Arbeiten an einer Europäischen Verfassung – Ein Werkstattbericht, in: Die europäische Verfassung im globalen Kontext, Schriftenreihe Europäisches Verfassungsrecht (Hrsg. Walter-Hallstein-Institut für Europäisches Verfassungsrecht), Berlin 2004, Bd. 5, S. 97-109
179. Warum die Europäische Union eine Verfassung braucht, Zeitschrift für Sozialistische Politik und Wirtschaft (spw) 1/2004, Heft 135, S. 8
180. Kommentar, in: Europakonvent junger Bürgerinnen und Bürger, Ergebnisbroschüre (Hrsg. Centrum für angewandte Politikforschung C.A.P.), München 2004, S. 18
181. Die Europäische Verfassung aus Sicht des Deutschen Bundestags (zus. mit S. Hölscheidt), in: Forum für soziale Gerechtigkeit in Europa, Dokumentation der Tagung am 28. November 2003 (Hrsg. Kooperationsstelle Hochschulen und Gewerkschaften in Osnabrück), S. 37-45
182. Der Entwurf eines Vertrages über eine Verfassung für Europa, in: Der Verfassungsentwurf des Europäischen Konvents (Hrsg. Jürgen Schwarze), Baden-Baden 2004, S. 431-438
183. Die neue Verfassung stärkt das Parlament, in: Südwestpresse vom 25.5.2004
184. Die Menschen sind über Europa noch nicht genügend informiert, in: Schwäbische Zeitung Ehingen vom 12.6.2004
185. Verfassungsentwurf und Regierungskonferenz – Ein Ausgang wie das Hornberger Schießen? (zus. mit S. Hartleif), in: Die Europäische Verfassung (Hrsg. ELSA Frankfurt/Oder), Baden-Baden 2004, S. 83-88
186. EU-Austritt ganz einfach erklären, in: Thüringer Allgemeine vom 17.6.2004
187. The European Citizen's Initiative Right in the EU, in: The European Constitution (Hrsg. Fabrice Filliez und Bruno Kaufmann), Bern 2004, S. 26-28
188. Der Europäische Verfassungsvertrag: Mehr Rechte für die Bürger und mehr Verantwortung für die Anwaltschaft, in: BRAK-Mitteilungen, Heft 4/2004, S. 151-154
189. Innenansichten aus dem Verfassungskonvent, in: Die Europäische Union auf dem Weg zum verfassten Staatenverbund: Perspektiven der europäischen Verfassungsordnung (Hrsg. Roman Herzog und Stephan Hobl), München 2004, S. 169-175 und 209-211

190. Der Weg zur Europäischen Verfassung, in: Die Europäische Verfassung – Ein großer Wurf? Seminar des Deutschen Frauenrings e.V. vom 5.-7. März 2004, Grüne Reihe Nr. 52, S. 9-12 und 17 f.
191. Bundestagsvertreter im EU-Konvent für Referendum zur Verfassung, in: KNA (Katholische Nachrichten-Agentur) vom 11. August 2004, 153/2004
192. Future European Constitution and Criminal Law, in: World Community against the Globalization of Crime and Terrorism, 2nd International Conference (Hrsg. WAAF = World Anticriminal and Antiterrorist Forum), Moskau 2004, S. 90-92 (russisch) und 292-295 (englisch)
193. Initiative für Referendum – Auch die CSU ist dafür, in: Thüringer Allgemeine vom 8.10.2004
194. Der europäische Kontinent und der Föderalismus, in: Föderalismus im Diskurs (Hrsg. Friedrich-Ebert-Stiftung, Forum Berlin), Berlin 2004, S. 133-142
195. Demokratische Elemente im Europäischen Verfassungsprozess, in: Europa in guter Verfassung (Hrsg. Christoph E. Palmer), Europaschriften des Staatsministeriums Baden-Württemberg 2004, Heft Nr. 6, S. 49-58
196. Referenden für die europäische Demokratie – Referenden und Europäische Verfassung (zus. m. S. Hölscheidt), in: Forum Europahaus Burgenland 2003, S. 3
197. Die künftige Europäische Verfassung und das Strafrecht, in: Menschengerechtes Strafrecht, Festschrift für Albin Eser zum 70. Geburtstag (Hrsg. Jörg Arnold u.a.), München 2005, S. 797-806
198. Vorwort in: Politisches Denken ist – Festschrift für Margot von Renesse (Hrsg. S. Bräcklein, J. Meyer, H. Scherf), Frankfurt a.M. 2005, S. 5f.
199. Die Menschenwürde in der künftigen Verfassung der Europäischen Union, in: Politisches Denken ist – Festschrift für Margot von Renesse (Hrsg. S. Bräcklein, J. Meyer, H. Scherf), Frankfurt a.M. 2005, S. 53-62
200. Konventsmethode und Dialog mit der Zivilgesellschaft, in: Europa-Fokus (Hrsg. Europäisches Informations-Zentrum Niedersachsen) 2005/1, S. 20
201. Kultur- und Medienpolitik im Europäischen Grundrechte- und Verfassungskonvent, in: Kultur- und Medienpolitik im Kontext des Entwurfs einer europäischen Verfassung (Hrsg. Klaus Stern und Hanns Prütting), Schriftenreihe des Instituts für Rundfunkrecht an der Universität zu Köln, Bd. 93, München 2005, S. 13-25 (und Diskussionsbeiträge, S. 111ff. u. 176ff.)
202. Future European Constitution and Criminal Law, in: World Community against Globalization of Crime and Terrorism, WAAF (Hrsg.), Moskau 2004, S. 292-295 (russisch S. 90-92)
203. Bei sozialen Grundrechten weiter als das Grundgesetz, in: epd (Evangelischer Pressedienst) sozial Nr. 21 v. 27.5.2005, S. 13
204. Nachgefragt (zur EU-Verfassung): Meine Arbeit war nicht vergeblich, in: Schwäbische Zeitung Nr. 122 v. 31.5.2005
205. Rabatt nicht mehr berechtigt – Jürgen Meyer fordert von Großbritannien mehr Solidarität mit den neuen EU-Ländern, in: Thüringer Allgemeine v. 16.6.2005, S. 2

206. Subsidiaritätskontrolle in der EU, Öffentliche Anhörung Sveriges Riksdag am 8. Juni 2005, Subsidiaritetskontroll i Europeiska unionen, Protokoll 2004/05 KU 99, S. 1 - 29
207. Human Dignity in the Future Constitution for Europe, in: M. Windfuhr (Hrsg.), Beyond the Nation State - Human Rights in Times of Globalization, Uppsala 2005, S. 168 - 174
208. Vorwort, in: Kommentar zur Charta der Grundrechte der Europäischen Union, hrsg. v. J. Meyer, 2. Aufl., Baden-Baden 2005, S. V - VI
209. Präambel, in: Kommentar zur Charta der Grundrechte der Europäischen Union, hrsg. v. J. Meyer, 2. Aufl. Baden-Baden 2005, S. 1 - 50

C Entscheidungsanmerkungen:

210. Anmerkung zu einem Beschluss des LG Freiburg vom 19.11.1968 zur Zulässigkeit der Streitwertbeschwerde gem. § 567 ZPO, NJW 1969, 700-701
211. Anmerkung zu einem Beschluss des OLG Hamm vom 19.12.1968 zur Wiederaufnahme des Verfahrens nach Verurteilung gem. § 170b StGB, NJW 1969, 1360-1361
212. Anmerkung zu einem Beschluss des LG Krefeld vom 31.8.1970 zur Kostenentscheidung bei Teilfreispruch, NJW 1970, 2308-2310
213. Verbotsirrtum im Ordnungswidrigkeitenrecht – Entscheidungsrezension zu OLG Düsseldorf, NStZ 1981, 444, in: JuS 1983, 513-516
214. Anmerkung zum Urteil des BGH vom 17.3.1983 zur Verwertbarkeit eines aufgenommenen Telefongesprächs, NStZ 1983, 467-468
215. Anmerkung zum Urteil des BGH vom 2.2.1983 zur Durchführung der kommissarischen Vernehmung eines V-Mannes, JR 1983, 475-476
216. Anmerkung zum Urteil des BGH vom 16.3.1983 zur Begründung der kommissarischen Vernehmung eines V-Mannes, JR 1983, 477-479
217. Anmerkung zum Urteil des OLG Celle vom 21.11.1983 zur Ablehnung eines Hilfsbeweisantrags mit Wahrunterstellung sowie zur Sozialprognose als dem Sachverständigenbeweis zugängliche Wahrscheinlichkeitsbehauptung, JR 1985, 32-35
218. Zur Täterschaft beim Bandendiebstahl – BGH 33, 50, in: JuS 1986, 189-192
219. Anmerkung zum Urteil des BGH vom 14.11.1984 zur Verwertung der Aussagen eines gesperrten Zeugen, NStZ 1986, 132-133
220. Anmerkung zum Beschluss des BGH vom 13.1.1987 zur Auslieferung bei Zusicherung der Nichtvollstreckung einer Todesstrafe, NStZ 1987, 415-417
221. Anmerkung zum Urteil des BGH vom 2.4.1987 zur Zulässigkeit der Wertung eines widersprüchlichen Aussageverhaltens von zeugnisverweigerungsberechtigten Angehörigen vor und in der Hauptverhandlung, JR 1988, 79-80
222. Anmerkung zum Beschluss des BGH vom 30.9.1987 zur Vollstreckungsverjährung als Auslieferungshindernis, NStZ 1988, 279-280

223. Anmerkung zum Beschluss des OLG Saarbrücken vom 7.3.1989 zur Einspruchsverwertung bei Nichterscheinen in der Hauptverhandlung, NStZ 1989, 480
224. Anmerkung zum Urteil des BGH vom 14.9.1989 zum Verfall des bei einem BtM-Kurier gefundenen Kaufpreises, JR 1990, 208-209
225. Anmerkung zum Beschluss des Ermittlungsrichters des BGH vom 20.11.1989 zum Zeugnisverweigerungsrecht des Journalisten, JR 1990, 433-436

D Tagungsberichte und -anmerkungen:

226. Tagung für Beamte des Strafvollzugs, JZ 1967, 227-228
227. Strafrechtslehrertagung 1967 in Münster i.W., NJW 1968, 27-29
228. Bericht über das Kolloquium anlässlich der Sitzung des Kuratoriums des Max-Planck-Instituts für ausländisches und internationales Strafrecht vom 6. März 1968 in Freiburg i.Br., ZStW 1968, 815-832
229. Tagung der Evangelischen Akademie Bad Boll, JZ 1969, 154-155
230. Das Menschenbild im Strafrecht, Bericht und Anmerkungen über eine Tagung der Evangelischen Akademie Bad Boll, ZStW 1969, 345-371
231. Strafrechtslehrertagung 1970 in Regensburg, NJW 1971, 183-185 (griechische Übersetzung in: Poinika Chronika 1971, 92-95)
232. Die Diskussionsbeiträge der Strafrechtslehrertagung 1970 in Regensburg, ZStW 1971, 243-280
233. Strafrecht und Strafrechtsvergleichung, Kolloquium aus Anlass des 60. Geburtstages von H.-H. Jescheck, Freiburg 1975, Diskussionsbericht, S. 93-112
234. Tagung für Rechtsvergleichung 1981, Strafrechtsvergleichung (Referate), JZ 1982, 37-38 = Mitteilungen der Gesellschaft für Rechtsvergleichung 1982, 28-30
235. Diskussionsbericht über die Arbeitssitzung der Fachgruppe für Strafrechtsvergleichung der Gesellschaft für Rechtsvergleichung zum Thema "Grundprobleme des Strafzumessungsrechts" anlässlich der Tagung für Rechtsvergleichung 1981 in Frankfurt a.M., ZStW 1982, 227-238

E Buchbesprechungen:

236. Besprechung von Simson-Geerds, Straftaten gegen die Person und Sittlichkeitsdelikte in rechtsvergleichender Sicht, München 1969, in: JZ 1970, 558-559
237. Besprechung von Schorn, Das Recht der Privatklage, Neuwied 1967, in: GA 1970, 350-351
238. Besprechung von Christian Thomasius, Über die Hexenprozesse, Neudruck Weimar 1967, in: Revue de science criminelle et de droit comparé 1973, 788-789

239. Besprechung von Schneider, Die Pflicht der Behörden zur Aktenvorlage im Strafprozess, Berlin 1970, in: Revue de science criminelle et de droit comparé 1973, 803-804

240. Besprechung von Kleinknecht/Meyer, Strafprozessordnung, 36. Aufl. 1983, in: GA 1984, 337-338

241. Besprechung von Maaß, Betrug verübt durch Schweigen, Gießen 1982, in: GA 1984, 484-485

242. Besprechung von Wasserburg, Die Wiederaufnahme des Strafverfahrens, Stuttgart 1984, in: NJW 1984, 2932-2933

243. Besprechung von Schlüchter, Irrtum über normative Tatbestandsmerkmale im Strafrecht, Tübingen 1983, in: GA 1985, 290-291

244. Besprechung von Glatzel, Mord und Totschlag, Heidelberg 1987, in: GA 1988, 237-239

245. Besprechung von Dahs, Taschenbuch des Strafverteidigers, 4. Aufl., Köln 1990, in: GA 1990, 523-525

246. Besprechung von Fülbier/Aepfelbach, GWG-Kommentar zum Geldwäschegesetz, Köln 1999, 4. Aufl., in: NJW 2000, 936

247. Besprechung von Patric Makrutzki, Verdeckte Ermittlungen im Strafprozess, Berlin 2000, in: Monatsschrift für Kriminologie und Strafrechtsreform 2001, Heft 3, S. 267-268

248. Besprechung von Uwe Leonardy, Europäische Kompetenzabgrenzung als deutsches Verfassungsprodukt, Baden-Baden 2002, in: NJW 2003, 3537

F Übersetzungen:

249. Übersetzung von Kadish, Law School und Strafrechtsreform in den Vereinigten Staaten, in: ZStW 1968, 411-424

250. Übersetzung der Beschlüsse des 6. Kongresses der Vereinten Nationen über Verbrechensverhütung und die Behandlung von Straftätern in Caracas 1980, in: ZStW 1981, 365-395

Stand: Oktober 2005

